Gustavo **Tepedino** | Vitor **Almeida**

COORDENADORES

Trajetórias do Direito Civil

Estudos em Homenagem à **Professora Heloisa Helena Barboza**

Alexandre de **Serpa Pinto Fairbanks** • Aline de **Miranda Valverde Terra** • Allan **Rocha de Souza** • Ana Carolina **Brochado Teixeira** • Ana Carolina **Velmovitsky** • Ana Luiza **Maia Nevares** • Andressa **Souza de Albuquerque** • Bruna **Lima de Mendonça** • Caio **Pires** • Carlos Edison do **Rêgo Monteiro Filho** • Carlos Henrique **Félix Dantas** • Carlos Nelson **Konder** • Daniel **Bucar** • Diana **Loureiro Paiva de Castro** • Eduardo **Freitas Horácio da Silva** • Eduardo **Nunes de Souza** • Elisa **Costa Cruz** • Fabiana **Rodrigues Barletta** • Frederico **Price Grechi** • Gabriel **Schulman** • Giselda **Hironaka** • Guilherme **Calmon Nogueira da Gama** • Guilherme **Magalhães Martins** • Gustavo **Kloh Muller Neves** • Gustavo **Tepedino** • João **Quinelato** • Juliana da **Silva Ribeiro Gomes Chediek** • Lívia **Barboza Maia** • Lucia Maria **Teixeira Ferreira** • Luiz Edson **Fachin** • Maici **Barboza dos Santos Colombo** • Manuel **Camelo Ferreira da Silva Netto** • Milena **Donato Oliva** • Nelson **Rosenvald** • Paula **Greco Bandeira** • Paula **Moura Francesconi de Lemos Pereira** • Pedro Marcos **Nunes Barbosa** • Raquel **Bellini Salles** • Raul **Choeri** • Roberto **Dalledone Machado Filho** • Rodrigo da **Guia Silva** • Rose **Melo Vencelau Meireles** • Samir **Namur** • Thiago **Rosa Soares** • Vanessa **Ribeiro Corrêa Sampaio Souza** • Vitor **Almeida**

Dados Internacionais de Catalogação na Publicação (CIP) de acordo com ISBD

T768
 Trajetórias do direito civil: estudos em homenagem à professora Heloisa Helena Barboza / coordenado por Gustavo Tepedino, Vitor Almeida. - Indaiatuba, SP : Editora Foco, 2023.
 648 p. ; 17cm x 24cm.

 Inclui bibliografia e índice.
 ISBN: 978-65-5515-764-2

 1. Direito. 2. Direito civil. 3. Heloisa Helena Barboza. I. Tepedino, Gustavo. II. Almeida, Vitor. III. Título

2023-782   CDD 347   CDU 347

Elaborado por Vagner Rodolfo da Silva - CRB-8/9410
Índices para Catálogo Sistemático:
1. Direito civil 347
2. Direito civil 347

Gustavo **Tepedino** | Vitor **Almeida**

COORDENADORES

Trajetórias do Direito Civil

Estudos em Homenagem à **Professora Heloisa Helena Barboza**

Alexandre de **Serpa Pinto Fairbanks** • Aline de **Miranda Valverde Terra** • Allan **Rocha de Souza** • Ana Carolina **Brochado Teixeira** • Ana Carolina **Velmovitsky** • Ana Luiza **Maia Nevares** • Andressa **Souza de Albuquerque** • Bruna **Lima de Mendonça** • Caio **Pires** • Carlos Edison do **Rêgo Monteiro Filho** • Carlos Henrique **Félix Dantas** • Carlos Nelson **Konder** • Daniel **Bucar** • Diana **Loureiro Paiva de Castro** • Eduardo **Freitas Horácio da Silva** • Eduardo **Nunes de Souza** • Elisa **Costa Cruz** • Fabiana **Rodrigues Barletta** • Frederico **Price Grechi** • Gabriel **Schulman** • Giselda **Hironaka** • Guilherme **Calmon Nogueira da Gama** • Guilherme **Magalhães Martins** • Gustavo **Kloh Muller Neves** • Gustavo **Tepedino** • João **Quinelato** • Juliana da **Silva Ribeiro Gomes Chediek** • Lívia **Barboza Maia** • Lucia Maria **Teixeira Ferreira** • Luiz **Edson Fachin** • Maici **Barboza dos Santos Colombo** • Manuel **Camelo Ferreira da Silva Netto** • Milena **Donato Oliva** • Nelson **Rosenvald** • Paula **Greco Bandeira** • Paula **Moura Francesconi de Lemos Pereira** • Pedro Marcos **Nunes Barbosa** • Raquel **Bellini Salles** • Raul **Choeri** • Roberto **Dalledone Machado Filho** • Rodrigo da **Guia Silva** • Rose **Melo Vencelau Meireles** • Samir **Namur** • Thiago **Rosa Soares** • Vanessa **Ribeiro Corrêa Sampaio Souza** • Vitor **Almeida**

2023 © Editora Foco

Coordenadores: Gustavo Tepedino e Vitor Almeida

Autores: Alexandre de Serpa Pinto Fairbanks, Aline de Miranda Valverde Terra, Allan Rocha de Souza, Ana Carolina Brochado Teixeira, Ana Carolina Velmovitsky, Ana Luiza Maia Nevares, Andressa Souza de Albuquerque, Bruna Lima de Mendonça, Caio Pires, Carlos Edison do Rêgo Monteiro Filho, Carlos Henrique Félix Dantas, Carlos Nelson Konder, Daniel Bucar, Diana Loureiro Paiva de Castro, Eduardo Freitas Horácio da Silva, Eduardo Nunes de Souza, Elisa Costa Cruz, Fabiana Rodrigues Barletta, Frederico Price Grechi, Gabriel Schulman, Giselda Hironaka, Guilherme Calmon Nogueira da Gama, Guilherme Magalhães Martins, Gustavo Kloh Muller Neves, Gustavo Tepedino, João Quinelato, Juliana da Silva Ribeiro Gomes Chediek, Lívia Barboza Maia, Lucia Maria Teixeira Ferreira, Luiz Edson Fachin, Maici Barboza dos Santos Colombo, Manuel Camelo Ferreira da Silva Netto, Milena Donato Oliva, Nelson Rosenvald, Paula Greco Bandeira, Paula Moura Francesconi de Lemos Pereira, Pedro Marcos Nunes Barbosa, Raquel Bellini Salles, Raul Choeri, Roberto Dalledone Machado Filho, Rodrigo da Guia Silva, Rose Melo Vencelau Meireles, Samir Namur, Thiago Rosa Soares, Vanessa Ribeiro Corrêa Sampaio Souza e Vitor Almeida

Diretor Acadêmico: Leonardo Pereira
Editor: Roberta Densa
Assistente Editorial: Paula Morishita
Revisora Sênior: Georgia Renata Dias
Capa Criação: Leonardo Hermano
Diagramação: Ladislau Lima e Aparecida Lima
Impressão miolo e capa: FORMA CERTA GRÁFICA DIGITAL

DIREITOS AUTORAIS: É proibida a reprodução parcial ou total desta publicação, por qualquer forma ou meio, sem a prévia autorização da Editora FOCO, com exceção do teor das questões de concursos públicos que, por serem atos oficiais, não são protegidas como Direitos Autorais, na forma do Artigo 8º, IV, da Lei 9.610/1998. Referida vedação se estende às características gráficas da obra e sua editoração. A punição para a violação dos Direitos Autorais é crime previsto no Artigo 184 do Código Penal e as sanções civis às violações dos Direitos Autorais estão previstas nos Artigos 101 a 110 da Lei 9.610/1998. Os comentários das questões são de responsabilidade dos autores.

NOTAS DA EDITORA:

Atualizações e erratas: A presente obra é vendida como está, atualizada até a data do seu fechamento, informação que consta na página II do livro. Havendo a publicação de legislação de suma relevância, a editora, de forma discricionária, se empenhará em disponibilizar atualização futura.

Erratas: A Editora se compromete a disponibilizar no site www.editorafoco.com.br, na seção Atualizações, eventuais erratas por razões de erros técnicos ou de conteúdo. Solicitamos, outrossim, que o leitor faça a gentileza de colaborar com a perfeição da obra, comunicando eventual erro encontrado por meio de mensagem para contato@editorafoco.com.br. O acesso será disponibilizado durante a vigência da edição da obra.

Impresso no Brasil (04.2023) – Data de Fechamento (04.2023)

2023
Todos os direitos reservados à
Editora Foco Jurídico Ltda.
Avenida Itororó, 348 – Sala 05 – Cidade Nova
CEP 13334-050 – Indaiatuba – SP

E-mail: contato@editorafoco.com.br
www.editorafoco.com.br

AUTORES

Alexandre de Serpa Pinto Fairbanks
Mestre em Direito Civil na UERJ e em Direito Processual Civil na PUC/SP. Diretor administrativo e pesquisador do Instituto Brasileiro de Direitos Autorais (IBDA). Professor na Faculdade de Miguel Pereira – RJ. Advogado. E-mail: alexandre.fairbanks@spfadvogados.com.br.

Aline de Miranda Valverde Terra
Doutora e Mestre em Direito Civil pela UERJ. *Master of Laws* pela Queen Mary University of London – International Dispute Resolution. Professora do Departamento de Direito Civil da UERJ e da PUC-Rio. Coordenadora do Mestrado Profissional em Direito Civil e Prática Jurídica da PUC-Rio. Coordenadora editorial da Revista Brasileira de Direito Civil – RBDCivil.

Allan Rocha de Souza
Professor e Pesquisador de direito civil e propriedade intelectual no curso de Direito da UFRRJ/ITR; de direitos autorais e políticas culturais do Programa de Pós Graduação Stricto Sensu em Políticas Públicas, Estratégia e Desenvolvimento da UFRJ (IE/PPED); de direitos autorais e conexos na especialização em Propriedade Intelectual da PUC-RJ. Diretor Científico do Instituto Brasileiro de Direitos Autorais (www.ibdautoral.org.br). Vice Coordenador do Instituto Nacional de Ciência e Tecnologia (INCT) Proprietas.

Ana Carolina Brochado Teixeira
Doutora em Direito Civil pela UERJ. Mestre em Direito Privado pela PUC Minas. Professora de Direito Civil do Centro Universitário UNA. Coordenadora editorial da Revista Brasileira de Direito Civil – RBDCivil. Advogada.

Ana Carolina Velmovitsky
Mestre em Direito Civil pela Universidade do Estado do Rio de Janeiro–UERJ. Bacharel em Direito pela Pontifícia Universidade Católica do Rio de Janeiro. Advogada. E-mail: anacarolina@velmo.com.br.

Ana Luiza Maia Nevares
Doutora e Mestre em Direito Civil pela UERJ. Professora de Direito Civil da PUC-Rio. Membro do IBDFAM, do IBDCivil e do IAB. Advogada.

Andressa Souza de Albuquerque
Mestre em Direito pela Universidade do Estado do Rio de Janeiro (PPGD/UERJ), na área de concentração "Pensamento Jurídico e Relações Sociais", na linha de pesquisa "Direito Civil". Graduada em Direito pela Universidade Federal Rural do Rio de Janeiro – Instituto Multidisciplinar e membro do grupo de pesquisa DIALOGOS (UFRRJ/CNPQ), na linha "Direito Civil além do Judiciário" (DiCAJ). Assessora Jurídica no Ministério Público do Estado do Rio de Janeiro.

Bruna Lima de Mendonça
Mestre em Direito Civil pela Universidade do Estado do Rio de Janeiro. Especialista em Direito Civil Constitucional pela Universidade do Estado do Rio de Janeiro. Graduada em Direito pela Universidade Federal do Rio de Janeiro. Advogada.

Caio Pires
Mestre em direito civil pela UERJ. Professor de pós-graduação e graduação. Advogado.

Carlos Edison do Rêgo Monteiro Filho
Professor Titular de Direito Civil da UERJ. Professor Permanente e Coordenador da Linha de Direito Civil do Programa de Pós-graduação *stricto sensu* (mestrado e doutorado) da UERJ. Procurador do Estado do Rio de Janeiro. Vice-presidente do Instituto Brasileiro de Estudos de Responsabilidade Civil (IBERC). Membro do Instituto Brasileiro de Direito Civil – IBDCivil. Doutor em Direito Civil e Mestre em Direito da Cidade pela UERJ. Advogado, parecerista em temas de direito privado.

Carlos Henrique Félix Dantas
Doutorando em Direito Civil pela Universidade do Estado do Rio de Janeiro (UERJ). Mestre em Direito Privado pela Universidade Federal de Pernambuco (UFPE). Bacharel em Direito pela Universidade Católica de Pernambuco (UNICAP). Pesquisador dos Grupos Constitucionalização das Relações Privadas (Conrep/CNPq/UFPE) e Cebid Jusbiomed (CNPq/UNEB). Membro da Comissão de Diversidade Sexual e de Gênero (CDSG) e da Comissão de Direito de Família (CDF) da Ordem dos Advogados do Brasil – Seccional Pernambuco (OAB/PE). Associado ao Instituto Brasileiro de Direito de Família (IBDFAM). Advogado. E-mail: carloshenriquefd@hotmail.com.

Carlos Nelson Konder
Doutor e Mestre em direito civil pela UERJ. Especialista em direito civil pela Universidade de Camerino (Itália).

Professor do Departamento de Direito Civil da Universidade do Estado do Rio de Janeiro (UERJ) e do Departamento de Direito da Pontifícia Universidade Católica do Rio de Janeiro (PUC-Rio). Advogado.

Daniel Bucar

Doutor e Mestre em Direito Civil pela Universidade do Estado do Rio de Janeiro. Especialista em Direito Civil pela Università degli Studi di Camerino (ITA). Professor de Direito Civil (Graduação e Pós-Graduação). Advogado e Procurador do Município do Rio de Janeiro.

Diana Loureiro Paiva de Castro

Mestre em Direito Civil pela Universidade do Estado do Rio de Janeiro (UERJ). Coordenadora da Pós-Graduação em Direito Digital e Inovação da Escola Superior da PGE/SP. Coordenadora do Núcleo Temático de Estudos e Pesquisas sobre Propriedade Intelectual e Inovação da PGE/SP. Membro do Instituto Brasileiro de Direito Civil – IBDCivil. Procuradora do Estado de São Paulo. Foi Procuradora da Fundação de Amparo à Pesquisa do Estado de São Paulo (FAPESP).

Eduardo Freitas Horácio da Silva

Doutorando e Mestre em Direito Civil pela Universidade do Estado do Rio de Janeiro. Advogado.

Eduardo Nunes de Souza

Doutor e mestre em Direito Civil pela Universidade do Estado do Rio de Janeiro (UERJ). Professor adjunto de Direito Civil da Faculdade de Direito da UERJ e professor permanente dos cursos de Mestrado e Doutorado em Direito Civil do Programa de Pós-Graduação em Direito da UERJ.

Elisa Costa Cruz

Doutora e Mestra em Direito Civil pela UERJ. Professora na FGV Direito Rio. Defensora Pública no Rio de Janeiro.

Fabiana Rodrigues Barletta

Pós-Doutora em Direito do Consumidor pela UFRGS. Doutora em Direito Constitucional e Teoria do Estado pela PUC-Rio. Mestre em Direito Civil pela UERJ. Professora-Associada III da UFRJ. Possui E-mail: fabianabarletta2@gmail.com.

Frederico Price Grechi

Pós-Doutor, Doutor e Mestre em Direito pela UERJ. Diretor de Assuntos Jurídicos e Legislativos da Sociedade Nacional de Agricultura (SNA). Presidente da Comissão de Direito Agrário do IAB e da OAB/RJ. Diretor da Vice-Presidência Imobiliária do Centro Brasileiro de Mediação e Arbitragem – CBMA. Vice-Presidente da Comissão de Direito Imobiliário da OAB/RJ. Advogado, Árbitro e Professor (Emerj).

Gabriel Schulman

Mestre e Bacharel em Direito pela UFPR. Doutor em Direito pela UERJ, sob primorosa e segura orientação da professora Heloisa Helena Barboza. Em março de 2022, tomou posse como a diretora da Faculdade de Direito da Uerj (Universidade do Estado do Rio de Janeiro). Vale lembrar, foi a primeira mulher a assumir a função, em 85 anos de história.

Giselda Hironaka

Professora Titular de Direito Civil da Faculdade de Direito da USP. Fundadora e Diretora Nacional (Região Sudeste) do IBDFAM. Diretora Nacional (Região Sudeste) do IBDCivil. Ex-Procuradora Federal.

Guilherme Calmon Nogueira da Gama

Doutor e Mestre em Direito Civil pela UERJ. Professor Titular de Direito Civil da UERJ (Graduação e Pós-Graduação) e do IBMEC/RJ. Professor Permanente do PPGD da Universidade Estácio de Sá (RJ). Membro da ABDC (Academia Brasileira de Direito Civil) e do IBERC (Instituto Brasileiro de Responsabilidade Civil). Desembargador e Vice-Presidente do Tribunal Regional Federal da 2ª Região (RJ-ES). Juiz de Enlace da Rede Internacional da Conferência da Haia de Direito Internacional Privado.

Guilherme Magalhães Martins

Pós-doutor em Direito Comercial pela Faculdade de Direito da Universidade de São Paulo – USP – Largo de São Francisco (2021). Doutor em Direito Civil (2006), Mestre em Direito Civil (2001) e Bacharel (1994) pela Faculdade de Direito da Universidade do Estado do Rio de Janeiro. Professor-associado de Direito Civil da Faculdade Nacional de Direito – Universidade Federal do Rio de Janeiro – UFRJ. Professor permanente do Doutorado em Direito, Instituições e Negócios da Universidade Federal Fluminense – UFF. Professor adjunto(licenciado) da Faculdade de Direito da Universidade Cândido Mendes-Centro. Foi professor visitante do Mestrado e Doutorado em Direito e da Graduação em Direito da Universidade do Estado do Rio de Janeiro (2009-2010). Procurador de Justiça do Ministério Público do Estado do Rio de Janeiro. Membro Honorário do Instituto dos Advogados Brasileiros – IAB NACIONAL, junto à Comissão de Direito do Consumidor. Leciona Direito Civil, Direito do Consumidor e temas ligados ao Direito da Tecnologia da Informação e aos novos direitos. Segundo Vice-Presidente do Instituto Brasilcon – Instituto Brasileiro de Política e Direito do Consumidor, Diretor científico do IBERC – Instituto Brasileiro de Estudos em Responsabilidade Civil , Diretor da MPCON – Associação Nacional do Ministério Público do Consumidor , membro fundador do IAPD – Instituto Avançado de Proteção de Dados, e associado do IBDFAM – Instituto Brasileiro de Direito de Família, tem participado como palestrante de diversos congressos e simpósios jurídicos, nacionais e internacionais. Autor dos livros Contratos eletrônicos de consumo (3.ed. São Paulo: Atlas, 2016) , Responsabilidade civil por acidente de consumo na Internet(3.ed. São Paulo: Revista dos Tribunais, 2020) e O direito ao esquecimento na sociedade da informação(São Paulo: Revista dos Tribunais, 2022). Coordenador de diversas obras coletivas.

Gustavo Kloh Muller Neves
Doutor em Direito Civil pela Universidade do Estado do Rio de Janeiro. Professor da Escola de Direito da Fundação Getúlio Vargas – RJ. Advogado.

Gustavo Tepedino
Professor Titular de Direito Civil da Faculdade de Direito da Universidade do Estado do Rio de Janeiro – UERJ, nos cursos de graduação, mestrado e doutorado. Sócio do Escritório Gustavo Tepedino Advogados.

João Quinelato
Mestre e Doutorando em Direito Civil pela UERJ. Professor de Direito Civil do IBMEC. Secretário Geral da Comissão de Direito Civil da OAB-RJ. Membro da Comissão de Direito Civil do Conselho Federal da OAB. Diretor Financeiro do IBDCivil. Advogado.

Juliana da Silva Ribeiro Gomes Chediek
Doutoranda em Direito pela Faculdade de Direito da Universidade de Coimbra – Portugal. Mestre em Direito Civil pela Universidade do Estado do Rio de Janeiro – UERJ. Especialista em Direito Civil-Constitucional pelo CEPED-UERJ. Graduada em Direito pela Universidade Federal do Rio de Janeiro – UFRJ. Investigadora bolsista do Instituto Jurídico da Faculdade de Direito da Universidade de Coimbra. Email: juliana.chediek@student.uc.pt.

Lívia Barboza Maia
Doutoranda e Mestre em Direito Civil pela UERJ. Especialista em Direito da Propriedade Intelectual pela PUC-Rio. Professora nos cursos de Pós-Graduação lato sensu na PUC-Rio. Sócia de Denis Borges Barbosa Advogados. livia@dbba.com.br.

Lucia Maria Teixeira Ferreira
Doutoranda em Direito Constitucional no Instituto Brasileiro de Ensino, Desenvolvimento e Pesquisa (IDP). Mestre em Direito Civil pela Universidade do Estado do Rio de Janeiro (UERJ), tendo sido orientada pela Professora Doutora Heloisa Helena Barboza. Pós-Graduada em Sociologia Urbana pelo Departamento de Ciências Sociais da UERJ e Graduada em Direito pela UERJ. Procuradora de Justiça aposentada do Ministério Público do Rio de Janeiro. Advogada especializada em Proteção de Dados e Privacidade.

Luiz Edson Fachin
Doutor e Mestre em Direito das Relações Sociais pela PUC/SP (Pontifícia Universidade Católica de São Paulo. Ministro do Supremo Tribunal Federal. Professor do UNICEUB. Alma Mater: Universidade Federal do Paraná;

Maici Barboza dos Santos Colombo
Doutoranda em Direito Civil pela Universidade de São Paulo (USP). Mestre em Direito Civil e Especialista em Direito Civil Constitucional pela Universidade do Estado do Rio de Janeiro (UERJ). Advogada e professora universitária.

Manuel Camelo Ferreira da Silva Netto
Doutorando em Direito Civil pela Universidade do Estado do Rio de Janeiro (UERJ). Mestre em Direito Privado pela Universidade Federal de Pernambuco (UFPE). Bacharel em Direito pela Universidade Católica de Pernambuco (UNICAP). Advogado. Mediador Humanista. Pesquisador do Grupo de Pesquisa Constitucionalização das Relações Privadas (CONREP/UFPE/CNPq). Membro da Comissão de Diversidade Sexual e de Gênero (CDSG) e da Comissão de Direito de Família (CDF) da Ordem dos Advogados do Brasil – Seccional Pernambuco (OAB-PE). Associado ao Instituto Brasileiro de Direito de Família (IBDFam). E-mail: manuelcamelo2012@hotmail.com.

Milena Donato Oliva
Professora-Associada da Faculdade de Direito da Universidade do Estado do Rio de Janeiro – UERJ. Sócia do Escritório Gustavo Tepedino Advogados.

Nelson Rosenvald
Pós-Doutor em Direito Civil na Università Roma Tre. Pós-Doutor em Direito Societário na Universidade de Coimbra. Visiting Academic na Oxford University. Professor Visitante na Universidade Carlos III. Doutor e Mestre em Direito Civil pela PUC/SP. Presidente do Instituto Brasileiro de Estudos de Responsabilidade Civil (IBERC). Professor permanente do PPGD (Doutorado e Mestrado) do IDP/DF. Procurador de Justiça do Ministério Público de Minas Gerais.

Paula Greco Bandeira
Doutora e Mestre em Direito Civil pela Universidade do Estado do Rio de Janeiro (UERJ). Professora Adjunta da Faculdade de Direito da Universidade do Estado do Rio de Janeiro. Sócia do Escritório Gustavo Tepedino Advogados.

Paula Moura Francesconi de Lemos Pereira
Doutora e mestre em Direito Civil pela Universidade do Estado do Rio de Janeiro (UERJ). Especialista em Advocacia Pública pela PGE-CEPED-UERJ. Especialista em Direito Médico pela Universidade de Coimbra-PT. Pós-graduanda em Direito da Farmácia e do Medicamento pela Universidade de Coimbra-PT. Professora de Direito Civil do Departamento de Direito da PUC-Rio. Vice-Presidente da Comissão da OAB-RJ de Órfãos e Sucessões e membro da Comissão da

OAB-RJ de Direito Civil. Coordenadora Adjunta de Direito Civil da ESA-RJ. Advogada. E-mail: plemos77@hotmail.com

Pedro Marcos Nunes Barbosa
Professor do Departamento de Direito da PUC-Rio. Sócio de Denis Borges Barbosa Advogados (pedromarcos@dbba.com.br). Agradeço a gentil revisão deste texto pelo Prof. Me. Bernardo Guitton Brauer.

Raquel Bellini Salles
Doutora e Mestre em Direito Civil pela Universidade do Estado do Rio de Janeiro. Especialista em Direito Civil pela Università di Camerino, Itália. Professora-Associada do Curso de Graduação em Direito da Universidade Federal de Juiz de Fora. Advogada.

Raul Choeri
Doutor e Mestre em Direito Civil pela Universidade do Estado do Rio de Janeiro. Professor Universitário. Advogado.

Roberto Dalledone Machado Filho
Doutor em Direito pela Universidade de Brasília. Professor do IDP. Assessor de Ministro do Supremo Tribunal Federal.

Rodrigo da Guia Silva
Doutor e Mestre em Direito Civil pela Universidade do Estado do Rio de Janeiro (UERJ). Ex-Professor Substituto de Direito Civil da Faculdade de Direito da UERJ e da Faculdade Nacional de Direito da Universidade Federal do Rio de Janeiro (UFRJ). Advogado, sócio de Gustavo Tepedino Advogados. E-mail: rodrigo.daguiasilva@gmail.com.

Rose Melo Vencelau Meireles
Doutora e Mestre em Direito Civil (UERJ). Professora Adjunta de Direito Civil da UERJ. Procuradora da UERJ. Advogada e Mediadora.

Samir Namur
Doutor e Mestre em Direito Civil pela Universidade do Estado do Rio de Janeiro (UERJ). Professor universitário e advogado.

Thiago Rosa Soares
Doutor e Mestre em Direito Civil pela Universidade do Estado do Rio de Janeiro (UERJ). Professor universitário. Consultor Legislativo da Câmara dos Deputados. Advogado.

Vanessa Ribeiro Corrêa Sampaio Souza
Doutora em Direito pela Universidade do Estado do Rio de Janeiro (UERJ). Professora-Associada do Departamento de Direito, Humanidades e Letras da UFRRJ-ITR.

Vitor Almeida
Doutor e Mestre em Direito Civil pela Universidade do Estado do Rio de Janeiro (UERJ). Professor do Departamento de Direito Civil da Universidade do Estado do Rio de Janeiro (UERJ) e do Departamento de Direito da Pontifícia Universidade Católica do Rio de Janeiro (PUC-Rio). Advogado.

APRESENTAÇÃO

Heloisa Helena Barboza, com *z* mesmo, é a forma como ela costuma se apresentar. No universo do direito civil, no entanto, tal informação é um tanto prosaica. Ao longo dos últimos quarenta anos de carreira acadêmica, brilhantemente construída na Faculdade de Direito da Universidade do Estado do Rio de Janeiro, Heloisa desempenhou de forma dedicada e abnegada a docência em dezenas de turmas de graduação, bem como em diversas disciplinas nos Programas de Pós-Graduação em Direito e em Ética Aplicada e Saúde Coletiva (por associação entre a Universidade Federal do Rio de Janeiro, a Fundação Oswaldo Cruz, a Universidade do Estado do Rio de Janeiro e Universidade Federal Fluminense).

Antes de ingressar, no longínquo ano de 1982, como Professora de Direito Civil da UERJ, Heloisa já havia sido aluna da então Universidade do Estado da Guanabara (UEG), ainda no antigo Casarão, no bairro do Catete, entre os anos de 1972 e 1976. Em suas memórias, Heloisa conta que ingressou no curso de bacharelado em Direito quando já era casada e trabalhava no extinto Banco Nacional de Habitação (BNH), na área de contratos, motivo este pelo qual se interessou pelo curso. Do período da graduação, recorda com carinho das aulas de direito civil do Professor Simão Isaac Benjó, de quem se tornou discípula. Também, de maneira orgulhosa, lembra que foi aluna do Professor José Carlos Barbosa Moreira, na disciplina de direito processual civil. Em comum, para além do apreço guardado a seus docentes, ela adorava estudar essas matérias, inclusive nos finais de semana.

Eram, no entanto, anos difíceis. Em pleno período de Ditadura Militar, registra o quão desafiador era para ela conciliar o estudo de ciências jurídicas neste tenebroso período, em paralelo a seu trabalho. Em suas lembranças, conta do medo nos corredores da UEG por causa da forte vigilância sobre os movimentos estudantis pelo então governo de exceção, o que lhe causava especial temor por ser justamente casada com um militar. Como ela sempre costuma afirmar, por essa vivência ter lhe marcado profundamente, tornou-se aguerrida defensora da democracia e da promoção dos direitos humanos e das liberdades individuais.

Logo após se graduar em Direito, Heloisa foi aprovada no concurso público para ingresso na carreira de Promotor de Justiça do Estado do Rio de Janeiro. Desempenhou a prestigiosa função com esmero e diligência ao longo de mais de 20 anos. Ascendeu, ainda, por promoção, ao cargo de Procuradora de Justiça do Ministério Público fluminense. Heloisa narra de forma eloquente suas vivências como membro do *parquet* nas comarcas do interior, assim como, ulteriormente, de suas experiências como *curadora de família* – expressão ainda utilizada por ela em diversas ocasiões – na capital, as quais a marcaram fortemente, contribuindo em sua releitura crítica do direito de família.

Paralelamente, Heloisa manteve sua carreira acadêmica na Faculdade de Direito da UERJ. Obteve êxito no concurso de Livre-Docência em 1988, com defesa do trabalho sobre a *Responsabilidade civil do menor e do alienado*. Este tema, a propósito, foi objeto de revisitação pela autora, por ocasião do seu doutoramento em Direito. Em 1991, Heloisa foi aprovada no concurso de titularidade na cadeira de direito civil da Faculdade de Direito. Tal feito foi angariado a partir de inovadora tese, que ainda a acompanha vivamente nos dias atuais, a partir de prestigiosos estudos desenvolvidos. O trabalho, à época, intitulado *A filiação em face da inseminação artificial e da fertilização in vitro*, deu origem a um agraciado livro, posicionando-a como verdadeira referência.

Com peculiar sensibilidade, Heloisa observou os impactos da revolução biotecnológica no direito civil, buscando identificar o papel do jurista diante do descortinar deste novo cenário. Em suas palavras, constantes da introdução de seu livro, *"Diversas partes do Direito Civil foram tangidas com a nova realidade criada pelos avanços da biotecnologia, especialmente o Direito de Família e nele, em particular, a filiação que constitui o seu cerne. [...] Fenômenos novos, inexistentes quando da elaboração do Código Civil, carecem de regulamentação que há de se harmonizar não só com os princípios do nosso Direito Civil, como também com a nova ordem constitucional que revela grande conquista social no campo da instituição familiar. Com muito acerto já se afirmou que se nos quedarmos em velhas contemplações, se estancarmos em refinados debates, se nos entregarmos a profundas abstrações, perderemos a oportunidade de realizar o presente, construiremos no passado, não alcançaremos as necessidades sequer da nossa geração. Parece-nos que, no momento, não podemos indagar até que ponto o cientista pode ir, mas até onde o jurista brasileiro já tem de chegar"*.[1]

A partir deste marco, seu pioneirismo na abordagem de assuntos biojurídicos e suas repercussões no direito civil se tornou indiscutível. Nos seus diversos escritos sobre a construção do biodireito e a relevância dos princípios bioéticos[2], navegou sempre com segurança na interseção entre as duas áreas. Sua cuidadosa observação das novas situações rendeu vasta produção sobre os dilemas e efeitos das técnicas de reprodução humana assistida ao longo das três últimas décadas à luz do direito brasileiro[3]. Heloisa se debruçou sobre a proteção dos genes[4] e dos embriões humanos[5], em especial quanto às emergentes

---

1. BARBOZA, Heloisa Helena. *A Filiação em Face da Inseminação Artificial e da Fertilização in vitro*. Rio de Janeiro: Renovar, 1993, p. 12.
2. Cf., por todos, BARBOZA, Heloisa Helena. Princípios da Bioética e do Biodireito. *Bioética* (Brasília), Brasília, v. 8, 2000, p. 209-216.
3. V., entre outros: BARBOZA, Heloisa Helena. Reprodução assistida: entendimento do STJ sobre alguns problemas práticos. In: SALOMÃO, Luis Felipe; TARTUCE, Flavio (Org.). *Direito Civil*: diálogos entre a doutrina e a jurisprudência. São Paulo: Atlas, 2021, p. 769-785; BARBOZA, Heloisa Helena. Reprodução assistida: questões em aberto. In: CASSETTARI, Christiano (Org.). *10 anos de vigência do Código Civil Brasileiro de 2002*. São Paulo: Saraiva, 2014, p. 92-110; BARBOZA, Heloisa Helena. Direito à procriação e as técnicas de reprodução assistida. In: LEITE, Eduardo de Oliveira (Org.). *Bioética e Biodireito*: Aspectos Jurídicos e Metajurídicos. Rio de Janeiro: Forense, 2004, p. 153-168; BARBOZA, Heloisa Helena. Reprodução Assistida e o novo Código Civil. In: SÁ, Maria de Fátima Freire de; NEVES, Bruno Torquato de Oliveira (Org.). *Bioética, Biodireito e o novo Código Civil de 2002*. Belo Horizonte: Del Rey, 2004, p. 225-249.
4. BARBOZA, Heloisa Helena. Genes humanos e o princípio da dignidade humana. *Revista da Faculdade de Direito da UERJ*, v. 13/14, 2010, p. 35-46.
5. Cf. BARBOZA, Heloisa Helena. Estatuto Ético do Embrião Humano. In: SARMENTO, Daniel; GALDINO, Flavio (Org.). *Direitos Fundamentais*: estudos em homenagem ao Prof. Ricardo Lobo Torres. Rio de Janeiro: Renovar, 2006, p. 527-549; e, BARBOZA, Heloisa Helena. Proteção jurídica do embrião humano. In: CASABONA, Carlos Maria Romeo; QUEIROZ, Juliane Fernandes (Org.). *Biotecnologia e suas implicações ético-jurídicas*. Belo Horizonte: Del Rey, 2005, p. 248-270.

questões relacionadas à clonagem para fins reprodutivos[6], pesquisa com células-tronco[7], terminalidade da vida[8], entre tantos outros caros assuntos. Movida à sua incansável curiosidade e paixão pela pesquisa interdisciplinar, realizou, inclusive, o segundo Doutorado. O estudo foi realizado na área de Saúde Pública, junto à Escola Nacional de Saúde Pública Sérgio Arouca, da FIOCRUZ. Concluiu em 2010 seu segundo doutoramento, com a defesa da tese *Procedimentos para redesignação sexual: um processo bioeticamente inadequado*, sob orientação de Fermin Roland Schramm. Os estudos sobre a transexualidade serviram, posteriormente, como base para inúmeras reflexões, tais como o direito à reprodução dos transexuais[9] e os limites da disposição do próprio corpo.[10]

Ao longo da década de 1990, sua produção bibliográfica se intensificou com a publicação de livros e diversos artigos sobre temas relacionados ao Direito de Família e temas afins à sua área de atuação no Ministério Público[11], com especial destaque à evolução do direito de família[12], direitos dos companheiros[13], reconstrução da adoção[14], disciplina do regime de bens[15] e do parentesco[16]. Com relação a este último tema, particularmente quanto ao estudo do vínculo de filiação, Heloisa se tornou atualizadora de importante obra de Caio Mário da Silva Pereira, denominada *Reconhecimento de paternidade e seus efeitos*[17]. No âmbito do direito das sucessões, Heloisa já enfrentava os dilemas da reprodução assistida *post mortem*[18], da intrincada disciplina da partilha

---

6. Cf. BARBOZA, Heloisa Helena. Clonagem humana: uma questão em aberto. In: SARMENTO, Daniel; PIOVESAN, Flavia (Orgs.). *Nos Limites da Vida*. Rio de Janeiro: Lumen Juris, 2007, p. 185-208.
7. Cf. BARBOZA, Heloisa Helena. Aspectos jurídicos da pesquisa com células-tronco. *Lex Medicinae Revista Portuguesa de Direito da Saúde*, Coimbra, v. 5, 2006, p. 15-22.
8. V. BARBOZA, Heloisa Helena. Autonomia em face da morte: alternativa para a eutanásia?. In: PEREIRA, Tânia da Silva; MENEZES, Rachel Aisengart; BARBOZA, Heloisa Helena (Orgs.). *Vida, Morte e Dignidade Humana*. Rio de Janeiro: GZ Editora, 2010, p. 31-49.
9. Por todos, v. BARBOZA, Heloisa Helena. Proteção da autonomia reprodutiva dos transexuais. *Revista Estudos Feministas* (UFSC. Impresso), v. 20, 2012, p. 549-558.
10. BARBOZA, Heloisa helena. Disposição do próprio corpo em face da bioética: o caso dos transexuais. In: GOZZO, Débora; LIGIERA, Wilson Ricardo (Orgs.). *Bioética e Direitos Fundamentais*. São Paulo: Saraiva, 2012, p. 126-147.
11. Cf. BARBOZA, Heloisa Helena. O Poder Discricionário do Ministério Público na avaliação dos interesses indisponíveis. *Revista do Ministério Público* (Rio de Janeiro), v. 1, 1995, p. 44-54.
12. V., entre outros, BARBOZA, Heloisa Helena. Novas Tendências do Direito de Família. *Revista da Faculdade de Direito da UERJ*, Rio de Janeiro, v. 2, 1994, p. 227-232; BARBOZA, Heloisa Helena. O Direito de Família no Projeto de Código Civil - Considerações sobre o Direito pessoal. *Revista Brasileira de Direito de Família*, Porto Alegre, v. 3, 2001, p. 18-30; BARBOZA, Heloisa Helena. A Família e o Direito: Antigos e novos desafios. *Revista da Faculdade de Direito de Campos*, Campos dos Goytacazes, v. 1, 2000, p. 145-150.
13. V., por todos, BARBOZA, Heloisa Helena. Do Direito a Alimentos e à Meação por Morte entre Companheiros. *Revista da Faculdade de Direito da UERJ*, v. 3, 1995, p. 13-18; BARBOZA, Heloisa Helena. Direitos Sucessórios dos Companheiros: Reflexões sobre o Artigo 1790 do Código Civil. *Revista da Faculdade de Direito de Campos*, v. 7, 2005, p. 145-167.
14. Cf. BARBOZA, Heloisa Helena. Reconstruindo a adoção. In: FRAZÃO, Ana; TEPEDINO, Gustavo. (Orgs.). *O Superior Tribunal de Justiça e a Reconstrução do Direito Privado*. São Paulo: Editora Revista dos Tribunais Ltda., 2011, p. 491-511.
15. Cf. BARBOZA, Heloisa Helena. Alteração do regime de bens e o artigo 2039 do Código Civil. *Revista Trimestral de Direito Civil*, Rio de Janeiro, v. 16, 2003, p. 49-58.
16. BARBOZA, Heloisa Helena. As Relações de Parentesco no Novo Código Civil. *Revista da EMERJ*, Rio de Janeiro, v. 1, 2004, p. 107-115; BARBOZA, Heloisa Helena. Efeitos jurídicos do parentesco socioafetivo. *Revista da Faculdade de Direito da UERJ*, v. 24, 2013, p. 111-126.
17. PEREIRA, Caio Mário da Silva. *Reconhecimento de paternidade e seus efeitos*. Atualizado por Heloisa Helena Barboza e Lucia Maria Teixeira Ferreira. 7. ed., Rio de Janeiro: Forense, 2015.
18. Cf. BARBOZA, Heloisa Helena. Aspectos controversos do direito das sucessões: considerações à luz da constituição da república. In: TEPEDINO, Gustavo (Org.). *Direito Civil Contemporâneo*: Novos problemas à luz da legalidade constitucional. São Paulo: Editora Atlas S.A., 2008, p. 320-327.

em vida[19] e da necessidade de equiparação do regime sucessório dos companheiros ao dos cônjuges.[20]

Heloísa é uma civilista, como ela costuma se designar. Compreende o direito civil como uma engrenagem, sendo necessária a visão do todo, sob pena de se incorrer na interpretação fragmentada do sistema. Ela transita, com propriedade, por temas existenciais, bem como pelas questões de ordem patrimonial, fundamentais para a proteção da pessoa humana. A relação médico-paciente[21] também sempre foi um dos temas de predileção de Heloisa, já tendo imbricado frente a aspectos voltados ao consentimento livre e informado do paciente, pesquisa em seres humanos[22], responsabilidade civil médica[23] e limites do poder familiar em face das práticas médicas.[24]

Em texto intitulado *Perspectivas do Direito Civil brasileiro para o próximo século*, publicado em 1999, Heloisa já suscitava um dos dilemas centrais deste ramo: *"Os não--cidadãos só conhecem do direito o que lhes foi tirado: não sabem o direito que têm, o que podem fazer, apenas o que não têm ou não podem. A existência desse sistema paralelo conduz a uma lamentável conclusão: o Direito Civil, nos moldes atuais e principalmente quando apartado das diretrizes constitucionais que encontram na garantia da dignidade humana seu ponto comum, assume sua feição primitiva: é o direito dos cidadãos acima referidos, classe privilegiada para a qual existe um direito próprio – o que está nas leis e códigos".* Por isso, vaticinava, em tom de urgência: *"Não há, nem deve haver, em resumo, outra perspectiva para o Direito Civil, senão a de se tornar – de fato, o direito que permita – a todos, indistintamente, se tornarem verdadeiros cidadãos".*[25]

Com especial sensibilidade para antever os desafios impostos ao Direito Civil, Heloisa dedicou-se à proteção dos vulneráveis e da necessária preservação da sua autonomia. Com perspicácia, a homenageada já alertava que o *"flagrante desequilíbrio das relações jurídicas instou o legislador e os tribunais a criarem os meios de proteger a 'parte mais fraca' que, não obstante declaradamente livre, por conseguinte autônoma, com plena capacidade jurídica, e titular de 'iguais' direitos, se encontrava subordinada*

---

19. V. BARBOZA, Heloisa Helena. A disciplina jurídica da partilha em vida: validade e efeitos. *Civilistica.com - Revista Eletrônica de Direito Civil*, v. 1, 2016, p. 1-32.
20. Análise empreendida antes e depois da decisão do STF: BARBOZA, Heloisa Helena. O novo regime sucessório dos companheiros: primeiras reflexões. In: TEPEDINO, Gustavo; MENEZES, Joyceane Bezerra de (Orgs.). *Autonomia privada, liberdade existencial e direitos fundamentais*. Belo Horizonte: Fórum, 2018, p. 503-512; BARBOZA, Heloisa Helena. Direitos Sucessórios dos Companheiros: Reflexões sobre o Artigo 1790 do Código Civil. *Revista da Faculdade de Direito de Campos*, v. 7, 2005, p. 145-167.
21. V. BARBOZA, Heloisa Helena. A Autonomia da vontade e a relação médico-paciente no Brasil. In: RIBEIRO, Gustavo Pereira Leite; TEIXEIRA, Ana Carolina Brochado (Orgs.). *Bioética e Direitos da Pessoa Humana*. Belo Horizonte: Del Rey Editora, 2012, p. 53-66.
22. Cf. BARBOZA, Heloisa Helena. Responsabilidade Civil em face das pesquisas em seres humanos: efeitos do consentimento livre e esclarecido. In: COSTA-MARTINS, Judith; MÖLLER, Letícia Ludwig (Orgs.). *Bioética e Responsabilidade*. Rio de Janeiro: Editora Forense, 2008, p. 205-233.
23. V. BARBOZA, Heloisa Helena. Responsabilidade Civil Médica no Brasil. *Revista Trimestral de Direito Civil*, Rio de Janeiro, v. 19, 2004, p. 49-64.
24. Cf. BARBOZA, Heloisa Helena. Poder Familiar em face das práticas médicas. *Revista do Advogado (São Paulo)*, São Paulo, v. 76, 2004, p. 40-46.
25. BARBOZA, Heloisa Helena. Perspectivas do Direito Civil Brasileiro para o próximo século. *Revista da Faculdade de Direito da UERJ*, v. 6 e 7, 1999, p. 27-40.

de modo irresistível a outra, por razões socioeconômicas"[26]. Sua vasta obra demonstra a beligerante defesa em prol das pessoas vulnerabilizadas, o que revela o seu lado mais humano na busca por uma tutela protetiva e emancipadora dos sujeitos oprimidos, em especial, de crianças e adolescentes[27], pessoas com deficiência[28] e pessoas idosas[29]. Autonomia, vulnerabilidade[30] e cuidado[31] se tornaram conceitos-chave para compreender boa parte da produção bibliográfica da autora. Com dezenas de artigos e livros, sua produção alcançou público sedento por literatura civilista humanizada e voltada à integral proteção da pessoa humana.

Sob as luzes de Michael Foucault, Heloisa demonstrou, a partir dos conceitos de biopolítica e biopoder, que a proteção da pessoa humana se encontra em constante e progressiva ameaça. Fato, este, que reforça a necessidade de repensar os instrumentos de proteção, atentos a atuais ameaças promovidas por sistemas latentes de poder e opressão. Trata-se de contexto cada vez mais perigoso, intensificado pelos riscos excessivos da medicalização da vida e da docilização de corpos femininos[32]. Diante desse cenário, a Professora explica que, "*sob o império da biopolítica, a força do poder se encontra na manutenção da vida, e, para tanto, é preciso pô-la em ordem, sustentá-la, assegurá-la. Mas isso não pode ser feito à custa da autonomia e da dignidade do ser humano*".[33]

Em sua trajetória acadêmica, Heloisa desempenhou com maestria sua dedicação às atividades de orientação. Foram centenas de orientados na graduação, mestrado e doutorado, além de supervisões de estágio pós-doutoral. Sua disposição e paciência em caminhar com suas orientandas e seus orientandos é amplamente reconhecida. Além, é claro, de suas tão cirúrgicas correções, promovendo profundos laços de admiração pela dedicação docente e rigor científico exigido indistintamente de todos.

---

26. BARBOZA, Heloisa Helena. Reflexões sobre a autonomia negocial. In: TEPEDINO, Gustavo; FACHIN, Luiz Edson (Orgs.). *O Direito e o Tempo*: embates jurídicos e utopias contemporâneas. Rio de Janeiro: Renovar, 2008, p. 418.
27. V. BARBOZA, Heloisa Helena. O Princípio do Melhor Interesse da Criança e do Adolescente. In: *Anais do II Congresso Brasileiro de Direito de Família - A família na Travessia do Milênio*, Belo Horizonte, 2000, p. 201-213.
28. Seja consentido remeter a BARBOZA, Heloisa Helena; ALMEIDA, Vitor. Reconhecimento e inclusão das pessoas com deficiência. *Revista Brasileira de Direito Civil*, v. 13, 2017, p. 17-37; BARBOZA, Heloisa Helena; ALMEIDA, Vitor. A capacidade à luz do Estatuto da Pessoa com Deficiência. In: MENEZES, Joyceane Bezerra de (Org.). *Direitos das pessoas com deficiência psíquica e intelectual nas relações privadas*. Convenção sobre os direitos da pessoa com deficiência e Lei Brasileira de Inclusão. Rio de Janeiro: Processo, 2016, p. 249-274.
29. Cf. BARBOZA, Heloisa Helena. O Princípio do Melhor Interesse do Idoso. In: PEREIRA, Tânia da Silva; OLIVEIRA, Guilherme de (Orgs.). *O Cuidado como Valor Jurídico*. Rio de Janeiro: Companhia Editora Forense, 2007, p. 57-71.
30. BARBOZA, Heloisa Helena. Proteção dos vulneráveis na Constituição de 1988: Uma questão de igualdade. In: NEVES, Thiago Ferreira Cardoso (Org.). *Direito & Justiça Social*: por uma sociedade mais justa, livre e solidária. Estudos em homenagem ao Professor Sylvio Capanema de Souza. São Paulo: Editora Atlas, 2013, p. 103-117.
31. BARBOZA, Heloisa Helena. Vulnerabilidade e cuidado: aspectos jurídicos. In: PEREIRA, Tânia da Silva; OLIVEIRA, Guilherme de (Orgs.). *Cuidado & Vulnerabilidade*. São Paulo: Editora Atlas S.A., 2009, p. 106-118; BARBOZA, Heloisa Helena. Perfil Jurídico do cuidado e da afetividade nas relações familiares. In: PEREIRA, Tânia da Silva; OLIVEIRA, Guilherme de; COLTRO, Antônio Carlos Mathias (Orgs.). *Cuidado e Afetividade*. Projeto Brasil/Portugal - 2016-2017. São Paulo: Atlas, 2016, p. 175-191.
32. BARBOZA, Heloisa Helena. A docilização do corpo feminino. In: SILVA, Daniele Andrade da; HERNÁNDEZ, Jimena de Garay; SILVA JUNIOR, Aureliano Lopes da; UZIEL, Anna Paula (Org.). *Feminilidades*: Corpos e sexualidades em debate. Rio de Janeiro: EdUerj, 2013, p. 351-362.
33. BARBOZA, Heloisa Helena. A pessoa na Era da Biopolítica: autonomia, corpo e subjetividade. *Cadernos IHU Ideias* (UNISINOS), v. 194, p. 3-20, 2013, p. 18.

Pioneira na abordagem de tantos temas inovadores, é lugar comum a afirmação de que Heloisa Helena Barboza sempre esteve à frente do seu tempo. A bem da verdade, a Professora de todos nós é uma mulher do seu tempo presente, atenta à realidade social, à diversidade cultural e ao progresso biotecnológico, e com aguçada curiosidade para descobrir e refletir sobre as cada vez mais aceleradas transformações que desafiam vertiginosamente a "ordem natural das coisas". Em aplaudida conferência realizada por ocasião do VII Congresso Internacional do Instituto Brasileiro de Direito Civil (IBDCivil), sob o tema "Direito Civil e Biotecnologia: vivendo o futuro", em 2019, Heloisa Helena Barboza nos brindou com suas reflexões sobre temas urgentes, que já não mais são objeto de esforço de futurologia, a reclamarem encaminhamento dos juristas para a efetiva proteção de todas as dimensões da vida humana em suas novas fronteiras do transhumanismo.

A dificuldade de unidade conceitual do direito civil e alcance de seu âmbito de incidência são genuínos de sua própria abrangência e percurso histórico. Fruto de milênios de sedimentação, seus institutos são antigos, embora a travessia apresente ruptura em suas estruturas e funções. Nas últimas décadas, no caleidoscópio do direito civil foram profundos o seu redimensionamento, a desafiar o intérprete com a supremacia constitucional e, por conseguinte, a necessária conformidade das normas contidas no Código Civil com a axiologia da Constituição. Heloisa Helena Barboza não apenas foi uma observadora privilegiada das transformações do direito civil nas últimas décadas no Brasil, tornando-se protagonista na reconstrução da dogmática civilista à luz da legalidade constitucional, dedicando-se com afinco aos mais diversos temas que desnudam a natureza humana e as vicissitudes da vida, desde antes do seu nascimento até após a sua morte. Com efeito, descortinam-se em cada uma dessas etapas – nascimento, desenvolvimento e terminalidade – as profundas modificações advindas do progresso biotecnológico.

A professora Heloisa Helena Barboza foi a primeira mulher eleita Diretora da Faculdade de Direito da UERJ, em 2020, em 85 anos de história. Tal fato para além de significativo marco de conquista feminina, coroa o percurso marcado indelevelmente com competência, sabedoria, humanidade e coragem, de quem sempre lutou por uma educação pública, de qualidade e gratuita. A presente obra em homenagem à trajetória da Professora Titular de Direito Civil da Faculdade de Direito da Universidade do Estado do Rio de Janeiro serve para descortinar os percursos do direito civil nestes últimos 40 anos, e contou com a participação de orientandos, ex-orientandos, ex-alunos e colegas da Instituição, contendo mais de 40 artigos produzidos por 47 autoras e autores. Só nos resta agradecer as primaveras de devoção ao sacerdócio da docência, de rigor na pesquisa científica e de ensinamentos aos seus eternos alunos e alunas. Oxalá, ainda seremos brindados com os diversos projetos que Heloisa capitaneia. Disposição não lhe falta!

Verão de 2022/2023

Gustavo Tepedino

Vitor Almeida

NOTAS PESSOAIS DOS COORDENADORES[34]

Agora, em particular, registro, em primeira pessoa do singular, este trecho. Na qualidade de seu eterno orientando, seja no mestrado, doutorado ou ainda, principalmente, pela vida. Recordo-me ainda nos idos de 2006, incerto e relutante sobre os rumos da graduação em Direito, ter me deparado durante uma pesquisa na biblioteca, com um texto chamado *A insuficiência dos conceitos jurídicos*, de autoria de Heloisa Helena Barboza, que compunha a obra coletiva *Temas de Biodireito e Bioética*[35]. O olhar atento, crítico e sensível daquelas breves linhas abriram, para mim, verdadeiros horizontes. Compreendi, da maneira mais didática possível, como a perenidade e a solidez dos institutos jurídicos já não atendiam a velocidade e fluidez das transformações contemporâneas, particularmente em razão dos progressos da biotecnociência e biotecnologia. Sem sombra de dúvidas, os anos sob sua segura orientação foram fundamentais para minha formação acadêmica, a partir do seu exemplo de retidão, afetuosidade e disposição. Carrego-as dentro de mim e como um norte, ao ter o privilégio de exercer a docência, assentado em seu legado.

Vitor Almeida

Associo-me à mesma admiração e afeto. Conheci Heloisa quando, em 1986, licenciou-se da Faculdade para o nascimento de sua amada filha Luiza. Como seu substituto, no período que antecedeu meu concurso de ingresso na carreira docente, encantou-me a serenidade e altivez com que conciliava tantas desafiadoras funções, como professora, companheira de marido exigente, mãe zelosa, membro do Ministério Público. Desde então, tive o privilégio de tornar-me seu amigo. Fizemos juntos os concursos para a livre-docência e titularidade. Compartilhamos períodos de profundas mudanças na Universidade, com a criação da Pós-Graduação *lato sensu* na Faculdade de Direito, as sucessivas alterações curriculares, a renovação paulatina e ampliação do quadro docente, o fortalecimento dos programas de extensão, a introdução do regime de cotas com seu benfazejo compromisso de inclusão social. Tenho aprendido muito, ao longo do tempo, com o estilo delicado e modesto com que Heloisa irradia, permanentemente, de forma elegante e deliberadamente despretensiosa, suas lições de direito e da arte de viver. Tenho muito orgulho de nosso companheirismo e fraterna amizade, ao lado da crescente admiração com a qual, seu leitor cativo, acompanho e aplaudo o seu brilhante itinerário.

Gustavo Tepedino

---

34. Os coordenadores agradecem de forma penhorada o auxílio de Pedro Gueiros na organização e sistematização dos textos enviados.
35. BARBOZA, Heloisa Helena. Insuficiência dos Conceitos Jurídicos. In: BARBOZA, Heloisa Helena; BARRETO, Vicente (Orgs.). *Temas de Bioética e Biodireito*. Rio de Janeiro: Renovar, 2001, p. 1-40.

PREFÁCIO
HELOÍSA HELENA BARBOZA:
UMA VIDA EXTRAORDINÁRIA

Esta obra é o reconhecimento a uma das maiores personalidades do Direito Civil. Uma intelectual de primeira linha, cuja trajetória acadêmica é marcada por equilíbrio, serenidade e sabedoria.

A Professora Heloísa Helena Gomes Barboza exerce a docência com dedicação e máximo zelo, características presentes em sua produção intelectual e na condução das suas orientações nos programas e graduação e de pós-graduação *strictu senso* da gloriosa UERJ.

A leitura dos referenciais é *conditio sine qua non* para a compreensão de relevantes temas do Direito Contemporâneo.

A Professora Heloísa Helena Gomes Barboza sempre revelou uma notável curiosidade intelectual. No âmbito do Núcleo de Estudos e Pesquisas em Biodireito – Faculdade de Direito/UERJ, suas investigações científicas nunca se limitaram aos temas convencionais do Direito Privado, sempre voltando sua atenção *cum grano salis* para problemas complexos que exigem tirocínio sofisticado e soluções elegantes. Mereceram sua atenção os intrigantes temas relacionados à *pessoa na era da biopolítica: autonomia, corpo e subjetividade*; aspectos *jurídicos da pesquisa com células-tronco; genes humanos e o princípio da dignidade da pessoa humano; o poder de família e a morte digna dos filhos; procedimentos para redesignação sexual: um procedimento bioeticamente inadequado*, entre outras fascinantes questões do Direito contemporâneo.

Sua inquietação intelectual animou-lhe a cruzar as fronteiras do direito, ao realizar, no auge da sua trajetória, doutorado em Ciência na Escola Nacional de Saúde Pública da Fundação Oswaldo Cruz, sob a orientação do renomado Professor Fermin Roland Schramm.

A partir de contribuições originais, alcançou, mediante concurso público de provas e títulos, as principais posições da carreira acadêmica, sendo livre-docente e professora Titular da Faculdade de Direito da Universidade do Estado do Rio de Janeiro.

Por sua história e liderança, foi a primeira mulher a ser eleita como Diretora da Faculdade de Direito da UERJ, em oitenta e sete anos de existência da nossa *alma mater*. Em seu discurso de posse, lançou palavras que expressam sua profissão de fé na educação, assim dizendo: *"Se há algo que acredito é na educação, pública, gratuita e de qualidade. Uma das finalidades da Faculdade de Direito é apontar soluções. Nós não só estamos criando soluções, como fazendo soluções."*

Pari passu a sua atividade acadêmica, exerceu com distinção a relevante função de membro do Ministério Público do Estado do Rio de Janeiro, culminando sua notável carreira institucional na ascensão ao honroso cargo de procuradora de justiça. Após cumprir com denodo sua missão no *parquet*, passou a atuar com igual destaque como advogada, consultora e parecerista.

A luz desse extraordinário itinerário, a homenagem é mais do que merecida, em razão dos extraordinários contributos prestados ao saber e às instituições do sistema de justiça.

Deveras, pode-se notar que a obra *Trajetórias do Direito Civil* reúne estudos expressivos de professores e pesquisadores que analisaram temáticas atuais e clássicas do Direito Civil com o propósito de colaborar para o aperfeiçoamento doutrinário desta área fascinante, sobretudo, em muitos casos, a partir do diálogo com o pensamento original da Professora Heloísa Helena Barboza.

Nos escritos dos seus orientandos e orientados, pode-se perceber o traço do pensamento da Professora Heloísa Helena Barboza, confirmando a máxima do historiador Henry B. Adams, de que "um professor pode encontrar a eternidade, pois nunca poderemos determinar onde para a sua influência sobre os alunos".

In fine, congratulo os coordenadores e colaboradores deste verdadeiro *festschirift* pela louvável iniciativa e a editora pela oportuna publicação dessa coletânea que surge como um clássico imediato na literatura jurídica nacional.

Brasília, primavera de 2022.

Luiz Fux

Ministro do Supremo Tribunal Federal. Professor Titular de Direito Processual Civil da Faculdade de Direito da Universidade do Estado do Rio de Janeiro – UERJ.

PREFÁCIO

A HOMENAGEADA

Meus caminhos e os da Professora Heloisa Helena Barboza cruzaram-se na Universidade do Estado do Rio de Janeiro – UERJ ao longo dos anos. Heloisa formou-se em 1976, ano em que ingressei na Faculdade, graduando-me em 1980. Pouco à frente, passamos a nos encontrar na Faculdade de Direito como professores: ambos começamos a lecionar no distante ano de 1982. Também na UERJ, Heloisa se tornou Livre-docente e, depois, Professora Titular da Faculdade de Direito.

Heloisa seguiu adiante e ampliou seus horizontes, tornando-se, também, Doutora em Saúde Pública pela Escola Nacional de Saúde Pública Sergio Arouca – ENSP, com a tese "Procedimentos para redesignação sexual: um processo bioeticamente inadequado". Em 2008, concluiu a Especialização em Ética Aplicada e Bioética, pelo Instituto Fernandes Figueira – IFF/FIOCRUZ.

Procuradora de Justiça aposentada do Ministério Público do Estado do Rio de Janeiro, onde foi colega de meu saudoso pai, atua como coordenadora do Núcleo de Estudos e Pesquisas em Biodireito – NEPBIO, da Faculdade de Direito/UERJ e Diretora Executiva do Instituto de Biodireito e Bioética – IBIOS.

Ao longo de sua trajetória acadêmica, publicou uma série de obras, com ênfase em direito civil e biodireito. Dedicou-se a estudar questões desafiadoras, como uniões homoafetivas, transexualidade, pesquisa com células-tronco e princípios da bioética e do biodireito. Contribuiu, também, para o avanço do processo de constitucionalização do direito civil, destacando-se, nesse tema, a coletânea "Código Civil Interpretado conforme a Constituição da República", desenvolvida com os professores Gustavo Tepedino e Maria Celina Bodin.

Em 8 de março de 2022, com o atraso motivado pela pandemia de Covid-19, Heloisa Helena tomou posse como Diretora da Faculdade de Direito da UERJ. Na cerimônia, exaltou não apenas as conquistas das mulheres, mas também a importância da educação pública, gratuita e de qualidade. A data não poderia ser mais emblemática: no dia em que se comemora o Dia Internacional da Mulher, Heloisa tornou-se a primeira mulher a ocupar o cargo em 85 (oitenta e cinco) anos da instituição.

Também neste ano, completa 40 anos de docência na Faculdade de Direito da UERJ. Esta obra coletiva constitui uma homenagem devida e merecida, prestada por professores, alunos e ex-alunos, em louvor de sua trajetória e comprometimento.

O LIVRO: A CONSTITUCIONALIZAÇÃO DO DIREITO CIVIL

As relações entre o direito constitucional e o direito civil atravessaram, nos últimos dois séculos, três fases distintas, que vão da indiferença à convivência intensa. O marco inicial dessa trajetória é a Revolução Francesa, que deu a cada um deles o seu objeto de trabalho: ao direito constitucional, uma Constituição escrita, promulgada em 1791; ao direito civil, o Código Civil napoleônico, de 1804.

Na primeira fase, esses dois ramos do direito ocupavam mundos apartados. A Constituição era vista como uma Carta Política, que servia de referência para as relações entre o Estado e o cidadão, ao passo que o Código Civil era o documento jurídico que regia as relações entre particulares, frequentemente mencionado como a "Constituição do direito privado". O papel da Constituição era limitado, funcionando como uma convocação à atuação dos Poderes Públicos. Já o Código napoleônico, baseado na liberdade individual e na igualdade formal, realizava o ideal burguês de proteção da propriedade e da liberdade de contratar, dando segurança jurídica aos protagonistas do novo regime liberal: o contratante e o proprietário.

A segunda fase é caracterizada pela publicização do direito privado. Ao longo do século XX, com o advento do Estado social e a percepção crítica da desigualdade material entre os indivíduos, o direito civil começa a superar o individualismo exacerbado, deixando de ser o reino soberano da autonomia da vontade. Em nome da solidariedade social e da função social de instituições como a propriedade e o contrato, o Estado começa a interferir nas relações entre particulares, mediante a introdução de normas de ordem pública, em especial para a proteção do lado mais fraco da relação jurídica, como o consumidor e o empregado.

A fase atual é marcada pela passagem da Constituição para o centro do sistema jurídico, de onde passa a atuar como o filtro axiológico pelo qual se deve ler o direito civil. É nesse ambiente que se dá uma importante virada axiológica, tanto pela vinda de normas de direito civil para a Constituição como, sobretudo, pela ida dos valores e princípios da Constituição para o direito civil, dando novo sentido, alcance e ressignificação a muitas de suas normas. Além da centralidade da dignidade da pessoa humana, diversas regras específicas afetaram a prática civilista, como por exemplo: (i) a função social da propriedade e do contrato; (ii) a proteção do consumidor, com o reconhecimento de sua vulnerabilidade; (iii) a igualdade entre os cônjuges; (iv) a igualdade entre os filhos; (v) a boa-fé objetiva; (vi) o efetivo equilíbrio contratual. O direito de família, especialmente, passa por uma revolução, com destaque para a afetividade em prejuízo de concepções puramente formais ou patrimoniais. Passa-se a reconhecer uma pluralidade de formas de constituição da família: (i) casamento; (ii) união estável; (iii) famílias monoparentais; (iv) união homoafetiva.

A constitucionalização do direito civil teve na UERJ o seu berço doutrinário no Brasil, tornando-se uma das principais linhas do nosso programa de Pós-Graduação. Heloísa Helena Barboza participou desse importante desenvolvimento doutrinário, ao lado de outros grandes professores, como Gustavo Tepedino e Maria Celina Bodin de Moraes.

CONCLUSÃO

Heloisa Helena Barboza integra uma geração de juristas notáveis que tem ajudado a repensar o direito civil entre nós. Este livro expressa o reconhecimento não apenas à sua carreira como professora, mas também à sua liderança suave, mas firme, como diretora da Faculdade. Os textos que se seguem abordam temas que se relacionam com a produção bibliográfica da homenageada, de maneira a promover um diálogo com suas reflexões. Boa leitura a todos.

Luís Roberto Barroso
Ministro do Supremo Tribunal Federal.
Professor Titular de Direito Constitucional da Universidade do Estado do Rio de Janeiro – UERJ.

SUMÁRIO

AUTORES V

APRESENTAÇÃO
Gustavo Tepedino e Vitor Almeida IX

NOTAS PESSOAIS DOS COORDENADORES
Gustavo Tepedino e Vitor Almeida XV

PREFÁCIO – HELOÍSA HELENA BARBOZA: UMA VIDA EXTRAORDINÁRIA
Luiz Fux XVII

PREFÁCIO
Luís Roberto Barroso XIX

PARTE I
PESSOA, AUTONOMIA E VULNERABILIDADE NA LEGALIDADE CONSTITUCIONAL

PERSONALIDADE, CAPACIDADE E PROTEÇÃO DA PESSOA COM DEFICIÊNCIA NA LEGALIDADE CONSTITUCIONAL
Gustavo Tepedino e Milena Donato Oliva 3

VULNERABILIDADE E CONSENTIMENTO INFORMADO
Carlos Nelson Konder 19

É POSSÍVEL MITIGAR A CAPACIDADE E A AUTONOMIA DA PESSOA COM DEFICIÊNCIA PARA A PRÁTICA DE ATOS PATRIMONIAIS E EXISTENCIAIS?
Aline de Miranda Valverde Terra e Ana Carolina Brochado Teixeira 29

APOIOS PROSPECTIVOS À PESSOA COM DEFICIÊNCIA: EM BUSCA DE NOVOS INSTRUMENTOS
Vitor Almeida 49

A CAPACIDADE CIVIL LIDA DO AVESSO: A CONSTRUÇÃO DO FUTURO E SEUS DESAFIOS JURÍDICOS

Gabriel Schulman 73

AUTONOMIA E PROTEÇÃO DO ADOLESCENTE NA EMANCIPAÇÃO VOLUNTÁRIA

Maici Barboza dos Santos Colombo 87

AUTONOMIA, VULNERABILIDADE E RESPONSABILIDADE: REFLEXÕES SOBRE O EXERCÍCIO DAS SITUAÇÕES JURÍDICAS EXISTENCIAIS

Bruna Lima de Mendonça 99

O DIREITO DE ASSUMIR RISCOS E COMETER ERROS: O RESPEITO À VONTADE E AS PREFERÊNCIAS DA PESSOA COM DEFICIÊNCIA INTELECTUAL NA TOMADA DE DECISÃO APOIADA

Eduardo Freitas Horácio da Silva 113

TOMADA DE DECISÃO APOIADA: REFLEXÕES SOBRE A CONSTITUIÇÃO DA RELAÇÃO DE APOIO À PESSOA COM DEFICIÊNCIA

Thiago Rosa Soares 127

O DIREITO À SAÚDE DA PESSOA IDOSA

Fabiana Rodrigues Barletta 145

PARTE II
DIREITOS DA PERSONALIDADE
NA ERA TECNOLÓGICA E O PAPEL DO INTÉRPRETE

O STF E A CONSTRUÇÃO DOGMÁTICA DO DIREITO DE PERSONALIDADE NA ERA DA PROTEÇÃO DE DADOS

Luiz Edson Fachin e Roberto Dalledone Machado Filho 159

ACESSO À INFORMAÇÃO PARA A REALIZAÇÃO DE PESQUISAS: ENTRE A PROTEÇÃO DE DADOS PESSOAIS E O AVANÇO CIENTÍFICO

Carlos Edison do Rêgo Monteiro Filho e Diana Loureiro Paiva de Castro 171

O DIREITO AO ESQUECIMENTO NA SOCIEDADE DA INFORMAÇÃO

Guilherme Magalhães Martins 183

A IDENTIDADE CIVIL-CONSTITUCIONAL DA PESSOA HUMANA

Raul Choeri 233

DA LEGITIMIDADE DA RECUSA À TRANSFUSÃO DE SANGUE NO TRATAMENTO DE SAÚDE POR PACIENTE TESTEMUNHA DE JEOVÁ

João Quinelato 239

A TUTELA DO *WANNABE* E A CONFIGURAÇÃO DO ABUSO DA FACETA DINÂMICA DA IDENTIDADE

Lívia Barboza Maia 259

O JURISTA NA SOCIEDADE PÓS-MODERNA: RESGATE DA IMPORTÂNCIA DA TÉCNICA JURÍDICA NA INTERPRETAÇÃO (QUALIFICAÇÃO) E NA APLICAÇÃO DO DIREITO CIVIL À LUZ DO PARADIGMA DO NEOCONSTITUCIONALISMO

Frederico Price Grechi.. 277

PARTE III
DIREITO DAS FAMÍLIAS, REVOLUÇÃO BIOTECNOLÓGICA E IGUALDADE DE GÊNERO

AS FAMÍLIAS CONTEMPORÂNEAS: MUDANÇAS E PERSPECTIVAS FRENTE AOS AVANÇOS MÉDICOS E BIOTECNOLÓGICOS

Guilherme Calmon Nogueira da Gama 313

REFLEXÕES SOBRE A AUTONOMIA PRIVADA AFETIVA: RUMO AO DIREITO DE FAMÍLIA CONTEMPORÂNEO

Samir Namur... 327

A CONSTRUÇÃO DA DOGMÁTICA JURÍDICA DO CUIDADO E DA SOCIOAFETIVIDADE NA FILIAÇÃO – A CONTRIBUIÇÃO DE HELOISA HELENA BARBOZA

Lucia Maria Teixeira Ferreira... 339

A *PRAXIS* DO DIREITO BRASILEIRO E O DIMENSIONAMENTO DA TUTELA AOS INTERESSES DE PAIS E FILHOS NAS AÇÕES DESCONSTITUTIVAS DE PARENTALIDADE

Vanessa Ribeiro Corrêa Sampaio Souza 351

BREVES CONSIDERAÇÕES SOBRE A GUARDA DE CRIANÇAS SOB A PERSPECTIVA DE GÊNERO

Elisa Costa Cruz 363

ECTOGÊNESE, ÚTERO ARTIFICIAL E TUTELA JURÍDICA DO EMBRIÃO: LEVANTANDO PROBLEMAS E SUGERINDO SOLUÇÕES PARA UM FUTURO NÃO TÃO DISTANTE

Manuel Camelo Ferreira da Silva Netto e Carlos Henrique Félix Dantas 371

AUTONOMIA REPRODUTIVA E EMBRIÕES EXCEDENTÁRIOS

Rose Melo Vencelau Meireles 389

A LEI 14.443/22 E O FIM DA NECESSIDADE DE CONSENTIMENTO DO CÔNJUGE PARA A ESTERILIZAÇÃO: REFLEXÕES À LUZ DO PRINCÍPIO CONSTITUCIONAL DA IGUALDADE ENTRE HOMENS E MULHERES E DO DIREITO À AUTONOMIA EXISTENCIAL

Juliana da Silva Ribeiro Gomes Chediek 399

REEQUILIBRANDO A BALANÇA DE PODER: SERIA A INFORMAÇÃO O MECANISMO VIABILIZADOR DE UMA ASSISTÊNCIA OBSTÉTRICA ADEQUADA?

Andressa Souza de Albuquerque 411

PARTE IV
DIREITO DAS SUCESSÕES
À LUZ DA LEGALIDADE CONSTITUCIONAL

MORRER E SUCEDER CONCORRENTEMENTE: PRESENTIFICAÇÃO DO PASSADO

Giselda Hironaka 429

NOTAS SOBRE MOVIMENTOS DO DIREITO BRASILEIRO DAS SUCESSÕES

Daniel Bucar 439

A TRAJETÓRIA DA LEGÍTIMA NO DIREITO SUCESSÓRIO BRASILEIRO: POR UMA AGENDA DE RECONSTRUÇÃO DO INSTITUTO

Caio Pires 453

A RIGIDEZ DO REGIME SUCESSÓRIO DO CÔNJUGE SOBREVIVENTE: NECESSIDADE DE AMPLIAÇÃO DA AUTONOMIA NA SUCESSÃO ENTRE CÔNJUGES

Ana Carolina Velmovitsky 469

ALGUNS PROBLEMAS DA PARTILHA EM VIDA

Ana Carolina Brochado Teixeira e Ana Luiza Maia Nevares 483

PARTE V
NOVAS FRONTEIRAS DA RESPONSABILIDADE CIVIL
NA CONTEMPORANEIDADE

A NECESSÁRIA RELEITURA DA RESPONSABILIDADE CIVIL DO CURADOR E SUA PLASTICIDADE

Nelson Rosenvald e Raquel Bellini Salles 497

ANÁLISE JURISPRUDENCIAL DA RESPONSABILIDADE CIVIL NOS ENSAIOS CLÍNICOS

Paula Moura Francesconi de Lemos Pereira 509

O CHAMADO "ERRO MÉDICO" À LUZ DOS REQUISITOS NORMATIVOS DA RESPONSABILIDADE CIVIL

Eduardo Nunes de Souza 537

PRESCRIÇÃO E RESPONSABILIDADE CIVIL CONTRATUAL: REFLEXÕES SOBRE A ALEGADA UNIFICAÇÃO OCORRIDA NO JULGAMENTO DOS EMBARGOS DE DIVERGÊNCIA 1.280.825/RJ

Gustavo Kloh Muller Neves 549

PARTE VI
RELAÇÕES PATRIMONIAIS, DIREITO DE ACESSO
E PROPRIEDADE INTELECTUAL

O CONTRATO COMO INSTRUMENTO DE GESTÃO DE RISCOS E O PRINCÍPIO DO EQUILÍBRIO CONTRATUAL

Paula Greco Bandeira 559

O PAPEL DA VULNERABILIDADE CONTRATUAL COMO FATOR DE FUNDAMENTAÇÃO (E DE CONTENÇÃO) DA INTERVENÇÃO NOS CONTRATOS

Rodrigo da Guia Silva 571

OS PRAZOS DE INSURGÊNCIA E A PROPRIEDADE INTELECTUAL
Pedro Marcos Nunes Barbosa 583

DIREITOS CULTURAIS E OBRAS ARTÍSTICAS: INTERSEÇÕES!
Allan Rocha de Souza 597

DIREITO DE ACESSO DAS PESSOAS COM DEFICIÊNCIA VISUAL: LIÇÕES DA PANDEMIA PARA OS DIREITOS AUTORAIS
Alexandre de Serpa Pinto Fairbanks... 607

Parte I
PESSOA, AUTONOMIA E VULNERABILIDADE NA LEGALIDADE CONSTITUCIONAL

Parte I

PERSONALIDADE, CAPACIDADE E PROTEÇÃO DA PESSOA COM DEFICIÊNCIA NA LEGALIDADE CONSTITUCIONAL

Gustavo Tepedino

Milena Donato Oliva

Sumário: 1. Introdução: tutela da dignidade humana e insuficiência da noção de sujeito de direitos – 2. Personalidade, subjetividade, capacidade e legitimidade – 3. Incapacidade absoluta e relativa. Releitura das incapacidades e o estatuto da pessoa com deficiência – 4. Mecanismos disponíveis no sistema brasileiro para fins de proteção da pessoa com deficiência – 5. Conclusão.

1. INTRODUÇÃO: TUTELA DA DIGNIDADE HUMANA E INSUFICIÊNCIA DA NOÇÃO DE SUJEITO DE DIREITOS

O reconhecimento da vulnerabilidade[1] da pessoa humana nas suas mais variadas configurações é aspecto a ser sempre destacado na Constituição da República de 1988. Ao elevar a dignidade humana ao vértice do ordenamento jurídico, optou o constituinte por se afastar das categorias abstratas e formais em prol de hermenêutica emancipatória. Eis o giro repersonalizante promovido pela Constituição da República de 1988,[2] que passa a se preocupar com a pessoa concretamente considerada, conclamando intervenção protetiva, em atenção aos princípios da solidariedade social e da isonomia substancial.

Isto significa que o indivíduo, elemento subjetivo basilar e neutro do direito civil codificado, deu lugar, no cenário das relações de direito privado, à pessoa humana, para cuja promoção se volta a ordem jurídica como um todo.[3] A pessoa humana, portanto, qualificada na concreta relação jurídica em que se insere, de acordo com o valor social de sua atividade, e protegida pelo ordenamento segundo o grau de vulnerabilidade que apresenta, torna-se a categoria central do direito privado.[4]

---

1. Sobre a noção vulnerabilidade, cf. BARBOZA, Heloisa Helena. Vulnerabilidade e cuidado: aspectos jurídicos. In: PEREIRA, Tânia da Silva e OLIVEIRA, Guilherme de (Coord.). *Cuidado e vulnerabilidade*. São Paulo: Atlas, 2009, p. 106-118.
2. FACHIN, Luiz Edson, *Estatuto jurídico do patrimônio mínimo*. Rio de Janeiro: Renovar, 2006, p. 231-252. V. tb. CARVALHO, Orlando de, *A teoria geral da relação jurídica: seu sentido e limites*, Coimbra: Centelha, 1981, p. 90-98.
3. TEPEDINO, Gustavo. A tutela da personalidade no ordenamento civil-constitucional brasileiro. *Temas de Direito Civil*, Rio de Janeiro: Renovar, 2008, p. 53.
4. "Si può dire che si passa dalla considerazione kelseniana del soggetto come 'unità personificata di norme', dalla stessa persona fisica tutta risolta in 'unità di doveri e diritti', alla persona come via per il recupero integrale dell'individualità e per l'identificazione dei valori fondativi del sistema, dunque da una nozione che predicava indifferenza e neutralità ad una che impone attenzione per il modo in cui il diritto entra nella vita, e si fa così tramite di un diverso insieme di criteri di riferimento" (RODOTÁ, Stefano. *Dal soggetto alla persona*, Napoli: Editoriale Scientifica, 2007, p. 25).

É de se destacar, nesse contexto, a promulgação do Estatuto da Pessoa com Deficiência (Lei 13.146/2015), elaborado em consonância com a Convenção sobre os Direitos da Pessoa com Deficiência (CDPD),[5] que possui *status* constitucional no direito brasileiro.[6] A norma tem por objetivo revisitar o modelo abstrato das incapacidades no que concerne às pessoas com deficiência, devendo-se verificar, no caso concreto, em que medida estes necessitam de especial amparo, de maneira a tutelar adequadamente sua condição de vulnerabilidade sem alijá-los do controle de sua vida.[7]

2. PERSONALIDADE, SUBJETIVIDADE, CAPACIDADE E LEGITIMIDADE

As normas do Código Civil que disciplinam a titularidade e o exercício de direitos devem ser interpretadas tendo em conta a centralidade dos valores constitucionais, em especial a dignidade humana e a primazia das situações existenciais. Somente assim será possível individuar adequadamente as noções de personalidade, subjetividade, capacidade, legitimidade e a normativa aplicável.

Preceitua o art. 1º do Código Civil de 2002 que "toda pessoa é capaz de direitos e deveres na ordem civil". Significa dizer que todas as pessoas, indistintamente, possuem aptidão para participar de relações jurídicas, adquirindo direitos e contraindo deveres. Essa noção qualitativa é tradicionalmente designada pela doutrina como personalidade, ou, ainda, como capacidade de direito ou de gozo.[8] A capacidade de fato, por sua vez, refere-se à possibilidade de a pessoa exercer por si os seus direitos.[9]

---

5. "(...) a Convenção sobre os Direitos da Pessoa com Deficiência foi ratificada pelo Brasil com o *status* de norma constitucional. Constitui o primeiro tratado do sistema universal de direitos humanos do Século XXI, cujos princípios cardiais são o '*in dubio pro capacitas*' e o da 'intervenção mínima' e, nesse aspecto, promove uma reviravolta no regime das incapacidades e no sistema de direito protetivo pautado na substituição de vontades" (MENEZES, Joyceane Bezerra de. O direito protetivo no Brasil após a convenção sobre a proteção da pessoa com deficiência: impactos do novo CPC e do Estatuto da Pessoa com Deficiência. *Civilística*, a. 4, n. 1, 2015, p. 5. Disponível em: https://civilistica.com/?s=O+direito+protetivo+no+Brasil+ap%C3%B3s+a+conven%C3%A7%C3%A3o+sobre+a+prote%C3%A7%C3%A3o+da+pessoa+com+defici%C3%AAncia . Acesso em: 28 jun. 2022).
6. Art. 1º, parágrafo único, Lei 13.146/2015: "Esta Lei tem como base a Convenção sobre os Direitos das Pessoas com Deficiência e seu Protocolo Facultativo, ratificados pelo Congresso Nacional por meio do Decreto Legislativo nº 186, de 9 de julho de 2008, em conformidade com o procedimento previsto no § 3º do art. 5º da Constituição da República Federativa do Brasil, em vigor para o Brasil, no plano jurídico externo, desde 31 de agosto de 2008, e promulgados pelo Decreto 6.949, de 25 de agosto de 2009, data de início de sua vigência no plano interno".
7. Art. 1º, Lei 13.146/2015: "É instituída a Lei Brasileira de Inclusão da Pessoa com Deficiência (Estatuto da Pessoa com Deficiência), destinada a assegurar e a promover, em condições de igualdade, o exercício dos direitos e das liberdades fundamentais por pessoa com deficiência, visando à sua inclusão social e cidadania".
8. BEVILAQUA, Clovis. *Código Civil dos Estados Unidos do Brasil*. Rio de Janeiro: Francisco Alves, 1956, v. I, p. 138-139; MONCADA, Luís Cabral. *Lições de Direito Civil*. Coimbra: Almedina, 1995, p. 250; ANDRADE, Manuel A. Domingues de. *Teoria Geral da Relação Jurídica*. Coimbra: Almedina, 2003, v. I, p. 30-31; e GONÇALVES, Luiz da Cunha. *Tratado de Direito Civil*, Coimbra: Coimbra Editora, 1929, v. I, p. 168. Nas palavras de San Tiago Dantas: "A capacidade abstrata, essa que constitui o conteúdo da personalidade, todo homem a tem inalterada desde o momento em que nasce até o momento em que morre. Tem um ano, e já pode comprar e vender, e já tem herança, e já tem todos os direitos imaginários, com exceção daqueles que a sua imaturidade obriga o legislador a lhe restringir, como, por exemplo, a capacidade matrimonial. De sorte que a capacidade jurídica não se altera" (*Programa de Direito Civil*, 3. ed. Rio de Janeiro: Forense, 2001, p. 136).
9. Sobre o tema, v. ANDRADE, Manuel A. Domingues de. *Teoria Geral da Relação Jurídica*, cit., p. 31; GOMES, Orlando. *Introdução ao Direito Civil*, Rio de Janeiro: Forense, 2001, p. 165-166; Luiz da Cunha Gonçalves, *Tra-*

Além da capacidade para as relações jurídicas em geral, deve-se verificar a legitimação, isto é, a aptidão do sujeito para figurar como parte em determinadas relações jurídicas especificamente consideradas pelo legislador.[10] Vale dizer, muito embora capaz, é possível que, em virtude da valoração legislativa dos interesses em jogo, falte-lhe legitimação para agir, como o tutor para adquirir bens do tutelado[11] e o ascendente para alienar bem a descendente sem o consentimento dos outros descendentes e do cônjuge.[12]

Note-se que, a rigor, há dois sentidos técnicos para o conceito de personalidade. O primeiro confunde-se com a noção de capacidade de gozo, associando-se à qualidade para ser sujeito de direito, conceito aplicável tanto às pessoas físicas quanto às jurídicas. O segundo, por outro lado, traduz o conjunto de características e atributos da pessoa humana, considerada como objeto de proteção prioritária pelo ordenamento, sendo peculiar, portanto, à pessoa natural.[13]

Na medida em que a busca da realização da dignidade da pessoa humana consubstancia o fim último do ordenamento,[14] deve-se apartar conceitualmente a personalidade como valor próprio da pessoa natural, da noção de personalidade tradicionalmente empregada, isto é, como aptidão para ser sujeito de direitos e de obrigações, a qual, por

---

tado de Direito Civil, cit., p. 170; TEPEDINO, Gustavo. BARBOZA, Heloisa Helena; MORAES, Maria Celina Bodin de et al. *Código Civil Interpretado Conforme a Constituição da República*. Rio de Janeiro: Renovar, 2007, v. I, p. 5; MONCADA, Luís Cabral de. *Lições de Direito Civil*, cit., p. 252 e LOPES, Miguel Maria de Serpa. *Curso de Direito Civil*. Rio de Janeiro: Freitas Bastos, 1995, v. I, p. 305.

10. Washington de Barros Monteiro ressalta que: "Do ponto de vista doutrinário, distingue-se a capacidade de gozo da chamada *legitimação*. Conquanto tenha capacidade de gozo, a criatura humana pode achar-se inibida de praticar determinado ato jurídico, em virtude de sua posição especial em relação a certos bens, certas pessoas ou certos interesses" (*Curso de Direito Civil*. São Paulo: Saraiva, 2007, v. I, p. 67). Na definição de Luís A. Carvalho Fernandes: "Assim, por *legitimidade* entendemos a *susceptibilidade de certa pessoa exercer um direito ou cumprir uma vinculação resultante de uma relação existente entre essa pessoa e o direito ou a vinculação em causa*" (*Teoria Geral do Direito Civil*. Lisboa: Lex, 1995, v. I, p. 121). V. tb. Rafael Garcia Rodrigues, A pessoa e o ser humano no Código Civil. In: TEPEDINO, Gustavo (Coord.). *O Código Civil na perspectiva civil-constitucional*. Rio de Janeiro: Renovar, 2013, p. 30; AZEVEDO, Álvaro Villaça e NICOLAU, Gustavo Rene. *Código Civil comentado*: das pessoas e dos bens: artigos 1º a 103, São Paulo: Atlas, 2007, v. I, p. 30.

11. Art. 1.749, Código Civil: "Ainda com a autorização judicial, não pode o tutor, sob pena de nulidade: I – adquirir por si, ou por interposta pessoa, mediante contrato particular, bens móveis ou imóveis pertencentes ao menor; (...)". Art. 497, Código Civil: "Sob pena de nulidade, não podem ser comprados, ainda que em hasta pública: I – pelos tutores, curadores, testamenteiros e administradores, os bens confiados à sua guarda ou administração; (...)".

12. Art. 496, Código Civil: "É anulável a venda de ascendente a descendente, salvo se os outros descendentes e o cônjuge do alienante expressamente houverem consentido. Parágrafo único. Em ambos os casos, dispensa-se o consentimento do cônjuge se o regime de bens for o da separação obrigatória".

13. "É que a personalidade, a rigor, pode ser considerada sob dois pontos de vista. Sob o ponto de vista dos atributos da pessoa humana, que a habilita a ser sujeito de direito, tem-se a personalidade como capacidade, indicando a titularidade das relações jurídicas. É o ponto de vista estrutural (atinente à estrutura das situações jurídicas subjetivas), em que a pessoa, tomada em sua subjetividade, identifica-se como o elemento subjetivo das situações jurídicas. De outro ponto de vista, todavia, tem-se a personalidade como conjunto de características e atributos da pessoa humana, considerada como objeto de proteção por parte do ordenamento jurídico. A pessoa, vista deste ângulo, há de ser tutelada das agressões que afetam a sua personalidade, identificando a doutrina, por isso mesmo, a existência de situações jurídicas subjetivas oponíveis *erga omnes*" (TEPEDINO, Gustavo. *A tutela da personalidade no ordenamento civil-constitucional brasileiro*, cit., p. 28-29).

14. Cf. TEPEDINO, Gustavo. *Esboço de uma classificação funcional dos atos jurídicos*, cit., p. 101-109.

concernir a elemento estrutural da relação jurídica, igualmente é atribuída às pessoas jurídicas.[15]

Tal como a pessoa humana, a pessoa jurídica encontra-se dotada de *subjetividade*, conferindo-se-lhe a capacidade para ser sujeito de direito. Somente no sentido tradicional, portanto, pode-se identificar as noções de personalidade e capacidade, equiparação que, justificando-se no passado, hoje deve ser afastada, na medida em que a personalidade se torna objeto de tutela jurídica. Para evitar semelhante confusão, a doutrina contemporânea aparta a noção de subjetividade daquela de personalidade,[16] esta expressão da dignidade da pessoa humana e objeto de tutela privilegiada pela ordem jurídica constitucional.

Desse modo, a equiparação conceitual entre personalidade (na acepção subjetiva) e capacidade deve ser afastada em um sistema no qual a personalidade (entendida objetivamente) passa a ser objeto de proteção privilegiada, ocupando a dignidade da pessoa humana posição central no ordenamento. Preferível, assim, afirmar que, tal como a pessoa humana, a pessoa jurídica é dotada de subjetividade, possuindo capacidade para ser sujeito de direito.[17]

A subjetividade, dessa forma, indica uma qualidade, a aptidão para ser sujeito de direito – correspondendo ao conceito de capacidade de gozo –, ao passo que a capacidade de fato consiste na intensidade do seu conteúdo, sendo, por isso mesmo, considerada

---

15. No que tange aos equívocos resultantes da dualidade de sentidos para o termo personalidade, cf. TEPEDINO, Gustavo; BARBOZA, Heloisa Helena; MORAES, Maria Celina Bodin de et al. *Código Civil Interpretado Conforme a Constituição da República*, cit., p. 4-5. De acordo com Pietro Perlingieri: "Soggetto non è personalità; quando ci si limita al solo profilo della soggettività, del attitudine cioè ad essere titolare di situazioni giuridiche soggettive non s'è ancóra detto che si discorre di personalità. La personalità è valore obiettivo, interesse, bene giuridicamente rilevante. Valore e bene che si attuano in forma dinamica dalla nascita alla morte della persona, la quale, a sua volta, si sviluppa con una propria formazione, con una propria educazione, con proprie scelte. Tutto questo attiene alla dinamica della personalità, alla personalità come valore e non come capacità giuridica o soggettività. Una tale concezione consente anche di superare l'equivoco della dottrina, dovuto al seguente sillogismo: capacità giuridica, quindi soggettività, significa personalità; e poiché anche la persona giuridica è soggettività, essa avrebbe capacità giuridica, la tutela della personalità non si limiterebbe alla persona fisica ma s'estenderebbe alla persona giuridica. Si vuole, cioè, prospettare la tutela della personalità in forma unitaria, mettendo sullo stesso piano, per lo meno tendenzialmente, la persona fisica e la persona giuridica. È un grosso equivoco, molte volte non inconsapevole, dovuto ad una scelta che non è rispondente ai principi della Costituzione" (*La persona e i suoi diritti*. Napoli: Edizioni Scientifiche Italiane, 2005, p. 13).
16. Eis a lição insuspeita de António Menezes Cordeiro, *Tratado de Direito Civil Português*. Coimbra: Almedina, 2000, v. I, Parte Geral, t. I, p. 201-204. Na doutrina brasileira, Rose Melo Vencelau Meireles anota: "As noções de pessoa, personalidade e relação jurídica têm sido desenvolvidas na perspectiva dos interesses meramente patrimoniais. A pessoa é o sujeito de direitos (subjetivos), aquele que tem personalidade e quem pode polarizar uma relação jurídica, seja como titular de direito subjetivo, seja como obrigado a um dever jurídico. Contudo, a pessoa não deve ser reduzida ao mesmo nível das coisas ou fatos, a mero elemento da relação jurídica (...). A pessoa *é* em si, não apenas *tem* para si titularidades. O *ser* alça patamar central nos valores constitucionais" (*Autonomia privada e dignidade humana*. Rio de Janeiro: Renovar, 2009, p. 15-16).
17. Sobre o ponto, Gustavo Tepedino, Crise de fontes normativas e técnica legislativa na parte geral do Código Civil de 2002. In: TEPEDINO, Gustavo (Coord.). *O Código Civil na perspectiva civil-constitucional*. Rio de Janeiro: Renovar, 2013, p. 12). Nesta perspectiva, aduz Pietro Perlingieri: "La personalità non è il presupposto di diritti ed obblighi, come vorrebbero gli studiosi che maggiormente hanno trattato questo argomento, perché con tale affermazione s'identifica la personalità con la soggettività e con la capacità giuridica" (*La persona e i suoi diritti*, cit., p. 14).

a medida da subjetividade.[18] Por conseguinte, a subjetividade, não já a personalidade, pode ser atribuída às pessoas jurídicas. Somente as pessoas naturais, por sua vez, são dotadas de personalidade e, por isso mesmo, constituem objeto de proteção máxima pelo ordenamento.[19]

3. INCAPACIDADE ABSOLUTA E RELATIVA. RELEITURA DAS INCAPACIDADES E O ESTATUTO DA PESSOA COM DEFICIÊNCIA

Como nem todas as pessoas dispõem de capacidade de fato, o direito tradicionalmente oferece mecanismos para suprir dois diversos níveis de incapacidade, diferenciando o absolutamente incapaz, cujos atos da vida civil deverão ser efetuados, em seu nome e em seu exclusivo interesse, por representante definido por lei, do relativamente incapaz, que pratica, ele próprio, os atos da vida civil, embora assistido por pessoas especialmente designadas pelo legislador para este fim. A manifestação volitiva do absolutamente incapaz, efetuada sem o intermédio de representante, acarreta a nulidade do ato, conforme dispõe o art. 166, I, Código Civil;[20] de outra parte, os atos realizados por relativamente incapaz sem a devida assistência consideram-se anuláveis.[21]

---

18. V. TEPEDINO, Gustavo; BARBOZA, Heloisa Helena; MORAES, Maria Celina Bodin de et al. *Código Civil Interpretado Conforme a Constituição da República*, cit., p. 5.
19. Observa Pietro Perlingieri que: "Persona non significa ancóra personalità; capacità giuridica e personalità, anche sul piano strettamente civilistico, non coincidono, perchè la capacità giuridica, cioè la soggettività, è valore che si esprime soltanto sul piano strutturale, mentre la personalità è, per definizione, titolarità istituzionale di certe situazioni giuridiche soggettive ed è presente anche dove la capacità giuridica o non v'è più o ancóra manca. Non si può, cioè, identificare personalità e capacità giuridica, in quanto l'ordinamento appresta una forma di tutela della personalità anche a favore di nascituri, che ancóra non hanno la capacità giuridica, e di defunti, che l'hanno perduta. Sotto il profilo strettamente civilistico, quindi, la capacità giuridica non s'identifica con la personalità, perché personalità v'è anche dove manca la capacità giuridica e perché la capacità giuridica l'hanno anche le persone giuridiche che non hanno diritto a certe forme di tutela della personalità *(riservate appunto alle sole persone fisiche)*" (*La persona e i suoi diritti*, cit., p. 13-14). Cabe transcrever, ainda no âmbito do direito italiano, os ensinamentos de Davide Messinetti: "Per tutto quanto è stato detto, non è difficile desumere che la norma dell'art. 2 cost. fonda un concetto di 'persona' (o 'personalità') che non può essere messo in relazione con la soggettività giuridica che si esprime nella nozione de 'capacità giuridica'. La norma dell'art. 2 cost. e quella dell'art. 1 c.c. presiedono ad esigenze e finalità diverse. Il rilevare dei soggetti quali centri di interessi si manifesta nella titolarità delle situazioni giuridiche soggettive: la 'capacità giuridica' rappresenta dunque la qualità giuridica generale del soggetto in virtù della quale esso acquista l'attitudine alla titolarità di situazioni soggettive e, in quanto tale, diventa destinatario degli effetti giuridici che derivano o possono derivare dalle fattispecie poste in essere. La partecipazione dell'uomo alla vita del diritto, che si manifesta attraverso le vicende dei fatti giuridici, presuppone che vi sia un soggetto capace di diventare titolare degli effetti giuridici che tali vicende vengono a determinare. (...). Così precisato il rapporto tra la capacità giuridica e la norma da cui viene posta in essere come qualità soggettiva generale, appare chiaro che essa non può incidere sul riconoscimento del soggetto come persona, in quanto il significato intrinseco di quest'ultima qualificazione – come abbiamo dimostrato – non si colloca nell'ordine della causalità giuridica e, di conseguenza, rispetto ad essa non possono svolgere alcun ufficio quelle qualità (sia generali, sia speciali) che fanno del soggetto il punto di collegamento tra un fatto ed un effetto nel mondo giuridico. Tali considerazioni escludono la legittimità di qualsiasi tentativo di costruire una nozione unitaria di soggettività, in cui confluiscano la capacità giuridica e il valore giuridico di persona" (*Personalità*. Enciclopedia del Diritto, n. 33, Giuffrè, 1983, p. 374-375).
20. Código Civil: "Art. 166. É nulo o negócio jurídico quando: I – celebrado por pessoa absolutamente incapaz; (...)".
21. Código Civil: "Art. 171. Além dos casos expressamente declarados na lei, é anulável o negócio jurídico: I – por incapacidade relativa do agente; (...)"

Formulou-se regime das incapacidades para a proteção do incapaz, considerado destituído de vontade idônea para a prática, por si mesmo, de atos da vida civil. Nada obstante, o modelo de proteção abstrato, que diferencia a incapacidade em absoluta ou relativa, sem permitir a modulação dos efeitos da incapacidade, salvo em hipóteses específicas, como no caso do pródigo,[22] acabou por indevidamente tolher a sua autonomia, notadamente nas situações existenciais.[23]

Se nas situações patrimoniais mostra-se possível dissociar a titularidade do exercício, nas existenciais tal não se afigura viável.[24] Por isso, impossibilitar aos incapazes a escolha, por si mesmos, de constituir família, procriar, registrar filhos, interferir na educação destes, equivale a alijá-los dessas situações existenciais. Daí a necessidade de o regime das incapacidades ser aplicado de forma diversa para relações patrimoniais e existenciais.[25] Nessa esteira, o Enunciado 138 da III Jornada de Direito Civil assim estipula: "A vontade dos absolutamente incapazes, na hipótese do inc. I do art. 3º, é juridicamente relevante na concretização de situações existenciais a eles concernentes, desde que demonstrem discernimento bastante para tanto". O Enunciado 574 da VI Jornada de Direito Civil estabelece que: "A decisão judicial de interdição deverá fixar os limites da curatela para todas as pessoas a ela sujeitas, sem distinção, a fim de resguardar os direitos fundamentais e a dignidade do interdito (art. 1.772)".

E mais: sendo a incapacidade limitadora do poder decisório, mesmo nas relações patrimoniais não pode ter alcance que supere a proteção necessária ao incapaz, aprisionando-o em esquemas abstratos e formais. Uma vez que a incapacidade retira da

---

22. Art. 1.782 do Código Civil: "A interdição do pródigo só o privará de, sem curador, emprestar, transigir, dar quitação, alienar, hipotecar, demandar ou ser demandado, e praticar, em geral, os atos que não sejam de mera administração". A interdição do pródigo deverá se restringir aos atos que, no caso concreto, coloquem em risco o patrimônio do incapaz, não sendo merecedora de tutela a sentença que, de forma genérica, reduza a capacidade sem justificativa consistente, impedindo-lhe de exercer, por si só, atos cuja prática não acarrete a ameaça patrimonial que se pretende debelar. Em última análise, a sentença que retira a capacidade reduz a liberdade individual, em que se expressa a dignidade da pessoa humana, devendo por isso mesmo ser parcimoniosamente proferida e interpretada de modo restritivo. Na doutrina, cf. MONTEIRO, Washington de Barros. *Curso de Direito Civil*, cit., p. 72; RODRIGUES, Silvio. *Direito Civil*, cit., v. I, p. 53.
23. "O estado pessoal patológico ainda que permanente da pessoa, que não seja absoluto ou total, mas graduado e parcial, não se pode traduzir em uma série estereotipada de limitações, proibições e exclusões que, no caso concreto, isto é, levando em conta o grau e a qualidade do déficit psíquico, não se justificam e acabam por representar camisas de força totalmente desproporcionadas e, principalmente, em contraste com a realização do pleno desenvolvimento da pessoa" (PERLINGIERI, Pietro. *O Direito Civil na Legalidade Constitucional*, cit., p. 781). V. também: ALMEIDA, Vitor. *A capacidade civil das pessoas com deficiência e os perfis da curatela*, Belo Horizonte: Fórum, 2019, p. 168-186.
24. "Na categoria do ser não existe dualidade entre sujeito e objeto, pois ambos representam o ser, e a titularidade é institucional, orgânica. Quando o objeto de tutela é a pessoa, a perspectiva deve mudar: torna-se uma necessidade lógica reconhecer, em razão da natureza especial do interesse protegido, que é exatamente a pessoa a constituir ao mesmo tempo o sujeito titular do direito e o ponto de referência objetivo da relação" (PERLINGIERI, Pietro. *O Direito Civil na Legalidade Constitucional*, cit., p. 764).
25. Ressalta Ana Carolina Brochado Teixeira o regime das incapacidades "só faz sentido se funcionalizado aos objetivos constitucionais. Se o regime das incapacidades visa ao resguardo do incapaz no trânsito jurídico patrimonial, tendo em vista que tenciona atribuir segurança às relações intersubjetivas, ele deve ser visto de forma qualitativamente diversa no que tange às situações jurídicas existenciais" (Deficiência psíquica e curatela: reflexões sob o viés da autonomia privada. *Revista Brasileira de Direito das Famílias e Sucessões*, n. 7, p. 70, 2009).

pessoa a possibilidade de agir conforme suas próprias orientações, deve ser revisitado o regime das incapacidades, assegurando-se ao máximo ao incapaz o respeito às suas opções de vida, em obediência à vertente personalista constitucional.[26] Os efeitos da incapacidade devem ser proporcionais à exata medida da ausência do discernimento,[27] para que o intuito protetivo não se reverta em indevida supressão da autonomia do sujeito.[28]

Cuida-se, assim, de assegurar mecanismos para que aqueles que não possuam pleno discernimento sejam protegidos e para que o exercício das situações existenciais seja expandido ao máximo possível, adotando-se como parâmetro o concreto discernimento, não já padrões abstratos.[29] Em uma palavra, a incapacidade, como mecanismo protetivo, precisa se ajustar às necessidades do incapaz, o que se mostra especialmente relevante nas situações existenciais.[30]

---

26. TEIXEIRA, Ana Carolina Brochado; RODRIGUES, Renata de Lima. *A renovação do instituto da curatela e a autonomia privada do incapaz no âmbito existencial*: uma reflexão a partir da esterilização de pessoa maior incapaz, cit., p. 36.
27. Colhe-se dos Tribunais: "Civil. Processo civil. Ação de interdição. Transtorno afetivo bipolar e mental. Comprovação de incapacidade parcial. Patologia controlada. Capacidade gestão atos cotidianos e remuneração. 1) Nos casos de curatela deve-se sempre considerar a excepcionalidade da medida, bem como a necessidade de preservação da esfera personalíssima do interditado, conforme suas capacidades atestadas. 2) O ajuste dos limites da curatela às condições pessoais do interditado mostra-se possível e, acima de tudo, recomendável. Desta forma, como restou comprovado que a apelante, apesar de não possuir discernimento para a prática de alguns atos da vida civil, possui plena possibilidade de gestão de sua própria remuneração, no que tange aos atos cotidianos, impõe-se a reforma da r. sentença apenas nesse ponto. 3) Apelação conhecida e provida" (TJDFT, Apelação Cível 20140510102588, 6ª T. C., Rel. Des. Ana Maria Duarte Amarante Brito, julgado em 02.03.2016). V. tb. TJRJ, 22ª C.C., Apelação Cível 0027948-17.2018.8.19.0054, Rel. Des. Carlos Santos de Oliveira, julgado em 15.05.2022; TJMG, 2ª C.C., Apelação Cível 1.0000.20.599218-3/001, Rel. Des. Raimundo Messias Júnior, julgado em 25.01.2022; TJMG, Apelação Cível 1649462-38.2004.8.13.0079, 6ª CC., Rel. Des. Maurício Barros, julgado em 12.02.2008; TJRJ, Apelação Cível 0008400-14.2009.8.19.0024, 3ª Câmara Cível, Des. Rel. Renata Cotta, julgado em 07.11.2013; TJSP, 3ª Câmara de Direito Privado, Rel. Des. Donegá Morandini, julgado em 29.04.2022; TJSP, Apelação cível 006099-67.2007.8.26.0032, 9ª Câmara de Direito Privado, Des. Rel. Piva Rodrigues, julgado em 27.03.2012 e TJSP, Apelação Cível 0012231-73.2011.8.26.0002, 4ª CDP, Rel. Des. Maia da Cunha, julgado em 08.08.2013.
28. TEIXEIRA, Ana Carolina Brochado e RODRIGUES, Renata de Lima. *A renovação do instituto da curatela e a autonomia privada do incapaz no âmbito existencial*: uma reflexão a partir da esterilização de pessoa maior incapaz, cit., p. 36; RODRIGUES, Rafael Garcia. *A pessoa e o ser humano no novo Código Civil*, cit., p. 43.
29. "Não se pode identificar o insuficiente desenvolvimento intelectual com a incapacidade que consiste na falta das faculdades de entender e de querer (...). Tal figura refere-se mais ao ato individual do que ao estado da pessoa, mesmo porque seria difícil definir o significado geral do saber entender e mais ainda o do saber querer. A falta de aptidão para saber entender não se configura sempre como absoluta, apresentando-se, no mais da vezes, por setores ou por setores ou por esferas de interesses; de modo que a *incapacità naturale* construída, do ponto de vista jurídico, como uma noção permanente, geral e abstrata pode se traduzir em uma ficção e, de qualquer modo, em uma noção que não responde à efetiva não idoneidade psíquica para realizar determinados atos e não outros, para se orientar em alguns setores e não em outros. Dessa situação deriva, por um lado, a necessidade de recusar preconceitos jurídicos, nos quais pretender armazenar a variedade do fenômeno do déficit psíquico; por outro lado, a oportunidade que o próprio legislador evite regulamentar a situação do portador de deficiência de maneira abstrata e, por isso, rígida, propondo estabelecer taxativamente o que lhe é proibido e o que lhe é permitido fazer" (PERLINGIERI, Pietro. *O Direito Civil na Legalidade Constitucional*, cit., p. 779-780).
30. Na lição de Pietro Perlingieri: "É, preciso, ao contrário, privilegiar, na medida do possível, as escolhas de vida que o deficiente psíquico é capaz concretamente de exprimir ou em relação às quais manifesta grande propensão. A disciplina da interdição não pode ser traduzida em uma incapacidade legal absoluta, em uma `morte civil'. Quando concretas, possíveis, ainda que residuais, faculdades intelectuais e afetivas podem ser realizadas de

O Estatuto da Pessoa com Deficiência veio ao encontro dessas preocupações, com foco na pessoa com deficiência.[31] Após o EPD, são considerados absolutamente incapazes apenas os menores de 16 anos (art. 3º do Código Civil). Embora essa alteração suscite dúvida (como enquadrar adequadamente a pessoa que se encontra, por exemplo, em estado vegetativo),[32] o EPD pretende a identificação, no caso concreto, da real aptidão psíquica e cognitiva, tutelando a autonomia do sujeito o máximo possível.[33]

O sistema das incapacidades, dessa forma, sofreu importante alteração pelo Estatuto da Pessoa com Deficiência, que buscou criar mecanismo protetivo que leve em consideração no caso concreto o efetivo poder de autodeterminação do sujeito.[34] O cerne

---

maneira a contribuir para o desenvolvimento da personalidade, é necessário que sejam garantidos a titularidade e o exercício das expressões de vida que, encontrando fundamento no status personae e no status civitatis, sejam compatíveis com a efetiva situação psicofísica do sujeito. (...) a excessiva proteção traduzir-se-ia em uma terrível tirania" (*O Direito Civil na Legalidade Constitucional*, cit., p. 781-782).

31. Art. 2º, Lei 13.146/2015: "Considera-se pessoa com deficiência aquela que tem impedimento de longo prazo de natureza física, mental, intelectual ou sensorial, o qual, em interação com uma ou mais barreiras, pode obstruir sua participação plena e efetiva na sociedade em igualdade de condições com as demais pessoas".

32. O art. 4º, III, do Código Civil trata como relativamente incapazes "aqueles que, por causa transitória ou permanente, não puderem exprimir sua vontade", mas, a rigor, o estado vegetativo é incompatível com o instituto da assistência. Sobre o tema, v. BARBOZA, Heloisa Helena; ALMEIDA, Vitor. A capacidade civil à luz do Estatuto da Pessoa com Deficiência. In: MENEZES, Joyceane Bezerra de (Org.). *Direito das pessoas com deficiência psíquica e intelectual nas relações privadas*: Convenção sobre os direitos da pessoa com deficiência e Lei Brasileira de Inclusão. Rio de Janeiro: Processo, 2016, p. 264-265; SOUZA, Eduardo Nunes de; SILVA, Rodrigo da Guia. Dos negócios jurídicos celebrados por pessoa com deficiência psíquica e/ou intelectual: entre a validade e a necessidade de proteção da pessoa vulnerável. In: MENEZES, Joyceane Bezerra de (Org.), *Direito das pessoas com deficiência psíquica e intelectual nas relações privadas*: Convenção sobre os direitos da pessoa com deficiência e Lei Brasileira de Inclusão. Rio de Janeiro: Processo, 2016, p. 313; CORREIA, Atalá. Estatuto da Pessoa com Deficiência traz inovações e dúvidas. *Consultor Jurídico*. Disponível em: http://www.conjur.com.br/2015-ago-03/direito-civil-atual-estatuto-pessoa-deficiencia-traz-inovacoes-duvidas. Acesso em: 18 maio 2022.

33. "Vimos que a noção de discernimento é nuançada, graduada, sendo assim percebida pelo Direito. Assim, para averiguar e mensurar se alguém não tem discernimento, ou a medida da redução do discernimento, deve o intérprete operar um raciocínio *atento às singularidades* da pessoa ("raciocínio por concreção") diverso do que desenvolve quando a incapacidade é determinada em vista de uma categoria genérica, como a idade, por exemplo. Não é a pessoa como abstrato sujeito, mas é a pessoa de carne e osso, em sua concretitude e em suas circunstâncias, que deverá estar no centro do raciocínio" (MARTINS-COSTA, Judith. Capacidade para consentir e esterilização de mulheres. In: MARTINS-COSTA, Judith; MOLLER, Letícia Ludwig (Org.). *Bioética e responsabilidade*. Rio de Janeiro: Forense, 2009, p. 326). "Por força da lei devem ser respeitados os diferentes estágios do desenvolvimento da pessoa. Os até então silenciosos passaram a ter conhecido seu direito de manifestação, expressando a autonomia condizente com o seu desenvolvimento, que embora não autorize, por si só, a concessão, plena ou relativa, da capacidade civil, não pode ser desprezada em nome do princípio da dignidade humana" (BARBOZA, Heloisa Helena. Reflexões sobre a autonomia negocial. In: TEPEDINO, Gustavo; FACHIN, Luiz Edson (Coord.). *O direito e o tempo*: embates jurídicos e utopias contemporâneas – Estudos em homenagem ao Professor Ricardo Pereira Lira. Rio de Janeiro: Renovar, 2008, p. 421-422). Sobre a noção de discernimento e a sua relevância para a proteção da pessoa humana na sua concreta vulnerabilidade, cf., com ampla bibliografia, Eduardo Nunes de Souza; Rodrigo da Guia Silva, Autonomia, discernimento e vulnerabilidade: estudo sobre as invalidades negociais à luz do novo sistema das incapacidades. *Civilistica.com*, a. 5., n. 1, 2016, p. 1-37.

34. A alteração legislativa atende à proposta constitucional de inclusão social dos vulneráveis. Segundo Luciano Campos de Albuquerque: "A proteção não pode ser averiguada somente nos valores patrimoniais. A verificação deve focar o desenvolvimento da personalidade, a integração à comunidade. A presunção não pode engessar as possibilidades de concretização do projeto pessoal do indivíduo, se não contribuírem para seu desenvolvimento, educação e inserção na sociedade" (*O exercício dos direitos dos incapazes*: uma leitura a partir dos princípios constitucionais. Curitiba: J.M. Livraria Jurídica, 2011, p. 75).

da valoração jurídica funda-se agora no discernimento necessário e não no diagnóstico médico de deficiência psíquica ou intelectual *per se*.[35]

De acordo com o Estatuto, a necessidade de proteção da pessoa com deficiência será aferida no caso concreto, não havendo mais a categoria abstrata e apriorística que vincule à incapacidade o simples fato de se possuir algum tipo de deficiência.[36] Nessa direção, o Estatuto da Pessoa com Deficiência revogou os incisos II e III do art. 3º do Código Civil, de maneira que são considerados absolutamente incapazes apenas os menores de 16 anos. O rol dos relativamente incapazes é modificado para nele constarem os ébrios habituais e os viciados em tóxico, bem como aqueles que, por causa transitória ou permanente, não puderem exprimir sua vontade.

Com o advento do Estatuto da Pessoa com Deficiência, portanto, a pessoa com deficiência afigura-se plenamente capaz.[37] Nada obstante, ostenta especial vulnerabilidade que a lei busca debelar com a previsão de uma série de medidas que objetivam a inclusão e a vedação à discriminação da pessoa com deficiência.[38] Além disso, se a pessoa com deficiência não lograr ter pleno discernimento para a prática de atos civis, a lei prevê mecanismos para suprir essa carência na exata proporção em que necessitar a pessoa com deficiência,[39] como se pretende examinar no item subsequente.

---

35. Já em 2010, Ana Carolina Brochado Teixeira e Renata de Lima Rodrigues afirmavam que: "a incapacidade deve ser sempre construída e delimitada apenas diante do caso concreto, fator que obriga a reestruturação do regime das incapacidades que, em uma profunda mudança de perspectiva, impõe o fim de categorias apriorísticas. Ou seja, não podemos preceituar que certas pessoas, porque enfermas ou deficientes, são absolutamente ou relativamente incapazes de maneira abstrata. Essas restrições à capacidade de exercício e à autonomia dos indivíduos só podem ser realizadas a partir de questões devidamente problematizadas e legitimamente reconstruídas no caso concreto" (*A renovação do instituto da curatela e a autonomia privada do incapaz no âmbito existencial*: uma reflexão a partir da esterilização de pessoa maior incapaz, cit., p. 35).
36. "Assim, o fato de um sujeito possuir transtorno mental de qualquer natureza, não faz com que ele, automaticamente, se insira no rol dos incapazes. É um passo importante na busca pela promoção da igualdade dos sujeitos portadores de transtorno mental, já que se dissocia o transtorno da necessária incapacidade" (REQUIÃO, Maurício. Estatuto da Pessoa com Deficiência altera regime civil das incapacidades. *Consultor Jurídico*. Disponível em: http://www.conjur.com.br/2015-jul-20/estatuto-pessoa-deficiencia-altera-regime-incapacidades. Acesso em: 19 maio 2022).
37. Art. 6º, Lei 13.146/2015: "A deficiência não afeta a plena capacidade civil da pessoa, inclusive para: I – casar-se e constituir união estável; II – exercer direitos sexuais e reprodutivos; III – exercer o direito de decidir sobre o número de filhos e de ter acesso a informações adequadas sobre reprodução e planejamento familiar; IV – conservar sua fertilidade, sendo vedada a esterilização compulsória; V – exercer o direito à família e à convivência familiar e comunitária; e VI – exercer o direito à guarda, à tutela, à curatela e à adoção, como adotante ou adotando, em igualdade de oportunidades com as demais pessoas".
38. "O estatuto se destina a assegurar e a promover, em condições de igualdade, o exercício dos direitos e das liberdades fundamentais por pessoa com deficiência, visando a sua inclusão social. A nova lei constitui medida eficiente para que as pessoas com deficiência obtenham os instrumentos necessários para ter uma vida digna, a exemplo da curatela e da tomada de decisão apoiada, que agora visam à promoção da autonomia da pessoa com deficiência" (BARBOZA, Heloisa Helena; ALMEIDA, Vitor. A capacidade à luz do Estatuto da Pessoa com Deficiência. In: MENEZES, Joyceane Bezerra de (Coord.). *Direito das pessoas com deficiência psíquica e intelectual nas relações privadas*: convenção sobre os direitos das pessoas com deficiência e Lei Brasileira de Inclusão, Rio de Janeiro: Processo, 2016, p. 48).
39. "A CDPD atribui ao Estado signatário o dever de instituir um sistema de apoio e salvaguardas guiados para viabilizar e promover o exercício da capacidade jurídica reconhecida às pessoas com deficiência com limitação mais severa (art. 12). Nesse passo, já se observou que o direito protetivo superou o sistema de substituição pelo sistema de apoio, estruturado para favorecer o exercício da capacidade jurídica da pessoa com deficiência e,

4. MECANISMOS DISPONÍVEIS NO SISTEMA BRASILEIRO PARA FINS DE PROTEÇÃO DA PESSOA COM DEFICIÊNCIA

O Estatuto da Pessoa com Deficiência prevê mecanismos para as situações em que a pessoa com deficiência não apresente pleno discernimento para a prática de atos civis.[40] A aplicação desses mecanismos deve ocorrer na exata medida da ausência de discernimento e funcionalidade, impedindo-se quaisquer indevidas supressões da autonomia e dos espaços de liberdade da pessoa com deficiência.[41]

Em primeiro lugar, há o processo de tomada de decisão apoiada, regulamentado no art. 1.783-A do Código Civil,[42] que foi incluído no Código Civil a partir do art. 116 do EPD, criando-se novo instituto para auxiliar a pessoa com deficiência no exercício de sua capacidade.[43] Por esse expediente, a pessoa com deficiência elege pelo menos duas pessoas idôneas, com as quais mantenha vínculo e que sejam da sua confiança, com vistas a prestar-lhe apoio na tomada de decisão sobre atos da vida civil, fornecendo-lhes os elementos e informações necessários para tanto.[44] Os apoiadores têm o dever, ainda,

---

portanto, modulado às suas estritas necessidades para o alcance da autonomia possível. Importante visualizar, portanto, que o CDPD, seguido do EPD, impôs importante mudança paradigmática tendente a privilegiar o modelo de apoio e salvaguardas da pessoa com deficiência, sempre proporcional às suas necessidades e voltados à conquista da sua autonomia" (ALMEIDA, Vitor. *A capacidade civil das pessoas com deficiência e os perfis da curatela*, cit., p. 199-200).

40. Em complemento aos institutos da curatela e da tomada de decisão apoiada, alude-se, em doutrina, à hipótese da guarda de fato: "considerando que o Código Civil prescindiu de uma tipificação ou caracterização legal da figura da guarda de fato, podemos afirmar que o guardador de fato será toda pessoa que custodie ou atenda alguém necessitado de proteção, sem possuir título legal que o habilite para tanto. Cuida-se de uma situação de atenção prolongada no tempo, ocupando uma posição de centralidade real entre as formas em que são atendidas as pessoas afetadas por uma deficiência." (ROSENVALD, Nelson. A guarda de fato como terceira via entre a curatela e a TODA. In: Instituto Brasileiro de Direito de Família – IBDFAM. Disponível em: https://ibdfam.org.br/artigos/1365/A+guarda+de+fato+como+terceira+via+entre+a+curatela+e+a+TDA . Acesso em 25 maio 2022).

41. TEPEDINO, Gustavo; TEIXEIRA, Ana Carolina Brochado. *Fundamentos do Direito Civil*. 3. ed. Rio de Janeiro: Forense, 2022, , v. 6: Direito de Família, p. 444.

42. Art. 1.783-A do Código Civil: "A tomada de decisão apoiada é o processo pelo qual a pessoa com deficiência elege pelo menos 2 (duas) pessoas idôneas, com as quais mantenha vínculos e que gozem de sua confiança, para prestar-lhe apoio na tomada de decisão sobre atos da vida civil, fornecendo-lhes os elementos e informações necessários para que possa exercer sua capacidade".

43. "[O] EPD criou um instrumento de promoção dos interesses das pessoas com deficiência com o objetivo de assegurar o exercício da capacidade civil, sem submetê-las ao instituto da curatela – tradicionalmente o único modelo existente para a proteção dos direitos da pessoa incapaz maior de idade. (...) Com efeito, este novo instituto já nasce diferenciado na medida em que visa preservar a capacidade civil das pessoas com deficiência, propiciando condições de seu exercício e promovendo sua autonomia e dignidade. A curatela, por sua vez, se caracteriza como instituto destinado a proteger as pessoas que tem comprometida sua plena capacidade (ALMEIDA, Vitor. *A capacidade civil das pessoas com deficiência e os perfis da curatela*, cit., p. 221-222).

44. "Vislumbra-se no diploma motivação personalista, por procurar atribuir maior autonomia às pessoas com deficiência, que, vítimas de preconceito na sociedade brasileira (aí incluído o Poder Judiciário), acabavam e ainda acabam muitas vezes tolhidas do livre exercício de suas escolhas por força de uma aplicação *all-or-nothing* (e equivocada, como já visto) do instituto da incapacidade" (NEVARES, Ana Luiza Maia; SCHREIBER, Anderson. Do Sujeito à Pessoa: Uma Análise da Incapacidade Civil, p. 49. In: TEPEDINO, Gustavo; TEIXEIRA, Ana Carolina Brochado; ALMEIDA, Vitor (Coord.). *O Direito Civil entre o sujeito e a pessoa*: estudos em homenagem ao professor Stefano Rodotà, Belo Horizonte: Fórum, 2016, p. 39-56). "Assim, o apoio pode envolver o esclarecimento acerca dos fatores circundantes à decisão, incluindo a ponderação sobre os seus efeitos, além do auxílio na comunicação dessa decisão aos interlocutores. Tudo para que a pessoa posa decidir de acordo com as

de ponderar os possíveis riscos, visando auxiliá-lo com fins de garantir o exercício, com maior segurança, de atos e atividades por parte do apoiado.[45]

Assim, o instituto tem aplicação quando a pessoa com deficiência apresentar discernimento e, por conseguinte, capacidade de fato, visto que os apoiadores não se substituirão ao sujeito, mas apenas o auxiliarão na tomada de suas próprias decisões. Em linha com essa característica da modalidade, tem-se que somente a pessoa com deficiência é parte legítima a requerê-la,[46] devendo o termo de apoio ser levado à homologação judicial, sendo impositiva também a participação do Ministério Público, nos moldes do art. 1.783-A, § 3º, do Código Civil.

Frise-se que, conforme prescreve o art. 1.783-A, § 1º, do Código Civil, o requerente deverá no pleito informar o prazo de vigência da medida, além de ser essencial que constem as informações relativas aos limites do apoio, em respeito à vontade, aos direitos e aos interesses da pessoa que será apoiada. A pessoa beneficiária do apoio poderá, no entanto, a qualquer tempo, requerer sua extinção, consoante a preservação da capacidade e autonomia de que dispõe,[47] não sendo o caso de o juiz ou qualquer outra autoridade perquirir os motivos que fundamentaram a decisão.

Destaque-se que o apoiador que atuar de forma negligente, exercendo pressão indevida, ou que não cumpra as obrigações assumidas no termo de apoio, poderá ser denunciado e, caso julgada procedente a denúncia, poderá vir a ser destituído por decisão judicial, nos termos do art. 1.783-A, §§ 7º e 8º, que poderá determinar, ouvida a pessoa apoiada e segundo o seu interesse, novo apoiador. Na hipótese em que a atuação negativa do apoiador causar prejuízo para o apoiado, terá ele o dever de reparar o dano,[48]

---

suas preferências, mas com a ciência de todos os efeitos de sua escolha, incluindo-se aqueles mais gravosos. Ao fim, importa em garantir à pessoa o direito de decidir. Direito este que vem se convertendo em uma bandeira de luta humanitária, voltada para consolidar a mudança de paradigma na apreciação da autonomia do sujeito com deficiência (...). Com a figura da 'tomada de decisão apoiada' e o reconhecimento da autonomia da pessoa com deficiência, graças à influência marcante do art. 12, da CDPD e da alteração legislativa diretamente operada pela Lei 13.146/15 (Estatuto da Pessoa com Deficiência), a curatela se confirma como uma medida *in extremis* que somente poderá ser utilizada nos restritos limites da necessidade do curatelado e para atender aos seus interesses. Sua disciplina jurídica segue as regras do Código Civil, do Código de Processo Civil e do Estatuto da Pessoa com Deficiência" (MENEZES, Joyceane Bezerra de. *O direito protetivo no brasil após a convenção sobre a proteção da pessoa com deficiência*, cit., p. 16-18).

45. Em síntese, os apoiadores atuam "ao lado e como auxiliares da pessoa com deficiência, que será a verdadeira responsável pela tomada de decisão" (BARBOZA, Heloisa Helena; ALMEIDA, Vitor. A capacidade civil à luz do Estatuto da Pessoa com Deficiência. In: MENEZES, Joyceane Bezerra de (Org.). *Direito das pessoas com deficiência psíquica e intelectual nas relações privadas*, cit., p. 269).

46. "A tomada de decisão apoiada constitui um acordo por meio do qual a pessoa interessada e, somente ela, apresenta ao juiz os termos e duração do apoio que requer, indicando duas ou mais pessoas idôneas com as quais mantenha vínculo e relação de confiança para que sejam suas apoiadoras". (MENEZES, Joyceane Bezerra de. Tomada de decisão apoiada: instrumento de apoio ao exercício da capacidade civil da pessoa com deficiência instituído pela lei brasileira de inclusão (Lei 13.146/2015). *Revista Brasileira de Direito Civil*, v. 9, p. 56, 2016).

47. MENEZES, Joyceane Bezerra de. Tomada de decisão apoiada: instrumento de apoio ao exercício da capacidade civil da pessoa com deficiência instituído pela lei brasileira de inclusão (Lei 13.146/2015), cit., p. 51.

48. "Na hipótese em que a atuação negativa do apoiador resultar em prejuízo para o apoiado, terá ele o dever de reparar o dano, nos termos do art. 927 combinado com o art. 186, do Código Civil. Trata-se, no caso, de responsabilidade civil subjetiva, vez que, *in casu*, não se pode dispensar a prova da culpa na causação do dano." (MENEZES, Joyceane Bezerra de. Tomada de decisão apoiada: instrumento de apoio ao exercício da capacidade

sem prejuízo, ainda, da possibilidade a ser aferida no caso concreto de invalidação dos atos praticados em conflito de interesses ou sob pressão do apoiador.[49]

Além disso, apenas quando estritamente necessário,[50] permite-se que a pessoa com deficiência possa ser submetida à curatela,[51] que constitui, nos termos do art. 84, § 3º do Estatuto,[52] medida protetiva extraordinária, proporcional às necessidades e às circunstâncias de cada caso, e durará o menor tempo possível. De acordo com o art. 747 do Código de Processo Civil, são legitimados a propor a ação de curatela o cônjuge ou companheiro, parentes em geral, tutores e representante legal da entidade em que a

---

civil da pessoa com deficiência instituído pela lei brasileira de inclusão (Lei 13.146/2015). *Revista Brasileira de Direito Civil*, v. 9, p. 50, 2016).

49. ROSENVALD, Nelson. Curatela. *Tratado de direito das famílias*, Minas Gerais: IBDFAM, 2015, p.759.

50. Art. 85, § 2º, do Estatuto da Pessoa com Deficiência: "A curatela constitui medida extraordinária, devendo constar da sentença as razões e motivações de sua definição, preservados os interesses do curatelado". Atalá Correia afirma que a curatela deverá observar as necessidades concretas da pessoa, sobretudo a pessoa com deficiência, vez que sua capacidade é presumida pela lei: "O artigo 84, §1º, EPD, enfatiza que, 'quando necessário, a pessoa com deficiência será submetida a curatela', 'proporcional às necessidades às circunstâncias de cada caso', durando o menor tempo possível (§3º). A manutenção da legitimidade ativa do Ministério Público para ajuizar a interdição nos casos de 'deficiência mental ou intelectual', nos termos do artigo 1.769, Código Civil, apenas explicita a manutenção dessa possibilidade de interdição de deficientes que não consigam expressar sua vontade" (Estatuto da Pessoa com Deficiência traz inovações e dúvidas. Disponível em: "http://www.conjur.com.br/2015-ago-03/direito-civil-atual-estatuto-pessoa-deficiencia-traz-inovacoes-duvidas". Acesso em: 24 mar. 2016). Sobre o tema, Paulo Luiz Netto Lôbo sustenta: "em situações excepcionais, a pessoa com deficiência mental ou intelectual poderá ser submetida a curatela, no seu interesse exclusivo e não de parentes ou terceiros. Essa curatela, ao contrário da interdição total anterior, deve ser, de acordo com o artigo 84 do Estatuto da Pessoa com Deficiência, proporcional às necessidades e circunstâncias de cada caso 'e durará o menor tempo possível'. Tem natureza, portanto, de medida protetiva e não de interdição de exercício de direitos (...). Assim, não há que se falar mais de 'interdição', que, em nosso direito, sempre teve por finalidade vedar o exercício, pela pessoa com deficiência mental ou intelectual, de todos os atos da vida civil, impondo-se a mediação de seu curador. Cuidar-se-á, apenas, de curatela específica, para determinados atos" (*Com avanços legais, pessoas com deficiência mental não são mais incapazes*. Disponível em https://www.conjur.com.br/2015-ago-16/processo-familiar-avancos-pessoas-deficiencia-mental-nao-sao-incapazes. Acesso em: 19 maio 2022). "O reconhecimento da incapacidade relativa de uma pessoa e a consequente decretação de sua interdição é medida extraordinária e se legitima apenas como medida de proteção, como deixa claro o Estatuto (art. 84, § 3º). Só tem cabimento, portanto, quando insuficientes ou inexistentes os meios que permitam o exercício de direitos pela própria pessoa deficiente" (BARBOZA, Heloisa Helena. Curatela do enfermo: instituto em renovação. In: MONTEIRO FILHO, Carlos Edison do Rêgo (Org.). *Direito Civil*, Rio de Janeiro: Freitas Bastos, 2015, p. 450). "A curatela deve ser, em sua gênese, um instituto de proteção do incapaz, àquele que não tem condições de cuidar de si, principalmente, e de seu patrimônio. Por isso é nomeado alguém que auxilie neste intento. Em todas as situações, a proteção deve ocorrer na exata medida de ausência de discernimento, para que não haja supressão da autonomia dos espaços de liberdade". (PEREIRA, Caio Mário da Silva. *Instituições de Direito Civil*. Rio de Janeiro: Forense, 2015, v. V, p. 570).

51. "A curatela funciona como um encargo ou um ônus, o qual compreende basicamente duas circunscrições de atribuições: representação e proteção. A curatela é mensurável, sendo que, no caso concreto, deve-se observar o sentido que funda o pedido e a dimensão da incapacidade em quem se imputa a interdição" (FACHIN, Luiz Edson. Parentesco, o laço tecido na caminhada. *Direito de Família*: elementos críticos à luz do novo Código Civil brasileiro, Rio de Janeiro: Renovar, 2003, p. 281).

52. Art. 84 do EPD: "A pessoa com deficiência tem assegurado o direito ao exercício de sua capacidade legal em igualdade de condições com as demais pessoas. § 1º Quando necessário, a pessoa com deficiência será submetida à curatela, conforme a lei. § 2º É facultado à pessoa com deficiência a adoção de processo de tomada de decisão apoiada. § 3º A definição de curatela de pessoa com deficiência constitui medida protetiva extraordinária, proporcional às necessidades e às circunstâncias de cada caso, e durará o menor tempo possível. § 4º Os curadores são obrigados a prestar, anualmente, contas de sua administração ao juiz, apresentando o balanço do respectivo ano".

pessoa se encontre abrigada. De acordo com o art. 748, também o Ministério Público poderá subsidiariamente propor a curatela,[53] nos casos em que as pessoas arroladas no art. 747 não existam, não promovam a ação ou sejam civilmente incapazes, reservando-se à família a prioridade no ajuizamento da ação.

Na sentença que fixa a medida, o magistrado deverá delimitar, de maneira clara, o âmbito de atuação do curador, bem como os limites precisos da curatela, à luz do estado e desenvolvimento mental do interdito.[54] Note-se que a curatela, consoante dispõe o art. 85,[55] afetará tão somente os atos relacionados aos direitos de natureza patrimonial e negocial. O § 1º do art. 85 expressamente ressalva que a definição da curatela não alcança o direito ao próprio corpo, à sexualidade, ao matrimônio, à privacidade, à educação, à saúde, ao trabalho e ao voto.[56] Nada obstante, o Enunciado 637 da VIII Jornada de Direito Civil indica ser possível a "outorga ao curador de poderes de representação para alguns

---

53. Acerca da expressa alusão do dispositivo à "doença mental grave", aduz-se que: "(...) independentemente da caracterização de 'doença mental grave', se a curatela, num contexto de atuação ministerial, surgir como medida adequada à proteção dos interesses da pessoa com deficiência em situação de risco, estará o Ministério Público legitimado para a deflagração da ação respectiva. (...) Todavia, em qualquer caso, a atuação do Ministério Público tem caráter subsidiário, ou seja, pressupõe a omissão dos demais legitimados para a propositura da ação (art. 748, do NCPC, e art. 1.769, do Código Civil, com redação dada pela LBI). (ALMEIDA, Luiz Cláudio Carvalho de. A Convenção sobre os Direitos das Pessoas com Deficiência e a ação de curatela no Novo Código de Processo Civil Brasileiro. In: BARBOSA-FOHRMANN, Ana Paula (Coord.). *Autonomia, reconhecimento e dignidade*: sujeitos, interesses e direitos. Rio de Janeiro: Gramma, 2017, p. 162).
54. CPC/2015, "Art. 755. Na sentença que decretar a interdição, o juiz: I – nomeará curador, que poderá ser o requerente da interdição, e fixará os limites da curatela, segundo o estado e o desenvolvimento mental do interdito; II – considerará as características pessoais do interdito, observando suas potencialidades, habilidades, vontades e preferências." A propósito, não tem sido outro o entendimento da jurisprudência: "É imprescindível a produção de prova na ação de interdição, a fim de que sejam examinadas todas as circunstâncias relacionadas à patologia, sua extensão e limites, com vistas à avaliação da capacidade da interditanda para praticar atos da vida civil, descabendo a manutenção da curatela provisória quando o laudo não conclui pela incapacidade da interdita e os atestados médicos juntados aos autos não afirmam que a interditanda apresenta quadro de demência incapacitante" (TJRJ, 23ª CC, Agravo de Instrumento 0063811-94.2021.8.19.0000, julgado em 16.03.2022).
55. Art. 85 do EPD: "A curatela afetará tão somente os atos relacionados aos direitos de natureza patrimonial e negocial. § 1º A definição da curatela não alcança o direito ao próprio corpo, à sexualidade, ao matrimônio, à privacidade, à educação, à saúde, ao trabalho e ao voto. § 2º A curatela constitui medida extraordinária, devendo constar da sentença as razões e motivações de sua definição, preservados os interesses do curatelado. § 3º No caso de pessoa em situação de institucionalização, ao nomear curador, o juiz deve dar preferência a pessoa que tenha vínculo de natureza familiar, afetiva ou comunitária com o curatelado".
56. "Note-se que o Estatuto restringe a curatela apenas aos atos de natureza patrimonial e negocial, reafirmando a plena capacidade da pessoa com deficiência para exercer atos de natureza existencial, incluindo os direitos de se casar, constituir união estável, exercer direitos sexuais e reprodutivos, exercer o direito de decidir o número de filhos com acesso às informações adequadas sobre reprodução e ao planejamento familiar, conservar a fertilidade, exercer o direito de família e à convivência familiar e comunitária, bem como exercer o direito à guarda, tutela, curatela e adoção, como adotante ou adotado, em igualdade de condições com as demais pessoas. Convém sublinhar que, mesmo no âmbito dos atos de natureza patrimonial, a curatela haverá de incidir apenas se não houver discernimento por parte da pessoa com deficiência para a prática do ato, devendo se afigurar medida pontual, que exaurirá seus efeitos tão logo o ato em questão se realize. Em síntese, o deficiente poderá praticar os atos da vida civil – patrimoniais ou existenciais – com plena autonomia, na medida do seu discernimento" (BANDEIRA, Paula Greco. Notas sobre a autocuratela e o Estatuto da Pessoa com Deficiência. In: MENEZES, Joyceane Bezerra de (Org.). *Direito das pessoas com deficiência psíquica e intelectual nas relações privadas*: Convenção sobre os direitos da pessoa com deficiência e Lei Brasileira de Inclusão, Rio de Janeiro: Processo, 2016, p. 264-265).

atos da vida civil, inclusive de natureza existencial, a serem especificados na sentença, desde que comprovadamente necessários para proteção do curatelado em sua dignidade".

Em que pese a regra geral de que a curatela deve se restringir a afetar os atos de natureza patrimonial, nos casos mais graves de comprometimento cognitivo, discute-se se as decisões de conteúdo existencial poderiam excepcionalmente ser abarcadas pelos poderes conferidos ao curador. De um lado, afirma-se que o exercício de liberdades existenciais deve ser levado a cabo por seu titular, de modo que remeter tal exercício a outrem poderia gerar grave violação aos interesses do curatelado.[57] Por outro lado, não se pode ignorar o fato de que, em certas hipóteses, poderá o conjunto de regras sobre a matéria ser insuficiente para a proteção daquele que, com maior nível de vulnerabilidade, necessite de cuidados que extrapolem seus interesses patrimoniais.

Com o fim último de proteção da pessoa vulnerável e de modo excepcional, tem-se recomendado, nessas situações, que, na falta de disposições deixadas pelo curatelado sobre as questões existenciais, o curador atue visando a conservação máxima da sua integridade psicofísica, só podendo tomar decisões que interfiram no corpo do curatelado se diante de recomendação médica. Em casos que envolvam intervenções mais radicais, exige-se ao curador que atue também com base em autorização judicial, com a participação do Ministério Público,[58] tendo-se sempre como parâmetro crucial as preferências e vontades manifestadas pelo curatelado ao longo de sua vida, em prestígio do princípio do melhor interesse do vulnerável.[59]

---

57. "Ainda mais grave, no entanto, é a restrição fora do âmbito patrimonial. Decerto, o excesso de proteção do ordenamento para com pessoas em situação de vulnerabilidade (como os idosos) pode redundar numa verdadeira supressão de sua subjetividade na medida em que decisões sobre o desenvolvimento da personalidade – e, portanto, de relevância existencial – fiquem a cargo de terceiros. (...) Mesmo no caso da pessoa idosa sujeita à curatela, ou seja, cuja capacidade relativa para as relações jurídicas patrimoniais, a sua vontade nas situações jurídicas existenciais deverá ser preservada, o máximo possível, no exercício de seus interesses, conforme seu discernimento" (SANTOS, Deborah Pereira Pintos dos; ALMEIDA JÚNIOR, Vitor de Azevedo. A tutela psicofísica da pessoa idosa com deficiência: em busca de instrumentos de promoção de sua autonomia existencial. In: EHRHARDT JR., Marcos. (Coord.). *Impactos do Novo CPC e do EPD no direito civil brasileiro*, Belo Horizonte: Fórum, 2016, p. 346).
58. Nessa linha: "O curador não tem (e nem terá) poder sobre o corpo do curatelado. Em geral, interferências severas sobre o corpo do interdito são realizadas com autorização judicial, como a esterilização de mulheres com deficiência mental. A manutenção deste tipo de procedimento se admite, contudo, sob novos princípios, dentre os quais se destaca o respeito à vontade do curatelado o quanto possível. Medidas irreversíveis de qualquer natureza, especialmente as físicas, como amputações ou esterilizações, somente se justificam diante da falta de alternativa e quando de todo indispensáveis à preservação da saúde do curatelado. O juiz, o Ministério Público e o curador serão os responsáveis diretos pelo respeito aos direitos do curatelado" (BARBOZA, Heloisa Helena Barboza; ALMEIDA, Vitor. A capacidade civil à luz do Estatuto da Pessoa com Deficiência. In: MENEZES, Joyceane Bezerra de. *Direito das pessoas com deficiência psíquica e intelectual nas relações privadas*: Convenção sobre os direitos da pessoa com deficiência e Lei Brasileira de Inclusão, Rio de Janeiro: Processo, 2016, p. 265).
59. "embora a regra seja a plena capacidade e autonomia da pessoa com deficiência para o exercício dos direitos contemplados nos arts. 6º e 85, § 1º, a possibilidade de mitigação não pode ser afastada de forma absoluta. A rigor, recusar qualquer tipo de mitigação da capacidade e da autonomia da pessoa com deficiência nesses casos revela o mesmo problema já identificado no regime das incapacidades estabelecido originalmente pelo Código Civil de 2002: a adoção de um esquema formal e abstrato, elaborado a partir de um sujeito etéreo e fictício, e que ignora a complexidade da vida real. (...) Essa mitigação da capacidade e da autonomia para o exercício dos direitos existenciais expressamente mencionados pelo Estatuto deve ser sempre excepcionalíssima e justificada pelas circunstâncias especiais do caso concreto, a partir de análise biopsicossocial por equipe multidisciplinar.

5. CONCLUSÃO

A consolidação da dignidade da pessoa humana como fundamento da República (art. 1º, III, CRFB) e vértice do ordenamento jurídico impõe a (re)leitura das normas e institutos de direito civil, que passam a ser funcionalizados à tutela e promoção da pessoa. Para que tal objetivo possa ser alcançado, faz-se necessário reconhecer a pessoa em concreto, superando-se, assim, o paradigma formal e abstrato do sujeito de direito para adentrar na tutela da personalidade nas suas mais variadas configurações.

Tal hermenêutica emancipatória, subsidiada pelos princípios da isonomia substancial e da solidariedade social, propõe-se a revisitar, em boa hora, o regime das incapacidades, cuja *ratio*, voltada à proteção do incapaz, não deve encontrar limitação no modelo abstrato e formal que categoriza, sem temperamentos, incapacidades absolutas e relativas. Nessa direção, deve-se privilegiar a modulação dos efeitos da incapacidade no caso concreto, repudiando-se a restrição indevida à autonomia, notadamente no exercício das situações existenciais. Especialmente no âmbito da disciplina destinada às pessoas com deficiência, caminha-se, na nova perspectiva, rumo à inversão da presunção de incapacidade, em prol da verificação, no caso concreto, na medida em que a pessoa com deficiência necessita de especial amparo, de maneira a tutelar adequadamente sua condição de vulnerabilidade sem aliá-la do exercício de sua autonomia, sobretudo existencial.

Nessa esteira, as alterações promovidas pelo Estatuto da Pessoa com Deficiência (Lei 13.146/15) pretendem estimular, como regra, a autonomia do sujeito, assegurando-se que a pessoa com deficiência possa realizar suas opções de vida. Nessa direção, sob o influxo da vertente personalista e emancipatória da Constituição da República, deve-se proteger a pessoa na exata medida da sua vulnerabilidade e da falta de discernimento concretamente aferidas, prestigiando-se, tanto quanto possível, sua capacidade de autodeterminação e autogestão da própria vida. O grande desafio do intérprete, portanto, para além de açodadas críticas ou homenagens ao texto frio da lei, é transformar o impulso legislativo, incorporado à legalidade constitucional, em instrumento de promoção da liberdade sem que a busca da autonomia pudesse acabar por representar ameaça à integridade psicofísica da pessoa com deficiência, cuja tutela há de ser prioritária como expressão do princípio da dignidade da pessoa humana.[60]

Evidentemente, o ônus argumentativo do juiz, nesses casos, será ainda maior. Ela deve, ademais, ser episódica, vale dizer, referida a certo e determinado ato existencial. Jamais poderá ser genérica – como aliás, não pode ser qualquer restrição de capacidade da pessoa com deficiência, mesmo em relação a atos e negócios patrimoniais. Além disso, a mitigação da capacidade deve ser sempre temporária, estabelecida pelo menor tempo possível, a exigir periódicas avaliações acerca da possibilidade de autodeterminação da pessoa com deficiência para a prática dos atos existenciais abrangidos pela restrição de sua capacidade" (TERRA, Aline de Miranda Valverde; TEIXEIRA, Ana Carolina Brochado. A capacidade civil da pessoa com deficiência no Direito brasileiro: reflexões a partir do I Encuentro Internacional sobre los derechos de la persona con discapacidad en el Derecho Privado de España, Brasil, Italia y Portugal, p. 232-233. *Revista Brasileira de Direito Civil – RBDCilvil*, v. 15, p. 223-233. Belo Horizonte, jan./mar. 2018).

60. Em perspectiva crítica, cf. substanciosa análise de Fernando Rodrigues Martins, A emancipação insuficiente da pessoa com deficiência e o risco patrimonial ao novo emancipado na sociedade de consumo. *Revista de Direito do Consumidor*, v. 104, p. 203-255, mar./abr. 2016.

VULNERABILIDADE E CONSENTIMENTO INFORMADO

Carlos Nelson Konder

Sumário: 1. Introdução – 2. O aspecto dual da proteção à pessoa humana no biodireito: beneficência como heteronomia, consentimento como autonomia – 3. A vulnerabilidade como pedra de toque da tutela da pessoa humana – 4. O consentimento informado como instrumento de efetiva proteção à autonomia – 5. Considerações finais.

1. INTRODUÇÃO

Na iminência da entrada deste século, há mais de vinte anos, desenhava-se um cenário promissor, com a difusão cada vez maior da constitucionalização do direito civil, mas, ao mesmo tempo, repleto de promessas constitucionais ainda não cumpridas. Naquela ocasião, em artigo significativamente intitulado "Perspectivas do direito civil brasileiro para o próximo século", lecionava Heloísa Helena Barboza:

> Apesar dos princípios humanísticos e de todos os direitos assegurados na Constituição Federal, notadamente a plena igualdade, constata-se que há no Brasil de hoje – de fato – duas classes bem distintas: a primeira composta pelos *reconhecidos* pela lei, porque tiveram a sorte de a ela se adaptar; a segunda, integrada por verdadeiros 'inexistentes jurídicos'. Na primeira encontram-se os verdadeiros cidadãos: tem nome, bem ou mal, pai e mãe, certidão de nascimento, carteira de trabalho, CPF, o direito de vota, às vezes estuda, geralmente de mora, raramente à assistência médica de qualidade, mas certamente 'direito' de pagar impostos e, quem sabe um dia, com a ajuda de Deus, até poderão ser legítimos proprietários. Na segunda categoria, bem mais numerosa, estão os incontáveis excluídos do sistema jurídico, Marias e Josés por força do batismo, que até 1988 sequer poderiam constituir família legítima, porque não se casavam 'no civil'.[1]

A reflexão exposta pela professora no texto se acentuava diante dos novos desafios colocados pelo desenvolvimento da tecnologia, que além de seu potencial de desenvolvimento civilizatório, também trazia a possibilidade de acentuar as desigualdades sociais. Assim, a persistência, de reflexões sobre as novas tecnologias ainda pautadas por modelos dogmáticos tradicionais, indicada na ocasião, acabava por aguçar situações de exploração e desumanização, às quais cabia ao direito coibir em lugar de legitimar.

A preocupação não poderia ser mais atual. Nos últimos vinte anos o salto tecnológico intensificou-se e os receios quanto à proteção da pessoa humana que deram origem à bioética exigiram atuação mais incisiva, consolidando-se o chamado biodireito, no qual a professora Heloísa Helena Barboza foi uma das pioneiras. No presente texto, em

---

1. BARBOZA, Heloísa Helena. Perspectivas do direito civil brasileiro para o próximo século. *Revista da Faculdade de Direito da UERJ*, v. 6 e 7. p. 36-37. Rio de Janeiro: 1999.

homenagem à Professora, pretende-se apresentar breve reflexão sobre a ligação entre dois institutos que ela desenvolveu em seus trabalhos e cuja atuação, em complementariedade, tornaram-se centrais para tutela da pessoa humana: a vulnerabilidade e o consentimento informado.

2. O ASPECTO DUAL DA PROTEÇÃO À PESSOA HUMANA NO BIODIREITO: BENEFICÊNCIA COMO HETERONOMIA, CONSENTIMENTO COMO AUTONOMIA

Em seu estudo acerca do "breve século XX", o historiador Eric Hobsbawn observou que "nenhum período da história foi mais penetrado pelas ciências naturais nem mais dependente delas do que o Século XX. Contudo, nenhum período, desde a retratação de Galileu, se sentiu menos à vontade com elas".[2] Esse profundo desconforto, que teve origem na revelação, ao fim da II Guerra Mundial, das experiências supostamente científicas realizadas durante o holocausto nazista, e que foi incrementado pelo grande desenvolvimento tecnológico sobre a vida humana a partir da década de 1970 – cirurgias de transgenitalização, proliferação de transplantes e novas técnicas de reprodução assistida – impuseram uma nova reflexão para avaliar suas consequências sobre a pessoa humana.

Nasceu assim a chamada *bioética*, reflexão sistemática sobre a conduta humana no âmbito das ciências da vida e da saúde que, como parte da ética aplicada, "funciona como ferramenta que contribui eficazmente para a solução de problemas que surgem na vida cotidiana, especialmente os resultantes dos avanços tecnológicos".[3] A corrente da bioética que mais se difundiu e popularizou foi a *principialista*, que, a partir da obra de Tom L. Beauchamp e James F. Childress, preconiza princípios éticos para a atuação sobre a vida e a saúde humana: a beneficência (e não maleficência), consistente em agir em benefício dos pacientes (e não lhes causar mal); a autonomia, de modo a respeitar as escolhas de cada um; e a justiça, referente à distribuição adequada de atendimento e recursos.[4] Os princípios se sustentariam *prima facie*, sem preferências abstratas, devendo ser ponderados para cada situação concreta.[5]

---

2. HOBSBAWN, Eric J.. *Era dos extremos. O breve século XX*. São Paulo: Companhia das Letras, 1995, p. 504.
3. BARBOZA, Heloísa Helena. Responsabilidade civil e bioética. In: MARTINS, Guilherme Magalhães (Coord.). *Temas de responsabilidade civil*. Rio de Janeiro: Lumen Juris, 2012, p. 487. Ressalta a professora em outra ocasião: "Talvez esse [seja] o maior mérito da Bioética: sistematizar (ou ao menos tentar) o tratamento de questões diversas, mas que devem guardar entre si, necessariamente, princípios e fins comuns" (BARBOZA, Heloísa Helena. Princípios da Bioética e do Biodireito. *Revista Bioética*, v. 8 n. 2, 2000, p. 210).
4. Sobre o tema, v. entre nós, AZAMBUJA, Letícia Erig Osório de; GARRAFA, Volnei. A teoria da moralidade comum na obra de Beauchamp e Childress. *Revista bioética*, v. 23, n. 3, p. 634-644, 2015.
5. Destaca Heloísa Helena Barboza: "Não há entre os princípios [da bioética] qualquer hierarquia, dado que num primeiro momento todos têm valor e devem ser respeitados, mas na medida em que outras razões suficientemente fortes exigirem a adoção de outro princípio, a 'infração' poderá ser justificada" (BARBOZA, Heloísa Helena. Responsabilidade civil e bioética. In: MARTINS, Guilherme Magalhães (Coord.). *Temas de responsabilidade civil*. Rio de Janeiro: Lumen Juris, 2012, p. 488).

Como reflexão filosófica, todavia, a bioética carece da eficácia coercitiva para impedir condutas científicas que se constatem perigosas para a proteção da pessoa humana, cenário em que entra em vigor o chamado *biodireito*. Trata-se não apenas de atribuir veste jurídica à bioética, mas de um campo científico próprio voltado a normatizar, no plano jurídico, as situações conflituosas também analisadas pela bioética.[6]

O biodireito nasce a partir de um grupo fragmentário de normas, elaboradas a partir de situações concretas, como um caleidoscópio de variadas expressões normativas, interligadas para formar um corpo coerente.[7] O fundamento do biodireito, que lhe provê unidade, deve ser identificado, portanto, nos valores de cada sistema jurídico vigente, ou seja, "os princípios constitucionais devem constituir os *princípios do Biodireito*".[8]

Considerando que a bioética nasce sob a marca da proteção à pessoa humana e o princípio constitucional basilar de nosso ordenamento é a dignidade da pessoa humana, é natural encontrar certo paralelismo – ainda que não identidade – entre os princípios da bioética e os do biodireito.[9] Nesse sentido, tem se reconhecido na doutrina jurídica certo aspecto dual na dignidade da pessoa humana: de um lado, como autonomia, a proteção do poder individual, envolvendo a capacidade e as condições para autodeterminação do sujeito; de outro lado, como heteronomia, a proteção pelo bem da pessoa a partir da visão comunitária.[10] Sob essa perspectiva, a liberdade é um dos princípios componentes da dignidade da pessoa humana, mas que pode ser ponderado com outros princípios, perante os quais pode ceder lugar em certos casos concretos.[11] Mesmo as posições mais reticentes à dignidade como heteronomia reconhecem que a autonomia que deriva da dignidade humana não deve ser tomada como absoluta.[12]

Dessa forma, em última instância, o dilema enfrentado tanto pela bioética como pelo biodireito, diante do impacto das novas tecnologias científicas sobre a saúde e vida das pessoas humanas, consiste em conciliar a proteção de seu bem com o respeito à sua

---

6. Explica Heloísa Helena Barboza: "Não se cuida, simplesmente, de encontrar um 'correspondente jurídico' para Bioética, mas de estabelecer quais as normas *jurídicas* que devem reger os fenômenos resultantes da biotecnologia e da biomedicina, *também* disciplinados pela Bioética" (BARBOZA, Heloísa Helena. Princípios do Biodireito. In: BARBOZA, Heloisa Helena; BARRETO, Vicente; MEIRELLES, Jussara (Coord.). *Novos temas de biodireito e bioética*. Rio de Janeiro: Renovar, 2002, p. 70-71).
7. LENOIR, Noëlle; MATHIEU, Bertrand. *Les normes internationales de la bioéthique*. Paris: PUF, 1998; p. 17.
8. BARBOZA, Heloísa Helena. Princípios do Biodireito. In: BARBOZA, Heloisa Helena; BARRETO, Vicente; MEIRELLES, Jussara (Coord.). *Novos temas de biodireito e bioética*. Rio de Janeiro: Renovar, 2002, p. 73.
9. Afirma Heloísa Helena Barboza: "Na verdade, os princípios da Bioética guardam, de modo geral, correspondência com princípios do Biodireito, sem prejuízo para a integridade metodológica quanto a sua aplicação, na medida da relação entre Direito e Ética, como antes assinalado, que revela identidade de valores. Observe-se, porém, que essa correspondência não se verifica sempre e de forma exata" (BARBOZA, Heloísa Helena. Princípios do Biodireito. In: BARBOZA, Heloisa Helena; BARRETO, Vicente; MEIRELLES, Jussara (Coord.). *Novos temas de biodireito e bioética*. Rio de Janeiro: Renovar, 2002, p. 77).
10. BARROSO, Luís Roberto; MARTEL, Letícia de Campos Velho. A morte como ela é: dignidade e autonomia individual no final da vida. *Revista da Faculdade de Direito da Universidade Federal de Uberlândia*, v. 38, n. 1, 2010, p. 235-274.
11. MORAES, Maria Celina Bodin de. O princípio da dignidade da pessoa humana. *Na medida da pessoa humana*. Rio de Janeiro: Renovar, 2010, p. 71-120.
12. SARMENTO, Daniel. *Dignidade da pessoa humana*: conteúdo, trajetórias e metodologia, 2. ed. Belo Horizonte: Fórum, 2016, p. 188.

autonomia, resguardando-as quando ameaçadas juntas e, equilibrando-as quando estiverem em polos opostos. Essa avaliação, todavia, depende das circunstâncias concretas em que a pessoa se encontre, mais especificamente, a consideração da sua vulnerabilidade.

3. A VULNERABILIDADE COMO PEDRA DE TOQUE DA TUTELA DA PESSOA HUMANA

A proteção da pessoa humana, especialmente em vista desse aspecto dual, nunca é tarefa simples. Agrava-se a dificuldade, todavia, porque embora toda pessoa humana seja, pela sua própria natureza, passível de ser ferida, cada pessoa humana tem suas próprias fragilidades, decorrentes da mesma individualidade que a torna única e merecedora de proteção. Dessa forma, é necessário que a tutela seja sempre sensível às condições concretas de cada sujeito, as quais, em razão das circunstâncias sociais que a cercam, pode torná-la especialmente *vulnerável*:

> Todos os humanos são, por natureza, vulneráveis, visto que todos os seres humanos são passíveis de serem feridos, atingidos em seu complexo psicofísico. Mas nem todos serão atingidos do mesmo modo, ainda que se encontrem em situações idênticas, em razão de circunstâncias pessoais, que agravam o estado de suscetibilidade que lhe é inerente. Embora em princípio iguais, os humanos se revelam diferentes no que respeita à vulnerabilidade.[13]

A vulnerabilidade torna-se então pedra de toque para a proteção da pessoa humana. Embora depois desvirtuada pela generalização para qualquer situação de inferioridade, mesmo nas relações puramente patrimoniais, a expressão vulnerabilidade foi cunhada originalmente no âmbito da saúde pública, para se referir a pessoas ou grupos fragilizados.[14] Em vista dessas circunstâncias, essas pessoas se encontram em minorias frequentemente oprimidas socialmente, razão pela qual incumbe ao direito papel especial no seu empoderamento.[15]

Nesse sentido, já se definiu essa vulnerabilidade existencial como a situação jurídica subjetiva em que o titular se encontra sob maior suscetibilidade de ser lesionado na sua esfera extrapatrimonial, impondo a aplicação de normas jurídicas de tutela diferenciada para a satisfação do princípio da dignidade da pessoa humana.[16] Os exemplos mais recorrentes são crianças, idosos e pessoa com deficiência. No caso da criança, a

---

13. BARBOZA, Heloísa Helena. Vulnerabilidade e cuidado: aspectos jurídicos. In: PEREIRA, T. S., OLIVEIRA, G. (Coord.). *Cuidado e vulnerabilidade*. São Paulo: Atlas, 2009, p. 107.
14. BARBOZA, Heloísa Helena. Vulnerabilidade e cuidado: aspectos jurídicos. In: PEREIRA, T. S., OLIVEIRA, G. (Coord.). *Cuidado e vulnerabilidade*. São Paulo: Atlas, 2009, p. 114. Sobre a expansão e generalização indevida do conceito de vulnerabilidade, v. KONDER, Carlos Nelson; KONDER, Cíntia Muniz de Souza. Da vulnerabilidade à hipervulnerabilidade: exame crítico de uma trajetória de generalização. *Revista Interesse Público*, v.127, p. 53-68, 2021.
15. Segundo Heloísa Helena Barboza, "Embora bastante diversificados, os grupos submetidos à dominação apresentam uma característica comum: a vulnerabilidade" (BARBOZA, Heloísa Helena. Reflexões sobre a autonomia negocial. In: TEPEDINO, Gustavo; FACHIN, Luiz Edson. (Coord.). *O direito e o tempo: embates jurídicos e utopias contemporâneas*. Rio de Janeiro: Renovar, 2008, p. 420).
16. KONDER, Carlos Nelson. Vulnerabilidade patrimonial e vulnerabilidade existencial: por um sistema diferenciador. Revista de Direito do Consumidor, v. 99, p. 101-123, 2015.

vulnerabilidade existencial se associa à sua personalidade ainda em desenvolvimento, conforme reconhecido na Constituição Federal, no seu artigo 227, junto com o Estatuto da Criança e do Adolescente (Lei 8.069/90).[17] Desde o seu nascimento, a criança demanda amparo material, para a sua sobrevivência, e amparo afetivo, para a construção de personalidade de forma sadia e sociável.[18]

No caso do idoso, a vulnerabilidade – também prevista na Constituição Federal, no art. 230, e objeto do Estatuto do Idoso (Lei 10.741/2003) – se coloca, em um primeiro plano, associada à queda das condições de saúde decorrente do envelhecimento.[19] Todavia, não há como deixar de reconhecer que essa vulnerabilidade se acentua na sociedade contemporânea, centrada na produtividade.[20]

No tocante às pessoas com deficiência, a previsão constitucional somada à internalização da Convenção Internacional sobre os Direitos das Pessoas com Deficiência, pelo Decreto 6.949/09, foi enfim regulamentada pelo Estatuto das Pessoas com Deficiência (Lei 13.146/2015). O EPD trouxe numerosos instrumentos voltados a compatibilizar proteção e autonomia das pessoas com deficiência, mas sua maior conquista parece ter sido consolidar o modelo social, segundo o qual a deficiência decorre na realidade das barreiras sociais e ambientais, e não das pessoas em si consideradas.[21]

Não há – nem poderia haver – um rol taxativo de pessoas em vulnerabilidade, podendo ser ainda mencionados os indígenas, no que tange aos contrastes com os costumes

---

17. "Como ensina von Hippel, a criança é um exemplo de vulnerável, desde o seu nascimento até mesmo durante o seu desenvolvimento necessita de ajuda e cuidados para sobreviver. No caso da criança, a vulnerabilidade é um estado *a priori*, considerando que vulnerabilidade é justamente o estado daquele que pode ter um ponto fraco, uma ferida (*vulnus*), aquele que pode ser 'ferido' (*vulnerare*) ou é vítima facilmente" (MARQUES, Claudia Lima e MIRAGEM, Bruno. *O novo direito privado e a proteção dos vulneráveis*. São Paulo: Ed. RT, 2012, p. 129). Sobre o tema, v. TEIXEIRA, Ana Carolina Brochado e PENALVA, Luciana Dadalto. Autoridade parental, incapacidade e melhor interesse da criança: uma reflexão sobre o caso Ashley. *Revista de Informação Legislativa*, n. 180, p. 293-304. Brasília: out./dez. 2008; e GIRARDI, Viviane. O direito fundamental da criança e do adolescente à convivência familiar, o cuidado como valor jurídico e a adoção por homossexuais. *Revista do Advogado*. p. 116-123. São Paulo: dez. 2008,
18. IENCARELLI, Ana Maria. Quem cuida ama – sobre a importância do cuidado e do afeto no desenvolvimento e na saúde da criança. In: PEREIRA, T. S., OLIVEIRA, G. (Coord.). *Cuidado e vulnerabilidade*. São Paulo: Atlas, 2009, p. 163.
19. Sobre o tema, entre tantos, v. BARLETTA, Fabiana Rodrigues. *O direito à saúde da pessoa idosa*. São Paulo: Saraiva, 2010; SCHMITT, Cristiano Heineck. *Consumidores hipervulneráveis: a proteção do idoso no mercado de consumo*. São Paulo: Atlas, 2014; BARBOZA, Heloísa Helena. O melhor interesse do idoso. In: PEREIRA, T. S. e OLIVEIRA, G. (Coord.). *O cuidado como valor jurídico*. Rio de Janeiro: Forense, 2008; e TEIXEIRA, Ana Carolina Brochado, e RIBEIRO, Gustavo Pereira Lei. Procurador para cuidados de saúde do idoso. In: PEREIRA, T. S., OLIVEIRA, G. (Coord.). *Cuidado e vulnerabilidade*. São Paulo: Atlas, 2009, p. 2.
20. MARQUES, Claudia Lima e MIRAGEM, Bruno. *O novo direito privado e a proteção dos vulneráveis*. São Paulo: Ed. RT, 2012, p. 145.
21. BARBOZA, Heloísa Helena; ALMEIDA, Vitor. Reconhecimento inclusão e autonomia da pessoa com deficiência: novos rumos na proteção dos vulneráveis. In: BARBOZA, H. H.; MENDONÇA, B. L.; ALMEIDA JR., V. A. (Coord.). *O Código Civil e o Estatuto da Pessoa com Deficiência*. Rio de Janeiro: Processo, 2017, p. 14-15; MENEZES, Joyceane Bezerra de. O direito protetivo no Brasil após a convenção sobre a proteção da pessoa com deficiência: impactos do novo CPC e do estatuto da pessoa com deficiência. *Civilistica.com*. Rio de Janeiro, a. 4, n. 1, jan.-jun./2015.

predominantes;[22] as mulheres, em razão não de condições biológicas, mas por conta da opressão masculina, cultural e social, historicamente consolidada, em especial as vítimas de violência doméstica;[23] os pacientes médicos, pois a doença, por si só, remete à fragilidade do corpo humano, mas especialmente os enfermo terminais, uma vez que confrontados com a iminência da morte.[24]

Isso permite constatar que a criação de categorias, embora possa ser útil em alguns casos, é prescindível. A vulnerabilidade prescinde de qualquer tipificação, eis que decorrência da aplicação direta dos princípios constitucionais da dignidade da pessoa humana e da solidariedade social, devendo sempre ser avaliada em atenção às circunstâncias do caso concreto.[25] Fundamental é a construção de uma tutela específica para a pessoa, adequada à sua vulnerabilidade.[26]

Nesse contexto se encontra o desafio relativo à proteção da autonomia desses sujeitos vulneráveis. Com efeito, a vulnerabilidade, por si só, não deve significar uma prevalência abstrata e *prima facie*, da heteronomia (ou, em termos bioéticos, da beneficência) sobre a autonomia, mas sim a exigência de instrumentos adequados de empoderamento para que o vulnerável possa exercer sua própria autonomia. Como afirma Heloísa Helena Barboza, a autonomia dos vulneráveis, "na verdade, deve ser protegida, quando não encorajada".[27]

---

22. Indica-se também como vulneráveis os indígenas, como destaca XAUD, Geysa Maria Brasil. Indígenas: dificuldades de aplicação do ECA a curumins e cunhatãs no tocante aos costumes (infanticídio, acasalamento precoce – ela diferencia de abuso sexual; banimento de adolescente infrator). In: PEREIRA, Tania da Silva e OLIVEIRA, Guilherme (Coord.). *Cuidado e vulnerabilidade*. São Paulo: Atlas, 2009, p. 119-137.
23. Sobre o tema, v. LIMA, Fausto R.; SANTOS, Claudiene (Coord.). *Violência doméstica*: vulnerabilidades e desafios na intervenção criminal e multidisciplinar. 2. ed. Rio de Janeiro: Lumen Juris, 2010; OLIVEIRA, Adriana Vidal. *Constituição e direitos das mulheres*. Curitiba: Juruá, 2015, *passim*; e BARTLETT, Katharine. Feminist legal methods. *Harvard Law review*, n. 108. Boston: Feb. 1990, p. 829-888.
24. Sobre o tema, v. BURLÁ, Claudia, AZEVEDO, Daniel Lima, PY, Ligia. Cuidados Paliativos. In: TEIXEIRA, A. C. B. e DADALTO, L. (Coord.). *Dos hospitais aos tribunais*. Belo Horizonte: Del Rey, 2013, p. 297-312; MENEZES, Rachel Aisengart. Autonomia e decisões ao final da vida: notas sobre o debate internacional contemporâneo. In: PEREIRA, T. S. et al. (Coord.). *Vida, morte e dignidade humana*. Rio de Janeiro: GZ, 2010, p. 9-30; MAIA, Maurilio Casas. O paciente hipervulnerável e o princípio da confiança informada na relação médica de consumo. *Revista de Direito do Consumidor*, v. 86, p. 203. São Paulo: mar. 2013, referindo-se à jurisprudência, indica ainda a hipótese dos enfermos em vulnerabilidade por outro fator, como: "(a) grupo indígena carente de assistência médico-odontológica (REsp 1.064.009/SC);12 (b) os deficientes físicos, sensoriais ou mentais (REsp 931.513/RS);13 (c) os portadores de doença celíaca, sensíveis ao glúten (REsp 586.316/MG)".
25. KONDER, Cintia Muniz de Souza. Vulnerabilidade, hipervulnerabilidade ou simplesmente dignidade da pessoa humana? Uma abordagem a partir do exemplo do consumidor superendividado. In: MONTEIRO FILHO, C. E. R. (Coord.). *Direito das relações patrimoniais: estrutura e função na contemporaneidade*. Curitiba: Juruá, 2014, p. 69-93.
26. Lecionam Heloísa Helena Barboza e Vitor Almeida: "Necessária, por conseguinte, a existência simultânea de uma *tutela geral* (abstrata) da pessoa humana, ontologicamente vulnerável, não só nas relações econômicas, como as de consumo, mas em todas as suas relações, especialmente as de natureza existencial, e a *tutela específica* (concreta), de todos os que se encontrem em situação de desigualdade, por força de circunstâncias que potencializem sua vulnerabilidade, ou já os tenham vulnerado, como forma de assegurar a igualdade e a liberdade, expressões por excelência da dignidade humana" (BARBOZA, Heloísa Helena; ALMEIDA, Vitor. A tutela das vulnerabilidades na legalidade constitucional. In: TEPEDINO, Gustavo; TEIXEIRA, Ana Carolina Brochado; ALMEIDA, Vitor (Coord.). *Da dogmática à efetividade do direito civil* – Anais do Congresso Internacional de Direito Civil Constitucional (IV Congresso do IBDCIVIL). Belo Horizonte: Fórum, 2017, p. 43-44).
27. BARBOZA, Heloísa Helena. Reflexões sobre a autonomia negocial. In: TEPEDINO, Gustavo; FACHIN, Luiz Edson (Coord.). *O direito e o tempo: embates jurídicos e utopias contemporâneas*. Rio de Janeiro: Renovar, 2008, p. 423.

4. O CONSENTIMENTO INFORMADO COMO INSTRUMENTO DE EFETIVA PROTEÇÃO À AUTONOMIA

A vulnerabilidade, como pedra de toque da proteção à pessoa humana, envolve não somente eventual proteção heterônoma do sujeito, mas principalmente a busca por mecanismos de viabilizar de forma efetiva o exercício da sua autonomia. Nesse sentido, "autonomia e vulnerabilidade são pilares que funcionam em articulação, devendo a autonomia ser pensada em função da vulnerabilidade, como se componente indispensável, sendo esta entendida como pedido de apoio ou de suporte".[28]

Instrumento fundamental nessa tarefa foi o *consentimento informado*, também referido como consentimento livre e esclarecido. Como já se destacou entre outra sede, é "possível conceituar o consentimento livre e esclarecido como a anuência, livre de vícios, do paciente, após explicação completa e pormenorizada sobre a intervenção médica, incluindo sua natureza, objetivos, métodos, duração, justificativa, possíveis males, riscos e benefícios, métodos alternativos existentes e nível de confidencialidade dos dados, assim como de sua liberdade total para recusar ou interromper o procedimento em qualquer momento; tendo o profissional a obrigação de informá-lo em linguagem adequada (não técnica) para que ele a compreenda".[29]

Trata-se, portanto, de uma reformulação do conceito tradicional de consentimento no âmbito do direito civil, que se limitava à proteção contra vícios externos, pautado em um sujeito abstrato e hipotético senhor de sua própria vontade: um "ser conceitual pronto e acabado", "hipoteticamente livre e senhor de sua circunstância".[30] Vinculava-se, ainda, à categoria binária da *capacidade*, cunhada para a disposição de direitos patrimoniais: ou bem o sujeito preenchia os requisitos legais e toda manifestação de vontade livre era vinculante, ou faltava-lhe a prerrogativa legal e sua vontade seria indiferente para o ordenamento.

Entretanto, as transformações sociais operadas no curso do século XX impuseram uma releitura do papel da liberdade individual, que deve ser tutelada para o exercício genuíno e efetivo, e não em termos puramente formais. Mais do que isso, deve-se apartar a autonomia negocial para fins econômicos dos espaços de livre desenvolvimento da personalidade.[31] Como destaca Perlingieri: "à intuitiva diferença entre a venda de mercadorias – seja ou não especulação profissional – e o consentimento a um trans-

---

28. BARBOZA, Heloísa Helena; ALMEIDA, Vitor. A tutela das vulnerabilidades na legalidade constitucional. In: TEPEDINO, Gustavo; TEIXEIRA, Ana Carolina Brochado; ALMEIDA, Vitor (Coord.). *Da dogmática à efetividade do direito civil* – Anais do Congresso Internacional de Direito Civil Constitucional (IV Congresso do IBDCIVIL). Belo Horizonte: Fórum, 2017, p. 50.
29. KONDER, Carlos Nelson. O consentimento no Biodireito: Os casos dos transexuais e dos wannabes. *Revista trimestral de direito civil*, v. 15, p. 61. Rio de Janeiro: 2003.
30. Os termos são de FACHIN, Luiz Edson. *Teoria crítica do direito civil*. Rio de Janeiro: Renovar, 2000; p. 11 e 14, respectivamente.
31. Destaca Heloísa Helena Barboza: "melhor do que individuar 'o' fundamento constitucional da autonomia contratual é pesquisar 'os' fundamentos constitucionais da autonomia negocial" (BARBOZA, Heloísa Helena. Autonomia em face da morte: alternativa para a eutanásia? In: PEREIRA, Tânia da Silva et al (Coord.). *Vida, morte e dignidade humana*. Rio de Janeiro: GZ, 2010, p. 38).

plante corresponde uma diversidade de avaliações no interno da hierarquia dos valores colocados pela Constituição".[32]

Daí a necessidade de, em ações que envolvam a saúde e a vida da pessoa humana, o consentimento exigir uma procedimentalização especial, impondo ao médico/cientista uma postura ativa e interrogante, com vistas a verificar o perfeito entendimento do paciente, considerando suas características específicas, isto é, adequando-se à sua vulnerabilidade, de forma a amoldar a decisão individual à dignidade da pessoa humana.[33] O consentimento passa de ato a processo, que se manifesta em diversos momentos e fases.[34]

Nascido a partir do Código de Nuremberg, como afirmação da necessidade de consentimento para a pesquisa com seres humanos, em reação às experiências nazistas, o consentimento informado generalizou-se por toda a prática médico-científica, sendo requisitado hoje para qualquer intervenção invasiva ou extraordinária.[35] Nas palavras de Rodotà: "A revolução do consentimento informado modifica as hierarquias sociais recebidas, dando voz a quem era silencioso diante do poder do terapeuta e define uma nova categoria geral constitutiva da pessoa. Consentir equivale a ser".[36]

O consentimento informado atravessa, dessa forma, a rígida e abstrata divisão entre capacidade e incapacidade, destacando que, assim como mesmo entre os incapazes o consentimento pode ser necessário, na medida de sua possibilidade, e que, também entre os capazes, as condições que o tornam vulnerável pode exigir cuidados especiais na obtenção desse assentimento.[37] Assim, por exemplo, a oitiva de crianças e adolescentes, especialmente no que tange a procedimentos médicos, não pode ser suprida em absoluto pelo assentimento de seus representantes legais.[38] Por outro lado, exige-se atenção

---

32. PERLINGIERI, Pietro. *Perfis do direito civil*. Rio de Janeiro: Renovar, 1997, p. 276.
33. PEREIRA, Paula Moura Francesconi de Lemos. *Relação médico-paciente*. Rio de janeiro: Lumen iuris, 2011, p. 115.
34. CASABONA, Carlos María Romeo. O consentimento informado na relação entre médico e paciente: aspectos jurídicos. In: CASABONA, C. M. R.; QUEIROZ, J. F. (Coord.). *Biotecnologia e suas implicações ético-jurídicas*. Belo Horizonte: Del rey, 2005, p. 131.
35. CLOTET, Joaquim. O consentimento informado nos comitês de ética em pesquisa e na prática médica: conceituação, origens e atualidade. *Revista Bioética*, v. 3, n. 1, p. 5, 1995.
36. RODOTÀ, Stefano. *Perché laico*. Roma-Bari: Laterza, 2009, p. 85.
37. Para Heloísa Helena Barboza: "Embora inegavelmente ligadas, a autonomia privada não se esgota na capacidade civil, questão que aflora e causa perplexidade no que diz respeito aos atos praticados por incapazes. Mais do que isso, não há como negar aos que têm sua capacidade civil restringida, evidentemente nos limites do razoável, o poder de decisão com relação a determinados atos do cotidiano e mesmo da vida civil" (BARBOZA, Heloísa Helena. Reflexões sobre a autonomia negocial. In: TEPEDINO, Gustavo; FACHIN, Luiz Edson. (Coord.). *O direito e o tempo*: embates jurídicos e utopias contemporâneas. Rio de Janeiro: Renovar, 2008, p. 417).
38. Explica Heloísa Helena Barboza: "Parece razoável a orientação no sentido de que, sempre que possível, se cumpra a regra do Estatuto, ou seja, se ouça a criança ou adolescente, respeitando sua vontade, desde que não agrave seu estado ou ponha sua vida em perigo. Em outras palavras, consideradas as condições pessoais do paciente menor, sua idade, capacidade de percepção e de cumprir as prescrições médicas, deve-se respeitar, o quanto possível e razoável, o consentimento livre e esclarecido da criança e do adolescente" (BARBOZA, Heloísa Helena. Poder familiar em face das práticas médicas. *Revista do advogado*, n. 76, p. 40-46, jun. 2004). Em outra sede, reforça a autora: "Em tese, teria o representante o poder de decidir sobre as intervenções no corpo do representado, o que, em certos casos de grande risco, equivale a escolher entre a vida e a morte do incapaz. Importante destacar que a Lei Civil, ao disciplinar o exercício da representação legal e estabelecer os poderes dos pais, tutores e curadores, manteve praticamente o regime anterior, de perfil nitidamente patrimonial, pouco ou nada dizendo sobre as

especial ao consentimento dado por pacientes terminais, detentos, minorias e qualquer pessoa que receba algum tipo de compensação pecuniária para participar.[39] Trata-se, justamente, de modular o consentimento justamente à vulnerabilidade de cada pessoa.

5. CONSIDERAÇÕES FINAIS

No mesmo pioneiro texto "Perspectivas do direito civil brasileiro para o próximo século", Heloísa Helena Barboza concluía que "é preciso que aqueles que fazem as leis e, particularmente, os que as estudam ou aplicam se aferrem a esses valores, dando às normas, antigas ou novas, interpretação condizente com os mesmos e, sobretudo, com nossa realidade social, tornando efetivos os objetivos fundamentais da República, os quais se podem resumir no estabelecido no inciso I, do artigo 3º, da Constituição: construir uma sociedade livre, justa e solidária".[40] A conclusão também é extremamente atual.

A difusão do consentimento informado no âmbito das intervenções na saúde e na vida das pessoas permitiu compreendê-lo como mecanismo adequado de conciliação da proteção da autonomia com a vulnerabilidade de cada pessoa humana, adequando a tutela da autonomia em abstrato com a da dignidade em concreto. Consentimento informado e vulnerabilidade, assim, interligam-se em complementariedade como instrumentos de persecução dos objetivos constitucionais, em sintonia, de liberdade e solidariedade.

---

questões existenciais relativas à saúde do representado e às intervenções em seu corpo" (BARBOZA, Heloísa Helena. A pessoa na Era da Biopolítica: autonomia, corpo e subjetividade. *Cadernos IHU Ideias (UNISINOS)*, v. 194, p. 3-20-20, 2013).

39. Como alerta Heloísa Helena Barboza, "Problemas relacionados à pressão a que se submetem pessoas recrutadas mediante oferta de ganho financeiro, notadamente aquelas de baixa renda, a relação entre pagamento ofertado e riscos da pesquisa, bem como a questão do enfraquecimento dos laços de solidariedade, surgem e desafiam os bioeticistas que lidam com a temática" (BARBOZA, Heloísa Helena; ALBUQUERQUE, Aline. Remuneração dos participantes de pesquisas clínicas: considerações à luz da Constituição. *Revista Bioética (Impresso)*, v. 24, p. 29-36, 2016).

40. BARBOZA, Heloísa Helena. Perspectivas do direito civil brasileiro para o próximo século. *Revista da Faculdade de Direito da UERJ*, v. 6 e 7, p. 34. Rio de Janeiro: 1999.

É POSSÍVEL MITIGAR A CAPACIDADE E A AUTONOMIA DA PESSOA COM DEFICIÊNCIA PARA A PRÁTICA DE ATOS PATRIMONIAIS E EXISTENCIAIS?

Aline de Miranda Valverde Terra

Ana Carolina Brochado Teixeira

"Consentir equivale a ser."[1]

Sumário: 1. O modelo médico da deficiência e o regime abstrato e excludente das incapacidades da pessoa com deficiência no código civil de 2002 – 2. O modelo social da deficiência e o novo regime das incapacidades das pessoas com deficiência introduzido pelo estatuto da pessoa com deficiência, a partir da convenção sobre os direitos da pessoa com deficiência – 3. Possibilidade de restringir a capacidade e a autonomia das pessoas com deficiência para a prática de atos patrimoniais e existenciais – 4. Conclusão.

1. O MODELO MÉDICO DA DEFICIÊNCIA E O REGIME ABSTRATO E EXCLUDENTE DAS INCAPACIDADES DA PESSOA COM DEFICIÊNCIA NO CÓDIGO CIVIL DE 2002

No Brasil, como em todo o mundo, o conceito de deficiência vem passando por profundas transformações a fim de acompanhar as inovações na área da saúde, bem como a forma pela qual a sociedade se relaciona com a parcela da população que apresenta algum tipo de deficiência.

Na Antiguidade, vigia o modelo moral de deficiência, por meio do qual se buscava uma justificativa religiosa para a deficiência, que transformava a pessoa em alguém improdutiva, alguém a ser tolerada pela família e pela sociedade.[2] Essa ideologia foi sucedida pelo modelo médico de incapacidade, que considerava somente a patologia física e o sintoma associado que dava origem a uma incapacidade. Esse modelo foi adotado pelo Código Civil de 1916 e reproduzido no Código Civil de 2002, que estabeleceu

---

1. RODOTÀ, Stefano. *Dal soggetto alla persona*. Napoli: Editoriale Scientifica, 2007, item 5.
2. PALACIOS, Augustina. *El modelo social de discapacidad*: origenes, caracterización y plasmación em la Convención Internacional sobre los Derechos de las Personas con discapacidad. Ceri. Madrid: Cinca, 2008, p. 37.

disciplina abstrata das incapacidades baseada no sistema de tudo ou nada:[3] a pessoa com deficiência mental, que não tivesse o necessário discernimento para a prática dos atos civis, seria considerada absolutamente incapaz, sendo-lhe negado o exercício autônomo de qualquer ato da vida civil; fazia-se imperioso um representante para, em seu lugar, manifestar a vontade necessária à prática de referidos atos. A vontade do representante, portanto, substituía inteiramente a vontade da pessoa com deficiência. Se, no entanto, a pessoa com deficiência mental ostentasse discernimento reduzido, seria considerada relativamente incapaz, e a validade de sua manifestação de vontade vinculava-se à conjunta manifestação de vontade de seu assistente. Para os atos da vida civil, de maneira geral, exigia-se também a manifestação do assistente.

O modelo médico acabou por negar a inúmeras pessoas com deficiência, sujeitos de direito, em primeiro lugar, o exercício de parcela de autonomia relativa a atos que teriam plenas condições de exercer livremente, a revelar um regime excludente, que retira da pessoa com deficiência a possibilidade de decidir mesmo sobre os atos mais prosaicos da vida. Embora absoluta ou relativamente incapaz, a pessoa com deficiência raramente será desprovida de qualquer possibilidade de manifestação de vontade autônoma, sendo necessário assegurar-lhe espaços de liberdade dentro dos quais possa exercer sua autonomia, por menor e mais singela que seja.

Além disso, e ainda mais grave, o sistema das incapacidades codificado permitia, como regra, a dissociação entre titularidade e exercício também dos direitos inerentes à pessoa humana. Em um sistema abstrato, do tudo ou nada, isso acaba por impedir que a pessoa com deficiência pratique todo e qualquer ato ligado diretamente à realização do seu projeto de vida e ao livre desenvolvimento de sua personalidade. E mais, no extremo, semelhante modelo pode mesmo permitir que lhes seja negada a própria qualidade de pessoa humana: a dissociação abstrata e absoluta entre titularidade e exercício de direitos inerentes à pessoa humana acaba, na prática, por promover a própria desconsideração das titularidades, fomentando um processo de reificação da pessoa com deficiência.

No Brasil, o exemplo mais emblemático e chocante desse fenômeno de reificação da pessoa com deficiência a partir da própria negação da titularidade de direitos inerentes à pessoa humana se passou no Hospital Colônia de Barbacena, fundado em 12 de outubro de 1903. O Hospital Colônia de Barbacena se tornou conhecido pelo público na década de 1980, em razão do tratamento desumano que oferecia aos pacientes, aos quais eram negados os mais básicos direitos inerentes à pessoa humana. O psiquiatra italiano Franco Basaglia, pioneiro na luta antimanicomial na Itália, esteve no Brasil e conheceu o Hospital Colônia em 1979. Na ocasião, em uma coletiva de imprensa, desa-

---

3. Em crítica ao regime das incapacidades do Código Civil de 2002, afirmam Anderson Schreiber e Ana Luiza Nevares: "Manteve-se um regime unitário que reúne todas as incapacidades sob o mesmo rótulo sempre sob a lógica do 'tudo ou nada'. Quem é incapaz o é para todos os atos da vida civil, expressão que abrange desde a doação de um imóvel à compra de um refrigerante" (SCHREIBER, Anderson; NEVARES, Ana Luiza Maia. Do sujeito à pessoa: uma análise da incapacidade. In: TEPEDINO, Gustavo; TEIXEIRA, Ana Carolina Brochado; ALMEIDA JÚNIOR, Vitor (Coord.). *O Direito Civil entre o Sujeito e a Pessoa*: estudos em homenagem ao Professor Stefano Rodotà. Belo Horizonte: Fórum, 2016, p. 42).

bafou: "Estive hoje num campo de concentração nazista. Em lugar nenhum do mundo, presenciei uma tragédia como essa".[4]

Os pacientes chegavam ao local em grandes vagões de carga, conhecidos como "trem do doido". Embora a instituição tenha sido fundada com capacidade para 200 leitos, contava com cerca de cinco mil pacientes em 1961. Estima-se que pelo menos 60 mil pessoas tenham morrido no Hospital Colônia de Barbacena de frio, de fome, de doenças e de eletrochoques, cuja intensidade era tão forte que, não raro, causava sobrecarga no sistema e derrubava a rede elétrica do município.

Se o modelo codificado é criticável para os atos de natureza patrimonial, para os atos de natureza existencial se afigura, como se vê, conflitante com a noção de que a titularidade e o exercício do direito devem estar conjugados. Ademais, o mero estabelecimento de uma disciplina única para os requisitos de validade dos atos patrimoniais e existenciais se revela incompatível com a axiologia constitucional.

O ordenamento jurídico brasileiro atribui tutela prioritária às situações jurídicas existenciais, e instrumentaliza as situações jurídicas patrimoniais à sua realização. Nessa direção, parece equivocado igualar, *a priori* e abstratamente, os requisitos relativos ao elemento *vontade* para a prática de atos patrimoniais e para a prática de atos existenciais. A diferença entre os atos de autonomia patrimonial e existencial é, sobretudo, de fundamento constitucional.[5]

Quando o ato diz respeito a situações subjetivas patrimoniais, ele se reconduz à liberdade econômica garantida pelo art. 170, IV, da Constituição da República. Por outro lado, quando o ato se referir a situação subjetiva não patrimonial, o fundamento constitucional reside na cláusula geral de tutela da pessoa humana. Nessa direção, se, como afirma Pietro Perlingieri, "ao diverso fundamento corresponde uma diversa colocação na hierarquia das fontes",[6] há de se reconhecer que ao diverso fundamento corresponde, também, uma diversa disciplina jurídica do ato de autonomia, a abranger também os requisitos de validade da vontade; trata-se de um tratamento qualitativamente diverso. Cuidando-se de atos de natureza existencial, a regra deve ser, sempre que possível, o exercício pelo próprio titular do direito, sem intermediários ou substituições da vontade.

O Estatuto da Pessoa com Deficiência superou algumas críticas ao modelo codificado, estabelecendo regramento diverso para a capacidade das pessoas com deficiência relativa à prática de atos existenciais e de atos patrimoniais, e mitigou, em parte, a abstrativização do regime, como se verá adiante. Importa sublinhar, no entanto, que a adoção de um novo modelo da deficiência contribuiu, decisivamente, para essas mudanças. É o que se passa a examinar.

---

4. Disponível em: https://portal-justificando.jusbrasil.com.br/noticias/220848614/o-holocausto-manicomial--trechos-da-historia-do-maior-hospicio-do-brasil. Acesso em: 08 nov. 2022.
5. PERLINGIERI, Pietro. *Perfis do Direito Civil*: introdução ao direito civil constitucional. Trad. Maria Cristina De Cicco. Rio de Janeiro: Renovar, 1999, p. 18.
6. PERLINGIERI, Pietro. *Perfis do Direito Civil*: introdução ao direito civil constitucional. Trad. Maria Cristina De Cicco. Rio de Janeiro: Renovar, 1999, p. 19.

2. O MODELO SOCIAL DA DEFICIÊNCIA E O NOVO REGIME DAS INCAPACIDADES DAS PESSOAS COM DEFICIÊNCIA INTRODUZIDO PELO ESTATUTO DA PESSOA COM DEFICIÊNCIA, A PARTIR DA CONVENÇÃO SOBRE OS DIREITOS DA PESSOA COM DEFICIÊNCIA

A Classificação Internacional de Funcionalidade, Incapacidade e Saúde – CIF, divulgada pela Organização Mundial da Saúde em 2001, passou a conjugar, ao modelo médico de deficiência, o modelo social, que considera a questão da deficiência sobretudo um problema criado pela sociedade, e cujo principal desafio é a integração plena do indivíduo na sociedade. Sob tal perspectiva, a incapacidade não é um atributo inerente ao indivíduo, mas "um conjunto complexo de condições, muitas das quais criadas pelo ambiente social". Com efeito, a solução do problema requer uma ação social, consistente na realização das "modificações ambientais necessárias para a participação plena das pessoas com incapacidades em todas as áreas da vida social". Cuida-se, portanto, a incapacidade de uma questão política.[7]

A integração do modelo médico e do modelo social enseja uma abordagem biopsicossocial da deficiência, que oferece uma compreensão das diferentes perspectivas de saúde: biológica, individual e social. Nesse contexto, a incapacidade é, necessariamente, "resultado tanto da limitação das funções e estruturas do corpo quanto da influência de fatores sociais e ambientais sobre essa limitação".[8]

De acordo com a Classificação Internacional de Funcionalidade, Incapacidade e Saúde, deficiências "são problemas nas funções ou na estrutura do corpo, tais como, um desvio importante ou uma perda",[9] que nem sempre, contudo, importam em limitação da capacidade ou da funcionalidade.[10] Nesse contexto, de acordo com a CIF, uma pessoa pode:

> ter deficiências sem limitações de capacidade (e.g. uma desfiguração resultante da Doença de Hansen pode não ter efeito sobre a capacidade da pessoa); ter problemas de desempenho e limitações de capacidade sem deficiências evidentes (e.g. redução de desempenho nas actividades diárias associado a várias doenças); ter problemas de desempenho sem deficiências ou limitações de capacidade (e.g. indivíduo VIH positivo, ou um ex. doente curado de doença mental, que enfrenta estigmas ou

---

7. ORGANIZAÇÃO MUNDIAL DE SAÚDE. Direcção-Geral da Saúde. *Classificação Internacional de Funcionalidade, Incapacidade e Saúde*. Tradução e revisão Amélia Leitão. Lisboa, 2004, p. 22. Disponível em: https://catalogo.inr.pt/documents/11257/0/CIF+2004. Acesso em: 08 nov. 2022.
8. BRASIL. Instituto Brasileiro de Geografia e Estatística – IBGE. *Censo Demográfico 2010*: características gerais da população, religião e pessoas com deficiência. Rio de Janeiro, 2010, p. 71. Disponível em: https://biblioteca.ibge.gov.br/visualizacao/periodicos/94/cd_2010_religiao_deficiencia.pdf. Acesso em: 08 nov. 2022.
9. ORGANIZAÇÃO MUNDIAL DE SAÚDE. Direcção-Geral da Saúde. *Classificação Internacional de Funcionalidade, Incapacidade e Saúde*. Tradução e revisão Amélia Leitão. Lisboa, 2004, p. 14. Disponível em: https://catalogo.inr.pt/documents/11257/0/CIF+2004. Acesso em: 08 nov. 2022.
10. A CIF entende capacidade como a "aptidão de um indivíduo para executar uma tarefa ou uma acção devido a uma ou mais deficiências" e funcionalidade como "uma interacção ou relação complexa entre a condição de saúde e os factores contextuais (i.e. factores ambientais e pessoais)" (ORGANIZAÇÃO MUNDIAL DE SAÚDE. Direcção-Geral da Saúde. *Classificação Internacional de Funcionalidade, Incapacidade e Saúde*. Trad. e revisão Amélia Leitão. Lisboa, 2004, p. 20. Disponível em: https://catalogo.inr.pt/documents/11257/0/CIF+2004. Acesso em: 19 set. 2018).

discriminação nas relações interpessoais ou no trabalho); ter limitações de capacidade se não tiver assistência, e nenhum problema de desempenho no ambiente habitual (*e.g.* um indivíduo com limitações de mobilidade pode beneficiar, por parte da sociedade, de ajudas tecnológicas de assistência para se movimentar). (...).[11]

Referido modelo foi adotado expressamente pela Convenção da ONU sobre os Direitos da Pessoa com Deficiência, aprovada pelo Decreto Legislativo 186, em 9 de julho de 2008, passando a integrar o ordenamento jurídico brasileiro com status de emenda constitucional. Ainda no preâmbulo da Convenção, reconhece-se que a deficiência, um conceito em evolução, "resulta da interação entre pessoas com deficiência e as barreiras devidas às atitudes e ao ambiente que impedem a plena e efetiva participação dessas pessoas na sociedade em igualdade de oportunidades com as demais pessoas".[12] A propósito, afirma Mary Keys: "previous reliance solely on a narrower medical approach is no longer considered appropriate, and instead a social and human rights approach focused on removing barriers to participation is essential to the achievement of equality".[13]

O Estatuto da Pessoa com Deficiência[14] contemplou o mesmo modelo, já em seu art. 2º, de acordo com o qual "considera-se pessoa com deficiência aquela que tem impedimento de longo prazo de natureza física, mental, intelectual ou sensorial, o qual, em interação com uma ou mais barreiras, pode obstruir sua participação plena e efetiva na sociedade em igualdade de condições com as demais pessoas". Nos termos do § 1º "a avaliação da deficiência, quando necessária, será biopsicossocial, realizada por equipe multiprofissional e interdisciplinar e considerará: I – os impedimentos nas funções e nas estruturas do corpo; II – os fatores socioambientais, psicológicos e pessoais; III – a limitação no desempenho de atividades; e IV – a restrição de participação."

Essa nova perspectiva da deficiência permitiu a reformulação do regime brasileiro das incapacidades da pessoa com deficiência. De acordo com o Estatuto, "a pessoa com deficiência tem assegurado o direito ao exercício de sua capacidade legal em igualdade de condições com as demais pessoas" (art. 84). Afirma-se, ainda, que "a deficiência não afeta a plena capacidade civil da pessoa, inclusive para: I – casar-se e constituir união

---

11. ORGANIZAÇÃO MUNDIAL DE SAÚDE. Direcção-Geral da Saúde. *Classificação Internacional de Funcionalidade, Incapacidade e Saúde*. Tradução e revisão Amélia Leitão. Lisboa, 2004, p. 21. Disponível em: https://catalogo.inr.pt/documents/11257/0/CIF+2004. Acesso em: 19 set. 2018.
12. BRASIL. Presidência da República. *Convenção sobre os Direitos das Pessoas com Deficiência*: Protocolo Facultativo à Convenção sobre os Direitos das Pessoas com Deficiência: Decreto Legislativo 186, de 09 de julho de 2008: Decreto 6.949, de 25 de agosto de 2009. 4. ed., rev. e atual. Brasília: Secretaria de Direitos Humanos, 2010 Disponível em: ww.seid.pi.gov.br/download/202011/CEID12_aac29c0d0c.pdf. Acesso em: 08 nov. 2022.
13. KEYS, Mary. Article 12 [Equal Recognition Before the Law]. In: DELLA FINA et al. (Ed.). *The United Nations Convention on the Rights of Persons with Disabilities*: a commentary. Switzerland: Springer International Publishing, 2017, p. 265.
14. No Brasil, o Estatuto veio tutelar aproximadamente 45,5 milhões de pessoas que, de acordo com o Censo Demográfico de 2010, declararam ter pelo menos uma das deficiências investigadas, o que corresponde a 23,9% da população brasileira. No que tange a cada uma das deficiências analisadas, 18,8% das pessoas declararam ter deficiência visual; 5,1%, auditiva; 7,0%, motora; e 1,4%, mental ou intelectual (BRASIL. Instituto Brasileiro de Geografia e Estatística – IBGE. *Censo Demográfico 2010*: características gerais da população, religião e pessoas com deficiência. Rio de Janeiro, 2010, p. 73. Disponível em: https://biblioteca.ibge.gov.br/visualizacao/periodicos/94/cd_2010_religiao_deficiencia.pdf. Acesso em: 08 nov. 2022.

estável; II – exercer direitos sexuais e reprodutivos; III – exercer o direito de decidir sobre o número de filhos e de ter acesso a informações adequadas sobre reprodução e planejamento familiar; IV – conservar sua fertilidade, sendo vedada a esterilização compulsória; V – exercer o direito à família e à convivência familiar e comunitária; e VI – exercer o direito à guarda, à tutela, à curatela e à adoção, como adotante ou adotando, em igualdade de oportunidades com as demais pessoas" (art. 6º).

Diante dessa nova normativa, constata-se que a regra passou a ser a capacidade e a autonomia da pessoa com deficiência. Trata-se de mudança fundamental voltada a garantir à considerável parcela da população brasileira a necessária autonomia para o controle sobre suas próprias decisões, interrompendo um perverso ciclo de desempoderamento das pessoas com deficiência. Resta investigar, no entanto, se é possível excepcionar a regra, e restringir sua capacidade, considerando todo o arcabouço legislativo que disciplina a questão. É o que se passa a analisar a seguir.

3. POSSIBILIDADE DE RESTRINGIR A CAPACIDADE E A AUTONOMIA DAS PESSOAS COM DEFICIÊNCIA PARA A PRÁTICA DE ATOS PATRIMONIAIS E EXISTENCIAIS

Posto que a regra seja a plena capacidade civil, o Estatuto admite, excepcionalmente, que a pessoa com deficiência seja submetida à curatela, que "constitui medida protetiva extraordinária, proporcional às necessidades e às circunstâncias de cada caso, e durará o menor tempo possível", nos termos do art. 84, caput , §§ 1º e 3º. Ademais, de acordo com o art. 85, *caput* e § 1º, "a curatela afetará tão somente os atos relacionados aos direitos de natureza patrimonial e negocial" e não alcançará "o direito ao próprio corpo, à sexualidade, ao matrimônio, à privacidade, à educação, à saúde, ao trabalho e ao voto".

Verifica-se, assim, que o próprio Estatuto parece responder afirmativamente à possibilidade de restrição da capacidade de fato das pessoas com deficiência para a prática de atos e negócios jurídicos relativos a situações jurídicas patrimoniais, admitindo que a curatela os alcance. No entanto, se a regra é a capacidade e a curatela é excepcional e proporcional às necessidades e às circunstâncias do sujeito concreto[15] (art. 84, § 2º), parece vedado o estabelecimento de curatela genérica, que afirme, simplesmente, a sua extensão a todos os "atos relacionados aos direitos de natureza patrimonial e negocial" (art. 85).[16] A restrição da capacidade deixa, em definitivo, de ser no modelo do tudo ou

---

15. "Com a figura da "tomada de decisão apoiada" e o reconhecimento da autonomia da pessoa com deficiência, graças à influência marcante do art. 12, da CDPD e da alteração legislativa diretamente operada pela Lei 13.146/15 (Estatuto da Pessoa com Deficiência), a curatela se confirma como uma medida in extremis que somente poderá ser utilizada nos restritos limites da necessidade do curatelado e para atender aos seus interesses" (MENEZES, Joyceane Bezerra de. O direito protetivo no Brasil após a convenção sobre a proteção da pessoa com deficiência: impactos do novo CPC e do estatuto da pessoa com deficiência. *Civilistica.com*. Rio de Janeiro, a. 4, n. 1, jan.-jun./2015, Disponível em: http://civilistica.com/o-direito-protetivo-no-brasil/. Acesso em: 08 nov. 2022).

16. No entanto, usualmente, as curatelas são estabelecidas em termos genéricos, como se constata na jurisprudência dos Tribunais Estaduais brasileiros: "Apelação cível – ação de interdição – curatela – interditando com graves problemas psiquiátricos – ausência de plena capacidade para o exercício dos atos da vida civil – caso concreto – laudo pericial e estudo social – recurso provido. – A curatela possui a finalidade de propiciar a representação

nada, e passa a ser construída e delimitada no caso concreto, a partir das circunstâncias particulares da pessoa com deficiência, fazendo-se imperioso que o juiz elenque e justifique, um por um, os atos e negócios patrimoniais que estão submetidos à curatela.[17]

Para tanto, evidentemente, deverá o juiz ter em consideração em que medida a deficiência compromete a funcionalidade de cada indivíduo, vale dizer, a sua capacidade de interagir com os fatores contextuais, para a qual, evidentemente, a sua funcionalidade se afigura imprescindível. Significa, com efeito, que em relação aos atos patrimoniais não expressamente mencionados pelo juiz na decisão de curatela, o curatelado conservará toda a sua capacidade e autonomia.

De todo modo, parece que nem todo ato ou negócio jurídico patrimonial pode ser objeto da curatela. Aqueles personalíssimos, a exemplo do testamento (art. 1.858, CC), estão fora do seu escopo, não sendo dado ao curador sequer assistir o curatelado

---

legal e a administração de bens de sujeitos incapazes de praticar os atos do cotidiano, protegendo, assim, os interesses daqueles que se encontram em situação de incapacidade na gestão de sua própria vida. – Embora a pessoa com deficiência tenha assegurado o direito ao exercício de sua capacidade legal em igualdade de condições com as demais pessoas, nos termos da Lei 13.146/2015, uma vez demonstrado, por meio de laudo pericial e estudo social, o comprometimento na gestão da própria vida civil do interditando, cabível a decretação de interdição. – Nessa hipótese, consoante reza o art. 85, do Estatuto do Deficiente, a curatela afetará tão somente os atos relacionados aos direitos de natureza patrimonial e negocial" (TJMG, 7ª C.C., Apel. Cív. 1.0427.13.001117-9/001, Rel. Des. Wilson Benevides, julg. 25.4.2017, DJ 5.5.2017, grifou-se).

17. A previsão contida no art. 753, § 2º do CPC/15 de que o laudo pericial deve indicar de forma especificada os atos submetidos à curatela reforça a necessidade de se discriminar e justificar na sentença os atos e negócios para os quais haverá a restrição. Desse modo, a simples apresentação de atestado médico, por não envolver em geral essa análise pormenorizada, não deve ser suficiente para a determinação da curatela: "De acordo com o art. 753, caput, do CPC/15, a realização de prova pericial é imprescindível no processo relativo à curatela, devendo o respectivo laudo indicar especificadamente, se for o caso, os atos para os quais haverá necessidade de curatela (§ 2º do art. 753). A ausência de exame pericial, tal como é exigido pelo dispositivo legal supracitado, não é sanável pela apresentação de simples atestado médico." (TJRS, 8ª C.C., Apel. Cív. 70073947145, Rel. Des. Luiz Felipe Brasil Santos, julg. 17.8.2017, DJ 24.8.2017). A ausência de indicação específica acerca dos atos de natureza patrimonial e negocial sujeitos à curatela pode ensejar divergências futuras. Nesse caso, julgado pela 2ª CC do TJMG, a curadora interpôs apelação da sentença que determinou a incidência da curatela para atos de natureza patrimonial, alegando que teria pleiteado a curatela apenas e tão somente para representação do curatelado junto ao INSS. Contudo, considerando a curatela como um encargo público e o melhor interesse do curatelado, afastou-se a restrição do múnus a apenas este ato: "Concluindo o laudo pericial que o curatelado possui limitações que atingem a manifestação de vontade e a capacidade de gerência de seus bens, não é razoável a restrição da curatela a um único ato (recebimento do benefício previdenciário), sob pena de deixar descobertas outras necessidades." (TJMG, 2ª C.C., Apelação Cível 1.0592.15.000049-1/001, Rel. Des. Raimundo Messias Júnior, julg. 31.10.2017, publ. 8.11.2017)". Novamente, a ausência de indicação específica acerca dos atos de natureza patrimonial e negocial sujeitos à curatela pode gerar a necessidade de novo pronunciamento judicial para que se determine se um ato estará ou não abarcado pela curatela. Esse acórdão, que trata da condução de veículos automotores, é um exemplo disso: "II – A submissão da pessoa com discernimento mental reduzido à curatela constitui medida extraordinária, que, quando imposta, deve ser precedida da exposição das razões e motivações de sua definição, conforme as necessidades e as circunstâncias de cada caso. III – Em se tratando incapacidade fundada em critério subjetivo (psicológico), o julgador deve buscar aferir o grau da redução do discernimento e o seu reflexo na vida do sujeito, para então estabelecer os limites da curatela, sempre sob a ótica civil e constitucional da necessidade do interditando. IV – A incapacidade relativa para a prática dos atos da vida civil do portador de transtornos mentais e comportamentais decorrentes do uso de múltiplas drogas e substâncias psicoativas afigura-se incompatível com a permissão para a condução de veículos automotores, máxime quando o próprio laudo médico expressamente não a recomenda. V – Negou-se provimento ao recurso" (TJDFT, 6ª T. Cív., Apel. cív. 20130111809777, Rel. Des. José Divino, julg. 29.11.2017, DJ 05.12.2017).

na confecção do seu ato de última vontade. A rigor, considerando-se que o testamento só produz efeitos após a morte do testador, de modo que em nada o prejudicará, e que os herdeiros necessários já estão suficientemente protegidos pela intangibilidade da legítima, entende-se que a pessoa com deficiência pode validamente testar, desde que tenha um mínimo de compreensão sobre os efeitos da sua manifestação de vontade.

Cuidando-se, portanto, de ato de última vontade, a regra não é exigir-se a plena funcionalidade e entendimento, mas a funcionalidade mínima, já que os efeitos daquela declaração em nada prejudicarão a pessoa com deficiência.[18] Se o escopo da restrição da capacidade e da autonomia é proteger a pessoa com deficiência, não parece compatível com esse objetivo exigir a total compreensão da realidade para atos de última vontade, uma vez que seus efeitos não recaem sobre o testador – o exigível é que se tenha o entendimento acerca dos efeitos daquilo que se pratica. Ademais, os herdeiros necessários já estão suficientemente protegidos pela intangibilidade da legítima, de modo que qualquer disposição testamentária que se revele lesiva à legítima poderá ser objeto de redução. Nessa direção, não parece merecedor de tutela impedir o exercício da autonomia testamentária, ainda que haja redução do discernimento, em favor da proteção de interesses patrimoniais dos herdeiros para além da tutela da legítima. Em uma ponderação de interesses, o interesse do testador, pessoa com deficiência, deve prevalecer, reconhecendo-se como lícita e legítima a sua última manifestação de vontade reveladora de grau de discernimento compatível com o ato. É sob esse enfoque que deve se perquirir a capacidade testamentária do testador.

Importa destacar que a possibilidade de restrição da capacidade da pessoa com deficiência para a prática de atos patrimoniais admitida pelo Estatuto da Pessoa com Deficiência não parece incompatível com a Convenção da ONU, de *status* constitucional, como já se apontou.

A Convenção estatui, no art. 12, n. 2, que "os Estados Partes reconhecerão que as pessoas com deficiência gozam de capacidade legal em igualdade de condições com as demais pessoas em todos os aspectos da vida". A Convenção proíbe, ao que parece, a substituição de vontade da pessoa com deficiência, e impõe aos Estados signatários que adotem sistemas de suporte ao exercício da capacidade legal pela pessoa com deficiência que respeitem seus desejos e suas preferências individuais.[19]

---

18. É justamente por essa razão que o pródigo, apesar de não ter capacidade de fato para atos de disposição patrimonial, tem capacidade para testar. "Embora situado entre os relativamente incapazes (Código Civil, art. 4º, n. IV), ao pródigo apenas se proíbe a realização, sem a assistência do curador, de negócios jurídicos inter vivos de disposição patrimonial (art. 1.782). Tem, pois, capacidade para testar, ressalvada a hipótese de a prodigalidade ser resultante de deficiência mental". (PEREIRA, Caio Mário da Silva. *Instituições de Direito Civil*, 24. ed. V. VI. Rio de Janeiro: Forense, 2017, p. 199); "Já os pródigos possuem plena capacidade para testar. Em que pese o silêncio do dispositivo (art. 1.860) em exame a respeito da incapacidade absoluta e da relativa, o testamento só vai produzir efeitos após a morte do agente, não lhe acarretando, portanto, prejuízos. Além disso, a família do pródigo se encontra protegida pela reserva hereditária, que contempla como herdeiros necessários os descendentes, os ascendentes, o cônjuge e o companheiro" (TEPEDINO, Gustavo; BARBOZA, Heloisa Helena; BODIN DE MORAES, Maria Celina, *Código Civil interpretado conforme a Constituição da República*, V. IV, Rio de Janeiro: Renovar, 2014, p. 677).
19. "The debate on whether substitute decision-making is permissible under the CRPD is ongoing, although both the CRPD Committee and General Comment No. 1 are very clear that it is not permitted. The Committee has repeatedly said that States Parties must take action to replace systems of substitute decision-making with supported

Aliás, no mesmo art. 12, n. 4, a Convenção estabelece que "os Estados Partes assegurarão que *todas as medidas relativas ao exercício da capacidade legal* incluam salvaguardas apropriadas e efetivas para prevenir abusos, em conformidade com o direito internacional dos direitos humanos. Essas salvaguardas assegurarão que as *medidas relativas ao exercício da capacidade legal* respeitem os direitos, a vontade e as preferências da pessoa, sejam isentas de conflito de interesses e de influência indevida, sejam proporcionais e apropriadas às circunstâncias da pessoa, apliquem-se pelo período mais curto possível e sejam submetidas à revisão regular por uma autoridade ou órgão judiciário competente, independente e imparcial. As salvaguardas serão proporcionais ao grau em que tais medidas afetarem os direitos e interesses da pessoa" (grifou-se).

Nota-se, assim, que embora no art. 12 a Convenção afirme a universalização da plena capacidade da pessoa com deficiência, reconhece que é possível que necessitem da adoção de certas medidas para que possam exercer sua capacidade legal, desde que sejam "proporcionais e apropriadas às circunstâncias da pessoa, apliquem-se pelo período mais curto possível e sejam submetidas à revisão regular por uma autoridade ou órgão judiciário competente, independente e imparcial".

No Brasil, há duas medidas a adotar: 1º) a tomada de decisão apoiada (art. 1.783-A, CC),[20] que não repercute na capacidade civil do indivíduo; e 2º) a curatela das pessoas com deficiência, a importar em sua incapacidade relativa quando, "por causa transitória ou permanente, não puderem exprimir sua vontade" (art. 4º, III, CC) – já que retiradas do rol dos absolutamente incapazes do art. 3º do Código Civil por alteração implementada pelo art. 114 do Estatuto. Não há mais que se falar, portanto, em incapacidade absoluta, diante da qual adota-se o sistema de substituição de vontade, conferindo ao representante o poder de decidir no lugar do incapaz.[21] Semelhante modelo se afigura de todo incompatível com o escopo promocional da autonomia da pessoa com deficiência.[22]

---

decision-making that respects the will and preference of the person. Based on initial reports to the Committee, the General Comment refers to 'the general misunderstanding of the exact scope of the obligations of States parties under Article 12 and a general failure to understand that the human rights-based model of disability implies a shift from the substitute decision-making paradigm to one that is based on supported decision-making'. It states clearly that States Parties' obligations require both the abolition of substitute decision-making regimes and their replacement with supported decision-making alternatives" (KEYS, Mary. Article 12 [Equal Recognition Before the Law]. In: DELLA FINA et al. (Ed.). *The United Nations Convention on the Rights of Persons with Disabilities*: a commentary. Switzerland: Springer International Publishing, 2017, p. 268).

20. "Art. 1.783-A. A tomada de decisão apoiada é o processo pelo qual a pessoa com deficiência elege pelo menos 2 (duas) pessoas idôneas, com as quais mantenha vínculos e que gozem de sua confiança, para prestar-lhe apoio na tomada de decisão sobre atos da vida civil, fornecendo-lhes os elementos e informações necessários para que possa exercer sua capacidade."
21. "3. A partir da entrada em vigor da referida lei, a incapacidade absoluta para exercer pessoalmente os atos da vida civil se restringe aos menores de 16 (dezesseis) anos, ou seja, o critério passou a ser apenas etário, tendo sido eliminadas as hipóteses de deficiência mental ou intelectual anteriormente previstas no Código Civil. 4. Sob essa perspectiva, o art. 84, § 3º, da Lei n. 13.146/2015 estabelece que o instituto da curatela pode ser excepcionalmente aplicado às pessoas portadoras de deficiência, ainda que agora sejam considerados relativamente capazes, devendo, contudo, ser proporcional às necessidades e às circunstâncias de cada caso concreto" (STJ, REsp 1927423 / SP, 3ª T., Rel. Min. Marco Aurelio Bellizze, julg. 27 abr. 2021, DJe 4 maio 2021).
22. No mesmo sentido, veja-se lição de Heloisa Helena Barboza e Vitor Almeida Júnior: "Não se cogita, no entanto, da incapacidade absoluta, eis que incompatível com a promoção da autonomia da pessoa com deficiência. É de se ressaltar

A tomada de decisão apoiada encerra instrumento "voltado a auxiliar a pessoa que se sente fragilizada no exercício de sua autonomia",[23] mas que reúne "condições de, por si, realizar suas escolhas e celebrar quaisquer negócios jurídicos sem a necessidade de assistência ou representação".[24] Já a curatela se revela como alternativa mais intensa, em que se outorgam poderes de assistência para o curador,[25] e se reconhece a incapacidade relativa da pessoa com deficiência, a qual, de todo modo, para a validade do ato, deverá também manifestar sua vontade ao lado do seu assistente.[26]

Veja-se, portanto, que em ambas as situações, a vontade da pessoa com deficiência é fundamental para a prática do ato, e havendo divergência entre a vontade do apoiador ou do assistente, e a vontade da pessoa com deficiência, será o juiz que dirimirá a controvérsia quando se tratar de questão que envolva risco para o apoiado.[27] Como se observa, não há, em nenhuma das situações, supremacia da vontade do apoiador ou assistente sobre a vontade da pessoa apoiada ou assistida.

A diferença fundamental entre os dois institutos reside no fato de que, na tomada de decisão apoiada, basta a vontade da pessoa com deficiência para a validade do ato – vale dizer, a ausência de manifestação do apoiador não torna o ato anulável, mesmo porque o apoiado é plenamente capaz –,[28] enquanto na incapacidade relativa, é imperiosa a

---

ainda que, nos termos do art. 4º, III, do Código Civil, é considerada relativamente incapaz a pessoa que não possa exprimir sua vontade, temporária ou permanentemente, de forma consciente e autônoma, relativa a determinados atos patrimoniais/negociais, mas que, eventualmente, podem atingir os existenciais, desde que como salvaguarda para prevenir abusos e impedir que direitos sejam frustrados. Assim, tal dispositivo deve ser lido conforme a CPDP, incluindo as pessoas com deficiência, que, embora possam exprimir a vontade, esta objetivamente não venha a ser considerada válida e autônoma em razão do severo comprometimento das faculdades mentais. Entende-se, dessa forma, que o inciso III do art. 4º do CC é compatível com a proteção destinada à inclusão dos direitos e liberdades fundamentais da pessoa com deficiência, pois cria regra genérica que se aplica a qualquer pessoa, independentemente da deficiência, que não puder por motivos físicos (estado comatoso, por exemplo) ou em razão de severa deficiência mental ou intelectual, evitando a discriminação e oportunizando o tratamento em igualdade de condições"(BARBOZA, Heloisa Helena; ALMEIDA JÚNIOR, Vitor de Azevedo. A (in)capacidade da pessoa com deficiência mental ou intelectual e o regime das invalidades: primeiras reflexões. In: EHRHARDT JÚNIOR, Marcos (Coord.). *Impactos do novo CPC e do EDP no Direito Civil Brasileiro*. Belo Horizonte: Fórum, 2016, p. 219-220).

23. MENEZES, Joyceane Bezerra de. Tomada de decisão apoiada: instrumento de apoio ao exercício da capacidade civil da pessoa com deficiência instituído pela Lei Brasileira de Inclusão (Lei 13.146/2015), *Revista Brasileira de Direito Civil*, v. 9, p. 44, jul./set. 2016.
24. MENEZES, Joyceane Bezerra de. Tomada de decisão apoiada: instrumento de apoio ao exercício da capacidade civil da pessoa com deficiência instituído pela Lei Brasileira de Inclusão (Lei 13.146/2015), *Revista Brasileira de Direito Civil*, v. 9, p. 42-43, jul./set. 2016.
25. Em situações extremas e justificáveis, a doutrina tem admitido a excepcional outorga de poderes de representação (MENEZES, Joyceane Bezerra de. Tomada de decisão apoiada: instrumento de apoio ao exercício da capacidade civil da pessoa com deficiência instituído pela Lei Brasileira de Inclusão (Lei 13.146/2015), *Revista Brasileira de Direito Civil*, v. 9, p. 35, jul./set. 2016.
26. "Os relativamente incapazes não são privados de ingerência ou participação na vida jurídica. Ao contrário, o exercício de seus direitos somente se realiza com a sua presença" (PEREIRA, Caio Mário da Silva. *Instituições de Direito Civil*. 30. ed. Rio de Janeiro: Forense, 2017, v. I, p. 238).
27. Em relação à tomada de decisão apoiada, confira-se o art. 1.783-A, § 6º: "Em caso de negócio jurídico que possa trazer risco ou prejuízo relevante, havendo divergência de opiniões entre a pessoa apoiada e um dos apoiadores, deverá o juiz, ouvido o Ministério Público, decidir sobre a questão."
28. MENEZES, Joyceane Bezerra de. Tomada de decisão apoiada: instrumento de apoio ao exercício da capacidade civil da pessoa com deficiência instituído pela Lei Brasileira de Inclusão (Lei 13.146/2015), *Revista Brasileira de Direito Civil*, v. 9, p. 42, jul./set. 2016.

conjunta manifestação do assistente, sob pena de anulabilidade. Neste caso, o processo decisório é complexo, a exigir, repita-se, duas manifestações de vontade: a do assistente e a do assistido. Não há, com efeito, substituição de vontade ou a prevalência da vontade da assistente na incapacidade relativa, nos termos do que exige a convenção, mas sim, um apoio mais intenso, em atenção à necessidade do indivíduo.

Importante sublinhar, no entanto, que em situações extremas e justificáveis, dado o máximo grau de comprometimento da funcionalidade da pessoa com deficiência, que não ostenta qualquer condição de se manifestar, a doutrina brasileira tem admitido a excepcional outorga de poderes de representação no âmbito da curatela, hipótese em que o negócio será válido com a só manifestação de vontade do curador.[29] Mas mesmo nessas situações, o curador tem como obrigação tentar reconstruir a vontade do curatelado, a sua história biográfica, de forma a decidir, da forma mais fiel possível, de acordo com os seus desejos e preferências.

Além disso, já no preâmbulo da Convenção, a alínea "j" reconhece "a necessidade de promover e proteger os direitos humanos de todas as pessoas com deficiência, inclusive daquelas que requerem maior apoio", e o art. 3º elenca dentre os princípios da Convenção "o respeito pela dignidade inerente, a autonomia individual, inclusive a liberdade de fazer as próprias escolhas, e a independência das pessoas". Encerra, portanto, princípio da Convenção – e, portanto, princípio da Constituição da República Federativa do Brasil – a promoção da proteção dos direitos humanos da pessoa com deficiência, dos seus desejos e preferências, e o respeito pela dignidade inerente.

Nessa direção, o modelo de restrição da capacidade civil para a prática de atos patrimoniais adotado pelo direito brasileiro por meio da curatela – que não é substitutivo da vontade – afigura-se compatível com a Convenção, desde que implementado nos termos já referidos, e que se revele a medida necessária e mais adequada para a promoção dos direitos humanos e da dignidade da pessoa com deficiência, seus desejos e preferências.[30]

---

29. "Excepcionalmente, se for para prover a concreta e particular necessidade da pessoa, entende-se que o juiz poderá atribuir poderes de representação ao curador. Mas ainda nessa hipótese, os interesses, as preferências e o bem-estar da pessoa sob curatela serão o guia para as decisões e não a mera vontade discricionária do curador". (MENEZES, Joyceane Bezerra de. Tomada de decisão apoiada: instrumento de apoio ao exercício da capacidade civil da pessoa com deficiência instituído pela Lei Brasileira de Inclusão (Lei 13.146/2015), *Revista Brasileira de Direito Civil*, v. 9, jul./set. 2016, p. 35-36).

30. No âmbito do direito espanhol, afirma Inmaculada: "De dicho pronunciamiento judicial de nuestro Tribunal Supremo compartimos la afirmación de que la incapacitación judicial no es, en si misma considerada, una institución contraria a los valores de la Convención ONU (...) pero, en cambio, a la vista de lo dispuesto por el art. 12.4 del citado tratado, sí podría no ser ajustado a los principios y valores de la Convención su actual ámbito de aplicación, el cual debería reducirse, limitándose a aquellos supuestos residuales para los cuales sea la única medida de protección (en defecto, pues, de otras) verdaderamente necesaria y beneficiosa para la persona, esto es, cuando sea ineludible su aplicación, contraviniendo, sin duda alguna, la Convención, su adopción desproporcionada en determinados supuestos en los cuales es superflua o inútil la limitación o privación de la capacidad de obrar, llamándose judicialmente enfermedad a la tristeza, a la violencia, a la inestabilidad familiar o a una deficiente instrucción" (VIVAS-TESÓN, Inmaculada. La convención ONU de 13 de diciembre de 2006 sobre los derechos de las personas con discapacidad. La experiencia española. In: MENEZES, Joyceane Bezerra de (Org.). *Direito das pessoas com deficiência psíquica e intelectual nas relações privadas*: Convenção sobre os direitos das pessoas com deficiência e Lei Brasileira de Inclusão. Rio de Janeiro: Processo, 2016, p. 39).

No que tange ao exercício de atos e negócios existenciais, a análise se afigura bem mais complexa. Como se apontou, o Estatuto determina, no art. 6º, a plena capacidade civil da pessoa com deficiência em relação a diversas situações jurídicas existenciais; no art. 85, *caput*, que a curatela abrange apenas "atos relacionados aos direitos de natureza patrimonial e negocial", e no § 1º, que "a definição da curatela não alcança o direito ao próprio corpo, à sexualidade, ao matrimônio, à privacidade, à educação, à saúde, ao trabalho e ao voto". Diante dessa normativa, há que se interpretar, em primeiro lugar, a expressão "atos relacionados aos direitos de natureza patrimonial e negocial". Duas são as possibilidades: i) entender que os atos submetidos à curatela são aqueles relacionados a direitos que a um só tempo sejam patrimoniais e negociais, vale dizer, o direito deve ostentar, cumulativamente, a natureza patrimonial e negocial; ou ii) compreender que os atos submetidos à curatela podem ser aqueles relacionados a direitos de natureza patrimonial, bem como aqueles relacionados a direitos de natureza negocial.

A primeira interpretação reduz sensivelmente os atos objeto da curatela: somente os atos relativos a direitos decorrentes de negócios jurídicos patrimoniais poderiam ser abrangidos pela curatela, a excluir tanto os direitos decorrentes de atos jurídicos *stricto sensu* quanto os direitos decorrentes de negócios jurídicos existenciais.[31] Este entendimento pode mesmo acabar por desproteger a pessoa com deficiência, pois nega, *a priori* e em abstrato, qualquer possibilidade de o curador se envolver em negócios existenciais ou atos jurídicos *stricto sensu*, relegando a pessoa com deficiência à própria sorte quando ela, na realidade da vida, não for efetivamente capaz de tomar uma série de decisões existenciais, como, por exemplo, aquelas relativas ao tratamento de saúde que podem ser cruciais para a cura e, até mesmo, para a manutenção da sua vida. A segunda interpretação, de outro lado, amplia os confins da curatela, admitindo-a para qualquer direito de natureza patrimonial, seja ele decorrente de ato jurídico *stricto sensu* ou de negócio jurídico, bem como para os direitos decorrentes de negócios jurídicos existenciais, sempre que tal expansão se revele medida necessária e proporcional à promoção prioritária da dignidade humana, dos desejos e preferências da pessoa com deficiência. Estariam fora do escopo da curatela os direitos existenciais decorrentes de ato jurídico *stricto sensu* bem como aqueles decorrentes de negócios jurídicos existenciais expressamente excluídos pelo Estatuto do alcance da curatela (art. 85, § 1º) e aqueles para os quais não se admite a restrição da capacidade civil (art. 6º).

Assim, parece possível, por exemplo, submeter à curatela negócio jurídico referente a alguns direitos morais de autor,[32] a exemplo do direito de conservar a integridade da

---

31. Ato jurídico *stricto sensu* é a manifestação de vontade obediente à lei, porém geradora de "efeitos que nascem da própria lei". Negócio jurídico é a declaração de vontade destinada "à produção de efeitos jurídicos queridos pelo agente" (PEREIRA, Caio Mário da Silva. *Instituições de Direito Civil*. 30. ed., Rio de Janeiro: Forense, 2017, v. I, p. 400).

32. Os direitos morais de autor são direitos da personalidade, portanto, existenciais. Os direitos morais voltam-se à proteção da subjetividade do criador intelectual. A obra está indissoluvelmente ligada àquele que a criou, e revela-se essência da sua personalidade. Sobre a natureza dos direitos morais de autor, confira-se: "Os direitos respeitantes ao liame pessoal entre autor e obra são, assim, inseridos, pela doutrina, entre os direitos da personalidade, embora, por força do poder de exploração econômica da criação, decorram proventos, classificáveis sob a

obra e o direito de modificação da obra. Pense-se, por exemplo, em um famoso escritor que, acometido por alguma deficiência ao longo de sua vida, é submetido à curatela. Poderia o juiz, ao que parece, determinar a necessária manifestação de vontade do curador, ao lado da vontade do curatelado, para a celebração de negócios jurídicos voltados à modificação de obra de sua autoria, sempre com o escopo de proteger e promover seus desejos, preferências e interesses.

No entanto, mesmo em relação àqueles direitos que o Estatuto expressamente impede a limitação da capacidade (art. 6º) bem como àqueles que impede sejam objeto de curatela (art. 85, § 1º), é preciso fazer algumas considerações.

Em primeiro lugar, embora não admita estruturalmente a restrição da capacidade e a submissão à curatela, é sempre possível – como o é em relação a atos e negócios praticados por pessoas sem qualquer deficiência –, a partir de análise funcional realizada *a posteriori*, o desfazimento do ato/negócio existencial quando comprovado que a pessoa com deficiência não tinha a funcionalidade necessária para praticá-lo, protegendo-a de forma prioritária, nos termos da principiologia da Convenção, da qual se extraem os princípios da promoção dos desejos, preferências e interesses, bem como da dignidade da pessoa com deficiência, de status constitucional.[33]

Essa solução, embora prestigie a capacidade e a autonomia da pessoa com deficiência, que não sofre restrições iniciais, admite, no caso concreto e apenas posteriormente ao exercício do ato de autonomia, a sua valoração axiológica, a aferição de sua compatibilidade com os valores constitucionais. Ficando comprovado que a decisão existencial foi tomada sem a necessária compreensão pela pessoa com deficiência dos seus efeitos em sua esfera pessoal, esse ato de autonomia, na realidade, poderá importar

---

rubrica de direitos patrimoniais, portanto, de cunho real". (BITTAR, Carlos Alberto. *Os direitos da personalidade*. 8. ed. Atualizado por Eduardo C. B. Bittar. São Paulo: Saraiva, 2015, p. 215); "A paternidade intelectual, sendo um bem interior da pessoa, dela inseparável existe permanentemente na sua esfera jurídica. Assim, o direito que tem um tal objeto é munido dos atributos necessários para poder ser classificado entre os direitos da personalidade". (CUPIS, Adriano de. *Os direitos da personalidade*. Tradução Afonso Celso Furtado Rezende. 2. ed. São Paulo: Quorum, 2008, p. 337); A preservação do vínculo de paternidade entre autor e obra, "considerado, por muitos, indelével, é a função dos direitos morais do autor. E a proteção do vínculo e dos consequentes interesses existenciais do autor projetados nas obras tem por fim a proteção da própria pessoalidade do criador. Por isso os direitos morais são compreendidos, por parte substancial da doutrina, como sendo direitos pessoais do autor, inseridos entre os direitos de personalidade". (SOUZA, Allan Rocha de. Direitos morais do autor. *Civilistica.com*. Rio de Janeiro, a. 2, n. 1, jan.-mar./2013, p. 6. Disponível em: http://civilistica.com/direitos-morais-autor/. Acesso em: 08 nov. 2022).

33. "Muito mais relevante do que a previsão legal de incapacidade (e do respectivo grau) ou a qualificação do interesse (se predominantemente patrimonial ou existencial) da pessoa com deficiência psíquica ou intelectual será a individuação da normativa de cada caso particular, do modo que melhor promova a dignidade da pessoa concretamente considerada. Nesse sentido, no regime das invalidades em geral propõe-se a possibilidade de o intérprete modular as consequências do regime jurídico de nulidade ou anulabilidade indicado por lei para certos vícios dos atos de autonomia privada – e, particularmente no caso das incapacidades, sustenta-se a necessidade de avaliá-las em concreto, à luz do discernimento e da vulnerabilidade apresentadas pelo agente, tomando-se como norte o referido imperativo de proteção da pessoa humana independentemente do enquadramento a priori que lhe seja conferido por lei". (SOUZA, Eduardo Nunes de; SILVA, Rodrigo da Guia. Influxos de uma perspectiva funcional sobre as (in)validades dos negócios jurídicos praticados por pessoas com deficiência intelectual ou psíquica In: EHRHARDT JR., Marcos (Coord.). *Impactos do novo CPC e do EDP no direito civil brasileiro*. Belo Horizonte: Fórum, 2016, p. 309).

em lesão aos interesses da pessoa com deficiência, violando os princípios constitucionais da promoção dos seus desejos, preferências e interesses, bem como da dignidade da pessoa com deficiência e, por isso, poderá ser desfeito. Em verdade, nenhum ato de autonomia, quem quer que o pratique, pessoa com ou sem deficiência, está imune ao exame axiológico. E no que tange à pessoa com deficiência, esse exame axiológico deve levar em conta a especial axiologia introduzida na Constituição brasileira pela Convenção, axiologia essa, repita-se, voltada à tutela prioritária e à promoção dos desejos e preferências da pessoa com deficiência.

No entanto, em casos extremos, considerando-se a vulnerabilidade exacerbada da pessoa com deficiência tendo em vista o grave comprometimento de sua funcionalidade, bem como naquelas situações em que o ato de autonomia existencial é irreversível, a exemplo do que ocorre em uma doação de órgãos, essa solução *a posteriori* tampouco é suficiente para proteger adequadamente a pessoa com deficiência.

Nessa direção, como já afirmou Joyceane Bezerra de Menezes,

> Em verdade, o dispositivo procura evitar a coisificação da pessoa curatelada que não pode ter a sua integridade fisiopsíquica comprometida pela atuação indevida do curador. Porém, se o curatelado não tiver qualquer capacidade de agir, estiver sob tratamento médico, houver a necessidade de se decidir sobre certa intervenção em matéria de saúde e não existir familiar em condição de fazê-lo? *Haveria sim a possibilidade de intervenção do curador, mas sempre com a intenção de realizar o interesse fundamental do curatelado*, assim entendido como as suas preferências genuínas, sua percepção do mundo, suas convicções pessoais acerca da própria identidade. Caso o curatelado houver nascido sem qualquer competência volitiva e, por isso, não houver registrado por seu modo de viver, quais seriam esses interesses fundamentais, a atuação do curador deverá se guiar pelo princípio da beneficência, seguindo padrões respeitáveis à dignidade da pessoa humana e os direitos do curatelado, na tentativa de atender, sempre que possível, às suas inclinações e relações afetivas".[34]

À mesma conclusão chegaram Heloisa Helena Barboza e Vitor Almeida Júnior:

> "(...) a afirmativa de que os direitos existenciais da pessoa interdita são intangíveis, há de ser entendida nos limites da razoabilidade. *O respeito a esses direitos não significa o abandono da pessoa a suas próprias decisões, quando se sabe não haver evidentemente condições de tomá-las, por causas físicas ou mentais*. Não seria razoável permitir que pessoa com deficiência se autoamputasse, a pretexto de lhe assegurar o direito sobre o próprio corpo. Certamente, porém, haverá situações em que o curador

---

34. MENEZES, Joyceane Bezerra de. O direito protetivo após a Convenção sobre a proteção da pessoa com deficiência, o novo CPC e o Estatuto da Pessoa com Deficiência. In: MENEZES, Joyceane Bezerra de (Org.). *Direito das pessoas com deficiência psíquica e intelectual nas relações privadas*: Convenção sobre os direitos das pessoas com deficiência e Lei Brasileira de Inclusão. Rio de Janeiro: Processo, 2016, p. 532, grifou-se. Em outra oportunidade, ratifica a autora: "Dito isto, a fixação dos limites da curatela deve evitar dois extremos: de um lado, a proteção excessiva que aniquila toda autonomia da pessoa, lançando-a em um estado semelhante ao da morte civil. De outro lado, a limitação da curatela apenas à administração do patrimônio, excluindo, em abstrato e a priori, eventual e necessária proteção no plano das questões existenciais. *Se houver necessidade de proteger o interdito no âmbito dessas questões não patrimoniais, a curatela deverá recair também sobre tais interesses, respeitadas as salvaguardas importantes à efetivação dos direitos humanos*" (MENEZES, Joyceane Bezerra de. O direito protetivo no Brasil após a convenção sobre a proteção da pessoa com deficiência: impactos do novo CPC e do estatuto da pessoa com deficiência. *Civilistica.com*. Rio de Janeiro, a. 4, n. 1, jan.-jun./2015, p. 22-23. Disponível em: http://civilistica.com/o-direito-protetivo-no-brasil/. Acesso em: 08 nov. 2022, grifou-se).

deverá tomar providências que impliquem interferência no corpo do curatelado, por exemplo, para cuidar de sua saúde".[35]

A solução se justifica. Embora o direito ostente importante papel transformador da sociedade,[36] há de se reconhecer que há limites para essa transformação. Não é porque o Estatuto determina que as pessoas com deficiência gozam de plena capacidade para a prática de certos atos existenciais que eles realmente serão capazes de exercê-los por si só. A depender do grau da deficiência, do comprometimento da sua funcionalidade, do ponto de vista prático, a pessoa não conseguirá exercer tais atos autonomamente, e o direito precisará reconhecer essa situação a fim de promover sua adequada proteção.

Além disso, a não admissão de qualquer espécie de limitação da capacidade da pessoa com deficiência para o exercício dos direitos referidos nos arts. 6º e 85, §1º decorre, em verdade, de análise isolada do Estatuto, desconsiderando o ordenamento jurídico no qual ele está incluído. A interpretação, como preconiza a metodologia do direito civil-constitucional, ou é sistemática ou não é interpretação.[37] O intérprete deve considerar todo o arcabouço legislativo em cotejo com as especificidades do caso concreto para eleger a solução que, de acordo com a legalidade constitucional, melhor discipline os fatos apresentados.

Na esteira do que se apontou acima, a Convenção é norma constitucional, sendo hierarquicamente superior ao Estatuto. Considerando-se, por conseguinte, que a Convenção impõe a promoção da proteção dos direitos humanos da pessoa com deficiência e o respeito pela dignidade inerente, se no caso concreto apenas a restrição pontual, episódica e excepcional de parcela da capacidade civil for capaz de promover a proteção adequada da pessoa com deficiência, o intérprete poderá afastar algum dos comandos

---

35. BARBOZA, Heloisa Helena; ALMEIDA JÚNIOR, Vitor. A capacidade civil à luz do Estatuto da Pessoa com Deficiência. In: MENEZES, Joyceane Bezerra de (Org.). *Direito das pessoas com deficiência psíquica e intelectual nas relações privadas*: Convenção sobre os direitos das pessoas com deficiência e Lei Brasileira de Inclusão. Rio de Janeiro: Processo, 2016, p. 265, grifou-se.
36. "Dado que na realidade como um todo não existem somente velhas 'estruturas' a serem modificadas, mas também exigências – ideais e práticas – que requerem satisfação, também a norma promocional (ou seja, a norma que se propõe à função inovadora da realidade) é sempre fruto de demandas, de necessidades, de impulsos "já existentes", em uma certa sociedade. O Direito de tal modo, torna possível, com os seus instrumentos, a transformação social". (PERLINGIERI, Pietro. *Perfis do direito civil*: introdução ao Direito Civil Constitucional. 3. ed. Tradução de Maria Cristina De Cicco. Rio de Janeiro: Renovar, 2002, p. 2/3).
37. "O sistema jurídico não é puramente eventual porque as relações conteudísticas (*contenutistiche*), do qual é expressão, representam um componente essencial mesmo na interpretação do enunciado legislativo individualmente considerado. A unidade interna não é um dado contingente, mas, ao contrário, é essencial ao ordenamento, sendo representado pelo complexo de relações e de ligações efetivas e potenciais entre as normas singulares e entre os institutos". (PERLINGIERI, Pietro. Perfis do direito civil: introdução ao Direito Civil Constitucional. 3. ed. Tradução de Maria Cristina De Cicco. Rio de Janeiro: Renovar, 2002, p. 78).
"(...) consolida-se hoje o entendimento de que cada regra deve ser interpretada e aplicada em conjunto com a totalidade do ordenamento, refletindo a integralidade das normas em vigor. A norma do caso concreto é definida pelas circunstâncias fáticas nas quais incide, sendo extraída do complexo de textos normativos em que se constitui o ordenamento. O objeto da interpretação são as disposições infraconstitucionais integradas visceralmente às normas constitucionais, sendo certo que cada decisão abrange a totalidade do ordenamento, complexo e unitário". (TEPEDINO, Gustavo. Liberdades, tecnologia e teoria da interpretação. *Revista Forense*, v. 419, ano 110, p. 82-83, jan./jun. 2014, Rio de Janeiro: Forense, 2014).

contido nos arts. 6º e 85, §1º do Estatuto, e identificar a disciplina mais adequada ao caso concreto, de acordo com a suas peculiares circunstâncias. Trata-se, todavia, de medida excepcionalíssima, justificada exclusivamente pela promoção da dignidade da pessoa com deficiência, voltada à concretização de seus desejos e preferências sempre que possível identificá-los.[38]-[39]

O que se sustenta, em suma, é que o § 1º do art. 85, que proíbe a curatela para os direitos nele referidos, e o art. 6º, que proíbe a restrição da capacidade civil para o exercício dos direitos que elenca, podem ser afastados para permitir, por exemplo, que, em relação a uma situação específica, para a prática de um certo ato ou negócio existencial, o curador deve submeter a questão ao juiz, que decidirá se a pessoa com deficiência pode ou não o praticar. Não se trata, portanto, de dar um cheque em branco para o curador decidir, ele mesmo, sobre referidos direitos existenciais. Trata-se, sim, de lhe conferir o *dever* de levar ao conhecimento do juiz o desejo da pessoa com deficiência de exercer certo e determinado direito existencial, para que *o juiz* decida se ele pode ou não o praticar, em decisão fundamentada de acordo com a racionalidade da CDPD.

Essa construção vai ao encontro da ideia de que, contemporaneamente, o intérprete não está vinculado à letra da lei, mas à norma, identificada a partir do confronto dialético entre disposições legislativas e fatos, em uma unidade incindível. No âmbito de um ordenamento unitário e complexo, caracterizado por clara hierarquia de fontes, o jurista deve buscar a solução mais adequada ao caso concreto, observados os valores e os interesses considerados normativamente preponderantes, à luz da Constituição. Não se trata, evidentemente, de admitir a arbitrariedade do intérprete. Cuida-se, sim, de reconhecer que o intérprete é dotado de discricionariedade interpretativa,[40] exercida nos limites do princípio da legalidade constitucional, "entendido certamente, não como

---

38. Trata-se de situação em que o absoluto respeito à impossibilidade de desvinculação entre titularidade e exercício dos direitos da personalidade pode prejudicar a pessoa com deficiência. Nessas hipóteses, em caráter excepcionalíssimo, é possível separá-los, de modo que a pessoa com deficiência não fique desprotegida pelo próprio ordenamento jurídico.
39. Já se admitiu que a curatela deveria ser ampliada para atos que exigissem do curatelado "capacidade de autodeterminação e senso de responsabilidade": "Admite-se que o Ministério Público, como defensor dos interesses dos incapazes, interponha recurso requerendo a ampliação do âmbito protetivo da curatela, para abranger, além dos atos patrimoniais e negociais, a prática de atos que exigem do interditando capacidade de autodeterminação e senso de responsabilidade. 4. No caso em concreto, considerando a uníssona conclusão pericial de que a interditanda não possui capacidade de autodeterminação que lhe permita reger sua própria vida de forma autônoma e independente, e ainda, tendo por intuito proteger sua dignidade como sujeito de direitos em condição de vulnerabilidade, o exercício da curatela deve ser ampliado para abarcar a prática dos atos de dirigir veículos, exercer o poder familiar e casar, bem como no tocante às decisões a respeito dos direitos referentes ao próprio corpo, à sexualidade, à privacidade, à educação, à saúde, ao trabalho e aos atos de demandar e ser demandada. (...) 6. Nos termos dos artigos 1.778 do Código Civil e 757 do Código de Processo Civil, a autoridade do curador estende-se à pessoa e aos bens dos filhos do curatelado. 7. Apelo conhecido e parcialmente provido." (TJDFT, 8ª T. Cív., Apel. cív. 20150610076122A, Rel. Des. Ana Cantarino, julg. 22.2.2018, DJ 1.3.2018).
40. Fabrizio di Marzio define, com precisão, o conceito de discricionariedade interpretativa: "Con il sintagma 'discrezionalità interpretativa' intendo riferirme al potere, proprio dell'attività decisoria, di scelta nel merito, considerato tuttavia non in se stesso ma in quanto consequenza del potere di scelta che il giudice esercita – prima che sulla soluzione da adottare – sulla interpretazione da effettuare per giungere alla soluzione (DI MARZIO, Fabrizio. Interpretazione giudiziale e costrizione. Ipotesi sulla legittimazione della discrezionalità interpretativa. *Rivista di Diritto Civile*, Padova, a. LII, n. 3, maio/jun. 2006, p. 399). Confira-se, ainda, TERRA, Aline de

uma subserviente interpretação e aplicação de uma lei particular e isolada, mas como dever de interpretá-la e aplicá-la em respeito às normas e escolhas constitucionais, como a obrigação da correta motivação e argumentação".[41]

Logo, se no caso concreto o intérprete concluir que a mitigação da capacidade civil da pessoa com deficiência é o único instrumento adequado para a concretização do princípio constitucional da promoção da proteção dos direitos humanos da pessoa com deficiência e do respeito pela dignidade inerente, poderá afastar a regra do Estatuto, fazendo com que o curador leve ao conhecimento do juiz a questão, que decidirá pela possibilidade ou não de a pessoa com deficiência exercer o direito. Para tanto, será sempre necessário justificativa consistente, baseada em argumentos racionais-constitucionais, uma vez que está contrariando regra expressa de proteção prevista no EPD.

Aliás, e ratificando essa construção, importa observar que embora o Estatuto estabeleça que a curatela não alcança, por exemplo, o direito à saúde, ele próprio parece reconhecer que, excepcionalmente, a curatela pode sim alcançá-lo. Veja-se o art. 12, segundo o qual "o consentimento prévio, livre e esclarecido da pessoa com deficiência é indispensável para a realização de tratamento, procedimento, hospitalização e pesquisa científica", e, o § 1º, que determina que "em caso de pessoa com deficiência em situação de curatela, deve ser assegurada sua participação, no maior grau possível, para a obtenção de consentimento". Ora, se o Estatuto estabelece que se deve assegurar à pessoa em situação de curatela sua participação para a obtenção do consentimento *no maior grau possível*, é porque reconhece que haverá situações em que a possibilidade de participação da pessoa em situação de curatela é em grau mínimo, ou mesmo que não será possível a sua participação no consentimento.[42] Nesses casos, evidentemente, o consentimento deverá ser dado pelo próprio curador.[43]

Miranda Valverde. A discricionariedade judicial na metodologia civil-constitucional. *Revista da Faculdade de Direito da UFPR*. v. 60, 2015, p. 372 et. seq.

41. PERLINGIERI, Pietro. *O Direito Civil na Legalidade Constitucional*. Rio de Janeiro: Renovar, 2008, p. 24.
42. Gustavo Pereira Leite Ribeiro se filia à corrente que entende que capacidade para consentir não se confunde com a capacidade de fato: "Na experiência estrangeira, a capacidade para consentir é resultado de construção doutrinária e jurisprudencial comprometida com a viabilização de atos e de decisões relativos aos direitos de personalidade, em consonância com as exigências do livre desenvolvimento da personalidade e do respeito incondicional da dignidade da pessoa humana. (...) A capacidade para consentir possui caráter instrumental. Sua finalidade é distinguir aquelas pessoas que emitem decisões autênticas sobre os cuidados de saúde e aquelas cujas decisões precisam ser supervisionadas ou substituídas por outra pessoa. Se o paciente não tem capacidade para consentir, seu assentimento não constitui uma autorização idônea para a execução de intervenção diagnóstica ou terapêutica, assim como dissentimento não é suficiente para obstar a legítima atuação do médico" (RIBEIRO, Gustavo Pereira Leite. As pessoas com deficiência mental e o consentimento informado nas intervenções médicas. In: MENEZES, Joyceane Bezerra de (Org.). *Direito das pessoas com deficiência psíquica e intelectual nas relações privadas*. Convenção sobre os direitos da pessoa com deficiência e Lei Brasileira de Inclusão. Rio de Janeiro: Processo, 2016, p. 747-748).
43. A jurisprudência já vem reconhecendo essa possibilidade: "Apelação. Direito civil e processual civil. Ação de interdição. Nomeação de curador. Controvérsia entre os genitores do interditado. Maior afinidade como critério de escolha. Melhor interesse do interditado. Ampliação dos efeitos da tutela. Acompanhamento médico e preservação da saúde do doente. Recurso conhecido e parcialmente provido. 1. Quando os genitores litigam pela curatela do filho, mostra-se essencial a mínima manifestação de vontade do interditado com relação a quem terá o encargo de zelar pelos seus bens e interesses. Mesmo que não seja o caso de se levar em conta a opinião do interditado, ao julgador cabe avaliar, ao nomear o curador, o mínimo indício de vínculo afetivo ou afinidade com

Importante sublinhar que mesmo nas situações em que a pessoa com deficiência não puder participar do consentimento, o curador não poderá substituir sua vontade em toda e qualquer questão de saúde. Não poderá o curador, por exemplo, decidir submeter o curatelado a uma cirurgia eletiva, como uma plástica com finalidade exclusivamente estética. Isso porque, o art. 13 apenas admite que a pessoa com deficiência seja "atendida sem seu consentimento prévio, livre e esclarecido em casos de risco de morte e de emergência em saúde, resguardado seu superior interesse e adotadas as salvaguardas legais cabíveis".

E, mesmo nestes casos, surge a difícil questão relativa aos parâmetros a serem adotados pelo curador na tomada de decisão.

Pense-se na situação em que uma pessoa que a vida inteira foi testemunha de Jeová adquire alguma grave deficiência que compromete em grau máximo as suas funcionalidades, e precisa se submeter a uma cirurgia já quando sob curatela, para a qual os médicos advertem, antecipadamente, a necessidade de realização de transfusão de sangue. Deve o curador autorizar a transfusão de sangue, violando a liberdade religiosa, ou deve negá-la? A questão de fundo que se coloca é: deve o curador adotar como parâmetro o "melhor interesse" da pessoa com deficiência, ou deve nortear a decisão por sua história biográfica?

O mencionado art. 13 se refere a "superior interesse"; a expressão tem recebido críticas, ao argumento de que pode ensejar um negativo paternalismo,[44] autorizando o curador a tomar as decisões considerando o que ele, curador, entende como melhor interesse do curatelado. Na situação descrita, se o curador não for testemunha de Jeová, certamente entenderá que o melhor interesse da pessoa com deficiência é se submeter à transfusão a fim de manter-se vivo.

A Convenção, em seu art. 12, n. 4, refere-se a respeito à "vontade e as preferências da pessoa", a remeter à história biográfica da pessoa com deficiência, o que, conduziria à recusa à transfusão de sangue. Esta, ao que parece, é a solução que garante o respeito à personalidade da pessoa com deficiência.

A questão se torna mais tormentosa quando a pessoa com deficiência não tem uma história biográfica que possa conduzir o curador à decisão mais consentânea com seus

---

o interditado, a fim de preservar sempre o melhor convívio e, por óbvio, o melhor interesse do incapaz. 2. Não constando dos autos qualquer prova, informação ou mesmo sinal de que a genitora do interditado, nomeada curadora, não preze pelo bem estar do filho, que não o acompanhe no tratamento médico ou ainda que interfira negativamente na sua recuperação, não há motivos para que seja alterada a curatela. 3. *Uma vez que a perícia conclua que o interditado está em estado de 'comprometimento do pensamento, do afeto, do juízo de realidade, da memória recente e tardia, da atenção, da concentração e do pragmatismo', é necessária a ampliação dos efeitos da curatela para, além do encargo à prática de atos de natureza patrimonial e negocial, a curadora nomeada também fique responsável por orientar e acompanhar o interditado em seu tratamento médico, além de prover a sua saúde, de acordo com as necessidades do filho.* 4. Recurso conhecido e parcialmente provido" (TJDF, 5ª Turma Cível, Apel. Cív. 20140310159903, Rel. Des. Robson Barbosa de Azevedo, julg. 19.4.2017, DJ 09.05.2017, grifou-se). Na mesma direção, e também em relação a questões de saúde do curatelado, confira-se: TJRS, 8ª C.C., Apel. Cív. 70069713683, Rel. Des. Rui Portanova, julg. 15.9.2016, DJ 19.9.2016; TJSP, 5ª Câmara de Direito Privado, Apel. Cív. 0001611-45.2013.8.26.0547, Rel. Des. James Siano, julg. 13.3.2016, DJ 13.3.2016.

44. KEYS, Mary. Article 12 [Equal Recognition Before the Law]. In: DELLA FINA et al. (Ed.). *The United Nations Convention on the Rights of Persons with Disabilities*: a commentary. Switzerland: Springer International Publishing, 2017, p. 277.

desejos e preferências – quando, por exemplo, já nasceu com uma deficiência severa que nunca possibilitou que fizesse escolhas prévias. Em situações como essa, o parâmetro do melhor interesse se aplica, que deve conduzir à decisão que proporcione a maior qualidade de vida para a pessoa com deficiência.[45]

Em suma, conclui-se que embora a regra seja a plena capacidade e autonomia da pessoa com deficiência para o exercício dos direitos contemplados nos arts. 6º e 85, §1º, a possibilidade de mitigação não pode ser afastada de forma absoluta. A rigor, recusar qualquer tipo de mitigação da capacidade e da autonomia da pessoa com deficiência nesses casos revela o mesmo problema já referido acerca do regime das incapacidades estabelecido originalmente pelo Código Civil de 2002: a adoção de um esquema formal e abstrato, elaborado a partir de um sujeito etéreo e fictício, e que ignora a complexidade da vida real. Embora não se negue que as normas jurídicas devam ser dotadas de algum grau de abstração, os princípios constitucionais da igualdade material e da solidariedade social impõem a proteção das vulnerabilidades concretas, da pessoa humana individual identificada a partir de sua conjuntura única e complexa.[46]

Nessa esteira, a restrição da capacidade e da autonomia será admitida quando se revelar a única medida capaz de concretizar os princípios da Convenção, vale dizer, sempre que se revelar o único instrumento de tutela necessário e adequado à promoção da proteção dos direitos humanos da pessoa com deficiência, seus desejos e preferências, e do respeito pela dignidade inerente. Essa mitigação da capacidade e da autonomia para o exercício dos direitos existenciais expressamente mencionados pelo Estatuto deve ser sempre excepcionalíssima e justificada pelas circunstâncias especiais do caso concreto, a partir de análise biopsicossocial por equipe multidisciplinar. Evidentemente, o ônus argumentativo do juiz, nesses casos, será ainda maior.

Ela deve, ademais, ser episódica, vale dizer, referida a certo e determinado ato existencial. Jamais poderá ser genérica – como aliás, não pode ser qualquer restrição de capacidade da pessoa com deficiência, mesmo em relação a atos e negócios patrimoniais. Além disso, a mitigação da capacidade deve ser sempre temporária, estabelecida pelo menor tempo possível, a exigir periódicas avaliações acerca da possibilidade de autodeterminação da pessoa com deficiência para a prática dos atos existenciais abrangidos pela restrição de sua capacidade.

4. CONCLUSÃO

Não obstante o grande avanço rumo à tutela integral da pessoa com deficiência sob a perspectiva emancipatória inaugurado pela Convenção e regulamentado pelo EPD, deve-se buscar uma interpretação que, efetivamente, promova a pessoa com deficiência

---

45. Bach and Kerzner, *apud* KEYS, Mary. Article 12 [Equal Recognition Before the Law]. In: DELLA FINA et al. (Ed.). *The United Nations Convention on the Rights of Persons with Disabilities:* a commentary. Switzerland: Springer International Publishing, 2017, p. 277.
46. TEPEDINO, Gustavo. Premissas metodológicas para a constitucionalização do direito Civil. In: TEPEDINO, Gustavo. *Temas de Direito Civil*. 4. ed. Rio de Janeiro: Renovar, 2008, p. 1-23.

proporcionalmente às suas necessidades e funcionalidade. Nesse sentido, faz-se necessário interpretar a amplitude do art. 85 do EPD, ao mencionar que a curatela apenas afeta atos de natureza patrimonial e negocial pois, por ser medida excepcional, deve ser sempre funcionalizada à promoção da pessoa humana.

A solução parece estar na adoção de um sistema em que a regra seja a autonomia e a capacidade. É sempre possível, todavia, desfazer o ato ou o negócio, seja existencial ou patrimonial, mesmo sem existir qualquer alteração estrutural da capacidade da pessoa com deficiência, quando, no caso concreto, e posteriormente à sua realização, ficar provado, a partir de análise funcional, que ele não atende aos valores constitucionais, vale dizer, que ele, ao invés de proteger, vulnera a pessoa com deficiência, e que ela o praticou porque não tinha a compreensão necessária de seus efeitos.

Além disso, excepcionalmente, sempre que ficar comprovado por análise biopsicossocial, levada a cabo por equipe multidisciplinar, que a pessoa com deficiência não tem, de fato, condições de decidir sozinha sobre algum aspecto existencial e a restrição da capacidade se revelar o único expediente técnico capaz de tutelar seus interesses, ela poderá ocorrer. Cuida-se, portanto, de medida de caráter excepcional, e que deve ser determinada a medida exata da necessidade para proteger a pessoa com deficiência, tendo em vista o princípio constitucional da promoção dos desejos e preferências da pessoa com deficiência.

Quanto ao exercício dos direitos contemplados nos arts. 6º e 85, §1º, embora a regra seja a plena capacidade e autonomia da pessoa com deficiência, a possibilidade de mitigação não pode ser afastada de forma absoluta. Caso contrário, haveria o risco de retroceder ao mesmo esquema abstrato que ignora a pessoa humana concreta, o que não se pode aceitar em nome dos princípios constitucionais da igualdade material e da solidariedade social.

A restrição da capacidade é permitida quando se revelar o único meio para salvaguardar a pessoa com deficiência, seus direitos humanos, desejos e preferências. Faz-se necessário interpretar o art. 85 do EPD no sentido de que a curatela só pode ser decretada para atos patrimoniais e negócios jurídicos *lato sensu*. Em relação às situações existenciais expressas nos arts. 6º e 85, §1º EPD, incluí-las no programa de curatela deve ser situação excepcionalíssima e justificada pelas circunstâncias inerentes ao caso concreto, a partir de análise biopsicossocial por equipe multidisciplinar, cabendo ao juiz, de forma ainda mais detalhada, justificar as razões de contrariedade *a priori* ao EPD.

Nesse plano de curatela, modulado e individualizado na sentença, o magistrado deverá minudenciar de forma detalhada e motivada os atos existenciais que, excepcionalmente, estarão sob curatela. Além de episódica, qualquer mitigação da capacidade deve ser sempre temporária, estabelecida pelo menor tempo possível, a exigir revisões de tempos em tempos, a fim de se verificar a necessidade de nova modulação, preservando-se, preferencialmente, os atos existenciais.

APOIOS PROSPECTIVOS À PESSOA COM DEFICIÊNCIA: EM BUSCA DE NOVOS INSTRUMENTOS

Vitor Almeida

Sumário: 1. Notas introdutórias – 2. O sistema de apoios à pessoa com deficiência – 3. As diretivas antecipadas de vontade e a autonomia prospectiva da pessoa com deficiência – 4. As procurações de saúde: função e limites – 5. Autocuratela: fins e limites – 6. Considerações finais.

1. NOTAS INTRODUTÓRIAS

(a) A invisibilidade dos vulneráveis no Direito Civil e a contribuição da Professora Heloisa Helena Barboza

Os Código Civis europeus oitocentistas pareciam infensos às transformações sociais, inabaláveis diante das rupturas políticas e das emergências socioeconômicas. Tal cenário projetou-se no direito brasileiro com a primeira codificação civil de 1916, que, durante quase um século, disciplinou as relações privadas no Brasil, mesmo num período em que a organização política-estatal e a sociedade brasileira sofreram tantas significativas mudanças. Calcado em valores patrimoniais e individualistas, o Código Civil de 1916 retrata uma ode legislativa voltada à manutenção da estrutura de poder por meio da garantia de uma liberdade formal do tráfego negocial e permissiva de uma acumulação de patrimônio dentro do círculo familiar. O rompimento com uma visão do "sujeito de direito" abstrato e atomizado é fruto do papel de uma doutrina sensível com as demandas sociais e a primaz proteção da pessoa humana em nossa ordem jurídica.

Heloisa Helena Barboza, sem dúvida, se inscreve como uma das autoras que efetivamente contribuíram para os alvissareiros ventos que descortinaram um direito civil que erigiu a pessoa humana em seu centro, impondo a reconstrução da dogmática civilista à luz dos valores constitucionais e da proteção do ser humano numa era de veloz evolução biotecnológica, o que desafia o intérprete na construção de uma tutela efetiva em prol, especialmente, das pessoas vulneradas. Nesse sentido, a autora ao longo dos últimos quarenta anos dedicados à Faculdade de Direito da Universidade do Estado do Rio de Janeiro tem se notabilizado pela formação de diversos alunos no âmbito da graduação e pós-graduação (mestrado e doutorado), bem como desempenhado papel fundamental na área da pesquisa, na qual se destacam seus textos sobre tutela de crianças e adolescentes, pessoas idosas, transexuais, pessoas com deficiência, entre tantos outros grupos vulneráveis. Sua preocupação com os excluídos já era sentida ainda sob a égide da codificação pretérita quando publicou o livro "O Surdo, êsse desconhecido", em 1997.[1]

Em sua trajetória acadêmica, Heloisa Helena Barboza teve marcante contribuição na área do direito das famílias, em especial, seu diálogo com os domínios da bioética e do biodireito.[2] Desse modo, desde o pioneiro "A Filiação em Face da Inseminação Artificial e da Fertilização *in vitro*",[3] publicado em 1993, a Professora sempre se destacou pela sua preocupação com os efeitos das técnicas de reprodução humana assistida e suas repercussões no âmbito familiar e sucessório.[4] Seu olhar sensível ainda permitiu que o papel do cuidado e da vulnerabilidade fossem seus objetos de estudo nos últimos anos sob diversos ângulos.[5] Nesse diapasão, é indiscutível a importância da Professora Titular de Direito Civil da Faculdade de Direito da Universidade do Estado do Rio de Janeiro e primeira mulher Diretora no desenvolvimento crítico e evolutivo do Direito Civil. Sua vasta produção bibliográfica, bem como sua marcante participação em eventos, como a palestra "Vivendo o futuro" no VII Congresso do Instituto Brasileiro de Direito Civil, em 2019, revela a sua sensibilidade para temas que impactam todo o Direito Civil e descortinam "a insuficiência dos conceitos jurídicos",[6] mas que sequer ainda são ponto de pauta na agenda progressista civilista quando são alertados pela doutrinadora. Desse modo, o estatuto ético e jurídico dos embriões humanos,[7] a proteção da identidade genética,[8] a clonagem humana,[9] a remuneração em pesquisas clínicas,[10] os atos de disposição

---

1. BARBOZA, Heloisa Helena. *O Surdo, êsse desconhecido*. Rio de Janeiro: Folha Carioca Editora Ltda., 1997.
2. BARBOZA, H. H. G.. Princípios os da Bioética e do Biodireito. *Bioética* (Brasília), Brasília, v. 8, p. 209-216, 2000.
3. BARBOZA, Heloisa Helena. *A filiação em face da inseminação artificial e da fertilização in vitro*. Rio de Janeiro: Renovar, 1993.
4. Cf. BARBOZA, Heloisa Helena. Reprodução assistida: questões em aberto. In: CASSETTARI, Christiano. (Org.). *10 anos de vigência do Código Civil Brasileiro de 2002*. São Paulo: Saraiva, 2014, p. 92-110; BARBOZA, Heloisa Helena; ALMEIDA, Vitor. Os desafios da reprodução assistida *post mortem* e seus efeitos sucessórios. In: TEIXEIRA, Ana Carolina Brochado; NEVARES, Ana Luiza Maia (Org.). *Direito das sucessões*: problemas e tendências. Indaiatuba/SP: Editora Foco, 2021, p. 43-66.
5. Cf. BARBOZA, Heloisa Helena. Perfil Jurídico do cuidado e da afetividade nas relações familiares. In: PEREIRA, Tânia da Silva; OLIVEIRA, Guilherme de; COLTRO, Antônio Carlos Mathias (Org.). *Cuidado e Afetividade*. Projeto Brasil/Portugal – 2016-2017. São Paulo: Atlas, 2016, p. 175-191; BARBOZA, Heloisa Helena; ALMEIDA, Vitor. A tutela das vulnerabilidades na legalidade constitucional. In: TEPEDINO, Gustavo; TEIXEIRA, Ana Carolina Brochado; ALMEIDA, Vitor (Org.). *Da dogmática à efetividade do Direito Civil* – Anais do Congresso Internacional de Direito Civil Constitucional (IV Congresso do IBDCIVIL). Belo Horizonte: Fórum, 2017, p. 37-50.
6. BARBOZA, Heloisa Helena. Insuficiência dos Conceitos Jurídicos. In: BARBOZA, Heloisa Helena; BARRETO, Vicente (Org.). *Temas de Bioética e Biodireito*. Rio de Janeiro: Renovar, 2001, p. 1-40.
7. Cf. BARBOZA, Heloisa Helena. Estatuto Ético do Embrião Humano. In: SARMENTO, Daniel; GALDINO, Flavio (Org.). *Direitos Fundamentais*: estudos em homenagem ao Prof. Ricardo Lobo Torres. Rio de Janeiro: Renovar, 2006, p. 527-549; BARBOZA, Heloisa Helena. Proteção jurídica do embrião humano. In: CASABONA, Carlos Maria Romeo; QUEIROZ, Juliane Fernandes (Org.). *Biotecnologia e suas implicações ético-jurídicas*. Belo Horizonte: Del Rey, 2005, p. 248-270.
8. BARBOZA, Heloisa Helena. Direito à Identidade Genética. *III Congresso Brasileiro Direito de Família*, 2001, Belo Horizonte. Anais do III Congresso Brasileiro de Direito de Família. Belo Horizonte: IBDFAM, 2001, p. 379-389.
9. BARBOZA, Heloisa Helena. Clonagem humana: uma questão em aberto. In: SARMENTO, Daniel; PIOVESAN, Flavia (Org.). *Nos Limites da Vida*. Rio de Janeiro: Lumen Juris, 2007, p. 185-208.
10. BARBOZA, Heloisa Helena; OLIVEIRA, Aline Albuquerque S.. Remuneração dos participantes de pesquisas clínicas: considerações à luz da Constituição da República Federativa do Brasil. In: ADORNO, Roberto; IVONE, Vitulia (Org.). *Casos de Bioética y Derecho*. Torino – Italia: G. Giappichelli Editore, 2015, p. 5-18.

do próprio corpo, como no caso de pessoas transexuais,[11] entre tantos outros, já foram assuntos enfrentados nos textos de Heloisa Helena Barboza.

Em 1999, a homenageada escreveu o texto "Perspectivas do Direito Civil brasileiro para o próximo século" cujo título bem sintetiza sua preocupação, que permanece extremamente atual ainda nos dias de hoje, em relação à sua necessária renovação e aos próprios fins colimados. Nessa linha, em arremate, escreveu: "Não há, nem deve haver, em resumo, outra perspectiva para o Direito Civil, senão a de se tornar – de fato, o direito que permita – a todos, indistintamente, se tornarem verdadeiros cidadãos. Esta a meta a ser alcançada".[12]

Com a iminência da promulgação da Lei 13.146, de 06 de julho de 2015, o chamado Estatuto da Pessoa com Deficiência (EPD) ou Lei Brasileira de Inclusão (LBI), ao lado da Professora Heloisa tive a oportunidade de realizar diversas investigações durante meu período de doutoramento no Programa de Pós-Graduação em Direito da UERJ sob sua orientação que culminaram em diversos artigos sobre as repercussões a respeito do regime da incapacidade civil[13] e o instituto da curatela,[14] além da obra coletiva "Comentários ao Estatuto da Pessoa com Deficiência à luz da Constituição da República",[15] cuja primeira edição foi levada ao público em 2018. O presente artigo é fruto de algumas reflexões realizadas durante a elaboração da minha tese de doutorado, que sob firme e segura orientação da Professora Heloisa Helena Barboza, foi inspirada nos seus ensinamentos, tendo sua biblioteca autoral sido meu marco teórico para as diversas construções e conclusões apontadas. Mas, acima de tudo, o tema em si já é uma homenagem à sua vocação e predileção em cuidar dos mais vulneráveis e construir pontes entre o passado e o futuro no limiar de um novo século que se apresenta como "admirável" diante das recentes possibilidades biotecnológicas e, por conseguinte, dos novos instrumentos jurídicos construídos para esta realidade.

(b) A tutela emancipatória das pessoas com deficiência e a cláusula geral de promoção da autonomia e da inclusão social

A afirmação dos direitos humanos das pessoas com deficiência e a adoção do modelo social constituem importantes conquistas promovidas pela Convenção Internacional

---

11. BARBOZA, Heloisa Helena. Disposição do próprio corpo em face da bioética: o caso dos transexuais. In: GOZZO, Débora; LIGIERA, Wilson Ricardo (Org.). *Bioética e Direitos Fundamentais*. São Paulo: Saraiva, 2012, p. 126-147.
12. BARBOZA, Heloisa Helena. Perspectivas do Direito Civil Brasileiro para o próximo século. *Revista da Faculdade de Direito da UERJ*, v. 6 e 7, p. 27-40, 1999, p. 40.
13. BARBOZA, Heloisa Helena; ALMEIDA, Vitor. A capacidade à luz do Estatuto da Pessoa com Deficiência. In: MENEZES, Joyceane Bezerra de (Org.). *Direitos das pessoas com deficiência psíquica e intelectual nas relações privadas*. Convenção sobre os direitos da pessoa com deficiência e Lei Brasileira de Inclusão. Rio de Janeiro: Processo, 2016, p. 249-274.
14. BARBOZA, Heloisa Helena; ALMEIDA, Vitor. O novo perfil da curatela em face do Estatuto da Pessoa com Deficiência. *V Encontro Internacional do CONPEDI Montevidéu* – Uruguai, 2016, p. 128-147.
15. BARBOZA, Heloisa Helena; ALMEIDA, Vitor (Org.). *Comentários ao Estatuto da Pessoa com Deficiência à luz da Constituição da República*. Belo Horizonte: Fórum, 2018.

sobre os Direitos das Pessoas com Deficiência (CDPD) e pelo Estatuto da Pessoa com Deficiência (Lei 13.146/2015), que tem como efeitos a inclusão da pessoa com deficiência no ambiente social e o dever do Poder Público e da sociedade de tornar o meio em que vivemos um lugar viável para a convivência entre todas as pessoas – com ou sem deficiência. Para alcançar o objetivo central do EPD, é fundamental que as pessoas com deficiência sejam reconhecidas como pessoas humanas de igual valor e competência para com independência e voz atuar em igualdade de condições na vida de relações.

Nessa trajetória, à luz da dimensão social da dignidade, importante considerar os impedimentos de cada pessoa com deficiência para preservar ao máximo sua autonomia e reconhecer sua capacidade civil, permitindo uma vida independente e o respeito às suas vontades, seus desejos e suas preferências. Para tanto, indispensável um sistema de apoio jurídico que permita que se supere a antiga visão relativa ao então denominado "sujeito portador de deficiência", de modo que seja tutelado em nosso ordenamento como real e concreta pessoa humana com deficiência, resguardando sua autonomia e promovendo sua inclusão.

O objetivo primordial do EPD, na linha da CDPD, é exatamente assegurar e promover, *em condições de igualdade*, o exercício dos direitos e das liberdades fundamentais pela pessoa com deficiência, visando à sua inclusão social e cidadania. O art. 1º do diploma protetivo já declina que a paridade participativa é fundamental para permitir a inclusão social e o pleno exercício da cidadania. O intuito, portanto, do EPD foi nitidamente atribuir autonomia efetiva a um grupo historicamente vulnerável e marginalizado, em perceptível movimento de valorização da pessoa com deficiência, que, não raras vezes, era tolhido do livre exercício de suas escolhas.

Nesse intento, o EPD, fiel às determinações da CDPD, reconhece expressamente, em seu art. 6º, que as pessoas com deficiência gozam de capacidade civil – de direito e de exercício – em igualdade de condições com as demais pessoas em todos os aspectos da vida. Por consequência, a deficiência não afeta a plena capacidade civil, inclusive para exercer todas as situações jurídicas existenciais, especialmente as situações familiares, como casar, ter filhos, bem como de preservar sua fertilidade, vedando-se a esterilização compulsória.[16] O art. 84 do EPD ratifica a plena capacidade legal das pessoas com deficiência ao assegurar seu direito ao exercício de capacidade legal em igualdade de condições com as demais pessoas, admitindo, por sua vez, o art. 85 a sua submissão à curatela, quando necessário, conforme a lei. Ademais, as revogações dos incisos dos arts. 3º e 4º do Código Civil que continham referência aos termos "enfermidade" ou

---

16. Sobre o direito a estabelecer as mencionadas relações familiares, cf. BARBOZA, Heloisa Helena; ALMEIDA, Vitor. O direito de constituir família da pessoa com deficiência intelectual: requisitos e limites. In: PEREIRA, Tânia da Silva; OLIVEIRA, Guilherme de; COLTRO, Antônio Carlos Mathias (Org.). *Cuidado e o direito de ser*: respeito e compromisso. Rio de Janeiro: Editora GZ, 2017. p. 229-242. V. tb. ALMEIDA, Vitor. Autonomia e vulnerabilidade da pessoa com deficiência nas relações familiares. In: BARBOZA, Heloisa Helena; SILVA, Eduardo Freitas Horácio da; ALMEIDA, Vitor (Org.). *Biotecnologia e relações familiares*. Rio de Janeiro: Processo, 2021. p. 115-139.

"deficiência" mental e "desenvolvimento mental incompleto" foram em ultrapassada hora banidas do nosso ordenamento.

Visa-se, assim, afastar o discurso de privação de direitos, fundado numa proteção paternalista, para francamente promover a inclusão através do respeito à diferença e às vontades, preferências e desejos da pessoa com deficiência. O objetivo principal é viabilizar a conquista de sua independência, sem olvidar que a dependência e a funcionalidade, bem como a situação de vulnerabilidade, são fatores a serem necessariamente considerados para a garantia de sua autodeterminação circunstanciada aos impedimentos de natureza intelectual e as barreiras sociais.

A afirmação da plena capacidade implica necessária preservação da autonomia individual da pessoa com deficiência a fim de promover sua liberdade e o respeito às decisões pessoais, sobretudo as de cunho existencial, que devem ser tuteladas com prioridade pelo ordenamento jurídico. Em especial, em atenção ao princípio da dignidade da pessoa humana, torna-se indispensável dar suporte à pessoa com deficiência, por meio de condições materiais como acessibilidade, tecnologias assistivas e apoio para o exercício dos atos jurídicos, como instrumento de emancipação e empoderamento, visando à promoção de sua liberdade de fazer as próprias escolhas e a independência (CDPD, art. 3, *a*).

Nesse sentido, o princípio da dignidade da pessoa humana (art. 1º, III, CF), o art. 1º do EPD e o art. 758 do Código de Processo Civil, juntos, atuam como cláusula geral de promoção da autonomia e da inclusão social da pessoa com deficiência, iluminados pela principiologia contida na CDPD. A dignidade impõe que, a partir de sua dimensão social, se promova a autonomia dos vulneráveis, de modo que todos, com ou sem deficiência, sejam tratados como iguais em respeito e consideração, sujeitos independentes e com voz para interação com outros parceiros na sociedade, em simetria de oportunidade, para alcançar o reconhecimento social desejado e desenvolverem livremente sua personalidade de acordo com seu projeto pessoal de plena realização existencial.

Nessa linha, o reconhecimento da capacidade das pessoas com deficiência exige medidas efetivas e apropriadas de apoio, de modo a prevenir abusos e assegurar a participação social em igualdade de condições, devendo-se, para tanto, adotar instrumentos proporcionais às circunstâncias da pessoa e promocionais de seus interesses de cunho existencial e patrimonial. Desse modo, é necessário examinar os mecanismos de apoio à promoção da autonomia da pessoa com deficiência mental ou intelectual, notadamente os mecanismos de expressão da autodeterminação existencial prospectiva, por meio das chamadas diretivas antecipadas de vontade, como as "procurações de saúde" (*health care proxies*), e a denominada autocuratela.

2. O SISTEMA DE APOIOS À PESSOA COM DEFICIÊNCIA

O reconhecimento da capacidade de exercício assegurada às pessoas com deficiência intelectual depende de instrumentos hábeis a promover o respeito às suas vontades e suas preferências, prevenindo abusos e influência indevida na formação e manifestação da vontade. Com isso, permite-se a livre e autônoma tomada de decisão em questões existenciais e patrimoniais, amparadas e acompanhadas, sempre que necessário, de mecanismos apropriados e efetivos de apoio, sem privar ou substituir sua vontade, de modo a promover e concretizar sua dignidade e inclusão. Não adianta o reconhecimento legal da capacidade de agir se não há mecanismos de suporte e apoio à pessoa com deficiência para que se assegure o respeito à sua autodeterminação, sobretudo na esfera existencial. A lógica da proteção autoritária e excludente foi finalmente superada pelo paradigma do apoio e da inclusão, desafiando a doutrina a reconstruir todo o sistema protetivo das pessoas com restrições em sua capacidade.

Embora o regime das incapacidades não tenha sido completamente implodido, restando sua manutenção nos termos dos arts. 3º e 4º do Código Civil, a chave de leitura foi invertida com a internalização da CDPD, especialmente a disposição contida no art. 12, que impõe em termos concretos o reconhecimento da capacidade legal das pessoas com deficiência, superando a lógica abstrata e excludente da regra da capacidade de exercício. É preciso, para afirmar a capacidade civil plena das pessoas, a partir de uma perspectiva substancial, emancipatória e transformadora, a adoção de medidas efetivas e apropriadas de apoio, de modo a prevenir abusos e assegurar a participação social em igualdade de condições em todos os aspectos da vida, devendo-se, para tanto, adotar instrumentos proporcionais às circunstâncias da pessoa e promocionais de seus interesses de cunho existencial e patrimonial.

Antes do advento do EPD, a excepcionalidade da incapacidade e a presunção da capacidade civil tinham se tornado um discurso retórico e abstrato, idealizado para o sujeito neutro e codificado. O regime da incapacidade, portanto, já nasceu excludente e supressor, mas se ampliou na medida em que não seguiu o movimento de repersonalização do direito civil, permanecendo preso ao esquema estrutural e assistencialista do passado.

As mudanças promovidas pelo EPD no regime das incapacidades e na disciplina jurídica da curatela ainda não foram muito bem sedimentadas na comunidade jurídica, que ainda se ressente do fim da incapacidade absoluta das pessoas com deficiência intelectual. No entanto, cabe repisar que as mudanças provocadas pelo EPD nos institutos tradicionais do direito civil encontram-se alinhadas à axiologia da Convenção, a exigir um esforço de reconstrução e reinterpretação dos institutos jurídicos. A CDPD e o EPD têm por objetivo a inclusão social da pessoa com deficiência, na busca pela afirmação de sua autonomia, mas atento às suas reais necessidades de apoio e salvaguardas para o alcance da igualdade substancial. De forma alguma, tais diplomas deixam a pessoa desamparada ou desassistida. Inversamente, a promoção da sua autonomia e sua inclusão no meio social permite o descortinar de suas necessidades. Até então, o direito civil encontrava-se tão voltado para o "homem médio" que ficou cego para as diferenças humanas, apoiando-se em padrões sociais distantes do complexo emaranhado da sociedade.

A CDPD atribui ao Estado signatário o dever de instituir um sistema de apoio e salvaguardas guiado para viabilizar e promover o exercício da capacidade jurídica reconhecida às pessoas com deficiência com limitação mais severa (art. 12). Nesse passo, já se observou que o direito protetivo superou o sistema de substituição da vontade pelo sistema de apoio,[17] estruturado para favorecer o exercício da capacidade jurídica da pessoa com deficiência e, portanto, modulado às suas estritas necessidades para o alcance da autonomia possível. Importante visualizar, portanto, que a CDPD, seguido do EPD, impôs importante mudança paradigmática tendente a privilegiar o modelo de apoio[18] e salvaguardas da pessoa com deficiência, sempre proporcional às suas necessidades e voltados à conquista da sua autonomia.[19] O modelo de apoio "diverge da representação tradicional porque respeita a vontade decisória do apoiado na maior medida possível, favorecendo a que ele mesmo, sempre que possível, venha a decidir e se projetar com uma vida independente".[20]

O reconhecimento do direito a uma vida independente pressupõe a inclusão na comunidade, de modo a permitir que tenham liberdade de escolha igual às demais pessoas, sem inferioridade ou segregação.[21] O objetivo da CDPD, projetada em nossa legislação infraconstitucional por meio do EPD, é a proteção da pessoa com deficiência, mas não no sentido assistencialista e excludente, substituindo sua vontade e seu desejo por escolhas alheias. Visa-se proteger para emancipar, uma tutela para libertar e incluir, apoiando e orientando para que as vontades, os desejos e as preferências sejam respeitados.[22] Por isso, garantir uma vida independente e reconhecer a plena capacidade já é amparar e tutelar, eis que concretiza a dignidade das pessoas com deficiência.

---

17. Cf. MENEZES, Joyceane Bezerra de. O direito protetivo no Brasil após a convenção sobre a proteção da pessoa com deficiência: impactos do novo CPC e do estatuto da pessoa com deficiência. *Civilistica.com*, a. 4, n. 1, jan./jun. 2015. Disponível em: http://civilistica.com/wp-content/uploads/2016/01/Menezes-civilistica.com-a.4.n.1.2015.pdf. Acesso em 21 nov. 2017; BEZERRA DE MENEZES, Joyceane; RODRIGUES, Francisco Luciano Lima; BODIN DE MORAES, Maria Celina. A capacidade civil e o sistema de apoios no Brasil. *Civilistica.com*, v. 10, n. 1, p. 1-28, 2 maio 2021.
18. "Apoio significa ajuda, proteção, auxílio. Na língua inglesa, seria o *support*; no italiano, o *sostegno*; no espanhol, *apoyo*. Visa promover e proteger a autonomia da pessoa para que possa, de um modo independente, realizar as suas próprias escolhas e desenvolver seu projeto de vida (art. 3 – CDPD)" (MENEZES, Joyceane Bezerra de; TEIXEIRA, Ana Carolina Brochado. Desvendando o conteúdo da capacidade civil a partir do Estatuto da Pessoa com Deficiência. *Revista Pensar*, v. 21, n. 2, p. 590, Fortaleza, maio/ago. 2016).
19. António Pinto Monteiro assevera que: "Temos hoje, pois, em vez do modelo do passado, rígido e dualista, de tudo ou nada, de substituição, um regime que segue um modelo flexível e monista, de acompanhamento ou apoio, casuístico e reversível, que respeita, na medida do possível, a vontade das pessoas e o seu poder de autodeterminação" (MONTEIRO, António Pinto. Das incapacidades ao maior acompanhado – Breve apresentação da Lei 49/2018. *Pensar*, v. 24, n. 2, p. 1-11, Fortaleza, abr./jun. 2019).
20. MENEZES, Joyceane Bezerra de; TEIXEIRA, Ana Carolina Brochado. Op. cit., p. 591.
21. V. art. 19, da CDPD.
22. "'Proteger sem incapacitar' constitui, hoje, a palavra de ordem, de acordo com os princípios perfilhados pela referida Convenção da ONU (MOLINA, 2016, p. 213), e em conformidade com a transição do modelo de substituição para o modelo de acompanhamento ou de apoio na tomada de decisão (BALDUS, 2016, p. 11; ANDRADE, 2016, p. 135, ss., p. 140, ss.). Há, assim, escrevi-o já há dois anos, uma mudança de paradigma, deixando a pessoa deficiente de ser vista como mero alvo de políticas assistencialistas e paternalistas, para se reforçar a sua qualidade de sujeito de direitos. Em vez da pergunta: 'aquela pessoa possui capacidade mental para exercer a sua capacidade jurídica?', deve perguntar-se: 'quais os tipos de apoio necessários àquela pessoa para que exerça a sua capacidade jurídica?' (ANDRADE, 2016, p. 140; RIBEIRO, 2016, p. 59; MOLINA, 2016, p. 64)" (MONTEIRO, António Pinto. Op. cit., p. 5-6).

Importa assinalar que a Convenção é regida, fundamentalmente, pelos princípios do respeito pela dignidade inerente, da autonomia individual, da independência das pessoas com deficiência, da não discriminação, da plena e efetiva participação e inclusão na sociedade, do respeito pela diferença e pela aceitação das pessoas com deficiência como parte da diversidade humana e da humanidade, da igualdade de oportunidades, da acessibilidade e da igualdade entre homem e mulher (art. 3). Em especial, ao afirmar a autonomia individual como um dos princípios nucleares da Convenção, inclui-se e promove-se a liberdade de fazer as próprias escolhas (art. 3, *a*). Segundo Francisco Bariffi, os princípios da igualdade e da não discriminação constituem o eixo interpretativo, a "coluna vertebral" da CDPD,[23] eis que visam garantir o exercício de direitos já assegurados em tratados internacionais de direitos humanos, especificamente às pessoas com deficiência, de forma adaptada e realista, sem discriminação e em igualdade de oportunidades com as demais pessoas.

A partir da premissa de valorização das competências da pessoa com deficiência, ao invés do foco exclusivo nos seus impedimentos, como era pautado o modelo médico-reabilitador, o art. 12 da Convenção não permite qualquer forma de negação discriminatória da capacidade legal, mas exige que seja fornecido apoio no exercício da capacidade jurídica. Afinal, a CDPD reconhece que todas as pessoas com deficiência são titulares de direitos e que a deficiência não pode ser usada como justificativa para negação ou restrição de direitos humanos, notadamente a partir da perspectiva de abordagem do modelo social que impõe a compreensão da deficiência como um construto social, no qual a interação das pessoas com deficiência é impedida ou limitada em razão das barreiras impostas pela sociedade. Assim, com o modelo social da deficiência e a afirmação dos direitos humanos, o exercício da capacidade legal não mais se concentra nos impedimentos ou limitações individuais da pessoa, mas sim nas barreiras sociais, econômicas e jurídicas que a pessoa com deficiência enfrenta no momento da tomada de decisão pessoal. Nessa direção, a aliança entre os direitos humanos, especificamente os voltados à proteção das pessoas com deficiência, e o modelo social justificam a necessidade de apoios apropriados para superação das barreiras impostas pela sociedade e facilitação na tomada de decisões.

Fundamental, nessa linha, o disposto no art. 12.3 da CDPD, no qual os Estados Partes se comprometem a adotar as "medidas apropriadas para prover o acesso de pessoas com

---

23. "En aplicación del principio de no discriminación, uno de los objetivos fundamentales de la CDPD ha sido adaptar las normas pertinentes de los Tratados de derechos humanos existentes al contexto específico de la discapacidad. Ello significa el establecimiento de los mecanismos para garantizar el ejercicio de dichos derechos por parte de las personas con discapacidad, sin discriminación y en igualdad de oportunidades que el resto de personas. [...] Así, el principal reto en la redacción de los derechos amparados por la CDPD fue el de incluir en cada derecho específico la perspectiva de igualdad y no discriminación, para lo cual fue preciso identificar respecto de cada uno de ellos las medidas necesarias para que tal derecho pueda ser ejercido en la realidad por parte de cada persona con discapacidad. Ello nos obliga a analizar la CDPD desde la perspectiva de la igualdad y no discriminación. Antes de leer este instrumento, debemos ponernos las gafas de la no discriminación y ajustar esta visión a cada derecho en concreto" (BARIFFI, Francisco. *El régimen jurídico internacional de la capacidad jurídica de las personas con discapacidad*. Madrid: Grupo Editorial Cinca, 2014. p. 140-141).

deficiência ao apoio que necessitarem no exercício de sua capacidade legal". A leitura conjunta deste dispositivo com os princípios que regem a CDPD ressoa a deliberada preferência por um paradigma de promoção da autonomia e da independência equilibrado pelo modelo de apoios às pessoas com deficiência. Nessa perspectiva, afirma-se que a Convenção adota o chamado sistema de apoio decisório (*supported decision-making*), em substituição ao modelo de substituição de vontade. Sem embargo, o "artigo 12 deve ser interpretado sistematicamente com todos os artigos da CDPD e, principalmente, dentro da estrutura do modelo social e dos direitos humanos que têm sido sua fonte de inspiração".[24-25]

O reconhecimento da capacidade de agir às pessoas com deficiência em igualdade de condições com as outras pressupõe, em muitos casos, a afirmação do direito de tomar decisões sobre a própria vida, o que pode gerar "um efeito contraproducente e, portanto, de real falta de proteção".[26] Por isso, a necessidade de estabelecer um efetivo sistema de apoio na tomada de decisão. Contudo, a CDPD, ao dispor sobre as "medidas apropriadas" para prover o apoio necessário às pessoas com deficiência para o exercício da capacidade legal foi ambígua e vaga, o que permite uma dose de indeterminação e discricionariedade para que os Estados Partes definam as medidas de apoio cabíveis em cada caso concreto.[27] Decerto, o grau de subjetividade em relação às "medidas apropriadas" esbarra na leitura conjunta dos itens 2 e 3 do art. 12 da CDPD, bem como nos seus propósitos e princípios gerais que guiam e fornecem os elementos-chave da atividade interpretativa. O próprio Comitê sobre os Direitos da Pessoa com Deficiência[28] entende que o art. 12, parágrafo 3, da CDPD, não especifica a forma que o suporte deve assumir.[29]

---

24. BARIFFI, Francisco. Op. cit., p. 290-291.
25. Em interessante artigo, Theresia Degener propõe que a CDPD foi além do modelo social da abordagem da deficiência e inaugura o chamado modelo de direitos humanos da deficiência. Nessa linha, a autora defende que o modelo de direitos humanos da deficiência melhora o modelo social da deficiência, eis que, enquanto o modelo social corresponde à igualdade substantiva, o modelo de direitos humanos parece estar vinculado ao que ela denomina de igualdade transformadora. DEGENER, Theresia. *Disability in a Human Rights Context*. 5 oct. 2018. Disponível em: http://www.beingtheboss.co.uk/disability-in-a-human-rights-context-theresia-degener/. Acesso em: 15 abr. 2020.
26. No original: "Aunque la CDPD deja claro el reconocimiento a la personalidad jurídica de las personas con discapacidad, así como su capacidad jurídica y de obrar en igualdad de condiciones con los demás, la misma también hace eco de que en muchos casos la restitución del derecho a la toma de decisiones de la persona, sin más, podría generar un efecto contraproducente, y, por ende, de real desprotección. Por ello, en lugar de tomar el camino de la representación legal (sustitución en la toma de decisiones), se establece el sistema de apoyos en la toma de decisiones" (BARIFFI, Francisco. Op. cit., p. 364).
27. "Article 12, paragraph 3, recognizes that States parties have an obligation to provide persons with disabilities with access to support in the exercise of their legal capacity. States parties must refrain from denying persons with disabilities their legal capacity and must, rather, provide persons with disabilities access to the support necessary to enable them to make decisions that have legal effect". (ORGANIZAÇÃO DAS NAÇÕES UNIDAS. *General Comment n. 1* (2014): article 12: equal recognition before the law. Committee on the Rights of Persons with Disabilities. Eleventh session. 31 March, 11 April, 2014. p. 4. Disponível em: https://documents-dds-ny.un.org/doc/UNDOC/GEN/G14/031/20/PDF/G1403120.pdf?OpenElement. Acesso em: 15 abr. 2020).
28. O Comitê sobre os Direitos da Pessoa com Deficiência é previsto entre os arts. 34 a 39 da CDPD.
29. ORGANIZAÇÃO DAS NAÇÕES UNIDAS. *General Comment n. 1* (2014): article 12: equal recognition before the law. Committee on the Rights of Persons with Disabilities. Eleventh session. 31 March, 11 April, 2014. p. 4. Disponível em: https://documents-dds-ny.un.org/doc/UNDOC/GEN/G14/031/20/PDF/G1403120.pdf?OpenElement. Acesso em: 15 abr. 2020.

O apoio, como antes acentuado, não foi conceituado ou especificado na CDPD, sendo termo de abrangência ampla, que inclui medidas informais e formais, de diferentes tipos e intensidades. No Relatório do Relator Especial sobre os direitos das pessoas com deficiência (A/HRC/34/58), restou consignado que:

> O apoio às pessoas com deficiência abrange uma ampla gama de informações formais e intervenções informais, incluindo assistência ao vivo e intermediários, auxílios à mobilidade e dispositivos e tecnologias auxiliares. Também inclui assistência pessoal; suporte na tomada de decisão; suporte de comunicação, como intérpretes de linguagem gestual e alternativas e comunicação aumentativa; suporte à mobilidade, como tecnologia ou serviço de assistência animais; serviços de arranjos de vida para garantir moradia e ajuda domiciliar; e serviços comunitários. As pessoas com deficiência também podem precisar de apoio para acessar e usar serviços gerais, como saúde, educação e justiça.[30]

O apoio não é uma necessidade exclusiva das pessoas com deficiência, como realçado pelo Relatório do Relator Especial, uma vez que é uma "prática profundamente enraizada em todas as culturas e comunidades, que está na base de todas as nossas redes sociais". O apoio é consequência da dependência, que é intrínseca numa vida de relações, como anteriormente já afirmado, e que deriva de uma condição humana gregária e interdependente. Diante desse cenário, sentencia-se que "todos precisam do apoio de outras pessoas em algum momento, se não durante toda a vida, para participar da sociedade e viver com dignidade".[31] No caso das pessoas com deficiência, o apoio sempre foi marginalizado e consagrou-se um regime excludente de substituição da vontade. No entanto, à luz das diretrizes da CDPD, o apoio se revela como indispensável para a concretização da inclusão social e do exercício da capacidade legal. Destaca-se que a liberdade e a flexibilidade de formas de prestação de apoio, que admite medidas e ações das mais diversificadas e plurais, bem como o variado grau de intensidades, desafiam

---

30. "Support for persons with disabilities encompasses a wide range of formal and informal interventions, including live assistance and intermediaries, mobility aids and assistive devices and technologies. It also includes personal assistance; support in decisionmaking; communication support, such as sign language interpreters and alternative and augmentative communication; mobility support, such as assistive technology or service animals; living arrangements services for securing housing and household help; and community services. Persons with disabilities may also need support in accessing and using general services, such as health, education and justice" (ORGANIZAÇÃO DAS NAÇÕES UNIDAS. General Assembly. Human Rights Council. *Report of the Special Rapporteur on the rights of persons with disabilities*. Thirty-fourth session, 27 February, 24 March, 2017. p. 5. Disponível em: https://documents-dds-ny.un.org/doc/UNDOC/GEN/G16/436/64/PDF/G1643664.pdf?OpenElement. Acesso em: 16 abr. 2020).

31. "Support is the act of providing help or assistance to someone who requires it to carry out daily activities and participate in society. Support is a practice, deeply embedded in all cultures and communities, that is at the basis of all our social networks. Everyone needs support from others at some stage, if not throughout their life, to participate in society and live with dignity. Being a recipient of support and offering support to others are roles we all share as part of our human experience, regardless of impairment, age or social status. However, while some forms of support have been naturally integrated into social design, others, such as that required by persons with disabilities, are still marginal" (ORGANIZAÇÃO DAS NAÇÕES UNIDAS. General Assembly. Human Rights Council. *Report of the Special Rapporteur on the rights of persons with disabilities*. Thirty-fourth session, 27 February, 24 March, 2017. p. 5. Disponível em: https://documents-dds-ny.un.org/doc/UNDOC/GEN/G16/436/64/PDF/G1643664.pdf?OpenElement. Acesso em: 16 abr. 2020).

os Estados-Partes a criarem um amplo cardápio de apoios à pessoa com deficiência, de modo a atender à sua diversidade e necessidades individuais.[32]

Cabe sublinhar que o apoio serve, sobretudo, para fomentar e promover a segurança e a confiança das pessoas com deficiência para a tomada de decisões sobre sua vida, seja no âmbito existencial ou patrimonial. Desse modo, os apoios para o exercício da capacidade legal devem projetar-se para além do âmbito da validade dos atos jurídicos[33] e dos instrumentos formais, de maneira a alcançar informações e campanhas de sensibilização em matéria de direitos humanos, apoio de pares, assistência à comunicação, acessibilidade e *design* universal, apoios comunitários de proteção, métodos não convencionais de comunicação e direito de declarar previamente suas vontades, desejos e preferências em diretivas antecipadas.[34]

De acordo com Franciso Bariffi, o sistema de apoios apresenta os seguintes traços característicos: gradual, complexo, diverso, respeitoso, aberto e formal. Nesse cenário, reconhece-se a necessidade de implementação gradual do sistema de apoios em subs-

---

32. Cabe, de forma ilustrativa, mencionar a Lei Colombiana 1.996, de 26 de agosto de 2019, que estabeleceu o regime para exercício da capacidade legal das pessoas com deficiência maiores de idade, e que assim dispôs sobre o apoio: "Apoyos. Los apoyos de los que trata la presente ley son tipos de asistencia que se prestan a la persona con discapacidad para facilitar el ejercicio de su capacidad legal. Esto puede incluir la asistencia en la comunicación, la asistencia para la comprensión de actos jurídicos y sus consecuencias, y la asistencia en la manifestación de la voluntad y preferencias personales. Apoyos formales. Son aquellos apoyos reconocidos por la presente ley, que han sido formalizados por alguno de los procedimientos contemplados en la legislación nacional, por medio de los cuales se facilita y garantiza el proceso de toma de decisiones o el reconocimiento de una voluntad expresada de manera anticipada, por parte del titular del acto jurídico determinado".
33. BACH, Michael. El derecho a la capacidad jurídica a la luz de la Convención de la ONU sobre los derechos de las personas con discapacidad: conceptos fundamentales y lineamientos para una reforma legislativa. In: BARIFFI, Francisco; PALACIOS, Agustina (Coord.). *Capacidad Jurídica, Discapacidad y Derechos Humanos*: una revisión desde la Convención Internacional sobre los Derechos de las Personas con Discapacidad. Buenos Aires: Ediar, 2012, p. 85-87.
34. "'Support' is a broad term that encompasses both informal and formal support arrangements, of varying types and intensity. For example, persons with disabilities may choose one or more trusted support persons to assist them in exercising their legal capacity for certain types of decisions, or may call on other forms of support, such as peer support, advocacy (including self-advocacy support), or assistance with communication. Support to persons with disabilities in the exercise of their legal capacity might include measures relating to universal design and accessibility – for example, requiring private and public actors, such as banks and financial institutions, to provide information in an understandable format or to provide professional sign language interpretation – in order to enable persons with disabilities to perform the legal acts required to open a bank account, conclude contracts or conduct other social transactions. Support can also constitute the development and recognition of diverse, non-conventional methods of communication, especially for those who use non-verbal forms of communication to express their will and preferences. For many persons with disabilities, the ability to plan in advance is an important form of support, whereby they can state their will and preferences which should be followed at a time when they may not be in a position to communicate their wishes to others. All persons with disabilities have the right to engage in advance planning and should be given the opportunity to do so on an equal basis with others. States parties can provide various forms of advance planning mechanisms to accommodate various preferences, but all the options should be non-discriminatory. Support should be provided to a person, where desired, to complete an advance planning process. The point at which an advance directive enters into force (and ceases to have effect) should be decided by the person and included in the text of the directive; it should not be based on an assessment that the person lacks mental capacity" (ORGANIZAÇÃO DAS NAÇÕES UNIDAS. *General Comment n. 1* (2014): article 12: equal recognition before the law. Committee on the Rights of Persons with Disabilities. Eleventh session. 31 March, 11 April, 2014. P. 4-5. Disponível em: https://documents-dds-ny.un.org/doc/UNDOC/GEN/G14/031/20/PDF/G1403120.pdf?OpenElement. Acesso em: 15 abr. 2020).

tituição ao regime da substituição da vontade, o que não se confunde com a sua adoção como um modelo paralelo, que, na prática, seria relegado a uma aplicação marginal ou excepcional. A complexidade do sistema de apoios decorre da necessidade de ações políticas por parte do Estado, eis que depende de recursos financeiros e de educação para o respeito aos direitos das pessoas com deficiência. É preciso compreender que somente as reformas legislativas não são suficientes para a implementação efetiva do modelo de apoios. A flexibilidade dos mecanismos de apoio é fundamental para o resultado efetivo do sistema e deve adaptar-se a diferentes situações individuais e à diversidade de deficiências intelectuais ou mentais, bem como as espécies de atos jurídicos praticados.[35]

O sistema de apoio deve respeitar os desejos, as preferências e a vontade das pessoas com deficiência, o que impõe, sempre que possível e sem interferências alheias, a própria escolha da figura de apoio, bem como eleger a(s) pessoa(s) que irão desempenhar o papel(is) de apoiador(es). Ao considerar que a CDPD parte do pressuposto de relações humanas interdependentes, por meio do qual o sistema de apoio evidencia a falência da pessoa totalmente autônoma e independente, que toma decisões racionais e sem necessidade de nenhum apoio de seus pares, defende-se um modelo aberto de apoio que deve ser formulado para ser utilizado por quaisquer pessoas que tenham dificuldade para exercer sua capacidade jurídica e não somente para aquelas que têm uma determinada deficiência.[36]

Por fim, embora não decorra nem da literalidade e nem do espírito do art. 12, parágrafo 3, da CDPD, Franciso Bariffi sustenta que, em sistemas jurídicos latino-americanos de tradição romano-germânica, como seria o caso do Brasil, especialmente no âmbito do direito civil, o "modelo de apoios requer certas formalidades adicionais que permitam sua implementação no marco de certas regras e tradições jurídicas muito arraigadas, e que têm como objetivo resguardar a segurança jurídica e a proteção de terceiros de boa-fé".[37] Tais características revelam a abrangência do sistema de apoio, que, em essência, já nasce flexível e maleável para se adequar às mais variadas demandas e necessidades das pessoas com deficiência. Importante destacar as salvaguardas como instrumentos de proteção das pessoas com deficiência em relação aos seus apoiadores, uma vez que estruturas de poder já cristalizadas na sociedade podem influenciar na relação entre apoiado e apoiadores e manter esse já fragilizado grupo excluído e ocultado da sociedade. O sistema de apoio, iluminado pelo modelo social, volta-se ao efetivo exercício da capacidade da pessoa com deficiência.

Ao reconhecer a diversidade das pessoas com deficiência na alínea *i* do preâmbulo, a CDPD admite que o apoio deverá ser mais intenso, a depender das limitações da pes-

---

35. BARIFFI, Francisco. Op. cit., p. 373-376.
36. Idem, ibidem, p. 376-378.
37. No original: "[...] el modelo de apoyos requiera de ciertas formalidades adicionales que permitan su implementación en el marco de ciertas reglas y tradiciones jurídicas muy arraigadas, y que tienen como objetivo resguardar la seguridad jurídica y la protección de terceros de buena fe" (BARIFFI, Francisco. Op. cit., p. 379 [tradução nossa]).

soa com fins a proteger e promover os direitos humanos.[38] O Comitê sobre os Direitos da Pessoa com Deficiência, por meio do Comentário Geral 1, assinalou que o "tipo e a intensidade do apoio a ser prestado variarão significativamente de uma pessoa a outra devido à diversidade de pessoas com deficiência. Isto está de acordo com o artigo 3 (d), que estabelece 'respeito pela diferença e aceitação de pessoas com deficiência como parte da diversidade humana e da humanidade' como princípio geral da Convenção". Embora seja natural a variação da intensidade do apoio prestado, é imperioso afirmar que, "em todos os momentos, inclusive em situações de crise, a autonomia individual e a capacidade das pessoas com deficiência de tomar decisões deve ser respeitada".[39]

O modelo de apoio, insculpido pela Convenção, reconhece que a intensidade do suporte dependerá da gravidade da deficiência e seus efeitos limitadores sobre a higidez psíquica da pessoa, impedindo-o de manifestar objetivamente sua vontade de forma válida. Dessa forma, os institutos jurídicos de apoio devem ser reconstruídos para a promoção do exercício da capacidade das pessoas com deficiência, de acordo e proporcionais às suas necessidades a partir de formas apropriadas de suporte. Os suportes são necessários para que a pessoa com deficiência seja incluída na comunidade, evitando o isolamento e a segregação. A finalidade do modelo de apoio, portanto, é a inclusão social por meio do reforço à capacidade legal, de modo a respeitar os direitos humanos fundamentais, a vontade, os desejos e as preferências da pessoa com deficiência.

Até o advento do EPD, alinhado à CDPD, o único instrumento jurídico posto à pessoa maior incapaz era a curatela, forjada no modelo de substituição da vontade, que, basicamente, se destinava a suprir a incapacidade das pessoas maiores ou emancipadas, com discernimento ceifado ou prejudicado, para a prática dos atos da vida civil. Um instituto, portanto, talhado para os incapazes maiores e voltado à substituição da vontade e eclipse dos desejos e preferências. A rigor, a curatela sedimentou-se de forma absoluta e generalizante em nosso ordenamento, pouco atenta às particularidades de cada pessoa submetida ao seu domínio.[40]

---

38. CDPD, Preâmbulo, alínea j: "*Reconhecendo* a necessidade de promover e proteger os direitos humanos de todas as pessoas com deficiência, inclusive daquelas que requerem maior apoio".
39. "The type and intensity of support to be provided will vary significantly from one person to another owing to the diversity of persons with disabilities. This is in accordance with article 3 (d), which sets out "respect for difference and acceptance of persons with disabilities as part of human diversity and humanity" as a general principle of the Convention. At all times, including in crisis situations, the individual autonomy and capacity of persons with disabilities to make decisions must be respected". (ORGANIZAÇÃO DAS NAÇÕES UNIDAS. *General Comment n. 1* (2014): article 12: equal recognition before the law. Committee on the Rights of Persons with Disabilities. Eleventh session. 31 March, 11 April, 2014. p. 5. Disponível em: https://documents-dds-ny.un.org/doc/UNDOC/GEN/G14/031/20/PDF/G1403120.pdf?OpenElement. Acesso em: 15 abr. 2020).
40. Nina Rodrigues já criticava a interdição completa como disposta no projeto do Código Civil de 1916: "O absolutismo das disposições do Projecto sobre a incapacidade por sanidade mental nem se compadece com os rigorosos princípios da equidade jurídica, nem satisfaz aos desiderata da psychiatria moderna. É na instituição da interdcção que mais sensível se torna esta falha. O erro fundamental de doutrina reside aqui na equiparação absoluta, para os efeitos da interdicção, de todos os estados mentaes que podem modificar a capacidade civil. O Projecto coloca assim no mesmo plano, ao lado do simples fraco de espirito, ou imbecil, o maníaco ou o demente paralytico terminal; a par da simples fraqueza mental senil, a confusão mental declarada: juntamente com as loucuras chronicas ou incuráveis, os episódios delirantes, maio ou menos efêmeros, dos degenerados" (RODRIGUES, Nina. *O alienado no direito civil brasileiro*. 3. ed. São Paulo: Companhia Editora Nacional, 1939, p. 146-147).

Mesmo após a regra instituída no agora revogado[41] art. 1.772 da versão original do Código Civil de 2002, que estabelecia como regra a chamada curatela parcial,[42] determinando que o juiz se pronunciasse a respeito dos limites da curatela de acordo "o estado ou o desenvolvimento mental do interdito", que, após redação dada pelo EPD, se tornou "potencialidades da pessoa",[43] na prática forense pouco se alterou, sendo a curatela total estabelecida na maioria esmagadora dos casos judiciais.[44] A indiferença pela avaliação cuidadosa e individual das habilidades e potencialidade da pessoa curatelanda, com base em exames periciais padronizados, descortinou a banalização da curatela total, olvidando-se, não raras vezes, dos interesses do próprio curatelado. A rigor, com o fim da incapacidade absoluta, igualmente desapareceu a "interdição" total do nosso ordenamento. Sempre há algum traço de vontade válida ainda que seja para relações afetivas e existenciais,[45] por isso, a curatela total nem excepcionalmente deve ser admitida atualmente. Nessa linha, Pietro Perlingieri já defendeu que a "disciplina da interdição não pode ser traduzida em uma incapacidade legal absoluta, em uma 'morte civil'".[46] A curatela, em seu perfil renovado, é por essência limitada e proporcional, logo sempre parcial.

O que o EPD alterou, na linha da CDPD, foi a exclusividade da curatela como mecanismo solitário de proteção da pessoa maior incapaz. Ao lado da curatela, é preciso construir outros instrumentos jurídicos hábeis e proporcionais à necessidade de suporte

---

41. O art. 1.772 foi revogado por força do art. 1.072, inc. II, da Lei 13.105, que instituiu o Código Processual Civil. Redação original do dispositivo no CC/2002: "Art. 1.772. Pronunciada a interdição das pessoas a que se referem os incisos III e IV do art. 1.767, o juiz assinará, segundo o estado ou o desenvolvimento mental do interdito, os limites da curatela, que poderão circunscrever-se às restrições constantes do art. 1.782".
42. Nina Rodrigues defendia: "Assim, interdição com curatela total para os casos de loucura completa e para os graus extremos da invalidez mental incurável ou prolongada; interdição parcial com o conselho judiciário como no direito francês, ou com inabilitação como no direito italiano, ou com curatela limitada ou circunscrita como em diversos códigos, para certas formas de loucura transitória, para os graus mitigados da fraqueza de espírito congênita ou adquirida, para certos alienados mais ou menos lúcidos, para certos casos de surdo-mudez e de afasia; simples curadoria provisória para as loucuras transitórias, assim como para os primeiros períodos das loucuras curáveis, internados ou não os loucos; finalmente, curatela voluntária para os casos de invalidez por moléstia física, inclusive certos casos de moléstias cerebrais, em que não se compromete a inteligência: tal o sistema harmônico e integral de proteção que um código civil moderno deve destinar aos interesses dos alienados e, em geral, dos incapazes por insanidade mental". (RODRIGUES, Nina. Op. cit., p. 175-176).
43. Redação dada pela Lei 13.146/2015: Art. 1.772. O juiz determinará, segundo as potencialidades da pessoa, os limites da curatela, circunscritos às restrições constantes do art. 1.782, e indicará curador".
44. "Mesmo com a falta de dados estatísticos sobre o tema, é intuitivo perceber em nossa realidade diária que a grande parte das interdições é requerida de forma a não se determinar os atos que serão exercidos pelo curador (interdição total), condenando-se dessa forma o interditado a existir civilmente como absolutamente incapaz, privado que é do exercício de qualquer ato, mesmo aqueles não afetados pela deficiência ou enfermidade identificada na pessoa" (MPERJ. *Roteiro de Atuação na ação de interdição*: uma releitura a partir da Convenção sobre os Direitos das Pessoas com Deficiência. Disponível em: http://p-web01.mp.rj.gov.br/Arquivos/geral/2014/livro_v5_web.pdf. Acesso em: 21 dez. 2017).
45. Segundo Pietro Perlingieri, "quando concretas, possíveis, ainda que residuais, faculdades intelectivas e afetivas podem ser realizadas de maneira a contribuir para o desenvolvimento da personalidade, é necessário que sejam garantidos a titularidade e o exercício das expressões de vida que, encontrando fundamento no *status personae* e no *status civitatis*, sejam compatíveis com a efetiva situação psicofísica do sujeito" (PERLINGIERI, Pietro. *O direito civil na legalidade constitucional*. Trad. de Maria Cristina De Cicco. Rio de Janeiro: Renovar, 2008, p. 782).
46. Idem, ibidem, p. 782.

e orientação da pessoa com deficiência que apresenta restrições à capacidade. Com efeito, a doutrina mais sensível já sinalizava há tempo a necessidade de "flexibilização da curatela",[47] promovendo uma releitura do instituto a partir da cláusula geral de dignidade da pessoa humana. No entanto, a proposta do EPD foi ainda mais audaciosa. A curatela foi refundada, tendo sido sua estrutura e função modificadas. Não se trata de novos contornos, mas sim de novos perfis à luz do plural estatuto da pessoa com restrições à capacidade civil. Nem poderia ser diferente, uma vez que a renovação da curatela à luz do sistema de apoios determinado pela CDPD é um imperativo inafastável, sob pena de incompatibilidade com a atual axiologia constitucional.

Pietro Perlingieri leciona que a gravidade da deficiência psíquica atrai diferentes estatutos de proteção, que devem ser justificados na exata medida da severidade da limitação imposta ao indivíduo, sob pena de excessiva proteção que se revela como tirana. Assim, o estado da pessoa deve ser "individuado mediante uma complexa avaliação das condições pessoais do sujeito e daquelas sociais, culturais e ambientais, mas, sempre, em relação ao exclusivo interesse das manifestações do desenvolvimento pessoal", afastando-se alegações baseadas em supostos interesses superiores alheios que legitimariam a instrumentalização da pessoa curatelada.[48]

Desse modo, afirma-se que a remoção de "obstáculos ao pleno e melhor desenvolvimento da pessoa", especialmente seu bem-estar físico e psíquico, constitui a "única legitimação constitucional do estatuto de proteção e promoção", devendo-se funcionalizar a curatela a tal exigência.[49] A vocação contemporânea da curatela é emancipar o sujeito socialmente já alijado de seus direitos fundamentais, promovendo o livre desenvolvimento da sua personalidade, de modo que se respeitem suas vontades e preferências ao máximo, buscando-se que o próprio possa com o apoio e o tratamento adequados exercer, por si, seu poder de autodeterminar-se, de escrever sua própria biografia.

A releitura da curatela denota, portanto, um paradoxo. Embora talhada para a pessoa incapaz, ou seja, com limitações ao livre agir, servindo como instrumento de proteção, a curatela, hoje, volta-se para a promoção da plena capacidade civil da pessoa com deficiência, buscando-se a conquista de sua autonomia e concretização de sua

---

47. Célia Barbosa Abreu defendia, antes da vigência do Estatuto da Pessoa com Deficiência, que "havendo resquícios de faculdades intelectivas e emotivas em um indivíduo, urge respeitá-las e, mais do que isso, contribuir para que se desenvolvam, em observância, em especial, aos princípios da dignidade humana e da solidariedade. É inaceitável partir-se para a curatela plena quando existe alternativa de flexibilizá-la. Desse modo, a consagração da curatela relativa no artigo 1.772 do CC/2002 surge como medida menos restritiva de direitos que a interdição total. A adoção da medida, no entanto, deve ser compatibilizada com o texto constitucional, a fim de assumir abrangência capaz de demonstrar observância à tábua axiológica instituída pelo constituinte de 1988 para o ordenamento jurídico brasileiro. [...] O cotidiano costuma demonstrar que, dentre os absolutamente incapazes, estão pessoas que não são incapazes para a integralidade dos atos da vida civil. Na realidade, desenvolvem-se nas áreas em que apresentam potencialidades, desde que lhes sejam oferecidas oportunidades para tanto. Logo, a capacidade das pessoas deve ser avaliada concretamente, a fim de se verificar se é o caso de permitir a *flexibilização* da curatela, mediante a adoção da interdição parcial e o afastamento da interdição total" (ABREU, Célia Barbosa. *Curatela e interdição civil*. Rio de Janeiro: Lumen Juris, 2009, p. 226 e 228).
48. PERLINGIERI, Pietro. Op. cit., p. 783-784.
49. Idem, ibidem, p. 784.

dignidade. Com isso, a curatela deve ser interpretada com base na cláusula geral de promoção da autonomia e inclusão da pessoa com deficiência, fundada conjuntamente no princípio da dignidade da pessoa humana (art. 1º, III, CF), no art. 1º do EPD e no art. 758 do Código de Processo Civil, guiada pelas prescrições contidas na CDPD. Diante desse cenário, não mais persiste a feição protetiva-assistencial da curatela, que, à luz da CDPD e do EPD, somente subsiste se articulada com um instrumento de apoio à pessoa com deficiência psíquica, voltada exclusivamente à sua emancipação e à sua proteção, a partir do seu melhor interesse.

3. AS DIRETIVAS ANTECIPADAS DE VONTADE E A AUTONOMIA PROSPECTIVA DA PESSOA COM DEFICIÊNCIA

As declarações antecipadas de vontade ou diretivas antecipadas de vontade são uma modalidade de negócio jurídico unilateral com viés existencial, no qual a pessoa com capacidade civil plena faz escolhas a serem efetivadas no futuro, caso, naquele momento, não possa exprimir sua vontade. A projeção futura da autonomia existencial por meio das diretivas antecipadas tem sido crescentemente pleiteada em razão dos avanços da medicina, sendo de especial importância para as pessoas com deficiência como forma de resguardar sua vontade nos momentos em que não puder exprimir sua vontade.[50] Segundo Luciana Dadalto, as diretivas antecipadas "são gênero e suas espécies, o mandato duradouro e a declaração prévia de vontade do paciente terminal",[51] entre outras, como a autocuratela, por exemplo.

O respeito à autonomia existencial prospectiva permite que as manifestações de autonomia voltadas para o futuro sejam plenamente admitidas em nosso ordenamento, para garantir as escolhas pessoais nas fases da vida em que a pessoa não consegue declarar autonomamente sua vontade, obstaculizando a realização de seus desejos. As diretivas antecipadas, em regra, espelham o projeto de vida do seu autor, logo, devem ser valorizadas porque traduzem suas escolhas e opções existenciais,[52] permitindo que a pessoa possa construir sua personalidade de acordo com suas decisões mesmo nos períodos em que não é possível exprimir sua vontade.

---

50. V. MEIRELLES, Jussara Maia Leal de. Diretivas antecipadas de vontade por pessoa com deficiência. In: MENEZES, Joyceane Bezerra de (Org.). *Direito das pessoas com deficiência psíquica e intelectual nas relações privadas*: Convenção sobre os Direitos da Pessoa com Deficiência e a Lei Brasileira de Inclusão. Rio de Janeiro: Processo, 2016, p. 713-731.

51. PENALVA, Luciana Dadalto. Declaração prévia de vontade do paciente terminal. *Revista Bioética*, v. 17, n. 3, p. 524, 2009.

52. A respeito dos delineamentos conceituais e fundamentos da autonomia existencial, seja consentido remeter a: CASTRO, Thamis Dalsenter Viveiros de. A função da cláusula de bons costumes no Direito Civil e a teoria tríplice da autonomia privada existencial. *Revista Brasileira de Direito Civil – RBDCivil*, v. 14, p. 99-125, Belo Horizonte, out./dez. 2017; TEIXEIRA, Ana Carolina Brochado. Autonomia existencial. *Revista Brasileira de Direito Civil – RBDCivil*, v. 16, p. 75-104, Belo Horizonte, abr./jun. 2018; e, ALMEIDA, Vitor. A marcha da autonomia existencial na legalidade constitucional: os espaços de construção da subjetividade. In: MENEZES, Joyceane Bezerra; DE CICCO, Maria Cristina; RODRIGUES, Francisco Luciano Lima (Org.). *Direito civil na legalidade constitucional*: algumas aplicações. Indaiatuba, SP: Editora Foco, 2021, p. 407-430.

Não há regulamentação específica para as diretivas antecipadas, mas parece não haver impedimento jurídico para sua admissão. Diante da omissão legislativa, o Conselho Federal de Medicina editou a Resolução 1.995/2012, que dispõe sobre as diretivas antecipadas de vontade dos pacientes, que foram definidas nos termos de seu art. 1º. Neste cenário crescem em importância as denominadas "diretivas antecipadas de vontade", cada vez mais comuns para fins de gerenciamento da própria vida em momentos de impossibilidade de declaração da própria vontade, embora pensadas originalmente para tratar da própria morte.[53] Concebidas para registrar os desejos de uma pessoa prévia e expressamente manifestados, sobre cuidados e tratamentos que quer, ou não, receber no momento em que estiver incapacitada de expressar, livre e autonomamente, sua vontade, as diretivas ganham novos objetivos a cada avanço médico e com o envelhecimento da população. Abrem perspectivas interessantes em face da curatela e da tomada de decisão apoiada,[54] particularmente nos casos de doenças degenerativas progressivas, sobretudo para fins de escolha do curador ou curadores, bem como diretrizes para os cuidados da própria saúde.

A nomeação de representantes para cuidados com a saúde por pessoas com deficiência, para a proteção e defesa, recai na questão da ausência de fiscalização ou apoio quando da outorga de poderes. A respeito desse obstáculo cabe lembrar que, se o próprio Estatuto considera que a pessoa com deficiência é plenamente capaz e não é hipótese de curatela, não há motivos para qualquer restrição, salvo na hipótese de as pessoas com deficiência não terem condições psíquicas para decidir os rumos da própria vida, inclusive para escolher alguém que atue em seu nome.

A atualidade do consentimento para situações existenciais que interfiram na integridade psicofísica é outro requisito a ser superado para a plena aceitação das declarações prévias de vontade. Em respeito à autonomia existencial prospectiva, contudo, há de se entender como exceção à atualidade da disposição das situações existenciais os instrumentos de representação, visto que expressam a vontade emanada em pleno gozo da capacidade civil. É de todo razoável superar, assim, as controvérsias existentes acerca da impossibilidade de consentimento por representação. O que há, a rigor, é uma transmissão da vontade da pessoa com deficiência a ser atendida em momento

---

53. Cf. por todos, DADALTO, Luciana. *Testamento Vital*. Rio de Janeiro: Lumen Juris, 2010. passim.
54. Nelson Rosenvald esclarece que, em regra, não há fungibilidade entre a tomada de decisão apoiada e as diretivas antecipadas de vontade: "Em princípio, estamos diante de institutos estruturalmente e funcionalmente distintos. A TDA surge para acompanhar um sujeito fragilizado, tutelando a sua vontade residual. Portanto, opera efeitos imediatos e requer a comprovação de uma atual e efetiva limitação no autogoverno em audiência de entrevista perante o juiz. Em contrapartida, as diretivas antecipadas pressupõem a capacidade plena de quem redige o "testamento biológico" e somente produzirá efeitos sob a condição suspensiva de uma eventual impossibilidade absoluta de manifestação de vontade. Cuida-se de instrumento adequado para o exercício de uma autonomia terapêutica prospectiva. A outro lado, a TDA requer a atualidade da condição de impossibilidade de gestão dos próprios interesses por parte de quem a pleiteie, cenário este que em nada se assemelha a incerteza e indeterminação do "se e quando" da configuração de um objetivo processo de morte" (ROSENVALD, Nelson. Há fungibilidade entre a tomada de decisão apoiada e as diretivas antecipadas de vontade? Disponível em: https://www.nelsonrosenvald.info/single-post/2016/05/31/H%C3%A1-fungibilidade-entre-a-tomada-de-decis%C3%A3o-apoiada-e-as-diretivas-antecipadas-de-vontade-1. Acesso em: 17 jan. 2018).

futuro, quando estiver impossibilitada de responder por si. Mas não se trata de mera transmissão que chegue a caracterizar a figura do núncio, pois é a partir das declarações do representado que devem ser moldadas as escolhas dramáticas em relação ao incapaz com curador sem poderes para os atos existenciais.

Por essa razão, a necessidade de vinculação da atuação do representante às manifestações de vontade do representado, de modo que se preserve, ao máximo, a integridade do perfil do representado. Os atuais instrumentos de representação cujo objetivo toca à esfera existencial do representado se destinam a respeitar as vontades declaradas do representado em momento de consciência e plena capacidade, por isso, a relevância de observar as diretrizes deixadas pelo representado. Ainda assim, é possível que haja conflitos de interesses entre representante e representado, principalmente nas hipóteses em que a representação fica a cargo de um dos entes familiares que não concorda com as escolhas existenciais declaradas pelo incapaz. Essas situações são complexas, pois envolvem conflitos dentro da própria comunidade familiar. Em casos extremos, a exemplo da opção pela ortotanásia,[55] poderia uma mãe, embora constituída como representante do filho incapaz, se declarar impossibilitada de exercer a representação em razão do conflito de interesses. Assim, seria possível em raciocínio análogo, admitir nestas hipóteses a existência de um direito à objeção de consciência do representante?

Sabe-se que a objeção de consciência é um direito reconhecido aos médicos em razão de eventual discordância em relação ao procedimento a ser realizado. O médico pode neste caso, por razões religiosas ou filosóficas, por exemplo, se recusar a realizar determinada intervenção, mesmo que de acordo com a prescrição contida no Código de Ética Médica.[56] Assim, cabe à doutrina examinar em que medida igualmente seria possível estender às hipóteses aqui tratadas esse direito de objeção de consciência, quando o entendimento pessoal do representante for contrário às disposições contidas no instrumento deixado em período de plena capacidade do incapaz. Na verdade, entre as diretrizes volitivas registradas na diretiva antecipada e a vontade do representante deve prevalecer a vontade declarada previamente em respeito à autonomia prospectiva.

Neste cenário merecem exame as procurações de saúde e a denominada autocuratela, no que respeita a sua interferência na curatela, para fins de preservação da vontade previamente manifestada pelo curatelado, em efetivação do princípio do seu melhor interesse, bem como o papel do curador diante da ampliação de instrumentos de proteção da pessoa que não consegue exprimir sua vontade.

4. AS PROCURAÇÕES DE SAÚDE: FUNÇÃO E LIMITES

Os "mandatos duradouros" (*durable power of attorney*) ou "procurações de saúde" (*health care proxies*), como espécie das declarações antecipadas de vontade, consistem

---

55. V. Resolução CFM 1.805/2006.
56. Resolução 2.217/2018 do CFM, capítulo II, inciso IX: "Recusar-se a realizar atos médicos que, embora permitidos por lei, sejam contrários aos ditames de sua consciência".

na escolha de um representante para a tomada de decisões em relação ao paciente que se encontra impossibilitado de exprimir sua vontade, ainda que temporariamente. A relevância deste instrumento reside na confiança da figura do representante, que se acredita irá agir de acordo com o projeto existencial do paciente declarado quando de sua plena capacidade.[57] De acordo com Paula Távora Vitor, o "[...] procurador para cuidados da saúde é o representante escolhido pelo paciente, num momento em que se encontra na posse de suas capacidades intelectuais e volitivas, para que, na eventualidade de se encontrar incapaz de tomar decisões, este tome as decisões necessárias para prover à sua saúde".[58]

Importante traçar a distinção necessária entre as diretivas antecipadas e o contrato de mandato. Gustavo Tepedino e Anderson Schreiber são enfáticos ao expor que "[...] há que se evitar, a todo custo, a analogia com a disciplina de instrumentos de cunho essencialmente patrimonial, como o contrato de mandato, cuja função se distancia, imensamente, do escopo existencial das procurações de saúde".[59] Por isso, não se comunga do entendimento que defende "[...] que a regulamentação da procuração para cuidados de saúde se baseie na disciplina civilística do mandato, no que couber".[60] É de todo desaconselhável que se utilize instrumentos que foram elaborados sob uma ótica patrimonialista para o regramento de questões que envolvam situações existenciais. É preciso formular, assim, novos instrumentos que sejam construídos sob a lógica da proteção integral da pessoa e sua dignidade.

A doutrina aponta alguns elementos para a validade das "procurações de saúde" no direito brasileiro. No tocante ao elemento de ordem subjetiva se exige capacidade de

---

57. José de Oliveira Ascenção, em análise da lei portuguesa 25/12, esclarece que a "procuração de cuidados de saúde é também um documento [...]. Por esse documento se atribuem a uma pessoa poderes representativos para decidir sobre os cuidados de saúde a receber, ou a não receber, pelo outorgante, quando este estiver incapaz de expressar a própria vontade". No ordenamento português, as "decisões do procurador de cuidados de saúde devem ser respeitadas pelas pessoas que prestem cuidados de saúde ao outorgante [...]. Em todo caso, havendo conflito entre essas decisões e as D.A.V., prevalecem as D.A.V. [...]. A procuração de cuidados de saúde suscita preocupações graves. A lei fala em procuração. Reforça dizendo que atribui poderes representativos, o que é condizente: a procuração é o instrumento que está na origem da representação voluntária; e pela representação uma pessoa recebe poderes para agir na esfera jurídica alheia, sobre a qual se repercutem os efeitos dos atos que pratica como representante. Mas aqui, há um aspecto essencial a ter em conta: os poderes exercidos em representação são poderes pessoais. Os seus efeitos vão-se repercutir na esfera jurídica do representado. O que é muito grave. Se não há D.A.V., um procurador de cuidados de saúde fica com poderes que chamamos de vida ou de morte [...]. Isto não pode ser aceite sem mais. Vai contra princípios fundamentais do nosso ordenamento personalístico que a vida de uma pessoa seja colocada na totalidade nas mãos de outrem. Não é a representação, mesmo a voluntária, seja incompatível com a prática de atos pessoais; mas essas situações têm de ser cuidadosamente delimitadas e nunca podem significar o abandono de decisões de consciência à consciência de outrem". (ASCENSÃO, José de Oliveira. As disposições antecipadas de vontade – o chamado "testamento vital". *Revista da Faculdade de Direito da Universidade Federal de Minas Gerais*, n. 64, p. 510-511, Belo Horizonte, jan./jun. 2014).
58. VÍTOR, Paula Távora. Procurador para cuidados de saúde: importância de um novo decisor. *Revista Lex Medicine*, v. 1, n. 1, p. 121, Coimbra, jan./jun. 2004.
59. TEPEDINO, Gustavo; SCHREIBER, Anderson. O extremo da vida. Eutanásia, *accanimento terapeutico* e dignidade humana. *Revista Trimestral de Direito Civil*, v. 39, p. 16, Rio de Janeiro: Padma, 2009.
60. TEIXEIRA, Ana Carolina Brochado; RIBEIRO, Gustavo Pereira Leite. Procurador para cuidados de saúde do idoso. In: PEREIRA, Tânia da Silva; OLIVEIRA, Guilherme de (Coord.). *Cuidado e vulnerabilidade*. São Paulo: Atlas, 2009. p. 14.

fato, tanto do outorgante quanto do outorgado. Além disso, há a exigência de um vínculo qualificado de confiança entre outorgante e outorgado, razão pela qual se entende pela não restrição dos legitimados a figurar na qualidade de outorgados os integrantes da comunidade familiar. Em relação aos elementos objetivos se deve atentar para a outorga de poderes delimitados de forma clara, precisa e inequívoca, de modo a evitar ou diminuir as dúvidas quando o emissor se encontrar incapacitado, sob pena da finalidade do instrumento restar desvirtuado, em razão da falta de clareza do conteúdo do documento. Ademais, exige-se o vínculo de confiança entre representante e representado, na medida em que o escolhido poderá reconstruir, nos casos omissos ou imprecisos do documento, a real vontade do incapaz.

Diante da falta de regulamentação a respeito das procurações de saúde em nosso ordenamento, é de todo razoável ter a liberdade de forma como regra para sua realização, com base no art. 107 do Código Civil. Mesmo com a edição de eventual lei, devem-se evitar as formalidades extremas, de maneira a evitar que o instrumento seja pouco utilizado. Ainda assim, parece aconselhável que a regulamentação vindoura exija a forma por instrumento público de modo a garantir maior segurança jurídica.[61]

O § 1º do art. 2º da Resolução CFM 1.995/12 faz referência ao representante nomeado para os cuidados com a saúde, recomendando ao médico o dever de respeitar estas decisões previamente declaradas pelo paciente, muito embora a expressão utilizada pela norma deontológica – "levá-las em consideração" – pudesse ter sido substituída por outra mais incisiva. A menção genérica contida na Resolução a respeito de se levar em consideração as informações do representante do paciente constituído para os assuntos ligados à sua saúde descortina uma miríade de questões que não foram – e talvez nem devessem ser – tratadas pelo Conselho Federal de Medicina. Daí a necessidade de se enfrentar o tema, de modo a se aprofundar o estudo das chamadas procurações de saúde no direito brasileiro, sobretudo na extensão de seus efeitos.

No terreno das procurações de saúde a diretriz é a tutela do melhor interesse do paciente ou, mais especificamente no presente caso, da pessoa com deficiência curatelada enferma, que deve ser respeitada em suas decisões, nos termos e pelas razões já expostas. Há de se ressaltar a relevância do dever de cuidado e a vulnerabilidade em que se encontram os representados, o que enseja uma tutela construída com base na dignidade da pessoa humana, especialmente nos casos de pessoas com deficiência, que devem ter sua autonomia e dignidades resguardadas mesmo em momentos de impossibilidade de exprimir sua vontade, preservando-se a efetividade dos instrumentos apropriados de apoio.

Nada impede que, ao lado do curador, haja um procurador de saúde que tenha sido escolhido ainda durante a plena capacidade da pessoa com deficiência. Assim, curador e representante agirão em esferas distintas de atuação. O primeiro nos aspectos patrimoniais e nos limites da decisão judicial; enquanto o segundo ficará responsável pelos

---

61. Idem, ibidem, p. 14-16.

cuidados com a saúde do outorgante e nos limites das diretrizes deixadas na declaração prévia mediante diretiva antecipada. O procurador de saúde, no entanto, não poderá jamais atuar no campo reservado ao curador, mas nada impede que este seja também designado como procurador. Além do mais, cabe ao curador a fiscalização do procurador de saúde para que as diretrizes sejam atendidas. Ambos, no entanto, devem agir de acordo com o dever de cuidado e com a finalidade de respeito à autonomia, sempre que possível, da pessoa com deficiência.

5. AUTOCURATELA: FINS E LIMITES

A autonomia privada não se limita ao exercício atual, sendo lícito, à luz da dignidade humana e do respeito à autodeterminação preventiva, antecipar a manifestação de vontade sobre as diretrizes de cuidados com a saúde que deseja se submeter ou não na eventualidade de uma futura submissão à curatela, bem como indicar seu futuro curador ou curadores, de modo a não seguir a ordem legalmente estabelecida (art. 1.775, CC) ou a escolha judicial, que embora calcada no melhor interesse do curatelado, nem sempre no caso concreto permitirá ao juiz realizar extensa investigação para fazer a melhor escolha (art. 755, § 1º, CPC).

A autocuratela é termo polissêmico. Em sua acepção inicial, remete à legitimidade do próprio interessado para promover sua curatela criada pelo EPD[62] ao alterar a redação do art. 1.768, IV, também denominada de autointerdição.[63] Apesar de ter sido revogado pelo CPC poucos meses após ter entrado em vigor, por força do art. 1.072, inciso II, em grave retrocesso social, a legitimidade da pessoa com deficiência que necessita do apoio da curatela permanece em nosso ordenamento, seja em razão de interpretação conforme a Constituição, com base nas diretrizes da CDPD, ou por revogação tácita por incompatibilidade sucessiva.[64] Assim, permanece no direito brasileiro a autocuratela entendida como a legitimidade do próprio interessado para promover sua curatela.

---

62. A legitimidade do próprio interessado para requerer sua curatela já encontrava assento no Código Civil antes da vigência do EPD somente na hipótese de curatela do enfermo, nos moldes do art. 1.780, na qual o enfermo ou a pessoa com deficiência física poderia requerer sua curatela, sem interdição, para nomear curador para a administração patrimonial de forma parcial ou total. Tal possibilidade foi ampliada pelo art. 1.768, IV, na redação dada pelo EPD, que foi revogado pelo CPC, permitindo que qualquer pessoa com deficiência pudesse promover a sua curatela. Sobre a curatela do enfermo, cf. BARBOZA, Heloisa Helena. Curatela do enfermo: instituto em renovação. In: MONTEIRO FILHO, Carlos Edison do Rêgo; GUEDES, Gisela Sampaio da Cruz; MEIRELES, Rose Melo Vencelau (Org.). *Direito Civil*. Rio de Janeiro: Freitas Bastos, 2015. passim.
63. Segundo Paula Grego Bandeira, "o Estatuto da Pessoa com Deficiência introduziu inovação importante no sistema jurídico brasileiro, consistente no instituto da autocuratela, consoante o qual a pessoa com deficiência, por iniciativa própria, requer a nomeação de curador para a prática de determinados atos. [...] Na linha da tomada de decisão apoiada, a autocuratela permite que a pessoa com deficiência eleja o curador de sua confiança, e que, no seu entender, atuará no seu melhor interesse por ocasião da celebração dos atos pretendidos" (BANDEIRA, Paula Greco. Notas sobre a autocuratela e o Estatuto da Pessoa com Deficiência. In: MENEZES, Joyceane Bezerra de (Org.). *Direito das pessoas com deficiência psíquica e intelectual nas relações privadas*: Convenção sobre os Direitos da Pessoa com Deficiência e a Lei Brasileira de Inclusão. Rio de Janeiro: Processo, 2016, p. 577).
64. No julgamento do HC 72.435-3/SP, invocou-se o magistério de J. Dias Marques para resolver a questão da norma preponderante no caso de edição sucessiva de estatutos legais conflitantes: "A lei revogatória deve ser posterior à lei revogada, determinando-se a posterioridade pela data da promulgação e não pela entrada em vigor. Por isso,

Em sua segunda acepção, a autocuratela se firma como declaração prévia de vontade na qual a pessoa ainda plenamente capaz escolhe o curador ou os curadores – em curatela compartilhada ou fracionada –, bem como nada impede que registre no documento algumas diretrizes para a gestão patrimonial (sobretudo aquelas relevantes para os cuidados com a saúde) e eventuais cuidados com a saúde, que serão levadas em conta pelo curador, desde que atendam ao seu melhor interesse.[65] Neste sentido, a autocuratela se insere dentro do gênero das diretivas antecipadas de vontade, como mais um instrumento de promoção da autonomia prospectiva, de respeito à vontade declarada pela pessoa em momento pretérito, mas com projeção e eficácia futuras.[66]

Não há regulamentação legislativa, como também não há para as demais espécies de diretivas antecipadas, mas parece não haver impedimento para sua plena admissão, de modo a orientar uma curatela futura. Uma pessoa que sofre de doença incapacitante poderia antecipar sua vontade com relação à própria curatela, para indicar curador ou curadores, determinar os poderes que lhes devem ou podem ser atribuídos, além dos procedimentos médicos que deseja ou não realizar. Rolf Madaleno entende possível a declaração antecipada da vontade correspondente à chamada "autocuratela", que se configuraria em um "mandato preventivo", ou seja, "uma declaração de vontade firmada por uma pessoa capaz, que de forma preventiva, diante de uma situação de incapacidade, previsível ou não, por padecer de uma enfermidade degenerativa, por exemplo, organiza sua futura curatela [...]",[67] para assegurar o respeito à vontade e preferências do curatelado.[68]

---

de duas leis, uma das quais foi primeiro promulgada e entra em vigor depois, e a outra que foi promulgada depois e entre em vigor primeiro será esta que, em caso de contradição, deve prevalecer sobre aquela". No caso submetido ao STF, tratava-se da lei penal a ser aplicada, uma vez que a Lei 8.069/90 (Estatuto da Criança e do Adolescente) foi promulgada primeiro, mas entrou em vigor depois da promulgação da Lei de crimes hediondos (Lei 8.072/90). O STF entendeu pela inaplicabilidade do art. 263 do ECA e vigência imediata da Lei 8.072/90. Assim, compreendeu pela possibilidade de revogação, ainda que tácita, de lei que ainda se encontra em período de *vacatio legis* (STF. *HC 72.435-3/SP*, 1ª Turma, Rel. Min. Celso de Mello, julg. 12 set. 1995).

65. Segundo Thaís Câmara Maia Fernandes Coelho, "[...] autocuratela é o instrumento que possibilita uma pessoa capaz, mediante um documento apropriado, deixar de forma preestabelecida questões patrimoniais e existenciais de forma personalizada, para serem implementadas em uma eventual incapacidade como, por exemplo, um coma. Segundo ela, a autocuratela é uma forma de evitar conflitos, pois impediria as discussões judiciais entre familiares sobre quem seria o melhor curador para aquele incapaz" (COELHO, Thaís Câmara Maia Fernandes. *Autocuratela evita discussões judiciais entre familiares*. Disponível em: www.ibdfam.org.br/noticias/6078/Autocuratela+evita+discussões+judiciais+entre+familiares. Acesso em: 18 dez. 2017).

66. "Ainda no escopo da autocuratela, inserem-se as diretivas antecipadas ou declarações antecipadas de vontade, as quais traduzem negócio jurídico de natureza existencial, em que a pessoa, com pleno discernimento, nomeia curador que atuará em seu nome e no seu interesse, caso, por razão superveniente, se configure sua falta de discernimento para a efetivação dos atos almejados" (BANDEIRA, Paula Greco. Op. cit., p. 577-578).

67. MADALENO, Rolf. *Curso de direito de família*. 5. ed. Rio de Janeiro: Forense, 2013, p. 1211.

68. Thaís Câmara Maia Fernandes Coelho defende a autocuratela como mandato permanente nos seguintes moldes: "[...] tem-se que o mandato somente começará a ser eficaz caso sobrevenha a falta de aptidão patrimonial ou pessoal do mandante, e que se aplicará, de forma complementar, ao instituto da curatela quando o mandato não assegurar plenamente a proteção patrimonial do mandante. Pode ocorrer também a figura do mandato para as questões patrimoniais e a curatela ou instruções prévias para questões existenciais. O juiz pode, ainda, verificar somente a existência do mandato permanente e nomeá-lo curador para as outras funções existenciais e patrimoniais que não foram abrangidas pelo mandato. [...] Dessa forma, seria concedida maior segurança jurídica aos atos de vontade da pessoa que, de forma precavida e cautelosa, dispõe acerca de seus interesses patri-

Como já afirmado, a forma mais eficaz de atender ao "melhor interesse do curatelado" é justamente permitir a eleição da pessoa por ele designada por meio da autocuratela como medida de respeito à autonomia prospectiva no período da capacidade plena. Segundo Paula Greco Bandeira, a finalidade da autocuratela consiste em "assegurar que a pessoa, ao indicar seu curador, exercite sua autonomia, escolhendo aquele em quem tenha confiança, em geral alguém com quem mantenha algum vínculo de afetividade ou proximidade, que lhe dê segurança de que os atos serão praticados no seu melhor interesse".[69]

A autocuratela, portanto, permite que, no exercício de sua autonomia prospectiva existencial, a pessoa com deficiência possa previamente à sua incapacidade relativa escolher a pessoa mais indicada para atuar futuramente como seu curador por entender que o escolhido por vínculo de confiança, afetividade e afinidade melhor o atenderá no futuro, em busca do tratamento mais adequado e da gestão patrimonial mais eficiente. A autocuratela é expressão maior da preservação da autonomia e da capacidade da pessoa com deficiência, atendendo plenamente aos desígnios constitucionais de promoção da dignidade da pessoa humana.

6. CONSIDERAÇÕES FINAIS

A ascensão do modelo social da deficiência rompe com o passado de silêncio e descortina a responsabilidade da sociedade no enfrentamento da questão. A deficiência é um problema social, na medida em que a opressão a um corpo com impedimentos é que gera as barreiras. As causas da deficiência não são somente médicas, mas são predominantemente sociais. Por essa razão, a CDPD deve ser considerada um marco histórico na evolução da abordagem da deficiência, ao configurá-la sob perspectiva inédita como uma questão de direitos humanos e com a adoção do modelo social, cujo efeito imediato consiste em promover a inversão na apreciação da deficiência, que deixa de ser uma questão unilateral, do indivíduo, para ser pensada como relação bilateral, na qual a sociedade torna-se efetivamente protagonista, com deveres jurídicos a cumprir. Na linha da CDPD, fica claro ser a deficiência resultante da interação entre um impedimento pessoal e uma barreira existente na sociedade.

Por força da CDPD, foi instituído um sistema de apoio e salvaguardas para viabilizar e promover o exercício da capacidade jurídica reconhecida às pessoas com deficiência com limitações mais severas (art. 12). Na legislação infraconstitucional, o direito protetivo foi profundamente modificado com o objetivo de superar o sistema de substituição da vontade pelo sistema de apoio, estruturado para favorecer o exercício da capacidade

---

moniais para o suposto dia que não conseguir governar-se por si mesma ou quando não puder mais comunicar sua vontade. Faz-se mister a positivação desse novo instituto do mandato permanente, posto que somente o próprio indivíduo sabe o que é melhor para ele e ao seu patrimônio. Desta forma, a vontade da pessoa deve ser respeitada, mesmo após a sua interdição". (COELHO, Thaís Câmara Maia Fernandes. Autocuratela: mandato permanente relativo a questões patrimoniais para o caso de incapacidade superveniente. *Revista brasileira de direito das famílias e sucessões*, v. 13, n. 24, p. 5-15, 2011. p. 13-14).

69. BANDEIRA, Paula Greco. Op. cit., p. 578.

jurídica da pessoa com deficiência e, portanto, modulado às suas estritas necessidades para o alcance da autonomia.

É lícita, com base na autonomia existencial prospectiva, a manifestação de vontade da pessoa com deficiência, ainda na plenitude de sua capacidade civil, no sentido de indicar seu futuro curador ou curadores, por meio de diretiva antecipada de vontade, denominada de autocuratela, bem como eventual procurador de saúde para atuar ao lado do curador em hipótese de incapacidade superveniente. Assim, afastam-se do âmbito da curatela os cuidados com a saúde, de modo a promover a autonomia da pessoa com deficiência.

A declaração prévia de vontade objetiva consistente na autocuratela visa a afastar a ordem legalmente estabelecida (art. 1.775, CC) ou a escolha judicial, que embora calcada no melhor interesse do curatelado (art. 775, § 1º, CPC), nem sempre permitirá ao juiz realizar extensa investigação diante das circunstâncias do caso concreto para realizar a escolha mais adequada. Cuida-se de mais um instrumento a disposição da pessoa com deficiência com o intuito de permitir o respeito à sua vontade. Nada mais digno do que ter o direito de escolher a pessoa que se encarregará da administração dos seus bens e, em última instância, dos cuidados existenciais com a própria pessoa submetida à curatela. É, sem dúvida, uma forma de humanização de instrumento que já alija e eclipsa a livre atuação do ser na vida de relações.

Os apoios prospectivos à pessoa com deficiência atendem aos princípios orientadores da CDPD, bem como buscam promover, na máxima extensão possível, o respeito à autonomia, uma vez que permitem reconstruir a vontade do representado ou do próprio curatelado. A interpretação da Lei 13.146/2015 na legalidade constitucional desafia a construção de novos instrumentos de apoio, flexíveis e moldáveis aos interesses da pessoa com deficiência, e que permitam o seu reconhecimento social e jurídico como pessoas dotadas de igual dignidade,[70] merecedoras de cuidado e proteção, voltados à preservação da autonomia das pessoas vulneradas, que, na lição de Heloisa Helena Barboza, não deve apenas ser tutelada, mas encorajada pelo ordenamento jurídico.[71]

---

70. BARBOZA, Heloisa Helena; ALMEIDA, Vitor. Reconhecimento e inclusão das pessoas com deficiência. *Revista Brasileira de Direito Civil*, v. 13, p. 17-37, 2017.
71. BARBOZA, Heloisa Helena. Reflexões sobre a autonomia negocial. In: TEPEDINO, Gustavo; FACHIN, Luiz Edson (Coord.). *O direito e o tempo*: embates jurídicos e utopias contemporâneas – estudos em homenagem ao Professor Ricardo Pereira Lira. Rio de Janeiro: Renovar, 2008, p. 423.

A CAPACIDADE CIVIL LIDA DO AVESSO: A CONSTRUÇÃO DO FUTURO E SEUS DESAFIOS JURÍDICOS

Gabriel Schulman

> Aprende depressa a chamar-te de realidade
> Porque és o avesso do avesso do avesso do avesso.[1]
> Brasil, meu nego
> Deixa eu te contar
> A história que a história não conta
> O avesso do mesmo lugar
> Na luta é que a gente se encontra
> Brasil, chegou a vez
> De ouvir as Marias, Mahins, Marielles, malês
> (...)
> Eu quero um país que não está no retrato[2]

Sumário: 1. "O futuro já chegou" – 2. "Deixa eu te contar. A história que a história não conta". Repensar o futuro da capacidade civil: o passado da incapacidade ou a incapacidade do passado – 3. "O avesso do mesmo lugar": porvir e incapacidade civil – 4. "Na luta é que a gente se encontra": a releitura à luz da Constituição – 5. Considerações finais: "Brasil, chegou a vez: de ouvir as marias, mahins, marielles, malês".

1. "O FUTURO JÁ CHEGOU"

A frase que intitula esta seção corresponde à advertência de Heloísa Helena Barboza, por ocasião da abertura da conferência "Direito Civil e biotecnologia: Vivendo o futuro", proferida no VII Congresso Brasileiro de Direito Civil, realizado no Rio de Janeiro, em 2018. Essa conclusão, que ao mesmo tempo faz às vezes de premissa, tal como a autora, conjuga densidade e simplicidade, e propõe múltiplas reflexões.

A lição sinaliza um mundo que gira cada vez mais rápido, assim como a necessidade de se perceber a realidade para além do que habitualmente se consegue enxergar.

---

1. CAETANO VELOSO. Sampa. *Folha de S. Paulo*. Caderno Folhetim. 02.10.1977.
2. MANGUEIRA. *Histórias para ninar gente grande*. Samba enredo da Mangueira, Carnaval de 2019. Trechos dessa música são retomados nos título e em passagens das seções seguintes. A Escola foi campeã com enredo que "exalta personagens fazem parte da História do Brasil e são pouco mencionados nos livros de história". MENDONÇA, Alba Valéria. Conheça os heróis citados no samba e no enredo da Mangueira no carnaval de 2019. G1. 08.03.2019.

Faz-se necessário ressaltar que a recepção do futuro não se confunde com um mero rompimento com o passado, ao contrário, é a compreensão de que é preciso ir adiante, oferecer novas respostas, e apresentar novas indagações.

Nesse percurso, permeado de desafios, é preciso construir as pontes para o futuro, e nesse sentido, o olhar da professora sempre se volta à pessoa humana[3] e a tutela do vulnerável. Tal perspectiva está em harmonia com os princípios estabelecidos no clássico Bioethics: bridge to the future[4] (Bioética: ponte para o futuro), em que Van R. Potter estabeleceu premissas centrais para a bioética, temática que permeou muitas das reflexões da pesquisadora. Vale sublinhar a profunda preocupação da professora com a vulnerabilidade, a biotecnologia,[5] com a manipulação dos seres vivos, de modo especial o ser humano, e o poder sobre o corpo.[6] Em relação a tais questões e perspectivas, de forma exemplar escreveu em sua segunda tese de doutorado: "Muito pode se aprender com a transexualidade, que expôs as entranhas da sexualidade, e pode mostrar o caminho para uma sociedade pós-gênero".[7]

Não se pode interpretar de forma ingênua a advertência. Vale realçar, o futuro já chegou para aqueles que estão dispostos a criá-lo, e a construir pontes para um mundo melhor, em sintonia com a legalidade constitucional e o desenvolvimento sustentável.

Desse modo, ao alertar que o "futuro já chegou" a professora Heloisa Helena também revela o espírito de quem está atenta ao presente, e a frente de seu tempo.[8] Em sua mensagem, identifica-se também a atenção à velocidade do tempo e seus impactos para a sociedade. Assim, a reprodução humana assistida, os transplantes, e as novas tecnologias são exemplos de temas que trouxe à reflexão. Em seu DNA, o centro está na pessoa humana, logo, o futuro e a tecnologia não são tomados de forma apriorística como negativos ou positivos; representam um conjunto de importantes oportunidades, e de novas perguntas que precisam ser suscitadas:

> O progresso científico agregou mais um elemento, ainda que não o mais importante, mas, por ora, o que parece imutável, para a identificação do ser humano: o DNA. Talvez tenha se atingido a última fronteira

---

3. "A Constituição da República constitui marco inarredável do ordenamento jurídico brasileiro. Desde sua promulgação em 1988, a proteção integral da pessoa humana1 passou a ser o centro da ordem jurídica". BARBOZA, Heloisa Helena. Direitos sucessórios dos companheiros: reflexões sobre o artigo 1.790 do Código Civil. *Revista da Faculdade de Direito de Campos*, ano VI, n. 7, dez. 2005.
4. POTTER, Van R. *Bioethics: Bridge to the future*. Englewwod Cliffs, New Jersey: Prentice-Hall, 1971.
5. "O conjunto dos princípios bioéticos constituiu uma ferramenta mais que adequada para o enfrentamento de situações inéditas, não contempladas pela casuística existente, como as que emergem da vida das pessoas, fruto das ações nos âmbitos da biomedicina e da biotecnociência". BARBOZA, Heloisa Helena. Disposição do próprio corpo em face da bioética: o caso dos transexuais, In: GOZZO, Débora. LIGIERA, Wilson Ricardo (Org.). *Bioética e Direitos Fundamentais*. São Paulo: Saraiva, 2012, p. 126-147.
6. Foucault descreve uma "tecnologia da alma e do corpo", "economia do prazer". FOUCAULT, Michel. *Os anormais*. São Paulo: Martins Fontes, 2001, p. 228, 232, 243 e 254.
7. BARBOZA, Heloisa Helena. *Procedimentos para redesignação* sexual: um processo bioeticamente inadequado. (Tese de Doutorado). Rio de Janeiro, Fiocruz, 2010, p. 150.
8. Nessa linha, "o rápido desenrolar dos acontecimentos não raro atropele o ordenamento, exigindo do jurista esforço interpretativo para adequar as normas existentes às novas situações". BARBOZA, Heloisa Helena. Princípios da Bioética e do Biodireito, *Revista Bioética*, CFM, v. 8, n. 2, p. 209-2017, 2000.

em termos da identificação, na medida em que esse elemento é único e exclusivo de cada pessoa humana, ressalvados os gêmeos univitelinos. A pesquisa do DNA abre um novo campo de efeitos jurídicos, a um só tempo revelando a origem genética do indivíduo e marcando indelevelmente sua passagem.[9]

Afirmar-se que o "futuro já chegou", portanto, não pode ser confundido como se fosse uma desatenta celebração da novidade. Ao contrário, é preciso compreender que as novas tecnologias oferecem inúmeras oportunidades, contudo, o domínio do saber e da técnica, em especial quando envolve o humano, exige avaliação criteriosa dos riscos, das incertezas bem como a discussão dos limites, como denota esta reflexão de sua lavra:

> Parecem indiscutíveis as maravilhas que as denominadas biotecnociências trouxeram a uma sociedade talvez ainda não preparada para assimilá-las por completo. Exatamente por esse aspecto, parece também não haver dúvida quanto às angústias e aos confrontos que as mesmas vêm gerando em diversos campos do conhecimento humano. Do mesmo modo, em nenhuma outra época a medicina se especializou tanto e encontrou meios diagnósticos e terapêuticos tão sofisticados, ou dispôs de aparato tecnológico tão avançado. Na mesma medida, porém, aumentaram os conflitos dos médicos: até quando devem ser utilizados os recursos disponíveis e em que medida?[10]

Em outras palavras, sem o devido cuidado com o ser humano, como se depreende de seus ensinamentos, o futuro pode(rá) representar um retrocesso.

Como se constata, a professora confere grande atenção à tutela da pessoa, inclusive ao controle dos corpos e aos temas relacionados à saúde. Seus textos ocupam-se do ser humano em todas as fases da vida, desde a reprodução[11] até a morte.[12] Examina a proteção da criança,[13] e igualmente da pessoa idosa.[14] Da mesma forma, suas preocupações avançam para a vulnerabilidade, a curatela, a proteção de dados pessoais,[15] a identidade,

---

9. BARBOZA, Heloisa Helena. Direito à Identidade Genética. *III Congresso Brasileiro Direito de Família*, Anais do III Congresso Brasileiro de Direito de Família. Belo Horizonte: IBDFAM, 2001, p. 379-389.
10. BARBOZA, Heloisa Helena. Bioética e biodireito: quem defende os interesses da criança? In: SCHRAM, Fermin Roland; BRAZ, Marlene. (Org.) *Bioética e saúde*: novos tempos para mulheres e crianças? Rio de Janeiro: Editora FIOCRUZ, 2005, p. 125-138.
11. Assim, esclarece que "em decorrência das técnicas de reprodução assistida, foi abalado fato fisiológico, natural e notório, no qual se ancorava o estabelecimento da maternidade, consequentemente considerada sempre certa, em razão, da denominada 'gestação por substituição', que desvincula a maternidade da gravidez e do parto". BARBOZA, Heloisa Helena; ALMEIDA, Vitor. Novos rumos da filiação à luz da Constituição da República e da jurisprudência dos tribunais superiores brasileiros. *Civilistica.com*. Rio de Janeiro, a. 10, n. 1, 2021. Disponível em: http://civilistica.com/novos-rumos-da-filiacao/. Acesso em: 10 jan. 2022.
12. BARBOZA, Heloisa Helena. Autonomia em face da morte: alternativa para a eutanásia?. In: PEREIRA, Tânia da Silva; MENEZES, Rachel Aisengart; BARBOZA, Heloisa Helena (Org.). *Vida, morte e dignidade humana*. Rio de Janeiro: GZ Editora, 2010, p. 31-49.
13. BARBOZA, Heloisa Helena. Bioética e Biodireito: Quem defende os interesses da criança?. In: SCHRAMM, Fermin Roland; BRAZ, Marlene (Org.). *Bioética e saúde*: novos tempos para mulheres e crianças? Rio de Janeiro: Editora Fiocruz, 2005, p. 125-138.
14. BARBOZA, Heloisa Helena. O princípio do melhor interesse do idoso. In: PEREIRA, Tânia da Silva; OLIVEIRA, Guilherme de (Org.). *O Cuidado como Valor Jurídico*. Rio de Janeiro: Companhia Editora Forense, 2007, v. 1, p. 57-71. BARBOZA, Heloisa Helena. O princípio do melhor interesse da pessoa idosa: efetividade e desafios. In: BARLETTA, Fabiana Rodrigues; ALMEIDA, Vitor (Org.). *A tutela jurídica da pessoa idosa*: 15 anos do Estatuto do Idoso: melhor interesse, autonomia e vulnerabilidade e relações de consumo. Indaiatuba/SP: Editora Foco, p. 3-20, 2020, p. 20.
15. BARBOZA, Heloisa Helena; PEREIRA, Paula Moura Francesconi Lemos; ALMEIDA, Vitor. Proteção dos dados pessoais da pessoa com deficiência. In: TEPEDINO, Gustavo; FRAZÃO, Ana; OLIVA, Milena Donato (Org.). *Lei Geral de proteção de dados pessoais e suas repercussões no Direito Brasileiro*. São Paulo: Ed. RT, 2019, v. 1, p. 531-560.

a pessoa com deficiência,[16] as discriminações, as interfaces entre o biológico e a máquina, que se desdobram em uma vastidão de repercussões e questões que causam perplexidade inclusive o pós-humano e a superação do biológico, os ciborgues, a inteligência artificial,[17] as pesquisas com seres humanos[18] e a manipulação genética.[19]

Aliás, compreender a inovação científica e seu impacto ao ser humano compõe um aspecto essencial de suas reflexões, assim como o uso do saber científico para controle dos corpos, em especial por meio da medicina e da medicalização da vida, de modo que "não há como deixar de reconhecer que os progressos biotecnológicos se tornaram por excelência os grandes instrumentos da biopolítica, municiando o biopoder e gerando novos métodos e processos para o exercício do poder disciplinar".[20]

Além disso, entre outros sentidos de seu alerta, destaca-se a leitura de outras dimensões do tempo, e sua colocação em pauta, revela ainda a vocação para a transformação, e sobretudo a participação direta neste processo. Ao invés da comodidade do lugar comum, o futuro está diante de quem se propõe a construí-lo, a sair afora, "atrás da aurora, mais serena".[21]

2. "DEIXA EU TE CONTAR. A HISTÓRIA QUE A HISTÓRIA NÃO CONTA".[22] REPENSAR O FUTURO DA CAPACIDADE CIVIL: O PASSADO DA INCAPACIDADE OU A INCAPACIDADE DO PASSADO

A legalidade constitucional adota como uma de suas premissas fundamentais a pessoa como centro do ordenamento.[23] Essa perspectiva se desdobra, entre outras reper-

---

16. BARBOZA, Heloisa Helena (Org.); ALMEIDA, Vitor (Org.). *Comentários ao Estatuto da Pessoa com Deficiência à luz da Constituição da República*. 2. ed. Belo Horizonte: Fórum, 2021.
17. BARBOZA, Heloisa Helena; ALMEIDA, Vitor. Inclusão das pessoas com deficiência e inteligência artificial: convergências possíveis. In: BARBOSA, Mafalda Miranda et al (Org.). *Direito digital e inteligência artificial*: diálogos entre Brasil e Europa. Indaiatuba: Foco, 2021, p. 601-618.
18. "A discussão sobre a eticidade da remuneração do participante de pesquisas clínicas ainda é controversa na bioética global, não havendo balizadores éticos e legais amplamente compartilhados. Ofertar pagamento para pessoas em situação de pobreza é grave questão ética e jurídica que não pode ser negligenciada, principalmente no Brasil, onde o debate deve ser feito à luz da Constituição Federal". BARBOZA, Heloisa Helena; ALBUQUERQUE, Aline. Remuneração dos participantes de pesquisas clínicas: considerações à luz da Constituição. *Revista Bioética*, CFM, v. 24, n. 1, p. 29-39, 2016.
19. É o que denota a própria discussão oferecida na conferência mencionada ao início desse artigo.
20. BARBOZA, Heloisa Helena. A pessoa na Era da Biopolítica: autonomia, corpo e subjetividade. *Cadernos IHU Ideais* (Unisinos), v. 194, p. 3-20, 2013, p. 8.
21. Aqui se aproveitou um lindo trecho da música "Acalanto a Helena", de Chico Buarque:
    "Eu vou sair
    Por aí afora
    Atrás da aurora
    Mais serena".
    CAVALCANTE, Ronaldo. *Essas mulheres:* O protagonismo da mulher na canção de Chico Buarque, São Paulo: Recriar, 2021, p. 215.
22. MANGUEIRA. *Histórias para ninar gente grande*. Samba enredo da Mangueira, Carnaval de 2019. Trecho de samba enredo da Mangueira, Carnaval de 2019.
23. TEPEDINO, Gustavo (Coord.). MORAES, Maria Celina Bodin de; BARBOZA, Heloisa Helena. *Código Civil Interpretado conforme a constituição da República*. Rio de Janeiro: Renovar, 2011, v. I.

cussões relevantes, na promoção da diversidade, da dignidade humana, e da igualdade substancial. Dialogam inclusão e identidade, reconhecimento e autodeterminação, vulnerabilidade e empoderamento,[24] de modo a promover de formas plurais as pessoas singulares. Em contraposição, a compreensão tradicional da incapacidade fez prevalecer uma visão limitada e arcaica acerca do regime das incapacidades.[25]

O discurso tradicional[26] das incapacidades, de maneira anacrônica, fragilmente procura sustentar uma finalidade puramente protetiva à incapacidade civil, e ocultar a motivação patrimonial em que se assenta. Por isso, para construir o futuro é preciso analisar "A história que a história não conta". Para revisitar o tema, útil (re)ler o conto "O Alienista", em que Machado de Assis narra a história de Simão Bacamarte, médico responsável pela Casa Verde, a "casa dos loucos". O personagem que intitula o livro e também o protagoniza assegura que ali "eram admitidos apenas os quadros patológicos".[27] Ao longo do famoso conto, a cientificidade e a motivação das internações psiquiátricas são colocadas à prova. A narrativa incita repensar o conceito de normalidade[28] e anormalidade,[29] como nas passagens em que destaca que internações levadas a cabo pelo Alienista foram justificadas sob alegações que vão desde os desequilíbrios até o excessivo equilíbrio.

O texto, embora ficcional, é não apenas representativo da realidade, mas extremamente atual. Machado de Assis conta que Costa herdou grande fortuna, mas "Tão depressa recolheu a herança, como entrou a dividi-la em empréstimos, sem usura [...] meses depois era recolhido à Casa Verde".[30] Para o Alienista, não se poderia admitir como pessoa sã "à vista do modo como dissipara os cabedais".[31]

O que se observa é um juízo sobre padrão de comportamento e aceitação social, muito longe da suposta proteção que norteia o regime das incapacidades. O olhar recai sobre o desvio das condutas consideradas normais ou morais. Comportamentos são patologizados, tal qual o arcaico conceito de prodigalidade ou o uso de drogas. Conju-

---

24. Cf. BARBOZA, Heloisa Helena Gomes. Vulnerabilidade e cuidado: aspectos jurídicos. In: PEREIRA, Tânia da Silva; OLIVEIRA, Guilherme de. (Org.). *Cuidado & Vulnerabilidade*. São Paulo: Atlas, 2009, p. 106-118.
25. Sobre o tema, ver por todos: ALMEIDA, Vitor *A capacidade civil das pessoas com deficiência e os perfis da curatela*. 2. ed. Belo Horizonte: Fórum, 2021.
26. PIANOVSKI, Carlos Eduardo. A Teoria Crítica do Direito Civil de Luiz Edson Fachin e a superação do positivismo jurídico. In: FACHIN, Luiz Edson. *Teoria Crítica do Direito Civil*. 3. ed. Rio de Janeiro: Renovar, 2012.
27. MACHADO DE ASSIS. O Alienista. In: MACHADO DE ASSIS. *Obra completa*. Rio de Janeiro: Nova Aguilar 1994. v. II. Disponível online em: http://www.dominiopublico.gov.br/download/texto/bv000231.pdf. Acesso em: 15 abr. 2022, p. 13.
28. Confira-se PALACIOS, Agustina; BARIFFI. Francisco. *La discapacidad como una cuestión de derechos humanos*. Una aproximación a la Convención Internacional sobre los Derechos de las Personas con Discapacidad. Madrid (Espanha): Cinca, 2007, p. 16.
29. FOUCAULT, Michel. *Os anormais*. São Paulo: Martins Fontes, 2001, p. 71-73.
30. MACHADO DE ASSIS. O Alienista. In: MACHADO DE ASSIS. *Obra completa*. Rio de Janeiro: Nova Aguilar 1994. v. II. Disponível online em: http://www.dominiopublico.gov.br/download/texto/bv000231.pdf. Acesso em: 15 abr. 2022, p. 11.
31. MACHADO DE ASSIS. O Alienista. In MACHADO DE ASSIS. *Obra completa*. Rio de Janeiro: Nova Aguilar 1994. v. II. Disponível online em: http://www.dominiopublico.gov.br/download/texto/bv000231.pdf. Acesso em: 15 abr. 2022, p. 11.

ga-se no direito civil razão e vontade para estabelecer o perfeito equilíbrio como apto a produção de efeitos jurídicos. Como ensina Hespanha, está o direito como "produto de um acto livre da vontade dos sujeitos, mas só vontade *recta, racional, iluminada*, que possui a virtude de criar verdadeiro direito".[32]

A desconstrução da proteção como fundamento da incapacidade é essencial para que se possa discutir a estrutura e função deste instituto. Ilustrativamente, a proteção do pródigo nasceu como uma proteção aos herdeiros.[33] À sua época Bevilaqua já salientou que não se justifica a inclusão do pródigo como categoria distinta, vale realçar, ou estaria inserido entre os doentes mentais, ou não há justo motivo para incapacidade.[34]

Sobre o tema, Farias e Rosenvald, são contundentes: "o que se protege na interdição do pródigo é o patrimônio, e não a pessoa aliás, a vontade da pessoa pródiga parece ter sido completamente ignorada pelo sistema".[35] Assim é que se entende porque no passado, a viúva que gastava demais era submetida a restrições.[36] De maneira similar, a embriaguez era tratada como "loucura voluntária".[37] Não à toa, Marcos Bernardes de Mello relembra que a prodigalidade frequentemente "não é considerada uma insanidade mental, mas sim um defeito de caráter".[38] A busca das origens do instituto permite averiguar uma preocupação que se distancia da justificação de proteger o louco:

> No direito pré-clássico, a curatela se exerce em favor, não do louco, mas do curador, que, sendo em geral o parente agnado mais próximo deste, será seu herdeiro depois de sua morte, e, portanto, tem interesse em bem conservar-lhe o patrimônio. No direito clássico, a curatela se transforma em instituto de proteção ao próprio louco, razão por que – como sucedeu com a tutela – ela passa a ser um encargo público (*munus publicum*).[39]

A disciplina jurídica, ao fim e ao cabo, volta-se a proteger os terceiros com quem o incapaz faz negócios.[40] Se por um lado alguma intenção protetiva pode estar presente, de outro, é evidente a preocupação com a segurança formal. Em uma visão clássica das

---

32. HESPANHA, António Manuel. *A cultura jurídica europeia*. Síntese de Um Milênio. Coimbra (Portugal): Almedina, 2012, p. 322 e 330.
33. MOREIRA ALVES, José Carlos. *Direito romano*. 15. ed. Rio de Janeiro: GEN, 2012, p. 133-134 e 696. DANTAS, San Tiago. *Programa de direito civil*. 3. ed. Rio de Janeiro: Forense, 2001, p.141. BEVILAQUA, Clóvis. *Codigo Civil dos Estados Unidos do Brasil commentado por Clovis Bevilaqua*. 3. ed. Rio de Janeiro: Livraria Francisco Alves, 1927, V. I, p. 183 – grafia do título com correspondência exata à capa da obra. SILVA PEREIRA, Caio Mário da. *Instituições de Direito Civil*. 24. ed. Rio de Janeiro: Forense, 2011, v. 1, p. 238-239.
34. BEVILAQUA, Clóvis. *Codigo Civil dos Estados Unidos do Brasil commentado por Clovis Bevilaqua*. 3. ed. Rio de Janeiro: Livraria Francisco Alves, 1927, v. I, p. 184.
35. FARIAS, Cristiano Chaves de; ROSENVALD, Nelson. *Curso de direito civil*: parte geral e LINDB. 13. ed. São Paulo: Atlas, 2015, V. 1, p. 281.
36. HESPANHA, António Manuel. *Imbecillitas*. As bem-aventuranças da inferioridade nas sociedades do Antigo Regime. São Paulo: Annablume, 2010, p. 91.
37. HESPANHA, António Manuel. *Imbecillitas*. As bem-aventuranças da inferioridade nas sociedades do Antigo Regime. São Paulo: Annablume, 2010, p. 92.
38. MELLO, Marcos Bernardes de. *Teoria do fato jurídico*. Plano da validade. 7. ed. São Paulo: Saraiva, 2006, p. 4. § 2º, item 2.
39. MOREIRA ALVES, José Carlos. *Direito romano*. 15. ed. Rio de Janeiro: GEN, 2012, p. 695.
40. RODRIGUES, Silvio. *Direito civil*. Parte Geral. 34. ed. São Paulo: Saraiva, 2007, v. I, p. 59.

incapacidades, prevaleceu um modelo médico (também designado biomédico),[41] pelo qual, sob o argumento da proteção, literalmente se diagnosticavam as incapacidades.[42] Reinava uma confusão conceitual em que se misturavam doença, deficiência e incapacidade.[43]

Por meio do saber médico, verifica-se quem estava fora dos "limites da razão" e quem se apresentava em "perfeito equilíbrio de todas as faculdades", para tomar de empréstimo as palavras de Machado de Assis no conto já referido. Nessa linha, a prodigalidade Hespanha era vista no século XIX como um vício[44] que justificava a exclusão – não a proteção. "Insensatez que feria a possibilidade de pertença à sociedade civil".[45]

Colocada do avesso, a roupagem do regime das incapacidades expõe um sentido de pertencimento-exclusão e a proteção da segurança formal que estão longe da singela finalidade protetiva. A solução da incapacidade absoluta pela manifestação de terceiro (curador, representante legal), suprime a participação do incapaz.[46] Sob o manto da proteção, sufoca-se o incapaz.

Em síntese, a incapacidade para os atos da vida civil é usualmente apresentada como um mecanismo voltado à proteção das pessoas com dificuldade na formação e/ou expressão da vontade. Uma leitura exatamente oposta, isto é, "ao avesso", permite desafiar essa concepção e demonstrar suas rupturas. Nessa linha, no avesso o regime das incapacidade se revela, ao menos em parte, como voltado à "apropriação social dos discursos".[47] Une-se a avaliação da perfeição do intelecto e a apreciação da conduta, consagra-se a *racionalidade-intelecto* e a *racionalidade-visão de mundo*.[48] O que se pode notar é que o pertencer está à frente do discernir, e aí o que se faz é interditar a vontade da pessoa, não protegê-la.

---

41. UNIÃO EUROPEIA. *Disability and non-discrimination law in the European Union*. An analysis of disability discrimination law within and beyond the employ. Luxembourg: July 2009, p. 16. Editorial: Disability: beyond the medical model. *Lancet*. 2009, v. 374, Edição 9704, p. 1793.
42. "O *modelo médico* considera a incapacidade como um problema da pessoa, causado directamente pela doença, trauma ou outro problema de saúde, que requer assistência médica sob a forma de tratamento individual por profissionais. Os cuidados em relação à incapacidade têm por objectivo a cura ou a adaptação do indivíduo e mudança de comportamento". ORGANIZAÇÃO MUNDIAL DA SAÚDE. *Classificação Internacional de Funcionalidade, Incapacidade e Saúde (CIF)*. Lisboa (Portugal): OMS, 2004, p. 21.
43. Para uma crítica: MENEZES, Joyceane Bezerra de. Risco do retrocesso: uma análise sobre a proposta de harmonização dos dispositivos do código civil, do CPC, do EPD e da CDPD a partir da alteração da Lei n. 13.146, de 06 de julho de 2015. *Revista Brasileira de Direito Civil – RBDCivil*, Belo Horizonte, v. 12, p. 137-171, abr./jun. 2017. p. 145.
44. HESPANHA, António Manuel. *Imbecillitas*. As bem-aventuranças da inferioridade nas sociedades do Antigo Regime. São Paulo: Annablume, 2010, p. 90-94.
45. HESPANHA, António Manuel. *Imbecillitas*. As bem-aventuranças da inferioridade nas sociedades do Antigo Regime. São Paulo: Annablume, 2010, p. 90.
46. Segundo Teixeira de Freitas: "não exercem atos por si, mas por êles exercem seus representantes necessários". TEIXEIRA DE FREITAS, Augusto. *Código Civil dos Estados Unidos do Brasil*. São Paulo: Ministério da Justiça e Negócios Interiores: Serviço de Documentação, 1952, p. 26 – preservou-se a grafia original.
47. FOUCAULT, Michel. *A ordem do discurso*. 3. ed. São Paulo: Edições Loyola, 1996, p. 43.
48. GOMES, Orlando. *Raízes históricas e sociológicas do Código Civil brasileiro*. 2. ed. São Paulo: Martins Fontes, 2006, p. 45.

3. "O AVESSO DO MESMO LUGAR":[49] PORVIR E INCAPACIDADE CIVIL

O exame da história das inaptidões permite vislumbrar que além da avaliação das condições de manifestar-se (ou mesmo para compreender), as incapacidades colocam em jogo o reconhecimento jurídico (ou a rejeição) de determinados grupos.

Nessa linha, enxergar o futuro é também entender que "O direito, como história viva, não flutua sobre o tempo e o espaço".[50] O raciocínio que fundamenta a tradicional visão das incapacidades pressupõe que o incapaz preexiste e o direito comparece para socorrê-lo. A inclusão de personagens como a mulher, o indígena, o usuário de drogas e o pródigo como incapazes fragilizam sobremaneira a argumentação da função estritamente protetiva e apontam para um sistema também voltado à exclusão. Em outras palavras, não se rejeita o tratamento diferenciado a certas pessoas, entretanto, a concepção do incapaz como algo natural, exige um repensar.

Em contraposição a leitura segunda a qual os incapazes são protegidos pela lei, assevera-se que o raciocínio usualmente apresentado é uma inversão, tendo em conta que a figura jurídica do incapaz não existe antes do direito, é por ele estabelecido, mesmo quando haja boas intenções em tal medida. Vale realçar, primeiro se criam os incapazes, depois é que surge sua proteção.

Diante desta ordem de ideias, à luz de uma perspectiva crítica, rejeita-se a falsa neutralidade da construção tradicional, a exigir o repensar sobre as potencialidades das pessoas, bem como, em que medida não é a sociedade que é a incapaz de conferir o devido acesso a todos.[51] Não se defende aqui que a curatela deva ser extinta, ou que seja, *per si*, absurda. O que se desafia é a compreensão da neutralidade das escolhas e das consequências do regime das incapacidades.

Como ensina Michel Foucault, ao longo do século XVII, a Medicina cuidará de estudar a doença mental em uma análise que mesclara as faculdades mentais e o seu comportamento em relação aos valores sociais. Na avaliação da anormalidade coloca-se em exame o potencial de perturbar à sociedade. A loucura então não se deve à doença, mas à necessidade de unificar "decreto social do internamento e o conhecimento jurídico que discerne a capacidade dos sujeitos de direito".[52]

4. "NA LUTA É QUE A GENTE SE ENCONTRA":[53] A RELEITURA À LUZ DA CONSTITUIÇÃO

José Lamartine, ao comentar o anteprojeto do Código Civil vigente, já antecipava, na década de 1970, questões que hoje são centrais: "haverá doentes capazes, os que,

---

49. MANGUEIRA. *Histórias para ninar gente grande*. Samba enredo da Mangueira, Carnaval de 2019.
50. GROSSI, Paolo. *Primeira lição de direito civil*. Rio de Janeiro: Forense, 2006, p. 67.
51. NUSSBAUM, Martha. *Las fronteras de la justicia*. Consideraciones sobre la exclusión. Barcelona (Espanha): Ediciones Paidós Iberica, 2007, p. 171.
52. FOUCAULT, Michel. *História da Loucura*: na Idade Clássica. São Paulo: Perspectiva, 2005, p. 148.
53. MANGUEIRA. *Histórias para ninar gente grande*. Samba enredo da Mangueira, Carnaval de 2019.

embora doentes mentais, tenham o necessário discernimento para a prática dos atos da vida civil?", "onde se encontra a distinção entre a curatela limitada e a curatela, *tout court*". Na dicção de Orlando de Carvalho:

> ultrapassadas as concepções escravagistas, o problema que subsiste é o problema do reconhecimento de cada pessoa da totalidade dos direitos que como pessoa lhe incumbem – é problema da capacidade jurídica.
>
> [...] A moderna luta do Direito não é tanto pela personalidade ou pela subjetividade quanto pela capacidade jurídica plena, batalhando pelas condições de facto e de direito que impedem uma total emancipação de todos os seres humanos, um reconhecimento efectivo e tempestivo de seus legítimos interesses, a proteção eficaz contra exclusões subsistentes – mulheres, crianças, velhos, diminuídos, grupos sexuais minoritários, prisioneiros, estrangeiros, negros, ciganos etc.[54]

Essa finalidade distorcida do regime das incapacidades é captada nos Anais do Senado, ao se buscar a razão pela qual se atribuiu a incapacidade a quem faz uso de drogas. Entre outros argumentos, pretendia-se "conscientizar os viciados, ainda em tempo de recuperação, a se libertarem do vício",[55] argumento que passa ao largo da suposta "falta de discernimento". O enfraquecimento do reconhecimento da vontade do usuário de drogas, por meio do regime das incapacidades, não atende adequadamente a natureza de sua vulnerabilidade.[56] Na conclusão, contundente de Menezes, Barreto e Mota: "não há razão para classificar o toxicômano como relativamente incapaz, situação na qual observa-se verdadeiro contrassenso".[57] Da mesma maneira, para Célia Abreu, cuja tese também foi orientada pela professora Heloísa Helena Barboza propõe que "ao contrário da previsão do legislador, não é possível rotulá-los de relativamente incapazes".[58] É também a conclusão do Ministério da Saúde.[59]

No paradigma superado, tomava-se em conta o saber médico, mas confundia-se doença com sintoma e terminava-se por considerar que a identificação de determinada doença justificaria um "diagnóstico" de incapacidade. Com a CDPD (Convenção de Nova York de proteção da pessoa com deficiência), consagra-se no plano constitucional[60] a superação da lógica que entrelaçava o diagnóstico de determinada doença com

---

54. CARVALHO, Orlando de. *Teoria Geral do Direito Civil*. 3. ed. Coimbra (Portugal): Coimbra Editora, 2012, p. 238 e 260.
55. PASSOS, Edilenice. *Memória Legislativa do Código Civil*. Tramitação na Câmara dos Deputados: Primeiro Turno Volume 2. Brasília: Senado Federal, 2012, p. 28. Disponível em: www.senado.leg.br/publicacoes/MLCC/pdf/mlcc_v2_ed1.pdf. Acesso em: 08 jul. 2017. O uso de drogas também foi cogitado como causa para anulação do casamento, juntamente com "perversões sexuais" e "homossexualismo". Op. cit., p. 716 e 719.
56. HART, Carl. *Um preço muito alto*: a jornada de um neurocientista que desafia nossa visão sobre as drogas. Rio de Janeiro: Zahar, 2014, p. 257.
57. MENEZES, Joyceane Bezerra de; BARRETO, Júlia d'Alge Mont'Alverne; MOTA, Maria Yannie Araújo. Autonomia existencial do paciente psiquiátrico usuário de drogas e a política de saúde mental brasileira. *Revista Fórum de Direito Civil*, Belo Horizonte, v. 4, n. 10, p. 123-138, set./dez. 2015. p. 129.
58. ABREU, Celia Barbosa. Capacidade civil, discernimento e dignidade do portador de transtorno mental. *Revista Brasileira de Direito das Famílias e Sucessões*, v. 8, p. 5-18, 2009. p. 17.
59. BRASIL. Ministério da Saúde. Secretaria de Atenção à Saúde. *Guia estratégico para o cuidado de pessoas com necessidades relacionadas ao consumo de álcool e outras drogas*. Brasília: Ministério da Saúde, 2015, p. 88.
60. O *status constitucional* da Convenção sobre os Direitos das Pessoas com Deficiência é unânime por ser um tratado de direitos humanos que atende ao quórum delineado na CF, art. 5º, § 3º. Dessa maneira, não se enquadra nas

incapacidade para atos da vida civil, ou ainda, a deficiência intelectual com incapacidade. Expostas tais premissas, fixar os "ébrios habituais e viciados em tóxicos" como relativamente incapazes faz pouco sentido. Por outro lado, mesmo que se considerasse como válida a norma segundo a qual os usuários de drogas seriam relativamente incapazes tal enquadramento gera menos efeitos do que se costuma considerar.

Defende-se além disso, a teor da redação do próprio Código Civil, art. 4º, que os assim chamados "relativamente incapazes", na realidade somente são incapazes "relativamente" – isto é, no tocante – a certos atos ou ao modo de os exercer. Significa o reconhecimento da vontade do relativamente incapaz, mesmo que de modo diferenciado, vale realçar, ainda que se proceda com distintas formas de suporte ao seu exercício. Frisa-se que a Convenção Internacional sobre os Direitos das Pessoas com Deficiência, art. 12, item 3, determina que "Os Estados Partes tomarão medidas apropriadas para prover o acesso de pessoas com deficiência ao apoio que necessitarem no exercício de sua capacidade legal".

A incapacidade do usuário de droga ao menos em parte pode ser compreendida pela injustificada percepção do incapaz como um diferente, desviante, e pelo caráter apriorístico que alimenta o instituto da incapacidade em sua conformação tradicional.

Superada a explicação usual que procura legitimar as incapacidades somente com fulcro em um sentido protetivo, parece razoável considerar que a previsão do Código Civil de incapacidade dos "ébrios habituais e os viciados em tóxico" – infeliz terminologia do texto vigente no art. 4º – deve-se, possivelmente, à conjugação de duas outras perspectivas. A primeira consiste na rejeição moral ao comportamento do uso de drogas. A segunda, na má gestão do patrimônio. A alegação é proteger o incapaz de seus atos na sociedade, contudo, é a sociedade que se protege do dito incapaz.

A redação do Código Civil de 1916, art. 457 estabelecia de modo próximo que "Os loucos, sempre que parecer inconveniente conserva-os em casa, ou o exigir o seu tratamento, serão também recolhidos em estabelecimento adequado".[61] Lamentavelmente esta também era a redação do Código Civil de 2002, no art. 1.777 até sua revogação com a publicação da Lei Brasileira de Inclusão (Lei 13.146/2015, LBI). Notoriamente, a segregação era a finalidade. A redação do Código Civil de 1916, art. 6º, em seu *caput*, definia "São *incapazes*, relativamente a certos atos (art. 147, n. 1), ou à maneira de os exercer: [...]". A vírgula que separa incapazes e "relativamente" faz desta expressão advérbio e não adjetivo. Não são incapazes relativamente; são incapazes *quanto* a certos atos ou mesmo não são, mas apenas o *modo de exercer* é que deve ser distinto; é o que consta na lei.[62]

---

ressalvas expostas por parte da doutrina em relação à hierarquia de tratados de direitos humanos e fundamentais. MARINONI, Luiz Guilherme; MITIDIERO, Daniel; SARLET, Ingo Wolfgang. *Curso de direito constitucional*. 6. ed. rev. e atual. São Paulo: Saraiva, 2017, p. 342. A Convenção sobre os Direitos das Pessoas com Deficiência se incorpora e "encorpa" o texto constitucional.

61. De modo análogo, no Decreto 24.559/1934, art. 9º "Sempre que, por qualquer motivo, fôr *inconveniente* a conservação do psicopata em domicílio, será o mesmo removido para estabelecimento psiquiátrico".

62. Em respeito ao leitor, sublinha-se que desde a redação original do Código Civil, constava a expressão "relativamente incapaz" nos arts. 195, 934 e 974. É na parte geral, entretanto, que se definem o sentido e alcance das categorias.

Permita-se sublinhar que precisamente a mesma redação foi conservada no Código Civil de 2002 (art. 4º) e subsiste após as últimas alterações legislativas. A incapacidade dessa maneira se refere "a certos atos ou à maneira de os exercer". *A regra é a capacidade, não a incapacidade.*

Por muito tempo se tratou o relativamente incapaz mais pelo adjetivo (incapaz), sem levar em conta os "predicados do sujeito". Uma nova proposta de leitura do texto normativo convida a pensar sobre a diferenciação de atos e a restrição dos atos que, em caráter excepcional, não se pode exercer. Se é relativamente incapaz, é também bastante capaz.[63] Nessa linha, ao listar os atos que o relativamente incapaz pode praticar, Francisco Amaral aponta como válidos os "atos da vida corrente, como a compra de gêneros alimentícios, publicações como jornais, revistas", assim como testar, casar, ser empresário, fazer depósitos bancários, ser eleitor.[64]

Ademais, a LBI, embora tenha enfocado as pessoas com deficiências, promoveu alterações muito mais amplas, que terminam por alcançar o sentido e alcance da própria curatela (e.g. LBI, art. 84, § 2º), a mudança no rol dos incapazes, a abertura para novas formas de suporte na tomada de decisão, a atenção legal à pessoa vulnerável (LBI, art. 5º). Também revogou-se o antigo texto do art. 1.777 do Código Civil, que dispunha de modo estarrecedor que "Os interditos referidos nos incisos I, III e IV do art. 1.767 [dentre os quais estavam "os ébrios habituais e os viciados em tóxicos"] serão recolhidos em estabelecimentos adequados, quando não se adaptarem ao convívio doméstico".[65] Como assinalam Heloisa Helena Barboza e Vitor Almeida, os impactos da LBI ao promoverem alterações nas capacidades "se alastram por praticamente por todo ordenamento jurídico".[66]

5. CONSIDERAÇÕES FINAIS: "BRASIL, CHEGOU A VEZ: DE OUVIR AS MARIAS, MAHINS, MARIELLES, MALÊS"[67]

Seu futuro ainda não está escrito, o de ninguém está. Seu futuro será o que você quiser, então faça dele algo bom.[68]

---

63. Para usar a terminologia da Classificação Internacional de Funcionalidade, Incapacidade e Saúde, pode desempenhar diversas atividades.
64. AMARAL, Francisco. *Direito civil*: introdução. 6. ed. Rio de Janeiro: Renovar, 2006, p. 231-232.
65. A apreciação da redação original do Projeto 635/1975, reforça a posição de que o enfoque estava longe de tratar. Nesse sentido, a disposição equivalente, art. 1.825, fixava a possibilidade de internar aos incapazes (dispensando a interdição) segundo um critério de conveniência ou tratamento: "Os incapazes referidos nos incisos I, III e IV do art. 1.815 *sempre que parecer inconveniente conservá-los em casa*, ou o exigir o seu tratamento, serão também recolhidos em estabelecimentos adequados" BRASIL. Câmara Dos Deputados. *Projeto de Lei n. 634, de 1975*. Diário do Congresso Nacional. Suplemento B ao n. 61, 13 jun. 1975. Disponível em: http://imagem.camara. gov.br/ Imagem/d/pdf/DCD13JUN1975SUP_B. pdf#page=1. Acesso em: 24 maio 2017.
66. BARBOZA, Heloisa Helena; ALMEIDA Junior, Vitor de Azevedo. Reconhecimento e inclusão das pessoas com deficiência. *Revista Brasileira de Direito Civil – RBDCivil*, Belo Horizonte, v. 13, p. 17-37, jul./set. 2017.
67. Trecho do samba enredo da Mangueira, Carnaval de 2019, citado na epígrafe.
68. De volta para o futuro III (Filme). Robert Zemeckis (Diretor). Fala do personagem Dr. Brown, na cena final do filme. 1990. No original: "It means your future hasn't been written yet. No one's has! Your future is whatever you make it. So make it a good one!".

A expressão "atos da vida civil" operou, durante muito tempo, como verdadeiro buraco negro que atrai toda matéria para seu interior, ao que corresponde uma vocação expansiva e o demasiado elastecimento da locução. Tal circunstância destoa da existência de diversas regras específicas como a idade mínima de dezesseis anos para votar,[69] vinte e cinco anos para porte de arma[70] ou para esterilização (salvo se houver dois filhos),[71] dezoito anos para habilitação da direção de automóveis,[72] fazer uso de álcool ou fumar tabaco,[73] assim como as regras especiais de manifestação de vontade definidas pela LGPD (Lei Geral de Proteção de Dados Pessoais), ao tratar da criança e adolescente.[74]

Defende-se que há diferentes "capacidades" ou melhor diferenciadas competências para decidir, baseadas em distintas aptidões. Aliás, apesar de ensinar-se que a capacidade se presume, e a incapacidade deve ser provada, há distintos exames de aptidão psicológica, sob designações como "exames psicotécnicos", e testes psicológicos que são exigidos para direção de veículos,[75] para o manuseio de arma de fogo,[76] para ser magistrado.[77] Nesse sentido, na saúde é natural que um paciente possa ser competente para uma decisão e não para outra.[78]

Adicionalmente, a doutrina é farta em salientar a distinção de atos negociais e existenciais.[79] Fermin Roland Schramm, Heloisa Helena Barboza e Aníbal Guimarães Jr, ao tratarem da liberdade para decidir sobre a transexualidade, com base nos aportes da bioética, defendem o respeito à autonomia do "indivíduo cognitiva e moralmente competente, que deseje restabelecer uma coerência entre seus 'eus' em conflito".[80]

É notável a pouca atenção conferida à distinção entre o significado e exigências da incapacidade civil e a inimputabilidade na esfera penal, a qual contrasta com o emprego

---

69. Constituição Federal, art. 14, § 1º.
70. Estatuto do Desarmamento, Lei 10.826/2003, art. 24.
71. Lei do Planejamento Familiar, Lei 9.263/1996, art. 10.
72. Código de Trânsito Brasileiro, Lei 9.503/1997, art. 140, inc. I c/c Código Penal, art. 27. O requisito da legislação de trânsito é ser "penalmente imputável", o que não se confunde com maioridade penal.
73. Lei 13.709/2018, LGPD, art. 14.
74. Estatuto da Criança e do Adolescente, Lei 8.069/1990, art. 243.
75. Código de Trânsito Brasileiro, Lei 9.503/1997, art. 147.
76. Estatuto do Desarmamento, Lei 10.826/2003, art. 11-A.
77. A Resolução 75/2009 no CNJ, em seu art. 5º, inc. I, define o exame psicotécnico como etapa eliminatória em concursos públicos da magistratura. Segundo o art. 66, "os exames de saúde destinam-se a apurar as condições de higidez física e mental". CONSELHO NACIONAL DE JUSTIÇA. Resolução 75/2009. Republicada no DJE/CNJ 205/2011, de 07.11.2011, p. 2-18.
78. BUCHANAN, Allen; BROCK, Dan. *Deciding for Others*: The Ethics of Surrogate Decision Making. Cambridge, Cambridge University Press, 1989, p. 18.
79. MARTINS-COSTA, Judith. Capacidade para consentir e esterilização de mulheres tornadas incapazes pelo uso de drogas: notas para uma aproximação entre a técnica e a reflexão bioética. In MARTINS-COSTA, Judith; MOLLER, Letícia Ludwig. (Org.). *Bioética e responsabilidade*. Rio de Janeiro: Forense, 2009. p. 299-346. p. 320; SÁ, Maria de Fátima Freire de; LIMA, Taisa Maria Macena de. Autonomia Privada e Internação não Consentida. *Revista Brasileira de Estudos Políticos*, v. 99, p. 79-99, 2009; MATOS, Mafalda Francisco. *O problema da (ir)relevância do consentimento dos menores em sede de cuidados médicos terapêuticos (uma perspectiva jurídico-penal)*. Coimbra (Portugal): Coimbra Editora. julho 2013, p. 120. CARVALHO, Orlando de. *Teoria Geral do Direito Civil*. 3. ed. Coimbra (Portugal): Coimbra Editora, 2012, p. 238.
80. BARBOZA, Heloisa Helena Gomes; SCHRAMM, Fermin Roland; GUIMARAES JUNIOR, Aníbal. A Moralidade da Transexualidade: Aspectos Bioéticos e Jurídicos. *Revista Redbioetica/UNESCO*, v. 1, 2011, p. 66-77.

de ambas como fundamento de internações forçadas. O Código Penal do Império considerava inimputáveis "Os loucos de todo o gênero" (art. 10, parágrafo 2º),[81] terminologia que foi repetida no Código Civil de 1916. Como distintas repercussões da loucura, a imputabilidade na esfera criminal e a incapacidade no direito privado são distintos no conteúdo e no significado e apesar disso, são dois caminhos admitidos, na prática, para internações forçadas. Além da maioridade legal fixada em dezoito anos no Código Civil e vinte e um anos na esfera criminal,[82] a inimputabilidade penal difere tanto em seus requisitos, quanto em seus efeitos. Consoante o Código Penal, art. 26, isenta-se de pena o agente que por sua condição de saúde mental era "incapaz de entender o caráter ilícito do fato ou de determinar-se de acordo com esse entendimento".

Ao comparar as projeções, nota-se que no direito civil examinam-se as aptidões de compreender e se manifestar. Na esfera criminal os critérios são a compreensão e a autodeterminação, que se poderia traduzir, *grosso modo*, em entender e ter controle de si. Colher no direito penal o critério da autodeterminação como uma figura distinta e complementar às aptidões de compreender e se expressar é etapa útil no desenvolvimento da competência para decidir

A incapacidade civil não pode mais ser concebida como um fundamento para negação irrestrita das escolhas pessoais, porque estas são inerentes ao reconhecimento da condição de pessoa humana. É certo que as opções, anseios e desejos pessoais possam não prevalecer, ou dependam de suporte, mas não podem ser sumariamente ignoradas. Isso implica, por exemplo, que a eventual restrição de compreensão ou manifestação não afasta o direito à informação e ao consentimento.[83] Perder o controle não significa deixar de entender. Não ter completa competência não significa inexistir.

A própria promoção da autonomia dos jovens merece atenção especial, como se observa neste parecer do CREMERJ:[84]

> Em se tratando do adolescente maior de 16 anos, a relação médico-paciente se torna mais independente e, caso o médico entenda que a participação do responsável poderá trazer prejuízo para o adolescente, esse pode ser afastado da decisão sobre o tratamento. A mesma situação se aplica

---

81. O Código Penal do Império definia em seu art. 10, que também não se julgarão criminosos: "2º Os loucos de todo o genero, salvo se tiverem lucidos intervallos, e nelles commetterem o crime [...]". BRASIL. Planalto. *Código Penal do Império*. Disponível online em: http://www.planalto.gov.br/ccivil_03/leis/lim/LIM-16-12-1830.htm. Acesso em: 05 maio 2016.
82. A maioridade penal está em discussão no Congresso. A PEC 33/2012 propõe reduzir a idade de imputabilidade para 16 anos. Uma audiência pública sobre a matéria foi realizada no Senado em 24.10.2017. BRASIL. Senado Federal. PEC 33/2012. Disponível online em: http://www25.senado.leg.br/web/atividade/materias/-/materia/106330. Acesso em: 11 nov. 2017.
83. "Mesmo sendo absolutamente (até os 16 anos) ou relativamente (dos 16 aos 18 anos) incapaz de exercer pessoalmente os atos da vida civil, o médico deve procurar incluir o paciente pediátrico nesse processo, à medida que ele se desenvolve e que for identificado como capaz de avaliar seu problema". HIRSCHHEIMER, Mário Roberto; CONSTANTINO, Clóvis Francisco; OSELKA, Gabriel Wolf. Consentimento informado no atendimento pediátrico. *Revista Paulista de Pediatria*, São Paulo, v. 28, n. 2, p. 128-133. Jun. 2010. p. 128.
84. CREMERJ. Parecer 17/2021. PROCESSO PARECER CONSULTA 08/2021. Relator: Marcelo Veloso Peixoto e Benjamin Baptista de Almeida. Disponível em: cremerj.org.br/resolucoes/exibe/pareceres/1105;jsessionid=E-36AD B7834BFEE29B918190C7D631CCD.

à realização de consulta do adolescente sem a presença do responsável. No caso do adolescente que tem discernimento para entender o diagnóstico e compreender as consequências de eventual conduta, a consulta sem a presença do responsável não só é possível, como muitas vezes é desejável.

A visão antiquada da curatela resta superada com a Convenção de Nova York de proteção da pessoa com deficiência, com a prevalência de medidas para permitir a máxima participação, a oferta de suportes para inclusão e a diferenciação das projeções dos atos a serem praticados. A ideia é proteger sem discriminar. Como define seu preâmbulo, são assegurados "autonomia e independência individuais, inclusive da liberdade para fazer as próprias escolhas". Não se trata apenas de colocar a pessoa vulnerável como protagonista, mas sim permitir-lhe escrever a própria história – chegou a vez "De ouvir as Marias, Mahins, Marielles, malês". A CDPD promoveu, deste modo, alteração fundamental no significado e conteúdo do regime das incapacidades. Entre outras repercussões, acolhe-se a visão multidisciplinar dos tratamentos (art. 26), a flexibilidade e a promoção da liberdade.

Outrossim, nem toda doença implica incapacidade, muito menos a deficiência intelectual pode ser tomada como sinônimo de incapacidade, seja relativa ou absoluta. A tendência à desconsideração da vontade do incapaz em prol de uma vontade atribuída não prevalece diante dos valores constitucionais. A vulnerabilidade exige cuidado e não a eliminação. Incapacidade civil deve-se direcionar a proteção em detrimento da exclusão, empoderar e não eliminar, autodeterminação na máxima medida possível.

Semear o futuro pode, portanto, também significar resgatar a velha argumentação da finalidade protetiva, para colocá-la em marcha, afinal, sem o cumprimento de sua finalidade, só resta extinguir o regime das incapacidades, tema que, todavia, esta homenagem não comporta. Trata-se de confrontar realidade e normal, finalidade e prática.

Enfim, a cientificidade da patologização da loucura, da diferença deve ser revista. A clausura tanto física por meio de internações, quanto jurídica por força de restrições não pode prevalecer. A perspectiva deve ser de inclusão e emancipação, conjugar singular e plural, e admitir a diversidade de gêneros, assim como valorizar o predicado dos sujeitos, ou melhor das pessoas.

Em Machado de Assis, o próprio Alienista cuidou de enxergar com um novo olhar e curar-se, assim também, como adverte a professora, é preciso repensar o modo como tradicionalmente se disciplinou a proteção da pessoa vulnerável, e deixar no passado, aquilo que não se presta para proteção e promoção da pessoa. Afinal, como diz Chico Buarque no Acalento a Helena, é tempo de "sair / Por aí afora / Atrás da aurora / Mais serena". Enfim, para quem está disposto a construí-lo "o futuro já chegou".

AUTONOMIA E PROTEÇÃO DO ADOLESCENTE NA EMANCIPAÇÃO VOLUNTÁRIA[1]

Maici Barboza dos Santos Colombo

Sumário: 1. Introdução – 2. A dissipação das fronteiras da incapacidade civil etária – 3. A participação do adolescente na emancipação voluntária – 4. Alcance da emancipação – 5. Conclusão.

1. INTRODUÇÃO

Em outubro de 2017, a atriz Larissa Manoela, à época com 16 anos, compareceu sozinha à festa do Prêmio Multishow de Música, causando estranhamento na mídia em razão de sua idade. Questionada, a atriz revelou: "[s]ou emancipada, mas não bebo álcool e também não vou muito a festas. Só algumas. Tenho responsabilidade." O portal de notícias UOL acrescentou ainda a seguinte explicação: "[m]uita gente estranhou o fato da jovem de 16 anos estar sozinha numa balada proibida para menores de idade. Isso aconteceu porque a atriz do SBT está emancipada desde o ano passado [...]."[2]

A atriz justificou a emancipação concedida por seus pais "com vistas na carreira artística" que ela exercia. Segundo o artigo 5º do Código Civil, emancipada, ela poderá praticar todos os atos da vida civil prescindindo de assistência. O exercício da profissão desde cedo forneceu à jovem meios próprios de subsistência, ao mesmo tempo em que ela se revelou madura o suficiente para antecipar a capacidade civil, segundo o juízo de seus pais.

De acordo com a disciplina legal da emancipação civil, o adolescente é considerado maduro o suficiente para assumir as consequências da plena capacidade conforme: a) a avaliação de seus pais, se estiver sob autoridade parental, nos casos de emancipação voluntária ou pelo casamento;[3] b) a apreciação do juiz, nos casos de tutela ou discordância entre os pais; c) as hipóteses da lei, se praticar atos incompatíveis com a incapacidade

---

1. O presente artigo é fruto da dissertação de mestrado produzida no âmbito do Programa de Pós-Graduação em Direito Civil da UERJ, orientada pela Professora Heloísa Helena Barboza, defendida em 2019 e intitulada "Emancipação civil do adolescente sob a perspectiva civil-constitucional". A autora manifesta todo o seu carinho e gratidão à Professora, que sempre exerceu seu ofício com tanta dedicação e humanidade, tornando a experiência de aprendizagem durante o mestrado uma jornada prazerosa e profícua.
2. Aos 16 anos, Larissa Manoela curte balada na madrugada e explica: está emancipada. *Na telinha*, 25 out. 2017. Disponível em: https://natelinha.uol.com.br/famosos/2017/10/25/aos-16-anos-larissa-manoela-curte-balada-na-madrugada-e-explica-esta-emancipada-111637.php. Acesso em: 29 set. 2022.
3. Considera-se que a emancipação pelo casamento depende da avaliação dos pais em razão da necessidade de autorização para a celebração, nos termos do art. 1.517, CC.

civil.[4] Portanto, não é o próprio adolescente que se julga capaz. Segundo a lei, a aferição da aptidão do emancipando depende necessariamente de uma decisão heterônoma.

Múltiplos fatores podem conduzir um adolescente à maturidade precoce: a atividade que exerce, como artistas, esportistas e, mais contemporaneamente, influenciadores digitais; ou a sua posição social, como a necessidade de trabalhar para auxiliar na composição da renda familiar ou mesmo para o próprio sustento.

Especificamente quanto à emancipação voluntária, que será o recorte do presente trabalho, não há na lei qualquer previsão legal de que o emancipando deva se manifestar a respeito da emancipação civil, concedendo-se aos pais a prerrogativa exclusiva de alçá-lo à condição de plenamente capaz. Diante disso, questiona-se a respeito da participação do adolescente nessa modalidade de emancipação. Se, conforme a reportagem sobre Larissa Manoela, a decisão pela emancipação deve ser tomada conjuntamente com a família, qual o papel do emancipando?

2. A DISSIPAÇÃO DAS FRONTEIRAS DA INCAPACIDADE CIVIL ETÁRIA

"Assim como tem seus prazeres, seu espírito e seus costumes, cada idade não teria também seus próprios direitos?"[5] A questão levantada por Gérard Cornu destaca a categorização dos indivíduos segundo o critério etário, delimitando plexos de direitos e formas de atuação conforme a idade. Com relação à menoridade, as presunções *propter aetem*[6] de maturidade autorizam, denegam ou condicionam a validade jurídica das manifestações de vontade individual. Nessa visão tradicional, a idade se assume como um fator de discriminação entre as pessoas, dando lugar a direitos, obrigações, ônus e prerrogativas distintas conforme o estágio cronológico da vida do indivíduo.[7]

Não é à toa, portanto, que a lei utiliza o critério cronológico para a definição da idade civil, consistente, portanto, no tempo que uma pessoa leva vivendo, desde o seu nascimento até a data em que ela é computada, combinando as ideias elementares de

---

4. CC, art. 5º, parágrafo único. Cessará, para os menores, a incapacidade:
   I – pela concessão dos pais, ou de um deles na falta do outro, mediante instrumento público, independentemente de homologação judicial, ou por sentença do juiz, ouvido o tutor, se o menor tiver dezesseis anos completos;
   II – pelo casamento;
   III – pelo exercício de emprego público efetivo;
   IV – pela colação de grau em curso de ensino superior;
   V – pelo estabelecimento civil ou comercial, ou pela existência de relação de emprego, desde que, em função deles, o menor com dezesseis anos completos tenha economia própria.
5. No original: "Comme il a ses plaisirs, son esprit et ses mœurs, chaque âge n'aurait-il pas son droit?" CORNU, Gérard. L'âge civil. *L'art du droit en quête de sagesse*. Paris: Presses Universitaires de France, 1998, p. 45.
6. CORNU, Gérard. L'âge civil. *L'art du droit en quête de sagesse*. Paris: Presses Universitaires de France, 1998, p. 48.
7. "L'età, in fatti, nella visione tradizionale, si atteggia a fattore di discriminazione tra gli uomini, dando luogo a classi di soggetti caratterizzate da una notevole diversità di diritti, obblighi, oneri e prerogative." (STANZIONE, Pasquale. *Capacità e minore età nella problematica della persona umana*. Camerino: Jovene, 1975, p. 260.) Tradução livre: "A idade, de fato, na visão tradicional, age como um fator de discriminação entre os homens, dando origem a classes de sujeitos caracterizados por uma considerável diversidade de direitos, obrigações, ônus e prerrogativas".

vida e de duração.[8] O termo inicial da idade civil é fixo: conta-se do registro de nascimento com vida. Por isso, nos dizeres de Gérard Cornu, a idade nada mais é do que a "expressão numérica da vida".[9]

A idade civil é, portanto, um fato jurídico,[10] uma vez que mostra aptidão para a produção de efeitos jurídicos[11] em diversos âmbitos do Direito. No direito privado, a idade é adotada como critério de capacidade de fato. O ordenamento elege então uma idade específica a partir da qual se alcança a plena capacidade para a prática dos atos da vida civil, o que, segundo o art. 5º, *caput* do Código Civil opera-se aos dezoito anos. Ao proceder dessa forma, associa-se um dado objetivo e quantitativo, que é a idade, à aptidão que se crê necessária para realizar determinados atos jurídicos, portanto, a um dado subjetivo e qualitativo.[12]

Nesse viés, a idade cronológica pode ser considerada um estado civil individual ou pessoal,[13] que determina automaticamente a capacidade ou incapacidade da pessoa, a partir da divisão entre maioridade e menoridade. Outros estados podem também repercutir sobre a capacidade do indivíduo, como é o caso da pessoa que não pode se exprimir, considerada pelo artigo 4º do Código Civil como relativamente incapaz, ou, da mesma forma, a prodigalidade. Mas a idade legal como critério de capacidade de fato conserva a peculiaridade de independer de pronunciamento judicial para seu reconhecimento:[14] da idade, enquanto não atingido o mínimo para a capacidade plena, decorre *ex vi legis* a incapacidade absoluta ou relativa por presunção legal *propter aetem*.

---

8. AGUIRRE, Carlos Martínez de. La protección jurídico-civil de la persona por razón de la menor edad. *Anuario de derecho civil*. Madrid, n. 4, 1992, p. 1416.
9. No original: "*Expression numérique de la vie*". A definição é de Gérard Cornu que, em trabalho sobre o tema, afirmou que a idade é uma unidade de medida biológica, um número de anos decorridos após o nascimento (CORNU, Gérard. L'âge civil. *L'art du droit en quête de sagesse*. Paris: Presses Universitaires de France, 1998, p. 46).
10. Sobre o fato jurídico, afirma Pontes de Miranda: "Fato jurídico é, pois, o fato ou complexo de fatos sôbre o qual incidiu a regra jurídica; portanto, o fato de que dimana, agora ou mais tarde, talvez condicionalmente, ou talvez não dimane, eficácia jurídica" (MIRANDA, Pontes de. *Tratado de Direito Privado*: Parte Geral. Atual. Judith Martins-Costa, Gustavo Haical e Jorge Cesa Ferreira da Silva. São Paulo: Ed. RT, 2012. Tomo I, p. 148). Luiz da Cunha Gonçalves, por sua vez, inclui a idade como fato jurídico necessário: "entram nesse grupo os factos pertencentes ao ciclo da vida – o nascimento, a idade, o sexo, a morte etc. que determinam condições ou situações jurídicas (estado), e que só pelo simples facto de se realizarem dão lugar a relações de direito [...]." (GONÇALVES, Luiz da Cunha. *Tratado de direito civil*. 2 ed. atual. e aum. São Paulo: Max Limonad, 1955, p. 359. v. 1. t. 1).
11. TEPEDINO, Gustavo. Esboço de uma classificação funcional dos atos jurídicos. *Revista Brasileira de Direito Civil (RBDCivil)*. Belo Horizonte, v. 1, p. 8-37, jul.-set. 2014. Disponível em: https://rbdcivil.ibdcivil.org.br/rbdc/article/view/129. Acesso em: 29 set. 2022.
12. DÍEZ-PICAZO, Luis; GULLÓN, Antonio. *Sistema de derecho civil*. 10 ed. Madrid: Tecnos, 2001, p. 226.
13. "[...] puede considerarse estado civil la calidad jurídica de la persona, por su especial situación (y consiguiente condición de miembro) en la organización jurídica, y que como tal caracteriza su capacidad de obrar y el ámbito propio de su poder y responsabilidad." (CASTRO Y BRAVO, Federico. *Derecho Civil de España*. Navarra: Thomson Civitas, 2008, p. 70. v. 2.) Tradução livre: "[...] pode se considerar estado civil a qualidade jurídica da pessoa, por sua especial situação (e conseguinte condição de membro) na organização jurídica, e que como tal caracteriza sua capacidade de fato e o âmbito próprio de seu poder e responsabilidade."
14. "Incapacidade automática é a resultante de menoridade. Todas as outras são dependentes de decretação judicial". (ASCENSÃO, José de Oliveira. *Direito Civil*: teoria geral. 3 ed. São Paulo: Saraiva, 2010, p. 142.)

Enquanto a idade conduz à qualificação da pessoa em capaz ou incapaz situando-a em uma categoria preexistente altamente abstrata, a maturidade concreta tem ganhado espaço como critério para definição das potencialidades de ação da criança e do adolescente. Diante disso, a doutrina contrapõe a idade legal à idade real.[15] A primeira, estabelecida pelo legislador como um limite juridicamente relevante, a partir de uma valoração abstrata, não está sujeita a variações por parte do intérprete. A segunda constitui elemento deliberadamente apreciável casuisticamente, deixando-se a sua fixação a cargo de quem deva defini-la em concreto.[16]

Essa construção doutrinária tenciona aproximar a maturidade presumida da maturidade real, pois as pessoas se desenvolvem de formas e em tempos diferentes. Na impossibilidade de atender as especificidades de cada um, a lei prevê um gráfico homogêneo para a aquisição da capacidade, que se exprime em degraus. A pessoa é absolutamente incapaz até os dezesseis anos, quando então ela sobe ao próximo degrau, que é a incapacidade relativa, até que ela chegue ao último degrau, que é a plena capacidade. Mas o desenvolvimento humano não opera dessa forma. Em vez disso, um gráfico que melhor exprimiria a aquisição da maturidade real seria uma linha ascendente constante.[17]

Diante disso, o artigo 12 da Convenção sobre os Direitos da Criança (CSDC) garantiu às pessoas menores de 18 anos, o direito de ter sua opinião levada em consideração nos assuntos que lhes digam respeito, conforme estejam capacitadas a formular seus próprios juízos em razão de sua idade e de sua maturidade.

A interpretação e alcance dessa disposição normativa pode parecer nebulosa dada a vagueza dos conceitos jurídicos por ela utilizados. Quando a criança pode ser considerada capacitada (e não necessariamente capaz) de formular seus próprios juízos?

Uma diretriz possível para a interpretação desse artigo é considerar que o ECA distingue crianças e adolescentes, conferindo maior grau de participação aos maiores de doze anos. Tanto assim que a colocação do adolescente em família substituta depende de seu expresso consentimento, colhido em audiência, enquanto a participação da criança é garantida por meio da oitiva por equipe profissional (artigo 28, ECA). Ou seja, a lei considera que o maior de doze anos tem maturidade suficiente para se manifestar e, mais ainda, decidir sobre a medida, uma vez que a colocação em família substituta e, especialmente a adoção (art. 45, ECA), dependem do consentimento expresso do adolescente.

---

15. CORNU, Gérard. L'âge civil. In: *L'art du droit en quête de sagesse*. Paris: Presses Universitaires de France, 1998. Passim.
16. MUNARI, Francesca Menegazzi. L'abassamento della maggiore età nelle più recenti riforme dei paesi membri del Consiglio d'Europa. In: CRISTOFARO, Marcello de; BELVEDERE, Andrea (Coord.). *L'autonomia dei minori tra famiglia e società*. Milano: Giuffrè, 1980, p. 648.
17. MUNARI, Francesca Menegazzi. L'abassamento della maggiore età nelle più recenti riforme dei paesi membri del Consiglio d"Europa. In: CRISTOFARO, Marcello de; BELVEDERE, Andrea (Coord.). *L'autonomia dei minori tra famiglia e società*. Milano: Giuffrè, 1980, p. 647.

A Convenção Europeia sobre o Exercício dos Direitos das Crianças[18] (CEEDC) adota expressamente a orientação de buscar na lei interna os elementos para se interpretar os limites e alcance da suficiência de discernimento que autoriza a criança a participar das decisões que lhes afetam.[19] Nela são também esclarecidos os direitos titularizados pelas crianças[20] com discernimento, que se evidenciam como verdadeiros vetores para a compreensão do direito à manifestação: a) receber toda a informação pertinente; b) ser consultado e expressar a sua opinião; c) ser informado das consequências do ato.[21]

Embora essa Convenção não tenha força de norma interna no direito brasileiro, tratando de direitos fundamentais, as diretrizes trazidas auxiliam na interpretação do artigo 12 da CSDC e do regime de incapacidade civil etária, podendo-se concluir que o direito de ter sua opinião levada em consideração compreende esses três vetores e não necessariamente implica o direito de sempre decidir seu próprio destino.

Nessa linha, esclarece a doutrina que o conteúdo do direito à liberdade de opinião e expressão contido no artigo 12 da CSDC implica aos pais, à família e à comunidade a incumbência de "prover as informações necessárias ao pleno conhecimento dos fatos, bem como educar as crianças para o pleno desenvolvimento de suas capacidades mentais."[22]

Portanto, impõe-se reconhecer que a condição evolutiva da criança e do adolescente além de atrair a aplicação de diversas normas protetivas reduz gradativamente a interferência de terceiros, assistentes ou representantes, em assuntos a elas relacionados e conduz à capacitação progressiva para a prática dos atos da vida civil, existenciais ou patrimoniais.

Corrobora esse entendimento o artigo 5º da Convenção sobre os Direitos da Criança ao reconhecer a evolução da capacidade de exercício da criança quanto aos direitos nela reconhecidos:

> Os Estados-Partes respeitarão as responsabilidades, os direitos e os deveres dos pais ou, onde for o caso, dos membros da família ampliada ou da comunidade, conforme determinem os costumes locais, dos tutores ou de outras pessoas legalmente responsáveis, de proporcionar à criança instrução e orientação adequadas e acordes com *a evolução de sua capacidade no exercício dos direitos reconhecidos na presente convenção.* (grifou-se)

---

18. UNIÃO EUROPEIA. Convenção sobre o Exercício dos Direitos da Criança. Disponível em: https://www.ministeriopublico.pt/instrumento/convencao-europeia-sobre-o-exercicio-dos-direitos-das-criancas-0. Acesso em: 02 out. 2022.
19. A doutrina argentina tem também defendido essas diretrizes para a interpretação do art. 12 da CSDC, da qual a Argentina é signatária. Nesse sentido: HUSSONMOREL, Rodolfo. La libre opinión del niño. In: WEINBERG, Inés M. *Convención sobre los derechos de los niños.* Buenos Aires: Rubinzal-Culzoni, 2002, p. 192.
20. Na norma consultada não há distinção entre crianças e adolescentes, como ocorre no Estatuto da Criança e do Adolescente.
21. Convenção sobre o Exercício dos Direitos pela Criança, art. 3º: À criança que à luz do direito interno se considere ter discernimento suficiente deverão ser concedidos, nos processos perante uma autoridade judicial que lhe digam respeito, os seguintes direitos, cujo exercício ela pode solicitar: a) Obter todas as informações relevantes; b) Ser consultada e exprimir a sua opinião; c) Ser informada sobre as possíveis consequências de se agir em conformidade com a sua opinião, bem como sobre as possíveis consequências de qualquer decisão.
22. MONACO, Gustavo Ferraz de Campos. *A declaração universal dos direitos da criança e seus sucedâneos internacionais.* Coimbra: Coimbra Editora, 2004, p. 139.

Diante disso, tornou-se imperioso superar a rígida separação entre capacidade e incapacidade no que tange ao regime jurídico da menoridade,[23] a qual, enquanto fator cronológico para a definição da incapacidade, constitui um *status* com caráter instrumental à realização da dignidade humana. A incapacidade comporta então modulações, conforme a natureza e gravidade dos atos praticados, de modo que o regime de incapacidades etárias ganha, com a dogmática civil constitucional, novos contornos, assim como ressalta a função parental de orientar o exercício da capacidade progressiva da criança e do adolescente.

A partir dessa necessária releitura da incapacidade civil etária, a emancipação civil emerge como um importante instituto jurídico que permite atender as particularidades do desenvolvimento humano no caso concreto, reconhecendo-se àqueles que tenham condições de se autorreger, o alcance da condição de plenamente capaz antes da idade presumida pela lei para tanto.

3. A PARTICIPAÇÃO DO ADOLESCENTE NA EMANCIPAÇÃO VOLUNTÁRIA

A emancipação voluntária decorre do ato inequívoco dos titulares da autoridade parental praticado com a finalidade específica de atribuir a capacidade plena do emancipando maior de dezesseis anos. Denomina-se "voluntária", segundo Serpa Lopes, porque "[n]a emancipação voluntária, trata-se de um ato de vontade decorrente da pessoa que se encontra por lei investida na qualidade necessária para concedê-la."[24]

A emancipação por concessão dos pais é inerente à autoridade parental e dela decorre.[25] Nessa hipótese, verifica-se que "os titulares do poder familiar reconhecendo ter seu filho a maturidade necessária para reger sua pessoa e seus bens, o proclamam plenamente capaz",[26] por meio de ato jurídico em sentido estrito irrevogável.[27]

O Código Civil de 2002 preceituou expressamente no texto do art. 5º, parágrafo único, inciso I a necessidade de instrumento público, diferentemente do Código Civil de 1916.[28] Não se exige, portanto, a homologação judicial, mas como ato solene, a sua

---

23. PERLINGIERI, Pietro. *Perfis do Direito Civil*: Introdução ao direito civil constitucional. 3 ed. Rio de Janeiro: Renovar, 2007, p. 260.
24. LOPES, Miguel Maria de Serpa. *Tratado dos registros públicos*: em comentário ao Decreto 4.857, de 9 de novembro de 1939 com as alterações introduzidas pelo Decreto 5.318, de 29 de novembro de 1940 e legislação posterior em conexão com o direito privado brasileiro. 6 ed. rev. e atual. por José Serpa de Santa Maria. Brasília: Livraria e Editora Brasília Jurídica, 1995, p. 342, v. I.
25. Segundo Vicente Ráo, "a faculdade de emancipar é inerente ao exercício do pátrio poder e dêle decorre" (RÁO, Vicente. *O direito e a vida dos direitos*. São Paulo: Max Limonad, 1952, v. 2, p. 216).
26. RODRIGUES, Silvio. *Direito civil*: parte geral. 33 ed. São Paulo: Saraiva, 2003, p. 55.
27. PEREIRA, Caio Mário da Silva. *Instituições de Direito Civil*. 29 ed. Rio de Janeiro: Forense, 2016, p. 246, v. 1.
28. Em razão da omissão textual do Código Civil de 1916, o Decreto 4857 de 09 de novembro de 1939, determinou a necessidade de homologação judicial para o registro da escritura de concessão da emancipação, conforme art. 16, § 2º, *in verbis*: "Não se compreende nas anotações *ex-officio* a de emancipação por outorga de pai ou mãe, que deverá ser homologada pelo juiz togado a que estiver sujeito o oficial competente para a anotação." Posteriormente, a Lei 2.375 de 21 de dezembro de 1954 dispôs em seu art. 1º: "A inscrição no Registro Público da emancipação por outorga do pai ou da mãe (Código Civil, artigo 12, n. 2) não depende de homologação judicial" e revogou expressamente a disposição em contrário da norma anterior em seu art. 2º: "Esta lei entrará

validade depende de escritura pública, elaborada perante o serviço notarial. O posterior registro do ato em livro especial do Cartório de Registro Civil das Pessoas Naturais[29] é fator condicionante de eficácia[30] da emancipação, a fim de que passe a produzir efeitos perante terceiros.[31]

Especificamente na emancipação voluntária, cabe aos pais, enquanto titulares da autoridade parental, avaliar em concreto o grau de maturidade do filho para exercer pessoalmente os atos da vida civil com responsabilidade, independentemente de assistência de terceiros. Segundo Sá Freire, se para a maioridade se aceita um critério quase arbitrário, para a emancipação o Código Civil exige "a decisão daquelles que devem ter razão para afirmar a existencia (*sic*) de atributos necessarios (*sic*) ao pleno gozo da capacidade civil".[32]

Esse juízo atribuído aos pais fundamenta-se no dever de cuidado, ínsito à autoridade parental e deve balizar-se no princípio do melhor interesse do adolescente. São os pais, portanto, que ao afirmar a capacidade concreta do filho, infirmam a presunção legal de incapacidade etária.[33]

Destaca-se, entretanto, que o fundamento da emancipação voluntária por concessão dos titulares da autoridade parental não repousa no exercício da autonomia privada[34] dos pais porquanto não se trate de exercício de liberdade em interesse próprio.[35] Reconhecida a intersubjetividade da relação paterno-materno-filial e as repercussões recíprocas na

---

em vigor na data de sua publicação, revogadas as disposições em contrário, inclusive o § 2º do art. 16 do Decreto 4.857, de 9 de novembro de 1939.

29. É o que determinam os artigos 9º, II do Código Civil e 29, IV da Lei de Registros Públicos (Lei 6.015/1973).
30. Entenda-se por "fator de eficácia" o fator extrínseco ao ato, que não o integra, mas contribui para a obtenção do resultado (AZEVEDO, Antônio Junqueira. *Negócio jurídico*: existência, validade e eficácia. 4 ed. São Paulo: Saraiva, 2017, p. 55.). A ineficácia significa, portanto, a não produção de qualquer efeito pelo ato, ou a ausência de repercussão juridicamente apreensível (SOUZA, Eduardo Nunes de. *Teoria geral das invalidades do negócio jurídico*: nulidade e anulabilidade no direito civil contemporâneo. São Paulo: Almedina, 2017, p. 164.). Embora as colocações dos autores se refiram aos negócios jurídicos, as lições são aplicáveis aos atos jurídicos lícitos, por força do art. 185 do Código Civil.
31. Lei de Registros Públicos (Lei 6.015/1973), art. 90, parágrafo único: Antes do registro, a emancipação, em qualquer caso, não produzirá efeito.
32. FREIRE, Milcíades Mario de Sá. *Manual do Código Civil brasileiro*: Parte geral, disposição preliminar e das pessoas e dos bens. Rio de Janeiro: Jacintho Ribeiro, 1930, p. 135, v. 2.
33. Sobre a heteronomia dos pais nas situações existenciais dos filhos, assevera Renata Multedo que "[n]o referido âmbito do dever de cuidado e da responsabilidade é que se confia aos pais determinar o que constitui o melhor para seus filhos, atrelando-se a intensidade da intervenção nas escolhas existenciais ao grau de discernimento dos filhos." (MULTEDO, Renata Vilela. *Liberdade e família*: limites para a intervenção do Estado nas relações conjugais e parentais. Rio de Janeiro: Processo, 2017, p. 119.)
34. Ao conceituar *autonomia privada*, afirmou Perlingieri: "A sua origem histórica e ideológica pode ser reconduzida às doutrinas que, em perspectiva individualista, colocam a vontade do sujeito no centro do ordenamento. A liberdade do sujeito consistiria justamente em reconhecer à sua vontade o poder de regular relações jurídicas especialmente patrimoniais: Ela se torna liberdade econômica que postula a economia de mercado e a livre concorrência." (PERLINGIERI, Pietro. *O direito civil na legalidade constitucional*. Rio de Janeiro: Renovar, 2008, p. 339-340.)
35. Esclarecedora a afirmação de Thaís Sêco: "[...], o poder que é conferido aos pais é muitas vezes chamado 'autonomia' por confusão com o que, na verdade, significa o reconhecimento da possibilidade de tomar decisões conforme seus padrões *subjetivos* e sua perspectiva particular da questão [...]." (SÊCO, Thaís. Por uma nova hermenêutica do direito da criança e do adolescente. *Civilistica.com*. Rio de Janeiro, a. 3, n. 2, jul.-dez./2014.

esfera existencial dos pais (pela extinção da autoridade parental)[36] e dos filhos (também pela extinção da autoridade parental mas principalmente pela alteração do estado individual) a discricionariedade de conceder a emancipação deve ser funcionalizada à consecução do melhor interesse do adolescente.

Contudo, não raras vezes qualifica-se o ato emancipatório voluntário como direito potestativo dos pais,[37] isto é, como "o poder que a pessoa tem de influir na esfera jurídica de outrem, sem que este possa fazer algo senão sujeitar-se".[38] Como direito potestativo, a emancipação então criaria o estado de sujeição do filho em relação à decisão dos pais, tornando indiferente a sua vontade, ainda que quisesse se opor ao ato.[39] Chega-se a afirmar também que o consentimento ou aceitação do adolescente converteria o ato jurídico em sentido estrito em negócio jurídico, razão por que deveria ser dispensado.[40]

Em um ordenamento civil-constitucional não parece plausível que haja tamanha interferência na esfera jurídica alheia, sem qualquer tipo de participação do principal interessado. Mas então sob qual fundamento legal se poderia exigir a participação do adolescente na emancipação voluntária, se o Código Civil não impôs expressamente essa condição?

Nessa esteira, o já mencionado artigo 12 da CSDC assegura o direito à livre expressão da opinião de pessoas com idade inferior a dezoito anos, em relação a todos os assuntos a ela concernentes, devendo essa opinião ser levada em consideração, quando estejam capacitadas a formular os seus próprios juízos em função de sua idade e maturidade. O mesmo artigo acrescenta, ainda, o dever do Estado-Parte de proporcionar a oitiva da criança e do adolescente em todo processo judicial ou administrativo que os afete, quer diretamente, quer por intermédio de um representante ou órgão apropriado.

Resgata-se também as já mencionadas diretrizes trazidas pela Convenção Europeia sobre o Exercício dos Direitos pelas Crianças (CEDC), que podem e devem servir também à interpretação sobre o alcance do conteúdo do art. 12 da CSDC, exigindo-se que as crianças (neste caso, adolescentes) recebam todas as informações sobre o ato, sejam ouvidas e informadas sobre as suas consequências.

Disponível em:http://civilistica.com/por-uma-nova-hermeneutica-do-direito-da-crianca-e-do-adolescente/. Acesso em: 09 jan. 2019, p. 6).

36. Código Civil, art. 1.635. Extingue-se o poder familiar:
II – pela emancipação, nos termos do art. 5º, parágrafo único; [...]
37. Entende nesse sentido: VENOSA, Silvio de Salvo. *Direito civil*: parte geral. 18 ed. São Paulo: Atlas, 2018. p. 152. v. 1.
38. AMARAL, Francisco. *Direito Civil*: Introdução. 9. ed. São Paulo: SaraivaJur, 2017. p. 300.
39. "Por sujeição, como já vimos, deve-se entender a situação daquele que, independentemente da sua vontade, ou mesmo contra sua vontade, sofre uma alteração na sua situação jurídica, por força do exercício de um daqueles poderes atribuídos a outra pessoa e que recebem a denominação de direitos potestativos." (AMORIM FILHO, Agnello. *Critério científico para distinguir a prescrição da decadência e para identificar as ações imprescritíveis*. Disponível em: http://www.revistadireito.ufc.br/index.php/revdir/article/view/434. Acesso em: 29 set. 2022).
40. "A emancipação é ato dos pais ou, na falta destes, do tutor, quando se conclui pela conveniência da antecipação da capacidade civil plena. Não depende do consentimento ou aceitação do menor, o que converteria o ato em negócio jurídico. Mas depende de realizar o melhor interesse do emancipado" (LÔBO, Paulo. *Direito civil*: parte geral. 7 ed. São Paulo: Saraiva, 2018, p. 128).

Eis o ponto de interseção entre a emancipação e a exigência de participação do adolescente, segundo a CSDC: o pressuposto de maturidade. Somente se pode emancipar aquele que, atingidos os dezesseis anos, já esteja em condições de se reger, ou seja, que possa ser considerado plenamente capaz para os atos da vida civil. Da mesma forma, pela Convenção, a opinião do adolescente deve ser levada em consideração na medida de sua maturidade. Ora, se ele é considerado maduro o suficiente para ser emancipado, ele deve ser considerado maduro o suficiente também para se manifestar sobre o ato emancipatório.

Evidencia-se também que a emancipação por concessão dos pais não deve ser considerada um direito potestativo dos titulares da autoridade parental, uma vez que o estado de sujeição característico do exercício desses direitos é absolutamente incompatível com a disciplina protetiva da criança e do adolescente. A participação nos atos que a eles concernem é direito fundamental garantido expressamente pela CSDC e reforçado pelos direitos ao respeito, à dignidade e à liberdade impostos pela Constituição Federal de 1988 e pelo ECA.

Diante disso, a omissão do Código Civil quanto à necessidade de consentimento do adolescente no ato emancipatório deve ser colmatada pela interpretação sistemática dos demais dispositivos de caráter protetivo, com força cogente, incidentes sobre a disciplina da emancipação civil, como o ECA e a CSDC.

4. ALCANCE DA EMANCIPAÇÃO

De acordo com a reconstrução do regime das incapacidades civis e, principalmente, com a legalidade constitucional, quais os atos que são alcançados pela emancipação civil? Será que o reconhecimento de plena capacidade ao adolescente emancipado prejudica a incidência de outras normas destinadas aos menores de dezoito anos? Será que o ordenamento, ao permitir que o Código Civil retirasse totalmente do adolescente emancipado a proteção imbuída no regime de incapacidades, deduz que cessa também a vulnerabilidade e assim não mais persistiria proteção de nenhuma ordem?

A premissa que se deve ter em vista para o desenvolvimento dessas questões é que o mesmo fato jurídico, a idade, repercute em distintos âmbitos jurídicos de proteção. Presume-se a vulnerabilidade da criança e do adolescente na Constituição, daí decorrendo inúmeros dispositivos de tutela que devem ser harmonizados conforme a tábua axiológica constitucionalmente projetada nas normas infraconstitucionais.

No direito privado, a menoridade acarreta a tutela pela via do regime de incapacidades e pela autoridade parental, institutos orientados pelas normas e valores constitucionais, com incidência imediata do regime protetivo do ECA.

Diante disso, a emancipação civil, ao sustar a incapacidade do adolescente, atua sobre os atos em que ainda predomina a heteronomia dos pais. Por essa razão, conforme exposto no início do capítulo, a *práxis* mostra uma ampla utilização da emancipação por pais de adolescentes que exercem atividades artísticas com a finalidade de que os filhos deem conta pessoalmente de seus assuntos profissionais.

Além de repercutir sobre a capacidade jurídica, a menoridade enseja outra importante consequência: a qualificação jurídica como criança ou adolescente, nos termos do ECA, atraindo a proteção prioritária e especial prevista na Constituição Federal. Cabe indagar então se a emancipação equipara o adolescente ao maior de idade para todos os fins, ou se os efeitos se circunscrevem ao âmbito das relações interprivadas, reguladas pelo direito civil.

Sobre o tema, Cury, Garrido e Marçura afirmam categoricamente que o ECA "adotou o critério cronológico absoluto, ou seja, a proteção integral da criança e do adolescente é devida em razão da sua faixa etária, pouco importando se, por qualquer outro motivo, adquiriu a capacidade civil".[41] Na mesma linha de raciocínio, Farias e Rosenvald aduzem que "o menor emancipado não perde a proteção integral e a prioridade absoluta", eis que "decorrem de critério fundamentalmente etário e absoluto, consubstanciando uma garantia constitucional que não pode ser afastada pela iniciativa privada."[42]

Em sentido contrário, poder-se-ia argumentar que a CSDC, em seu artigo 1º, determina que é "criança todo ser humano com menos de dezoito anos de idade, *a não ser que, em conformidade com a lei aplicável à criança, a maioridade seja alcançada antes*". A Convenção está assim permitindo que os sistemas jurídicos que a adotem fixem a maioridade civil em idade inferior e, consequentemente, os assim considerados maiores, frise-se, mesmo que ainda não atingidos os dezoito anos, estariam excluídos do âmbito de proteção da norma.

Com efeito, a CSDC realmente permite a adoção de idade legal inferior aos dezoito anos para o alcance da maioridade, contudo, o instituto jurídico da emancipação, apesar de afetar a capacidade do adolescente para os atos da vida civil, não tem o condão de mudar a sua idade: mantém-se a menoridade, mas cessa apenas a incapacidade.

Tem-se, assim, que a emancipação atinge somente algumas das consequências da menoridade, que são a incapacidade e a autoridade parental, mas não equipara o emancipado ao maior de idade para todos os efeitos.

Em qualquer hipótese, reforça-se a incidência das normas protetivas destinadas às pessoas menores de dezoito anos, sendo imperiosa a observância ao princípio do melhor interesse da criança e do adolescente na prática desses atos. Esse foi o entendimento firmado no Enunciado 530 da VI Jornada de Direito Civil promovida pelo Conselho da Justiça Federal, segundo o qual "[a] emancipação, por si só, não elide a incidência do Estatuto da Criança e do Adolescente", sob a seguinte justificativa:

> A emancipação, em que pese assegurar a possibilidade de realizar pessoalmente os atos da vida civil por aqueles que não alcançaram a maioridade civil, não tem o condão, isoladamente considerada, de afastar as normas especiais de caráter protetivo, notadamente o Estatuto da Criança e do Adolescente. O Estatuto da Criança e do Adolescente insere-se em um contexto personalista, garantindo tutela

---

41. CURY, Munir; GARRIDO, Paulo Afonso; MARÇURA, Jurandir Norberto. *Estatuto da Criança e do Adolescente anotado*. p. 22.
42. FARIAS, Cristiano Chaves de; NELSON, Rosenvald. *Curso de direito civil*: parte geral e LINDB. 14 ed. Salvador: Juspodivm, 2016. p. 369.

jurídica diferenciada em razão da vulnerabilidade decorrente do grau de discernimento incompleto. Assim, a antecipação da aquisição da capacidade de fato pelo adolescente não significa que ele tenha alcançado necessariamente o desenvolvimento para afastar as regras especiais.

Diante disso, Larissa Manoela, a atriz mirim que se vangloriou por não consumir bebidas alcoólicas mesmo emancipada não se tornou autorizada pelo fato da emancipação. A informação veiculada na mídia, portanto, padece de incorreção, não sendo lícito ao menor de dezoito anos, independentemente da capacidade, praticar atos vedados pelo Estatuto.

5. CONCLUSÃO

Sob um aspecto estrutural, a emancipação civil é um instrumento de aquisição de capacidade civil plena antes de atingida a maioridade legal. Sob um aspecto funcional, a emancipação civil deve ser compreendida à luz das normas protetivas da infanto-adolescência de matriz constitucional e convencional. Portanto, a emancipação civil concedida pelos pais somente se justifica na medida em que atende as necessidades e particularidades concretas do emancipando, em cumprimento ao princípio do melhor interesse da criança e do adolescente.

Não são, portanto, as demandas paternas e maternas que devem orientar a emancipação civil, mas sim o interesse do adolescente, sob pena de disfuncionalização do instituto. E, ainda assim, a aquisição da capacidade plena não elide a vulnerabilidade reconhecida no Estatuto da Criança e do Adolescente e na Convenção sobre os Direitos da Criança. A incapacidade civil ressalta a condição de vulnerável no ordenamento, mas a recíproca não é verdadeira: a vulnerabilidade não implica necessariamente incapacidade civil.

Tanto assim que o ordenamento jurídico dedica proteção a inúmeros grupos reconhecidamente vulneráveis, como as mulheres, as pessoas com deficiência ou idosas, sem com isso considerá-las incapazes. Ao contrário: nota-se uma tendência ao reconhecimento da capacidade civil plena desses grupos nas respectivas leis protetivas, como ocorreu com o Estatuto da Mulher Casada, no recente Estatuto da Pessoa Com Deficiência e no Estatuto do Idoso. Ou seja, poder se autorreger civilmente é uma questão de dignidade àqueles que tenham condições de fazê-lo. A incapacidade civil é um instituto protetivo apenas enquanto serve para apoiar as pessoas que tenham efetivamente dificuldades para exercer pessoalmente os seus direitos civis.

Como na incapacidade civil etária não há pronunciamento judicial para aferir a capacidade concreta do adolescente, decorrendo da lei, a emancipação se mostra como o meio adequado para permitir a cessação da incapacidade quando o adolescente já se mostrar suficientemente maduro para tanto.

Portanto, a emancipação civil como forma de proteção ao adolescente se manifesta na aproximação entre as potencialidades concretas do indivíduo e seu estatuto jurídico. Na emancipação voluntária, os pais são os encarregados de proceder a essa avaliação, o que deve ser feito em atendimento ao interesse do adolescente e com a devida participação do interessado, após receber as informações relacionadas ao ato, exprimir sua vontade e ser conscientizado sobre seu novo estatuto, em atendimento ao art. 12 da CSDC. É salutar que essa providência seja cumprida e relatada no instrumento público de concessão da emancipação, sob a orientação do tabelião de notas competente.

AUTONOMIA, VULNERABILIDADE E RESPONSABILIDADE: REFLEXÕES SOBRE O EXERCÍCIO DAS SITUAÇÕES JURÍDICAS EXISTENCIAIS

Bruna Lima de Mendonça

Sumário: 1. Introdução – 2. Contornos da autonomia privada – 3. Vulnerabilidade: análise sob a perspectiva das pessoas com deficiência – 4. O exercício das situações jurídicas existenciais: liberdade x responsabilidade – 5. Conclusão.

1. INTRODUÇÃO

Na contemporaneidade, as reivindicações em matéria de direitos fundamentais apontam não apenas para o seu reconhecimento formal – conquista de inegável valor histórico, político e social, alcançada com a promulgação das constituições democráticas após as duas grandes guerras mundiais[1] – mas para o cumprimento e a realização desses direitos. Para tanto, faz-se necessário garantir a todas as pessoas, indiscriminadamente, o exercício, segundo a sua própria vontade, dos direitos reconhecidos.[2]

Alguns grupos específicos, apesar de terem seus direitos reconhecidos formalmente, não conseguem exercê-lo de forma plena, em razão de barreiras sociais, políticas e jurídicas, como é o caso, por exemplo, das pessoas com deficiência e de outros grupos vulnerados.

---

1. No caso brasileiro, a Constituição Federal de 1988 trouxe como fundamento da República o princípio da dignidade da pessoa humana (CF/1988, art. 1º, III) e como objetivo o desenvolvimento de uma sociedade livre, justa e solidária (CF/1988, art. 3º, I).
2. Francisco Bariffi esclarece que: "Históricamente, los derechos humanos han velado por garantizar la puerta de acceso a la titularidad de los derechos, estableciendo estándares mínimos de reconocimiento a nivel universal, incluso por encima de cualquier otra índole. Sin embargo, en los últimos tiempos, la comunidad internacional parece haber hecho eco de la necesidad de incorporar al discurso de los derechos humanos la necesidad de velar por garantizar la puerta de acceso al ejercicio de los derechos, y más precisamente, introducirse en las condiciones de dicho acceso". (BARIFFI, Francisco. Capacidad jurídica y capacidad de obrar de las personas con discapacidad a la luz de la Convención de la ONU. In: BUENO, Luiz Cayo Pérez (Dir.). *Hacia um derecho de la discapacidad*: estudios em homenaje al professor Rafael de Lorenzo. CizurMenor: Arandazi, 2009. p. 358). Tradução livre: "Historicamente, os direitos humanos têm zelado por garantir a porta de acesso para a titularidade de direitos, estabelecendo padrões mínimos de reconhecimento a nível universal, acima de qualquer natureza. No entanto, nos últimos tempos, a comunidade internacional parece ter ecoado a necessidade de incorporar ao discurso dos direitos humanos a necessidade de tomar medidas para garantir a porta de acesso ao exercício dos direitos e, mais especificamente, introduzir as condições para tal acesso."

No caso das pessoas com deficiência, a Convenção sobre os Direitos da Pessoa com Deficiência da ONU e seu Protocolo Facultativo ("CDPD")[3] – que alçaram o *status* de norma constitucional no ordenamento jurídico brasileiro – e a Lei Brasileira de Inclusão da Pessoa com deficiência (Lei 13.146/15), também conhecida como Estatuto da Pessoa com Deficiência ("EPD"), enunciam consagrados direitos já previstos na Constituição da República (como os direitos à vida, ao igual reconhecimento perante a lei, ao acesso à justiça, à liberdade, à integridade pessoal, ao planejamento familiar etc.), a partir de um olhar atento às peculiaridades concretas das pessoas com deficiência, com o objetivo de garantir o efetivo exercício desses direitos fundamentais pelas pessoas com deficiência.

Esclarece-se que os referidos direitos podem assumir a feição de direitos humanos, de direitos fundamentais ou de direitos da personalidade, a depender da relação em que estejam inseridos. Essa distinção, na verdade, não assume grande importância, sendo certo que os referidos direitos confluem na cláusula geral de tutela da pessoa humana que tem fundamento constitucional (CF/1988, art. 1º, III), abrangendo todas as situações existenciais.[4] A terminologia "situações existenciais", por sua vez, revela-se mais adequada para se referir a aspectos da personalidade humana, que "não se realiza apenas através de direitos subjetivos, mas sim através de uma complexidade de situações jurídicas subjetivas".[5]

Na prática, garantir o efetivo exercício das situações jurídicas existenciais pode apresentar desafios, especialmente no que tange aos limites que podem ser impostos a esse exercício dentro da ordem constitucional. A proposta do presente artigo é apresentar algumas premissas teóricas capazes de auxiliar o intérprete nessa missão e suscitar reflexões a respeito do tema. Assim, serão examinados (i) os contornos da autonomia privada; (ii) a configuração da vulnerabilidade, especialmente sob a ótica das pessoas com deficiência; e (iii) os efeitos produzidos pelas situações existenciais a partir de uma lógica relacional.

Como será demonstrado, o exercício das situações existenciais, especialmente quando envolvem pessoas vulneradas, é questão complexa que não apresenta resposta certa *a priori* e impõe ao intérprete a consideração de todo o conteúdo material do princípio da dignidade da pessoa humana no exame do caso concreto, sendo certo que

---

3. No Brasil, a Convenção e seu Protocolo Facultativo foram o primeiro tratado internacional de direitos humanos aprovado nos termos do procedimento previsto no art. 5º, § 3º, da Constituição Federal de 1988, por meio do Decreto Legislativo 186, de 10 de julho de 2008, tendo alçado a hierarquia de norma constitucional. O Presidente da República ratificou e promulgou a Convenção por meio do Decreto Presidencial 6.949/2009.
4. TEPEDINO, Gustavo. *A influência dos direitos humanos e direitos fundamentais no direito civil brasileiro.* Disponível em: http://www.publicadireito.com.br/artigos/?cod=8cacb05141a62321. Acesso em: 12 out. 2022.
5. Segundo Pietro Perlingieri: "toda situação é efeito de um fato, ou seja, encontra a sua origem em um fato, natural ou humano, juridicamente relevante". (PERLINGIERI, Pietro. *O direito civil na legalidade constitucional*. Tradução de Maria Cristina de Cicco. Rio de Janeiro: Renovar, 2008. p. 669). Em relação a aspectos da personalidade humana, o autor destaca que "a pessoa realiza a si mesma não mediante um único esquema de situação subjetiva, mas por meio de uma complexidade de situações qualificáveis caso a caso". (p. 767).

princípios jurídicos da igualdade, da integridade psicofísica, da liberdade e da solidariedade possuem igual importância hierárquica.[6]

2. CONTORNOS DA AUTONOMIA PRIVADA

A consagração do princípio da dignidade da pessoa humana nas constituições democráticas reformulou a noção de autonomia, que é justificada "não mais como uma simples expressão da vontade por si só, mas como o pleno desenvolvimento e aplicabilidade do princípio da dignidade humana, tendo como base a liberdade".[7] A noção de autonomia privada deixa, então, "de configurar um valor em si mesma, e será merecedora de tutela somente se representar, em concreto, a realização de um valor constitucional".[8]

Essa noção de autonomia privada, informada pelos valores constitucionais, insere-se tanto no âmbito das relações patrimoniais, ao legitimar a regulamentação da iniciativa econômica pelos próprios interessados, quanto no plano das relações existenciais, ao privilegiar a livre afirmação dos valores da personalidade inerentes à pessoa humana.[9]

No entanto, conforme a sua incidência ocorra no âmbito de uma relação patrimonial ou de uma relação existencial, o ato de autonomia privada adquire um diverso fundamento constitucional e assume diferentes contornos.

Os atos de autonomia que visam ao lucro, ao aumento patrimonial e à circulação de riquezas encontram fundamento constitucional na livre iniciativa econômica e estão sujeitos aos ditames da existência digna e da justiça social (CF/1988, art. 170). Já os atos de natureza existencial, que visam ao livre desenvolvimento da pessoa, encontram fundamento imediato na cláusula geral de proteção da pessoa humana (CF/1988, art. 1º).

A constatação do diverso fundamento constitucional dos atos de autonomia privada é de suma importância, na medida em que "a um fundamento diverso corresponde uma colocação diferente na hierarquia dos valores".[10] Não se pode igualar a autonomia

---

6. Em relação à definição do conteúdo material do princípio da dignidade da pessoa humana, adota-se, neste artigo, a proposta de Maria Celina Bodin de Moraes que, ao partir de construções filosóficas, políticas e históricas, demonstra que o substrato material da dignidade pode ser desdobrado em quatro postulados: (i) o sujeito moral (ético) reconhece a existência de outros sujeitos iguais a ele; (ii) merecedores do mesmo respeito à integridade psicofísica de que é titular; (iii) é dotado de vontade livre, de autodeterminação; (iv) é parte do grupo social, em relação ao qual tem a garantia de não vir a ser marginalizado. Nas palavras da autora, são corolários desses postulados os princípios jurídicos da igualdade, da integridade física e moral – psicofísica – da liberdade e da solidariedade. BODIN DE MORAES, Maria Celina. O princípio da dignidade da pessoa humana. *Na medida da pessoa humana*: estudos de direito civil-constitucional. Rio de Janeiro: Renovar, 2010. p. 85.
7. BUCAR, Daniel; TEIXEIRA, Daniele Chaves. Autonomia e solidariedade. In: TEPEDINO, Gustavo; TEIXEIRA, Ana Carolina Brochado; ALMEIDA, Vitor (Coord.). *O direito civil entre o sujeito e a pessoa*: estudos em homenagem ao professor Stefano Rodotà. Belo Horizonte: Fórum, 2016. p. 98.
8. TEPEDINO, Gustavo. Normas constitucionais e direito civil na construção unitária do ordenamento. *Temas de direito civil*. Rio de Janeiro: Renovar, 2009. Tomo III. p. 6.
9. TEPEDINO, Gustavo. Esboço de uma classificação funcional dos atos jurídicos. *Revista Brasileira de Direito Civil – RBDCivil*, v. 1, p. 9, 2014. Adota-se, conforme o autor, uma concepção abrangente do termo autonomia privada, que engloba tanto as atividades econômicas, quanto as existenciais.
10. PERLINGIERI, Pietro. *O direito civil na legalidade constitucional*. Trad. Maria Cristina de Cicco. Rio de Janeiro: Renovar, 2008. p. 348-349.

(como poder de autogoverno) que atinge diretamente a personalidade humana com a autonomia que visa à obtenção do maior lucro possível.[11]

Os atos referentes ao exercício das situações patrimoniais desempenham, além de uma função individual, também uma função social (vide incisos III e V do art. 170, que preveem o princípio da função social da propriedade e da defesa do consumidor), sendo, assim, mais sujeitos à intervenção estatal. Por outro lado, quando se está diante de situações existenciais, deve-se privilegiar ao máximo a liberdade individual.[12]

A ligação entre a autonomia privada em sua projeção existencial e a dignidade da pessoa humana é muito forte e amplamente debatida pela doutrina e jurisprudência em todo o mundo. O ponto central da questão é o fato de que não cabe ao Estado ou à sociedade definir como as pessoas devem guiar as suas próprias vidas. Desde que não violem direitos de terceiro, "os indivíduos devem poder seguir seus projetos, inclinações e preferências, por mais que estes desafiem tradições e costumes enraizados ou degrade, as maiorias sociais".[13]

Essa premissa deve ser aplicável indiscriminadamente a todas as pessoas, sob pena de violação ao princípio da igualdade. Em algumas situações, contudo, o privilégio aos espaços de liberdade pode gerar questionamentos, especialmente quando a autonomia da pessoa se encontra afetada por alguma condição, transitória ou permanente, capaz de afetar as suas faculdades volitivas e cognitivas. Não se pode descurar que o princípio da dignidade da pessoa humana impõe não apenas o prestígio da autonomia privada, mas também que as pessoas sejam tuteladas na medida de sua vulnerabilidade.

3. VULNERABILIDADE: ANÁLISE SOB A PERSPECTIVA DAS PESSOAS COM DEFICIÊNCIA

O fundamento jurídico da dignidade se manifesta também no princípio da igualdade, que "veda a hierarquização dos indivíduos e as desequiparações infundadas, mas impõe a neutralização das injustiças históricas, econômicas e sociais, bem como o respeito à diferença".[14] Nesse sentido, segundo Luís Roberto Barroso, o princípio da igualdade se manifesta em três dimensões no mundo contemporâneo, a saber:

---

11. Sobre a importância da constatação do diverso fundamento constitucional da autonomia privada, cf. Pietro Perlingieri: "[...] a evidente diferença entre a venda de mercadorias – seja ou não especulação profissional – e o consentimento a um transplante corresponde a uma diversidade de valoração no interior da hierarquia dos valores postos pela Constituição, onde a prevalência do valor da pessoa impõe a interpretação de cada ato ou atividade dos sujeitos à luz desse princípio fundamental". (PERLINGIERI, Pietro. *O direito civil na legalidade constitucional*. Trad. Maria Cristina de Cicco. Rio de Janeiro: Renovar, 2008. p. 348-349).
12. BODIN DE MORAES, Maria Celina. Uma aplicação do princípio da liberdade. *Na medida da pessoa humana*: estudos de direito civil-constitucional. Rio de Janeiro: Renovar, 2010. p. 190.
13. A questão é amplamente examinada em: SARMENTO, Daniel. *Dignidade da pessoa humana*: conteúdo, trajetórias e metodologia. Belo Horizonte: Fórum, 2016. p. 146.
14. BARROSO, Luís Roberto; OSÓRIO, Aline Rezende Peres. *"Sabe como quem está falando"*: Algumas notas sobre o princípio da igualdade no Brasil contemporâneo. Disponível em: https://www.jota.info/especiais/sabe-com--quem-esta-falando-07062016. Acesso em: 15 out. 2022.

[...] a *igualdade formal*, que funciona como proteção contra a existência de privilégios e tratamentos discriminatórios; a *igualdade material*, que corresponde às demandas por redistribuição de poder, riqueza e bem-estar social; e a *igualdade como reconhecimento*, significando o respeito devido às minorias, sua identidade e suas diferenças, sejam raciais, religiosas, sexuais ou quaisquer outras.[15]

Como destaca o autor, a Constituição da República trata dessas três dimensões da igualdade. A igualdade formal é extraída da garantia de que "todos são iguais perante a lei, sem distinção de qualquer natureza" (CF/1988, art. 5º, *caput*). Já a igualdade material decorre de objetivos da República, como "construir uma sociedade livre, justa e solidária" (CF/1988, art. 3º, I) e "erradicar a pobreza e a marginalização e reduzir as desigualdades sociais e regionais" (CF/1988, art. 3º, III). Por sua vez, a igualdade como reconhecimento tem seu lastro em outros dos objetivos fundamentais do país: "promover o bem de todos, sem preconceitos de origem, raça, sexo, cor, idade e quaisquer outras formas de discriminação" (CF/1988, art. 3º, IV).

As dimensões do princípio da igualdade não são independentes um do outro, sendo certo que "a igualdade efetiva requer igualdade perante a lei, redistribuição e reconhecimento".[16] A partir da compreensão dessas três dimensões é que se afirma que, para a concretização da dignidade, deve-se levar em consideração a vulnerabilidade inerente às pessoas humanas e as diferenças existentes entre elas. A tutela da pessoa humana concretamente considerada, na medida de sua vulnerabilidade, é o aspecto mais visível da mudança axiológica provocada pela consagração do princípio da dignidade humana como fundamento da República.[17]

A vulnerabilidade, por sua vez, é característica ontológica de todo ser humano; no entanto, algumas pessoas possuem a sua vulnerabilidade potencializada ou já nascem vulneradas em razão de condições psicofísicas, sociais ou econômicas.[18] Para garantir que essas pessoas – "os vulnerados" – possam exercer seus direitos em igualdades de condições com os demais é preciso que o direito lhes propicie os meios para tanto.[19]

A título de exemplo, menciona-se as pessoas com deficiência que, segundo definição adotada pela Convenção sobre os Direitos da Pessoa com Deficiência da ONU e seu Protocolo Facultativo e pelo Estatuto da Pessoa com Deficiência, possuem "impedimentos de longo prazo de natureza física, mental, intelectual ou sensorial, os quais, em interação com diversas barreiras, podem obstruir sua participação plena e efetiva na sociedade em igualdades de condições com as demais pessoas".[20] A vulnerabilidade das pessoas com deficiência decorre, portanto, da interação dos impedimentos de na-

---

15. BARROSO, loc. cit.
16. BARROSO, loc. cit.
17. BODIN DE MORAES, Maria Celina. O princípio da dignidade da pessoa humana. *Na medida da pessoa humana*: estudos de direito civil-constitucional. Rio de Janeiro: Renovar, 2010. p. 84.
18. BARBOZA, Heloisa Helena. Vulnerabilidade e cuidado: aspectos jurídicos. In: PEREIRA, Tânia da Silva; OLIVEIRA, Gustavo de (Coord.). *Cuidado e vulnerabilidade*. São Paulo: Atlas, 2009. p. 108.
19. BARBOZA, loc. cit.
20. CDPD, art. 1º.

tureza física, mental, intelectual ou sensorial que as atingem com as diversas barreiras encontradas na sociedade.[21]

Especificamente em relação à deficiência mental ou intelectual, apesar de o legislador não ter estabelecido parâmetros para a sua delimitação, entende-se que se referem a transtornos de ordem cognitiva, psicológica ou psiquiátrica que acometem determinadas pessoas. Mais importante que a definição conceitual – que ultrapassa o alcance do presente artigo – é entender que a deficiência pode vir a interferir, em maior ou menor grau, na capacidade de autogoverno dessas pessoas.[22]

Em situações mais graves, a deficiência mental ou intelectual pode implicar restrições nas faculdades volitivas e cognitivas do indivíduo de tal ordem que o impede de realizar as tarefas cotidianas ou elementares com um mínimo de independência e autonomia – podendo, até mesmo, levá-lo a adotar decisões manifestamente prejudicais para os seus bens ou a sua pessoa.[23] Nesses casos, a deficiência mental ou intelectual enquadra a pessoa em situação de particular vulnerabilidade, que pode gerar desamparo não apenas no campo patrimonial, mas também em diversos aspectos que envolvem a sua saúde, segurança e educação, por exemplo.

Desde o Código Civil de 1916, o legislador brasileiro revelou, de forma discriminatória, a presunção não só da vulnerabilidade, mas também da incapacidade das pessoas com deficiência mental ou intelectual, ao incluí-las no rol dos absolutamente ou relativamente incapazes. O art. 114 do EPD (Lei 13.146/15), por sua vez, alterou a redação original dos arts. 3º e 4º do Código Civil de 2002, excluindo a presunção da incapacidade das pessoas com deficiência.

A despeito das alterações nos referidos dispositivos legais, as pessoas com deficiência continuam tendo a sua vulnerabilidade presumida (e não mais a incapacidade) pela ordem jurídica,[24] assim como se verifica com outros grupos, como os consumidores, as crianças e os idosos. Trata-se de uma "vulnerabilidade antecipadamente apreendida pelo direito",[25] que deve propiciar os meios adequados para garantir que essas pessoas exerçam os seus direitos em igualdades de condições com as demais.

---

21. Segundo o EPD (art. 3º, IV), as barreiras correspondem a "qualquer entrave, obstáculo, atitude ou comportamento que limite ou impeça a participação social da pessoa, bem como o gozo, a fruição e o exercício de seus direitos à acessibilidade, à liberdade de movimento e de expressão, à comunicação, ao acesso à informação, à compreensão, à circulação com segurança, entre outros [...]".
22. ZORRILLA, Maria Carmen Núñes. *La assistência*: la medida de protección de la persona com discapacidad psíquica alternativa al procedimiento judicial de incapacitación. Madrid: Dykinson, 2014. p. 49.
23. ZORRILLA, loc. cit.
24. Sobre o assunto, observa Milton Paulo de Carvalho que "A deficiência é um impedimento duradouro físico, mental ou sensorial que não induz, em princípio, a qualquer forma de incapacidade, apenas a uma vulnerabilidade, pois a garantia de igualdade reconhece uma presunção geral de plena capacidade a favor das pessoas com deficiência.". (CARVALHO, Milton Paulo de. Comentários aos arts. 1.511 a 1.789: família. In: PELUSO, Cezar (Coord.). *Código Civil comentado* 7.ed. rev. e atual. São Paulo: Manole, 2016. p. 2004).
25. FIECHTER-BOULVARD, Frédérique. La notion de vulnérabilité et sa consécration par le droit. In: COHET-CORDEY, Frédérique (Coord.). *Vulnérabilité et droit*: le développement de la vulnérabilité et ses enjeux en droit. Grenoble: Presses Universitaires, 2000. p. 19 apud BARBOZA, Heloisa Helena. Proteção dos vulneráveis na Constituição de 1988: uma questão de igualdade. In: NEVES, Thiago Ferreira Cardoso. *Direito & justiça*

Os instrumentos de intervenção jurídica voltados a diminuir a vulnerabilidade dessas categorias de pessoas foram desenvolvidos, inicialmente, com uma maior preocupação no campo patrimonial – ainda que houvesse efeitos indiretos na dignidade da pessoa –, a fim de garantir o reequilíbrio econômico das relações, o que se verificou com os trabalhadores, os inquilinos e, mais recentemente, com os consumidores.[26]

Nas últimas décadas, cada vez mais, o direito se atenta não apenas para a vulnerabilidade patrimonial, mas também para a existência de uma vulnerabilidade existencial, entendida como "a situação jurídica subjetiva em que o titular se encontra sob maior suscetibilidade de ser lesionado na sua esfera extrapatrimonial",[27] e busca, ainda que de forma incipiente, a adoção de medidas específicas para a tutela desse tipo de situação.

As tutelas diferenciadas deferidas às relações patrimoniais e às relações existenciais titularizadas por pessoas vulneradas não são independentes entre si e devem ser garantidas em conjunto, já que a cláusula geral de tutela da pessoa humana impõe a sua proteção integral e não apenas a aspectos recortados da sua personalidade e dos seus direitos.[28] Portanto, os instrumentos de intervenção jurídica reequilibradora devem abranger simultaneamente as situações patrimoniais e as situações existenciais.

A importância de se discriminar e reconhecer a existência de uma vulnerabilidade existencial é a mesma da busca pela qualificação das situações existenciais: o reconhecimento da necessidade de tutela qualitativamente diversa, a fim de se evitar a utilização de remédios incompatíveis com os valores em jogo.[29]

Nesse sentido, o EPD trouxe importantes mecanismos para garantir a tutela das pessoas com deficiência concretamente consideradas, a fim de garantir o seu tratamento igualitário, tanto nas relações patrimoniais, quanto (e principalmente) nas relações existenciais. Nesse sentido, cita-se como exemplos: o direito ao tratamento prioritário da pessoa com deficiência (Lei 13.146/15, art. 9º); o direito à reserva de vagas, incluindo, a reserva de unidades habitacionais para serem adquiridas pelas pessoas com deficiência em programas públicos ou subsidiados com recursos públicos (Lei 13.146/15, art. 32, I), a reserva de espaços livres e assentos para a pessoa com deficiência nos teatros, cinemas, auditórios, estádios, ginásios de esporte, locais de espetáculos e de conferências e similares (Lei 13.146/15, art. 44) e a reserva de vagas em todas as áreas de estacionamento aberto ao público, de uso público ou privado de uso coletivo e em vias públicas (Lei 13.146/15, art. 47).

---

social: por uma sociedade mais justa, livre e solidária – estudos em homenagem ao Professor Sylvio Capanema de Souza. São Paulo: Atlas, 2013. p. 113).

26. BARBOZA, Heloisa Helena. Vulnerabilidade e cuidado: aspectos jurídicos. In: PEREIRA, Tânia da Silva; OLIVEIRA, Gustavo de (Coord.). *Cuidado e vulnerabilidade*. São Paulo: Atlas, 2009. p. 108.

27. KONDER, Carlos Nelson. Vulnerabilidade patrimonial e vulnerabilidade existencial: por um sistema diferenciador. *Revista de Direito do Consumidor*, v. 24, n. 99, p. 107, maio/jun. 2015.

28. TEPEDINO, Gustavo. A tutela da personalidade no ordenamento civil-constitucional brasileiro. *Temas de direito civil*. 3.ed. rev. e atual. Rio de Janeiro: Renovar, 2008. p. 53-54.

29. KONDER, Carlos Nelson. Vulnerabilidade patrimonial e vulnerabilidade existencial: por um sistema diferenciador. *Revista de Direito do Consumidor*, v. 24, n. 99, p. 107-108, maio/jun. 2015.

Além disso, os deveres de assistência permeiam o EPD, sendo determinado expressamente o dever do Estado, da sociedade e da família de assegurar à pessoa com deficiência, com prioridade, a efetivação de diversos direitos fundamentais, como o direito à vida, à saúde, à sexualidade, à paternidade e à maternidade, à alimentação, à habitação, à educação etc. (Lei 13.146/15, art. 8º). Destaca-se que o referido dispositivo se encontra no Capítulo II do EPD, que trata da igualdade e da não discriminação da pessoa com deficiência. Nesse mesmo capítulo, como medida de promoção da igualdade, foi reconhecido que "a deficiência não afeta a capacidade civil da pessoa", inclusive para o exercício de inúmeras situações existenciais, como o casamento, o planejamento familiar, o direito à guarda, à tutela, à curatela e à adoção (Lei 13.146/15, art. 6º).

Uma vez superadas as presunções que acabavam por revelar tratamento discriminatório das pessoas com deficiência mental ou intelectual pela lei, deve-se atentar para as vulnerabilidades concretas da pessoa com deficiência, a fim de garantir também a igualdade material. Encontrar o ponto de equilíbrio entre o reconhecimento da concreta vulnerabilidade e o tratamento não discriminatório, contudo, não é uma tarefa fácil. Na lição de Stefano Rodotà:

> [...] coloca-se, assim, um problema de reconhecimento, no mundo e nas relações intersubjetivas, que traz consigo a necessidade de definir o critério, a medida deste reconhecimento. O ponto é crítico, porque se trata da prisão da abstração sem cair na prisão da própria carne.[30]

Como adverte Gustavo Tepedino, essa mediação entre a igualdade formal do sujeito (libertadora de preconceitos) e a igualdade substancial da pessoa (protetora das vulnerabilidades) depende, inevitavelmente, de uma atuação proativa do magistrado na busca do conteúdo normativo dos preceitos codificados, a partir do compromisso constitucional da sociedade.[31]

4. O EXERCÍCIO DAS SITUAÇÕES JURÍDICAS EXISTENCIAIS: LIBERDADE X RESPONSABILIDADE

Especificamente em relação ao exercício das situações jurídicas existenciais, que são o foco do presente artigo, deve-se ter em mente que, apesar de a sua função ser atrelada à realização de interesses do próprio titular – sendo necessário, assim, privilegiar ao máximo os espaços de liberdade – não se pode olvidar das particularidades que envolvem a pessoa concretamente considerada, especialmente quando se trata de grupos vulnerados.

Ainda, os efeitos decorrentes do exercício das situações existenciais poderão gerar consequências em esferas jurídicas distintas, cujas repercussões vão além da pessoa e cau-

---

30. Tradução livre de: "[...] si pone così in problema di riconoscimento, nel mondo e nei confronti degli altri, che porta con sé la necessità di definirei l critério, la misura di questo riconoscimento. Il punto è critico, perchè si trtta di uscire dall prigione dell'astrattezza senza cadere nella 'prigione dela própria carne'" (RODOTÀ, Stefano. Dal soggetto alla persona. *Il diritto di avere diritti*. Roma: Laterza, 2012. p. 141).
31. TEPEDINO, Gustavo. O papel atual da doutrina do direito civil entre o sujeito e a pessoa. In: TEPEDINO, Gustavo; TEIXEIRA, Ana Carolina Brochado; ALMEIDA, Vitor (Coord.). *O direito civil entre o sujeito e a pessoa*: estudos em homenagem ao professor Stefano Rodotà. Belo Horizonte: Fórum, 2016. p. 19-20.

sam implicações diretas na vida de terceiros. Nessa senda, revela-se útil o esquema teórico elaborado por Thamis Ávila Dalsenter Viveiros de Castro, para categorizar as situações jurídicas subjetivas existenciais – ou dúplices – de acordo com a sua eficácia, a saber:

(i) *situações de eficácia pessoal*, cujos efeitos jurídicos do ato de autonomia não alteram a esfera jurídica alheia de modo a representar lesão ou ameaça de lesão a direitos de outrem;

(ii) *situações de eficácia interpessoal*, que ocorrem quando os efeitos gerados pelo ato de autonomia ultrapassam a esfera jurídica de seu titular e atingem pessoas que podem concretamente identificas provocando lesão ou ameaça de lesão a interesses juridicamente tutelados; e

(iii) *situações de eficácia social*, configurada quando os efeitos do ato de autonomia produzem lesão ou ameaça de lesão à coletividade, ou seja, a um número não identificado de pessoas.[32]

Percebe-se que, assim como todas as situações jurídicas subjetivas, as situações existenciais devem ser consideradas sempre dentro de uma perspectiva relacional.[33] Significa dizer que, de acordo com uma visão do ordenamento jurídico vigente que encontra fundamento nos princípios constitucionais, não é suficiente se aprofundar no poder atribuído a um sujeito se não se compreende, ao mesmo tempo, os deveres gerais, os deveres específicos (*obblighi*) e os deveres dos outros a ele correlatos.[34]

Em regra, o controle de merecimento de tutela do ato de autonomia privada existencial deveria assumir maior relevância nas situações de eficácia interpessoal e nas situações de eficácia social, por possuírem o condão de produzir efeitos na esfera jurídica alheia. Por outro lado, a interferência estatal nas situações de eficácia pessoal poderia revelar paternalismo injustificado e violação à esfera privada da pessoa, com demonstrado anteriormente.[35]

No entanto, no caso de pessoas em situação de manifesta vulnerabilidade, em especial, vulnerabilidade existencial, como pode ocorrer com determinadas pessoas com deficiência mental ou intelectual, privilegiar irrestritamente os espaços de liberdade pode significar abandoná-las às próprias escolhas, o que não condiz com o princípio da dignidade da pessoa humana.

---

32. A autora elaborou o referido esquema teórico para demonstrar, em sua tese, que a noção de bons costumes como cláusula geral pode impor limites externos para o exercício da autonomia privada existencial. Defendeu, contudo, que somente seria devida a incidência da cláusula geral dos bons costumes nas *situações de eficácia interpessoal* e nas *situações de eficácia social*, que possuem o condão de produzir efeitos na esfera jurídica alheia. Em relação às *situações jurídicas subjetivas de eficácia pessoal* não deveria incidir a noção de bons costumes, por não haver qualquer tipo de justificativa democrática para uma intervenção tão fortemente paternalista. (CASTRO, Thamis Ávila Dalsenter Viveiros de. *Autonomia existencial na legalidade constitucional*: critérios para interpretação da cláusula geral de bons costumes no Código Civil brasileiro. 2015. Tese (Doutorado) – Universidade do Estado do Rio de Janeiro – UERJ, Rio de Janeiro, 2015. p. 224).
33. Como afirma Pietro Perlingieri: "É preciso evitar generalizações: não se determina a tutelabilidade de um direito sem examinar sobre qual outra situação subjetiva ele influi. Também os direitos da personalidade devem ser apresentados em chave relacional". (PERLINGIERI, Pietro. *O direito civil na legalidade constitucional*. Trad. Maria Cristina de Cicco. Rio de Janeiro: Renovar, 2008. p. 772).
34. PERLINGIERI, Pietro. *O direito civil na legalidade constitucional*. Trad. Maria Cristina de Cicco. Rio de Janeiro: Renovar, 2008. p.677-678.
35. Sobre a necessidade de se respeitar a autonomia das pessoas nas situações de eficácia pessoal, confira-se: TEIXEIRA, Ana Carolina Brochado. *Saúde, corpo e autonomia privada*. São Paulo: Renovar, 2010. p. 185).

Para auxiliar na reflexão sobre o tema, passa-se a examinar as nuances que envolvem o exercício de algumas situações jurídicas existenciais com eficácia interpessoal e social, como o direito ao planejamento familiar, e de eficácia pessoal, como o direito ao próprio corpo.

A Constituição da República consagra em seu art. 226, § 7º,[36] o direito ao planejamento familiar como "livre decisão do casal"[37] e determina que compete ao Estado propiciar recursos educacionais e científicos para o exercício desse direito, sendo vedada qualquer forma de coerção por parte de instituições oficiais ou privadas que interfira no livre planejamento familiar.

Em síntese, o direito ao planejamento familiar consiste "em uma escolha da entidade familiar, eleita a partir dos recursos e informações disponibilizadas pelo próprio Estado".[38] A atividade do Estado, nesse sentido, assume caráter eminentemente promocional, de modo que, além do fornecimento de informações adequadas sobre reprodução, deve tutelar a gestante em todos os seus ciclos vitais, com atenção integral à saúde, como disposto no parágrafo único do art. 3º da Lei 9.263/96, cujo escopo é regular o aludido dispositivo constitucional.[39]-[40]

Por outro lado, o próprio art. 226, § 7º, da Constituição da República impõe limites ao exercício do direito ao planejamento familiar, ao determinar que este é "fundado nos princípios da dignidade da pessoa humana e da paternidade responsável".[41] A noção de paternidade responsável, ou parentalidade responsável, deixa claro que o exercício

---

36. "Art. 226. A família, base da sociedade, tem especial proteção do Estado. [...] § 7º Fundado nos princípios da dignidade da pessoa humana e da paternidade responsável, o planejamento familiar é livre decisão do casal, competindo ao Estado propiciar recursos educacionais e científicos para o exercício desse direito, vedada qualquer forma coercitiva por parte de instituições oficiais ou privadas".
37. A interpretação literal do dispositivo constitucional é incoerente com a pluralidade e igualdade entre as diversas entidades familiares consagradas pela própria Constituição da República. Trata-se de equívoco meramente linguístico, corrigido em boa hora pela Lei 9.263/96, cujo escopo é regular o art. 226, § 7º, da CF. A referida lei dispôs que o planejamento familiar é um direito de todo cidadão, não mais contemplando como destinatário unicamente às pessoas casadas ou em união estável.
38. TEIXEIRA, Ana Carolina Brochado; RODRIGUES, Renata de Lima. *O direito das famílias entre a norma e a realidade*. São Paulo: Atlas, 2010. p. 145.
39. Ibidem, p. 142.
40. "Art. 3º O planejamento familiar é parte integrante do conjunto de ações de atenção à mulher, ao homem ou ao casal, dentro de uma visão de atendimento global e integral à saúde. Parágrafo único. As instâncias gestoras do Sistema Único de Saúde, em todos os seus níveis, na prestação das ações previstas no *caput*, obrigam-se a garantir, em toda a sua rede de serviços, no que respeita a atenção à mulher, ao homem ou ao casal, programa de atenção integral à saúde, em todos os seus ciclos vitais, que inclua, como atividades básicas, entre outras: [...]".
41. É pelo fato de a pessoa viver em sociedade que a autonomia e solidariedade devem ser compatibilizadas, mesmo porque a própria noção de solidariedade impõe não suprimir a autonomia individual e a noção de autonomia, por seu turno, não pode potencializar a liberdade, inclusive, suprimindo a liberdade do outro. [...] Por este raciocínio, o planejamento familiar tem como limites internos a dignidade da pessoa humana e a paternidade responsável, expressamente previstos no art. 226, § 7º. Isso significa que o direito dos pais na escolha do projeto parental tem limites, cujos fundamentos encontram-se no próprio ordenamento jurídico (TEIXEIRA, Ana Carolina Brochado; RODRIGUES, Renata de Lima. *O direito das famílias entre a norma e a realidade*. São Paulo: Atlas, 2010, p. 148-149).

das liberdades inerentes à sexualidade e à procriação pelos indivíduos traz consigo a responsabilidade – individual e social – da geração de uma nova vida humana.[42]

O exercício do direito ao planejamento familiar, portanto, deve ser sempre analisado dentro de lógica relacional, em que não apenas a vontade do seu titular é levada em consideração, mas a sua capacidade de compreensão e análise das responsabilidades que advém do seu ato, como adverte Guilherme Calmon:

> [...] a consciência a respeito da paternidade e da maternidade abrange não apenas o aspecto voluntário da decisão – de procriar –, mas especialmente os efeitos posteriores ao nascimento do filho, para o fim de gerar a permanência da responsabilidade parental principalmente nas fases mais importantes de formação e desenvolvimento da personalidade da pessoa humana: a infância e a adolescência, sem prejuízo logicamente das consequências posteriores relativamente aos filhos na fase adulta – como, por exemplo, os alimentos entre parentes.[43]

Nesse contexto, afirma-se que a noção de parentalidade responsável também encontra fundamento nos arts. 227, *caput* (que consagra o princípio do melhor interesse da criança e do adolescente), e 229 (que institui o dever de cuidado recíproco entre pais e filhos) da Constituição da República.[44]-[45]

Todas as liberdades e responsabilidades acima elencadas são aplicadas indistintamente a todas as pessoas. Importa registrar que, no caso das pessoas com deficiência, a própria CDPD, que é norma constitucional, faz a necessária correspondência entre as liberdades e as respectivas responsabilidades. No âmbito do planejamento familiar, o art. 23-1, letra "b", assegura expressamente o direito da pessoa com deficiência de decidir sobre o número de filhos de forma "livre e responsável". Já no art. 23-2, a CDPD determina que "os Estados assegurarão os direitos e responsabilidades das pessoas com deficiência, relativos à guarda, custódia, curatela e adoção de crianças ou instituições semelhantes [...]. Em todos os casos, prevalecerá o superior interesse da criança".

Percebe-se, pois, que a própria CDPD preceitua a necessidade de que, ao exercer suas escolhas existenciais, a pessoa com deficiência tenha capacidade de compreender as consequências que delas advirão e de assumir as respectivas responsabilidades, especialmente nas relações jurídicas estabelecidas com outras pessoas vulneradas, como é o caso da criança.

---

42. GAMA, Guilherme Calmon Nogueira. Princípio da paternidade responsável. *Revista de Direito Privado*, v. 5, n. 18, p. 31, São Paulo, abr./jun. 2004.
43. GAMA, loc. cit.
44. "Art. 227. É dever da família, da sociedade e do Estado assegurar à criança, ao adolescente e ao jovem, com absoluta prioridade, o direito à vida, à saúde, à alimentação, à educação, ao lazer, à profissionalização, à cultura, à dignidade, ao respeito, à liberdade e à convivência familiar e comunitária, além de colocá-los a salvo de toda forma de negligência, discriminação, exploração, violência, crueldade e opressão."
"Art. 229. Os pais têm o dever de assistir, criar e educar os filhos menores, e os filhos maiores têm o dever de ajudar e amparar os pais na velhice, carência ou enfermidade."
45. SOUZA, Vanessa Ribeiro Corrêa Sampaio. Sanções decorrentes da irresponsabilidade parental: para além da destituição do poder familiar e da responsabilidade civil. *Civilistica.com* – Revista Eletrônica de Direito Civil, v. 2, n. 2, p. 25, 2013. Disponível em: www.civilistica.com. Acesso em: 10 out. 2022.

Os limites impostos ao exercício das referidas situações existenciais são aplicáveis a todas as pessoas – com deficiência ou não. Não raro, pessoas que não possuem qualquer tipo de limitação não arcam com as responsabilidades advindas dos referidos direitos, o que autoriza a intervenção estatal, como no caso de perda do poder familiar. A deficiência mental ou intelectual, por si só, não é causa para restringir o exercício dos referidos direitos fundamentais. O importante é a análise concreta da capacidade volitiva e cognitiva da pessoa em face dos efeitos do ato de autonomia que pretende realizar.[46]

Essa mesma chave de leitura se aplica às situações de eficácia pessoal. É o caso, por exemplo, do exercício do direito ao próprio corpo. A autonomia corporal é uma das vertentes da autonomia existencial que se refere, especificamente, à capacidade de autodeterminação da pessoa com relação ao seu próprio corpo ou a partes dele. Na maioria dos casos, os atos de autonomia desta natureza podem ser classificados como de eficácia estritamente pessoal, isto é, não geram repercussões juridicamente relevantes na esfera de terceiros ou da coletividade, de forma que não é justificável, em regra, a intervenção estatal no ato de autonomia privada.

No entanto, quando a pessoa que não tem a capacidade de compreender a dimensão das consequências dos seus atos – como, não raro, acontece com a pessoa com Alzheimer,[47] por exemplo – a valorização plena da sua autonomia pode implicar grave violação à sua integridade psicofísica e, consequentemente, à sua dignidade.

Também sobre questões que envolvem o exercício do direito ao próprio corpo, o art. 25 da CDPD determina que, no caso de tratamentos de saúde, os profissionais deverão sempre obter "o consentimento livre e esclarecido" da pessoa com deficiência. No mesmo sentido, o art. 12 do EPD determina que "o consentimento prévio, livre e esclarecido da pessoa com deficiência é indispensável para a realização de tratamento, procedimento, hospitalização e pesquisa científica".

---

46. Mª Carmen Núñes Zorrilla esclarece que: "La misma enfermedad o deficiencia psíquica pueden dar lugar a que se posea capacidad natural para un acto y no para otro. Su apreciación depende, no solo de la suficiencia o madurez de juicio del sujeto, sino también, de la naturaleza del acto al que se aplica. Siendo tan variable, que en muchas ocasiones, no puede establecerse sobre ella reglas objetivas o aprioristicas. Sino sólo en función y a partir de la situación de la que se predica, y en el momento concreto en el que el acto va a ser realizado. Repito, que lo determinante no es el tipo de enferrnedad o deficiencia mental en sí, sino los efectos que despliega en las facultades mentales de la persona para comprender el acto en concreto y para actuar según la comprensión que se posee" (ZORRILLA, Maria Carmen Núñes. *La assistência*: la medida de protección de la persona com discapacidad psíquica alternativa al procedimiento judicial de incapacitación. Madrid: Dykinson, 2014. p. 50). Tradução livre: "A mesma enfermidade ou deficiência psíquica podem resultar na capacidade natural para um ato e não para outro. Essa apreciação depende não apenas da suficiência ou maturidade do juízo do sujeito, mas também da natureza do ato a que se refere. É tão variável que, em muitas ocasiões, isso não pode ser estabelecido sobre regras objetivas ou aprioristicas. Mas apenas em função e a partir da situação em que é aplicado, e no momento concreto em que o ato vai ser realizado. Repito, o que é determinante não é o tipo de enfermidade ou de deficiência mental em si, mas os efeitos que se desdobram das faculdades mentais da pessoa para compreender o ato concretamente e para agir segundo a compreensão que possua".
47. Transtorno neurodegenerativo progressivo e fatal que se manifesta pela deterioração cognitiva e da memória, comprometimento progressivo das atividades de vida diária e uma variedade de sintomas neuropsiquiátricos e de alterações comportamentais. Disponível em: https://www.gov.br/saude/pt-br/assuntos/saude-de-a-a-z/a/alzheimer#:~:text=A%20Doen%C3%A7a%20de%20Alzheimer%20(DA,neuropsiqui%C3%A1tricos%20e%20de%20altera%C3%A7%C3%B5es%20comportamentais. Acesso em: 10 out. 2022.

O "consentimento livre e esclarecido", também chamado de "consentimento informado" é a faceta do papel da vontade (alterada em seu conteúdo e forma) – manifestação da autonomia privada –, em situações atinentes a aspectos da personalidade humana, em especial, em questões atinentes ao biodireito.[48] Nesse sentido, pode ser conceituado:

> [...] como a anuência, livre de vícios, do paciente, após explicação completa e pormenorizada sobre a intervenção médica, incluindo sua natureza, objetivos, métodos, duração, justificativa, possíveis males, riscos e benefícios, métodos alternativos existentes e nível de confidencialidade dos dados, assim como de sua liberdade total para recusar ou interromper o procedimento em qualquer momento; tendo o profissional a obrigação de informá-lo em linguagem adequada (não técnica) para que ele a compreenda. [...] o consentimento livre e esclarecido é uma forma de, tendo em vista as características peculiares do serviço prestado, amoldar a decisão individual à dignidade da pessoa humana.[49]

Não raro, a pessoa com deficiência mental ou intelectual encontra-se impossibilitada de emitir consentimento livre e esclarecido e, muitas vezes, de emitir qualquer consentimento. Entender a importância da capacidade de autodeterminação da pessoa com deficiência em relação ao exercício das situações existenciais não significa, como já afirmado, abandoná-la às suas próprias escolhas, em situações de particular vulnerabilidade existencial.[50]

Nesses casos, o dever de assistência do Estado, da sociedade e da família assume notória importância, admitindo-se a intervenção – não para que se limite o exercício das situações existenciais – mas, pelo contrário, para que se instituam medidas de apoio e promoção à dignidade desse grupo vulnerado, garantindo-se o exercício das situações jurídicas existenciais, em conformidade com a função promocional do direito.[51]

5. CONCLUSÃO

Conclui-se que a análise dos limites ao exercício das situações jurídicas existenciais não é tarefa fácil, especialmente quando envolve pessoas vulneradas. A regra geral de privilégio aos espaços de liberdade pode ser relativizada justamente para que se garan-

---

48. Segundo Heloisa Helena Barboza: "Biodireito, de bio (do grego *bíos*, vida) + direito (do latim, *directus*, particípio passado de *dirigere*, pôr em linha reta, dispor, ordenar, regular), é a denominação atribuída à disciplina no estudo do direito, integrada por diferentes matéria, que trata da teoria, da legislação e da jurisprudência relativas às normas reguladoras da conduta humana em face dos avanços da biologia, da biotecnologia, e da medicina. Constitui uma nova disciplina ou estudo jurídico que, tomando por fontes imediatas a bioética e a biotecnociência, tem a vida humana como objeto principal". (BARBOZA, Heloisa Helena. Biodireito x direito sanitário. In: ASENSI, Felipe Dutra; Pinheiro Roseni (Org.). *Direito sanitário*. Rio de Janeiro: Elsevier, 2012. p. 353).
49. KONDER, Carlos Nelson. O consentimento no biodireito: os casos dos transexuais e dos wannabes. *Revista Trimestral de Direito Civil – RTDC*, v. 15, p. 61, jul./set. 2003.
50. BARBOZA, Heloisa Helena; ALMEIDA, Vitor. A capacidade civil à luz do estatuto da pessoa com deficiência. In: MENEZES, Joyceane Bezerra de (Org.). *Direito das pessoas com deficiência psíquica e intelectual nas relações privadas*: Convenção sobre os direitos da pessoa com deficiência e Lei Brasileira de Inclusão. Rio de Janeiro: Processo, 2016. p. 265.
51. Sobre a função promocional do direito, cf.: BOBBIO, Norberto. *Da estrutura à função*: novos estudos da teoria do direito. Rio de Janeiro, Manole, 2007. p. 20-21.

ta a concretização da dignidade da pessoa humana,[52] devendo sempre ser levada em consideração a pessoa concretamente considerada e os efeitos produzidos pelo ato de autonomia privada, sob a lógica relacional.

Portanto, além da liberdade, outros postulados do princípio da dignidade da pessoa humana – a igualdade (vulnerabilidade), a integridade psicofísica e a solidariedade – podem assumir maior relevância no caso concreto. Em última análise, é o próprio princípio da dignidade da pessoa humana que poderá impor limites ao ato de autonomia privada existencial.[53]

---

52. KONDER, Carlos Nelson. O consentimento no biodireito: os casos dos transexuais e dos wannabes. *Revista Trimestral de Direito Civil – RTDC*, v. 15, p. 62, jul./set. 2003.
53. MEIRELES, Rose Melo Vencelau. *Autonomia privada e dignidade humana*. Rio de Janeiro: Renovar, 2009. p. 195.

# O DIREITO DE ASSUMIR RISCOS E COMETER ERROS: O RESPEITO À VONTADE E AS PREFERÊNCIAS DA PESSOA COM DEFICIÊNCIA INTELECTUAL NA TOMADA DE DECISÃO APOIADA[1]

Eduardo Freitas Horácio da Silva

> "A lei é pra ser cumprida.
> Dar condições de igualdade,
> Deixar as pessoas com
> Deficiência à vontade,
> Gozando de seus direitos
> E de sua liberdade."
>
> *Chico de Assis*[2]

Sumário: 1. Viver é decidir: a liberdade de fazer as próprias escolhas – 2. O papel do apoiador à luz das normas constitucionais; 2.1 Esfera de incidência; 2.2 O alcance do apoio – 3. A divergência de opinião entre a pessoa apoiada e o apoiador: atos praticados sem a participação dos apoiadores.

1. VIVER É DECIDIR: A LIBERDADE DE FAZER AS PRÓPRIAS ESCOLHAS

A vida é um processo ininterrupto de decisões que garantem ao indivíduo a satisfação de suas necessidades, onde as limitações impostas pelo ambiente exigem uma escolha criteriosa das ações mais adequadas à satisfação das necessidades criadas pelo homem.[3] O instinto de sobrevivência foi fundamental no enfrentamento e na resolução das dificuldades e problemas por nossos antepassados, pois esta "forma inconsciente de conhecimento intercepta as informações salientes no enganoso fluxo de dados [...], em todas as situações nas quais temos dificuldades para refletir".[4]

---

1. Originalmente apresentado como dissertação (Mestrado em Direito Civil) – Universidade do Estado do Rio de Janeiro, 2018, sob o título: O apoio na tomada de decisão e seus limites. Orientação: Prof.ª Heloisa Helena Barboza.
2. ASSIS, Chico de. *Convenção sobre os direitos das pessoas com deficiência em literatura de cordel.* Brasília: Secretaria Nacional de Promoção dos Direitos da Pessoa Com Deficiência, 2012. p. 7.
3. ROCHA, Armando Freitas da; ROCHA, Fábio Theoto. *Neuroeconomia e processo decisório.* Rio de Janeiro: LTC, 2011. p. 3.
4. MALDONADO, Mauro. *Na hora da decisão*: somos sujeitos conscientes ou máquinas biológicas? Trad. Roberta Barni. São Paulo: Edições Sesc São Paulo, 2017. p. 45.

Porém, a evolução do ser humano não foi guiada apenas pelo instinto. Na modernidade, o homem foi visto como um sujeito liberto dos desígnios da natureza e dos seus instintos, capaz de guiar seus atos e tomar suas decisões, em razão da sua racionalidade e sua vontade.[5] Várias teorias científicas têm como verdadeiro dogma que o raciocínio humano é guiado por regras lógicas formais, cujas decisões são resultados da avaliação das variáveis possíveis, por meio de uma análise consciente.[6]

A partir dos avanços rápidos das neurociências, descobriu-se que "a ênfase no controle do comportamento, a antecipação às consequências da conduta e outras habilidades semelhantes contribuíram para a falsa ideia de que nos regemos só pela racionalidade",[7] uma vez que a maioria das decisões humanas são guiadas por emoções sem nenhuma lógica formal, por meio de processos implícitos inconscientes.[8]

Esta concepção se amolda ao processo decisório da maioria das pessoas com deficiência intelectual, que não seguem um processo lógico-racional e baseiam suas decisões em seus gostos e sentimentos, possibilitando a tomada de decisões cujos resultados são prejudiciais como os de qualquer outra pessoa que não apresente um diagnóstico de deficiência intelectual, sem que ocorram questionamentos sobre sua capacidade decisória.[9] Por outro lado, a sociedade exige das pessoas com deficiência intelectual um padrão elevado no ato de decidir, mesmo considerando que, na maioria das vezes, nunca foram ensinados ou apoiados a tomar decisões.[10]

É neste ponto que se encontra a tensão entre a necessidade de apoio e a promoção da capacidade de autodeterminação da pessoa com deficiência. Pois, tem-se que a promoção da autonomia da pessoa com deficiência não se restringe ao reconhecimento da capacidade, mas também na oportunidade de aprender novas habilidades, bem como na liberdade de exercer o controle e a autodeterminação de suas vidas.[11]

À vista disso, deve ser proporcionado o apoio necessário para o exercício da capacidade da pessoa com deficiência, retirando-o enquanto o indivíduo vai adquirindo novas habilidades na tomada de decisão, pois a excessiva proteção que são submetidas,

---

5. CORRÊA, Adriana Espíndola. *Consentimento livre e esclarecido*: o corpo objeto de relações jurídicas. Florianópolis: Conceito Editorial, 2010. p. 23.
6. MANES, Facundo. *Usar o cérebro*: lógicas formais, cujas decisões são resultados da avaliação das variáveis possíveis, por meio de uma análise consciente.
7. MANES, Facundo. *Usar o cérebro*: aprenda a utilizar a máquina mais complexa do universo. Trad. Olga Cafalchio. São Paulo: Planeta, 2015. p. 198.
8. MALDONADO, Mauro. *Na hora da decisão*: somos sujeitos conscientes ou máquinas biológicas? Trad. Roberta Barni. São Paulo: Edições Sesc São Paulo, 2017. p. 45.
9. CALERO, Carlos Marín. *El derecho a la propria discapacidad*: el régimen de la discpacidad de obrar. Madri: Editorial Universitaria Rámon Areces, 2013. p. 338.
10. MIRANDA, Danilo Santos de. Apresentação. In: MALDONADO, Mauro. *Na hora da decisão*: somos sujeitos conscientes ou máquinas biológicas? Trad. Roberta Barni. São Paulo: Edições Sesc São Paulo, 2017. p. 7.
11. SANCHO, María Frontera; BAHÍLLO, Carlos Gómez. Um estúdio sobre la necessidad de reconociniemento, protección y apoyo a las personas con inteligência limite. In: MURILLO, Sofía de Salas (Org.). *Los mecanismos de guarda legal de las personas con discapacidad tras la Convención de Naciones Unidas*. Madri: Dykinson, 2013. p. 181-182.

implica em uma diminuição do espaço de autonomia destas pessoas, aumentando a situação de dependência.[12]

Diante desse cenário, têm-se que a superproteção da pessoa com deficiência intelectual por parte das famílias está ligada a associação da deficiência a uma situação de vulnerabilidade e cuidado, que remete a uma noção da pessoa vulnerável como uma vítima em potencial.[13] Dado que a vulnerabilidade é condição ontológica de todo ser humano, é importante diferenciar a pessoa vulnerável da vítima, uma vez que a noção de pessoa vulnerável remete à de vítima, pois há uma diferença de grau no surgimento do dano: a vítima já sofreu um prejuízo material ou moral, enquanto a pessoa vulnerável está exposta a um risco; o vulnerável é suscetível de ser atingido, a vítima já foi.[14]

Porquanto, risco e vulnerabilidade seriam conceitos interligados, operando na mesma lógica de perigo. Se, a noção de perigo remete ao campo do acaso, por outro lado, o risco transmite a ideia de probabilidade.[15]

Nesse contexto, no final da década de 60, desenvolveu-se o conceito da dignidade do risco, que consiste na exposição cautelosa das pessoas com deficiência intelectual aos riscos das atividades cotidianas, uma vez que a remoção integral das situações de risco seria prejudicial à percepção de dignidade e o desenvolvimento pessoal deste grupo de pessoas.[16]

À luz da Convenção sobre os Direitos das Pessoas com Deficiência (CDPD), que reconheceu a autonomia e a dignidade da pessoa com deficiência, deve-se também concordar que estas pessoas podem assumir riscos e tomar decisões erradas como as demais. A superproteção que as pessoas com deficiência intelectual são submetidas lhes impossibilitam de aprenderem com seus erros, inviabilizando a aprendizagem para o enfrentamento de contratempos, impedindo-as de viver como as outras pessoas.[17]

Convém mencionar que a dignidade do risco não supõe fomentar a imprudência. Apoiar uma decisão não significa dar apoio a uma pessoa para colocá-la em uma situação de insegurança ou condenar ao fracasso, ou de expor o indivíduo a uma situação

---

12. SANCHO, María Frontera; BAHÍLLO, Carlos Gómez. Um estúdio sobre la necessidad de reconociniemento, protección y apoyo a las personas com inteligência limite. In: MURILLO, Sofía de Salas (Org.). *Los mecanismos de guarda legal de las personas con discapacidad tras la Convención de Naciones Unidas*. Madri: Dykinson, 2013. p. 182.
13. BARRETO, Erika. *O corpo rebelado*: autonomia, cuidado e deficiência física. Curitiba: Appris, 2016. p. 91.
14. BARBOZA, Heloisa Helena. Vulnerabilidade e cuidado: aspectos jurídicos. In: PEREIRA, Tânia da Silva; OLIVEIRA, Gustavo de (Coord.). *Cuidado e vulnerabilidade*. São Paulo: Atlas, 2009. p.108-113.
15. Como esclarece Caio Mário da Silva Pereira: "no vocabulário jurídico, a palavra 'risco' é um conceito polivalente. Várias são as acepções em que se emprega, umas relativamente próximas, outras bem diferenciadas". (PEREIRA, Caio Mário da Silva. Responsabilidade civil. Atualizado por Gustavo Tepedino. 11. ed. rev. atual. Rio de Janeiro: Forense, 2016. p. 366). Dessa forma, tem-se por risco uma acepção genérica, compreendendo "os eventos incertos e futuros, inesperados [...], que possam [ou não] trazer perdas e danos". (SILVA, De Plácido e. *Vocabulário jurídico*. 32. ed. Rio de Janeiro: Forense, 2016. p. 1246).
16. PERSKE, Robert. The dignity of risk. In: WOLFENSBERGER, Wolf. *The Principle of normalization in human services*. Toronto: National Institute On Mental Retardation, 1972. p. 194-200. p. 194.
17. PERSKE, Robert. The dignity of risk. In: WOLFENSBERGER, Wolf. *The Principle of normalization in human services*. Toronto: National Institute On Mental Retardation, 1972. p. 194.

de insegurança, ou fomentar a imprudência. Longe disso, significa que a pessoa com deficiência intelectual assuma o risco na sua tomada de decisão de maneira informada, para aprender com seus limites e possibilidades como as demais pessoas.[18]

Por isso, o controle parental excessivo é um elemento que pesa negativamente sobre o processo de autonomia da pessoa com deficiência intelectual. Não é por acaso que no "contexto do trabalho educacional para essa categoria de deficiência, as palavras-chave têm sido 'fazer escolhas', 'tomar decisões', 'resolução de problemas', 'capacidade de elaborar metas', 'autogerenciar', 'autorregular', 'adquirir informação'",[19] para que o próprio sujeito encontre e faça uma reflexão sobre as opções e variáveis, por meio de uma discutição. Juiz: Suélen Caetano de Oliveira. Julgamento: 27.09.2017, Vara Judicial da Comarca de Campina das Missões. Publicação 05.10.2017. Para maiores informações sobre a decisão, cf. o anexo A. das vantagens e desvantagens, para que se registre e recorde as escolhas já feitas;[20] e, assim, consigam assumir o controle de sua vida cotidiana, conforme suas vontades e preferências.

2. O PAPEL DO APOIADOR À LUZ DAS NORMAS CONSTITUCIONAIS

Ao definir as funções do apoiador, o legislador infraconstitucional limitou-se a estabelecer que este é o indivíduo o qual a pessoa com deficiência mantém uma relação de confiança, com a finalidade de prestar-lhe apoio ao exercício de sua capacidade. Intencionalmente, utilizou-se de conceitos jurídicos indeterminados, vagos e de grande amplitude, como: elementos e informações, a fim de possibilitar as mais diversas interpretações, alinhando-se ao dinamismo do conceito de deficiência apresentado pela Lei Brasileira de Inclusão (LBI),[21] uma vez que a fluidez e a indefinição semântica fazem com que a norma permaneça sempre atual, correspondendo aos anseios sociais no momento em que é interpretada e aplicada, assegurando que nenhuma modalidade de apoio existente, ou que seja desenvolvida, seja preliminarmente excluída.[22]

A doutrina assimilou a mudança de paradigma no reconhecimento da capacidade da pessoa com deficiência intelectual, operada pela CDPD, muito em razão da transparência do legislador infraconstitucional, que afirmou expressamente que a "deficiência não afeta a plena capacidade civil da pessoa" (LBI, art. 6º), fixando sua atenção em um possível retrocesso na proteção do "incapaz", em face das alterações promovidas pela

---

18. INCLUSION INTERNACIONAL. *Independiente. Pero non sólo*: Informe mundial sobre el derecho a decidir. Londres: Matrix., 2014. p. 70.
19. BARRETO, Erika. *O corpo rebelado*: autonomia, cuidado e deficiência física. Curitiba: Appris, 2016. p. 73.
20. BISSOTO, Maria Luisa. Deficiência intelectual e processos de tomada de decisão: estamos enfrentando o desafio de educar para a autonomia? Educação Unisinos, [s.l.], v. 18, n. 1, jan./abr. 2014. p. 10.
21. Lei 13.146/2015, art. 2º: "Considera-se pessoa com deficiência aquela que tem impedimento de longo prazo de natureza física, mental, intelectual ou sensorial, o qual, em interação com uma ou mais barreiras, pode obstruir sua participação plena e efetiva na sociedade em igualdade de condições com as demais pessoas".
22. RIBEIRO, Geraldo Rocha. A proteção do incapaz adulto no direito português. Lisboa: Coimbra Editora, 2010. p. 299.

LBI no regime de incapacidade civil,[23] por não conseguir absorver completamente a mudança do modelo da "substituição na tomada de decisão" para o "apoio na tomada de decisão", em parte, pela dificuldade no entendimento das normas de direitos humanos presentes na CDPD, ou, simplesmente, por uma visão demasiadamente conservadora do direito privado, que não permite uma mudança do pensamento arraigado na segurança jurídica da representação legal.[24]

A partir da inclusão do instituto da tomada de decisão apoiada (TDA) no ordenamento pátrio,[25] a doutrina majoritariamente apenas reproduziu o texto normativo, sem o devido aprofundamento. Timidamente, iniciou-se um debate propositivo sobre o papel do apoiador, cuja função seria "ajudar o apoiado a formar a sua vontade e expressá-la na melhor forma de preservação e fomentação de seus interesses",[26] oferecendo Maria Carmen Núñes Zorrilla "seja para garantir a escorreita informação sobre os dados que interferirão nas decisões que o apoiado pretenda tomar, seja para favorecer sob alguma forma, a comunicação entre este e seu interlocutor contratual, por exemplo."[27]

Em razão da importância da figura do apoiador, tal proposição ainda não é suficiente ao ter em frente o apoio à tomada de decisão das pessoas com deficiência intelectual, em virtude das especificidades destas pessoas, em vista que uma atuação apenas informativa não seria satisfatória, em virtude do apoiador ter o dever de dialogar com a pessoa apoiada, para que esta compreenda as consequências das decisões tomadas, tanto as negativas quanto as positivas. proporcionando ao apoiado toda a informação possível sobre o assunto que é objeto da deliberação, de modo que este possa ter uma imagem objetiva e completa das repercussões das suas ações, porque este será o ator principal no processo decisório.[28]

---

23. Cf.: STOLZE, Pablo. O Estatuto da Pessoa com Deficiência e o sistema jurídico brasileiro de incapacidade civil. *Revista Jus Navigandi*, Teresina, ano 20, n. 4411, 30 jul. 2015. Disponível em: https://jus.com.br/artigos/41381. Acesso em: 09 jun. 2016; SIMÃO, José Fernando. *Estatuto da Pessoa com Deficiência causa perplexidade (Parte I)*. Disponível em: https://www.conjur.com.br/2015-ago-06/jose-simao-estatuto-pessoa-deficiencia-causa--perplexidade. Acesso em: 09 jun. 2016; PEREIRA, Rodrigo da Cunha. *Lei 13.146 acrescenta novo conceito para capacidade civil*. Disponível em: https://www.conjur.com.br/2015-ago-10/processo-familiar-lei-13146-a-crescenta-conceito-capacidade-civil. Acesso em: 09 jun. 2016; LÔBO, Paulo. *Com avanços legais, pessoas com deficiência mental não são mais incapazes*. Disponível em: https://www.conjur.com.br/2015-ago-16/processo--familiar-avancos-pessoas-deficiencia-mental-nao-sao-incapazes. Acesso em: 09 jun. 2016.
24. BARIFFI, Francisco. Cinco refelxiones para traducir el paradigma de la capacidad jurídica em el derecho civil argentino. In: GROSSO, Alejandra del (Coord.). *La capacidad jurídica de las personas con discapacidad*. Buenos Aires: Ministerio de Justiça y Derechos Humanos de La Náción. Secretaría de Derechos Humanos, 2014. p. 78.
25. A fim de atender as obrigações assumidas pela ratificação voluntária da Convenção sobre os Direitos da Pessoa com Deficiência, a Lei a Brasileira de Inclusão 13.146/2015, dentre outras alterações normativas, acrescentou ao Código Civil Brasileiro o art. 1.783-A, introduzindo no ordenamento jurídico pátrio o instituto da tomada de decisão apoiada.
26. ROSENVALD, Nelson. Novas reflexões sobre a tomada de decisão apoiada: como conciliar autonomia, cuidado e confiança. *Revista IBDFAM*: família e sucessões, n. 20, p. 57-79, mar./abr. 2017.
27. MENEZES, Joyceane Bezerra de. Tomada de decisão apoiada: instrumento de apoio ao exercício da capacidade civil da pessoa com deficiência instituído pela lei brasileira de inclusão (Lei 13.146/2015). *Revista Brasileira de Direito Civil*, Rio de Janeiro, v. 9, p. 31-57, jul.-set. 2016.
28. ZORRILLA, Maria Carmen Núñes. Las reformas de los mecanismos de protección de las personas con discapacidad intelectual en el ordenamiento catalán. In: GARNICA, María del Carmen García; ÁLVAREZ-MANZANEDA, Rafael Rojo (Org.). *Nuevas perspectivas del tratamiento jurídico de la discapacidad y la dependencia*. Madrid: Dykinson, 2014. p. 76.

2.1 Esfera de incidência

Não há expressamente no instrumento internacional a indicação da esfera de incidência das medidas de apoio ao exercício da capacidade jurídica da pessoa com deficiência. A convenção descreve as medidas de forma genérica,[29] mencionando apenas que estas devem abranger todos os aspectos da vida das pessoas como deficiência.[30]

Por meio de uma interpretação sistemática da CDPD, tem-se que as esferas da vida afetadas pelo direito de decidir podem ser classificadas em três grandes categorias: (i) decisões sobre a saúde, particularmente a submissão a um procedimento médico ou sobre o consentimento livre e esclarecido para o recebimento de tratamento médico;[31] (ii) decisões sobre assuntos econômicos e bens, tais como gastar dinheiro e preparar orçamentos, como abrir uma conta bancária, comprar ou alienar imóveis etc.;[32] e, (iii) decisões sobre a vida pessoal, por exemplo, onde a pessoa vai fixar domicílio, com quem namorar ou se casar, onde trabalhar, entre outros.[33]

Por outro lado, em sintonia com a Convenção, o art. 6º da LBI determina expressamente que a deficiência não interfere na plena capacidade civil da pessoa. Assim, por meio de uma leitura conjunta do art. 84 da LBI, e do *caput* do art. 1.783-A, verifica-se que o apoio à tomada de decisão se projeta em todos os atos da vida civil, que no âmbito do direito privado, poderia traduzir-se em questões patrimoniais e existenciais, uma vez que não se trata de uma renúncia ao exercício de direitos fundamentais. enquanto o apoiador não substitui a vontade do apoiado, como ocorria na interdição, tampouco complementa a capacidade de exercício, como se sucede atualmente na curatela.[34]

Por situações patrimoniais entendem-se aquelas relacionadas à estrutura econômica e produtiva, ao aspecto patrimonial e mercantil da organização social, onde se inserem as problemáticas da propriedade, da iniciativa econômica privada e da empresa. No que lhe concerne, as situações existenciais seriam àquelas que dizem respeito aos aspectos da personalidade humana, relacionadas aos direitos fundamentais da pessoa, do direito à educação, à liberdade, à família, à igualdade e ao respeito da própria dignidade humana.[35]

---

29. ZORRILLA, Maria Carmen Núñes. Las reformas de los mecanismos de protección de las personas con discapacidad intelectual en el ordenamiento catalán. In: GARNICA, María del Carmen García; ÁLVAREZ-MANZANEDA, Rafael Rojo (Org.). *Nuevas perspectivas del tratamiento jurídico de la discapacidad y la dependencia*. Madrid: Dykinson, 2014. p. 367.
30. Decreto 6.949/2009, artigo 12.1.
31. Decreto 6.949/2009, artigo 25.
32. Decreto 6.949/2009, artigo 12.5.
33. Decreto 6.949/2009, artigo 23.
34. MENEZES, Joyceane Bezerra de. Tomada de decisão apoiada: instrumento de apoio ao exercício da capacidade civil da pessoa com deficiência instituído pela lei brasileira de inclusão (Lei 13.146/2015). *Revista Brasileira de Direito Civil*, Rio de Janeiro, v. 9, p. 31-57, jul.-set. 2016. p. 47; ROSENVALD, Nelson. Novas reflexões sobre a tomada de decisão apoiada: como conciliar autonomia, cuidado e confiança. *Revista IBDFAM*: família e sucessões, n. 20, p. 57-79, mar./abr. 2017. p. 73.
35. PERLINGIERI, Pietro. *O direito civil na legalidade constitucional*. Trad. Maria Cristina de Cicco. Rio de Janeiro: Renovar, 2008. p. 177.

Desta forma, no campo das questões patrimoniais, a atuação do apoiador limitar-se-ia em fornecer informações ao apoiado, para que este decida sobre a administração, gestão, conservação, manutenção, defesa e obtenção do rendimento de seus bens. Enquanto o apoio à tomada de decisão na esfera existencial albergaria todos atos que afetam os direitos personalíssimos do apoiado, especialmente àqueles relacionados aos cuidados de saúde, tais como: coleta e transplante de órgãos, ensaios clínicos, interrupção da gravidez, esterilização, técnicas de reprodução assistida, internações asilares etc.

Todavia, deve-se ter em conta que, se cabe ao apoiador fornecer os elementos e informações necessárias à tomada de decisões da pessoa com deficiência, este deverá ter acesso à toda e qualquer informação que seja necessária para sua atuação. Desta forma, não há de se falar em sigilo bancário, de segredo médico[36] ou de quaisquer outros sigilos profissionais, uma vez que as informações devem ser abertas ao apoiador, que também ficará preso ao sigilo. Nesse sentido, é importante ressaltar que o acesso às informações sensíveis seriam mediante a apresentação do termo de apoio e/ou da decisão judicial de TDA, com a descrição exaustiva dos atos que serão objeto de apoiamento.

Contudo, nas sentenças de piso não é incomum encontramos a nomeação de apoiadores para "assistir" a pessoa apoiada na prática dos atos da vida civil,[37] ou para "auxiliar a pessoa apoiada como se estivesse a orientar seus próprios negócios".[38] No primeiro caso, torna-se irrelevante a maneira pela qual o magistrado nomeia a medida, seja apoio ou assistência, uma vez que o sistema de apoios previsto na CDPD pode manter alguma das características do modelo de assistência. No outro, fica patente a descaracterização da tomada de decisão apoiada, pois o que define ou caracteriza o modelo de apoio é a permanência da vontade decisória da própria pessoa com deficiência, o que não acontece no modelo de representação por substituição".[39]

Nas decisões analisadas, em sua maioria, percebe-se que ainda não há uma preocupação em delimitar a esfera de atuação do apoiador. Apesar disso, encontram-se algu-

---

36. Nesse sentido, o Conselho Regional de Medicina de do Estado de São Paulo esclarece que: "a observância do sigilo médico constitui-se numa das mais tradicionais características da profissão médica. O segredo médico é um tipo de segredo profissional e pertence ao paciente. Sendo o médico o seu depositário e guardador, somente podendo revelá-lo em situações muito especiais como: dever legal, justa causa ou autorização expressa do paciente. Revelar o segredo sem a justa causa ou dever legal, causando dano ao paciente, além de antiético é crime, capitulado no artigo 154 do Código Penal Brasileiro". (CONSELHO REGIONAL DE MEDICINA DO ESTADO DE SÃO PAULO. *Manual de ética em ginecologia e obstetrícia*. Disponível em: https://www.cremesp.org.br/?siteAcao=Publicacoes&acao=detalhes&cod_publicacao=6. Acesso em: 05 jan. 2018).
37. Ao verificar que não seria caso de aplicação da tomada de decisão apoiada, o magistrado entendeu que: "a aplicação da 'decisão apoiada', previsto no art. 1.783-A, do Código Civil, [...] se destina a quem tem uma deficiência parcial, que lhe permita, com a designação de duas pessoas e sua confiança e convívio, ser assistido na hora de praticar diversos atos da vida civil. (PERNAMBUCO. Tribunal de Justiça do Estado de Pernambuco. *Ação de interdição 0001143-13.2014.8.17.1480*. Juiz: André Rafael de Paula Batista Elihimas. Julgamento: 22.05.2017, 1ª Vara da Comarca de Timbaúba, Publicação 09.06.2017).
38. MATO GROSSO. Tribunal de Justiça do Estado de Mato Grosso. *Processo de curatela 11848-19.2016.811.0041*. Juiz: Gilperes Fernandes da Silva. Julgamento: [s.d.], 4ª Vara Especializada de Família e Sucessões da Comarca de Cuiabá. Publicação 1º.06.2017.
39. BARIFFI, Francisco. *El régimen jurídico Internacional de la capacidad Jurídica de las personas con discapacidad*. Madrid: Cinca, 2014. p. 369.

mas sentenças com uma fundamentação coerente aos novos comandos constitucionais entabulados na CDPD, na formatação do apoio à tomada de decisão. Por exemplo, a decisão proferida nos autos do processo 0002007-82.2016.8.21.0150, que tramitou na Vara Judicial da Comarca de Campina das Missões, que homologou o pedido de tomada de decisão apoiada onde a autora apresentava "grande dificuldade de deambulação devido à obesidade e transtornos da coluna lombar, não apresentando condições de residir sozinha, mas possuindo capacidade mental/intelectual para administrar a vida pessoal".

Neste caso, a magistrada corretamente consignou em sua decisão que "os apoiadores têm o papel de auxiliar o apoiado a decidir acerca dos atos de sua vida, privilegiando o espaço de escolha do apoiado, que pode constituir em torno de si uma rede de sujeitos baseada na confiança que neles tem, para lhe auxiliar nos atos da vida", e delimitou a esfera patrimonial, para o apoio na gestão dos bens e valores da apoiada,[40] pois "a função do apoiador é ajudar o apoiado a formar sua vontade e expressá-la na melhor forma de preservação e fomentação de seus interesses e construindo sua personalidade".[41]

2.2 O alcance do apoio

A deficiência intelectual não é unitária, uma vez que ela tem uma diversidade de causas. e formam um grupo heterogêneo, cuja variação da capacidade cognitiva é tão diversa e individualizada como nas demais pessoas. Contudo, elas apresentam um traço característico comum: "o comportamento adaptativo inadequado, resultante do prejuízo no funcionamento intelectual".[42]

A determinação do alcance do apoio estaria ligada a uma análise da necessidade concreta do beneficiário, funcionalizando-se à atuação do apoiador em face da autonomia residual da pessoa a ser apoiada,[43] visto que o apoio aspira promover uma autonomia que permita a pessoa com deficiência a controlar sua vida, sem nunca chegar ao ponto de protegê-la de si mesma, observando e respeitando a maneira particular da pessoa com deficiência intelectual de conduzir as coisas, que nunca serão perfeitas e conterão um nível de erros superior à maioria das outras pessoas.[44]

Assim, cabe ao apoiador auxiliar no aprendizado e na identificação dos valores dos bens ou interesses atingidos, sobre os fatos que estão sendo decididos; assim como as consequências e os riscos decorrentes da sua decisão; se existem outros meios para

---

40. RIO GRANDE DO SUL. Tribunal de Justiça do Estado do Rio Grande do Sul. *Procedimento especial de jurisdição voluntária 0002007-82.2016.8.21.0150*. Juiz: Suélen Caetano de Oliveira. Julgamento: 27/09/2017, Vara Judicial da Comarca de Camina das Missões. Publicação 05/10/2017.
41. SOUZA, Iara Antunes de. *Estatuto da Pessoa com Deficiência*: curatela e saúde mental. Belo Horizonte: Editora D'Plácido, 2016. p. 322.
42. TELFORD, Charles W.; SAWREY, James M.. *O indivíduo excepcional*. 5. ed. Rio de Janeiro: LTC, 1997. p. 350-351.
43. RIBEIRO, Geraldo Rocha. A proteção do incapaz adulto no direito português. Lisboa: Coimbra Editora, 2010. p. 309.
44. CALERO, Carlos Marín. *El derecho a la propria discapacidad*: el régimen de la discpacidad de obrar. Madri: Editorial Universitaria Rámon Areces, 2013. p. 382.

alcançar os mesmos objetivos, que mitigue ou não lhe causem danos;[45] porque a pessoa com deficiência intelectual, além de apoio para a tomada de decisões, precisa adquirir o hábito de pensar por si mesma, a fim de atender suas questões, para aprender a realizar os atos previamente decididos sem nenhuma restrição à sua autonomia.[46]

Nesta perspectiva, arrebata-se que o legislador infraconstitucional brasileiro, ao desenhar o instituto da decisão apoiada, entendeu que a nomeação de um terceiro para prestar apoio na tomada de decisão não seria suficiente para alterar o estado da pessoa com deficiência, restringindo a sua autonomia para tomada de decisão. Todavia, em razão da habitual falta de cuidados técnicos do poder legislativo pátrio, a redação do parágrafo 4º, do art. 1.783-A do Código Civil (CC), ao prescrever que "a decisão tomada por pessoa apoiada terá validade e efeitos sobre terceiros, sem restrições, desde que esteja inserida nos limites do apoio acordado", induz a uma interpretação equivocada sobre uma suposta contenção da autonomia da pessoa apoiada. Não faltam exemplos na doutrina desta leitura desacertada.

Em doutrina, há quem entenda que, ao optar pelo apoio à tomada de decisão, o beneficiário "mantém a aptidão de se movimentar livremente, porém perde a idoneidade para a consecução isolada dos atos descritos no termo homologado pelo juiz", por tratar-se de uma "autocontenção no campo patrimonial e existencial", uma vez que "a legitimação é um *plus* à capacidade de fato", implicando na privação da legitimidade para praticar os atos indicados no termo de apoio sem a atuação do apoiador, restringindo a eficácia dos atos que anteriormente poderiam ser praticados pela pessoa apoiada sem apoiamento,[47] demonstrando a existência de incompreensão coletiva do sistema de apoio proposto no lugar do tradicional modelo de substituição de vontade.[48]

Não obstante, ao perceber o tamanho da contradição, o legislador infraconstitucional apressou-se em propor uma alteração na redação no texto do art. 1.783-A do CC, por meio do PLS 757/2015,[49] para reafirmar a validade dos negócios jurídicos praticados pela pessoa apoiada sem a presença do apoiador,[50] alinhando-se às normas e princípios da CDPD, ao declarar expressamente que os atos praticados pelo apoiado sem que ocorra a atuação do apoiador são válidos. O projeto de lei vem reafirmar que

---

45. PEREIRA, André Gonçalo Dias. A capacidade para consentir: um novo ramo da capacidade jurídica. In: *Comemorações dos 35 anos do Código Civil e dos 25 anos da Reforma de 1975*: a parte geral do código e a teoria geral do direito civil. Faculdade de Direito da Universidade de Coimbra: Coimbra Editora, 2006. v.2. p. 210.
46. CALERO, Carlos Marín. *El derecho a la propria discapacidad*: Intencionalmente, utilizou-se de conceitos jurídicos indeterminados. p. 382.
47. ROSENVALD, Nelson. Novas reflexões sobre a tomada de decisão apoiada: como conciliar autonomia, cuidado e confiança. *Revista IBDFAM*: família e sucessões, n. 20, p. 57-79, mar./abr. 2017. p. 60.
48. MENEZES. Joyceane Bezerra de. Tomada de decisão apoiada: instrumento de apoio ao exercício da capacidade civil da pessoa com deficiência instituído pela lei brasileira de inclusão (Lei 13.146/2015). *Revista Brasileira de Direito Civil*, Rio de Janeiro, v. 9, jul.-set. 2016. p. 36.
49. O PLS 757/2015 foi aprovado pelo Senado Federal, atualmente em tramitação na Câmara dos Deputados, por meio do PL 11091/2018.
50. Art. 2º Dê-se aos arts. 3º, 4º, 1.548, 1.767, 1.777 e 1.783-A da Lei 10.406, de 10 de janeiro de 2002, a seguinte redação: Art. 1.783-A. [...] § 12. Os negócios e os atos jurídicos praticados pela pessoa apoiada sem participação dos apoiadores são válidos, ainda que não tenha sido adotada a providência de que trata o § 5º deste artigo.

a capacidade civil da pessoal com deficiência é a regra geral, uma vez que ao apoiador não cabe decidir pela pessoa apoiada.[51]

Assim, o posicionamento do legislador infraconstitucional vem apenas ratificar que, sob o prisma da validade e da eficácia, não há diferença entre os atos praticados pela pessoa com deficiência apoiada daqueles praticados por que não optou pelo apoio à tomada de decisão.[52] Ou melhor, a opção pela tomada de decisão apoiada não implica na limitação da capacidade do requerente da medida, em razão de uma interpretação lógica dedutiva, pois esta não foi a escolha do legislador, ao contrário, o dispositivo bem reforçar a validade dos negócios realizados com apoio.[53]

Isto posto, a determinação do alcance do apoio seria uma medida personalizada, conforme a necessidade emancipatória do beneficiário, a fim de promover e salvaguardar a sua capacidade de autodeterminação, e o livre desenvolvimento de sua personalidade, favorecendo as decisões que correspondam as preferências da pessoa apoiada.[54] Consequentemente, a vinculação da decisão do apoiado ao apoio conferido seriam inversamente proporcionais a capacidade e a competência manifestada. Ou seja, quanto maior for o aprendizado e o desenvolvimento do processo decisório da pessoa apoiada, menor será a atuação do apoiador.

3. A DIVERGÊNCIA DE OPINIÃO ENTRE A PESSOA APOIADA E O APOIADOR: ATOS PRATICADOS SEM A PARTICIPAÇÃO DOS APOIADORES

Ao contrário das demais normas e dispositivos da LBI, objeto de um amplo debate com a participação da sociedade civil, no âmbito da então Secretaria de Direitos Humanos da Presidência da República (SDH/PR), o artigo que regulamenta a TDA foi objeto de uma emenda em plenário, sem que houvesse uma discussão aprofundada nas comissões parlamentares permanentes, excluindo a participação das pessoas com deficiência no debate parlamentar.

Outrossim, a falta de técnica empregada na redação do art. 1.783-A, alheia aos princípios e normas gerais da CDPD, carece ser realizada uma leitura gramatical deste dispositivo apenas na hipótese da realização de um negócio jurídico arriscado, que possa causar algum dano à pessoa apoiada, ocorrendo uma discordância entre este e um de seus apoiadores, cabendo ao judiciário decidir a questão, após a manifestação do Ministério Público.

---

51. MENEZES, Joyceane Bezerra de. O risco do retrocesso: uma análise sobre a proposta de harmonização dos dispositivos do Código Civil, do CPC, do EPD e da CDPD a partir da alteração da Lei 13.146, de 06 de julho de 2015. *Revista Brasileira de Direito Civil – RBDCivil*, Belo Horizonte, v. 12, p. 153.
52. MATIELLO, Fabrício Zamprogna. *Código Civil comentado: Lei 10.406, de 10.01.2002.* 7. ed. São Paulo, LTr, 2017. p. 967.
53. REQUIÃO, Maurício. As mudanças na capacidade e a inclusão da tomada de decisão apoiada a partir do Estatuto da Pessoa com Deficiência. *Revista de Direito Civil Contemporâneo*, São Paulo, v. 6, jan./mar. 2016. p. 46.
54. LÓPEZ, Antonio-Luis Martínez-Pujalte. Capacidad jurídica y apoyo en la toma de decisiones: enseñanzas de las recientes reformas legislativas en Argentina e Irlanda. *Derechos y Libertades*, [s.l.], n. 37, p.167-192, jun. 2017. p. 189.

Em função da atecnia, há quem defenda que o termo "divergência de opiniões" deve ser entendido como "conflito de interesse". Pois, ocasionalmente, "os apoiadores terão percepções distintas sobre decisões que refletirão na vida da pessoa apoiada".[55]

A tese central destas concepções parece ser perigosa conceitualmente, uma vez que vai de encontro a ideia básica do apoio à tomada de decisão e dos preceitos básicos da CDPD, que substituem a determinação do "interesse superior" pelo princípio da "vontade e das preferências".[56] Porquanto, o princípio do interesse superior tem fundamento na ideia do cuidado e da proteção da pessoa incapaz, para suprir as limitações da capacidade.[57] Ao passo que, a ideia básica do apoio à tomada de decisão é dotar a pessoa com deficiência de um instituto emancipatório, que possibilite o exercício da sua capacidade jurídica em condições de igualdade como as demais pessoas,[58] pois o foco da medida de apoio não reside na busca da melhor decisão para proteger o apoiado a partir de parâmetros externos ou objetivos, mas em dotar-lhe do apoio necessário para que este possa tomar suas decisões considerando seus próprios parâmetros.[59]

Por outro lado, no ordenamento pátrio o "conflito de interesse" é tratado nos capítulos destinados à regulamentação do instituto da representação e do exercício da tutela, observando principalmente os aspectos patrimoniais destas relações. Por meio de uma simples leitura do art. 119 do CC, que trata da anulação dos negócios jurídicos concluídos pelos representantes que colidam com o interesse do representado, comprova-se a ameaça dessa interpretação. Pois, importa na retomada da ideia do "interesse superior", que permitiria o entendimento equivocado de que os atos realizados pela pessoa apoiada sem a atuação do apoiador seriam anuláveis, que acarretaria uma limitação indireta da capacidade jurídica do beneficiário do apoiamento.

Por meio de uma leitura combinada do artigo 6º da LBI, com o artigo 1.783-A do CC, tem-se que o ato que requer a atuação dos apoiadores, quando praticado sem que ocorra a participação ou em desacordo com a atuação destes, em princípio, deverá ser considerado válido de todas as formas. Porque a intervenção do apoiador consiste apenas em orientar, aconselhar ou guiar o apoiado na tomada de decisão, uma vez que o apoiado é um sujeito civilmente capaz.[60]

---

55. ROSENVALD, Nelson. Novas reflexões sobre a tomada de decisão apoiada: como conciliar autonomia, cuidado e confiança. *Revista IBDFAM*: família e sucessões, n. 20, mar./abr. 2017. p. 76.
56. ORGANIZAÇÃO DAS NAÇÃO UNIDAS. *Observación general 1 (2014)*: Artículo 12. Igual Reconhecimento como persona ante la ley. 2014. p. 6.
57. RIBEIRO, Geraldo Rocha. A proteção do incapaz adulto no direito português. Lisboa: Coimbra Editora, 2010. p. 443-444.
58. ORGANIZAÇÃO DAS NAÇÃO UNIDAS. *Observación general 1 (2014)*: Artículo 12. Igual Reconhecimento como persona ante la ley. 2014, p. 6.
59. KRAUT, Alfredo Jorge; PALACIOS, Agustina. Artículos 31 a 50. In: LORENZETTI, Ricardo Luis. *Codigo civil y comercial de la Nácion comentado*. Santa Fe: Rubinzal-culzoni, 2014. v. 1, p. 249.
60. ZORRILLA, Maria Carmen Núñes. Las reformas de los mecanismos de protección de las personas con discapacidad intelectual en el ordenamiento catalán. In: GARNICA, María del Carmen García; ÁLVAREZ-MANZANEDA, Rafael Rojo (Org.). *Nuevas perspectivas del tratamiento jurídico de la discapacidad y la dependencia*. Madrid: Dykinson, 2014. p. 63.

Logo, os atos ou negócios jurídicos realizados pelo apoiado sem a participação dos apoiadores, conforme estabelecido no termo de apoio, ainda, sim, em princípio, serão válidos, enquanto não se demonstre que foram realizados com a efetiva ausência de discernimento, além do efetivo prejuízo ao apoiado, entretanto, deve-se distinguir as situações consoante a ausência da atuação do apoiador: a) quando o apoiado atua conforme a perspectiva do apoiador; b) quando o apoiado age sem que ocorra a atuação do apoiador; e, c) quando o apoiado é assessorado previamente pelo apoiador, mas age de forma contrária as considerações deste.[61]

Assim, quando o apoiado atua conforme o ponto de vista do apoiador, não há de se falar em anulação do ato. Neste caso, se o apoiado sofrer quaisquer prejuízos, por conta de uma atuação negativa do apoiador, este deverá responder por todos os danos e prejuízos sofridos pelo apoiado, nos termos do art. 927 combinado com o art. 186 do CC, pois se trata de responsabilidade civil subjetiva, uma vez que não se pode dispensar a prova da culpa na causa do dano.[62]

Em relação aos atos realizados pelo apoiado sem a atuação, ou contra a opinião do apoiador, poderiam ser anulados, desde que seja demonstrado o prejuízo ao apoiado, e a incapacidade natural deste, quando da realização do ato.[63] Mas, nunca em razão da divergência, como se tem defendido doutrinariamente, pois nenhum sistema de apoio pode ser considerado como tal, enquanto não se respeite a manifestação da vontade do indivíduo.[64]

Não é à toa que, na tentativa de corrigir a falta de técnica na redação do dispositivo, dentre as alterações propostas em projeto de lei, reafirma-se que a capacidade civil da pessoal com deficiência é a regra geral, que os atos praticados pelo apoiado sem a atuação do apoiador são válidos, uma vez que este não tem legitimidade para decidir por àquele.[65]

Por outro lado, nas correções propostas pelo já mencionado projeto de lei, não há menção alguma sobre a revogação da norma contida no § 6º, do art. 1.783-A, do CC. Este fato, torna-se relevante para auxiliar no entendimento da função da judicialização da resolução das contradições havidas entre as pessoas apoiadas e apoiadores. Desta forma, entende-se que a norma não se destina a restringir o direito ao exercício da capacidade da pessoa que optou pelo apoiamento, uma vez que a autonomia da pessoa

---

61. ZORRILLA, Maria Carmen Núñes. *La assistência*: la medida de protección de la persona con discapacidad psíquica alternativa al procedimiento judicial de incapacitación. Madrid: Dykinson, 2014. p. 115.
62. MENEZES. Joyceane Bezerra de. Tomada de decisão apoiada: instrumento de apoio ao exercício da capacidade civil da pessoa com deficiência instituído pela lei brasileira de inclusão (Lei 13.146/2015). *Revista Brasileira de Direito Civil*, Rio de Janeiro, v. 9, jul.-set. 2016. p. 50.
63. Conforme ensina Orlando Gomes, a incapacidade natural é a incapacidade de entender e de querer que não foi delcarada judicialmente, em razão da ausência da instauração de um processo de curatela. (GOMES, Orlando. *Introdução ao direito civil*. 21. ed. Rio de Janeiro: Forense, 2016. p. 131).
64. BARIFFI, Francisco. Capacidade *El régimen jurídico Internacional de la capacidad Jurídica de las personas con discapacidad*. Madrid: Cinca, 2014. p. 390.
65. PLS 757/2015, "Art. 2º Dê-se aos arts. 3º, 4º, 1.548, 1.767, 1.777 e 1.783-A da Lei 10.406, de 10 de janeiro de 2002, a seguinte redação: Art. 1.783-A. [...] §12. Os negócios e os atos jurídicos praticados pela pessoa apoiada sem participação dos apoiadores são válidos, ainda que não tenha sido adotada a providência de que trata o § 5º deste artigo".

com deficiência é garantida constitucionalmente, ela destina-se aos outros atores da TDA: os apoiadores.

Isto posto, considerando o número de apoiadores, apresentam-se duas possibilidades: (i) a divergência entre o apoiado e um dos apoiadores, e (ii) a divergência entre a pessoa apoiada e todos os apoiadores.

Em comum, importa em informar ao juízo que dentro do apoiamento houve uma discordância entre o apoiado e o(s) apoiador(es). Observa-se que, na prática, tal fato não tem o condão de impedir a prática do ato por parte do apoiado, em razão da função característica da decisão apoiada, qual seja: a promoção da autonomia da pessoa com deficiência.

Com efeito, conforme a hipótese de discordância, a mesma situação poderia acarretar duas situações distintas: a isenção da responsabilidade do apoiador discordante, desde que informado juízo, ou a extinção da TDA, em razão da diminuição da capacidade de discernimento do apoiado, seguida da decretação da curatela deste.

Em ambos os casos, mas, principalmente, quando na divergência entre o apoiador e um dos apoiados, na prática, a comunicação ao juízo possibilitaria a isenção da responsabilidade do apoiador discordante, desde que comprovado materialmente o exercício da sua atividade de apoiamento, conforme estabelecido no termo de apoio.

Caso contrário, no futuro, a simples discordância sem o devido registro desta poderia ser interpretada como uma negligência no exercício das atividades de apoiamento por parte do discordante, que poderia, inclusive, implicar em uma responsabilização civil, caso o ato resulte em algum dano para a pessoa apoiada, em razão da omissão deste.[66]

Considerando-se que a opção pela decisão apoiada não limita a capacidade ou a legitimidade da pessoa com deficiência, cujos atos praticados são considerados válidos, e, consequentemente, estas são responsáveis civilmente nas mesmas condições que as demais,[67] visto que há uma dualidade entre a liberdade de tomar as próprias decisões, assim como a responsabilidade pelas consequências destas.[68]

Por outro lado, principalmente, ao ocorrer a divergência entre o apoiador e a totalidade dos apoiadores, mais do que atribuir uma isenção de responsabilidade aos apoiadores, importa verificar se a pessoa apoiada ainda conserva o discernimento necessário que possibilite entender os riscos que envolvem os atos a serem praticados.[69] Assim, para resguardar os interesses da pessoa apoiada, ao menor sinal do aparecimento

---

66. REQUIÃO, Maurício. As mudanças na capacidade e a inclusão da tomada de decisão apoiada a partir do Estatuto da Pessoa com Deficiência. *Revista de Direito Civil Contemporâneo*, São Paulo, v. 6, jan./mar. 2016. p. 48.
67. GÓMEZ, Patricia Cuenca. El sistema de apoyo en la toma de decisiones desde la Convención Internacional sobre los Derechos de las Personas con Discapacidad: principios generales, aspectos centrales e implementación en la legislación española, *REDUR 10*, Madrid, dez. 2012. p. 84.
68. MENDONÇA, Bruna Lima de. *Curatela para fins existenciais*. 2017. 163 f. Dissertação (Mestrado em Direito Civil) – Faculdade de Direito, Universidade do Estado do Rio de Janeiro, Rio de Janeiro, 2017, p. 87.
69. MENEZES. Joyceane Bezerra de. Tomada de decisão apoiada: instrumento de apoio ao exercício da capacidade civil da pessoa com deficiência instituído pela lei brasileira de inclusão (Lei 13.146/2015). *Revista Brasileira de Direito Civil*, Rio de Janeiro, v. 9, jul.-set. 2016. p. 49.

e/ou aumento da limitação cognitiva, o apoiador tem o dever de comunicar ao juízo da TDA, cabendo ao juiz ouvir a pessoa apoiada, assistida por equipe multidisciplinar, para averiguar se ainda há uma capacidade de discernimento mínima para manutenção da tomada de decisões apoiada.

Após manifestação do Ministério Público (MP), caso constatada a diminuição do discernimento, que impossibilite o manejo da TDA, por uma questão de economia processual, o magistrado poderia adaptar o feito e intimar os legitimados ativos da ação de curatela, para lhes ofertar a possibilidade da propositura do pedido de curatela, resguardando os interesses da pessoa em questão, ou, caso a pessoa apresente uma limitação mais grave, subsidiariamente, o próprio MP apresentaria o pedido de curatela, desde que na rede de apoio social da pessoa não existam os legitimados, ou, após a intimação, estes permaneçam inertes ou sejam incapazes.[70]

Ou seja, não cabe ao juiz, nem mesmo sob a provocação do MP, intervir e opinar sobre a divergência de opinião entre a pessoa apoiada e seus apoiadores, uma vez que a tarefa destes é de facilitar as decisões do apoiado relacionadas com o exercício dos seus direitos para a realização dos atos e negócios jurídicos, sejam existenciais ou patrimoniais, promovendo de tal modo, a autonomia da pessoa com deficiência.

---

70. MENEZES. Joyceane Bezerra de. Tomada de decisão apoiada: instrumento de apoio ao exercício da capacidade civil da pessoa com deficiência instituído pela lei brasileira de inclusão (Lei 13.146/2015). *Revista Brasileira de Direito Civil*, Rio de Janeiro, v. 9, jul.-set. 2016. p. 54.

TOMADA DE DECISÃO APOIADA: REFLEXÕES SOBRE A CONSTITUIÇÃO DA RELAÇÃO DE APOIO À PESSOA COM DEFICIÊNCIA

Thiago Rosa Soares

Sumário: 1. Introdução – 2. Origem e função da TDA – 3. Caráter contratual: limites à vontade declarada no *termo de apoio*; 3.1 Parâmetros de análise do intérprete; 3.2 Apoiadores e apoiado; 3.3 Atos de natureza existencial; 3.4 Representação; 3.5 Poderes do juiz – 4. Críticas doutrinárias ao instituto – 5. Conclusão.

1. INTRODUÇÃO

Em 2022, o Estatuto da Pessoa com Deficiência (EPD), instituído pela Lei 13.146, de 6 de julho de 2015, completou seis anos de vigência.[1] Entre as diversas inovações no ordenamento jurídico trazidas pelo diploma legal, merece especial atenção a tomada de decisão apoiada (TDA). Trata-se de novo instituto destinado a propiciar às pessoas com deficiência intelectual[2] o apoio de que precisam praticar atos da vida civil, afastando a associação relativamente comum entre esse tipo de deficiência e a incapacidade (absoluta ou relativa). A inovação, que pode ser considerada uma mudança paradigmática, pretende efetivar uma importante política pública por meio do Direito Civil: garantir maior autonomia à pessoa com deficiência.

O nobre desiderato do legislador coloca o intérprete diante dois desafios. O primeiro consiste em operacionalizar essa política pública, considerando que a disciplina legal do novo instituto é demasiado genérica. O segundo, em superar o manejo exclusivo dos tradicionais institutos da incapacidade e da curatela, para a tutela dos direitos e interesses da pessoa com deficiência.

A TDA é uma relação jurídica, na qual duas pessoas (os apoiadores) prestam à pessoa com deficiência (denominada pessoa apoiada ou apoiado) o apoio necessário ao exercício de atos da vida civil. Essa relação se constitui pela vontade das partes envolvidas, desde que revestida da formalidade prevista em lei: a observância de

---

1. O art. 127 da Lei previa sua vigência após decorridos 180 dias da publicação oficial, que ocorreu em 07 de julho de 2015.
2. Importante salientar, ainda, a opção terminológica por *deficiência intelectual*, evitando-se o uso da expressão *deficiência mental* ou distinções como deficiência psíquica ou cognitiva, todas abrangidas pelo termo antes referido. Pouco importa a classificação médica, o Direito deve trabalhar com as funcionalidades de compreensão e expressão da vontade. *Cf.* SASSAKI, Romeu Kazumi. Atualizações semânticas na inclusão de pessoas: deficiência mental ou intelectual? Doença ou transtorno mental? *Revista Nacional de Reabilitação,* ano IX, n. 43, mar./abr. 2005.

procedimento de jurisdição voluntária. Simplificando a terminologia, empregaremos a expressão *relação de apoio*. O Código dispõe também de algumas regras sobre a extinção dessa relação.

Assim, podemos distinguir três momentos da TDA: (1) o de sua constituição (ou formação), em que é importante avaliar seus elementos e requisitos; (2) o da relação em si considerada, na qual importa distinguir a situação jurídica das partes e (3) o de sua extinção. Este artigo se dedica à constituição da relação de apoio, analisando sua natureza jurídica, os limites às cláusulas que podem constar do termo de apoio e a atuação judicial nesse processo formativo. A tímida disciplina legal desse momento da TDA torna oportuna a reflexão sobre as controvérsias que envolvem a matéria. A análise proposta impõe algumas considerações prévias sobre a origem e função do instituto.

2. ORIGEM E FUNÇÃO DA TDA

A TDA surge para atender ao preceito da Convenção sobre os Direitos da Pessoa com Deficiência (CDPD), que determina aos Estados signatários o reconhecimento da capacidade legal das pessoas com deficiência em igualdade de condições com as demais pessoas. Essa regra, constante do art. 12 da Convenção abrange tanto a capacidade de direito quanto a capacidade de fato. Esse ponto foi amplamente discutido durante das sessões destinadas à elaboração do texto[3] e detalhado, posteriormente à entrada em vigor do diploma internacional, em comentário do Comitê sobre os Direitos da Pessoa com Deficiência (CteDPD).[4]

O objetivo era o de afastar institutos que suprimissem a autonomia da pessoa, que promovessem a substituição de sua vontade. Para a CDPD, dever-se-ia empregar um sistema de apoio decisório. Nesse sentido, o item 3 do art. 12 estabelece o seguinte:

> Artigo 12 [...] 3. Os Estados Partes tomarão medidas apropriadas para prover o acesso de pessoas com deficiência ao apoio que necessitarem no exercício de sua capacidade legal.

---

3. Segundo Augustina Palacios, a capacidade legal foi o tema mais debatido durante o processo de elaboração da CDPD, iniciando-se na terceira das oito sessões destinadas à elaboração do texto. A possibilidade de *legal capacity* referir-se somente à capacidade de direito foi aventada diversas vezes pelos Estados participantes; a questão foi pacificada por ocasião da apresentação de informe do Alto Comissariado das Nações Unidas para os Direitos Humanos, que esclareceu referir-se a expressão tanto à titularidade quanto ao exercício dos direitos no direito internacional e no direito comparado. Apesar das divergências surgidas nos debates, o texto do art. 12 foi aprovado, cientes os Estados Partes do significado da expressão *capacidade legal* (PALACIOS, Augustina. *El modelo social de discapacidad: orígenes, caracterización y plasmación en la Convención Internacional sobre los Derechos de las Personas con Discapacidad*. Madrid: Cinca, 2008. p. 419, 437, 451-453).
4. No Comentário Geral 1, sobre o art. 12 da CDPD, o Comitê posiciona-se firmemente sobre o tema: "Capacidade legal e capacidade mental são conceitos distintos. Capacidade legal é a aptidão para ser titular de direitos e deveres (legal standing) e para exercer esses direitos e deveres (legal agency)". Tradução livre de: "Legal capacity and mental capacity are distinct concepts. Legal capacity is the ability to hold rights and duties (legal standing) and to exercise those rights and duties (legal agency)" (ORGANIZAÇÃO DAS NAÇÕES UNIDAS. *General comment 1 (2014)*: Article 12: equal recognition befor the law. Disponível em: https://documents-dds-ny.un.org/doc/UNDOC/GEN/G14/031/20/PDF/G1403120.pdf?OpenElement. Acesso em: 24 ago. 2019).

Segundo o CteDPD,[5] o modelo de substituição da vontade é caracterizado (1) pela remoção da capacidade, ainda que para uma única decisão; (2) pela designação de um decisor substituto por outrem que não a pessoa com deficiência; (3) pelo parâmetro do *melhor interesse* (e não o das preferências da pessoa que se pretende proteger). Não é preciso grande esforço para notar que essas são exatamente as feições da curatela.[6]

Para afastar a centralidade da curatela era necessário que o legislador dispusesse de alguma maneira sobre mecanismos de tutela da vulnerabilidade das pessoas com deficiência intelectual, a fim de, nas palavras da Convenção, lhes prover o apoio necessário para o exercício da capacidade legal. A TDA surge com a finalidade de alcançar parte das situações indevidamente abrangidas pela curatela pelos parâmetros da CDPD. Em outras palavras, o pressuposto era o de que parte das situações em que se empregava interdição seguida da curatela (modelo de substituição da vontade) poderia ser contemplada pelo novo instituto, que deveria ser o modelo ou paradigma de apoio à pessoa com deficiência.

A origem da TDA está diretamente relacionada à implementação da CDPD no Brasil e não à suposta inspiração em institutos estrangeiros, como sugerem alguns autores.[7] Atribuir sua origem à *amministrazione di sostegno*, do direito italiano, além da falta de evidência documental, esbarra da disparidade estrutural e funcional entre o instituto italiano e o brasileiro. O objetivo do legislador italiano era o de proporcionar medida que preservasse o quanto possível a capacidade de agir do beneficiário, evitando que a sujeição à tutela ou à curatela pudesse, em razão da rigidez dos atos atingidos pela incapacidade, privar desproporcionalmente a pessoa do exercício de seus direitos, preservando, ao máximo, sua capacidade de agir.[8] A medida é considerada "um recipiente susceptível de ser preenchido com as medidas e as composições organizativas mais variadas":[9] podem ser estabelecidos poderes de assistência ou de representação legal para os atos especificamente enunciados na sentença. O instituto mais se assemelha à

---

5. Ibidem.
6. Confiram-se, a propósito, os seguintes dispositivos: (1) CC, art. 3º, II, e art. 4º (anteriores à alteração promovida pelo EPD): "Art. 3º São absolutamente incapazes de exercer pessoalmente os atos da vida civil: [...] II – os que, por enfermidade ou deficiência mental, não tiverem o necessário discernimento para a prática de tais atos"; "Art. 4º São incapazes, relativamente a certos atos, ou à maneira de os exercer: [...] II – [...] os que, por deficiência mental, tenham o discernimento reduzido; III – os excepcionais, sem desenvolvimento mental completo". (2) Quanto à designação, o art. 1.775 do CC indicava uma ordem de preferência a ser observada pelo juiz, que poderia, consoante autorização do Código de Processo Civil (art. 755, § 1º) nomear outra pessoa que melhor pudesse atender aos interesses do curatelado. (3) O dispositivo do CPC também permite vislumbrar a prevalência do critério do melhor interesse.
7. ROSENVALD, Nelson. Curatela, cit., p. 773; NEVARES, Ana Luiza Maia; SCHREIBER, Anderson. Do sujeito à pessoa: uma análise da incapacidade civil, cit., p. 52.
8. Ibidem, p. 112. Defendia-se que o instituto tomasse o lugar da tutela e da curatela, medidas reputadas totalizadoras, ante o engessamento das limitações à liberdade do interdito. Como o legislador italiano não suprimiu as categorias tradicionais, advoga-se sua abolição (CENDON, Paolo. Un altro diritto per i soggetti deboli: l'amministrazione di sostegno e la vita di tutti i giorni. Applicare la legge sull'amministratore di sostegno, 2005, Bologna. *Abstract relazione presentata al ciclo di incontri di formazioni*, Bologna: Regione Emilia-Romagna, 2005. Disponível em: http://sociale.regione.emilia-romagna.it/documentazione/pubblicazioni/amministratore-di-sostegno/Cendon.pdf. Acesso em: 20 dez. 2019. p. 20-21).
9. CENDON *apud* VÍTOR, Paula Távora. *A administração do patrimônio das pessoas com capacidade diminuída*. Coimbra: Coimbra Editora, 2008. p. 197.

denominada *nova curatela*[10] do direito brasileiro – que possibilita certa flexibilização ao exigir que o juiz indique os atos da vida civil sobre os quais incidirá – do que à TDA.

O EPD é oriundo do Projeto de Lei do Senado Federal (PLS) 6, de 2003, ou seja, o processo legislativo iniciou-se antes mesmo da edição da CDPD. Na Câmara dos Deputados, tramitou autuado como PL 7.699, de 2006. Em virtude da multidisciplinariedade do tema, a matéria seria normalmente encaminhada para a análise de comissão especial,[11] que não chegou a ser constituída. No ano de 2015, foi aprovado requerimento de urgência para a apreciação do projeto, que foi votado em março do mesmo ano e remetido de volta ao Senado.

A TDA surge na versão final do Substitutivo ao PL 7.699, de 2006, por ocasião do acolhimento da Emenda 5, apresentada pelo Deputado Eduardo Barbosa, em 05.03.2015. Contudo, essa não foi a primeira vez que se cogitou do instituto no Parlamento. Alguns anos antes, o mesmo deputado havia apresentado o Projeto de Lei 2.063, de 2011, que já trazia a disciplina da TDA que, com pouquíssimas modificações, se converteu no art. 1.783-A do Código Civil.

Na justificação do Projeto de Lei 2.063, de 2011, se observa a preocupação do autor com a adaptação do ordenamento jurídico brasileiro aos comandos da CDPD no que se refere à autonomia da pessoa com deficiência:

> O objetivo da inclusão desse dispositivo [art. 12] na Convenção visa corrigir uma situação muito comum, em que as pessoas com deficiência, em razão da existência do impedimento corporal, têm sua capacidade legal automaticamente negada, condição que a impede de tomar decisões sobre a própria vida, a exemplo de questões referentes a tratamento médico, residência, patrimônio, entre outras. Essa percepção histórica atinge, via de regra, as pessoas com deficiência intelectual e mental, que ainda são estigmatizadas, marginalizadas e raramente consultadas ou ouvidas sobre assuntos que lhe dizem respeito.[12]

O Projeto pretendia que o novo instituto fosse uma alternativa às medidas de substituição da vontade (ou seja, à curatela decretada em virtude da declaração de incapacidade absoluta ou relativa), que deveriam permanecer no sistema jurídico como exceções.[13] Havia também uma preocupação com a progressiva substituição de modelos, a fim de evitar uma desproteção repentina.[14] O objetivo central da TDA, desde a sua

---

10. Sobre o tema, cf.: ALMEIDA, Vitor. *A capacidade civil das pessoas com deficiência e os perfis da curatela*. Belo Horizonte: Fórum, 2019.
11. De acordo com o Regimento Interno da Câmara dos Deputados, as comissões especiais são constituídas para dar parecer sobre proposições que versarem sobre matéria de competência de mais de três Comissões de mérito (art. 34, II).
12. BRASIL. Câmara dos Deputados. *Projeto de Lei 2.063, de 2011*. Disponível em: https://www.camara.leg.br/proposicoesWeb/fichadetramitacao?idProposicao=516139. Acesso em: 26 set. 2022.
13. É o que se extrai dos seguintes trechos: "Da leitura do texto da Convenção e da literatura sobre a matéria, depreende-se que medidas de substituição da vontade devem constituir medidas de exceção e somente devem ser adotadas quando exauridos todos os meios alternativos para que a pessoa possa exercer sua capacidade legal" e "Nesse novo contexto, a substituição total da vontade deve constituir medida excepcionalíssima, somente aplicável nos casos mais complexos, desde que se mostre incompatível a utilização de medidas menos restritivas".
14. "Obviamente, a implementação das novas medidas deve ocorrer de forma gradativa, levando, quando for o caso, à substituição progressiva dos modelos de substituição da vontade pelo modelo de tomada de decisão

concepção, era a adequação ao modelo de apoio de que trata a CDPD, o que é reforçado pelo seguinte trecho do referido projeto:

> Constituindo-se em um dos mais inovativos e desafiadores dispositivos a serem regulamentados pelos países membros, o transcrito art. 12 da Convenção estabelece que um indivíduo não deve perder sua capacidade legal simplesmente em razão da sua deficiência, mas reconhece que algumas pessoas com deficiência necessitam de auxílio para exercê-la. Em suma, como o objetivo primordial de respeitar a autonomia do indivíduo, a Convenção abre a oportunidade para que seja criado, no direito civil pátrio, instituto que permita à pessoa que tenha condições intelectuais, cognitivas ou psicossociais reduzidas exercer sua capacidade legal com apoio, apontando-se as salvaguardas necessárias para evitar o abuso por parte do apoiador. Nesse contexto, a pessoa com deficiência participa do processo de decisão sobre os aspectos de sua vida cercada de proteção legal, para si e para terceiros.[15]

Portanto, do ponto de vista sistemático, o objetivo do legislador é o de relegar a curatela à excepcionalidade, tornando a TDA o instrumento modelo para o atendimento dos interesses da pessoa com deficiência intelectual. Nesse ponto repousa o interesse sobre o novo instituto: é de suas potencialidades e do seu acolhimento pela sociedade (em especial, pelos interessados) que depende a efetiva passagem da curatela à excepcionalidade. Isso só se alcançará na medida em que a TDA se revelar aos interessados como instrumento apto a atender às suas necessidades práticas.

É preciso, portanto, investigar a função do instituto. O núcleo da TDA é a prestação de apoio, conceito que não está especificado no Código Civil nem na Convenção. O Cte-DPD, em comentário ao art. 12, apresenta o apoio (*support*, *accompagnement* e *apoyo*, nas versões autênticas) como termo amplo que abrange medidas formais e informais, de variados tipos e intensidades.[16] Ali se enunciam modalidades diversas de apoio.

O Código Civil apresenta a TDA no art. 1.783-A, que tem a seguinte redação:

> Art. 1.783-A. A tomada de decisão apoiada é o processo pelo qual a pessoa com deficiência elege pelo menos 2 (duas) pessoas idôneas, com as quais mantenha vínculos e que gozem de sua confiança, para prestar-lhe apoio na tomada de decisão sobre atos da vida civil, fornecendo-lhes os elementos e informações necessários para que possa exercer sua capacidade.

---

apoiada, para que não se corra o risco de desproteger de forma repentina aqueles que hoje estão submetidos à interdição".
15. BRASIL. Câmara dos Deputados. cit.
16. Confira-se o seguinte trecho do Comentário Geral (tradução livre): "Por exemplo, pessoas com deficiência podem escolher um ou mais apoiadores de confiança para assisti-las no exercício de sua capacidade legal para certos tipos de decisões ou podem valer-se de outras formas de apoio, como apoio entre pares, advocacy (inclusive self-advocacy) ou assistência comunicativa. Apoio a pessoas com deficiência no exercício de sua capacidade legal pode incluir medidas relacionadas a desenho universal e acessibilidade – por exemplo, demandando atores públicos e privados, como bancos e instituições financeiras, a providenciar informações em formato compreensível ou providenciar interpretação profissional de língua dos sinais – a fim de capacitar pessoas com deficiência a realizar atos jurídicos requeridos para abrir uma conta bancária, concluir contratos ou conduzir outras transações sociais. Apoio também pode constituir o desenvolvimento e o reconhecimento de métodos de comunicação diversos ou não convencionais, especialmente para aqueles que usam formas não verbais de comunicação para expressar sua vontade e preferências. Para muitas pessoas, a habilidade de planejar com antecedência é uma forma importante de apoio, pela qual elas podem estabelecer suas vontades e preferências, que devem ser seguidas num momento em que elas não estejam em posição de comunicar seus desejos a outrem" (ORGANIZAÇÃO DAS NAÇÕES UNIDAS, op. cit., p. 4).

O apoio de que cuida a TDA tem por finalidade auxiliar a pessoa com deficiência na gestão de seus interesses sem que, para tanto, seja necessária a adoção de uma medida que restrinja suas possibilidades de escolha, preservando a sua capacidade. Esse desiderato é importante, uma vez que a curatela continua sendo empregada ao argumento da incapacidade para prover os próprios interesses. Sob o aspecto funcional, ela se aproxima de dois instrumentos mencionados pelo CteDPD, a assistência pessoal (*trusted support person*) e as redes de apoio (*support networks*), com a peculiaridade que será sempre uma medida formal, uma vez que sua constituição depende de ato complexo perante o Poder Judiciário.

3. CARÁTER CONTRATUAL: LIMITES À VONTADE DECLARADA NO *TERMO DE APOIO*

O *caput* do art. 1.783 do Código Civil, lido em conjunto com o item 3 do art. 12 da Convenção, dá uma boa noção da função do novo instituto. A sua estrutura fica mais evidente na leitura dos parágrafos. O § 1º tem a seguinte redação:

> Art. 1.783-A. [...] § 1º Para formular pedido de tomada de decisão apoiada, a pessoa com deficiência e os apoiadores devem apresentar termo em que constem os limites do apoio a ser oferecido e os compromissos dos apoiadores, inclusive o prazo de vigência do acordo e o respeito à vontade, aos direitos e aos interesses da pessoa que devem apoiar.

A chave para compreender a natureza jurídica do instituto é a palavra *acordo*, que revela a sua natureza contratual (tomando-se aqui a palavra contrato em seu sentido amplo, de negócio jurídico bilateral,[17] independentemente do caráter patrimonial ou existencial). A ideia do acordo é reforçada pelo fato de que apoiadores e pessoa apoiada devem apresentar um instrumento (denominado termo) em que constem os compromissos dos primeiros. Além disso, o *acordo* é mencionado no § 4º ("nos limites do apoio *acordado*") e no § 9º ("o término do *acordo* firmado"). Enquadra-se, portanto, no conceito de contrato, que, segundo Caio Mário da Silva Pereira é "acordo de vontades, na conformidade da lei, e com a finalidade de adquirir, resguardar, transferir, conservar, modificar ou extinguir direitos".[18]

A imperiosa participação do Estado-juiz na constituição da relação de apoio não abala a conclusão acerca da natureza contratual da TDA. Em transações realizadas em juízo, o pronunciamento judicial é meramente homologatório e, por isso, a doutrina não cogita afastar a sua natureza negocial.[19] Pontes de Miranda esclarece que, em alguns casos, a sentença pode ser integrativa (da forma ou da volição), encaixando-se ao suporte

---

17. Embora a TDA seja constituída de, ao menos, três pessoas (os dois apoiadores e a pessoa apoiada), dois são os centros de interesses envolvidos: o de quem receberá o apoio e o daqueles que o prestarão. Não se trata, portanto, de negócio jurídico plurilateral, geralmente conceituado como o negócio para o qual convergem declarações para o fim comum (como a constituição de uma sociedade).
18. PEREIRA, Caio Mário da Silva. *Instituições de direito civil*. Rio de Janeiro: Forense, 2003. v. 3: contratos, p. 7.
19. Ao tratar da transação, Caio Mário da Silva Pereira (op. cit., p. 507) a apresenta como um negócio jurídico, destacando em relação às transações em juízo o seguinte: "Quando realizado em juízo, a palavra jurisdicional é simplesmente homologatória".

fático para a existência, validade ou eficácia do negócio jurídico.[20] Verifica-se o efeito integrativo da intervenção judicial na separação e no divórcio consensuais perante o juízo e nos procedimentos de jurisdição voluntária.[21]

Tendo os olhos na promoção da autonomia da pessoa com deficiência, o legislador ordinário escolheu a categoria do negócio jurídico – considerado o instrumento por excelência da autonomia privada – para estruturar o instituto alternativo à curatela, conferindo às partes grande margem de liberdade para a delimitação da prestação de apoio. A vastidão de caminhos possíveis a serem trilhados pelas partes impõe questões atinentes aos limites a serem observados em tais acordos. A timidez da disciplina legal faz avultar a importância da atividade do intérprete, a partir das considerações acerca da função do instituto e das disposições da CDPD (que, aliás, tem hierarquia normativa de emenda à Constituição).

3.1 Parâmetros de análise do intérprete

Nos itens seguintes, realiza-se uma análise dos elementos e requisitos subjetivos e objetivos da constituição da TDA. Antes, porém, é importante fazer um alerta acerca da situação da pessoa com deficiência a ser apoiada. A emancipação pretendida no art. 12 da CDPD, que proclama a capacidade legal em igualdade de condições, não pode ser levada ao extremo de considerá-la materialmente igual, deixando de lado suas peculiaridades concretas. Essa atitude seria muito similar à ideia de sujeito de direito, que equipara pessoas, muitas vezes mascarando as assimetrias que se revelam na concretude da vida. A TDA foi concebida justamente por considerar que algumas pessoas, ainda que consideradas plenamente capazes, precisarão de algum apoio formal.

Essas considerações são importantes para que se evite pensar que, havendo acordo, não haveria restrições para a delimitação do apoio pelas partes. Isso é bastante claro na teoria geral dos contratos, em que se as normas de ordem pública põem limites claros à autonomia privada, assim como a sua função social. No caso da TDA, ausentes parâmetros legislativos claros para regular as cláusulas que constarão do termo de apoio, de que critérios se pode valer o intérprete?

Do art. 1.783-A se extrai que a TDA serve (1) para a prestação de apoio, mediante o fornecimento de elementos e informações para o exercício da capacidade; (2) tem o procedimento constitutivo deflagrado pela própria pessoa a ser apoiada; (3) está sujeita ao prazo estabelecido consensualmente; (4) deve respeitar a vontade, os direitos e interesses da pessoa com deficiência. Esses pontos revelam a feição do instituto para a realização do projeto de vida do apoiado, afastando-se da ideia de *melhor interesse* tanto na escolha dos apoiadores quanto nas cláusulas que disciplinarão a relação de apoio.

---

20. PONTES DE MIRANDA, Francisco Cavalcanti. *Tratado de direito privado*. 2. ed. Campinas: Bookseller, 2001. t. III, p. 54-55.
21. Segundo Humberto Theodoro Júnior, a intervenção do juiz se faz, nos casos citados, para fiscalizar a regularidade do ajuste de vontades entre os consortes (THEODORO JÚNIOR, Humberto. *Curso de direito processual civil*: v. II – procedimentos especiais. 51. ed. Rio de Janeiro, Forense: 2017. p. 500-501).

Contudo, não deve o intérprete limitar-se ao dogma da subsunção, mas tomar o ordenamento jurídico como sistema complexo de normas cuja unidade é garantida pela tábua de valores constitucionais, dentre os quais se destaca a dignidade da pessoa humana (CF, art. 3º, III), que abrange a liberdade, a igualdade substantiva, a integridade psicofísica e a solidariedade. A interpretação da TDA deve ter por referência principal, portanto, a CDPD, que possui hierarquia de norma constitucional (porque aprovada pelo rito do art. 5º, § 3º, da Constituição Federal).

Nesse sentido, a proteção da vulnerabilidade da pessoa com deficiência se opera mediante a garantia de que todas as medidas relacionadas ao exercício da capacidade incluam salvaguardas. A propósito do tema, o item 4 do art. 12 da CDPD dispõe o seguinte:

> 4. Os Estados Partes assegurarão que todas as medidas relativas ao exercício da capacidade legal incluam salvaguardas apropriadas e efetivas para prevenir abusos, em conformidade com o direito internacional dos direitos humanos. Essas salvaguardas assegurarão que as medidas relativas ao exercício da capacidade legal respeitem os direitos, a vontade e as preferências da pessoa, sejam isentas de conflito de interesses e de influência indevida, sejam proporcionais e apropriadas às circunstâncias da pessoa, se apliquem pelo período mais curto possível e sejam submetidas à revisão regular por uma autoridade ou órgão judiciário competente, independente e imparcial. As salvaguardas serão proporcionais ao grau em que tais medidas afetarem os direitos e interesses da pessoa.

Verifica-se que as salvaguardas devem assegurar que as medidas sejam (1) isentas de conflito de interesses e de influência indevida; (2) proporcionais e apropriadas às circunstâncias da pessoa; (3) aplicadas pelo período mais curto possível e (4) submetidas à revisão regular. A análise do instituto pelo intérprete e da situação concreta pelo juiz devem levar em especial consideração as mencionadas salvaguardas.

3.2 Apoiadores e apoiado

O art. 1.783-A indica que os apoiadores são escolhidos pela pessoa com deficiência, que deflagra o procedimento de jurisdição voluntária. A única exigência é que a escolha recaia sobre pessoas idôneas, que gozem da confiança do apoiado e que com ele mantenham vínculos.

A idoneidade já era uma característica exigida na escolha dos tutores (CC, art. 1.732). Ao tratar da tutela (na legislação revogada), J. M. de Carvalho Santos asseverava que a idoneidade não se restringe à aptidão para a gestão dos bens do pupilo (função primordial da tutela, não aplicável à TDA), pois é necessário que o no tutor o menor encontre interesse por sua felicidade e "desvelos e carinhos iguais, ou, pelo menos, semelhantes aos que lhe dispensavam aqueles que lhe deram o ser".[22] Orlando Gomes, também se referindo à tutela, entende como idônea a pessoa de

---

22. CARVALHO SANTOS, João Manuel de. *Código civil brasileiro interpretado, principalmente do ponto de vista prático*: v. VI. 12. ed. Rio de Janeiro: Freitas Bastos, 1989. p. 227.

conduta irrepreensível.[23] O termo também é empregado no sentido de honestidade, para fins de dispensar o tutor de prestar garantia. Essa ideia de idoneidade moral também pode ser verificada no Estatuto da Criança e do Adolescente (ECA), ao tratar do quadro de pessoal de entidades de atendimento e dos conselheiros tutelares (arts. 91, § 1º, *b*, 133, e 135).

A síntese da ideia de idoneidade no Código Civil e no ECA consiste na boa conduta (honestidade, conduta irrepreensível) daquele que reúne competências adequadas ou aptidão para a prestação do apoio.

Já os requisitos do vínculo e da confiança estão imbricados, já que não pode haver confiança sem vínculo para a prestação de apoio. O vínculo pode ser afetivo, familiar ou de outra natureza.[24] A ideia de vínculo afetivo e de afinidade já era utilizada no ECA[25] e no Estatuto do Idoso (Lei 10.741/2003).[26]

Embora a indicação do apoiador seja uma espécie de presunção da relação de confiança da pessoa a ser apoiada com o indicado, o fato é que a vontade expressa documentalmente deve ser minimamente aferida pelo juiz, de modo a evitar situações abusivas, como a pressão indevida e a coação.

Quanto ao apoiado, considerando que o art. 1.783-A se refere apenas a "pessoa com deficiência", é lícito questionar se o apoiado será necessariamente alguém que tenha impedimento de natureza intelectual ou se a TDA pode abranger, por exemplo, a pessoa com deficiência física. Convém lembrar que o EPD, ao modificar o Capítulo do Código Civil destinado à curatela, revogou a *curatela do enfermo*, que também se aplicava a pessoas plenamente capazes – com deficiência física ou enfermas –, mas que pudessem encontrar dificuldades para o exercício de seus direitos.[27]

Considerando que (1) as barreiras para o exercício de direitos não decorrem simplesmente de impedimentos de natureza intelectual; (2) a variedade de modalidades de apoio; (3) a inexistência de restrição quanto à espécie de deficiência no texto legal

---

23. GOMES, Orlando. *Direito de família*. rev. e atual. por Humberto Theodoro Júnior. 11. ed. Rio de Janeiro: Revista Forense, 1999. p. 407.
24. MENEZES, Joyceane Bezerra de. O novo instituto da Tomada de Decisão Apoiada: instrumento de apoio ao exercício da capacidade civil da pessoa com deficiência instituído pelo Estatuto da Pessoa com Deficiência – Lei Brasileira de Inclusão (Lei 13.146/2015). In: MENEZES, Joyceane Bezerra de (Org.). *Direito das pessoas com deficiência psíquica e intelectual nas relações privadas*: convenção sobre os direitos da pessoa com deficiência e lei brasileira de inclusão. 2. ed. Rio de Janeiro: Processo, 2020. p. 48.
25. Ao designar o vínculo afetivo entre mãe e filho (art. 8º, § 7º), ao tratar do vínculo relacional entre criança em programa de acolhimento institucional com outras pessoas, no caso de apadrinhamento (art. 19-B, § 1º); ao definir família extensa, composta pelos parentes próximos com os quais se mantenha vínculos de afinidade e afetividade (art. 25, parágrafo único); ao autorizar a adoção por quem não esteja previamente inscrito no cadastro de adoção (art. 50, § 13, II); ao tratar dos vínculos comunitários (art. 100).
26. O Estatuto do Idoso trata dos vínculos comunitários: "Art. 44. As medidas de proteção à pessoa idosa previstas nesta Lei poderão ser aplicadas, isolada ou cumulativamente, e levarão em conta os fins sociais a que se destinam e o fortalecimento dos vínculos familiares e comunitários".
27. A redação do dispositivo revogado era a seguinte: "Art. 1.780. A requerimento do enfermo ou portador de deficiência física, ou, na impossibilidade de fazê-lo, de qualquer das pessoas a que se refere o art. 1.768, dar-se-lhe-á curador para cuidar de todos ou alguns de seus negócios ou bens".

e (4) o propósito emancipatório da CDPD, é plenamente admissível a instrumentalização do instituto por pessoa com deficiência física. Nesse âmbito, a única restrição que pode haver diz respeito ao conceito pessoa com deficiência, que, nos termos do art. 2º do EPD, engloba os que têm impedimento *de longo prazo* que, em interação com uma ou mais barreiras, pode obstruir a plena participação na sociedade em igualdade de condições. Em relação ao apoiado, não se trata propriamente da verificação de um requisito de constituição, mas da existência mesmo de um elemento essencial do instituto.

3.3 Atos de natureza existencial

O art. 1.783-A se refere à prestação de apoio na tomada de decisão sobre *os atos da vida civil*. A expressão *atos da vida civil* é genérica e bastante abrangente: engloba os atos os mais distintos, existenciais e patrimoniais, cumpridores das mais variadas funções. São atos da vida civil a compra e venda de imóvel, o pagamento e a remissão de dívida, a doação e a renúncia; também o são o reconhecimento de filho, a adoção e as decisões sobre o próprio corpo (como o transplante de órgãos e tecidos, a internação para tratamento médico, a esterilização e a realização de ensaios clínicos). Em crítica ao alcance da expressão nos arts. 3º e 4º do Código Civil (que tratam da incapacidade, portanto, privando a pessoa do exercício de direitos), Gabriel Schulman afirma que a expressão operou, por muito tempo, como um *buraco negro*.[28]

Ao disciplinar a curatela, o EPD estabelece que esta "afetará tão somente os atos relacionados aos direitos de natureza patrimonial e negocial" (art. 85, *caput*), não alcançando "o direito ao próprio corpo, à sexualidade, ao matrimônio, à privacidade, à educação, à saúde, ao trabalho e ao voto" (art. 85, § 1º). De acordo com o art. 6º do Estatuto, a plena capacidade civil não é afetada pela deficiência, inclusive para exercer direitos sexuais e reprodutivos; conservar a fertilidade, vedada a esterilização compulsória, e exercer o direito à guarda, à tutela e à adoção (art. 6º).

Tais disposições visam a evitar abusos constatados por organizações de direitos humanos, muitas vezes juridicamente válidos porque contavam com a decisão de representantes legais ou familiares. Os casos mais dramáticos referem-se à internação involuntária ou compulsória que, não raras vezes, com a intenção de tratar, reduziam os pacientes a objetos, despersonalizando-os por completo – com o beneplácito dos médicos e em conformidade com o ordenamento jurídico.[29]

---

28. "A expressão 'atos da vida civil' operou, durante muito tempo, como verdadeiro buraco negro que atrai toda matéria para seu interior, ao que corresponde uma vocação expansiva e o demasiado elasticmento da locução. Tal circunstância destoa de diversas regras específicas como a idade mínima de dezesseis anos para votar, vinte e cinco anos para porte de arma ou para esterilização (exceto se já houver dois filhos), dezoito anos para habilitação da direção de automóveis, fazer uso de álcool ou fumar tabaco" (SCHULMAN, Gabriel. *Internação forçada, saúde mental e drogas*: é possível internar contra a vontade? São Paulo: Foco, 2020).
29. A objetificação era clara para os internos de hospitais psiquiátricos, conforme se verifica em relato de Nise da Silveira: "Certa vez, aconteceu uma coisa que me deixou surpreendida. Foi com o Fernando, um interno que sempre assinava as telas com sua letra inicial e seu sobrenome. De repente, deixou de fazê-lo. [...] – Você

No Brasil, antes da reforma psiquiátrica,[30] justificava-se o alijamento de pessoas inconvenientes, medida higienista utilizada (sem amparo legal) mesmo contra quem sequer havia sido diagnosticado com transtorno mental.[31] A violência da internação involuntária era, em muitos casos, agravada em razão das condições do estabelecimento asilar.[32] A preocupação da CDPD em evitar abusos de tal natureza culminou com a vedação aos tratamentos asilares que tenham por objetivo a conveniência da família ou da sociedade.[33] O consentimento livre e esclarecido é imprescindível para a realização de tratamento médico, devendo contar com a participação no grau possível da pessoa com deficiência intelectual (EPD, art. 12).[34]

---

esqueceu de assinar – observei. [§] – Não assino mais não – respondeu Fernando. Quis saber por que e ele me explicou: [§] – Eu estava no Hospital Gallotti e me levaram para o Hospital Gustavo Riedel sem me avisarem nada. Não sou mais uma pessoa, sou uma coisa sem nome" (MELLO, Luiz Carlos. *Nise da Silveira*: caminhos de uma psiquiatra rebelde. Rio de Janeiro: Automatica, 2014. p. 215).

30. Na década de 1970, inicia-se o movimento sanitário em um contexto internacional de apelo à superação da violência asilar, que culmina na crise do modelo de assistência hospitalar, reforçado por movimentos sociais por direitos dos pacientes psiquiátricos (BRASIL. Ministério da Saúde. *Reforma psiquiátrica e política de saúde mental no Brasil*. Documento apresentado à Conferência Regional de Reforma dos Serviços de Saúde mental: 15 anos depois de Caracas. OPAS. Brasília, nov. 2015). Nessa trilha, surgiram as comunidades terapêuticas na Inglaterra, o movimento de saúde mental nos Estados Unidos e Franco Basaglia inaugurava o *Serviço de Atenção Diária em Saúde Mental* (FORTES, Hildenete Monteiro. Tratamento compulsório e internações psiquiátricas. *Rev. Bras. Saúde Matern. Infant.*, Recife, v. 10, supl. 2, p. 5321-5330, dez., 2010. p. 5324). No Brasil, o movimento ganha impulso na década de 1980 e algumas ações reformadoras começam a ser realizadas, mas somente em 2001 é aprovada uma lei de saúde mental (Lei 10.216) que incorpora alguns pontos essenciais do movimento. Apesar dos avanços, a Lei não instituiu mecanismos claros para a extinção progressiva dos manicômios. Não obstante, o diploma legal privilegia o oferecimento de tratamento em serviços de base comunitária e a expansão de serviços abertos – substitutivos do hospital psiquiátrico. A partir de então, buscou-se uma organização em rede, em vez de concentrarem-se os esforços em um único serviço ou equipamento, a fim de atender à complexidade das demandas das pessoas com transtornos mentais. Dentre os elementos desta rede, destacam-se os CAPS, que atuam como clínicas produtoras de autonomia, tornando o usuário agente responsável e protagonista no tratamento (BRASIL, op. cit., p. 7-9, 25-29).
31. Daniela Arbex, ao relatar os abusos cometidos no Hospital Colônia, em Barbacena, aponta a estimativa segundo a qual cerca de 70% dos atendidos não sofriam de doença mental. E acrescenta: "Apenas eram diferentes e ameaçavam a ordem pública. Por isso, o Colônia tornou-se o destino de desafetos, homossexuais, militantes políticos, mães solteiras, alcoolistas, mendigos, negros, pobres, pessoas sem documentos e todos os tipos de indesejados, inclusive os chamados insanos" (ARBEX, Daniela. *Holocausto brasileiro*. São Paulo: Geração Editorial, 2013. Versão digital. Posição 189).
32. O caso de Damião Ximenes Lopes ilustra a persistência de tratamento inadequado em instituições brasileiras. O paciente foi admitido na Casa de Repouso Guararapes, no Ceará, porque apresentava, segundo a família "problemas de nervos", recusando-se a comer, dormir e tomar os remédios prescritos. Após o ingresso na Casa de Repouso, teve crises de agressividade e foi contido pelos funcionários, havendo falecido no terceiro dia de internação, em decorrência de lesões sofridas (CORTE INTERAMERICANA DE DIREITOS HUMANOS. *Caso Ximenes Lopes versus Brasil*: sentença de 4 de julho de 2006 (mérito, reparações, custas). Série C n. 149. Disponível em: http://www.corteidh.or.cr/docs/casos/articulos/seriec_149_por.pdf. Acesso em: 14 out. 2019).
33. A conveniência da família e da sociedade era mencionada no Código Civil de 1916 (art. 457), para prevenção contra o perigo de sua permanência em casa para a família e para a coletividade. Admitia-se também internação quando necessária para a cura, mencionando-se inclusive a possibilidade de destituição do curador que se recusasse desarrazoadamente a promovê-la (CARVALHO SANTOS, João Manuel de. *Código civil brasileiro interpretado, principalmente do ponto de vista prático*: v. VI, cit., p. 425). O Código Civil de 2002 continha originalmente o mesmo preceito sobre o recolhimento asilar, no art. 1.777, dispositivo aplicável tanto aos que não tivessem o *discernimento* necessário para os atos da vida civil quanto aos deficientes mentais, ébrios habituais e viciados em tóxicos. O dispositivo foi revogado pelo EPD.
34. "Art. 12. O consentimento prévio, livre e esclarecido da pessoa com deficiência é indispensável para a realização de tratamento, procedimento, hospitalização e pesquisa científica. § 1º Em caso de pessoa com deficiência em

Importa, portanto, esclarecer se o apoio a que se refere o art. 1.783-A pode abranger atos de natureza existencial em alguma medida ou se, de modo equivalente à curatela, deve restringir-se àqueles que tratam do patrimônio. Como os institutos são funcionalmente distintos, destinando-se a TDA à prestação de informações e elementos para a decisão da pessoa com deficiência, conclui-se que a atuação do apoiador em atos de natureza existencial (previstos no *termo*) não vulnera a autonomia existencial do apoiado.

Esse entendimento é adotado pela doutrina por razões diversas. Para Joyceane Menezes, não há razão para aplicar a limitação da curatela à TDA, especialmente porque os apoiadores não ocuparão a função de representante ou assistente: de modo que não haverá renúncia nem transmissão do exercício de direitos personalíssimos.[35] Em sentido aproximado, Nelson Rosenvald entende que, além de não haver delegação coercitiva de direitos fundamentais – pois a vontade do apoiado concorre para a escolha dos apoiadores e definição do conteúdo –, não são estes representantes ou assistentes, mas consultores da pessoa com deficiência, de modo que não há prejuízo na extensão dos atos de natureza existencial à TDA, mesmo porque tem o apoiado poder potestativo de revogar, a qualquer momento, os poderes dos apoiadores (art. 1.783-A, § 9º).[36] Jaqueline Lopes Pereira, em dissertação destinada a investigar o instituto, defende que, ante o silêncio da lei, pode o objeto versar sobre atos de tal natureza.[37]

3.4 Representação

Outra questão instigante diz respeito à possibilidade de se atribuírem poderes de representação aos apoiadores. A maior dificuldade reside no fato de o sistema de apoios ter sido instituído precisamente com a finalidade de promover a inclusão das pessoas com deficiência intelectual, superando-se o modelo de substituição decisória. Joyceane Menezes posiciona-se contrariamente a essa possibilidade por entender que a extensão dos poderes dos apoiadores "deve se confinar nos limites do que se considera apoio".[38]

---

situação de curatela, deve ser assegurada sua participação, no maior grau possível, para a obtenção do consentimento".

35. MENEZES, Joyceane Bezerra de. Tomada de decisão apoiada: instrumento de apoio ao exercício da capacidade civil da pessoa com deficiência instituído pela Lei Brasileira de Inclusão (Lei n. 13.146/2015). *Revista Brasileira de Direito Civil – IBDCivil*, Belo Horizonte, v. 9, p. 31-57, jul./set. 2016.
36. ROSENVALD, Nelson. A tomada de decisão apoiada. In: PEREIRA, Rodrigo da Cunha; DIAS, Maria Berenice (Coord.). *Família e sucessões*: polêmicas, tendências e inovações. Belo Horizonte: IBDFAM, 2018. Para o autor, o apoio poderia consistir no auxílio em deliberações matrimoniais complexas, como o planejamento familiar e a educação da prole (ibidem, p. 534).
37. PEREIRA, Jaqueline Lopes. *Tomada de decisão apoiada*: pessoas com deficiência psíquica e intelectual. Curitiba: Juruá, 2019. p. 132, 134. No mesmo sentido Eduardo F. H. da Silva (SILVA, Eduardo Freitas Horácio da. *O apoio na tomada de decisão apoiada das pessoas com deficiência intelectual e seus limites*. 2018. 118 f. Dissertação (Mestrado em Direito Civil) – Faculdade de Direito, Universidade do Estado do Rio de Janeiro, Rio de Janeiro, 2018. p. 55).
38. MENEZES, Joyceane Bezerra de. Tomada de decisão apoiada: instrumento de apoio ao exercício da capacidade civil da pessoa com deficiência instituído pela Lei Brasileira de Inclusão, cit.

Contudo, parece haver argumentos aptos para entendimento em sentido diverso. A pessoa com deficiência, como qualquer outra pessoa capaz, pode nomear representante para a prática de determinados atos. Diante da ausência de vedação legal, não parece haver óbice algum para a atribuição de poderes de representação, especialmente em se tratando de apoiador, pessoa que goza da confiança do apoiado.

A representação não significa uma via transversa de retorno ao modelo de substituição de vontade – o que ocorreria caso fosse combinada com a limitação da capacidade de exercício.[39] É possível vislumbrar ao menos três hipóteses em que a representação poderia ser utilizada sem comprometer a função da TDA:

1). Como auxiliar na prestação do apoio definido pelas partes, por exemplo, conferir aos apoiadores acesso a dados médicos ou a informações financeiras, se assim desejar o apoiado, a fim de facilitar a realização de suas funções, poderes que devem constar do termo de apoio. Dessa forma, conciliam-se a privacidade do apoiado com os meios necessários para que os apoiadores possam cumprir seus deveres.

2). Para a prática de atos que o apoiado entende convenientes. Decerto, se a representação abranger de forma generalizada a realização de grande parte dos atos da vida civil, será contrária à finalidade que inspirou a criação do instituto, de modo que é importante o controle judicial desses poderes. Não raro, a deficiência intelectual encontra-se cumulada com outros impedimentos que podem tornar preferível ao apoiado designar representante, a fim de ter facilitada a realização de determinados direitos. Nesse sentido, a TDA estaria a desempenhar as funções da extinta curatela do enfermo que, com base na confiança entre curatelado e curador, não interferia na capacidade deste.[40]

3). Como mecanismo preventivo para as situações em que a pessoa se encontre temporariamente impossibilitada de manifestar sua vontade[41] ou de crise para a qual preveja, antecipadamente, formas de contenção e tratamento.

A primeira e na terceira hipóteses, embora não se possam subsumir à ideia de prestação de informações, podem ser enquadradas como *elementos* para o exercício da

---

39. "[...] una [...] concepción, la cual es compartida por este autor, señala que existe incompatibilidad absoluta entre el modelo de los apoyos y cualquier tipo de representación legal, incluso aquella de tipo específica y excepcional. [...] En rigor, la designación de un representante legal supone limitar la capacidad jurídica, lo cual está expresamente prohibido por la CDPD" (BARIFFI, Francisco. *El régimen jurídico internacional de la capacidad jurídica de las personas con discapacidad*. Madrid: Cinca, 2014. p. 383).
40. Sobre a curatela do enfermo, Heloisa Helena Barboza, na vigência do art. 1.780 do CC, afirmava: "Trata-se de instituto de natureza instrumental, que tem por fim dar assistência à pessoa que tem diminuída sua capacidade funcional. Assim sendo, o curador deverá exercer seu poder-dever de forma subsidiária, provendo ao curatelado a assistência necessária para suplantar as dificuldades impostas por sua deficiência ou enfermidade. Cabível, nesses termos, sua aplicação a idosos, pessoas capazes, que necessitam de auxílio para gerenciar seus bens" (BARBOZA, Heloisa Helena. Curatela do enfermo: instituto em renovação. In: MONTEIRO FILHO, Carlos Edison do Rêgo; GUEDES, Gisela Sampaio da Cruz; MEIRELES, Rose Melo Vencelau (Org.). *Direito civil*. Rio de Janeiro: Freitas Bastos, 2015. p. 443).
41. Confira-se o seguinte exemplo elucidativo da utilidade representação em tais circunstâncias: "O referido autor [Marco Aurélio Viana da S.] comenta caso envolvendo um idoso que, acometido por problema cardíaco, veio a ser internado no CTI; o período de permanência nesse setor coberto pelo plano de saúde foi ultrapassado, tendo o plano proposto a prorrogação do contrato, o que permitiria a permanência do paciente naquela unidade hospitalar. Todavia, ele não tinha como manifestar a sua vontade, o que impediu a lavratura de procuração a rogo. Diante disso, questionou o escritor: 'Seria o caso de se abrir um processo de interdição?' Respondeu em seguida: 'Os fatos indicaram que não, porque dias depois ele estava restabelecido'" (ABREU, Célia Barbosa. *Curatela e interdição civil*. Rio de Janeiro: Lumen Juris, 2009. p. 116).

capacidade. Quanto à segunda hipótese, apenas em sentido amplo pode ela ser considerada modalidade de *apoio*, pois é funcionalmente distinta da TDA. Ainda assim, não parece haver vedação para sua incorporação no termo de apoio. Vedar a representação voluntária teria pouca repercussão prática em termos protetivos. Considerando que o instituto não limita a capacidade do apoiado, seguiria sendo possível instituí-la por procuração, reduzindo-se o controle sobre eventuais abusos.

O que não pode ocorrer, como bem declarou o Tribunal de Justiça do Estado de São Paulo (TJSP) é o esgotamento da relação de apoio na representação:

> Não se exclui a hipótese de que, a depender da deficiência do apoiado, pode-se cogitar que os apoiadores, em certos casos, possam precisar de algum poder de representação para promover a autonomia e facilitar a compreensão e a expressão da vontade da pessoa apoiada no exercício de seus direitos. No entanto, o papel dos apoiadores não pode se resumir na representação. As partes estão confundindo os institutos jurídicos. [...] O mandato é um instituto jurídico bastante simples e muito mais adequado para o caso.[42]

A representação voluntária no processo de TDA apresenta vantagens sobre o contrato de mandato, pois permite *(i)* o controle sobre os poderes conferidos ao representante no procedimento judicial de homologação, evitando excessos, e *(ii)* o monitoramento de suas atividades, por ocasião da prestação de contas (CC, art. 1.783-A, § 11).[43] Caso utilizada, deve ser cercada de cautelas. Não deve o juiz sugeri-la ao requerente.[44] Convém, ao contrário, velar pela liberdade decisória da pessoa com deficiência, sua compreensão das vantagens e dos riscos de se atribuírem tais poderes aos apoiadores (podendo ser necessário o apoio de equipe multidisciplinar), resguardando-a de eventual influência indevida.

3.5 Poderes do juiz

O procedimento perante o juiz possibilita a verificação da compreensão das cláusulas pelo apoiado, constituindo importante salvaguarda no sentido de evitar situações de abuso e influência indevida. Poderia a atividade jurisdicional se estender a ponto de avaliar o mérito das cláusulas que se apresentam no procedimento de jurisdição voluntária? Parte da doutrina tende a apontar a natureza homologatória da sentença

---

42. SÃO PAULO. Tribunal de Justiça do Estado de São Paulo. 5ª Câmara de Direito Privado. Apelação Cível 1005426-04.2018.8.26.0597. Relatora: Desa. Fernanda Gomes Camacho. Julgado em: 28 out. 2019. Data de publicação: 29 out. 2019.
43. Nesse sentido, cf. TEIXEIRA, Ana Carolina Brochado; CONCEIÇÃO, Andreza Cássia da Silva. A proteção da pessoa com deficiência: entre a curatela e a tomada de decisão apoiada. In: SALLES, Raquel Bellini; PASSOS, Aline Araújo; LAGE, Juliana Gomes. *Direito, vulnerabilidade e pessoa com deficiência*. Rio de Janeiro: Processo, 2019. p. 258.
44. "Adicionalmente, se podría alegar que esta posibilidad también conlleva el riesgo que las personas con discapacidad sean manipuladas o inducidas a suscribir estos acuerdos, y, de este modo, quedar sometidas a un régimen de representación muy similar al cual la CDPD intenta combatir" (BARIFFI, Francisco. *El régimen jurídico internacional de la capacidad jurídica de las personas con discapacidad*, cit., p. 382).

proferida no procedimento de TDA,[45] o que se justifica por se tratar de negócio jurídico que afasta, em regra, a possibilidade de controle judicial.[46]

Considerado o caráter promocional da autonomia individual, parece adequado o entendimento de não poder o juiz realizar o controle dos termos do acordo consoante sua visão acerca do melhor interesse do apoiado. Não obstante, diante de acordos que possam comprometer sua autodeterminação, que subvertam a função do instituto – como a atribuição de poderes excessivos aos apoiadores ou outras tendentes a reduzir a plena inclusão social do apoiado –, parece lícito concluir que o magistrado deve deixar de homologar o acordo apresentado, o que é uma das poucas justificativas para a escolha de procedimento algo burocrático perante o Poder Judiciário.[47]

4. CRÍTICAS DOUTRINÁRIAS AO INSTITUTO

A TDA, sendo novo instituto destinado a promover uma mudança paradigmática na forma como o direito civil enxerga a pessoa com deficiência, naturalmente encontrou questionamentos os mais diversos no que concerne à sua disciplina.

Critica-se a excessiva formalização em procedimento perante o Poder Judiciário. A respeito do tema, opina Anderson Schreiber que:

---

45. Nesse sentido, Joyceane Menezes (MENEZES, Joyceane Bezerra de. Tomada de decisão apoiada: instrumento de apoio ao exercício da capacidade civil da pessoa com deficiência instituído pela Lei Brasileira de Inclusão, cit., passim); Maria Helena Diniz (DINIZ, Maria Helena. *Curso de direito civil brasileiro, volume 1*: teoria geral do direito civil. 35. ed. São Paulo: Saraiva Educação, 2018. p. 772); Pablo Stolze Gagliano e Rodolfo Pamplona Filho (GAGLIANO, Pablo Stolze; PAMPLONA FILHO, Rodolfo. *Novo curso de direito civil, volume 6*: direito de família: as famílias em perspectiva constitucional. 6. ed. São Paulo, Saraiva, 2016. p. 742; Heloisa Helena Barboza (BARBOZA, Heloisa Helena. Curatela em nova perspectiva. In: SÁ, Maria de Fátima Freire de; NOGUEIRA, Roberto Henrique Pôrto; SCHETTINI, Beatriz (Org.). *Novos direitos privados*. Belo Horizonte: Arraes Editores, 2016. p. 96). Nelson Rosenvald, por sua vez, parece se inclinar à natureza constitutiva ou declaratória da sentença, com amplos poderes decisórios para o magistrado: "A sentença será bifásica: inicialmente o juiz definirá se admite a Tomada de Decisão Apoiada. Caso positivo, definirá o *quantum* dos poderes dos apoiadores, elencando as competências singulares dos apoiadores conforme as vicissitudes do beneficiário" (ROSENVALD, Nelson. Curatela. In: PEREIRA, Rodrigo da Cunha (Org.). *Tratado de Direito das Famílias*. 2. ed. Belo Horizonte: IBDFAM, 2016. p. 783). O posicionamento de Rosenvald, contudo, não se coaduna com a natureza contratual do instituto, aproximando-o indevidamente da curatela, do ponto de vista funcional.
46. "Há casos, porém, em que a definição do direito subjetivo dos litigantes não parte do juiz, verifica-se a autocomposição da lide, e o juiz se limita a comprovar a capacidade das partes para o ato e a regularidade formal do negócio jurídico para opor-lhe a chancela de validade e força de ato judicial (ato processado em juízo). [...] isso porque o ato judicial no caso não penetra no mérito do negócio jurídico realizado pela parte e restringe-se a homologá-lo, a fim de conferir-lhe eficácia de composição definitiva da lide" (THEODORO JÚNIOR, Humberto. *Curso de direito processual civil*: teoria geral do direito processual civil, processo de conhecimento e procedimento comum. 58. ed. Rio de Janeiro: Forense, 2017. v. I, p. 1101).
47. Nesse sentido, Vitor Almeida: "A extensão e os limites do termo de apoio não foram nitidamente definidos pela lei, razão pela qual o acordo deve ser submetido à apreciação judicial a fim de evitar afronta ao texto legal ou interferência desarrazoada na vida do apoiado a ponto de lhe retirar sua autodeterminação (ALMEIDA, Vitor. *A capacidade civil das pessoas com deficiência e os perfis da curatela*. cit., p. 227).

[...] a tomada de decisão apoiada somente oferecia alguma utilidade se representasse uma via mais simples e informal para o beneficiário, mas não é o que ocorre no Estatuto: trata-se de processo necessariamente judicial, que se promete longo e burocrático [...].[48]

De fato, há na legislação comparada procedimentos de formalização do apoio menos burocráticas. Na América do Sul, podem-se mencionar Colômbia[49] e Peru,[50] que autorizaram a constituição de apoios pela via notarial. No entanto, é preciso ter em mente que a finalidade de se estabelecer procedimento mais rígido foi a de prevenir o conflito de interesses, a influência indevida, a desproporcionalidade e outros abusos.

A crítica de que a participação do Ministério Público seria um excesso do legislador pelo simples fato de a TDA se aplicar a pessoas plenamente capazes parece desconsiderar a vulnerabilidade da pessoa com deficiência, não apontando mecanismos alternativos aptos a evitar abusos. É preciso ter em mente que a instituição de salvaguardas não é uma faculdade conferida ao legislador, mas uma imposição da CDPD (art. 12, item 4). Ainda que futura lei autorizasse a constituição da TDA pela via notarial, a participação do Ministério Público parece etapa procedimental razoável e adequada para tutelar os interesses do vulnerável.

Outra censura que se faz à TDA diz respeito à necessidade de se indicarem dois apoiadores. Como se trata de um mister gratuitamente realizado, que requer apoiadores não só confiáveis como também idôneos para exercê-lo e do fato de que a pessoa a ser apoiada, embora vulnerável, é plenamente capaz, a exigência de duas pessoas tem sido apontada como um rigor excessivo do legislador. De um lado, porque cria uma dificuldade adicional para a pessoa com deficiência, que deve buscar não uma, mas duas pessoas dispostas a auxiliá-la; de outro, porque um dos apoiadores pode não se sentir confortável em dividir a função com a outra pessoa indicada.[51]

---

48. SCHREIBER, Anderson. Tomada de decisão apoiada: o que é e qual sua utilidade? *Carta Forense*, 3 out. 2017. Disponível em: http://genjuridico.com.br/2017/10/03/tomada-de-decisao-apoiada-o-que-e-e-qual-sua-utilidade/. Acesso em: 26 set. 2022.
49. "Artículo 9º Mecanismos para establecer apoyos para la realización de actos jurídicos. Todas las personas con discapacidad, mayores de edad, tienen derecho a realizar actos jurídicos de manera independiente y a contar con apoyos para la realización de los mismos. [§] Los apoyos para la realización de actos jurídicos podrán ser establecidos por medio de dos mecanismos: [§] 1. A través de la celebración de un acuerdo de apoyos entre la persona titular del acto jurídico y las personas naturales mayores de edad o personas jurídicas que prestarán apoyo en la celebración del mismo; [§] 2. A través de un proceso de jurisdicción voluntaria o verbal sumario, según sea el caso, para la designación de apoyos, denominado proceso de adjudicación judicial de apoyos" (COLÔMBIA. Ministerio da Justicia y del Derecho. Sancionada la Ley 1996 de 2019: MinJusticia sigue comprometido con los derechos de las personas en condición de discapacidad. *Minjusticia*, Bogotá, 29 ago. de 2019. Disponível em: http://www.minjusticia.gov.co/Noticias/sancionada-la-ley-1996-de-2019-minjusticia-sigue-comprometido-con-los-derechos-de-las-personas-en-condici243n-de-discapacidad. Acesso em: 03 jan. 2020).
50. "Artículo 54-B. – Designación de apoyos y salvaguardias. Pueden designar apoyos o salvaguardias: 1. Las personas con discapacidad que manifiestan su voluntad pueden contar con apoyos y salvaguardias designados judicial o notarialmente" (VARSI-POSPIGLIOSI, Enrique; MALDONADO, Marco Andrei Torres. El nuevo tratamiento del régimen de la capacidad en el Código Civil peruano. *Acta Bioethica*, Santiago, v. 25, n. 2, pp. 199-213, 2019, p. 210).
51. Esses argumentos são trazidos por Ana Luiza Nevares e Anderson Schreiber (NEVARES, Ana Luiza Maia; SCHREIBER, Anderson. Do sujeito à pessoa: uma análise da incapacidade civil. In: TEPEDINO, Gustavo; TEIXEIRA, Ana Carolina Brochado; ALMEIDA, Vitor (Coord.). *O Direito Civil entre o sujeito e a pessoa*: estudos em homenagem ao professor Stefano Rodotà. Belo Horizonte: Fórum, 2016. p. 53).

A TDA também peca também pela falta: a disciplina pouco pormenorizada dificulta a implementação dos objetivos do legislador. A realização de importante política pública emancipatória requer uma regulação que confira segurança jurídica àqueles a que se destina. Os institutos protetivos atrelados à incapacidade são há muito conhecidos dos juristas e contam com um regramento farto. As disposições sobre o exercício da tutela, os bens do tutelado e a prestação de contas (que são aplicáveis subsidiariamente à curatela)[52] ocupam 23 artigos do Código Civil. Ao pretender pôr fim à utilização generalizada da curatela, em uma mudança paradigmática importantíssima, deveria o legislador ter tratado da matéria de forma mais específica e mesmo didática, a fim de estimular seu emprego pelos interessados e evitar controvérsias entre os aplicadores da lei. Assim, a descrição das principais cláusulas a constarem do apoio, as vedações, os limites ou mesmo algumas modalidades de apoio que pudessem ser empregadas seriam bem-vindas para popularizar o novo instituto.

O silêncio se verifica igualmente no que se refere ao procedimento judicial de constituição, o que gera importantes questionamentos. Um deles diz respeito à possibilidade de conversão do procedimento de TDA em curatela. A conversão parece distanciar-se do intuito promocional da CDPD e do EPD. Concebida a TDA como uma alternativa à curatela, seria avesso à finalidade buscada pelo instituto que a pessoa com deficiência – em decorrência de sua iniciativa, justamente por pretender escapar da medida mais incisiva – venha a ter sua capacidade restringida. Não se pode, em nome da efetividade processual,[53] pôr em xeque a tentativa de autodeterminação da pessoa com deficiência, atrelando à deflagração do procedimento de constituição da TDA, de feição emancipatória, a ameaça de restrição de sua autonomia. Uma postura ativa do juiz pode comprometer a confiança depositada pela pessoa com deficiência de que terá respeitadas suas vontades e preferências pela autoridade estatal. Afigura-se mais consentâneo aos fins da Convenção e do Estatuto que o juiz oficie o Ministério Público para, sendo o caso, instaurar a ação de interdição (CPC, art. 748).[54]

Outra questão procedimental diz respeito à existência de cláusulas consideradas abusivas ou que revelem risco de conflito de interesses ou influência indevida. A ausência de comando legal sobre como deve o juiz proceder, aliada ao caráter contratual da TDA, conduzem o intérprete à conclusão de que a única possibilidade é a não homologação. O ponto, porém, poderia ter sido trabalhado em pormenores pela legislação.

---

52. A seção destinada ao exercício da curatela conta com o seguinte artigo: "Art. 1.781. As regras a respeito do exercício da tutela aplicam-se ao da curatela, com a restrição do art. 1.772 e as desta Seção".
53. Esse fundamento é empregado por Joyceane Menezes para entender possível a conversão, no que divergimos da autora. Cf. MENEZES, Joyceane Bezerra de. Tomada de decisão apoiada: instrumento de apoio ao exercício da capacidade civil da pessoa com deficiência instituído pela Lei Brasileira de Inclusão, cit., p. 52-54.
54. Segundo a literalidade do § 3º do art. 1.783-A, o Ministério Público é ouvido antes da entrevista pessoal do requerente, razão pela qual seria necessário comunicá-lo. Sobre a legitimidade do órgão ministerial para a propositura da ação de interdição, dispõe o CPC: "Art. 748. O Ministério Público só promoverá interdição em caso de doença mental grave: I – se as pessoas designadas nos incisos I, II e III do art. 747 não existirem ou não promoverem a interdição; II – se, existindo, forem incapazes as pessoas mencionadas nos incisos I e II do art. 747".

Por fim, é mister citar uma controvérsia que não decorre da lei, mas da incompreensão da função da TDA por parte da doutrina. Alguns autores defendem que o requerimento inicial, que deflagra o procedimento de constituição da relação de apoio, pode ser formulado pelas mesmas pessoas legitimadas a propor a ação de curatela.[55] Esse entendimento foge à finalidade geral da CDPD de promover maior autonomia à pessoa com deficiência. A TDA funciona como instrumento facultativo, colocado à disposição da pessoa com deficiência, de modo que é equívoco pretender impor-lhe essa medida, até mesmo porque a apresentação do termo presume seu consentimento, sem o qual não se pode constituir a relação de apoio. Nesse sentido, basta a literalidade do § 2º do art. 1.783-A que preceitua que "o pedido de tomada de decisão apoiada será requerido pela pessoa a ser apoiada", o que se amolda perfeitamente à função do instituto e aos fins da CDPD.

5. CONCLUSÃO

A implementação de um novo paradigma em relação ao exercício de direitos pelas pessoas com deficiência intelectual ensaia seus primeiros passos no limiar do século XXI, sob os influxos da luta antimanicomial e de movimentos sociais. A CDPD traz importante contribuição nesse sentido. Embora já houvesse avanços legislativos (como a Lei 10.216/2001) e doutrinários (como os trabalhos de Celia Barbosa Abreu), foi a Convenção que confrontou o jurista e o legislador com a necessidade de se criarem alternativas ao binômio interdição-curatela.

A elaboração de novo instituto é tarefa hercúlea, uma vez que a produção de resultados, sobretudo quando delineado como instrumento facultativo à disposição das partes, depende da utilidade e da segurança jurídica que se pode extrair da disciplina elaborada pelo legislador. O art. 1.783-A, com onze parágrafos, foi um importante passo – ao lado de outras inovações do EPD – no caminho emancipatório pretendido pela CDPD. No entanto, a falta de precisão normativa exige grandes esforços do intérprete e sujeita a TDA a não poucas controvérsias.

Neste artigo, buscamos apresentar algumas contribuições ao momento de constituição da TDA. Não obstante, há outras importantes questões a serem esclarecidas sobre a relação de apoio, a situação jurídica de apoiadores e apoiado, as vedações aos apoiadores, os efeitos perante terceiros, a validade dos atos praticados isoladamente pelo apoiado, o registro da constituição etc. São todas questões que estão umbilicalmente ligadas e que merecem aprofundamento.

Da resolução dessas questões controvertidas depende o êxito da TDA. Esse desafio se coloca simultaneamente ao aplicador da lei, à doutrina e ao formulador de políticas públicas, para que se apresente aos interessados e ao Estado-juiz uma alternativa viável, emancipatória e protetiva, apta ao atendimento dos direitos e interesses da pessoa com deficiência.

---

55. ROSENVALD, Nelson. Curatela, cit., p. 782.

O DIREITO À SAÚDE DA PESSOA IDOSA

Fabiana Rodrigues Barletta

Fui convidada pelo meu querido orientador de Mestrado na UERJ, o catedrático e brilhante professor Gustavo Tepedino e pelo amado professor Vitor Almeida, um dos nossos novos grandes civilistas, para participar desta obra cujo objetivo é homenagear a ilustre e muito estimada professora Heloisa Helena Barboza. O que passo a descrever são pontos de minha tese de Doutorado com algumas atualizações. Deve ser esclarecido que a estimada professora merece todos os meus agradecimentos por aceitar ser minha coorientadora num trabalho não escrito na UERJ, sua *alma mater*, mas no programa de pós-graduação em Teoria do Estado e Direito Constitucional da PUC-Rio. A tese de Doutorado foi publicada pela editora Saraiva em 2010. Hoje está disponível no Academia.edu de Fabiana Barletta.

Inicia-se o trabalho definindo quem é a pessoa idosa. Considera-se juridicamente idoso todo ser humano com idade igual ou maior que 60 (sessenta) anos na forma do art. 1º do Estatuto da Pessoa Idosa. Da vulnerabilidade de fato da pessoa idosa, por intrínsecas e peculiares condições de fragilidade física, psíquica, social, laboral, decorre sua vulnerabilidade jurídica. A vulnerabilidade jurídica da pessoa idosa é razão para a Lei atribuir igualdade substancial, por meio de direitos especiais, onde há desigualdade de fato. Todavia, a vulnerabilidade dos anciãos não se coaduna com a restrição dos direitos da personalidade e das capacidades de fato e de direito, que permanecem ilesas.

Há várias teorias biológicas e psicológicas acerca do envelhecimento humano, o que torna impossível um conceito homogêneo de pessoa idosa. Parte da doutrina se manifesta pouco à vontade com a determinação da Política Nacional do Idoso e do Estatuto da Pessoa Idosa, destinados a regular os direitos assegurados às pessoas com idade igual ou superior a 60 (sessenta) anos, com o receio de cometer injustiças a partir da fixação de um critério meramente cronológico. Pensa-se, porém, que na seara legal, não estabelecer um marco para o início do gozo de direitos especiais em função da velhice seria mais problemático.

Se faltasse determinação legal de quem é pessoa idosa, seria dado azo aos subjetivismos de toda ordem. O critério adotado pelo Estatuto da Pessoa Idosa parece adequado posto que, além de informado por estudos da Organização Mundial de Saúde a respeito do envelhecimento, coaduna-se com a técnica legislativa brasileira de fixar a idade para o exercício de certos direitos e deveres compatíveis com um determinado corte etário. Atualmente o Estatuto da Pessoa Idosa prevê o seguinte no art. 3º § 2º: "Entre as pessoas idosas, é assegurada prioridade especial aos maiores de 80 (oitenta) anos, atendendo-se suas necessidades sempre preferencialmente em relação às demais pessoas idosas." Nota-se, em regra, que a pessoa maior de oitenta anos é bem mais frágil do que as idosas de idade menor. Embora em princípio não se tenha apoiado esta regra, compreende-se que os maiores de oitenta são pessoas super idosas, que precisam de mais proteção.

A pessoa idosa e doente possui vulnerabilidade exacerbada ou interseção de vulnerabilidades. Pessoa idosa com vulnerabilidades interseccionais deve ser diferenciada pelos operadores do Direito não só por ser vulnerável. Deve ser considerada *hipervulnerável* por ser pessoa idosa, doente, a necessitar de serviços de saúde e, não raro, possuir alguma deficiência. Ser pessoa com deficiência na velhice é comum. Como hipervulnerável ela terá um tratamento ainda mais especializado e dirigido ao contexto de *vulnerabilidade interseccional*. Deve ser ampla e minuciosamente informada sobre as intervenções nos domínios de seu corpo e mente, a fim de optar pelo tratamento que lhe for reputado mais favorável. A informação acerca do tratamento proposto para pessoa idosa doente será adequada se levar em conta também as vulnerabilidades oriundas de seu estado de saúde.[1]

Dispõe o art. 17 do Estatuto da Pessoa Idosa que aquela que esteja no domínio de suas faculdades mentais é assegurado o direito de optar pelo tratamento de saúde que lhe for reputado mais favorável. Mas não estando a pessoa idosa em condições de proceder à opção, esta será feita, na forma do parágrafo único: I – pelo curador, quando a pessoa idosa for interditada; II – pelos familiares, quando a pessoa idosa não tiver curador ou este não puder ser contactado em tempo hábil; III – pelo médico, quando ocorrer iminente risco de vida e não houver tempo hábil para consulta a curador ou familiar; IV– pelo próprio médico, quando não houver curador ou familiar conhecido, caso em que deverá comunicar o fato ao Ministério Público.

Diante da doença, terminal ou não, defende-se a possibilidade de a pessoa idosa, por possuir autonomia privada existencial, optar por tratamentos paliativos, que não posterguem sua vida de maneira fútil.[2] Mas não há que deixá-la doente, sem qualquer tipo

---

1. Nesse diapasão, são elucidativas as lições acerca de tais princípios feitas por BARBOZA, Heloisa Helena. *Princípios do biodireito*. In: BARBOZA, Heloisa Helena, DE MEIRELLES, Jussara Maria Leal e BARRETTO, Vicente de Paulo (Org.). *Novos Temas de Biodireito e Bioética*. Rio de Janeiro: Renovar, 2003, p. 55: "O estabelecimento dos mencionados princípios da bioética decorreu da criação pelo Congresso dos Estados Unidos de uma Comissão Nacional encarregada de identificar os princípios éticos básicos que deveriam guiar a investigação em seres humanos pelas ciências do comportamento e pela biomedicina. Iniciados os trabalhos em 1974, quatro anos após publicou a referida Comissão o chamado *Informe Belmont*, contendo três princípios: a) o da *autonomia* ou do respeito às pessoas por suas opiniões e escolhas, segundo valores e crenças pessoais; b) o da *beneficência* que se traduz na obrigação de não causar dano e de extremar os benefícios e minimizar os riscos; c) o da *justiça* ou imparcialidade na distribuição dos riscos e benefícios, não podendo uma pessoa ser tratada de maneira diferente de outra, salvo haja entre ambas uma diferença relevante. A esses três princípios Tom L. Beauchamp e James F. Childress acrescentaram outro, em obra publicada em 1979: o princípio da '*não maleficência*', segundo o qual não se deve causar mal a outro e se diferencia assim do princípio da beneficência que envolve ações de tipo positivo: prevenir ou eliminar o dano e promover o bem, mas se trata de um bem de um contínuo, de modo que não há uma separação significante entre um e outro princípio." [Grifou-se]
2. SWITANKOWSKY, Irene. S. *A new paradigm for informed consent*. New York: University Press of America, 1998, p. 1: "Autonomia é o fundamento do consentimento informado propriamente dito. Desde a ausência de uma decisão autônoma, o consentimento informado torna-se um simples consentimento. Consentimentos não

de tratamento, para o alívio das dores e dos mal estares. Na certeza de doença incurável, se nesse sentido a pessoa se posicionar, o direito deve dar preponderância à qualidade de vida em relação à quantidade, aplicando-se, a ortotanásia (cuidados paliativos que não prolonguem a vida), com base no princípio da dignidade da pessoa humana, que lhe confere poder de autodeterminação. Porém, se a pessoa idosa prefere a distanásia (prolongamento da vida por meio da ciência e, em regra, de aparelhos), é direito seu ter acesso a ela, pelo princípio da dignidade da pessoa humana, e pelo direito de exercer sua autonomia.

Só a supremacia dos interesses coletivos limitará o exercício do consentimento informado pessoa idosa doente em caso de ser portadora de enfermidade transmissível a outras pessoas.

Proclamar saúde de acordo com o critério da Organização Mundial de Saúde: "um estado de completo bem-estar físico, mental e social além da ausência de afecção ou doença" parece utópico na terceira idade, pois, ressalvados casos raros de anciãos a gozar da saúde referida, faz parte do envelhecimento um processo biológico intrínseco, declinante e universal, no qual podem ser reconhecidas marcas físicas e fisiológicas inerentes, não mais possíveis de se apagar.

Na maioria dos casos, considera-se mantido o estado de saúde da pessoa idosa em termos médicos e jurídicos se, apesar de possuir determinada afecção, ela experimenta *qualidade de vida*, *capacidade funcional* e *preservação de sua autonomia*.

Dentre os direitos fundamentais de todas as pessoas, a saúde desponta como direito de natureza prioritária da pessoa quando idosa. Identifica-se a saúde como direito prioritário da pessoa idosa por três motivos. Em primeiro lugar, pela frequência e pela rapidez com que, na terceira idade, a saúde se esvai. Por esse motivo a pessoa idosa se torna mais suscetível aos agravos psicofísicos e ao alijamento social que colocam em xeque a vida saudável, sem a qual não há uma existência envolta pela dignidade. Em segundo lugar, pelo fato de o direito à saúde – aliado aos direitos à previdência ou à assistência e à moradia, todos de índole fundamental social – funcionar como pressuposto para que se exercitem outros direitos das pessoas idosas, tanto individuais, quanto sociais. Em terceiro lugar, pela necessidade de se conferir às pessoas idosas *prioridade no acesso à saúde* em face de direitos concorrentes da mesma estirpe de pessoas de outras faixas etárias, em virtude da menor capacidade de resistência da pessoa idosa para aguardar o tratamento de saúde.[3]

---

são propriamente informados a não ser que eles sejam decididos de maneira autônoma pelo paciente. A autonomia é um complexo cognitivo-relacional; estado que varia em grau e qualidade entre os indivíduos. Quanto maior for o desenvolvimento, a reflexão, a educação do indivíduo, mais autônoma será a decisão." [Traduziu-se livremente do inglês]

3. Anote-se, segundo informações trazidas ao conhecimento por BARBOZA, Heloisa Helena. *A ética na saúde*. In: BAYMA, Fátima e KASZNAR, Istvan (Org.). *Saúde e Previdência Social*: desafios para a gestão do próximo milênio. São Paulo: Makron Books, 2001, p. 177, que a conceituação de saúde concebida pela 8ª Conferência Nacional de Saúde, realizada em 1986 é: "A saúde é a resultante das condições de Alimentação, Habitação, Educação, Renda, Meio Ambiente, Trabalho, Transporte, Lazer, Liberdade, Acesso a Posse de Terra e Acesso a Serviços de Saúde."

Faz parte do direito à saúde da pessoa idosa receber alimentos se não possui proventos para se manter, na forma do art. 11 do Estatuto da Pessoa Idosa: "os alimentos serão prestados à pessoa idosa na forma da lei civil."

Porém, enquanto o Código Civil, em seu art. 1.696, determina que a obrigação alimentícia recai, entre ascendentes e descendentes, nos parentes mais próximos em grau e o art. 1.697 complementa que, só na falta de ascendentes a obrigação alimentar caberá aos descendentes, de acordo com a ordem de sucessão e que, só na falta dos descendentes, a obrigação caberá aos irmãos; o art. 12 do Estatuto da Pessoa Idosa dispõe que "a obrigação alimentar é solidária, podendo a pessoa idosa optar entre os prestadores."

Desse modo, a pessoa idosa é senhora da opção de acionar o cônjuge ou o parente melhor abastado como seu alimentante para que obtenha, o mais brevemente possível e com maior certeza, a prestação da qual necessita sem justificar por quê.

De certo modo, o alimentante também resulta beneficiado por esta regra, pois não sofrerá grave prejuízo em sua fortuna já que, contrariamente ao regime de alimentos do Código Civil em que não cabe solidariedade, na forma proposta pelo Estatuto da Pessoa Idosa a obrigação alimentícia consta instituída entre pais, filhos, netos, irmãos e cônjuge. Portanto, o alimentante poderá, na forma do art. 283 do Código Civil, usar de seu direito de regresso em face dos demais devedores solidários.[4]

Às pessoas idosas que não têm família ou a tenham sem maiores reservas é atribuído o direito à assistência quando maiores de 65 anos na forma do art. 34 do Estatuto da Pessoa Idosa: Às pessoas idosas, a partir de 65 (sessenta e cinco) anos, que não possuam meios para prover sua subsistência, nem de tê-la provida por sua família, é assegurado o benefício mensal de 1 (um) salário-mínimo. Todavia, não há critério científico que justifique por que razão tal idade foi escolhida para o início da fruição do direito à assistência. Esta situação merece críticas, pois impõe uma idade acima dos 60 (sessenta) anos para o gozo da assistência social por pessoa idosa não só vulnerabilizada em razão da idade, mas também em razão de sua condição miserável.

Todos os diversos direitos atribuídos às pessoas idosas devem ser constantemente perseguidos pelo Direito. Compreende-se que o gozo de outros direitos contribui para que a pessoa idosa aufira condições ainda mais saudáveis de vida. Entretanto, em circunstâncias extremas, esses outros direitos podem até faltar, mas a saúde, no sentido oposto ao da doença, não. Sem saúde não há vida em condições mínimas de dignidade para a pessoa idosa. A saúde é direito prioritário da pessoa idosa.

---

4. Confrontando os artigos 11 e 12 do Estatuto do Idoso com o artigo 1.696 do Código Civil, DE JESUS, Damásio. E. *Estatuto do idoso anotado – Lei 10.741/2003, aspectos civis e administrativos*. São Paulo: Damásio de Jesus, 2005, p. 54, salienta: "Conforme veremos a seguir, o artigo 11 ora em discussão, ao recepcionar o Código Civil, criou uma antinomia aparente, visto que o artigo 1.696 estabelece reciprocidade na obrigação alimentar, enquanto o art. 12 do Estatuto do Idoso fixa solidariedade para os coobrigados e discricionariedade do idoso na opção pelo obrigado. Isso quer dizer que enquanto um filho é obrigado a processar primeiro o seu pai para depois para depois pleitear alimentos de seu avô, ainda que esse último seja milionário, o idoso pode optar por processar seu neto em detrimento de seu filho. A antinomia em questão só pode ser resolvida pela adoção 1.696 do CC..."

O dever de amparar a pessoa idosa, previsto pelo art. 230 da Constituição da República brasileira, implica a existência do direito subjetivo da pessoa idosa ao amparo. Tal direito, pelo seu conteúdo de significado e por sua relevância atual, pode ser equiparado aos direitos fundamentais e ter, em seu favor, o mesmo tratamento destinado a esses pela interpretação do art. 5º, § 2º da Constituição, já que objetivo desse artigo é o de expandir e aperfeiçoar o catálogo de direitos fundamentais por meio do critério da atipicidade. Logo, o dever de amparar a pessoa idosa pode ser entendido como direito fundamental.

Além disso, no Estatuto da Pessoa Idosa, encontra-se o princípio do melhor interesse da pessoa idosa a partir da interpretação sistemática.

Na construção do princípio do melhor interesse da pessoa idosa, cabe a discussão sobre princípios, que é relativamente recente, iniciada no segundo quartel do século passado.

O Direito ainda não alcançou homogeneidade na definição de princípios e se encontra em desenvolvimento a construção dos seus significados e das suas possibilidades de aplicação na interpretação jurídica. Portanto, mesmo que suscetíveis às críticas, as proposições acerca dos princípios apresentadas contêm critérios desenvolvidos pelos teóricos a direcionar o intérprete na visualização e na aplicação dos princípios, haja vista a necessidade inarredável de encontrá-los no âmbito do ordenamento e de aplicá-los na tarefa de interpretação do Direito dos dias atuais.[5]

Três princípios podem ser extraídos da interpretação do Estatuto do Pessoa Idosa iluminada pelo princípio constitucional da dignidade da pessoa humana: os subprincípios da *proteção integral da pessoa idosa* (art. 2º) e da *absoluta prioridade outorgada à pessoa idosa* (art. 3º), que conformam o princípio do *melhor interesse da pessoa idosa*.

O princípio do melhor interesse da pessoa idosa constitui critério teleológico-objetivo da interpretação a justificar a tomada de decisões em benefício da pessoa idosa, possui dimensão de peso, a qual ganhará relevância no sopesamento com outros princípios que com ele colidam, apresenta-se na modalidade de comando de otimização, ou seja, ordena que o melhor interesse da pessoa idosa se realize na maior medida possível, de acordo com as possibilidades jurídicas e fáticas dadas por um caso concreto ou formuladas em abstrato, que envolvam a pessoa idosa. O referido princípio possui como qualidade a determinação da realização de um fim juridicamente relevante, o melhor interesse da pessoa idosa, que só será realizado se adotado certo comportamento: sua interpretação e aplicação demandam avaliação da correlação entre o estado de coisas colocado como fim – o melhor interesse da pessoa idosa – e os efeitos decorrentes dessa conduta tida como necessária, isto é, a efetividade do princípio na prática.[6]

---

5. BARBOZA. Heloisa Helena. *O melhor interesse da pessoa idosa*. In: ALMEIDA, Vitor; BARLETTA, Fabiana Rodrigues (Coord.). *A tutela jurídica da pessoa idosa*. Indaiatuba: Foco, 2022, p. 3, passim.
6. ÁVILA. Humberto. *Teoria dos princípios*: da definição à aplicação dos princípios jurídicos. 2 ed. São Paulo: Malheiros, 2003, p. 16 e ss.

O subprincípio da proteção integral (art. 2º) e o subprincípio da absoluta prioridade (art. 3º) formam um só princípio: o do melhor interesse da pessoa idosa. Isso ocorre porque os princípios precisam, para se realizarem, de uma concretização através de subprincípios e valores singulares, com conteúdo material próprio. Mas o princípio do melhor interesse da pessoa idosa é a ideia diretiva que serve de base a estes subprincípios. Assim, da mesma forma que a proteção integral e a absoluta prioridade compõem o princípio do melhor interesse da pessoa idosa, este indica a direção dessa proteção e dessa prioridade, num movimento de junção de significados que gera uma acepção compatibilizada: a pessoa idosa faz jus à tutela integral e prioritária de acordo com seu melhor interesse.

Não parece, de acordo com o princípio do melhor interesse da pessoa idosa, que a regra do art. 1.641, inciso II, do Código Civil de que "é obrigatório o regime da separação de bens no casamento de pessoa maior de 60 (sessenta) anos." Essa disposição contraria, o subprincípio da proteção integral por desrespeitar a capacidade de fato e o desenvolvimento livre da autonomia existencial da pessoa idosa. O princípio do melhor interesse da pessoa idosa, extraído do Estatuto da Pessoa Idosa, Lei posterior ao Código Civil e especialíssima na tutela da pessoa idosa, ilumina a interpretação acerca dos seus interesses incidindo em face Lei ordinária anterior. Na ponderação da referida regra do Código Civil com o arcabouço axiológico do princípio do melhor interesse da pessoa idosa – que visa a preservar a saúde física e mental da pessoa idosa, além de seu aperfeiçoamento moral, intelectual, espiritual e social em condições de liberdade e dignidade – prevalecerá esse que, em última análise, tutela a autonomia e integridade psíquica da pessoa idosa. Autonomia e integridade psíquica são bases do direito à saúde e fazem parecer inválida a regra do art. 1.641, inciso II, do Código Civil.

Ademais, a normativa constitucional, hierarquicamente superior às leis ordinárias, elege como objetivo fundamental da República promover o bem de todos, sem preconceitos de idade, na forma do art. 3º, inciso IV. Essa é a razão derradeira pela qual *se defende a invalidade da regra do art. 1.641, inciso II, do Código Civil, por sua inconstitucionalidade.*

Com base nessa assertiva também se considera *materialmente inconstitucional* e, por consequência, inválido, o dispositivo do art. 40, § 1º, inciso II, da própria Constituição da República ao prescrever que a pessoa idosa, quando servidora pública, terá de se aposentar compulsoriamente aos 70 (setenta) ou aos 75 (setenta e cinco) anos, na forma da lei complementar.

É necessário relacionar o princípio do melhor interesse da pessoa idosa também com o princípio do melhor interesse das crianças e adolescentes, pois os direitos das pessoas idosas e das crianças e adolescentes possuem várias aproximações. O princípio do melhor interesse da pessoa idosa se constrói em analogia com o princípio do melhor interesse da criança e do adolescente, porque crianças, adolescentes e pessoas idosas compartem a mesma característica que os particulariza: a vulnerabilidade jurídica em razão da idade.

Os princípios do melhor interesse da criança, do adolescente e da pessoa idosa são construções doutrinárias extraídas do art. 5º, § 2º da Carta Constitucional, mas provêm de momentos diferentes do mesmo dispositivo. O princípio do melhor interesse das crianças e dos adolescentes decorre de tratado internacional ratificado pelo Brasil. O princípio do melhor interesse da pessoa idosa decorre não só do Estatuto da Pessoa Idosa em seus arts. 2º e 3º, mas também da não exclusão de outros direitos e garantias decorrentes do regime e dos princípios adotados pela Constituição.

A Constituição da República dispõe em seu art. 227 que: "é dever da família, da sociedade e do Estado assegurar à criança e ao adolescente, com absoluta prioridade, o direito à vida, à saúde, à alimentação, à educação, ao lazer, à profissionalização, à cultura, à dignidade, ao respeito, à liberdade e a convivência familiar e comunitária, além de colocá-los a salvo de toda forma de negligência, discriminação, exploração, violência,[7] crueldade e opressão."

Note-se que o dispositivo constitucional não faz referência à absoluta prioridade da pessoa idosa no gozo desses direitos. Mas, pelos artigos 2º e 3º do Estatuto da Pessoa Idosa, como também pela interpretação do art. 5º, § 2º da Constituição, exsurge o princípio do melhor interesse da pessoa idosa, do qual a absoluta prioridade e a proteção integral são subprincípios.

Destarte, em caso de colisão de interesses atrelados a crianças, adolescentes e às pessoas idosas, há de ser feita criteriosa ponderação dos direitos e dos valores resguardados pelos princípios atribuídos a ambos, a fim de se decidir, de acordo com as especificidades do caso concreto, quem gozará da absoluta prioridade e da proteção integral.

A saúde é direito fundamental prioritário das pessoas idosas.

No que se refere à saúde como direito fundamental percebe-se que as dimensões dos direitos constitucionais, civis e políticos e dos direitos sociais, econômicos e culturais se intercruzam. A satisfação dos primeiros não obsta a dos segundos e vice-versa. Não só os direitos sociais demandam ações positivas do Estado, pois os civis e políticos também requerem atuações dessa natureza.

A diferença entre direitos civis e políticos e direitos sociais prestacionais consiste no fato de que os custos dos segundos se destinam às obrigações estatais distributivas, que visam ao alcance da justiça social, como ocorre na prestação pública do direito à saúde às pessoas idosas.

Ciente da posição doutrinária que não considera os direitos sociais legítimos direitos fundamentais, defende-se tese oposta: os direitos sociais são direitos fundamentais porque princípios do Estado de Direito que fazem parte do núcleo do constitucionalismo hodierno a possibilitar que as pessoas aufiram um grau de humanização cabível no momento histórico atual. Os direitos sociais, por sua fundamentabilidade, possuem um núcleo irredutível, isto é, um limite ao livre-arbítrio do legislador, por constituírem prestações sem as quais os indivíduos não podem sequer desenvolver sua liberdade. A

---

7. BARBOZA, Heloisa Helena. O Estatuto da Criança e do Adolescente e a disciplina da filiação no código civil. In: PEREIRA, Tânia da Silva (Coord.). *O melhor interesse da criança*: um debate interdisciplinar. Rio de Janeiro: Renovar, 1999, p. 110-111.

liberdade é o principal argumento em favor dos direitos sociais, pois a liberdade jurídica, para fazer ou deixar de fazer algo, não possui qualquer valor se não acompanhada da liberdade real (fática), de eleger o que fazer dentro do que se permite. Tal liberdade depende, essencialmente, de prestações estatais.

A Constituição brasileira de 1988 trata dos direitos sociais no seu Título II, que cuida dos direitos e garantias fundamentais, portanto, eleva-os à posição de legítimos direitos fundamentais. A saúde é direito social fundamental previsto pelo art. 6º, *caput* da Constituição da República.

A teoria da "reserva do possível" para os direitos a prestações estatais trata-se da principal objeção apresentada pela doutrina à sindicabilidade dos direitos sociais fundamentais perante o Poder Judiciário. Parte da doutrina compreende que a judicialização de questões concernentes aos direitos prestacionais transfere para os tribunais a política social responsável pela destinação orçamentária, que é do parlamento.

Defende-se, embora de acordo com o princípio da divisão de poderes e com o regime democrático adotado pelo Estado brasileiro, que a atribuição de decidir acerca do conteúdo dos direitos fundamentais seja do legislador diretamente legitimado pelo povo, mas cabe também aos Tribunais o papel de deliberar de acordo com o que o legislador originário já tenha decidido, principalmente em nível constitucional se provocado.

Por conseguinte, o critério da viabilidade orçamentária baseado na teoria da "reserva do possível" poderá ser relativizado quando a querela jurisdicional envolver a saúde da pessoa humana, direito constitucional fundamental, cuja eficácia – a preservação da integridade psicofísica da pessoa – depende de condições materiais que devem ser oferecidas pelo Estado, mesmo que por mandamento do Poder Judiciário.

Defende-se que a destinação de um "mínimo existencial" para os direitos sociais não os enfraquece.[8] Pelo contrário, ela aumenta as chances de que os desprovidos de condições de obtê-los por si, os recebam na estatura do essencial, com garantia de que sejam prestados com a máxima eficácia e sem desperdícios. Aliás, o "mínimo existencial" tem sua extensão maximizada na medida da essencialidade do bem prestado pelo Estado, porque sua substância é parte do conteúdo do princípio da dignidade da pessoa humana. Portanto, em matéria de saúde da pessoa idosa, direito de ordem prioritária e componente do teor do princípio da dignidade da pessoa humana, o "mínimo existencial" é alargado.

Cabe asseverar que a transferência da dogmática do "mínimo social" para o Brasil, aqui desenvolvido pela doutrina como "mínimo existencial", abarcando apenas os direitos sociais – dentre eles o direito à saúde – não parece de todo acertada. Logo, os direitos sociais do art. 6º da Constituição da República, entre os quais se destaca o direito à saúde, estão sujeitos à mesma aplicabilidade imediata dos direitos individuais previstos

---

8. KRELL, Andreas J. *Direitos sociais e controle judicial no Brasil e na Alemanha*: os (des)caminhos de um direito constitucional 'comparado'. Porto Alegre: Sergio Antonio Fabris, 2002, p. 51.

no rol do art. 5º da Constituição. Os direitos sociais constitucionais são também direitos fundamentais.

O art. 15, § 2º do Estatuto do Pessoa Idosa determina que: "Incumbe ao Poder Público fornecer às pessoas idosas, gratuitamente, medicamentos, especialmente os de uso continuado, assim como próteses, órteses e outros recursos relativos ao tratamento, habilitação e reabilitação". Esse direito é de todas as pessoas idosas. A Lei decidiu por conceder aos anciãos a prerrogativa de obter tais recursos por intermédio do Estado, independentemente de sua condição financeira. Aliás, o acesso à justiça só se justifica no caso da negativa do Poder Público de fazer o que a Lei lhe atribui. Portanto, é direito de toda pessoa idosa requerer ao Poder Público que forneça, *gratuitamente*, medicamentos, especialmente os de uso continuado, assim como próteses, órteses e outros recursos relativos ao tratamento, habilitação e reabilitação. A desigualdade de fato das pessoas idosas ante as outras de idade adulta é a principal motivação do tratamento jurídico diferenciado em seu favor.

Com o Estatuto da Pessoa Idosa, as pessoas idosas passaram também, pela exegese do art. 15, § 3º, a estarem protegidas contra a cobrança de valores diferenciados pelos planos de saúde em razão da idade nas prestações periódicas que realizam, pelo fato de essa prática revelar-se discriminatória, portanto, vedada. Os tribunais, entretanto, apesar de incialmente terem recebido bem esta regra, atualmente não a consideram em sua plenitude.

É certo que pessoas idosas adoecem mais e usam mais o plano do que as pessoas jovens. Por isso, se reconhece vivamente nos planos de saúde a vigência do *princípio constitucional da solidariedade*, possuidor de valor moral, que implica *cooperação da população jovem que compõe o plano perante as idosas*, respeitando e concretizando o princípio de seu melhor interesse. O art. 15 § 3º do Estatuto do Pessoa Idosa disciplina: "É vedada a discriminação da pessoa idosa nos planos de saúde pela cobrança de valores diferenciados em razão da idade."

A obviedade de que o Estatuto da Pessoa Idosa apresenta avanço legislativo nas questões referentes aos direitos das pessoas idosas não pode encobrir a necessidade de se desenvolver uma dogmática a partir dele, voltada especialmente para a eficácia social de seu conteúdo normativo, especialmente no cuidado em que o Poder Público e a iniciativa privada devem destinar à saúde da pessoa idosa.

Considera-se errôneo supor que a vigência de uma Lei, por si, faça com que ela seja efetivada em sua amplitude teleológica e sistemática em prol das pessoas idosas. Note-se que tal grupo vulnerável, composto por idosos, merece específica atenção em sede legislativa pela evidente marginalidade na qual se encontra. A promulgação do Estatuto da Pessoa Idosa é fruto de movimentos sociais que visam, também por intermédio do Direito, a inclusão desse segmento da população brasileira. Objetiva-se, por meio do Estatuto da Pessoa Idosa afinado com os princípios constitucionais da dignidade da pessoa humana, da cidadania, da liberdade positiva, da igualdade material, da solidariedade social, e da democracia de inclusão do "outro", que ações sejam implementadas nas esferas públicas e privadas em busca da emancipação jurídico-social da pessoa idosa.[9]

Envelhecer é um direito da personalidade.[10] As pessoas têm o direito de envelhecer e, por consequência, se fragilizar, haja vista que consta do Estatuto da Pessoa Idosa em seu art. 8º que o envelhecimento é um direito personalíssimo. Veja-se: é o Estatuto da Pessoa Idosa que esclarece que o envelhecimento é um direito da personalidade.

Neste diapasão, propõe-se o debate público, por via da cidadania participativa das pessoas idosas e das associações que as representam, acerca dos valores de uma sociedade que deve tender não para o individuocentrismo, mas para o homem imerso numa esfera humanista, plural, que valoriza a identidade e a participação da pessoa idosa como componentes do livre exercício de sua personalidade. Nesse ambiente, é obrigatório não apenas existir, mas coexistir cooperar, colaborar, compartilhar e participar por meio da cidadania, visando ao desenvolvimento e à emancipação da coletividade em geral e dos grupos idosos vulneráveis, pelo exercício dos seus direitos personalíssimos constantes fora do catálogo previsto no Código Civil dos artigos 11 a 21, na sociedade contemporânea marcada por diferenças de toda ordem.

Sustenta-se que liberdade e o poder de autodeterminação das pessoas idosas são indispensáveis para o seu desenvolvimento e o alcance de melhores condições de vida para si próprias e para a coletividade de que fazem parte. Não pode haver crescimento baseado na opressão, porque seres humanos desenvolvem preferencialmente seus dons e aptidões num ambiente onde possuam ferramentas para que, efetivamente, possam ousar experimentar, criar, por meio da liberdade positiva e do exercício dos direitos da personalidade. O regime democrático também favorece o desenvolvimento social e as pessoas podem, paulatinamente, conseguir avanços em prol de uma democracia cada vez mais forte em legitimidade, com vistas também a assegurar os direitos fundamentais constitucionais no combate aos riscos sociais.[11] O direito à saúde, de índole social, é condição para o exercício do direito da liberdade no exercício da cidadania e por meio dela, de mais uma faceta dos direitos da personalidade.

Com os olhos voltados para a efetivação de suas normas, o Estatuto da Pessoa Idosa, em seu art. 9º, impõe ao Estado a obrigação de "garantir à pessoa idosa a proteção à vida e à saúde, mediante a efetivação de políticas sociais públicas que permitam um

---

9. HABERMAS. Jürgen. *A inclusão do outro*: estudos de teoria política. São Paulo: Edições Loyola, 2002, p. 41 e ss.
10. DE CUPIS, Adriano, *Direitos da personalidade*. Trad. REZENDE, Afonso Celso Furtado. Campinas: Romana, 2004, p. 29.
11. Consoante TEPEDINO, Gustavo. Direitos humanos e relações jurídicas privadas. *Temas de Direito Civil*. Rio de Janeiro: Renovar, 1999, p. 57: "Na democracia capitalista globalizada, de pouca serventia mostram-se os refinados instrumentos de proteção dos direitos humanos, postos à disposição pelo direito público, se as políticas públicas e a atividade econômica privada escaparem ao mecanismo de controle jurídico, incrementando a exclusão social e o desrespeito à dignidade da pessoa humana. Na era dos contratos em massa e na sociedade tecnológica, pouco eficazes mostram-se os mecanismos tradicionalmente empregados pelo direito civil, como a responsabilidade civil fundada na culpa, sendo indiscutíveis os riscos sociais decorrentes da atividade econômica, mais e mais sofisticada, impondo-se a busca de soluções de índole objetiva, preferencialmente preventivas, não meramente ressarcitórias, em defesa de uma melhor qualidade de vida e da realização da personalidade."

envelhecimento saudável e em condições de dignidade." Este mandamento quer que a vida e a saúde das pessoas idosas não sejam tuteladas somente quando já violados direitos humanos levados, assim, ao Poder Judiciário, para que os salvaguarde de privações ilícitas já ocorridas. A vida e a saúde da pessoa idosa devem ser protegidas antecipadamente e com prioridade, por meio da efetivação de políticas públicas e sociais de ação, conscientização e humanização da sociedade perante sua vulnerabilidade.

No que tange especialmente às pessoas idosas, a preservação de sua integridade física e psíquica, que compõem a saúde, assim entendidas também como direitos próprios da personalidade, garantem sua participação na vida pública. Se a idade por si, já fragiliza o corpo da pessoa idosa, incapacita esse corpo se doente. Até para que as pessoas idosas possam reivindicar melhores condições de bem-estar, é necessário que elas gozem de saúde, sob pena de estarem definitivamente afastadas do exercício da cidadania, o que fere, em última análise, o direito à liberdade jungido ao incremento de sua personalidade ontológica e dos direitos que advêm dela.

Parte II
DIREITOS DA PERSONALIDADE NA ERA TECNOLÓGICA E O PAPEL DO INTÉRPRETE

Part II

O STF E A CONSTRUÇÃO DOGMÁTICA DO DIREITO DE PERSONALIDADE NA ERA DA PROTEÇÃO DE DADOS[1]

Luiz Edson Fachin

Roberto Dalledone Machado Filho

Sumário: 1. Sigilo de correspondência e proteção de dados na experiência constitucional brasileira – 2. As iniciativas legislativas após a Constituição de 1988 – 3. A contribuição do supremo tribunal federal para a construção dogmática do conceito de privacidade – 4. Conclusões.

Poucas normas previstas na Constituição oferecem um espaço para análise dogmática da construção do direito comparável à garantia prevista no art. 5º, XII, da Constituição Federal: "é inviolável o sigilo da correspondência e das comunicações telegráficas, de dados e das comunicações telefônicas, salvo, no último caso, por ordem judicial, nas hipóteses e na forma que a lei estabelecer para fins de investigação criminal ou instrução processual penal".

Um dos direitos fundamentais mais antigos da tradição constitucional brasileira, a proteção constitucional aos dados e à correspondência instrumentalizam o direito à liberdade de expressão e constituem um dos elementos indispensáveis para a plena liberdade de comunicação. Por constituírem instrumentos de verdadeira intervenção no livre mercado de ideias, o constituinte privilegiou o papel do legislador na conformação concreta desse direito. Com a revolução dos meios de comunicação e com o advento da internet e das redes sociais, a atualização da proteção de dados ganhou escala global e a regulação feita pelo legislador revelou-se insuficiente, quando não diretamente atentatória à liberdade de expressão.

Neste capítulo, examinaremos a construção dogmática da proteção de dados na jurisprudência do Supremo Tribunal Federal. Retomaremos, inicialmente, a formação histórica da garantia prevista no art. 5º, XII, da Constituição Federal, contrastando-o, sempre que necessário, com o alcance dado a liberdade de comunicação, de modo a realçar a interdependência entre o alcance da liberdade de comunicação e o âmbito de proteção ao sigilo de dados. Em seguida, faremos uma breve exposição das iniciativas legislativas e de seus objetivos, a fim de examinar a contribuição dada pelo legislativo na conformação das liberdades constitucionais. Por fim, à luz das inovações promovidas

---

1. Sob o título "1. Liberdade de comunicação 1.1 Liberdade de comunicação e sigilo de dados e correspondência", este artigo também será publicado em Curso de Direitos Fundamentais (no prelo).

pela revolução nos meios de comunicação, abordaremos como as novas tecnologias atingem não apenas os direitos que historicamente constituem o núcleo da liberdade de comunicação, como também desafiam direitos que apenas marginalmente eram atendidos pela atuação legislativa, como, por exemplo, a privacidade e o anonimato. O impacto dessas novas tecnologias trouxe desafios à jurisdição constitucional. Na última parte deste capítulo, buscaremos identificar as principais linhas dogmáticas utilizadas pelo Supremo Tribunal Federal para ampliar o alcance da garantia constitucional de proteção de dados nos três casos cuja análise já foi iniciada: a proteção à criptografia, a proteção aos dados de celulares e, finalmente, o direito ao esquecimento.

1. SIGILO DE CORRESPONDÊNCIA E PROTEÇÃO DE DADOS NA EXPERIÊNCIA CONSTITUCIONAL BRASILEIRA

É longa a lista de direitos que integram a chamada liberdade de comunicação prevista na atual Constituição Federal: a livre manifestação do pensamento; o direito de resposta; a liberdade de expressão artística; a inviolabilidade do sigilo de correspondência; o acesso à informação e o resguardo do sigilo de fonte; a proibição da censura; e, finalmente, a pluralidade e a proteção nacional das empresas de comunicação.

Parte significativa dos direitos previstos pela Constituição cidadã não chega a ser inédita na experiência constitucional brasileira. A liberdade de expressão, a proibição da censura e o sigilo de correspondência estavam previstos já na Constituição de 1824 e foram mantidas nas seguintes, com as notórias exceções das constituições autoritárias de 1937 e 1967 (embora na 1937 tenha se mantido o direito de resposta, originalmente estabelecido em 1934; e, na de 1967, a possibilidade de proteção nacional das empresas de comunicação). O direito de resposta foi expressamente consagrado na Constituição de 1934. A liberdade de expressão artística, o acesso à informação e a propriedade nacional dos meios de comunicação foram garantidos na Constituição de 1946. A rigor, portanto, excetuando a proteção da fonte jornalística, a previsão constitucional do direito à comunicação não chega a ser matéria inédita na Constituição cidadã.

Registre-se, ademais, que a prática das instituições nacionais também foi a de regular "liberalmente", como dizia João Barbalho Uchôa Cavalcanti, o alcance do direito à liberdade de comunicação. A proibição da censura, por exemplo, que não tinha os termos peremptórios da Constituição de 1988 ("é vedada toda e qualquer censura de natureza política, ideológica e artística"), era mesmo assim rechaçada na interpretação de alguns juristas: "na República, nascida quando a censura prévia havia muito entre nós se finara, não vinha mais ao caso referência a essa odiosa e condenada instituição".[2] No Código Penal de 1890, embora fosse possível a responsabilização do editor ou do dono do jornal, não se previam punições que não fossem semelhantes às que se reconhece atualmente.

---

2. CAVALCANTI, João Barbalho Uchôa. *Constituição Federal brasileira* (1891): comentada. Brasília: Senado Federal, Conselho Editorial, 2002, p. 320.

A Primeira Constituição Republicana, no entanto, esteve constantemente ameaçada pelo regime de exceção. Conforme expressa previsão constitucional, no estado de sítio, eram suspensas as garantias que abrangem parte significativa do direito de comunicação, notadamente o sigilo de correspondência.

O reconhecimento dessa longa lista de antecedentes históricos, no entanto, não pode servir para menoscabar a contribuição decisiva da Assembleia Constituinte de 1988. Muito embora não fossem inéditas as garantias da liberdade de comunicação por ela expressamente acolhidas, são novos os termos com que a proteção se construiu, reduzindo, em muito, o espaço de conformação do legislador. De forma semelhante, o tempo de vigência das constituições autoritárias representou restrição efetiva ao pleno alcance do direito à liberdade de comunicação.

Em situações de normalidade institucional, no entanto, o debate sobre a proteção da liberdade de comunicação gravitava – como gravita atualmente – em torno da inviolabilidade do sigilo de correspondência. Isso porque, desde a Constituição do Império, a regulação das correspondências competia aos Correios que detinha a atribuição, em regime de monopólio, sobre a transmissão das cartas. Na opinião dos primeiros comentadores das constituições republicanas, muito embora não fosse mantida a referência expressa às atribuições dos Correios nas constituições seguintes, suas responsabilidades decorreriam da responsabilidade geral dos funcionários públicos.[3]

A possibilidade de regulação por parte dos Correios abria precisamente no campo da proteção do sigilo um espaço para a restrição da ampla e liberal proteção ao direito de expressão. Dito de outro modo, a restringibilidade do direito à comunicação não decorreu, como se verifica nos Estados Unidos, por exemplo, a partir da atuação do Poder Judiciário, mas da atuação do próprio Poder Executivo e, *a fortiori*, do Legislativo.

A primeira dessas intervenções ocorreu já no Decreto 4.053, de 1901, que aprovou o regulamento dos telégrafos. Editado por Campos Salles, o Decreto previa o direito ao sigilo de telegramas, indo além, portanto, da proteção epistolar prevista na Constituição Federal. A interceptação desses dados ficou proibida, sujeitando quem a realizasse a uma pena de dois a quatro anos.

A Lei 4.117, de 1962, que instituiu o Código de Telecomunicações, estendeu uma vez mais o alcance da proteção do sigilo de cartas, para abranger, nos termos de seu art. 55, a inviolabilidade da "telecomunicação". A Constituição que se lhe seguiu, em 1967, previa, no art. 150, § 9º, que "são invioláveis a correspondência e o sigilo das comunicações telegráficas e telefônicas". Além disso, a Lei também criminalizou a conduta de interceptar de forma clandestina as chamadas telefônicas, mas não reconhecia como indevida a interceptação fundada em ordem de "fiscais do Governo".

---

3. CAVALCANTI, João Barbalho Uchôa. *Constituição Federal brasileira* (1891): comentada. Brasília: Senado Federal, Conselho Editorial, 2002, p. 326. Mesmo recentemente, o Supremo Tribunal Federal seguiu, por maioria, esse entendimento, admitindo como possível a restrição do sigilo, não obstante os termos em que a Constituição o assegure, por meio da legislação (RE 1.116.949, Rel. Min. Marco Aurélio, Rel. Acd. Min. Edson Fachin, Pleno, DJe 1º.10.2020).

Quando no fim do governo militar, em 1984, estabeleceu-se a Política Nacional de Informática, previa-se como princípio da atuação governamental "a proteção do sigilo dos dados armazenados, processados e veiculados", nos termos do art. 2º, VIII, da Lei 7.232, de 1984. Cinco anos mais tarde, quando a Assembleia Nacional Constituinte promulgava a nova Constituição, erigiu-se a proteção de dados à categoria de direito fundamental, tal como antes houvera feito a Constituição de 1967, relativamente à proteção da comunicação telefônica.

O que este breve percurso histórico parece indicar é que, de um lado, a proteção do sigilo da correspondência, das comunicações telegráficas, de dados e das comunicações telefônicas foi feito paulatinamente por intervenção do próprio legislador e apenas posteriormente se deu a sua a constitucionalização. De outro lado, a atuação do legislador parece orientada a formulação de princípios que orientam a atuação estatal em matéria regulatória, sempre que inovações tecnológicas reclamarem novas intervenções legais.

2. AS INICIATIVAS LEGISLATIVAS APÓS A CONSTITUIÇÃO DE 1988

No cenário imediatamente seguinte à promulgação da Constituição, a principal discussão travada nos tribunais referia-se à necessidade de regulamentação legal do afastamento do sigilo de comunicações a fim de permitir a interceptação telefônica, uma vez que a normas constitucionais não autorizavam a interceptação, salvo por ordem judicial. Nesse sentido, o Supremo Tribunal Federal afirmava pacificamente que não foram recepcionados os dispositivos do antigo Código de Telecomunicações (Lei 4.117, de 1962), razão pela qual não se poderia admitir a realização de interceptação sem que fosse editada nova lei (HC 69.912, Rel. Min. Sepúlveda Pertence, Red. Para Acórdão, Min. Carlos Velloso, DJ 26.11.1993).

A Lei que acabou por resolver o vácuo de regulamentação só foi editada quase dez anos após a promulgação da Constituição, fruto da conversão do Projeto de Lei 1.156, de 1995. Na mensagem que enviara à Câmara, o Poder Executivo, por despacho do então Ministro da Justiça Nelson Jobim, indicava a necessidade urgente de regulamentar a possibilidade de interceptação, em linha com o que decidira o Supremo Tribunal Federal. Aprovada a Lei 9.296, de 1996, as disputas jurídicas passaram a ser sobre a possibilidade de se lhe aplicar aos casos de interceptações de sistemas de informática e telemática, uma vez que a interpretação literal do dispositivo constitucional poderia dar margem a entender como restringível apenas o sigilo de comunicações telefônicas, não os dados.

A interpretação, no entanto, acabou sendo superada pelo Supremo Tribunal Federal. Decisivo, para tanto, foi o reconhecimento de que as restrições aos direitos fundamentais, desde que feitas em razão da promoção de outros valores constitucionais igualmente relevantes, pode ser feita pelo legislador, em linha, aliás, como o que historicamente se reconheceu para os meios de comunicação. Em função disso, consolidou-se a Lei 9.296 como o marco legal do afastamento do sigilo de comunicação.

Com o avanço tecnológico da internet, que aos poucos praticamente tornou obsoleta a comunicação telefônica, o Congresso Nacional aprovou o Marco Civil da Internet (Lei 12.965, de 2014). De modo semelhante ao que fizera a antiga Lei de Informática, o Marco Civil previu, em seu art. 7º, a "inviolabilidade e sigilo do fluxo de suas comunicações pela internet, salvo por ordem judicial, na forma da lei" e "a inviolabilidade e sigilo de suas comunicações privadas armazenadas, salvo por ordem judicial". Como se observa, o Marco Civil estendeu às comunicações realizadas pela internet ou nela armazenadas a proteção relativa às comunicações telefônicas.

De modo notório, ainda, o Marco Civil da Internet equacionou a proteção à privacidade com a liberdade de expressão, fixando a possibilidade de anular cláusulas contratuais que impliquem ofensa ao sigilo das comunicações privadas e exigindo dos provedores de acesso a manutenção de protocolos para o tratamento de dados dos usuários.

Mais recentemente, em função das preocupações que advieram do crescimento de aplicações de internet com a capacidade de coletar e armazenas os dados dos usuários, o Congresso Nacional aprofundou as normas de proteção aos dados pessoais, instituindo a chamada Lei Geral de Proteção de Dados Pessoais (LGPD).

Vistas como insuficientes para a proteção dos usuários apenas as disposições de nulidade de cláusulas de contratos de prestação de serviço, a LGPD institui a Autoridade Nacional de Proteção de Dados, órgão da administração pública federal, integrante da Presidência da República, com competência própria para zelar pelo respeito ao sigilo das informações coletadas dos usuários. A LGPD cria, ainda, um Conselho Nacional de Proteção de Dados Pessoais e da Privacidade, que funciona como uma espécie de câmara de deliberação sobre futuras atualizações a LGPD.

A entrada em vigor da LGPD e o estabelecimento da Autoridade Nacional de Proteção de Dados marcam assim uma verdadeira revolução na regulamentação da proteção da liberdade de expressão, reconhecendo-se uma conexão necessária entre ambos os direitos. Constitucionalmente, o problema que essa conexão aporta à jurisdição do Supremo Tribunal Federal é precisamente o de traçar um limite entre as restrições admitidas a ambos os direitos, tarefa que não é singela.

Pense-se, por exemplo, na possibilidade de interceptação de conversas em aplicativos de comunicação, como o *Whatsapp*. A restrição à privacidade, admitida pela Lei 9.296, torna-se indefensável caso se reconheça que a possibilidade de interceptação exigiria mudanças no desenho do aplicativo, com risco de expor indevidamente a privacidade de todos os usuários ou mesmo de impedir a realização plena de sua liberdade de comunicação.

Por outro lado, há legítima preocupação com a manutenção de uma esfera pública virtual que respeite direitos e garantias fundamentais, combata a disseminação do racismo e de teorias conspiratórias e esteja atenta à verdade dos fatos. Em síntese, é preciso garantir a responsabilidade também no ambiente virtual.

Ambos os valores são constitucionalmente protegidos. A partir da inovação tecnológica, cada vez mais relacionada ao desenvolvimento de aplicativos automatizados (também eles protegidos pela liberdade de expressão), novos desafios serão postos para a compreensão dogmática do direito à privacidade no seu núcleo constitucional intangível, a reclamar nova configuração também do alcance da liberdade de expressão.

3. A CONTRIBUIÇÃO DO SUPREMO TRIBUNAL FEDERAL PARA A CONSTRUÇÃO DOGMÁTICA DO CONCEITO DE PRIVACIDADE

A construção legal da proteção de dados não se fez acompanhar da construção dogmática do conceito de privacidade, possivelmente porque os problemas práticos apareceram antes mesmo de eventuais soluções doutrinárias.

Como indicado na seção anterior, o que parece distintivo para o desencadeamento do processo de construção normativa é a emergência de novas tecnologias que dificilmente se amoldam à proteção então prevista na legislação.

Antes mesmo da aprovação da LGPD, eram comuns no âmbito do Poder Judiciário pedidos de interceptação de aplicativos protegidos por criptografia ou de acesso a celulares de suspeitos presos em flagrante. Mesmo com a edição da Lei, ainda remanescem dúvidas sobre o alcance desses dispositivos.

O caso da possibilidade de interceptação de conversas no *Whatsapp* é, por isso, talvez mais emblemático (ADPF 403 e ADI 5527[4]). O julgamento ainda pende de conclusão, mas é possível depreender dos votos já proferidos pelos respectivos Relatores os dilemas enfrentados pela jurisdição constitucional na concretização da proteção à privacidade.

Mais especificamente, como se depreende de um dos votos já lançados, o debate que se coloca para o Supremo Tribunal Federal é (i) saber se é constitucional a ordem judicial de acesso por órgãos do Estado ao conteúdo de comunicações protegidas por criptografia, conforme previsão constante do art. 7º, II, do Marco Civil da Internet; e, em sendo constitucional, (ii) saber se a sanção prevista no inciso III do art. 12 do mesmo diploma legal pode ser aplicada pelo Poder Judiciário.[5]

Reconhecendo, inicialmente, a importância de ambos os direitos em jogo, isto é, a proteção constitucional à privacidade e à liberdade de expressão, os Ministros Relatores definiram o alcance de cada um deles.

---

4. Relatores: Min. Edson Fachin e Min. Rosa Weber, respectivamente.
5. Os dois dispositivos têm a seguinte redação:
"Art. 7º O acesso à internet é essencial ao exercício da cidadania, e ao usuário são assegurados os seguintes direitos:
(...)
II – inviolabilidade e sigilo do fluxo de suas comunicações pela internet, salvo por ordem judicial, na forma da lei;
Art. 12. Sem prejuízo das demais sanções cíveis, criminais ou administrativas, as infrações às normas previstas nos arts. 10 e 11 ficam sujeitas, conforme o caso, às seguintes sanções, aplicadas de forma isolada ou cumulativa:
(...)
III – suspensão temporária das atividades que envolvam os atos previstos no art. 11; ou".

Na internet, a proteção de privacidade foi definida como sendo não apenas uma proteção individual, mas também garantia instrumental do direito à liberdade de expressão. Isso porque o fluxo de informações é feito tanto pelos dados que são recebidos, quanto pelos dados enviados. Toda e qualquer escolha do usuário, inclusive não realizar escolha alguma, pode ser medida, calculada, comparada e comprada. Na internet, não a privacidade não pode ser apenas o direito de ser deixado só, mas deve assumir uma feição positiva como a de conceder às pessoas o controle sobre sua própria informações e de determinar a maneira de construir sua própria esfera pública.[6]

Em 2013, as Nações Unidas avançaram na definição da proteção à privacidade a partir do reconhecimento de que não há na internet um direito como o de ser deixado só, definição que foi incorporada nas manifestações dos Ministros. Depois de descoberto um grande esquema de espionagem de milhões de usuários de redes sociais, as representações diplomáticas do Brasil e da Alemanha propuseram à Assembleia Geral das Nações Unidas minuta de resolução sobre a proteção da privacidade no ambiente digital,[7] em que se comprometiam a revisar seus procedimentos, suas práticas e sua legislação relativamente à vigilância das comunicações, sua interceptação e a coleta de dados pessoais, incluindo a vigilância em massa, sua interceptação e coleta, com vistas à garantir o direito à privacidade por meio da completa e efetiva implementação de suas obrigações internacionais.

Na linha inaugurada pela Assembleia Geral das Nações Unidas, o Conselho de Direitos Humanos aprovou o Relatório Especial sobre o Direito à Liberdade de Expressão na Era Digital. Nele, o Relator Especial David Kaye também defende que o alcance do direito à privacidade na internet é instrumental para a garantia da liber-

---

6. RODOTÀ, Stéfano. Data Protection as a Fundamental Right. In: In: Gutwirth S., Poullet Y., De Hert P., de Terwangne C., Nouwt S. (Ed.). *Reinventing Data Protection*? Dordrecht: Springer, 2009, p. 78.
7. A Resolução, aprovada por consenso, assenta que a Assembleia Geral das Nações Unidas (tradução livre):
"1. Reafirma o direito à privacidade, segundo o qual ninguém será objeto de ingerências arbitrárias ou ilegais em sua vida privada, em sua família ou sua correspondência, nos termos do artigo 12 da Declaração Universal de Direito Humanos e do artigo 17 do Pacto Internacional de Direitos Civis e Políticos;
2. Reconhece a natureza global e aberta da Internet e o rápido avanço das tecnologias de informação e comunicação como um motor de progresso para as várias formas de desenvolvimento;
3. Afirma que os mesmos direitos que as pessoas têm offline devem também ser protegidos online, incluindo o direito à privacidade;
4. Chama todos os Estados a:
(a) Respeitar e proteger o direito à privacidade, inclusive no contexto às comunicações digitais;
(b) Adotar todas as medidas para por fim às violações desses direitos e a criar condições para prevenir essas violações, incluindo pela garantia de que leis nacionais relevantes atendam às obrigações assumidas pelo direito internacional dos direitos humanos;
(c) Revisar seus procedimentos, suas práticas e sua legislação relativamente à vigilância das comunicações, sua interceptação e a coleta de dados pessoais, incluindo a vigilância em massa, sua interceptação e coleta, com vistas à garantir o direito à privacidade por meio da completa e efetiva implementação de suas obrigações internacionais;
(d) Estabelecer e manter os mecanismos de controle independentes e efetivos capazes de assegurar a transparência e a accountability dos sistemas domésticos de vigilância de comunicações, sua interceptação e a coleta de dados pessoais.

dade de expressão. O receio da exposição que diminui a riqueza do ambiente plural da internet decorre tanto de ingerências governamentais, quanto da possibilidade de manipulação de dados, diminuindo a própria esfera de autonomia e determinação, ou, nos termos da jurisprudência alemã, diminuindo o direito à autodeterminação informacional.

O conceito é extremamente relevante para se compreender a conexão entre o direito à privacidade e à liberdade de expressão. Ínsita a ideia de liberdade de expressão está não apenas o direito de se expressar, mas também o direito de buscar e receber informações. O grande problema que a era da captação de dados coloca é que o acesso à informação é condicionado pela própria experiência prévia do usuário, que, por sua vez, é monitorada e analisada por aplicativos. Noutras palavras, há risco concreto de a liberdade de acesso à informação seja restringida ou controlada, sem que se observem a reserva de jurisdição ou mesmo a reserva legal, como bem demonstra Laura Schertel Mendes:[8]

> (...) a relevância constitucional do processamento e da utilização de informação dá-se, portanto, a partir dos seguintes elementos: a) a dependência dos indivíduos em relação à infraestrutura de comunicação e informação; b) os riscos individuais que o processamento e a utilização de informação podem causar; c) a influência do processamento e da utilização de informações no sistema de direitos fundamentais como um todo; e d) a ineficácia de um sistema de proteção ex post, baseado meramente na reparação de danos.

Além disso, a própria maneira pela qual a opinião se expressa no ambiente *online* tem particularidades. As pessoas constantemente salvam suas opiniões, *e-mails*, páginas visitadas, arquivos encontrados na internet e os armazenam em seus computadores pessoais, na nuvem, em arquivos protegidos. As violações desse direito podem ocorrer tanto *off-line*, com a intimidação, *bullying*, violências físicas ou psicológicas, quanto *online*, pela negativa de acesso, pela vigilância constante ou por campanhas de ódio. No ambiente digital, esquemas de vigilância constante interferem drasticamente com o livre usufruto desse direito.

Para proteger esses valores no ambiente digital, as empresas então lançam mão de mecanismos como a criptografia e o anonimato. Segundo o Relatório do Conselho de Direitos Humanos, a criptografia é um meio de proteger a privacidade das pessoas no ambiente digital. Ela é um processo matemático de conversão de mensagens, informações ou dados que os torna ilegíveis por qualquer pessoa a não ser o destinatário da mensagem. A criptografia serve, assim, para proteger o conteúdo da mensagem, mas ela não protege os chamados "metadados", como, por exemplo, o endereço de IP. O anonimato visa, por sua vez, a evitar a identificação desses dados. Exemplos de tecnologias empregadas para esse fim (proteção do anonimato) são a criação de redes privadas virtuais (VPNs), serviços proxy, e redes peer-to-peer (A/HRC/29/32, par. 7, 8 e 9). De acordo com David Kaye: "a criptografia garante segurança para que os indivíduos possam verificar que suas

---

8. MENDES, Laura Schertel Ferreira. Habeas data e autodeterminação informativa: os dois lados da mesma moeda. *Direitos Fundamentais & Justiça*, ano 12, n. 39, p. 185-216, Belo Horizonte, jul./dez. 2018.

mensagens são encaminhadas apenas para as pessoas desejadas, sem qualquer interferência ou alteração, e que as comunicações por eles recebidas sejam também confiáveis (A/HRC/23/40 e Corr.1, par. 23)".

A adoção dessas soluções, porém, como reconheceram os Relatores no Supremo Tribunal Federal, não é indene de custos. Ao contrário, a proteção da privacidade e da liberdade de expressão por meio da criptografia e do anonimato trazem graves riscos à segurança pública. O risco aparece de forma nítida na dificuldade de realizar as investigações criminais, precisamente uma das autorizações constitucionais para afastar a proteção do sigilo de dados. Não por acaso, diversas agências de Estado, no Brasil e no exterior, têm solicitado às autoridades legais que adotem solução de acesso excepcional ou que possibilitem as polícias quebrarem a criptografia.

Noutras palavras, posta a questão nesses termos, o exercício da jurisdição constitucional pressupunha, em realidade, avaliar se o que se ganha com a adoção obrigatória dessas soluções tem custos módicos o suficiente para justificar a restrição.

Até agora, do que se tem do julgamento, a resposta dada a essas perguntas é negativa. As soluções técnicas sugeridas pelos departamentos de polícia envolvem riscos extremamente graves. Não é possível conceder acesso excepcional apenas às polícias. Sempre que se cria uma porta especial de acesso (*backdoor*), ela poderá ser aberta por qualquer pessoa, o que significa que a manutenção de acesso excepcional para, eventualmente, poder investigar uma determinada pessoa, poderá colocar a proteção dos dados de diversos outros usuários em risco permanente. A conclusão (ainda provisória) do julgamento acaba assim por reconhecer inconstitucional impedir que as pessoas utilizem a criptografia.[9]

Conquanto esse julgamento ainda não tenha sido encerrado, o Superior Tribunal de Justiça, quando do julgamento do RMS 60.531, Rel. Min. Néfi Cordeiro, Rel. Acd. Min. Ribeiro Dantas, julgado em 09.12.2020, reconheceu ser ilegal a aplicação de multa, por descumprimento de decisão judicial de quebra de sigilo de dados, em virtude da impossibilidade técnica pelo emprego da criptografia de ponta a ponta.

Caso mantido esse entendimento pelo Supremo Tribunal Federal, a proteção à criptografia, como instrumento de realização da privacidade e da liberdade de expressão no ambiente digital, ganha força constitucional, a justificar a síntese segundo a qual direitos digitais são também direitos fundamentais.

---

9. Veja-se que a conclusão (provisória) do Tribunal segue o caminho de investigar os limites da positivação do direito à privacidade, tal como feito pelo Marco Civil. Sobre esse ponto, Jacqueline de Souza Abreu afirma que: "Quando [o Marco Civil da Internet] obriga que empresas retenham informações, o dever se estende apenas a registros (IP, data e hora de acesso), o que as obriga a, necessariamente, ser capazes de atender a pedidos de quebra de sigilo apenas desses metadados (art. 15). Portanto, o dever jurídico, extraído do direito brasileiro vigente, de que aplicações de internet sejam capazes de quebrar sigilo de conteúdo de comunicações não é evidente; carece de fundamentação e pode muito bem ser que a conclusão seja de que não exista" (Passado, presente e futuro da criptografia forte: desenvolvimento tecnológico e regulação. In: *Revista Brasileira de Políticas Públicas*, v. 7, n. 3, p. 34, dez. 2017).

Ainda sobre o mesmo alcance da proteção à privacidade é possível examinar um tema cujo julgamento tampouco foi concluído pelo Supremo Tribunal Federal: o RE 1.042.075, correspondente ao tema 977 da repercussão geral. Cuida-se de saber se é lícita a prova produzida durante o inquérito policial a partir de acesso, sem autorização judicial, a registros e informações contidos em aparelho de telefone celular, relacionados à conduta delitiva e hábeis a identificar o agente do crime.

O voto do Relator, Min. Dias Toffoli, reconhece como possível o acesso, forte na diferenciação feita historicamente na jurisprudência da Corte entre "comunicação telefônica" e "registros telefônicos", afirmando que o acesso exclusivamente a dado de número telefônico não envolve a proteção constitucional de nenhum valor específico.

Em divergência, o Min. Gilmar Mendes expressamente frisou que nos dias atuais, a solução dada pela jurisprudência da Corte merecia ser revista, tendo em vista que, por expressa disposição legal, os dados pessoais dos usuários de celular também restaram protegidos no âmbito do Marco Civil da Internet. Além disso, em seu entender, circunstâncias fáticas serviriam para iluminar o problema. A alusão é exatamente à tecnologia presente nos modernos aparelhos de celular que detêm funcionalidades muito mais amplas do que o mero registro de chamadas. Propôs, então, como solução, a tese segundo a qual "o acesso a registro telefônico, agenda de contatos e demais dados contidos em aparelhos celulares apreendidos no local do crime atribuído ao acusado depende de prévia decisão judicial que justifique, com base em elementos concretos, a necessidade e a adequação da medida e delimite a sua abrangência à luz dos direitos fundamentais à intimidade, à privacidade e ao sigilo das comunicações e dados dos indivíduos".

Um caso que parece se distanciar das ponderações que foram descortinadas nessas manifestações anteriores diz respeito com o chamado "direito ao esquecimento", reconhecido no âmbito europeu e concebido, doutrinariamente entre nós a partir do direito à privacidade. O caso que foi levado a julgamento era o do RE 1.010.606, tema 786 da repercussão geral, e visava saber se uma vítima de um crime ocorrido no passado, teria o direito de ser deixada em paz.

Em longo e minucioso voto, o Relator Ministro Dias Toffoli reconheceu ser incompatível com a Constituição a ideia de um direito ao esquecimento, assim entendido como o poder de obstar, em razão da passagem do tempo, a divulgação de fatos ou dados verídicos e licitamente obtidos e publicados em meios de comunicação social analógicos ou digitais. Eventuais excessos ou abusos no exercício da liberdade de expressão e de informação deveriam, segundo a tese aprovada, ser analisados caso a caso, a partir dos parâmetros constitucionais – especialmente os relativos à proteção da honra, da imagem, da privacidade e da personalidade em geral – e as expressas e específicas previsões legais no âmbitos penal e cível.

A posição contou com a concordância majoritária do Tribunal, a indicar, portanto, que, ao menos no que se refere ao direito ao esquecimento e, ainda, nos limites dos votos que integram a corrente vencedora, caberá apenas ao legislador positivar, se assim o entender, a ampliação da proteção à privacidade.

4. CONCLUSÕES

A quem compete concretizar os direitos fundamentais? A posição que prevalece na doutrina é, sem dúvidas, a de reconhecer reponsabilidades comuns aos poderes constituídos com destaque para atuação do Poder Judiciário.[10] O exame, porém, do alcance da cláusula constitucional de proteção de dados indica que a resposta à pergunta contém *nuances* e complexidades.

De um lado, a proteção constitucional veio a reboque de seu reconhecimento legal, sendo possivelmente derivada da maior urgência com que as alterações técnicas precisam receber do direito. De outro, a própria jurisprudência do Supremo Tribunal Federal, salvo quando as circunstâncias fáticas praticamente inviabilizem um núcleo essencial dos direitos fundamentais, parece relutar em ampliar e atualizar direitos que não tem um suporte legal sedimentado e positivado.

Poder-se-ia lançar mão do princípio da proporcionalidade para explicar a posição teórica adotada em alguns votos já proferidos no âmbito da proteção constitucional ao sigilo das comunicações. No entanto, como o caso do direito ao esquecimento parece demonstrar, a concretização dogmática dos direitos fundamentais ainda depende de uma atuação específica do legislador.[11]

---

10. ALEXY, Robert. On Balancing and Subsumption. A Structural Comparison. *Ratio Juris*, v. 16, n. 4, dez. 2003.
11. JESTAEDT, Matthias. The Doctrine of Balancing – Its Strengths and Weaknesses. In: KLATT, Matthias (Ed.). *Institutionalized Reason*: The Jurisprudence of Robert Alexy. Nova York: Oxford University Press, 2012.

ACESSO À INFORMAÇÃO PARA A REALIZAÇÃO DE PESQUISAS: ENTRE A PROTEÇÃO DE DADOS PESSOAIS E O AVANÇO CIENTÍFICO

Carlos Edison do Rêgo Monteiro Filho

Diana Loureiro Paiva de Castro

"O direito não é somente um conjunto de regras, de categorias, de técnicas: ele veicula também um certo número de valores. Por conseguinte, se o direito deve evoluir para dar conta dos progressos científicos (...), deve necessariamente ordenar essas intervenções sobre o homem".[1]

Heloisa Helena Barboza

Sumário: 1. Introdução – 2. Valores em jogo: direitos fundamentais à proteção dos dados pessoais e ao acesso à informação, sob os influxos do regime jurídico da ciência, tecnologia e inovação – 3. Viabilidade jurídica: diálogo entre a lei de acesso à informação e a lei geral de proteção de dados pessoais – 4. Balizamentos aplicáveis: conformação ao quadro normativo e aos padrões éticos relacionados a estudos e pesquisas – 5. Notas conclusivas.

1. INTRODUÇÃO

O Poder Público, responsável por inúmeras bases de dados – como se sabe –, deve atender às exigências legais de proteção dessas informações. Em especial, a realização de pesquisas científicas destaca-se como um dos mais frequentes fundamentos de pedidos de acesso a informações detidas por entes públicos.

Nesse quadro, certos estudos contentam-se e poderão ser plenamente desenvolvidos por meio do acesso apenas a *dados anonimizados*. No entanto, em diversos casos, o objeto da pesquisa demanda ir além, requerendo acesso a *dados pessoais*, sob pena de se inviabilizar o próprio estudo. Surge assim importante indagação: será possível o acesso de órgão de pesquisa a informações pessoais?

Pense-se na realização de atividade de pesquisa, desenvolvimento e inovação, no bojo da qual seja necessário o compartilhamento, pela Administração Pública, de dados clínicos de pacientes. Imagine-se, por outro lado, que órgão de pesquisa pretenda ter acesso a informações de menores, para a realização de estudos relativos à educação

---

1. BARBOZA, Heloisa Helena. Princípios da bioética e do biodireito. *Revista Bioética*, v. 8, n. 2, p. 213, 2000.

básica. Dada a cautela imposta ao tratamento de dados sensíveis e de dados de crianças, o acesso será viável?

Esses, os problemas que se pretende enfrentar neste trabalho. À luz dos valores constitucionais, serão abordadas as questões da viabilidade jurídica e dos balizamentos aplicáveis aos casos de acesso à informação pessoal para fins de realização de pesquisas científicas.[2]

2. VALORES EM JOGO: DIREITOS FUNDAMENTAIS À PROTEÇÃO DOS DADOS PESSOAIS E AO ACESSO À INFORMAÇÃO, SOB OS INFLUXOS DO REGIME JURÍDICO DA CIÊNCIA, TECNOLOGIA E INOVAÇÃO

A Constituição da República de 1988 contempla, como direito fundamental, o direito à proteção dos dados pessoais. O inciso LXXIX do artigo 5º da Carta Magna, incluído pela EC 115, de 10 de fevereiro de 2022, prevê que "é assegurado, nos termos da lei, o direito à proteção dos dados pessoais, inclusive nos meios digitais".

Todavia, mesmo antes do advento da EC 115/2022, a proteção de dados pessoais já era considerada um "direito fundamental implícito".[3] O Supremo Tribunal Federal já reconhecera, em 2020, a autonomia desse, por assim dizer, *novo direito fundamental*, ao suspender a eficácia da Medida Provisória 954/2020, que, no contexto da pandemia da Covid-19, obrigava "as empresas de telecomunicação prestadoras do STFC e do SMP" a disponibilizarem à "Fundação IBGE, em meio eletrônico, a relação dos nomes, dos números de telefone e dos endereços de seus consumidores, pessoas físicas ou jurídicas" (artigo 2º).[4]

Em essência, o direito à proteção dos dados pessoais é diretamente informado pelo princípio da dignidade da pessoa humana, fundamento do sistema jurídico (art. 1º, III, CRFB).[5] Com efeito, constata-se que o desenvolvimento da personalidade na sociedade contemporânea se torna intrinsecamente vinculado à circulação de informações, de

---

2. Foge dos limites do presente trabalho a análise do tema do tratamento de dados pessoais para fins exclusivamente acadêmicos (art. 4º, II, "b", LGPD). Nesse ponto, cf. BRASIL: Autoridade Nacional de Proteção de Dados. Texto para discussão 1/2022. Estudo técnico: a LGPD e o tratamento de dados pessoais para fins acadêmicos e para a realização de estudos por órgão de pesquisa, 2022, p. 11-14. Disponível em: https://www.gov.br/anpd/pt-br/assuntos/noticias/sei_00261-000810_2022_17.pdf. Acesso em: 04 jun. 2022.

3. SARLET, Ingo Wolfgang. Fundamentos constitucionais: o direito fundamental à proteção de dados. In: MENDES, Laura Schertel; DONEDA, Danilo; SARLET, Ingo Wolfgang; RODRIGUES JÚNIOR, Otavio Luiz; BIONI, Bruno (Coord.). *Tratado de proteção de dados pessoais*. Rio de Janeiro: Forense, 2021, p. 54-58, E-book. V. tb. DONEDA, Danilo. A proteção dos dados pessoais como um direito fundamental. *Espaço jurídico*, v. 12, n. 2, p. 9, 2011.

4. V., por todos, BRASIL. Supremo Tribunal Federal. Referendo na Medida Cautelar na Ação Direta de Inconstitucionalidade 6.387/DF. Relatora Ministra Rosa Weber, 7 de maio de 2020. Disponível em: https://jurisprudencia.stf.jus.br/. Acesso em: 28 abr. 2022.

5. "Justifica-se (...), plenamente, a *tutela geral* (abstrata) da pessoa humana, ontologicamente vulnerável, não só nas relações econômicas, como as de consumo, mas em todas as suas relações, especialmente as de natureza existencial, e a *tutela específica* (concreta), de todos os que se encontrem em situação de desigualdade, por força de circunstâncias que potencializem sua vulnerabilidade, ou que já os tenham vulnerado, como forma de assegurar a igualdade e a liberdade, expressões por excelência da dignidade humana" (BARBOZA, Heloisa Helena. Proteção dos vulneráveis na Constituição de 1988: uma questão de igualdade. In: NEVES, Thiago (Coord.).

modo que a construção da identidade do sujeito passa a depender do modo como os dados o descrevem. O corpo se torna eletrônico e a percepção de si se opera de fora para dentro – a personalidade é aquela definida pelo conjunto de informações.[6]

A proteção dos dados de uma pessoa significa, em última análise, a garantia daquilo que forma a sua própria identidade. Em outras palavras, trata-se de amparar e salvaguardar o livre desenvolvimento da personalidade da pessoa humana, reconhecendo e protegendo sua dignidade.[7]

Além disso, também se observa, no plano dos direitos fundamentais expressos no artigo 5º da CRFB, que: (i) o inciso X determina a inviolabilidade da vida privada, assegurando o direito à reparação dos danos materiais ou morais decorrentes de sua violação; (ii) o inciso XII trata do sigilo de comunicações e de dados; (iii) o inciso LXXII prevê o remédio constitucional do *habeas data* para permitir o acesso a dados pessoais constantes de registros ou bancos de dados de entidades governamentais ou de caráter público, bem como a retificação de informações.

Por outro lado, a Constituição da República de 1988 assegura o direito fundamental de acesso às informações detidas por entes públicos, que se conecta, como seria mesmo natural, com o núcleo axiológico do regime democrático. Como conquista essencial do regime implantado a partir de 1988 no Brasil, tem-se verdadeira redefinição na ótica de controle da atuação estatal, passando-se do paradigma do segredo ao da transparência. Vale dizer: sem acesso aos atos praticados pelo Poder Público, tornar-se-ia impossível controlar a ação estatal, o que, em última análise, inviabilizaria "a sustentação dos direitos fundamentais e tornaria uma falácia o próprio Estado Democrático de Direito".[8]

Em enunciação exemplificativa, vê-se que (i) o artigo 5º, XIV, da CRFB garante o acesso à informação e resguarda o sigilo da fonte, quando essencial ao exercício profissional; (ii) o artigo 5º, XXXIII, da CRFB contempla o direito de acesso às informações de interesse particular, coletivo ou geral, perante órgãos públicos, ressalvadas aquelas cujo sigilo seja imprescindível à segurança da sociedade e do Estado; (iii) o artigo 37 da CRFB estabelece, no *caput*, que a administração pública obedecerá aos princípios da legalidade, impessoalidade, moralidade, publicidade e eficiência e assegura, em seu § 3º, II, o acesso dos usuários a registros administrativos e a informações sobre atos de governo, observado o previsto no artigo 5º, X e XXXIII.[9]

Direito & justiça social: por uma sociedade mais justa, livre e solidária: estudos em homenagem ao Professor Sylvio Capanema de Souza. São Paulo: Atlas, 2013, p. 109).
6. RODOTÀ, Stefano. *Dal soggetto alla persona*. Napoli: Editoriale Scientifica, 2007, p. 35.
7. MONTEIRO FILHO, Carlos Edison do Rêgo; CASTRO, Diana Loureiro Paiva de. Proteção de dados pessoais e cláusulas de não indenizar em relações de consumo: tutela da vulnerabilidade do consumidor e teoria dos efeitos da lesão. In: MONTEIRO FILHO, Carlos Edison do Rêgo; MARTINS, Guilherme Magalhães; ROSENVALD, Nelson; DENSA, Roberta (Coord.). *Responsabilidade civil nas relações de consumo*. Indaiatuba, SP: Foco, 2022, p. 357.
8. MOREIRA NETO, Diogo de Figueiredo. *Curso de direito administrativo*. Rio de Janeiro: Forense, 2014, p. 152.
9. "São direitos fundamentais, integrantes do elenco do artigo 5º, da Lei Maior, que tutelam o 'direito de informação', conceito amplo, que envolve os direitos de: informar, se informar e de ser informado" (BARBOZA,

Todavia, haverá situações em que a informação detida por ente público a que se pretende ter acesso é um dado pessoal de terceiro. Nessas hipóteses, entram em rota de colisão, de um lado, o direito fundamental de acesso à informação, e, de outro lado, o direito fundamental à proteção dos dados pessoais. *Quid juris*?

O conflito entre valores emanados do topo da pirâmide normativa deve ser analisado à luz do critério hermenêutico da razoabilidade e da proporcionalidade (que se equivalem em termos funcionais). Isso porque se fará necessária a ponderação dos diversos interesses, integrando-se regras, princípios e valores do sistema, para que se possa, ao final, construir a solução que melhor realize a escala axiológica constitucional.[10]

Nos casos em que o acesso à informação se dá para fins de realização de pesquisas, devem ser também considerados pelo intérprete os influxos do regime jurídico da ciência, tecnologia e inovação. Nessa direção, destaca-se, *v.g.*, que: (i) nos termos do artigo 5º, IX, da CRFB, é livre a expressão da atividade intelectual, artística, científica e de comunicação, independentemente de censura ou licença; (ii) o artigo 206, II, da CRFB garante a liberdade de aprender, ensinar, pesquisar e divulgar o pensamento, a arte e o saber; (iii) em conformidade com o artigo 218 da CRFB, o Estado promoverá e incentivará o desenvolvimento científico, a pesquisa, a capacitação científica e tecnológica e a inovação.[11]

No plano infraconstitucional, incidem simultaneamente a Lei Geral de Proteção de Dados Pessoais (Lei 13.709/2018 – LGPD) e a Lei de Acesso à Informação (Lei 12.527/2011 – LAI). A interpretação deve ser sistemática, promovendo-se o diálogo entre as normativas, com fins de tutela dos dois referidos direitos fundamentais. Faz-se necessária, assim, a individualização de solução coerente e harmônica, que assegure, a uma só vez, a unidade do sistema e a promoção dos valores constitucionais.[12]

3. VIABILIDADE JURÍDICA: DIÁLOGO ENTRE A LEI DE ACESSO À INFORMAÇÃO E A LEI GERAL DE PROTEÇÃO DE DADOS PESSOAIS

A Lei 13.709/2018 contempla disciplina específica para o tratamento de dados pessoais[13] por pessoa natural ou por pessoa jurídica de direito público ou privado (art.

Heloisa Helena; ALMEIDA, Vitor. O direito da pessoa com deficiência à informação em tempos da pandemia da Covid-19: uma questão de acessibilidade e inclusão. *Liinc em Revista*, v. 16, n. 2, p. 6, 2020).

10. PERLINGIERI, Giovanni. *Profili applicativi della ragionevolezza nel diritto civile*. Napoli: Edizioni Scientifiche Italiane, 2015, p. 132.
11. RODRIGUES, Lucas de Faria. A concretização da Constituição Tecnocientífica: o regime jurídico fundamental da ciência, tecnologia e inovação. Porto Alegre, RS: Fundação Fênix, 2021, p. 123, *E-book*.
12. Sobre o tema, foi recentemente aprovado, na IX Jornada de Direito Civil do Conselho da Justiça Federal (CJF), realizada em 19 e 20 de maio de 2022, o Enunciado 688: "A Lei de Acesso à Informação (LAI) e a Lei Geral de Proteção de Dados Pessoais (LGPD) estabelecem sistemas compatíveis de gestão e proteção de dados. A LGPD não afasta a publicidade e o acesso à informação nos termos da LAI, amparando-se nas bases legais do art. 7º, II ou III, e art. 11, II, a ou b, da Lei Geral de Proteção de Dados".
13. A LGPD conceitua como tratamento qualquer operação relativa a dados pessoais, compreendendo todas as suas variadas etapas (por exemplo, "coleta, produção, recepção, classificação, utilização, acesso, reprodução, transmissão, distribuição, processamento, arquivamento, armazenamento, eliminação, avaliação ou controle da informação, modificação, comunicação, transferência, difusão ou extração", conforme prevê o artigo 5º, inciso X).

1º, *caput*). Em sintonia com a axiologia constitucional, a Lei Geral de Proteção de Dados Pessoais apresenta como fundamentos expressos o respeito à privacidade, a autodeterminação informativa, a liberdade de expressão, de informação, de comunicação e de opinião, a inviolabilidade da intimidade, da honra e da imagem, o desenvolvimento econômico e tecnológico e a inovação, a livre iniciativa, a livre concorrência, a defesa do consumidor, os direitos humanos, o livre desenvolvimento da personalidade, a dignidade e o exercício da cidadania pelas pessoas naturais (art. 2º).

A Lei em comento conceitua dado pessoal como aquele titularizado por pessoa natural identificada ou identificável, excluindo de sua proteção a informação relativa à pessoa jurídica (art. 5º, I e V).[14] Tutela-se, assim, a noção de personalidade como valor, isto é, conjunto de predicados da pessoa humana, sempre concebida como fim em si mesma, a qual se diferencia do conceito de subjetividade, que diz com a aptidão para ser sujeito de direito, e incide para a pessoa natural e para a pessoa jurídica.[15]

Por outro lado, com relação ao dado pessoal sensível, a LGPD traz lista exemplificativa em seu artigo 5º, II: informação "sobre origem racial ou étnica, convicção religiosa, opinião política, filiação a sindicato ou a organização de caráter religioso, filosófico ou político, dado referente à saúde ou à vida sexual, dado genético ou biométrico, quando vinculado a uma pessoa natural". A qualificação de determinado dado pessoal como sensível deve ocorrer concretamente, conforme a identificação da maior probabilidade de uso discriminatório por terceiros.

São denominadas de *bases legais* as hipóteses autorizativas de tratamento de dados pessoais elencadas na Lei 13.709/2018. O consentimento é apenas *uma das* bases legais, inexistindo hierarquia entre elas.[16] Assim, quando o tratamento a ser realizado se enquadrar em uma das hipóteses previstas na LGPD que autorizam operações com dados pessoais independentemente de consentimento, este estará dispensado. Caberá, então, ao agente fundamentar o tratamento pretendido em uma das bases legais previstas nos artigos 7º e 11, este último para dados sensíveis.

Nesse quadro, os artigos 7º, IV, e 11, II, "c", da LGPD permitem o tratamento de dados pessoais, inclusive sensíveis, para a "realização de estudos por órgão de pesquisa, garantida, sempre que possível, a anonimização". Dispensa-se, portanto, a obtenção de consentimento do titular. Além disso, o artigo 16, II, da Lei 13.709/2018 autoriza a conservação de dados pessoais para a mesma finalidade.

Com relação a esta previsão legal de ser "garantida, sempre que possível, a anonimização dos dados", cabe observar, entre parênteses, que o legislador ergueu, como fronteira essencial para a incidência da disciplina da LGPD, a distinção entre dado

---

14. Nessa direção, confira-se o Enunciado 693 da IX Jornada de Direito Civil: "A proteção conferida pela LGPD não se estende às pessoas jurídicas, tendo em vista sua finalidade de proteger a pessoa natural".
15. TEPEDINO, Gustavo. A tutela da personalidade no ordenamento civil-constitucional brasileiro. In: TEPEDINO, Gustavo. *Temas de direito civil*. Rio de Janeiro: Renovar, 1999, p. 60.
16. Nesse sentido, veja-se o Enunciado 689 da IX Jornada de Direito Civil: "Não há hierarquia entre as bases legais estabelecidas nos arts. 7º e 11 da Lei Geral de Proteção de Dados (Lei 13.709/2018)".

pessoal e dado anonimizado. Desta feita, extrai-se do artigo 12 da lei em comento que, se a associação entre um dado e um indivíduo demanda "esforços razoáveis", este dado será pessoal e a disciplina da LGPD se aplicará. Ao contrário, se esta mesma associação exigir esforços fora do que se entende por razoável, o dado será anonimizado e a disciplina da Lei 13.709/2018 não incidirá.[17] A anonimização consiste, segundo a definição do artigo 5º, XI, da Lei Geral de Proteção de Dados Pessoais, na "utilização de meios técnicos razoáveis e disponíveis no momento do tratamento, por meio dos quais um dado perde a possibilidade de associação, direta ou indireta, a um indivíduo".

Todavia, é possível que, para o desenvolvimento do estudo, seja necessária a identificação dos titulares dos dados. Nessa hipótese, de que trata o presente trabalho, o tratamento de *dados pessoais* se fundamentará na base legal prevista nos artigos 7º, IV, e 11, II, "c", da Lei 13.709/2018. Em síntese, é viável a realização de pesquisas com dados pessoais (ou seja, não anonimizados).[18]

Dúvida interpretativa pode surgir com relação aos dados de crianças. Coloca-se em questão a previsão do artigo 14, § 1º, da LGPD, que demanda a obtenção de consentimento específico e em destaque de um dos pais ou do responsável legal do menor. Todavia, como visto, inexistindo hierarquia entre as bases legais e sendo o consentimento apenas uma das hipóteses autorizativas, a interpretação sistemática a ser dada à legislação é a de que também podem incidir, para dados de crianças, as bases legais previstas nos artigos 7º e 11, respeitado o princípio do melhor interesse (art. 14, *caput*).[19]

Isso posto, passa-se ao exame da disciplina da Lei de Acesso à Informação. O artigo 3º estabelece as diretrizes de aplicação da Lei 12.527/2011: (i) observância da publicidade como regra e do sigilo como exceção; (ii) divulgação de informações de interesse público, sem que se faça necessária solicitação; (iii) emprego de meios de comunicação viabilizados pela tecnologia da informação; (iv) estímulo ao desenvolvimento da cultura de transparência na administração pública; (v) edificação do controle social da administração pública. De mais a mais, o artigo 8º prevê que os órgãos e as entidades públicas têm o dever de divulgar informações de interesse coletivo ou geral por eles produzidas

---

17. BIONI, Bruno Ricardo. *Proteção de dados pessoais*: a função e os limites do consentimento. Rio de Janeiro: Forense, 2020, p. 66.
18. A Autoridade Nacional de Proteção de Dados (ANPD) observou, em análise preliminar, que "a anonimização ou a pseudonimização de dados pessoais não foram instituídas pela LGPD como medidas de segurança impositivas, isto é, que devem ser adotadas em todo e qualquer caso de estudos e pesquisas. (...) Segundo esse modelo, cabe aos próprios agentes de tratamento definir e adotar as medidas de prevenção e segurança apropriadas para a proteção de dados pessoais em cada contexto, sempre mediante a adoção de esforços razoáveis e das técnicas disponíveis à época do tratamento, considerando, ainda, a natureza da pesquisa realizada, os riscos para os titulares e os padrões éticos aplicáveis" (BRASIL: Autoridade Nacional de Proteção de Dados. Texto para discussão 1/2022. Estudo técnico: a LGPD e o tratamento de dados pessoais para fins acadêmicos e para a realização de estudos por órgão de pesquisa, 2022, p. 16-17. Disponível em: https://www.gov.br/anpd/pt-br/assuntos/noticias/sei_00261-000810_2022_17.pdf. Acesso em: 4 jun. 2022).
19. Este entendimento foi, aliás, adotado no Enunciado 684 da IX Jornada de Direito Civil: "O art. 14 da Lei 13.709/2018 (Lei Geral de Proteção de Dados – LGPD) não exclui a aplicação das demais bases legais, se cabíveis, observado o melhor interesse da criança".

ou custodiadas, no âmbito de suas competências. A publicação deve se dar em local de fácil acesso e prescindir de requerimento.

No entanto, a LAI contempla disciplina específica para as informações pessoais, que não pode ser desconsiderada pelo intérprete. A normativa traz limites ao direito fundamental de acesso à informação, concretizando a axiologia constitucional.

Nessa direção, o artigo 6º, III, da Lei 12.527/2011 determina a proteção tanto da informação sigilosa quanto da informação pessoal, observados os aspectos de disponibilidade, autenticidade, integridade e eventual restrição de acesso. Passo adiante, o artigo 31, *caput,* da LAI estabelece que o tratamento dos dados pessoais deve ser feito com transparência e respeito às liberdades e garantias individuais e aos direitos à intimidade, à privacidade, à honra e à imagem. As informações pessoais terão seu acesso restrito a agentes públicos legalmente autorizados e ao seu titular, pelo prazo máximo de cem anos a contar de sua produção, independentemente de classificação de sigilo (art. 31, § 1º, I, LAI). O acesso a dado pessoal por terceiro só será admitido diante de previsão legal ou consentimento expresso da pessoa a que a informação se refere (art. 31, § 1º, II, LAI).

O consentimento do titular, todavia, não será exigido quando os dados forem necessários: (i) à prevenção e diagnóstico médico, nas situações em que a pessoa estiver física ou legalmente incapaz, e para utilização única e exclusivamente para o tratamento médico; (ii) *à realização de estatísticas e pesquisas científicas* de evidente interesse público ou geral, previstos em lei, sendo proibida a identificação do titular das informações; (iii) ao cumprimento de ordem judicial; (iv) à defesa de direitos humanos; (v) à proteção do interesse público e geral preponderante; (vi) à apuração de irregularidades em que o titular dos dados estiver envolvido e (vii) em ações que visam à recuperação de fatos históricos de maior relevância (art. 31, §§ 3º e 4º, LAI).

Dúvida hermenêutica pode surgir com relação à previsão do artigo 31, § 3º, II, da Lei 12.527/2011, quando autoriza o acesso a dados pessoais, independentemente de consentimento do titular, para a realização de pesquisas científicas, mas veda a "identificação da pessoa a que as informações se referirem". Tal disposição significa que o acesso do órgão de pesquisa somente pode ser permitido para dados anonimizados?

A resposta deve ser negativa. Isso porque, a bem da verdade, dados anonimizados não são dados pessoais. A Lei de Acesso à Informação, no artigo 31, § 3º, II, pretendeu justamente assegurar o acesso aos dados pessoais para fins de pesquisa científica, dado o interesse público envolvido.

Assim, a interpretação a ser dada é a de que a vedação da LAI, quando aplicável, diz respeito à identificação do titular dos dados pessoais no momento posterior de publicação da pesquisa científica. Não se trata do momento anterior de acesso a tais informações pessoais pelo órgão de pesquisa para o desenvolvimento do estudo, o que se encontra plenamente autorizado.[20]

---

20. Conforme se extrai de SÃO PAULO: Procuradoria Geral do Estado de São Paulo. Relatório Final do Grupo de Trabalho criado pela Resolução PGE 41, de 10 de outubro de 2018. *Boletim CEPGE*, v. 44, n. 5, p. 284-285, 2020.

Há, portanto, no tema, a incidência simultânea da Lei de Acesso à Informação e da Lei Geral de Proteção de Dados Pessoais.[21] O diálogo entre as normativas aponta para solução única: a viabilidade do acesso a informações pessoais para fins de realização de pesquisas científicas. Todavia, como se passa a ver, tal viabilidade é condicionada à observância dos preceitos legais e éticos aplicáveis à espécie.

4. BALIZAMENTOS APLICÁVEIS: CONFORMAÇÃO AO QUADRO NORMATIVO E AOS PADRÕES ÉTICOS RELACIONADOS A ESTUDOS E PESQUISAS

Inicia-se a análise deste ponto pela disciplina da Lei de Acesso à Informação. O artigo 10, § 3º, da LAI dispõe que "são vedadas quaisquer exigências relativas aos motivos determinantes da solicitação de informações de interesse público". Todavia, tal proibição não se aplica a informações pessoais, caso em que a solicitação precisará estar fundamentada em uma das hipóteses previstas na LAI que excepcionam a restrição de acesso (art. 31, §§ 3º e 4º). Desse modo, o pedido de acesso à informação deve ser motivado pelo requerente, explicitando-se a finalidade de realização de pesquisa científica.[22]

Além disso, em conformidade com a previsão do artigo 31, § 3º, II, da Lei 12.527/2011, para que o acesso seja viável, a pesquisa científica deve visar a atender a evidente interesse público ou geral, que esteja previsto em lei. Trata-se, por exemplo, de estudo que visa à promoção dos direitos à educação e à saúde.

Parece recomendável, ainda, que haja a assinatura de termo de responsabilidade, que disponha sobre a finalidade e a destinação que fundamentam a autorização de acesso e sobre as obrigações pertinentes. Trata-se de documento usualmente exigido pelos regulamentos estatais, a exemplo do Decreto federal 7.724/2012 (art. 61), do Decreto estadual 61.836/2016, de São Paulo (art. 15), e do Decreto estadual 46.475/2018, do Rio de Janeiro (art. 57).

De outra parte, conforme a disciplina da LGPD, para que possa haver a incidência, às operações realizadas, da base legal prevista nos artigos 7º, IV, e 11, II, "c", o agente de tratamento deverá se qualificar como *órgão de pesquisa* (ao qual os pesquisadores estarão vinculados). A conclusão pode ser depreendida dos próprios termos utilizados pela lei, quando permite o tratamento de dados pessoais para a finalidade de "realização de estudos *por órgão de pesquisa*" e define o conceito de "*órgão de pesquisa*" no artigo 5º, XVIII. Cuida-se do "órgão ou entidade da administração pública direta ou indireta ou pessoa jurídica de direito privado sem fins lucrativos legalmente constituída sob as leis brasileiras, com sede e foro no País", que insere "em sua missão institucional ou

---

21. MONTEIRO FILHO, Carlos Edison do Rêgo; CASTRO, Diana Loureiro Paiva de. Dados nacionais de vacinação: acesso à informação, transparência administrativa e proteção de dados pessoais. In: RODRIGUES, Francisco Luciano Lima; MENEZES, Joyceane Bezerra de; MORAES, Maria Celina Bodin de (Org.). *Direito e vacinação*. Rio de Janeiro: Processo, 2022, p. 107.
22. SÃO PAULO: Procuradoria Geral do Estado de São Paulo. Relatório Final do Grupo de Trabalho criado pela Resolução PGE 41, de 10 de outubro de 2018. *Boletim CEPGE*, v. 44, n. 5, p. 283, 2020.

em seu objetivo social ou estatutário a pesquisa básica ou aplicada de caráter histórico, científico, tecnológico ou estatístico".

Nessa direção, a Autoridade Nacional de Proteção de Dados (ANPD)[23] publicou, em 3 de maio de 2022, em formato de *texto para discussão*, o estudo técnico "A LGPD e o tratamento de dados pessoais para fins acadêmicos e para a realização de estudos por órgão de pesquisa". No documento, a ANPD expõe sua análise *preliminar*[24] no sentido de que "não se admite a utilização desta base legal por pessoas naturais que atuem em nome próprio ou sem qualquer vínculo com um órgão de pesquisa". Em outras palavras, "o agente legitimado à utilização da base legal em estudo" – relativa aos artigos 7º, IV, e 11, II, "c", da Lei 13.709/2018 – será "o próprio órgão de pesquisa". Por via de consequência, afigura-se prudente que, antes de qualquer operação com dados pessoais para a finalidade em comento, como na hipótese de compartilhamento de informações, "seja confirmada, pelos meios legítimos, a ciência do órgão de pesquisa quanto à realização do estudo e o seu compromisso de cumprir as disposições pertinentes da LGPD".[25]

Sob outro ângulo, na conformação da atuação do agente pela disciplina da Lei 13.709/2018, destacam-se os princípios contemplados em seu artigo 6º. De acordo com tal dispositivo, o tratamento de dados pessoais deve ser realizado para finalidade legítima, específica, explícita e devidamente informada, sem possibilidade de tratamento posterior de modo conflitante com esse objetivo (princípio da finalidade). Faz-se mister que a operação prevista seja compatível com o propósito aventado e que o procedimento ocorra sem excessos, na exata medida para se alcançar tal fim. Com efeito, o tratamento de dados pessoais deve ocorrer conforme sua razão justificadora e no limite desse escopo, encerrando-se a operação tão logo haja seu cumprimento (princípios da adequação e da necessidade).[26]

Assegura-se ao titular acesso facilitado e gratuito à forma, à duração do tratamento e à integralidade dos dados pessoais (princípio do livre acesso). Os dados devem estar corretos, claros, atualizados e se afigurarem relevantes para o atendimento do objetivo da operação (princípio da qualidade dos dados). São garantidas ao titular informações claras, precisas e facilmente acessíveis a respeito dos tratamentos realizados e dos agentes que os promovem, respeitados os segredos comercial e industrial (princípio da transparência). A operação deve ser efetuada de acordo com medidas técnicas e administrativas

---

23. Registre-se que foi recentemente editada a Medida Provisória 1.124, de 13 de junho de 2022, cujo artigo 1º dispõe: "Fica a Autoridade Nacional de Proteção de Dados – ANPD transformada em autarquia de natureza especial, mantidas a estrutura organizacional e as competências e observados os demais dispositivos da Lei 13.709, de 14 de agosto de 2018".
24. O próprio documento ressalva que a análise não representa necessariamente a opinião final da autoridade nacional sobre o tema.
25. A autoridade nacional também aborda, nesse texto, a questão da forma adequada de comprovação do vínculo do pesquisador com o órgão de pesquisa. Cf. BRASIL: Autoridade Nacional de Proteção de Dados. Texto para discussão 1/2022. Estudo técnico: a LGPD e o tratamento de dados pessoais para fins acadêmicos e para a realização de estudos por órgão de pesquisa, 2022, p. 17-18. Disponível em: https://www.gov.br/anpd/pt-br/assuntos/noticias/sei_00261-000810_2022_17.pdf. Acesso em: 04 jun. 2022.
26. PERLINGIERI, Pietro. La pubblica amministrazione e la tutela della *privacy*. In: PERLINGIERI, Pietro. *La persona e i suoi diritti*: problemi del diritto civile. Napoli: Edizioni Scientifiche Italiane, 2005, p. 259.

seguras (princípio da segurança). Demanda-se a adoção de providências que evitem a ocorrência de danos, determinando-se aos agentes de tratamento a demonstração do implemento das normas de proteção e da eficácia das medidas cumpridas (princípios da prevenção e da responsabilização e prestação de contas). O tratamento não pode se dar para fins discriminatórios ilícitos ou abusivos (princípio da não discriminação).[27]

Além disso, o artigo 13 da LGPD prevê que, "na realização de estudos em saúde pública, os órgãos de pesquisa poderão ter acesso a bases de dados pessoais", os quais "serão tratados exclusivamente dentro do órgão e estritamente para a finalidade de realização de estudos e pesquisas e *mantidos em ambiente controlado e seguro*", consoante "práticas de segurança previstas em regulamento específico e que incluam, sempre que possível, a anonimização ou pseudonimização[28] dos dados, bem como considerem os devidos padrões éticos relacionados a estudos e pesquisas".[29] Cuida-se de disposição que detém nítida vocação expansiva para pesquisas com outros objetos que não a saúde pública, observadas as especificidades de cada situação.

Nessa toada, em sua análise preliminar sobre o tema, a Autoridade Nacional de Proteção de Dados bem pontuou que "embora o art. 13 estabeleça requisitos específicos para os estudos em saúde pública, a prevenção e a segurança são princípios gerais da LGPD", que se aplicam a qualquer hipótese, "constituindo obrigação legal dos agentes de tratamento, nos termos dos arts. 46 e 47". Desse modo, "estudos realizados em outras áreas do conhecimento também devem adotar as medidas protetivas necessárias e adequadas para a mitigação de riscos aos titulares dos dados pessoais". Aplicam-se, "no que couber, os parâmetros definidos no art. 13, conforme as peculiaridades de cada caso". É o que acontece, "em especial, com estudos que realizam tratamento de dados pessoais sensíveis".[30]

De outro giro, cuidando-se de dados de crianças e adolescentes, deverá ser observado o princípio do melhor interesse (art. 14, *caput*, LGPD), que é consectário da doutrina

---

27. RODOTÀ, Stefano. *A vida na sociedade de vigilância*: privacidade hoje. Rio de Janeiro: Renovar, 2008, p. 92.
28. A LGPD traz o conceito de pseudonimização em seu artigo 13, § 4º. Nesse caso, sustenta-se, em doutrina, que o dado não deixaria de ser pessoal (BIONI, Bruno Ricardo. *Proteção de dados pessoais*: a função e os limites do consentimento. Rio de Janeiro: Forense, 2020, p. 69).
29. Ainda em tema de tratamento de informações de saúde, cabe registrar a previsão do artigo 45 do Regulamento Sanitário Internacional (RSI 2005), acordado na 58ª Assembleia Geral da Organização Mundial de Saúde, em 23 de maio de 2005, e promulgado pelo Decreto 10.212, de 30 de janeiro de 2020. O dispositivo estabelece que "as informações de saúde coletadas ou recebidas por um Estado Parte de outro Estado Parte ou da OMS, consoante este Regulamento, referentes a pessoas identificadas ou identificáveis, deverão ser mantidas em sigilo e processadas anonimamente", como "exigido pela legislação nacional". Prevê também que dados pessoais poderão ser revelados e processados "quando isso for essencial para os fins de avaliação e manejo de um risco para a saúde pública", desde que sejam (i) "processados de modo justo e legal, e sem outros processamentos desnecessários e incompatíveis com tal propósito"; (ii) "adequados, relevantes e não excessivos em relação a esse propósito"; (iii) "acurados e, quando necessário, mantidos atualizados; todas as medidas razoáveis deverão ser tomadas a fim de garantir que dados imprecisos ou incompletos sejam apagados ou retificados"; e (iv) "conservados apenas pelo tempo necessário".
30. BRASIL: Autoridade Nacional de Proteção de Dados. Texto para discussão 1/2022. Estudo técnico: a LGPD e o tratamento de dados pessoais para fins acadêmicos e para a realização de estudos por órgão de pesquisa, 2022, p. 10. Disponível em: https://www.gov.br/anpd/pt-br/assuntos/noticias/sei_00261-000810_2022_17.pdf. Acesso em: 04 jun. 2022.

da proteção integral (artigo 227, CRFB).[31] A preservação do melhor interesse desses sujeitos vulneráveis significa agir sempre em atenção aos seus direitos fundamentais, qualquer que seja a base legal de tratamento.[32]

É certo que devem ser assegurados, ainda, os direitos do titular previstos na LGPD.[33] Assim, o titular não pode ser escanteado dos tratamentos de dados pessoais que lhe pertencem. Deve ser respeitado, em especial, o direito de acesso, para fins de controle e proteção dessas informações.[34]

Por último, o artigo 13 da Lei 13.709/2018, ao dispor sobre a realização de estudos em saúde pública, exige, como visto, que estes "*considerem os devidos padrões éticos*". Evidente, todavia, que isso não se restringe aos casos em que o objeto da pesquisa é a saúde pública. Nas demais áreas do conhecimento, também se demanda a observância das diretrizes éticas, à luz da dignidade da pessoa humana, ápice axiológico do sistema.[35] Caberá, então, aos agentes envolvidos verificar os padrões éticos aplicáveis e zelar pela atuação sempre em conformidade com tais fundamentos.[36]

Nesse cenário, embora o consentimento do titular possa ser dispensado pela ótica da LGPD, diante da incidência da base legal prevista nos artigos 7º, IV, e 11, II, "c", isso não significa a exclusão das diretrizes éticas aplicáveis, inclusive no que tange ao consentimento dos participantes de pesquisas, quando exigido. Trata-se de perspectivas de apreensão distintas e complementares.[37]

---

31. "após a Constituição de 1988 o princípio do melhor interesse da criança passou a ser de observância obrigatória, com caráter de prioridade absoluta, em *toda* questão que envolva *qualquer* criança ou adolescente, e não apenas aqueles indicados pela lei, (...), já que todos, indiscriminadamente, têm iguais direitos" (BARBOZA, Heloisa Helena. O princípio do melhor interesse da criança e do adolescente. In: *Anais do II Congresso Brasileiro de Direito de Família* – A família na Travessia do Milênio 2000, Belo Horizonte: IBDFAM, 2000, p. 207).
32. TEIXEIRA, Ana Carolina Brochado; RETTORE, Anna Cristina de Carvalho. A autoridade parental e o tratamento de dados pessoais de crianças e adolescentes. In: TEPEDINO, Gustavo; FRAZÃO, Ana; OLIVA, Milena Donato (Coord.). *Lei Geral de Proteção de Dados Pessoais e suas repercussões no direito brasileiro*. São Paulo: Thomson Reuters Brasil, 2019, p. 512-515; FRAZÃO, Ana. Proteção de dados, inteligência artificial e crianças. In: LATERÇA, Priscilla Silva; FERNANDES, Elora; TEFFÉ, Chiara Spadaccini de; BRANCO, Sérgio (Coord.). *Privacidade e proteção de dados de crianças e adolescentes*. Rio de Janeiro: Instituto de Tecnologia e Sociedade do Rio de Janeiro; Obliq, 2021, p. 106, E-book.
33. Citem-se, a título exemplificativo, os artigos 9º, 18, 19 e 20.
34. MONTEIRO FILHO, Carlos Edison do Rêgo; CASTRO, Diana Paiva de. Potencialidades do direito de acesso na nova Lei Geral de Proteção de Dados (Lei 13.709/2018). In: TEPEDINO, Gustavo; FRAZÃO, Ana; OLIVA, Milena Donato (Coord.). *Lei Geral de Proteção de Dados Pessoais e suas repercussões no direito brasileiro*. São Paulo: Thomson Reuters Brasil, 2019, p. 323-345.
35. "A dignidade é valor intrínseco ou inerente da pessoa humana. Considerada no plano ético, é um dos valores centrais para o direito, constituindo, para muitos autores, a justificação moral dos direitos humanos e fundamentais. No campo do direito, converteu-se em princípio jurídico de estatura constitucional, produzindo consequências relevantes" (ALBUQUERQUE, Aline; BARBOZA, Heloisa Helena. Remuneração dos participantes de pesquisas clínicas: considerações à luz da Constituição. *Revista Bioética*, v. 24, 2016, p. 33).
36. Sobre o tema, cf. BARRETO, Mauricio L.; ALMEIDA, Bethânia; DONEDA, Danilo. Uso e proteção de dados pessoais na pesquisa científica. In: MENDES, Laura Schertel; DONEDA, Danilo; SARLET, Ingo Wolfgang; RODRIGUES JÚNIOR, Otavio Luiz; BIONI, Bruno (Coord.). *Tratado de proteção de dados pessoais*. Rio de Janeiro: Forense, 2021, p. 528, E-book.
37. Portanto, "é plenamente possível que o consentimento seja dispensável do ponto de vista da legislação de proteção de dados pessoais e necessário do ponto de vista ético" (BRASIL: Autoridade Nacional de Proteção de Dados. Texto para discussão 1/2022. Estudo técnico: a LGPD e o tratamento de dados pessoais para fins acadêmicos e

5. NOTAS CONCLUSIVAS

A Constituição da República de 1988 contemplou, como direitos fundamentais, as garantias de acesso à informação e de proteção dos dados pessoais. Os valores que emanam do topo da pirâmide normativa devem ser promovidos em todas as relações intersubjetivas, sem que se possam conceber espaços de não direito. Assim, a atuação dos agentes sociais, públicos e privados, só terá lugar na medida em que for merecedora de tutela à luz da legalidade constitucional.

Nos casos de acesso a informações pessoais detidas por entes públicos para fins de realização de pesquisas científicas, os diversos interesses deverão ser compatibilizados, sem se aniquilar nenhum deles. Caberá ao operador realizar a ponderação dos vetores incidentes na espécie, perquirindo o ordenamento jurídico em sua unidade, coerência, heterogeneidade e complexidade, a fim de individualizar a normativa do caso concreto. Nessa toada, devem ser considerados também os influxos do regime jurídico da ciência, tecnologia e inovação.

Já no plano infraconstitucional, haverá a incidência simultânea da Lei Geral de Proteção de Dados Pessoais e da Lei de Acesso à Informação. Como visto, a LGPD previu a realização de estudos por órgão de pesquisa como base legal para o tratamento de dados pessoais (arts. 7º, IV, e 11, II, "c"). Por outro lado, a LAI permitiu o acesso a informações pessoais nos casos de realização de pesquisas científicas de evidente interesse público ou geral, previstos em lei (art. 31, § 3º, II).

O comando hermenêutico que guia o tema deve ser, então, o de viabilização do avanço científico, ao mesmo tempo em que se impõem balizamentos legais e éticos à atuação do agente. Demanda-se uma conformação às regras de proteção de dados pessoais e aos padrões éticos aplicáveis, sempre com vistas à tutela da dignidade da pessoa humana, vértice axiológico do sistema. Em síntese, se os avanços da ciência "não devem ser impedidos, a bem dos seres humanos, é indispensável, por imperiosas razões éticas e jurídicas, que se respeite a dignidade do ser humano em toda sua plenitude".[38]

---

para a realização de estudos por órgão de pesquisa, 2022, p. 14. Disponível em: https://www.gov.br/anpd/pt-br/assuntos/noticias/sei_00261-000810_2022_17.pdf. Acesso em: 04 jun. 2022.

38. BARBOZA, Heloisa Helena; ALMEIDA, Vitor. Pessoas com (d)eficiência e inteligência artificial: primeiras reflexões. In: TEPEDINO, Gustavo; SILVA, Rodrigo da Guia (Coord.). *O direito civil na era da inteligência artificial*. São Paulo: Thomson Reuters Brasil, 2020, *E-book*.

O DIREITO AO ESQUECIMENTO NA SOCIEDADE DA INFORMAÇÃO

Guilherme Magalhães Martins

Sumário: 1. Introdução – 2. O direito ao esquecimento como direito fundamental – 3. O direito ao esquecimento e a sua aplicação na jurisprudência do superior tribunal de justiça – 4. Conclusão.

1. INTRODUÇÃO

Na sociedade atual, o armazenamento de informações cresce em proporções geométricas. O excesso de informações pessoais de fácil acesso pode acarretar graves danos ao ser humano, na medida em que um pequeno erro do passado pode se tornar um grave obstáculo para o livre desenvolvimento da personalidade. A (re)divulgação de fatos pretéritos concernentes a determinado indivíduo pode impedir a autoconstrução da sua identidade, na medida em que imobiliza o ser humano, negando sua habilidade de evoluir ao acorrentá-lo ao seu próprio passado.

O tema do direito ao esquecimento foi reconhecido com repercussão social no Supremo Tribunal Federal, que apreciou o caso Aída Curi,[1] nos dias 4, 5 e 11 de fevereiro de 2021, dando à Tese de Repercussão Geral 786.[2] A hipótese demandou a realização

---

1. O mesmo caso já foi objeto de apreciação pelo Superior Tribunal de Justiça (REsp 1.335.153), ocasião em que a 4ª Turma negou direito de indenização aos familiares de Aída Curi, que foi abusada sexualmente e morta em 1958 no Rio de Janeiro. A história desse crime, um dos mais famosos do noticiário policial brasileiro, foi apresentada no programa Linha Direta com a divulgação do nome da vítima e de fotos reais, o que, segundo seus familiares, trouxe a lembrança do crime e todo sofrimento que o envolve. Os irmãos da vítima moveram ação contra a emissora com o objetivo de receber indenização por danos morais, materiais e à imagem. Por maioria de votos, o Superior Tribunal de Justiça entendeu que, nesse caso, o crime era indissociável do nome da vítima. Isto é, não era possível que a emissora retratasse essa história omitindo o nome da vítima, a exemplo do que ocorre com os crimes envolvendo Dorothy Stang e Vladimir Herzog. Segundo os autos, a reportagem só mostrou imagens originais de Aída uma vez, usando sempre de dramatizações, uma vez que o foco da reportagem foi no crime e não na vítima. Assim, a Turma decidiu que a divulgação da foto da vítima, mesmo sem consentimento da família, não configurou abalo moral indenizável. Nesse caso, mesmo reconhecendo que a reportagem trouxe de volta antigos sentimentos de angústia, revolta e dor diante do crime, que aconteceu quase 60 anos atrás, a Turma entendeu que o tempo, que se encarregou de tirar o caso da memória do povo, também fez o trabalho de abrandar seus efeitos sobre a honra e a dignidade dos familiares. O voto condutor também destacou que um crime, como qualquer fato social, pode entrar para os arquivos da história de uma sociedade para futuras análises sobre como ela – e o próprio ser humano – evolui ou regride, especialmente no que diz respeito aos valores éticos e humanitários.
2. "Tema 786 – É incompatível com a Constituição a ideia de um direito ao esquecimento, assim entendido como o poder de obstar, em razão da passagem do tempo, a divulgação de fatos ou dados verídicos e licitamente obtidos e publicados em meios de comunicação social analógicos ou digitais. Eventuais excessos ou abusos no exercício da liberdade de expressão e de informação devem ser analisados caso a caso, a partir dos parâmetros constitucionais – especialmente os relativos à proteção da honra, da imagem, da privacidade e da personalidade em geral – e as expressas e específicas previsões legais nos âmbitos penal e cível."

de uma audiência pública, no dia 12 de junho de 2017, sob a coordenação do relator do Recurso Extraordinário 1010066, Ministro Dias Toffoli, ouvindo-se diversos estudiosos, de modo a enfrentar todos os aspectos polêmicos e multifacetados envolvendo o instituto, que, na visão prevalente, consistiria numa espécie de *censura* ou atentado à liberdade de expressão.

Três principais posições se destacaram no encontro:[3]

1. Pró-informação: defendida por entidades ligadas à comunicação, para as quais inexiste um direito ao esquecimento, por ser tal figura contrária à memória de um povo e à história da sociedade. Como base para tal entendimento, invoca-se o julgamento do Supremo Tribunal Federal na Ação Direta de Inconstitucionalidade sobre as biografias não autorizadas – ADI 4.815;

2. Pró-esquecimento: identificam-se com esta corrente os especialistas que defendem a existência do direito ao esquecimento, afirmando que este sempre deve preponderar, como expressão do direito da pessoa humana à reserva, à intimidade e à privacidade, direitos esses que prevaleceriam sobre a liberdade de informação envolvendo fatos pretéritos, evitando-se, com isso, a aplicação de penas entendidas como perpétuas, levando à rotulação da pessoa humana pela mídia e pela Internet. Seus defensores se amparam sobretudo no julgamento, pelo Superior Tribunal de Justiça, do Recurso Especial 1.334.097-RJ, envolvendo a Chacina da Candelária, em que foi aplicado o direito ao esquecimento, definido como o "direito de não ser lembrado contra a própria vontade";

3. Intermediária: fundada na ideia de que a Constituição brasileira não permite a hierarquização entre direitos fundamentais, como a liberdade de informação e o direito ao esquecimento, cabendo, em cada caso concreto, a ponderação de interesses, para obtenção do menor sacrifício possível. Defensores desta última corrente propuseram que, diante da hipótese de veiculação de programas de TV com relatos ou encenação de crimes reais, envolvendo pessoas ainda vivas, deveriam ser adotados parâmetros como o da fama prévia, para distinção entre vítimas que possuem outras projeções sobre a esfera pública, de um lado, e do outro, aquelas que somente têm projeções públicas na qualidade de vítimas do delito praticado.

O direito ao esquecimento foi contemplado no artigo 17 do Regulamento EU 2016/79, do Parlamento Europeu e do Conselho, relativo à proteção das pessoas físicas no que diz respeito ao tratamento de dados pessoais e à livre circulação desses dados.

No Brasil, deve ser considerada a edição da Lei 13.709, de 14 de agosto de 2018, que dispõe sobre a proteção de dados pessoais e altera a Lei 12.965, de 23 de abril de 2014(Marco Civil da Internet), cujo artigo 18, IV, prevê como direito do titular à "anonimização, bloqueio ou eliminação de dados desnecessários, excessivos ou tratados em desconformidade com o disposto nesta Lei".[4]

---

3. SCHREIBER, Anderson. As três correntes do direito ao esquecimento. Disponível em: https://www.jota.info/paywall?redirect_to=//www.jota.info/opiniao-e-analise/artigos/as-tres-correntes-do-direito-ao-esquecimento-18062017. Acesso em: 20 maio 2020.

4. A anonimização é definida no artigo 5º, XI como "utilização de meios técnicos razoáveis e disponíveis no momento do tratamento, por meio dos quais um dado perde a possibilidade de associação, direta ou indireta, a um indivíduo". Acerca do tema, MARTINS, Guilherme Magalhães; FALEIROS JÚNIOR, José Luiz de Moura. A anonimização de dados pessoais: consequências jurídicas do processo de reversão, a importância da entropia e sua tutela à luz da Lei Geral de Proteção de Dados. In: DE LUCCA, Newton; SIMÃO FILHO, Adalberto; LIMA, Cintia Rosa Pereira de; MACIEL, Renata Mota. *Direito & Internet*. São Paulo: Quartier Latin, 2019. v. IV.

Segundo Stefano Rodotà, em artigo publicado no periódico *La Repubblica*, trata-se do direito de governar a própria memória, para devolver a cada um a possibilidade de se reinventar, de construir personalidade e identidade, libertando-se da tirania das jaulas em que uma memória onipresente e total pretende aprisionar tudo(...)A Internet deve aprender a esquecer, através do caminho de uma memória social seletiva, ligada ao respeito aos direitos fundamentais da pessoa (tradução livre)".[5]

Na imagem do Purgatório da *Divina Comédia*, de Dante Alighieri, aquele que desejasse migrar ao céu deveria tomar as águas do Rio Lete a fim de purificar-se de seus pecados. Trata-se de afluente mítico presente na epopeia *Eneida*, de Virgílio, e nomeada em favor da náiade homônima, filha da deusa da discórdia Eris. Na mitologia greco-romana, as águas desse rio, provavelmente localizado nos Campos Elíseos, ostentariam o poder do completo esquecimento de vidas passadas. A memória digital seria compatível com o seu autogoverno pelo titular?[6]

O direito fundamental em questão aparece, na língua estrangeira, representado por múltiplas expressões: *right to forget* (direito de esquecer), *right to be forgotten* (direito de ser esquecido)[7] *right to be let alone* (direito de ser deixado em paz), *right to erasure* (direito ao apagamento), *right to delete* (direito de apagar). Mas a expressão estrangeira que melhor o define é *right to oblivion* (direito ao esquecimento). Essa expressão igualmente predomina em outros países: na Itália, onde se fala em *diritto all'oblio*; nos países de língua espanhola, onde é mencionado o *derecho al olvido*; na França, *le droit à l'oublie*. Não se trata do esquecimento fortuito, natural da espécie humana, mas da perda forçada da memória.[8]

---

5. RODOTÀ, Stefano. Daí ricordi ai dati l´oblio è un diritto? *La Repubblica.it*. Disponível em: http://ricerca.repubblica/archivio/repubblica/2012/01/30/dai-ricordi-ai-dati-oblio. Acesso em: 21 maio 2020.
6. FACHIN, Luiz Edson. Prefácio; o interrogante autogoverno da própria memória. In: SARLET, Ingo Wolfgang; FERREIRA NETO, Arthur. *O direito ao "esquecimento" na sociedade da informação*. Porto Alegre: Livraria do Advogado, 2019 .p. 09-10. Acrescenta Leonardo Parentoni que *oblivion* deriva do grego *Lethe*, que designa uma deusa, filha da discórdia, que fluía como um rio no submundo infernal. Acreditava-se que quando uma pessoa morria e era então conduzida ao inferno, se via forçada a beber a água de *Lethe*, para que lhe fossem apagadas quaisquer memórias da vida pregressa. Ou seja, *oblivion* é a extração forçada da memória. PARENTONI, Leonardo. O direito ao esquecimento(*right to oblivion*). In: DE LUCCA, Newton; SIMÃO FILHO, Adalberto; LIMA, Cíntia Rosa Pereira de. *Direito & Internet*. São Paulo: Quartier Latin, 2015. v. III, t. I, p. 546.
7. O termo é usualmente empregado para expressar pretensão individual de se libertar das informações já pertencentes ao domínio público, mas que com o passar do tempo se tornam descontextualizadas, distorcidas, ultrapassadas, ou não mais verdadeiras(mas não necessariamente falsas". KORENHOF, Paulan; AUSLOOS, Jef; SZEKELY, Ivan; AMBROSE, Meg; SARTOR, Giovanni; LEENES, Ronald. Timing the right to be forgotten: a study into 'time' as a factor in deciding about retention or erasure of data. In: GUTWIRTH, Serge; LEENES, Ronald; DE HERT, Paul. *Reforming European Data Protection Law*. Heildelberg: Springer, 2015. p. 172.
8. PARENTONI, Leonardo, op. cit., p. 546. Na visão do autor, se justifica a discussão entre a nomenclatura *right to forget* ou *right to be forgotten*, de um lado, e , do outro, *right to oblivion*: "os dois primeiros designariam qualquer remoção de conteúdo que de alguma forma afronte a privacidade, independentemente do meio em que tenha sido publicado(reportagem impressa, *outdoor* em via pública, fachadas comerciais, Internet etc.). Por sua vez, *right to oblivion* seria uma subespécie do gênero anterior, cujo objeto restringir-se-ia, exclusivamente, ao tratamento informatizado de dados pessoais. Ou seja, o *right to oblivion* seria uma modalidade contemporânea desse direito, surgida em virtude do desenvolvimento tecnológico, estando contido na modalidade clássica, existente há mais de um século e conhecida como *right to forget, right to be forgotten* ou *right to be let alone*".

O debate reaparece ciclicamente: é justo permitir que os usuários apaguem para sempre seus rastros espalhados na rede? A Internet, em outras palavras, deve esquecer?[9]

Na teoria, o direito ao esquecimento se direciona a um problema urgente na era digital: é muito difícil escapar do seu passado na Internet, pois cada foto, atualização de status e *tweet* vive para sempre na nuvem.[10]

O grande dilema consiste no fato de os registros do passado – capazes de serem armazenados eternamente – poderem gerar consequências posteriormente à data em que o evento foi esquecido pela mente humana.[11]

A Internet, como não se pode deixar de observar, é uma rede aberta, cuja arquitetura foi feita mais para mostrar do que para esconder, característica essa ainda mais acentuada a partir do uso de dispositivos móveis, em especial da telefonia celular.

Frequentemente não sabemos quem tem a informação, de que forma esta foi obtida, quais são os propósitos ou objetivos das entidades que a controlam, ou o que poderá ser feito com a informação no futuro.[12]

Tal fato é agravado pela circunstância de os usuários da Internet, cujos passos são sempre reconstruídos pelas técnicas de rastreamento, são frequentemente privados

---

9. MORAES, Maria Celina Bodin; KONDER, Carlos Nelson. *Dilemas de direito civil-constitucional*; casos e decisões. Rio de Janeiro: Renovar, 2012. p. 293. Os autores fazem referência ao Caso Lebach, ocorrido em um pequeno vilarejo a oeste da República Federal da Alemanha onde ocorreu "o assassinato brutal de quatro soldados que guardavam um depósito de munição, tendo um quinto soldado ficado gravemente ferido. Foram roubadas do depósito armas e munições. No ano seguinte, os dois principais acusados foram condenados à prisão perpétua. Um terceiro acusado foi condenado a seis anos de reclusão, por ter ajudado na preparação da ação criminosa. Quatro anos após o ocorrido, a ZDF (*Zweites Deutsches Fernsehen* – Segundo Canal Alemão), atenta ao grande interesse da opinião pública no caso, produziu um documentário sobre todo o ocorrido. No documentário, seriam apresentados o nome e a foto de todos os acusados. Além disso, haveria uma representação do crime por atores, com detalhes da relação dos condenados entre si, incluindo suas relações homossexuais. O documentário deveria ser transmitido em uma sexta-feira à noite, pouco antes da soltura do terceiro acusado, que já havia cumprido boa parte da sua pena. Este terceiro acusado buscou, em juízo, uma medida liminar para impedir a transmissão do programa, pois o documentário dificultaria o seu processo de ressocialização. A medida liminar não foi deferida nas instâncias ordinárias. Em razão disso, ele apresentou uma reclamação constitucional para o Tribunal Constitucional Federal, invocando a proteção ao seu direito de desenvolvimento da personalidade, previsto na Constituição alemã. No caso, o TCF, tentando harmonizar os direitos em conflito (direito à informação *versus* direitos da personalidade), decidiu que a rede de televisão não poderia transmitir o documentário caso a imagem do reclamante fosse apresentada ou seu nome fosse mencionado".
10. ROSEN, Jeffrey, Symposium issue; the right to be forgotten. *Stanford Law Review Online*. v. 64:88, p. 88, fev. 2012
11. COSTA, André Brandão Nery. Direito ao esquecimento na Internet: a Scarlet Letter digital. In: SCHREIBER, Anderson(Coord.). *Direito e mídia*. São Paulo: Atlas, 2013. p. 185. Segundo o mesmo autor, "a popularização da Internet permitiu que ela deixasse de ser uma rede capaz apenas de receber informações, para se revelar poderoso instrumento de compartilhamento dos dados. Produzem-se, incessantemente, informações pessoais na rede, seja diretamente, por meio do fornecimento pelo próprio usuário, seja indiretamente, por meio de terceiros, através de postagens de fotos, de indicações de amizades, de aposição de *tags* em fotos que identificam outro usuário e de fornecimento de dados geográficos de onde se está. Sem mencionar as informações produzidas sem que se saiba, o que torna ainda mais grave e acentua a dificuldade muitas vezes enfrentada de apagar dados produzidos na rede".
12. NISSENBAUM, Helen. *Privacy in context;* technology, policy and the integrity in social life. Stanford: Stanford Law Books, 2010. p. 79.

da escolha quanto à técnica de obtenção de dados e quanto às informações que serão colhidas a seu respeito.[13]

Isso decorre da ideia de uma Internet cada vez mais personalizada, ou, numa linguagem mais enfática, mais vigiada pelas principais empresas que operam no setor, que disso extraem seus lucros bilionários.[14]

É fato que, com a passagem dos diários do passado para a Internet, deixamos a era do arquivamento de si individual para o arquivamento de si coletivo. Diários e autobiografias, como os conhecemos, sempre existirão, mas como uma das muitas manifestações do mundo das memórias integradas e interativas, criadas coletivamente a partir de postagens próprias, comentários em postagens alheias, compartilhamentos, intervenções, críticas, imagens, vídeos, citações. São tantas as possibilidades de registro, por si ou por terceiro, que por mais que um indivíduo tente passar despercebido, invisível, sem perfil, dificilmente conseguirá fazê-lo.

O direito ao esquecimento se insere em um delicado conflito de interesses. De um lado, o interesse público aponta no sentido de que fatos passados sejam relembrados, considerando ainda a liberdade de imprensa e de expressão, bem como o direito da coletividade à informação; do outro, há o direito de não ser perseguido por toda a vida por acontecimento pretérito.[15]

A memória, com o advento da Internet, adquiriu características peculiares: imersa, universal, densa, volátil, persistente e desorganizada, exige fundamental habilidade no seu acesso e organização e traz, ao mesmo tempo, uma ampla reflexão por parte dos arquivistas, dos biblioteconomistas, dos historiadores, dos especialistas em informática e também dos juristas, a fim de compreender as suas transformações, individuando os meios mais adequados à sua análise, conservação e regulamentação.[16]

---

13. ROUTIER, Richard. Traçabilité ou anonymat des conexions? In: PEDROT, Philippe(Org.). *Traçabilité et responsabilité*. Paris: Economica, 2003. p. 154.
14. Segundo Eli Parisier, presidente do conselho da MoveOn.org, um portal de ativismo *online*, "a tentativa de saber o máximo possível sobre seus usuários tornou-se a batalha fundamental da nossa era entre gigantes da Internet como Google, Facebook, Apple e Microsoft (...). Ainda que o Google tenha(até agora) prometido guardar nossos dados pessoais só para si, outras páginas e aplicativos populares da Internet – do site de passagens aéreas Kayak. com ao programa de compartilhamento AddThis – não dão essa garantia. Por trás das páginas que visitamos, está crescendo um enorme mercado de informações sobre o que fazemos na rede, movido por empresas de dados pessoais pouco conhecidas, mas altamente lucrativas, como a BlueKai e a Acxiom. A Acxiom, por si só, já acumulou em média 1.500 informações sobre cada pessoa em sua base de dados – que inclui 96% da população americana – com dados sobre todo tipo de coisa, desde a classificação de crédito de um usuário até o fato de ter comprado remédios sobre incontinência. Usando protocolos ultravelozes, qualquer site – não só os Googles e Facebooks – pode agora participar da brincadeira. Para os comerciantes do ´mercado do comportamento', cada 'indicador de clique' que enviamos é uma mercadoria, e cada movimento que fazemos com o mouse pode ser leiloado em microssegundos a quem fizer a melhor oferta. *A fórmula dos gigantes da Internet para essa estratégia de negócios é simples: quanto mais personalizadas forem suas ofertas de informação, mais anúncios eles conseguirão vender e maior será a chance de que você compre os produtos oferecidos*" (g.n.). PARISIER, Eli. *O filtro invisível;* o que a Internet está escondendo de você. Trad. Diego Alfaro. Rio de Janeiro: Zahar, 2012. p. 12-13.
15. COSTA, André Brandão Nery, op. cit., p. 187.
16. MARTINELLI, Silvia. *Diritto all'oblio e motori di ricerca*: memoria e privacy nell'era digitale. Milão: Giuffrè, 2017. p. IX-X.

Paul Ricoeur considera que "não é mais o esquecimento que a materialidade põe em nós, o esquecimento por apagamento dos rastros, mas o esquecimento por assim dizer de reserva ou de recurso. O esquecimento designa então o caráter despercebido da perseverança da lembrança, sua subtração à vigilância da consciência".[17] O autor associa ainda o esquecimento a um horizonte de perda definitiva da memória, da morte anunciada das lembranças.

Observa Luís Roberto Barroso que a grande virada na interpretação constitucional se deu a partir da difusão de uma constatação de que não é verdadeira a crença de que as normas jurídicas em geral – e as constitucionais em particular – tragam sempre em si um sentido único, objetivo, válido para todas as situações nas quais incidem. E que, assim, caberia ao intérprete uma atividade de mera revelação do conteúdo preexistente na norma, sem desempenhar qualquer papel criativo na sua concretização.[18]

A tutela do direito ao esquecimento decorre da cláusula geral de tutela da pessoa humana, cuja dignidade é reconhecida como princípio fundamental da República no art. 1º, IV da Constituição da República,[19] restando superada a discussão sobre a tipicidade ou atipicidade dos direitos da personalidade.[20]

---

17. RICOEUR, Paul. *A memória, a história, o esquecimento.* Trad. Alain François. Campinas: Editora da Unicamp, 2018. p. 448.
18. BARROSO, Luis Roberto. Liberdade de expressão *versus* direitos da personalidade. Colisão de direitos fundamentais e critérios de ponderação. In: SARLET, Ingo Wolfgang. *Direitos fundamentais, informática e comunicação.* Porto Alegre: Livraria do Advogado, 2007. p. 65.
19. O tema não é antigo entre nós, conforme diversos julgados: "Responsabilidade civil. Dano moral. Reportagens publicadas em jornal envolvendo ex-traficante de drogas em lavagem de dinheiro, com fotos batidas seis anos antes, após o mesmo encontrar-se completamente recuperado, convertido à religião evangélica, da qual se tornou pastor, casado, com filhos, dando bons exemplos à sociedade. É livre a manifestação de expressão e de informação jornalística, direitos que devem ser exercidos com responsabilidade, sem preocupação de fazer sensacionalismo, evitando a publicação de notícias levianas, que possam causar dano à imagem e à honra das pessoas. Art. 220 e parágrafo primeiro da CF. Configurado o dano moral, o seu valor deve ser arbitrado com moderação e bom senso, proporcionalmente à gravidade dos fatos e sua repercussão. A competência para decidir sobre o direito de resposta é do juízo criminal (artigo 32, parágrafo primeiro da Lei 5.250/67). Apelo parcialmente provido. Direito Civil-Constitucional. Liberdade de imprensa e de informação versus direitos da personalidade. Matéria publicada em site jornalístico. Internet. Notícia da prisão em flagrante de suspeito de crime. Posterior arquivamento do inquérito policial. Direito ao esquecimento do investigado. Inexistência de interesse público na permanência da notícia. Prevalência, no caso, da proteção da dignidade da pessoa humana. Colisão de direitos fundamentais. Solução mediante juízo de ponderação. Pedido julgado procedente, para determinar que a ré providencie a exclusão da notícia impugnada de sua página da Internet. Sentença reformada. Recurso provido". TJ-SP, Apelação cível 00077661720118260650-SP, relator Des. Paulo Alcides, j. 15.05.2014.
20. MORAES, Maria Celina Bodin. *Danos à pessoa humana;* uma leitura civil-constitucional dos danos morais. Rio de Janeiro: Renovar, 2003. p. 117-118: Leve-se em conta a vulnerabilidade da pessoa humana. A polêmica acerca dos direitos humanos, ou dos direitos da personalidade, refere-se à necessidade de normatização dos direitos das pessoas em prol da concretude do princípio da dignidade da pessoa humana, do modo de melhor tutelá-la, onde quer que se faça presente essa necessidade. Aqui, e desde logo, toma-se posição acerca da questão da tipicidade ou atipicidade dos direitos da personalidade. Não há mais, de fato, que se discutir sobre uma enumeração taxativa ou exemplificativa dos direitos da personalidade, porque se está em presença, a partir do princípio constitucional da dignidade, de uma cláusula geral de tutela da pessoa humana".

2. O DIREITO AO ESQUECIMENTO COMO DIREITO FUNDAMENTAL

Na sociedade da informação, tendem a prevalecer definições funcionais da privacidade, que se referem à possibilidade de um sujeito conhecer, controlar, endereçar ou interromper o fluxo das informações que lhe dizem respeito.[21]

A importância dos direitos da personalidade, e a necessidade de sua proteção, se refletiu em diversos sistemas jurídicos, notadamente após a segunda grande guerra. Ainda em 1948, a Declaração Universal de Direitos Humanos, em seu art. 1º: "Todas as pessoas nascem livres e iguais em dignidade e direitos". A mesma Declaração Universal, em seu art. 12, assegurou que nenhuma pessoa poderia ser "objeto de ingerências arbitrárias em sua vida privada", ou de ofensas "à sua honra ou à sua reputação".[22]

Essa premissa irradiou-se em diversos sistemas jurídicos, e o Brasil adotou a proteção constitucional de direitos da personalidade, a partir da cláusula geral da dignidade da pessoa humana, explicitada no artigo 1º, III da Constituição de 1988 como um dos fundamentos da República Federativa do Brasil.[23]

Da cláusula geral da dignidade humana – em face da qual não há que se discutir sobre uma enumeração taxativa ou exemplificativa dos direitos da personalidade –, se irradiam a privacidade,[24] honra, imagem, identidade pessoal, proteção de dados pessoais e direito ao esquecimento, dentre outros atributos da pessoa.[25]

---

21. Idem, p. 101. MARTINS, Guilherme Magalhães. *Responsabilidade civil por acidente de consumo na Internet*. 3. ed. São Paulo: Ed. RT, 2020. p. 272-273.
22. "Nesse sentido, há consenso em torno da ideia de ser a privacidade um princípio fundamental na moderna legislação sobre os Direitos Humanos, dado que é protegida em nível internacional por meio de pelo menos três instrumentos essenciais – também para o caso brasileiro, designadamente, a Declaração Universal dos Direitos Humanos, o Pacto Internacional sobre os Direitos Civis e Políticos (PIDCP) e a Convenção Americana de Direitos Humanos (Pacto de São José da Costa Rica), sem prejuízo de outros documentos, da convenção Europeia de Direitos do Homem, e por último, tendo em conta sua relevância, da Carta Europeia de Direitos Fundamentais." SARLET, Ingo Wolfgang; KEINERT, Tania Margarete Mezzomo. O direito fundamental à privacidade e as informações em saúde: alguns desafios. In: KEINERT, Tânia Margarete Mezzomo et. al (Org.). *Proteção à privacidade e acesso às informações em saúde*: tecnologias, direitos e ética. São Paulo: Instituto da Saúde. 2015. p. 113-145. Trecho extraído da p. 118.
23. Segundo Maria Celina Bodin de Moraes, "O princípio constitucional visa garantir o respeito e a proteção da dignidade humana não apenas no sentido de assegurar um tratamento humano e não degradante, e tampouco conduz ao mero oferecimento de garantias à integridade física do ser humano. Dado o caráter normativo dos princípios constitucionais, princípios que contêm os valores ético-jurídicos fornecidos pela democracia, isto vem a significar a completa transformação do direito civil, de um direito que não mais encontra nos valores individualistas de outrora o seu fundamento axiológico". MORAES, Maria Celina Bodin de. O princípio da dignidade humana. In: MORAES, Maria Celina Bodin. *Princípios do Direito Civil Contemporâneo*. Rio de Janeiro: Renovar, 2006. p. 15. A autora decompõe a dignidade humana nos princípios jurídicos da igualdade, da integridade física e moral – psicofísica –, da liberdade e da solidariedade.
24. O modelo jurídico adotado por diversos países para a proteção dos dados pessoais consiste em uma proteção constitucional, por meio da garantia de um direito fundamental, e na concretização desse direito, por meio de um regime legal de proteção de dados, na forma de uma lei geral sobre o tema.
25. Nesse ponto, merece ser observado o Enunciado 274, aprovado na IV Jornada de Direito Civil do Conselho da Justiça Federal: " os direitos da personalidade, regulados de maneira não exaustiva pelo Código Civil, são expressões da cláusula geral de tutela da pessoa humana, contida no art. 1º, III da Constituição(princípio da dignidade da pessoa humana). Em caso de colisão entre eles, como nenhum pode sobrelevar os demais, deve-se aplicar a técnica da ponderação".

No desenvolvimento da personalidade, releva, ainda, o poder de autodeterminação do seu titular. Desde logo, na escolha de finalidades ou objetivos, no recolhimento de informações e no empreendimento de ações, assim como na abertura a terceiros dos seus dados pessoais.[26]

A dignidade humana, portanto, outorga autonomia não apenas física mas também moral, particularmente da condução da sua vida, na auto-atribuição de fins a si mesmo, na eleição, criação e assunção da escala de valores, na prática de seus atos, na reavaliação dos mesmos e na recondução do seu comportamento.[27]

Sob essa perspectiva, um dado, atrelado à esfera de uma pessoa, pode se inserir dentre os direitos da personalidade. Para tanto, ele deve ser adjetivado como pessoal, caracterizando-se como uma projeção, extensão ou dimensão do seu titular.[28] Deve ser afastada qualquer visão proprietária ou patrimonialista do direito à proteção de dados pessoais, sob pena de esvaziá-lo em seu conteúdo.

Nesse sentido, cada vez mais, as atividades de processamento de dados têm ingerência na vida das pessoas. Hoje vivemos em uma sociedade e uma economia que se orientam e movimentam a partir desses signos identificadores do cidadão. Trata-se de um novo tipo de identidade e, por isso mesmo, tais dossiês digitais devem externar informações corretas para que seja fidedignamente projetada a identidade do titular daquelas informações.[29]

Os dados pessoais têm sido utilizados por governos e grandes *players* econômicos para a criação de um *one-way mirror*, possibilitando que tais agentes saibam tudo dos cidadãos, enquanto estes nada sabem dos primeiros. Isso acontece por meio de um monitoramento e vigília constantes sobre cada passo da vida das pessoas, levando a um capitalismo de vigilância, cuja principal consequência é a constituição de uma sociedade também de vigilância.[30]

Ao mesmo passo em que os provedores desenvolvem ferramentas e aplicações cada vez mais sofisticadas para a captação dos dados e categorização dos consumidores, pressionam para que a legislação os isente de promover a tutela da personalidade dos usuários. Historicamente, o direito ao esquecimento deriva da necessidade dos indivíduos de determinar o desenvolvimento da sua vida de maneira autônoma, livres de serem perpetuamente ou periodicamente estigmatizados em consequência de uma ação específica realizada no passado.[31]

---

26. SOUSA, Rabindranath Capelo de. *O direito geral de personalidade*. Coimbra: Coimbra Editora, 1995, p. 356-357.
27. SOUSA, Rabindranath Capelo de, op. cit., p. 317.
28. BIONI, Bruno Ricardo. *Proteção de dados pessoais*. Os limites do consentimento. Rio de Janeiro: Forense, 2019. p. 64-65.
29. BIONI, Bruno Ricardo, op. cit., p. 65.
30. PASQUALE, Frank. *The black box society;* the secret algorithms that control money and information. Cambridge: Harvard University Press, 2015. p. 09.
31. FELLNER, Robert. *The right to be forgotten in the European Human Rights Regime*. Norderstedt: Grin, 2014. p. 02.

Os dados pessoais se destacam cada vez mais como um ativo na economia da informação, com a inteligência gerada pela ciência mercadológica, especialmente quanto à segmentação dos bens de consumo("marketing") e sua promoção.

E tudo isso acontece por meio de um monitoramento e vigília constantes sobre cada passo na vida das pessoas, o que leva a um verdadeiro capitalismo de vigilância.

A coleta de informações acerca dos usuários da *web* passou a ser realizada desenfreadamente, a ponto de se classificar cada indivíduo segundo suas escolhas, preferências e interesses colhidos acerca do comportamento da pessoa na Internet. Stefano Rodotà afirma que o homem hoje é "de vidro", visto que sua vida está totalmente às claras, bastando um simples clique em um ícone ou o acesso a determinado *site*.[32]

Por um outro lado, a evolução da chamada sociedade da informação impôs aos Estados um dever, consubstanciado na promoção de um equilíbrio entre os valores em questão, desde as consequências da utilização da tecnologia para o processamento de dados pessoais, suas consequências para o livre desenvolvimento da personalidade, até a sua utilização pelo mercado.

Da mesma forma, o Marco Civil da Internet, Lei 12.965/2014, Art. 3º, reconhece como princípio da disciplina do uso da Internet, lado a lado com a proteção da privacidade (inciso II), a proteção aos dados pessoais, na forma da lei(inciso III).

A partir dessa constatação inicial, verifica-se que existe, sob um enfoque preliminar e puramente apriorístico, uma prevalência dos interesses relacionados aos direitos de personalidade sobre outros que não estejam em um mesmo patamar de importância. Em outras palavras, as situações jurídicas existenciais devem sempre prevalecer sobre as patrimoniais.

A necessidade da proteção de dados pessoais faz com que a tutela da privacidade ganhe um novo eixo. Considerando-se a esfera privada como um conjunto de ações, comportamentos, preferências, opiniões e comportamentos pessoais sobre os quais o interessado pretende manter um controle exclusivo, essa tutela deve basear-se num *direito à autodeterminação informativa*, a fim de que sejam controladas as informações pessoais em circulação.[33]

A partir ao direito à autodeterminação informativa, que permitiria ao titular determinar a utilização dos seus dados pessoais, isso impediria que estes fossem utilizados

---

32. MORAES, Maria Celina Bodin de. Apresentação do autor e da obra. In: RODOTÁ, Stefano. *A vida na sociedade da vigilância*. Trad. Danilo Doneda e Luciana Cabral Doneda. Rio de Janeiro: Renovar, 2008. p. 08. Como alerta a autora: "menos privacidade, mais segurança' é uma receita falsa, avisa Stefano Rodotá. A propósito, ele recorre com frequência à metáfora do homem de vidro, de matriz nazista. A ideia do homem de vidro é totalitária porque sobre ela se baseia a pretensão do Estado de conhecer tudo, até os aspectos mais íntimos da vida dos cidadãos, transformando automaticamente em 'suspeito' todo aquele que quiser salvaguardar sua vida privada. Ao argumento de que ´quem não tem nada a esconder, nada deve temer´, o autor não se cansa de admoestar que o emprego das tecnologias de comunicação coloca justamente o cidadão que nada tem a temer em uma situação de risco, de discriminação".

33. DONEDA, Danilo. Considerações iniciais sobre os bancos de dados informatizados e o direito à privacidade. In: TEPEDINO, Gustavo (Coord.). *Problemas de direito civil-constitucional*. Rio de Janeiro: Renovar, 2000. p. 129.

para fins discriminatórios. Quando se controla a coleta, o armazenamento e o uso de dados e informações de determinada pessoa, não se resguarda apenas o indivíduo cujos dados estão relacionados, mas também o grupo social no qual ele se encontra inserido, principalmente nas hipóteses em que tais dados se revelarem capazes de proporcionar informações relativas aos aspectos sensíveis de sua personalidade.

Caso não haja, na visão de Stefano Rodotà, uma forte tutela das informações que dizem respeito à pessoa, ela ficará à mercê de ser discriminada por suas opiniões, crenças religiosas e condições de saúde, o que pode prejudicar o tratamento igualitário entre os cidadãos.[34]

Entretanto, a implacável memória da Internet, baseada na acumulação de toneladas de informações novas e antigas inseridas coletivamente, parece tornar, de alguma forma, a pessoa humana prisioneira de sua própria trajetória, que nem sempre é contada de forma imparcial e contextualizada, sendo colocada à mercê do escrutínio de qualquer indivíduo que faça uma breve busca na rede.[35]

O problema se agrava, à medida que mais informações são compartilhadas, sobretudo nas redes sociais,[36] tornando-se acessíveis por milhões de usuários em qualquer parte do globo, inclusive dados que trazem consigo aspectos intrinsecamente ligados à personalidade dos indivíduos. Nome, sobrenome, endereço, opções religiosas, afetivas e tantas outras são objeto de uma exposição fomentada e enaltecida social e culturalmente.[37]

---

34. RODOTÁ, Stefano. *A vida na sociedade da vigilância*; a privacidade hoje. In: MORAES, Maria Celina Bodin de (Coord.). Trad. Danilo Doneda e Luciana Cabral Doneda. Rio de Janeiro: Renovar, 2008. p. 96.
35. TEFFÈ, Chiara Spadaccini de; BARLETTA, Fabiana Rodrigues. O direito ao esquecimento: uma expressão possível do direito à privacidade. In: TEPEDINO, Gustavo; TEIXEIRA, Ana Carolina Brochado; ALMEIDA, Vitor. *O Direito Civil entre o sujeito e a pessoa;* estudos em homenagem ao professor Stefano Rodotà. Belo Horizonte: Fórum, 2016. p. 256.
36. MARTINS, Guilherme Magalhães; LONGHI, João Victor Rozatti. A tutela do consumidor nas redes sociais virtuais; responsabilidade civil por acidentes de consumo na sociedade da informação. *Revista de Direito do Consumidor*. v. 78, São Paulo, abr./jun. 2011.
37. Para Marcel Leonardi, "A escala e os tipos de informação disponíveis aumentam exponencialmente com a utilização de tecnologia. É importante recordar que, como a informação é coletada em forma eletrônica, torna-se extremamente simples copiá-la e distribui-la, podendo ser trocada entre indivíduos, companhias e países ao redor de todo o mundo. A distribuição da informação pode ocorrer com ou sem o conhecimento da pessoa a quem pertencem os dados, e de forma intencional ou não. Há uma distribuição não intencional quando os registros exibidos contêm mais informações do que as que foram solicitadas ou, ainda, quando tais dados são furtados. Muitas vezes, determinadas "fichas cadastrais" contêm mais dados do que o necessário ou solicitado pelo utilizador. Como se tudo isto não bastasse, há que se destacar o perigo que representam as informações errôneas. Ser considerado inadimplente quando não se deve nada a ninguém ou ser rejeitado em uma vaga de emprego sem justificativa aparente são apenas alguns dos exemplos dos danos que dados incorretos, desatualizados ou propositadamente errados podem causar(...)Os efeitos de um pequeno erro podem ser ampliados de forma assustadora. Quando a informação é gravada em um computador, há pouco incentivo para se livrar dela, de forma que certos registros podem permanecer à disposição por um longo período de tempo. Ao contrário da informação mantida em papel, dados armazenados em um computador ocupam muito pouco espaço e são fáceis de manter e de transferir, e como tal podem perdurar indefinidamente". LEONARDI, Marcel. Responsabilidade civil pela violação do sigilo e privacidade na Internet. In: SILVA, Regina Beatriz Tavares da; SANTOS, Manoel J. Pereira dos(Coord.). *Responsabilidade civil na Internet e nos demais meios de comunicação*. São Paulo: Saraiva, 2007. p. 339-340.

No cerne das redes sociais está o intercâmbio de informações pessoais. Os usuários ficam felizes por revelarem detalhes íntimos de suas vidas pessoais, fornecendo informações precisas, compartilhando fotografias e vivenciando o fetichismo e exibicionismo de uma sociedade confessional.[38]

Livro emblemático que discutiu a intromissão do Estado na esfera existencial das pessoas foi 1984, uma alusão ao futuro, visto que escrito em 1948. O Big Brother descrito por George Orwell ocupa-se de manipular o passado. O ditador orwelliano compreendeu que seu poder somente seria total no dia em que pudesse reescrever o passado a seu favor. Assim, por meio do Ministério da Verdade, estabeleceu funcionários guardiões de arquivos, cuja tarefa consistia em atualizar minuto a minuto o passado e apagar todos os traços que pudessem dificultar o poder hoje, revelando, principalmente, suas prevaricações e alianças em busca do poder.

O surgimento da internet no cenário social gerou a difusão e a massificação das memórias, gerando a construção de uma "memória coletiva". Trata-se, pois, de um ponto de contato que se encontra exatamente no escopo entre o natural avanço das tecnologias da informação e as transformações como o direito ao esquecimento passou a ser exercido.

O progresso tecnológico, ao trazer uma maior capacidade de memorização e armazenamento de dados, também tem aspectos positivos, seja para as empresas, capazes de seguir, com mais eficiência, as tendências do mercado, seja para os indivíduos, que podem lembrar com maior detalhamento momentos importantes das suas vidas.[39]

As memórias e visões de mundo passaram a ser compartilhadas socialmente com o avanço das mídias sociais e não mais podem ser individualmente definidas. Com isso, o esquecimento não pode mais ser concebido apenas como um aspecto inerente à cognição humana.

O desenvolvimento tecnológico alterou radicalmente o equilíbrio entre lembrança e esquecimento, visto que a regra, hoje, é a recordação dos fatos ocorridos, enquanto esquecer se tornou a exceção; para Viktor Mayer-Schönberger, "em virtude das tecnologias digitais, a habilidade da sociedade de esquecer foi reprimida, sendo permutada pela memória perfeita".[40]

Com o barateamento das tecnologias de armazenamento, a manutenção das informações digitais torna-se mais econômica do que o tempo necessário para selecionar o que será apagado.[41] As tecnologias implicam, portanto, uma perda na capacidade de controlar a própria identidade, de realizar escolhas de estilo de vida e mesmo começar de novo e superar os fatos pregressos, afetando, portanto, a autodeterminação informativa.

---

38. BAUMAN, Zygmunt. *Vida para o consumo*; A transformação das pessoas em mercadoria. Trad. Carlos Alberto Medeiros. Rio de Janeiro: Zahar, 2008. p. 08.
39. COSTA, André Brandão Nery, op. cit., p. 189.
40. MAYER-SCHÖNBERGER, Viktor. *Delete*: the virtue of forgetting in the Digital age. New Jersey: Princeton University Press, 2009, p. 187.
41. MAYER-SCHÖNBERGER, Viktor. *Delete*, op. cit., p. 02.

O direito ao esquecimento, enquanto garantia da autodeterminação informativa, insere-se no controle temporal de dados, "que demanda uma proteção das escolhas pessoais após certo período de tempo, em que o indivíduo já não mais pretende ser lembrado, rememorado por dados passados".[42]

A adequada compreensão do tema exige que o intérprete avalie a relação estabelecida entre as memórias individual e coletiva, ou melhor, pondere dois interesses: a preservação da memória coletiva e a pretensão individual ao esquecimento.[43]

A ideia de que os fatos devem ter um tempo de apreciação é algo já conhecido pelo ordenamento jurídico. Os institutos da prescrição, da decadência, da *suprressio*, estes em matéria de situações jurídicas patrimoniais, e, no campo penal, a reabilitação criminal e o direito ao sigilo quanto à folha de antecedentes, relativo àqueles que já cumpriram pena, são exemplificativos de que existe um tempo em que os fatos devem ser lembrados para produzir efeitos jurídicos e, a partir de um certo momento, deixam de sê-lo.[44]

A grande maioria dos julgados sobre direito ao esquecimento leva em conta fatos ocorridos no passado, que não podem permanecer ecoando indefinidamente e obrigando as pessoas envolvidas a se depararem com tais veiculações mesmo depois de passado longo tempo. No entanto, a medida do tempo é variável caso a caso, havendo termos como "eterno", "eternamente" e "tempo indeterminado" frequentemente usados nas decisões jurisprudenciais, que muitas vezes não levam em conta a veracidade do fato, ou seja, o fato pode ser até verdadeiro, mas de alguma forma desabonador à pessoa humana.[45]

---

42. BUCAR, Daniel. Controle temporal de dados: o direito ao esquecimento. *Civilística*. Revista Eletrônica de Direito Civil. ano 2, n. 3, 2013. Disponível em: www.civilistica.com. Acesso em: 21 maio 2020, p. 09. Nas palavras do autor, que se refere às características humanas de memória e esquecimento, "basta lembrar as disposições inseridas nos artigos 43, parágrafo primeiro do Código de Defesa do Consumidor e artigo 748 do Código de Processo Penal, que acolhem, em certa medida, o controle temporal dos dados pessoais. Enquanto o CDC determina a supressão de registros pessoais após o transcurso de certo período da situação devedora, o CPP restringe o acesso às informações sobre o cumprimento de pena pelo condenado, após este já a ter observado. Em termos mais amplos, o direito ao esquecimento permite que a pessoa, no âmbito da concretização de sua plena autodeterminação informativa, exerça o controle da circulação de seus dados após determinado período, mediante supressão ou restrição, ainda que estes tenham por conteúdo informações passadas e verídicas acerca do interessado. Contudo(...), há situações em que o controle temporal cede espaço a outros interesses, que permitem o tratamento atual de dados passados, ainda que haja manifestação de recusa(ou ausência de consentimento) por parte do indivíduo atingido. São duas, a propósito, as hipóteses que possibilitam o tratamento não desejado: (a) a presença de valor existencial de igual ou superior relevância ao do interessado e (b) tratamento dos dados com conteúdo histórico, cuja divulgação encontra-se inserida em uma das vertentes da liberdade de expressão. Na hipótese de haver, por exemplo, a vida de terceiros em perigo, quer parecer que não há como se concluir de maneira diversa: poderá ocorrer o tratamento dos dados passíveis de esquecimento, de modo que seja preservada a vida humana. Exemplo claro nesse sentido é a revelação de dados sanitários de um ascendente da pessoa, sem o consentimento desta, mantidos em prontuários médicos da rede hospitalar, cujas informações possam efetivamente auxiliar no tratamento de uma enfermidade que acomete a um descendente. Tal conclusão decorre da opção do ordenamento jurídico pela dignidade da pessoa humana como seu pilar (art. 1º, III, CR), cuja plena aplicação requer a existência da pessoa como ser biológico vivo".
43. TEFFÉ, Chiara; BARLETTA, Fabiana, op. cit., p. 265.
44. LIMBERGER, Temis. *Cibertransparência;* informação pública em rede. Porto Alegre: Livraria do Advogado, 2016. p. 65-66.
45. CARELLO, Clarissa Pereira. *Direito ao esquecimento;* parâmetros jurisprudenciais. Curitiba: Appris, 2019. p. 150.

François Ost, na belíssima obra *O Tempo e o Direito*, considera que a viabilidade do esquecimento reside no perdão, pois somente perdoando é possível reconstruir o que ficou:

> O esquecimento, como a memória, exige, pois, ser revisitado, selecionado, ultrapassado, superado, subsumido num tempo em que não se reduz somente à declinação do passado. Ei-nos na terceira etapa, que virá nos conduzir ao limiar do perdão, um perdão que é simultaneamente amnésia e remissão: ato de memória e aposta no futuro. Sem dúvida, um perdão desse tipo é um tanto sublime demais para ser jurídico integralmente; admitamos que ele estava ligeiramente para além do direito, assim como todo esquecimento estaria frequentemente além de suas virtualidades.[46]

Stefano Rodotà, no mesmo sentido, defende que algumas categorias de informações devem ser destruídas, ou conservadas somente em forma agregada e anônima, uma vez que tenha sido atingida a finalidade para a qual foram coletadas ou depois de transcorrido um determinado lapso de tempo, evitando-se que cada um seja implacavelmente perseguido por qualquer rastro que tenha deixado ao longo da sua vida.[47]

O direito europeu, de um lado, e o direito norte-americano, do outro, manifestam posições diametralmente opostas acerca do problema.

Na Europa, as raízes intelectuais para o direito ao esquecimento podem ser encontradas no direito francês, que reconhece *le droit à l'oubli* – ou o direito ao esquecimento –, permitindo que um criminoso condenado que já cumpriu sua pena e está reabilitado possa se opor à publicação de fatos da sua condenação e encarceramento. Na América, em contraste, a publicação do histórico criminal das pessoas está protegida pela Primeira Emenda.[48]

Os danos provocados pelas novas tecnologias de informação vêm se acumulando, como no caso da apresentadora Maria das Graças Xuxa Meneghel, julgado pelo Superior Tribunal de Justiça, que, após anos de disputa judicial contra a Google do Brasil Internet Ltda. (Resp. 1.316.921-RJ, 3ª T., rel. Min. Fátima Nancy Andrighi, DJ 29.06.2012),

---

46. OST, François. *O direito e o tempo*. Trad. Élcio Fernandes. Bauru: EDUSC, 2005. p. 145.
47. RODOTÀ, Stefano. *A vida na sociedade da vigilância*, op. cit., p. 134-135. Lado a lado com o direito ao esquecimento, o autor propõe outras direções para os novos problemas a serem considerados quando se entra na dimensão das *Tellecommunications-Related Personal Information*: " 1. O 'direito de oposição' a determinadas formas de coleta e circulação das informações pessoais, pondo-se ao lado de iniciativas individuais também a de ações coletivas; II – o "direito de não saber", que pode ser considerado como uma especificação do direito de oposição. O direito de não saber, originariamente, foi analisado sobretudo com relação aos dados sobre a saúde, cujo conhecimento pode provocar traumas até mesmo profundos (pense-se, em particular, nas informações genéticas, portadoras em alguns casos de um ´destino´). Mas o ´não saber´ pode ser estendido também a todas aquelas formas de *direct marketing* que consistem justamente na invasão da esfera privada de um indivíduo com informações que ele não deseja.; III – deve-se tornar mais claro e pertinente o princípio da finalidade, que condiciona a legitimidade da coleta das informações pessoais à comunicação preventiva ao interessado sobre como serão usadas as informações coletadas; e que, para algumas categorias de dados especialmente sensíveis, como as informações genéticas, estabelece que a única finalidade admissível é o interesse da pessoa considerada. A importância desse princípio, a ser acompanhada da previsão de sanções civis e penais severas, é evidenciada pela simples constatação de que os dados coletados para a assinatura de um jornal ou, ainda, para a fatura dos serviços fornecidos por uma televisão *pay per view* podem ser utilizados para fornecer perfis individuais e de grupo a serem vendidos no mercado".
48. ROSEN, op. cit., p. 88.

isentou de responsabilidade o provedor de pesquisa da ré, embora reconhecendo, no caso, a incidência do Código de Defesa do Consumidor.

Tendo em vista essa problemática, o Conselho da Justiça Federal, na VI Jornada de Direito Civil, realizada em março de 2013, aprovou o enunciado 531:

> Artigo 11: A tutela da imagem e da honra da pessoa humana na Internet pressupõem o direito ao esquecimento, tendo em vista o ambiente da rede mundial de computadores, cujos meios de comunicação potencializam o surgimento de novos danos.

O enunciado em questão constitui um indicativo da interpretação que deve ser conferida ao artigo 11 do Código Civil, assim redigido: "Com exceção dos casos previstos em lei, os direitos da personalidade são intransmissíveis e irrenunciáveis, não podendo o seu exercício sofrer limitação voluntária".[49]

No entanto, parte da doutrina critica o enunciado, pelo fato de não especificar ou não delimitar o alcance do direito ao esquecimento, não definir claramente quais seriam seus elementos, não apontar suas exceções, limitando-se a apontar que tal direito não confere a um indivíduo a prerrogativa de apagar fatos ou reescrever a própria história.[50]

Mas o argumento de que a liberdade é a regra e qualquer exceção deve vir por norma expressa cede ante a constatação de que a liberdade de expressão[51] não ocupa patamar superior em face de qualquer outro aspecto existencial ligado ao livre desenvolvimento da pessoa humana, em especial sua dignidade.[52] A liberdade, numa Internet que deixou de ser a pura manifestação de uma "ciberanarquia", se torna, na realidade, a liberdade dos impérios da comunicação que cada vez mais dominam a informação que circula na rede.

Reforçando a necessidade de um equilíbrio entre os direitos fundamentais em questão, a Lei de Acesso à Informação, Lei 12.527, de 18.11.2011, estabelece, no seu artigo 31, que o tratamento das informações pessoais deve ser feito de forma transparente

---

49. SILVA, Roberto Baptista Dias da; PASSOS, Ana Beatriz Guimarães. Entre lembrança e olvido: uma análise das decisões do STJ sobre direito ao esquecimento. *Revista Jurídica da Presidência*. v. 16, n. 109, p. 405. Brasília, jun./set. 2014.
50. MONCAU, Luiz Fernando Marrey. *Direito ao esquecimento;* entre a liberdade de expressão, a privacidade e a proteção de dados pessoais. São Paulo: Ed. RT, 2020. p. 36.
51. A doutrina diferencia a liberdade de informação e de expressão. Para Luis Roberto Barroso, "a primeira diz respeito ao direito individual de comunicar livremente fatos e ao direito difuso de ser deles informado; a liberdade de expressão, por seu turno, destina-se a tutelar o direito de externar ideias, opiniões, juízos de valor, em suma, qualquer manifestação do pensamento humano(...) É fora de dúvida que a liberdade de informação se insere na liberdade de expressão em sentido amplo, mas a distinção parece útil por conta de um inegável interesse prático, relacionado com os diferentes requisitos exigíveis de cada uma das modalidades e suas possíveis limitações. A informação não pode prescindir da verdade – ainda que uma verdade subjetiva e apenas possível(...) – pela circunstância de que é isso que as pessoas legitimamente supõem estar conhecendo ao buscá-la. Decerto, não se cogita desse requisito quando se cuida de manifestações da liberdade de expressão. De qualquer forma, a distinção deve pautar-se por um critério de prevalência: haverá exercício do direito de informação quando a finalidade da manifestação for a comunicação de fatos noticiáveis, cuja caracterização vai repousar sobretudo no critério da sua veracidade". BARROSO, Luis Roberto, Liberdade de expressão, op. cit., p. 80-81.
52. Convém lembrar do Enunciado 613, aprovado na VIII Jornada de Direito Civil do Conselho da Justiça Federal relativo ao Art. 12 do Código Civil:" A liberdade de expressão não goza de posição preferencial em relação aos direitos da personalidade no ordenamento jurídico brasileiro".

e com respeito à intimidade, vida privada, honra e imagem das pessoas, bem como às liberdades e garantias individuais.

Mais tarde, na VII Jornada de Direito Civil, realizada em 2015, o Conselho da Justiça Federal aprovou o enunciado 576: "o direito ao esquecimento pode ser assegurado por tutela judicial inibitória". Segundo a fundamentação do enunciado,

> a compensação financeira apenas ameniza o abalo moral, e o direito de resposta proporcional ao agravo sofrido também é incapaz de restaurar o bem jurídico violado, visto ser impossível restituir o *status quo*. Como afirma Marinoni, é dever do juiz encontrar, dentro de uma moldura, a técnica processual idônea à proteção do direito material, de modo a assegurar o direito fundamental a uma tutela jurisdicional efetiva(art. 5º, XXXV, CF/88). Disso se conclui que não se pode sonegar a tutela judicial inibitória para resguardar direitos dessa natureza, pois nenhuma outra é capaz de assegurá-los de maneira tão eficiente.

Na seção relativa ao julgamento das ações relativas às prestações de fazer, de não fazer e de entregar coisa, o Código de Processo Civil, no seu artigo 497, parágrafo único, seguindo a mesma teleologia do enunciado acima, e desvinculando-se da ideia de responsabilidade subjetiva, enuncia que, para a concessão da tutela específica destinada a inibir a prática, a reiteração ou a continuação de um ilícito, ou a sua remoção, é irrelevante a demonstração da ocorrência de dano ou da existência de culpa ou dolo.

O direito ao esquecimento foi delineado no artigo 17 do Regulamento EU 2016/79, do Parlamento Europeu e do Conselho, relativo à proteção das pessoas físicas no que diz respeito ao tratamento de dados pessoais e à livre circulação desses dados, da seguinte maneira:

> 1. O titular dos dados tem o direito de obter do responsável pelo tratamento e cancelamento de dados pessoais que lhe digam respeito e a cessação da comunicação ulterior desses dados, especialmente em relação a dados pessoais que tenham sido disponibilizados pelo titular dos dados quando ainda era uma criança, sempre que se aplique um dos motivos seguintes:
>
> (a) Os dados deixaram de ser necessários em relação à finalidade que motivou a sua recolha ou tratamento;
>
> (b) O titular retira o consentimento em que se baseia o tratamento dos dados nos termos do artigo 6º, n. 1, da alínea a, ou do artigo 9º, n. 2, alínea a, e, se não existir, outro fundamento jurídico para o referido tratamento;
>
> (c) O titular opõe-se ao tratamento nos termos do artigo 21, n. 1, e não existem interesses legítimos prevalescentes que justifiquem o tratamento, ou o titular opõe-se ao tratamento nos termos do artigo 21 n. 2;
>
> (d) os dados pessoais foram tratados ilicitamente;
>
> (e) os dados pessoais têm que ser apagados para o cumprimento de uma obrigação jurídica decorrente do direito da União ou de um Estado-membro a que o responsável pelo tratamento esteja sujeito;
>
> (f) os dados pessoais foram recolhidos no contexto da oferta de serviços da sociedade da informação referida no art. 8., n. 1.[53]

---

53. Regulamento do Parlamento Europeu e do Conselho relativo à proteção das pessoas singulares no que diz respeito ao tratamento de dados pessoais e à livre circulação desses dados (regulamento geral sobre a proteção de dados). Disponível em: http://eur-lex.europa.eu/LexUriServ/LexUriServ.do?uri=COM:2012:0011:FIN:PT:PDF. Acesso em: 21 maio 2020.

Verifica-se que o Regulamento 2016/79 dá ênfase ao direito ao esquecimento enquanto apagamento de dados pessoais, distinguindo-o da desindexação, empregada no emblemático caso *Google Spain,* a ser mais adiante examinado.

No Brasil, embora haja controvérsias sobre o tema, o Marco Civil da Internet (Lei 12.965/2014) prevê, no seu artigo 7º, X, uma modalidade específica de direito ao esquecimento, decorrente da pós-eficácia das obrigações, assegurando ao titular dos dados pessoais o direito de solicitar sua exclusão definitiva, ao término da relação entre as partes. Pode ser o caso, por exemplo, da relação entre usuário e provedor de uma rede social, ao término da conta.

O direito ao esquecimento se desmembra em duas grandes vertentes: a primeira ("droit à l'oubli'") se relaciona com informações que possuíam interesse quando foram tornadas públicas, mas, em virtude do decurso do tempo, acabaram perdendo essa qualidade, fazendo com que desaparecessem os motivos que justificaram sua divulgação. É o caso dos indivíduos que não mais pretendem ser relacionados aos fatos do passado, cabendo a ponderação entre os direitos da coletividade de acesso à informação e o direito do titular de impedir aquela divulgação.[54]

Já para uma segunda vertente, que se manifesta de maneira mais expressiva na Internet, trata-se do poder do próprio titular dos dados de exigir que a informação seja apagada, na hipótese em que os dados são coletados e processados por terceiros("right to erasure"). A diferença básica entre ambas as vertentes é a seguinte: enquanto o *droit à l'oubli* normalmente colide com outros direitos fundamentais, em especial a liberdade de expressão e o direito à informação, o "right to erasure" se manifesta na simples remoção de dados pessoais fornecidos para fornecimento automático.[55]

Na apreciação de pedido de indisponibilização ou retirada de conteúdo em *sites* Internet ou na mídia impressa, será necessário realizar uma ponderação em relação à liberdade de expressão(art. 5º, IX, Constituição da Republica) , sendo que, embora o artigo 220 da Lei Maior estabeleça que a manifestação do pensamento, a citação, a expressão e a informação, sob qualquer forma, processo ou veículo, não poderão passar por qualquer restrição, tal previsão deve necessariamente observar o disposto na própria Constituição, especialmente no artigo 5º, incisos IV, V, X, XIII e XIV.[56]

Diante de uma situação de conflito, o intérprete deve colocar os interesses existenciais, derivados do princípio da dignidade da pessoa humana(art. 1º, III, CR) , numa situação de proeminência, garantindo a plena tutela tanto do corpo físico quanto do corpo eletrônico da pessoa. Uma vez que o legislador constitucional direcionou a interpretação e aplicação das normas à condição de garantir prevalência à dignidade da

---

54. HEYLLIARD, Charlotte. *Le droit à l'oubli sur l'Internet.* Disponível em: http://www.lepetitjuriste.fr/wp-content/uploads/2013/01/MEMOIRE-Charlotte-Heylliard2.pdf. Acesso em: 21 maio 2020, p. 41.
55. AMBROSE, Meg Leta; AUSLOOS, Jef. The right to be forgotten across the pond. *Journal of Information Policy*, v. 3, p. 1-23, 2013. Disponível em: http://papers.ssrn.com/sol3/papers.cfm?abstract_id=2032325##. Acesso em: 21 maio 2020.
56. TEFFÉ, Chiara de; BARLETTA, Fabiana, op. cit., p. 257.

pessoa humana, não parece adequado o estabelecimento de qualquer hierarquia prévia, geral e permanente entre os direitos fundamentais, devendo o balanceamento ocorrer no caso concreto, observadas as características do fato e as pessoas envolvidas.

Em junho de 2013, a Agência Espanhola de Proteção de Dados ingressou com procedimento sancionatório em face da Google, tendo em vista a nova política de privacidade daquela empresa.[57] O objetivo da medida era o de esclarecer, entre outros aspectos, se a combinação de dados procedentes de diversos serviços cumpre as garantias de informação aos usuários, se as finalidades e a proporcionalidade no uso da informação legítima o tratamento de dados e se os períodos de conservação e as opções para que os usuários exerçam seus direitos de acesso, retificação, cancelamento e oposição observam a Lei Espanhola de Proteção de Dados. O procedimento sancionatório foi produto de cooperação com as Agências de Dados da Alemanha, Holanda, Reino Unido, França e Itália, que igualmente agiram no mesmo sentido.

No dia 13 de maio de 2014, o Tribunal de Justiça da União Europeia reconheceu o direito ao esquecimento no caso acima, tendo como partes a Agência Espanhola de Proteção de Dados e a Google, de um lado, e, do outro, o cidadão espanhol Mario Costeja González, em relação ao fato de, nos idos de 1990, o imóvel de propriedade deste ter sido levado a leilão para pagamento de dívidas com a previdência social da Espanha, não obstante o pagamento do débito tivesse posteriormente obstado a venda judicial.

Embora satisfeito o débito, as dívidas e a referência ao leilão continuaram aparecendo nas buscas pelo nome do interessado no site da Google, de maneira ofensiva à sua dignidade, não obstante se tratasse de informação pretérita e sem relevância social. O Tribunal de Justiça Europeu considerou que o operador de um motor de busca sofre a incidência do artigo 2º, "d" da Diretiva 95/46 da Comunidade Econômica Europeia, que define o responsável pelo tratamento de dados pessoais como "a pessoa singular ou coletiva, a autoridade pública, o serviço ou qualquer outro organismo que, individualmente ou em conjunto com outrem, determine as finalidades e os meios de tratamento dos dados pessoais".[58]

---

57. La AEPD abre un procedimiento sancionador a Google por su política de privacidad Disponível em: https://www.agpd.es/portalwebAGPD/revista_prensa/revista_prensa/2013/notas_prensa/common/junio/130620_NP_PS_GOOGLE.pdf. Acesso em: 21. maio 2020.

58. Segue um trecho da fundamentação do acórdão do Tribunal de Justiça da Corte Europeia: " Ora, é o operador do motor de busca que determina as finalidades e os meios dessa atividade e, deste modo, do tratamento de dados pessoais que ele próprio efetua no contexto dessa atividade e que deve, consequentemente, ser considerado "responsável " por esse tratamento por força do referido artigo 2º, alínea d. *Por outro lado, importa declarar que seria contrário não só à redação clara desta disposição mas também ao seu objetivo, que consiste em assegurar, através de uma definição ampla do conceito de 'responsável', uma proteção eficaz e completa das pessoas em causa, excluir dela o operador de um motor de busca pelo fato de não exercer controle sobre os dados pessoais publicados nas páginas web de terceiros. A esse respeito, deve-se salientar que o tratamento de dados pessoais efetuado no contexto da atividade de um motor de busca se distingue do efetuado pelos editores dos sítios web, que consiste em fazer figurar esses dados numa página web, e acresce ao mesmo. Além disso, é pacífico que essa atividade dos motores de busca tem um papel decisivo na difusão global dos referidos dados, na medida em que os torna acessíveis a qualquer internauta que efetue uma pesquisa a partir do nome da pessoa em causa, incluindo os internautas que, de outra forma, não teriam encontrado a página web onde esses mesmos dados estão publicados. Além disso, a organização e a agregação das informações publicadas na Internet, efetuadas pelos motores de busca*

O caso envolveu a aplicação de um *direito à desindexação*, ou seja, a possibilidade de se pleitear a retirada de certos resultados(conteúdos ou páginas) relativos a uma pessoa específica de determinada pesquisa, em razão de o conteúdo apresentado ser prejudicial ao seu convívio em sociedade, expor fato ou característica que não mais se coaduna com a identidade construída pela pessoa ou apresente informação equivocada ou inverídica. A desindexação não atinge a publicação em si, pois não importa em remoção de conteúdo de página na *web*, mas sim importa na eliminação de referências a partir de pesquisas feitas com base em determinadas palavras-chave.

No entanto, o Tribunal de Justiça da Corte Europeia, na parte final da decisão, ressaltou que solução diversa poderia ser dada ao caso concreto por razões especiais, como o papel desempenhado pelo interessado na vida pública, caso em que "a ingerência nos seus direitos fundamentais é justificada pelo interesse preponderante do referido público em ter acesso à informação em questão, em virtude dessa inclusão.

É difícil imaginar que a Internet dos próximos anos será tão livre e aberta como é hoje em dia. Questão nodal para responder aos problemas aqui indagados é a seguinte: "será que o Facebook é um substituto dos velhos diários e das autobiografias? ". O autor Sérgio Branco destaca, no momento atual, o deslocamento para o ambiente público de atos que eram eminentemente privados. Esse fato se potencializa com a democratização do acesso a meios tecnológicos, de modo que a narrativa de si mesmo(a "escrita de si") não é mais restrita à elite que sabia escrever ou que tinha recursos para fazer registros em áudio e vídeo. Todos são convidados a deixar seus registros, as evidências do ser humano que é (ou finge que ser, ou pretende ser), para seus amigos e familiares.[59]

Através de diários e álbuns de fotografia, o indivíduo busca a narrativa de fatos muitas vezes organizados por tema (casamento, aniversário, viagem de férias etc.), naquilo que se denomina "arquivar a própria vida", que traz consigo as ideias de memória e esquecimento. Passamos o tempo todo selecionando o que deve ser conservado e o que deve ser posto na lata do lixo. Listas de compras, boletos, documentos, bilhetes, fotografias, tudo passa por um crivo classificatório. Arquivar a própria vida é se pôr no espelho, é contrapor a imagem social à imagem íntima de si mesmo, logo o arquivamento do eu é uma prática de construção de si mesmo e de resistência.[60]

---

    com o objetivo de facilitar aos seus utilizadores o acesso às mesmas, podem conduzir, quando a pesquisa destes utilizadores é feita a partir do nome de uma pessoa singular, que estes obtenham, com a lista de resultados, uma visão global mais estruturada das informações sobre esta pessoa, que se podem encontrar na Internet, que lhes permita estabelecer um perfil mais ou menos detalhado da pessoa em causa. Por conseguinte, na medida em que a atividade de um motor de busca é suscetível de afetar, significativamente e por acréscimo à dos editores de sítios web, os direitos fundamentais à vida privada e à proteção dos dados pessoais, o operador desse motor, como pessoa que determina as finalidades e os meios dessa atividade, deve assegurar, no âmbito das suas responsabilidades, das suas competências e das suas possibilidades, que essa atividade satisfaça as exigências da Diretiva 95/46, para que as garantias nesta previstas possam produzir pleno efeito e possa efetivamente realizar-se uma proteção eficaz e completa das pessoas em causa, designadamente no seu direito ao respeito pela sua vida privada (g.n.)".

59. BRANCO, Sérgio. *Memória e esquecimento na Internet*. Porto Alegre: Arquipélago, 2017. p. 11.
60. BRANCO, Sérgio, op. cit., p. 24.

O diário consiste em uma série de vestígios, devidamente datados, baseados na autenticidade do momento, na rememoração do dia a dia, enquanto a autobiografia é uma narrativa retrospectiva, que pode ter como base, inclusive, eventuais diários de seu autor. Nesta ocorre um espaço maior de tempo entre o acontecido e o narrado, tornando o fato mais suscetível aos filtros e/ou enganos da memória.[61]

No entanto, com os suportes digitais, tudo mudou. Citando Andrew Keen, não há dúvida de que, para o bem ou para o mal, os átomos industriais dos séculos XIX e XX foram substituídos pelos *bytes* em rede do Século XXI. Mas, não: em vez de nos unir entre os pilares digitais de uma pólis aristotélica, a mídia social de hoje na verdade estilhaça nossas identidades, de modo que sempre existimos fora de nós mesmos, incapazes de nos concentrar no aqui e agora, aferrados demais à nossa própria imagem, perpetuamente revelando nossa localização atual, a nossa privacidade sacrificada à tirania utilitária de uma rede coletiva.[62]

A rede social é o romance que todos estamos escrevendo, e também coletivamente publicando para que os outros leiam. A Internet dá aos narcisistas a oportunidade de se apaixonar por si mesmos repetidas vezes, criando assim um mundo *online* de infinita promoção pessoal e relacionamentos fugazes e rasteiros,[63] para não dizer líquidos.

Seria esse excesso de compartilhamento, denotando toda uma mudança cultural, espontâneo, ou de alguma forma estimulado pelos impérios da comunicação? Seria um livre arbítrio semelhante ao dos fumantes, incentivados por uma publicidade agressiva e por um comportamento disseminado na sociedade, ou inocentemente seria um comportamento buscado pelo consentimento livremente formado?

Independentemente da resposta a ser dada à questão acima, pode-se afirmar com segurança que a divulgação de fatos que possam ou não ensejar o direito ao esquecimento é mais ampla do que a narrativa do diário ou autobiografia do passado. Pode-se tratar de qualquer acontecimento isolado que, descontextualizado com a passagem do tempo, seja passível de causar danos ao sujeito, sem que haja interesse da coletividade apto a manter a divulgação daquela informação.

Dentre os principais argumentos contrários ao acolhimento do direito do esquecimento, especialmente nos casos levados ao Superior Tribunal de Justiça, a seguir examinados, a doutrina destaca os seguintes:[64]

- a violação à liberdade de expressão;
- a possibilidade de perda da história;
- a privacidade como censura dos tempos atuais, sobretudo nos países ditatoriais, que não primam pelo respeito à liberdade de expressão;

---

61. BRANCO, Sérgio, op. cit., p. 25-26.
62. KEEN, Andrew *#Vertigem digital;* por que as redes sociais estão nos dividindo, diminuindo e desorientando. Trad. Alexandre Martins. Rio de Janeiro: Zahar, 2012. p. 23.
63. KEEN, Andrew, op. cit., p. 31-32.
64. BUCAR, Daniel, op. cit., p. 05. FRAJHOF, Isabella. *O direito ao esquecimento na Internet:* conceito, aplicação e controvérsias. São Paulo: Almedina, 2019. p. 45.

- o privilégio da memória individual em detrimento daquela da sociedade;
- a ausência de registro sobre crimes, além da proteção da saúde e da moral;
- a inexistência de ilicitude do ato;
- a preservação do interesse coletivo;
- a extinção de programas policiais.
- a neutralidade da Internet;

Outro argumento contrário ao direito ao esquecimento frequentemente lembrado pela doutrina é o chamado *Efeito Streisand*. Barbra Streisand, famosa atriz e cantora norte-americana, no ano de 2003, processou o fotógrafo Kenneth Adelman sob a alegação de invasão de privacidade, formulando, dentre os pedidos, indenização no valor de cinquenta milhões de dólares. O fotógrafo divulgou uma fotografia da casa da atriz em Malibu, Califórnia, mas, pela foto, não é possível ver o interior da mansão. A foto foi tirada de um helicóptero, a uma distância considerável. A foto terminou divulgada no *California Coastal Records Project*, fundado em 2002 com o objetivo de documentar todo o litoral da Califórnia.[65]

Antes do processo, a fotografia somente tinha seis visualizações, mas, em razão da publicidade decorrente da judicialização da questão, o número de acessos subiu, somente em um mês, para 420 mil – ou seja, um aumento percentual de quase 7 milhões. Esse é o *Efeito Streisand*; quando a tentativa de censurar ou remover algum tipo de informação acaba por aumentar ainda mais a sua publicidade, atingindo, assim, o efeito inverso do inicialmente pretendido.[66] Como será visto mais adiante, a facilitação do exercício do direito ao esquecimento, como por exemplo através de formulários, como aqueles disponibilizados pela Google na Europa, esvazia o denominado *Efeito Streisand*, normalmente gerado pela judicialização de demandas rumorosas. O uso dos meios alternativos de resolução de conflitos, mais uma vez, se impõe, como alternativa ao Judiciário.

Em cada caso ligado ao direito ao esquecimento, destaca-se ainda qual seria o papel da passagem do tempo, bem como a definição de como o tempo interage com as ideias de interesse público/noticioso e privacidade.[67]

Outra crítica feita ao direito ao esquecimento refere-se ao fato de que a possibilidade da retirada de *links* de outros domínios abriria espaço para que países que oferecem um regime de liberdade de expressão contestado em várias frentes possam fazer com que certo conteúdo seja eliminado não apenas de suas fronteiras físicas, mas de todo o mundo. Em outras palavras, a preocupação é a de que a liberdade de expressão seja igualada pelo seu mais baixo nível de proteção, sobretudo em casos envolvendo pedidos

---

65. MARTINS, Guilherme Madeira. Esquecendo o esquecimento: tentativas de driblar o efeito Streisand. In: MORAES, Maria Celina Bodin; MULHOLLAND, Caitlin. *Privacidade hoje*; Anais do I Seminário de Direito Civil da PUC-RJ. Rio de Janeiro: PUC-RIO, 2017, pos. 670 (*e-book*).
66. MARTINS, Guilherme Madeira, op. cit., pos. 683.
67. MONCAU, Luiz Fernando Marrey, op. cit., p. 43.

de desindexação em países autoritários.[68] Essa parece ser uma preocupação específica dos possíveis desdobramentos do caso Google Spain, mas que não pode ser oposta como um argumento obstativo do direito ao esquecimento, visto que em países ditatoriais ou onde a liberdade de expressão se mostra mais restrita trata-se de algo endêmico ao sistema, inclusive muito anteriormente àquela decisão do Tribunal de Justiça da União Europeia, integrando a própria arquitetura da Internet naqueles países. Trata-se, portanto, de um problema específico, que não pode ser generalizado sob o argumento de se combater a decisão do Tribunal de Justiça da União. Parte da doutrina, além do próprio Supremo Tribunal Federal, que em princípio colocou uma pá de cal na matéria ao acolher tal argumento no julgamento do Recurso Extraordinário 1.010.606 (caso Aída Curi), aponta ainda uma identidade entre o direito ao esquecimento e o caso das biografias não autorizadas,[69] caso em que , por unanimidade, o Plenário do Supremo Tribunal Federal, no dia 10 de junho de 2015, julgou procedente o pedido na Ação Direta de Inconstitucionalidade 4815,[70] declarando inexigível a autorização prévia para a publi-

---

68. FRAIJHOF, Isabella, *O direito ao esquecimento*, op. cit., p. 50-52: "aqueles que defendem um bloqueio global de conteúdo, baseado na legislação europeia, não poderão se opor quando Estados não democráticos também assim fizerem(...)Esta possibilidade, mais uma vez, tem a capacidade de distorcer a Internet enquanto fonte comum de acesso à informação, sendo importante indagar o que restará de informação *online* se qualquer conteúdo(legal ou ilegal) poderá ser removido globalmente".
69. ROSENVALD, Nelson. Direito ao esquecimento: incidirá o STF no *venire*? In: ROSENVALD, Nelson. *O Direito Civil em movimento;* desafios contemporâneos. Salvador: JusPodivm, 2017. p. 61.
70. A ementa é a seguinte: Ementa: ação direta de inconstitucionalidade. Arts. 20 e 21 da lei n. 10.406/2002 (Código Civil). Preliminar de ilegitimidade ativa rejeitada. Requisitos legais observados. Mérito: aparente conflito entre princípios constitucionais: liberdade de expressão, de informação, artística e cultural, independente de censura ADI 4815 / DF autorização prévia (art. 5º incs. IV, IX, XIV; 220, §§ 1º e 2º) e inviolabilidade da intimidade, vida privada, honra e imagem das pessoas (ART. 5º, inc. X). Adoção de critério da ponderação para interpretação de princípio constitucional. Proibição de censura (estatal ou particular). Garantia constitucional de indenização e de direito de resposta. Ação direta julgada procedente para dar interpretação conforme à constituição aos arts. 20 e 21 do código civil, sem redução de texto. 1. A Associação Nacional dos Editores de Livros – Anel congrega a classe dos editores, considerados, para fins estatutários, a pessoa natural ou jurídica à qual se atribui o direito de reprodução de obra literária, artística ou científica, podendo publicá-la e divulgá-la. A correlação entre o conteúdo da norma impugnada e os objetivos da Autora preenche o requisito de pertinência temática e a presença de seus associados em nove Estados da Federação comprova sua representação nacional, nos termos da jurisprudência deste Supremo Tribunal. Preliminar de ilegitimidade ativa rejeitada. 2. O objeto da presente ação restringe-se à interpretação dos arts. 20 e 21 do Código Civil relativas à divulgação de escritos, à transmissão da palavra, à produção, publicação, exposição ou utilização da imagem de pessoa biografada. 3. A Constituição do Brasil proíbe qualquer censura. O exercício do direito à liberdade de expressão não pode ser cerceada pelo Estado ou por particular. 4. O direito de informação, constitucionalmente garantido, contém a liberdade de informar, de se informar e de ser informado. O primeiro refere-se à formação da opinião pública, considerado cada qual dos cidadãos que pode receber livremente dados sobre assuntos de interesse da coletividade e sobre as pessoas cujas ações, público-estatais ou público-sociais, interferem em sua esfera do acervo do direito de saber, de aprender sobre temas relacionados a suas legítimas cogitações. 5. Biografia é história. A vida não se desenvolve apenas a partir da autorização prévia (ART. 5º incs. IV, IX, XIV; 220, §§ 1º e 2º) e inviolabilidade da intimidade, vida privada, honra e imagem das pessoas (art. 5º, inc. X). Adoção de critério da ponderação para interpretação de princípio constitucional. Proibição de censura (estatal ou particular). Garantia constitucional de indenização e de direito de resposta. Ação direta julgada procedente para dar interpretação conforme à constituição aos arts. 20 e 21 do Código Civil, sem redução de texto. 1. A Associação Nacional dos Editores de Livros – Anel congrega a classe dos editores, considerados, para fins estatutários, a pessoa natural ou jurídica à qual se atribui o direito de reprodução de obra literária, artística ou científica, podendo publicá-la e divulgá-la. A correlação entre o conteúdo da norma impugnada e os objetivos da Autora preenche o requisito de pertinência temática e a presença de seus associados em nove Estados da Federação comprova sua representação nacional,

cação de biografias. Como visto no início deste capítulo, o âmbito de aplicação do direito ao esquecimento é mais amplo do que o do diário ou autobiografia, embora haja uma zona cinzenta comum, do ponto de vista das liberdades de expressão e de informação.

Com base no voto da relatora, Ministra Carmen Lúcia, a mencionada decisão concedeu interpretação conforme a Constituição aos artigos 20 e 21 do Código Civil, em consonância com os direitos fundamentais à liberdade de expressão da atividade intelectual, artística, científica e de comunicação, independentemente de censura ou licença de pessoa biografada (ou de seus familiares, relativamente a pessoas falecidas), relativamente a obras biográficas literárias ou audiovisuais. No caso, o Ministro Luís Roberto Barroso ressaltou que os direitos do biografado não ficarão desprotegidos; qualquer sanção pelo uso abusivo da liberdade de expressão deverá dar preferência aos mecanismos de reparação *a posteriori*, como a retificação, o direito de resposta, a indenização, e, em último caso, a responsabilidade penal.

Conforme reconheceu o Superior Tribunal de Justiça no julgamento do Recurso Especial 1.736.803-RJ (3ª Turma, rel. Min. Ricardo Villas Bôas Cueva, 3ª Turma, j. 28.04.2020), que faz menção ao julgamento pelo STF da ADPF 4.815/DF, a liberdade deve ser a regra, como elemento central do funcionamento do sistema democrático, desde que não haja colisão com outros direitos fundamentais e outros valores constitucionalmente estabelecidos.[71]

O direito ao esquecimento se impõe como um novo direito fundamental, a ser melhor amadurecido pela doutrina e jurisprudência, e não se enquadra necessariamen-

---

nos termos da jurisprudência deste Supremo Tribunal. Preliminar de ilegitimidade ativa rejeitada. 2. O objeto da presente ação restringe-se à interpretação dos arts. 20 e 21 do Código Civil relativas à divulgação de escritos, à transmissão da palavra, à produção, publicação, exposição ou utilização da imagem de pessoa biografada. 3. A Constituição do Brasil proíbe qualquer censura. O exercício do direito à liberdade de expressão não pode ser cerceada pelo Estado ou por particular. 4. O direito de informação, constitucionalmente garantido, contém a liberdade de informar, de se informar e de ser informado. O primeiro refere-se à formação da opinião pública, considerado cada qual dos cidadãos que pode receber livremente dados sobre assuntos de interesse da coletividade e sobre as pessoas cujas ações, público-estatais ou público-sociais, interferem em sua esfera do acervo do direito de saber, de aprender sobre temas relacionados a suas legítimas cogitações. 5. Biografia é história. A vida não se desenvolve apenas a partir da soleira da porta de casa. 6. Autorização prévia para biografia constitui censura prévia particular. O recolhimento de obras é censura judicial, a substituir a administrativa. O risco é próprio do viver. Erros corrigem-se segundo o direito, não se cortando liberdades conquistadas. A reparação de danos e o direito de resposta devem ser exercidos nos termos da lei. 7. A liberdade é constitucionalmente garantida, não se podendo anular por outra norma constitucional (inc. IV do art. 60), menos ainda por norma de hierarquia inferior (lei civil), ainda que sob o argumento de se estar a resguardar e proteger outro direito constitucionalmente assegurado, qual seja, o da inviolabilidade do direito à intimidade, à privacidade, à honra e à imagem. 8. Para a coexistência das normas constitucionais dos incs. IV, IX e X do art. 5º, há de se acolher o balanceamento de direitos, conjugando-se o direito às liberdades com a inviolabilidade da intimidade, da privacidade, da honra e da imagem da pessoa biografada e daqueles que pretendem elaborar as biografias. 9. Ação direta julgada procedente para dar interpretação conforme à Constituição aos arts. 20 e 21 do Código Civil, sem redução de texto, para, em consonância com os direitos fundamentais à liberdade de pensamento e de sua expressão, de criação artística, produção científica, declarar inexigível autorização de pessoa biografada relativamente a obras biográficas literárias ou audiovisuais, sendo também desnecessária autorização de pessoas retratadas como coadjuvantes (ou de seus familiares, em caso de pessoas falecidas ou ausentes).

71. MENDES, Gilmar Ferreira; BRANCO, Paulo Gustavo Gonet. *Curso de Direito Constitucional*. 12. ed. São Paulo: Saraiva, 2017. p. 264.

te ao *hard case* das biografias não autorizadas, hipótese específica em que, como bem reconheceu o Supremo Tribunal Federal, exigir prévia autorização poderia significar a própria extinção do gênero.

A doutrina aponta, em relação às biografias não autorizadas, as seguintes circunstâncias relevantes: (i)a repercussão emocional do fato sobre o biografado; (ii) a atitude mais ou menos reservada do biografado em relação ao fato; (iii) a importância daquele fato para a formação da personalidade do biografado(e, portanto, a necessidade de sua divulgação no âmbito da biografia); iv)o eventual envolvimento de terceiros e seu grau de identificação no relato; (v)o formato da apresentação do fato, que pode ser mais ou menos sensacionalista; (vi)os riscos para outros direitos do biografado, como o seu direito à honra, que, como já visto, pode ser atingido indevidamente mesmo pela divulgação de fatos verdadeiros.[72]

Esses parâmetros poderiam constar da própria legislação, como ocorreu no artigo 79 do Código Civil Português,[73] que estabeleceu critérios específicos para os Tribunais nessa matéria. Na omissão legislativa, a doutrina busca diretrizes, como se verifica do Enunciado 279, aprovado na IV Jornada de Direito Civil, relativo ao direito à imagem:

> Enunciado 279. A proteção à imagem deve ser ponderada com outros interesses constitucionalmente tutelados, especialmente em face do direito de amplo aceso à informação e à liberdade de imprensa. Em caso de colisão, levar-se-á em conta a notoriedade do retratado e dos fatos abordados, bem como a veracidade destes, ainda, as características da sua utilização(comercial, informativa, biográfica), privilegiando-se medidas que não restrinjam a divulgação de informações.

Mesmo nas biografias não autorizadas, portanto, não há uma solução pronta para todos os casos. Não necessariamente prevalecerá a circulação de informações, visto que "se é certo que a restrição à circulação da obra representa uma medida extrema, a conservação da lesão à personalidade do biografado não encontra justificativa em nossa ordem constitucional, pautada pela tutela à dignidade humana. Vale dizer: concluindo-se que a privacidade do biografado deve prevalecer sobre a liberdade de expressão/informação no caso concreto, a retirada de circulação é medida cabível e até recomendável como fruto da ponderação".[74]

Não se pode falar, nas biografias não autorizadas, genericamente, em uma preferência de publicação em caso de dúvida, cabendo sempre a ponderação ao magistrado, para verificar, no caso, qual dos interesses protegidos há de prevalecer. Se é certo que a restrição é medida traumática para a editora e o biógrafo, não seria menos drástica a decisão judicial que afirmasse que, mediante o pagamento de indenização, a lesão à privacidade, à honra ou à imagem poderia continuar sendo perpetrada pela circulação

---

72. SCHREIBER, Anderson. *Direitos da personalidade*. 2. ed. São Paulo: Atlas, 2013. p. 149-150.
73. Artigo 79, Código Civil Português. "Não é necessário o consentimento da pessoa retratada quando assim o justifiquem a sua notoriedade, o cargo que desempenhe, exigências de polícia ou de justiça, finalidades científicas, didácticas ou culturais, ou quando a reprodução da imagem vier enquadrada na de lugares públicos, ou na de factos de interesse público ou que hajam decorrido publicamente".
74. SCHREIBER, Anderson. *Direitos da personalidade*, 2. ed., op. cit., p. 151.

da obra. Isso seria equivalente a atribuir um preço à intimidade do biografado, com efeitos nefastos.[75] Raciocínio semelhante pode ser aplicado ao direito ao esquecimento.

A especificidade do direito ao esquecimento na Internet não se restringe à forma de tutela. O próprio conceito de esquecimento sofre profundas transformações, na medida em que não se trata apenas de limitar a divulgação de informações pessoais destituídas de interesse social ou informativo por terceiros, como também de se reapropriar do controle dos dados muitas vezes fornecidos pelo próprio interessado, como condição para o exercício de determinado serviço. Trata-se, portanto, da pretensão de apagar uma informação muitas vezes voluntariamente tornada pública.[76]

Para parte da doutrina, a possibilidade de que determinadas informações sejam desindexadas permite que o desejo de um único indivíduo sobressaia sobre o interesse da coletividade sobre um todo.[77] Não há, no entanto, uma fórmula pronta para todas as hipóteses.

Em qualquer caso, portanto, deve haver uma ponderação de interesses entre o direito ao esquecimento e a liberdade de imprensa, somente podendo ocorrer o seu reconhecimento caso se trate de ofensa suficientemente grave à pessoa humana, de modo a restringir a disseminação de determinada informação.

Conceder a cada cidadão ou empresa a prerrogativa de decidir o que pode ou não ser dito a seu respeito, ao menos potencialmente, viola o direito coletivo à informação. Num exemplo, um artista teria a oportunidade de apagar de seus registros as críticas negativas feitas a seu trabalho. E, em grau de maior risco à sociedade, agentes públicos e pessoas notórias poderiam apagar todas as referências a seus atos ilícitos ou desairosos à sua personalidade. Logo, os limites do direito ao esquecimento exigem todo um exercício interpretativo.[78]

A utilidade informativa da divulgação da notícia, portanto, deve ser sopesada com os riscos trazidos pela recordação do fato à pessoa envolvida.[79]

A proteção não é limitada aos fatos sigilosos, abrangendo ainda informações que ampliem a divulgação e o despertar da memória, de modo que acontecimentos largamente divulgados no passado, e que se encontram adormecidos no presente, potencialmente podem ser tutelados pelo direito ao esquecimento.[80]

---

75. SCHREIBER, Anderson. *Direitos da personalidade*, 2. ed., op. ci.t, p. 151.
76. HEYLLIARD, Charlotte. *Le droit à l'oubli sur l'Internet*, op. cit., p. 41.
77. FRAIJHOF, Isabella, *O direito ao esquecimento*, op. cit., p. 56. Para a autora, op. cit., p. 57, uma possível alternativa à desindexação seria a obrigação de que os provedores de busca disponibilizassem em sua página de resultados de pesquisa um asterisco com um hiperlink, direcionando os usuários para uma página onde as versões das histórias pudessem ser esclarecidas. Esta espécie de direito de resposta evitaria a descontextualização das informações retornadas, e uma restrição indevida à liberdade de expressão e ao acesso à informação, aumentando a transparência dos tipos de pedidos direcionados aos provedores de busca.
78. MACHADO, José Eduardo Marcondes. O direito ao esquecimento e os direitos da personalidade. In: GUERRA, Alexandre Dartanhan de Mello(Coord.) *Estudos em homenagem a Clóvis Beviláqua por ocasião do centenário do Direito Civil codificado no Brasil*. São Paulo: Escola Paulista da Magistratura, 2018. p. 249.
79. SCHREIBER, Anderson. *Direitos da personalidade*. São Paulo: Atlas, 2011. p. 166.
80. MACHADO, José Eduardo Marcondes, op. cit., p. 265.

Conforme admitido no caso *Google Spain,* o direito ao esquecimento, assim como outros direitos da personalidade, pode ser relativizado em relação às pessoas públicas, em geral, e aos políticos, em especial, considerados estes como aqueles que gerem a coisa pública ou representam a verdade popular, agindo, assim, em nome e no interesse da coletividade.

Sua atividade se desenvolve de forma pública, sob a fiscalização da sociedade. Podem ser ainda consideradas a necessidade de autoexposição, de promoção pessoal ou do interesse público na transparência de determinadas condutas.[81] É por esse motivo que a divulgação, a discussão e a crítica de atos ou decisões do poder público, ou de seus agentes, não vêm sendo considerados um abuso de liberdade de imprensa, desde que não se trate de matéria reservada ou sigilosa, e a crítica inspirada no interesse público, não estando presente o ânimo de injuriar, de caluniar ou difamar.[82]

É preciso ter cautela, visto que, por vezes, mesmo fatos relativos à vida estritamente pessoal do político podem ostentar relevância ou interesse do conhecimento do público. Primeiro, pelo próprio processo de escolha daqueles ocupantes de cargos que sejam eletivos. É perfeitamente lícita a referência pública ao passado, ao modo de se portar e de ser de alguém que almeja ocupar cargo público, sem o que, afinal, o que se estará limitando é a própria livre opção de escolha ou fiscalização do cidadão.[83]

Como observa Claudio Luiz Bueno de Godoy, há dados da vida pessoal do gestor público que, aparentemente reservados, concernentes à sua vida privada e por vezes familiar, podem bem interessar ao conhecimento público, para relevância ao julgamento da aptidão para a função pública de que se encontra investido ou se pretende investir. O autor cita o exemplo do "Caso Profumo", ministro da defesa britânico que mantinha relacionamento íntimo com uma jovem que, por sua vez, mantinha idênticos contatos com adido militar soviético. Ou o caso de prática agressiva, em relação aos filhos, de quem seja o responsável por exemplo por alguma função pública educativa ou de formação de jovens.[84]

Para Gustavo Tepedino, mesmo o homem público tem o sagrado direito de ver resguardada sua vida sentimental ou sexual; a manter em sigilo quem a exibe ou frequenta. O mesmo não pode ser dito, contudo, se ele expressa um moralismo exacerbado e é visto, pela imprensa, em situação que contradiga sua pregação e a de seu partido. É, aí, interesse do público e do eleitor ser bem-informado. No caso, autoriza-se a informação, a bem do interesse público.[85]

---

81. BARROSO, Luis Roberto, Liberdade de expressão, op. cit., p. 76.
82. GODOY, Claudio Luiz Bueno de. *A liberdade de imprensa e os direitos da personalidade.* 3. ed. São Paulo: Atlas, 2015. p. 72.
83. GODOY, Claudio Luiz Bueno de, op. cit., p. 73.
84. GODOY, Claudio Luiz Bueno de, op. cit., p. 73.
85. TEPEDINO, Gustavo. Informação e privacidade. In: TEPEDINO, Gustavo. *Temas de Direito Civil.* Rio de Janeiro: Renovar, 1999. p. 474.

No entanto, a redução da esfera existencial dessas pessoas não significa seu completo aniquilamento. Deve-se preservar ainda uma área nuclear inviolável, representada, antes de tudo, pela indevassabilidade da sua vida privada em seu ambiente familiar.[86]

Portanto, mesmo as pessoas públicas e notórias devem estar a salvo da perseguição sensacionalista. O sensacionalismo não se amolda à natureza institucional da atividade de comunicação, exigindo-se desta objetividade e probidade intelectual. Da mesma forma, as pessoas públicas ou notórias têm direito a que não mais se divulguem e noticiem eventos ou imagens que, embora de interesse da coletividade quando ocorrem, com o tempo perdem esse sentido institucional.[87]

Ao lado das pessoas da história de seu tempo em sentido absoluto, há também aquelas que o são em sentido relativo, por ganharem notoriedade por sua participação em um acontecimento da atualidade, que se revista de interesse à coletividade. Pode ser o caso de pessoas atingidas por uma catástrofe natural, vítimas de perseguição racial ou social, ou ainda de grandes acidentes.[88]

Pode ser ainda o caso das pessoas envolvidas em fatos de interesse cultural ou científico, por exemplo um indivíduo acometido de uma doença rara, ou nova. Por causa disso, ou do interesse da coletividade aí suscitado, abre-se maior campo à devassa da sua vida. Pode ainda se tratar da pessoa submetida a uma revolucionária técnica médica, cirúrgica ou terapêutica que induz interesse coletivo, que deve ser ponderado com a esfera existencial do paciente.

Consoante o artigo 4º, III da Lei 8078/90, que se aplica aos provedores de redes sociais, considerando a remuneração indireta dos respectivos serviços(art. 3º, parágrafo segundo do Código de Defesa do Consumidor), constitui princípio da Política Nacional das Relações de Consumo a " harmonização dos interesses dos participantes da relação de consumo e a compatibilização da proteção do consumidor com a necessidade de desenvolvimento econômico e tecnológico".

Mas a principal consequência do exercício do direito ao esquecimento, tendo em vista o princípio da precaução, deve ser a imposição de obrigações de fazer e não fazer, consagrando o "direito de não ser vítima de danos", tendo em vista, após a ponderação dos interesses envolvidos, a retirada do material ofensivo.

A reparação de danos somente ocorrerá excepcionalmente, caso se trate de ofensa consumada a situação jurídica existencial, não passível de remédio por meio da execução específica.[89]

---

86. GODOY, Claudio Bueno de, op. cit., p. 74.
87. GODOY, Claudio Bueno de, op. cit., p. 74
88. GODOY, Claudio Bueno de, op. cit., p. 78.
89. Como já tivemos a oportunidade de escrever, o princípio da precaução volta-se à "eliminação prévia (anterior à produção do dano) dos riscos da lesão, paralelamente ao espaço já ocupado pela reparação dos danos já ocorridos, cujo monopólio deixa de existir". MARTINS, Guilherme Magalhães. Risco, solidariedade e responsabilidade civil. In: MARTINS, Guilherme Magalhães (Coord.). *Temas de responsabilidade civil*. Rio de Janeiro: Lumen Juris, 2012. p. xiii.

3. O DIREITO AO ESQUECIMENTO E A SUA APLICAÇÃO NA JURISPRUDÊNCIA DO SUPERIOR TRIBUNAL DE JUSTIÇA

O Superior Tribunal de Justiça teve a oportunidade de enfrentar o direito ao esquecimento pela primeira vez ao julgar o caso Xuxa vs. Google.

Em 1992, a atriz e apresentadora Xuxa Meneghel impediu judicialmente o lançamento em videocassete do vídeo "Amor, estranho amor", por recear que sua imagem junto ao público infantil ficasse definitivamente deturpada.[90]

O caso foi julgado pelo Tribunal de Justiça do Estado do Rio de Janeiro, tendo sido a pretensão da apresentadora reconhecida em voto do Desembargador Thiago Ribas Filho:

> Após o lançamento da fita (no cinema), ocorrido em 1982, Xuxa se projetou, nacional e internacionalmente, com programas infantis na televisão, criando uma imagem que muito justamente não quer ver atingida, cuja vulgarização atingiria não só ela própria como as crianças que são o seu público, ao qual se apresenta como símbolo de liberdade infantil, de bons hábitos e costumes, e da responsabilidade das pessoas.[91]

Em 2012, ante o ressurgimento das imagens do mencionado filme na Internet, a apresentadora ingressou com ação de rito ordinário objetivando fossem removidos do site de pesquisas da ré denominado Google Search os resultados relativos à busca pela expressão "Xuxa pedófila", ou qualquer outra que associe o nome da autora, independentemente da grafia, se correta ou equivocada, a uma prática criminosa qualquer.

O pedido de antecipação de tutela foi deferido pelo Juízo de primeiro grau, determinando que a Google se abstivesse de disponibilizar aos seus usuários, no seu site de buscas, os mencionados resultados, sob pena cominatória. Em sede de agravo de instrumento, o Tribunal de Justiça do Estado do Rio de Janeiro manteve em parte a decisão recorrida, restringindo a liminar apenas às imagens referidas na inicial, relativas ao filme em questão, mas sem exclusão dos links na apresentação dos resultados de pesquisas.

A questão chegou ao Superior Tribunal de Justiça no Recurso Especial 1.316.921-RJ, tendo o voto da Ministra Fátima Nancy Andrighi rechaçado o pedido da atriz e apresentadora de filtragem do conteúdo das pesquisas de cada usuário, por considerar que

> 3. O provedor de pesquisa é uma espécie do gênero provedor de conteúdo, pois não inclui, hospeda, organiza ou de qualquer outra forma gerencia as páginas virtuais indicadas nos resultados disponibilizados, se limitando a indicar *links* onde podem ser encontrados os termos ou expressões de busca fornecidos pelo próprio usuário.
>
> 4. A filtragem de conteúdo das pesquisas feitas por cada usuário não constitui atividade intrínseca ao serviço prestado pelos provedores de pesquisa, de modo que não se pode reputar defeituoso, nos termos do art. 14 do CDC, o *site* que não exerce esse controle sobre os resultados das buscas.
>
> 5. Os provedores de pesquisa realizam suas buscas dentro de um universo virtual, cujo acesso é público e irrestrito, ou seja, seu papel se restringe à identificação de páginas na *web* onde determinado dado ou informação, ainda que ilícito, estão sendo livremente veiculados. Dessa forma, ainda que

---

90. MORAES, Maria Celina Bodin; KONDER, Carlos Nelson, op. cit., p. 288-289.
91. TJRJ, 2ª CC, Ap. civ. 1991.001.03819, Des. Thiago Ribas Filho, j. 27.02.1992.

seus mecanismos de busca facilitem o acesso e a consequente divulgação de páginas cujo conteúdo seja potencialmente ilegal, fato é que essas páginas são públicas e compõem a rede mundial de computadores e, por isso, aparecem no resultado dos *sites* de pesquisa.

6. Os provedores de pesquisa não podem ser obrigados a eliminar do seu sistema os resultados que apontem para uma foto ou texto específico, independentemente da indicação da URL da página onde este estiver inserido.

7. Não se pode, sob o pretexto de dificultar a propagação de conteúdo ilícito ou ofensivo na *web*, reprimir o direito da coletividade à informação. Sopesados os direitos envolvidos e o risco potencial de violação de cada um deles, o fiel da balança deve pender para a garantia da liberdade de informação assegurada pelo art. 220, parágrafo primeiro da CF/88, sobretudo considerando que a Internet representa, hoje, importante veículo de comunicação social de massa.

8. Preenchidos os requisitos indispensáveis à exclusão, da *web,* de uma determinada página virtual, sob alegação de veicular conteúdo ilícito ou ofensivo – notadamente a identificação da URL dessa página – a vítima carecerá de interesse de agir contra o provedor de pesquisa, por absoluta falta de utilidade de jurisdição. Se a vítima identificou, via URL, o autor do ato ilícito, não tem motivo para demandar contra aquele que apenas facilita o acesso a esse ato que, até então, se encontra parcialmente disponível na rede para divulgação.[92]

---

92. STJ, Recurso Especial 1.316.921-RJ, rel. Min. Nancy Andrighi, j. 26.06.2012. Em decisão mais recente, de 11 de dezembro de 2013, ao julgar a Reclamação 5072/AC, que teve como relator o Ministro Marco Buzzi, a Segunda Seção do Superior Tribunal de Justiça manteve a mesma orientação acima, relativamente à responsabilidade dos provedores de busca, sem referência específica ao direito ao esquecimento. Segundo este último julgado, a Google Brasil Internet Ltda. restou isenta de arcar com multa cominatória("astreinte") por descumprir decisão judicial que a obrigava a suprimir de seu site de pesquisa qualquer resultado que vinculasse o nome de um juiz à pedofilia. Por maioria, seguindo o voto-vista da ministra Nancy Andrighi, aquele colegiado considerou a obrigação "impossível de ser efetivada". Consoante o mesmo voto, "a liminar que determinava a exclusão dos resultados de busca não fez referência explícita à retirada do conteúdo em cache, ainda que isso constasse do pedido formulado pelo autor da ação. A permanência em cache do conteúdo ofensivo pode ter feito com que o resultado indesejado ainda aparecesse na busca, mesmo após a retirada do ar da página original. O cache é uma espécie de memória temporária que armazena uma cópia do conteúdo da página original indicada no resultado da pesquisa, para agilizar os resultados de busca. O cache possibilita acesso rápido às páginas buscadas e retém temporariamente os dados, que são periodicamente substituídos por outras versões mais recentes, de modo a haver constante atualização. Não há como precisar por quanto tempo cada página fica na memória cache, variando caso a caso com base em diversos fatores, como a quantidade de acessos à página, a taxa de atualização do site, sua estabilidade e a largura da banda". No entanto, o voto-vista da Ministra Nancy Andrighi, reconhece que a manutenção em cache "prolonga os efeitos danosos à honra e à imagem da vítima". Assim, estando uma cópia do texto ofensivo em cache, deve o provedor de pesquisa, uma vez ciente do fato, providenciar a exclusão preventiva, desde que seja oferecido o URL da página original, bem como comprovado que esta já foi removida da internet. Para tanto, deve haver não só um pedido individualizado da parte, mas um comando judicial determinado e expresso no sentido de que a cópia em cache seja removida. Nancy Andrighi considera isso essencial, sob pena de se prejudicar o direito à informação. "No caso dos provedores de pesquisa virtual, a imposição de deveres subjetivos ou implícitos implicará, potencialmente, restrição dos resultados de busca, o que viria em detrimento de todos os usuários, que dependem desse serviço para conhecer todo o diversificado conteúdo das incontáveis páginas que formam a web", ponderou. A questão teve origem com a publicação, em 22 de novembro de 2009, de uma matéria na revista Istoé relacionando magistrados à pedofilia. O nome de um juiz era citado. Tratando diretamente com a revista, ele conseguiu a retirada da matéria digital do site da Istoé. No entanto, ao fazer busca com seu nome e o termo "pedofilia", o site da Google ainda trazia a versão completa da reportagem. Em 3 de dezembro de 2009, o juiz ingressou com ação no juizado especial, pedindo que a Google retirasse de seus registros públicos a página original da reportagem, ainda que em cache, bem como de todas as reproduções, ainda que albergadas em outros sites. Pediu também que o Google impedisse em seus mecanismos de busca a associação do seu nome com a matéria ou seu tema. No dia 4 de dezembro de 2009, o juiz obteve uma liminar obrigando a Google, em 24 horas, a retirar das páginas de resultado da pesquisa qualquer referência ao magistrado autor da ação, sob pena de multa diária de R$ 500. No dia 24 de fevereiro de 2010, a multa foi aumentada para R$ 5.000/

Os principais argumentos do voto em questão foram três: 1. a impossibilidade do cumprimento da obrigação em decorrência do estado da técnica atual; 2. A inconstitucionalidade do pleito em razão da imposição de censura prévia de conteúdo; 3. A relevância do serviço prestado pela Google, do qual dependeria o cotidiano de milhares de pessoas.[93]

A decisão baseou-se ainda no fato de que, se havia o conhecimento de onde estava o autor do ilícito com sua página na Internet, não haveria interesse em demandar contra o provedor de pesquisa, mas a ação deveria ser direcionada em face do alimentador da página.

Discordamos da posição adotada pelo julgado, visto que um filme produzido na juventude, em início de carreira, não pode ficar associado ao nome da atriz eternamente, por mais polêmico que seja o seu conteúdo. Deve-se levar em conta, especialmente, que a construção da carreira artística da envolvida ocorreu em outra direção – como apresentadora de programas infantis.[94]

A solução deve passar pela ponderação, no caso concreto, dos interesses em conflito e do potencial verdadeiramente lesivo do que é postado nos sites de busca,[95] levando em

---

dia. A Google ingressou com reclamação perante a Segunda Seção, sustentando que a liminar era teratológica, pois determinava uma ordem impossível de cumprir. Pediu a exclusão da multa total ou sua redução. Segundo cálculo do relator no STJ, ministro Marco Buzzi, a astreinte alcançaria, quando do ajuizamento da reclamação pela Google, a quantia de R$ 1,4 milhão. O ministro entendeu que o valor da multa era exorbitante e deveria ser reduzido para 40 salários mínimos, teto para as ações no juizado especial. Mas ele manteve a incidência da multa, por considerar que era possível à Google o controle do conteúdo disponibilizado aos usuários. "A Google possui ferramentas aptas a remover informações de conteúdo no resultado de busca", afirmou. "Pode ser uma ação de difícil cumprimento, mas não de impossível cumprimento, como alega", acrescentou. Divergindo do relator, a ministra Andrighi votou no sentido de afastar por completo a multa. Ela entendeu que a obrigação imposta à Google na condição de site de pesquisa se mostra impossível de ser efetivada, daí decorrendo a teratologia da decisão. Ela chamou a atenção para a diferença entre provedores de conteúdo (que têm controle editorial) e provedores de pesquisa (que não o têm). A ministra explicou que os provedores de conteúdo têm facilidade para excluir material a pedido dos usuários, mas os provedores de pesquisa, não. É preciso a indicação do URL para que este possa eliminar o aparecimento do resultado indesejado em pesquisa. Com o URL, identifica-se o site, e daí o IP, que localiza o computador de onde saiu o conteúdo. Assim, é possível agir diretamente contra o autor. Os ministros João Otávio de Noronha, Sidnei Beneti, Paulo de Tarso Sanseverino e Villas Bôas Cueva acompanharam esse entendimento. Em seu voto-vista, a ministra Isabel Gallotti ressaltou que concordava com a posição da ministra Andrighi, no sentido de que os provedores de pesquisa não podem ser obrigados a eliminar do resultado de busca palavras ou combinações de palavras, fotos ou textos, sem que tenha sido especificado pelo lesado o URL da página em questão. A ordem judicial, na extensão em que foi dada no caso, não foi corretamente dirigida ao responsável pelo dano, afirmou a ministra Gallotti: "A Google, apesar de ser uma gigante do setor, não é a dona da internet. O que se poderia exigir era retirar do resultado da pesquisa aquela página." Se, após a retirada da página pelo site responsável pelo conteúdo, ele ainda continuar aparecendo no resultado da busca, é cabível voltar-se contra a Google, disse. A ministra repeliu a argumentação da Google de que a liminar pediria uma ação impossível. Conforme os autos, no dia 21 de janeiro de 2010 já não havia mais referência na busca do Google nem mesmo à página em cache. Assim, a ministra entende que a astreinte no valor de R$ 500 deve ser calculada de 5 de dezembro de 2009 (data em que terminou o prazo de 24 horas concedido pela decisão liminar) até aquela data.

93. BARBOSA, Fernanda Nunes. Internet e consumo: o paradigma da solidariedade e seus reflexos na responsabilidade do provedor de pesquisa. *Revista dos Tribunais*. v. 924, p. 555, out. 2012.

94. LIMBERGER, op. cit., p. 74.

95. Idem. Para a autora, "falar-se, portanto, de neutralidade, inviabilidade técnica e censura prévia apartados de uma ponderação com os direitos existenciais da pessoa humana e da distribuição dos riscos sociais a partir de

conta os princípios constitucionais da dignidade da pessoa humana(art. 1º, III, CR) e da solidariedade social(art. 3º, I, CR).

Mais recentemente, em maio de 2013, o Superior Tribunal de Justiça, no julgamento dos Recursos Especiais 1.334.097-RJ e 1.335.153-RJ, teve a oportunidade de apreciar o direito ao esquecimento, ambos fazendo referência em sua fundamentação ao Enunciado 531 do Conselho da Justiça Federal, aprovado na VI Jornada de Direito Civil (março de 2013).

Ambos os precedentes têm relação com uma versão do programa Linha Direta, da Rede Globo, que teve sua criação inspirada em atrações norte-americanas como *Yesterday, Today and Tomorrow* e *The Unsolved Mysteries*, procurando trazer este conceito para a televisão brasileira. De maneira sintética, pode-se dizer que o programa se estruturava da seguinte forma: toda semana, dois esquetes-reportagens envolvendo crimes hediondos de grande repercussão no Brasil eram levados ao público. Para ir ao ar, era necessário que faltasse aos delitos narrados alguma forma de solução, seja pelo fato de a Justiça não ter chegado a uma conclusão acerca do que verdadeiramente ocorrera, seja pelo fato de os acusados ou suspeitos se encontrarem foragidos.[96]

O objetivo central do programa consistia em representar uma verdadeira "linha direta" (por meio de central telefônica disponível 24 horas e, a partir do ano 2000, por página da Internet para receber denúncias, garantindo-se, em ambas, sigilo total aos denunciantes) entre o telespectador e o Estado, incitando-se a população a colaborar de algum modo na solução do crime – por exemplo, denunciando o esconderijo ou prestando alguma informação possivelmente útil.[97]

Os processos contra a TV Globo que evocam a tese do direito ao esquecimento, portanto, dizem respeito a uma versão específica do programa Linha Direta, denominada *Linha Direta Justiça*. Exibido uma vez por mês, nele eram apresentados crimes famosos, que haviam abalado o Brasil em alguma época do passado, mas já submetidos a julgamento. Apresentado pelo jornalista Domingos Meirelles, o *Linha Direta Justiça* foi ao ar entre maio de 2003 e novembro de 2007. Embora o Linha Direta representasse gênero no qual o Linha Direta Justiça estava inserido, as duas atrações se estruturavam de maneira distinta. A principal diferença se dava no fato de que, enquanto, no primeiro, o público era exposto, em uma mesma edição, a dois casos pendentes de solução, no segundo, apenas um caso famoso, já solucionado, era apresentado. Entre os casos famosos retratados pelo Linha Direta Justiça pode-se citar o assassinato de Ângela Diniz, o Roubo da Taça Jules Rimet e até mesmo crimes políticos, como as mortes de Zuzu Angel e de Wladimir Herzog.[98]

---

um viés solidarista não se afigura a melhor maneira de se decidirem os casos difíceis que se apresentam para solução do intérprete(...)No julgamento em comentário, a Corte decidiu pela liberdade de informação, deixando de considerar, no entanto, que no caso concreto a informação é inverídica e extremamente desabonadora. Da mesma forma, deixou de reconhecer que o fiel da balança deve ser o valor da dignidade da pessoa humana e que, na sociedade de consumo pós-moderna em que se vive, a atribuição dos ônus deve dar-se conforme um paradigma de solidariedade."

96. SILVA, Roberto Baptista Dias da; PASSOS, Ana Beatriz Guimarães. *Entre lembrança e olvido*, op. cit., p. 408.
97. SILVA, Roberto Baptista Dias da; PASSOS, Ana Beatriz Guimarães. *Entre lembrança e olvido*, op. cit., p. 408.
98. SILVA, Roberto Baptista Dias da; PASSOS, Ana Beatriz Guimarães. *Entre lembrança e olvido*, op. cit., p. 409.

A Igreja de Nossa Senhora da Candelária, localizada na região central da cidade do Rio de Janeiro, é um dos templos católicos mais famosos do Brasil. Seu nome também está vinculado a um dos crimes mais bárbaros já vivenciados no país: na noite do dia 23 de julho de 1993, enquanto mais de 50 crianças e adolescentes dormiam em suas proximidades, um grupo de homens encapuzados abriu fogo contra elas, deixando um total de oito pessoas mortas, sendo seis delas menores de 18 anos.[99]

Em razão dos inúmeros protestos nacionais e internacionais gerados pela chacina, rapidamente as autoridades competentes realizaram investigações acerca do caso. Baseadas principalmente nos depoimentos dos sobreviventes, as acusações resultaram no envolvimento de nove homens relacionados no massacre: oito policiais militares, dois quais três foram condenados, e um serralheiro, Jurandir Gomes de França.

Depois de permanecer mais de três anos preso, Jurandir foi absolvido de forma unânime pelo Tribunal do Júri em dezembro de 1996. À época, afirmou que ingressaria com pedido de indenização contra o Estado, pleiteando indenização por danos morais e materiais decorrentes de erro judiciário. Então, decidiu processar a TV Globo, em razão da transmissão do Linha Direta Justiça, que, ao reconstituir a Chacina da Candelária, vinculou seu nome e sua imagem ao massacre.

O autor chegou a recusar convite para uma entrevista a ser veiculada naquele programa, que terminou por divulgar seu nome e sua imagem novamente em rede nacional, contra a sua vontade, tendo sido levado a público evento por ele já superado. Embora o episódio tenha mencionado a absolvição, a menção ao autor, treze anos após o evento, no dia 27 de julho de 2006, ensejou sua condenação a compensar os danos morais sofridos, arbitrados em R$ 50.000,00, pela 16ª Câmara Cível do Tribunal de Justiça do Estado do Rio de Janeiro.[100]

No Recurso Especial 1.334.097-RJ(STJ, 4ª T., j. 28.05.2013),[101] o autor obteve a condenação da Rede Globo de Televisão por danos morais por ter seu nome vinculado

---

99. SILVA, Roberto Baptista Dias da; PASSOS, Ana Beatriz Guimarães. *Entre lembrança e olvido*, op. cit., p. 411.
100. Em primeira instância, o pedido foi julgado improcedente pelo Juízo da 3ª Vara Cível da Comarca da Capital, Rio de Janeiro, que, ao sopesar, de um lado, o interesse público da notícia acerca de evento traumático da história nacional, que repercutiu de forma desastrosa na imagem do país junto à comunidade internacional, e, de outro, o direito ao anonimato e ao esquecimento, acabou por mitigar o segundo.
101. Segundo um trecho da ementa do voto, que enfrenta o tema de maneira lapidar: "2. Nos presentes autos, o cerne da controvérsia passa pela ausência de contemporaneidade da notícia de fatos passados, que reabriu antigas feridas já superadas pelo autor e reacendeu a desconfiança da sociedade quanto à sua índole. O autor busca a proclamação do seu direito ao esquecimento, um direito de não ser lembrado contra sua vontade, especificamente no tocante a fatos desabonadores, de natureza criminal, nos quais se envolveu, mas que, posteriormente, fora inocentado(...) 6. Não obstante o cenário de perseguição e tolhimento pelo qual passou a imprensa brasileira em décadas pretéritas, e a par de sua inegável virtude histórica, a mídia do século XXI deve fincar a legitimação de sua liberdade em valores atuais, próprios e decorrentes diretamente da importância e nobreza da atividade. *Os antigos fantasmas da liberdade de imprensa, embora deles não se possa esquecer jamais, atualmente, não autorizam a atuação informativa desprendida de regras e princípios a todos impostos.* 7. Assim, a liberdade de imprensa há de ser analisada a partir de dois paradigmas jurídicos bem distantes um do outro. O primeiro, de completo menosprezo tanto da dignidade da pessoa humana quanto da liberdade de imprensa; e o segundo, o atual, de dupla tutela constitucional de ambos os valores(...)15. Ao crime, por si só, subjaz um natural interesse público, caso contrário nem seria crime, e eventuais violações de direito resolver-se-iam

no programa Linha Direta-Justiça, relativo ao episódio conhecido como "Chacina da Candelária", não obstante ter sido absolvido criminalmente por negativa de autoria por unanimidade dos membros do Conselho de Sentença.

A Turma concluiu, no caso, que para contar a fatídica história não era necessário fazer referência ao nome do envolvido, expondo a sua imagem.

Os principais motivos acolhidos por unanimidade pelos Ministros foram os seguintes: 1. O caso em questão não se relaciona com censura, pois havia a possibilidade de se retratar a história da Chacina sem que fosse necessário, para tanto, expor a imagem e o nome verdadeiro de Jurandir Gomes de França em rede nacional; 2. Ainda que Jurandir tenha sido absolvido no processo relativo à Candelária, a exibição do programa teria reacendido a desconfiança da comunidade em que residia, dificultando a sua convivência, bem como a de sua família no local, tanto que foram obrigados a se mudar dali, e impedindo que ele conseguisse emprego; 3. Quando procurado pela TV Globo para gravar entrevista no Linha Direta Justiça, Jurandir já se recusara a concedê-la, além de haver manifestado desinteresse na veiculação da sua imagem no programa.[102]

Parte da doutrina identifica tal julgamento com uma acepção do direito ao esquecimento de "não ser lembrado contra a sua vontade", especificamente no tocante a fatos desabonadores, de natureza criminal, nos quais o sujeito se envolveu, mas de que, posteriormente, fora inocentado.[103]

---

nos domínios da responsabilidade civil. E esse interesse público, que é, em alguma medida, satisfeito pela publicidade do processo penal, finca raízes essencialmente na fiscalização social da resposta estatal que será dada ao fato. Se é assim, o interesse público que orbita o fenômeno criminal tende a desaparecer na medida em que também se esgota a resposta penal conferida ao fato criminoso, a qual, certamente, encontra seu último suspiro, com a extinção da pena ou com a absolvição, ambas consumadas irreversivelmente. E é nesse interregno temporal que se perfaz também a vida útil da informação criminal, ou seja, enquanto durar a causa que a legitimava. Após essa vida útil da informação seu uso só pode ambicionar, ou um interesse histórico, ou uma pretensão subalterna, estigmatizante, tendente a perpetuar no tempo as misérias humanas. 16.Com efeito, o reconhecimento do direito ao esquecimento dos condenados que cumpriram integralmente a pena e, sobretudo, dos que foram absolvidos em processo criminal, além de sinalizar uma evolução cultural da sociedade, confere concretude a um ordenamento jurídico que, entre a memória – que é a conexão do presente com o passado – e a esperança – que é o vínculo do futuro com o presente – faz clara opção pela segunda. *E é por essa ótica que o direito ao esquecimento revela sua maior nobreza, pois afirma-se, na verdade, como um direito à esperança, em absoluta sintonia com a presunção legal e constitucional de regenerabilidade da pessoa humana.* 17. Ressalvam-se do direito ao esquecimento os fatos genuinamente históricos – historicidade essa que deve ser analisada em concreto – cujo interesse público e social deve sobreviver à passagem do tempo, desde que a narrativa desvinculada dos envolvidos se fizer impraticável. 18. No caso concreto, a despeito de a Chacina da Candelária ter se tornado – com muita razão – um fato histórico, que expôs as chagas do País ao mundo, tornando-se símbolo da precária proteção estatal conferida aos direitos humanos da criança e do adolescente em situação de risco, o certo é que a fatídica história seria bem contada e de forma fidedigna sem que para isso a imagem e o nome do autor precisassem ser expostos em rede nacional. Nem a liberdade de imprensa seria tolhida, nem a honra do autor seria maculada, caso se ocultassem o nome e a fisionomia do recorrido, ponderação de valores que, no caso, seria a melhor solução ao conflito". (g.n.)

102. SILVA, Roberto Baptista Dias da; PASSOS, Ana Beatriz Guimarães. Entre lembrança e olvido, op. cit., p. 414.
103. SCHREIBER, Anderson. Direito ao esquecimento e proteção de dados pessoais na Lei 13.709/2018: distinções e potenciais convergências. In: TEPEDINO, Gustavo; FRAZÃO, Ana; OLIVA, Milena Donato. *Lei Geral de Proteção de Dados pessoais* e suas repercussões no direito brasileiro. São Paulo: Ed. RT, 2019, p. 371.

A mídia não pode repristinar eternamente os mesmos acontecimentos, protraindo a exposição da pessoa com consequências temporais que vão além do julgamento. A narração do fato prescindia a exposição da pessoa que já tinha sido absolvida.

Como verificam Ingo Wolfgang Sarlet e Arthur M. Ferreira Neto, somente se poderá afirmar existir uma pretensão legítima ao esquecimento de fatos criminosos ocorridos no passado, quando for possível argumentar que houve o atingimento da recomposição penal pela reabilitação e perdão:

> A partir desse momento, não mais se justificará a divulgação e publicização de informações referentes ao cometimento de infrações por uma pessoa que já percorreu o trajeto da sanção-reabilitação-perdão.[104]

Tal decisão foi alvo de embargos infringentes, que foram rejeitados, tendo o Superior Tribunal de Justiça, no mencionado julgamento, mantido, por unanimidade, o pleito indenizatório.[105] O Ministro Gilson Dipp, vice-presidente do Superior Tribunal de Justiça, em decisão monocrática de 25 de outubro de 2013, inadmitiu recurso extraordinário interposto pela Rede Globo, tendo em vista a ausência de prequestionamento dos artigos 220 e 221 da Constituição da República, bem como a ausência de violação direta à Constituição da República. No dia 10 de dezembro de 2013, foi protocolado no Supremo Tribunal Federal o Recurso Extraordinário com Agravo (ARE) 789.246, ainda pendente de julgamento por ocasião da publicação deste trabalho, onde o Supremo Tribunal decidirá pela primeira vez sobre o cabimento do direito ao esquecimento em face do ordenamento civil-constitucional brasileiro.

Já no Recurso Especial 1.335.153-RJ,[106] os irmãos da jovem Aida Curi, que faleceu vítima de estupro em 1958, em crime que ficou nacionalmente conhecido por força do noticiário da época, igualmente obtiveram o reconhecimento do direito ao esquecimento em virtude da exploração comercial indevida da imagem da vítima no programa Linha Direta-Justiça, com objetivo econômico, mas foi julgado improcedente o pedido de compensação por danos morais.[107]

---

104. SARLET, Ingo Wolfgang; FERREIRA NETO, Arthur. *Direito ao 'esquecimento'*, op. cit., p. 203-204.
105. Em decisão monocrática do dia 25 de outubro de 2013, o vice-presidente do Superior Tribunal de Justiça, Ministro Gilson Dipp, não admitiu recurso extraordinário interposto em face daquele acórdão da Quarta Turma, tendo em vista a ausência de prequestionamento dos dispositivos constitucionais apontados como violados, em especial os arts. 220 e 221 da Constituição da República. Concluiu ainda o vice-presidente que "no que diz respeito ao art. 5º, X da Constituição Federal, o Supremo Tribunal Federal tem entendido que a verificação da indenização por danos morais depende da análise da legislação infraconstitucional, caracterizando-se como possibilidade de ofensa meramente indireta à Constituição da República", conforme entendimento consolidado naquele Tribunal.
106. A ementa é a seguinte: "Recurso especial. Direito civil-constitucional. Liberdade de imprensa vs. Direitos da personalidade. Litígio de solução transversal. Competência do superior tribunal de justiça. Documentário exibido em rede nacional. Linha direta-justiça. Homicídio de repercussão nacional ocorrido no ano de 1958. Caso " Aida Curi". Veiculação, meio século depois do fato, do nome e imagem da vítima. Não consentimento dos familiares. Direito ao esquecimento. Acolhimento. Não aplicação no caso concreto. Reconhecimento da historicidade do fato pelas instâncias ordinárias. Inexistência, no caso concreto, de dano moral indenizável. Violação ao direito de imagem. Súmula 403/STJ. Não incidência(...) 2. Nos presentes autos, o cerne da controvérsia passa pela ausência de contemporaneidade da notícia.
107. Segundo um trecho do voto do relator, "Cabe desde logo separar o joio do trigo e assentar uma advertência. A ideia de um direito ao esquecimento ganha ainda mais visibilidade – mas também se torna mais complexa – quando

Filha de imigrantes sírios, Aida Jacob Curi nasceu em Belo Horizonte, em dezembro de 1939. Na noite do dia 14 de julho de 1958, foi achada morta na Avenida Atlântica, próximo à rua Miguel Lemos, no bairro de Copacabana, da Zona Sul do Rio de Janeiro. Embora muitas dúvidas pairassem sobre o caso, concluíram as investigações que a jovem fora jogada do 12º andar do edifício Rio-Nobre, localizado no número 3.888 da Avenida Atlântica, onde teria sido levada a convite de Ronaldo Guilherme de Souza Castro, de 19 anos de idade. O menor de idade Cássio Murilo da Silva, filho do síndico do edifício, e Antonio João de Souza, porteiro do prédio, estariam acompanhando Ronaldo. Em processo bastante tumultuado, acompanhado de perto pela imprensa e pela população, o porteiro Antonio João veio a ser absolvido no segundo julgamento ao qual foi submetido, enquanto Ronaldo Guilherme foi condenado, em um terceiro julgamento, à pena de oito anos de reclusão, aliada à imposição de medida de segurança. Cássio Murilo não foi submetido a julgamento em função de sua menoridade, tendo respondido na forma da lei especial.[108]

O Caso Aida Curi tornou-se nacionalmente famoso, havendo inúmeros livros e reportagens a seu respeito. No dia 29 de abril de 2004, quase meio século após seu falecimento, o Programa Linha Direta Justiça dedicou um episódio à morte da jovem, fato que motivou a interposição de ação de reparação por danos morais, materiais e à imagem por seus quatro irmãos – Nelson, Roberto, Waldir e Maurício Curi, em face da TV Globo Ltda. Sustentam os autores que o crime havia sido esquecido com o passar dos anos e sua exibição reabrira feridas antigas na vida da família, pois rememorava a vida, a morte e a pós-morte de sua irmã, inclusive com uso de sua imagem. Alegam, ainda, que a exploração do caso pela rede de televisão foi ilícita, uma vez que ela fora notificada pelos autores para não fazê-lo.[109]

---

aplicada à Internet, ambiente que, por excelência, não esquece o que nele é divulgado e pereniza tanto informações honoráveis quanto aviltantes à pessoa do noticiado, sendo desnecessário lembrar o alcance potencializado de divulgação próprio desse *cyberespaço*. Até agora, tem-se mostrado inerente à Internet – mas não exclusivamente a ela – a existência de um "resíduo informacional" que supera a contemporaneidade da notícia e, por vezes, pode ser, no mínimo, desconfortante àquele que é noticiado". No tocante ao argumento contrário de que o direito ao esquecimento implicaria censura à atividade de imprensa, conclui o julgado que "(...)o cenário protetivo da atividade informativa que atualmente é extraído diretamente da Constituição converge para a 'liberdade de expressão, da atividade intelectual, artística, científica e de comunicação, independentemente de censura ou licença' (art. 5º, IX), mas também para a inviolabilidade da 'intimidade, vida privada, honra e imagem das pessoas, assegurado o direito a indenização pelo dano material ou moral decorrente da sua violação' (art. 5º, X). Nesse passo, a explícita contenção constitucional à liberdade de informação, fundada na inviolabilidade da vida privada, honra, imagem e, de resto, nos valores da pessoa e da família, prevista no art. 220, parágrafo primeiro, art. 221 e no parágrafo terceiro do art. 222 da Carta de 88, parece sinalizar que, no conflito aparente entre esses bens jurídicos de especialíssima grandeza, há, de regra, *uma inclinação ou predileção constitucional para soluções protetivas da pessoa humana*, embora o melhor equacionamento seja sempre observar as peculiaridades do caso concreto. Essa constatação se mostra consentânea, a meu juízo, com o fato de que, a despeito de a informação livre de censura tenha sido inserida no seleto grupo dos direitos fundamentais (art. 5º, inciso IX), a Constituição Federal mostrou sua vocação antropocêntrica no momento em que gravou, já na porta de entrada(art. 1º, III), a dignidade da pessoa humana como – mais que um direito – um fundamento da República, uma lente pela qual devem ser interpretados todos os direitos posteriores".

108. SILVA, Roberto Baptista Dias da; PASSOS, Ana Beatriz Guimarães. *Entre lembrança e olvido*, op. cit., p. 410.
109. SILVA, Roberto Baptista Dias da; PASSOS, Ana Beatriz Guimarães. *Entre lembrança e olvido*, op. cit., p. 410.

No caso, portanto, os irmãos de Aida Curi, vítima de homicídio nacionalmente conhecido, ocorrido em 1958, postularam a reparação dos danos morais e materiais em face da Rede Globo, tendo em vista a lembrança do trágico episódio no mesmo programa Linha Direta-Justiça. Quanto ao dano moral, o fundamento do pedido foi o fato de se reviver o passado; já em relação ao dano material, a postulação reparatória foi a exploração da imagem da falecida irmã com objetivo comercial e econômico.

Em primeira instância, os pedidos dos autores foram julgados improcedentes pelo Juízo de Direito da 47ª Vara Cível da Capital do Rio de Janeiro, tendo sido a sentença mantida em grau de apelação pela 15ª Câmara Cível do Tribunal de Justiça, sob o fundamento de que o homicídio de Aida Curi foi amplamente divulgado pela imprensa no passado e ainda é discutido e noticiado nos presentes dias.

Os dois embargos de declaração opostos foram rejeitados. Em seguida, sobrevieram os Recursos Especial e Extraordinário, este último não admitido pelo Supremo Tribunal Federal.[110]

No Recurso Especial, alega-se, no tocante ao mérito, que a exibição do programa em questão violou o direito ao esquecimento acerca da tragédia pela qual passara a família Curi na década de 1950. Por maioria de votos (três votos a dois), a Quarta Turma do STJ acompanhou o relator, Ministro Luis Felipe Salomão, negando provimento ao Recurso Especial.

Segundo um trecho da ementa do julgado no Superior Tribunal de Justiça,

> A reportagem contra a qual se insurgiram os autores foi ao ar 50 (cinquenta) anos depois da morte de Aida Curi, circunstância da qual se conclui não ter havido abalo moral apto a gerar responsabilidade civil. Nesse particular, fazendo-se indispensável a ponderação de valores, o acolhimento do direito ao esquecimento, no caso, com a consequente indenização, consubstancia desproporcional corte à liberdade de imprensa, se comparado ao desconforto gerado pela lembrança.

O voto vencedor, do Ministro Luis Felipe Salomão, considerou que, no caso, a liberdade de imprensa (art. 220, Constituição da República) deveria preponderar sobre a inviolabilidade da intimidade, vida privada, honra e imagem das pessoas (art. 5º, X e 220, § 1º, da Constituição da República), vez que, além de a matéria não estar incrementada de artificiosidade, os fatos revelaram notícia histórica de repercussão nacional. Afirmou-se, na conclusão, que a divulgação da foto da vítima, mesmo sem o consentimento da família, não configuraria dano indenizável.

No entanto, a decisão não foi unânime, havendo dois votos vencidos, dos Ministros Marco Buzzi e Maria Isabel Galotti, que reconheceram o direito à indenização defendido pelos recorrentes, com fundamento no artigo 20 do Código Civil. Nos votos vencidos, há uma maior ênfase às situações existenciais dos envolvidos, em especial sua intimidade e privacidade, sendo ressaltado que houve manifestação expressa dos autores contrariamente à transmissão televisiva do caso, mediante notificação enviada à emissora.

---

110. SILVA, Roberto Baptista Dias da; PASSOS, Ana Beatriz Guimarães. Entre lembrança e olvido, op. cit., p. 410.

No caso Aida Curi, três ministros entenderam inexistir o dever de indenizar, sob as seguintes justificativas: 1. impossibilidade de se retratar as circunstâncias que envolvem a morte da vítima sem mencionar seu nome; 2. ausência de dano moral, pelo fato de que a reportagem foi transmitida 50 anos após o ocorrido, de modo que o acolhimento da tese do direito ao esquecimento representaria um tolhimento desproporcional à liberdade de imprensa se comparado ao dano gerado pela lembrança; 3. o direito ao esquecimento só se aplica aos agentes do crime, e não às suas vítimas, as quais, pelo contrário, normalmente costumam desejar manter viva – até mesmo para que sirva de alerta – a memória do fato criminoso; 5. não houve uso de informação ou imagem com a intenção de denegrir ou atingir a dignidade de Aida Curi.[111]

Por sua vez, os dois ministros que entenderam ser cabível a procedência do pedido inicial se valeram, principalmente, dos seguintes argumentos: 1. a exibição do programa não seria necessária à boa administração da justiça, tampouco à manutenção da ordem pública, uma vez que o crime ocorrera há muitas décadas e sua persecução penal já se encerrara; 2. por se tratar de um crime antigo, inexiste a atualidade necessária para se caracterizar o programa transmitido como uma matéria jornalística; 3. Aida Curi era uma jovem comum, e não uma pessoa famosa, circunstância que impede a mitigação da sua privacidade; 4. a família havia se manifestado expressamente contra a exibição do programa; 5. a morte de Aida não se encontra inserida em algum contexto político ou social para o Brasil, inexistindo assim interesse público suficiente a autorizar a mitigação do direito à privacidade em detrimento do direito de informar.[112]

O interesse histórico, nesse caso, seria demonstrado pela difusão do estudo daquele crime nos meios acadêmicos, tendo sido o mesmo fato divulgado em mais de 470.000 *links* na Internet. Já no caso da Chacina da Candelária, embora o fato divulgado seja conexo a evento histórico, rememorar o nome e a imagem do autor não é essencial para a compreensão dos fatos, motivo pelo qual foi reconhecido o direito ao esquecimento.

Merece ser criticada, nos últimos dois acórdãos acima, a tutela diferenciada do esquecimento nas mídias televisivas, onde sua aplicabilidade foi reconhecida, e na Internet, ao argumento de que a questão seria muito mais complexa, descabendo a sua incidência no ambiente virtual, levando a um indesejável tratamento fracionado e, por que não dizer, discriminatório de tão relevante direito fundamental.

O argumento da impossibilidade de se aplicar o direito ao esquecimento à Internet, em virtude de supostas barreiras técnicas, enfraquece a cláusula geral de proteção à dignidade da pessoa humana, levando à conclusão de que o espaço virtual estaria imune a quaisquer limites.

Apartar a mídia televisiva de outros meios de comunicação significa dar à informação tratamento fragmentado, desconsiderando que, afora as técnicas específicas de cada mídia, deve haver uma disciplina unitária, independentemente do veículo, não se justificando a exclusão do direito de arrependimento na Internet.

---

111. SILVA, Roberto Baptista Dias da; PASSOS, Ana Beatriz Guimarães. *Entre lembrança e olvido*, op. cit., p. 413.
112. SILVA, Roberto Baptista Dias da; PASSOS, Ana Beatriz Guimarães. *Entre lembrança e olvido*, op. cit., p. 413-414.

O terceiro caso enfrentado pelo Superior Tribunal de Justiça foi julgado em 09 de dezembro de 2014, tendo como relator para o acórdão o Ministro Paulo de Tarso Sanseverino. Na hipótese, os ministros da Terceira Turma, por maioria, negaram provimento ao recurso interposto contra acórdão da 1ª Câmara de Direito Privado do Tribunal de Justiça de São Paulo, que confirmou a decisão oriunda da 23ª Vara Cível Central de São Paulo, que julgou procedente o pedido formulado pelos autores para "declarar que entre eles e o réu Carlos Alberto Brilhante Ustra existe relação jurídica de responsabilidade civil, nascida da prática de ato ilícito, gerador de danos morais". O recorrente, no período da ditadura militar, comandava as instalações do DOI-CODI do II Exército e, segundo constante da prova dos autos, práticas de tortura ocorriam no local sob seu comando. Os aspectos relativos ao direito ao esquecimento, negado corretamente no caso, haja vista o interesse coletivo à preservação da história, que prevaleceu, por maioria, foram abordados no voto vencido da Ministra Fátima Nancy Andrighi.[113]

Afirmam os autores Ingo Wolfgang Sarlet e Arthur M. Ferreira Neto que, nos casos Aida Curi, Chacina da Candelária e Brilhante Ustra, há situações que demandam particular atenção e que, em virtude de suas peculiaridades e impactos, poderão não justificar um direito ao esquecimento, assim como ocorre nos crimes contra a humanidade, crimes imprescritíveis em geral e, como naquelas três hipóteses, nos crimes que alcançaram relevância histórica. Defendem os autores que uma solução compensatória, a depender das circunstâncias, tal como aventado no caso da Chacina da Candelária, seria suprimir a identidade de determinadas pessoas sem deletar as informações sobre os fatos ocorridos ou restringir o acesso às mesmas.[114]

Discordamos da posição acima, sob pena de se esvaziar o direito fundamental ao esquecimento, decorrente da cláusula geral da dignidade da pessoa humana, sendo a melhor solução a adotada pelo Superior Tribunal de Justiça nos casos da Chacina da Candelária e Brilhante Ustra. No caso Aida Curi, por se tratar de situação continuada de ofensa à situação existencial dos irmãos da falecida vítima, o tempo decorrido entre o fato e o programa televisivo não obstaria à invocação do direito ao esquecimento.

Em 22 de setembro de 2016, a tutela do direito ao esquecimento foi novamente enfrentada pela Terceira Turma do Superior Tribunal de Justiça, que, por maioria, acompanhou o voto do relator para o acórdão Paulo de Tarso Sanseverino. No caso, um

---

113. "23. É preciso reconhecer, ademais, o direito ao esquecimento dos anistiados políticos – sejam eles agentes públicos, seja aqueles que lutaram contra o regime posto – direito esse que, no particular, se revela como o de não ser pessoalmente responsabilizado por fatos pretéritos e legitimamente perdoados pela sociedade, ainda que esses fatos sobrevivam como verdade histórica e, portanto, nunca se apaguem da memória do povo. 24. Insta ressaltar que o direito ao esquecimento não representa leniência com os crimes cometidos, mas o reconhecimento de que a Lei da Anistia, como pacto social firmado e reafirmado, ´confere concretude a um ordenamento jurídico que, entre a memória – que é a conexão do presente com o passado – e a esperança – que é o vínculo do futuro com o presente –, fez clara opção pela segunda. 25. A eternização de conflitos entre particulares, como o de que ora se cuida, traz em si mesmo um efeito pernicioso àquele ideal de reconciliação e pacificação nacional pretendido com o fim do regime militar; é a própria jurisdicionalização da vendeta, que não deve ser chancelada pelo Poder Judiciário, sobretudo passados mais de 40 anos dos acontecimentos".

114. SARLET, Ingo Wolfgang; FERREIRA NETO, Arthur. *O direito ao 'esquecimento'*, op. cit., p. 204.

homem foi acusado, em uma entrevista concedida a um jornal de Pernambuco sobre comunismo e ditadura, de ter participado de um atentado no aeroporto do Estado, em 1966, por ocasião do regime militar no Brasil. O entrevistado imputou ao recorrente a autoria do atentado.

Foi dado parcial provimento ao Recurso Especial, para reconhecer o direito ao esquecimento, considerando o voto condutor que "mesmo no desempenho da função jornalística, as empresas de comunicação não podem descurar de seu compromisso com a veracidade dos fatos ou assumir uma postura displicente ao divulgar fatos que possam macular a integridade moral de terceiros, especialmente em se tratando de fatos graves devidamente apurados na sua época. Consoante a sentença de piso, verifica-se que a empresa jornalística, ao publicar a entrevista do Sr. WW, deveria ter feito as ressalvas necessárias no sentido de se preservar a integridade moral do recorrente ou, ao menos, conceder-lhe espaço para que pudesse exercitar o direito de resposta às imputações firmadas pelo entrevistado".[115]

No dia 10 de novembro de 2016, foi julgado agravo interno interposto no Recurso Especial 1593873-SP, interposto pelo site de buscas Google Brasil em virtude de uma ação de obrigação de fazer em que era pleiteado o bloqueio definitivo do seu sistema de buscas de pesquisa de páginas que tivessem imagens de nudez da recorrida. Embora o acórdão reconhecesse em tese a importância do direito ao esquecimento, o negou no caso concreto, restabelecendo a sentença de primeira instância, que julgou extinto o processo sem resolução do mérito, por ausência de legitimidade passiva.[116] Por unanimidade, o

---

115. A ementa é a seguinte: "Recurso especial. Processual civil ação de indenização por danos morais. Matéria jornalística. Revaloração de provas. Possibilidade. Não incidência do enunciado 7/STJ. Fundamento constitucional do acórdão recorrido. Ausente. Não incidência do enunciado 126/STJ. Direito à informação e à livre manifestação do pensamento. Caráter absoluto. Inexistência. Dever de cuidado. Necessidade de observância. Direito ao esquecimento. Tutela da dignidade da pessoa humana. Responsabilidade das empresas jornalísticas. Inexigência da prova inequívoca da má-fé. Quantum indenizatório. Redução. Possibilidade. Obediência aos princípios da proporcionalidade e razoabilidade. 1. Ação de indenização por danos morais decorrente de veiculação de matéria jornalística que supostamente imputou prática de ilícito a terceiro. 2. A revaloração da prova constitui em atribuir o devido valor jurídico a fato incontroverso, sobejamente reconhecido nas instâncias ordinárias, prática admitida em sede de Recurso Especial, razão pela qual não incide o óbice previsto no Enunciado 7/STJ. 3. Não há qualquer fundamento constitucional autônomo que merecesse a interposição de recurso extraordinário, por isso inaplicável, no caso, o Enunciado 126/STJ. 4. Os direitos à informação e à livre manifestação do pensamento não possuem caráter absoluto, encontrando limites em outros direitos e garantias constitucionais que visam à concretização da dignidade da pessoa humana. 5. No desempenho da função jornalística, as empresas de comunicação não podem descurar de seu compromisso com a veracidade dos fatos ou assumir uma postura displicente ao divulgar fatos que possam macular a integridade moral de terceiros. 6. O Enunciado 531, da VI Jornada de Direito Civil do Superior Tribunal de Justiça, assevera: 'a tutela da dignidade da pessoa humana na sociedade da informação inclui o direito ao esquecimento'. 7. A jurisprudência do Superior Tribunal de Justiça tem-se manifestado pela responsabilidade das empresas jornalísticas pelas matérias ofensivas por elas divulgadas, sem exigir a prova inequívoca da má-fé na divulgação. 8. O valor arbitrado a título de reparação por danos morais, merece ser reduzido, em atenção aos princípios da proporcionalidade e da razoabilidade e da jurisprudência do STJ. 9. Recurso especial parcialmente provido".
116. Cabe citar mais um trecho da fundamentação: "considerando os efeitos jurídicos da passagem do tempo, nos mencionados julgados, ponderou-se que o direito estabiliza o passado e confere previsibilidade ao futuro por meio de diversos institutos (prescrição, decadência, perdão, anistia, irretroatividade da lei, respeito ao direito adquirido, ato jurídico perfeito e coisa julgada. De fato, por sua importância para a proteção da privacidade, há de se reconhecer o direito ao esquecimento, quando as circunstâncias assim determinarem".

colegiado deu provimento ao recurso interposto, sendo o voto da Ministra Nancy Andrighi fundamentado no enunciado 531 do Conselho da Justiça Federal, concluindo, em face do caso *Google Spain*, que

> A solução oferecida pelo Tribunal de Justiça Europeu não seria adequada ao contexto brasileiro, dadas as grandes diferenças nas premissas legislativas de que partem ambas as situações. A principal, diga-se, é a ausência de uma lei específica voltada para a proteção de dados pessoais dos cidadãos brasileiros. A legislação mencionada acima não permite imputar a um terceiro – que não detém de forma propriamente dita a informação que se quer ver esquecida – cumprir a função de retirar o acesso do público em geral de determinado conjunto de dados. Concordar com tal situação, no contexto normativo brasileiro, equivale a atribuir a um determinado provedor de aplicação Internet – no caso, o buscador Google – a função de um verdadeiro censor digital, que vigiará o que pode ou não ser facilmente acessado pelo público em geral, na ausência de qualquer fundamento legal(...) quando aborda a questão do direito ao esquecimento no ambiente digital, rejeita imputar ao provedor de buscas a obrigação de fiscalizar o conteúdo acessível ao público".

Em 08 de maio de 2018, o Superior Tribunal de Justiça concluiu, por maioria, que o direito ao esquecimento, embora não previsto no ordenamento jurídico brasileiro, deve ser o fundamento para a remoção de conteúdo considerado ofensivo.

No caso, ao ser realizada uma busca pelo nome da autora na Internet, as primeiras referências dos resultados sempre aludiam a antigo concurso público para a magistratura sobre o qual foram levantadas suspeitas, não confirmadas em investigações subsequentes.

Embora as informações não fossem necessariamente inverídicas, prevaleceu o argumento de que deveriam ser removidas dos mecanismos de busca. O fato de ser atualmente autora promotora de Justiça não aponta necessariamente um interesse público no sentido da divulgação de tal informação, considerando que os fatos, ocorridos dez anos antes, disseram respeito a concurso público para ingresso na carreira da magistratura.[117]

No dia 28 de abril de 2020, no julgamento do Recurso Especial 1.736.803, relatado pelo Ministro Ricardo Villas Boas Cueva, a Terceira Turma do Superior Tribunal de Justiça negou o direito ao esquecimento a mulher condenada pelo assassinato de Daniella Perez, filha da escritora de novelas Glória Perez, ocorrido em 1992. A recorrente,

---

117. STJ, Recurso Especial 1.660.168/RJ, relatora Min. Nancy Andrighi, relator para o acórdão Min. Marco Aurélio Bellizze, 3ª T., j. 08.05.2018. Segue um trecho da ementa: "3. A jurisprudência desta Corte Superior tem entendimento reiterado no sentido de afastar a responsabilidade de buscadores de Internet pelos resultados de busca apresentados, reconhecendo a impossibilidade de lhes atribuir a função de censor e impondo ao prejudicado o direcionamento de sua pretensão conta os provedores de conteúdo, responsáveis pela disponibilização do conteúdo ofensivo na Internet. Precedentes. 4. Há, todavia, circunstâncias excepcionalíssimas, em que é necessária a intervenção pontual do Poder Judiciário para fazer cessar o vínculo criado, nos bancos de dados dos provedores de busca, entre dados pessoais e resultados de busca, que não guardam relevância para interesse público à informação, seja pelo conteúdo eminentemente privado, seja pelo decurso do tempo. 5. Nessas circunstâncias excepcionais, o direito à intimidade e ao esquecimento, bem como à proteção de dados pessoais deverá preponderar, a fim de permitir que as pessoas envolvidas sigam suas vidas com razoável anonimato, não sendo o fato desabonador corriqueiramente rememorado e perenizado por sistemas automáticos de busca. 6. O rompimento do referido vínculo sem a exclusão da notícia compatibiliza também os interesses individuais do autor dos dados pessoais e coletivo de acesso à informação, na medida em que viabiliza a localização das notícias àqueles que direcionam sua pesquisa fornecendo argumentos de pesquisa direcionados ao fato noticiado, mas não àqueles que buscam exclusivamente pelos dados pessoais do indivíduo protegido".

Paula Thomaz, foi condenada, juntamente com o ator Guilherme de Pádua, com quem era casada à época, pelo assassinato da atriz Daniella Perez, que tinha 22 anos de idade, tendo sido morta com 18 punhaladas.

Paula Thomaz, o atual marido e seus filhos ingressaram com ação tendo em vista a publicação, na Revista Isto É, em outubro de 2012, de uma reportagem com informações sobre o rumoroso crime. A autora alegou que a mencionada reportagem apresentou sua imagem atual, sem o devido consentimento, bem como expôs, de maneira sensacionalista, sua vida contemporânea e a de seus familiares,[118] ocasionando danos à esfera íntima dos autores. O pedido foi julgado procedente em parte em primeiro grau, condenando-se a ré a retirar a notícia do seu site da Internet, e condenando-se a arcar com indenização por danos morais, fixada em R$ 30 mil, em favor da primeira autora, e R$ 20 mil, em favor dos demais autores. Em sede de apelação, tal decisão foi mantida pelo Tribunal de Justiça do Estado do Rio de Janeiro.

Segundo o voto do relator, que foi acompanhado por unanimidade pela Terceira Turma, o caso se diferencia dos casos paradigmáticos julgados pela Quarta Turma do Superior Tribunal de Justiça acerca do direito ao esquecimento, pois aqui a parte interessada foi efetivamente condenada pelo crime em questão, enquanto, nos outros casos, o acusado foi posteriormente absolvido ou se tratou de pedido formulado pela família da vítima.

No entanto, concluiu o Min. Ricardo Villas Boas Cueva que, sob o ponto de vista da estigmatização e da pena perpétua, a reportagem da Isto É não apresenta conteúdo informativo ou de interesse histórico acerca do crime, situação que, caso observada, seria acobertada pela razoabilidade e pelos limites do direito à informação. Pelo contrário, a notícia destina-se exclusivamente a superar a vida contemporânea dos autores, dificultando assim a superação do episódio traumático, ponderou o relator.

O fundamento principal do acórdão, no sentido do não acolhimento da tese do direito ao esquecimento, foi o de que

> muito embora cabível reconhecer e reparar as violações constatadas no presente caso, é inadmissível a fixação, ao veículo de comunicação, de um dever geral de abstenção de publicar futuras reportagens relacionadas com o ato criminoso.

---

118. Em relação ao marido e filhos da recorrente, o Superior Tribunal de Justiça afastou o direito ao esquecimento, por considerar que não se consideraram figuras públicas notórias à época do fato criminoso. Pelo contrário, não possuem nenhum envolvimento ou exposição pública referente ao fato, tendo sido posteriormente atingidos devido à situação familiar. Porém, "a exposição jornalística da vida cotidiana dos infantes, relacionando-os, assim, ao ato criminoso, representa ofensa ao pleno desenvolvimento de forma sadia e integral, nos termos do art. 3º do Estatuto da Criança e do Adolescente. No mesmo sentido, verifica-se violação do artigo 16 da Convenção sobre os Direitos da Criança, promulgada pelo Decreto 99.710/1990: '*1. Nenhuma criança será objeto de interferências arbitrárias ou ilegais em sua vida particular, sua família, seu domicílio ou sua correspondência, nem de atentados ilegais à sua honra e à sua reputação. 2. A criança tem direito à proteção da lei contra essas interferências ou atentados*'. Por esses motivos, correta a conclusão da decisão recorrida ao reconhecer a ofensa aos artigos 12, 17, 20 e 21 do Código Civil, do Estatuto da Criança e do Adolescente e do artigo 5º, XLV da Constituição, quanto ao esposo e aos filhos da primeira autora. No entanto, como dito, a discussão sobre direito ao esquecimento não se aplica à dimensão das violações por eles vivenciadas". Restou confirmada, ante o não provimento do Recurso Especial, a compensação por danos morais fixada em favor dos autores.

O relator, além de ressaltar a importância do direito à informação, conforme diversos julgados do Supremo Tribunal Federal e do Superior Tribunal de Justiça, ressalvou ser indiscutível a relevância nacional atribuída ao assassinato de Daniella Perez, inclusive gerando mobilização popular iniciada à época do crime por Glória Perez, que gerou mudança legislativa na Lei dos Crimes Hediondos, fazendo com que o homicídio qualificado passasse a ser reconhecido como crime hediondo, conforme previsto no artigo 1º, I da Lei 8072/90:

> Deste modo, sob pena de apagamento de trecho significativo não só da história de crimes famosos que compõem a memória coletiva, mas também de ocultação de fato marcante para a evolução legislativa mencionada, não há razões para acolher o pedido concernente à obrigação de não fazer.

A historicidade de crimes famosos, para o relator, somente pode ser medida pela aferição do interesse público presente em cada caso. Tal dimensão apenas pode ser constatada nas situações em que os fatos recordados marcaram a memória coletiva e, por isso, sobrevivem à passagem do tempo, transcendendo interesses individuais e momentâneos.

"Assim, sob pena de imposição de indevida censura e por existir evidente interesse social no cultivo à memória do mencionado fato notório, não é possível restringir de antemão a veiculação de quaisquer notícias e matérias investigativas sobre o tema, notadamente aquelas voltadas à preservação da dimensão histórica e social referente ao caso em debate"

O caso Aída Curi chegou ao Supremo Tribunal Federal, tendo prevalecido, por maioria, o voto do Ministro Dias Toffoli, no julgamento do Recurso Extraordinário 1.010.606-RJ, nos dias 4, 5, 11 e 12 de fevereiro de 2021. O voto do relator, após estabelecer um preciso e técnico histórico da matéria, juntamente com as controvérsias que a cercam, considerou, ao apreciar o caso Aída Curi, a seguinte proposta de tema de repercussão geral, aprovada por maioria de nove votos a um:

> Tema 786 – É incompatível com a Constituição a ideia de um direito ao esquecimento, assim entendido como o poder de obstar, em razão da passagem do tempo, a divulgação de fatos ou dados verídicos e licitamente obtidos e publicados em meios de comunicação social analógicos ou digitais. Eventuais excessos ou abusos no exercício da liberdade de expressão e de informação devem ser analisados caso a caso, a partir dos parâmetros constitucionais – especialmente os relativos à proteção da honra, da imagem, da privacidade e da personalidade em geral – e as expressas e específicas previsões legais nos âmbitos penal e cível.

A decisão do Recurso Extraordinário 1.010.606 (STF, j. 04.02.2021, rel. Min. Dias Toffoli, dando origem ainda ao Tema de Repercussão Geral 786) enumerou os elementos essenciais do direito ao esquecimento, nos termos do voto do relator, adotado por maioria, a saber:

(1) A licitude da informação – Para abordar o direito ao esquecimento, "é necessário apartar de sua abrangência as informações ilícitas, ou seja: é preciso desconsiderar as informações inverídicas ou utilizadas contrariamente à lei. Para a proteção contra

informações inverídicas ou ilicitamente obtidas utilizadas, o ordenamento jurídico é farto, seja em âmbito penal, seja em âmbito cível".

Neste ponto, o voto faz referência a previsões legais específicas, como os crimes contra a honra (artigos 138 a 140 do Código Penal), a divulgação de fatos inverídicos em âmbito eleitoral (artigo 323 do Código Eleitoral), a proteção das comunicações eletrônicas privadas por meio da tipificação das invasões a dispositivo informático (Lei 12.737/2012), assim como a tutela da vítima de estupro relativamente à divulgação da cena do crime (Lei 13.718/2018), bem como, no âmbito cível, sem prejuízo da indenização nos crimes contra a honra (artigo 953 do CC), inúmeras normas que asseguram para fazer cessar o comportamento ilícito dirigido ao nome ou à imagem, sendo o exemplo mais genérico o artigo 12 do Código Civil: "Pode-se exigir que cesse a ameaça, ou a lesão, a direito da personalidade, e reclamar perdas e danos, sem prejuízo de outras sanções previstas em lei". O voto do relator remete ainda ao Marco Civil da Internet, embora reconhecendo que a matéria relativa à inconstitucionalidade do artigo 19 da Lei 12.965/2014, relativo à exigência de ordem judicial para a retirada ou indisponibilização de conteúdo ilícito e responsabilização do provedor (Tema 987, RE 1.037.396-RG, *DJE* 04.04.2018), também com repercussão geral, deva ser discutida em sede própria.

Conclui o relator que

> parcela da doutrina trata do direito ao esquecimento abarcando fatos lícitos e ilícitos. Porém, como salientei, o ordenamento brasileiro é farto em dispositivos voltados à proteção da pessoa, da personalidade e da privacidade humana diante de divulgação ilícita (fato inverídico ou dado coletado utilizado em desconformidade com a lei).

Da mesma forma, deve estar presente o requisito da licitude da informação para invocar o direito ao esquecimento. Tratando-se de informação falsa, outros devem ser os mecanismos a serem preferencialmente utilizados, como o direito de resposta ou o dever de o meio de comunicação atualizar a informação com os dados mais novos ou mais precisos. A informação falsa, na visão do Supremo Tribunal Federal, deve ser simplesmente combatida, por violar outros direitos.

(2) O decurso do tempo: o aspecto temporoespacial. Após transcrever trechos de várias falas da audiência pública a favor do direito ao esquecimento correlacionando a ocorrência de fatos no passado com o fim de uma relevância pública, considera o relator que a pretensão em questão seria propulsora de degradação da informação do passado, a qual – mesmo verídica – se faria desatualizada e descontextualizada, porque divulgada em momento significativamente díspar da ocorrência dos fatos, induzindo a uma percepção fragmentada sobre a pessoa do envolvido.

Dessa forma,

> a pretensão ao direito ao esquecimento vincula-se, então, a um elemento temporoespacial: a passagem do tempo seria capaz de tornar opacas as informações no contexto espacial, a tal ponto que sua publicação não retrataria a completude dos fatos nem a atual identidade dos envolvidos [...]
>
> o que se observa é que, conquanto os efeitos da passagem do tempo sejam apresentados de distintas formas pelos doutrinadores (descontextualização, fragmentação, prejuízo à psique do envolvido,

apelo ao perdão ou perda do interesse público), é ponto comum que o elemento temporal definidor do pretenso "direito ao esquecimento" não seria computado pelo transcurso de um exato número de dias, meses ou anos, mas sim por decurso temporal suficiente para descontextualizar a informação relativamente ao período da sua coleta.

É sob essa concepção de que a passagem do tempo pode descontextualizar as informações ou os dados pessoais comparativamente ao momento em que produzidos ou coletados que se aproximam a concepção original do direito ao esquecimento (advinda do *droit à l'oubli* e mais associada à defesa dos direitos da personalidade) e sua perspectiva mais recente (a partir do julgado do TJUE no caso Google Espanha e ligada à proteção dos dados pessoais, com maior influência na doutrina do direito de ser deixado em paz – *the right to be alone*).[119]

Em relação ao requisito do decurso temporal, conclui o Supremo Tribunal, no mencionado voto:

> Não nego o impacto do tempo na percepção humana dos acontecimentos que envolvem informações ou dados dos indivíduos, pois é certo que a mesma informação ao tempo dos acontecimentos e anos após servirá, a cada divulgação, a propósitos diversos. Porém, a meu ver, a passagem do tempo, por si só não tem o condão de transmutar uma informação ou um dado nela contido de lícito para ilícito.
>
> Ademais, como advertia Heráclito de Éfeso em cerca de 500 a.C., ninguém pisa duas vezes nas águas do mesmo rio, visto que as águas e o próprio rio estão em constante devir. E, se, com o tempo, mudam as águas e mudam os seres, também muda o contexto em que uma informação ou uma notícia é veiculada a apreendida no decorrer do tempo.

O voto do Supremo Tribunal Federal se reporta, em seguida, à já mencionada decisão de 1983 do Tribunal Constitucional alemão de 1983, que fez uso, pela primeira vez, do termo "autodeterminação informativa", com exclusão de certas informações de uma esfera pública para uma ideia de controle de dados pessoais, com destaque para o afastamento da necessidade da presença de um dano para a caracterização da irregularidade no tratamento de dados pessoais.[120]

Após mencionar a aprovação, em 2016, do Regulamento Geral sobre Proteção de Dados da União Europeia, o voto, adotando um viés positivista e desconsiderando o sistema de proteção dos direitos da personalidade no ordenamento brasileiro, observa que a Lei Geral de Proteção de Dados Brasileira, Lei 13.709/2018, que dispõe "sobre o tratamento de dados pessoais, inclusive nos meios digitais, por pessoa natural ou por pessoa jurídica de direito público ou privado, com o objetivo de proteger os direitos fundamentais de liberdade e de privacidade e o livre desenvolvimento da personalidade da pessoa natural" (artigo 1º), não contém dispositivo voltado a assegurar, em âmbito digital, que os sujeitos protegidos pela norma não possam ser confrontados quanto aos dados que, no passado, tenham sido licitamente objeto de divulgação. O legislador teria sido explícito em outras hipóteses, como no término do tratamento de dados pessoais

---

119. STF, Tribunal Pleno, Recurso Extraordinário 1.010.606-RJ, rel. Min. Dias Toffoli, j. 04.02.2021.
120. STF, Tribunal Pleno, Recurso Extraordinário 1.010.606-RJ, rel. Min. Dias Toffoli, j. 04.02.2021.

(artigo 16 da Lei 13.709/2018[121]), mas foi propositadamente silente em não reconhecer expressamente o direito ao esquecimento na Lei Geral de Proteção de Dados.[122]

O voto do relator contempla ainda o artigo 4º, II, "a", da Lei 13.709/2018, em cujos termos não se aplica o tratamento de dados pessoais àquilo realizado para fins exclusivamente jornalísticos e artísticos.

Por fim, considerou o relator que assumem grande relevância a liberdade de expressão e o direito à informação:

> Com efeito, o art. 5º, inciso IV, afirma ser livre a manifestação de pensamento, vedando, no entanto, o anonimato. O inciso IX, por seu turno, dispõe ser livre a expressão da atividade intelectual, artística, científica e de comunicação, vedando, no entanto, o anonimato. O inciso IX, por seu turno, dispõe ser livre a expressão da atividade intelectual, artística, científica e de comunicação, independentemente de censura ou licença. O inciso XIV, por sua vez, assegura a todos o acesso à informação, resguardando o sigilo da fonte quando necessário ao exercício profissional.
>
> A Carta atribuiu tratamento especial à liberdade de expressão no contexto dos meios de comunicação social, dispondo no art. 220 que "a manifestação do pensamento, a criação, a expressão e a informação, *sob qualquer forma, processo ou veículo, não sofrerão qualquer restrição*" (grifos nossos).
>
> O parágrafo primeiro do art. 220, reforçando essa impossibilidade de restrição, coloca a liberdade de informação jornalística a salvo de qualquer embaraço por meio de lei, explicitando que as balizas no exercício dessa liberdade restringem-se àquelas prescritas no próprio texto constitucional, no artigo 5º, incisos IV, V, X, XIII e XIV (vedação ao anonimato, direito de resposta, possibilidade de indenização por dano à imagem, respeito à intimidade, à vida privada, à honra e à imagem das pessoas, livre exercício do trabalho, ofício ou profissão, direito de acesso à informação e garantia de sigilo da fonte, quando necessário ao exercício profissional).
>
> Nesse quadro, note-se que um dos aspectos centrais do direito fundamental à liberdade de expressão – aspecto esse que deve ser reforçado quanto mais democrática for dada sociedade – é que, como regra geral, não são admitidas restrições prévias ao exercício dessa liberdade.
>
> O Supremo Tribunal Federal tem construído uma jurisprudência consistente em defesa da liberdade de expressão: declarou a inconstitucionalidade da antiga lei de imprensa, por ela possuir preceitos tendentes a restringir a liberdade de expressão de diversas formas (ADPF 130, de 6.11.2009); afirmou a constitucionalidade de manifestações em prol da legalização da maconha, tendo em vista o direito de reunião e o direito à livre expressão do pensamento (ADPF 187, *DJE* 29.5.14); dispensou diploma para o exercício da profissão de jornalista, por força da estreita vinculação entre essa atividade e o pleno exercício das atividades de expressão e de informação (RE 511.961. *DJE* 13.11.09); determinou, em ação de minha relatoria, que a classificação indicativa das diversões públicas e dos programas de rádio e TV, de competência da União, tenha natureza meramente indicativa, não podendo ser confundida com licença prévia (ADI 2.404, *DJE* 01.08.2017); declarou inexigível autorização de pessoa biografada relativamente a obras biográficas literárias ou audiovisuais, sendo também desnecessária autorização de pessoas retratadas como coadjuvantes – ou de seus familiares, em caso de pessoas falecidas ou ausentes – (ADI 4.815, de 01.02.2016) – para citar apenas alguns casos [...]

---

121. "Art. 16. Os dados pessoais serão eliminados após o término de seu tratamento, no âmbito e nos limites técnicos das atividades, autorizada a conservação para as seguintes finalidades: I – cumprimento de obrigação legal ou regulatória pelo controlador; II – estudo por órgão de pesquisa, garantida, sempre que possível, a anonimização dos dados pessoais; III – transferência a terceiro, desde que respeitados os requisitos de tratamento de dados dispostos nesta Lei; ou IV – uso exclusivo do controlador, vedado seu acesso por terceiro, e desde que anonimizados os dados."

122. STF, Tribunal Pleno, Recurso Extraordinário 1.010.606-RJ, rel. Min. Dias Toffoli, j. 04.02.2021.

Questiona-se, então, se a manifestação do pensamento (inclusive em âmbito digital) pode ser restringida se dela decorrer a divulgação de fatos da vida de um indivíduo que lhe causem profundo desgosto ou de dados que ele não deseje ver acessados [...]

A liberdade de expressão protege não apenas aquele que comunica, mas também a todos os que podem dele receber informações e conhecer os pensamentos.

A ponderação, assim, na pretensão ao direito ao esquecimento não se faz apenas entre o interesse do comunicante, de um lado, e o do indivíduo que pretende ver "tornados privados" os fatos de sua vida, de outro. Envolve toda a coletividade, que será cerceada de conhecer os fatos em toda a sua amplitude.

A liberdade de informação, correlata da liberdade de expressão, é amplamente protegida em nossa ordem constitucional. Com efeito, a Carta assegura a todos o acesso à informação, de natureza pública ou de interesse particular (art. 5º, incisos XIV e XXXIII, e art. 93, inciso IX). No contexto da comunicação social, a Constituição confere "acentuada marca de liberdade na organização, produção e difusão de conteúdo normativo" (ADI 4.451, *DJE* 06.03.2019), proibindo qualquer restrição à manifestação de pensamento, à criação, à expressão e à informação (art. 220 da Constituição).

Embora a pretensão inserta no "direito ao esquecimento" não corresponda ao intuito de propalar uma notícia falsa, ao pretender o ocultamento de elementos pessoais constantes de informações verdadeiras em publicações ilícitas, ela finda por conduzir notícias fidedignas à incompletude, privando os seus destinatários de conhecer, na integralidade, os elementos do contexto informado.

Tal decisão vai de encontro a uma outra decisão histórica do próprio Supremo Tribunal Federal, que considerou o direito à proteção de dados pessoais um direito fundamental autônomo, envolvendo a Medida Provisória 954/2020, que previa o compartilhamento obrigatório de dados de empresas de telefonia com o IBGE (ADIs 6.387, 6.388, 6.389, 6.393 e 6.390), mesmo anteriormente à entrada em vigor da Lei Geral de Proteção de Dados Pessoais.

Baseou-se o voto do relator na prevalência apriorística das liberdades de expressão e de informação sobre a dignidade da pessoa humana, bem como na analogia com o precedente das biografias não autorizadas (ADI 4.815), havendo ainda referência ao argumento econômico, no sentido da preservação das empresas que operam no setor, à liberdade de circulação de informações, bem como à ausência de norma específica no direito brasileiro, ao contrário do que teria ocorrido no artigo 17 do Regulamento europeu.

Como já defendido em sede doutrinária, o direito ao esquecimento mostra-se como uma figura caleidoscópica, o que compromete a funcionalidade da aplicação de uma tese para outros casos "análogos". Isso porque, em relação ao caso Aída Curi, dificilmente existirão casos análogos, o que se pode constatar da experiência dos tribunais, tanto estrangeiros como brasileiros, que já enfrentou a tese, como visto, em casos propostos pelos condenados, pelas vítimas, pelos familiares das vítimas e, por vezes, como sinônimo de desindexação.[123]

---

123. LIMA, Cíntia Rosa Pereira de; MARTINS, Guilherme Magalhães. A figura caleidoscópica do direito ao esquecimento e a (in)utilidade de um tema em repercussão geral. *Migalhas de Proteção de Dados*, p. 1, 29 set. 2020. Disponível em: https://migalhas.uol.com.br/coluna/migalhas-de-protecao-de-dados/334044/a-figura-calei doscopica-do-direito-ao-esquecimento-e-a--in-utilidade-de-um-tema-em-repercussao-geral. Acesso em: 09 fev. 2021.

Como bem destacado pela doutrina, o problema é que os "parâmetros constitucionais" mencionados pelo STF não são parâmetros verdadeiros, mas sim alusões genéricas a direitos fundamentais (proteção da honra, da imagem, da privacidade em geral). Da forma como foi colocada, a tese aprovada por maioria no Supremo Tribunal Federal não contribui para a solução dos novos casos concretos, pois não oferece critérios para o julgador ou para o intérprete. Pelo contrário, mantém em indefinição os conflitos entre liberdade de expressão e outros direitos fundamentais, como a honra e a privacidade. Esse estado de indefinição, portanto, contribui para que as decisões do Supremo Tribunal Federal sobre a matéria acabem sendo rotuladas como contraditórias ou casuísticas por aqueles que se movem ao sabor dos casuísmos que têm marcado o debate político no Brasil atual.[124]

Ademais, é de se observar que, ao longo do julgamento, o Supremo Tribunal Federal pareceu tratar o direito ao esquecimento como se a sua aplicação importasse, necessariamente, na exclusão da informação. No entanto, a remoção de conteúdo, tal qual a desindexação, é um mecanismo de tutela, e, como tal, não se confunde com o direito em si. Aliás, a exclusão é o meio mais extremo para a aplicação do direito ao esquecimento e só seria aplicável em casos cujos elementos concretos justificassem essa restrição mais intensa à liberdade de expressão.[125]

Alguns efeitos merecem ser extraídos da decisão acima. Em primeiro lugar, o voto do relator, seguido por maioria pelo Supremo Tribunal Federal, vencidos, na apreciação do Recurso Extraordinário 1.010.606-RJ, os Ministros Luiz Edson Fachin, Luiz Fux e Gilmar Mendes, afirmou a tese vencedora, no sentido da "inexistência no ordenamento jurídico brasileiro de um direito genérico com essa conformação, seja expressa ou implicitamente", de modo que "o que existe são expressas e pontuais previsões em que se admite, sob condições específicas, o decurso do tempo como razão para a supressão de dados ou informações", como seria o caso das normas do artigo 43, parágrafo primeiro, segunda parte, do Código de Defesa do Consumidor, dos artigos 93 a 95 do Código Penal e do artigo 7º, X, do Marco Civil da Internet (Lei 12.965/2014).[126]

Na visão do professor Otávio Luiz Rodrigues Júnior, o voto do relator foi inicialmente mal divulgado como se ele houvesse afirmado que o direito ao esquecimento não existisse. Na verdade, nos debates para a redação final da tese, firmou-se corretamente

---

124. SCHREIBER, Anderson. Limites à liberdade de expressão: qual a posição do Supremo Tribunal Federal? In: SCHREIBER, Anderson; MARTINS, Guilherme Magalhães; CARPENA, Heloisa. *Direitos fundamentais e sociedade tecnológica*. Indaiatuba: Foco, 2022. p. 35.
125. CASTRO, Julia Ribeiro de. Direito ao esquecimento e o STF: vale a pena ver de novo? In: SCHREIBER, Anderson; MARTINS, Guilherme Magalhães; CARPENA, Heloisa. Direitos fundamentais e sociedade tecnológica. Indaiatuba: Foco, 2022. p. 136.
126. Tais previsões, segundo o voto do relator (STF, Tribunal Pleno, RE 1.010.606-RJ, rel. Min. Dias Toffoli, j. 04.02.2021), "não configuram a pretensão do direito ao esquecimento. Relacionam-se com o efeito temporal, mas não consagram um direito a que os sujeitos não sejam confrontados quanto às informações do passado. Desse modo, eventuais notícias que tenham sido formuladas – ao tempo em que os dados/informações estiveram acessíveis – não são alcançadas pelo efeito de ocultamento. Elas permanecem passíveis de circulação se os dados nelas contidos tenham sido, a seu tempo, licitamente obtidos e tratados".

o que o relator pretendia fixar no voto: a incompatibilidade do direito com a ordem constitucional vigente,[127] o que alcançar o plano da validade.

No entanto, na parte inicial do voto, o relator deixa claro que tal decisão, embora abranja tanto a mídia tradicional quanto a Internet, ambas em conjunto, sem prejuízo das especificidades de cada linha do tema, certamente para evitar um tratamento fragmentado, não envolve os pedidos de desindexação, que, consoante a fundamentação, não se confunde com o direito ao esquecimento. Portanto, hipóteses como a do famoso caso *Google Spain*, julgado pelo Tribunal de Justiça da União Europeia em 2014, não serão abrangidas, no Brasil, pela Tese 786.

Desindexar é marcar o URL (*Uniform Resource Locator*, o endereço de uma página na *web*) para que ele não conste dos resultados de busca de buscadores normais. Isso significa que, quando o usuário digita o conteúdo buscado em um campo de busca, ainda que o conteúdo esteja público, não será mostrado na lista dos resultados. Ao desindexar o conteúdo de um mecanismo de busca normal, considerando que o acesso a novo conteúdo pela Internet costuma ser intermediado pelos mecanismos de busca, diminui significativamente o potencial de disseminação desse conteúdo, mitigando o eventual dano que a sua difusão possa causar ao envolvido.[128]

A Tese 786, portanto, não abrange as hipóteses de desindexação, que poderão ser objeto de ponderação sem prevalência apriorística das liberdades comunicativas no caso concreto.

Prevaleceram, de maneira preferencial, na visão majoritária do Supremo Tribunal Federal, os direitos à memória e à liberdade de informação e de expressão, tendo sido invocado ainda no voto do relator o artigo 4º, II, "a", da Lei Geral de Proteção de Dados Pessoais, em cujos termos não se aplica o tratamento de dados àquilo realizado para fins exclusivamente jornalísticos e artísticos. A liberdade é a regra, e as exceções devem ser expressas.

A tese espelha em grande parte a visão do professor Daniel Sarmento, para quem a imposição do esquecimento tem sido um instrumento de manipulação da memória coletiva de que se valem os regimes totalitários em favor de seus projetos de poder, em face da cultura censória que, nas palavras do autor, viceja no Poder Judiciário, sendo "evidentes os riscos de autoritarismo envolvidos na atribuição a agentes estatais – ainda que juízes – do poder de definirem o que pode e o que não pode ser lembrado pela sociedade".[129]

---

127. RODRIGUES JÚNIOR, Otávio Luiz. Esquecimento de um direito ou o preço da coerência retrospectiva? (Parte 1). *Consultor Jurídico*, São Paulo, 25 fev. 2021. p. 1. Disponível em: https://www.conjur.com.br/2021-fev-25/direito-comparado-esquecimento-direito-ou-preco-coerencia-retrospectiva-parte?imprimir=1. Acesso em: 06 mar. 2021.
128. VIOLA, Mario; DONEDA, Danilo; CÓRDOVA, Yasodara; ITAGIBA, Gabriel. Entre privacidade e liberdade de informação e expressão: existe um direito ao esquecimento no Brasil? In: TEPEDINO, Gustavo; TEIXEIRA, Ana Carolina Brochado; ALMEIDA, Vitor. *O direito civil entre o sujeito e a pessoa*: estudos em homenagem ao professor Stefano Rodotà. Belo Horizonte: Fórum, 2016. p. 366.
129. SARMENTO, Daniel. Liberdades comunicativas e "Direito ao esquecimento" na ordem constitucional brasileira. *Revista Brasileira de Direito Civil*, v. 7, p. 192-193, Rio de Janeiro, jan./mar. 2016.

A posição preferencial das liberdades, originária da jurisprudência constitucional norte-americana, prevaleceu na orientação da Tese 786, sendo que, conforme a visão vencedora, a tutela dos direitos da personalidade deverá ocorrer *a posteriori*, através do direito de resposta e da responsabilidade civil dos que exerceram abusivamente sua expressão livre.

A Tese 786 vincula todo o Judiciário brasileiro,[130] embora, como visto, o artigo 926, parágrafo segundo, do Código de Processo Civil, do ponto de vista da adequação aos casos concretos que venham a surgir, poderá vir a modular sua efetividade, de modo que o precedente não nasce precedente, mas se tornará precedente ao longo do tempo, e sua vinculação se dará pela *ratio decidendi*.[131]

A decisão do Supremo Tribunal Federal, é verdade, espraia-se para além do caso concreto, constituindo a sua *ratio decidendi* motivo de vinculação tanto para o próprio Supremo Tribunal Federal (vinculação horizontal) como, potencialmente, para os demais órgãos jurisdicionais (vinculação vertical).[132] Que o futuro venha acompanhado de um verdadeiro progresso, do ponto de vista da efetividade dos direitos fundamentais.

4. CONCLUSÃO

O grande dilema consiste no fato de que os registros do passado – capazes de ser armazenados eternamente na nuvem, graças à crescente capacidade de processamento das máquinas – poderem gerar efeitos posteriormente à data em que o evento foi esquecido pela mente humana.

O direito ao esquecimento se insere em um delicado conflito de interesses, o que justifica a sua excepcionalidade. De um lado, o interesse público aponta no sentido de que fatos passados sejam relembrados, considerando ainda a liberdade de imprensa e de expressão, bem como o direito da coletividade à informação; do outro, há o direito de não ser perseguido por toda a vida por acontecimento pretérito.

Portanto, a utilidade informativa da divulgação da notícia deve ser sopesada com os riscos trazidos pela recordação do fato à pessoa envolvida.

---

130. Bruno Dantas define a repercussão geral como "o pressuposto especial de cabimento do recurso extraordinário, estabelecido por comando constitucional, que impõe que o juízo de admissibilidade do recurso leve em consideração o impacto indireto que eventual solução das questões constitucionais em discussão terá na coletividade, de modo que não se lho terá presente apenas no caso de a decisão de mérito emergente ostentar a qualidade de fazer com que parcela representativa de um determinado grupo de pessoas experimente, indiretamente, sua influência, considerados os legítimos interesses sociais extraídos do sistema normativo e da conjuntura política, econômica e social reinante num dado momento histórico". DANTAS, Bruno. *Repercussão geral*: perspectivas histórica, dogmática e de direito comparado. Questões processuais. São Paulo: Revista dos Tribunais, 2008. Acerca do tema, leia-se ARRUDA ALVIM. Repercussão geral: impressões gerais e perspectivas. In: FUX, Luiz; FREIRE, Alexandre; DANTAS, Bruno. *Repercussão geral da questão constitucional*. Rio de Janeiro: Forense, 2014. p. 109 e s.
131. FROTA, Pablo Malheiros da Cunha. Precedente vinculativo e persuasivo e a *ratio decidendi*. *Consultor Jurídico*, São Paulo, 13 fev. 2021, p. 4. Disponível em: https://www.conjur.com.br/2021-fev-13/diario-classe-precedente-vinculativo-persuasivo-ratio-decidendi. Acesso em: 17 fev. 2021.
132. MARINONI, Luiz Guilherme; MITIDIERO, Daniel. *Repercussão geral no recurso extraordinário*. 2. ed. São Paulo: Ed. RT, 2008. p. 79.

A principal consequência do exercício do direito ao esquecimento, tendo em vista o princípio da precaução, deve ser a imposição de obrigações de fazer e não fazer, consagrando o "direito de não ser vítima de danos", tendo em vista, após a ponderação dos interesses envolvidos, a retirada do material ofensivo. A reparação de danos somente ocorrerá excepcionalmente, caso se trate de ofensa consumada a situação jurídica existencial, não passível de remédio por meio de execução específica.

Não se trata de queimar livros, ou de reescrever a história, mas a importação acrítica de institutos oriundos do direito constitucional norte-americano, no tocante a uma visão exacerbadamente preferencial da liberdade de expressão, embora seja coerente com a jurisprudência anterior do Supremo Tribunal Federal, deve ser vista com cautela, na sociedade da informação, tendo em vista os demais direitos fundamentais em jogo, derivados da dignidade da pessoa humana, da privacidade e da identidade pessoal.

A simples circunstância de a Lei Geral de Proteção de Dados, ao contrário do Regulamento Europeu (artigo 17 do GDPR), não ter consagrado em dispositivo específico e expresso o direito ao esquecimento, por si só, não afasta a possibilidade de sua invocação como direito fundamental implícito no ordenamento, embora a decisão do Supremo Tribunal Federal, no Tema de Repercussão Geral 786, vincule todo o Judiciário brasileiro. Diante de uma realidade social em que se identifica um fluxo incontrolável de informações sobre a vida privada do particular, as quais, em tese, poderão ser acessadas por qualquer um, de qualquer lugar do mundo e a qualquer tempo, surgem novas formas potenciais de violação a direitos fundamentais ligados à personalidade e identidade do particular.[133]

O caso Aída Curi, que deu origem ao Tema de Repercussão Geral 786, dificilmente encontrará hipóteses análogas, além de deixar em aberto a possibilidade de tutela inibitória nas hipóteses de desindexação, que foram expressamente excluídas da sua abrangência.

Mas poderão surgir novas demandas, com base na cláusula geral de tutela da pessoa humana, a exigir um balanceamento entre os direitos da personalidade e as liberdades de expressão e de informação, não ensejando necessariamente uma visão apriorística destas.

---

133. SARLET, Ingo Wolfgang; FERREIRA NETO, Arthur M. *O direito ao "esquecimento" na sociedade da informação*. Porto Alegre: Livraria do Advogado, 2019, p. 209.

A IDENTIDADE CIVIL-CONSTITUCIONAL DA PESSOA HUMANA

Raul Choeri

O direito à identidade constitui o direito fundamental de expressar livremente a verdade pessoal, "quem de fato a pessoa é", em suas realidades física, moral e intelectual. A eficácia da tutela da identidade é medida pelos meios que o direito dispõe para impedir o falseamento da "verdade" da pessoa, de forma a permanecerem intactos os elementos que revelam sua singularidade como unidade existencial no entorno social, tanto no mundo real como no mundo virtual das redes digitais. Toda vez que a pessoa sofre alteração em suas características, dados pessoais e qualidades, ou é representada com características, dados pessoais ou qualidades inexistentes ou diversas das verdadeiras, ou quando se omite algum dos aspectos que definem sua identidade, configura-se lesão à identidade.

Como direito fundamental, o direito à identidade da pessoa humana apresenta-se em duas diferentes perspectivas ou dimensões: estável e dinâmica. A primeira refere-se aos dados que servem para a identificação física da pessoa – imagem, voz, impressões digitais, genoma etc. – e aqueles informativos integrantes do *status* jurídico – estado civil, estado familiar, estado político, que alimentam os registros civis e os bancos de dados privados e públicos. Por sua natureza estável, esses dados apresentam tendência a não sofrer modificações, salvo em situações especiais, tais como as alterações de nome e de sexo no caso de cirurgias de redesignação sexual, por exemplo.

Entretanto, a identidade não se reduz somente a esses elementos estáveis. Há algo mais, que está em constante construção e transformação: a dimensão dinâmica da identidade. Esta constitui a ideologia, a espiritualidade, a moralidade, a forma de pensar, de julgar, de pertencer a determinado grupo social ou ideologia ou religião, a historicidade de cada pessoa, todos os atributos psicossociais adquiridos na interação social pelo indivíduo, todos os símbolos e traços culturais, morais, étnicos que o designam pertencer a um povo, uma família, uma nação, um grupo étnico, e que estão em constante transformação.

Observa-se, no entanto, que o cenário político-social brasileiro revela movimentos que procuram impor à pessoa humana um único padrão identitário, "prêt a porter", preconcebido para valer como modelo estático para todos, a ponto de querer estabelecer a prevalência de uma determinada religião, a supremacia de um grupamento étnico, a adoção de um único modelo familiar, de um comportamento tipificado de gêneros, de um perfil político-econômico único, de um modo de definir e expressar a sexualidade etc.

Trata-se de uma subversão a ordem constitucional, pois reduz o direito fundamental à identidade da pessoa humana a pertencimentos ou categorias coletivas estáticas, que impõem fronteiras fechadas, limites que impedem o crescimento da personalidade humana e suscitam rivalidades e comparações depreciativas e destrutivas entre si, entre "nós e os outros". Despreza o aspecto dinâmico da identidade, no tocante a ter autonomia para livremente expressar sua ideologia, sua sexualidade, sua religiosidade, sua ética, seu modo de vida, em uma palavra: autodeterminar-se.

Embora o documento de identificação de cada indivíduo – que, contudo, não esgota todas as suas características singulares – são consignados dados pessoais, que informam o pertencimento a determinado país, a determinada família, a um gênero e não a outro. Tal informação possibilita, a cada um, ser individualizado e reconhecido na ordem social e jurídica. O grande risco que surge daí é se confundir ou reduzir a identidade civil-constitucional a esses pertencimentos, subtraindo da pessoa a autonomia de agregar o aspecto dinâmico da identidade, que lhe dá a possibilidade de constantemente modificar-se. A identidade possibilita à pessoa ser ela mesma, singular, e não qualquer outra. Os pertencimentos são sempre de natureza coletiva, possibilitam à pessoa fazer parte de uma categoria: parte dos brasileiros ou dos franceses, dos morenos ou dos louros, dos homens ou das mulheres, dos brancos ou dos negros, dos católicos ou evangélicos etc. Reduzir a identidade civil-constitucional a um ou mais pertencimentos é flagrante conduta de exclusão, podendo contribuir para o racismo, a xenofobia e toda sorte de discriminação, o que atenta contra a dignidade da pessoa humana. Essa redução significa uma tentativa de neutralizar a natureza dinâmica da identidade, retirando-lhe seu poder de mudança e enclausurando-a em categorias estáticas. Pode-se nascer e morrer brasileiro, do sexo masculino, negro, com determinado genoma, mas as experiências políticas, sexuais, morais, profissionais, religiosas, acrescentam à pessoa novos conjuntos de valores que lhe possibilitarão integrar-se a grupos, sempre crescentes, que trarão novos matizes ao delineamento da identidade.

Sob a perspectiva do racismo e de variadas manifestações de discriminação, a identidade civil-constitucional não pode ser tratada como se se esgotasse em um ou alguns dos pertencimentos, rotulando a pessoa: "você é negro, ou branco, ou homem ou mulher, ou transexual ou católico, ou indígena, ou estrangeiro". Isto redunda em reduzir a pessoa a uma categoria classificatória, ou o indivíduo a um coletivo. Em verdade, a pessoa só faz parte de determinado país, de certa religião ou de um dos gêneros, ou adota determinada opção política, ou sexual. O racismo, a xenofobia, a misoginia, por exemplo, reduzem de forma destrutiva o binômio identidade/diferença à relação de hierarquia de pertencimentos,[1] de subconjuntos diversos e vitais de uma coletividade a qual se chama humanidade.

A identidade civil-constitucional é muito mais que um pertencimento a um subconjunto coletivo. Constitui uma interseção, flutuante pela duração, de uma variedade de pertencimentos. Cada indivíduo não cessa de coser e tecer seu próprio manto de

---

1. SERRES, Michel. Qu'est-ce que l'identité? (1997) *Le monde de l'éducation et de la formation*. jan. 1997, p. 6.

Arlequim, de cores vivas ou esmaecidas, mas muito mais livre e flexível que sua etnia, sua nacionalidade, sua religião, sua ideologia, sua opção sexual, seu gênero ou seu mapa genético.[2]

Em seu Preâmbulo e em seus primeiros dispositivos, a CRFB/88 declara que o Estado Democrático se destina a assegurar uma sociedade inclusiva, solidária, justa, igualitária, pluralista e sem preconceitos, de modo que a liberdade de pertencer aos mais variados segmentos sociais, políticos, religiosos, étnicos, profissionais etários etc. não se traduza em ato de discriminação e exclusão em relação à pessoa humana e a grupos sociais; ao contrário, seja a celebração da identidade e da diferença.

A despeito da tentativa de movimentos políticos, religiosos ou sociais, a força normativa do ser na CRFB/88 não prefixa um modelo padrão de identidade, ao qual se deva se conformar e se alinhar uniformemente, impondo exclusão de toda nova identidade emergente; ao contrário, irradia um feixe de possibilidades existenciais para a realização da dignidade humana, como afirmação de liberdade, igualdade e solidariedade para autodeterminação identitária da pessoa.

A CRFB/88 revela, assim, uma identidade civil-constitucional de textura aberta para a pessoa do brasileiro, congregando múltiplos atributos existenciais, sem se fixar num modelo uniforme, tipificado, tanto no aspecto sexual, político, religioso, ideológico, étnico ou cultural. Sendo a pessoa, o núcleo axiológico e gravitacional do ordenamento jurídico, o brasileiro conquista sua dignidade na medida em que constrói para si sua identidade civil-constitucional, no seu interagir social, em sua experiência histórico--cultural. Não precisa, nem deve, se submeter a modelos preconcebidos de identidade, ancorados nas velhas estruturas sociais de poder, sedimentadas ao longo da história dos povos, como a família, a religião, a política, o Estado.

Em última análise, a identidade humana é a expressão objetiva e exterior da dignidade humana, meio instrumental pelo qual cada indivíduo pode afirmar-se como pessoa humana, ao se apresentar e ser reconhecido em sua verdadeira grandeza, detentor, intrínseca e extrinsecamente, dos atributos e virtudes que o definem como tal.

A cláusula geral de tutela da pessoa humana que emerge do texto constitucional (artigo 1º, inciso III), revela a vocação do sistema jurídico brasileiro. Tal cláusula constitui o comando nuclear do sistema em sua integralidade, conferindo-lhe unidade, sustentação, objetivo e harmonia, como dispositivo irradiador do modo **ser** sobre as diferentes normas de conduta e organização. É ela que promove a funcionalização das situações jurídicas patrimoniais em relação às existenciais, realizando assim processos de verdadeira inclusão social.[3]

A inclusão social, portanto, como apanágio de uma existência digna, importa no reconhecimento dos direitos à identidade e à diferença, tendo como base a referida cláusula geral constitucional de proteção e promoção da dignidade da pessoa humana.

---

2. Ibidem.
3. TEPEDINO, Gustavo. *Temas de Direito Civil*. Rio de Janeiro: Renovar, 2006, t. II, p. 342.

O texto constitucional demonstra, assim, preocupação ideológica, ética e jurídica com a questão da identidade e da diferença.

A esse respeito, Michel Rosenfeld, ao referir-se à Constituição americana, observa que num país compromissado constitucionalmente com o pluralismo religioso, a identidade constitucional não somente deve se distinguir de qualquer perfil religioso, mas também deve impedir qualquer possibilidade de a identidade nacional se submeter aos dogmas fundamentais de qualquer religião.[4]

O constitucionalismo não faria grande sentido na ausência de qualquer pluralismo. Em uma comunidade completamente homogênea, com objetivo coletivo único e sem uma concepção de que o indivíduo tem algum direito legítimo ou interesse distinto dos da comunidade como um todo, o constitucionalismo seria supérfluo.[5]

Sob essa ótica, poder-se-ia afirmar que, na ausência do pluralismo quando não há assimilação social da identidade e da diferença, a dignidade da pessoa humana perde o seu sentido ético-jurídico. É necessário que a identidade plural do sujeito constitucional seja reconhecida e interaja com outros pertencimentos do seio social, possibilitando uma reconstrução dinâmica permanente em prol da concretização da dignidade da pessoa humana. Na lição de Gomes Canotilho:

> [...] a dignidade da pessoa humana exprime a abertura da República à ideia de *comunidade constitucional inclusiva* pautada pelo multiculturalismo mundividencial, religioso ou filosófico. O expresso reconhecimento da dignidade da pessoa humana como *núcleo essencial* da República significará, assim, o *contrário* de 'verdades' ou 'fixismos' políticos, religiosos ou filosóficos. O republicanismo clássico exprimia esta ideia através dos *princípios da não identificação e da neutralidade*, pois a República só poderia conceber-se como *ordem livre* na medida em que não se identificasse com qualquer 'tese', 'dogma', 'religião' ou 'verdade' de compreensão do mundo e da vida. O republicanismo não pressupõe qualquer doutrina religiosa, filosófica ou moral abrangente (J. Rawls).[6]

A pluralidade humana, condição básica da ação e do discurso, afirma Hannah Arendt, tem o duplo aspecto de igualdade e diferença, pois, se não fossem iguais, os homens seriam incapazes de compreender-se entre si e aos seus ancestrais, ou de fazer planos para o futuro e prever as necessidades das gerações vindouras; e se não fossem diferentes, não precisariam do discurso ou da ação para se fazerem entender.[7] Acrescenta a autora:

> Ser diferente não equivale a ser outro – ou seja, não equivale a possuir essa curiosa qualidade de "alteridade", comum a tudo o que existe e que, para a filosofia medieval, é uma das quatro características básicas e universais que transcendem todas as qualidades particulares. A alteridade é, sem dúvida, aspecto importante da pluralidade; é a razão pela qual todas as nossas definições são distinções e o motivo pelo qual não podemos dizer o que uma coisa é sem distingui-la de outra. E sua forma mais abstrata, a alteridade, está presente somente na mera multiplicação de objetos inorgânicos, ao passo que toda vida orgânica já exibe variações e diferenças, inclusive entre indivíduos da mesma espécie.

---

4. ROSENFELD, Michel. *A identidade do sujeito constitucional*. Belo Horizonte: Mandamentos, 2003, p. 21.
5. OSENFELD, Michel. *A identidade do sujeito constitucional*, cit., p. 21.
6. CANOTILHO, J. J. Gomes. *Direito Constitucional*. 7. ed. Coimbra: Almedina, 2003, p. 226.
7. ARENDT, Hannah. *A condição humana*. Trad. Roberto Raposo. 10. ed. Rio de Janeiro: Forense Universitária, 2004, p. 188.

Só o homem, porém, é capaz de exprimir essa diferença e distinguir-se; só ele é capaz de comunicar a si próprio e não apenas comunicar alguma coisa – como sede, fome, afeto, hostilidade ou medo. No homem, a alteridade, que ele tem em comum com tudo o que existe, e a distinção, que ele partilha com tudo o que vive, tornam-se singularidade, e a pluralidade humana é a paradoxal pluralidade de seres singulares.[8]

A identidade é para o ser humano uma conquista, fruto de um processo de afirmação perante a sociedade daquilo que se é, ou então, a contrário senso, de negação daquilo que não se é. A identidade, por assim dizer, é sustentada tanto pela inclusão como pela exclusão, é construída a partir da diferença coexistencial.

A identidade não se esgota em si mesma, tanto as diferenças necessitam de afirmações negativas sobre outras identidades, e vice-versa, como as identidades precisam de afirmações negativas sobre o que se classifica como um conjunto de pessoas diferentes, a ponto de se poder concluir que ambas, identidade e diferença, constituem um par dialético – inseparáveis, interdependentes, coexistentes.

Essa ideia de inseparabilidade, interdependência, coexistência, polaridade harmônica coexistencial, é base da negação do racismo, da xenofobia e de toda sorte de discriminação étnica, ideológica, religiosa, sexual etc., porquanto, ao tentar excluir o outro do acesso aos direitos de liberdade, igualdade e solidariedade, apanágios do princípio da dignidade humana, estar-se-á negando a sua própria identidade, que só subsiste se existir a diferença. O ideário da inclusão social é o ideário da realização da identidade em cada pessoa humana, do ser e do reconhecer-se como digno pertencente da espécie humana.

Sob essa perspectiva coexistencial, não deve haver, como se costuma conceber, preponderância de uma sobre a outra, num sistema hierárquico de derivação ou subordinação. Ambas, identidade e diferença, são produzidas simultaneamente, a partir da experiência sociocultural que precedeu a elaboração da CRFB/88, cujos dispositivos lhes atribuem significado e vida numa nova ordem jurídico-social.

Na sociedade pluralista moderna, a afirmação da identidade e o reconhecimento das diferenças pelo Direito implicam um processo de inclusão e exclusão, de pertencimento e não pertencimento, de demarcação de fronteiras abertas, delimitando um espaço reservado para *nós* e outro para *eles* – em última análise, o acesso a bens e direitos próprios, mas com possibilidade de cambiamento de forma harmônica e dinâmica, sem a apologia de um modelo único e imutável de identidade.

Assim, antes de inserir o indivíduo em estruturas fixas, rotulá-lo como pertencente a determinado país, a determinada cultura, a certo código genético, a certa categoria de gênero, a uma etnia, de natureza classificatória, identificadora e estática, é preciso vê-lo em sua essencialidade dinâmica, com autonomia para construir e reconstruir sua identidade. Ele é pessoa – qualidade que lhe atribui identidade universal humana, de pertinência à dignidade humana.

---

8. Ibidem, p. 189.

O direito à identidade, como instrumento de inclusão social, de reconhecimento de diferenças, de fomento do pluralismo, de revelação da "verdade pessoal" (quem de fato a pessoa é), constitui a chave jurídica para a realização da dignidade humana.

Numa Constituição de perfil identitário aberto, como a brasileira, o indivíduo não precisa se submeter a um único modelo de identidade preconcebido politicamente a partir de pertencimentos ancorados em estruturas sociais vetustas de poder, sejam elas quais forem, principalmente as já conhecidamente sedimentadas na tradição familiar, religiosa ou estatal. Como pessoa, constante axiológica e gravitacional do sistema jurídico, tendo como convergência a força construtiva do *ser*, é digno para construir a si mesmo, a sua própria identidade, forjada pela autonomia política, social, moral e espiritual, na legítima luta pelo direito de realizar seu projeto de vida, buscar sua felicidade, na legalidade constitucional.

DA LEGITIMIDADE DA RECUSA À TRANSFUSÃO DE SANGUE NO TRATAMENTO DE SAÚDE POR PACIENTE TESTEMUNHA DE JEOVÁ

João Quinelato

> **Sumário:** 1. Do paternalismo ao consentimento informado: a autonomia da vontade na relação médico-paciente – 2. Um falso dilema: a indisponibilidade da vida *vs.* A autonomia para autodeterminação. Os direitos da personalidade e a suposta irrenunciabilidade – 3. A (falsa) colisão de direitos fundamentais e do equivocado *locus* privilegiado do direito à vida – 4. A liberdade de escolha religiosa e a objeção de consciência – 5. Autonomia, capacidade e consentimento em grupos vulneráveis – 6. Síntese conclusiva.

Recente Recurso Extraordinário posto em julgamento no Supremo Tribunal Federal[1] reacendeu os debates a respeito da legitimidade da recusa à transfusão de sangue no tratamento de saúde por pacientes Testemunha de Jeová, pondo-se a doutrina a revisitar o tema

Em razão de doença cardíaca, a paciente foi encaminhada pelo Sistema Único de Saúde (SUS) para o hospital local, a fim de realizar cirurgia de substituição de válvula aórtica. Afirma que, por ser testemunha de Jeová, decidiu submeter-se ao tratamento de saúde sem o uso de transfusões de sangue alogênico (sangue de terceiros), pretendendo ter resguardado seu direito de autodeterminação com a assunção dos possíveis riscos de um tratamento médico em detrimento de outro.

A equipe médica teria concordado com seus termos, com emissão de declaração escrita. Aduziu que, entretanto, a diretoria do hospital teria condicionado a realização da cirurgia à assinatura de documento de consentimento, por meio do qual a paciente deveria conceder autorização prévia para a realização de eventuais transfusões sanguíneas. Argumenta que, diante da impossibilidade de conceder tal autorização, a administração do nosocômio cancelou o procedimento cirúrgico.

É nesse contexto que foi ajuizou ação de obrigação de fazer em face dos entes mantenedores do SUS para obter o tratamento de saúde necessário. Em suas razões, a paciente afirma que sua determinação de se submeter a procedimento médico sem o uso de transfusões de sangue decorreria da sua consciência religiosa, de modo que a exigência de consentimento prévio para a realização de transfusões de sangue, como condição para o seu ingresso no centro cirúrgico, ofenderia a sua dignidade e o seu direito de acesso à saúde.

A controvérsia, portanto, cinge-se a determinar se a recusa é legítima e deve ser respeitada, à luz do relevante papel da autonomia da vontade do doente na relação mé-

---

1. STF, RE 1.212.272/AL, Rel. Min. Gilmar Mendes.

dico-paciente e, ainda, do candente debate doutrinário e jurisprudencial entre a suposta indisponibilidade da vida e a autonomia do paciente para autodeterminar-se.

1. DO PATERNALISMO AO CONSENTIMENTO INFORMADO: A AUTONOMIA DA VONTADE NA RELAÇÃO MÉDICO-PACIENTE

Similar à relação dos pais com seus filhos, por prolongado período a relação médico-paciente baseou-se no paternalismo, negando-se ao enfermo o reconhecimento de sua capacidade para tomada de decisão enquanto pessoa adulta.[2] É do Juramento de Hipócrates que se extrai o suposto modelo ético ideal na relação médico-paciente: "pelo que respeita à cura dos enfermos, ordenarei a dieta *segundo o meu melhor parecer* e manterei afastado deles todo o dano e todo o inconveniente".

As relações entre médicos e pacientes, assim, fundavam-se no paradigma do paternalismo médico, em um modelo de completo alijamento do paciente do processo de tomada das decisões médicas, concebendo-se o paciente não como um sujeito de direitos, mas, sim, objeto de serviços de saúde.[3]

O *princípio da beneficência*, consagrado no juramento de Hipócrates, assegurava que o doente deveria entregar todas as decisões de seu tratamento ao médico, quem se obrigava a sempre agir sempre agir no interesse do paciente, depositando-se no médico a sabedoria técnica e moral para tratar a doença da melhor forma possível. O paternalismo médico, portanto, "legitimava a intervenção do profissional por seus próprios critérios, ainda que sem a anuência do paciente ou contra sua vontade expressa".[4]

Foi com o fim da Segunda Guerra Mundial que se assistiu à superação do paradigma do paternalismo, especialmente com a introdução do Código de Nuremberg[5] que, em 1947, dispôs a obrigatoriedade do *consentimento informado* como requisito de validade de experiências médicas, diretrizes posteriormente incorporadas pela Declaração de Helsinki, editada pela Associação Médica mundial (AMM) em 1964. Em sua mais recente atualização, realizada pela Associação Médica Mundial em Outubro de 2013, determinam as diretrizes que "é dever dos médicos que estão envolvidos em pesquisa médica proteger a vida, a saúde, dignidade, integridade, *direito à autodeterminação*, privacidade e confidencialidade", reforçando-se a autodeterminação enquanto princípio fundante da bioética.[6]

---

2. BARBOZA, Heloisa Helena. A Autonomia da vontade e a relação médico-paciente no Brasil. In: RIBEIRO, Gustavo Pereira Leite; TEIXEIRA, Ana Carolina Brochado (Org.). *Bioética e direitos da pessoa humana*. Belo Horizonte: Del Rey Editora, 2012, p. 55.
3. BINENBOJM, Gustavo. Parecer 09/2009: Direito de recusa de paciente, que se declara Testemunha de Jeová, quanto ao recebimento de transfusão de sangue. *Revista de Direito da Procuradoria Geral do Estado do Rio de Janeiro*, v. 65, p. 299, 2010.
4. BARBOZA, Heloisa Helena. A autonomia da vontade e a relação médico-paciente no Brasil. *Lex Medicinae* – Revista Portuguesa de Direito da Saúde. 2:7. 2004.
5. PEREIRA, André Gonçalo Dias. *Consentimento informado na relação médico-paciente*. Coimbra: Coimbra Editora, 2004, p. 58.
6. A Declaração de Helsinque é um conjunto de princípios éticos que regem a pesquisa com seres humanos, redigida pela Associação Médica Mundial em 1964, considerado como importante documento na história da ética em

Paulatinamente assistiu-se à substituição do paternalismo médico pela *autonomia do paciente*. Testemunha-se a transição do paradigma paternalista à autonomia do paciente, não se reconhecendo ao profissional "mais autoridade para impor determinada terapia ou para se substituir ao indivíduo nas decisões essenciais a respeito de sua integridade física e moral."[7] A ruptura do paradigma médico-paternalista e a emergência da autonomia do paciente não se dá, a toda evidência, de forma abrupta, mas sim a partir da projeção da autonomia do indivíduo nas relações médico-paciente, somados à ampliação do gradual acesso à educação, ao conhecimento e massificação da medicina.[8]

Passa-se a considerar o paciente sujeito de uma relação jurídica, de modo que a sua *autoderminação* seja fundante para a execução de seu diagnóstico e tratamento. A autodeterminação, entretanto, não deve vir só: deve ser acompanhada de esclarecimento e informação, consagrando o princípio da *autodeterminação informativa*,[9] considerando o paciente sujeito de direitos e deveres e, em especial, o direito de ser informado claramente acerca dos riscos inerentes à sua escolha.[10]

Para que o paciente possa optar entre diferentes possíveis tratamentos – ou até optar por nenhum tratamento – caberá ao médico e todos os demais profissionais envolvidos no tratamento informar e esclarecer os procedimentos que serão adotados, possibilidades de sucesso e riscos aos quais estará o paciente submetido.[11]

O dever de informação do profissional médico ao paciente corresponde a uma "projeção especial do princípio da boa-fé objetiva, que impõe as partes envolvidas não só uma perspectiva de confiança como uma obrigação de lealdade recíproca".[12] E vai

pesquisa, e surge como o primeiro esforço significativo da comunidade médica para regulamentar a matéria. Sua atualização mais recente foi feita por ocasião da 64ª Assembleia Geral da Associação Médica Mundial, realizada em Outubro de 2013 em Fortaleza. A Versão em português atualizada encontra-se disponível em: https://www.wma.net/wp-content/uploads/2016/11/491535001395167888_DoHBrazilianPortugueseVersionRev.pdf.

7. BARROSO, Luís Roberto. Legitimidade da recusa de transfusão de sangue por testemunhas de Jeová. Dignidade humana, liberdade religiosa e escolhas existenciais. *Revista Trimestral de Direito Civil*. ano 11. v. 42. p. 49-91. Rio de Janeiro: Padma, abr.-jun. 2010.
8. BINENBOJM, Gustavo. Parecer 09/2009: Direito de recusa de paciente, que se declara Testemunha de Jeová, quanto ao recebimento de transfusão de sangue. *Revista de Direito da Procuradoria Geral do Estado do Rio de Janeiro*, v. 65, p. 299, 2010.
9. "Identifica-se na adequada informação e concordância do paciente – isto é, no consentimento livre e esclarecido – um excelente parâmetro objetivo para a verificação da responsabilidade civil médica e hospitalar: a ausência de cometimento informado é, por si só, uma comprovação da inadequada prestação do serviço, enquanto sua existência serve, em princípio, para indicar que o paciente livremente assumiu aquele risco, não podendo transferir agora a responsabilidade a terceiros. Concilia-se, assim, a proteção do paciente com o respeito a sua autonomia (...)". (KONDER, Carlos Nelson; DALSENTER, Thamis. Questões atuais da responsabilidade civil médica hospitalar. In: BROCHADO, Ana Carolina; DADALTO, Luciana (Org.) *Dos hospitais aos tribunais*. Belo Horizonte: Del Rey, 2013, p. 496).
10. NUNES, Lydia Neves Bastos Telles. O consentimento informado na relação médico-paciente: respeitando a dignidade da pessoa humana. *Revista Trimestral de Direito Civil*: RTdC, v. 8, n. 29, p. 95-110, jan./mar. 2007.
11. Para o jurista italiano Stefano Rodotà, o consentimento informado consiste "em uma série de disposições que prescrevem quais devam ser as informações fornecidas ao interessado para que seu consentimento seja validamente expresso." (RODOTÀ, Stefano. *A vida na sociedade da vigilância*: a privacidade hoje. Rio de Janeiro: Renovar, 2008, p. 75).
12. TEPEDINO, Gustavo, BARBOZA, Heloisa Helena; BODIN DE MORAES, Maria Celina. *Código Civil interpretado conforme a Constituição da República*. Rio de Janeiro: Renovar, 2014, v. 1, p. 44.

muito além da mera contratualização: o princípio da autonomia da vontade na relação médico-paciente transcende da mera relação contratual na medida em que, ainda que exista um contrato, cuida-se de relação não apenas patrimonial *vis-à-vis* a intervenção do médico no corpo do paciente, exigindo-se seu consentimento.[13]

O *consentimento*, diga-se, não será restrito à mera assinatura de formulários autorizativos ou pré-prontos, devendo transmutar-se em efetivo esclarecimento pessoal, claro e dialógico com o paciente, devendo a aferição do consentimento ser feita casuisticamente levando-se em conta o conteúdo (e não só a forma) de como e com o que consentiu o paciente.[14]

A crise do estatuto científico da medicina, enquanto suposto conjunto ético, técnico, deontológico e científico como suficiente em si mesmo, torna essencial a participação do paciente em decisões médicas, reconhecendo-se que o paciente, sujeito que suportará as consequências da terapêutica, tem o direito subjetivo de ser informado e exercer sua autonomia quanto à aceitação do tratamento.[15]

A *autodeterminação informada* já encontra eco na legislação infraordinária pátria, a saber, na Resolução CNS 196/96 (que consagra o direito à recusa livre, voluntária e esclarecida) do paciente de quaisquer diagnósticos, preventivos ou terapêuticos, salvo se a recusa atentar contra a saúde pública. Encontra arrimo, ainda, na *Carta dos Direitos dos Usuários da Saúde* (Portaria 675/06), de 30 de março de 2006, instrumento que consagra o direito (e a responsabilidade) de todo cidadão se comprometer a assumir as responsabilidades pela recusa a tratamentos recomendados e pela inobservância das instruções das equipes de saúde.[16]

Extrai-se da Declaração Universal sobre Bioética e Direitos Humanos da UNESCO (2005) que, a despeito da exigência do consentimento informado, "qualquer intervenção médica preventiva, diagnóstica e terapêutica só deve ser realizada com o consentimento prévio, livre e esclarecido do indivíduo envolvido, baseado em informação adequada. O consentimento deve, quando apropriado, ser manifesto e poder ser retirado pelo

---

13. BARBOZA, Heloisa Helena. A autonomia da vontade e a relação médico-paciente no Brasil. In: RIBEIRO, Gustavo Pereira Leite; TEIXEIRA, Ana Carolina Brochado (Org.). *Bioética e direitos da pessoa* humana. Belo Horizonte: Del Rey, 2011, p. 60.
14. "Ressalte-se, porém, a necessidade de um olhar mais amplo do médico quanto à concepção de vida e às escolhas existenciais do paciente, em processo dialógico do qual a assinatura de um termo de consentimento deve ser apenas um fator adicional de segurança para ambas as partes." (NUNES DE SOUZA, Eduardo. *Do erro à culpa na responsabilidade civil do médico*: estudo na perspectiva civil-constitucional. Rio de Janeiro: Renovar, 2015, p. 163).
15. BINENBOJM, Gustavo. Parecer 09/2009: Direito de recusa de paciente, que se declara Testemunha de Jeová, quanto ao recebimento de transfusão de sangue. *Revista de Direito da Procuradoria Geral do Estado do Rio de Janeiro*, v. 65, 2010, p. 299. Acerca do consentimento informado, vide, ainda, KONDER, Carlos Nelson. O consentimento no biodireito. *Revista Trimestral de Direito Civil*, 4, n. 15, p. 41–71, jul./set., 2003. Rio de Janeiro: Padma, 2000, p. 59.
16. Ministério da Saúde, Portaria GM/MS 675, de 30 de março de 2006, que aprova a Carta dos Direitos dos Usuários da Saúde e que consolida os direitos e deveres do exercício da cidadania na saúde em todo o País. Disponível em: http://www.saude.pr.gov.br/arquivos/File/CIB/LEGIS/PortGMMS_675_30marco_2006_carta_dos_direitos.pdf. Acesso em: 25 nov. 2019.

indivíduo envolvido a qualquer momento e por qualquer razão, sem acarretar desvantagem ou preconceito".[17]

Já a resolução 2.232/19 do Conselho Federal de Medicina, editada em 16 de setembro de 2019, que estabelece normas éticas para a recusa terapêutica por pacientes e objeção de consciência na relação médico-paciente, aparentemente consagra o direito à autodeterminação informada do paciente:[18]

> Art. 2º. É assegurado ao paciente maior de idade, capaz, lúcido, orientado e consciente, no momento da decisão, o direito de recusa à terapêutica proposta em tratamento eletivo, de acordo com a legislação vigente.
>
> Parágrafo único. O médico, diante da recusa terapêutica do paciente, pode propor outro tratamento quando disponível.

É nesse passo, portanto, que a exigência de consentimento informado, como expressão do direito de autodeterminação da pessoa humana, vem transformar a relação entre médico e paciente, substituindo o paternalismo de outrora por uma participação ativa do enfermo nas decisões terapêuticas, deixando o doente "de ser mero *paciente* para se ornar *agente* do processo de cura, como expressão do seu direito de autodeterminação no campo biológico".[19]

A própria jurisprudência vem paulatinamente reconhecendo o direito à autodeterminação do paciente como manifestação de sua dignidade.[20]

As raras hipóteses de exceção são aquelas que dizem respeito à proteção da saúde pública, tais como a ilegítima recusa de vacinação do indivíduo que põe em risco não só a saúde da pessoa não imunizada mas também às pessoas com as quais ela entra em contato.[21] Ainda no campo das exceções, estão as aplicações de me-

---

17. Declaração Universal sobre Bioética e Direitos Humanos da UNESCO. Disponível em: http://bvsms.saude.gov.br/bvs/publicacoes/declaracao_univ_bioetica_dir_hum.pdf. Acesso em: 18 nov. 2019.
18. Resolução 2.232/19 do Conselho Federal de Medicina, publicada no Diário Oficial da União em 16 de setembro de 2019 (Seção I, p. 113-4), que estabelece normas éticas para a recusa terapêutica por pacientes e objeção de consciência na relação médico-paciente. Disponível em: https://sistemas.cfm.org.br/normas/visualizar/resolucoes/BR/2019/2232. Acesso em: 20 nov. 2019.
19. TEPEDINO, Gustavo; SCHREIBER, Anderson. O extremo da vida: eutanásia, acanimento terapêutico e dignidade humana. *Revista Trimestral de Direito Civil*, ano 10, v. 39, p. 3-17. Rio de Janeiro: Padma, jul.-set. 2009.
20. "No contexto do confronto entre o postulado da dignidade humana, o direito à vida, à liberdade de consciência e crença, é possível que aquele que professa a religião denominada Testemunha de Jeová não seja judicialmente compelido pelo Estado a realizar transfusão de sangue em tratamento quimioterápico, especialmente quanto existem outras técnicas alternativas a serem exauridas para a preservação do sistema imunológico"(TJMG, 1ª Câmara Cível, Ag. 1.0701.07.191519-6/00(1), Rel. Des. Alberto Vilas boas, j. em 14.08.2007).
21. Supremo Tribunal Federal, *Habeas Corpus* 71373, pleno Rel. Min. Francisco Rezek, Rel. p/ Acordão Min. Marco Aurélio, julg. em 10.11.1994. Acerca da vacinação compulsória, vide o art. 14 § 1º do ECA: "Art. 14. O Sistema Único de Saúde promoverá programas de assistência médica e odontológica para a prevenção das enfermidades que ordinariamente afetam a população infantil, e campanhas de educação sanitária para pais, educadores e alunos. § 1º É obrigatória a vacinação das crianças nos casos recomendados pelas autoridades sanitárias.". Vide, ainda, Portaria 3.318/2010 que trata das vacinas obrigatórias para crianças, adolescentes, adultos e idosos.

didas de segurança em sede criminal,[22] ou internações psiquiátricas determinadas judicialmente.[23]

Se o risco a que está submetido o paciente, entretanto, é exclusivamente individual, "a vontade informada do paciente deve ser respeitada, como imperativo da proteção à sua autodeterminação e à dignidade humana".[24] A autodeterminação do paciente assegura que o paciente não seja meio para a realização da vontade médica desconexa da sua autonomia de determinar o destino de sua própria vida, assegurando-se "a não instrumentalização do ser humano, significando que este jamais poderá ser considerado objeto de intervenções e experiências, mas será sempre sujeito de seu destino e de suas próprias escolhas."[25]

2. UM FALSO DILEMA: A INDISPONIBILIDADE DA VIDA *VS.* A AUTONOMIA PARA AUTODETERMINAÇÃO. OS DIREITOS DA PERSONALIDADE E A SUPOSTA IRRENUNCIABILIDADE

Em contrariedade à *autodeterminação informada* do paciente, aqueles que negam o reconhecimento desse direito o interpretam no sentido de que decidir sobre o próprio destino nas hipóteses em que se vislumbra risco de vida na recusa de determinado tratamento seria postura contrária à indisponibilidade da vida, fundamentando-se que "a disponibilidade da vida não poderia ser invocada como um direito subjetivo por ser a vida um bem indisponível."[26] Em arrimo à essa posição, estaria o art. 41 do Código de Ética Médica, que assim dispõe: "É vedado ao médico: (...) *abreviar a vida do paciente, ainda que a pedido deste ou de seu representante legal.*"[27]

Enuncia-se equivocadamente que os direitos da personalidade, listados exemplificativamente entre os arts. 11 a 21 do Código Civil Brasileiro, têm como características

---

22. Art. 96. As medidas de segurança são: I – Internação em hospital de custódia e tratamento psiquiátrico ou, à falta, em outro estabelecimento adequado; II – sujeição a tratamento ambulatorial. Parágrafo único. Extinta a punibilidade, não se impõe medida de segurança nem subsiste a que tenha sido imposta. Art. 97. Se o agente for inimputável, o juiz determinará sua internação (art. 26). Se, todavia, o fato previsto como crime for punível com detenção, poderá o juiz submetê-lo a tratamento ambulatorial.
23. Nesse sentido, dispõe a Lei 10.216 de 6 de abril de 2001, que dispõe sobre a proteção e os direitos das pessoas portadoras de transtornos mentais e redireciona o modelo assistencial em saúde mental, assim dispondo: "Art. 8º A internação voluntária ou involuntária somente será autorizada por médico devidamente registrado no Conselho Regional de Medicina – CRM do Estado onde se localize o estabelecimento. Art. 9º A internação compulsória é determinada, de acordo com a legislação vigente, pelo juiz competente, que levará em conta as condições de segurança do estabelecimento, quanto à salvaguarda do paciente, dos demais internados e funcionários.
24. TEPEDINO, Gustavo; SCHREIBER, Anderson. O extremo da vida: eutanásia, acanimento terapêutico e dignidade humana. *Revista Trimestral de Direito Civil*, ano 10, v. 39, p. 3-17, jul.-set. 2009. Rio de Janeiro: Padma, 2009, p. 7.
25. BODIN DE MORAES, Maria Celina. O princípio da dignidade da pessoa humana. *Princípios de direito civil contemporâneo*. Rio de Janeiro: Renovar, 2006, p. 34.
26. DINIZ, Maria Helena. *O Estado atual do biodireito*. São Paulo: Saraiva, 2008, p. 395.
27. Código de Ética Médica, disponível em: http://www.portalmedico.org.br/novocodigo/integra_5.asp. Acesso em: 18 nov. 2019.

a *intransmissibilidade*, a *irrenunciabilidade, inalienáveis* e *vitaliciedade*,[28] a partir da interpretação dos arts. 11 e 15 do Código Civil, senão vejamos:

> Art. 11. Com exceção dos casos previstos em lei, os direitos da personalidade são intransmissíveis e irrenunciáveis, não podendo o seu exercício sofrer limitação voluntária.

> Art. 15. Ninguém pode ser constrangido a submeter-se, com risco de vida, a tratamento médico ou a intervenção cirúrgica.

Ocorre que exegese dos direitos da personalidade deve dar-se, em verdade, não a partir de características abstratas e herméticas mas, sim, orientada a partir da cláusula geral de tutela da dignidade da pessoa humana.

A interpretação inicial do art. 11 do Código Civil poderia conduzir à conclusão de que os direitos da personalidade – dentre eles o direito à vida – não poderia sofrer limitação voluntária. A *irrenunciabilidade* constante da dicção literal do art. 11, contudo, vem sendo temperada pela doutrina, defendendo-se que "um enunciado normativo que pretenda estabelecer uma impossibilidade genérica da restrição aos direitos da personalidade, ainda que voluntária, acaba por evocar uma realidade não apenas contrafactual, mas também incompatível com o pluralismo consagrado pela Constituição. A única leitura possível de tal dispositivo seria no sentido de entender que ela veda disposições caprichosas ou fúteis."[29]

É dizer que se admite a *autolimitação dos direitos da personalidade* quando a vontade do indivíduo estiver voltada à realização de sua dignidade, isto é, "a autolimitação ao exercício dos direitos da personalidade deve ser admitida pela ordem jurídica quando atenda genuinamente ao propósito da realização da personalidade do seu titular. Deve, ao contrário, ser repelida sempre que guiada por interesses que não estão própria ou imediatamente voltados à realização da dignidade daquela pessoa."[30] É no mesmo caminho que dispõem diferentes enunciados do Centro de Estudos Judiciários do Conselho de Justiça Federal (CEJ).[31]

A leitura do art. 15 do Código Civil, de outro giro, também não revela dever do médico de preservação da vida do paciente a qualquer custo. O dispositivo está a indicar, ao contrário, a permissão de recusa pelo paciente a qualquer tratamento que lhe expuser a risco, restando dúvida acerca da autorização legal para que o paciente recuse tratamento

---

28. GONÇALVES, Carlos Roberto. *Direito Civil Brasileiro*. São Paulo: Saraiva, 2010, v. 1: parte geral, p. 188.
29. BARROSO, Luís Roberto. Legitimidade da recusa de transfusão de sangue por testemunhas de Jeová. Dignidade humana, liberdade religiosa e escolhas existenciais. *Revista Trimestral de Direito Civil*. ano 11. v. 42. p. 49-91. Rio de Janeiro: Padma, abr.-jun. 2010.
30. SCHREIBER, Anderson. *Direitos da Personalidade*. São Paulo: Atlas, 2014, p. 27.
31. Enunciado 139 da III Jornada de Direito Civil (2004): "Os direitos da personalidade podem sofrer limitações, ainda que não especificamente previstas em lei, não podendo ser exercidos com abuso de direito de seu titular, contrariamente à boa-fé objetiva e aos bons costumes". Enunciado 274 da IV Jornada de Direito Civil (2006): "Os direitos da personalidade, regulados de maneira não exaustiva pelo Código Civil, são expressões da cláusula geral de tutela da pessoa humana, contida no art. 1º, inc. III, da Constituição (princípio da dignidade da pessoa humana). Em caso de colisão entre eles, como nenhum pode sobrelevar os demais, deve-se aplicar a técnica da ponderação".

que coloque sua vida em risco.[32] Uma leitura mais atenta do dispositivo revela que se privilegia a escolha pessoal do indivíduo acerca dos destinos de seu tratamento, podendo-se enxergar o art. 15 como mais uma confirmação de que diante escolhas existenciais – ou religiosas – especialmente relevantes, o valor da vida não é absoluto e poderá ser ceder espaço à autodeterminação do indivíduo.[33] Reafirma-se tal entendimento por meio do Enunciado 533 da IV Jornada de Direito Civil do Conselho de justiça Federal.[34]

É dizer que "o direito de recusa ao tratamento médico decorre do princípio da autonomia e da inexistência da obrigação jurídica de viver, cabendo à própria pessoa decidir, individualmente, seja por razões morais, filosóficas ou religiosas, o destino de sua vida. Não caberia ao Estado intervir na liberdade do cidadão, mormente, quanto esta não afeta direito de terceiros."[35]

A Resolução CREMERJ 136/99 dispõe sobre a conduta do médico diante da recusa de paciente em receber transfusão de sangue e/ou seus derivados, estabelecendo em seu art. 3º que deverá o médico *realizar a transfusão de sangue* na hipótese de risco de vida ao paciente, senão vejamos:

> Art. 3º. O médico, verificando a existência de risco de vida para o paciente, em qualquer circunstância, deverá fazer uso de todos os meios ao seu alcance para garantir a saúde do mesmo, *inclusive efetuando a transfusão de sangue* e/ou seus derivados, comunicando, se necessário, à Autoridade Policial competente sobre sua decisão, caso os recursos utilizados sejam contrários ao desejo do paciente ou de seus familiares.[36]

Na mesma toada, a Resolução 2.232/19 do Conselho Federal de Medicina, editada em 16 de setembro de 2019, que estabelece normas éticas para a recusa terapêutica por pacientes e objeção de consciência na relação médico-paciente, igualmente assegura ao médico a prerrogativa de desrespeitar a recusa de tratamento na hipótese de risco de vida, senão vejamos:

---

32. "Se o ordenamento jurídico proibiu que o paciente seja constrangido a submeter-se a tratamento ou intervenção cirúrgica com risco de vida. Se permitiu que o idoso opte pelo tratamento de saúde que lhe for reputado mais favorável [à luz do art. 17 do Estatuto do Idoso]; se exigiu que o potencial receptor de um órgão transplantado consinta com o transplante e que este só ocorra quando o paciente tiver sido esclarecido quanto à excepcionalidade e os riscos do tratamento [à luz do art. 10 da Lei 9.434/97]; por que o paciente Testemunha de Jeová não poderia recusar submeter-se à transfusão de sangue?" (NERY JR., Nelson. Direito de liberdade e a recusa de tratamento por motivo religioso. *Doutrinas Essenciais de Direito Constitucional*. São Paulo: Ed. RT, 2015, v. 8, p. 18).
33. "Em oposição à cultura paternalista que presidiu, no passado, a relação médico-paciente, tem-se ressaltado cada vez mais a necessidade de participação do enfermo nas decisões concernentes ao seu tratamento" (SCHREIBER, Anderson [et al]. *Código Civil Comentado – doutrina e jurisprudência*. Rio de Janeiro: Forense, 2019, p. 18).
34. Enunciado 533 da VI Jornada de Direito Civil: "O paciente plenamente capaz poderá deliberar sobre todos os aspectos concernentes a tratamento médico que possa lhe causar risco de vida, seja imediato ou mediato, salvo as situações de emergência ou no curso de procedimentos médicos cirúrgicos que não possam ser interrompidos."
35. PEREIRA, Paula Moura Francesconi De Lemos. *Relação médico-paciente: o respeito à autonomia do paciente e a responsabilidade civil do médico pelo dever de informar*. Dissertação (mestrado). Universidade do Estado do Rio de Janeiro, Faculdade de Direito, 2010, p. 113.
36. Resolução Cremerj 136/1999, publicada no Diário Oficial do Estado do Rio de Janeiro em 19/02/1999, que dispõe sobre a postura do médico diante da recusa de paciente em receber transfusão de sangue e/ou seus derivados e revoga as disposições em contrário. Disponível em: https://sistemas.cfm.org.br/normas/visualizar/resolucoes/RJ/1999/136#search=%22recusa%20transfus%C3%A3o%22. Acesso em: 20 nov. 2019.

Art. 10. Na ausência de outro médico, em casos de urgência e emergência e quando a recusa terapêutica trouxer danos previsíveis à saúde do paciente, a relação com ele não pode ser interrompida por objeção de consciência, *devendo o médico adotar o tratamento indicado, independentemente da recusa terapêutica do paciente.*

Art. 11. Em situações de urgência e emergência que caracterizarem iminente perigo de morte, o médico deve adotar todas as medidas necessárias e reconhecidas para preservar a vida do paciente, *independentemente da recusa terapêutica.*[37]

As normas administrativas representam uma expressão atávica do paternalismo médico, na contramão de sua superação. Respeita-se a vontade do paciente até o limite do risco de morte, momento a partir do qual a autodeterminação do paciente deixa de ser lavada a sério, supondo-se que "séria seria tão e somente a decisão heterônoma – supostamente técnica, objetiva e asséptica (de subjetividade!) – do médico."[38]

A primazia à interpretação das normas deontológicas em detrimento das normas constitucionais traria uma inversão hierárquica entre as fontes normativas: ler-se-ia a Constituição da República à luz das Resoluções do Conselho Federal de Medicina. A solução da divergência posta, entretanto, deve dar-se de forma inversa: "a solução do dilema deve ser perquirida, muito ao contrário, no próprio texto constitucional, onde a proteção à dignidade da pessoa humana é indicada logo no art. 1º como fundamento da República, enquanto que o direito à vida, sem prejuízo de sua inegável importância, figura no art. 5º, entre tantos outros direitos aos quais a comunidade jurídica reconhece caráter relativo, como o direito à liberdade individual e o direito à propriedade privada."[39]

O *atavismo paternalista* exprimido nas referidas normas deontológicas é incompatível com a Constituição da República, que erigida em bases liberais e democráticas, encontra no princípio da dignidade da pessoa humana o seu epicentro axiológico,[40] considerando-se cada homem como um fim em si mesmo, titular de autonomia decisória sobre sua vida, seu corpo e seu destino, encontrando sua autonomia limites tão e somente na hipótese de causar danos a outrem.[41]

---

37. Resolução 2.232/19 do Conselho Federal de Medicina, publicada no Diário Oficial da União em 16 de setembro de 2019 (Seção I, p. 113-4), que estabelece normas éticas para a recusa terapêutica por pacientes e objeção de consciência na relação médico-paciente. Disponível em: https://sistemas.cfm.org.br/normas/visualizar/resolucoes/BR/2019/2232. Acesso em: 20 nov. 2019.
38. BINENBOJM, Gustavo. Parecer 09/2009: Direito de recusa de paciente, que se declara Testemunha de Jeová, quanto ao recebimento de transfusão de sangue. *Revista de Direito da Procuradoria Geral do Estado do Rio de Janeiro*, v. 65, p. 299, 2010.
39. TEPEDINO, Gustavo; SCHREIBER, Anderson. O extremo da vida: eutanásia, acanimento terapêutico e dignidade humana. *Revista Trimestral de Direito Civil*, ano 10, v. 39, p. 3-17, jul.-set. 2009. Rio de Janeiro: Padma, 2009.
40. "A dignidade da pessoa humana pode ser definida como 'o núcleo existencial essencialmente comum a todas as pessoas, como membros iguais do gênero humano, impondo-se um dever geral de respeito, tutela e intocabilidade'" (LÔBO, Paulo. *Direito Civil: parte geral.* 4. ed. São Paulo: Saraiva, 2013, p. 76).
41. BINENBOJM, Gustavo. Parecer 09/2009: Direito de recusa de paciente, que se declara Testemunha de Jeová, quanto ao recebimento de transfusão de sangue. *Revista de Direito da Procuradoria Geral do Estado do Rio de Janeiro*, v. 65, 2010, p. 299.

Uma equivocada interpretação, assim, daria prevalência interpretativa à regra deontológica e administrativa, mais específica, em detrimento da norma geral e abstrata – da dignidade da pessoa humana, raciocínio perigoso, inconstitucional e contrário à unidade do ordenamento jurídico, que deverá ser lido à luz do fundamento da República – a dignidade da pessoa humana, insculpida no art. 1º III da Carta Maior.[42]

Vislumbra-se, pois, como corolário do direito à autodeterminação da pessoa a sua opção por tratamentos menos invasivos, menos dolorosos ou mesmo sua consciente decisão de não receber tratamento algum. E essa escolha pessoal do paciente, assim, "não se sujeita a qualquer tipo de avaliação do terapeuta da sociedade, que não seja àquela que diz respeito à sua plena capacidade de decidir e à sua mais completa informação acerca das opções possíveis e suas possíveis consequências."[43]

3. A (FALSA) COLISÃO DE DIREITOS FUNDAMENTAIS E DO EQUIVOCADO *LOCUS* PRIVILEGIADO DO DIREITO À VIDA

Decisões judiciais vêm condenando Testemunhas de Jeová a compulsoriamente submeterem-se a tratamentos médicos que envolvam a transfusão de sangue.[44] As referidas decisões fundam-se, em síntese, no *(i)* suposto conflito entre o bem jurídico

---

42. "Não se pode atribuir ao legislador infraconstitucional, mesmo quando codificador, a tarefa de estabelecer o sentido e o alcance dos princípios fundamentais do ordenamento, concretizando-os livremente, segundo valorações setoriais. Em outras palavras, as normas infraconstitucionais, pelo fato de conterem maior densidade analítica, não servem de decifradores ou tradutores dos valores constitucionais. Semelhante entendimento acabaria por subverter a ordem hierárquica do ordenamento, aplicando-se os princípios fundamentais à luz de regras infraconstitucionais, a autorizar, por vezes, o empalidamento, senão o aniquilamento, das prioridades axiológicas estabelecidas constitucionalmente. Cuida-se de aplicar cada norma infraconstitucional juntamente com os princípios fundamentais, de tal maneira que estas definam o sentido daquela." (TEPEDINO, Gustavo. Itinerário para um imprescindível debate metodológico. *Revista Trimestral de Direito Civil*, n. 35, p. iii. Rio de Janeiro: Padma, jul.-set. 2008).
43. TEPEDINO, Gustavo; SCHREIBER, Anderson. O extremo da vida: eutanásia, acanimento terapêutico e dignidade humana. *Revista Trimestral de Direito Civil*, ano 10, v. 39, p. 3-17, jul.-set. 2009. Rio de Janeiro: Padma, 2009, p. 10.
44. "(...) Paciente Testemunha de Jeová. Recebimento de transfusão de sangue. Liberdade de crença. Risco iminente de morte. Prevalência do direito à vida (...). O ordenamento jurídico pátrio assegura ao paciente o direito de recusar determinado tratamento médico, dentre o qual se inclui o de receber transfusão de sangue. *Há casos, entretanto, em que a proteção do direito à liberdade de crença, em níveis extremos, defronta-se com outro direito fundamental, norteador de nosso sistema jurídico-constitucional, a saber, o direito à vida.* Nesse aspecto, quando se estiver diante de um cenário em que há iminente e sério risco à vida, havendo recurso terapêutico capaz de reverter o quadro clínico, *o Estado e, por conseguinte, seus agentes devem atuar para impedir a morte do paciente, mesmo que contrário à sua vontade.* (...) A ministração de transfusão de sangue em indivíduo Testemunha de Jeová por médico da rede pública de saúde configura estrito cumprimento do dever legal, o que afasta o dever de responsabilização por eventuais danos morais sofridos pela pleiteante. (...). (TJMG, Ap. Cível, 1.0024.09.566988-3/001, Rel. Des. Wilson Benevides, 7ª C. Cível, julg. em 30.10.2018). No mesmo sentido: "A restrição à liberdade de crença religiosa encontra amparo no princípio da proporcionalidade, porquanto ela é adequada a preservar à saúde da autora: é necessária porque em face do risco de vida a transfusão de sangue torna-se exigível e, por fim ponderando-se entre vida e liberdade de crença, pesa mais o direito à vida, principalmente em se tratando não da vida de filha menor impúbere." (TRF-4, AC 2003.71.02.000155-6, Rel. Vânia Hack de Almeida, julg. em 24.10.2006, 3ª Turma). No mesmo sentido: TJRJ, 18ª Câmara Cível, Ag. De Instr. 2004.002.13229. Rel. Des. Carlos Eduardo Passos, julg. em 05.10.2004; TJSP, Apelação Cível n. 123.430-4 – Sorocaba, 3ª Câmara de Direito Privado, Rel. Des. Flávio Pinheiro, j. em 07.05.02; TJRS, Ap. Cível 595000373, 6ª Câmara Cível, Rel. Des. Sérgio Gischkow Pereira, julg. em 28.03.1995).

vida e *liberdade religiosa* e *(ii)* na duvidosa posição preferencial do direito à vida frente a outros direitos fundamentais.

O Egrégio Supremo Tribunal Federal já decidiu que inexiste hierarquia do direito à vida sobre os demais direitos, seja pela admissão pelo próprio texto constitucional pela pena de morte (art. 5º XLVII) seja pela própria previsão do aborto humanitário no Código Penal como causa de excludente de ilicitude do tipo penal de aborto.[45]

Corroborando tal entendimento, está a decisão do Egrégio Supremo Tribunal Federal, nos autos da ADPF 54, que decidiu pela prevalência do direito à autodeterminação do seu próprio corpo pela mulher no caso de aborto de feto anencéfalos, de modo que a suposta prevalência do direito à vida do feto – superadas as discussões de vida ou não do feto anencéfalo – deveria ceder em prol da proteção da dignidade da mulher:

> Está em jogo o direito da mulher de autodeterminar-se, de escolher, de agir de acordo com a própria vontade num caso de absoluta inviabilidade de vida extrauterina. Estão em jogo, em última análise, a privacidade, a autonomia e a dignidade humana dessas mulheres. Hão de ser respeitadas tanto as que optem por prosseguir com a gravidez – por sentirem-se mais felizes assim ou por qualquer outro motivo que não nos cumpre perquirir – quanto as que prefiram interromper a gravidez, para pôr fim ou, ao menos, minimizar um estado de sofrimento.[46]

Se é com certo grau de certeza que se pode dizer que inexiste hierarquia entre direitos fundamentais, também se pode afirmar que é um falso dilema afirmar-se que para a solução do presente caso assiste-se a uma colisão de direitos fundamentais (vida *vs.* liberdade de crença).

Para Robert Alexy, a ponderação seria a ferramenta para solucionar-se a colisão de direitos fundamentais, para quem essas colisões nascem "quando a realização do direito fundamental de um titular de direitos fundamentais tem repercussões negativas sobre direitos fundamentais de outros titulares de direitos fundamentais".[47] Quando se entende pela colisão do direito à vida *vs.* o direito à liberdade religiosa, e conclui-se pela prevalência do direito à vida, comete-se, em verdade, incorreção dogmática, já que a colisão de direitos fundamentais somente ocorreria se houvesse colisão com direitos fundamentais de outrem. E, em verdade, a Testemunha de Jeová não põe em risco nenhum direito de outrem.[48]

Na medida em que o adepto da religião Testemunha de Jeová, para exercício de sua crença religiosa, não põe em risco direitos fundamentais de terceiros, evidencia-se uma

---

45. STF, ADPF 54, Rel. Min. Marco Aurélio, processo número 0002072-86.2004.0.01.0000, julg. em 11.04.2012, publicado no DJe de 20.04.2012.
46. Voto do Min. Marco Aurélio, relator, na ADPF 54, Rel. Min. Marco Aurélio, processo número 0002072-86.2004.0.01.0000, julg. em 11.04.2012, publicado no DJe de 20.04.2012.
47. ALEXY, Robert. *Constitucionalismo discursivo*. Porto Alegre: Livraria do Advogado, 2007, p. 57.
48. "Não temos receio em afirmar ser ilegítima e inaplicável a invocação da teoria da ponderação de interesses para pretender respaldar decisões judiciais que obrigam praticantes de determinada religião a realizarem a transfusão de sangue. Nesse quadro, a suposta ponderação de interesses entre a vida e a liberdade religiosa apresenta-se como um falso problema". (NERY JR., Nelson. Direito de liberdade e a recusa de tratamento por motivo religioso. *Doutrinas Essenciais de Direito Constitucional*, São Paulo: Ed. RT, 2015, v. 8, p. 11).

falsa colisão de direitos fundamentais, para a qual sequer é necessário recorrer-se ao método da ponderação. O reconhecimento do direito à autodeterminação e do direito à liberdade de crença enquanto direitos fundamentais já bastará, por si só, enquanto fundamento constitucional legítimo para reconhecer-se a legitimidade de recusa a tratamento médico pelo fiel.

Caso em que, de fato, o exercício da convicção religiosa poderia importar na colisão de direitos fundamentais alheios seria a hipótese que ainda será objeto da análise por esse Egrégio Supremo Tribunal Federal, em que se analisa o dever do Estado de custear tratamentos diferenciados aos fiéis de Testemunha de Jeová em respeito à sua convicção religiosa (RE 979.742/AM, Rel. Min. Luís Roberto Barroso) – hipótese distinta da presente.[49]

O custeio pelo Estado de políticas públicas específicas necessárias à concretização da autodeterminação da Testemunha de Jeová não apresentaria, à primeira vista, guarida constitucional, já que admitir que o exercício de convicção religiosa autorize a alocação de recursos públicos escassos colidiria com direitos de terceiros que ficariam à mercê de um tratamento no sistema público e restaram prejudicados em razão das despesas adicionais incorridas em favor dos fiéis.

Em outras palavras, colocaria-se em tensão a realização de outros princípios constitucionais ao se exigir que o sistema de saúde absorva toda e qualquer pretensão individual, como se houvesse na Constituição o direito a um trunfo ilimitado, levando à ruína qualquer tentativa de estruturação de serviços públicos universais e igualitários, conforme já discorrido pelo Min. Barroso:

> Admitir que o exercício de convicção religiosa autoriza a alocação de recursos públicos escassos coloca em tensão a realização de outros princípios constitucionais. Não se pode afastar que a demanda judicial por prestação de saúde não incorporada ao sistema público impõe a difícil ponderação do direito à vida e à saúde de uns contra o direito à vida e à saúde de outros. Nessa linha, exigir que o sistema de saúde absorva toda e qualquer pretensão individual, como se houvesse na Constituição o direito a um trunfo ilimitado, leva à ruína qualquer tentativa de estruturação de serviços públicos universais e igualitários. Dessa forma, deve-se ponderar não apenas qual bem constitucional deve preponderar no caso concreto, mas também em que medida ou intensidade ele deve preponderar.[50]

A equivocada suposição da superioridade do direito à vida (art. 5º) deve, assim, ceder espaço em proteção à dignidade da pessoa humana (art. 1º III), já que mesmo que não se reconheça a hierarquia normativa entre os dispositivos da Constituição da República, é com certo grau de certeza que se pode afirmar que "a dignidade da pessoa humana, enquanto fundamento da República, ostenta superioridade axiológica frente

---

49. STF, RE 979.742/AM, Rel. Min. Luís Roberto Barroso. Trata-se de recurso extraordinário interposto pela União contra acórdão da Turma Recursal do Juizado Especial Federal do Amazonas e Roraima, que condenou os três entes federativos ao custeio de tratamento médico não disponível na rede do Estado, assentando que o Poder Público deve garantir o direito à saúde de maneira compatível com as convicções religiosas do cidadão, uma vez que não basta garantir a sua sobrevivência, mas uma existência digna, com respeito às crenças de cada um, nos moldes do art. 1º, III, da Constituição Federal.
50. Min. Luís Roberto Barroso, manifestação nos autos do RE 979.742/AM, em 29.06.2017.

a outros interesses reconhecidos pelo Constituinte como merecedores de tutela. É a dignidade humana, e não a vida, a diretriz suprema da legalidade constitucional."[51]

Na lição de Häberle, a proteção da dignidade humana constitui dever fundamental do Estado Constitucional,[52] possuindo a soberania popular na dignidade da pessoa humana seu primeiro e último fundamento.[53] No mesmo sentido assevera Ingo Sarlet, ao determinar que "a dignidade da pessoa humana desempenha papel de valor-guia não apenas dos direitos fundamentais, mas de toda a ordem jurídica (constitucional e infraconstitucional), razão pela qual, para muitos, se justifica a caracterização da dignidade como princípio constitucional de maior hierarquia axiológica."[54]

Não há que se falar, portanto, em eventual supremacia do direito à proteção da vida, situado em equivalente patamar hierárquico aos demais princípios e direitos fundamentais – como o é da dignidade, dentro do qual está contida a liberdade – de modo que "sobrepujança numa eventual colisão de princípios há, admita-se, quando se aborda a dignidade da pessoa humana, (...) devendo toda e qualquer ponderação de interesses orientar-se no sentido de sua proteção e promoção".[55]

A dignidade humana, sabe-se, possui uma dimensão de *direito público subjetivo* (direito fundamental do indivíduo contra o Estado), ao ser realizado *jurídico-defensivamente* e, ao mesmo tempo, um encargo constitucional endereçado ao Estado por meio de um de ver de proteção do Estado positivo a ser desempenhado *jurídico-prestacionalmente*, isto é, por meio da adoção de ações afirmativas e positivas de modo a assegurar a auto realização da dignidade da pessoa humana.[56]

4. A LIBERDADE DE ESCOLHA RELIGIOSA E A OBJEÇÃO DE CONSCIÊNCIA

As revoluções liberais do século XVIII permitiram a superação da máxima *cuiús régio, eius religio* – o súdito segue a religião do rei, que vigorava no regime absolutista predominante na Europa até então, tendo John Locke como defensor marcante da liber-

---

51. TEPEDINO, Gustavo; SCHREIBER, Anderson. O extremo da vida: eutanásia, acanimento terapêutico e dignidade humana. *Revista Trimestral de Direito Civil*, ano 10, v. 39, p. 3-17. Rio de Janeiro: Padma, jul.-set. 2009.
52. "O princípio previsto no art. 1º III da Constituição funciona como uma cláusula geral de tutela da personalidade, permitindo a utilização dos
53. HÄBERLE, Peter. A dignidade humana como fundamento da comunidade estatal. In: SARLET, Ingo Wolfgang (Org.). *Dimensões da dignidade*. Porto Alegre: Livraria do Advogado, 2005, p. 133.
54. SARLET, Ingo Wolfgang. Comentários ao art. 1º, III. In: CANOTILHO, J. J. Gomes; MENDES, Gilmar F; SARLET, Ingo Wolfgang, Lenio L. (Coord.). *Comentários à Constituição do Brasil*. São Paulo: Saraiva/Almedina, 2013, p. 124 e 125.
55. TEPEDINO, Gustavo, BARBOZA, Heloisa Helena; BODIN DE MORAES, Maria Celina. *Código Civil interpretado conforme a Constituição da República*. Rio de Janeiro: Renovar, 2014, v. I, p. 42.
56. HÄBERLE, Peter. A dignidade humana como fundamento da comunidade estatal. In: SARLET, Ingo Wolfgang (Org.). *Dimensões da dignidade*. Porto Alegre: Livraria do Advogado, 2005, p. 137. Os direitos fundamentais vinculam as instituições pública de duas principais dimensões, conforme ensina Canotilho: "de forma negativa, impondo-lhes uma proibição de agressão ou ingerência na esfera do direito fundamental, mas também de forma positiva – exigindo delas a criação e manutenção dos pressupostos de facto e de direito necessários à defesa ou satisfação do direito fundamental."(CANOTILHO, José Joaquim Gomes; MOREIRA Vital. *Fundamentos da Constituição*. Coimbra: Ed. Coimbra, 1991, p. 139).

dade religiosa como componente da liberdade individual. Progressivamente a liberdade religiosa foi incorporada à Cartas de Direitos Fundamentais.[57]

A Constituição Federal de 1988 institui ampla proteção às confissões religiosas, garantindo-se a inviolabilidade de "liberdade de consciência e de crença, sendo assegurado o livre exercício dos cultos religiosos" e assegurada "a proteção aos locais de culto e a suas liturgias" (art. 5º VI), não se olvidando da imunidade de "tempos de qualquer culto" a impostos de todos os entes (art. 150, VI, *b*), da possibilidade de ministrar-se ensino religioso nas escolas públicas de ensino fundamental (art. 210 §1º) e atribuição de efeitos civis ao casamento religioso (art. 226 § 2º).

Extrai-se desse conjunto normativo constitucional, portanto, que o Estado tutela amplamente a liberdade religiosa, adotando o constituinte originário a *laicidade* e não o *laicismo* – defesa da ignorância ou hostilidade em relação elemento religioso. Nos termos da Constituição da República, portanto, "a ordem constitucional reconhece a religião como uma dimensão relevante da vida das pessoas, quer sejam crentes, quer ateias ou agnósticas. Afinal, submeter um crente a práticas contrárias a sua religião é tão invasivo quanto determinar a um ateu que se ajuste a padrões religiosos."[58]

As testemunhas de Jeová creem que a introdução sangue no corpo pela boca ou pelas veias violaria as leis de Deus, contrariando passagens bíblicas (Gênesis, 9:3-4; Levítico, 17:14; Deuteronômio 12:23; e Atos 15:28-29).[59] Creem, portanto, que "para Deus, o sangue representa a vida e, então, nós [Testemunhas de Jeová] evitamos tomar sangue por qualquer via não só em obediência a Deus, mas também por respeito a ele como Dador da vida."[60]

A autonomia privada é qualificada pelo livre exercício da liberdade religiosa do indivíduo, de modo que objeção da Testemunha de Jeová em receber transfusão de sangue ostenta a "característica de um ato de convicção religiosa", destacando-se que "o direito fundamental à liberdade de credo e culto abarca, por evidente, não apenas de prática litúrgica, mas a proteção de escolhas existenciais coerentes com a fé religiosa abraçada."[61]

Em nome da suposta proteção do direito à saúde ou do direito à vida, o senso comum taxa tal escolha religiosa de obscurantismo ou ignorância. Olvida-se, contudo, que "a

---

57. Art. 10 da Declaração dos Direitos do Homem e do Cidadão (1789); art. 18 da Declaração Universal dos Direitos do Homem (1948); art. 18 do Pacto Internacional sobre Direitos Civis e Políticos (1966); art. 12 da Convenção Americana de Direitos Humanos (1969); art. 9º da Convenção Europeia de Direitos Humanos.
58. BARROSO, Luís Roberto. Legitimidade da recusa de transfusão de sangue por testemunhas de Jeová. Dignidade humana, liberdade religiosa e escolhas existenciais. *Revista Trimestral de Direito Civil*. ano 11. v. 42. p. 49-91. Rio de Janeiro: Padma, abr.-jun. 2010.
59. As referências constam da página oficial das testemunhas de Jeová: https://www.jw.org/pt/testemunhas-de-jeova/perguntas-frequentes/por-que-testemunhas-jeova-nao-transfusao-sangue/. Acesso em: 20 nov. 2019.
60. Idem.
61. BINENBOJM, Gustavo. Parecer 09/2009: Direito de recusa de paciente, que se declara Testemunha de Jeová, quanto ao recebimento de transfusão de sangue. *Revista de Direito da Procuradoria Geral do Estado do Rio de Janeiro*, v. 65, p. 300, 2010.

crença religiosa constitui escolha existencial a ser protegida, uma liberdade básica da qual o indivíduo não pode ser privado sem sacrifício de sua dignidade".[62]

O reconhecimento da legitimidade de autodeterminar-se para a escolha de tratamentos próprios já é abarcada em diversos países como Itália,[63] Espanha,[64] os EUA,[65] Colômbia[66] e Canadá.[67]

A liberdade religiosa, portanto, deverá receber, tanto quanto o direito à vida, a proteção do art. 5º da Constituição, "sendo de todo inadmissível que uma escala hierárquica entre esses dois interesses seja estabelecida por norma deontológica da comunidade médica, em frontal violação ao direito de autodeterminação do paciente, expressão de sua dignidade humana."[68]

Não cabe ao particular, ao Estado ou ao médico o julgamento acerca da moralidade, pertinência ou adequação da escolha religiosa do indivíduo, sob pena de afronta à sua liberdade escolha, elemento indissociável de sua dignidade humana.[69] "É só na colisão

---

62. BARROSO, Luís Roberto. Legitimidade da recusa de transfusão de sangue por testemunhas de Jeová. Dignidade humana, liberdade religiosa e escolhas existenciais. *Revista Trimestral de Direito Civil*. ano 11. v. 42. p. 49-91. Rio de Janeiro: Padma, abr.-jun. 2010.
63. Vide sentença Civile Ord. Sez. 1, n. 12998, Anno 2019, Presidente Valitutti Antonio, Relatore: Caiazzo Rosario: "Em matéria de assistência médica, a recusa em aceitar um tratamento específico poderia, inevitavelmente, levar a um resultado fatal, mas a imposição de um tratamento médico sem o consentimento do paciente se o adulto e em sã consciência resultar em uma violação da integridade física da pessoa em questão que possa pôr em causa os direitos protegidos pelo art. 8, par. 1, da Convenção." Disponível em: http://www.italgiure.giustizia.it/xway/application/nif/clean/hc.dll?verbo=attach&db=snciv&id=./20190515/snciv@s10@a2019@n12998@tO.clean.pdf. Acesso em: 27 nov. 2019.
64. Lei 41/2002 (Ley 41/2002, de 14 de noviembre, básica reguladora de la autonomía del paciente y de derechos y obligaciones en materia de información y documentación clínica), art. 2º: "Artículo 2. Principios básicos. 1. La dignidad de la persona humana, el respeto a la autonomía de su voluntad y a su intimidad orientarán toda la actividad encaminada a obtener, utilizar, archivar, custodiar y transmitir la información y la documentación clínica. 2. Toda actuación en el ámbito de la sanidad requiere, con carácter general, el previo consentimiento de los pacientes o usuarios. El consentimiento, que debe obtenerse después de que el paciente reciba una información adecuada, se hará por escrito en los supuestos previstos en la Ley".
65. St. Mary's Hosp. V Ramsey (No. 85-339 District Court of Appeal of Florida, Fourth District St. Mary's Hosp. v. Ramsey). "The preservation of life is not only a laudable goal for the state, for the physicians and for the health care facilities to aspire to, it is a compelling one. However, it is not an unswerving mandate. We have hitherto held that an adult patient has a constitutional right of privacy, a freedom to choose and a right of self-determination". Disponível em: https://casetext.com/case/st-marys-hosp-v-ramsey. Acesso em: 20 nov. 2019.
66. Art. 50 do Decreto 1.571 de 1993: "Cuando un receptor en uso normal de sus facultades mentales, y en forma libre y consciente, decide no aceptar la transfusión de sangre o de sus hemoderivados, deber respetarse su decisión, siempre y cuando ésta obre expresamente por escrito, después que el médico tratante le haya advertido sobre los riesgos existentes.". Disponível em: https://www.minsalud.gov.co/Normatividad_Nuevo/DECRETO%20%201571%20DE%201993.pdf. Acesso em: 20 nov. 2019.
67. Arts. 5º, 10º e 26 do *Health Care Consent Act*. Disponível em: https://www.ontario.ca/laws/statute/96h02. Acesso em: 20 nov. 2019.
68. TEPEDINO, Gustavo; SCHREIBER, Anderson. O extremo da vida: eutanásia, acanimento terapêutico e dignidade humana. *Revista Trimestral de Direito Civil*, ano 10, v. 39, p. 3-17. Rio de Janeiro: Padma, jul.-set 2009.
69. "É possível que a recusa a tratamento médico esteja pautada por valores existenciais do paciente, os quais merecem amparo pela ordem jurídica." (MEIRELES, Rose Melo Vencelau. *Autonomia privada e dignidade humana*. Rio de Janeiro: Renovar, 2009, p. 267).

de direitos, entre os quais não se inclui a opinião alheia, que a liberdade religiosa possa experimentar limitação."[70]

Militando em favor dos fiéis da religião, importa dizer que a convivência social dos Testemunhas de Jeová após a realização de transfusão sanguínea pode tornar-se insuportável dentro dos parâmetros axiológicos que adotaram para si,[71] de modo que a satisfação de sua dignidade humana perpassará, obrigatoriamente, pelo respeito à sua autodeterminação consubstanciada em sua objeção de crença.[72] Não caberá ao Estado, portanto, a imposição, seja por decisão judicial ou por ato normativo, impor certa obrigação contrariamente à sua convicção religiosa.[73]

O Egrégio Supremo Tribunal Federal, atento à concretização do princípio da dignidade da pessoa humana e do direito à autodeterminação do sujeito sobre seu corpo, já se manifestou favoravelmente à autodeterminação do indivíduo em matérias de saúde na ADPF 54/DF, Rel. Min. Marco Aurélio, que tratou da interrupção da gravidez do feto anencéfalo.

Colhe-se da lavra do voto do Senhor Ministro Marco Aurélio (Relator), que julgava procedente o pedido para declarar a inconstitucionalidade da interpretação segundo a qual a interrupção da gravidez de feto anencéfalo é conduta tipificada nos artigos 124, 126, 128, incisos I e II, todos do Código Penal, a inexistência da prevalência absoluta do direito da vida de uns frente a outros, como assim lançado no voto do Min. Relator:

> Os sistemas ocidentais não admitem valores absolutos. Não há como estabelecer, *a priori*, qual o que se reveste de maior peso, diante do reconhecimento de que são relativos e de que a sociedade é plural. Se os valores são relativos, não há como fundamentar um como superior ao outro. Isso implica

---

70. "A Constituição da República assegura expressamente a liberdade religiosa. E, acertadamente, não condiciona o seu exercício ao juízo de aprovação ou indulgência por parte de terceiros. Ter uma convicção religiosa como esclarecida ou obscurantista pode interessar a cada um para seu foro interno. Do ponto de vista do respeito que se deve à prática do credo, não tem nenhuma qualquer relevância. (...). Ora, nada há de contrário à ordem constitucional brasileira em que alguém prefira a morte ao tratamento por transfusão de sangue. Médicos e juízo que o impõem contra a vontade do paciente estão se declarando incapazes de perceber pautas de valores em que a preservação da vida não constitui o bem supremo." (VILLELA, João Baptista. *O novo Código Civil Brasileiro e o direito à recusa de tratamento médico*. Estratto da Roma e América. Diritto Romano Comune. Roma: Mucchi Editore, 16/2003, p. 63).
71. "Entendemos que, em circunstâncias como essas, há que se respeitar o princípio da autonomia privada. Vale dizer que a vida do paciente, após essa cirurgia, pode tornar-se inviável em razão da contrariedade sofrida e do desrespeito à sua opção, dentro dos parâmetros axiológicos que elegeu para si." (SÁ, Maria de Fátima Freire; TEIXEIRA, Ana Carolina Brochado. Responsabilidade médica e objeção de consciência religiosa. *Revista Trimestral de Direito Civil*, ano 6, v. 1, p. 132, jan.-mar. 2005).
72. "Em um Estado Constitucional Democrático de Direito, a manifestação prática da fé não se esgota na liberdade de culto; ela engloba a possibilidade de o Estado impor condutas aos cidadãos atentatórias à sua dignidade e à sua convicção religiosa. Nessa perspectiva apresenta-se legítima a possibilidade de os praticantes da religião Testemunhas de Jeová de recusarem a realização de qualquer tratamento que envolva transfusão sanguínea." (NERY JR., Nelson. Direito de liberdade e a recusa de tratamento por motivo religioso. *Doutrinas Essenciais de Direito Constitucional*. São Paulo: Ed. RT, 2015, v. 8, p. 903-963).
73. "Independente de como os interesses envolvidos na relação entre Estado e organizações religiosas estejam distribuídos, um Estado não pode impor aos cidadãos, aos quais garante liberdade de religião, obrigações que não combinam com uma forma de existência religiosa." (HABERMAS, Jurgen. *Entre naturalismo e religião. Estudos filosóficos*. Rio de Janeiro: Tempo Brasileiro, 2007, p. 142).

que todos devem respeitar as percepções valorativas de mundo dos demais, inadmissíveis visões de mundo que, sob o argumento de superioridade, pretendam eliminar outras possíveis."[74]

Em sentido semelhante manifestou-se a Procuradoria Geral da República nos autos da ADI 5.543/DF, Rel. Min. Edson Fachin, que tratará da possibilidade de doação de sangue por homens que tenham tido relações sexuais com outros homens nos últimos 12 meses, asseverando que "ao estado de direito não cabe, sob pena de afastar-se de seu centro de identidade, *impor restrições desarrazoadas à autodeterminação da pessoa* em aspecto essencial como é a liberdade de orientação sexual".[75]

É dizer, portanto, que o STF vem caminhando para a superação da equivocada concepção do direito à vida enquanto direito absoluto em prol do reconhecimento do merecimento de tutela do *direito à autodeterminação do corpo* como expressão da dignidade do indivíduo.

5. AUTONOMIA, CAPACIDADE E CONSENTIMENTO EM GRUPOS VULNERÁVEIS

Para além da inafastável exigência de que o consentimento do paciente para tratamentos médicos seja informado e esclarecido, deve-se refletir o consentimento em casos mais difíceis, isto é, em casos nos quais o paciente, por si, não tenha capacidade de fato e de direito para, por si só, manifestar seu consentimento.

Pode-se separar em três os grupos de pacientes que não podem, por si próprios, exprimirem sua vontade, a saber: *(i)* pacientes crianças ou adolescentes; *(ii)* pacientes com diminuição transitória de autonomia ou que não apresentam esperanças razoáveis de recuperação da autonomia mas que se conhecem suas escalas de valores por meio de meios idôneos de prova e *(iv)* pacientes que nunca tenham sido autônomos, pacientes com diminuição transitória de autonomia ou que não apresentam esperanças razoáveis de recuperação da autonomia e que se desconhece sua escala de valores.

Com relação aos *pacientes crianças ou adolescentes,* recai a dúvida em saber se os pais ou adolescentes deverão substituir integralmente a vontade do paciente no exercício do poder familiar. Para responder a tal indagação, é sob as lentes da doutrina da proteção integral que se deve funcionalizar a tomada de decisão em favor do menor, ouvindo seu melhor interesse, na forma do art. 227 da Carta da República.

A princípio, caberá aos pais, no gozo do poder familiar previsto nos arts. 1.630 e 1.634 do Código Civil Brasileiro, com exclusividade e em igualdade de condições, decidir pela recusa ou não da transfusão de sangue da criança testemunha de Jeová.[76]

---

74. STF, ADPF 54, Rel. Min. Marco Aurélio, processo número 0002072-86.2004.0.01.0000, julg. em 11.04.2012, publicado no DJe de 20.04.2012.
75. STF, ADI 5543/DF, Rel. Min. Edson Fachin, processo número 4001360-51.2016.1.00.0000.
76. "Presume-se que os pais 'sabem tudo o que é melhor para os filhos', porém essa presunção ordinária deve ser interpretada de acordo com a atual compreensão do poder familiar (...): um poder atribuído aos pais com o fim exclusivo de permitir ou facilitar o cumprimento desses deveres antes referidos. O melhor interesse do filho é a medida e o limite do poder dos pais e estará atendido na medida em que sejam observados, pela família, pela

Entretanto, ainda que se reconheça que a presunção de que a idade determina o discernimento necessário a avaliar o tráfego negocial, é preciso avaliar a autonomia do adolescente acerca da decisão em situações existenciais, considerando que o adolescente pode, por vezes, manifestar sua vontade com vontade jurígena em diversos outros atos da vida civil.[77] Em outras palavras: se o ordenamento legitima que o adolescente possa manifestar sua vontade para atos patrimoniais, por qual razão não poderia o paciente adolescente manifestar sua vontade para atos existenciais quando comprovado seu grau de discernimento razoável? O regime jurídico das incapacidades, delineado à luz de preocupações eminentemente patrimoniais, mostra-se insuficiente em situações existenciais.[78]

Assim, a capacidade do adolescente de agir e decidir sobre seu próprio tratamento não está relacionado ao abstrato e distante sujeito de direito concebido pelo regime clássico das incapacidades mas, sim, à pessoa humana que por vezes terá capacidade de manifestar-se sobre seu tratamento – manifestação essa que deve ser considerada pelo médico e pelos próprios pais. É dizer que se deve considerar a manifestação volitiva do incapaz, mormente do adolescente que tenha nítido grau de discernimento acerca dos riscos da não transfusão de sangue, conferindo-lhe validade jurídica.[79] Isso porque o pátrio poder deverá ser exercido tendo em conta a livre manifestação do adolescente, não se encerrando em um exercício de autoridade suprema dos pais sobre os filhos, devendo os responsáveis, em verdade, atuam no interesse do filho e ouvindo-lhe sempre que o grau de discernimento mostrar-se suficientemente desenvolvido para que sua opinião seja levada em conta:

> Com o reconhecimento dos direitos da criança e do adolescente, este têm direito a ser ouvido no tocante ao seu tratamento. Uma vez que seja devidamente informado de seu estado e das perspectivas que a ciência lhe oferece, é fundamental que se respeite a autonomia do menor, sempre proporcional

---

sociedade e pelo Estado, os direitos que lhe foram constitucionalmente assegurados." (BARBOZA, Heloisa Helena. A autonomia da vontade e a relação médico-paciente no Brasil. In: RIBEIRO, Gustavo Pereira Leite; TEIXEIRA, Ana Carolina Brochado (Org.). *Bioética e direitos da pessoa* humana. Belo Horizonte: Del Rey, 2011, p. 64).

77. O sujeito entre 16 e 18 anos pode aceitar mandato (art. 228 do Código Civil), pode elaborar testamento (art. 1.860 do Código Civil), pode ajustar contrato de trabalho (ar. 1998 do Código Civil), manifestar sua concordância em processo de adoção (art. 1.517 do Código Civil) e votar (art. 14, § 1º, II 'c' da Carta da República).

78. "O regime das incapacidades do direito civil brasileiro foi cunhado em um contexto histórico no qual os institutos civis tinham profunda vinculação com os signos da propriedade privada." (MENEZES, Joyceane Bezerra de; LIMA, Luciana Vasconcelos. A autonomia para adolescentes em relação à recusa de tratamento médico. In: LEAL, Larissa Maria de Moraes; GODINHO, Adriano Marteleto; LIMA, Raquel Moraes de (Org.). *Direito Civil-Constitucional* 1. 22. ed. Florianópolis: CONPEDI, 2014, p. 6).

79. "O sistema fechado e regido pela presunção absoluta ou relativa de ausência de discernimento, a depender da faixa etária, seria substituído por um sistema que levasse em consideração as peculiaridades do caso concreto, especialmente para as questões existenciais. Não se trata de abandonar por completo o referencial de presunções, mas de relativizá-lo, possibilitando a análise de peculiaridades, verificáveis casuisticamente. Em se tratando de recusa de tratamento de saúde, fala-se da possibilidade de considerar a manifestação volitiva do incapaz, conferindo-lhe validade jurídica, quando verificado o discernimento acerca da sua real condição de saúde e das perspectivas ou não de reversibilidade do quadro clínico." (MENEZES, Joyceane Bezerra de; LIMA, Luciana Vasconcelos. A autonomia para adolescentes em relação à recusa de tratamento médico. In: LEAL, Larissa Maria de Moraes; GODINHO, Adriano Marteleto; LIMA, Raquel Moraes de (Org.). *Direito Civil-Constitucional* 1. 22. ed. Florianópolis: CONPEDI, 2014, p. 8).

ao discernimento efetivamente alcançado. É incompatível com o princípio da dignidade da pessoa humana e o catálogo de direitos fundamentais e de personalidades, desdenhar da vontade do paciente consciente e esclarecido, ainda que seja ele um adolescente.[80]

Para o *segundo grupo*, deverá o processo de tomada de decisão ser guiado levando-se em conta os valores reputados relevantes pelo paciente, suas opções religiosas e existenciais, cabendo à família, enquanto guardião do enfermo, decidir por ela assim orientando-se por esses valores, se possível for de aferição no caso concreto. Para esse grupo, o médico não poderá falar em lugar do paciente, sob pena de retrocesso à era do paternalismo médico.

Já para o *terceiro grupo*, quando o paciente não tem condições de exteriorizar sua vontade, afirma a doutrina que "se o doente está impossibilitado de manifestar-se, a família, em geral considerada guardiã do enfermo, tem assumido tal responsabilidade."[81]

6. SÍNTESE CONCLUSIVA

Na lição do Min. Marco Aurélio, "o desafio do Estado moderno, de organização das mais completas, não é elidir as minorias, mas reconhece-las e, assim o fazendo, viabilizar meios para assegurar-lhes os direitos constitucionais."[82]

No esforço de reconhecimento e legitimação de minorias é que milita a definitiva e sintética posição de Dworkin acerca da legitimidade de recusa das Testemunhas de Jeová:

> Uma testemunha de Jeová pode recusar-se a receber uma transfusão de sangue necessária para salvar-lhe a vida, pois as transfusões ofendem a sua convicção religiosa. Um paciente cuja vida só pode ser salva se suas pernas forem amputadas, mas que prefere morrer logo a viver sem as pernas, pode recusar-se a fazer a operação.[83]

É no contexto do neoconstitucionalismo[84] em que se espera que o Egrégio Supremo Tribunal Federal continue na vanguarda da proteção dos direitos fundamentais de minorias, exercendo o papel democrático da jurisdição constitucional para proteção dos direitos das minorias, tal qual a comunidade de Testemunhas de Jeová.

A partir do exposto, conclui-se que:

---

80. MENEZES, Joyceane Bezerra de; LIMA, Luciana Vasconcelos. A autonomia para adolescentes em relação à recusa de tratamento médico. In: LEAL, Larissa Maria de Moraes; GODINHO, Adriano Marteleto; LIMA, Raquel Moraes de (Org.). *Direito Civil-Constitucional* 1. 22. ed. Florianópolis: CONPEDI, 2014, p. 12.
81. BARBOZA, Heloisa Helena. Poder familiar em face das práticas médicas. *Revista do Advogado*, n. 76, p. 40, jun. 2007.
82. STF, ADIn 1.351/DF, Pleno, j. 07.12.2006, rel. min. Marco Aurelio, DJ 30.03.2007.
83. DWORKIN, Ronald. *Domínio da vida*: aborto, eutanásia e liberdades individuais. São Paulo: Martins Fontes, 2003, p. 317.
84. "O termo neoconstitucionalismo, portanto, tem um caráter descritivo da nova realidade. Mas conserva, também, uma dimensão normativa, isto é, há um endosso a essas transformações. Trata-se, assim, não apenas de descrever o direito atual, mas também de desejá-lo. Um direito que deixa a sua zona de conforto tradicional, que é o da conservação de conquistas políticas relevantes, e passa a ter, também, uma função promocional, constituindo-se em instrumento de avanço social." (BARROSO, Luís Roberto. A razão sem voto: o Supremo Tribunal Federal e o governo da maioria. *A judicialização da vida*, Belo Horizonte: Fórum, 2018, p. 92).

(i) O *modelo da beneficência* entende o melhor interesse do paciente exclusivamente do ponto de vista da medicina e o *modelo de autonomia* o entende do ponto de vista exclusivo do paciente. No âmbito da prática médica os valores, critérios e preferências do enfermo são primordiais do ponto de vista ético e isso supõe que o objetivo do médico seja respeitar o exercício da autonomia do paciente em tudo que diz respeito à sua saúde;[85]

(ii) O *direito à vida* não goza de posição preferencial no ordenamento jurídico frente a qualquer outro direito fundamental – especialmente quando confrontado com a *dignidade da pessoa humana* – admitindo limitação voluntária quando não pondo em xeque direitos de terceiros e a segurança à saúde pública;

(iii) O *consentimento informado* é dever do médico na prestação de seus serviços, consistindo no esclarecimento inequívoco ao paciente dos riscos, benefícios, custos, possíveis consequências e quaisquer outras informações relevantes ao paciente decorrentes de sua escolha;

(iv) Com expressão de sua autonomia da vontade e liberdade integrantes de sua dignidade, os praticantes da religião Testemunhas de Jeová podem opor-se à realização de qualquer procedimento médico que envolva a transfusão de sangue, desde que caracterizado o *consentimento informado*, não cabendo ao médico opor-se à essa opção pessoal, nem mesmo em casos de risco à vida ou de emergências;

(v) Quando o paciente for incapaz, o processo decisório ser conduzido ou pelos pais quando do exercício do poder familiar ou pela família, como guardião do enfermo, devendo sempre esse processo decisório levar em conta a escala de valores eventualmente exteriorizadas pelo paciente, em especial duas opções religiosas até então externadas; em caso de discordância dos pais ou dos familiares, deverá o médico, em excepcional medida, substituir a decisão do paciente pela decisão judicial.

---

85. BARBOZA, Heloisa Helena. A autonomia da vontade e a relação médico-paciente no Brasil. In: RIBEIRO, Gustavo Pereira Leite; TEIXEIRA, Ana Carolina Brochado (Org.). *Bioética e direitos da pessoa* humana. Belo Horizonte: Del Rey, 2011, p. 59.

A TUTELA DO *WANNABE* E A CONFIGURAÇÃO DO ABUSO DA FACETA DINÂMICA DA IDENTIDADE

Lívia Barboza Maia

Sumário: 1. Introdução – 2. *Wannabe:* afinal, do que se trata?; 2.1 Modificações corporais: *bodymodification;* 2.2 Conceito: delimitação de quem será denominado de *wannabe* para efeitos desse estudo – 3. O direito à autodeterminação seria suficiente à tutela do *wannabe?;* 3.1 Autodeterminação corporal; 3.2 Autodeterminação, consentimento e a proteção da dignidade da pessoa humana nos *wannabes* – 4. Abuso do direito do exercício da identidade; 4.1 Dinamicidade como característica intrínseca à identidade; 4.2 Abuso do direito nas situações puramente existenciais; 4.3 *Wannabe*: abuso do direito ou direito à diferença e de autodeterminação corporal? – 5. Conclusão.

1. INTRODUÇÃO

O presente artigo é fruto do seminário apresentado no Grupo de Pesquisa – Relações Jurídicas Civis e Corpo Humano; matéria ofertada em 2019.1 no Programa de Pós-Graduação Stricto Sensu em Direito Civil; pela Professora Heloisa Helena Barboza.

A Professora Heloisa representa uma potência no Direito. Essa potência é exercida com técnica, precisão e muito afeto. Sua trajetória inspira e traz uma esperança ao futuro das mulheres no Direito ao ocupar (com excelência) a Direção da Faculdade de Direito da UERJ.

O presente texto busca investigar a contabilidade da modificação corporal e a sua tutela jurídica. A modificação corporal não é fenômeno novo, exclusivo dos tempos contemporâneos. Já na antiguidade as tatuagens eram modificações comuns, fossem para demonstrar pertencimento social ou mesmo para expressar a religião de professada. Há também o hábito da colocação de *piercings* que pouco ou nenhuma estranheza mais causam.

Entretanto, há tipos de modificações corporais que não são tidos, ao menos atualmente, como dentro dos padrões estéticos socialmente aceitáveis. Dentre os exemplos mais conhecidos pode-se citar (i) pessoas que modificam seus corpos de modo a se parecerem com animais; (ii) os *brandings* que se submetem a aplicação de ferro quente para ficarem marcados através da cicatriz que se forma; (iii) escarificação que tratam de cortes com bisturis com finalidade fazer desenhos formados de cicatrizes e (iv) pocket que utilizam espécies de *piercings* com partes internas e partes externas à pele.

Mas, o grupo que talvez cause ainda maior repulsa da sociedade, bem como menor nível de compreensão, sejam os *wannabes*. O presente trabalho tem como foco, justamente, analisar se haveria compatibilização da tutela do *wannabe* frente ao direito personalíssimo de identidade ou, de outro lado, se, na verdade, o exercício da disposição do próprio corpo na forma como pretendida pelos *wannabes* incidiria na figura do abuso do direito.

No primeiro capítulo, portanto, a abordagem estará focada no estudo da conceituação e verificação de quais as características ou quais indivíduos poderão ser tidos como *wannabes*. Para tanto, alguns ouros grupos foram rapidamente comparados apenas com intuito de demonstrar as diferenças frente aos *wannabes*.

No segundo capítulo o estudo se dirigirá para a verificar de compatibilidade entre a tutela plena da autodeterminação, o consentimento e a dignidade da pessoa humana. Para tanto, necessário o diálogo com a ciência médica e suas posições sobre o *wannabe*.

No terceiro, e derradeiro capítulo, o estudo se concentra em verificar a incidência do abuso do direito na tutela do *wannabe*. Afina, verificar-se-á se o exercício da autodeterminação corporal na modificação do corpo através de redução permanente deve ser albergada pelo Direito. Ou, ao contrário, se esse exercício, tido por alguns como manifestação de desequilíbrio psiquiátrico, configuraria um abuso do direito da faceta dinâmica da identidade – visto que o desejo pela amputação pode ser indefinido e não cessar no primeiro ato.

2. *WANNABE:* AFINAL, DO QUE SE TRATA?

> "O contexto social (sistema de produção, cultura, interesses, ideologias, forças políticas) determina o direito ou é o direito que determina a evolução social?"[1]

O presente artigo tem como objeto central definido o estudo do fenômeno denominado como *wannabe* e a sua possibilidade de incidência no abuso do direito no exercício do valor personalíssimo da identidade.

Os direitos da personalidade são tutelados, no Brasil, pela Constituição Federal – como direitos fundamentais – e pelo Código Civil. Sabe-se que a cláusula geral emana da Constituição Federal quando esta reconhece a dignidade da pessoa humana, em seu art. 1º, inciso III. A Carta Magna confere proteção rígida aos valores personalíssimos[2] ao prever o pagamento de compensação à título de danos morais[3] quando há violação desses direitos com dano à dignidade humana.

---

1. SABADELL, Ana Lucia. *Manual de sociologia jurídica: introdução a uma leitura externa do direito.* 5ª ed. rev. e atual. São Paulo: Editora Revista dos Tribunais, 2010. Página 104.
2. "A personalidade, portanto, não é um direito, mas sim, um valor (o valor fundamental do ordenamento) e está na base de uma série aberta de situações existenciais, nas quais se traduz a sua incessantemente existência mutável de tutela. Tais situações subjetivas não assumem necessariamente a forma do direito subjetivo e não devem fazer com que se perca de vista a unidade do valo envolvido." PERLINGIERI, Pietro. *O direito civil na legalidade constitucional.* Tradução: Maria Cristina De Cicco. Rio de Janeiro: Renovar, 2008. Páginas 764 a 765.
3. "A definição do dano moral como lesão a atributo da personalidade tem a extrema vantagem de se concentrar sobre o objeto atingido (o interesse do lesado), e não sobre as consequências emocionais, subjetivas e eventuais da lesão." SCHREIBER, Anderson. *Novos paradigmas da responsabilidade civil.* 3. Ed. São Paulo: Atlas, 2011. p. 106.

Tem-se hoje o fenômeno da repersonalização[4] do sistema jurídico no qual o *ser* passa a ocupar o centro dos interesses legitimamente resguardados, desse modo restaurando a ideologia iluminista acerca da primazia da pessoa. Aliás, esse movimento faz com que importe menos ao Direito o *status* jurídico da pessoa – ou seja, sua posição ou não de titular e proprietário – e mais a tutela de sua dignidade, seus valores personalíssimos.

Diante da mencionada primazia da esfera personalíssima do ser humano há de se verificar se deveriam os *wannabes* usufruírem da tutela que permitisse e viabilizasse a amputação como forma de promoção de sua identidade, bem como de promoção de sua realização pessoal. Para tanto, inicia-se analisando, afinal, como caracterizar uma pessoa como pertencente ao grupo dos *wannabes*.

2.1 Modificações corporais: *bodymodification*

A modificação corporal, por muitos mencionada na sua versão anglófona *bodymodification*, trata de quaisquer tipos de modificações corporais – independendo da possibilidade de sua reversibilidade – que seja realizada sem indicação médica. Elas são realizadas por motivos diversos, seja estético, cultural, espiritual ou, ainda, manifestação artística[5].

Talvez o mais primitivo dos atos de modificação corporal sejam as tatuagens[6] que datam de eras primitivas. Tais marcas na pele poderiam significar a classe social daquele indivíduo ou mesmo a religião a que se era filiado. A tatuagem como indicador de pertencimento a determinado grupo existe até hoje, por exemplo, entre a população carcerária[7]. Dentre os presos uma tatuagem, além obviamente de símbolo de preferência pessoal, pode indicar a facção criminosa a qual pertence; pode indicar o tipo de crime pelo qual cumpre pena; pode indicar a preferência sexual ou mesmo a posição hierárquica ocupada naquela sociedade marginalizada.

Apesar de por um lapso temporal as tatuagens tenham passado por uma mudança na forma como eram vistas (a Igreja Católica[8], no ano de 787 depois de Cristo, chegou a proibi-las), hoje a sociedade retorna a uma maior aceitação social. Recentemente, inclusive, o Supremo Tribunal Federal, no julgamento do RE 898450 com repercussão geral reconhecida, decidiu que é inconstitucional a proibição de tatuagem a candidatos de concurso público.

---

4. FACHIN, Luiz Edson. *Teoria crítica do direito civil*. 3. ed. Rio de Janeiro: Renovar, 2012. p. 237.
5. VIEIRA, Patricia Ribeiro Serra. O exercício regular e o abuso de direito na disposição do próprio corpo. *Revista Científica da Academia Brasileira de Direito Civil*. v. 2, n. 1, Edição Especial, Juiz de Fora, 2018. Disponível em: https://abdc.emnuvens.com.br/abdc/article/view/8/4, p. 4.
6. GORENDER, Míriam Elza. *Estéticas do corpo: técnicas de modificação corporal*. Cogito v. 9 n. 9, p. 39-41. Salvador, out. 2008.
7. Disponível em: https://lordellotreinamento.com.br/2018/03/05/o-significado-das-tatuagens-no-mundo-do--crime-e-nos-presidios/, última visualização em: 18 jul. 2022.
8. Entretanto, hoje, o atual Papa da Igreja Católica pede que as pessoas não tenham medo de tatuagens. Disponível em: http://w2.vatican.va/content/francesco/it/speeches/2018/march/documents/papa-francesco_20180319_visita-pcimme.html#DOMANDE_DEI_GIOVANI_E_RISPOSTE_DEL_SANTO_PADRE, última visualização em: 1º ago. 2019.

De outro lado, há as modificações corporais com fins puramente estéticos. Entre elas, as famosas provavelmente são as cirurgias plásticas – o Brasil é tido como líder entre as cirurgias entre jovens,[9] já no ranking geral ocupa a segunda posição.[10] Também pode-se considerar modificação corporal estética a aposição de *piercings* (orelha, nariz, umbigo etc) e a bifurcação da língua.[11]

Entretanto, entre os casos que mais causam perplexidade e levantam debates calorosos – inclusive no meio acadêmico – estão aqueles de pessoas que modificam seus corpos de modo a se parecerem, por exemplo, com animais. Tais modificações podem, ainda, incluir implantes subcutâneos e/ou transdermal todos com o intuito de deixar a pessoa o mais parecido possível com o animal ao qual se imita. Justamente a fuga da normalidade[12] que impera na sociedade atualmente é que traz a essas modificações a pecha da *estranheza*.

Provavelmente o mais famoso seja o "homem-lagarto".[13] Erik Sprague, cidadão estadunidense, tatuou – ao menos – 70% seu corpo com escamas verdes, serrou os dentes, fez cirurgia na língua para ela ficar bífida, tatuou o peito com o termo "*freak*" (aberração, na tradução do inglês), implantou cinco bolas de teflon sobre os supercílios de modo a reproduzir o inchaço dos lagartos. O único pedaço do corpo inalterado são seus olhos naturalmente verdes.

Segundo o próprio[14] "homem-lagarto" todas as mudanças corporais feitas tratam de tentar modificar a interpretação do que é ser percebido como um ser humano. Para explicar tal interpretação ele menciona teoria do filósofo Ludwig Wittgenstein. E a escolha do animal também não foi em vão, teria ele sido escolhido por representar o "poder". Apesar de toda a transformação, o homem-lagarto afirma manter uma vida inalterada – para além do aspecto físico diferenciado.

Enquanto o "homem-lagarto" reafirma sua condição humana, há uma norueguesa[15] que afirma ter nascido no corpo de espécie errada. Seria ela, na verdade, uma gata – cunhou-se, inclusive, o termo 'transanimal'. A conhecida mulher-gata não operou profundas modificações corporais como o homem-lagarto, mas utiliza orelhas de pelúcias

---

9. Disponível em: https://jornal.usp.br/radio-usp/radioagencia-usp/brasil-lidera-ranking-de-cirurgia-plastica--entre-jovens/, última visualização em: 18 jul. 2022.
10. Disponível em: https://www.folhavitoria.com.br/saude/noticia/03/2019/especial-mente-e-corpo-brasil-e-o--segundo-no-ranking-mundial-de-cirurgias-plastica, última visualização em: 18 jul. 2022.
11. O procedimento foi objeto de proibição na RESOLUÇÃO SESA 0126/2007, do estado do Paraná, no Anexo I, em seu item 6.4. Disponível em: http://www.saude.pr.gov.br/arquivos/File/Legislacao/estudual_resolucao/07R-SESA_126_tatuagem_piercing.pdf, última visualização em: 05 ago. 2019.
12. "Aquilo que é normal, apesar de ser normativo em determinadas condições, pode se tornar patológico em outra situação, se permanecer inalterado." CANGUILHEM, Georges. *O normal e o patológico*. Trad. Maria Thereza Redig de Carvalho Barrocas. 6. ed. rev. Rio de Janeiro: Forense Universitária, 2009, p. 71.
13. Disponível em: http://g1.globo.com/planeta-bizarro/noticia/2012/10/homem-lagarto-diz-nao-se-arrepender-de-transformacoes.html, última visualização em: 20 abr. 2019.
14. Disponível em: https://www.megacurioso.com.br/bizarro/100438-o-homem-lagarto-quer-mudar-o-que-voce-entende-por-humano.htm, última visualização em: 10 ago. 2019.
15. Disponível em: https://blogs.oglobo.globo.com/pagenotfound/post/jovem-diz-que-nasceu-na-especie-errada-e-insiste-que-e-gata.html, última visualização em: 20 abr. 2019.

na cabeça e luvas rosas para imitar patas. Ela afirma que não gosta de água, característica normalmente associada aos felinos domésticos, que pode se comunicar com o som que os gatos fazem (com 'miaus'), gosta de dormir em lugares apertados (tais como os gatos) e anda como se estivesse sobre quatro patas.

Pois bem, verifica-se que nos casos aqui exemplificados não houve em nenhum deles apontamento de necessidades médica que requeressem, para bem estar de saúde das pessoas, as modificações corporais. Da mesma forma, podem ser tratados os *wannabes* – bem como dentre os casos que causam a perplexidade e os debates calorosos. Eles também podem ser elencados nessa categoria de *bodymodification*. Especificamente sobre os *wannabes* passa-se a tratar a partir do próximo tópico.

2.2 Conceito: delimitação de quem será denominado de *wannabe* para efeitos desse estudo

O conceito de *wannabe* não está expresso em nenhuma legislação brasileira, não há jurisprudência[16] pacificada ou mesmo doutrinas que mantenham alinhada tal conceituação. Para efeitos desse trabalho passa-se a considerar como *wannabe* toda e qualquer pessoa que possua compulsão incontrolável pela amputação de membro do corpo. Ou seja, desejo por modificação do próprio corpo que tende a ser permanente.

Os *wannabes* costumam alegar que o desejo pela amputação se dá pela ausência de pertencimento em relação àquele membro indesejado. Assim foi em 1997[17] quando um cirurgião escocês, Robert Smith, realizou sua primeira amputação por mero desejo do paciente. Ao que tudo indica outras amputações foram realizadas até que a mídia tomou conhecimento e houve um clamor público para que o hospital deixasse de permitir o procedimento.

Eles também costumam ser denominados, ainda que o termo pareça ser de uso menos frequente, de apotemnófilos. Em que pese haja quem defenda que, na verdade, a apotemnofilia seja diferente do *wannabe*, talvez até uma consequência, já que a primeira seria um distúrbio sexual em que há atração sexual por partes de corpos mutilados[18].

O desejo pela amputação dessa categoria de pessoas não advém de qualquer anomalia, tratam de indivíduos que possuem, do ponto de vista médico, corpos saudáveis. Os ditos corpos saudáveis assim o são do ponto de vista dos membros que se pretendem

---

16. "Há uma quantidade considerável dos chamados wannabes pelo mundo, sem que se tenham judicializados casos notórios no Brasil, que autorizam a retirada ou modificação de partes do corpo, por vezes se automutilando, sob a justificativa de uma melhor e desejada adequação anatômica, a despeito de estarem fisicamente saudáveis e se submeterem a situações de risco de morte." VIEIRA, Patricia Ribeiro Serra. O exercício regular e o abuso de direito na disposição do próprio corpo. Revista Científica da Academia Brasileira de Direito Civil. v. 2, n. 1, Edição Especial, p. 16, Juiz de Fora, 2018. Disponível em: https://abdc.emnuvens.com.br/abdc/article/view/8/4.
17. BAYNE, Tim e LEVY, Neil. Amputees By Choice: Body Integrity Identity Disorder and the Ethics of Amputation. *Journal of Applied Philosophy*, 2005, 22/1, p. 75-86.
18. ZAGANELLI, Margareth Vetis et al. A legislação brasileira aplicada às modificações corporais e aos wannabes. *Interdisciplinary Scientific Journal*. v. 4, n. 5, p. 74-96, Oct/Dec, 2007.

amputar. Ou seja, os membros são saudáveis, em que pese possa a pessoa ser acometida algum tipo de doença que em nada se relacione com tais membros. Entretanto, aquela forma física, ainda que tida como saudável, não se adequa à identidade corporal projetada pelo indivíduo.

Essa ausência de adequação não possui uma definição precisa. Algumas teorias[19] seriam (i) a percepção pelo *wannabe* de que o membro seria doente; (ii) a visualização do *wannabe* de que o membro seria simplesmente feio; (iii) ausência de conformação daquela pessoa de que seu corpo, em verdade, não atenderia à experiência de ser um corpo. Enfim, há no *wannabe* um descompasso entre o seu corpo e a imagem corporal que ele projeta como sendo a ideal.

A literatura médica tem tais indivíduos como pertencentes ao Transtorno da Identidade da Integridade Corporal (TIIC)[20] ou *Body Integrity Identity Disorder (BIID)*. Em que pese a denominação como "transtorno", a medicina não a inclui no Manual Diagnóstico e Estatístico de Transtornos Mentais (DSM). Dentro dessa categoria a medicina enquadra também outros tipos, como os *pretenders* e os *devotees*.

Os *pretenders* são aqueles, não deficientes, mas que agem como se deficientes fossem. Para isso, utilizam em público próteses, cadeiras de rodas entre outros dispositivos que possam servir de apoio àqueles que de fato precisam. Já os *devotees* tratam de indivíduos, não deficientes, que se sentem atraídos sexualmente por pessoas que são amputadas.

Parece haver certa linearidade no sentido de que o fenômeno da internet[21] ajudou a reunir, conectar, esses grupos. Isso porque, ao que tudo se leva a crer, não há número expressivo ou pesquisa científica que mostre a relevância numérica desses grupos.

Por fim, também se faz necessário realizar a distinção entre os *wannabes* e o transexual. A nomenclatura *Transexual*[22] surge na década de 50 a fim de fazer referência àqueles que desejavam viver como o sexo oposto, sendo necessário afirmar que tal

---

19. BAYNE, Tim e LEVY, Neil. Amputees By Choice: Body Integrity Identity Disorder and the Ethics of Amputation. *Journal of Applied Philosophy*, 2005, 22/1, p. 75-86.
20. Disponível em: https://www.portaleducacao.com.br/conteudo/artigos/psicologia/um-pedaco-que-me-falta-ou-nao-eis-a-questao-do-membro-fantasma/73286, última visualização em: 14 ago. 2019.
21. BRUNO, Richard L. *Devotees, Pretenders and Wannabes: two cases of Factitious Disability Disorder*. Journal of Sexuality and disability, 1997, v. 15, p. 243-260, p. 243.
22. "A palavra *transexualidade* é originária do latim *trans* e *sexualis*. Na Antiguidade, como fenômeno ligado à sexualidade humana, foi conhecido, tendo sido descrito por Heródoto como doença misteriosa dos citas, povo que vivia nas praias do norte do Mar Negro. Nesta região, homens aparentemente viris enroupavam-se com feminilidade, exercendo o trabalho cabível às mulheres e, de modo geral, personificando-as. Uma efígie de Hércules servindo sua amante Omphale vestido com roupas femininas, despertou ao mundo sua presença. Indisposto com o tema, Hipócrates imputou como causa, ao travestismo entre os citas, um trauma mecânico, originário do exorbitante cavalgar. Esse conceito revive no começo do século XIX, quando a impotência e a feminilização encontradas entre os tártaros foram atribuídas a esse fator." MOTA, Sílvia. *Da bioética ao biodireito: a tutela da vida no âmbito do direito civil*. 1999. 308 f. Dissertação (Mestrado em Direito Civil) – Universidade do Estado do Rio de Janeiro, Rio de Janeiro, 1999. Orientador: Professor Vicente de Paulo Barretto. Aprovada com distinção. Não publicada. Página 1.

nomenclatura era usada independentemente de o indivíduo estar ou não submetido a tratamentos médicos.[23]

Numa primeira impressão o sexo da pessoa é definido, no nascimento, pela genitália externa – o que se costuma chamar de sexo morfológico. O que de fato se mostra a única maneira de determinar o sexo neste primeiro momento de vida, não se vislumbrando qualquer outro meio ou forma de identificação. Contudo, passados alguns anos pode ser que tal constatação não deflagrada atenda ao sexo real naquela atualidade. Este somente é constatado quando reanalisada a percepção da pessoa sobre sua própria existência sexual, seus sentimentos em relação ao pertencimento de gênero, seus desejos íntimos, sua experiência e convivência social, ou seja, analisando seu psíquico.[24]

Oficialmente, somente em 1980 com a introdução do diagnóstico no DSM-III (Manual Diagnóstico e estatístico das Desordens Mentais) a transexualidade passa a ser tratada como questão de saúde pública. Passaram a ser diagnosticados como indivíduos com gênero disfórico aqueles que por, pelo menos, dois anos apresentassem o desejo de transformar o sexo físico. No Brasil cabe ao Conselho Federal de Medicina qualquer regulação quanto ao tratamento e quanto à cirurgia de transgenitalização.

3. O DIREITO À AUTODETERMINAÇÃO SERIA SUFICIENTE À TUTELA DO WANNABE?

"Em resumo, a anomalia pode transformar-se em doença, mas não é, por si mesma, doença. Não é fácil determinar em que momento a anomalia vira doença."[25]

Nos ensinamentos de Rodotà[26] tem-se que a problemática humana estaria confiada ao princípio da laicidade. Para o autor italiano, a laicidade estaria intrinsecamente relacionada com a autonomia que, por sua natureza, de declina na autodeterminação. Seriam justamente esses institutos jurídicos os responsáveis pela salvaguarda da pessoa em resistência contra a invasão de algum poder.

Para que a vida em sociedade seja viável por vezes é necessário que sejam feitas ponderações entre os *quereres*[27] internos e individuais – albergados pela liberdade individual – e o interesse coletivo. A tutela do *wannabe* poderia vir a ser tolhida por essa perspectiva; já que se tido como transtorno ter-se-iam tratamentos médicos (inclusive

---

23. ATHAYDE, Amanda V. Luna de. Transexualismo Masculino. Ambulatório de Endocrinologia Feminina, Instituto Estadual de Diabetes de Endocrinologia Luiz Capriglione (IEDE), Rio de Janeiro, RJ. 2001. Disponível em http://www.scielo.br/scielo.php?pid=s0004-27302001000400014&script=sci_arttext – última visualização em: 24 abr. 2019.
24. MORAES, Maria Celina Bodin de. *Na Medida da Pessoa Humana: Estudos de direito civil-constitucional*. Rio de Janeiro, Renovar: 2010. Página 123.
25. CANGUILHEM, Georges. *O normal e o patológico*. Trad. Mana Thereza Redig de Carvalho Barrocas, 6ª ed. rev. Rio de Janeiro: Forense Universitária, 2009, p. 54.
26. RODOTÀ, Stefano. *Autodeterminação e laicidade*. Tradução de Carlos Nelson de Paula Konder. Revista Brasileira de Direito Civil – RBDCivil. Belo Horizonte, v. 17, p. 139-152, jul./set. 2018, p. 139/152.
27. A brincadeira ortográfica espera poder remeter o leitor à música "O quereres", de Caetano Veloso, lançada no ano de 1984, no álbum "Velô". Disponível https://open.spotify.com/album/3wmPcvE8sH6hB3IYKt3SIM.

com sua incorporação do Sistema Único de Saúde), inserção da pessoa a categoria de pessoa com deficiência (com inclusão nas previsões do Estatuto da pessoa com deficiência), inclusão em regime de aposentadoria *especial*[28] dentre outras categorias com possíveis impactos financeiros diretos e imediatos na sociedade.

Entretanto a análise por tal perspectiva poderia conduzir o presente texto a uma Análise Econômica do Direito[29] – método[30] de interpretação do Direito no qual seus adeptos se valem de ferramentas, conceitos e intepretações da Economia. No entanto, esse não é o caminho eleito de metodologia. Ao contrário, buscar-se-á dentro da metodologia Civil-constitucional. A Escola propõe que se deixe no passado a diáspora da Constituição vista como direcionada ao Estado, enquanto a sociedade civil deveria seguir com o Direito Civil como um ordenamento[31] segmentado e insular. Portanto, a proposta da Escola está fincada na unidade hermenêutica e, desse modo, com o estabelecimento de um Direito Civil que seja interpretado segundo a Constituição e de maneira includente.

Para tanto, esse capítulo busca investigar se o direito à autodeterminação conseguiria suportar a tutela do *wannabe* e a forma desse "novo" corpo que esse grupo persegue.

3.1 Autodeterminação corporal

A ideia de corpo vem se modificando com as constantes restruturações da sociedade. Há o corpo da Idade Média em muito visto como símbolo de imperfeição e pecado. Aos poucos, com o racionalismo, inicia-se o movimento de dignidade do corpo. Chegando ao heliocentrismo e mecanicismo o corpo já passa a visão de um mero mecanismo, deixando à razão o centro dos interesses. Com o Renascimento os corpos, de volta ao estilo grego, passam-se a ser artisticamente demonstrados desnudos ainda que permaneçam sob o ponto de vista cristão. Nesse período, ainda, houve certa descoberta de várias formas de corpo, por exemplo, corpo do índio recém descoberto[32]. Nesse período, o corpo é,

---

28. Há previsão de garantia de pagamento de um salário mínimo à pessoa com deficiência que esteja no grupo considerado de baixa renda. Disponível em: https://www.inss.gov.br/beneficios/beneficio-assistencia-a-pessoa-com-deficiencia-bpc/, última visualização em: 30 maio 2019. Há previsão de aposentadoria da pessoa com deficiência por tempo de contribuição, benefício devido àquele que comprovar ter contribuído no mínimo 180 meses na condição de deficiente. Disponível em: https://www.inss.gov.br/beneficios/aposentadoria-por-tempo-de-contribuicao-da-pessoa-com-deficiencia/, última visualização em: 30 maio 2019.
29. PORNER, Richard A. *The Law and Economics Movement*. In Economics foundations of private law. Coordenado por Richard A. Posner e Francesco Parisi. Northampton, MA: Na Elgar Critical Writing Reader, p. 7.
30. "Assim, no desenvolvimento de suas pesquisas sobre o que chama 'discurso competente', Marilena Chauí mostrou, com acerto, de que maneira a ciência não só carrega elementos ideológicos no seu interior, mas até serve à dominação social dos 'donos do poder', quando impõem aqueles falsos conteúdos à práxis social. Basta pensar, por exemplo, no que fazem os ´Chicago boys´, criados na incubadora do economista Friedman e, depois, usados como assessores ´científicos´ do autoritarismo chileno ou até na política sócio-econômica da sra. Thatcher, a ´dama de ferro´ do conservadorismo inglês." LYRA FILHO, Roberto. *O que é direito*. São Paulo: Editora Brasiliense, 1999, p. 14.
31. LÔBO, Paulo. *Direito civil: parte geral*. 3. ed. São Paulo: Saraiva, 2012, p. 48-49.
32. BRAUNSTEIN, Florence e PÉPIN, Jean-François. *O lugar do corpo na cultura ocidental*. Trad. João Duarte Silva. Lisboa: Instituto Piaget, 2001, p. 87-105.

basicamente, visto como a *"conciliação de um idealismo e de um naturalismo"*[33] Entretanto, é com o século XVIII – século das Luzes, que o corpo começa a tomar contornos científicos e até médicos.

O corpo hoje, diferente dos corpos de outros épocas, não é mais o corpo sagrado e pertencente a um deus ou a natureza. Em que pese o corpo feminino ainda possa carregar certo ranço proprietário bem como certas interdições[34], no geral estar-se numa época em que o corpo ganha cada vez mais liberdades. Não se pode deixar de mencionar os corpos virtuais, em que pese esses não sejam objeto desse trabalho.

Para que o corpo humano possa se desenvolver livre e de maneira plena precisa gozar de liberdade para se expressar. No âmbito cível da atualidade o corpo passa a ter alguma tutela individualizada através do Código Civil de 2002. Isso porque no Código de 1916 o direito ao corpo estava restrito à integridade física. Desse modo, ao que tudo indica a tutela era pensada tão somente como proteção contra intervenções externas. Nos parece, então, que aquela tutela estaria centrada mais na preocupação social que na individual.

Apesar de todas as transformações já brevemente mencionadas a *"radical liberdade e autonomia do sujeito"*[35] nasceu com a repudia às práticas nazistas. Dali também saiu o Código de Nuremberg[36], inaugurando, por exemplo, o princípio sob o qual o consentimento voluntário do ser humano se torna indispensável. O código revoluciona não somente a relação médico-paciente, mas culmina com ao reconhecimento de que é a própria pessoa que deve governar sua vida e, portanto, seu corpo[37].

---

33. BRAUNSTEIN, Florence e PÉPIN, Jean-François. *O lugar do corpo na cultura ocidental*. Trad. João Duarte Silva. Lisboa: Instituto Piaget, 2001, p. 104.
34. Veja-se, por exemplo, o caso de casos nos quais mulheres foram proibidas de amamentar em público de modo a não mostrar seus seios. No Brasil o tema chegou a ser debatido no Senado, que no início do ano corrente aprovou multa para aqueles que tentarem impedir a amamentação em locais públicos. Disponível em: https://www12.senado.leg.br/noticias/materias/2019/03/12/senado-aprova-penalizacao-para-quem-impedir-amamentacao-em-local-publico, última visualização em: 10 ago. 2019.
35. RODOTÀ, Stefano. Autodeterminação e laicidade. Trad. Carlos Nelson de Paula Konder. *Revista Brasileira de Direito Civil* – RBDCivil. v. 17, p. 139-152, Belo Horizonte, jul./set. 2018.
36. "Depois da Segunda Guerra Mundial, durante os trabalhos do Tribunal Militar de Nuremberg, apresentou-se um tipo singular de crime: a de experiências de pesquisa, frequentemente fatais, realizadas em prisioneiros de guerra por parte de médicos nazis. O Código de Nuremberg foi formulado em Agosto de 1947 por juízes dos EUA para julgar os médicos nazis acusados. [...] Eles argumentaram que estes experimentos eram necessários e que o "bem do Estado" tem precedência sobre o bem do indivíduo. [...] No relacionamento médico-paciente inspirado pela tradição de Hipócrates, o paciente é silencioso, somente fala dos seus sintomas e obedece ao médico. O Código de Nuremberg estabelece um paciente falante e que tem autonomia para decidir o que é melhor para ele e agir em consequência. [...] 1. O consentimento voluntário do ser humano é absolutamente essencial. [...] 5. Não deve ser conduzido qualquer experimento quando existirem razões para acreditar que pode ocorrer morte ou invalidez permanente; exceto, talvez, quando o próprio médico pesquisador se submeter ao experimento." Código de Nuremberg. Disponível em: https://www.ghc.com.br/files/CODIGO%20DE%20NEURENBERG.pdf, última visualização em: 04 abr. 2019.
37. BARBOZA, Heloisa Helena. Reflexões sobre a autonomia negocial. In: TEPEDINO, Gustavo e FACHIN (Coord.). *O direito e o tempo: embates jurídicos e utopias contemporâneas. Estudos em homenagem ao Professor Ricardo Pereira Lira*. Coordenadores:. Rio de Janeiro: Renovar, 2008, P. 407-424, p. 417.

Mas não se deve confundir[38] o conceito de autodeterminação com o de autonomia privada[39]. Isso porque a construção do conceito de autonomia privada foi realizada tendo como ponto de vista o mercado, a circulação de bens, enfim, há centralidade na lógica privatista. De outro lado, a autodeterminação está fincada no corolário da dignidade da pessoa humana e, portanto, sob o ponto de vista de não mercantilização destes seres[40]. Toda a metodologia aqui encampada é no sentido de não permitir que construções pensadas para seara patrimonial sejam importadas para a seara existencial. Tratam-se de duas lógicas completamente distintas que podem ser simplificadamente explicadas pela máxima kantiana de que a dignidade é atributo de pessoas, enquanto o preço é o das coisas.

Para que seja tutelada a autodeterminação deve-se ter em vista que o objetivo é albergar a plena realização do projeto de vida[41] desejado por cada ser humano. E neste ponto é que o imbróglio se inicia. O projeto desejado por casa pessoa trata de pontos de vista tão profundos quanto subjetivista. Mais, não há que se buscar uniformidade, normalidade, senso comum ou padronização. Cada ser humano possui em seu íntimo desejos que não se encaixam – e, de fato, não precisam se encaixar – nas tradicionais categorias jurídicas.

Frente à desejos tão díspares, por vezes tidos como *estranhos*, vê-se que se iniciou um forte movimento de medicalização[42] e, portanto, tendo na medicina a grande solução, inclusive, para a modificação corporal. Ao aceitar a medicalização, começa-se a aceitar limites do que pode ou não ser disposto. Entretanto, essa decisão é transferida ao "especialista", portanto a questão, no fundo, trata de dar ao terceiro a tomada de decisão. Ou seja, apenas transferir sob o fundamento de que o "especialista" deve saber o que é o melhor ao paciente.

A medicalização, por vezes, portanto, mascara a promoção da autodeterminação. Isso porque somente será promovida efetivamente a autodeterminação acaso o terceiro

---

38. RODOTÀ, Stefano. Autodeterminação e laicidade. Trad. Carlos Nelson de Paula Konder. *Revista Brasileira de Direito Civil* – RBDCivil. Belo Horizonte, v. 17, p. 139-152, jul./set. 2018.
39. "Esta concepção mudou radicalmente na hierarquia constitucional dos valores, onde a liberdade não se identifica com a iniciativa econômica: a liberdade da pessoa, e a consequente responsabilidade, ultrapassa e subordina a si mesma a iniciativa econômica. [...] Não é possível, portanto, um discurso unitário sobre a autonomia privada: a unidade é axiológica, porque unitário é o ordenamento centrado no valor da pessoa, mas é justamente essa conformação do ordenamento que impõe um tratamento diversificado para atos e atividades que em modo diferenciado tocam esse valor e regulamentam situações ora existenciais, ora patrimoniais, ora umas e outras juntas." PERLINGIERI, Pietro. *Perfis do direito civil: introdução ao Direito Civil Constitucional*. 3ª ed. Tradução de Maria De Cicco. Rio de Janeiro: Renovar, 2007., p. 17/276-277.
40. KONDER, Carlos Nelson. *O consentimento no Biodireito: os casos dos transexuais e dos wannabes*. Revista Trimestral de Direto Civil – RTDC. Rio de Janeiro: Padma, ano 4, v. 15, p. 41-71, jun/set. 2003, p. 56.
41. RODOTÀ, Stefano. *Autodeterminação e laicidade*. Tradução de Carlos Nelson de Paula Konder. Revista Brasileira de Direito Civil – RBDCivil. Belo Horizonte, v. 17, p. 139-152, jul./set. 2018, p. 145.
42. "Na verdade, a denominada "medicalização" da sociedade não é algo inteiramente novo, visto ser um processo que teve início com as revoluções científicas dos séculos XVII e XVIII, as quais subverteram a ordem até então existente, ao desafiarem e questionarem a "lei natural" considerada imutável à época. Ao desvendar alguns dos mistérios naturais, pertencentes à ordem do "sagrado", o homem, por meio da ciência, deu ensejo a uma contínua "dessacralização da natureza", que até a atualidade se desenvolve de forma crescente e acelerada." BARBOZA, Heloisa Helena. *A Pessoa na era da biopolítica: autonomia, corpo e subjetividade*. Caderno Instituto Humanitas UNISINOS – IHU Ideias. Ano 11, n. 194, 2013, p. 04.

especialista médico dê o seu laudo técnico permitindo determinada modificação corporal. Apesar da crítica esse texto não descarta a opinião médica, bem como o diálogo entre as ciências médicas e a jurídica. Apenas vê com preocupação a excessiva valorização das *regras* médicas que, por vezes, são premissas para o Direito poder atuar – como no caso dos transexuais que a regulamentação é feita através do Conselho Federal de Medicina[43].

Entretanto, não se descartaria possível diálogo entre o Direito e a Medicina de modo a se chegar num denominador comum quanto a possibilidade de tutela ao *wannabe*. De modo que a autodeterminação do paciente fosse considerada, mas, por óbvio, não fosse deixado de lado a proteção da dignidade da pessoa humana – essa interferindo na vontade da pessoa que coaduna com a diminuição permanente de sua integridade física.

3.2 Autodeterminação, consentimento e a proteção da dignidade da pessoa humana nos *wannabes*

Em que pese a promoção da autodeterminação, inclusive a corporal, tal não pode ser realizada de modo que viole a dignidade da pessoa humana. Tal proteção pode, e deve, ser exercida, inclusive, contra a vontade do próprio ser humano *titular* dessa dignidade.

Perante a literatura médica os *wannabes*, ao que se tem conhecimento, não gozaram de reconhecimento. Em que pese, como informado no início desse trabalho, o médico Robert Smith tenha realizado, dentro de um hospital, algumas cirurgias de amputações. Entretanto, recorta-se duas opiniões para que serem debatidas: uma favorável às amputações e a outra negando.

Especialistas em Ética Médica[44], da Universidade Macquarie e Universidade de Melbourne, chegaram a defender amputações desde que os casos (i) se tratassem de *desejos* antigos dos pacientes e que (ii) não houve psicose do paciente. O segundo critério visaria atender ao desejo de *wannabes* se tidos como pessoas que possuem plena consciência dos riscos e consequências de amputações. Diante desses pacientes, entendem que a cirurgia – ainda que invasiva e com consequência de diminuição física permanente – seria um mal menor. Isso porque, acaso não fossem atendidos esses *desejos incontroláveis* pela amputação através de procedimentos seguros, eles acabariam por realizar de maneira não segura e sem condução médica.

De outro lado, médicos desfavoráveis à realização de amputações de membros sadios ressaltam que o ato seria uma violação ao juramento Hipocrático. Bem como, pode-se vislumbrar o cenário sob o ponto de vista psiquiátrico. Dessa maneira, o desejo por amputação seria tido como um tipo de obsessão, inclusive comparada à anorexia em que o paciente possui ânsia por emagrecer e sempre se vê numa imagem distorcida de seu peso corporal real. A corrente que nega a possibilidade de amputações ainda

---

43. Disponível em: http://www.portalmedico.org.br/resolucoes/CFM/2010/1955_2010.htm, última visualização em: 25 abr. 2019.
44. Disponível em: https://www.portaleducacao.com.br/conteudo/artigos/psicologia/um-pedaco-que-me-falta--ou-nao-eis-a-questao-do-membro-fantasma/73286, última visualização em: 10 ago. 2019.

ressalta os riscos que toda e qualquer cirurgia traz ao paciente, bem como os custos de reabilitação e da adaptação à vida de uma pessoa com deficiência.

Do ponto de vista do Direito, além da autodeterminação mister passar também pelo consentimento para analisar se, afinal, merece tutela o *wannabe*. O consentimento foi inicialmente forjado em um contexto de proteção à autonomia da vontade individual. Nasceu no seio do liberalismo, momento em que o direito estava voltado para exaltação da atividade econômica do indivíduo. Sua aplicação a situações extrapatrimoniais[45] era de menor importância.

Hoje, o consentimento se transformou e passa a focar na proteção da dignidade da pessoa humana como prioridade. Traz ele a ideia de que a pessoa é a *senhora de suas circunstâncias*.

No estudo do Biodireito não é incomum que o termo 'consentimento' venha acompanhado de 'informado' ou de 'livre e esclarecido'. A justaposição dos termos passa a caracterizar *"um modo peculiar de distribuir poder e responsabilidade"*[46]. Hoje o consentimento para não restar viciado deve contar com informações, explicações e dados o mais completo possível vindo do profissional para que, então o paciente possa ter uma decisão. Ele passou a ser requisito indispensável em intervenções médicas que sejam consideradas de maior potencial invasivo.

Portanto, uma possível conclusão no caso do *wannabe* seria após o fornecimento de todos os dados pertinentes sobre a amputação e suas consequências, pudesse a pessoa então fazer sua escolha – ou seja, exercer sua autodeterminação corporal. De outro lado, também é possível concluir que o *wannabe*, na verdade, não teria condições (psiquiátricas/mentais) de expressar consentimento[47] por restar em obsessão pela amputação.

Vê-se, portanto, que já foi possível chegar a duas conclusões distintas no que tange a possibilidade de tutela do *wannabe*. Uma contemplando a liberdade de autodeterminação e a outra impossibilitada, já que não haveria condições para o consentimento.

Um outro ponto de vista que se pode concluir desse tópico, na verdade, trata de utilização da proteção da dignidade da pessoa humana sob o ponto de vista geral e não tendo em vista tão somente a autonomia individual. Portanto, a proteção da dignidade da pessoa humana, valor máximo do ordenamento jurídico brasileiro, pode conduzir a eliminação do arbítrio individual[48] para proteção da pessoa contra redução permanente de sua integridade física.

---

45. "Na acepção tradicional, é um instrumento condizente com o sistema de direito civil individualista e patrimonialista, conforme molde da conjuntura histórica em que foi construído." KONDER, Carlos Nelson. O consentimento no Biodireito: os casos dos transexuais e dos wannabes. *Revista Trimestral de Direto Civil* – RTDC. ano 4, v. 15, p. 41-71, Rio de Janeiro: Padma, jun/set. 2003.
46. RODOTÀ, Stefano. *Autodeterminação e laicidade*. Tradução de Carlos Nelson de Paula Konder. Revista Brasileira de Direito Civil – RBDCivil. Belo Horizonte, v. 17, p. 139-152, jul./set. 2018, p. 143.
47. BAYNE, Tim e LEVY, Neil. *Amputees By Choice: Body Integrity Identity Disorder and the Ethics of Amputation*. Journal of Applied Philosophy, 2005, 22/1, p. 75-86.
48. KONDER, Carlos Nelson. *O consentimento no Biodireito: os casos dos transexuais e dos wannabes*. Revista Trimestral de Direto Civil – RTDC. Rio de Janeiro: Padma, ano 4, v. 15, p. 41-71, jun/set. 2003.

4. ABUSO DO DIREITO DO EXERCÍCIO DA IDENTIDADE

"Porém, a convivência em sociedade acarreta a imposição de limitações, de tal sorte que as pessoas devem exercitar os seus direitos consoante circunscrito pelo ordenamento jurídico, não podendo deles abusar."[49]

O direito à identidade,[50] como um direito fundamental,[51] emerge do art. 1º, inciso III da Carta Magna[52] e tutela inúmeras relações existenciais. Ainda, a Constituição Federal de 1988 tutelou tal direito ao assegurar o princípio da autonomia de livre manifestação,[53] locomoção, exercício de qualquer trabalho (desde que cumpridos requisitos que cada profissão exige), portanto, a cada liberdade assegurada tem-se o pleno desenvolvimento do ser humano garantido.

O direito à identidade, como uma dessas situações referentes aos valores da personalidade e não somente como um direito, é aquele que garante a toda pessoa externalizar sua "verdade" pessoal, "quem de fato é". A exteriorização desse "status personae", ou seja, revelar ao mundo sua identidade é processo que inclui uma realidade física, moral e intelectual.[54]

O caso ora em estudo poderia ser tido, portanto, como a necessidade de se expressar a identidade psíquica real da pessoa que seria o desejo por não possuir determinado (s) membro (s). Entretanto, considerando a gravidade da redução permanente da integridade física e a possibilidade de esse desejo advir de transtorno psiquiátrico tratar-se-á do abuso do legítimo exercício do direito à identidade. Não se pode tratar com supremacia ou de forma ilimitada a autodeterminação sequer para o exercício da identidade.

4.1 Dinamicidade como característica intrínseca à identidade

O corpo, conforme visto nesse trabalho, não é estático e, ao longo dos séculos, passou por profundas transformações. Seja na forma como era visto, seja na forma como deveria se apresentar em público (e, por vezes, de maneira diferente entre homens e mulheres) o corpo hoje não mantém identidade com o corpo, por exemplo, da Antiguidade.

---

49. NANNI, Giovanni Ettore. *Abuso do direito*. In Renan Lotufo e Giovanni Ettore Nanni (coord.), *Teoria geral do direito civil*, pp. 738-772, São Paulo: Editora Atlas S.S., 2008, p. 738.
50. CHOERI, Raul Cleber da Silva. *O Direito à Identidade na Perspectiva Civil-Constitucional*. Rio de Janeiro: Renovar, 2010. Página 241.
51. Entendendo os direitos fundamentais com uma área de abrangência maior que a dos valores da personalidade. ASCENSÃO, José de Oliveira. *Pessoas, direitos fundamentais e direitos de personalidade*. Revista Trimestral de Direito Civil – RTDC, Ano 7, vol. 26, abril a junho de 2006. Rio de Janeiro: Ed. Padma. Páginas 46.
52. Sendo este princípio duplamente contemplado da Carta Magna, presente tanto no art. 1º quanto no art. 170. GRAU, Eros Roberto. *A Ordem Econômica na Constituição de 1988*. 14ª edição revista e atualizada. Brasil: Ed. Malheiros, 2010. Páginas 198-199.
53. CHOERI, Raul Cleber da Silva. *O Direito à Identidade na Perspectiva Civil-Constitucional*. Rio de Janeiro: Renovar, 2010. Página 58.
54. CHOERI, Raul Cleber da Silva. *O Direito à Identidade na Perspectiva Civil-Constitucional*. Rio de Janeiro: Renovar, 2010. Página 244.

Essas modificações não são extraordinárias, mas fazem parte de uma sociedade que vive em constante modificação ou como alguns preferem dizer, uma sociedade que vive em constantes evoluções. O corpo, portanto, não poderia permanecer estático se o próprio ser humano é um agente em constante transformação. Tampouco poderia o Direito[55] permanecer estático.

O corpo, sem dúvidas, é parte da identidade da pessoa. Trata ele de apresentação primeira sob o ponto de vista visual – como diz o ditado popular *"uma imagem vale mais do que mil palavras"*. Portanto, a tutela da identidade é fundamental para o exercido da autodeterminação corporal.

Considerando a sociedade em constante movimento tem-se que o direito à identidade, talvez mais que outros, deve ser estudado sob a ótica de uma constante dinamicidade, pois somente assim haverá tutela integral da identidade pessoal. Diferente situação daquela dos direitos de cunho estritamente patrimonialista, como, por exemplo, na seara contratual, em que a estagnação é vista como necessária para que se possa ter maior segurança jurídica e previsibilidade nas relações privadas.

Somente a partir do momento em que os intérpretes compreendam a dinamicidade[56] como peculiaridade principal do direito à identidade tal valor angariará uma plenitude no tocante à eficácia social. A mutabilidade do ser humano não pode ser desconsiderada quando se está analisando a identidade que merece proteção do Direito.

4.2 Abuso do direito nas situações puramente existenciais

O abuso do direito, com sua origem no final do século XIX, trata do *exercício ilegítimo ou desmesurado do direito*[57]. O instituto jurídico nasce, na verdade, para limitar situações proprietárias e, com esse espírito costuma ele ser utilizado: em situações classificadas como patrimoniais.

Credita-se o nascimento da teoria do abuso do direito como reação no sentido de frear o excessivo individualismo que a sociedade e, consequentemente, o direito experimentava. Individualismo este que fomentava a teoria absolutista[58] dos direitos subjetivos de forma a alimentar excessos no exercício de direitos.

---

55. NADER, Paulo. *Introdução ao estudo do direito*. Rio de Janeiro: Forense, 2011. Página 19.
56. "A dinâmica é o movimento que gera sua própria vida e busca contemplar eventual transformação. Tal circunstância se dá quando a regra não cobre mais com sua juridicidade positivada todas as circunstâncias." FACHIN, Luiz Edson. *Teoria crítica do direito civil*. 3ª ed. Rio de Janeiro: Renovar, 2012. Página 221.
57. MIRAGEM, Bruno. *Abuso do direito: ilicitude objetiva e limite a exercício de prerrogativas jurídicas no Direito Privado*. 2. ed. rev. atual. e ampl. São Paulo: Ed. RT, 2013, p. 30.
58. "Uma das principais características do Direito Civil contemporâneo é a percepção de que inexistem direitos absolutos. Sendo naturalmente inseridas em relações intersubjetivas, as situações jurídicas – todas elas – estão naturalmente limitadas umas por outras." BUTRUCE, Vitor Augusto José. *A exceção de contrato não cumprido no direito civil brasileiro contemporâneo: funções,, pressupostos e limites de um 'direito a não cumprir'*. Dissertação apresentada a programa de Pós-Graduação da Faculdade de Direito da UERJ para obtenção do título de Mestre em Direito Civil. Orientador: Gustavo José Mendes Tepedino, p. 165.

Em atenção a constante objetivação do Direito Privado o abuso do direito logo se adaptou também à vertente objetiva. A caracterização dessa vertente de ilicitude objetiva deve observar, portanto, somente *certas balizas que o enunciado legal pontua*[59], deixando de merecer atenção para sua constatação o fato de a intenção ser doloso ou culposa – negligente, imprudente, imperita. Sendo constatado o exercício irregular do direito subjetivo, exercício este que fuja das balizas estabelecidas, como aquela estabelecida pela boa-fé objetiva, estará configurado o abuso do direito. Portanto, o abuso do direito[60] com a objetivação deixa de considerar o comportamento, tendo como finalidade a conduta e suas consequências[61].

Como se vê da leitura da disposição legal do abuso do direito, artigo 187 do Código Civil, não há qualquer delimitação a searas do Direito que o instituto poderia abranger. Ao contrário, a regra positiva simplesmente faz menção ao "titular de um direito" e, portanto, não importa[62] qual seja esse direito. Desse modo, é possível o exercício disfuncional também em situações que sejam existenciais.

4.3 *Wannabe*: abuso do direito ou direito à diferença e de autodeterminação corporal?

De volta, mais uma vez, ao tema que dá origem a esse trabalho reflete-se, afinal, se o *wannabe* trataria de mero exercício disfuncional da faceta dinâmica da identidade (um ato patológico?); se trataria ele de mero direito à diferença ou se trataria de simples efetividade de autodeterminação corporal.

Deve-se, a essa altura do presenta trabalho, pensar em tentar responder ou simplesmente refletir sobre a pergunta inquietante: de quem é o corpo do *wannabe*? Se ultrapassar (i) a sacralidade do corpo, (ii) a ideia de que um deus não é o senhor do tempo, (iii) que o Estado não é soberano o suficiente para intervir nas situações existenciais (obviamente não tratando aqui daquelas que impactam consideravelmente terceiros) ou (iv) que a ciência médica não possui a exclusividade da perseguida 'cura do corpo';

---

59. MARTINS-COSTA, Judith. *A boa-fé no direito privado: critérios para sua aplicação*. São Paulo: Marcial Pons, 2015, p. 610.
60. "O não-exercício e o exercício segundo modalidades diversas daquelas que derivam da função da situação subjetiva devem ser considerados abusos. O abuso é uma noção que não se exaure na configuração dos limites de cada poder, mas, sim, na correlação (*collegamento*) à mais ampla função da situação global da qual o poder é expressão." PERLINGIERI, Pietro. *Perfis do direito civil: introdução ado direito civil constitucional*. Tradução de Maria Cristina De Cicco. Rio de Janeiro: Renovar, 2007, p. 122.
61. "A visão civil-constitucional do abuso do direito, tendo como critério definidor do ato abusivo a dissonância entre o exercício do direito e o valor que o ordenamento jurídico procura tutelar e proteger através da concessão da mesma faculdade, permite que a teoria se estenda para além dos contornos do direito subjetivo." CARDOSO, Vladimir Mucury. *O abuso do direito na perspectiva civil-constitucional*. In Maria Celina Bodin de Moraes (coord.), *Princípios do direito civil contemporâneo*, pp. 61-110, Rio de Janeiro: Renovar, 2006, p. 89.
62. "Por outro lado, não reconhecida a função social de determinadas situações (nomeadamente, as situações puramente existenciais), nem por isso o aplicador estará impedido de investigar a regularidade de seu exercício, vale dizer, sua conformidade com a função que legitima a posição jurídica, e que leva em conta todos os valores do ordenamento." SOUZA, Eduardo Nunes de. *Abuso do direito: novas perspectivas entre a licitude e o merecimento de tutela*. Revista RTDC, vol. 50, p. 35-91, abril/jun, 2002, p. 74.

seria, portanto, a autodeterminação corporal a resposta. Consequentemente, o dono do corpo é o próprio *wannabe*.

A resposta acima, portanto, conduz a permissão de tutela do *wannabe* pelo ordenamento eis que o mesmo estaria simplesmente exercendo sua autodeterminação que, como ressaltou Perlingieri[63], em nada deve remeter ao dogma da 'autonomia da vontade'. Mas tão simplesmente a tutela da seara existencial com a plena realização da pessoa humana.

A segunda perspectiva trataria da análise sobre o direito à diferença. Caberia ao Direito manter todos dentro da normalidade aparente e, portanto, excluindo o desejo pela amputação pelo simples fato de constituir ela uma diferença daquele corpo considerado sadio? Não parece ser adequado o caminho pelo qual enquadra o *wannabe* simplesmente como um ser diverso e, portanto, que deveria ser tutelado pela aceitação da diversidade.

Não parece ser adequado mitigar a integridade física, que também deve ser protegida contra atuações de seu próprio *titular*, ao albergar autolesões intencionais que atendam simplesmente a desejos que mais parecem advir de desequilíbrio psíquico. Ressalta-se a grande diferença com a situação do transexual que não se mutila ou pretende se mutilar, mas tão somente pertencer ao sexo biológico oposto (que se trata de seu sexo psíquico).

O transexual não tende a se torna um deficiente ou mesmo tende a ter a *eterna* compulsão por modificações corporais invasivas. O transexual possui como objetivo uma identidade – seja a de mulher, seja a de homem ou mesmo não ser enquadrado em gêneros predefinidos. O *wannabe* teria identidade a perseguir, considerando a imutabilidade ou o sucessivo *querer* pela realização de amputações?

Chega-se, portanto, a resposta final. Não. Não é possível tutelar o desejo do *wannabe* por amputação. Há claro abuso do direito de exercício da faceta dinâmica da identidade. Vê-se disfuncionalidade na violação da dignidade da pessoa humana na prática de reduções permanentes da integridade física.

5. CONCLUSÃO

A tarefa de tratar do tema *wannabe* não parece, sequer de longe, fácil. Primeiro porque não é possível despir-se totalmente da noção de normalidade corporal a que somos submetidos ao longo de toda a vida. Segundo porque sequer há conceito predeterminado com alguma cientificidade do qual se possa partir para, enfim, determinar quais pessoas fazem parte desse grupo. Terceiro e, por fim, porque propor a limitação do exercício do livre arbítrio nas situações existenciais e, principalmente, frente a autodeterminação corporal não é tarefa fácil a um estudante adepto à escola do Direito Civil-Constitucional.

---

63. PERLINGIERI, Pietro. *Perfis do direito civil: introdução ao Direito Civil Constitucional*. 3ª ed. Tradução de Maria De Cicco. Rio de Janeiro: Renovar, 2007., p. 299.

O presente trabalho após investigar e definir o que seriam as *wannabes*, já que não é recomendável que um artigo não delimite seus marcos teóricos, entendeu que são pessoas que mantém desejos/compulsões pela amputação de qualquer dos membros.

Apesar do prestígio que, obviamente, deve-se ter à autodeterminação corporal e à tutela da identidade, ele não foi, ao menos nesse trabalho, suficiente a tutelar a redução permanente da integridade física ao se mutilar membros sadios, funcionais e em conformidade com a forma padrão do corpo humano. Ao contrário, vê-se no desejo incurável pela amputação aparência de patologia, talvez psiquiátrica, ainda que não se queira conduzir pela medicalização excessiva pela qual passa a sociedade.

O exercício do direito à identidade, como qualquer outro direito, está submetido a verificação de sua conformidade. Não se pode permitir atuações disfuncionais simplesmente pelo fato de tratar-se de situação existencial e onde tende a se conferir uma liberdade maior às escolhas. Abusa do direito existencial de gozar de tutela de sua identidade, ainda que seja característica essencial dessa a dinamicidade, àquele que opta pela amputação sem que para tanto haja disfuncionalidade do membro.

O JURISTA NA SOCIEDADE PÓS-MODERNA: RESGATE DA IMPORTÂNCIA DA TÉCNICA JURÍDICA NA INTERPRETAÇÃO (QUALIFICAÇÃO) E NA APLICAÇÃO DO DIREITO CIVIL À LUZ DO PARADIGMA DO NEOCONSTITUCIONALISMO

Frederico Price Grechi

Sumário: 1. Introito – 2. Evolução do sentido e alcance da expressão *jurista* no direito – 3. Pós-modernidade, pós-positivismo e o paradigma do neoconstitucionalismo – 4. O resgate da técnica jurídica na fundamentação adequada dos pronunciamentos judiciais e administrativos – 5. Conclusão.

"Pero es preferible hablar del jurista social, porque en su formación, si bien puede influir – y mucho – las directivas de la ensenanza universitária, sobre todo la sugestión de los maestros, es indudable que sólo después de egresado, y sólo después de conocer la vida del derecho en la prática, en la justicia y la política – no en la literatura ni en la reputación formal – sólo entonces puede avivarse esa fibra jurídica del abogado, ese sentimiento de justicia distributiva" (BIELSA, Rafael. *La Abogacía*, 2. ed. Buenos Aires: Universidad Nacional de Litoral – Santa Fé, 1945, p. 17).

"A percepção atual das modificações em curso passa pela consciência da própria tarefa da ciência do direito. Isso representa dizer que não se entende que a abolição da dogmática do direito esteja em processamento, mas que esteja em processamento uma modificação cultural necessária, para tornar a dogmática do direito uma prática científica mais afinada com necessidades sociais e menos amparada por concepções conceitualistas ou formalistas, típicas manifestações do positivismo novecentista, que realizava em ciência a ideia de ordem e progresso na dimensão do conhecimento das regras de Estado e de direito". (BITTAR, Eduardo C. B. *O direito na pós-modernidade e reflexões frankfurtianas*. Rio de Janeiro: Forense Universitária, 2009. p. 372-373).

1. INTROITO

É um privilégio participarmos desta obra coletiva, a prestar justa homenagem à culta e estimada Professora Heloisa Helena Barboza, a qual investigou, pioneiramente, a relação entre a bioética e o biodireito, a concluir pela insuficiência dos conceitos jurídicos[1] e, portanto, a revelar inexoravelmente a incompletude do sistema jurídico.[2]

---

1. BARBOZA, Heloisa Helena. Bioética x Biodireito: insuficiência dos conceitos jurídicos. In: BARBOZA, Heloisa Helena e BARRETO, Vicente de Paulo (Org.). *Temas de Biodireito e Bioética*. Rio de Janeiro: Renovar, 2002.
2. A propósito das novas tendências da responsabilidade civil e do necessário diálogo entre a bioética e o biodireito para preenchimento das lacunas do sistema jurídico, consulte-se, por todos, BARBOZA, Heloisa Helena. Responsabilidade civil em face das pesquisas em seres humanos: efeitos do consentimento livre e esclarecido. In: MARTINS-COSTA, Judith e MÖLLER, Letícia Ludwig (Org.). *Bioética e responsabilidade*. Rio de Janeiro: Forense, 2009. p. 227-228: "O desrespeito à autonomia do paciente produz efeitos similares no campo da Bioética

Deveras, o sistema jurídico deve desempenhar duas qualidades: a abertura e a mobilidade. Para Claus-Wilhelm Canaris entende por abertura do sistema a incompletude, a capacidade e a modificabilidade do sistema.[3] A abertura do sistema significa a incompletude e a provisoriedade do conhecimento científico, na medida em que este revela o estado dos conhecimentos do seu tempo, que não é definitivo, isto é, fechado. Em matéria jurídica, as modificações na unidade da ordem jurídica (sistema objetivo) ocorrem a partir do surgimento de novos valores fundamentais. Por isso é que o sistema não é estático e sim dinâmico, eis que deve ser compreendido como um fenômeno posto no processo histórico e, por conseguinte, sujeito à mutação. A mobilidade, que não se confunde com a abertura, significa a igualdade fundamental de categoria e a mútua substitutibilidade dos critérios adequados de justiça. Por outro lado, a qualidade de mobilidade do sistema jurídica não é absoluta, haja vista que este é composto por partes imóveis e móveis. As partes imóveis, refletidas em uma rigidez normativa cuja valoração é previamente preenchida, visam realizar, em última instância, o valor segurança em uma perspectiva de generalidade.

Já as partes móveis são reveladas pelas cláusulas gerais (tecido aberto),[4] as quais deverão ser preenchidas com as valorações de acordo com as circunstâncias do caso concreto, com vistas à realização da justiça individualizada, resultante do princípio da igualdade.[5]

Os princípios ético-jurídicos, como critérios teleológicos-objetivos da interpretação são também conectores das partes móveis e imóveis do sistema jurídico, conferindo-lhe unidade. De outra feita, os princípios não atuam como uma norma rígida, os quais se pudessem subsumir situações de fato, de aplicação geral. Segundo Karl Larenz, os princípios podem ser distinguidos em diferentes graus de concretização. Em sua gradação mais elevada, traduzem uma ideia jurídica geral, pela qual se orienta a concretização posterior como por um fio condutor.[6]

Além da importância dos princípios ético-jurídicos na conexão do sistema jurídico, insta salientar a relevância da *técnica jurídica* (v.g., lógica interna das instituições jurídicas, categorias, conceitos, presunções, ficções etc.)[7] que também integra a ativi-

---

e do Biodireito. Para a Bioética haverá violação de um dever ético, que anteriormente afetava apenas o campo moral, mas atualmente se traduz em reprovação social, a qual aciona os instrumentos de controle social. Em alguns casos, haverá também implicações disciplinares e administrativas para o médico. Para o Biodireito, além dessas implicações, o médico terá violado um direito do paciente, descumprindo seu dever, sujeitando-se à responsabilização civil e, dependendo do caso, também pena e administrativa".

3. CANARIS, Claus-Wilhelm. *Pensamento sistemático e conceito de sistema na ciência do Direito*. 2. ed. Lisboa: Fundação Calouste Gulbenkian, 1996, p. 66-81.
4. ENGISCH, Karl. *Introdução ao pensamento jurídico*. 8. ed. Lisboa: Fundação Calouste Gulbenkian, 2001, p. 231-233.
5. CANARIS, Claus-Wilhelm. *Pensamento sistemático e conceito de sistema na ciência do Direito*. 2. ed. Lisboa: Fundação Calouste Gulbenkian, 1996, p. 127-148.
6. LARENZ, Karl. *Metodologia da ciência do Direito*. 3. ed. Lisboa: Fundação Calouste Gulbenkian, 1997, p. 674.
7. TOBENAS, José Castán. *Teoría de la Aplicación e Investigación del Derecho*. Madrid: Editorial Reus, 2005, p. 52: "Mas como judiciosamente observa el professor LEGAZ, 'la distinción entre dogmática y técnica jurídica no puede interpretarse como distinción entre ciencia y técnica, sino que una y otra se integran como momentos

dade interpretativa pelo jurista (profissional do Direito), realizada *conjuntamente* com a qualificação do fato,[8] *seguida*[9] da aplicação do direito no caso concreto.[10]

Pietro Perlingieiri, com razão, sugere "a interpretação e qualificação do fato como fases de um procedimento unitário"; "qualificação e a interpretação fazer parte de um procedimento unitário orientado a reconstruir aquilo que aconteceu em uma perspectiva dinâmica, voltado não ao passado, mas à fase de atuação. Portanto, interpretação e qualificação do ato devem ser realizadas em forma evolutiva".[11] Ainda segundo Pietro Perlingieiri, "o procedimento de conhecimento do ato não pode prescindir da valoração, da sua tipificação. Isso não implica a prioridade da qualificação sobre a interpretação, mas significa que a interpretação e qualificação são aspectos de uma operação unitária".[12] Nesse contexto, "a doutrina mais atenta demonstrou que o procedimento de interpretação varia de acordo com o objeto a ser interpretado, de acordo com o tipo do ato. A natureza diversa do objeto deve incidir sobre a técnica da interpretação, e isso equivale a dizer que interpretação e qualificação devem proceder sem distinções dos momentos lógicos ou cronológicos. A qualificação, de resto, pelo

---

dialécticos de la ciencia jurídica. Cada problema jurídico concreto, cada institución jurídica, em tanto que objeto de la ciencia del Derecho, tiene su dimensión dogmática y su dimensión técnica". LARROUMET, Christian. *Derecho Civil. Introducción al estúdio del derecho privado*. Primera edición en espanhol, Bogotá/Colômbia: Legis Editores S.A., 2006, p. 90: "El jurista es, ademâs, de humanista, técnico. El jurista debe saber manejar los conceptos del derecho, las categorías en las que se clasifican las instituciones y los instrumentos que la norma consagra; debe saber practicar el razonamiento jurídico. El derecho es una construcción lógica". GOMES, Orlando. *Introdução ao Direito Civil*. 19. ed. Rio de Janeiro: Forense, 2007, p. 11: "... o Direito realiza-se mediante processos técnicos Os mais importantes são: a) os conceitos; b) as categorias; c) as construções; d) as ficções; e) as presunções".

8. PERLINGIERI, Pietro. *Perfis do Direito Civil*. Introdução ao Direito Civil Constitucional. Trad. Maria Cristina De Cicco. Rio de Janeiro: Renovar, 1999, p. 100-102.
9. REALE, Miguel. *Lições preliminares de direito*. 27. ed. São Paulo: Saraiva, 2006, p. 295-296: "Interpretação, integração e aplicação são três termos técnicos que correspondem a três conceitos distintos, que às vezes se confundem, em virtude de sua íntima correlação. (...) A aplicação é um modo de exercício que está condicionado por uma prévia escolha, de natureza axiológica, entre várias interpretações possíveis. Antes da aplicação não pode deixar de haver interpretação, mesmo quando a norma legal é clara, pois a clareza só pode ser reconhecida graças ao ato interpretativo. Ademais, é óbvio que só aplica bem o Direito quem o interpreta bem".
10. MAXIMILIANO, Carlos. *Hermenêutica e aplicação do direito*. 18. ed. Rio de Janeiro: Forense, 1998, p. 6-9: "A aplicação do Direito consiste no enquadrar um caso concreto em a norma jurídica adequada. (...) Verificado o fato e todas as circunstâncias respectivas, indaga-se a que tipo jurídico pertence. (...) Busca-se, em primeiro lugar, o grupo de tipos jurídicos que se parecem, de um modo geral, com o fato sujeito a exame; reduz-se depois a investigação aos que revelam semelhança evidente, mais aproximada, por maior número de faces; o último na série gradativa, o que se equipara, mais ou menos, ao caso proposto, será o dispositivo colimado. Portanto, depois de verificar em que ramo do Direito se encontra a solução do problema forense em foco, o aplicador desce às prescrições especiais. (...) Para atingir, pois, o escopo de todo o Direito objetivo é força examinar: a) a norma em sua essência, conteúdo e alcance (quaestio juris, no sentido estrito); b) o caso concreto e suas circunstâncias (quaestio facti); c) a adaptação do preceito à hipótese em apreço. As circunstâncias do fato são estabelecidas mediante o exame do mesmo, isolado, a princípio, considerado em relação ao ambiente social, depois: procede-se, também, ao estudo da Prova em sua grande variedade (depoimento das partes, testemunhos, instrumentos etc.); não se olvidem sequer as presunções do Direito (*praesumptiones juris et de jure*). (...) A Aplicação não prescinde da Hermenêutica: a primeira pressupõe a segunda, como a medicação a diagnose.
11. PERLINGIERI, Pietro. *Perfis do Direito Civil*. Introdução ao Direito Civil Constitucional. Trad. Maria Cristina De Cicco. Rio de Janeiro: Renovar, 1999, p. 100-102.
12. PERLINGIERI, Pietro. *Perfis do Direito Civil*. Introdução ao Direito Civil Constitucional. Trad. Maria Cristina De Cicco. Rio de Janeiro: Renovar, 1999, p. 102.

menos no campo do direito, não tem um fim teórico, mas, sim, prático, isto é, aquele de individuar a normativa adequada".[13]

Bem por isso, a técnica jurídica, que também alberga a técnica legislativa e a técnica das cláusulas gerais,[14] deve ser operacionalizada pelo jurista, humanista e técnico, a quem cabe nas palavras de "manejar os conceitos de direito, as categoriais nas quais se classificam as instituições e os instrumentos que a norma consagra; deve saber praticar o raciocínio jurídico. O direito é uma construção lógica.[15] Esta lógica é, em primeiro lugar, "a lógica interna das instituições, dos instrumentos consagrados pela norma jurídica. Com efeito, estas instituições e estes instrumentos estão construídos de maneira coerente e racional". Por sua vez, "a lógica interna das instituições, ..., se adapta a uma lógica mais geral na construção do direito. Esta construção está feita de forma racional, especialmente através de conceitos e categoriais".[16]

O presente artigo é, portanto, uma singela reflexão sobre o resgate pelo jurista – em sua acepção mais ampla, isto é, todo o profissional do Direito – da técnica jurídica na interpretação (qualificação) e aplicação do Direito Civil na fundamentação adequada dos pronunciamentos judiciais e administrativos, sob o influxo do novo paradigma do neoconstitucionalismo.

2. EVOLUÇÃO DO SENTIDO E ALCANCE DA EXPRESSÃO *JURISTA* NO DIREITO

O Dicionário Jurídico da Academia Brasileira de Letras Jurídicas define jurista a "pessoa com conhecimentos profundos da Ciência jurídica. Doutor em direito".[17]

---

13. PERLINGIERI, Pietro. *Perfis do Direito Civil*. Introdução ao Direito Civil Constitucional. Trad. Maria Cristina De Cicco. Rio de Janeiro: Renovar, 1999, p. 102.
14. PERLINGIERI, Pietro. *Perfis do Direito Civil*. Introdução ao Direito Civil Constitucional. Trad. Maria Cristina De Cicco. Rio de Janeiro: Renovar, 1999, p. 24-25 e 27: "Uma reflexão sobre a técnica legislativa e, sobretudo, sobre a sua conveniência apresenta-se particularmente útil em um momento no, qual, sob a premente 'mudança e amadurecimento das necessidades individuais e sociais', acentuam-se a experimentação e a temporiedade das leis, o ritmo crescente da caducação delas. O trabalho de reconstrução do sistema, mediante a interpretação, faz-se sempre mais difícil por causa da instabilidade e contrariedade das opções de política do direito e pela variabilidade dos conteúdos das regulamentações dos institutos jurídicos, pelo uso pouco prudente, frequentemente descuidado e inadequado, das técnicas legislativas. (...). Também o jurista positivo é chamado a ocupar-se da ciência da legislação, analisando e elaborando uma teoria da estrutura das argumentações legislativas, assumindo problemas de técnica, não apenas com o objetivo de contribuir para melhorar o texto de lei, mas, também, para aprofundar o funcionamento da lei como sistema de comunicação. Um estudo da legislação, portanto, como produto e atividade, como efeito e causa da mudança social. É útil, mas não suficiente, meditar sobre a incógnita de como fazer as leis. (...) Ao lado da técnica de legislar com normas regulamentares (ou seja, através de previsões específicas e circunstanciadas), coloca-se a técnica das cláusulas gerais. Legislador por cláusulas gerias significa deixar ao juiz, ao intérprete, uma maior possibilidade de adaptar a norma às situações de fato".
15. LARROUMET, Christian. *Derecho Civil*. Introducción al estúdio del derecho privado. Primera edición en espanhol, Bogotá/Colômbia: Legis Editores S.A., 2006, p. 90.
16. LARROUMET, Christian. *Derecho Civil*. Introducción al estúdio del derecho privado. Primera edición en espanhol, Bogotá/Colômbia: Legis Editores S.A., 2006, p. 90-92.
17. *Dicionário Jurídico*. Academia Brasileira de Letras Jurídicas. Planejado, organizado e redigido por J. M. Othon Sidou. 5. ed. Rio de Janeiro: Forense Universitária, 1999, p. 470.

Já De Plácido e Silva conceitua jurisconsulto, sinônimo de jurista,[18] a designar, no sentido atual, "a pessoa que, dedicada ao estudo da Ciência Jurídica, é conhecedora emérita de seus segredos, pelo que suas opiniões acerca das Leis e do Direito são tidas como doutrina. E, nestas condições, em sentido decorrente e menos lato, designa pessoa a pessoa que costuma dar pareceres sobre questões jurídicas. Neste particular equiparam-se aos *advocati conciliari* (advogados consultantes), sentido em que também eram tidas entre os romanos.[19]

Por sua vez, o erudito Professor Paulo Nader parece equiparar a acepção de jurisconsulto (jurista) à doutrina ao afirmar que esta "é a reunião de estudos sobre o Direito em sua múltipla dimensão, abrangendo o Direito Positivado, o *in fieri*, a crítica do ponto de vista lógico, filosófico e sociológico. Corresponde à lição dos doutores da lei, dos jurisconsultos, daqueles que alcançaram a sabedoria na diuturna vivência do fenômeno jurídico, seja nas cátedras, nos tribunais, no recato das bibliotecas. É a *communis opinio doctorum*, também chamada Direito científico. Ela se encontra objetivada em obras e tratados, em teses universitárias, na fundamentação das petições, pareceres, sentenças e acórdãos, em pesquisas publicadas em periódicos científicos". Nesse passo, propõe a distinção entre a doutrina dogmática da criadora, senão vejamos: "A primeira se desenvolve em função do Direito Positivo, seja com o propósito de sistematizar e interpretar os estatutos legais, seja com uma incursão mais profunda, quando os cientistas do Direito submetem o ordenamento à análise crítica sob o ângulo normativo, axiológico ou fático. A doutrina dogmática revela a sua importância quando confere coerência, harmonia, sentido ético, operabilidade e compreensão à ordem jurídica. A doutrina criadora enceta estudos de inovação, seja desenvolvendo teses em livros ou em cátedras, seja projetando o Direito a ser criado. Enquanto a doutrina dogmática conserva a ordem jurídica, a criadora previne reformas e modernização do sistema jurídico".[20] Por fim, o autor parece estabelecer, ainda, uma correlação entre a doutrina e o cientista do Direito a formar a consciência jurídica dos profissionais do Direito.[21]

Na França, jurisconsulto é a "denominação atribuída a advogados, que tenham um exercício de dez anos, aos quais se cometem atribuições de dar pareceres em certos casos previstos na lei civil e na lei processual. É, assim, sem sair da regra, o homem versado na Ciência Jurídica, em virtude do que é consultado sobre questões de Direito. Literalmente,

---

18. Jurisconsulto é sinônimo de jurista. PEREIRA, Aurélio Buarque de Holanda. *Novo Aurélio Século XXI*: o dicionário da língua portuguesa. 3. ed. Rio de Janeiro: Nova Fronteira, 1999, p. 1169: "Homem versado na ciência do direito e que faz profissão de dar pareceres acerca de questões jurídicas; jurisperito, jurisprudente, jurista".
19. SILVA, De Plácido e. *vocabulário jurídico conciso*. Atual. Nagib Slaibi Filho e Gláucio Carvalho. Rio de Janeiro: Forense, 2008, p. 453.
20. NADER, Paulo. *Curso de Direito Civil*. Parte Geral. 4. ed. Rio de Janeiro: Forense, 2007, v. 1, p. 110-111.
21. NADER, Paulo. *Curso de Direito Civil*. Parte Geral. 4. ed. Rio de Janeiro: Forense, 2007, v. 1, p. 111: "O cientista do Direito não limita o seu conhecimento à esfera jurídica. Necessariamente possui uma visão universal do saber e, em especial, das ciências que estudam o homem, que é o ser fundamental na vida do Direito. Sem o conhecimento da pessoa natural não há como se compreender os sistemas jurídicas, pois Direito é vida humana objetivada, conforme expressão de Recaséns Siches. A necessidade de se conhecer além do Direito está no fato de que o saber forma um todo que entrelaça os diversos setores de suas relações com as demais áreas científicas. A doutrina forma a consciência jurídica dos profissionais do Direito".

este é o sentido do vocábulo. E, por isso, pode ser tomado na mesma acepção de consultor jurídico. Assim se distingue do jurisperto, que é aquele que é versado nas leis, mas não pode ser tomado como consultor. E do jurista, porque é tido como aquele que escreve sobre direito. Nesta razão, jurisconsulto, a rigor, designa a pessoa que conhece as leis e as interpreta, para aplica-las aos casos concretos, respondendo, quando consultada, a respeito das espécies a que as leis são aplicáveis".[22]

Ainda na França, Christian Larroumet destaca "la doctrina es una autoridad que emite juzgamientos sobre las reglas de derecho; alguns veces se afirma que está constituída por las opiniones que constituen autoridade. Se expressa a través de tratados, enciclopédias y manuales cuya finalidad no es siempre puramente pedagógica, en artículos de revistas jurídicas y en comentários de jurisprudência, que son comentários sobre decisiones judiciales. También se expressa en monografias, es decir, obras consagradas a uma cuestión especial, las cuales son frecuentemente tesis doctorales".[23]

Na Itália, Guido Alpa sugere uma acepção mais ampla da noção de jurista: "Chi si occupa professionalmente di diritto è denominato *giurista*. La tecniche di educazione e di formazione del giurista, così come i caratteri e l'organizzazione della sua professione cambiano nel tempo: se nel Medioevo il giurista è l'esperto di scienze umane, solo nell'Ottocento il giurista è considerato l'esperto di una scienza autonoma, la *scienza del diritto*. Il giurista non è solo uno scienziatto. È coinvolto nella dinamica sociale e quindi nella dinamica politica: è coinvolto nelle lotte tra i portatori dei diversi interessi, di volta in volta svolgendo il compito di consigliere del principe, di difensore dei singoli di fronte all'autorità, di organizzatore del diritto; con l'insorgere degli Stati pluriclasse, il giurista si trova a difendere sia gli interessi degli appartenenti alle classi che urgono per avere maggior coinvolgimento nel governo della cosa pubblica, e non mancano giuristi che affiancano gli appartenenti alle classi più deboli, e che lottano con questi per migliori condizioni economiche e sociali".[24]

O pluralismo da sociedade contemporânea implicou o surgimento de novas categoriais profissionais albergadas pela acepção do jurista, ainda nas precisas palavras de Guido Alpda: "Nella realtà odierna, caratterizzata da un accentuato pluralismo, da una maggior mobilità sociale, de una omogeneità del ceto medio, dalla marginalità delle categoria disagiate, si registrano ulteriori cambiamenti: la funzione del giurista è quella di « *dominus* delle istituzioni », di colui che conosce il modo in cui si svolgono le attività degli organi e degli uffici, delle istituzioni e dei gruppi di interesse. Nel contempo è il giurista che crea le formule per l'impiego dei capitali, del credito e del risparmio, l'organizzazione societaria, i rapporti del commercio internazionale. Sono così nate nuove figure professionali, come il giurista che si dedica alla consulenza, il giurista d'impresa, il giurista «d'affari». Ma il giurista è in primo luogo il *custode dei diritti* delle libertà de-

---

22. Apud SILVA, De Plácido e. *Vocabulário Jurídico Conciso*. Atual. Nagib Slaibi Filho e Gláucio Carvalho. Rio de Janeiro: Forense, 2008, p. 453.
23. LARROUMET, Christian. *Derecho Civil*. Introducción al estúdio del derecho privado. Primera edición en espanhol, Bogotá/Colômbia: Legis Editores S.A., 2006, p. 100-101.
24. ALPA, Guido. *Manuale Di Diritto Privato*. 9. ed. Vicenza: Cedam, 2015, p. 15.

gli individui contro le sopraffazioni degli altri associati e contro gli atti illegittimi della Pubblica Amministrazione. Il giurista segue quindi tutte le fasi evolutive dell'organizzazione del mercato, inventando gli strumenti ad essi necessari: dalla *lex mercatoria* al capitalismo incipiente, al capitalismo maturo ed ora alla globalizzazione dei mercati. Il giurista diviene – di volta in volta, o, più raramente nello stesso momento – un ingegnere sociale, il critico delle istituzioni, il promotore del cambiamento, il mediatore degli interessi individuali e di gruppo. Il giurista si fa legislatore, giudice, politico, difensore degli interessi deboli consigliere degli operatori economici, controllore delle attività private e pubbliche. Cambiando l'oggetto della scienza del diritto, non cambia tuttavia l'attività in senso professionale del giurista: cambia la scienza a cui egli si applica. Nel corso dei secoli, dunque, i giuristi si sono ritagliati uno spazio sia nella società sia nell'ambito della cultura, umanistica e tecnica; le regole che essi creano e applicano, le tecniche che utilizzano, la scienza che costruiscono, definiscono una sorta di sapere «monopolistico» che rende ineluttabile il ruolo del giurista in ogni società. Il giurista fa parte ormai dell'immaginario collettivo. Si è anche provveduto a identificare alcuni modelli mitologici del giurista: il legislatore supremo (Giove), il sopportatore di enormi fatiche per rendere effettiva la legge (Ercole), l'interprete riflessivo (Mercurio). Ovviamente questi ruoli non sono esclusivi, né univoci, nel tempo e nello spazio. Così come molteplici e meritevoli sono gli indirizzi culturali nella formazione del giurista".[25]

Adicionalmente, José Oliveira Acenção afirma que "ao jurista incumbe necessariamente em toda a sociedade dar testemunho de uma ordem que a deve enformar na sua estrutura e na sua evolução", sendo certo que "a ordem jurídica não é uma estrutura estática e acabada, mas uma ordem evolutiva, uma resposta diferente a cada nova situação social".[26]

Portanto, o desempenho dos papéis do jurista numa sociedade plural contemporânea, notadamente na interpretação (qualificação) e aplicação do Direito Civil, pressupõe *(i)* o delineamento do novo paradigma do neoconstitucionalismo e *(ii)* a compreensão e o domínio das técnicas jurídicas.

Nesse passo, investigaremos o novo paradigma do neoconstitucionalismo na sociedade pós-moderna.

3. PÓS-MODERNIDADE, PÓS-POSITIVISMO E O PARADIGMA DO NEOCONSTITUCIONALISMO[27]

A noção de "pós-modernidade" revela-se num período ou momento histórico no tempo que se processa "após" a modernidade. Sem embargo, Eduardo C. B. Bittar e

---

25. ALPA, Guido. *Manuale Di Diritto Privato*. 9. Ed. Vicenza: Cedam, 2015, p. 16-17.
26. ASCENÇÃO, José de Oliveira. *O Direito*. Introdução e Teoria Geral. Uma perspectiva luso-brasileira. Rio de Janeiro: Renovar, 1994, p. 178-179.
27. Sobre o prefixo "neo", consulte-se JACQUES, Paulino. *Curso de Introdução ao Estudo do Direito*. 4. ed. Rio de Janeiro: Forense, 198.1 p. 203: "O prefixo neo (novo) é o designativo dessas escolas filosófico-jurídicas sincréticas, que reconhecem no Direito não apenas uma essência ou uma existência, mas, ao mesmo tempo, ambas – o que vale dizer, a coexistência da essência e existência, de potência e ato, de virtual e real, de singular e universal, numa tentativa de compreensão integral do Direito".

Guilherme Assis de Almeida anotam que "os autores que mais estudam a pós-modernidade são aqueles mesmos que detectam a dificuldade de lidar com cronologizações e definições para a modernidade".[28] Nesse sentido, Zygmunt Bauman proclama que "quanto ao tempo tem a modernidade é uma questão discutível. Não há acordo sobre datas nem consenso sobre o que deve ser datado".[29]

Com efeito, em todo o processo histórico, nenhuma ruptura se faz do dia para a noite, nenhuma transformação se dá de um instante para o outro, nenhuma desconstituição de paradigmas se faz sem maiores comprometimentos das estruturas envolvidas.[30]

A expressão pós-modernidade foi cunhada em data mais recente e pressupõe a contaminação da vida contemporânea por uma nova constelação de valores e de condições da vida quotidiana (transitório; mutável; relativo; provável; sensível; múltiplo; horizontal; indução; senso comum; estimável; líquido)[31] num ritmo histórico cíclico, ou seja, retoma-se parte daquilo que foi feito num passado próximo e num passado distante, e prossegue-se suplementando as lacunas e corrigindo-se as deficiências do projeto moderno, arquitetado segundo a lógica do iluminismo.[32]

Nesse novo contexto da pós-modernidade exsurge o neoconstitucionalismo,[33] articulando-se com sociologia jurídica e a filosofia do direito (política e prática), que assume

---

28. BITTAR, Eduardo Carlos Bianca; ALMEIDA, Guilherme de Assis. *Curso de Filosofia do Direito*. 8. ed. São Paulo: Atlas, 2010. p. 653-654: "A pós-modernidade não pode ser compreendida sem que antes se compreenda que se trata de uma expressão que designa a dialética relação de crítica da modernidade. A pós-modernidade é a consciência da crise da modernidade e, portanto, de seus limites e insuficiências".
29. BAUMAN, Zygmunt. *Modernidade e ambivalência*. Rio de Janeiro: Zahar, 1999. p. 11: "E uma vez se inicie o sério esforço de datação, o próprio objeto começa a desaparecer. A modernidade, como todas as outras quase-totalidades que queremos retirar do fluxo contínuo do ser, torna-se equívoco: descobrimos que o conceito é carregado de ambiguidade, ao passo que se referente é opaco no miolo e puído nas beiradas. De modo que é improvável que se resolva a discussão. O aspecto definidor da modernidade subjacente a essas tentativas é parte da discussão".
30. BITTAR, Eduardo Carlos Bianca; ALMEIDA, Guilherme de Assis. *Curso de Filosofia do Direito*. 8. ed. São Paulo: Atlas, 2010. p. 654-655. Não se pode furtar de dizer que a sensação de crise da razão (Horkheimer), de crise da modernidade (Escola de Frankfurt), de exploração consumista (Marcuse), de perda da autonomia (Adorno), de falência da participação da filosofia na construção dos valores sociais (Ortega y Gasset) encontram ecos muito anteriores ao período daquilo que se chama de pós-modernidade".
31. BITTAR, Eduardo Carlos Bianca; ALMEIDA, Guilherme de Assis. *Curso de Filosofia do Direito*. 8. ed. São Paulo: Atlas, 2010. p. 656. Os valores modernos seriam: permanente; estável; ordenado; disciplinado; individual; racional; comprovado; certo; definido; científico; deduzido; vertical; único; central; duro.
32. BITTAR, Eduardo Carlos Bianca; ALMEIDA, Guilherme de Assis. *Curso de Filosofia do Direito*. 8. Ed. São Paulo: Atlas, 2010. p. 656-657: "A sensação é a de que se vive entre o novo (hoje) e o velho (ontem), entre o insondável do futuro (amanhã), está-se diante de um jogo de incertezas, pois se vivem os três tempos a um só tempo (passado, presente e futuro, não necessariamente nesta ordem). (...) Em tempos pós-modernos, se vive simultaneamente de onde de recuo ao passado (exacerbações do moderno) e de delírios futuristas (reencantamento do perspectivismo tecnológico e do otimismo futurista)".
33. MOREIRA NETO, Diogo de Figueiredo. *Mutações do Direito Público*. Rio de Janeiro: Renovar, 2006. p. 21. O jurista enfatiza que as novas Constituições, distanciando-se aos poucos dos modelos clássicos, passaram a ostentar características ímpares, levando a literatura, que sobre elas se desenvolveu, a designar o movimento, ao cabo dessas mutações constitucionais, pela expressão neoconstitucionalismo. Entre as marcantes tipicidades desse novo paradigma constitucional, as *Constituições pós-modernas* passam a expressar princípios que transcendem as próprias regras dimanadas das escolhas democráticas dos Parlamentos no âmbito de cada país, com o sentido de proteger, além das minorais nacionais, toda e qualquer ser humano, apenas por sê-lo e onde quer que se encontre.

relevante papel no discurso jurídico, por exemplo, gerando profundas transformações do Direito Administrativo, segundo Diogo de Figueiredo Moreira Neto ao afirmar:

> (...) outros vetores poderiam ser acrescentados ainda ao quadro, tais como a multiplicação dos aportes técnicos da Ciência da Administração, da Economia e da Sociologia, bem como os de inúmeros outros ramos do conhecimento, exigindo necessárias e permanentes filtragens para que ingressem solidamente na ordem jurídica, o que a torna cada vez mais complexa, especializada e exigente em termos de interpretação.[34]

Após as fases históricas do jusnaturalismo e do positivismo jurídico, aparece, a partir do paradigma da pós-modernidade,[35] a *nova fase do pós-positivismo*, que corresponde aos grandes momentos constituintes das últimas décadas do século XX. Na Europa, a doutrina chegou a cogitar uma "crise do direito" no início da segunda metade do século XX.[36] Averbe-se que o jurista italiano Piero Calamandrei, falecido em 1956, foi um importante protagonista da batalha pela realização da Constituição e das instituições democráticas. Segundo Noberto Bobbio, Piero Calamandrei tinha um "profundo senso de justiça, a sua repugnância pela prepotência dos senhores da política e da riqueza, a sua inquietação diante das desigualdades sociais", e "fizeram-no se colocar sempre do lado dos pobres, dos humildes, dos frágeis, daqueles deixados à margem do caminho pelos que correm em carros cada vez mais potentes e velozes. Para eles foram escritas na Constituição as normas sobre os direitos sociais que somente uma democracia respeitosa dos direitos individuais poderia realizar".[37]

De acordo com Paulo Bonavides, as novas Constituições promulgadas acentuam a hegemonia axiológica dos princípios, convertidos em pedestal normativo sobre o qual assenta todo o edifício jurídico.[38] Prossegue o citado jurista que "é na idade do

---

34. MOREIRA NETO, Diogo de Figueiredo. *Mutações do Direito Público*. Rio de Janeiro: Renovar, 2006. p. 237.
35. COELHO, Fabio Ulhoa. *Para entender Kelsen*. 6. Ed. São Paulo: Ed. RT, 2012. P. 90-91: "A teoria pura do direito é, assim, o ápice da trajetória típica da modernidade, no sentido da tentativa de alicerçar na ciência o conhecimento da organização da sociedade estabelecida por meio de normas. Modernidade é não propriamente um período ou era histórica, mas um paradigma a reunir os elementos comuns à cultura ocidental desde o século XVI, quando começou a se delinear enquanto projeto. A intelectualidade contemporânea, em muitas áreas, tem-se preocupado em refletir se o paradigma da modernidade já não teria esgotado suas possibilidades de sintetizar a manifestação do espírito humano correspondente ao largo período histórico a que se refere; se não estaria a cultura em vias de transição a outro paradigma, o da pós-modernidade".
36. Foram realizadas oito conferências na Universidade de Pádua, Itália, entre abril e maio de 1951, com a participação de RIPERT, Georges. *Evolución y progreso del derecho*; CAPOGRASSI, Giuseppe. *La ambigüedad del derecho ontemporáneo*; RAVÀ, Adolfo. Crisis del derecho y crisis mundial; DELITALIA, Giacomo. *La crisis del derecho en la sociedad contemporânea*; JEMOLO, Arturo Carlo. La crisis del Estado moderno. PALLIERI, Giorgio Balladore Pallieri. La crisis de la personalidad del Estado; CALAMANDREI, Piero. La crisis de la justicia; CARNELUTTI, Francesco. La muerte del derecho. In: RIPERT, Georges et al. *La Crisis del Derecho*. Buenos Aires: Ed. Jurídicas Europa-América, 1961.
37. BOBBIO, Noberto. *Do fascismo à democracia*: os regimes, as ideologias, os personagens e as culturas políticas. Rio de Janeiro: Elsevier, 2007. p. 262: "Em um dos últimos escritos, um balanço da Constituição dez anos depois, colocou em evidência as inadimplências do parlamento e do governo que fizeram sim com que a constituição material já estivesse muito diferente daquela formal. Entre estas inadimplências mais graves estavam aquelas concernentes aos direitos sociais. A Constituição, é verdade, anunciara uma revolução prometida em troca da revolução que não ocorreu. Mas a promessa também não fora mantida".
38. BONAVIDES, Paulo. *Curso de Direito Constitucional*. 24. ed. São Paulo: Malheiros, 2009. p. 264: "Mas, antes das formulações jurisprudenciais contidas em recentes arestos das Cortes constitucionais, é de se assinalar que

pós-positivismo que tanto a doutrina do Direito Natural como a do velho positivismo ortodoxo vêm abaixo, sofrendo golpes profundos e crítica lacerante, provenientes de uma reação intelectual implacável, capitaneada, sobretudo, por Dworkin, jurista de Havard".[39]

O momento culminante para o advento do pós-positivismo, segundo Paulo Bonavides,[40] são os princípios e o reconhecimento da sua normatividade pela doutrina mais recente do constitucionalismo contemporâneo, a qual erigiu os princípios à categoria de normas numa reflexão profunda e aperfeiçoadora. Para tanto, ainda segundo Paulo Bonavides, "contribuíram sobremodo o jurista alemão R. Alexy e também alguns publicistas da Espanha e Itália, receptivos aos progressos da nova hermenêutica e às tendências axiológicas de compreensão do fenômeno constitucional, cada vez mais atado à consideração dos valores e à fundamentação do ordenamento jurídico, conjugando, assim, em bases axiológicas, a Lei com o Direito, ao contrário do que costumavam fazer os clássicos do positivismo, preconceitualmente adversos à juridicidade dos princípios e, por isso mesmo, abraçados, por inteiro, a uma perspectiva lastimavelmente empobrecedora da teoria sobre a normatividade do Direito".[41]

No Brasil, acredito que o movimento dogmático do Direito alternativo abriu caminho para a superação do positivismo clássico.[42] A doutrina brasileira[43] denomina pós-positivismo jurídico a corrente da filosofia do direito caracterizada pelo conjunto

---

deveras importante para o reconhecimento precoce da positividade ou normatividade dos princípios em grau constitucional, ou melhor, juspublicístico, e não meramente civilista, fora já a função renovadora assumida precocemente pelas Cortes Internacionais de Justiça, tocante aos princípios gerais de Direito, durante época em que o velho positivismo ortodoxo ou legalista ainda dominava incólume nas regiões da doutrina".

39. BONAVIDES, Paulo. *Curso de Direito Constitucional*. 24. ed. São Paulo: Malheiros, 2009. p. 265.
40. BONAVIDES, Paulo. *Curso de Direito Constitucional*. 24. ed. São Paulo: Malheiros, 2009. p. 266.
41. BONAVIDES, Paulo. *Curso de Direito Constitucional*. 24. ed. São Paulo: Malheiros, 2009. p. 266.
42. WOLKMER, Antonio Carlos. *Ideologia, Estado e Direito*. 3. ed. São Paulo: Ed. RT, 2000. p. 179-181: "A função jurisdicional transcende a modesta e subserviente atividade de aceder aos caprichos e à vontade do legislador (ou dos mandatários do poder), pois, como poder criador, o Juiz não se constitui em um simples técnico que mecanicamente aplica o Direito em face dos litígios reais, mas, buscando solucionar os conflitos de interesse entre sujeitos individuais e coletivos de Direito, o operador jurídico aparece como uma verdadeira força de expressão social que se define pelo exercício de uma função capaz de explorar as fissuras, as antinomias e as contradições da ordem jurídica burguesa. (...). O magistrado, portanto, não se limita à atividade de natureza meramente interpretativa ou dedutiva daquilo que lhe é dado, mas sua tarefa consiste na relação de uma forma jurídica mais adequada, mais equânime e justa. (...). O papel do Juiz é acentuadamente marcante, não só como recriador através do processo hermenêutico, mas também como adaptador das regras jurídicas às novas e constantes condições da realidade social. É contribuindo para a transformação e democratização contínua da ordem jurídica positiva que o Juiz, em seu mister interpretativo, insere a semente vivificadora e inspiradora do Direito justo. (...). Ainda que se faça imperioso ter presente a existência de princípios jurídicos limitativos à liberdade do juiz, é preciso, como adverte Jacinto N. M Coutinho, assumir uma postura de confiança, de tal modo 'que se possa dar a ele o cabedal necessário para que se conheça, conheça os outros e conheça a realidade que se está vivendo no dia a dia. Neste quadro, igualmente, o magistrado pode e deve afastar-se da legalidade quando esta obstaculizar a efetividade da justiça. (...) Em suma, a atividade do Juiz-cidadão enquanto principal operador jurídico está mais do que nunca comprometida com o alargamento dos espaços democráticos da Justiça e do Direito".
43. BARROSO, Luís Roberto. Fundamentos teóricos e filosóficos do novo direito constitucional brasileiro (pós--modernidade, teoria crítica e pós-positivismo). In: BARROSO, Luís Roberto (Org.). *A nova interpretação constitucional*: ponderação, direitos fundamentais e relações privadas. Rio de Janeiro: Renovar, 2003. p. 47.

de ideias que ultrapassam o legalismo estrito do positivismo normativista, sem recorrer às categoriais da razão subjetiva do jusnaturalismo.[44]

As mudanças na dogmática constitucional e as novas injunções sociais, políticas e econômicas propiciam uma nova referência representada pelo pós-positivismo. Destacam-se entre as suas principais características (i) a ascensão dos valores, (ii) o reconhecimento da normatividade dos princípios, (iii) a essencialidade dos direitos fundamentais, (iv) a aproximação da ética ao Direito, (v) o pluralismo político, (vi) o surgimento de uma nova hermenêutica, (vii) a adoção do método de ponderação de interesses a resolução dos casos difíceis, (viii) o abrandamento da dicotomia descrição/prescrição, (ix) a dimensão argumentativa na compreensão do funcionado do Direito nas sociedades democráticas contemporâneas, e (ix) a busca de um lugar teórico para além do jusnaturalismo e do positivismo jurídico.[45]

Sucede que, para alguns, a expressão pós-positivismo possui um *status* provisório e genérico, enquanto categoria terminológica, haja vista que a sua utilização não é de toda pacífica no âmbito doutrinário,[46] inclusive entre os autores que também adotam suas teses axiais.[47]

Para Antonio Cavalcanti Maia o pós-positivismo situa o pensamento jurídico contemporâneo "para além da estiolada querela jusnaturalismo *versus* positivismo

---

44. CAMBI, Eduardo. *O neoconstitucionalismo e neoprocessualismo*: direitos fundamentais, políticas públicas e protagonismo judiciário. 2. ed. São Paulo: Ed. RT, 2011. p. 79-80: "O neopositivismo é uma das consequências filosóficas do neoconstitucionalismo. Trata-se de um novo modelo, na medida em que marca a superação dos modelos jusnaturalistas e positivas. (...). Para entender o neopositivismo, como novo modelo de compreensão jurídica, é indispensável retroceder à análise das características mais marcantes do positivismo jurídico e das razões que exigem a sua superação".
45. DINIZ, Antonio Carlos. Verbete Pós-positivismo. In: BARRETO, Vicente de Paulo (Coord.). *Dicionário de Filosofia do Direito*. Rio de Janeiro: Renovar, 2009. p. 651; BARROSO, Luís Roberto. Fundamentos teóricos e filosóficos do novo direito constitucional brasileiro (pós-modernidade, teoria crítica e pós-positivismo). In: BARROSO, Luís Roberto (Org.). *A nova interpretação constitucional*: ponderação, direitos fundamentais e relações privadas. Rio de Janeiro: Renovar, 2003. p. 47.
46. Consulte-se a posição mais restritiva acerca dos avanços do paradigma pós-positivista TRAVESSONI, Alexandre. Verbete Pós-Positivismo Jurídico. In: TRAVESSONI, Alexandre et al (Coord.). *Dicionário de teoria e filosofia do direito*. São Paulo: LTr, 2011. p. 319: Pós-Positivismo Jurídico é um termo genérico, que vem sendo usado amplamente, sobretudo no Brasil, mas também em menor medida em alguns países europeus, para designar uma suposta tendência do pensamento jurídico atual, que teria superado a teoria positivista do Direito. O Pós-Positivismo considera a teoria positivista do Direito extremamente limitada, pois teria reduzido a compreensão do Direito à norma (ou, na visão de alguns pós-positivistas, à lei), não podendo por isso oferecer soluções adequadas às necessidades de sociedades pluralistas como a 'pós-moderna'. Ao lado de Pós-Positivismo aparecem termos como Direito Pós-Moderno, Pós-Modernidade no Direito, Neoconstitucionalismo, dentro outros. Se, por um lado, é inegável que a teoria positivista apresenta problemas que precisam ser superados, por outro lado, alguns autores atuais, que se consideram pós-positivistas, parecem não compreender muito bem as características do Positivismo Jurídico, teoria que querem superar, o que os leva a uma confusão conceitual que prejudica o próprio objetivo que perseguem. (...). Em seguida, serão apresentadas as supostas inovações do Pós-Positivismo Jurídico, que serão então analisadas de forma crítica".
47. DINIZ, Antonio Carlos. Verbete Pós-positivismo. In: BARRETO, Vicente de Paulo (Coord.). *Dicionário de Filosofia do Direito*. Rio de Janeiro: Renovar, 2009. p. 650: "Para alguns, o pós-positivismo pode ser descrito como uma espécie de terceira via aos paradigmas positivista e jusnaturalista, sem incorrer nos reducionismos e aporias nos quais estes desembocaram historicamente; para outros, seria uma nova geração de positivismo mitigado pelo peso da principiologia jurídica".

jurídico. Entretanto, como não poderia deixar de acontecer em nações periféricas, a reflexão teórica aqui desenrolada está sobre determinada pelos influxos especulativos das culturas jurídicas mais maduras. Ora, no debate norte-atlântico, em especial na tradição continental europeia, observaram-se transformações semelhantes àquelas ocorridas em nossa formação social; entretanto, o termo pós-positivismo não tinha se consagrado como o mais apto à descrição desta nova configuração legal. Eis que esta nova realidade jurídico-constitucional que ensejou o surgimento da categoria pós-positivista em nosso âmbito cultural vem sendo denominada nas doutrinas espanhola e italiana neoconstitucionalismo".[48]

Paulo Ricardo Schier busca promover a integração do binômio "neoconstitucionalismo-pós-positivista" caracterizado, em apertada síntese,

> pela inevitável intervenção da moral na solução dos casos difíceis, da técnica da ponderação na aplicação do direito, no ingresso dos fatos e da realidade na própria estrutura da norma jurídica, reconhece-se certa liberdade interpretativa criativa aos magistrados, a intervenção de sua esfera de pré-compreensão no processo decisório, a união linguística entre sujeito e objeto e, dentre outras conquistas, a afirmação da especial normatividade dos princípios.[49]

Desta feita, passamos ao estudo deste novo paradigma (categoria) jurídico, o neoconstitucionalismo, delineado como teoria, ideologia e método de investigação dos sistemas jurídicos contemporâneos[50] com vistas à superação da antinomia entre jusnaturalismo e positivismo jurídico.[51]

---

48. MAIA, Antônio Cavalcanti. As transformações dos sistemas jurídicos contemporâneos: apontamentos acerca do neoconstitucionalismo. In: MOREIRA, Eduardo Ribeiro et al (Coord.). *20 anos da Constituição brasileira*. São Paulo: Saraiva, 2009. p. 397.
49. SCHIER, Paulo Ricardo. Novos desafios da filtragem constitucional no momento do neoconstitucionalismo. In: SOUZA NETO, Cláudio Pereira de; SARMENTO, Daniel (Coord.). *A constitucionalização do direito*: fundamentos teóricos e aplicações específicas. Rio de Janeiro: Lumen Juris, 2007. p. 251-269.
50. MAXIMILIANO, Carlos. *Hermenêutica e aplicação do direito*. 18. ed. Rio de Janeiro: Forense, 2000. p. 131-133: "A investigação dos sistemas jurídicos contemporâneos pressupõe o estudo do direito comparado. O Processo Sistemático, levado às suas últimas consequências, naturais, lógicas, induz a pôr em contribuição um elemento moderníssimo – o Direito Comparado. Efetivamente, deve confrontar-se o texto sujeito a exame, com os restantes, da mesma lei ou de leis congêneres, isto é, com as disposições relativas ao assunto, quer se encontrem no Direito nacional, quer no estrangeiro; procura-se e revela-se a posição da regra normal no sistema jurídico hodierno, considerado no seu complexo. (...) Todo ramo de conhecimentos se inicia pelo exame e fixação de fenômenos isolados, verificações parciais; na tendência unificadora dos princípios esparsos, na comunidade de representação e de raciocínio entre seres pensantes está o sinal da objetividade da concepção jurídica; e é na passagem do subjetivo para o objetivo que a ideia, o plano se convertem num sistema; é mediante a generalização que um ramo de estudos especiais se eleva à categoria de verdadeiro ciência. (...) Os vários Códigos e os vários Direitos, especialmente no terreno civil e comercial, constituem faces, aspectos de um só Direito Privado, do moderno *Jus Commune*, universal. De uma região para outra notam-se pequenas variantes, matrizes perceptíveis; porém, conforme sucede em outros ramos de estudos, não passam de ligeiras alterações de fenômenos constantes na essência e por isso esmo merecedores de exame para se chegar, com exatidão maior, à regra geral, ao postulado de aplicação uniforme em todo o mundo civilizado. (...); todavia a aparente diversidade em regular as relações jurídica apresenta um fundo comum. Daí resulta progressiva generalização das disposições, aplicáveis a condições sociais que são semelhantes entre os povos da mesma época e do mesmo grau de civilização. (...) Em geral, as legislações dos povos cultos servem-se dos mesmos organismos para estabelecer a mesma função destinada ao mesmo fim; por isso, desde que se estudam sob o aspecto verdadeiramente científi-

Penso que foi Pablo Lucas Verdú na Espanha, no ano de 1976, que empregou, pioneiramente, a expressão "neoconstitucionalismo" para designar a nova quadra histórica do constitucionalismo em virtude das transformações ideológicas e socioeconômicas, nos seguintes termos:

> Afirmábamos que el constitucionalismo precede, acompanha y justifica las revoluciones burguesas aparecidas frente ao absolutismo del Antiguo Régimen. La historia de los siglos XVIII y XIX corrobora dicho aserto. La justificación constitucionalista está clara en la filosofia política de colonos ingleses encontraron cumplida justificación de su sublevación contra la metrópole, en la Declaración de Independencia, redactada por Jefferson, no es menos cierto que la Constitución de 1787 consolida definitiva y afortunadamente la aparición Y despliegue de la nueva nación. Si la Declaración de los Derechos del hombre y del ciudadano, de 1789, justifica la Revolución francesa, las sucessivas Constituciones intentan, con desigual fortuna, consolidar la organización jurídicopolítica de la Francia posrrevolucionaria. En tanto que la Declarción de los Derechos del Trabajador explotado de 1918 y la Constitución de 1924 justifican el nuevo régimen socialista, la Constitución de 1936 consolidará tal justificación. El posconstitucionalismo, pues, surge tras hechos revolucionários o câmbios políticos importantes, pacíficos o violenteos, que suelen coincidir con transformaciones ideológicas y socioeconómicas profundas. El posconstitucionalismo pretende justificar, en sus formas jurídicas, los câmbios. Ahora bien, en la medida que las transformaciones sociales se consolidan, la tarea justificadora se desvanece y los textos constitucionales se convierten en meras disposiciones técnicas. Para alguns autores, el posconstitucionalismo es posterior al movimento constitucional liberal, recoge contenidos democráticos y socialistas, en tanto que el *neoconstitucionalismo* corresponde ya a nuestro días. Para nosotros más que de posconstitucionalismo, en singular, habrá que referirse a los posconstitucionalismos correspondientes a largas ondas constitucionales de significativos períodos históricos que arracan desde 1919 a nuestros días. Habrá que distinguir entre el posconstitucionalismo occidental, el socialista y de los países afroasiáticos (grifou-se).[52]

---

co os fenômenos jurídicos, entra como fonte de esclarecimentos o Direito Comparado. A presunção de acertar diminui quando entre os dois povos, cujo Direito se confronta, há diversidade de regime político, organização social, ou comparam-se as legislações de tendências análogas.
Por sua vez, BIELSA, Rafael. *Metodologia Jurídica*. Santa Fé: Librería y Editorial Castellví, 1961. p. 51-62, tece as seguintes considerações sobre o estudo do direito comparado dos sistemas jurídico, a saber: (i) a análise comparativa dos sistemas jurídicos é tarefa árdua, difícil, que não se limita ao simples cotejo de sistemas, sem a história, a tradição jurídica, os fatores econômicos e sociais do respectivo país; ainda interessa as modalidades espirituais, os fins políticos do país; (ii) o estudo do direito comparado é valorizado quando especialmente realiza uma revisão das leis de matéria análoga, porque é a oportunidade propicia para confrontar a eficácia, os resultados da aplicação, os erros etc. Não se pode esquecer que o estudo parte do direito fundamental, ou seja, a Constituição; (iii) Legislação comparada: (a) conhecimento dos textos – estudo quantitativo (lei, código etc.) e estudo qualitativo (qualidade delas); (b) análise das instituições, exame dos conceitos, suas características, interesses mais direta e imediatamente protegidos ou disciplinam seu valor individual ou social.

51. MORAES, Guilherme Peña de. Controle Judicial das Omissões da Administração Pública sob a perspectiva do Neoconstitucionalismo. In: MOREIRA, Eduardo Ribeiro et al (Coord.). *20 anos da Constituição brasileira*. São Paulo: Saraiva, 2009. p. 325: "A partir da constatação de que 'as insuficiências do jusnaturalismo e do juspositivismo explicam uma nova concepção do Direito, um novo paradigma jurídico, o neoconstitucionalismo pode ser examinado sob os ângulos metodológico e normativo".
52. LUCAS VERDÚ, Pablo. *Curso de Derecho Politico*. 2. ed., 3. reimp. Madrid: Tecnos, 1989. v. 1. p. 404.

Manuel Atienza[53] afirma que os aspectos mais valiosos das teorias críticas do Direito giram em torno da necessidade de inserir o Direito (e a teoria do Direito) no meio social e permitir o seu potencial de transformação social.

É nesse contexto da fase pós-positivista ou, para alguns neopositivismos,[54] em nosso ambiente cultural que o neoconstitucionalismo surge como uma nova realidade (paradigma) jurídico-constitucional.[55]

Dirley da Cunha Junior destaca os seguintes aspectos do neoconstitucionalismo

> como uma nova teoria jurídica a justificar a mudança de paradigma, de Estado Legislativo de Direito para Estado Constitucional de Direito, consolidando a passagem da Lei e do Princípio da Legalidade para a periferia do sistema jurídico e o trânsito da Constituição e do Princípio da Constitucionalidade para o centro de todo o sistema, em face do reconhecimento da Constituição como verdadeira norma jurídica, com força vinculante obrigatória, dotada de supremacia e intensa carga valorativa.[56]

Por seu turno, Max Möller crê que:

> neoconstitucionalismo é muito melhor definido como um movimento próprio do constitucionalismo contemporâneo, que implica, fundamentalmente, a mudança de atitude dos operadores jurídicos, a qual determina consideráveis alterações na prática jurídica. Esse movimento, por sua amplitude de repercussão, está presente em uma série de campos jurídicos, o que é comprovado pela discussão do neoconstitucionalismo por filósofos do direito, por processualistas, por constitucionalistas, na análise de seu conflito com a democracia ou com competências de órgãos de Estado etc. Por isso nada impede que essas repercussões das proposições, práticas e teorias que possam ser reunidas sob o rótulo de 'neoconstitucionalista' sejam estudadas de forma

---

53. ATIENZA, Manuel. Es el positivismo jurídico una teoría aceptable del derecho? In: MOREIRA, Eduardo Ribeiro et al (Coord.). *20 anos da Constituição brasileira*. São Paulo: Saraiva, 2009. p. 438: "Esa concepción (o una cierta manera de entenderla) muestra así la necesidad de que la teoría del Derecho incorpore ciertas categorías que generalmente quedan fuera del análisis (conflicto, trabajo, poder, necesidad social), asuma el carácter histórico del Derecho y de las categorías jurídicas y preste atención a los elementos desigualitarios e ideológicos del Derecho (también de los Derechos de Estado constitucional)".
54. CAMBI, Eduardo. *O neoconstitucionalismo e neoprocessualismo*: direitos fundamentais, políticas públicas e protagonismo judiciário. 2. ed. São Paulo: Ed. RT, 2011. p. 79: "O neopositivismo é uma das consequências filosóficas do neoconstitucionalismo. Trata-se de um novo modelo, na medida em que marca a superação dos modelos jusnaturalistas e positivistas. Vários fatores contribuíram para que, na segunda metade do século XX, a Constituição passasse a ocupar o marco filosófico da compreensão do direito. Dentre eles, destacam-se: a) o declínio da Escola da Exegese e a nova hermenêutica jurídica (filtragem constitucional); b) a força normativa da Constituição, que deixa de ser mera carta de intenções políticas, passando a vincular juridicamente os detentores do poder; c) a natureza contratual do Estado, que, desde o Iluminismo, não pode ser considerado um fato natural, o que implica a noção de que o Direito é produto da razão e, consequentemente, não emana de Deus (separação entre o Estado da Igreja)".
55. MAIA, Antônio Cavalcanti. As Transformações dos sistemas jurídicos contemporâneos: apontamentos acerca do neoconstitucionalismo. In: MOREIRA, Eduardo Ribeiro et al (Coord.). *20 anos da Constituição brasileira*. São Paulo: Saraiva, 2009. p. 397.
56. CUNHA JUNIOR, Dirley da. *Controle judicial das omissões do poder público*. 2. ed. São Paulo: Saraiva, 2008. p. 9-10: "Assim, com a implantação do Estado Constitucional de Direito opera-se a subordinação da própria legalidade à Constituição, de modo que as condições de validade das leis e demais normas jurídicas dependem não só da forma de sua produção como também da compatibilidade de seus conteúdos com os princípios e regras constitucionais".

separada. Daí a necessidade de separar-se, por exemplo, o neoconstitucionalismo ideológico do neoconstitucionalismo teórico. De verificar a possibilidade da existência de uma teoria do direito neoconstitucionalista, capaz de superar o positivismo jurídico. De verificar o conceito de democracia no neoconstitucionalismo ou mesmo de verificar a coerência da teoria da norma a partir das proposições neoconstitucionalistas. É com base nas principais polêmicas travadas na doutrina a partir do neoconstitucionalismo em sentido amplo – ou, como consideramos, do movimento neoconstitucionalismo em sentido amplo – ou, como consideramos, do movimento neoconstitucionalista –, que procuraremos isolar seus vários conceitos para sua análise em cada campo específico, buscando, assim, evitar confusões terminológicas. Nesse primeiro capítulo, portanto, além de apresentar esse conceito inicial e as principais características do neoconstitucionalismo, procuraremos analisar o neoconstitucionalismo a partir de um viés científico e descritivo, ou seja, a partir da teoria geral do direito Sob esse ponto de vista, entendemos, aclaram-se muitas questões que são fundamentais para compreensão do neoconstitucionalismo e de pontos polêmicos de sua aplicação. O principal deles, certamente, está no fato de restituir a vinculação do direito com a justiça e recuperar valores morais ao direito, os quais teriam sido abandonados pelo direito a partir de um modelo positivista.[57]

Em apertada síntese, o neoconstitucionalismo revela o surgimento de uma nova dimensão da ciência do direito, que conjuga a teoria e prática, a partir da perspectiva de um Estado Constitucional Democrático de Direito, onde a Constituição é concebida como norma aplicável aqui e agora, e não como uma recomendação dirigida apenas para disciplinar o futuro que pode nunca se fazer presente.[58]

---

57. MÖLLER, Max. *Teoria geral do neoconstitucionalismo*: bases teóricas do constitucionalismo contemporâneo. Porto Alegre: Livraria do Advogado, 2011. p. 42-43: "Diante do até agora tratado, possível perceber a dificuldade de estabelecer um conceito estrito para o neoconstitucionalismo. Tal fato é comprovado com a grande variedade de concepções e conceitos apresentados pela doutrina e que possam ser reunidos sob o termo neoconstitucionalismo. Assim, para os fins da análise do presente estudo, parece-nos importante destacar o neoconstitucionalismo principalmente como um movimento jurídico que abarca grande parte das práticas judiciais do constitucionalismo contemporâneo e que aproximam ordenamentos jurídicos do *civil law* de algumas características do direito constitucional próprio do sistema do common law. Assim ocorre porquanto muitas características dos sistemas jurídicos defendidas pelo neoconstitucionalismo acabam determinando mudanças significativas no comportamento dos sistemas jurídicos. A aplicação direta de princípios – ao invés da restrição ao modelo normativo de regra – determina uma adaptação da solução da norma ao caso concreto, porquanto esta não é estática, mas pode ser construída pela ponderação. A indeterminabilidade dos princípios também permite que o direito incorpore discussões sobre o sentido de termos relacionados a valores morais, trazendo ao âmbito jurídico discussões antes reservadas aos entes políticos. A ampliação do controle da constitucionalidade permite um controle da livre disposição do legislador, ao mesmo tempo em que a lei cede um pouco de seu espaço como fonte de direito à sentença. A posição de supremacia da constituição permite que os microssistemas dos códigos não estejam isolados, mas também submetem-se a uma regulação hierarquicamente superior, tal como a sua necessidade de adequação e respeito aos direitos fundamentais. É exatamente com base nisso que se discute, por exemplo, a constitucionalização do direito civil".
58. CARBONELL, Miguel; JARAMILLO, Leonardo García. *El Canon Constitucional*. Bogotá: Universidad Externado de Colombia, 2010. p. 170: "El carácter normativo de la Constitución no supone negar que ele poder constituyente haya querido poner en el texto de la norma suprema sus aspiraciones de país, la forma que debería tener la sociedad desde su punto vista. Por tanto, se pude afirmar que toda constitución incorpora un ingrediente utópico que sirve de marco de referencia de lo que una sociedad entiende como deseable para sí mesma en el futuro, de aquello que se comprende como metas que se tienen que ir logrando a partir de una nueva organización jurídico-política y también como un parámetro de legitimación de poder público. Como sostiene Hans Peter Schneider, 'La Constitución posee, más bien, el carácter de un amplio modelo, es

Com razão Miguel Carbonell[59] ao afirmar que o neoconstitucionalismo e a constitucionalização do ordenamento jurídico são ferramentas úteis não apenas no campo teórico, mas, sobretudo, no terreno da aplicação prática da Constituição, notadamente na América Latina.[60]

Em boa parte do continente latino americano, o conceito de Constituição foi utilizado com frequência como um motivo legitimador da ação do Estado, ainda que esta ação não tenha sempre se baseado num caráter democrático ou representado efetivamente um interesse geral. As constituições foram manejadas e instrumentalizadas desde o poder para prolongar as condições do predomínio político de um grupo sobre o resto da sociedade. Por isso, é importante utilizar o discurso teórico sobre o conceito de constituição com fins não apenas acadêmicos ou analíticos, mas também deslegitimadores da suposta neutralidade do Estado ou do discurso que se apoia na constituição para impor o ponto de vista de alguns sem consultar os demais, ou das atuações legislativas ou jurisdicionais que violam as normas constitucionais.

Na Argentina, Carlos S. Fayt[61] desenvolveu importante estudo sobre os códigos de ética judicial, a formação e a atuação dos magistrados na aplicação das normas em consonância com a ética e a filosofia, complementares ao direito positivo, aduzindo o seguinte:

> Respecto del ámbito de aplicación subjetivo, al tratarse de magistrados, es dable advertir, ante todo que sus decisiones 'no pueden resolverse sin apelar, explícita o implicitamente, a principios éticos. Por demás, las actitudes de aquéllos 'en todo el curso de acción del proceso judicial no permanecen ajenas tampoco a las presiones valorativas y normativas de la moralidade social positiva. Em efecto, al aplicar una norma, al obecerla e imponer la obediência de la norma a outras personas, 'el juez assume uma compromisso personal y moral que debiera poder justificar ante sua propia consciência'. De ello se sigue que para el correcto cumplimiento de sus deberes profesionales, es dable exigir al juez una formación especial que vaya más allá del derecho positivo, que incluya el conocimiento de disciplinas vinculadas con la ética, la filosofia, así como también el desarrollo de certo critério y aptitudes específicas para la evaluación y posterior resolución de las cuestiones que le son planteadas en función de las consecuencias que aquélla pueda traer aparejada. Todo ello a la luz del derecho aplicable, el contexto especifico, las cuestiones Morales en juego, así como cualquer otro aspecto que pueda incidir en su decisión.

---

un modelo de vida para la comunidad política orientado hacia el futuro [...] y, por ello siempre tine algo de 'utopia concreta".

59. CARBONELL, Miguel; JARAMILLO, Leonardo García. *El Canon Constitucional*. Bogotá: Universidad Externado de Colombia, 2010. p. 171.

60. Confira-se Anteprojeto do Novo Código de Processo Civil, notadamente o seu art. 1º: O processo civil será ordenado, disciplinado e interpretado conforme os valores e os princípios fundamentais estabelecidos na Constituição da República Federativa do Brasil, observando-se as disposições deste Código.

61. FAYT, Carlos S. *Principios y Fundamentos de La Etica Judicial*: estudio de los códigos de ética judicial vigentes y los proyectos a nível nacional y regional. Buenos Aires: La Ley, 2006. p. 8.

Em vista da história[62] e da realidade brasileira,[63] a proposta de um "neoconstitucionalismo equilibrado[64] inclusivo"[65] melhor equaciona o nosso estado pluralista[66] e uma série complexa de fenômenos da teoria geral do direito, da teoria do

---

62. WOLKMER, Antonio Carlos. *História do Direito no Brasil*. 5. ed. Rio de Janeiro: Forense, 2010. p. 185-187: "Demonstrou-se, desde seus primórdios, que a matriz jurídica trazida e imposta às colônias da América Latina, como o Brasil, advém da implantação e adequação das fontes históricas luso-romanísticas, bem como do processo posterior de assimilação do legado institucional regulador colonialista ibérico, para uma estrutura social dependente e periférica. Particularmente durante o período da colonização portuguesa, prevaleceu a reprodução de um aparato jurídico-repressivo patrimonialista compatível com a organização produtiva escravista, ao passo que, com a Independência do país e o rompimento com a Metrópole, forjaram-se as condições para que uma elite nacional, mantendo o controle sobre a economia de exportação, incorporasse e difundisse os princípios de uma tradição jurídica, formalmente dogmático-positivas e retoricamente liberal-individualista, sem deixar de ser excludente. Não resta dúvida de que o nascedouro da produção jurídica no Brasil está profundamente amarrado a um passado econômico colonial e à implantação de um sistema sócio-político discriminador, marcado por uma historicidade 'conciliadora' e por um nível de desenvolvimento nem sempre compatível com as necessidades e exigências do país. Certamente, é na origem mercantilista, absolutista e contrarreformista da formação social português que se podem buscar, ainda que remotamente, os primeiros fatores geradores de uma tradição político-jurídica burocrática, individualista, erudita e legalista. (...). A prática do Direito oficial do Estado ensejou longo processo histórico em que a sociedade brasileira viveu permanentemente a fome, a exclusão e a carência de justiça. Assim, a constituição estrutura dessa cultura jurídica beneficiou, de um lado, a prática do 'favor', do clientelismo, do nepotismo e da cooptação, de outro, introduziu um padrão de legalidade inegavelmente formalista, retórico, eclético e ornamental. Incluindo suas características individualistas, antipopulares e não democráticas, o liberalismo brasileiro haveria de ser contemplado igualmente por seu incisivo traço 'juridicista'. Ademais, o cruzamento entre individualismo político e formalismo legalista delineou politicamente a montagem do cenário principal de nosso Direito: o bacharelismo liberal".
63. BARROSO, Luís Roberto. Neoconstitucionalismo e constitucionalização do direito – O triunfo tardio do direito constitucional do Brasil. In: SOUZA NETO, Cláudio Pereira de (Coord.). *A constitucionalização do direito*: fundamentos teóricos e aplicações específicas. Rio de Janeiro: Lumen Juris, 2007. p. 249: "As circunstâncias brasileiras, na quadra atual, reforçam o papel do Supremo Tribunal Federal, inclusive em razão da crise de legitimidade por que passam o Legislativo e o Executivo, não apenas como um fenômeno conjuntural, mas como uma crônica disfunção institucional".
64. BARROSO, Luís Roberto. Neoconstitucionalismo e constitucionalização do direito – o triunfo tardio do direito constitucional do Brasil. In: SOUZA NETO, Cláudio Pereira de (Coord.). *A constitucionalização do direito*: fundamentos teóricos e aplicações específicas. Rio de Janeiro: Lumen Juris, 2007. .p. 249: "Tal fato potencializa a importância do debate, na teoria constitucional, acerca do equilíbrio que deve haver entre supremacia constitucional, interpretação judicial da Constituição e processo político majoritário". Ainda sobre uma visão equilibrada do neoconstitucionalismo, consulte-se SARMENTO, Daniel, O neoconstitucionalismo no Brasil: Riscos e possibilidades. In: SARMENTO, Daniel (Coord.). *Filosofia e teoria constitucional contemporânea*. Rio de Janeiro: Lumen Juris, 2009, p. 146.
65. A expressão "inclusivo" diz respeito aos grupos vulneráveis e minoritários, nos quais as pessoas encontram-se em situações desiguais com desvantagens naturais e/ou socioeconômicas que se convertam em limitações objetivas ao reconhecimento e gozo dos direitos fundamentais, individuais e sociais, que consistem em um mínimo social necessário para satisfação das necessidades básicas para que possam realizar o seu projeto de vida.
66. ZAGREBELSKY, Gustavo. *La Giustizia Costituzionale*. Imola: Mulino, 1988. p. 26-28: "La costituzione dello stato pluralista presenta così il caractere saliente di essere il frutto di accordi tra numerosi soggetti particolari che in essa cercano di proteggere la própria identità politica. (...) Per quanto il diritto costituzionale dello stato pluralista dia vita a un sistema 'aperto', conformemente alla pluralità delle forze che in esso si sono incontrate, non formi un involucro chiuso e non instauri una totalitária tirania dei valori, esso costituisce comunque (attraverso norme di principio, ideali etici, come libertà, egualianza, giustizia, dignità, sicurezza, autonomia, solidarietà, garanzia della vita ecc.) un sistema che pretende di disegnare in generale i nuovi assetti social e politici. Questa è la fondamentale differenza tra la costituzione pluralista del nostro tempo e la costituzione corporativa dell´Antigo regime. Mentre quest´ultima, come si è visto, era essenzialmente refrattaria a una garanzia costituzionale affidata a un orgono independente, la costituzione attuale realiza la condizione storico-concreta della giustizzia costituzionale. (...) La giustizia costituzionale non à allora una garanzia, per così dire, 'primaria', volta cioè alla difesa delle condizioni fondamentali di esistenza della costituzione. È uma garanzia 'secondaria' che, scontata

direito constitucional[67] (v.g. novas técnicas de decisão),[68] da filosofia do direito (v.g. postulados filosóficos e dimensões da justiça) e da filosofia política (v.g. neofederalismo e a subsidiariedade,[69] patriotismo constitucional),[70] e – acrescento eu – a sociologia geral[71] e a jurídica (especial),[72] que contribuirão com os seus elementos

l´esistenza della costituzione, deve preoccuparsi del suo funzionamento. (...) Oggi la giutizia costituzionale è prima di tuto controlo di costituzionalità sulle leggi. Il principio dell´insindicabilità della volontà parlamentare – dogma costituzionale fondamentale del parlamentarismo liberale ottocentesco – cede così il posto alla sindicabilità della legge, come conseguenza dei timori per l´instabilità politica e i rischi connessi che il pluralismo introduce nella vita parlamentare".

67. CARBONELL, Miguel; JARAMILLO, Leonardo García. *El Canon Constitucional*. Bogotá: Universidad Externado de Colombia, 2010. p. 171: "Tampoco la teoría constitucional, desde luego, puede presentarse a sí misma como neutra; no lo es ni lo puede ser cuando su objeto está cargado de valor: el Estado constitucional y las constituciones mismas sólo se entienden dentro de las coordenadas axiológicas de la libertad y la igualdad. Y si su objeto no es neutral ni admite por ello cualquier forma de organización social, la teoría tampoco puede serlo".

68. Sobre as técnicas de decisão (inconstitucionalidade, nulidade, decisão declaratória e produção de efeitos; declaração de inconstitucionalidade total e declaração de inconstitucionalidade parcial; inconstitucionalidade por arrastamento; pronúncia de inconstitucionalidade sem declaração de nulidade; omissão parcial, pronúncia de inconstitucionalidade e isolamento de determinados efeitos; norma em trânsito para a inconstitucionalidade; interpretação conforme à Constituição; declaração parcial de nulidade sem redução do texto), SARLET, Ingo Wolfang; MARINONI, Luiz Guilherme; MITIDIERO, Daniel. *Curso de Direito Constitucional*. São Paulo: Ed. RT, 2012. p. 1045-1059.

69. MOREIRA NETO, Diogo de Figueiredo. A desmonopolização do Poder. *Revista de Direito da Associação dos Procuradores do Novo Estado do Rio de Janeiro*. n. 6, p. 165-185, Rio de Janeiro, 2000: "Como se pode observar, toda essa proposta de gradatividade de deveres e de obrigações, que traz a subsidiariedade, acaba sendo a solução áurea para um dos mais intrigantes questionamentos da Filosofia Política, ou seja, da natureza das relações de poder entre o Homem, a Sociedade e o Estado, pois, com ela, se harmoniza perfeitamente a necessidade da autoridade com a imprescindibilidade da liberdade e, ao mesmo tempo, a indispensabilidade da competição com o dever moral da solidariedade. Assim como entre as entidades sociais e as entidades políticas, a subsidiariedade se impõe pelo reconhecimento do primado da atuação daquelas sobre estas, também entre as entidades políticas associadas em diversos modelos federativos, os entes menores devem preferir os maiores, em todas as atividades que possam ser satisfatoriamente por eles desempenhadas, só cedendo a competência aos maiores, quando estes apresentem nítidas vantagens de atuação".

70. MAIA, Antônio Cavalcanti. As transformações dos sistemas jurídicos contemporâneos: apontamentos acerca do neoconstitucionalismo. *Revista de Direito do Estado*: RDE, n. 5, p. 243-265, Rio de Janeiro, jan./mar. 2007: "Assim, além do já exaustivo conhecimento de dogmática jurídica, terão que aprofundar seus conhecimentos extradogmáticos, como em filosofia do direito – hermenêutica e argumentação jurídica, sobretudo –, políticas públicas e noções de economia".

71. BECK, Ulrich. *La sociedad del riesgo global*. Madrid: Siglo XXI de España, 2009; BECK, Ulrich. *O que é Globalização? Equívocos do globalismo*. Respostas à globalização. São Paulo: Paz e Terra, 1999; SEMPRINI, Andréa. *Multiculturalismo* São Paulo: Edusc, 1999; BAUMAN, Zygmunt. *A sociedade individualizada*: vidas contadas e histórias vividas. Rio de Janeiro: Jorge Zahar, 2008; BAUMAN, Zygmunt. *Confiança e medo na cidade*. Rio de Janeiro: Jorge Zahar, 2009; BAUMAN, Zygmunt. *O mal-estar da pós-modernidade*. Rio de Janeiro: Jorge Zahar, 1998.

72. SALDANHA, Nelson. *Sociologia do direito*. 6. ed. Rio de Janeiro: Renovar, 2008. p. 13-26: "O fato é que o pensamento moderno, mormente o pensamento social, se tornou cada vez mais vinculado aos problemas da ciência sistemática sociedade, fosse qual fosse a formação, fosse qual fosse o embasamento que se desse a esta, por filiação metodológica. (...) Uma das divisões mais aceitáveis, e também mais viáveis no sentido didático, é aquela que distingue a sociologia geral e as sociologias especiais". MIRANDA, Francisco Cavalcanti Pontes de. *Introdução à política científica*. Rio de Janeiro: Forense, 1983. p. 16: "No direito, se queremos estudá-lo cientificamente como ramo positivo do conhecimento, quase todas as ciências são convocadas pelos cientistas. A extrema complexidade dos fenômenos implica a diversidade do saber. As matemáticas, a geometria, a física e a química, a biologia, a geologia, a zoologia e a botânica, a climatologia, a antropologia e a etnografia, a economia política e tantas outras constituem mananciais em que o sábio da ciência jurídica bebe o que lhe é mister. Nas portas das escolas de direito devia estar escrito: aqui não entrará quem não for sociológico. E o sociólogo supõe o matemático, o físico, o biólogo. É flor de cultura".

para o fortalecimento de um espaço público jurídico por uma cultura da discussão argumentativa – possa garantir que a ordem jurídica justa e a sua aplicação contribuam para o desenvolvimento da democracia em nosso país.[73]

Penso que outra característica do neoconstitucionalismo é a considerável redução das distâncias sob o ponto de vista formal dos sistemas de *civil law* e da *common law* em virtude do fenômeno da globalização, fortalecendo, por conseguinte, "função criativa" do Direito pelo juiz *(judge made law)* e a influência dos precedentes jurisprudenciais (eficácia persuasiva e vinculante) nos países de tradição romano-germânica.[74]

Acredito, ainda, que o "neoconstitucionalismo equilibrado inclusivo"[75] permitirá melhor a investigação proposta sobre *(i)* a eficácia (interpretação e aplicação) da dignidade da pessoa humana a partir de um critério mínimo de legitimação pautado nas dimensões da justiça e *(ii)* a efetividade dos direitos fundamentais sociais à luz de um ativismo judicial inclusivo, conforme se verá sucessivamente adiante.

Observo, também, que a Resolução 60, de 19 de setembro de 2008, do Conselho Nacional de Justiça – CNJ,[76] que instituiu o Código de Ética da Magistratura Nacional,

---

73. MAIA, Antônio Cavalcanti. As transformações dos sistemas jurídicos contemporâneos: apontamentos acerca do neoconstitucionalismo. *Revista de Direito do Estado*: RDE, n. 5, p. 243-265, Rio de Janeiro, jan./mar. 2007.
74. Sobre o ponto de vista substancial, os sistemas *civil law* e *common law* já apresentavam sensíveis afinidades, tendo como pressuposto comum a tutela (proteção) da personalidade humana e a sua consequente liberdade, observados os limites estabelecidos pela comunhão social. GRECHI, Frederico Price. Notas sobre a disciplina de direito comparado (conceito, objeto, sistemas e globalização) e aplicações práticas. *Revista Digital do IAB*, ano 2, n. 11, p. 48-76. Rio de Janeiro, jul./set. 2011. A propósito da influência na Constituição dos Estados Unidos da América do Direito natural (direitos do homem) e do espírito dos patriotas inspirados por alguns princípios de direito público inglês em confronto com as particularidades do desenvolvimento do Direito nos países da América Latina, confira-se BIELSA, Rafael. *Metodologia Jurídica*. Santa Fé: Librería y Editorial Castellví, 1961. p. 50-59.
75. No que concerne à proposta de um "equilibrado" do neoconstitucionalismo inclusivo, acredito ser relevante para a sua adequada compreensão e efetivação a atuação do Conselho Nacional de Justiça (CNJ), por meio de um sistema revisional de seus integrantes. A propósito do "controle" do Poder Judiciário pelo CNJ, consulte-se TAVARES, André Ramos. *Manual do Poder Judiciário brasileiro*. São Paulo: Saraiva, 2012. p. 60: "Não há que se olvidar, porém, que ambos os movimentos apresentam um ponto comum: a desconfiança na figura do magistrado, já analisado anteriormente. Nesse linha e como forma de remediar a 'crise' de legitimidade, eficiência, popularidade e transparência, criou-se, no Brasil, o Conselho Nacional de Justiça, espécie de sentinela cuja única função seria a de vigiar o Poder Judiciário. A criação de alguma espécie de órgão responsável direta e exclusivamente pela fiscalização do Judiciário costuma ser considerada necessária, na medida em que permite à sociedade nela encontrar respaldo para eventuais incorreções e desvios. O axioma que embasa essa tese é bastante conhecido: a eficiência de determinado poder, bem como a sua lisura, são mais facilmente obtidas por meio da existência de um órgão fiscalizador. Afinal, o sentimento de impunidade, inexoravelmente, gera a acomodação, e, pior, o sentimento de total liberdade, ou melhor de arbitrariedade. (...) Contra a natureza humana, em sua grande maioria corruptível, só se pode contar com a fiscalização. É nesse sentido que se deve contar com um sistema revisional, de caráter excepcional, das decisões do próprio órgão de controle do Judiciário. Mas não apenas isso. É interessante, como ocorre com o órgão de controle brasileiro (CNJ), a renovação sucessiva dos seus integrantes (que contam com mandato de dois anos). Ademais, e ainda quanto ao modelo brasileiro, percebe-se que a possibilidade de se iniciar o processo de ofício e, mais ainda, mediante provocação, pode torná-lo mais sério e eficiente, porquanto todo e qualquer interessado (e aqui se abre um leque inimaginável de 'fiscalizadores' informais) pode provocar o órgão de controle para que proceda a uma revisão de decisões do Judiciário. Este saudável processo de autofiscalização é reforçado, ainda mais, pela previsão da possibilidade de o Senador Federal julgar os membros do órgão controlador pelos crimes de responsabilidade que por eles forem cometidos".
76. O Conselho Nacional de Justiça, no exercício da competência que lhe atribuíram a Constituição Federal (art. 103-B, § 4º, I e II), a Lei Orgânica da Magistratura Nacional (art. 60 da LC 35/79) e seu Regimento In-

contém valiosas diretrizes aos juízes para que sejam prudentes e racionais na interpretação e na aplicação, conforme a Constituição e as leis vigentes, ao distribuir Justiça, para além do direito posto, oriundo do processo legislativo.[77]

Recentemente, o Supremo Tribunal Federal, por seu Ministro Luiz Fux, invocou expressamente o paradigma neoconstitucional por ocasião do julgamento de um pedido de *habeas corpus* (101.132), nos seguintes termos da ementa adiante reproduzida:[78]

> Embargos de declaração. Recurso interposto antes da publicação do acórdão. Conhecimento. Instrumentalismo processual. Preclusão que não pode prejudicar a parte que contribui para a celeridade do processo. Boa-fé exigida do estado-juiz. Doutrina. Recente jurisprudência do plenário. Mérito. Alegação de omissão e contradição. Inexistência. Recurso conhecido e rejeitado. 1. A doutrina moderna ressalta o advento da fase instrumentalista do Direito Processual, ante a necessidade de interpretar os seus institutos sempre do modo mais favorável ao acesso à justiça (artigo 5º, inciso XXXV, CRFB) e à efetivi-

---

terno (art. 19, incisos I e II); Considerando que a adoção de Código de Ética da Magistratura é instrumento essencial para os juízes incrementarem a confiança da sociedade em sua autoridade moral; Considerando que o Código de Ética da Magistratura traduz compromisso institucional com a excelência na prestação do serviço público de distribuir Justiça e, assim, mecanismo para fortalecer a legitimidade do Poder Judiciário; Considerando que é fundamental para a magistratura brasileira cultivar princípios éticos, pois lhe cabe também função educativa e exemplar de cidadania em face dos demais grupos sociais; Considerando que a Lei veda ao magistrado "procedimento incompatível com a dignidade, a honra e o decoro de suas funções" e comete-lhe o dever de "manter conduta irrepreensível na vida pública e particular" (LC 35/79, arts. 35, inciso VIII, e 56, inciso II); e Considerando a necessidade de minudenciar os princípios erigidos nas aludidas normas jurídicas; RESOLVE aprovar e editar o presente Código de Ética da Magistratura Nacional, exortando todos os juízes brasileiros à sua fiel observância. Art. 1º O exercício da magistratura exige conduta compatível com os preceitos deste Código e do Estatuto da Magistratura, norteando-se pelos princípios da independência, da imparcialidade, do conhecimento e capacitação, da cortesia, da transparência, do segredo profissional, da prudência, da diligência, da integridade profissional e pessoal, da dignidade, da honra e do decoro. Art. 2º Ao magistrado impõe-se primar pelo respeito à Constituição da República e às leis do País, buscando o fortalecimento das instituições e a plena realização dos valores democráticos. Art. 3º A atividade judicial deve desenvolver-se de modo a garantir e fomentar a dignidade da pessoa humana, objetivando assegurar e promover a solidariedade e a justiça na relação entre as pessoas. (...) Art. 24. O magistrado prudente é o que busca adotar comportamentos e decisões que sejam o resultado de juízo justificado racionalmente, após haver meditado e valorado os argumentos e contra-argumentos disponíveis, à luz do Direito aplicável. Art. 25. Especialmente ao proferir decisões, incumbe ao magistrado atuar de forma cautelosa, atento às consequências que pode provocar. Art. 26. O magistrado deve manter atitude aberta e paciente para receber argumentos ou críticas lançados de forma cortês e respeitosa, podendo confirmar ou retificar posições anteriormente assumidas nos processos em que atua. (...) Art. 40. Os preceitos do presente Código complementam os deveres funcionais dos juízes que emanam da Constituição Federal, do Estatuto da Magistratura e das demais disposições legais. (...) Art. 41. Os Tribunais brasileiros, por ocasião da posse de todo Juiz, entregar-lhe-ão um exemplar do Código de Ética da Magistratura Nacional, para fiel observância durante todo o tempo de exercício da judicatura. Art. 42. Este Código entra em vigor, em todo o território nacional, na data de sua publicação, cabendo ao Conselho Nacional de Justiça promover-lhe ampla divulgação.

77. NALINI, José Renato. *Ética da Magistratura: comentários ao Código de Ética da Magistratura Nacional* – CNJ. 3. ed. São Paulo: Ed. RT, 2012. p. 21-22: "Além disso, um Código de Ética é um elenco de normas de bem proceder. Não é uma codificação penal, com tipificação de condutas proibitivas. O seu teor é diretivo, sinalizador de como deva ser o procedimento de um juiz no Brasil de tantas carências na esfera do justo. (...). O profissional do Direito que se humanizar e der à técnica o seu valor, que não pode se sobrepor ao substancial, que é reduzir a injustiça no mundo, saberá encontrar na prolífica produção normativa as estratégias hábeis a resolver os conflitos humanos. (...). Operar com a justiça é garantir o Estado de Direito, é implementar a Democracia ou rechaçar as conquistas cidadãs que só não são reconhecidas por aqueles que não vivenciaram tempos sombrios de autoritarismo e supressão de liberdades".

78. *Revista Consultor Jurídico*, 17 de agosto de 2012.

dade dos direitos materiais (OLIVEIRA, Carlos Alberto Alvaro de. O formalismo-valorativo no confronto com o formalismo excessivo. *Revista de Processo*. p. 7-31, São Paulo: Ed. RT, 137, 2006; DINAMARCO, Cândido Rangel. *A instrumentalidade do processo*. 14. ed. São Paulo: Malheiros, 2009; BEDAQUE, José Roberto dos Santos. *Efetividade do processo e técnica processual*. 3. ed. São Paulo: Malheiros, 2010). 2. "A forma, se imposta rigidamente, sem dúvidas conduz ao perigo do arbítrio das leis, nos moldes do velho brocardo dura lex, sed lex" (BODART, Bruno Vinícius Da Rós. Simplificação e adaptabilidade no anteprojeto do novo CPC brasileiro. In: FUX, Luiz (Org.). *O novo processo civil brasileiro* – Direito em Expectativa. Rio de Janeiro: Forense, 2011. p. 76).3. As preclusões se destinam a permitir o regular e célere desenvolvimento do feito, por isso que não é possível penalizar a parte que age de boa-fé e contribui para o progresso da marcha processual com o não conhecimento do recurso, arriscando conferir o direito à parte que não faz jus em razão de um purismo formal injustificado. 4. *O formalismo desmesurado ignora a boa-fé processual que se exige de todos os sujeitos do processo, inclusive, e com maior razão, do Estado-Juiz, bem como se afasta da visão neoconstitucionalista do direito, cuja teoria proscreve o legicentrismo e o formalismo interpretativo na análise do sistema jurídico, desenvolvendo mecanismos para a efetividade dos princípios constitucionais que abarcam os valores mais caros à nossa sociedade* (COMANDUCCI, Paolo. Formas de (neo)constitucionalismo: un análisis metateórico. Trad. Miguel Carbonell."Isonomía. *Revista de Teoría y Filosofía del Derecho*", 16, 2002). 5. O Supremo Tribunal Federal, recentemente, sob o influxo do instrumentalismo, modificou a sua jurisprudência para permitir a comprovação posterior de tempestividade do Recurso Extraordinário, quando reconhecida a sua extemporaneidade em virtude de feriados locais ou de suspensão de expediente forense no Tribunal a quo (RE 626.358-AgR/MG, relator Min. Cezar Peluso, Tribunal Pleno, julg. 22.03.2012). 6. *In casu*: (i) os embargos de declaração foram opostos, mediante fac-símile, em 13.06.2011, sendo que o acórdão recorrido somente veio a ser publicado em 1º.07.2011; (ii) o paciente foi denunciado pela suposta prática do crime do artigo 12 da Lei 6.368/79, em razão do alegado comércio de 2.110 g (dois mil cento e dez gramas) de cocaína; (iii) no acórdão embargado, a Turma reconheceu a legalidade do decreto prisional expedido pelo Tribunal de Justiça do estado do Maranhão em face do paciente, para assegurar a aplicação da lei penal, em razão de se tratar de réu evadido do distrito da culpa, e para garantia da ordem pública; (iv) alega o embargante que houve omissão, porquanto não teria sido analisado o excesso de prazo para a instrução processual, assim como contradição, por não ter sido considerado que à época dos fatos não estavam em vigor a Lei 11.343/06 e a Lei 11.464/07.7. O recurso merece conhecimento, na medida em que a parte, diligente, opôs os embargos de declaração mesmo antes da publicação do acórdão, contribuindo para a celeridade processual. 8. No mérito, os embargos devem ser rejeitados, pois o excesso de prazo não foi alegado na exordial nem apreciado pelo Superior Tribunal de Justiça, além do que a Lei 11.343/06 e a Lei 11.464/07 em nada interferem no julgamento, visto que a prisão foi decretada com base nos requisitos do artigo 312 do CPP identificados concretamente, e não com base na vedação abstrata à liberdade provisória, prevista no artigo 44 da Lei de Drogas de 2006. 9. Embargos de declaração conhecidos e rejeitados (grifo nosso).[79]

---

79. No Tribunal de Justiça do Estado do Rio de Janeiro, confira-se o seguinte precedente do Órgão Especial com expressa referência ao novo paradigma do neoconstitucionalismo: "Mandado de segurança. Investidura de servidores em cargos públicos na universidade do estado do rio de janeiro sem realização de concurso, após a promulgação da CRFB de 1988. Transformação de cargos em comissão em cargos efetivos em razão da instituição do regime jurídico único para os servidores estaduais. Legitimidade passiva do presidente do TCE e do subsecretário de gestão de recursos da secretaria de estado de planejamento e gestão, que atuaram em conjunto na prática dos atos impugnados. Regularidade da instauração de processo administrativo para a apuração e providências quanto aos atos praticados pela administração com vício de ilegalidade e inconstitucionalidade. Súmula 473 do STF artigo 80 da constituição do estado do rio de janeiro. Configuração da decadência administrativa prevista na lei 9784/99 e na lei estadual 3780/02. Respeito aos princípios da segurança jurídica, dignidade da pessoa humana e boa-fé na consolidação no tempo de situações que ocasionaram benefícios às impetrantes, passando a integrar seu patrimônio jurídico. Convalidação dos atos administrativos viciados. Segurança que se concede. Vencido o des. José Geraldo Antonio. (...). Embargos de declaração. Solução da demanda por incidência de

Em um cenário histórico complexo numa sociedade plural, que busca conciliar os regionalismos de diversas espécies com as pretensões universalistas (econômicas e democráticas), é de suma importância a função desempenhada pela relação entre a justiça e a ética tanto na filosofia política como na filosofia jurídica, com vistas à construção de uma democracia deliberativa, garantindo-se a tutela dos direitos dos direitos fundamentais.[80-81]

Foi nessa quadra histórica da Constituição Federal de 1988 que se abriu o caminho para a leitura do Direito civil conforme as normas fundamentais constitucionais e os ideais do Estado Democrático de Direito, identificando-se esse fenômeno como "constitucionalização do Direito civil". No Brasil, esse novo olhar (método) sobre o nosso Direito civil, no início da década de 90, vem ganhando novos adeptos, com a louvável oxigenação da disciplina, através da releitura dos institutos jurídicos e um exame substancioso crítico estrutural e funcional, inovando, por conseguinte, a jurisprudência.

Este novel cenário metodológico da constitucionalização do Direito civil desencadeia a crise da dicotomia rígida entre o público-privado, tendo como mola propulsora o vetor jurídico-axiológico da dignidade da pessoa humana, que foi alçado ao vértice do ordenamento jurídico, constituindo num ponto de confluência de interesses individuais e coletivos, impondo-se a releitura da *summa divisio* público-privado.[82]

A constitucionalização do Direito civil é, assim, a nova feição do Direito, encontrando nos valores existenciais (não patrimoniais) o ponto de partida para o alcance da dignidade da pessoa humana, que se traduz no seu fim "último".

---

princípios constitucionais, que não se submetem a dispositivos legais. Constitucionalidade de lei estadual que fixa prazo decadencial para a anulação de atos administrativos. O principal e praticamente exclusivo fundamento da concessão da ordem às impetrantes foi o sopesamento e a harmonização de princípios constitucionais, tendo prevalecido a segurança jurídica e a dignidade da pessoa humana como valores preponderantes na conclusão do caso concreto, em face da pretensão patrimonial da Administração Pública de anular os seus atos eivados de ilegalidade ou, na hipótese, contradição à constituição e ao princípio do concurso público. *Reconhecida a densidade normativa plena e direta dos princípios constitucionais em pauta, no espírito do neoconstitucionalismo e da concretização dos direitos fundamentais calcadas na visão pós-positivista de ordenamento jurídico, não há que se falar em comprometimento do decisum de fundamentação constitucional por eventual contrariedade a dispositivo meramente legal.* A alegação de inconstitucionalidade da Lei 3780/02, que fixa o prazo decadencial de 05 anos para anular seus atos não veio embasada de qualquer supedâneo jurisprudencial em tal sentido. Ao contrário de haver posicionamento quanto à inconstitucionalidade da norma no TJ-RJ, o Tribunal vem fazendo incidir o dispositivo, não apenas pelos órgãos fracionários, mas inclusive por seu Órgão Especial. Recurso a que se nega provimento". (TJRJ, Órgão Especial, Mandado de Segurança 0010450-51.2010.8.19.0000, Desembargadora Maria Augusta Vaz, julgamento 02.05.2011; grifou-se).

80. CITTADINO, Gisele Guimarães. *Pluralismo, direito e justiça distributiva*: elementos da filosofia constitucional contemporânea. 2. ed. Rio de Janeiro: Lumen Juris, 2000. p. 76.
81. BONAVIDES, Paulo. *Curso de Direito Constitucional*. 10. ed. São Paulo: Malheiros, 2000. p. 500-501.
82. GIORGIANNI, Michelli. O direito privado e as suas atuais fronteiras. *Revista dos Tribunais*, v. 87, n. 747, p. 35-55, São Paulo, jan. 1998. NEGREIROS, Teresa. Dicotomia Público-Privado frente ao Problema da Colisão de Princípios. In: TORRES, Ricardo Lobo (Org.). *Teoria dos Direitos Fundamentais*. Rio de Janeiro: Renovar, 1999. p. 340 e 372.

Sem embargo, é necessário compreender que a eficácia jurídica da dignidade da pessoa humana[83] perpassa por níveis de determinação do mais genérico para o mais específico (princípios, subprincípios, regras).[84]

Portanto, nesse percurso da determinação da dignidade da pessoa humana, a noção de justiça (distributiva, comutativa, social, política, econômica, material, formal, local, universal, equitativa), em todas as suas dimensões (virtude, valor, princípio), oferece ao intérprete uma pauta de critérios axiológicos, bem como de limites para a aplicação das demais disposições normativas – princípios, subprincípios e regras (determinação do menos genérico para o mais específico) –, numa articulação recíproca, ou seja, vice-versa, auxiliando no direcionamento do resultado da interpretação em consonância ótima com a tutela da dignidade humana[85] e tornando esta efetiva:

Dignidade da Pessoa Humana

↕

Dimensões (Virtude, Valor, Princípio) da Justiça

↕

Princípios

↕

Subprincípios

↕

Regras

Esse critério original[86] pauta-se na exigência de conformação com a validade e a eficácia das normas postas (considerando-se fundamentalmente o substrato da dignidade da pessoa humana) na legitimação (do exercício) do poder,[87] que, por meio

---

83. A propósito das espécies de eficácia dos princípios, consulte-se BARCELLOS, Ana Paula de; BARROSO, Luís Roberto. O começo da história. A nova interpretação constitucional e o papel dos princípios no direito brasileiro. In: BARROSO, Luís Roberto (Org.). *A nova interpretação constitucional*: ponderação, direitos fundamentais e relações privadas. Rio de Janeiro: Renovar, 2003; ÁVILA, Humberto. *Teoria dos princípios*: da definição à aplicação dos princípios jurídicos. 4. ed. São Paulo: Malheiros, 2004.

84. BARCELLOS, Ana Paula de; BARROSO, Luís Roberto. O começo da história. A nova interpretação constitucional e o papel dos princípios no direito brasileiro. In: BARROSO, Luís Roberto (Org.). *A nova interpretação constitucional*: ponderação, direitos fundamentais e relações privadas. Rio de Janeiro: Renovar, 2003. p. 154-155.

85. Tal método proposto tem finalidade precípua para resolver problemas de justificação e legitimação, não excluindo, portanto, os elementos clássicos de interpretação (gramatical, histórica, sistemática e teleológica) e os princípios de interpretação especificamente constitucional, conforme requeira o caso em exame. MAXIMILIANO, Carlos. *Hermenêutica e aplicação do direito*. 18. ed. Rio de Janeiro: Forense, 2000. p. 124-246.

86. Mais recentemente outros critérios são sugeridos na doutrina nacional e internacional. Confira-se, por todos, BARROSO, Luís Roberto. *A dignidade da pessoa humana no direito constitucional contemporâneo*: a construção de um conceito jurídico à luz da jurisprudência mundial. Belo Horizonte: Fórum, 2012.

87. PRIETO SANCHÍS, Luís. *Apuntes de teoria del Derecho*. 2. ed. Madrid: Ed. Trotta, 2007. p. 101: "... una mínima conexión entre ele Derecho y la moral social es indispensable para el mantenimiento de aquél, conexión que llamamos legitimidad y que se traduce en la aceptación voluntaria del orden jurídico por una buena parte de uns destinatários (precisamente de aquellos cuya moral crítica o subjetiva coincide con la moral social, y que suelen ser legión)".

do consenso racional, ainda que mínimo entre o direito e a moral, se transforma em autoridade, alcançando-se a ideia do justo[88] e superando a mera noção de direito posto.[89]

A relevância desse critério proposto reside no fato de que o Direito – especialmente quanto à função promocional da dignidade humana – deve ser também justo ou, caso contrário, não terá sentido a obrigação de respeitá-lo, pois, a justiça como espécie de código de ordem superior, cujo desrespeito ou violação produz resistência e cuja ausência conduz a desorientação e ao sem-sentido das regras de convivência, pode-nos levar a admiti-la como um princípio doador de sentido para o universo jurídico.[90]

A aparente vitória de um direito posto sem justiça implica, na realidade, a derrota do ordenamento jurídico diante da ausência de um consenso mínimo racional da sociedade.[91]

Adotaremos o critério acima proposto para (re)construção da legitimação do Direito (público e privado) em face da Constituição por meio da introdução no discurso jurídico das dimensões da justiça.[92]

Para demonstrar a sua utilidade, tomaremos, a título de ilustração, o debate doutrinário no âmbito dos direitos da personalidade devido à inclusão de um capítulo no "novo" Código Civil, ensejando relevantes discussões quanto à sua legitimação (e justificação), com sérias repercussões para a interpretação ótima e efetiva da dignidade da pessoa humana. Segundo uma parcela da doutrina brasileira,[93] os direitos de personalidade humana estariam postos (reconhecidos e sancionados) pelo Estado no direito positivo (concepção jurídico-normativa), seja em nível constitucional (art. 5º da CF), seja em nível de legislação ordinária (arts. 11 a 21 do CC).

Duas importantes consequências, entre outras, emergem desse entendimento: a primeira, da redução da personalidade humana a uma situação jurídica-tipo, e, portanto, a um elenco exaustivo dos direitos subjetivos típicos da personalidade; e a segunda, a possibilidade da sua extensão às pessoas jurídicas (art. 52 do CC) como resultado de mera opção legislativa, sendo, pois, desimportante a sua justificação e legitimação fora do direito posto.

O entendimento da outra respeitável corrente doutrinária,[94] que considera antes de tudo a personalidade humana como um valor jurídico como expressão de uma cláusula geral da tutela da pessoa humana, permite um espectro mais amplo da proteção às situações atípicas.[95]

---

88. LUMIA, Giuseppe. *Elementos de teoria e ideologia do direito*. São Paulo: Martins Fontes, 2003. p. 118-119.
89. LARENZ, Karl. *Derecho justo fundamentos de ética jurídica*. Madrid: Civitas, 1993. p. 46.
90. FERRAZ JR., Tercio Sampaio. *Introdução ao Estudo do Direito*: técnica, decisão e dominação. 5. ed. São Paulo: Atlas, 2007. p. 366.
91. PERLINGIERI, Pietro. *Perfis de direito civil*: Introdução ao direito civil constitucional. Rio de Janeiro: Renovar, 1999. p. 23.
92. ALEXY, Robert. *La institucionalización de la justicia*. Granada: Editorial Comares, 2005: "En principio, ninguna tradicíon y ninguna autocomprensión están excluídas del discurso. Con ello, todos los princípios de justicia pueden, en principio, ser introducidos en el discurso".
93. BITTAR, Carlos Alberto. *Os direitos da personalidade*. 3. ed. Rio de Janeiro: Forense Universitária, 1999. p. 7; GONÇALVES, Carlos Roberto. Direito Civil Brasileiro. 3. ed. São Paulo: Saraiva, 2006. v. 1. p. 155.
94. TEPEDINO, Gustavo. A tutela da personalidade no ordenamento civil-constitucional brasileiro. In: TEPEDINO, Gustavo. *Temas de direito civil*. 3. ed. Rio de Janeiro: Renovar, 2004. p. 48-49.
95. PERLINGIERI, Pietro. *Perfis de direito civil*: introdução ao direito civil constitucional. Rio de Janeiro: Renovar, 1999. p. 154-155. Para uma crítica a compreensão reducionista dos direitos da personalidade humana,

Essa perspectiva aberta de realização e de proteção plena da dignidade humana revela-se apta a tutelar eficaz e efetivamente as múltiplas e renovadas situações em que a pessoa venha a se encontrar, em volta de suas próprias e variadas circunstâncias. Tal concepção não é passível de aplicação extensiva às pessoas jurídicas, eis que estas não contêm os elementos justificadores da proteção à personalidade, que deve ser concebida como bem jurídico (objeto de situações existenciais), mas tão somente merecedoras de uma adequada tutela institucional.[96]

Pelo critério acima proposto, o valor da justiça universal, expresso na fundamentação ética dos direitos da pessoa humana aceitos racionalmente pela humanidade,[97] melhor legitima e justifica a segunda corrente doutrinária, auxiliando no direcionamento do resultado da interpretação em consonância ótima e efetiva com a tutela da dignidade humana:[98]

Dignidade da Pessoa Humana
↕
Valor da Justiça Universal
↕
Princípios (direitos da personalidade)
↕
Subprincípios (intimidade, privacidade etc.)
↕
Regras (CC, arts. 11 a 21).

Imaginando-se a personalidade humana do ponto de vista estrutural (ora o elemento subjetiva da estrutura das relações jurídicas, identificada como o conceito de capacidade jurídica, ora o elemento objetivo, ponto de referência dos chamados direitos da personalidade) e protegendo-a em termos apenas negativos, no sentido de repelir as ingerências externas à livre atuação do sujeito de direito, segundo a técnica própria do direito de propriedade, a tutela da personalidade será sempre setorial e insuficiente. (TEPEDINO, Gustavo. A tutela da personalidade no ordenamento civil-constitucional brasileiro. In: TEPEDINO, Gustavo. *Temas de direito civil*. 3. ed. Rio de Janeiro: Renovar, 2004. p. 48).

96. TEPEDINO, Gustavo. Crise de fontes normativas e técnica legislativa na parte geral do Código Civil de 2002. In: TEPEDINO, Gustavo. *A parte geral do novo Código Civil*: estudos na perspectiva civil-constitucional. Rio de Janeiro: Renovar, 2002. p. 23.

97. Para uma justificação ética e universal dos direitos humanos, NINO, Carlos Santiago. Ética Y Derecho Humanos (En un Estado de Guerra). In: NINO; Carlos Santiago; MAURINO, Gustavo; FISS, Owen. *Derecho, moral y política*: II, fundamentos del liberalismo político, derechos humanos y democracia deliberativa. Buenos Aires: Gedisa, 2007.

98. Como será demonstrado e desenvolvido ao longo da nossa investigação jurídico-científica, a sistematização parte de uma articulação circular (as normas superiores condicionam as inferiores, e as inferiores contribuem para determinar os elementos superiores), complexa (não há apenas uma relação vertical de hierarquia, mas várias relações horizontais, verticais e entrelaçadas entre as normas) e gradual (a sistematização será tanto mais perfeita quanto maior for a intensidade da observância dos seus vários critérios), alocada, no plano da eficácia, no postulado hermenêutico da coerência formal e material. Nesse sentido, ÁVILA, Humberto. *Teoria dos princípios*. 7. ed. São Paulo: Malheiros, 2007. p. 127-128. A coerência também é trabalhada por PECZENIK, Aleksander. *On Law and Reason*. Netherlands: Kluwer, 1989. p. 158-212.

O que se pretende aqui não é apenas trazer as noções conceituais e já convencionadas sobre o princípio da dignidade da pessoa humana para a interpretação do Direito (v.g. público ou privado), mas sim perquirir se tais conteúdos se coadunam com as dimensões da justiça, pois, penso eu que só assim se atingirá o *status* de legitimidade constitucional (v.g. arts. 3º, I, 5º, XXIII, 170, *caput*, da CF).

A busca por uma concretização e uma aplicação razoável, justa e efetiva de dignidade da pessoa humana, devidamente transportada, no sobredito exemplo, para o Direito Civil, revela-se sumamente importante, na medida em que estamos diante de uma expressão vaga e fluída, que caso venha a ser empregada de uma forma simplesmente imposta não alcançará a sua interpretação ótima e a sua promoção efetiva como o primeiro dos direitos fundamentais no Estado Democrático de Direito, bem como poderá levar a abusos e desvios de poder. Daí porque a importância da técnica jurídica pelo jurista.

4. O RESGATE DA TÉCNICA JURÍDICA NA FUNDAMENTAÇÃO ADEQUADA DOS PRONUNCIAMENTOS JUDICIAIS E ADMINISTRATIVOS

A compreensão e o domínio das técnicas jurídicas pelo jurista por ocasião da interpretação (qualificação) do caso concreto[99] coibirá a arbitrariedade das decisões judiciais.

Ao empregar a técnica jurídica, cabe ao jurista a identificação dos fatos jurídicos e o agrupamento das categoriais jurídicas,[100] a fim de assegurar a observância da regra de coerência, imprescindível à condição de justiça do ordenamento jurídico à luz do paradigma neoconstitucional.[101]

---

99. ASCENÇÃO, José de Oliveira. *O direito. introdução e teoria geral*. Uma perspectiva luso-brasileira. Rio de Janeiro: Renovar, 1994, p. 477-478: "A esta apreciação do caso concreto poderíamos designar qualificação. Qualificar é determinar a categoria jurídica em que dada realidade se integra. As partes celebraram um contrato, ajustaram as suas pretensões. Que espécie de contrato é esse? É uma compra e venda? É uma sociedade? Quer as partes o tenham nominado quer não, isto não é definitivo, pois é a lei quem determina qual a qualificação adequada. Não se vão aplicar as regras da locação a um empréstimo só porque as partes lhe chamaram locação. A qualificação oferece em certos casos uma dificuldade particular. (...). Como dissemos, em regra este trabalho de qualificação é necessário e prévio à aplicação da norma ao caso singular. Podemos efetivamente generalizar: há qualificação sempre que se determina o tipo correspondente a uma situação concreta".
100. PASSARELLI, F. Santoro. *Doctrinas Generales de Derecho Civil*. Trad. esp. A. Luna Serrano. Madrid: Editorial Revista de Derecho Privado, 1964, p. 112: "El intérprete debe, por esto, deducir por abstracción de las normas más o menos particulares del Código no sólo la noción general de hecho jurídico sino también la distinta disciplina de los hechos jurídico, según su diversa naturaleza y, consiguientemente, según su distinción en varias categorias. Hay hechos jurídicos previstos e regulados por el Código juntamente con las relaciones que constituyen el objeto de cada uno de los libros de aquel cuerpo legal. A partir de esta vasta y fragmentaria regulación el intérprete procede a la formación de categorias agrupando, según el método acostumbrado, aquellos hechos a los que se aplica una misma disciplina. El procedimiento nos es arbitrario, aunque, como facilmente se entende, a partir de categorias menos amplias se puede llegar a categorias más vastas, a medida que se reduzcan los aspectos particulares de los vários hechos".
101. Sobre o dever de coerência, BOBBIO, Noberto. *Teoria do ordenamento jurídico*. 10. ed. Brasília: Editora Universidade de Brasília, 1999, p. 110 e 113: "Todo o discurso defendido neste capítulo pressupõe que a incompatibilidade entre duas normas seja um mal a ser eliminado e, portanto, pressupõe uma regra de

Sob o enfoque da hermenêutica e da argumentação, penso que a técnica jurídica auxiliará o profissional do direito na justificativa racional do seu discurso decisório,[102] conforme o ordenamento jurídico vigente, propiciando uma solução procedente de uma coerente razão madura resultante, a um só tempo, de uma postura historicista e da prática da experiência jurídica.[103]

Ao discorrer sobre o ordenamento jurídico e seus elementos constitutivos, Miguel Reale assenta, *prima facie*, que "o ordenamento é o sistema de normas jurídicas *in acto*, compreendendo as fontes de direito e todos os seus conteúdos e projeções: é, pois, o sistema das normas em sua concreta realização, abrangendo tanto as regras explícitas como as elaboradas para suprir as lacunas do sistema, bem como as que cobrem os claros deixados ao poder discricionário dos indivíduos (normas negociais)".[104]

---

coerência, que poderia ser formulada assim: 'Num ordenamento jurídico não devem existir antinomias". "A coerência não é condição de validade, mas é sempre condição para a justiça do ordenamento. É evidente que quando duas normas contraditórias são ambas válidas, e pode haver indiferentemente a aplicação de uma ou de outra, conforme o livre-arbítrio daqueles que são chamados a aplicá-las, são violadas duas exigências fundamentais em que se inspiram ou tendem a inspirar-se os ordenamentos jurídicos: a exigência de certeza (que corresponde ao valor da paz ou da ordem) e a exigência de justiça (que corresponde ao valor da igualdade)".

102. CAMARGO, Margarida Maria Lacombe. *Hermenêutica e argumentação*. Uma contribuição ao estudo do direito. 3. ed. Rio de Janeiro: Renovar, 2003, p. 257-258: "Mas a questão principal que norteia nossa tese é a da racionalidade jurídica. Como o direito é pensado? Ou: Como o direito se realiza e pode ser conhecido? A verdade estaria na compreensão do próprio mundo enquanto parte integrante dele. Logo, o acontecer revela-se na consciência do próprio ser. O direito, como produto de relações intersubjetivas, também faz parte desse mundo humano e, por isso, deve ser compreendido na totalidade do ser historicamente referenciado. Sustentamos que a racionalidade características do pensamento jurídico envolve a hermenêutica (compreensão), a argumentação e a interpretação. Primeiro, a apresentação do problema motiva a interpretação, o que significa que uma solução legal deverá ser dada, e, com isso, instaura-se o fenômeno jurídico que é experimentado pelo intérprete. Em função desse problema, o interprete. Em função desse problema, o intérprete raciona juridicamente, o que significa dizer que ele domina a dogmática jurídica: lei, doutrina e jurisprudência. Por outro lado, o intérprete encontra-se inserido e faz parte de uma determinada tradição que lhe informa os valores e as condições em pauta, como pré-compreensão do problema. Daí, a partir do que podemos chamar de um projeto inicial, o intérprete indaga sobre as várias significações possíveis do problema, através de argumentos que constrói, para, finalmente assumir uma posição, isto é, decidir. AMARAL, Francisco. *Direito Civil*. Introdução. 5. ed. Rio de Janeiro: Renovar, 2003, p. 52: "Como efeito desse movimento pós-positivista, passa a ocupar um lugar central na teoria do direito o tema da decisão judicial que, tido como 'fenômeno central e paradigmático do pensamento jurídico, é analisado à luz da sua motivação e de sua justificação racional".
103. CAMARGO, Margarida Maria Lacombe. *Hermenêutica e argumentação*. Uma contribuição ao estudo do direito. 3. ed. Rio de Janeiro: Renovar, 2003, p. 258: "Dessa forma, aproximamos a hermenêutica da tópica e da argumentação: a hermenêutica como método ou orientação de raciocínio, a tópica como mola propulsora e centro de gravidade que garante esse movimento, a argumentação como organização do pensamento, enquanto o discurso corresponde à exteriorização do raciocínio, e a interpretação à fixação da compreensão. Conforme o pensamento gadameriano, cada intérprete tem o seu horizonte, produto da educação, da socialização e da experiência vivida'.
104. REALE, Miguel. *Lições preliminares de direito*. 27. ed. São Paulo: Saraiva, 2006, p. 190.

Os diversos elementos constitutivos do ordenamento, enquanto complexo unitário,[105] revelam a experiência jurídica[106] e articulam-se de forma dinâmica,[107] "conforme a sua maior ou menor complexidade, se expressa mediante categorias, figuras, institutos, instituições sistemas (Sistema de Direito do Direito Civil ou de Direito Constitucional, por exemplo) até o 'ordenamento' como sistema geral".[108]

A experiência jurídica caracterizada pela vivência social que interessa ao direito, na medida em que resulta de "uma concreta experiência de conflitos de interesses que o direito é chamado a disciplinar no exercício de uma das suas mais importantes funções, a de resolver tais problemas, visando garantir a realização dos ideais humanos de ordem, justiça e bem comum. Considera-se assim experiência jurídica, a concepção do direito como experiência da vida social e histórica, que se conhece e explica a partir da vivência, não de categorias lógicas, formais e abstratas. Conhecemos o direito porque o experimentamos, porque o utilizamos para garantir nossos bens e realizar nossos fins, umas vezes; porque o sofremos ao ter que adaptar novos atos a seus preceitos, outras; e porque vivemos sempre".[109]

Na ciência do Direito "a operação pela qual se constitui o objeto deve ser, obviamente, governada pelo método, que, por sua vez, fixará as bases da sistematização da ciência".[110]

---

105. BOBBIO, Noberto. *Teoria do ordenamento jurídico*. 10. ed. Brasília: Editora Universidade de Brasília, 1999, p. 18-19: "A complexidade do ordenamento, sobre a qual chamamos a atenção até agora, não exclui sua unidade. (...) Que seja unitário um ordenamento complexo, deve ser explicado. (...) Essa norma suprema é a norma fundamental. Cada ordenamento tem uma norma fundamental. É essa norma fundamental que dá unidade a todos as outras normas, isto é, faz das normas espalhadas e de várias proveniências um conjunto unitário que pode ser chamado 'ordenamento'. A norma fundamental é o termo unificador das normas que compõem um ordenamento jurídico. (...) Em outras palavras, por mais numerosas que sejam as fontes do direito num ordenamento complexo, tal ordenamento constitui uma unidade pelo fato de que, direta ou indiretamente, com voltas mais ou menos tortuosas, todas as fontes do direito podem ser remontadas a uma única norma".
106. REALE, Miguel. *Lições preliminares de direito*. 27. ed. São Paulo: Saraiva, 2006, p. 183, 309-310: "A análise das diferentes fontes de direito permite-nos completar o estudo da experiência jurídica, a qual é constituída pelas fontes apontadas e suas naturais projeções, dentre as quais sobressaem os modelos jurídicos. (...)Um artigo, inserido no sistema de nosso Direito de Família, por exemplo, não tem sentido igual ao que se lê no Direito de Família chinês, pois cada preceito de lei, além do significado que as palavras expressam, tem o valor que lhe confere a totalidade do ordenamento jurídico. É a razão pela qual afirma-se cada vez mais entre os comparatistas a orientação no sentido de não se contentarem com os signos expressionais das leis, referindo-se às estruturas sociais e históricas que as condicionam. Podemos dizer que prevalece, dia a dia, em uníssono com a compreensão histórico-cultural da experiência jurídica, uma visão mais concreta do Direito Comparado, cada vez menos confundido com a Legislação Comparada".
107. CANARIS, Claus-Wilhelm. *Pensamento sistemático e conceito de sistema na ciência do Direito*. 2. ed. Lisboa: Fundação Calouste Gulbenkian, 1996, p. 66-81.
108. REALE, Miguel. *Lições preliminares de direito*. 27. ed. São Paulo: Saraiva, 2006, p. 191.
109. AMARAL, Francisco. *Direito Civil*. Introdução. 5. ed. Rio de Janeiro: Renovar, 2003, p. 10.
110. DINIZ, Maria Helena. *Compêndio de Introdução à Ciência do Direito*. Introdução à teoria geral do direito, à filosofia do direito, à sociologia jurídica e à lógica jurídica. norma jurídica e aplicação do direito. 19. ed. São Paulo: Saraiva, 2008, p. 22-23: "Realmente, a ciência é o conhecimento de seu objeto e não dos modos de conhecê-lo; ela não conhece seu método; ela apenas o pressupõe e nele tem seu ponto de apoio, por ser ele uma garantia para o pensar científico. Sinteticamente podemos dizer que a ciência é um complexo de enunciados verdadeiros, rigorosamente fundados e demonstrados, com um sentido limitado, dirigido a um determinado objeto. Para que haja ciência, deve haver as seguintes notas; caráter metódico, sistemático, certo, fundamentado ou demonstrado, limitado ou condicionado a um certo setor do objeto. Um conhecimento que não reúna as característica as próprias da investigação científica não é ciência, é matéria opinável, isto é, uma questão de opinião".

Para essa operação, o saudoso Orlando Gomes já ressaltava a importância da técnica jurídica, haja vista que "o Direito realiza-se mediante processos técnicos. Os mais importantes são: a) os conceitos; b) as categorias; c) as construções; d) as ficções; e) as presunções. O conceito é uma abstração, esquematizada para simplificar, que permite, pelo processo de generalização, as construções ou teorias. As categorias são os quadros em que se agrupam, por afinidade, os elementos da vida jurídica. Os principais elementos são: o sujeito, o objeto e o fato jurídico. Correspondem-lhes categorias particulares, que possibilitam classificações. (...) A necessidade de conhecer a técnica do Direito não precisa ser encarecida. Inviável seria a adaptação das regras jurídicas aos casos concretos ou especiais sem o emprego desses meios e processos. Sem eles, o Direito não pode ser realizado. As operações intelectuais em que se informam são, com efeito, indispensáveis à compreensão e aplicação do Direito. A aplicação do Direito se faz passando do geral para o particular. O silogismo é o instrumento do jurista prático. A operação pela qual se põe a espécie sob o império da regra abstrata, denominada subsunção, não é simples, porque, frequentemente, se tornam necessários, para completá-la, sucessivos silogismos".[111]

Quanto aos conceitos, Christian Larroumet ensina que "la elaboración lógica del derecho sólo puede hacerse mediante la abstracción que permite al reagrupar ciertos elementos característicos de una institución, un procedimiento o un instrumento utilizado por el derecho, tener de éstos una ideia muy precisa. Así nació el concepto jurídico, que es la aprehensión por el derecho construido, de un fenómeno, dotándolo de una generalidad que abarca múltiples aplicaciones". (...) El concepto de contrato está dotado de generalidad, ya que responde a múltiples aplicaciones particulares".[112]

Já as categorias é o reagrupamento dos diferentes conceitos em razão de suas afinidades, dos seus pontos comuns. Por isso, as categorias têm um grau de generalidade maior, de modo que "um conceito dotado de uma generalidade mais ampla pode constituir uma categoria por si mesmo".[113]

As categorias jurídicas, segundo Nicolò Lipari, "sono il primo specchio del modo di ragionare dei giuristi e riflettono quella proiezione di se stesso nell´oggetto della propria analisi che probabilmente caractrizza ogni manifestazione del pensiero riflesso, m ache, nel caso della riflessione giuridica, ne rappresenta momento constitutivo, essendo la scienza del diritto caracterizzata da questo continuo e incessante rinvio tra soggtto che analizza e oggetto dell´analisi. Attraverso l´ottica delle categorie la scienza giuridica non solo ragiona sul próprio oggetto e sul modo com cui esse si viene modificando (spesso in via del tutto independente dal mutamento del dato legislativo) con il modificarsi del complessivo contexto sociale, ma finisce anche per ragionare su se stessa e sul próprio ruolo".[114]

---
111. GOMES, Orlando. *Introdução ao Direito Civil*. 19. ed. Rio de Janeiro: Forense, 2007, p. 11.
112. LARROUMET, Christian. *Derecho Civil*. Introducción al estúdio del derecho privado. Primera edición en espanhol, Bogotá/Colômbia: Legis Editores S.A., 2006, p. 90.
113. LARROUMET, Christian. *Derecho Civil*. Introducción al estúdio del derecho privado. Primera edición en espanhol, Bogotá/Colômbia: Legis Editores S.A., 2006, p. 91.
114. LIPARI, Nicolò. *Le Categorie del Diritto Civile*. Milano: Giuffrè Editore, 2013, p. 27-28.

No tocante à ficção jurídica, vale mencionar "o princípio da publicidade dos atos registrais cria uma ficção acerca do conhecimento do fato ou ato jurídico registrado. Não significa que haja um efetivo conhecimento a respeito do fato, mas que a informação está disponível a todos".[115]

A propósito das presunções, cite-se, por exemplo, "a mora presumida. Afora a hipótese da constituição automática da mora, decorrente da aposição em cláusula contratual de termo certo para o pagamento, a interpelação se prescinde em casos nos quais a lei presume o devedor em mora. Fala-se, então, em mora presumida, também denominada irregular".[116]

Além dos *direitos* e *relações jurídicas*,[117] o conteúdo do Direito Civil alberga "as instituições que formam o seu ordenamento jurídico, o seu sistema legal", e, sob o prisma objetivo "compreende as regras sobre *a pessoa, a família e o patrimônio*".[118] E, "no campo do direito civil desenvolve-se um processo de reflexão sobre a pessoa e o conceito de pessoa e de sujeito de direito, e suas implicações no campo dos principais institutos jurídicos, como o da família, da propriedade e do contrato, cujos princípios fundamentais emigraram para a Constituição".[119]

O Superior Tribunal de Justiça (STJ), desde o início da sua atividade judicante após a sua instalação no ano de 1989, prestigia a *técnica jurídica*, a exemplo do julgado no REsp 43.693/RJ, da relatoria do Ministro Luiz Vicente Cernicchiaro, a revelar a seguinte passagem: "Os tipos jurídicos, como categorias lógicas, devem ser analisadas e compreendidas como contexto unitário de elementos. Cada categoria tem seu conteúdo e está teleologicamente orientado".[120]

No ano de 2009, o STJ, por ocasião do julgamento do REsp 1.008.398/SP,[121] enfrentou com argúcia o relevante tema sobre a *pessoa humana*, notadamente acerca do direito

---

115. STJ, REsp 1.541.402/RS, relator Ministro Ricardo Villas Bôas Cueva, Terceira Turma, julgado em 08.10.2019, DJe de 11.10.2019. Confira-se, ainda, o seguinte precedente do STJ acerca da ficção jurídica: "(...) 3. A jurisprudência do STJ já fixou o entendimento de que "a empresa individual é mera ficção jurídica que permite à pessoa natural atuar no mercado com vantagens próprias da pessoa jurídica, sem que a titularidade implique distinção patrimonial entre o empresário individual e a pessoa natural titular da firma individual" (REsp 1.355.000/SP, Rel. Ministro Marco Buzzi, Quarta Turma, julgado em 20.10.2016, DJe 10.11.2016) e de que "o empresário individual responde pelas obrigações adquiridas pela pessoa jurídica, de modo que não há distinção entre pessoa física e jurídica, para os fins de direito, inclusive no tange ao patrimônio de ambos" (AREsp 508.190, Rel. Min. Marco Buzzi, DJe 4/5/2017). 4. Sendo assim, o empresário individual responde pela dívida da firma, sem necessidade de instauração do procedimento de desconsideração da personalidade jurídica (art. 50 do CC/2002 e arts. 133 e 137 do CPC/2015), por ausência de separação patrimonial que justifique esse rito. (...) (STJ, AgInt no AREsp 1.669.328/PR, relator Ministro Herman Benjamin, Segunda Turma, julgado em 21.09.2020, DJe de 1º.10.2020).
116. GOMES, Orlando. *Obrigações*. 12. ed. Rio de Janeiro: Forense, 1998, p. 171.
117. Sobre as categoriais dos direitos subjetivos (direitos absolutos e relativos; direitos reais; deveres, direitos potestativos, direitos pessoais de gozo etc.), confira-se, por todos, TORRENTE, Andrea, SCHLENSINGER, Piero. *Manuale di Diritto Privato*. 19. ed. Milano: Giuffrè Editore, 2009, p. 79-81.
118. AMARAL, Francisco. *Direito Civil*. Introdução. 5. ed. Rio de Janeiro: Renovar, 2003, p. 140.
119. AMARAL, Francisco. *Direito Civil*. Introdução. 5. ed. Rio de Janeiro: Renovar, 2003, p. 53.
120. STJ, REsp 43.693/RJ, relator Ministro Luiz Vicente Cernicchiaro, Sexta Turma, julgado em 15.03.1994, DJ de 30.05.1994, p. 13521.
121. STJ, REsp 1.008.398/SP, relatora Ministra Nancy Andrighi, Terceira Turma, julgado em 15.10.2009, DJe de 18.11.2009.

à alteração do prenome e designativo de sexo por transexual submetido à cirurgia de redesignação sexual, sob o influxo da cláusula geral da dignidade da pessoa humana e da perspectiva dos princípios da *bioética*, de beneficência, de autonomia e de justiça, a fim "de salvaguardar o bem supremo e foco principal do Direito: o ser humano em sua integridade física, psicológica, socioambiental e ético-espiritual". Assim, a relatora Ministra Nancy Andrighi asseverou que "deve, pois, ser facilitada a alteração do estado sexual, de quem já enfrentou tantas dificuldades ao longo da vida, vencendo-se a barreira do preconceito e da intolerância. O Direito não pode fechar os olhos para a realidade social estabelecida, notadamente no que concerne à identidade sexual, cuja realização afeta o mais íntimo aspecto da vida privada da pessoa. E a alteração do designativo de sexo, no registro civil, bem como do prenome do operado, é tão importante quanto a adequação cirúrgica, porquanto é desta um desdobramento, uma decorrência lógica que o Direito deve assegurar. Assegurar ao transexual o exercício pleno de sua verdadeira identidade sexual consolida, sobretudo, o princípio constitucional da dignidade da pessoa humana, cuja tutela consiste em promover o desenvolvimento do ser humano sob todos os aspectos, garantindo que ele não seja desrespeitado tampouco violentado em sua integridade psicofísica. Poderá, dessa forma, o redesignado exercer, em amplitude, seus direitos civis, sem restrições de cunho discriminatório ou de intolerância, alçando sua autonomia privada em patamar de igualdade para com os demais integrantes da vida civil. A liberdade se refletirá na seara doméstica, profissional e social do recorrente, que terá, após longos anos de sofrimentos, constrangimentos, frustrações e dissabores, enfim, uma vida plena e digna. De posicionamentos herméticos, no sentido de não se tolerar imperfeições como a esterilidade ou uma genitália que não se conforma exatamente com os referenciais científicos, e, consequentemente, negar a pretensão do transexual de ter alterado o designativo de sexo e nome, subjaz o perigo de estímulo a uma nova prática de eugenia social, objeto de combate da Bioética, que deve ser igualmente combatida pelo Direito, não se olvidando os horrores provocados pelo holocausto no século passado".

No tocante à *instituição do patrimônio*, o REsp 1.965.982/SP[122] enfrentou, entre outras questões, as seguintes controvérsias: (i) se um fundo de investimento pode sofrer os efeitos da desconsideração da personalidade jurídica; (ii) se estão presentes, na espécie, os pressupostos necessários para a aplicação do referido instituto. O voto do relator Ministro Ricardo Villas Bôas Cueva assentou que "as normas aplicáveis aos fundos de investimento dispõem expressamente que eles são constituídos sob a forma de condomínio, mas nem todos os dispositivos legais que disciplinam os condomínios são indistintamente aplicáveis aos fundos de investimento, sujeitos a regramento específico ditado pela Comissão de Valores Mobiliários (CVM). Embora destituídos de personalidade jurídica, aos fundos de investimento são imputados direitos e deveres, tanto em suas relações internas quanto externas, e, não obstante exercerem suas atividades por intermédio de seu administrador/gestor, os fundos de investimento podem ser titulares, em nome próprio, de direitos e obrigações. O patrimô-

---

122. STJ, REsp 1.965.982/SP, relator Ministro Ricardo Villas Bôas Cueva, Terceira Turma, julgado em 05.04.2022, DJe de 08.04.2022.

nio gerido pelo Fundo de Investimento em Participações (FIP) pertence, em condomínio, a todos os investidores (cotistas), a impedir a responsabilização do fundo por dívida de um único cotista, de modo que, em tese, não poderia a constrição judicial recair sobre todo o patrimônio comum do fundo de investimento por dívidas de um só cotista, ressalvada a penhora da sua cota-parte. A impossibilidade de responsabilização do fundo por dívidas de um único cotista, de obrigatória observância em circunstâncias normais, deve ceder diante da comprovação inequívoca de que a própria constituição do fundo de investimento se deu de forma fraudulenta, como forma de encobrir ilegalidades e ocultar o patrimônio de empresas pertencentes a um mesmo grupo econômico. Comprovado o abuso de direito, caracterizado pelo desvio de finalidade (ato intencional dos sócios com intuito de fraudar terceiros), e/ou confusão patrimonial, é possível desconsiderar a personalidade jurídica de uma empresa para atingir o patrimônio de outras pertencentes ao mesmo grupo econômico.

No que concerne à *instituição jurídica da pessoa (formal)*, a controvérsia o REsp 1.486.478/PR[123] era "acerca da possibilidade de redirecionamento contra os condôminos de uma execução ajuizada por credor do condomínio horizontal". O relator Ministro Paulo de Tarso Sanseverino fixou a distinção entre condomínio horizontal e pessoa jurídica[124] para, então, concluir pela "desnecessidade de aplicação da teoria da desconsideração da personalidade jurídica aos condomínios" e, por conseguinte, pela "possibilidade de redirecionamento da execução em relação aos condôminos após esgotadas as tentativas de constrição de bens do condomínio, em respeito ao princípio da menor onerosidade para o devedor".

Ainda acerca das cadeias de *relações jurídicas* no complexo ambiente virtual, o REsp 1.836.349/SP[125] "a controvérsia posta nos autos cinge-se em saber se a sociedade empresarial que disponibiliza espaço para anúncios virtuais de mercadorias e serviços (no caso, a plataforma "OLX") faz parte da cadeia de consumo e, portanto, deverá ser responsabilizada por eventuais fraudes cometidas pelos usuários". O relator Ministro Marco Aurélio Bellizze assentou em seu voto que "a relação da pessoa com o provedor de busca de mercadorias à venda na internet sujeita-se aos ditames do Código de Defesa do Consumidor, ainda que o serviço prestado seja gratuito, por se tratar de nítida relação de consumo, com lucro, direto ou indireto, do fornecedor. Não obstante a evidente relação de consumo existente, a sociedade recorrida responsável pela plataforma de anúncios

---

123. STJ, REsp 1.486.478/PR, relator Ministro Paulo de Tarso Sanseverino, Terceira Turma, julgado em 05.04.2016, DJe de 28.04.2016.
124. "O condomínio edilício não possui personalidade jurídica, pois foi esse o tratamento jurídico dado pela lei. Além disso, não há interesse social ou econômico relevante que justifique a personalização dos condomínios, uma vez que estes se destinam exclusivamente a atender aos interesses dos condôminos no âmbito restrito da administração e conservação do imóvel".
Em sentido contrário, registre-se a posição do Ministro Marco Aurélio Bellizze: "(...) o ordenamento jurídico reconhece a aptidão do condomínio para ser titular de direitos e obrigações e a capacidade para exercitá-los. Ser 'pessoa' equivale, necessariamente, à atribuição ao menos de um mínimo de subjetividade jurídica. Logo, onde existir titularidade de um direito haverá personalidade e, por via de consequência, capacidade para exercê-los. Se pessoa, à luz do Direito, é o ser a quem se atribui direitos e obrigações, não há como negar que não seja esta a situação jurídica do condomínio".
125. No REsp 1.836.349/SP, relator Ministro Marco Aurélio Bellizze, Terceira Turma, julgado em 21.06.2022, DJe de 24.06.2022.

"OLX", no presente caso, atuou como mera página eletrônica de "classificados", não podendo, portanto, ser responsabilizada pelo descumprimento do contrato eletrônico firmado entre seus usuários ou por eventual fraude cometida, pois não realizou qualquer intermediação dos negócios jurídicos celebrados na respectiva plataforma, visto que as contratações de produtos ou serviços foram realizadas diretamente entre o fornecedor e o consumidor". Por fim, concluiu que "na hipótese, os autores, a pretexto de adquirirem um veículo "0 km", por meio da plataforma online "OLX", efetuaram o depósito de parte do valor na conta de pessoa física desconhecida, sem diligenciar junto à respectiva concessionária acerca da veracidade da transação, circunstância que caracteriza nítida culpa exclusiva da vítima e de terceiros, apta a afastar eventual responsabilidade do fornecedor".

Merece, pois, destaque, o recurso à *técnica jurídica* (categoria) delineada no voto vista da Ministra Nancy Andrighi, senão vejamos: "Para o Marco Civil da Internet, os sites de 'e-commerce' enquadram-se na *categoria dos provedores de conteúdo*, os quais são responsáveis por disponibilizar na rede as informações criadas ou desenvolvidas pelos provedores de informação [...]". "Não se lhes pode impor a responsabilidade de realizar a prévia fiscalização sobre a origem de todos os produtos, por não se tratar de atividade intrínseca ao serviço prestado. Todavia, conforme já decidiu esta Corte, sob a ótica da diligência média que se espera do provedor, é razoável exigir que mantenham condições de identificar cada um de seus anunciantes, a fim de que nenhum ilícito caia no anonimato, sob pena de responsabilização subjetiva por culpa 'in omittendo' [...]". "[...] o disposto no art. 927, parágrafo único, do CC/02, segundo o qual 'haverá obrigação de reparar o dano, independentemente de culpa, nos casos especificados em lei, ou quando a atividade normalmente desenvolvida pelo autor do dano implicar, por sua natureza, risco para os direitos de outrem'. Trata-se de cláusula geral de responsabilidade objetiva, cuja aplicação se restringe às atividades inerentemente geradoras de perigo [...]. [...] 'a intermediação de compras de produtos ou de prestação de serviço realizada pela internet não implica por si só risco para terceiro' [...]. Afinal, o mero fato de serem disponibilizadas mercadorias ou serviços para serem adquiridos on-line não representa um risco para a sociedade".

5. CONCLUSÃO

José Renato Nalini pontifica que "para uma interpretação acurada da lei, o juiz deve conhecer não só o texto da mesma, mas também a sua história, seu objetivo e suas aplicações anteriores".[126]

De fato, a experiência jurídica propiciará, por exemplo, ao magistrado uma melhor percepção das consequências que a sua decisão pode provocar, cumprindo-lhe perquirir um juízo justificado racionalmente, após haver meditado e valorado os argumentos e

---

126. *Cf.* NALINI, José Renato. Ética da Magistratura. *Comentários ao Código de Ética da Magistratura Nacional* – CNJ. 3. ed. São Paulo: Ed. RT, 2012, p. 228-229: "A vida e a experiência ensinam a pessoa a ser prudente. (...) Mesmo que a lei não ofereça a solução, ao juiz é vedado abster-se de julgar. Precisa abster-se de seu acervo pessoal de conhecimento adquirido na experiência, intuição e boa vontade, para outorgar a melhor prestação de que seja capaz. Pois a história espera sempre uma decisão".

contra-argumentos disponíveis (arts. 24 e 25 do Código de Ética de Magistratura do CNJ; arts. 15 e 489 do CPC; arts. 2º, 48 e 50 da Lei 9.784/99).[127]

No contexto das primeiras reflexões alhures, penso que a técnica jurídica revelada na experiência jurídica e na compreensão dinâmica (histórica) do nosso ordenamento jurídico (aberto e móvel) deverá ser um elemento essencial também explicitado na motivação adequada dos pronunciamentos judiciais e administrativos (arts. 37 e 93, IX e X, da CF).[128]

---

127. Código de Ética da Magistratura, Art. 24. O magistrado prudente é o que busca adotar comportamentos e decisões que sejam o resultado de juízo justificado racionalmente, após haver meditado e valorado os argumentos e contra-argumentos disponíveis, à luz do Direito aplicável. Art. 25. Especialmente ao proferir decisões, incumbe ao magistrado atuar de forma cautelosa, atento às consequências que pode provocar.
NALINI, José Renato. *Ética da Magistratura*. Comentários ao Código de Ética da Magistratura Nacional – CNJ. 3. ed. São Paulo: Ed. RT, 2012, p. 226-229: "O juiz não pode perder de vista qual o efeito que sua concreta atuação causará. (...) A racionalidade encontra-se em xeque no mundo contemporâneo. (...) Os argumentos do debate devem ser sopesados à luz do direito. Não apenas à luz da lei. O direito é muito mais abrangente e complexo do que a lei". CPC, Art. 15. Na ausência de normas que regulem processos eleitorais, trabalhistas ou administrativos, as disposições deste Código lhes serão aplicadas supletiva e subsidiariamente. Art. 489. São elementos essenciais da sentença: I – o relatório, que conterá os nomes das partes, a identificação do caso, com a suma do pedido e da contestação, e o registro das principais ocorrências havidas no andamento do processo; II – os fundamentos, em que o juiz analisará as questões de fato e de direito; III – o dispositivo, em que o juiz resolverá as questões principais que as partes lhe submeterem. § 1º Não se considera fundamentada qualquer decisão judicial, seja ela interlocutória, sentença ou acórdão, que: I – se limitar à indicação, à reprodução ou à paráfrase de ato normativo, sem explicar sua relação com a causa ou a questão decidida; II – empregar conceitos jurídicos indeterminados, sem explicar o motivo concreto de sua incidência no caso; III – invocar motivos que se prestariam a justificar qualquer outra decisão; IV – não enfrentar todos os argumentos deduzidos no processo capazes de, em tese, infirmar a conclusão adotada pelo julgador; V – se limitar a invocar precedente ou enunciado de súmula, sem identificar seus fundamentos determinantes nem demonstrar que o caso sob julgamento se ajusta àqueles fundamentos; VI – deixar de seguir enunciado de súmula, jurisprudência ou precedente invocado pela parte, sem demonstrar a existência de distinção no caso em julgamento ou a superação do entendimento. § 2º No caso de colisão entre normas, o juiz deve justificar o objeto e os critérios gerais da ponderação efetuada, enunciando as razões que autorizam a interferência na norma afastada e as premissas fáticas que fundamentam a conclusão. § 3º A decisão judicial deve ser interpretada a partir da conjugação de todos os seus elementos e em conformidade com o princípio da boa-fé. Lei 9.784/99, Art. 2º A Administração Pública obedecerá, dentre outros, aos princípios da legalidade, finalidade, motivação, razoabilidade, proporcionalidade, moralidade, ampla defesa, contraditório, segurança jurídica, interesse público e eficiência. Art. 48. A Administração tem o dever de explicitamente emitir decisão nos processos administrativos e sobre solicitações ou reclamações, em matéria de sua competência. Art. 50. Os atos administrativos deverão ser motivados, com indicação dos fatos e dos fundamentos jurídicos, quando: I – neguem, limitem ou afetem direitos ou interesses; II – imponham ou agravem deveres, encargos ou sanções; III – decidam processos administrativos de concurso ou seleção pública; IV – dispensem ou declarem a inexigibilidade de processo licitatório; V – decidam recursos administrativos; VI – decorram de reexame de ofício; VII – deixem de aplicar jurisprudência firmada sobre questão ou discrepem de pareceres, laudos, propostas e relatórios oficiais; VIII – importem anulação, revogação, suspensão ou convalidação de ato administrativo. § 1º A motivação deve ser explícita, clara e congruente, podendo consistir em declaração de concordância com fundamentos de anteriores pareceres, informações, decisões ou propostas, que, neste caso, serão parte integrante do ato. § 2º Na solução de vários assuntos da mesma natureza, pode ser utilizado meio mecânico que reproduza os fundamentos das decisões, desde que não prejudique direito ou garantia dos interessados. § 3º A motivação das decisões de órgãos colegiados e comissões ou de decisões orais constará da respectiva ata ou de termo escrito.

128. CF, Art. 37. A administração pública direta e indireta de qualquer dos Poderes da União, dos Estados, do Distrito Federal e dos Municípios obedecerá aos princípios de legalidade, impessoalidade, moralidade, publicidade e eficiência e, também, ao seguinte: Art. 93. Lei complementar, de iniciativa do Supremo Tribunal Federal, disporá sobre o Estatuto da Magistratura, observados os seguintes princípios: IX – todos os julgamentos dos órgãos do Poder Judiciário serão públicos, e fundamentadas todas as decisões, sob pena de nulidade, podendo a lei limitar a presença, em determinados atos, às próprias partes e a seus advogados, ou somente a estes, em casos nos quais a preservação do direito à intimidade do interessado no sigilo não prejudique o interesse público à informação; X – as decisões administrativas dos tribunais serão motivadas e em sessão pública, sendo as disciplinares tomadas pelo voto da maioria absoluta de seus membros.

PARTE III
DIREITO DAS FAMÍLIAS, REVOLUÇÃO BIOTECNOLÓGICA E IGUALDADE DE GÊNERO

AS FAMÍLIAS CONTEMPORÂNEAS: MUDANÇAS E PERSPECTIVAS FRENTE AOS AVANÇOS MÉDICOS E BIOTECNOLÓGICOS

Guilherme Calmon Nogueira da Gama

Sumário: 1. Biodireito e nova filiação – 2. Técnicas de reprodução assistida e normas jurídicas – 3. Visão dos conselhos de medicina – 4. Polêmicas no direito brasileiro – 5. Conclusão.

1. BIODIREITO E NOVA FILIAÇÃO

Na atualidade várias questões advindas dos avanços tecnológicos na vida das pessoas não são apenas objeto de preocupação no campo da Bioética. É necessária a formulação de regras dotadas dos atributos da obrigatoriedade, generalidade, coercibilidade e imperatividade, a ensejar o surgimento e o desenvolvimento do Biodireito. A partir do momento em que alguns temas deixam se referir apenas aos centros de pesquisa, aos hospitais e clínicas médicas, aos biocientistas e aos médicos, as preocupações relacionadas à Bioética ocuparam o espaço comunitário, caracterizado pelo pluralismo, interdisciplinaridade, democracia, solidariedade, interessando não apenas as atuais, mas também as futuras gerações.[1] O progresso da Medicina e da Biologia no âmbito das técnicas de reprodução humana assistida e da possibilidade de manipulações genéticas repercutiu claramente nas famílias, alterando vários conceitos no limiar de um novo Direito de Família.[2] Sentiu-se a necessidade da construção do Biodireito para servir de instrumento para o estudo, o debate e a solução de tais questões sob a perspectiva jurídica.

A vigência do Código Civil de 2002 ensejou o início e desenvolvimento de debates acerca de temas nunca antes tratados em textos codificados brasileiros do passado, como os aspectos civis referentes à filiação decorrente do emprego de técnicas de reprodução assistida nas várias modalidades e espécies já conhecidas pela Ciência.

Há ainda, no Brasil, omissão legislativa a respeito de vários temas relacionados à reprodução humana assistida,[3] diversamente do que ocorre em outros países. O Direito brasileiro ainda se ressente do debate interdisciplinar, democrático, pluralista e humanista a respeito de tais questões, como o destino dos embriões excedentários, as técnicas de reprodução assistida "post mortem" e de gestação de substituição, entre outras.

---

1. GAMA, Guilherme Calmon Nogueira da. *A nova filiação*. Rio de Janeiro: Renovar, 2003, p. 55.
2. GAMA, Guilherme Calmon Nogueira da. *Herança legítima* ad tempus. São Paulo: Ed. RT, 2018, p. 26.
3. GAMA, Guilherme Calmon Nogueira da. *Direito civil*: família. São Paulo: Atlas, 2008, p. 350.

Outro dado digno de nota é a insuficiência do modelo tradicional de construção e formulação das normas jurídicas acerca de variados temas, em especial nos aspectos relacionados aos avanços científicos no segmento da vida humana. A técnica regulamentar, por óbvio, não pode mais ser a única considerada nesta atividade legislativa, devendo-se reconhecer a característica da narração como importante no novo modelo de construção das normas jurídicas, na precisa lição de Erik Jayme.[4]

Vários princípios e regras constitucionais constantes do texto brasileiro de 1988 devem ser considerados aplicáveis a vários temas relacionados à biotecnologia. No segmento do Direito de Família e os impactos que os avanços científicos causaram nos temas da paternidade, maternidade e filiação, a metodologia civil-constitucional se afigura como a mais adequada e correta na busca da solução das questões conflituosas que podem surgir.

No segmento da filiação (e, obviamente, da paternidade e da maternidade), é de fundamental importância identificar o projeto parental que o casal (heterossexual ou homossexual) ou que a pessoa sozinha decidiu concretizar. O Estado não pode interferir na decisão do casal – ou mesmo da pessoa sozinha – quanto à titularidade e ao exercício do direito ao planejamento familiar.[5] As técnicas de reprodução assistida cumprem o papel de auxiliar na solução de dificuldades ou impossibilidade de reprodução humana, facilitando o processo reprodutivo quando outras técnicas terapêuticas se revelaram ineficazes ou inapropriadas.[6]

O direito à reprodução humana, com efeito, não é absoluto,[7] aliás como todo e qualquer direito. Seu exercício deve ser feito nos limites impostos pelo ordenamento jurídico, daí a previsão dos princípios da dignidade da pessoa humana e da paternidade responsável no § 7º, do art. 226, da Constituição Federal, bem como do melhor interesse da criança ou do adolescente no art. 227, da mesma Constituição.

O princípio da paternidade responsável é vital no contexto do projeto parental que, por sua vez, encontra sua vocação mais legítima na época do aumento da família com a decisão do casal ter filhos. Nos termos do art. 3º, da Lei 9.263/96, podem ter acesso às técnicas de concepção e de contracepção as pessoas que formam uma família ou uma pessoa sozinha, mas em qualquer dos casos é preciso que se atente para a existência de um projeto parental que se baseie nos princípios constitucionais já referidos.

No Direito de Família sempre foram – e continuam sendo – diversos os estatutos jurídicos da maternidade e da paternidade em razão de circunstâncias e fatores naturais como os fatos jurídicos da gravidez e do parto. Deu-se primazia de regulamentação e

---

4. JAYME, Erik. *Cours general de droit international privé*. *Recueil des cours*. Académie de Droit International, t. 251. The Hague – Boston-London: Martinus Nijhoff Publishers, 1997, p. 36-37.
5. GAMA, Guilherme Calmon Nogueira da. Comentários ao art. 1.565. In: NANNI, Giovanni Ettore (Coord.). *Comentários ao Código Civil*. São Paulo: Saraiva, 2019, p. 1.946.
6. PIMENTA JÚNIOR, José Luiz B. e CAMPINHO, Bernardo. Reflexões sobre a regulamentação da reprodução assistida. *Tribuna do Advogado*. Rio de Janeiro: OAB/Seccional Rio de Janeiro, fev. 2011.
7. GAMA, Guilherme Calmon Nogueira da. *A nova filiação*, cit., p. 714.

maior cuidado ao direito à paternidade em comparação com o direito à maternidade. É vital considerar como os impactos das técnicas de reprodução assistida revolucionaram as estruturas e bases das relações familiares fundadas na noção de parentesco. Com o emprego da técnica da maternidade de substituição, é possível a dissociação entre as situações da mulher que deseja ser mãe e da mulher que se dispõe a gestar o embrião.

O presente artigo tem por objetivo proceder à análise, no campo do Direito, das técnicas de reprodução assistida, notadamente nas relações parentais, buscando identificar como os Conselhos Profissionais de Medicina vêm cuidando do referido tema.

2. TÉCNICAS DE REPRODUÇÃO ASSISTIDA E NORMAS JURÍDICAS

Neste item serão analisados aspectos relacionados às técnicas de reprodução assistida e como o ordenamento jurídico positivo vem tratando o tema no âmbito jurídico. A despeito de várias técnicas de reprodução humana assistida passarem a ser conhecidas e desenvolvidas no território brasileiro há algumas décadas, as normas jurídicas constantes de leis não acompanharam a evolução dos fatos e, por isso, houve uma completa omissão legislativa acerca do tema.

A Constituição Federal de 1988, no art. 226, § 7º, encampou a noção do planejamento familiar como de livre decisão do casal, observados os princípios da dignidade da pessoa humana e da paternidade responsável, ficando vedado às instituições públicas ou privadas qualquer tipo de imposição, coerção ou restrição ao exercício livre e responsável de tal direito.

Em 2002, com a promulgação do Código Civil, houve a preocupação de formular algumas regras jurídicas acerca do tema relacionado à reprodução humana assistida, principalmente no âmbito das questões de Direito de Família.

Assim, o art. 1.565, § 2º, do Código Civil, quase reproduziu o disposto na Constituição Federal (art. 226, § 7º), ao estabelecer que o casal pode livremente exercer responsavelmente o planejamento familiar. Tal regra, por óbvio, não pode ser interpretada de modo restritivo para apenas alcançar as pessoas casadas, a despeito da colocação da matéria no segmento do Livro de Direito de Família que cuida do casamento. A correta interpretação do referido dispositivo deve abarcar também outras entidades familiares que possam ter reconhecida a titularidade do direito ao planejamento familiar, entre as quais se incluem as famílias constituídas pelo companheirismo ("união estável" na expressão empregada pela Constituição – art. 226, § 3º) e, também atualmente,[8] as famílias

---

8. Em razão da propositura da Ação Direta de Inconstitucionalidade (ADI) 4.277-DF, e da Arguição de Descumprimento de Preceito Fundamental (ADPF) 132-RJ, o Supremo Tribunal Federal julgou procedentes os pedidos contidos nas ações constitucionais para dar ao art. 1.723, do Código Civil, interpretação "conforme à Constituição para dele excluir qualquer significado que impeça o reconhecimento da união contínua, pública e duradoura entre pessoas do mesmo sexo como "entidade familiar", entendida esta como sinônimo de "família"" (dispositivo do voto do Relator, Ministro Ayres Britto, que foi acompanhado pelos demais Ministros do STF). E, em 2013, o Conselho Nacional de Justiça editou a Resolução 175, no sentido de determinar aos Cartórios de Registro Civil das Pessoas Naturais que não criem qualquer obstáculo ao procedimento de habilitação para o casamento civil de pessoas do mesmo sexto, reconhecendo a existência também dos casamentos homoafetivos.

formadas por pessoas do mesmo sexo (entidades familiares homossexuais). Cuida-se de adotar a cláusula de maior favorecimento de modo a não considerar inconstitucional a regra do art. 1.565, § 2º, do Código Civil.

De se notar, também, que a Lei 9.263/96 – que regulamentou o § 7º, do art. 226, da Constituição Federal –, ao cuidar dos casais que podem ter acesso às técnicas conceptivas em matéria de reprodução humana, não limitou tal acesso apenas aos casais formalmente unidos via casamento.[9]

Daí haver sido editado o Enunciado 99, na I Jornada de Direito Civil promovida pelo Conselho da Justiça Federal, com o seguinte teor: "O art. 1.565, § 2º, do Código Civil, não é norma destinada apenas às pessoas casadas, mas também aos casais que vivem em companheirismo, nos termos do art. 226, *caput*, §§ 3º e 7º, da Constituição Federal de 1988, e não revogou o disposto na Lei 9.263/96".[10]

Ainda no bojo do Código Civil de 2002, há o importante tema referente à presunção de paternidade do homem casado, constante do art. 1.597, e as técnicas de reprodução humana assistida. Há, pelo menos, questões conflitantes nos incisos III, IV e V, do referido art. 1.597, inclusive sob o aspecto terminológico. Mas tal aspecto não é o mais grave, sendo que houve a previsão da técnica da reprodução assistida "post mortem" no ordenamento jurídico brasileiro.

As modalidades homóloga e heteróloga das técnicas de reprodução humana assistida foram expressamente previstas no art. 1.597, do Código Civil que, como visto, se refere às hipóteses de presunção de paternidade, mas não houve cuidado terminológico a respeito. A correta exegese deve ser no sentido de considerar que os incisos III, IV e V, do art. 1.597, do Código Civil, se referem às técnicas de reprodução assistida homóloga e heteróloga, respectivamente, e não apenas a alguma de suas submodalidades, como são, por exemplo, a inseminação artificial e a fertilização "in vitro".

Relativamente à previsão contida no inciso V, do art. 1.597, do Código, concernente à reprodução assistida heteróloga *a patre* (do lado paterno), é preciso que haja consentimento do marido a que sua esposa receba sêmen do doador no interior do seu corpo (inseminação artificial heteróloga) ou o embrião fruto de fertilização "in vitro" com o emprego do sêmen do doador anônimo. A hipótese, a rigor técnico, não é de presunção, mas sim de certeza de paternidade jurídica do homem casado, eis que não há possibilidade de êxito na ação negatória de paternidade que ele eventualmente promova em face da criança. A paternidade jurídica se constitui desde a época da concepção e início da gravidez em decorrência da reprodução assistida heteróloga (em substituição ao fato jurídico 'relação sexual), já que a vontade manifestada pelo homem casado se insere no projeto de parentalidade, associado ao êxito da técnica conceptiva heteróloga (justamente em observância ao princípio da paternidade responsável). Contudo, ainda que não haja vontade expressamente manifestada pelo marido, e sua esposa tenha acesso às técnicas

---

9. GAMA, Guilherme Calmon Nogueira da. Comentários ao art. 1.565, cit., p. 1.946.
10. AGUIAR JÚNIOR, Ruy Rosado de (Org.). *Jornadas de Direito Civil*. Brasília: CJF, 2007, p. 29.

de reprodução assistida heteróloga durante o casamento, o fundamento da paternidade jurídica do marido consiste na presunção baseada no risco da situação jurídico-familiar em que sustenta tal presunção de paternidade. Daí o Enunciado 104, da I Jornada de Direito Civil do Conselho da Justiça Federal: "No âmbito das técnicas de reprodução assistida envolvendo o emprego de material fecundante de terceiros, o pressuposto fático da relação sexual é substituído pela vontade (ou eventualmente pelo risco da situação jurídica matrimonial) juridicamente qualificada, gerando presunção absoluta ou relativa de paternidade no que tange ao marido da mãe da criança concebida, dependendo da manifestação expressa (ou implícita) da vontade no curso do casamento".[11]

No que tange ao companheiro e a técnica da reprodução assistida heteróloga *a patre*, revela-se fundamental que haja o reconhecimento (voluntário ou judicial) de paternidade após o nascimento da criança em se considerando a manifestação do seu consentimento a que sua companheira tivesse acesso a uma das técnicas conceptivas heterólogas.

O critério do estabelecimento da paternidade no que tange às técnicas de reprodução assistida heteróloga não é o biológico relativamente ao ascendente que não contribui com seus gametas para a reprodução, daí não haver qualquer problema no reconhecimento da paternidade do marido ou do companheiro que não contribuiu com seus espermatozoides para a formação do embrião.

A regra do art. 1.593, do Código Civil, ao admitir o parentesco civil decorrente de outra origem que não a consanguinidade, permite identificar a filiação adotiva, a filiação socioafetiva e a filiação decorrente das técnicas de reprodução assistida heteróloga como geradoras de parentesco civil. E, neste particular, os efeitos do parentesco civil devem ser iguais para ambos os modelos de parentalidade-filiação e de outros vínculos de parentesco. Assim, por exemplo, a regra que estabelece a vinculação do adotado como filho do adotante, desligando-o, juridicamente, dos anteriores vínculos jurídicos de consanguinidade, salvo para fins de impedimento matrimonial, também é aplicável à criança fruto de técnica de reprodução assistida heteróloga, com a nota distintiva de que o doador anônimo do sêmen nunca teve vínculo jurídico de paternidade com a criança eis que, neste caso, a paternidade jurídica é originária (e não superveniente, como ocorre na adoção relativamente ao pai adotante).[12]

Algumas questões polêmicas decorrem do tratamento do tema apenas no segmento da presunção de paternidade do homem casado. Algumas delas podem ser aqui enunciadas: a) não há como considerar que pessoas não casadas, mas que vivam em relacionamento heterossexual ou homossexual, possam ter acesso às técnicas de reprodução assistida? b) em caso positivo, qual deve ser o critério do estabelecimento de paternidade relativamente ao companheiro ou parceiro integrante da entidade familiar constituída com a mãe da criança? c) relativamente à maternidade, é possível que haja reprodução assistida heteróloga do lado materno – com a doação de óvulos –, e a gravi-

---
11. AGUIAR JÚNIOR, Ruy Rosado de (Org.). *Jornadas de Direito Civil*, cit., p. 30.
12. GAMA, Guilherme Calmon Nogueira da. *A nova filiação*, cit., passim.

dez desenvolvida através da técnica da fertilização "in vitro"? d) é absoluta a liberdade de acesso às técnicas de reprodução humana assistida? e) o Direito brasileiro admite a denominada "maternidade de substituição"?

Estas são algumas das questões que podem ser formuladas, no Direito brasileiro, acerca das técnicas de reprodução humana assistida e sua legitimidade no âmbito do exercício do direito ao planejamento familiar.

Revela-se, ainda, importante verificar qual tem sido o posicionamento dos Conselhos Profissionais de Medicina a respeito do emprego das referidas técnicas de reprodução assistida.

3. VISÃO DOS CONSELHOS DE MEDICINA

Devido à circunstância de as técnicas de reprodução humana assistida serem de domínio de certa categoria de profissionais – os médicos –, desde 1992 o Conselho Federal de Medicina passou a editar normas deontológicas a respeito delas. Tais normas são dirigidas aos profissionais de Medicina – sujeitos ao controle, fiscalização e disciplina do Conselho Federal e dos Conselhos Regionais de Medicina – e, desse modo, representam regras de conduta ética dos médicos. A inobservância de tais regras pode configurar a prática de falta disciplinar e, portanto, fazer com que os Conselhos Profissionais atuem no exercício do poder disciplinar (inerente ao poder de polícia administrativo) de modo a apurar fatos ocorridos e, sendo o caso, aplicar sanções administrativas aos profissionais faltosos.

Diante da condição de entidades autárquicas "sui generis" que integram a Administração Pública Federal, o Conselho Federal de Medicina e os Conselhos Regionais de Medicina atraem a competência da justiça federal para as causas em que forem autores, réus ou terceiros interessados (Constituição Federal, art. 109, I). Logo, eventual questionamento acerca da atuação dos Conselhos Profissionais, seja no campo normativo, seja no campo da atuação disciplinar, poderá ser levado ao conhecimento da justiça federal para fins de julgamento do litígio.

O Conselho Federal de Medicina, em 2009, baixou a Resolução 1.931,[13] ao aprovar o Código de Ética Médica (art. 1º), ressalvando a possibilidade de expedir novas resoluções que venham a complementar o referido Código de Ética Médica e facilitar sua aplicação.

Regras do Código de Ética Médica sobre técnicas de reprodução assistida

No bojo do Código de Ética Médica – aprovado pela Resolução 1.931/09 do CFM –, foram introduzidos alguns princípios e regras que se revelam importantes no tema objeto de estudo referente às técnicas de reprodução assistida. Logo no Preâmbulo do referido Código é explicitado o conteúdo da normativa (inciso I): normas que devem

---

13. BRASIL, Conselho Federal de Medicina, Resolução CFM 1.931/2009, publicada no DOU de 24.09.2009, Seção I, p. 90, e retificação publicada no DOU de 13.10.2009, Seção I, p. 173.

ser seguidas pelos médicos no exercício de sua profissão, inclusive nos segmentos do ensino, pesquisa e administração dos serviços de saúde, além de outras atividades em que se utilize o conhecimento advindo da Medicina.

Entre os princípios fundamentais que devem ser observados pelos médicos (Capítulo I do Código de Ética Médica), encontram-se: a) usar o melhor do progresso científico em benefício do paciente (inciso V); b) responsabilizar-se pelos seus atos profissionais em razão da relação de confiança existente (inciso XIX); c) dever aceitar as escolhas dos pacientes quanto aos procedimentos diagnósticos e terapêuticos, desde que adequadas ao caso e cientificamente reconhecidas (inciso XXI).

No campo da responsabilidade profissional do médico, há uma série de regras de comportamentos impostos ou proibidos previstas no Código de Ética Médica. Mas, relativamente às técnicas de reprodução medicamente assistida, devem ser destacadas algumas regras. O art. 15, *caput*, do Capítulo III (Responsabilidade Profissional), proíbe que o médico descumpra legislação específica nos casos de transplantes de órgãos ou de tecidos, *esterilização, fecundação artificial, abortamento, manipulação ou terapia genética*.

E, especificamente acerca das técnicas de reprodução assistida, o art. 15, § 1º, prevê que "a fertilização não deve conduzir sistematicamente à ocorrência de embriões supranumerários", enquanto que o § 2º, estabelece que não podem ser objetivos do acesso às técnicas de reprodução assistida a criação de seres humanos geneticamente modificados, a criação de embriões para fins de investigação e a criação de embriões com a finalidade de escolha de sexo, prática de eugenia ou para dar origem a híbridos ou quimeras. Finalmente, o § 3º, do art. 15, impõe o dever de informação e esclarecimento que o médico tem que cumprir relativamente aos seus pacientes; logo, os pacientes devem ser devidamente esclarecidos sobre o procedimento de procriação medicamente assistida e, em seguida, manifestarem seu consentimento.

O art. 16, do Capítulo III, do Código de Ética Médica, proíbe que o médico intervenha no genoma humano para fins de sua modificação, com exceção da terapia gênica, não sendo admitida qualquer ação em células germinativas que possa resultar na modificação genética dos novos seres humanos.

E, finalmente, o art. 17, do referido Capítulo III, prevê a responsabilidade profissional do médico que deixar de cumprir as normas editadas pelos Conselhos Federal e Regionais de Medicina, bem como de atender às suas requisições administrativas, intimações ou notificações no prazo determinado.

Observa-se, pois, a existência de algumas regras constantes do Código de Ética Médica que tocam, direta ou indiretamente, no tema referente às técnicas de reprodução humana medicamente assistida. Mais adiante será analisada a pertinência de tais regras com o ordenamento jurídico brasileiro.

O antigo Código de Ética Médica havia sido baixado pela Resolução CFM 1.246, publicada no DOU de 26.01.1988 que, assim, foi revogado pelo atual Código de Ética Médica.

Resolução 1.358, de 11.11.1992 (atualmente revogada)

Especificamente a respeito do tema das técnicas de reprodução assistida, o Conselho Federal de Medicina havia editado a Resolução 1.358, de 11.11.1992, introduzindo normas éticas para a utilização das técnicas de reprodução assistida pelos médicos. Tal ato normativo, no entanto, foi revogado pela Resolução 1.957, de 15.12.2010, que entrou em vigor no dia 06.01.2011. Apesar da revogação, é oportuno verificar como era o tratamento da matéria à luz da Resolução 1.358/92.

Dentre os princípios gerais (I), encontravam-se os seguintes: a) obrigatoriedade do consentimento informado – dos pacientes e dos doadores – em documento representado por um formulário especial; b) proibição de seleção de sexo ou de qualquer outra característica biológica, ressalvada apenas a hipótese de se prevenir doença hereditária; c) impossibilidade do número de pré-embriões, a serem transferidos para o corpo feminino, não exceder a quatro por tentativa; d) proibição da redução embrionária.

Quanto aos usuários das técnicas de reprodução assistida (II), ficou expresso que: a) somente poderiam ter acesso às técnicas mulheres capazes, desde que manifestassem consentimento devidamente informadas a respeito das técnicas; b) a aprovação do cônjuge ou companheiro, em se tratando de mulher casada ou companheira.

Relativamente à doação de material fecundante (III), foram estabelecidas as seguintes regras: a) não poderia ter caráter lucrativo ou comercial; b) não era possível a revelação das identidades das pessoas envolvidas; c) manutenção, no registro dos dados clínicos, das características fenotípicas dos doadores; d) evitar que um doador pudesse ter seu material utilizado para fins de geração de mais de duas gestões de crianças, de sexos diferentes, numa área de um milhão de habitantes.

Quanto à criopreservação (congelamento) de gametas ou de pré-embriões (IV), a Resolução 1.358/92 previa que os cônjuges ou companheiros deveriam expressar suas vontades quanto ao destino que deveria ser dado aos gametas ou pré-embriões caso não mais pretendessem utilizá-los.

E, finalmente, a respeito da "gestação de substituição" (V), a Resolução 1.358/92 somente a admitiu quando houvesse um problema médico que impedisse ou contraindicasse a gestação na doadora genética, sendo que as "doadoras temporárias de útero" deveriam pertencer à família da doadora genética, num parentesco até o segundo grau, sendo que os demais casos se sujeitariam à avaliação e autorização do Conselho Regional de Medicina.

Resolução 2.320, de 01.09.2022

Após quase duas décadas de vigência, a Resolução 1.358/92 foi revogada em 06.01.2011 pela Resolução 1.957/10 que adotou normas éticas para a utilização das técnicas de reprodução assistida como deontológicas a serem seguidas pelos médicos, sendo esta sucedida por outros atos normativos até a edição da recente Resolução 2.320/22, que se encontra atualmente em vigor. Devem ser destacadas e analisadas algumas das novas normas constantes da referida Resolução.

A título de princípios gerais (I), a Resolução 2.320/22 reproduziu algumas normas anteriores, tais como (a) a obrigatoriedade do consentimento livre e esclarecido a todos os pacientes submetidos às técnicas da reprodução assistida – inclusive os doadores –, prevendo a formalização da vontade através de um documento de consentimento informado em formulário especial com informação adequada, (b) a impossibilidade de se aplicar as técnicas médicas para o fim de selecionar sexo (sexagem) ou qualquer outra característica biológica da futura criança, salvo para evitar transmissão de doenças ligadas ao sexo do filho que venha a nascer; (c) na hipótese de gravidez múltipla (normalmente em razão da fertilização "in vitro"), a proibição da redução embrionária. Uma das normas, a título de princípios gerais, foi a distinção quanto às idades das mulheres (receptoras dos embriões) e ao número de embriões que podem ser transferidos; (d) a idade máxima de 50 (cinquenta) anos para a mulher que poderá vir a gestar, como regra. Assim, não sendo possível nunca transferir mais do que quatro oócitos e embriões, a Resolução 2.320/22 estabeleceu que, relativamente aos embriões, não se pode transferir mais do que dois embriões quando se tratar de mulher até 37 anos de idade; mais do que três embriões quando ela tiver mais de 37 anos de idade; e em caso de embriões euploides, no máximo de dois embriões independentemente da idade da mulher.

Quanto aos pacientes das técnicas de reprodução assistida (II), a Resolução em vigor reitera que somente pessoas capazes podem ser pacientes e, portanto, receptores das técnicas, desde que haja consentimento informado a respeito das técnicas e de suas consequências. Há expressa previsão de que pessoas em relacionamentos homoafetivos e pessoas sozinhas possam ter acesso às técnicas de reprodução assistida.

A respeito das clínicas, centros ou serviços que apliquem as técnicas de reprodução assistida (III), deve ser mantido um registro permanente das gestações, nascimentos e malformações de fetos ou recém-nascidos decorrentes das referidas técnicas, bem como de procedimentos laboratoriais na manipulação de gametas e embriões. Os registros devem estar disponíveis para fiscalização pelos Conselhos Regionais de Medicina.

Em torno do tema referente à doação de gametas ou embriões (IV), não pode haver qualquer caráter lucrativo ou comercial. Deve haver sigilo sobre a identidade das pessoas envolvidas – doadores e receptores –, salvo quando, por motivação médica, seja necessário fornecimento de informação a outro médico, bem como no caso de doação de gametas ou embriões em favor de pessoa com parentesco até o quarto grau dos futuros genitores. Na região das clínicas, centros ou serviços, deve-se evitar que um doador (ou doadora) possa vir a gerar mais do que uma gestação de criança de sexo diferente numa área de um milhão de habitantes. É admitida a "doação compartilhada de oócitos" em reprodução assistida com a possibilidade de compartilhamento de material biológico e de custos financeiros relativos ao procedimento, o que é de duvidosa constitucionalidade a respeito de certa onerosidade quanto à admissibilidade do compartilhamento do material.

Quanto à criopreservação de gametas ou embriões (V), a Resolução prevê que, no momento do congelamento, os cônjuges ou companheiros devem expressar sua vontade, por escrito, a respeito do destino dos pré-embriões na hipótese de divórcio, doenças graves ou falecimento de um deles ou de ambos, e quando desejam doá-los. É possível que as técnicas sejam empregadas para prevenção e tratamento de doenças genéticas ou hereditárias, sendo que o tempo máximo de desenvolvimento de embriões "in vitro" não pode exceder a quatorze dias.

No que se refere ao diagnóstico genético pré-implantacional de embriões (VI), a Resolução admite sua realização para seleção de embriões submetidos a diagnóstico de alterações genéticas causadoras de doenças para fins de doação em pesquisas ou seu descarte, podendo ser usadas as técnicas de reprodução assistida para tipagem do sistema HLA do embrião com objetivo de verificar sua compatibilidade com irmão afetado por doença e cujo tratamento seja o transplante de células tronco.

Relativamente à "gestação de substituição" (ou doação temporária de útero), mantiveram-se as regras anteriores, ou seja, sua admissibilidade apenas quando houver a identificação de um problema médico que impeça ou contraindique a gestação na doação genética, e que a gestante deve pertencer à família da doadora genética em parentesco até o quarto grau – além de ter um filho vivo –, submetendo-se os demais casos à autorização do Conselho Regional de Medicina. É proibido que a gestação de substituição tenha caráter lucrativo ou comercial, sendo proibida a intermediação da escolha da futura gestante pela clínica.

Há a previsão de item referente à reprodução assistida "post mortem" que, consoante a regra da Resolução 2.320/22, não constitui ilícito ético desde que haja autorização prévia específica do falecido (ou da falecida) para o emprego do material biológico criopreservado em consonância com a legislação em vigor.

4. POLÊMICAS NO DIREITO BRASILEIRO

Uma das principais polêmicas decorrentes das técnicas de reprodução medicamente assistida consiste na reprodução assistida "post mortem". Com base em técnicas de congelamento de gametas e de embriões, atualmente é possível o emprego de tal técnica com base nos avanços científicos e tecnológicos na área da reprodução humana assistida.

E, a esse respeito, surgem alguns questionamentos: a) qual seria a data da concepção da criança, no âmbito da reprodução assistida "post mortem", com embrião excedentário congelado? b) haverá direito à herança em favor da futura criança, ainda que se saiba que há possibilidade de o embrião ficar congelado por vários anos depois da morte do homem ou da mulher que pretendeu procriar? c) haverá direito à pensão previdenciária em favor da futura criança, a despeito dela não existir no momento do óbito do pai?

No âmbito da I Jornada de Direito Civil do Conselho da Justiça Federal, foi editado o Enunciado 106 a respeito da reprodução assistida "post mortem", do seguinte teor: "Para que seja presumida a paternidade do marido falecido, será obrigatório que a mulher, ao se submeter a uma das técnicas de reprodução assistida com o material genético do falecido, esteja na condição de viúva, sendo obrigatória, ainda, a autorização escrita do marido para que se utilize seu material genético após sua morte".[14]

Já tive oportunidade de defender que, no sistema jurídico brasileiro, seria fundamental que se reconhecesse a vedação da reprodução assistida "post mortem" em qualquer hipótese. Tal conclusão decorreria da necessidade de fazer cumprir os princípios da paternidade responsável, da dignidade humana, da igualdade entre os filhos e do melhor interesse da futura criança a nascer. Com efeito, a opção do acesso à técnica "post mortem" de reprodução assistida simplesmente representaria, de acordo com esta visão, o exercício livre e irresponsável do planejamento familiar, desconsiderando por completo os interesses sociais e difusos em torno da temática. A criança tem direito à convivência familiar, e não a apenas ter o nome do falecido pai (ou da falecida mãe) no seu registro civil de nascimento. Da mesma forma, se admitidas algumas das orientações doutrinárias em matéria sucessória, haveria clara violação ao princípio constitucional da igualdade material entre os filhos, pois alguns (já existentes ou nascituros) teriam direito à sucessão hereditária enquanto os filhos fruto da técnica de reprodução assistida "post mortem" não teriam. Seria preciso, também, atentar para o princípio da dignidade humana que envolve a civilização como um todo, e portanto, levar em consideração as futuras gerações, e não apenas as atuais. Este é o principal ponto de distinção entre o princípio da dignidade da pessoa humana e o princípio da dignidade humana, já que neste são considerados aspectos relacionados às futuras e possíveis pessoas humanas quanto aos seus interesses legítimos.

Contudo, tal posicionamento foi alterado em razão de tese defendida no âmbito da Faculdade de Direito da Universidade do Estado do Rio de Janeiro, em raciocínio muito próximo às hipóteses de admissibilidade do emprego das técnicas de reprodução medicamente assistida às pessoas sozinhas.[15] Assim, os limites constitucionais referentes à parentalidade responsável, à dignidade da pessoa que desenvolve o projeto parental depois de falecido seu cônjuge ou companheiro, ao melhor interesse da criança e à dignidade humana da futura criança podem ser considerados atendidos, como ocorre também no caso de pessoa sozinha ter acesso às técnicas reprodutivas. O direito à convivência familiar não pressupõe necessariamente a presença efetiva de ambos os pais jurídicos, eis que é possível que as funções paterna e materna sejam desempenhadas por outras pessoas que não os pais jurídicos da criança.[16]

Assim, em se admitindo a prática da reprodução assistida "post mortem" como legítima e, portanto, constitucional, não há como excluir o parentesco da criança com todos os ascendentes do falecido sem limitação de grau, bem com os descendentes e colaterais do falecido até o terceiro grau. Cuida-se de reconhecer que, atualmente, não há mais a possibilidade do parentesco se restringir aos pais e à criança que eles permitiram que nascesse, em

---

14. AGUIAR JÚNIOR, Ruy Rosado de (Org.). *Jornadas de Direito Civil*, cit., p. 30.
15. Para maior aprofundamento: vide GAMA, Guilherme Calmon Nogueira da. *Herança legítima*... cit., passim.
16. GAMA, Guilherme Calmon Nogueira da. *Herança legítima*... cit., p. 48.

conformidade com o art. 227, § 6º, da Constituição Federal, e o art. 1.596, do Código Civil. No período anterior a 1988, quando ainda estava em vigor o Código Civil de 1916, havia hipótese de parentesco decorrente da adoção que se limitava ao adotante e ao adotado, não abrangendo os parentes do adotante. Daí a restrição do parentesco que se estabelecia em decorrência da adoção. Hoje em dia, com base no princípio da igualdade entre os filhos, é inconstitucional e, portanto, impossível juridicamente qualquer limitação do parentesco mesmo que se trate de filiação decorrente de reprodução assistida "post mortem".

No que se refere aos efeitos patrimoniais no Direito de Família que têm por origem a reprodução assistida "post mortem", algumas questões surgem. Os alimentos, no Direito de Família, visam proporcionar o atendimento às necessidades básicas e sociais das pessoas dos filhos menores, devendo, ainda, incidir regras da Lei 8.069/90 (Estatuto da Criança e do Adolescente) e da Lei 9.263/96 (Lei do Planejamento Familiar). Há, ainda, a possibilidade de se cogitar dos alimentos gravídicos de modo a permitir a gestação, o nascimento e o desenvolvimento sadio da futura pessoa humana. O art. 7º, do ECA, prevê que devem ser planejadas e efetivadas políticas sociais que possibilitem o nascimento e o desenvolvimento sadio e harmonioso da pessoa da criança em condições dignas. Da mesma forma, o art. 8º, do ECA, assegura à gestante o atendimento pré e perinatal, sendo tranquila a possibilidade de ajuizamento da ação de alimentos pelos "futuros" pais ou curador do nascituro (Código Civil, art. 1.779, *caput*).

Ainda a título de efeitos patrimoniais, há a questão referente à sucessão hereditária e, consequentemente, a legitimidade sucessória daquele que poderá vir a se tornar criança em decorrência do emprego da técnica da reprodução assistida "post mortem". Nos termos do art. 1.798, do Código Civil, são considerados legitimados para suceder a pessoa do falecido: a) as pessoas físicas existentes; b) os nascituros, sendo que estes possuem capacidade sucessória passiva condicional. Como deve ser analisada e resolvida, a esse respeito, a situação da criança que vem a ser originada em razão de técnica de reprodução assistida "post mortem"? Neste particular, é importante o registro de que o então projeto do Código Civil foi formulado no final da década de sessenta do século XX, época em que ainda eram incipientes as notícias e os avanços sobre as técnicas de reprodução assistida, em especial da fertilização "in vitro".

Há duas possibilidades para o emprego da técnica da reprodução assistida "post mortem": a) o desenvolvimento do embrião congelado após a morte do homem (marido ou companheiro) ou da mulher (esposa ou companheira); b) a formação e o desenvolvimento de embrião a partir de material fecundante congelado (óvulos e espermatozoides) fornecido pela pessoa que faleceu. Caso se trate da morte da mulher que era casada ou companheira, necessariamente o desenvolvimento do embrião terá que ser conjugado com outra técnica de reprodução medicamente assistida que é a maternidade de substituição (coloquialmente chamada de "barriga de aluguel").

Os princípios da dignidade da pessoa humana, da igualdade entre os filhos e do melhor interesse da futura criança devem ser extremamente considerados para a solução das questões sucessórias relacionadas à técnica da reprodução assistida "post mortem".

O art. 1.799, I, do Código Civil, prevê que, no âmbito da sucessão testamentária, poderá ser instituída, como herdeira ou legatária, prole eventual de pessoa existente por ocasião da morte do testador. Há parcela da doutrina que se vale de tal regra legal para reconhecer, por analogia, a perfeita admissibilidade de observância do prazo de 2 (dois) anos da abertura da sucessão para que haja o desenvolvimento do embrião, de modo a que, quando houver o nascimento com vida da criança, seja-lhe reconhecido o direito sucessório.[17]

Outra corrente doutrinária sustenta que, no sistema jurídico anterior ao Código em vigor, era inadmissível a constituição de vínculo de parentesco entre a criança gerada e o falecido (cujo material genético fora utilizado) sob o fundamento de que a morte extinguiu a personalidade; contudo, diante da regra do art. 1.597, do Código Civil de 2002, tal parcela da doutrina conclui, a contragosto, que o filho do falecido, fruto de técnica de reprodução assistida *post mortem*, terá direito à sucessão como qualquer outro filho, havendo sério problema a ser resolvido quando ocorrer o nascimento da criança depois de já encerrado o inventário e a partilha (ou a adjudicação) dos bens do autor da sucessão.[18]

E, há ainda aqueles que distinguem as duas situações: a) a criança desenvolvida a partir do embrião congelado e, portanto, concebido antes da morte do seu pai – tem direito à sucessão hereditária; b) a criança desenvolvida a partir do sêmen criopreservado antes da morte do seu pai – não tem direito à sucessão hereditária.[19]

Assentada a constitucionalidade e, portanto, a legitimidade da reprodução assistida "post mortem", deve-se considerar que o art. 1.798, do Código Civil, "disse menos do que queria", sendo estendido seu preceito aos casos de embriões já formados e aos futuros embriões formados a partir de material fecundante congelado. A melhor solução deve caminhar no sentido da equiparação da situação da criança gerada por técnica de reprodução assistida "post mortem" à posição do nascituro. E, para tanto, é de se considerar a petição de herança que, no âmbito do Código Civil de 2002, veio expressamente reconhecida, desde que haja observância do prazo prescricional de 10 (dez) anos da abertura da sucessão para que ocorra o desenvolvimento do embrião. Deve-se empregar o processo de integração da norma através da analogia para o fim de reconhecer que a situação é semelhante àquela que envolve um filho havido fora do casamento e não reconhecido em vida pelo falecido. Neste caso, mesmo em se tratando de uma pessoa gerada pelos métodos naturais (i.e., relação sexual entre um homem e uma mulher), tal pessoa terá o prazo prescricional de 10 (dez) anos a partir da abertura da sucessão para propor ação de petição de herança cumulada com investigação de paternidade (ou de maternidade) para o fim de ter assegurada sua participação na sucessão legítima da pessoa falecida.

A única diferença em relação à pessoa nascida, mas não reconhecida, relativamente à hipótese da criança gerada através de reprodução assistida "post mortem", é a

---

17. GOZZO, Débora. *Comentários ao Código Civil brasileiro*. In: ARRUDA ALVIM e ALVIM, Thereza (Coord.). Rio de Janeiro: Forense, 2003, v. XVI, p. 22.
18. CAHALI, Francisco José. *Curso avançado de Direito Civil*. 2. ed. São Paulo: Ed. RT, 2003, v. 6, p. 132.
19. LEITE, Eduardo de Oliveira. *Procriações artificiais e o direito*. São Paulo: Ed. RT, 1995, p. 109-110.

questão referente à não contagem ou suspensão da contagem do prazo prescricional. No caso da reprodução assistida "post mortem", não há como aplicar a regra que prevê a não contagem de prazo prescricional no que tange à pessoa absolutamente incapaz, porquanto é perfeitamente possível que o embrião ou que o material fecundante fique congelado pelo período aproximado de 20 (vinte) anos. E, empregando as normas do sistema jurídico em vigor, pode-se trabalhar com o tema da propriedade *ad tempus* (Código Civil, art. 1.360) para balancear os interesses jurídicos dos outros herdeiros legítimos e dos terceiros adquirentes dos bens deixados pelo falecido, quando cotejados com os interesses do herdeiro póstumo.

5. CONCLUSÃO

Constata-se, pois, que o estudo e preocupação multidisciplinares a respeito dos temas relacionados às técnicas de reprodução assistida se revelam necessários e fundamentais para que o Biodireito possa eficazmente tratar dos temas à luz dos valores e princípios constitucionais que informam o ordenamento jurídico brasileiro. Noções, categorias, classificações, regras, preceitos oriundos da Medicina, da Biologia, da Psicologia, da Sociologia, da Bioética, entre outras áreas do conhecimento humano, devem ser cada vez mais clarificados e analisados sob o enfoque multidisciplinar e, para tanto, o Direito precisa dialogar com tais áreas.

Outro ponto importante a ser considerado na análise da questão referente às técnicas de reprodução assistida, à filiação e aos Conselhos de Medicina, tem a ver com o que se pode denominar a revisita à teoria das fontes das normas jurídicas. Atualmente o Direito Civil Constitucional se revela o marco teórico e a base metodológica para encontrar os caminhos possíveis e as soluções viáveis para questões mais intrincadas e complexas possíveis. Da mesma forma, é preciso revalorizar algumas fontes formais do Direito constantes do art. 4º, da Lei de Introdução às Normas do Direito brasileiro (antiga Lei de Introdução ao Código Civil), como por exemplo os costumes.

A esse respeito, as normas constantes das Resoluções do Conselho Federal de Medicina, desde que não contrariem os princípios e regras constitucionais e legais, podem ser consideradas normas jurídicas (e não apenas normas deontológicas) caso decorram das práticas reiteradas, habituais e repetidas pelos atores principais no segmento profissional relacionado às técnicas de reprodução assistida – ou seja, pelos médicos. Contudo, como visto no trabalho, é de fundamental importância verificar a compatibilidade de tais normas no sistema jurídico-constitucional brasileiro.

Vivencia-se, na atualidade, um novo e renovado Direito de Família e das Sucessões, diante das mudanças verificadas que, obviamente, impactam outras áreas como o Direito Regulatório (em sentido amplo) relacionado à atuação dos Conselhos Profissionais. Não se pode, no entanto, nunca perder de vista a dimensão individual e comunitária da dignidade da pessoa humana que deve servir como valor e referência primordial no debate sobre temas tão importantes na realidade da civilização humana.

REFLEXÕES SOBRE A AUTONOMIA PRIVADA AFETIVA: RUMO AO DIREITO DE FAMÍLIA CONTEMPORÂNEO

Samir Namur

Sumário: 1. Introdução – 2. A família e o direito no Brasil da última década – 3. Autonomia privada para constituir família; 3.1 Efeitos propostos; 3.1.1 Pluralidade de manifestação afetiva nas formas familiares; 3.1.2 Intimidade na vida afetiva; 3.1.3 Despatrimonialização do afeto; 3.1.4 Ausência de modelos jurídicos de família preconcebidos – 4. Conclusão.

1. INTRODUÇÃO

"Autonomia Privada para a Constituição da Família" foi tese de doutorado defendida e aprovada no Programa de Pós-graduação em Direito da Universidade do Estado do Rio de Janeiro (UERJ) em dezembro de 2012.[1] Contou com a honrosa orientação da Professora Heloisa Helena Barboza e banca formada pelo Professores Doutores Guilherme Calmon Nogueira da Gama, Gustavo Tepedino, Luiz Edson Fachin e Silvana Carbonera. Foi o ponto acadêmico de chegada de extensa pesquisa começada ainda na graduação, nos tempos dos primeiros encontros de direito civil dos programas da UFPR e da UERJ, que espalharam para gerações de alunos e pesquisadores o que todos conhecem como a escola do direito civil-constitucional.

Nesse contexto acadêmico e doutrinário, sempre ficou clara uma visão crítica do direito civil e de seus institutos, positivados em uma codificação ultrapassada, que precisava ser relida à luz dos valores e princípios constitucionais. Se, por exemplo, na disciplina contratual se propunha a relativização do clássico *pacta sunt servanda* ou nos direitos reais a função social da posse e da propriedade, era natural que o direito de família se projetasse para uma abordagem que mitigasse o papel preponderante do casamento, antes alçado à forma única de constituição da família. Desse modo, toda uma seara do direito de família surgiu a partir desse ponto, que resultou em diversos temas para a doutrina e muito influenciou a jurisprudência nacional.

Em meados dos anos noventa já se defendia o fim da culpa como causa para a dissolução do casamento,[2] o que ainda seria uma tese simples diante do que viria com a defesa da igualdade entre as formas familiares e da pluralidade de formas para cons-

---

1. Em meados de 2014, também foi publicada, com o mesmo texto. NAMUR, Samir. *Autonomia privada para a constituição da família*. Rio de Janeiro: Lumen Juris, 2014.
2. TEPEDINO, Gustavo. O papel da culpa na separação e no divórcio. *Temas de direito civil*. 2. ed. Rio de Janeiro: Renovar, 2001, p. 349-368.

tituir família. Nessa linha, como fruto do mestrado na UERJ, defendeu-se dissertação em que a conclusão principal foi a de que o casamento não mais ocupava papel central no direito de família.[3]

Assim como contrato e propriedade, o casamento civil foi concebido para a sociedade oitocentista do Código Civil, não sendo mais apto a regular a constituição das famílias de forma plena. O fruto final, então, de contexto, escola e pesquisa, foi a tese de doutorado objeto deste artigo, que, naturalmente, propõe uma teoria do direito de família pautada na liberdade para constituí-la.

2. A FAMÍLIA E O DIREITO NO BRASIL DA ÚLTIMA DÉCADA

Passados dez anos da defesa da tese a que se propõe releitura, é possível afirmar que não é positivo o balanço da evolução do direito de família e mesmo de como a sociedade brasileira enxerga a família. Um futuro alvissareiro foi ocupado pela evolução do conservadorismo e da chamada pauta de costumes, em um Brasil que bate recordes de feminicídios,[4] mortes por homofobia[5] e transfobia.[6] Há, portanto, um claro impasse social (do qual o direito não é imune), em que se contrapõem dois lados: o da diversidade para manifestação sexual (pressuposto e origem das mais diversas formações familiares) e o da intolerância.

O papel ocupado pelo casamento também é influenciado por esse impasse, com avanços e retrocessos. Desde o reconhecimento dos casamentos civis entre pessoas do mesmo sexo em 2013, até o recente surgimento de plataforma para realização de divórcio online que, na pandemia do coronavírus, atingiu os patamares mais altos já registrados.[7]

No âmbito jurídico, é muito clara a linha de argumentação técnica para defender soluções progressistas para a formação familiar. O ponto de partida é a interpretação sistemática do direito de família pela Constituição. Esse é postulado que reflete a própria noção de segurança jurídica do ordenamento.[8] Vale dizer, só há segurança jurídica com a obediência a hierarquia existente no sistema, que tem os princípios constitucionais como normas superiores.[9]

---

3. Trabalho que também foi publicado. NAMUR, Samir. *A desconstrução da preponderância do discurso jurídico do casamento no direito de família*. Rio de Janeiro: Renovar, 2009.
4. Disponível em: https://noticias.r7.com/brasil/brasil-quatro-mulheres-sao-vitimas-de-feminicidio-por-dia-11122021. Acesso em: 08 jun. 2022.
5. Disponível em: https://www12.senado.leg.br/radio/1/noticia/2018/05/16/brasil-e-o-pais-que-mais-mata-homossexuais-no-mundo Acesso em: 08 jun. 2022.
6. Disponível em: https://exame.com/brasil/pelo-12o-ano-consecutivo-brasil-e-pais-que-mais-mata-transexuais-no-mundo/ Acesso em: 08 jun. 2022.
7. Disponível em: https://agenciabrasil.ebc.com.br/geral/noticia/2022-04/divorcios-no-brasil-atingem-recorde-com-80573-atos-em-2021. Acesso em: 08 jun. 2022.
8. TEPEDINO, Gustavo. *Pós-verdades hermenêuticas e o princípio da segurança jurídica*. Disponível em: https://www.oabrj.org.br/colunistas/gustavo-tepedino/pos-verdades-hermeneuticas-principio-seguranca-juridica. Acesso em: 06 jun. 2022.
9. PERLINGIERI, Pietro. *O direito civil na legalidade constitucional*. Rio de Janeiro: Renovar, 2008, p. 569-580.

Nada disso impede que se reconheça que, mesmo em alguns pontos, houve timidez no texto constitucional em 1988, que se avançou ao reconhecer princípios de dignidade, igualdade e liberdade (que se aplicam diretamente ao direito de família), bem como a união estável, retrocedeu ao determinar que a lei deveria facilitar a sua conversão em casamento (artigo 226, 3º), claudicando ante a igualdade entre as formas de família que se infere de todo o conjunto de princípios constitucionais. Isso revela como, ao longo das últimas décadas, doutrina e jurisprudência exerceram tarefa fundamental ao interpretar o direito de família, o que foi especialmente importante diante do surgimento de um Código Civil, em 2002, que não incorporava essa "nova ordem familiar assentada no texto constitucional".[10]

A interpretação e aplicação da Constituição por doutrina e jurisprudência acarretaram o abandono de uma família que tinha hierarquia (masculina e paterna), religião (católica) e função econômica de proteção patrimonial.[11] Como consequência, consagrou-se a defesa jurídica da chamada família eudemonista, funcionalizada à dignidade de seus membros e não mais à reprodução de valores culturais, éticos, religiosos e econômicos. Um aspecto de privatização da família ou mesmo um espaço de autonomia privada protegida e garantida pelo direito (nos moldes do que Stefano Rodotà identificou como "espaços de não direito"[12]), em que o afeto adquire valor jurídico, como expressão da escolha que reflete os anseios, realizações, aspirações e felicidade do indivíduo.

No entanto, importante registrar que o direito de família também é composto por toda uma seara de relações com situações jurídicas subjetivas em que há vulnerabilidade e desigualdade, ligadas à filiação, em que o tratamento é distinto. Liberdade e igualdade cedem lugar ao melhor interesse do menor. Não foram, todavia, objeto da pesquisa aqui aludida.

Muito embora muitas vezes não pareça, a defesa da autonomia, dignidade e proteção dos membros da família e não dela como instituição superior, com valores extrínsecos, é relativamente antiga.[13] Como mencionado, ela foi ganhando corpo ao longo das últimas décadas, possibilitando, inclusive, que a doutrina mais atual faça referência objetiva a diversas formas distintas de família, tais como a família matrimonial, informal, monoparental, anaparental, reconstituída, paralela, poliafetiva, substituta e homoafetiva.[14] Trata-se, portanto, do conceito de família como temática central (ou mesmo da ausência de um conceito prévio), corolário da diversidade do comportamento humano para constituir as suas relações afetivas e familiares, aspecto que deve ser apreendido pelo direito.

---

10. BARBOZA, Heloisa Helena; ALMEIDA, Vitor. A disciplina dos direito das famílias e das sucessões no Código Civil de 2002: reflexões à luz dos princípios constitucionais. In: BARBOZA; Heloisa Helena. *20 anos do código civil* – perspectivas presentes e futuras. Rio de Janeiro: Processo. 2022, p. 502.
11. TEPEDINO, Gustavo; TEIXEIRA, Ana Carolina Brochado. *Fundamentos do direito civil*: direito de família. 2. ed. Rio de Janeiro: Forense, 2021, p. 2-11.
12. RODOTÀ, Stefano. *La vita e le regole*: tra diritto e non diritto. 3. ed. Milano, Feltrinelli, 2006.
13. VILLELA, João Baptista. *Liberdade e família*. Belo Horizonte: *Revista da Faculdade de Direito da UFMG*, 1980.
14. MADALENO, Rolf. *Manual de direito de família*. 3. ed. Rio de Janeiro: Forense.

Qualquer rol de famílias sempre será necessariamente exemplificativo e, por isso mesmo, mais bem regulamentado por meio das cláusulas gerais, característica central do direito contemporâneo e da evolução da técnica legislativa, que deixa ao intérprete (juiz e doutrina) a possibilidade de adaptar a norma à situação de fato.[15] Mesmo o ultrapassado Código Civil de 2002, ao definir a união estável (artigo 1723), já utilizou uma cláusula geral, estabelecendo que o cerne dessa forma familiar é o "objetivo de constituição de família", o que acompanha a essência dessa tese: existe família sempre que houver a identificação de comportamentos que refletem esse objetivo de constituí-la.

3. AUTONOMIA PRIVADA PARA CONSTITUIR FAMÍLIA

Não há abordagem adequada para a família como fenômeno que não tenha a sociologia como pressuposto, pois é preciso compreender como, muito antes que o direito incida, como as pessoas manifestam a sua sexualidade, criam seus relacionamentos e, como consequência de um, outro ou ambos, formam as suas famílias. Antes de qualquer autoridade oficial, a própria moralidade trata de estabelecer padrões de conduta, que em muitos momentos também foram modelos para o direito. Entretanto, nos tempos atuais, de uma sociedade complexa e em que cada indivíduo é único, não se pode aceitar que padrões de comportamento selecionem o que é adequando e o que não é.[16] É verdade que certos modelos de relação ainda são majoritariamente adotados, muito por suscetibilidade das pessoas às tradições, costumes (morais, religiosos e jurídicos) e ao peso enorme da economia de mercado na vida cotidiana. Há satisfação em adotar o comportamento hegemônico, sensação de identidade,[17] sempre acompanhado de um sistema simbólico, com sua roupagem filosófica, religiosa e jurídica, que mobiliza e confirma as ações em torno de uma visão de mundo.[18]

Evidentemente, o principal exemplo para a pesquisa é o casamento. Tanto no âmbito estatal, quanto religioso, a imensa maioria das pessoas adota ou pretende adotar esse costume, mesmo sendo desnecessário para a manifestação do afeto e formação da família. Uma vez instituído como tradição, a sua vestimenta religiosa e política o institui também como símbolo de fácil adoção e aceitação para a formação familiar. Isso explica por que quase todos casam e, igualmente, por que os defensores da diversidade familiar é que são vistos como socialmente diferentes e não o contrário. Um bom paralelo pode ser feito com a família formada informalmente, que apenas é admitida pelos consensos morais (e, posteriormente, jurídicos) na medida em que se assemelha ao casamento. De fato, a união estável é igual ao casamento civil, apenas excluída a formalização cartorial.

A moral começa ensinando às crianças, em casa, na escola e na TV, que o casamento é o modelo principal/correto de família. Noção que é fortalecida pois as crianças não têm

---

15. PERLINGIERI, Pietro. *O direito civil na legalidade constitucional*. Rio de Janeiro: Renovar, 2008, p. 237-240.
16. BAUMAN, Zygmunt. *A sociedade individualizada*: vidas contadas e histórias vividas. Rio de Janeiro: Zahar, 2008, p 219-221.
17. ELIAS, Norbert. *Envolvimento e alienação*. Rio de Janeiro: Bertrand Brasil, 1998, p. 18-19.
18. BOURDIEU, Pierre. *O poder simbólico*. 13. ed. Rio de Janeiro: Bertrand Brasil, 2010, p. 10-14.

conhecimento e entendimento para refutar essa autoridade. Na vida adulta, essa moral passa por fase de associação: ela é definida pelos padrões apropriados pelo indivíduo nos diversos grupos a que pertence, participa e carece de aprovação (família, escola, bairro, amigos etc.). O bom aluno, colega, esportista, amigo, esposa, marido é aquele que se comporta conforme o padrão e, portanto, é admirado; sensação psicológica que se conecta a sentimentos de bem-estar, boa vontade, excelência, fidelidade, confiança, integridade.

Desse modo, aqueles que não se adaptam a esse mapa cognitivo, moral e estético são rotulados como estranhos (mesmo que cada vez mais em maior número). Essas regras podem ser explícitas em doutrinas coerentes e diretas ou mesmo difusas em jogos complexos disfarçados. O somatório disso é o que se entende por moral, ou seja, o comportamento do indivíduo de acordo com essas regras e valores.[19]

O principal instrumento da moral foi o Estado moderno, que por meio do direito delineou o que a ordem devia parecer, com força e arrogância suficientes para proclamar que o contrário seria a desordem, o caos e obrigando a todos a viver na ordem. Estratégia um tanto antropofágica, pois visava a aniquilar os estranhos, devorando-os e transformando-os para que assimilassem essa ordem: transformar a diferença em semelhança, conformidade. De um lado a modernidade impôs padrões economicamente necessários, de outro culpa por descumpri-los[20] (inevitável não remeter à culpa pela separação, por tanto tempo vigente e aplicável em nosso ordenamento jurídico).

Foram nas codificações do século XIX e XX que esse modelo se consagrou: um sistema jurídico que se propunha total, tendente à completude e à perpetuidade. No Código Civil a regulação de toda a vida privada, que, no caso da família, correspondia à regra do casamento como forma única para a sua constituição. Casamento e família eram sinônimos, dada a necessidade de previsibilidade econômica da atividade humana como principal preocupação do direito.[21]

Na chamada pós-modernidade, acrescenta-se um corpo social caracterizado pela lógica incessante de sedução, renovação permanente e diferenciação marginal, todas ligadas ao consumismo globalizado. Mais de duas décadas depois do conceito cunhado por Bauman, as relações por mídias sociais o reforçam. No entanto, o momento atual também é de um hedonismo extremo, que faz com que cada um haja e consuma para sentir prazer imediato e individual.

Cabe ao direito julgar, quanto à sexualidade e família, esses comportamentos, determinando quais podem produzir efeitos e quais não? A resposta é simples. Incialmente, o direito é fenômeno posterior, cabendo a ele reconhecer o que já existe como família na sociedade. Mesmo que tenha tentado, desde a modernidade, o direito não conseguiu moldar aquilo que pretendia que fosse família (o casamento e aquilo que a

---

19. FOCAULT, Michel. *História da sexualidade II*: o uso dos prazeres. Rio de Janeiro: Edições Graal, 1984, p. 33-34.
20. BAUMAN, Zygmunt. *O mal-estar da pós-modernidade*. Rio de Janeiro: Zahar, 1998, p. 27-29 e 110.
21. RODOTÀ, Stefano. *La vita e le regole*: tra diritto e non diritto. 3. ed. Milano, Feltrinelli, 2006, p. 44.

ele se assemelhasse). Mesmo que à margem (do direito, mas também da moral), as pessoas sempre formaram famílias das mais diversas formas (mesmo sexo, poligâmicas, anaparentais, entre outras).

Ao reconhecer o que é família, jamais cabe ao direito impor, por meio de modelos preestabelecidos, que certos relacionamentos são família e outros não, pois a escolha cabe aos indivíduos. Se está patente que não é função do direito simplesmente reconhecer os modelos que a moralidade impõe, ousa-se, como consequência, defender que é dever do direito contemporâneo, em sua função transformadora, justamente quebrar esses pré-conceitos de sexualidade e família, reconhecendo e estimulando aquilo que é minoritário. Por meio de singelas cláusulas gerais, definir que há família quando houver o objetivo de constituí-la.

Essa proposição está em completa consonância com um sistema jurídico que, atualmente, tem centralidade na Constituição e a incidência dos princípios constitucionais sobre as regras de direito privado. Esses princípios são normas jurídicas com função normativa, interpretativa e superioridade hierárquica (mais que meros objetivos a serem seguidos ou políticas públicas[22]) e, portanto, com imposição sobre normas inferiores e qualquer relação jurídica concreta (garantindo-se, assim, a coerência valorativa do sistema jurídico, por meio dos valores fundamentais que foram escolhidos para a vida em uma sociedade que se pretende republicana e democrática[23]). Desse modo, cada disposição infraconstitucional deve ser interpretada e aplicada com a finalidade de realizar de forma mais ampla o princípio constitucional que rege a matéria em questão.[24]

No direito de família que regula a sua formação por pessoas adultas, isto é, aquilo que se denomina de "formas de constituição de família", são diretamente aplicáveis os princípios da igualdade e da liberdade para constituir família. Toma-se como pressuposto que as relações de família são caracterizadas por duas espécies distintas de situações jurídicas subjetivas, com perfis distintos. De um lado, relações de pessoas que, com discernimento para tal, manifestam a sua autonomia privada afetiva para constituir famílias. De outro, adultos se relacionando com crianças e adolescentes e situações ligadas à criação, educação, sustento (tudo que engloba a filiação e autoridade parental).

A esses grupos correspondem princípios constitucionais diferentes, com lógicas e operações diversas. Para o segundo grupo, o princípio do melhor interesse da criança; para o primeiro, objeto de análise da pesquisa, os princípios da igualdade e liberdade. Na medida em que a autonomia privada corresponde à chancela legal para a autorregulamentação de interesses privados, a autonomia privada afetiva nada mais é do que a possibilidade de escolha sobre que forma familiar adotar, dentro da estruturação fornecida pela principiologia constitucional, campo em que há clara natureza privada

---

22. DWORKIN, Ronald. *Levando os direitos a sério*. 2. ed. São Paulo: Martins Fontes, 2007, p. 36.
23. MORAES, Maria Celina Bodin de. Perspectivas a partir do direito civil-constitucional. In: TEPEDINO, Gustavo (Org.). *Direito civil contemporâneo*: novos problemas à luz da legalidade constitucional: anais do Congresso Internacional de Direito Civil-Constitucional da Cidade do Rio de Janeiro. São Paulo: Atlas, 2008, p. 339.
24. BARCELLOS, Ana Paula de. *A eficácia jurídica dos princípios constitucionais*: o princípio da dignidade da pessoa humana. 3. ed. Rio de Janeiro: Renovar, 2011, p. 110.

(relações pessoais, coerentes com a realização da pessoa humana e de sua dignidade no ambiente familiar[25]).

A defesa de um espaço de não direito coincide com a conceituação dos dois princípios: o igual merecimento de tutela das formas familiares (princípio da igualdade) e a proteção da autonomia de escolha (princípio da liberdade). Cabe ao direito apenas o reconhecimento de que deve proteger e não discriminar a escolha do indivíduo.

Nessa seara, também é importante abordar a discussão técnica em torno do chamado princípio da afetividade, eventual origem legal e efeitos. Defende-se a inexistência de um princípio autônomo, que seja conceitualmente distinto da liberdade para constituir família. Afeto é conceito e essência da família (eudemonista) e não conteúdo ou definição de norma jurídica constitucional, mesmo que implícita. Isso jamais refuta a sua imprescindibilidade, mas apenas reforça um critério de rigor técnico. Defender a proteção jurídica do afeto em suas mais variadas formas corresponde diretamente a interpretar o direito de família à luz do princípio da liberdade para constituí-la. Isso sem embargo da confusão que a defesa do afeto como princípio pode causar, haja vista que o cerne jurídico da família não é o sentimento, mas sim a verificação de elementos objetivamente reconhecíveis que atestem a intenção de constituir família.

3.1 Efeitos propostos

A tese de doutorado aqui relembrada, além de uma série de pressupostos de ordem teórica, propôs quatro principais aplicações práticas, aptas a resolver diversos problemas jurídicos relevantes das relações de conjugalidade, em efetiva reformulação da regulação jurídica da constituição da família. Elas receberam os seguintes títulos: a) Pluralidade de manifestação afetiva nas formas familiares; b) Intimidade na vida afetiva; c) Despatrimonialização do afeto; d) Ausência de modelos jurídicos de família preconcebidos.

3.1.1 Pluralidade de manifestação afetiva nas formas familiares

Decorrência direta do princípio constitucional da liberdade para constituir família, trata-se como pilar fundamental do direito de família a infungibilidade de modelos para constituí-la. Para além de casamento e união estável, outros arranjos ganham juridicidade e, portanto, efeitos jurídicos concretos (tais como divisão patrimonial na dissolução, sucessão dos bens, possibilidade de filiação). Seus principais exemplos são as formas anaparentais de arranjos familiares (aquelas formadas para cooperação e sem vínculo sexual, por exemplo entre irmãos) e, principalmente os arranjos não monogâmicos, inseridos ou não no mesmo núcleo familiar.

Esta segunda temática ainda é bastante polêmica, especialmente na jurisprudência do STF, com avanços e retrocessos ao longo da última década. É mais aceita pela dou-

---

25. LÔBO, Paulo. *Direito civil*. Famílias. 2. ed. São Paulo: Saraiva, 2009, p. 25-26.

trina, diante da defesa de um direito de família mínimo e privatizado,[26] porém ainda sofre com o conservadorismo do judiciário, seja pela proibição do CNJ de os cartórios registrarem uniões poliafetivas[27] ou mesmo pela decisão do STF, em repercussão geral, de negar efeitos jurídicos, inclusive previdenciários, para as relações de simultaneidade.[28]

Não se olvide, nessa linha, da tentativa de emplacar a boa-fé para atribuição de efeitos jurídicos para a relações poligâmicas, posição que a tese refutou, discordando da utilização de posições jurídicas próprias das relações contratuais (probidade, lealdade etc.) para uma relação que é, evidentemente, existencial e, portanto, sujeita sempre a subjetividade dos indivíduos que escolhem por ela. Vale dizer, o simples conhecimento de outra relação anterior não pode justificar a ausência de efeitos jurídicos.[29]

Por fim, na seara da pluralidade de formas familiares, também se coloca a questão da incidência do princípio constitucional da igualdade, haja vista que a escolha familiar não pode ser objeto de descriminação jurídica. Tema mais aceito por doutrina e jurisprudência, teve como principal exemplo o estabelecimento da igualdade sucessória entre casamento e união estável, hoje pacificada.[30] Portanto, é possível afirmar que a

---

26. TEPEDINO, Gustavo; TEIXEIRA, Ana Carolina Brochado. *Fundamentos do direito civil*: direito de família. 2. ed. Rio de Janeiro: Forense, 2021, p. 27-28.
27. Notícia "Cartórios são proibidos de fazer escrituras públicas de relações poliafetivas". Disponível em: https://www.cnj.jus.br/cartorios-sao-proibidos-de-fazer-escrituras-publicas-de-relacoes-poliafetivas/. Acesso em: 17 mar. 2021.
28. STF, Tribunal Pleno, REsp 1287143, Rel. Min. Dias Toffoli, julg. 21.10.2020, publ. DJ 23.10.2020. "Apelação cível. Direito de família. União estável paralela ao casamento. Reconhecimento. Impedimento matrimonial. Art. 1.521, vi, do código civil. Sentença reformada. I. Para o reconhecimento da união estável não basta, apenas, a comprovação da convivência pública e notória, com o intuito de constituição de família, é imprescindível inexistir impedimentos matrimoniais (Art. 1.521, VI, do CC). II. No direito pátrio, a monogamia constitui princípio basilar para o reconhecimento matrimonial, não podendo ser declarada a união estável quando a pessoa for casada e mantiver vida conjugal com a esposa, sem que estejam separados de fato ou juridicamente ou quando viver maritalmente com outra pessoa, pois os efeitos matrimoniais alcançam a união estável." Sustenta a recorrente, nas razões do apelo extremo, violação do artigo 226 da Constituição Federal. Decido. A irresignação não merece prosperar, haja vista que a discussão acerca do reconhecimento de união estável ocorrida concomitantemente com o casamento. STF, Tribunal Pleno, REsp 1045273, Rel. Min. Alexandre de Moraes, julg. 18.12.2020, ainda não publicado. Decisão: O Tribunal, por maioria, apreciando o Tema 529 da repercussão geral, negou provimento ao recurso extraordinário, nos termos do voto do Relator, vencidos os Ministros Edson Fachin, Roberto Barroso, Rosa Weber, Cármen Lúcia e Marco Aurélio. Em seguida, foi fixada a seguinte tese: "A preexistência de casamento ou de união estável de um dos conviventes, ressalvada a exceção do artigo 1.723, § 1º, do Código Civil, impede o reconhecimento de novo vínculo referente ao mesmo período, inclusive para fins previdenciários, em virtude da consagração do dever de fidelidade e da monogamia pelo ordenamento jurídico-constitucional brasileiro".
29. NAMUR, Samir; KLEIN, Vinicius. A boa-fé objetiva e as relações familiares. In: TEPEDINO, Gustavo; FACHIN, Luiz Edson. *Diálogos sobre direito civil*. Rio de Janeiro: Renovar, 2012, v. III, p. 355-372.
30. STF, Tribunal Pleno, REsp 646721, Rel. Min. Marco Aurélio Mello, julg. 10.05.2017, publ. DJ 11.09.2017. Ementa: Direito constitucional e civil. Recurso extraordinário. Repercussão geral. Aplicação do artigo 1.790 do Código Civil à sucessão em união estável homoafetiva. Inconstitucionalidade da distinção de regime sucessório entre cônjuges e companheiros. 1. A Constituição brasileira contempla diferentes formas de família legítima, além da que resulta do casamento. Nesse rol incluem-se as famílias formadas mediante união estável, hetero ou homoafetivas. O STF já reconheceu a "inexistência de hierarquia ou diferença de qualidade jurídica entre as duas formas de constituição de um novo e autonomizado núcleo doméstico", aplicando-se a união estável entre pessoas do mesmo sexo as mesmas regras e mesas consequências da união estável heteroafetiva (ADI 4277 e ADPF 132, Rel. Min. Ayres Britto, j. 05.05.2011) 2. Não é legítimo desequiparar, para fins sucessórios, os cônjuges e os companheiros, isto é, a família formada pelo casamento e a formada por união estável. Tal

inexistência de hierarquia entre as entidades familiares, reconhecida pela Constituição, implica igualdade de direitos existenciais e patrimoniais entre casamento e união estável (naquilo em que suas naturezas jurídicas forem compatíveis).[31]

3.1.2 Intimidade na vida afetiva

A segunda proposição consistiu na defesa de que ao direito de família não cabe interferir na intimidade para impor deveres de conduta aos integrantes da família em relações de igualdade. Por evidente, não se está a admitir qualquer chancela para nenhuma espécie de violência doméstica (ocupações do direito penal) ou mesmo abusos no exercício da autoridade parental (que tem enfoque jurídico completamente distinto, haja vista a aplicação do melhor interesse sobre uma relação desigual, entre mãe/pai e filho).

Esse espaço conjugal de intimidade remete àquilo que o direito civil clássico chamou, no Código Civil, de "deveres conjugais", principalmente um dever de fidelidade. Há intensa conexão com a liberdade para escolher a forma familiar, haja vista que esse dever clássico de fidelidade, se juridicamente exigível, impossibilitaria formas não monogâmicas de família. Assim sendo, a segunda conclusão: no âmbito das relações de família, quem decide como será a vida íntima (com ou sem fidelidade, com ou sem monogamia, com ou sem relações sexuais) são as próprias pessoas, cabendo ao direito meramente reconhecer esse espaço de decisão. Do ponto de vista prático, não cabe, portanto, sanção decorrente da lei (via responsabildiade civil ou mesmo na dissolução da família) para supostos descumprimentos desses deveres, tal como a infelidade conjugal, salvo pactuação contratual específica.

3.1.3 Despatrimonialização do afeto

Partindo-se da distinção entre situações jurídicas subjetivas existenciais e patrimoniais, a constituição de uma relação familiar de conjugalidade se enquadra como existencial (manifestação da autonomia privada afetiva), ainda que tenha evidente repercussão patrimonial, pois é comum o surgimento de patrimônio em comum. No entanto, não há por que estabelecer isso como regra. Cabe ao direito de família regulamentar a criação e convivência em família (por meio de cláusulas gerais) e não antecipar

---

hierarquização entre entidades familiares é incompatível com a Constituição de 1988. Assim sendo, o art. 1790 do Código Civil, ao revogar as Leis 8.971/1994 e 9.278/1996 e discriminar a companheira (ou o companheiro), dando-lhe direitos sucessórios bem inferiores aos conferidos à esposa (ou ao marido), entra em contraste com os princípios da igualdade, da dignidade humana, da proporcionalidade como vedação à proteção deficiente e da vedação do retrocesso. 3. Com a finalidade de preservar a segurança jurídica, o entendimento ora firmado é aplicável apenas aos inventários judiciais em que não tenha havido trânsito em julgado da sentença de partilha e às partilhas extrajudiciais em que ainda não haja escritura pública. 4. Provimento do recurso extraordinário. Afirmação, em repercussão geral, da seguinte tese: "No sistema constitucional vigente, é inconstitucional a distinção de regimes sucessórios entre cônjuges e companheiros, devendo ser aplicado, em ambos os casos, o regime estabelecido no art. 1.829 do CC/2002".

31. BARBOZA, Heloisa Helena. O novo regime sucessório dos companheiros: primeiras reflexões. In: TEPEDINO, Gustavo; MENEZES, Joyceane Bezerra de. *Autonomia privada, liberdade existencial e direitos fundamentais.* Belo Horizonte: Fórum, 2019, p. 508-511.

condomínios patrimoniais entre as pessoas (os chamados regimes de bens). Deve ser tarefa do direito patrimonial (obrigações, contratos e direitos reais) regulamentar as relações patrimoniais entre quaisquer indivíduos, estando ou não na mesma família.

Identifica-se a regulação dos chamados regimes de bens como anacrônica, criada para a sociedade do final do século XIX (calcadas na inferioridade e necessidade de proteção jurídica da mulher, incapaz de manifestar sua vontade ou mesmo de constituir patrimônio próprio) e, consequentemente, em descompasso com a realidade do século XXI. Desse modo, propôs-se o fim dos regimes de bens, principalmente de um regime supletivo legal que pré-estabelce comunhão (parcial) de bens. Constituída a família, os bens ficariam separados até que os seus componentes manifestassem vontade no sentido de terem patrimônio ou negócios conjuntos.

Esse "não direito de família" reconheceria apenas que não há qualquer suposição ou imposição de comunicação patrimonial decorrente da manifestação do afeto e da intenção de constituir família (semelhante ao regime atual de separação de bens) e aqueles que preferirem comunicar os patrimônios poderiam utilizar os contratos e todo o direito obrigacional. Não seria mais a família uma espécie de *locus* privilegiado condominial, em que a comunicação de bens é a regra e não exceção e, sim, o inverso: a separação dos bens passaria a ser a regra e a sua comunicação a exceção, nos moldes em que os contratantes/familiares escolherem.[32]

3.1.4 Ausência de modelos jurídicos de família preconcebidos

Por fim, as proposições caminham para a sua mais radical medida, projetando um direito de família em que a proteção jurídica do afeto é o valor supremo e que não mais é compatível com a predefinição de modelos jurídicos de família. O afeto, como consequência da dignidade humana, não pode ser aprisionado em algumas regras do Código Civil, sob o título de casamento civil ou união estável.

Trata-se do oposto: reconhecer juridicamente que há família quando há a intenção de constituí-la, estabelecer regras gerais (idade e necessidade de discernimento, por exemplo), como em uma moldura e, dentro dela, deixar livre para os indivíduos pacturem as próprias regras para os seus afetos, inclusive como nominá-los. Não mais haveria casamento ou união estável no direito, mas simplesmente a família, existente sempre que houver o objetivo de constituí-la.

4. CONCLUSÃO

Ainda que parte das medidas propostas tenham encontrado respaldo na doutrina nacional, as mais extremas efetivamente foram ideia deste pesquisador. Todavia, sempre

---

32. NAMUR. Samir. *Desconstruindo o discurso jurídico do casamento: antes e ainda*. In: SCHREIBER, Anderson, MONTEIRO FILHO, Carlos Edison do Rêgo, OLIVA, Milena Donato. *Problemas de direito civil*: homenagem aos 30 anos de cátedra do professor Gustavo Tepedino. Rio de Janeiro: Forense, 2021, p. 953.

tiveram como embrião o estudo de um direito civil crítico, que carecia de consonância com o seu próprio tempo.

Diversos professores, verdadeiros juristas, na excelência da palavra, foram fundamentais nesse transcurso, em que se destacou a querida Professora Heloisa Helena Barboza, exemplo de acadêmica e orientadora.

A CONSTRUÇÃO DA DOGMÁTICA JURÍDICA DO CUIDADO E DA SOCIOAFETIVIDADE NA FILIAÇÃO – A CONTRIBUIÇÃO DE HELOISA HELENA BARBOZA

Lucia Maria Teixeira Ferreira

Sumário: 1. Considerações iniciais – 2. Panorama histórico e jurídico das transformações da família na contemporaneidade; 2.1 A disciplina jurídica da filiação e os direitos da criança e do adolescente – 3. O novo perfil da filiação e da parentalidade socioafetiva – 4. A construção dogmática do cuidado nas relações de parentalidade – 5. Considerações finais.

1. CONSIDERAÇÕES INICIAIS

Como doutrinadora e docente ao longo de 4 décadas, a trajetória da Professora Heloisa Helena Barboza foi fundamental na construção dogmática de diversos temas do Direito Civil-Constitucional, como as vulnerabilidades e a tutela da pessoa humana.

Neste artigo, pretendo revisitar alguns dos temas de pesquisa nos quais tive a honra de trabalhar com a querida Professora Heloisa Helena Barboza. Além de ter sido a minha orientadora no Mestrado em Direito Civil na UERJ (concluído no ano de 2000), trabalhei com a Professora Heloisa Helena na atualização da obra do Professor Caio Mario da Silva Pereira, "Reconhecimento de Paternidade e seus Efeitos", na 7ª edição, publicada em 2015.

As principais transformações na família contemporânea, nas últimas décadas, foram embasadas na afetividade e na democratização das relações familiares, visto que a família deixou de ser uma instituição inspirada em objetivos políticos e religiosos, com relações desiguais e discriminatórias, para "se tornar se tornar funcionalizada ao livre desenvolvimento da personalidade de cada um dos seus membros".[1]

Neste diapasão, optei por trazer alguns apontamentos acerca do extraordinário trabalho da Professora Heloisa Helena, como doutrinadora, no âmbito das transformações do direito de família, do direito da criança e do adolescente e da dogmática jurídica acerca do cuidado e da afetividade nas relações de filiação e parentalidade.

---

1. BARBOZA, Heloisa Helena; ALMEIDA, Vitor; MARTINS, Thays Itaborahy. Contornos jurídicos do apadrinhamento no direito brasileiro: considerações à luz do melhor interesse de crianças e adolescentes. *Revista Jurídica Luso-Brasileira*, ano 6 (2020), n. 3, p. 867-868. Disponível em: https://www.cidp.pt/revistas/rjlb/2020/3/2020_03_0855_0896.pdf.

2. PANORAMA HISTÓRICO E JURÍDICO DAS TRANSFORMAÇÕES DA FAMÍLIA NA CONTEMPORANEIDADE

A Constituição de 1988, atendendo aos anseios e à mobilização da sociedade civil organizada, introduziu importantes inovações no direito de família brasileiro, especialmente: i) ao conferir proteção e reconhecimento a *novas formas de entidade familiar* – a união estável e a família monoparental (art. 226, §§ 3º e 4º da Constituição Federal); ii) ao modificar a disciplina jurídica da filiação, criando o sistema de *igualdade de filiação* (art. 227, § 6º); iii) ao estabelecer a *igualdade entre marido e mulher* no exercício de direitos e deveres decorrentes da sociedade conjugal (art. 226, § 5º); iv) ao incorporar na legislação brasileira a *doutrina da proteção integral*, que se baseia em duas regras básicas: crianças e adolescentes são sujeitos de direitos universalmente reconhecidos; além dos direitos comuns aos adultos, são previstos também direitos especiais, em virtude de sua condição peculiar de pessoa em desenvolvimento.

O Código Civil de 1916 estava muito aquém dessas novas conquistas consagradas na Constituição de 1988, que inaugurou uma nova era no direito de família, marcada pelas próprias transformações sociais ao longo do século XX. Pode-se dizer que a Constituição inspirou-se na realidade social, não se limitando a esta, notadamente quando impôs tarefas ao Estado e à sociedade para transformar esta mesma realidade e buscar uma sociedade mais livre, justa e solidária (art. 3º da Constituição Federal).

O fenômeno conhecido por publicização do Direito Civil[2] representou o deslocamento do eixo central das relações jurídicas interprivadas para a Constituição de 1988. Com o advento da Carta Magna e das inúmeras leis que regulam matérias de Direito Civil, como o Estatuto da Criança e do Adolescente e o Código de Defesa do Consumidor, é inegável que o Código Civil de 1916 não permaneceu mais no centro das relações de direito privado, assumindo a Constituição este papel de centralidade, atenuando a outrora rígida contraposição direito público/direito privado.[3]

Neste sentido, diversos aspectos fundamentais disciplinados pela Constituição de 1988 redirecionaram a doutrina, a jurisprudência e a própria interpretação do Código Civil de 2002, especialmente no campo do direito de família, tendo a igualdade como imperativo ético, traduzido na forma de princípio constitucional. Apesar de conter disposições cuja redação se repete em comparação com a codificação anterior, o Código Civil de 2002 seguiu a linha traçada pelo texto constitucional. A esse respeito, Heloisa

---

2. Sobre este tema, v. PERLINGIERI, Pietro. *Perfis do Direito Civil* – Introdução ao Direito Civil Constitucional. Trad. Maria Cristina De Cicco. Rio de Janeiro: Renovar, 1997, p. 244.
3. Houve um grande debate entre os civilistas acerca da aplicabilidade imediata das normas constitucionais no direito civil. Neste sentido, cabe destacar a observação crítica de Maria Celina Bodin de Moraes, ao comentar o posicionamento conservador que os civilistas tinham frente à própria disciplina, esclarecendo que "esta postura, segundo Michele Giogianni, é favorecida, senão mesmo provocada, pela Codificação, a qual, cristalizando um determinado esquema de ordem jurídica, cria a ilusão de eterna validade". MORAES, Maria Celina Bodin de. O Direito Civil Constitucional. In: CAMARGO, Margarida Maria Lacombe. *1988-1998* – Uma década de Constituição. Rio de Janeiro: Renovar, 1999, p. 115.

Helena alerta que "sua interpretação deve ser orientada pelos princípios constitucionais que dão nova roupagem a tais dispositivos".[4]

2.1 A disciplina jurídica da filiação e os direitos da criança e do adolescente

A Constituição Federal de 1988 trouxe profundas transformações no panorama dos direitos da criança e do adolescente e na disciplina jurídica da filiação, que era marcada anteriormente por injustificáveis desigualdades de tratamento entre as diversas categorias de filho existentes – legítimos e ilegítimos (naturais, incestuosos e adulterinos) – que foram abolidas do nosso ordenamento jurídico com a edição da Carta Magna de 1988.[5]

Com a adoção do princípio da igualdade de filiação (art. 227, § 6º da Constituição Federal), rompeu-se a visão hierarquizada e matrimonializada da família, passando a parentalidade a ser um direito e uma necessidade do filho, como sujeito de direitos, razão pela qual foram abolidos todos os impedimentos que os filhos nascidos de uma relação extramatrimonial tinham de ver declarada sua verdadeira paternidade.[6] Neste aspecto, cumpre observar que o termo *paternidade* significa "a condição ou qualidade de pai ou a relação de parentesco que vincula o pai a seus filhos", razão pela qual o vocábulo tem sido cada vez mais substituído pela palavra *parentalidade*, para, como enfatiza Heloisa Helena, "expressar todo o alcance do dispositivo constitucional, que se destina aos pais, ou seja, ao homem, à mulher ou ao casal, que no exercício de sua autonomia reprodutiva, promove um projeto parental, adjetivo que se refere a pai e mãe".[7]

É de se ponderar que o direito de família já vinha recebendo, paulatinamente, alterações introduzidas pela legislação posterior ao Código Civil de 1916 e pelo trabalho construtivo da jurisprudência, que não se manteve alheia às modificações da sociedade brasileira ao longo do século XX e aos importantes acontecimentos econômicos, socioculturais, políticos, científicos e religiosos que marcaram notadamente as famílias brasileiras.

A complexidade desses fenômenos exigiu uma releitura da família, da filiação e da parentalidade à luz da Constituição Federal, visto que a moldura do Código Civil de 1916 não dava conta dos novos fatos sociais, lembrando que este Código ainda permaneceu em vigor quase 15 anos após a promulgação da Constituição de 1988, com as suas normas que foram recepcionadas pela nova ordem constitucional.

---

4. BARBOZA, Heloisa Helena. Perfil jurídico do cuidado e da afetividade nas relações familiares. In: PEREIRA, Tânia da Silva; OLIVEIRA, Guilherme de; COLTRO, Antônio Carlos Mathias. *Cuidado e afetividade*: projeto Brasil/Portugal – 2016 – 2017. São Paulo: Atlas, 2017, p. 175.

5. O Código Civil de 1916 marcava diferença entre os chamados filhos legítimos, ilegítimos, naturais e adotivos, estabelecendo um tratamento discriminatório com relação às três últimas classes de filiação em nome da proteção legislativa à "família legítima".

6. O Art. 227, § 6º, da Constituição Federal dispõe que "os filhos, havidos ou não da relação de casamento, ou por adoção, terão os mesmos direitos e qualificações, proibidas quaisquer designações discriminatórias relativas à filiação".

7. BARBOZA, Heloisa Helena. Paternidade responsável: o cuidado como um dever jurídico. PEREIRA, Tania da Silva; OLIVEIRA, Guilherme de (Coord.). *Cuidado e responsabilidade*. São Paulo: Atlas, 2011, p. 93-94.

No limiar do século XXI, essas instigantes transformações no campo do direito de família constituíram um importante campo de reformas e construção doutrinária e jurisprudencial, especialmente durante o longo período de espera até a promulgação do Código Civil de 2002, há exatos 20 anos.

3. O NOVO PERFIL DA FILIAÇÃO E DA PARENTALIDADE SOCIOAFETIVA

No tocante às mudanças relativas à filiação, a Constituição alterou os valores subjacentes à disciplina do Código Civil de 1916, no qual a tutela do filho estava vinculada à espécie de relação preexistente entre seus pais, seguindo uma lógica patrimonial, que também norteava as relações de filiação. Naquele contexto, buscava-se assegurar o valor máximo: a paz doméstica da família matrimonializada, em detrimento do sacrifício dos seus membros (em especial, da mulher e dos filhos menores).

Destacamos as seguintes características, ressaltadas por Gustavo Tepedino[8] e extraídas da normativa constitucional (e do Estatuto da Criança e do Adolescente), que definem o novo perfil da filiação e implicam na radical mudança do intérprete: a funcionalização das entidades familiares à realização da personalidade dos seus membros, em especial os filhos; a despatrimonialização das relações entre pais e filhos; a desvinculação entre a proteção conferida aos filhos e a espécie de relação entre os genitores e a consequente "despenalização" dos filhos extraconjugais; a construção do aspecto socioafetivo das relações paterno-filiais.

Na década de 1990, foi nítida a preocupação do legislador infraconstitucional com a atribuição da paternidade pela via do laço biológico em função dos elevados números de crianças registradas sem a atribuição de paternidade e isso foi uma tendência manifestada em alguns diplomas legais, destacadamente na Lei 8.560/1992. Esta lei introduziu um dispositivo que previa a notificação do suposto pai das crianças sem paternidade no registro, bem como, previu a legitimidade do Ministério Público para a propositura de ação de investigação de paternidade nas hipóteses previstas.

Na referida década de 1990, na jurisprudência dos Tribunais verificou-se que as barreiras anteriormente existentes em muitos casos de ações de investigação de paternidade foram superadas, de modo a se constatar a paternidade biológica posta em questão, com alto grau de confiabilidade. Para tal verificação, passaram a ser utilizados, principalmente, os exames de identificação humana pelo DNA, através dos quais pode-se alcançar até 99,9999%[9] de certeza e confiabilidade quanto à paternidade/maternidade biológica no caso de um resultado positivo e 100% no caso de um resultado negativo.

Contudo, na doutrina civilista da referida década de 1990, consagraram-se novos valores, nos quais ganhou contorno e conteúdo a ideia de que a parentalidade não era

---

8. TEPEDINO, Gustavo. A disciplina jurídica da filiação na perspectiva civil-constitucional. In: PEREIRA, Rodrigo da Cunha (Org.). *Direito de Família Contemporâneo*. Belo Horizonte: Del Rey, 1997, p. 547-583.
9. Dados apresentados pelo Dr. Sérgio Danilo J. PENA, no artigo "Determinação de Paternidade pelo Estudo Direto do DNA: O Estudo da Arte no Brasil". In: TEIXEIRA, Sálvio de Figueiredo (Org.). *Direitos de família e do menor*, p. 243-259. V. também Salmo RASKIN, *Investigação de Paternidade* – Manual Prático do DNA.

apenas uma relação jurídica, ou meramente biológica, sendo fundamental a presença do afeto nas relações paterno-filiais. Como afirmou Luiz Edson Fachin, "a disciplina jurídica das relações de parentesco entre pai e filhos não atende, exclusivamente, quer valores biológicos, quer juízos sociológicos. É uma moldura a ser preenchida, não com meros conceitos jurídicos ou abstrações, mas com vida, na qual pessoas espelham sentimentos".[10]

A filiação, compreendida como vínculo sobre o qual se estrutura o parentesco, tornou-se centro de intensas transformações, sobretudo com a percepção e, por conseguinte, a valorização da socioafetividade como critério de atribuição da parentalidade, ao lado do sistema de presunção de paternidade, baseado nos critérios fáticos dos prazos mínimo e máximo de gestação e ficto-jurídico traduzido nas antigas expressões latinas "pater semper incertus est" e "pater is est quem justae nuptiae demonstrant", atualmente, estampado no art. 1.597 do Código Civil e do vínculo fundado na consanguinidade:

> Enalteceu-se, desse modo, o vínculo filiatório calcado na consanguinidade, robustecido em decorrência da sacralização do exame de DNA, que determina um grau de certeza praticamente incontestável. Não obstante, o Código Civil ensejou a admissão de outros critérios de estabelecimento do vínculo parental, ao prever em seu art. 1.593, além do parentesco natural, que decorre da consanguinidade, o parentesco civil, que resulta de "outra origem". Essa última expressão tem feição de cláusula geral, cujo conteúdo deve ser configurado pelo legislador ou pelos tribunais, como de fato se tem verificado, dando origem às modalidades de parentesco objeto de apreciação neste trabalho.[11]

De início, houve resistência à admissão da filiação socioafetiva, como destacaram Heloisa Helena, Vitor Almeida e Thays Martins:

> A filiação socioafetiva encontra fundamento no afeto, que se exteriorize na vida social. De início houve certa resistência à admissão desse critério de parentesco, em razão da inerente instabilidade das relações afetivas. Os questionamentos cessam, todavia, quando são considerados os elementos que compõem a socioafetividade: o externo (o reconhecimento social) e o interno (a afetividade). É um fato apreendido pelo direito. Seu reconhecimento judicial, por meio de sentença, ou extrajudicial, na forma do Provimento 63, de 14 de novembro de 2017, do Conselho Nacional de Justiça, autoriza a passagem do fato para o Direito, permitindo, assim, a regular produção de efeitos existenciais e patrimoniais, mesmo em face de terceiro. Tal formalização, portanto, é condição para sua eficácia jurídica, exigindo-se prova de sua existência. O elemento externo (socio) traduz o interno (afetivo), que pode assim ser identificado objetivamente, em geral mediante a aferição dos requisitos típicos das relações fundadas no afeto: *tractatio, reputatio* e nominativo, que configuram a denominada "posse do estado de filho".[12]

---

10. FACHIN, Luiz Edson. *Paternidade* – relação biológica e afetiva. Belo Horizonte: Del Rey, 1996, p. 29. Negando um conceito unívoco de parentalidade, Fachin destacou o "significado plural das relações paterno-filiais, a ampliada dimensão e a relevância da nova tendência do direito de família" (p. 19).
11. BARBOZA, Heloisa Helena; ALMEIDA, Vitor. Novos rumos da filiação à luz da Constituição da República e da jurisprudência dos tribunais superiores brasileiros. civilistica.com, v. 10, n. 1, p. 1-26, 2 maio 2021. Disponível em: https://civilistica.emnuvens.com.br/redc/article/view/706.
12. BARBOZA, Heloisa Helena; ALMEIDA, Vitor; MARTINS, Thays Itaborahy. Contornos jurídicos do apadrinhamento no direito brasileiro: considerações à luz do melhor interesse de crianças e adolescentes. *Revista Jurídica Luso-Brasileira*, ano 6 (2020), n. 3, p. 874-875. Disponível em: https://www.cidp.pt/revistas/rjlb/2020/3/2020_03_0855_0896.pdf.

O princípio da igualdade e a valorização do afeto nas relações familiares exigiram uma intensa construção doutrinária e jurisprudencial, que acabou sendo reconhecida pelo Supremo Tribunal Federal, na Tese firmada no Tema 622: "A paternidade socioafetiva, declarada ou não em registro, não impede o reconhecimento do vínculo de filiação concomitante, baseada na origem biológica, com os efeitos jurídicos próprios", cujo *Leading Case* foi o Recurso Extraordinário 898.060/SC, Relator Min. Luiz Fux, publicado no DJE em 30.09.2016.

Após esse verdadeiro "salto jurisprudencial", a multiparentalidade passou a ser reconhecida, bem como a coexistência de efeitos jurídicos próprios da parentalidade socioafetiva, além dos efeitos jurídicos próprios da parentalidade biológica.

Neste diapasão, o Conselho Nacional de Justiça regulamentou o tema através do Provimento 63/2017 (alterado pelo Provimento 83/2019), que dispõe, no seu art. 10-A, que "a paternidade ou a maternidade socioafetiva deve ser estável e deve estar exteriorizada socialmente", cabendo ao registrador "atestar a existência do vínculo afetivo da paternidade ou maternidade socioafetiva mediante apuração objetiva por intermédio da verificação de elementos concretos" (§ 1º do art. 10-A). A afetividade deve ser demonstrada pelo requerente por todos os meios em direito admitidos, bem como por documentos, tais como:

> apontamento escolar como responsável ou representante do aluno; inscrição do pretenso filho em plano de saúde ou em órgão de previdência; registro oficial de que residem na mesma unidade domiciliar; vínculo de conjugalidade - casamento ou união estável – com o ascendente biológico; inscrição como dependente do requerente em entidades associativas; fotografias em celebrações relevantes; declaração de testemunhas com firma reconhecida (§ 2º do art. 10-A).[13]

Ademais, é importante consignar que Heloisa Helena e Vitor Almeida enfatizam que o reconhecimento da filiação de "outra origem", previsto no art. 1.593 do Código Civil, "não implicou o desaparecimento ou preterição da verdade biológica, que foi ressignificada com fundamento no princípio da dignidade da pessoa humana":

> A paternidade socioafetiva (fundada no estado de filho e no cuidado) não prevalece, necessariamente, sobre a biológica (fundada no vínculo genético), podendo ambas ser concomitantes; "a adoção à brasileira" não se equipara à adoção legal e não rompe os vínculos biológicos com a família natural, o que só ocorre em virtude de expressa previsão legal. O princípio da paternidade responsável, que fundamenta o direito ao planejamento familiar, é exigível qualquer que seja a modalidade da filiação e sua observância se objetiva no cuidado com o filho. O reconhecimento do estado de filiação é direito personalíssimo, sendo facultado ao filho requerer a declaração de sua filiação biológica, em particular se esta lhe foi ocultada, em detrimento da filiação registral ("adoção à brasileira"), visto que "manter a paternidade que lhe foi imposta significa impor-lhe que se conforme com essa situação criada à sua revelia e à margem da lei" (STJ, 4ª T., REsp 1.167.993-RS, Rel. Min. Luis Felipe Salomão, julg. 18 dez. 2012,

---

13. De acordo com o § 3º do art. 10-A do Provimento CNJ 63/2017, "a ausência destes documentos não impede o registro, desde que justificada a impossibilidade, no entanto, o registrador deverá atestar como apurou o vínculo socioafetivo". No seu art. 12, prevê que "suspeitando de fraude, falsidade, má-fé, vício de vontade, simulação ou dúvida sobre a configuração do estado da posse de filho, o registrador fundamentará a recusa, não praticará o ato e encaminhará o pedido ao juiz competente nos termos da legislação local".

publ. 15 mar. 2013). Os efeitos patrimoniais decorrentes do reconhecimento da paternidade biológica não podem ser amesquinhados em decorrência do seu simples requerimento, sob pena de discriminação e afronta ao princípio da plena igualdade entre os filhos, constitucionalmente assegurado.

4. A CONSTRUÇÃO DOGMÁTICA DO CUIDADO NAS RELAÇÕES DE PARENTALIDADE

Heloisa Helena propôs um estudo cujo objetivo consiste em traçar um perfil jurídico do cuidado e da afetividade, termos que, embora consagrados pelo uso comum, passaram a ser incorporados pelo Direito. Sem se distanciar dos efeitos práticos referentes à presença ou ausência do afeto e do cuidado – sobretudo no que concerne à criação de direitos e deveres –, buscou-se verificar os critérios mínimos que devem ser levados em conta no momento de sua aplicação. Ainda, a constatação de tais critérios assumiu outra importância: o afastamento, ainda que em pouca medida, de juízos fundados em análises exclusivamente subjetivas de aspectos costumam ultrapassar o mundo dos fatos.[14]

A partir de 1998, com a promulgação da Constituição da República, conferiu-se ao cuidado previsão normativa ampliada no texto constitucional, determinado aos pais "o dever de assistir, criar e educar os filhos menores", ao passo que aos filhos maiores foi designado "o dever de ajudar e amparar os pais na velhice, carência ou enfermidade" (art. 229). Apesar da ausência de menção expressa à palavra cuidado, é perceptível que os deveres estabelecidos pelo legislador constituinte exprimem a prática do cuidar.

Ainda, cumpre registrar que o dever dos pais foi significativamente acrescido com a doutrina da proteção integral, orientada pelo princípio do melhor interesse da criança e do adolescente, estampada no art. 227 da Lei Maior,[15] que atribui à família, à sociedade e ao Estado o dever de "assegurar à criança, ao adolescente e ao jovem, com absoluta prioridade, o direito à vida, à saúde, à alimentação, à educação, ao lazer, à profissionalização, à cultura, à dignidade, ao respeito, à liberdade e à convivência familiar e comunitária, além de colocá-los a salvo de toda forma de negligência, discriminação, exploração, violência, crueldade e opressão".

É certo que a responsabilidade acerca do cumprimento de todos os deveres mencionados não recai apenas sobre a família, competindo também ao Estado e à sociedade. A compreensão mais acertada do texto constitucional sugere que os responsáveis indicados devem atuar em conjunto, "num sistema de colaboração e controles recíprocos, no atendimento dos direitos das crianças, adolescentes e jovens".[16]

---

14. BARBOZA, Heloisa Helena. Perfil jurídico do cuidado e da afetividade nas relações familiares. In: PEREIRA, Tânia da Silva; OLIVEIRA, Guilherme de; COLTRO, Antônio Carlos Mathias. *Cuidado e afetividade*: projeto Brasil/Portugal – 2016 – 2017. São Paulo: Atlas, 2017, p. 176.
15. BARBOZA, Heloisa Helena. Op. cit., p. 178.
16. BARBOZA, Heloisa Helena. Perfil jurídico do cuidado e da afetividade nas relações familiares. In: PEREIRA, Tânia da Silva; OLIVEIRA, Guilherme de; COLTRO, Antônio Carlos Mathias. *Cuidado e afetividade*: projeto Brasil/Portugal – 2016 – 2017. São Paulo: Atlas, 2017, p.178.

Apesar de conter disposições cuja redação se repete em comparação com a codificação anterior, o Código Civil de 2002 seguiu a linha traçada pelo texto constitucional. A esse respeito, Heloisa Helena alerta que "sua interpretação deve ser orientada pelos princípios constitucionais que dão nova roupagem a tais dispositivos".[17]

A disciplina do dever de cuidado na Constituição da República não foi ampliada somente do que se refere aos responsáveis pelo seu cumprimento. Com efeito, "nova dimensão foi dada ao se colocar a proteção humana em sua dignidade como núcleo da nova ordem constitucional". Nessa direção, passaram a ocupar posição privilegiada no ordenamento jurídico pessoas que demandam medidas especiais de proteção em razão do seu maior grau de vulnerabilidade. Consideradas as peculiaridades de cada grupo, alguns já foram contemplados pela legislação infraconstitucional que materializa a prática de determinados atos de cuidados, como o caso das crianças, adolescentes, idosos, consumidores e pessoas com deficiência.[18]

Heloisa Helena afirma que não deve ser ignorado pela doutrina o reconhecimento do cuidado como valor implícito no ordenamento jurídico, assumindo a função de "informador da dignidade da pessoa humana e da boa-fé objetiva nas situações existenciais", com destaque para sua importante contribuição na interpretação e na aplicação das normas jurídicas.[19] No que concerne às relações de afeto, especialmente àquelas constituídas no plano familiar, "o cuidado conduz a compromissos efetivos e ao envolvimento necessário com o outro como norma ética e convivência.[20]

Heloisa Helena ressalta que o cuidado, na qualidade de valor jurídico, pode ser identificado em diversos instrumentos normativos, como a Convenção Internacional sobre os Direitos da Criança que, ao longo de suas disposições, atribui fundamentos constitucionais ao cuidado como valor jurídico que orienta um conjunto significativo de regras no direito brasileiro. Além disso, o cuidado pode ser percebido nos direitos fundamentais da criança e do adolescente, previstos no art. 227 da Constituição da República.[21]

A partir do cuidado como um valor jurídico, Heloisa Helena aponta que decorrem um dever moral e um dever jurídico, cujo conteúdo se encontra implícito na cláusula geral de proteção da pessoa humana, que se irradia sobre outras normas constitucionais,

---

17. BARBOZA, Heloisa Helena. Perfil jurídico do cuidado e da afetividade nas relações familiares. In: PEREIRA, Tânia da Silva; OLIVEIRA, Guilherme de; COLTRO, Antônio Carlos Mathias. *Cuidado e afetividade*: projeto Brasil/Portugal – 2016 – 2017. São Paulo: Atlas, 2017, p. 179.
18. BARBOZA, Heloisa Helena. Perfil jurídico do cuidado e da afetividade nas relações familiares. In: PEREIRA, Tânia da Silva; OLIVEIRA, Guilherme de; COLTRO, Antônio Carlos Mathias. *Cuidado e afetividade*: projeto Brasil/Portugal – 2016 – 2017. São Paulo: Atlas, 2017, p. 179.
19. BARBOZA, Heloisa Helena. Paternidade responsável: o cuidado como um dever jurídico. PEREIRA, Tania da Silva; OLIVEIRA, Guilherme de (Coord.). *Cuidado e responsabilidade*. São Paulo: Atlas, 2011, p. 88.
20. BARBOZA, Heloisa Helena. Perfil jurídico do cuidado e da afetividade nas relações familiares. In: PEREIRA, Tânia da Silva; OLIVEIRA, Guilherme de; COLTRO, Antônio Carlos Mathias. *Cuidado e afetividade*: projeto Brasil/Portugal – 2016 – 2017. São Paulo: Atlas, 2017, p.182.
21. BARBOZA, Heloisa Helena. Paternidade responsável: o cuidado como um dever jurídico. PEREIRA, Tania da Silva; OLIVEIRA, Guilherme de (Coord.). *Cuidado e responsabilidade*. São Paulo: Atlas, 2011, p. 88.

com destaque para o princípio da paternidade responsável. Quando visto à luz das noções de alteridade, reciprocidade e complementaridade, o cuidado elucida todos os deveres que resultam do princípio da paternidade responsável. A partir disso, tornou-se possível delinear um novo conjunto de direitos e deveres nas relações familiares, sobretudo no que concerne aos cuidados com a criança, idosos e pessoas com deficiência.[22]

No contexto de intensa ressignificação dos papéis familiares, Heloisa Helena defende que o cuidado emerge como um dever jurídico, inerente às situações existenciais, sobretudo no que diz respeito às relações de paternidade e maternidade, as quais, por princípio, devem ser constituídas e conduzidas com responsabilidade. Nesse sentido, torna-se necessário definir os contornos do significado do cuidado como um dever jurídico. Para isso, a autora propõe um paralelo entre o cuidado para fins de saúde e o cuidado como um dever jurídico: "no primeiro caso, o cuidado compreende ações para recuperar ou preservar a saúde, vale dizer, a própria vida de um indivíduo ou mesmo de uma população; no segundo, envolve uma série de atividades voltadas a construção de uma vida, a vida do filho".[23]

A noção de cuidado compreende diversos significados, como zelo, respeito, atenção, proteção, presença, afeto, amor e solidariedade. Contudo, para fins de delimitação do seu conteúdo e significado, deve-se compreender o cuidado também à luz de sua antinomia. Nesse sentido, é preciso também considerar o significado de "não cuidado", "que desumaniza os indivíduos, e contribui para o desrespeito ao outro e para a violência, na medida em que a capacidade de cuidar relaciona-se ao quando e como se foi cuidado".[24]

A partir da análise do cuidado sob a perspectiva da saúde, é possível perceber a presença de comportamentos exigíveis dos pais, em razão da prioridade conferida pelo direito brasileiro às relações de afeto, responsabilidade e solidariedade.

Neste sentido, consolidou-se a jurisprudência do Superior Tribunal de Justiça, a partir do *Leading Case* transcrito abaixo:

Danos morais. Abandono afetivo. Dever de cuidado.

O abandono afetivo decorrente da omissão do genitor no dever de cuidar da prole constitui elemento suficiente para caracterizar dano moral compensável. Isso porque o *non facere* que atinge um bem juridicamente tutelado, no caso, o necessário dever de cuidado (dever de criação, educação e companhia), importa em vulneração da imposição legal, gerando a possibilidade de pleitear compensação por danos morais por abandono afetivo. Consignou-se que não há restrições legais à aplicação das regras relativas à responsabilidade civil e ao consequente dever de indenizar no Direito de Família e que o cuidado como valor jurídico objetivo está incorporado no ordenamento pátrio não com essa expressão, mas com locuções e termos que manifestam suas diversas concepções, como se vê no art. 227 da CF. O descumprimento comprovado da imposição legal de cuidar da prole acarreta o

---

22. BARBOZA, Heloisa Helena. Op. cit., p. 90.
23. BARBOZA, Heloisa Helena. Op. cit., p. 91.
24. BARBOZA, Heloisa Helena. Op. cit., p. 92.

reconhecimento da ocorrência de ilicitude civil sob a forma de omissão. É que, tanto pela concepção quanto pela adoção, os pais assumem obrigações jurídicas em relação à sua prole que ultrapassam aquelas chamadas *necessarium vitae*. É consabido que, além do básico para a sua manutenção (alimento, abrigo e saúde), o ser humano precisa de outros elementos imateriais, igualmente necessários para a formação adequada (educação, lazer, regras de conduta etc.). O cuidado, vislumbrado em suas diversas manifestações psicológicas, é um fator indispensável à criação e à formação de um adulto que tenha integridade física e psicológica, capaz de conviver em sociedade, respeitando seus limites, buscando seus direitos, exercendo plenamente sua cidadania. A Min. Relatora salientou que, na hipótese, não se discute o amar – que é uma faculdade – mas sim a imposição biológica e constitucional de cuidar, que é dever jurídico, corolário da liberdade das pessoas de gerar ou adotar filhos. Ressaltou que os sentimentos de mágoa e tristeza causados pela negligência paterna e o tratamento como filha de segunda classe, que a recorrida levará *ad perpetuam*, é perfeitamente apreensível e exsurgem das omissões do pai (recorrente) no exercício de seu dever de cuidado em relação à filha e também de suas ações que privilegiaram parte de sua prole em detrimento dela, caracterizando o dano *in re ipsa* e traduzindo-se, assim, em causa eficiente à compensação. Com essas e outras considerações, a Turma, ao prosseguir o julgamento, por maioria, deu parcial provimento ao recurso apenas para reduzir o valor da compensação por danos morais de R$ 415 mil para R$ 200 mil, corrigido desde a data do julgamento realizado pelo tribunal de origem. STJ, REsp 1.159.242-SP, 3ª Turma, Rel. Min. Nancy Andrighi, julgado em 24.04.2012.

Com efeito, o cuidado estabelece a adoção de um padrão de comportamento, relacionado à ideia de alteridade e responsabilidade, com a prática de compromissos efeitos de preocupação e envolvimento, não estando restrito apenas ao cuidado "técnico" como aquele destinado à orientação escolar, mas, sobretudo, aquele ligado aos atos de afeto, zelo e envolvimento.[25]

5. CONSIDERAÇÕES FINAIS

Reconhecidos como valores comuns às relações familiares, os termos "cuidado" e "afetividade" ganharam cada vez mais relevância no direito de família nas duas últimas décadas, com o seu uso no campo doutrinário e jurisprudencial.

Como analisamos neste artigo, foi fundamental a contribuição de Heloisa Helena para a construção de uma dogmática jurídica com o objetivo de definir a natureza jurídica, o conteúdo e os critérios mínimos de aferição do cuidado e da socioafetividade nas relações de filiação e parentalidade, com o propósito de se avaliar a produção de seus efeitos em situações patrimoniais e existenciais, as quais serão objeto de exame do doutrinador e do julgador.[26]

---

25. BARBOZA, Heloisa Helena. Op. cit., p. 92.
26. BARBOZA, Heloisa Helena. Perfil jurídico do cuidado e da afetividade nas relações familiares. In: PEREIRA, Tânia da Silva; OLIVEIRA, Guilherme de; COLTRO, Antônio Carlos Mathias. *Cuidado e afetividade*: projeto Brasil/Portugal – 2016 – 2017. São Paulo: Atlas, 2017, p. 175.

Em sede jurisprudencial, o dever de cuidado passou a ser apreciado como parâmetro objetivo para fins de caracterização de abandono afetivo e reparação por dano moral nas relações paterno-filiais. O acórdão do STJ relatado pela Ministra Nancy Andrighi consignou que "o abandono afetivo decorrente da omissão do genitor no dever de cuidar da prole constitui elemento suficiente para caracterizar dano moral compensável. Isso porque o *non facere* que atinge um bem juridicamente tutelado, no caso, *o necessário dever de cuidado (dever de criação, educação e companhia), importa vulneração da imposição legal*, gerando a possibilidade de pleitear a compensação por danos morais por abandono afetivo". Neste sentido, afirmou-se que "o descumprimento comprovado da imposição legal de cuidar da prole acarreta ilicitude civil sob a forma de omissão".[27]

No tocante ao reconhecimento de laços de parentesco por socioafetividade, esta exerce um importante papel no que diz respeito à sua função interpretativa. Nesse caso, "uma situação de fato se transforma em vínculo jurídico formal, uma vez reconhecida a sentença, e produz os efeitos existenciais e patrimoniais legalmente previstos para o parentesco".[28] É o que significa a expressão "outra origem" estampada no art. 1.593 do Código Civil, que dispõe sobre as relações de parentesco de legalmente permitidas.

Por derradeiro, Heloisa Helena defende que a paternidade socioafetiva (fundada no estado de filho e no cuidado) não prevalece, necessariamente, sobre a biológica (fundada no vínculo genético), podendo ambas ser concomitantes e que o princípio da igualdade dos filhos impõe que seja respeitado eventual desejo de estabelecimento do "liame filiatório biológico, mesmo que já existente a paternidade socioafetiva, com o reconhecimento de todos os direito inerentes de ordem patrimonial e existencial, como forma de atender às suas aspirações pessoais de felicidade e promover sua dignidade".[29]

---

27. STJ, 3ª Turma, REsp 1.159.242/SP, Rel. Min, Nancy Andrighi, j. em 24.04.2012.
28. BARBOZA, Heloisa Helena. Perfil jurídico do cuidado e da afetividade nas relações familiares. In: PEREIRA, Tânia da Silva; OLIVEIRA, Guilherme de; COLTRO, Antônio Carlos Mathias. *Cuidado e afetividade*: projeto Brasil/Portugal – 2016 – 2017. São Paulo: Atlas, 2017, p. 188.
29. BARBOZA, Heloisa Helena; ALMEIDA, Vitor. Novos rumos da filiação à luz da Constituição da República e da jurisprudência dos tribunais superiores brasileiros. *civilistica.com*. a. 10. n. 1. 2021. Disponível em: https://civilistica.emnuvens.com.br/redc/article/view/706.

A *PRAXIS* DO DIREITO BRASILEIRO E O DIMENSIONAMENTO DA TUTELA AOS INTERESSES DE PAIS E FILHOS NAS AÇÕES DESCONSTITUTIVAS DE PARENTALIDADE

Vanessa Ribeiro Corrêa Sampaio Souza

Sumário: 1. Introdução – 2. Conflitos de filiação e a necessidade de uma última (?) Mudança de postura em favor dos filhos – 3. A filiação e seu estabelecimento jurídico à luz dos valores de uma época – 4. Reconhecimento de filiação. Manifestação de vontade e seus efeitos: entre a parte geral do Código Civil e as normas do direito de família – 5. Conclusão.

1. INTRODUÇÃO

O presente trabalho objetiva analisar como os interesses de pais e filhos têm sido considerados nas ações de desconstituição de filiação, sobretudo nos casos em que se comprova a existência de erro enquanto vício de vontade no ato jurídico do reconhecimento. Tecnicamente, a utilização das regras de invalidade do negócio jurídico conduzem à perda dos seus efeitos jurídicos, gerando, no tema da parentalidade, a extinção do parentesco e seus consectários legais. Nesse contexto, diante do desenvolvimento da matéria filiação no direito de família brasileiro, torna-se demasiado importante analisar a (in)correção deste posicionamento e quais critérios têm sido utilizados para a harmonização das normas no sistema jurídico constitucional. Para tanto, serão utilizadas decisões do Superior Tribunal de Justiça proferidas nos últimos dez anos em ações de desconstituição de filiação.

Além disso, torna-se imprescindível utilizar as lições referentes à parentalidade socioafetiva, tão bem colocadas na doutrina brasileira pela professora Heloisa Helena Barboza, cuja preocupação com os fins práticos do direito serviu como vetor em toda sua obra, para que as teorias não se perdessem em seus próprios dilemas. Seus ensinamentos sobre filiação sempre surpreenderam a comunidade acadêmica e, por isso, seus estudos sobre a posse de estado de filho e o significado jurídico de socioafetividade não poderiam deixar de estar presentes no atual trabalho.

Assim, necessário será partir de seus resultados para analisar como vêm sendo decididos os casos de parentalidade fixada por erro e o consequente conflito entre filiação biológica e socioafetiva, já que o histórico do direito brasileiro é marcado pela tutela aos interesses do pai, sendo necessário investigar se, e até que ponto, essa interpretação ainda vigora nas ações de desconstituição de parentalidade.

Nesse ponto, esse trabalho, que aparentemente procura cumprir somente um objetivo científico, busca, para além, um objetivo afetivo, qual seja homenagear a minha querida orientadora, com quem tive a alegria e o orgulho de, no mestrado e no doutorado, pesquisar temas vinculados ao direito de filiação. Aprendi muito com a professora Heloisa Helena. Seu raciocínio genial, sua forma de sugerir – sem nunca impor – caminhos de pesquisas, seu jeito detalhado e suave de corrigir cada defeito do trabalho escrito e, sobretudo, sua humanidade e capacidade de ler as entrelinhas das dificuldades pessoais enfrentadas por seus pesquisadores (enquanto pessoas humanas), e adequar isso ao contexto atribulado de uma pós-graduação, são somente algumas de suas qualidades que merecem ser lembradas nessa oportunidade.

2. CONFLITOS DE FILIAÇÃO E A NECESSIDADE DE UMA ÚLTIMA (?) MUDANÇA DE POSTURA EM FAVOR DOS FILHOS

A abertura axiológica promovida pela Constituição de 1988 propiciou, como já trabalhado pela doutrina e jurisprudência nacionais, o surgimento de diversos conflitos sobre o tema da filiação. Após a determinação de igualdade entre os filhos, foi possível discutir assuntos que restavam adormecidos na medida em que amparados nas raízes profundas que o Código Civil de 1916 fincou no direito de família brasileiro. Porém, renovadas as bases, foi possível afastar dogmas jurídicos que em muito já não acompanhavam a realidade social e mudar situações de vida a partir de interpretações jurídicas e intervenções judiciais embasadas na normatividade dos princípios descritos na Constituição. Trabalha-se, na atualidade, então, com os conceitos de parentalidade presumida, registral, biológica, socioafetiva, multiparental, monoparental, recomposta, coparental e muitas outras surgirão a depender do amadurecimento de nosso sistema, em clara consonância com a pluralidade de estruturas e da unicidade de função das entidades familiares enquanto espaços de realização humana. Além disso, "A pluralidade e diversidade que marcam as sociedades contemporâneas impõem considerar a família como categoria sociocultural, o que impede qualquer interpretação reducionista de seu conceito."[1]

Ao lado das diretrizes específicas do direito de família, é necessário lembrar que o princípio da dignidade humana e do melhor interesse da criança e do adolescente também são vetores na organização do assunto e devem modificar a sua análise ao afastar a supremacia dos interesses do pai, chefe da família, base sobre a qual se fundou, desde o século XIX, as normas jurídicas que até há pouco regulavam os litígios familiares. Um antigo exemplo que demonstra essa preferência se coloca na anterior impossibilidade legal encontrada no art. 358 da original letra da codificação civil, que impedia os filhos adulterinos de ter acesso à parentalidade biológica, bem como presumia a paternidade do marido e deixava à sua restrita legitimidade a opção de contestar judicialmente a não coincidência sanguínea, com base na já conhecida defesa da paz familiar. A presunção se dava em função da necessária fidelidade e coabitação e se mantinha ao sabor dos interesses que sustentavam a sociedade patriarcal e patrimonial. Da mesma forma, o

---

1. BARBOZA, Heloisa Helena; ALMEIDA, Vitor. *Família após a Constituição de 1988: transformações, sentidos e fins*. In: EHRHARDT JÚNIOR, Marcos; CORTIANO JÚNIOR, Eroulths. *Transformações no direito privado nos 30 anos da Constituição: estudos em homenagem a Luiz Edson Fachin*. Belo Horizonte: Fórum, 2019, p. 621.

reconhecimento jurídico da parentalidade biológica se dava nos restritos termos legais e a origem socioafetiva se restringia formalmente aos limites da adoção.

Situação mais recente de tentativa de lesão aos interesses dos filhos diz respeito ao reconhecimento da filiação mediante o registro civil de criança ou adolescente com quem de antemão se sabe não possuir vínculo biológico (com base em interesses de variada ordem, que não valem ser discutidos no momento), e seu posterior arrependimento. Entende-se que, da mesma forma como fora realizado, parece bastar uma revogação – ainda que judicial – da declaração feita, para que o ato seja desfeito juntamente com os seus efeitos jurídicos. Argumentos tais como inexistência de erro, a ocorrência de paternidade socioafetiva, a análoga irrevogabilidade da adoção e a impossibilidade de manifestação contrária à vontade anteriormente declarada costumam ser preponderantes para que a filiação socioafetiva seja mantida nos casos de requerimento judicial de desconstituição de filiação.[2] Preservados têm sido, dessa forma, os interesses dos filhos, em detrimento de opções momentâneas dos adultos sobre assunto tão importante e essencial à construção da personalidade do registrado.

No entanto, é possível que o registro seja realizado com firme crença de que o vínculo biológico existe entre quem registra e quem é reconhecido como filho. O ato se perfaz por essa razão. Essa situação pode ocorrer em casos de paternidade já presumida, à luz do art. 1597 do Código Civil, quando a confecção do registro ocorre como uma formalização da parentalidade já ficticiamente constituída pelo legislador, ou, ainda, diante da inexistência de parentalidade ficta, pela efetivação do ato jurídico de reconhecimento da criança ou adolescente, na forma do art. 1.609 do Código Civil. Importante notar, em situações dessa espécie, que há declaração livre de vontade manifestada pelo declarante quanto a definição jurídica de uma relação filial (quase sempre guiada pelo vínculo biológico) e a consequente atribuição dos efeitos legais familiares para o reconhecido. Nesses casos, constatado o erro enquanto vício do consentimento, à luz do art. 1.604, ou do art. 1.601 (nos casos de negatória de paternidade), tem sido fixado o posicionamento de que a pretensão de desconstituição deve ser analisada a partir de dois pontos: verificação da coincidência biológica e, caso negativa, a identificação de paternidade socioafetiva. No entanto, a interpretação do alcance da paternidade socioafetiva, nesses casos, merece maior atenção, pois as decisões do Superior Tribunal de Justiça têm entendido que o afastamento entre pais e filhos, a partir da descoberta da não coincidência biológica, possui o condão de desconfigurar a realidade até então vivenciada, permitindo-se, então, o apagamento da socioafetividade enquanto elemento criador e mantenedor de vínculos familiares.

---

2. Na doutrina, sobre o assunto: BARBOZA, Heloisa Helena; ALMEIDA, Vitor. Novos rumos da filiação à luz da Constituição da República e da jurisprudência dos tribunais superiores brasileiros. Civilistica.com, civilistica.com, v. 10, n. 1, p. 1-26, 2 maio 2021. Disponível em: https://civilistica.emnuvens.com.br/redc/article/view/706. Acesso em: 31 maio 2022, p. 9. Na jurisprudência: BRASIL. Superior Tribunal de Justiça. REsp. 1.244.957/SC. Relatora Nancy Andrighi. 3ª Turma. DJe de 27 de setembro de 2012. BRASIL. Superior Tribunal de Justiça. Ag.Int. no AREsp. 1.041.664/DF. Relator Marco Buzzi. Brasília, 10 de abril de 2018. Disponível em: www.stj.jus.br. Acesso em: 31 maio 2022.

Seguem alguns extratos:

> Não se pode obrigar o pai registral, induzido a erro substancial, a manter uma relação de afeto, igualmente calcada no vício do consentimento originário, impondo-lhe os deveres daí advindos, sem que voluntária e conscientemente o queira. A filiação socioafetiva pressupõe a vontade e a voluntariedade do apontado pai de ser assim reconhecido juridicamente, circunstância, inequivocamente, ausente na hipótese dos autos.[3]
>
> No ponto, oportuno anotar que o estabelecimento da filiação socioafetiva perpassa, necessariamente, pela vontade e, mesmo, pela voluntariedade do apontado pai, ao despender afeto, de ser reconhecido como tal. É dizer: as manifestações de afeto e carinho por parte de pessoa próxima à criança somente terão o condão de convolarem-se numa relação de filiação, se, além da caracterização do estado de posse de estado de filho, houver, por parte daquele que despende o afeto, a clara e inequívoca intenção de ser concebido juridicamente como pai ou mãe daquela criança.[4]

Essa postura merece ser avaliada com mais cuidado à luz do desenvolvimento já verificado no direito de família nacional.

3. A FILIAÇÃO E SEU ESTABELECIMENTO JURÍDICO À LUZ DOS VALORES DE UMA ÉPOCA

Não há dúvidas, na atualidade, sobre a equivalência entre vínculo biológico e socioafetivo como resultado de mudanças legislativas de diferentes ordens. A evolução gradativa presente nas normas do Decreto-lei 4737/42, Lei 883/49, Lei 6515/77 e Lei 7.250/84 culminou em mudança valorativa imposta pela Constituição de 1988, que pôs termo às diferenças e permitiu que outras situações fáticas fossem protegidas juridicamente, para além da adoção. A identificação jurídica do parentesco também sofreu alteração na legislação infraconstitucional, de modo que no art. 1.593 do Código Civil pode ser encontrado vínculo que se estabelece a partir de 'outra origem', em paralelo à consanguinidade e ao liame civil. Assim, em que pese haja a tentativa de criar "espécies" que se enquadrem no termo "outra origem", a verdade é que a sua definição deve voltar-se para a concretização dos valores constitucionais que sustentam a filiação, considerando que os antigos interesses baseados na família-instituição devem ceder espaço para uma filiação conteudista, já tão bem descrita e analisada pela doutrina brasileira.[5]

---

3. BRASIL. Superior Tribunal de Justiça. REsp. 1.930.823/PR. Rel. Marco Aurélio Bellizze. 3ª Turma. Brasília, 10 de agosto de 2021. Disponível em: www.stj.jus.br. Acesso em: 31 maio 2022.
4. BRASIL. Superior Tribunal de Justiça. REsp. 1.508.671. Rel. Marco Aurélio Bellizze. 3ª Turma. Brasília, 25 de outubro de 2016. Disponível em: www.stj.jus.br.
5. "O parentesco civil resulta de "outra origem", conceito indeterminado introduzido na disciplina do parentesco pelo Código Civil de 2002, para atender de início as relações paterno/materno-filiais que, embora não sendo oriundas da reprodução biológica, são reconhecidas pela Lei Civil, quais sejam, a filiação resultante da adoção e das técnicas de reprodução assistida." ... "A elasticidade da expressão "outra origem" permitiu a inclusão da relação de socioafetividade, dentre os critérios de estabelecimento do parentesco." BARBOZA, Heloisa Helena; ALMEIDA, Vitor. Novos rumos da filiação à luz da Constituição da República e da jurisprudência dos tribunais superiores brasileiros. Civilistica.com, civilistica.com, v. 10, n. 1, p. 1-26, 2 maio 2021. Disponível em: https://civilistica.emnuvens.com.br/redc/article/view/706. Acesso em: 31 maio 2022, p. 6.

Nesta sede, a posse de estado de filho, inicialmente tratada como remédio jurídico para a inexistência ou defeito do termo de nascimento (art. 1605, CC/02 e 349, CC/16), teve sua utilização aplicada como elemento probatório em casos de conflito, sobretudo entre filiação presumida e biológica, até ser considerado, hoje, como elemento que fundamenta a filiação, como se retira do Enunciado 256 do CJF, segundo o qual "A posse do estado de filho (parentalidade socioafetiva) constitui modalidade de parentesco civil."[6] Essa realidade, sem dúvida, diz respeito a um processo mais amplo de efetividade constitucional.

Sobre a posse de estado, a professora Heloisa Helena Barboza, em seus estudos sobre os efeitos jurídicos da socioafetividade, já no início do processo de reconhecimento de paternidades para além da biológica no direito brasileiro, já manifestava sua preocupação com o fato de o direito não se transformar numa mera coletânea de conceitos teóricos e construções intelectuais, sem absorver e tutelar as necessidades decorrentes dos fatos e realidades da vida. Desta feita, sempre entendeu que a proteção da pessoa humana em sua dignidade e solidariedade impunha a rejeição, sobretudo no direito de família, de qualquer afastamento entre a verdade dos fatos e sua significação jurídica. "A relação familiar, em especial a de filiação, é gerada pelo afeto e construída tanto no espaço privado, quanto público, sendo, por natureza, socioafetiva."[7] Nesse ponto, chamava atenção para a análise de seus elementos identificados enquanto nome, trato e fama.

Sobre estes últimos, considerados os elementos mais conhecidos – ainda que não necessariamente simultâneos ou obrigatórios – na estrutura de formação da posse de estado de filho, a doutrina precisou acrescentar alguns elementos para seu entendimento e aplicação judiciais, ainda que muitas circunstâncias só pudessem ser aferidas diante do caso concreto. Assim, não confundi-la com gratidão,[8] solidariedade ou amizade,[9] exigir continuidade (duração suficiente) e estabilidade – o que não significaria perpetuidade –, assim como ser uma relação pacífica e inequívoca, seriam alguns elementos acrescentados à antiga noção.[10] Ainda, segundo Luiz Edson Fachin, "A continuidade não implica necessariamente atualidade, exigindo-se um mínimo de duração que ateste a estabilidade da posse de estado, deferindo-se ao magistrado o papel de verificar essa situação."[11]

A contribuição de Heloisa Helena Barboza para a especificação do conceito foi valorosa, na medida em que chamou a atenção para os elementos externo (reconhecimento social) e interno (afetividade). O elemento externo traduziria o interno, podendo

---

6. Disponível em: https://www.cjf.jus.br/enunciados/enunciado/501. Acesso em: 24 maio 2022.
7. BARBOZA, Heloisa Helena. Efeitos jurídicos do parentesco socioafetivo. *Revista da Faculdade de Direito da Universidade do Estado do Rio de Janeiro-RFD*, v. 2, n. 24, p. 116-117. 2013.
8. BARBOZA, Heloisa Helena; ALMEIDA, Vitor. Novos rumos da filiação à luz da Constituição da República e da jurisprudência dos tribunais superiores brasileiros. *Civilistica.com*, v. 10, n. 1, p. 1-26, 2 maio 2021. Disponível em: https://civilistica.emnuvens.com.br/redc/article/view/706. Acesso em: 31 maio 2022, p. 12.
9. PEREIRA, Caio Mário da Silva. *Instituições de direito civil*. 23. ed. Rio de Janeiro: Gen, 2015, v. V. Direito de família. p. 413.
10. PIMENTA, José da Costa. *Filiação*. Coimbra: Coimbra Editora, 1986, p. 167.
11. FACHIN, Luiz Edson. *Da paternidade*: relação biológica e afetiva. Belo Horizonte: Del Rey, 1996, p. 69.

aquele ser identificado objetivamente, mediante a constatação dos requisitos "típicos de uma relação afetiva: *tractatio, reputatio e nominatio*." Ainda segundo a autora, o cuidado dedicado ao parente socioafetivo, situação passível de verificação objetiva, deveria ser considerado como uma das melhores formas de expressão do afeto,[12] o que muito mais tarde veio a ser reconhecido na jurisprudência do Superior Tribunal de Justiça, principalmente nas decisões referentes à reparação por abandono afetivo.[13] A separação entre os elementos externos (socio) e internos (afetividade) gerou a conclusão de que mesmo que cessado o afeto originário, as repercussões sociais se mantêm e sua reversão poderia gerar danos de diversas ordens aos envolvidos, por exemplo a modificação do nome.[14]

Mais recentemente, e acompanhando a melhor construção sobre o significado do revisitado conceito, Ricardo Calderón afirma que a socioafetividade "envolve atos de cuidado, entreajuda, respeito, comunhão de vida, convivência, manutenção da subsistência, educação, proteção, ou seja, comportamentos inerentes a uma relação familiar." Assim, não cabe vincular sua definição com afeto ou subjetivismos, pois "... não interessa se a pessoa efetivamente nutre afeto ou não, eis que esta é uma questão totalmente estranha ao direito, interessa a averiguação de atos e fatos que sejam significativos no sentido de externar isso."[15]

Os consensos sobre a objetividade em sua configuração não afastam todas as discussões sobre o assunto, restando como alvo a própria definição de sua natureza jurídica (princípio, valor), o que não impede, de qualquer forma, a tomada majoritária de decisão sobre os inafastáveis efeitos de criar ou manter o vínculo jurídico filial já estabelecido, sendo que anteriormente havia necessidade de pronunciamento judicial para o seu reconhecimento ou sua afirmação diante de eventual conflito (exemplo: reconhecimento socioafetivo de paternidade via testamento e posterior discordância de familiares sucessores), mas que hoje, inclusive, pode ser declarado também de maneira extrajudicial, na forma do Provimento 63, alterado pelo de n. 83, do Conselho Nacional de Justiça.

4. RECONHECIMENTO DE FILIAÇÃO. MANIFESTAÇÃO DE VONTADE E SEUS EFEITOS: ENTRE A PARTE GERAL DO CÓDIGO CIVIL E AS NORMAS DO DIREITO DE FAMÍLIA

O estabelecimento da filiação é assunto que agrega diversas matérias, envolvendo a já conhecida presunção legal estabelecida no art. 1597 do Código Civil, a consanguinidade a partir da certificação via exame de DNA, a presunção decorrente da recusa

---

12. BARBOZA, Heloisa Helena. Efeitos jurídicos do parentesco socioafetivo. *Revista da Faculdade de Direito da Universidade do Estado do Rio de Janeiro-RFD*, v.2, n. 24, 2013, p. 123.
13. BRASIL. Superior tribunal de Justiça. REsp 1159242 / SP. Relatora Ministra Nancy Andrighi. Terceira Turma. Brasília, 24 de abril de 2012. Disponível em: https://scon.stj.jus.br/SCON/GetInteiroTeorDoAcordao?num_registro=200901937019&dt_publicacao=10/05/2012. Acesso em: 24 maio 2022.
14. BARBOZA, Heloisa Helena. Efeitos jurídicos do parentesco socioafetivo. *Revista da Faculdade de Direito da Universidade do Estado do Rio de Janeiro-RFD*, v. 2, n. 24, p. 123-124. 2013.
15. CALDERÓN, Ricardo Lucas. *Princípio da afetividade no direito de família*. Rio de Janeiro: Renovar, 2013, p. 318 e 312.

ao mesmo exame (Súmula 301 do Superior Tribunal de Justiça[16]) e a socioafetividade. Apesar das diversas possibilidades, o registro formal da parentalidade advindo de voluntária manifestação de vontade ou por determinação judicial é a certificação jurídica que atribui direitos e deveres, podendo gerar alguns conflitos, como já visto, pela discordância entre aquilo que publicamente está fixado e a realidade da filiação – qualquer que seja sua origem.

Assim, o tema da filiação se encontra com a teoria dos negócios jurídicos, especificamente com os atos jurídicos *stricto sensu*, considerados estes no grupo mais amplo dos fatos que exigem a presença da vontade humana (onde também está presente o negócio jurídico). Aquela vontade, no entanto, não possui ampla liberdade criativa de efeitos, não tendo "escolha de categoria jurídica, razão pela qual a sua manifestação apenas produz efeitos necessários, ou seja, preestabelecidos pelas normas jurídicas respectivas, inalteráveis pela vontade e invariáveis."[17]

Caso exista prévio casamento (não há previsão legal para a união estável), há presunção de paternidade, sendo necessário somente declarar o ato do nascimento com a respectiva filiação já atribuída por lei. Caso exista alguma discordância sobre este fato, será necessária a propositura de ação negatória de paternidade, na forma do art. 1601 do Código Civil. Se não existir prévio casamento, deve haver efetiva declaração de parentesco mediante alguma das formas descritas no art. 1609, casos em que se estabelecerá o vínculo pela vontade. Nessas hipóteses, qualquer 'conflito entre as filiações' deverá ser discutido via ação judicial proposta com fundamento no art. 1.604 do Código Civil, norma mais ampla que permite vindicação de estado contrário ao que resulta do registro uma vez demonstrada a existência de erro ou falsidade.

A falsidade pode ser material ou ideológica, verificada a primeira quando forjado o ato sem seus elementos físicos, já a segunda, ideológica, impõe análise de conteúdo e, em tema de filiação, cabe a indagação sobre o que seria uma parentalidade falsa.[18] Inicialmente, é possível afirmar que falso é o registro que não corresponde a uma realidade biológica, no entanto, a socioafetividade precisa ser verificada, pois caso reste apurada precisa, como se sabe, ser tutelada de maneira igualitária, inclusive com possibilidade, em tese, de multiparentalidade.

Além da falsidade, necessário abordar o erro enquanto vício que macula a vontade humana e pode gerar a anulabilidade do ato jurídico.

---

16. BRASIL. REsp. 1.115.428/SP. Relator Luis Salomão. 4ª Turma. Brasília, 27 de agosto de 2013. Disponível em: www.stj.jus.br. Acesso em: 1º jun. 2022. Nessa decisão podem ser encontradas interpretações que consideram as repercussões que a recusa deve projetar caso seja realizada pelo suposto pai ou pelo filho.
17. MELLO, Marcos Bernardes de. *Teoria do fato jurídico. Plano da existência*. 22. ed. São Paulo: Saraiva, 2019, p. 229.
18. "O registro está onde sempre esteve: continua a ser a memória dos fatos jurídicos. Nada indica que tenha passado à condição de prontuário da fenomenologia biológica. (...) Verdade e falsidade no registro civil e na biologia têm parâmetros diferentes. Um registro é sempre verdadeiro se estiver conciliado com o fato jurídico que lhe deu origem. E é falso na condição contrária." VILLELA, João Baptista. O modelo constitucional da filiação: verdade e superstições. *Revista Brasileira de Direito de Família*, n. 2, jul.-set., 1999, 121-142, p. 139.

Presentes os elementos básicos ligados à pessoa do declarante, objeto e expressão da vontade, é possível afirmar que o ato jurídico existe, sendo necessário qualificar a vontade para que os efeitos sejam regularmente produzidos. Segundo a clássica lição de Carvalho Santos, "A ignorância é a ausência de qualquer idéia sobre uma pessoa ou objeto, enquanto que o êrro é mais alguma coisa, pois é a substituição da verdadeira idéia por uma idéia falsa sôbre a pessoa ou objeto."[19] Esse erro deve ser essencial, ou seja, sem ele o ato não se celebraria, sendo determinante para a sua realização. Pode recair sobre objetos, sua qualidade, pessoas e suas qualidades, sendo correto afirmar quanto a esta última parte, que: "Caracteriza-se não só pela confusão da identidade da pessoa a que se refira a declaração de vontade, senão também quando diz respeito a uma qualidade essencial.", considerada 'qualidade essencial à pessoa' toda vez que ela figura como móvel do ato ou quando constitui elemento do ato jurídico.[20] Assim, quem realiza o registro, em regra o faz na crença de ser parente em primeiro grau do reconhecido e, sendo este o móvel que conduz à declaração, não caberia juridicamente admitir que tal vício em ato essencialmente volitivo fosse privilegiado. A constatação judicial do erro, portanto, afasta os efeitos jurídicos do registro, retirando os deveres referentes ao poder familiar, o direito de uso do sobrenome, direitos sucessórios e quaisquer outras prerrogativas atribuídas em função da parentalidade.

Sabe-se que a teoria geral dos vícios do consentimento, incluída na vasta regulação que o Código Civil brasileiro ainda presta ao negócio jurídico, foi estruturado à luz da influência das concepções liberalistas e patrimoniais, merecendo uma análise diferenciada ao se referir ao direito de família, tal como acontece expressamente na seara do casamento. O registro, ao atribuir o estado de filiação, diz respeito principalmente à criação de uma identidade e fixação ampla do parentesco, o que serve de referência para o desenvolvimento de qualquer pessoa. Dessa maneira, uma análise que considere o erro sobre a filiação da mesma maneira como se pode errar ao negociar um bem jurídico, é descabida e não pode ser recepcionada pela interpretação jurídica pós 1988.

Algumas discussões são aparentemente mais fáceis de resolver (como acontece nos casos de 'adoção à brasileira'), pois, apesar de ser feita formalmente a alegação de erro, este normalmente não se verifica na prática, já que a não coincidência biológica é previamente conhecida, sendo o registro realizado como ato voluntário e de autonomia familiar, cujos efeitos devem ser respeitados de maneira permanente.

De outro lado, a constatação de efetivo erro é plenamente possível, sendo comum a realização de registro ou a declaração de nascimento com a firme crença do vínculo. Após isso, a família se constitui materialmente e passa a cumprir os deveres de sustentar, educar e criar, com o resultado de uma parentalidade que se identifica no meio social e privado. Nesse ponto, é extremamente importante lembrar que as crianças e os

---

19. CARVALHO SANTOS, J.M. *Código civil brasileiro interpretado*. 11. ed. Rio de Janeiro: Freitas Bastos, 1982, v. II, p. 292.
20. CARVALHO SANTOS, J.M. *Código civil brasileiro interpretado*. 11. ed. Rio de Janeiro: Freitas Bastos, 1982, v. II, p. 312.

adolescentes são pessoas em desenvolvimento, que se apoiam na realidade que lhes é apresentada para estabelecer as relações que a vida exige, seja quanto a educação, saúde e vínculos sociais, e se amparam nessa rede estrutural para a formação de suas opiniões até alcançarem a maturidade necessária para sozinhos assumirem o rumo de suas vidas.

A jurisprudência brasileira reconheceu juridicamente que a socioafetividade é extremamente importante para ponderar o argumento do erro na realização do reconhecimento da parentalidade, sendo essa postura digna de elogios. Ela demonstra que a interpretação judicial está sendo adequadamente realizada em função da proteção da pessoa humana e privilegia o histórico fático de vivência da parentalidade como contraponto a uma alegação fria e técnica de erro na realização do ato jurídico.[21] Porém, alguns detalhes dessa postura jurisprudencial merecem acertos para que a tutela seja prestada consoante as exigências do princípio da responsabilidade parental (art. 226, § 7º, CR), do melhor interesse das crianças e adolescentes (art. 227, CR) e da preservação da dignidade humana dos filhos já adultos (art. 1º, III, CR). Tal acontece porque o entendimento aplicado nas decisões mais recentes tem base no seguinte raciocínio: a socioafetividade deixa de existir quando o pai/mãe, ao descobrir a inexistência de vínculo biológico, se afasta do filho deixando de praticar os atos que materializariam a parentalidade e, dessa forma, a relação se extinguiria por não mais existir o vínculo socioafetivo e, ainda, sob uma segunda justificativa, caberia ao filho "preterido" livremente buscar sua parentalidade biológica.[22]

> Hipótese em que, conquanto tenha havido um longo período de convivência e de relação filial socioafetiva entre as partes, é incontroverso o fato de que, após a realização do exame de DNA, todos os laços mantidos entre pai registral e filhos foram abrupta e definitivamente rompidos, situações que igualmente se mantém pelo longo período de mais de 06 anos, situação em que a manutenção da paternidade registral com todos os seus consectários legais (alimentos, dever de cuidado, criação e educação, guarda, representação judicial ou extrajudicial etc.) seria um ato unicamente ficcional diante da realidade.[23]

Em contraponto, para a defesa dos interesses do filho, há alegações que variam desde os direitos da personalidade até questões específicas do direito de família.

Assim, em primeiro lugar, a proteção da identidade pessoal oriunda da origem familiar é aspecto que merece tutela em função de sua natureza existencial, cuja base se

---

21. BRASIL. Superior Tribunal de Justiça. Ag. Int. no AREsp 1.931.045/SP. Min. Antônio Carlos Ferreira. 4a Turma. Brasília, 28 de março de 2022. BRASIL. Superior Tribunal de Justiça. REsp. 1.814.330. Relatora Nancy Andrighi. Brasília, 14 de setembro de 2021. BRASIL. Superior Tribunal de Justiça. REsp. 878.941/DF. Min. Nancy Andrighi, 3ª Turma, D.J. 17 de setembro de 2007. Todas as decisões disponíveis em: www.stj.jus.br. Acesso em: 31 maio 2022.
22. BRASIL. Superior Tribunal de Justiça. REsp. 1.741.849/SP. Rel. Nancy Andrighi. 3ª Turma. Brasília, 20 de outubro de 2020. Disponível em: www.stj.jus.br. Acesso em: 31 maio 2022.
23. BRASIL. Superior Tribunal de Justiça. REsp. 1.741.849/SP. Rel. Nancy Andrighi. 3ª Turma. Brasília, 20 de outubro de 2020. Disponível em: www.stj.jus.br. Acesso em: 31 maio 2022. Idem: BRASIL. Superior Tribunal de Justiça. REsp. 1.508.671. Rel. Marco Aurélio Bellizze. 3ª Turma. Brasília, 25 de outubro de 2016. Disponível em: www.stj.jus.br. Acesso em: 31 maio 2022. REsp. 1.930.823/PR. Rel. Marco Aurélio Bellizze. 3ª Turma. Brasília, 10 de agosto de 2021. Disponíveis em: www.stj.jus.br. Acesso em: 31 maio 2022.

encontra na dignidade humana e diz respeito à construção da pessoa enquanto integrante de determinado grupo e pelo convívio com as pessoas que nele se encontram. Fixa-se, muitas vezes desde o nascimento, a origem e o parentesco, construindo-se a personalidade a partir de tais dados. Dessa maneira, a retirada desse estado por livre vontade do genitor (sem a oitiva dos filhos) tem como resultado o afastamento de um histórico pessoal de vivência e de atribuição familiar que, sem dúvida, interfere nas bases que constituem sua referência pessoal e social, sobretudo provados os elementos do trato e fama, constituidores da posse de estado de filho. De acordo com Carlos Fernández Sessarego, o direito à identidade pessoal deve incluir esse aspecto estático:

> Entendemos como identidad personal el conjunto de atributos y características sicosomáticas que permiten individualizar a la persona en sociedad. Identidad personal es todo aquello que hace que cada cual sea "uno mismo" y no "otro". Este plexo de rasgos de la personalidad de "cada cual" se proyecta hacia el mundo exterior y permite a los demás conocer a la persona, a cierta persona, en su "mismidad", en lo que ella es en cuanto ser humano. Los atributos y características que, en su totalidad, definen objetivamente la personalidad que se exterioriza, pueden tener la calidad de elementos estáticos, invariables, salvo excepciones, o dinámicos, fluidos, en proceso de cambio y de enriquecimiento. Los estáticos, son los primeros que se hacen visibles frente a la percepción de los demás en el mundo exterior. Entre estos cabe señalar a los signos distintivos, como el nombre, el seudónimo, la imagen y otras características físicas que distinguen a una determinada persona de las demás. La persona se identifica de modo inmediato y formal por estos atributos.[24]

O exercício da posse de estado confere bases para a criação da história do filho e há necessidade de proteção a essa construção de vida por ter se tornado, com o amadurecimento do tema da filiação, verdadeiro direito que se impõe de forma igualitária no sistema jurídico. Tutelar a posse de estado até onde a vontade do pai se manifesta, desconsidera a dignidade do filho, lesiona os interesses de crianças e adolescentes e se configura como um retrocesso em matéria de filiação.

Algumas considerações especificam essa afirmação e é sobre elas que se passa a tratar.

A estabilidade do estado não deve ser equiparada à atualidade, pois a defesa desse elemento para a constituição da socioafetividade o enfraquece por permitir ao pai/mãe a possibilidade unilateral de afastar o vínculo, sem a consideração de seus efeitos pretéritos, construídos por sua vontade, ainda que tenha sido declarada por engano. Caso fosse feita uma comparação, os filhos também foram levados a erro e não haveria motivo para valorar positivamente o engano sofrido por quem assume a paternidade e não o de quem fora reconhecido. A produção de efeitos merece ser amparada apesar do vício inicial, algo que a teoria da aparência já justificou em diversos campos do direito.

A possibilidade de busca da ascendência biológica pelo filho deve ser interpretada como uma escolha pessoal, voluntária, viável, e não como justificativa certa para a desconstituição da parentalidade, pois a descoberta da origem sanguínea não é fator que

---

24. SESSAREGO, Carlos Fernández. El derecho a la identidad personal. Disponível em: https://docplayer.es/87967716-El-derecho-a-la-identidad-personal-carlos-fernandez-sessarego.html. Acesso em: 25 maio 2022.

garante a criação de laços entre as partes envolvidas. Ou seja, alega-se a possibilidade de acesso à origem biológica como se ela equivalesse à criação de um novo estado familiar que possa suprir o anterior, quando se sabe que isso pode realmente não acontecer.

Outro ponto que merece maior cuidado diz respeito ao descumprimento do princípio da igualdade da filiação, pois a *mens constitutionis* foi de conferir igual valor às parentalidades, de maneira que se é livre o acesso ao vínculo biológico (art. 27, Lei 8.069/90), exista ou não relação afetiva posterior, então, por que não poderia existir filiação baseada no afeto pretérito sem vínculo biológico? A socioafetividade, mais uma vez, merece ser tutelada.

Um tema que também vale ser lembrado é o de que o reconhecimento não requer a declaração de vontade de crianças e adolescentes (art. 1614, CC), e, ainda que requeresse, como acontece nas hipóteses do provimento 63 e 83 do CNJ, a interpretação da vontade manifestada (pelo adolescente) deve se dar sempre em favor deles, com base na principiologia constitucional imposta pelo art. 227, *caput*, da Constituição.

De outro lado, mais tecnicamente, a criação da posse de estado de filho não deve ser classificada, na ampla teoria dos negócios jurídicos, como equivalente ao ato jurídico *stricto sensu* (ou seja, a vontade é considerada preponderante para a constituição do suporte fático onde a lei incidirá), qualidade que se ajusta ao ato de reconhecimento de filiação. Parece mais adequado qualificá-lo como ato-fato jurídico, na medida em que este exige conduta humana, mas não necessariamente vontade dirigida e específica à produção dos efeitos jurídicos que se evidenciam. Ou seja, exige-se conduta humana, mas não vontade.

Segundo Marcos Bernardes de Mello,

> É evidente que a situação de fato criada pela conduta, comissiva ou omissiva, constitui uma mudança permanente no mundo, passando a integrá-lo definitivamente, sem que haja a possibilidade de, simplesmente, ser desconsiderada (como seria possível se se tratasse, exclusivamente, de ato). Como a conduta que está a base da ocorrência do fato é da substância do fato jurídico, a norma jurídica a recebe como avolitiva, abstraindo dele qualquer elemento volitivo que, porventura, possa existir em sua origem; não importa, assim, *se houve, ou não, vontade* em praticá-la.[25]

E uma prova de que a conduta (manifestada na vivência pai/mãe-filho) merece ser tutelada judicialmente em qualquer situação, de maneira igualitária, se mostra quando o pedido de desconstituição, baseado na não coincidência biológica, parte de outras pessoas pertencentes à família, a exemplo dos irmãos, casos em que regularmente o vínculo de parentalidade se mantém, com base na ocorrência de socioafetividade. Se realmente fosse o caso de privilegiar a realidade biológica, objetivamente a decisão deveria ser a mesma, o que só reforça a ideia de que a vontade do pai termina por ser, mais uma vez, privilegiada.

---

25. MELLO, Marcos Bernardes de. *Teoria do fato jurídico*. Plano da existência. 22. ed. São Paulo: Saraiva, 2019, p. 198.

5. CONCLUSÃO

A tentativa de aplicação da teoria geral da invalidade dos negócios jurídicos aos atos de reconhecimento de filiação exigiu da doutrina e da jurisprudência a criação de diretrizes que pudessem legitimar seus entendimentos, à luz de toda a evolução percebida sobre o assunto da filiação biológica e socioafetiva desde o fim do século XX.

Reconhece-se que a utilização da socioafetividade enquanto elemento que pondera os interesses discutidos nas ações de desconstituição de parentalidade é digna de elogios, sobretudo por identificar a força jurídica da posse de estado de filho. No entanto, algumas considerações devem ser feitas quando alegado e provado o vício do erro (falsa representação da realidade), principalmente diante de parentalidades já fixadas há tempo e reconhecidas socialmente. Entender que o afastamento da convivência baseado na descoberta científica de ausência de vínculo biológico justifica a desconstituição do parentesco contraria o *status* axiológico contemporâneo, que deve, sempre que possível, tutelar os interesses dos filhos. Além disso, não reconhecer os efeitos da posse de estado, para além do resultado do exame de DNA e da verificação do erro no reconhecimento, fere a identidade familiar; sujeita o estado filial à proteção do engano do pai – desconsiderando a 'inocência' do registrado; inferioriza a parentalidade socioafetiva e torna a posse de estado uma manifestação unilateral de vontade, somente digna de tutela se persistir, pela vontade do pai, durante todo o tempo de constituição familiar.

BREVES CONSIDERAÇÕES SOBRE A GUARDA DE CRIANÇAS SOB A PERSPECTIVA DE GÊNERO

Elisa Costa Cruz

Sumário: 1. Introdução – 2. A guarda no direito civil – 3. Os sentidos da historicidade legislativa da guarda – 4. Comentário final.

1. INTRODUÇÃO

Ao analisarmos com atenção a historicidade do Direito Civil brasileiro, iremos verificar que se trata de um ramo jurídico de construção relativamente recente porque apenas com a adoção do regime republicano de governo se torna pauta política a edição de um Código Civil nacional. Até 1822 o Brasil foi colônia de Portugal e entre 1822 e 1889, já independente de Portugal, o país adotou as Ordenações Filipinas como normas jurídicas de Direito Civil e que só viriam a ser abandonadas em 1916, após 10 anos de tramitação do Projeto do Código Civil no Congresso.

Temos, assim, pouco mais de um século de normatização civil própria, pouco menos do que a Alemanha, cujo Código data de 1900, mas bem menos do o Francês, de 1804, dois dos textos que inspiraram a codificação brasileira.

Ainda que atualmente esteja em vigor a Lei 10.406/2002 em substituição ao Código Civil de 1916, ambos os documentos possuem pontos de identificação, como a estrutura entre Parte Geral e Parte Especial, que permite uma análise conjunta dos Códigos.

Essa identidade é particularmente evidente no Livro de Direito de Família, onde muitos artigos possuem redação igual ou bem similar entre os Códigos revogado e atual, apesar das adaptações feitas no Projeto do Código Civil de 2002 buscando adequá-lo à Constituição da República de 1988. A similaridade linguística entre os Códigos faz com que, contemporaneamente, a legislação e a prática civis sejam marcadas por traços patriarcais, machistas e de subjetivação da identidade[1] feminina no lugar da mãe e esposa.[2]

---

1. BORILLO, Daniel; BARBOZA, Heloisa Helena. Sexo, gênero e direito: considerações à luz do direito francês e brasileiro. *Civilistica.com*. Rio de Janeiro, a. 5, n. 2, 2016. Disponível em: http://civilistica.com/sexo-genero-e--direito/. Acesso em: 31 jul. 2022.
2. "É importante, também, reconhecer os contextos históricos com o aumento da participação das mulheres nas esferas exteriores à família. Mas entre a lei e a vida das mulheres existe a permanência de padrões e comportamento ainda inspirados no Código Civil de 1916, usados inclusive nas decisões judiciais." BARSTED, Leila Linhares; CRUZ, Rubia Abs; BARSTED, Mariana. O lugar das mulheres no direito. In: SEVERI, Fabiana Cristina; CASTILHO, Ela Wiecko Volkmer de; MATOS, Mylena Calasans de (Org.). *Tecendo fios das críticas feministas ao direito no Brasil*. Ribeirão Preto: FDRP/USP, 2022, , v. 2, t. II, p. 343.

Alguns estudos refletem sobre a inexistência de uma perspectiva de gênero[3] no Direito de Família e as possíveis consequências, como, por exemplo, Luisa Mozetic Plastino[4] ao analisar a alteração de *pátrio poder* para *poder familiar* no Projeto do Código Civil de 2002, Susana Chiarotti Boero, Rita de Castro Hermes Meira Lima, Ana Liési Thurler e Fabiane Simioni sobre guarda compartilhada e alienação parental[5] e Ligia Ziggiotti de Oliveira em uma análise mais abrangente sobre o Direito das Famílias.[6]

Nesse artigo seguimos o caminho das autoras e autores que têm reinterpretado o Direito das Famílias a partir dos debates de gênero e pretendemos tecer breves considerações sobre a guarda de crianças entre seus pais e mães (*guarda parental*[7]) e a conexão com a identidade feminina.[8] Para os objetivos aqui traçados, dividiremos a análise em dois momentos: o primeiro, reconstituindo a legislação sobre guarda e, o segundo, aprofundando as relações de gênero subjacentes à legislação.

2. A GUARDA NO DIREITO CIVIL

A guarda enquanto instituto jurídico passou a constar das normas após a implementação da República. Antes disso, nas Ordenações Filipinas, não constava de documento

---

3. "O termo "gênero" se refere a uma construção cultural, aos significados atribuídos ao corpo sexuado, por conseguinte, não decorre de um sexo de maneira predeterminada. É a concepção que permite reconhecer os procedimentos que são constitutivos do homem e da mulher, além dos limites biológicos, e que se manifesta na reiterada interpretação de uma série de atos, renovados, revisados e consolidados no tempo, a qual é imposta pelas práticas reguladoras da coerência do gênero, isto é, que determinam os comportamentos previstos e esperados para cada sexo. Haveria, nestes termos, um determinismo biológico, na indicação do que compete socialmente a cada sexo. O gênero está atrelado à diferença entre os sexos, como se fosse uma decorrência natural desses. Na verdade, os papéis de gênero são intercambiáveis, conforme a época e a cultura nas diferentes sociedades. Assim, atividades inicialmente atribuídas precipuamente à mulher, como cozinhar ou cuidar da casa e dos filhos, hoje são partilhadas, quando não exercidas exclusivamente pelos homens. O mesmo ocorre em outros campos, como o dos esportes e de várias outras profissões. Exatamente nessa alteração de papéis ocorre boa parte da discriminação das mulheres, que, por exemplo, ao exercerem profissões consideradas masculinas não recebem igual remuneração" (BARBOZA, Heloisa Helena; ALMEIDA, Vitor. (Des)Igualdade de gênero: restrições à autonomia da mulher. *Pensar*, v. 22, n. 1, p. 244-245, Fortaleza, jan./abr. 2017).
4. PLASTINO, Luisa Mozetic. Revisitando o poder familiar: vocação, cuidado e punição. In: CUNHA, Luciana Gross; BUZOLIN, Lívia Gonçalves (Org.) *Direito e gênero*: reflexões plurais sobre teorias feministas. São Paulo: FGV Direito SP, 2022, p. 31-58. Disponível em: https://hdl.handle.net/10438/31816. Acesso em: 31 jul. 2022.
5. BOERO, Susana Chiarotti; LIMA, Rita de Castro Hermes Meira; THURLER, Ana Liési; SIMIONI, Fabiane. 15 anos do novo Código Civil e a garantia dos direitos das mulheres: famílias, guarda compartilhada e a síndrome da alienação parental. In: SEVERI, Fabiana Cristina; CASTILHO, Ela Wiecko Volkmer de; MATOS, Mylena Calasans de (Org.). *Tecendo fios das críticas feministas ao direito no Brasil*. Ribeirão Preto: FDRP/USP, 2019, p. 157-187. T. I.
6. OLIVEIRA, Ligia Ziggiotti de. *Olhares feministas sobre o Direito das Famílias contemporâneo*: perspectivas críticas sobre o individual e o relacional em família. 2. ed. Rio de Janeiro: Lumen Juris, 2020.
7. CRUZ, Elisa Costa. *Guarda parental*: uma releitura a partir do cuidado. Rio de Janeiro: Processo, 2021.
8. "O sexo aparece não somente como estatuto (atributo da personalidade), mas também como função que remete aos papéis sociais esperados de um e outro sexo. Durante muito tempo o sexo – função organizou juridicamente a subordinação das mulheres. Do Direito Constitucional ao Direito Civil, do Direito do Trabalho ao Direito de Família, as leis excluíam as mulheres de direitos fundamentais, como o comum o direito ao voto, à disposição do patrimônio ou à igualdade conjugal." (BORILLO, Daniel; BARBOZA, Heloisa Helena. Sexo, gênero e direito: considerações à luz do direito francês e brasileiro. *Civilistica.com*. Rio de Janeiro, a. 5, n. 2, 2016. Disponível em: http://civilistica.com/sexo-genero-e-direito/. Acesso em: 31 jul. 2022).

jurídico[9] e eventuais problemas de separação de um casal eram resolvidos atribuindo-se ao homem o poder sobre os filhos,[10] uma vez que a mulher não era reconhecida plenamente enquanto pessoa.[11]

Proclamada a República, como forma de dissociar do Império e a associação do regime monárquico com a Igreja Católica, o Governo federal decide instituir regras civis sobre relações de Direito de Família e edita o Decreto 181/1890, também conhecido como Decreto de 24 de janeiro. Nele regulamentou-se a realização do casamento civil e os efeitos da sua dissolução, à época, chamado de divórcio, mesmo sem a capacidade de dissolver o vínculo matrimonial.

Dentre os efeitos da dissolução do casamento estava a posse dos filhos. O art. 85 do Decreto estabelecia o acordo entre o casal como a principal regra de definição da destinação dos filhos comuns em caso de dissolução. Essa regra era complementada pelo art. 90, que determinava a entrega dos filhos ao cônjuge inocente em caso de divórcio não consensual ou litigioso.

O Código Civil viria a disciplinar o tema de forma um pouco diferente. As regras da preservação do acordo em caso de separação (art. 325) e da atribuição da guarda ao cônjuge inocente na separação litigiosa (art. 326, caput) estavam mantidas, mas foi prevista uma alternativa caso ambos os cônjuges fossem declarados culpados: nessa situação, a guarda dos filhos até 06 anos de idade e das filhas (a qualquer tempo) pertenceria à mãe, passando os pais a exercerem a guarda dos filhos homens a partir dos 06 anos de idade destes.

A publicação da Lei 4.121/1962 (Estatuto da Mulher Casada) alteraria o art. 326 do Código Civil para fazer constar a preferência materna na atribuição da guarda, salvo se o juiz verificasse motivos de ordem moral que impedissem a mãe de exercer essa função (art. 326, § 1º). Além disso, surge a partir de 1962 a previsão do direito de visitação ao pai ou mãe não detentor da guarda (art. 326, § 2º).

Essas regras se mantiveram estáveis até a promulgação da Constituição da República de 1988, ainda que entre 1962 e 1988 tenha sido editada a Lei 6.515/1977 (Lei do Divórcio), que repetiu as disposições já constantes do Estatuto da Mulher Casada.

A promulgação da Constituição da República de 1988 significou o reconhecimento da igualdade entre sexos (art. 5º, I), a igualdade entre sexos nas relações familiares (art.

---

9. Apesar disso, encontram-se 32 processos classificados como "guarda judicial" de menores no Acervo Judiciário do Arquivo Nacional entre 1839 a 1889 e 16 processos entre 1890 e 1916. Pesquisa realizada em 01 de agosto de 2022.
10. "Na ordem civil o divorcio perpetuo produz a dissolução da sociedade conjugai. Em virtude delle, pois, cessa o poder marital ; a mulher readquire a sua capacidade jurídica (3) ; os bens se dividem e se partilhão segundo o regimen que tiver sido adoptado, como se o casamento se dissolvesse por morte de um dos cônjuges (4) ; os filhos continuão sob o poder do pai (ò), mas a mãi é obrigada a criar de leite os de peito até a idade de três annos. (6)" (PEREIRA, Lafayette Rodrigues. Direitos de família. Rio de Janeiro: B. L. Garnier, 1869, p. 64)
11. COLLING, Ana Maria. O lastro jurídico e cultural da violência contra a mulher no Brasil. XXVIII Simpósio Nacional de História, Florianópolis, SC, 2015. Disponível em: http://www.snh2015.anpuh.org/resources/anais/39/1427675369_ARQUIVO_anpuh2015.pdf. Acesso em: 1º ago. 2022.

226) e primazia do melhor interesse da criança e do adolescente nas decisões que os envolvessem (art. 227). Houve, assim, a necessidade de reinterpretar a legislação infraconstitucional à luz dos novos parâmetros normativos constitucionais, o que significava dissociar o texto tal como redigido da interpretação da norma jurídica subjacente.[12] Ou seja, enquanto não ocorresse a modificação textual das leis, as normas jurídicas do Código Civil sobre guarda deveriam ser interpretadas como atribuindo a pais e mães iguais responsabilidades e possibilidades de seu exercício, remanescendo a decisão não no critério de culpa/inocência pelo término do casamento, mas pela conformação do melhor interesse da criança ou do adolescente.

O Estatuto da Criança e do Adolescente (Lei 8.069/1990) foi a primeira lei civil cujo texto atribui responsabilidades iguais a pais e mães em relação aos cuidados com os filhos. O art. 22 contém disposição que "aos pais incumbe o dever de sustento, guarda e educação dos filhos menores, cabendo-lhes ainda, no interesse destes, a obrigação de cumprir e fazer cumprir as determinações judiciais".

A edição do Código Civil de 2002 (Lei 1.0406) resolve em definitivo a dissociação entre texto escrito e norma jurídica, estabelecendo no art. 1.584 que "decretada a separação judicial ou o divórcio, sem que haja entre as partes acordo quanto à guarda dos filhos, será ela atribuída a quem revelar melhores condições para exercê-la".

Verifica-se nessa trajetória que (1) a guarda, tradicionalmente, era do tipo unilateral, porque definida em favor de apenas um dos pais; (2) apesar do breve período de preferência paterna, determinada pela redação original do Código Civil de 1916 até 1962, desde essa data foi instituída a primazia materna na atribuição da guarda, salvo, claro, a existência de acordo entre os cônjuges ou responsabilização feminina pelo término do casamento; (3) a partir de 1988 estabelece-se a igualdade entre homens e mulheres no exercício da guarda, a qual se desloca da existência ou não da culpa para recair sobre o interesse dos filhos.

Em 2008 esse cenário seria impactado com a aprovação da Lei 11.698, que inclui no Código Civil a previsão da guarda compartilhada como espécie de guarda, entendida aquela como a "responsabilização conjunta e o exercício de direitos e deveres do pai e da mãe que não vivam sob o mesmo teto, concernentes ao poder familiar dos filhos comuns" (art. 1.583, § 1º). A partir da Lei 13.058/2014 a guarda compartilhada não seria apenas uma espécie de guarda, mas o sistema preferencial a ser adotado com o objetivo de "reorganizar as relações entre pais e filhos no interior da família desunida, diminuindo os traumas do distanciamento de um dos pais", permitindo que "os filhos vivam e convivam em estreita relação com pai e mãe, havendo uma coparticipação em igualdade de direitos e deveres".[13] É possível que essas leis tenham contribuído para o decréscimo de guardas unilaterais atribuídas a mulheres em divórcios: dados do IBGE

---

12. TEPEDINO, Gustavo. O Código Civil, os Chamados Microssistemas e a Constituição: Premissas para uma Reforma Legislativa. *Problemas de Direito Civil-Constitucional*. Rio de Janeiro: Renovar, 2000, passim.
13. Justificativa apresentada no Projeto de Lei 6.350/2002, que se transformaria na Lei 11.698/2008. Disponível em: http://imagem.camara.gov.br/Imagem/d/pdf/DCD10ABR2002.pdf#page=66. Acesso em: 1º ago. 2002.

mostram que, em 2008, cerca de 88%[14] das guardas eram atribuídas unilateralmente a mulheres enquanto em 2019 esse percentual era de 62,4%.[15] O percentual de compartilhamento da guarda vai de 2,9% em 2005 para 5,5% em 2010[16] e chega a 26,8% em 2019, o que confirma a tendência de migração do modelo unilateral para o compartilhado.

3. OS SENTIDOS DA HISTORICIDADE LEGISLATIVA DA GUARDA

Esse artigo não se pretende ser um trabalho de História do Direito, mas, aproveitando das contribuições desse ramo jurídico, há que destacar a insuficiência de elencar as legislações nacionais sobre guarda. É essencial oferecer contextos e sentidos para uma melhor interpretação dos modelos jurídicos.[17]

Em relação à guarda, dividimos essa análise contextual em quatro períodos de tempos a partir da República, delimitados pelas legislações aprovadas: de 1890 a 1962, 1962 a 1988, 1988 a 2008, 2008 até os dias atuais.

De 1890 a 1962, o tema guarda foi regulado pelas Ordenações Filipinas, o Decreto 181/1890 e o Código Civil de 1916. Em comum a esses diplomas legislativos, estavam a caracterização da mulher como ser inferior e subordinado ao homem e pai de família e, por essa razão, destituída da autoridade em exercer o pátrio poder ou qualquer outra forma de poder ou direito sobre os filhos. Como destacado por Marina Maluf e Maria Lúcia Mott:

> A imagem da mãe-esposa-dona de casa como a principal e mais importante função da mulher correspondia àquilo que era pregado pela Igreja, ensino por médicos e juristas, legitimado pelo Estado e divulgado pela imprensa. Mais que isso, tal representação acabou por recobrir o ser mulher – e sua relação com as suas obrigações passou a ser medida e avaliada pelas prescrições do dever ser.[18]

No Código Civil de 1916 essa representação inferiorizada da mulher surge no art. 6º, II (incapacidade relativa das mulheres casadas), art. 240 (papel auxiliar no casamento), art. 242 (proibições de exercício da autonomia e capacidade), art. 380 (exercício subsidiário do pátrio poder) e arts. 382 e 383 (regras específicas sobre a possibilidade de a mulher exercer o pátrio poder).

A hierarquização negativa do ser feminino traduziu-se, em relação a guarda, em regras de impossibilidade do seu exercício, que competiriam naturalmente ao homem. Por essa razão, "ao acreditar que a mulher se encontrava numa posição naturalmente

---

14. IBGE. Estat. Reg. civ., Rio de Janeiro, 2008. Disponível em: https://biblioteca.ibge.gov.br/visualizacao/periodicos/135/rc_2008_v35.pdf. Acesso em: 1º ago. 2022.
15. IBGE. Estat. Reg. civ., Rio de Janeiro, 2019. Disponível em: https://biblioteca.ibge.gov.br/visualizacao/periodicos/135/rc_2019_v46_informativo.pdf. Acesso em: 1º ago. 2022.
16. IBGE. Estat. Reg. Civ., Rio de Janeiro, 2010. Disponível em: https://biblioteca.ibge.gov.br/visualizacao/periodicos/135/rc_2010_v37.pdf. Acesso em: 1º ago. 2022.
17. SABADELL, Ana Lucia. Reflexões sobre a metodologia na história do Direito. *Cadernos de Direito*, Piracicaba, v. 2, n. 4, 2003. Disponível em: https://www.metodista.br/revistas/revistas-unimep/index.php/cd/article/view/718. Acesso em: 1º ago. 2022.
18. MALUF, Marina; MOTT, Maria Lúcia. Recônditos do mundo feminino. In: NOVAIS, Fernando A. (Dir.); SEVCENKO, Nicolau (Org.). *História da vida privada no Brasil*. São Paulo: Companhia de Bolso, 2021, p. 292.

inferior à do homem, que era sua subordinada, claro que a responsabilidade de educar e criar as crianças só podia recair sobre o pai (...)".[19]

Com a aprovação do Estatuto da Mulher Casada, em 1962, inicia-se um novo momento em relação aos direitos das mulheres e um avanço no reconhecimento de igualdade formal. O art. 380 do Código Civil é alterado para fazer nele constar que o pátrio poder é exercido pelo homem e pela mulher em conjunto, e não mais pelo homem com a colaboração feminina. Além disso, o art. 6º deixa de considerar a mulher casada como relativamente incapaz.

Se, de um lado, a legislação começa a sinalizar alguma igualdade formal entre homens e mulheres, por outro lado, irá agora reforçar a maternidade enquanto papel tipicamente feminino ao lhe atribuir a preferência na disciplina da guarda quando houvesse culpa de ambos os cônjuges na separação. Olhar para o cenário de 1984, primeiro ano em que o IBGE inclui nas estatísticas dos registros civis dados sobre guarda em processos de separação e divórcio, ajuda a confirmar a maternidade e o cuidado dos filhos como um espaço essencialmente feminino. Nesse ano, houve 49.405 processos de separação judicial em 1ª instância, dos quais em 42.781 ocorreu a atribuição da guarda para a mulher, 4.249 para homens, 1.563 para ambos e 713 para outros. Quanto aos divórcios, foram um total de 16.346, nos quais em 12.900 a guarda foi atribuída à mulher, 2.017 ao homem, 575 a ambos e 476 a outros.[20]

Ainda que os índices de guarda unilateral feminina tenham apresentado queda de cerca de 20% até 2019, é inegável que a pressuposição de que a mulher é a natural cuidadora dos filhos e filhas permanece vigente no meio jurídico, social e político. Como observa Flavia Biroli:

> A divisão sexual do trabalho, que foi bastante discutida nos capítulos iniciais deste livro, expressa-se no casamento, mas também nas separações. Embora a lei de 1977 tenha legalizado o divórcio, a lei que torna regra a guarda compartilhada dos filhos é de 2014 (Lei 13.058). A responsabilidade pelos filhos após a separação continua sendo em grande parte das mulheres. Mas a guarda compartilhada vem aumentando, tendo passado de 7,5%. Trata-se de um ponto delicado. A permanência da guarda predominantemente entre as mulheres, quando os casais se divorciam, pode ser vista como continuidade da divisão do trabalho no casamento, implicando, assim, a naturalização dos laços entre mulher, maternidade e cuidado com as crianças. Nesse caso, não se trata apenas da desobrigação dos homens de assumir a posição de responsável principal no cotidiano da criança nem apenas da assimetria no trabalho que isso significa: pode estar em ação também, pelos valores correntes, a percepção das próprias mulheres de que deve ser seu papel quando as separações ocorrem. Parece-me importante levar em consideração a vivência das mulheres e suas razões – mesmo que permeadas pela ideologia do maternalismo – para desejarem manter as crianças consigo. Além disso, entre o convencionalismo e, em alguns casos, os conflitos e as disputas dos casais nas separações, estão as questões relativas

---

19. GOMES, Joana Salazar. *O superior interesse da criança e as novas formas de guarda*. Lisboa: Universidade Católica Editora, 2017, p. 21.
20. IBGE. Estat. Reg. civ., Rio de Janeiro, 2019. Disponível em: https://biblioteca.ibge.gov.br/visualizacao/periodicos/135/rc_1984_v11.pdf. Acesso em: 1º ago. 2022.

ao bem-estar das crianças. Há uma dinâmica de reforço, mas também de disputas, que envolve as práticas sociais e a legislação.[21]

Ainda que desde 1988 tenhamos normas jurídicas mais direcionadas à promoção de uma igualdade material e de redução de desigualdades de gênero, parece-nos que remanesce nas normas e práticas jurídicas (e também nas sociais) o pensamento de que crianças são o *locus* natural da subjetivação da mulher, da sua construção identitária individual e coletiva.

A aprovação das leis sobre guarda compartilhada em 2008 e 2014 não foram suficientes (ainda) para alterar as bases fundantes dessa estabelecida divisão sexual do trabalho, até porque não se operou a "reinvenção das masculinidades no ambiente doméstico".[22]

Para além da apropriação e participação masculinas nos espaços privados, Ligia Ziggiotti de Oliveira destaca a importância de se questionar duas premissas que constantemente surgem nas análises sobre guarda e que, se adotadas, poderiam representar avanços concretos:

> A primeira, relacionada à redução da modalidade [guarda compartilhada] ao acesso livre deles [homens] à prole, revela a percepção de que qualquer grau de envolvimento de um homem com seus filhos já é suficientemente bom e merece guarda, ao passo que caberia à mulher permanecer disponível para promover o encontro entre o ex-cônjuge e a criança que têm em comum. Esta consequência pode se apresentar como negativa desde um ponto de vista feministas, porque permite um controle do tempo da mãe pelo homem. Dependerá, afinal, dela a mediação do acesso à criança para quando o pai puder vê-la.
>
> A segunda, em relação à falta de delimitação exata das responsabilidades parentais quando determinada a guarda compartilhada, parece remeter à concepção já mencionada do privatismo doméstico. Em outras palavras, "apesar de o Judiciário insistir em que os pais têm de trabalhar juntos, nenhum detalhamento que os guie é dado para que tal objetivo seja alcançado; um indicador de que isso é encarado como um problema doméstico para além dos limites do Direito".[23]

Essas críticas apresentadas por Ligia Ziggiotti de Oliveira convergem com reflexões de Denyse Côté, para quem:

> Ao se referir à neutralidade e à simetria dos gêneros como normas e valores básicos, ela é representada como intrinsicamente justa e vantajosa para as mulheres. Assim, as hierarquias sexuais são minimizadas por meio da neutralidade de gênero. A medida dessa simetria dos gêneros é em si mesma falsa: a simetria do tempo que a criança passa na casa de cada genitor não garante a igualdade de gêneros. A real responsabilidade pelo cuidado nas famílias em guarda compartilhada não é igualmente dividida (Côté, 2004). No melhor dos casos, o cuidado cotidiano (escovar os dentes, dar banho, vestir, levar para a escola ou creche etc.) é simetricamente compartilhado. Porém, as tarefas e responsabilidades de médio e longo prazo (compra de equipamentos esportivos, planejamento, férias, consultas médicas, apoio financeiro etc.) geralmente fica a cargo exclusivo das mães. As mães também são as únicas a

---

21. BIROLI, Flávia. *Gênero e desigualdades*: os limites da democracia. São Paulo: Boitempo, 2018, p. 121-122.
22. OLIVEIRA, Ligia Ziggiotti de. *Olhares feministas sobre o Direito das Famílias contemporâneo*: perspectivas críticas sobre o individual e o relacional em família. 2. ed. Rio de Janeiro: Lumen Juris, 2020, p. 106.
23. OLIVEIRA, Ligia Ziggiotti de. *Olhares feministas sobre o Direito das Famílias contemporâneo*: perspectivas críticas sobre o individual e o relacional em família. 2. ed. Rio de Janeiro: Lumen Juris, 2020, p. 137-138.

planejarem atividades de cuidado fora do seu tempo familiar e recebem mais apoio financeiro para os filhos (Côté, 2000), enquanto os pais geralmente contam com a ajuda do novo cônjuge, dos avós e das ex-esposas.[24]

Ao lado das propostas apresentadas por Ligia Ziggiotti de Oliveira, entendemos importante que, em primeiro lugar, a guarda seja ressignificada para ir além da ideia central de responsabilidade, como hoje está definida no art. 1.583, § 1º, do Código Civil.

O foco central da guarda deve ser a atividade de cuidado, mas sem esquecer dos cuidadores e das pessoas sob o cuidado, o que significaria incluir maternidade, maternagem, papeis feminino e masculino e interesse da criança e do adolescente na contextualização da guarda.

A transformação da "guarda de" um filho em "cuidado com" um filho demanda novos olhares sobre o conteúdo deste instituto, que se organiza a partir da assistência material, moral e educacional à criança, definidas a partir dos interesses da criança e do que os pais, enquanto cuidadores, têm disponibilidade em exercer, buscando, sempre, a equalização das desigualdades de gênero. Deve-se recusar tentativas de estabelecer as assistências com foco nos pais e estimulando uma compensação entre um e outro, pois isso conduziria a uma lógica excludente, onde o exercício por um naturalmente reduziria a participação do outro. Por certo, em algumas situações, a atuação de um pai deverá ser compensada com a do outro, para se atender ao melhor interesse, mas essa lógica deve ser residual e subsidiária, preferindo-se a verificação das necessidades dos filhos e como cada pai pode colaborar com o cuidado e desenvolvimento deles.

4. COMENTÁRIO FINAL

A título de conclusão, esperamos ter demonstrado que o debate sobre guarda é, em essência, sobre gênero e as identidades que homens e mulheres atraem para si. Se, na origem, a guarda era explicitamente direcionada a mulheres, ainda que para atingi-las na sua subjetivação com a maternidade com a retirada da guarda em caso de separação, a evolução no Direito vem tentando incluir os homens no papel de cuidados.

A primeira iniciativa foi adotada pela Constituição da República de 1988, seguida do Estatuto da Criança e do Adolescente e do Código Civil de 2002. As últimas foram as leis sobre guarda compartilhada de 2008 e 2014, mas apesar dos avanços, ainda há caminhos a serem percorridos de modo a desconstruir a naturalização da ideia de que o amor e cuidado são expressões femininas.

---

24. CÔTÉ, Denyse. Guarda compartilhada e simetria nos papeis de gênero: novos desafios para a igualdade de gênero. *Revista Observatório*, v. 2, n. 3, p. 182-198, Palmas, maio/ago. 2016. Disponível em: https://sistemas.uft.edu.br/periodicos/index.php/observatorio/article/view/2499/8887. Acesso em: 1º ago. 2022.

ECTOGÊNESE, ÚTERO ARTIFICIAL E TUTELA JURÍDICA DO EMBRIÃO: LEVANTANDO PROBLEMAS E SUGERINDO SOLUÇÕES PARA UM FUTURO NÃO TÃO DISTANTE

Manuel Camelo Ferreira da Silva Netto

Carlos Henrique Félix Dantas

Sumário: 1. Introdução – 2. O admirável mundo novo da ectogênese: o útero artificial e o seu estágio de desenvolvimento científico – 3. A bioética, biodireito e proteção da pessoa humana frente aos avanços biotecnológicos – 4. Achegas para uma compreensão prospectiva da tutela jurídica do embrião gestado no útero artificial: questionamentos em torno da atribuição dos direitos da personalidade e da possibilidade de extensão da proteção jurídica do nascituro – 5. Considerações finais.

1. INTRODUÇÃO

Em palestra intitulada "Direito Civil e biotecnologia: vivendo o futuro", proferida por ocasião do 7º Congresso do Instituto Brasileiro de Direito Civil (IBDCivil),[1] a professora Heloisa Helena Barboza chama atenção para o fato de que os avanços biotecnológicos possibilitam o surgimento de diversas situações para as quais, *a priori*, o Direito atual ainda não apresenta respostas. Isso dá-se porque tratar de biotecnologias é, sem sombra de dúvidas, falar sobre situações antes inimagináveis e que, de repente, tornaram-se factíveis e corriqueiras. Por essa razão, tem-se que é imperioso levar em consideração o caráter revolucionário e inovador dos avanços tecnocientíficos, ainda quando eles pareçam estar anos à frente, pois, rapidamente, esse futuro longínquo pode tornar-se o presente quotidiano.

Sobre isso, inclusive, basta observar a questão do recurso às técnicas de reprodução humana assistida (RHA) que, um dia, aparentavam ser apenas meros sonhos ou fantasias e atualmente demonstram-se como a realidade de diversas famílias mundo a fora, apresentando uma vasta gama de procedimentos e aparatos auxiliares como, por exemplo, a fertilização *in vitro*, a gestação por substituição, o diagnóstico genético pré-implantacional, a crioconservação de gametas, embriões e tecidos gonádicos, as ferramentas de edição genética etc. Diante disso, o Direito não pode fechar seus olhos

---

1. BARBOZA, Heloisa Helena. Direito Civil e biotecnologia: vivendo o futuro. *Revista Brasileira de Direito Civil*, v. 26, n. 04, p. 283, [S.l.], 2021. Disponível em: https://rbdcivil.ibdcivil.org.br/rbdc/article/view/701. Acesso em: 26 set. 2022.

para as inovações que estão sendo desenvolvidas ao redor do mundo, porque tais experimentos, mais cedo ou mais tarde, irão tornar-se técnicas consolidadas e regularmente difundidas no meio social.

Nesse diapasão, é imperioso destacar que pesquisas recentes vêm sendo desenvolvidas no intuito de conceber a figura de um útero artificial, tecnologia a qual teria o condão de viabilizar a ectogênese, ou seja, a possibilidade de garantir o desenvolvimento gestacional de seres humanos de forma extracorpórea. Desse modo, se esse procedimento conseguir ser efetivamente implementado, ter-se-á, além de uma nova revolução para o campo da biotecnologia, também o fomento do debate em torno dos parâmetros éticos e jurídicos que norteiem a sua utilização.

Diante disso, o presente trabalho, dentre inúmeras outras repercussões, debruçou-se, de forma mais específica, sobre a seguinte problemática: quais as possíveis repercussões que o desenvolvimento de uma tecnologia efetiva do útero artificial trará para a tutela jurídica do embrião humano, notadamente aquele a ser gestado de forma extracorpórea?

Assim sendo, este artigo procurou estudar os possíveis impactos que o desenvolvimento efetivo da técnica do útero artificial trará para a tutela jurídica do embrião gerado a partir do recurso à Ectogênese. Com tal finalidade, o artigo buscou: a) compreender o conceito de Ectogênese, associando-o com as recentes pesquisas em matéria de útero artificial, a fim de compreender de quais formas essa tecnologia está sendo pensada e desenvolvida no campo da biotecnologia reprodutiva humana na atualidade; b) entender quais são os parâmetros éticos elencados para balizar o desenvolvimento de novas tecnologias no campo biomédico; c) ponderar a respeito das principais repercussões jurídicas que o desenvolvimento do útero artificial possa acarretar para a tutela jurídica do embrião humano gestado em laboratório.

Para tanto, pautou-se na técnica da pesquisa bibliográfica, a partir da análise de livros, artigos, teses e dissertações, a fim de investigar o estado da arte no que tange às pesquisas em torno do desenvolvimento da tecnologia gestacional de seres humanos de forma extracorpórea. Ademais, foram empregados o método de raciocínio analítico-dedutivo e a análise qualitativa, com a finalidade de desenvolver um embasamento teórico-jurídico que levantasse os principais pontos de impacto que a técnica do útero artificial poderia vir a causar na tutela jurídica do embrião.

2. O ADMIRÁVEL MUNDO NOVO DA ECTOGÊNESE: O ÚTERO ARTIFICIAL E O SEU ESTÁGIO DE DESENVOLVIMENTO CIENTÍFICO

Na seara da reprodução humana, a infertilidade sempre se apresentou como uma questão de saúde com consequências sociais bem expressivas[2] e o desenvolvimento de

---

2. No dizer de Ana Cláudia Brandão de Barros, era muito comum que a ocorrência da infertilidade acarretasse a provocação da degradação da família num cenário em que o biologismo era o único elo que caracterizava, de fato e de direito, o estabelecimento de vínculos paterno-materno-filiais (Cf. FERRAZ, Ana Claudia Brandão de Barros Correia. *Reprodução humana assistida e suas consequências nas relações de família*: a filiação e a origem genética sob a perspectiva da repersonalização. 2. ed. Curitiba: Juruá, 2016, p. 41).

métodos que pudessem garantir a superação de tal "barreira" biológica gerou (e ainda gera) grandes desafios para o campo científico. Não é de se espantar que uma das mais conhecidas distopias da história, "Admirável Mundo Novo" (1932), escrita por Aldous Huxley, aborda, dentre outros temas, a ampla possibilidade de intervenção científica no processo reprodutivo humano; acarretando, inclusive, a viabilidade de produção de indivíduos em laboratório, de modo a formar uma sociedade estratificada em castas, criadas pela predeterminação do genoma adequado para cada função social específica a partir do ideal de superioridade genética.[3]

Fala-se, então, na figura da ectogênese – combinação das palavras "ecto" (fora) e "genesis" (origem, início) –, termo esse que foi inventado pelo geneticista John Haldane, em 1923,[4] e que, no dizer de Tuija Takala, é geralmente utilizado, na literatura bioética, para se referir a diversos meios nos quais a gravidez típica da espécie (gestação intrauterina) é substituída por meios alternativos de desenvolvimento do embrião. Diz-se, ainda, que, para alguns, ela representaria apenas e somente o recurso aos úteros artificiais ou mecânicos, enquanto, para outros, significaria também a inclusão da possibilidade de criarem-se condições semelhantes às de um útero em outro lugar do corpo, o qual pode ser tanto masculino, quanto feminino.[5] Note-se, porém, que, para os fins do presente artigo, o emprego da palavra ectogênese referir-se-á apenas à primeira definição, considerando-se métodos de desenvolvimento gestacional extrauterinos e extracorpóreos.

De mais a mais, a ectogênese – ou o útero artificial como um instrumento de sua viabilização prática – pode ser discutida, igualmente, a partir de duas perspectivas, elencadas por Diana Coutinho: a) a Ectogênese ou Útero Artificial *Ab Initio* – representando o desempenho da gestação desde o momento da concepção (que se dá por meio de fertilização *in vitro* – FIV[6]) até o do nascimento em ambiente extracorpóreo; e, b) a Ectogênese ou Útero Artificial Complementar – relativa ao uso da ectogênese enquanto um tratamento médico auxiliar, de apoio à gestação, no qual o "útero artificial" surge como elemento complementar da gestação natural. Nesse caso, a gestação inicia-se naturalmente ou com o auxílio das técnicas de RHA, dando-se no útero até que, por alguma razão (biológica ou física do corpo humano), o feto precise ser transferido para uma incubadora (útero artificial).[7]

---

3. HUXLEY, Aldous. *Admirável mundo novo*. 22. ed. São Paulo: Globo, 2014.
4. ATLAN, Henri. *O útero artificial*. Tradução de Irene Ernest Dias. Rio de Janeiro: Editora Fiocruz, 2006, p. 20.
5. TAKALA, Tuija. Human before sex? Ectogenesis as a way to equality. In: SIMONSTEIN, Frida (Ed.). *Reprogen-ethics and the future of gender*. Londres, Nova Iorque: Springer, 2009, p. 188. Disponível em: https://link.springer.com/chapter/10.1007/978-90-481-2475-6_15. Acesso em: 22 mar. 2020.
6. A Fertilização *In Vitro* (FIV) – popularmente conhecida como "bebê de proveta" – configura uma técnica de reprodução humana assistida na qual realiza-se fecundação dos gametas sexuais em laboratório e o embrião resultante é transferido, em seguida, para o útero da receptora, dando-se sequência ao processo gestacional. (Cf. FERRAZ, Ana Claudia Brandão de Barros Correia. *Reprodução humana assistida e suas consequências nas relações de família*: a filiação e a origem genética sob a perspectiva da repersonalização, cit., 2016, p. 46).
7. COUTINHO, Diana. O "futuro" da tecnologia reprodutiva: o útero artificial. In: GONÇALVES, Anabela; CALHEIROS, Maria Clara; PEREIRA, Maria Assunção do Vale; MONTE, Mário Ferreira Monte (Org.). *Direito na lusofonia*: direito e novas tecnologias. [s. l.]: Escola de Direito da Universidade do Minho, 2018, p. 1. Disponível em: https://repositorium.sdum.uminho.pt/bitstream/1822/56127/3/7.%20Diana%20Coutinho.pdf. Acesso em: 26 nov. 2019.

Diferentemente, portanto, do universo distópico de Huxley, no qual um Governo totalitário apropria-se de mecanismos interventivos sobre o processo reprodutivo (ectogênese e clonagem[8]), a fim de desestimular a reprodução vivípara e facilitar, consequentemente, o seu controle sobre uma sociedade dividida em um rígido sistema de castas por ele fabricado, a ectogênese real destina-se não somente a auxiliar na concepção de novas vidas para projetos parentais daqueles que não possam, por alguma razão, reproduzir-se pelo método tradicional (coito sexual), como também a viabilizar a sobrevivência de bebês paridos prematuramente.

Por essa razão, cientistas e pesquisadores, determinados em aprimorar novas tecnologias de auxílio ao desenvolvimento humano em matéria de aperfeiçoamento e qualidade de vida pré-natal, nos últimos tempos, vêm debruçando-se, cada vez mais, em torno da promoção de meios para desempenhar gestações extracorpóreas, no intuito de superar as "barreiras" biológicas do ser humano e alcançar novos patamares no âmbito da biotecnologia reprodutiva.

Sobre isso, é interessante notar que, por enquanto, é certo que, dada a incapacidade natural de gerar, algumas pessoas[9] não têm como desempenhar um projeto parental sem o recurso à adoção ou o auxílio de uma terceira pessoa disposta a gerar uma criança em favor deles, através da técnica de gestação por substituição (GS).[10] Mas, pergunta-se: até quando isso será uma realidade?

Sobre isso, é interessante destacar que algumas pesquisas e experimentos já vêm sendo feitos em torno do desenvolvimento extracorpóreo de embriões e fetos, os quais, futuramente, podem vir a culminar na criação do chamado "útero artificial". Na opinião

---

8. Aqui cumpre também esclarecer que a clonagem reprodutiva humana e a ectogênese não se assemelham conceitualmente. A esse respeito esclarece Diana Coutinho, inclusive, que, enquanto a clonagem caracteriza-se por ser um método de procriação assexuada, pressupondo o recurso a apenas uma célula reprodutiva (gametas sexuais), a ectogênese, até então pelo que dela se entende, seria concebida como um processo sexuado, demandando, pelo menos, dois gametas sexuais (espermatozoide e óvulo), a fim de não esbarrar em normas legais proibitivas que incidem sobre o desenvolvimento da clonagem reprodutiva humana (Cf. COUTINHO, Diana. O "futuro" da tecnologia reprodutiva: o útero artificial, cit., 2018, p. 4).
9. Muitas são as hipóteses de pessoas que, hoje em dia, precisam recorrer a Gestação Sub-rogada para desempenharem projetos parentais, por exemplo: a) casais homoafetivos masculinos cisgêneros; b) casais heteroafetivos cisgêneros nos quais a parceira tenha algum tipo de infertilidade que a impeça de levar a termo a gravidez; c) casais homoafetivos femininos transgêneros; c) mulheres solo, que desejem efetivar um projeto monoparental de maternidade, mas que, por alguma causa de infertilidade, não tenham como levar a gravidez a termo; d) homens solo, que desejem desempenhar uma "produção independente" de paternidade etc. (Para maior aprofundamento na matéria, Cf. SILVA NETTO, Manuel Camelo Ferreira da. *Planejamento Familiar nas Famílias LGBT*: desafios sociais e jurídicos do recurso à reprodução humana assistida no Brasil. Belo Horizonte: Fórum, 2021; SILVA NETTO, Manuel Camelo Ferreira da, DANTAS, Carlos Henrique Félix; FERRAZ, Carolina Valença. O dilema da "produção independente" de parentalidade: é legítimo escolher ter um filho sozinho? *Revista Direito GV*, v. 14, n. 3, p. 1106-1138, São Paulo, 2018. Disponível em: http://www.scielo.br/scielo.php?script=sci_arttext&pid=S1808-24322018000301106&lng=en&nrm=iso. Doi: https://doi.org/10.1590/2317-6172201841. Acesso em: 24 mar. 2020).
10. Diz-se que a "Gestação por Substituição" (GS), também conhecida como "Gestação Sub-rogada", compreende o recurso através do qual uma terceira dispõe-se a suportar uma gravidez e carregar um embrião, durante um período de gestação, em razão da impossibilidade física do beneficiário que recorreu ao serviço de RHA de fazê-lo (Para um melhor aprofundamento da temática, Cf. BARBOZA, Heloísa Helena. Reflexões sobre a responsabilidade civil na gestação de substituição. *Revista Brasileira de Direito comparado*. n. 19, p. 103-110, Rio de Janeiro, 2000. Disponível em: http://www.idclb.com.br/revistas/19/revista19%20(12).pdf. Acesso em: 24 mar. 2020).

do médico e biólogo Henri Atlan, Professor Emérito de Biofísica em Paris e em Jerusalém e autor do livro "O Útero Artificial" (2006), tal fato aconteceria dentro de cinquenta ou cem anos.[11] No entanto, pode-se dizer que os recentes avanços da medicina reprodutiva, os quais serão comentados a seguir, encaminham-se para talvez encurtar esse prazo previsto por Atlan em 2006.

Acerca do tema, importa salientar as ponderações de Diana Coutinho a qual afirma que, se já existem tecnologias que possibilitam tanto o início da gestação fora do corpo feminino (como o desenvolvimento *in vitro* de embriões até cinco ou seis dias antes da sua implantação), quanto à redução do tempo necessário de gestação intrauterina (a partir da manutenção de bebês prematuros em incubadoras), não é de se espantar que a biotecnologia reprodutiva esteja caminhando também para a garantia de gestações extracorpóreas.[12] No dizer de Débora Diniz, em verdade, o que precisa ser superado são as 24 semanas em que o útero é imprescindível para o crescimento do feto.[13]

Nessa continuidade, a fim de elucidar o estado da arte no tocante a confecção do "útero artificial", importa, então, destacar o que aponta Diana Coutinho[14] ao elencar algumas pesquisas que demonstram a viabilidade de, em um futuro não tão distante, a gestação extracorpórea tornar-se uma realidade:

(A) na década de 80, Yoshiro Kuwabara, Presidente do Departamento de Ginecologia e Obstetrícia da Universidade de Juntendo em Tóquio, criou uma placenta artificial, contendo líquido amniótico sintético, a fim de tentar reproduzir o ambiente uterino materno. Nela, realizou experimentos com animais, nos quais retirava um cabrito, cinco semanas antes do termo da gestação, e colocava-o na incubadora para desenvolver-se no restante da gestação, tendo sido necessários nove anos até que um desses animais conseguisse sobreviver nesse ambiente artificial. Essa técnica, a qual fora denominada "extrauterine fetal incubation" (EUFI) – em tradução livre, incubação fetal extrauterina (IFEU) –, possibilitou a manutenção desses fetos de cabrito, em tais ambientes artificiais, por até três semanas, apresentando problemas com falhas circulatórias e outras dificuldades técnicas;[15]

(B) a Drª Helen Liu, pesquisadora da Universidade de Cornell em Nova Iorque, desenvolveu a chamada "cocultura", na qual criou, em uma mesma proveta, um embrião e um tecido uterino. Para a professora, a chave para compreender a gestação intrauterina e, posteriormente, criar o útero artificial está no conhecimento a respeito da implantação do embrião no útero. Sendo assim, ela e sua equipe utilizaram-se de embriões descar-

---
11. ATLAN, Henri. *O útero artificial*, cit., 2006, p. 29.
12. COUTINHO, Diana. O "futuro" da tecnologia reprodutiva: o útero artificial, cit., 2018, p. 1.
13. ATLAN, Henri. O útero artificial. Rio de Janeiro: Editora Fiocruz; 2006. Resenha de: DINIZ, Débora. Rumo ao útero artificial. *Cadernos de Saúde Pública*, v. 23, n. 5, p. 1.237-1.244, Rio de Janeiro, 2007. Disponível em: https://www.scielosp.org/pdf/csp/2007.v23n5/1241-1243/pt. Acesso em: 26 nov. 2019.
14. COUTINHO, Diana. O "futuro" da tecnologia reprodutiva: o útero artificial, cit., 2018, p. 2.
15. KLASS, Perri. The artificial womb is born. *The New York Times*, p. 117, Nova Iorque, 1996. Disponível em: https://www.nytimes.com/1996/09/29/magazine/the-artificial-womb-is-born.html. Acesso em: 23 mar. 2020.

tados em procedimentos de FIV para testar tal ferramenta,[16] pesquisa a qual precisava ser sempre interrompida após o sexto dia, em razão da existência de leis, à época, nos Estados Unidos, com relação ao período autorizado para testes em embriões.[17] Em 2002, na sequência dos seus estudos, desenvolveu um rato, no que seria um esboço de útero artificial, mas o animal não nascera saudável. Para alguns, o sistema de "cocultura" concebido pela Dra. Liu permitiria que as células endometriais exibissem orientação espontânea e viabilidade promissora, autorizando o desenvolvimento de novas formas de estudo para as relações embrio-maternais e, consequentemente, auxiliando na concepção de um endométrio artificial;[18]

(C) nos Estados Unidos, a fim de salvar bebês prematuros extremos (com menos de 20 semanas), pesquisadores desenvolveram a ventilação líquida, a qual, para Diana Coutinho, poderá ser um dos componentes do útero artificial;

(D) em 2016, na Universidade de Cambridge, pesquisadores lograram manter embriões humanos fora do útero materno por 13 dias – ultrapassando o *record* anterior de 9 dias –, utilizando uma mistura de nutrientes que simula o ambiente uterino. Tal conquista já permitira a que os cientistas descobrissem novos aspectos do desenvolvimento humano inicial, incluindo características nunca antes vistas em embriões humanos. Entretanto, maiores descobertas não foram possíveis, tendo em vista o fato de que as *guidelines* internacionais em matéria de pesquisa em embriões humanos não autorizam o seguimento desses estudos para além do 14º dia;[19] e,

(E) em 2017, investigadores do Hospital Pediátrico da Filadélfia criaram um protótipo de útero artificial, o qual fora chamado de *"biobag womb"* – que, em tradução livre, poderia significar "útero de biobolsa" – e constitui uma alternativa às incubadoras convencionais. Com ela, experimentou-se desenvolver cordeiros prematuros de forma extracorpórea, tendo se destacado, especialmente, pela sua simplicidade em comparação a outras incubadoras. Ocorre que, na placenta, o feto desenvolve-se em um ambiente muito único, no qual lhe são fornecidos oxigênio e nutrientes, visto que seus pulmões não respiram o ar. Assim, eles flutuam no líquido amniótico, que é engolido pelo feto e criado pela micção fetal, estando sempre em constante reconstrução. Por isso, para bebês que vêm ao mundo muito cedo, as chances de sobrevivência ficam entre 10% e 50%, sendo que as tecnologias atuais utilizadas para tentar salvá-los também acabam

---

16. SIMONSTEIN, Frida. Artificial reproduction technologies (RTs) – all the way to the artificial womb? *Medicine, Health Care and Philosophy*, v. 9, n. 3, p. 359-365, [S.l.], 2006. Disponível em: https://link.springer.com/article/10.1007%2Fs11019-006-0005-4#article-info. Acesso em: 23 mar. 2020.
17. BULLETTI, Carlo; PALAGIANO, Antonio; PACE, Caterina; CERNI, Angelica; BORINI, Andrea; ZIEGLER, Dominique de. The artificial womb. *Annals of the New York Academy of Science*, p. 124-128, Nova Iorque, 2011. Disponível em: https://nyaspubs.onlinelibrary.wiley.com/doi/10.1111/j.1749-6632.2011.05999.x. Acesso em: 23 mar. 2020.
18. BULLETTI, Carlo; PALAGIANO, Antonio; PACE, Caterina; CERNI, Angelica; BORINI, Andrea; ZIEGLER, Dominique de. The artificial womb, cit., 2011, p. 125.
19. REARDON, Sara. Human embryos grown in lab for longest time ever. *Nature*. n. 533, p. 5-6, [S.l.], 2016. Disponível em: https://www.nature.com/news/polopoly_fs/1.19847!/menu/main/topColumns/topLeftColumn/pdf/533015a.pdf. Acesso em: 23 mar. 2020.

por machucá-los, por exemplo, danificando seus frágeis pulmões ou interrompendo o desenvolvimento pulmonar. Sendo assim, a "biobag womb" é composta por uma bolsa selada que contém um tubo que fornece líquido amniótico e outro que o drena, como pode ser visto na imagem a seguir:

IMAGEM 1 – Desenho esquemático da *"biobag womb"* desenvolvida pelo hospital pediátrico da Filadélfia.

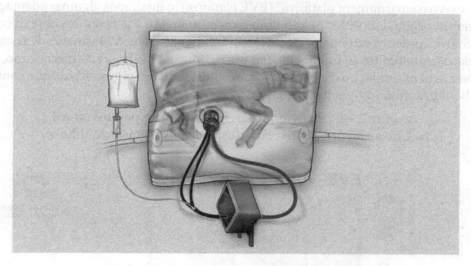

Fonte: Jennifer Couzin-Frankel. Fluid-filled 'biobag' allows premature lambs to develop outside the womb, 2017.

Para chegar a esse resultado, a equipe do Hospital Pediátrico da Filadélfia, liderada pelo cirurgião fetal e pediátrico, Alan Flake, iniciou suas pesquisas banhando os cordeiros em um líquido amniótico artificial, com eletrólitos que imitam o ambiente da placenta e conectam o animal a um oxigenador. O objetivo era ver se os cordeiros sobreviveriam e a estratégia funcionou de forma inesperada, com um animal tendo sobrevivido por 108 horas, mas ainda necessitando de um aprimoramento. Na continuidade do estudo, a equipe chegou a algo que imita de perto a biologia: uma abordagem que troca o líquido amniótico ao invés de recirculá-lo, um sistema selado que mantém o mundo exterior distante e um circuito de oxigenação do sangue que fica conectado ao feto do cordeiro pelo cordão umbilical. O coração do feto, a seu turno, instiga a circulação do sangue, mantendo a pressão sanguínea e outros marcadores a níveis normais. A partir desses novos experimentos, os resultados foram, no geral, positivos, observando-se apenas algumas complicações modestas, como inflamação pulmonar. Inclusive, a maior durabilidade obtida foi a de um cordeiro que sobreviveu durante um ano.[20]

Inspirados, assim, por tais descobertas desempenhadas pelos pesquisadores do Hospital Pediátrico da Filadélfia, um grupo de estudantes do Instituto de Artes de Arnhem,

---

20. COUZIN-FRANKEL, Jennifer. Fluid-filled 'biobag' allows premature lambs to develop outside the womb. *Science*. Publicado em 25 de abril de 2017, às 11h. Disponível em: https://www.sciencemag.org/news/2017/04/fluid-filled-biobag-allows-premature-lambs-develop-outside-womb. Acesso em: 26 nov. 2019.

na Holanda, criaram uma proposta audiovisual de uma projeção futurista, denominada por eles de "*par-tu-ri-ent*",[21] a qual representa de que forma, em sua visão, a tecnologia de desenvolvimento extracorpóreo de seres humanos poderá vir a se manifestar;[22]

(F) em 2019, um grupo de pesquisadores da Divisão de Ginecologia e Obstetrícia da Universidade Western (UW), Austrália, e do Centro para Medicina Perinatal e Neonatal do Hospital Universitário de Tohoko (HUT), Japão, publicaram um segundo teste do seu "ex-vivo environment platform" (EVE *platform*), o qual, após algumas adaptações da versão original de 2017, possibilitou o melhoramento nas taxas de sobrevivência (87,5%) de cordeiros extremamente prematuros (no equivalente à 24 semanas de gestação humana), submetidos ao tratamento por um período de 120 horas. O mecanismo, por sua vez, é bem similar ao da "biobag womb", utilizando uma bolsa selada que contém um líquido amniótico quente no qual o feto fica imerso:

Imagem 2 – EVE *platform*, desenvolvida pelos pesquisadores da Universidade Western e do Hospital Universitário de Tohoko.

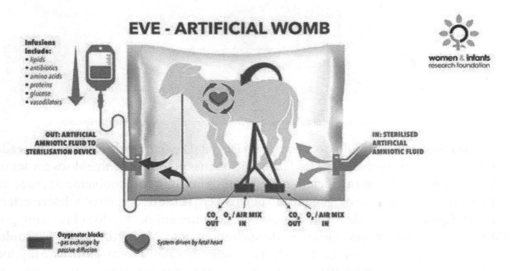

Fonte: Hitoshi Inada. Artificial womb raises hope for premature babies, 2017.

---

21. Disponível em: https://www.youtube.com/watch?v=LGNcUhcW7jM. Acesso em: 23 mar. 2020. Para acessar, com maior facilidade, o vídeo original, em inglês, intitulado *"Par-tu-ri-ent Introduction"*, elaborado pelo grupo holandês, basta posicionar a câmera de um *smartphone* sobre o seguinte *QR-Code* e escaneá-lo:

22. JUSTO, David. Un prototipo de incubadora para gestar a tu hijo en el salón de tu casa. *SER*. Publicado em 07 de julho de 2017. Disponível em: https://cadenaser.com/ser/2017/07/07/ciencia/1499428228_972907.html. Acesso em: 26 nov. 2019.

(G) Em 2021, um time de cientistas chineses do *Institute of Biomedical Engineering and Technology*,[23] filial da Academia Chinesa de Ciências, liderado pelo Professor Sun Haixuan, em estudo publicado no *Journal of Biomedical Engineering*, afirmam terem desenvolvido um sistema de monitoramento *online* projetado para a cultura de embriões *in vitro* a longo prazo, capaz de rastrear e registrar as características morfológicas dos embriões sem afetar o desenvolvimento embrionário, otimizando o sistema de cultivo *in vitro*.[24] Até o momento, essa tecnologia foi utilizada para gerar embriões de ratos, introduzidos em cubos cheios de fluidos nutritivos.[25]

(H) Em 2022, uma equipe do *Weizmann Institute of Science* em Rehovot, Israel, liderados pelo Professor Jacob (Yaqub) Hanna do Departamento de Genética Molecular, divulgou pesquisa em que afirmam terem criado um embrião de rato sem o uso de óvulos, espermatozoides ou mesmo de útero. Está-se diante do que chamaram de um embrioide sintético, criado a partir de células-tronco de ratos adultos, os quais sobreviveram por cerca de 8 (oito) dias e meio.[26]

Ora, se os mencionados estudos e pesquisas concretizarem-se e realmente vierem a ser produzidos úteros artificiais efetivos, eles poderão tornar-se uma nova alternativa reprodutiva para aqueles que, como os casais homoafetivos masculinos, precisam do auxílio da gestação sub-rogada no procedimento de RHA.

Por óbvio, a utilização de quaisquer dessas tecnologias em humanos ainda necessita de mais pesquisas e desenvolvimentos tecnológicos, o que, por sua vez, tornará o que antes era imaginado apenas na literatura futurista em uma realidade não tão distante. Isso, pois, a factibilidade dessa alternativa já não parece apenas pertencer ao âmbito da ficção científica, demandando a atenção da sociedade, sobretudo, da Bioética e do Biodireito, no intuito de encontrar-se alguma maneira de conciliar as aspirações procriativas do meio social e os limites ético-jurídicos à implantação dessas modernas tecnologias.

3. A BIOÉTICA, BIODIREITO E PROTEÇÃO DA PESSOA HUMANA FRENTE AOS AVANÇOS BIOTECNOLÓGICOS

Feitas as devidas considerações a respeito da ectogênese e dos esforços científicos atuais para a confecção do "útero artificial", resta agora a reflexão a respeito da pertinência e da legitimidade do recurso a essa tecnologia prospectiva. Será que o desenvolvimento

---

23. Em tradução livre: Instituo Suzhou de Engenharia Biomédica e Tecnologia.
24. ZENG, Weijun; ZHAO, Zhenying; YANG, Yuchen; ZHOU, Minchao; WANG, Bidou; SUN, Haixuan. Design and experiment of online monitoring system for long-term culture of embryo. *Journal of Biomedical Engineering*, v. 38, n. 6, p. 1134-1143, 2021. Disponível em: http://english.biomedeng.cn/article/10.7507/1001-5515.202107053. Acesso em: 27 set. 2022.
25. FERREIRA, Marta Leite. Cientistas chineses inventam útero artificial que pode criar embriões. *Observador*. Publicado em 05 fev. 20220, às 00:46. Disponível em: https://observador.pt/2022/02/05/cientistas-chineses-inventam-utero-artificial-que-pode-criar-embrioes/. Acesso em: 27 nov. 2022.
26. ISRAELI Scientist Creates World's First Synthetic Embryo Using Just Stem Cells. *Haaretz*, Publicado em 07 ago. 2022. Disponível em: https://www.haaretz.com/israel-news/2022-08-07/ty-article/.premium/israeli-scientist--creates-worlds-first-synthetic-embryo-using-just-stem-cells/00000182-7801-d9c2-afa6-ffb989780000. Acesso em: 27 set. 2022.

de seres humanos, em tais moldes, seria juridicamente possível? Ou, ainda, seria eticamente aconselhável? O ordenamento jurídico brasileiro possui ferramentas passíveis de promover a proteção jurídica do embrião humano gestado de forma extrauterina? Em que circunstâncias se poderá enquadrar a tutela do embrião gestado em um útero artificial? Estaria ele mais próximo da proteção conferida ao nascituro ou da tutela destinada ao embrião gerado *in vitro*?

Destarte, cabe salientar que o desenvolvimento de novas biotecnologias no campo da reprodução e do desenvolvimento humano representa a incessante busca da humanidade na melhora da espécie e na garantia de qualidade de vida para todas as pessoas. Entretanto, em que pese a importância do desenvolvimento dessas ferramentas, não é mais possível produzi-las sem imaginar sequer limitações a esse desenvolvimento.

Nessa toada, as inovações no campo das ciências da natureza e da vida possuem facetas que não podem ser desconsideradas. Se, por um lado, há os ganhos positivos na descoberta dessas novas tecnologias, em proporcionar maior qualidade de vida e desenvolvimento humano, por outro, há os liames éticos e jurídicos enfrentados em virtude dessas descobertas na proteção dos direitos fundamentais. Assim, a história do desenvolvimento dos avanços biotecnológicos remonta a uma série de abusos cometidos contra seres humanos e animais para proporcionar a descoberta de feitos que hoje são considerados como primordiais para a humanidade, tal qual o de tratamento adequado por meio de medicamentos ou procedimentos em determinada relação médico-paciente.

À vista disso, emergem os campos da Bioética e do Biodireito com o papel fundamental de impor limites éticos e jurídicos na tutela da vida (seja ela humana ou animal) e dos valores balizados pelo ordenamento jurídico (tal qual a *Vida*, a *Liberdade*, a *Dignidade* etc.). Isso porque a proteção da pessoa humana é, na atualidade, o centro do debate das pesquisas nas ciências da natureza e da vida, ciências jurídicas, entre outras áreas afins, uma vez que o paternalismo médico[27] perde força para o ideal de *Dignidade em Autonomia e Heteronomia*[28] no período pós-guerra.

Em virtude disso, Débora Diniz e Dirce Guilhem[29] lecionam que a bioética surgiu num contexto de proteção aos seres humanos classificados como de segunda categoria, nomenclatura adotada pelos pesquisadores no nascimento desse ramo interdisciplinar

---

27. Segundo lições de Heloisa Helena Barboza, o paternalismo médico, considerado por muito tempo a relação ética ideal, consiste em comportamento no qual o médico possui o poder de decisão sobre o que seria o melhor para o paciente, numa situação similar à relação dos pais para com os filhos. BARBOZA, Heloisa Helena. A autonomia da vontade e a relação médico-paciente no Brasil. Lex. Medicinae – *Revista Portuguesa de Direito da Saúde*, v. 1, n. 2, p. 05-14, Coimbra, 2005.
28. Conforme esclarece Barroso, a *Dignidade como Autonomia* se refere a investigação da legitimidade de uma escolha pessoal, uma vez que seus elementos seriam a capacidade de autodeterminação e as condições adequadas para o seu exercício. E, por sua vez, a *Dignidade como Heteronomia* se refere aos valores da comunidade em que os sujeitos subsistam. (Cf. BARROSO, Luís Roberto. Legitimidade da recusa de transfusão de sangue por testemunha de Jeová. Dignidade humana, liberdade religiosa e escolhas existenciais. *Parecer Jurídico*. Rio de Janeiro, 05 de abril de 2010. Disponível em: https://www.conjur.com.br/dl/testemunhas-jeova-sangue.pdf. Acesso em: 08 abr. 2020).
29. DINIZ, Débora; GUILHEM, Dirce. *O que é bioética*. São Paulo: Brasiliense, 2002, p. 21-22.

durante o período entre guerras. Deve-se compreender, ainda, que esses seres humanos de "segunda categoria" seriam todos aqueles que, de alguma forma, possuíam algum tipo de barreira para expressar a sua vontade no contexto da relação médico-paciente. Assim, ressalta-se que seriam as pessoas com deficiência intelectual, crianças, idosos, recém-nascidos, mulheres, presidiários, entre outros sujeitos passivos na relação biomédica que possuíam óbices para terem o respeito de sua *Dignidade* e *Liberdade* preservados.[30]

Ademais, cumpre ressaltar que a ideia de autonomia era completamente distanciada dos corpos desses sujeitos marginalizados na sociedade, uma vez que estavam submetidos a violações e impunidade nas pesquisas científicas realizadas sem consentimento real. Por isso, nesse período tenebroso da história científica da humanidade, especialmente pela frouxidão das normas éticas nas pesquisas em seres humanos, que houve um crescimento exponencial de descobertas e avanços biotecnológicos. Isto é, esses avanços se deram em detrimento do respeito aos direitos fundamentais e da personalidade de alguns cidadãos entendidos como descartáveis ou marginalizados, pois eram considerados como prescindíveis de vida e direito.

Em razão desses avanços desenfreados, sem o balizamento de limitações éticas e jurídicas, emergiu a discussão a respeito de normas-princípios que pudessem balizar o comportamento do agente ativo das relações biomédicas. Dessa forma, foi desenvolvida a Teoria Principialista, um dos marcos teóricos mais importantes para o campo da bioética, o qual teve como um dos principais aportes teóricos a obra "Principles of Biomedical Ethics" (1979),[31] de autoria de Tom Beauchamp e James Childress. Essa obra, referencial teórico para muitos estudos na contemporaneidade, propôs uma releitura dos três princípios éticos preconizados pelo *Relatório de Belmont* (*Respeito pelas Pessoas*; *Beneficência*; e, *Justiça*), sugerindo, por sua vez, uma nova sistemática, a partir dos seguintes: a) *Autonomia*; b) *Beneficência*; c) *Não Maleficência*; e, d) *Justiça*.[32] É necessário lembrar, contudo, que essa não é a única estrutura principiológica existente na atualidade, mas é, sem sombra de dúvidas, uma das mais importantes.

Diante disso, em síntese apertada, cumpre esclarecer quais seriam esses direcionamentos principiológicos na relação biomédica, determinados pela experiência da história nos avanços científicos. Por isso, o princípio da Autonomia para a Bioética se refere às liberdades individuais do sujeito submetido a uma relação médico-paciente. Assim, prioriza-se a lógica de respeito à autonomia existencial do indivíduo em desejar se submeter a um determinado tipo de procedimento ou não, a partir do recurso ao consentimento informado.[33]

---

30. Para aprofundar a investigação a respeito das pesquisas realizadas em seres humanos no período entre guerras, consultar BEECHER, Henry. Ethics and clinical research. *The New England Journal of Medicine*. v. 274, n. 24, June, 16, 1966. Disponível em: https://www.ncbi.nlm.nih.gov/pmc/articles/PMC2566401/pdf/11368058.pdf. Acesso em: 25 mar. 2020.
31. Tradução livre: Princípios da Ética Biomédica.
32. DINIZ, Debora; GUILHEM, Dirce. *O que é bioética*, cit., 2005, p. 31-34.
33. SILVA NETTO, Manuel Camelo Ferreira da; DANTAS, Carlos Henrique Félix; FERRAZ, Carolina Valença. O dilema da "produção independente" de parentalidade: é legítimo escolher ter um filho sozinho? cit., 2018, p. 1.113-1.118.

Pensando-se, agora, no princípio da *Beneficência*, é necessário associá-lo ao de *Não Maleficência*, a fim de que não haja nenhum prejuízo a quem utiliza as técnicas medicamente assistidas. O seu conteúdo se baseia, em parte, no Juramento Hipocrático, em que o médico se compromete em nunca causar danos ou mal a alguém. Nesse sentido, como explica Maria Helena Diniz,[34] "baseia-se na tradição hipocrática de que o profissional da saúde, em particular o médico, só pode usar o tratamento para o bem do enfermo, segundo sua capacidade e juízo, e nunca para fazer o mal ou praticar injustiça". Por outro lado, o princípio da *não maleficência* corresponderia a um desdobramento do primeiro, trazendo a ideia de "obrigação de não acarretar dano intencional e por derivar da máxima: *primum non nocere*".[35] Nesse sentido, pode-se entender genericamente que esses princípios se afeiçoam à ideia de fazer o bem, ao mesmo tempo que se busca não fazer o mal, havendo por isso, uma dicotomia de obrigações no exercício da atividade médico-paciente.

Por fim, o princípio da justiça, como asseveram Débora Diniz e Dirce Guilhem,[36] está correlacionado com a ideia de equidade social, tal como o filósofo John Rawls havia proposto, ao reconhecer as necessidades diferentes para a defesa de interesses iguais. Ressalta, ainda, Maria Helena Diniz[37] que esse princípio requer a imparcialidade na distribuição dos riscos e benefícios quanto à prática médica pelos profissionais da saúde.

Ademais, muitas dúvidas ainda existem acerca de quais seriam os princípios do Biodireito, pois há quem imagine que os princípios da Bioética seriam os mesmos para esse. Embora se deva considerar que a Ética e o Direito andem *pari passu*, jamais seria possível conceder tal interpretação, pois existem princípios gerais do direito que normatizam as ciências jurídicas e não devem ser descartados. Dessa forma, esclarece Heloisa Helena Barboza que não se trata simplesmente de buscar um correspondente jurídico para a bioética, mas de se estabelecer normas jurídicas que possam reger os fenômenos resultantes da biotecnologia e da biomedicina, pois não seria razoável resolver conflitos jurídicos tão somente com fundamento nos princípios da Bioética.[38]

A partir disso, considera-se, ainda, que os princípios da Bioética guardam relação com os princípios do Biodireito, sem que haja prejuízo na integridade metodológica quanto a aplicação, na medida em que há relação entre o Direito e a Ética. Desse modo, compreende-se como necessário a observância dos *princípios gerais* do direito e dos *princípios constitucionais*, considerando que a maioria dos fatos a serem regulados pelo Biodireito serem, via de regra, inéditos e não cogitados pelo ordenamento em

---

34. DINIZ, Maria Helena. *O estado atual do biodireito*. 10. ed. São Paulo: Saraiva, 2017, p. 39.
35. DINIZ, Maria Helena. *O estado atual do biodireito*, cit., 2017, p. 40.
36. DINIZ, Debora; GUILHEM, Dirce. *O que é bioética*, cit., 2002, p. 32.
37. DINIZ, Maria Helena. *O estado atual do biodireito*, cit., 2017, p. 40.
38. BARBOZA, Heloisa Helena. Princípios do Biodireito. In: BARBOZA, Heloísa Helena; MEIRELLES, Jussara Maria Leal de; BARRETTO, Vicente de Paulo (Org.). *Novos temas de Biodireito e Bioética*. Rio de Janeiro: Renovar, 2003, p. 70-71.

sua formulação original, tornando, por isso, imperiosa a observância dos princípios vigentes.[39]

Diante disso, ao se vislumbrar a realidade brasileira, percebe-se que existem normas, sobretudo no âmbito constitucional, que podem servir também de diretrizes para o desenvolvimento das inovações tecnológicas, a exemplo da *Dignidade Humana*, dos direitos à *Vida*, à *Igualdade*, à *Liberdade*, à *Saúde* etc. Por essa razão, tem-se que é dever do Poder Público assegurar algumas medidas, como a preservação da diversidade e integridade do patrimônio genético, bem como o dever de controlar a produção e emprego de técnicas que comportem substância de risco para a vida[40] e, ainda, garantir a proteção de todas as pessoas envolvidas na aplicação das novas biotecnologias, o que, na RHA, compreenderia tanto os beneficiários, quanto o bebê resultante do emprego das técnicas.

4. ACHEGAS PARA UMA COMPREENSÃO PROSPECTIVA DA TUTELA JURÍDICA DO EMBRIÃO GESTADO NO ÚTERO ARTIFICIAL: QUESTIONAMENTOS EM TORNO DA ATRIBUIÇÃO DOS DIREITOS DA PERSONALIDADE E DA POSSIBILIDADE DE EXTENSÃO DA PROTEÇÃO JURÍDICA DO NASCITURO

Tendo em vista, portanto, que os estudos nos campos da Bioética e do Biodireito mostram que a descoberta de novos avanços biotecnológicos não pode estar afastada da noção de proteção da humanidade, no geral, e da pessoa humana, em particular, com o aperfeiçoamento da tecnologia do útero artificial tal perspectiva não poderia ser mitigada. Não obstante, não significa que ela não possa acarretar transformações a respeito de como é enxergada a concepção, suas finalidades, o *status* jurídico do embrião, as formas de atribuição de filiação, a responsabilidade médica frente seus pacientes etc.

Assim, percebe-se que várias são as repercussões jurídicas que a Ectogênese poderia causar no âmbito jurídico, razão pela qual, por motivos de delimitação temática, reservou-se, aqui neste trabalho, a analisar, de forma prospectiva, a respeito da tutela jurídica a ser conferida aos embriões que forem gestados no útero artificial.

Destarte, impende destacar que a proteção conferida ao embrião, no Brasil, segue as diretrizes estabelecidas para a aquisição de personalidade jurídica disposta no art. 2º do Código Civil Brasileiro. Esse artigo, por sua vez, determina que a partir do nascimento com vida haverá a aquisição de personalidade jurídica (1ª parte do *caput*); ao passo que, desde a concepção, já são assegurados alguns direitos, como a proteção da continuidade do desenvolvimento do *nascituro* (2ª parte do *caput*).[41]

---

39. BARBOZA, Heloisa Helena. Princípios do Biodireito, cit., 2003, p. 73-77.
40. BARBOZA, Heloisa Helena. Princípios do Biodireito, cit., 2003, p. 75-76.
41. Código Civil de 2002: "Art. 2º A personalidade civil da pessoa começa do nascimento com vida; mas a lei põe a salvo, desde a concepção, os direitos do nascituro".

À vista disso, o termo *nascituro*, que significa a pessoa para nascer, leva em consideração aquele sujeito que já está concebido no ventre da pessoa que desempenhará a gestação. Por sua vez, ao se tratar de fertilização *in vitro*, aquela que ocorre em laboratório, há a necessidade de implantação do embrião no ventre para que ele se desenvolva, a não ser que exista o desejo de congelá-lo ou de criopreservá-lo.[42]

Dessa forma, percebe-se como importante a expansão do conceito de *nascituro* para que consiga abranger tanto aquele que se desenvolve no ventre, por meio da concepção *in vivo* ou *in vitro*, como também para aquele que se encontra em desenvolvimento em útero artificial, a partir das modernas tecnologias de reprodução humana, de modo a que seja possível conferir a mesma proteção jurídica durante a gestação intrauterina e os respectivos atributos de personalidade no nascimento com vida.

Em razão disso, pensa-se que o embrião *in vitro* gestado no útero artificial deve ser equiparado ao nascituro, porque, embora não haja propriamente o desenvolvimento no corpo humano, trata-se de um ser que, assim como na gestação intrauterina, possui expectativas de vir a tornar-se pessoa, a partir do nascimento com vida. Logo, deve gozar das mesmas regras que são dispostas pelo Código Civil no art. 2º, anteriormente citado.

Por isso, não deve ser considerado ser humano apenas àquele gerado intrauterinamente, mas também o embrião que seja fruto da construção de um projeto biparental ou monoparental viabilizado pelo emprego da técnica do útero artificial. Isso, pois, trata-se, em condição análoga, do desenvolvimento de um ser humano em potencial que merece as proteções jurídicas devidas para assegurar o seu crescimento.

No que tange, especificamente, a natureza jurídica do embrião gerado em laboratório, ressalta-se que não se trata, a partir de uma lógica binária, pura e simplesmente de uma pessoa ou uma coisa. Isso porque, para que o embrião gerado em laboratório seja pessoa, além de ter sido implantado em útero, natural ou artificial, é necessário que haja o nascimento com vida. Por outro lado, coisificar, a partir das categorias de direito de propriedade, encontradas na legislação civil, parece facultar a instrumentalização da vida humana. Por esse motivo, em verdade, mostra-se mais adequado atribuir ao embrião concebido em laboratório o *status* de uma situação jurídica *sui generis*, na medida em que não se enquadra nessa visão dualista, mas merecendo tutela como uma situação subjetiva em função de garantir segurança jurídica às relações que derivam do uso das ferramentas reprodutivas.[43]

---

42. MEIRELLES, Jussara Maria Leal de. *A vida humana embrionária e sua proteção jurídica*. Rio de janeiro: Renovar, 2000, p. 17-19.
43. Para um aprofundamento a respeito da natureza jurídica do embrião concebido em laboratório, consultar DANTAS, Carlos Henrique Félix. *Aprimoramento genético em embriões humanos*: limites ético-jurídicos ao planejamento familiar na tutela da deficiência como diversidade biológica humana. Belo Horizonte: Fórum, 2022, p. 145-155.

A partir disso, pode-se dizer que haverá a incidência de alguns efeitos jurídicos em decorrência do reconhecimento desse *status* de nascituro. Sobre isso, tem-se, de maneira exemplificativa, que:

(A) *no tocante a capacidade sucessória passiva* – o embrião gerado de forma extracorpórea terá capacidade sucessória passiva em virtude do que estabelece o art. 1.798 do Código Civil,[44] pois também se legitimam a suceder as pessoas já concebidas no momento da abertura da sucessão, o que, com o advento da ectogênese, ocorrerá não somente de forma intracorpórea, mas também extracorpórea. Além disso, frise-se, que estará, da mesma forma, condicionado ao nascimento com vida para que ocorra a efetiva transmissão da herança;

(B) *no que diz respeito aos alimentos gravídicos (ou mais adequadamente alimentos ao nascituro)* – prevê a Lei 11.804/2008 a possibilidade do autor (ou autores) do projeto parental arcar(em) com os valores capazes de cobrir as despesas no período de gravidez intrauterina. Sendo assim, em que pese a realidade circunstancial brasileira que culminou na criação da lei, imagina-se aqui a possibilidade de sua extensão para o embrião gestado de forma extracorpórea, na medida em que se pague as despesas adequadas para o desenvolvimento do nascituro no "útero artificial". Assim, tratar-se-iam das despesas relacionadas com os gastos com a clínica de gestação artificial durante o período de desenvolvimento embrionário e as despesas que dela decorrerem. Por isso, em situação fática em que há um planejamento biparental, tendo sido devidamente prestado o consentimento informado, e, por alguma razão superveniente (por exemplo, divórcio, dissolução de união estável, separação de fato etc.), um dos membros do casal decida abandonar o projeto ainda em fase de desenvolvimento embrionário, subsistirá, mesmo assim, o dever de arcar com as despesas correspondentes em face das necessidades do nascituro gestado em útero artificial e as futuras que possam advir a partir do nascimento com vida, ao converter-se em alimentos como tradicionalmente pensado na legislação civil;

(C) por fim, *no que diz respeito ao aborto* – por tratar-se de questão que, na realidade brasileira, ultrapassa os aspectos meramente relativos ao Direito Privado, tendo em vista as previsões dos artigos 124, 125, 126 e 127 do Código Penal,[45] não serão aqui tecidas reflexões aprofundadas sobre o tema, pois demandariam ponderações mais elaboradas. Não obstante, é notório que o surgimento de tecnologias de desenvolvimento

---

44. Código Civil de 2002: "Art. 1.798. Legitimam-se a suceder as pessoas nascidas ou já concebidas no momento da abertura da sucessão".
45. Código Penal, grifos no original: "Aborto provocado pela gestante ou com seu consentimento. Art. 124. Provocar aborto em si mesma ou consentir que outrem lho provoque: Pena: detenção, de um a três anos. [...] *Aborto provocado por terceiro* Art. 125. Provocar aborto, sem o consentimento da gestante: Pena: reclusão, de três a dez anos. [...] Art. 126. Provocar aborto com o consentimento da gestante: Pena: reclusão, de um a quatro anos. [...] Parágrafo único. Aplica-se a pena do artigo anterior, se a gestante não é maior de quatorze anos, ou é alienada ou débil mental, ou se o consentimento é obtido mediante fraude, grave ameaça ou violência. [...] *Forma qualificada* Art. 127. As penas cominadas nos dois artigos anteriores são aumentadas de um terço, se, em consequência do aborto ou dos meios empregados para provocá-lo, a gestante sofre lesão corporal de natureza grave; e são duplicadas, se, por qualquer dessas causas, lhe sobrevém a morte".

gestacional extracorpóreo traria novos contornos para as discussões sobre o tema, para além da própria noção de descriminalização e posterior regulamentação com respeito à autonomia decisória da mulher gestante (no caso das gravidezes intracorpóreas), perpassando por noções de recurso ao "útero artificial" como método alternativo ao aborto e de possibilidade ou não de abortamento no contexto do recurso ao útero artificial, dentre outras repercussões possíveis.[46]

5. CONSIDERAÇÕES FINAIS

1. A intervenção tecnológica no processo reprodutivo humano sempre foi um objetivo científico almejado na tentativa de superar as "barreiras" naturais impostas pela infertilidade. Nesse sentido, procedimentos como os da procriação medicamente assistida, antes da sua efetiva implementação, sempre foram associados à ficção, como ideais inalcançáveis, pertencentes apenas a um futuro distante. No entanto, os intensos avanços observados no campo biotecnológico têm demonstrado que essas alegorias da ficção científica – tais quais aquelas descritas por Aldous Huxley em sua clássica distopia "Admirável Mundo Novo" – estão mais próximas da realidade do que se imagina. A exemplo disso tem-se a figura da ectogênese, caracterizada pela concepção e pelo desenvolvimento gestacional de embriões de forma extracorpórea, encontrando como um de seus principais propósitos o aprimoramento do útero artificial.

2. No tocante à aplicação da tecnologia do útero artificial no processo de reprodução humana, não se pode dizer ainda que ela seja uma realidade. Porém, as mais recentes pesquisas científicas, na área, têm demonstrado que é só uma questão de tempo até que mais essa "barreira" natural seja ultrapassada. Afinal, já se tem a possibilidade de iniciar o processo reprodutivo de maneira extracorpórea (com o uso da FIV), assim como de finalizá-lo extrauterinamente (com o recurso a incubadoras para os bebês havidos prematuramente). Ademais, inúmeros estudos e pesquisas estão sendo realizadas, de modo a servir de subsídio para um futuro desenvolvimento efetivo do útero artificial, como a *"extrauterine fetal incubation"* (EUFI), a "cocultura", a "biobag womb", a "EVE platform" etc.

3. Em razão disso, emergem os campos da Bioética e do Biodireito como ferramentas capazes de instrumentalizar a conduta médica na proteção da vida humana (e animal) em conformidade com os valores e princípios elencados por cada Estado Nacional. Sendo assim, à luz do ordenamento jurídico brasileiro, as normas-princípios e normas-regras surgem como complementares a interpretação dos preceitos da Bioética, derivados da Teoria Principialista, de modo a tornar favorável o respeito aos valores fundamentais e da personalidade. Por isso, compreende-se que os limitadores éticos e jurídicos pensados

---

46. Para um aprofundamento da discussão a respeito do aborto em contexto de ectogênese, consultar SCHULTZ, Jessica H. Development of ectogenesis: how will artificial wombs affect the legal status of a fetus or embryo? *Chicago-Kent Law Review*. v. 84, n. 3, p. 877-906, Chicago, 2009. Disponível em: https://scholarship.kentlaw.iit.edu/cgi/viewcontent.cgi?article=3724&context=cklawreview. Acesso em: 24 mar. 2020.

pela literatura da Bioética e do Biodireito possuem especial papel no disciplinamento das novas tecnologias, tal qual o útero artificial"

4. Ademais, no que atine a atribuição de personalidade jurídica, entende-se como necessária a expansão do conceito de nascituro para que seja possível equipará-lo ao embrião gestado de forma extracorpórea, através de incubadoras artificiais. Haver-se-ia, por isso, uma extensão das regras do art. 2º do Código Civil para abarcar e proteger, em vida embrionária e no nascimento com vida, o embrião gestado a partir da tecnologia do útero artificial para que goze do atributo de ser protegido tal qual o nascituro, enquanto do seu desenvolvimento em sede da Ectogênese, e de ser-lhe conferida a natureza de pessoa a partir do seu nascimento com vida, ao término do desenvolvimento ectogenético.

AUTONOMIA REPRODUTIVA E EMBRIÕES EXCEDENTÁRIOS

Rose Melo Vencelau Meireles

> Ela é tão livre que um dia será presa.
> Presa por quê?
> Por excesso de liberdade.
> Mas essa liberdade é inocente?
> É. Até mesmo ingênua.
> Então por que a prisão?
> Porque a liberdade ofende.
> *Clarice Lispector*

Sumário: 1. Introdução – 2. O direito constitucional ao livre planejamento familiar – 3. O procedimento de fertilização *in vitro* (FIV) e os embriões excedentários – 4. Reprodução humana assistida *post mortem* – 5. O destino dos embriões excedentários para além da reprodução humana – 6. Para concluir.

1. INTRODUÇÃO

Para homenagear a Professora Heloiza Helena Barbosa, sem dúvida a temática da reprodução humana assistida é uma das que recebe destaque, por toda a pesquisa desempenhada na área nas últimas décadas. A autonomia existencial congrega todas as escolhas pessoais que digam respeito à categoria do ser, isto, é acerca de sua própria existência. O planejamento familiar situa-se no âmbito da autonomia existencial. Ser ou não ser pai e mãe. Neste trabalho, o tema da liberdade na família tem enfoque na reprodução humana assistida.

A biotecnologia constitui amplo espaço para escolhas reprodutivas. Nesse passo, pretende-se trazer para discussão quatro aspectos da autonomia reprodutiva: i) a reprodução *post mortem*; ii) a doação de embriões para reprodução humana; iv) o descarte de embriões; iv) a doação de embriões para pesquisa. Para tanto, dividiu-se as ideias em também quatro partes.

No item 2, objetiva-se situar o debate do livre planejamento familiar no plano constitucional, abordando seus limites. No item 3, cuida-se de expor de forma descritiva a reprodução *in vitro*, a partir da qual surgem os embriões excedentários, sobre os quais é preciso decidir antes mesmo da sua formação. No item 4, aborda-se a reprodução humana assistida *post mortem*, quando os embriões são implantados após a morte de um ou de ambos os pais. No item 5, as demais possibilidades para dar destino aos embriões excedentários são exploradas.

Assim, ao reconhecer a liberdade de escolhas existenciais, o texto contribui com a organização da matéria nesse aspecto da vida das pessoas, que para muitas é o caminho para o seu desenvolvimento pessoal, com a paternidade ou maternidade.

2. O DIREITO CONSTITUCIONAL AO LIVRE PLANEJAMENTO FAMILIAR

Entende-se por planejamento familiar o conjunto de ações de regulação da fecundidade que garanta direitos iguais de constituição, limitação ou aumento da prole pela mulher, pelo homem ou pelo casal. O livre planejamento familiar tem *status* constitucional reconhecido no art. 227, § 7º da Constituição da República:

> § 7º Fundado nos princípios da dignidade da pessoa humana e da paternidade responsável, o planejamento familiar é livre decisão do casal, competindo ao Estado propiciar recursos educacionais e científicos para o exercício desse direito, vedada qualquer forma coercitiva por parte de instituições oficiais ou privadas.

Como se lê do dispositivo acima citado, o planejamento familiar é norteado pelo princípio da liberdade, de modo a evitar qualquer ação limitativa do seu exercício, seja pelo Estado, instituições oficiais ou privadas.

A Lei 9.263/1996 regulamenta alguns aspectos do planejamento familiar, deixando clara a tônica da liberdade também no art. 9º, *in verbis*:

> Art. 9º. Para o exercício do direito ao planejamento familiar, serão oferecidos todos os métodos e técnicas de concepção e contracepção cientificamente aceitos e que não coloquem em risco a vida e a saúde das pessoas, garantida a liberdade de opção.

A única restrição prevista pondera o direito ao planejamento familiar, seja conceptivo ou contraceptivo, com a existência de risco de vida e saúde das pessoas. Qualquer outra receberia críticas por sua invasão à liberdade reprodutiva, recaindo em ilegalidade e inconstitucionalidade.

3. O PROCEDIMENTO DE FERTILIZAÇÃO *IN VITRO* (FIV) E OS EMBRIÕES EXCEDENTÁRIOS

A fertilização *in vitro* (FIV) é a técnica mais complexa de reprodução humana assistida. Consiste em fecundar óvulo e espermatozoide em ambiente laboratorial, formando embriões que serão cultivados, selecionados e transferidos ao útero da mulher. A fertilização *in vitro* é realizada em cinco etapas diferentes, a saber: i) estimulação dos ovários; ii) coleta de óvulos liberados; iii) fertilização dos óvulos; iv) crescimento dos embriões resultantes em laboratório; v) implantação dos embriões no útero da mulher.[1]

---

1. O Instituto Paulista de Ginecologia e Obstetrícia fornece o passo a passo completo para entendimento do procedimento médico (https://ipgo.com.br/fertilizacao-in-vitro-como-e-feito-o-passo-a-passo/)

A Resolução CFM 2.294/2021 revogou a Resolução CFM 2.168/2017, passando a limitar o número de embriões gerados em laboratório a 8 (oito):

> V – Criopreservação de gametas ou embriões
>
> 1. As clínicas, centros ou serviços podem criopreservar espermatozoides, oócitos, embriões e tecidos gonadais.
>
> 2. *O número total de embriões gerados em laboratório não poderá exceder a 8 (oito).* Será comunicado aos pacientes para que decidam quantos embriões serão transferidos a fresco, conforme determina esta Resolução. Os excedentes viáveis serão criopreservados. Como *não há previsão de embriões viáveis ou quanto a sua qualidade*, a decisão deverá ser tomada posteriormente a essa etapa. (grifou-se)

A limitação ao número de embriões recebeu inúmeras críticas em vários setores da medicina.[2] Com efeito, trata-se de limite inconstitucional, violador da liberdade reprodutiva, que não poderia prosperar. Assim, a Resolução CFM 2.320/2022 voltou atrás e não reproduziu a mesma restrição. O número de embriões congelados, portanto, será definido de acordo com o pleno exercício da liberdade reprodutiva.

Embriões excedentários poderão existir. De acordo com a norma ética, o número total de embriões gerados em laboratório será comunicado aos pacientes para que decidam quantos embriões serão transferidos a fresco. Quanto ao número de embriões a serem transferidos, determina-se, de acordo com a idade: a) mulheres com até 37 (trinta e sete) anos: até 2 (dois) embriões; b) mulheres com mais de 37 (trinta e sete) anos: até 3 (três) embriões; c) em caso de embriões euploides ao diagnóstico genético, até 2 (dois) embriões, independentemente da idade; e d) nas situações de doação de oócitos, considera-se a idade da doadora no momento de sua coleta. Os excedentes viáveis devem ser criopreservados. Resta assim a necessidade de definir qual o destino dos excedentários.

4. REPRODUÇÃO HUMANA ASSISTIDA *POST MORTEM*

O artigo 1.597 do Código Civil prevê algumas hipóteses de presunção de paternidade aplicáveis às situações de reprodução assistida:

> Art. 1.597. Presumem-se concebidos na constância do casamento os filhos:
>
> (...)
>
> III – havidos por fecundação artificial homóloga, mesmo que falecido o marido;
>
> IV – havidos, a qualquer tempo, quando se tratar de embriões excedentários, decorrentes de concepção artificial homóloga;
>
> V – havidos por inseminação artificial heteróloga, desde que tenha prévia autorização do marido.

---

2. Vide nesse sentido:
https://www.migalhas.com.br/coluna/migalhas-bioeticas/347390/o-que-muda-na-reproducao-humana--assistida-com-a-resolucao-2-294-21; https://www.migalhas.com.br/coluna/migalhas-de-vulnerabilidade/348647/a-reproducao-humana-assistida-e-a-atuacao-do-cfm; https://www.istoedinheiro.com.br/reproducao-assistida-e-limitada-a-oito-embrioes/.

A reprodução assistida é gênero que compreende a inseminação (ou fecundação) artificial e a fertilização *in vitro*. O que difere as duas técnicas é a maneira como os óvulos são fecundados. A inseminação artificial consiste em injetar os espermatozoides diretamente no útero da mulher, onde ocorrerá a fecundação. A fertilização *in vitro* é a fecundação do óvulo com o espermatozoide no laboratório de embriologia, para depois realizar-se a transferência embrionária para o útero da mulher.

Ao disciplinar a reprodução humana assistida, o legislador não se baseou na técnica empregada, mas na origem biológica do material genético utilizado. Quando o material genético pertence ao casal, será reprodução homóloga. Quando o material genético for doado, será reprodução heteróloga. Sendo homóloga, haverá presunção de paternidade do marido, também pai biológico, dos filhos havidos a qualquer tempo, não importa se por inseminação artificial ou fertilização *in vitro*.

A reprodução *post mortem* poderia ocorrer em ambas as situações. Se o marido morre e deixa sêmen criopreservado, a fertilização *post mortem* poderá ocorrer depois do falecimento e o filho será presumidamente do marido da mãe. Se o marido morre, deixando embriões excedentários,[3] com a implantação destes, o filho resultante dessa técnica também será presumidamente do marido da mãe. A presunção de paternidade apenas estabelece o modo pelo qual o registro poderá ser feito, isto é, independentemente da declaração paterna. Significa dizer que a mulher apresenta a declaração de nascido vivo emitida pelo hospital e a certidão de casamento, a permitir o registro completo da filiação, com o nome do marido da mãe.

O Provimento 63/2017 do Conselho Nacional de Justiça – CNJ, ao dispor sobre o registro de nascimento e emissão da respectiva certidão dos filhos havidos por reprodução assistida, acabou por ampliar as hipóteses legais de presunção. Isto porque, se os pais forem casados ou conviverem em união estável, poderá somente um deles comparecer ao ato de registro, desde que apresente a documentação referida no art. 17, III, daquele provimento, isto é, certidão de casamento, certidão de conversão de união estável em casamento, escritura pública de união estável ou sentença em que foi reconhecida a união estável do casal, além da declaração de nascido vivo (DNV). Desse modo, dispensa-se a declaração paterna também na união estável. Nas hipóteses de reprodução assistida *post mortem*, além desses documentos, deverá ser apresentado termo de autorização prévia específica do falecido ou falecida para uso do material biológico preservado, lavrado por instrumento público ou particular com firma reconhecida.

No caso da fecundação artificial heteróloga, a presunção de paternidade somente se apresenta quando houver autorização do marido. É uma hipótese *sui generis*, pois a paternidade se estabelece sem que resulte de laço de sangue ou adoção. O art. 1.593 do Código Civil prevê que "O parentesco é natural ou civil, conforme resulte de consanguinidade ou outra origem". Assim, trata-se de uma hipótese de parentesco civil diversa da

---

3. Os embriões excedentes viáveis devem ser criopreservados.

adoção, onde se prestigia o critério socioafetivo, e a distinção entre ser genitor e ser pai.[4] Para tanto, é necessária a autorização do marido. Em relação ao registro, o Provimento 63/2017 do CNJ inclui ainda a exigência de declaração, com firma reconhecida, do diretor técnico da clínica, centro ou serviço de reprodução humana em que foi realizada a reprodução assistida, indicando que a criança foi gerada por reprodução assistida heteróloga, assim como o nome dos beneficiários.

Sobre o tema, importantes enunciados foram aprovados nas Jornadas de Direito Civil promovidas pelo Conselho da Justiça Federal, dentre os quais pode-se citar:

> Número 103 – O Código Civil reconhece, no art. 1.593, outras espécies de parentesco civil além daquele decorrente da adoção, acolhendo, assim, a noção de que há também parentesco civil no vínculo parental proveniente quer das técnicas de reprodução assistida heteróloga relativamente ao pai (ou mãe) que não contribuiu com seu material fecundante, quer da paternidade socioafetiva, fundada na posse do estado de filho.
>
> Número 105 – As expressões "fecundação artificial", "concepção artificial" e "inseminação artificial" constantes, respectivamente, dos incs. III, IV e V do art. 1.597 deverão ser interpretadas como "técnica de reprodução assistida".
>
> Número 106 – Para que seja presumida a paternidade do marido falecido, será obrigatório que a mulher, ao se submeter a uma das técnicas de reprodução assistida com o material genético do falecido, esteja na condição de viúva, sendo obrigatória, ainda, a autorização escrita do marido para que se utilize seu material genético após sua morte.
>
> Número 267 – A regra do art. 1.798 do Código Civil deve ser estendida aos embriões formados mediante o uso de técnicas de reprodução assistida, abrangendo, assim, a vocação hereditária da pessoa humana a nascer cujos efeitos patrimoniais se submetem às regras previstas para a petição da herança.

Na legislação civil, a autorização do marido somente é mencionada como condição para a presunção de paternidade na reprodução heteróloga, aparentando restar presumida na reprodução homóloga, pelo emprego voluntário do seu próprio material genético nos procedimentos médicos. Entretanto, a Resolução CFM 2.320/2022 prevê que é permitida a reprodução assistida *post mortem* desde que haja autorização específica do(a) falecido(a) para o uso do material biológico criopreservado em vida, de acordo com a legislação vigente.

O Superior Tribunal de Justiça julgou caso em que se discutia a declaração de vontade do falecido, a permitir (ou não) a reprodução *post mortem*. No Recurso Especial 1.918.421 – SP, o STJ firmou entendimento no sentido de que a vontade deve ser declarada por testamento, ou por documento análogo, por tratar de disposição de cunho existencial, sendo um de seus efeitos a geração de vida humana. Cabe ressaltar que no caso examinado o *de cujus* havia feito testamento sem menção à contemplação de nenhum outro filho, o que foi fator de dúvida acerca da sua vontade no âmbito da reprodução *post mortem*

---

4. Mesmo assim, observa-se a superior importância conferida ao dado biológico, ao se permitir a negatória de paternidade a qualquer tempo e por qualquer motivo, incluindo-se a inexistência do vínculo biológico. Desta feita, adianta-se que como o Código Civil de 2002 distinguiu o ato de gerar do ato de ser pai no momento da constituição da paternidade, da mesma forma deve diferenciar para a desconstituição.

Muito embora, como regra geral, não haja uma exigência de forma para as disposições existenciais, mesmo *causa mortis*, é aconselhável que as mesmas sejam feitas por meio de um escrito, por razões de segurança do disponente e de prova quanto a sua exata manifestação de vontade.[5] O testamento, para algumas situações existenciais, é ainda o instrumento mais seguro para declarações de última vontade como a autorização para uso de material genético *post mortem* para fins reprodutivos.

5. O DESTINO DOS EMBRIÕES EXCEDENTÁRIOS PARA ALÉM DA REPRODUÇÃO HUMANA

Antes da geração dos embriões, os pacientes devem manifestar sua vontade, por escrito, quanto ao destino dos embriões criopreservados em caso de divórcio, dissolução de união estável ou falecimento de um deles ou de ambos, e se desejam doá-los. O paciente poderá optar pela: i) reprodução humana, mesmo *post mortem*; ii) doação; iii) descarte; iv) pesquisa científica. A reprodução *post mortem* foi tratada em separado, no item 4.

A doação é caracterizada pela gratuidade e pelo anonimato. A doação não poderá ter caráter lucrativo ou comercial, sob pena de ineficácia de qualquer ajuste de contraprestação. Os doadores não devem conhecer a identidade dos receptores e vice-versa, exceto na doação de gametas para parentesco de até 4º (quarto) grau, de um dos receptores (primeiro grau – pais/filhos; segundo grau – avós/irmãos; terceiro grau – tios/sobrinhos; quarto grau – primos), desde que não incorra em consanguinidade. Em situações especiais, informações sobre os doadores, por motivação médica, podem ser fornecidas exclusivamente para os médicos, resguardando a identidade civil do(a) doador(a). As clínicas, centros ou serviços onde são feitas as doações devem manter, de forma permanente, um registro com dados clínicos de caráter geral, características fenotípicas e uma amostra de material celular dos doadores, de acordo com a legislação vigente.

Na região de localização da unidade, o registro dos nascimentos evitará que um(a) doador(a) tenha produzido mais de dois nascimentos de crianças de sexos diferentes em uma área de 1 milhão de habitantes. Um(a) mesmo(a) doador(a) poderá contribuir com quantas gestações forem desejadas, desde que em uma mesma família receptora. Não será permitido aos médicos, funcionários e demais integrantes da equipe multidisciplinar das clínicas, unidades ou serviços participar como doadores nos programas de reprodução assistida.

A idade limite para a doação de gametas é de 37 (trinta e sete) anos para a mulher e de 45 (quarenta e cinco) anos para o homem. Exceções ao limite da idade feminina poderão ser aceitas nos casos de doação de oócitos e embriões previamente congelados, desde que a receptora/receptores seja(m) devidamente esclarecida(os) dos riscos que envolvem a prole.

---

5. Nesse passo, cabe remeter o leitor ao princípio do consentimento qualificado, próprio das situações existenciais, segundo o qual a natureza pessoal e de difícil (até impossível) desfazimento impõe maior atenção à vontade interna do agente, de modo a buscar declaração expressa, espontânea, pessoal, atual e esclarecida do declarante ((MEIRELES, Rose Melo Vencelau. *Autonomia privada e dignidade humana*, cit., p. 213 e ss.).

A Lei da Biossegurança (Lei 11.105/2005) dispõe que, garantido o consentimento dos genitores, é permitido utilizar células-tronco embrionárias obtidas da fertilização *in vitro* para fins de pesquisa e terapia:

> Art. 5º. É permitida, para fins de pesquisa e terapia, a utilização de células-tronco embrionárias obtidas de embriões humanos produzidos por fertilização *in vitro* e não utilizados no respectivo procedimento, atendidas as seguintes condições:
>
> I – sejam embriões inviáveis; ou
>
> II – sejam embriões congelados há 3 (três) anos ou mais, na data da publicação desta Lei, ou que, já congelados na data da publicação desta Lei, depois de completarem 3 (três) anos, contados a partir da data de congelamento.
>
> § 1º Em qualquer caso, é necessário o consentimento dos genitores.

O descarte do embrião encontrava-se previsto na revogada Resolução CFM 2.294/2021.[6] Contudo, a Resolução CFM 2.320/2022 excluiu o descarte de embriões congelados com três anos ou mais por vontade do paciente ou por descumprimento de contrato com a clínica. A atual omissão, entretanto, não impede que seja realizado o descarte, ainda que por autorização judicial.[7] A autonomia reprodutiva fundamenta

---

6. Vide item V. 3. No momento da criopreservação, os pacientes devem manifestar sua vontade, por escrito, quanto ao destino a ser dado aos embriões criopreservados em caso de divórcio, dissolução de união estável ou falecimento de um deles ou de ambos, e se desejam doá-los.
4. Os embriões criopreservados com três anos ou mais poderão ser descartados se essa for a vontade expressa dos pacientes, mediante autorização judicial.
5. Os embriões criopreservados e abandonados por três anos ou mais poderão ser descartados, mediante autorização judicial.
5.1 Embrião abandonado é aquele em que os responsáveis descumpriram o contrato preestabelecido e não foram localizados pela clínica
7. Em caso paradigma, o TJMG decidiu pelo descarte, diante da revogação do consentimento para uso pela ex-mulher, após o divórcio. Veja-se: "A 5ª Turma Cível do TJDFT manteve sentença que julgou procedente o pedido para que fossem descartados os embriões que sobraram no processo de fertilização *in vitro*. O procedimento foi realizado durante o casamento dos autores, agora divorciados. O colegiado concluiu que "a vontade procriacional pode ser alterada-revogada de maneira legítima e válida até a implantação do embrião criopreservado".
Consta nos autos que, enquanto eram casados, os autores realizaram procedimento de fertilização *in vitro*, onde foram obtidos embriões. À época, os autores firmaram termo de que, em caso de divórcio, os embriões pertenceriam à esposa. Na ação, o ex-marido pede o descarte dos embriões excedentários, o que foi julgado procedente em primeira instância. A ex-esposa recorreu sob o argumento de que a manifestação da vontade não pode ser revogada.
Ao analisar o recurso, a desembargadora relatora destacou que, no caso, a manifestação de vontade do então marido "constituiu, na realidade, uma imposição do Conselho Federal de Medicina para a realização do procedimento, o que retira qualquer voluntariedade quanto ao consentimento expressado". Na época que o então casal realizou o procedimento, havia uma resolução do Conselho Federal de Medicina que obrigava as clínicas de fertilização, no caso de criopreservação dos embriões, a colher a vontade dos genitores quanto à destinação dos embriões no caso de divórcio.
A magistrada pontuou ainda que a Constituição Federal dispõe que é uma decisão do casal ter filhos ou não, sendo vedada qualquer ação coercitiva por parte de instituições oficiais ou privadas". A julgadora destacou que, no caso dos casais que optam pela fertilização in vitro, um dos cônjuges ou ex-cônjuges pode alterar ou revogar a vontade com relação ao embrião criopreservado.
"Ante os princípios da paternidade responsável e da autodeterminação, um ou ambos os cônjuges, durante o casamento, ou os ex-cônjuges que se valeram da fertilização in vitro homóloga, podem, no livre exercício daqueles princípios, individual ou conjuntamente, decidirem não mais seguir adiante com o projeto parental antes

a disposição do material criopreservado também para o descarte. O planejamento familiar envolve ações reprodutivas e não reprodutivas, inclusive a decisão pelo descarte.

Em comum, a disposição dos embriões excedentários, seja por doação, descarte ou destinação à pesquisa, requer o consentimento dos "genitores", titulares do material genético. Não é demais aproveitar o entendimento lançado no RESP 1.918.421 – SP para que o consentimento seja feito de forma escrita, expressa e específica, de modo a evitar litígio futuro.

6. PARA CONCLUIR

Enuncia a norma ética que as técnicas de reprodução assistida têm o papel de auxiliar no processo de procriação. A finalidade do seu uso não pode ser outra. E por que procriar? Certamente as razões subjetivas são diversas tantas quantas forem as pessoas que buscarem a medicina reprodutiva. Contudo, há algo em comum em todas as situações: o exercício da autonomia existencial.

Nesse caminho, mostra-se desafiador definir o destino dos embriões excedentários, aqueles não implantados e criopreservados, porque foram excedentes ao número permitido para implantação gestacional. A decisão deve ser tomada antes. Segundo a Resolução CFM 2.320/2022, antes da geração dos embriões, os pacientes devem manifestar sua vontade, por escrito, quanto ao destino dos embriões criopreservados em caso de divórcio, dissolução de união estável ou falecimento de um deles ou de ambos, e se desejam doá-los. O descarte não foi proibido ou permitido. A norma administrativa determina a forma escrita para a declaração de vontade. Diante disso, pode-se obter as seguintes conclusões:

(i) O paciente tem o direito a ser informado acerca das possibilidades de disposição do seu material genético nos procedimentos de reprodução assistida;

(ii) O falecimento, o divórcio e a dissolução da união estável não impede a implantação dos embriões criopreservados, mas os pacientes devem declarar por escrito sua vontade nesse sentido;

(iii) Na reprodução *post mortem*, a autorização do uso do material genético para fins reprodutivos requer testamento ou escritura pública, nos termos do entendimento do STJ;

(iv) O embrião excedentário pode ser destinado a pesquisa, desde de que haja consenso entre os titulares do material genético, com observância da Lei de Biossegurança;

---

iniciado, o que enseja o descarte dos embriões criopreservados. Em outras palavras, a vontade procriacional pode ser alterada-revogada de maneira legítima e válida até a implantação do embrião criopreservado, haja vista que a paternidade, sempre responsável, deve ser um ato voluntário e fruto do exercício da autodeterminação de cada pessoa, e não algo imposto", registrou.

Na decisão, a magistrada explicou que não há impedimento legal "no sentido de serem descartados embriões excedentários decorrentes de fertilização in vitro". A desembargadora lembrou que a Lei de Biossegurança permite "a pesquisa científica com embriões desde que autorizada pelos genitores, de maneira que a manipulação e posterior descarte do material estão permitidos quando observadas as normas legais, sem que isso enseje violação ao direito à vida". Dessa forma, por unanimidade, a Turma negou provimento ao recurso e manteve a sentença". Processo em segredo de justiça.

(v) O embrião excedentário pode ser descartado, na ausência de requisitos normativos específicos, mediante autorização judicial;

(vi) Em caso de dissenso entre os titulares do material genético, apenas com autorização judicial poderá ser utilizado, destinado à pesquisa ou descartado.

A liberdade exercida para a reprodução humana não ofende. Desde que conjugada com a responsabilidade, a evitar a desumanização, respeitado estará o princípio da dignidade humana.

A LEI 14.443/22 E O FIM DA NECESSIDADE DE CONSENTIMENTO DO CÔNJUGE PARA A ESTERILIZAÇÃO: REFLEXÕES À LUZ DO PRINCÍPIO CONSTITUCIONAL DA IGUALDADE ENTRE HOMENS E MULHERES E DO DIREITO À AUTONOMIA EXISTENCIAL

Juliana da Silva Ribeiro Gomes Chediek

Sumário: 1. Introdução – 2. A evolução do conteúdo do consentimento e da autonomia corporal diante do direito fundamental à autodeterminação e do princípio da dignidade da pessoa humana – 3. Perspectivas de gênero sobre a regaulação dos direitos reprodutivos da mulher – 4. Conclusões.

1. INTRODUÇÃO

O presente trabalho vem propor reflexões a partir da alteração legislativa provocada pela Lei 14.443/22[1] que revogou o § 5º do artigo 10 da Lei 9.263, de 12 de janeiro de 1996,[2] e suprimiu a exigência do consentimento expresso do cônjuge para a realização da cirurgia de esterilização.[3]

Sancionada em 2 de setembro de 2022 e ainda em período de *vacatio legis*, a lei representa um grande avanço, já que a revogação vem ao encontro dos direitos da pessoa ao governo da própria vida e o ao pleno exercício da soberania sobre o próprio corpo. Além disso, a revogação vem fortalecer o princípio da igualdade de gênero, previsto na Constituição de 1988, pois derruba um dos vestígios das limitações à autonomia reprodutiva da mulher no aspecto contraceptivo no ordenamento jurídico, conforme se verá a seguir.

De acordo com as lições de BARBOZA, ALMEIDA JUNIOR (2017, p. 254), embora os direitos reprodutivos estejam formalmente assegurados aos homens e às mulheres em igualdade de condições na Constituição Federal (art. 226, § 7º), essa realidade não

---

1. BRASIL, Lei 14.443, de 2 de setembro de 2022. Disponível em: https://pesquisa.in.gov.br/imprensa/jsp/visualiza/index.jsp?jornal=515&pagina=5&data=05/09/2022. Acesso em: 27 set. 2022.
2. O art. 10, § 5º, da Lei 9.263/96 possui a seguinte redação: "Na vigência da sociedade conjugal, a esterilização depende do consentimento expresso de ambos os cônjuges" e está em vigor até o dia 02 de março de 2023, quando será revogado por força do artigo 3º da Lei 14.443/2022, que entrará em vigor 180 dias após a sua publicação.
3. Outras alterações trazidas pela Lei 14.443/22 são: a disponibilização de métodos de contracepção no prazo máximo de 30 dias (art. 2º); a redução da idade para 21 anos e o estabelecimento do prazo mínimo de 60 dias entre a manifestação e o ato cirúrgico de esterilização; e a possibilidade de esterilização cirúrgica durante o parto.

se reflete na prática, o que acaba por ter desdobramentos em nossa legislação. Em seu trabalho sobre restrições legais à autonomia corporal da mulher, os autores apontam alguns exemplos de tais restrições, um deles justamente o § 5º do artigo 10 da Lei 9.263/96 – em vigor até 02 de março de 2023 – o qual determina que, na vigência da sociedade conjugal, a esterilização depende do consentimento expresso de ambos os cônjuges.

Aproveitando o ensejo dessa inovação legislativa, o trabalho propõe um diálogo com a análise do dispositivo realizada em 2017 pela Professora Heloisa Helena Barboza e pelo Professor Vitor Almeida, no que toca à vulnerabilidade de gênero e da busca pela igualdade substancial, trazendo para a discussão uma análise evolutiva sobre o conteúdo do consentimento e da autonomia corporal, a fim de endossar a relevância desta alteração legislativa enquanto contribuição para a superação da desigualdade material entre homens e mulheres no âmbito reprodutivo, consubstanciada no dispositivo em comento.

2. A EVOLUÇÃO DO CONTEÚDO DO CONSENTIMENTO E DA AUTONOMIA CORPORAL DIANTE DO DIREITO FUNDAMENTAL À AUTODETERMINAÇÃO E DO PRINCÍPIO DA DIGNIDADE DA PESSOA HUMANA

É curioso observar que a necessidade de consentimento do cônjuge exigida pela atual legislação sobre planejamento familiar, configura uma manifestação de vontade de alguém que versa sobre aspectos íntimos da esfera existencial e da autonomia corporal de outra pessoa plenamente capaz. Esta exigência não se coaduna com o direito fundamental à autodeterminação e com o espectro da liberdade da dignidade da pessoa humana, entendida como toda a manifestação de liberdade tutelada pelo ordenamento jurídico.[4] Senão, vejamos.

Entre os particulares, ser livre juridicamente significa ter a faculdade de agir licitamente, sempre que não houver vedação, o que se resume na máxima: o que não é proibido, é permitido. O artigo 5º., II, da Constituição Federal, que contém a disposição de que "ninguém será obrigado a fazer ou deixar de fazer alguma coisa senão em virtude de lei", confere status constitucional à liberdade jurídica dos particulares.[5]

O consentimento, em sua acepção tradicional e estrutural, é um elemento dos atos jurídicos em geral, que expressa todo movimento de aquiescência, autorização, de manifestação de vontade com efeitos jurídicos obrigacionais. Trata-se de projeção da vontade do indivíduo, formalmente protegida contra vícios extrínsecos que possam macular o exercício pleno da vontade para atos de natureza patrimonial.[6]

Assim como outros instrumentos jurídicos negociais clássicos, o consentimento nasceu em um período histórico no qual o direito estava voltado para a tutela do indi-

---

4. MEIRELES, R. M. V. *Autonomia privada e dignidade humana*. Rio de Janeiro: Renovar, 2009. p. 64.
5. Ibidem.
6. KONDER, C. N. O Consentimento no Biodireito: os casos dos transexuais e dos wannabes. *Revista Trimestral de Direito Civil – RTDC*. ano 4. v. 15. p. 41-71. jul.-set. 2003.

víduo no que tange à exaltação de sua atividade econômica. Portanto, a aplicação do consentimento às situações existenciais era subsidiária e de menor importância.[7]

A chamada "revolução do consentimento informado" – assim como a guinada da relação médico-paciente, já descrita como "o nascimento de um novo sujeito moral" – iniciou-se no último pós-guerra, em 1946, quando realizado em Nuremberg o julgamento dos médicos nazistas, com a dramática descoberta do abuso de poder médico através da experimentação, o que acarreta imediata reação consolidada no Código de Nuremberg que se inicia com a frase "o consentimento voluntário do sujeito humano é absolutamente necessário", seguida de diversas especificações que indicam as condições necessárias para que o consentimento possa ser considerado válido.

Esse processo de afirmação de uma radical liberdade e autonomia do sujeito, culminou com o reconhecimento à pessoa do direito ao governo da própria vida, do direito ao pleno exercício da soberania sobre o próprio corpo.[8]

Carlos Konder registra que a modificação do significado do conceito jurídico do consentimento, se deu com a mudança radical na perspectiva filosófica que fundamenta o direito, isto é, na passagem do liberalismo jurídico para o direito contemporâneo, no qual a dignidade da pessoa humana é erigida como princípio fundamental do ordenamento. A nova compreensão do consentimento, inicialmente forjado em um contexto de proteção à autonomia de vontade individual, se transforma para proteger a dignidade da pessoa humana, ainda que mediante o sacrifício de sua vontade.[9]

Na medida em que o poder da autonomia da vontade sob o paradigma individualista deixa de ser um valor em si, em razão da incidência do influxo do valor da dignidade humana, o consentimento passa a sofrer modificações que atingem tanto a sua forma quanto o seu conteúdo. No que tange à forma, o consentimento passa a denominar-se de "consentimento livre e esclarecido", "consentimento informado"[10] ou "consentimento pós-informação". No que concerne ao conteúdo, explica Carlos Konder que, nas situações existenciais, em especial naquelas do biodireito, o arbítrio do indivíduo passa a ser protegido somente quando servir para concretizar a dignidade da pessoa humana.[11]

Rodotá registra que, decisão da Corte Constitucional Italiana do ano de 2008, estabeleceu como fundamento do consentimento informado os artigos 2, 13 e 32 da

---

7. Ibidem, p. 59.
8. RODOTÀ, S. *Autodeterminação e laicidade*. Trad. Carlos Nelson Konder. Original. *Perche laico*, 2. ed. Bari: Laterza, 2010, p. 189-205.
9. KONDER, C. N. *O consentimento no biodireito*: os casos dos transexuais e dos wannabes. Op. cit., p. 41.
10. Rodotá alerta para o fato de que a expressão "consentimento informado", do ponto de vista da cultura jurídica tradicional, seria uma tautologia, uma vez que pressupõe-se no consentimento a informação necessária, de modo que eventual distorção informativa seria relevante somente caso se traduzisse em um específico vício do consentimento. Porém, quando se considera o consentimento informado sob a ótica da autodeterminação pessoal e como instrumento relevante para governar a vida, o termo "consentimento" ser acompanhado da especificação "informado" caracteriza um modo peculiar de distribuir poder e responsabilidade. RODOTÀ, S. *Autodeterminação e laicidade*. Op. cit., p. 189-205.
11. KONDER, C. N. *O consentimento no biodireito*: os casos dos transexuais e dos wannabes. Op. cit., p. 62.

Constituição Italiana,[12] ressaltando a sua função na síntese de dois direitos fundamentais da pessoa: o direito à autodeterminação e o direito à saúde. Para o autor, trata-se de uma transferência de poderes, uma vez que se a liberdade pessoal representa um abandono de uma prerrogativa real, diante da autolimitação de um poder que na fase anterior era exercido de maneira arbitrária. O direito à saúde, afirmado como direito fundamental do indivíduo, prevê que os tratamentos compulsórios somente podem ser impostos por lei, porém, a lei não poderá violar o limite imposto pelo respeito à pessoa humana – o que se tornaria uma nova declaração de habeas corpus, diante de uma autolimitação do poder. Ressalta o autor que aqui opera-se uma verdadeira transferência de soberania, pois a pessoa torna-se soberana ao decidir sobre a própria saúde, e, portanto, sobre a própria vida. Sendo assim, conclui pela existência de uma relação entre consentimento informado e o direito fundamental à autodeterminação.[13]

Esta visão parece alinhar-se com o pensamento de Pietro Perlingieri, quando afirma que o ordenamento não pode igualar formalmente a manifestação de vontade do indivíduo quando vende mercadorias, perseguindo o máximo de lucro possível, ao consentimento dado para um transplante: a prevalência do valor da pessoa impõe a interpretação de cada ato ou atividade dos particulares à luz dos valores constitucionais.[14]

Alguns exemplos registram a adoção da nova concepção de consentimento pelo ordenamento jurídico brasileiro. O Código Civil de 2002, por exemplo, informa que ninguém pode ser constrangido a submeter-se, com risco de vida, a tratamento médico ou a intervenção cirúrgica.[15] Trata-se de questão que se relaciona diretamente ao consentimento informado.

Para alguns autores, ao consagrar a exigência do consentimento informado para tratamento médico ou intervenção cirúrgica com risco de vida, o legislador deu um primeiro passo em território controverso, positivando assunto que não costumava fugir

---

12. ITALIA. Costituzione della Repubblica Italiana. Art. 2. La Repubblica riconosce e garantisce i diritti inviolabili dell'uomo, sia come singolo, sia nelle formazioni sociali ove si svolge la sua personalita', e richiede l'adempimento dei doveri inderogabili di solidarieta' politica, economica e sociale. Art. 13. La liberta' personale e' inviolabile. Non e' ammessa forma alcuna di detenzione, di ispezione o perquisizione personale, ne' qualsiasi altra restrizione della liberta' personale, se non per atto motivato dell'autorita' giudiziaria [1116, 7] e nei soli casi e modi previsti dalla legge [253]. In casi eccezionali di necessita' ed urgenza, indicati tassativamente dalla legge, l'autorita' di pubblica sicurezza puo' adottare provvedimenti provvisori, che devono essere comunicati entro quarantotto ore all'autorita' giudiziaria e, se questa non li convalida nelle successive quarantotto ore, si intendono revocati e restano privi di ogni effetto. E' punita ogni violenza fisica e morale sulle persone comunque sottoposte a restrizioni di liberta' [273]. La legge stabilisce i limiti massimi della carcerazione preventiva. Art. 32. La Repubblica tutela la salute come fondamentale diritto dell'individuo e interesse della collettivita', e garantisce cure gratuite agli indigenti. Nessuno puo' essere obbligato a un determinato trattamento sanitario se non per disposizione di legge. La legge non puo' in nessun caso violare i limiti imposti dal rispetto della persona umana.
13. RODOTÀ, S. *Autodeterminação e laicidade*. Op. cit. p. 3.
14. Ibidem, p. 276.
15. BRASIL. Código Civil. Lei 10.406, de 10 de Janeiro de 2002. *Art. 15. Ninguém pode ser constrangido a submeter-se, com risco de vida, a tratamento médico ou a intervenção cirúrgica*. Diário Oficial da República Federativa do Brasil, Brasília, DF, 11 jan. 2002.

muito à ética médica.[16] É fundamental, portanto, garantir total liberdade ao paciente para recusar o procedimento e interrompê-lo a qualquer momento, desde que o médico cumpra sua obrigação de informar ao paciente em linguagem adequada (não técnica) para que ele compreenda todas as informações.[17]

Por sua vez, a Resolução 466, de 12 de Dezembro de 2012, do Conselho Nacional de Saúde que aprova diretrizes e normas regulamentadoras de pesquisas envolvendo seres humanos, define consentimento livre e esclarecido como "a anuência do participante da pesquisa e/ou de seu representante legal, livre de vícios (simulação, fraude ou erro), dependência, subordinação ou intimidação, após esclarecimento completo e pormenorizado sobre a natureza da pesquisa, seus objetivos, métodos, benefícios previstos, potenciais riscos e o incômodo que esta possa acarretar",[18] informando ser este pressuposto para participação em pesquisa em razão do devido respeito à dignidade da pessoa humana.[19]

Além disso, dispõe pormenorizadamente sobre o processo de consentimento livre e esclarecido, compreendido como todas as etapas a serem necessariamente observadas para que o convidado a participar de uma pesquisa possa se manifestar, de forma autônoma (aqui, é clara a conexão, efetuada entre a autonomia e o consentimento, dispondo o regulamento que este é instrumento para manifestação daquela), consciente, livre e esclarecida.

Um outro exemplo é a Lei 12.965/2014, conhecida como Marco Civil da Internet (estabelece princípios, garantias, direitos e deveres para o uso da internet no Brasil), a qual, reafirmando algumas garantias constitucionais, estabelece como princípios, dentre outros, a proteção da privacidade e a proteção dos dados pessoais dos usuários. Este diploma legal estabelece vários direitos aos usuários da internet, dentre eles, "IX – consentimento expresso sobre coleta, uso, armazenamento e tratamento de dados pessoais, que deverá ocorrer de forma destacada das demais cláusulas contratuais". Ou seja, o consentimento aparece como "direito" a ser assegurado ao usuário da internet, para a

---

16. DONEDA, D. Os Direitos da Personalidade no Novo Código Civil. In: TEPEDINO, Gustavo (Org.). *A parte geral do novo Código Civil*. Rio de Janeiro: Renovar, 2003. p. 35-39.
17. TEPEDINO, G.; BARBOZA, H. H.; BODIN DE MORAES, M. C., *Código Civil Interpretado conforme a Constituição da República*. Rio de Janeiro: Renovar, 2007. v. I, p. 44.
18. MINISTÉRIO DA SAÚDE. Conselho Nacional de Saúde. Resolução n 466, de 12 de Dezembro de 2012 "II – Dos termos e definições. A presente resolução adota as seguintes definições. II.5 – consentimento livre e esclarecido – anuência do participante da pesquisa e/ou de seu representante legal, livre de vícios (simulação, fraude ou erro), dependência, subordinação ou intimidação, após esclarecimento completo e pormenorizado sobre a natureza da pesquisa, seus objetivos, métodos, benefícios previstos, potenciais riscos e o incômodo que esta possa acarretar."
19. MINISTÉRIO DA SAÚDE. Conselho Nacional de Saúde. Resolução n 466, de 12 de Dezembro de 2012 "IV – Do Processo de Consentimento Livre e Esclarecido. O respeito devido à dignidade humana exige que toda pesquisa se processo com consentimento livre e esclarecido dos participantes, indivíduos ou grupos que, por si e/ou por seus representantes legais, manifestem a sua anuência à participação na pesquisa. Entende-se por Processo de Consentimento Livre e Esclarecido todas as etapas a serem necessariamente observadas para que o convidado a participar de uma pesquisa possa se manifestar, de forma autônoma, consciente, livre e esclarecida."

proteção de sua privacidade, isto é, o direito à manifestação de vontade com efeitos de proteção da privacidade e de seus dados pessoais.[20]

Portanto, pode-se concluir que, o consentimento dos dias atuais, não poderá, ser reduzido à noção clássica de autonomia que nos é dada pela tradição privatista, pois a autodeterminação se identifica com o projeto de vida realizado ou desejado pela pessoa,[21] o que, por sua vez, demonstra a incidência do princípio constitucional dignidade da pessoa humana e, como consequência, a transformação da dimensão da autonomia.

No passado, a autonomia da vontade era o princípio fundamental de todo o sistema no direito civil tradicional, construído essencialmente ao longo dos séculos XVIII e XIX. Caracterizava-se por ser imponderável, quase absoluta, só sofrendo restrições de origem externa e, quase sempre, excepcionais.[22] O Código Civil de 1916 refletia o pensamento do século XIX, isto é, o individualismo, que prezava a existência de uma esfera ampla para o exercício da autonomia da vontade. Diante da constitucionalização do direito privado, a autonomia também se modificou, para sofrer influxos dos valores axiológicos fundamentais do sistema.

Diz-se que a autonomia da vontade teria feição subjetiva, pois constitui a vontade em si mesma, no seu sentido psicológico, ao passo que a autonomia privada destaca a vontade objetiva, que resulta da declaração ou manifestação de vontade, fonte de efeitos jurídicos.[23] É sob o prisma técnico que a autonomia privada releva sua importância prática, ao funcionar como verdadeiro poder jurídico particular de criar, modificar ou extinguir situações jurídicas próprias ou de outrem. Para Francisco Amaral, a autonomia privada é expressão privada da liberdade jurídica, assim como o negócio jurídico é seu instrumento de realização.[24]

A literatura jurídica dos séculos XVIII e XIX compôs a patrimonialidade como valor em si, assegurando à autonomia privada patrimonial o lugar de princípio fundamental em um sistema no qual a personalidade era concebida apenas como atributo do indivíduo patrimonial. A concepção tradicional de autonomia privada, fundada no ideário burguês, funcionava como instituto hábil a garantir juridicamente o sistema econômico de circulação de bens e acumulação de riquezas a salvo de ingerências estatais.[25]

Observe-se, por oportuno, que o consentimento tradicional, isto é, aquele voltado exclusivamente para a prática de atos de natureza patrimonial, trata-se projeção direta e imediata da autonomia privada – esta, por sua vez, entendida como elemento do processo

---

20. BRASIL. Lei 12965, de 23 de Abril de 2014. *Diário Oficial da República Federativa do Brasil*, Brasília, DF, 24 abr. 2014.
21. RODOTÀ, S. *Autodeterminação e laicidade*. Op. cit., p. 6.
22. TEIXEIRA, A. C. B.; e KONDER, C. N. *Autonomia e solidariedade na disposição de órgãos para depois da morte*. Disponível em: http://www.e-publicacoes.uerj.br/index.php/rfduerj/article/view/1357. Acesso em: 20 set. 2014.
23. AMARAL, F. *Direito Civil*. Rio de Janeiro: Renovar, 2003.
24. Ibidem.
25. BODIN DE MORAES, M. C.; VIVEIROS DE CASTRO, T. D. A autonomia existencial nos atos de disposição do próprio corpo. *Pensar*. Fortaleza, v. 19, n. 3, p. 785, set./dez. 2014.

de juridicização da atividade econômica individual, do exercício de direitos subjetivos e de liberdade negocial.[26]

Por esta razão, alguns autores diferem, qualitativamente, o viés existencial da autonomia privada da sua vertente patrimonial.[27] Rose Meireles infere que a autonomia privada nas situações existenciais se pauta na promoção do valor da dignidade da pessoa humana, destacando o caráter inclusivo deste princípio constitucional. A autora observa a lógica exclusiva do mercado de consumo que, por mais aberto que seja, não confere a todos a qualidade de proprietário, razão pela qual o direito subjetivo seria apenas uma das mais variadas situações subjetivas, nem sempre adequadas para tutelar o agir humano. A autonomia privada nas situações jurídicas patrimoniais é redesenhada pelo texto constitucional, importando que estas sejam dignas de tutela na medida em que respeitem o comando constitucional da pessoa humana.[28]

As transformações jurídicas ocorridas no século XX impuseram a releitura da autonomia clássica para vinculá-la à noção de proteção integral da dignidade da pessoa humana.[29] Destaca-se da autonomia patrimonial, a "autonomia privada existencial", que seria o instrumento de liberdade que incide precisamente, embora não exclusivamente, sobre as situações jurídicas subjetivas situadas na esfera extrapatrimonial, isto é, existencial. O conteúdo da liberdade individual, no que se refere às decisões pessoais, seria um espaço para expressão que será preenchido pelo indivíduo.[30]

Para Rose Meireles, os atos de autonomia privada existencial são merecedores de tutela se promotores de sua função, pois só assim se configuram propriamente como exercício. O fim social a ser perseguido nos atos de autonomia existencial se traduz na realização da dignidade humana, porque as situações existenciais são função social, de maneira que não seria coerente afirmar que a autonomia privada existencial se volta para a satisfação de interesses e funções que merecem tutela e são socialmente úteis, mas não se subordina a interesses da coletividade. Isso porque, para autora, o fim socialmente útil a que visa autonomia privada existencial consiste na dignidade da pessoa humana, portanto, não viola e sim promove a liberdade individual.[31]

A autora esclarece que a autonomia privada existencial é promocional, uma vez que visa a promover o desenvolvimento da personalidade. Consequentemente, somente

---

26. KONDER, C. N. *O consentimento no biodireito: os casos dos transexuais e dos wannabes.* Op. cit., p. 58.
27. "O constituinte originário inaugurou o texto da Constituição Federal, anunciando os fundamentos da República Federativa do Brasil, dentre eles, o valor social (art. 1º, inciso IV). Assim, temos que a livre iniciativa é funcionalizada. Mais especificamente, em se tratando de autonomia patrimonial, preceitua o artigo 170 da Constituição Federal, que a ordem econômica é fundada na valorização do trabalho humano e na livre iniciativa, tendo por fim assegurar a todos existência digna, conforme os ditames da justiça social" (RITO, F. P. L. P. Apontamentos sobre o equilíbrio econômico das prestações. In: MONTEIRO FILHO, C. E. R. (Coord.). *Direito das relações patrimoniais:* estrutura e função na contemporaneidade. Curitiba: Juruá Editora, 2014).
28. MEIRELES, R. M. V. *Autonomia privada e dignidade humana.* Op. cit.
29. BODIN DE MORAES, M. C.; VIVEIROS DE CASTRO, T. D. *A autonomia existencial nos atos de disposição do próprio corpo.* Op. cit., p. 787.
30. Ibidem, p. 794.
31. MEIRELES, R. M. V. *Autonomia privada e dignidade humana.* Op. cit., p. 189.

será digna de tutela caso esteja direcionada a interesse existencial calcado na dignidade humana. O exemplo trazido pela autora são os atos de disposição do corpo, instrumentais à realização da saúde, valor constitucionalmente assegurado, que podem ser dignos de tutela se realizados visando a este interesse, quer seja para o próprio agente (em tratamento médico-cirúrgico) ou para terceiros (na doação de sangue ou transplantes), mas podem não sê-lo se voltados para outro fim. Dessa forma, explica que a autonomia tem de estar acompanhada de um valor assecuratório da dignidade humana para ser digna de tutela.[32]

Já a autonomia negocial, para Pietro Perlingieri, seria o fenômeno da autorregulamentação dos interesses na multiplicidade de seus modos de expressão. Seu conceito de autonomia negocial não é exclusivamente privada, mas o poder reconhecido ou atribuído ao ordenamento ao sujeito de direito, privado ou público, de regular com a própria manifestação de vontade, interesses privados ou públicos, porém, não necessariamente próprios.[33]

Atualmente, compreende-se a autonomia dentro de uma perspectiva racional entre subjetividade e intersubjetividade, pois sua função não mais se dirige à segurança de uma vontade individual exercida indiscriminadamente. Portanto, a autonomia cumpre o papel de guiar as relações sociais de maneira que o reconhecimento recíproco da condição de sujeitos possibilite que a sociedade goze democraticamente das esferas autônomas de desenvolvimento pessoal. Aqui, demonstra-se a relevância do valor da solidariedade enquanto elemento capaz de realocar o indivíduo no centro do ordenamento jurídico sem, contudo, retomar os passos anteriores que conduziram ao estatuto do indivíduo patrimonial.[34]

Antes mesmo de 1988, na qual foi consagrado o valor da solidariedade, em 1979, o respeito à autonomia já era um paradigma importante no estudo da bioética, e foi um dos princípios bioéticos consagrados por Tom Beauchamp e James Childress, juntamente com os princípios da beneficência, da não maleficência e da justiça. Por este princípio, entendeu-se que todos os participantes devem consentir informadamente e voluntariamente com os atos médicos a serem praticados.[35] Para a bioética, a autonomia sempre se mostrou um paradigma de fundamental importância para a resolução das complexas questões levantadas.

O biodireito – ramo do Direito que, como leciona Heloisa Helena Barboza, reúne doutrina, legislação e jurisprudência próprias, a fim de regular a conduta humana em face dos avanços da biotecnologia e da biomedicina[36] – vem beber suas fontes no estu-

---

32. Ibidem, p. 190.
33. PERLINGIERI, P. *O direito civil na legalidade constitucional*. Rio de Janeiro: Renovar, 2008.
34. BODIN DE MORAES, M. C., VIVEIROS DE CASTRO, T. D. *A autonomia existencial nos atos de disposição do próprio corpo*. Op. cit., p. 783.
35. BARBOZA, H. H. Responsabilidade civil e bioética. In: MARTINS, Guilherme Magalhães (Coord.). *Temas de responsabilidade civil*. Rio de Janeiro: Lumen Juris, 2012, p. 481-497.
36. BARBOZA, H. H. Princípios do Biodireito. In: BARBOZA, H. H.; BARRETO, V. P.; MEIRELLES, J. (Org.) *Novos Temas de biodireito e bioética*. Rio de Janeiro, São Paulo: Renovar, 2003. p. 58.

do da dignidade da pessoa humana, como norte axiológico para a busca de soluções jurídicas. Há uma aproximação entre direito e ética, trazendo um pano de fundo ético, uma moral dentro do plano jurídico. O biodireito se localiza no movimento de criação de normas de proteção da pessoa face à atividade científica, uma vez que originado a partir da reação às pesquisas científicas, diante dos novos questionamentos conceituais, que exigem uma análise teórica das categorias jurídicas envolvidas na bioética, uma vez que a dicotomia entre pessoas e coisas não se mostra adequada diante da complexidade dos novos fenômenos.[37]

Para solucionar as tormentosas questões do biodireito, a autora esclarece que as leis sobre bioética devem ser, na medida do possível, flexíveis, para atender as evoluções futuras da ciência, pois, se mantidas determinadas categorias clássicas do direito, isso conduzirá a uma reificação do ser humano, principalmente no que tange às intervenções sobre o corpo humano, como as técnicas de reprodução assistida, as manipulações genéticas, as experimentações em humanos, os transplantes e a clonagem.[38]

Atualmente, o princípio da autonomia encontra-se reforçado no Código de Ética Médica, Resolução CFM 1931/2009, publicada em 24 de setembro de 2009 (após mais de vinte anos de vigência do Código anterior), contém a seguinte disposição em seu preâmbulo: "o médico deverá aceitar as escolhas de seus pacientes no processo de tomada de decisões profissionais, desde que adequadas ao caso e cientificamente reconhecidas".

Um outro grande exemplo de respeito à autonomia do paciente, está consagrado na Resolução CFM 1995/2012,[39] que dispõe sobre Diretivas Antecipadas de Vontade.

3. PERSPECTIVAS DE GÊNERO SOBRE A REGULAÇÃO DOS DIREITOS REPRODUTIVOS DA MULHER

Ao olhar para a questão sob um enfoque de gênero, pode-se concluir que a exigência de consentimento para a realização do procedimento de esterilização representa mais uma violação de autonomia corporal sofrida por mulheres – e o pior, albergada pelo ordenamento jurídico – o que está inserido dentro de uma configuração global.

Com efeito, no momento em que se escreve este trabalho, eclodem protestos no Irã em razão da morte de uma mulher chamada Mahsa Amini de 22 anos, que estava sob a custódia da polícia de moralidade do Teerã, em razão de supostamente ter deixado alguns fios de cabelo visíveis sob o lenço na cabeça,[40] o que representa mais

---

37. Idem. Bioética x biodireito: insuficiência dos conceitos jurídicos. In: BARBOSA, H. H. (Org.). *Temas de direito e bioética*. Rio de Janeiro: Renovar, 2001.
38. BARBOZA, H. H. *Bioética x biodireito: insuficiência dos conceitos jurídicos*. Op. cit., p. 60.
39. CONSELHO FEDERAL DE MEDICINA. Resolução CFM 1995/2012, Diário Oficial da República Federativa do Brasil, Brasília, DF, 31 ago. 2012, Seção I, p. 269-270.
40. BBC NEWS BRASIL. Disponível em: https://www.bbc.com/portuguese/internacional-62985333. Acesso em: 29 set. 2022.

uma demonstração da fortíssima repressão pelo poder de polícia no mundo árabe à liberdade de expressão corporal feminina. Na Hungria, em setembro de 2022 foi aprovado decreto pelo governo de Viktor Órban que obriga as mulheres candidatas a aborto a "ouvirem o batimento cardíaco fetal" antes de terem acesso ao procedimento,[41] atitude que oficializa uma prática de tortura como retaliação psicológica pelo exercício da escolha de não conceber um filho indesejado. Em 24 de junho de 2022, a Suprema Corte Americana decidiu revogar o direito constitucional ao aborto – que estava em vigor no país há mais de cinquenta anos – ao derrubar o precedente *Roe v. Wade*,[42] o que desencadeou proibições e restrições ao direito de aborto em 21 estados norte-americanos,[43] retirando das mulheres uma de suas conquistas em termos de autonomia reprodutiva.

Tais exemplos recentes têm como traço comum, além do fato de estarem chancelados pelo Estado, um pano de fundo religioso dogmático muito marcado. São casos que ilustram um contexto mundial de institucionalização de violações à liberdade das mulheres, o que está em franco retrocesso ao estágio evolutivo de conquistas femininas na pós-modernidade, consolidadas a partir da Declaração Universal dos Direitos Humanos,[44] que laureou a garantia da não discriminação em razão do sexo.

Assim, é possível afirmar que, embora formalmente homens e mulheres gozem de igualdade de condições para o exercício dos direitos sexuais e reprodutivos, no campo da sexualidade e da reprodução, a restrição aos direitos da mulher é maior e torna-se mais nítida, especialmente em razão dos progressos biotecnológicos.[45] O corpo da mulher vem sendo cada vez mais "docilizado"[46] a partir da intervenção médica, sobretudo durante o período gestacional.[47]

Se por um lado a Constituição Federal iguala homens e mulheres em direitos e obrigações (art. 5º, I), aponta como um dos objetivos fundamentais da República a promoção do bem de todos sem preconceitos de sexo (art. 3º, IV) e garante a dignidade da pessoa humana, protegendo as mulheres como seres humanos que merecem ser respeitados (art. 1º, III), por outro, o que se constata é uma insistente violação da dignidade

---

41. JORNAL DE NOTÍCIAS. Disponível em: https://www.jn.pt/mundo/mulheres-hungaras-forcadas-a-ouvir-batimento-cardiaco-do-feto-antes-de-abortar-15163787.html. Acesso em: 24 set. 2022.
42. *Roe vs Wade*, 410 U.S. 113 (1973). Disponível em: https://supreme.justia.com/cases/federal/us/410/113/. Acesso em: 24 set. 2022.
43. DIÁRIO DE NOTÍCIAS. *Aborto já foi banido ou restringido em 21 estados*. Disponível em: https://www.dn.pt/internacional/aborto-banido-ou-restringido-em-21-estados-apos-revogacao-do-supremo-14987079.html. Acesso em: 29 set. 2022.
44. UNITED NATIONS. Universal Declaration of Human Rights. Disponível em: https://unric.org/pt/declaracao-universal-dos-direitos-humanos/. Acesso em: 24 set. 2022.
45. BARBOZA, ALMEIDA JUNIOR, 2017, p. 255.
46. BARBOZA, 2013.
47. "Contudo, é preciso observar que a autonomia da mulher não se encontra aviltada somente durante o período da gestação, mas também em relação ao aspecto contraceptivo. Em outros termos, tanto o desejo de ter filhos quanto o de não ter se encontram condicionados a um discurso médio e jurídico, que cerceiam a liberdade existencial da mulher" (BARBOZA, ALMEIDA JUNIOR, 2017, p. 257).

das mulheres, com inúmeras formas de discriminação[48] e violências físicas[49] e corporais intoleráveis (BARBOZA, ALMEIDA JUNIOR, 2017, p. 243).

No plano infraconstitucional, a igualdade entre homens e mulheres no planejamento familiar também é garantida tanto no Código Civil (art. 1565, §2º) como na Lei de Planejamento Familiar (art. 2º, Lei 9.263/96) porém, em termos dos direitos reprodutivos – cujo fundamento pode ser extraído do direito ao planejamento familiar (art. 226, § 7º CF), da ideia da dignidade da pessoa humana da mulher e dos direitos fundamentais à liberdade e à privacidade (art. 1º, III, art., 5º caput e inciso X, CF) – ainda existem alguns exemplos refratários de violação à autonomia da mulher sobre o próprio corpo no ordenamento jurídico, e um deles[50] é, justamente, a necessidade de consentimento do marido para a realização de cirurgia de esterilização.

Embora o artigo se refira ao consentimento do "cônjuge" para a realização da cirurgia, é sabido que as mulheres são a parte mais frágil no vínculo familiar, mormente diante de um contexto sociocultural no qual as mulheres possuem menor capacidade financeira na composição do orçamento familiar,[51] de machismo estrutural,[52] de violência doméstica,[53] isto é, de variadas vulnerabilidades incutidas na condição feminina, sobretudo nas camadas mais pobres da população brasileira.

Dados do Instituto Planejamento Familiar – IPFAM indicam que mais de 55% das gestações no Brasil não são planejadas[54] o que impacta nas oportunidades futuras que terão os integrantes daquele núcleo familiar. Além disso, gestações não planejadas colocam em risco a saúde e a vida da mãe (notadamente em adolescentes) e do feto, impactam negativamente nos cuidados da primeira infância, reduzem as chances de escolaridade da mãe, o que se reflete em menores oportunidades de trabalho, aumento da violência doméstica e da pobreza.[55] A esterilização cirúrgica é um método contraceptivo permanente considerado um dos mais efetivos, com baixa incidência de falhas.

---

48. AGÊNCIA BRASIL. Estudo revela tamanho da desigualdade de gênero no mercado de trabalho. Disponível em: https://agenciabrasil.ebc.com.br/economia/noticia/2021-03/estudo-revela-tamanho-da-desigualdade--de-genero-no-mercado-de-trabalho. Acesso em: 24 set. 2022.
49. NAÇÕES UNIDAS BRASIL. OMS: uma em cada 3 mulheres em todo o mundo sofre violência. Disponível em: https://brasil.un.org/pt-br/115652-oms-uma-em-cada-3-mulheres-em-todo-o-mundo-sofre-violencia. Acesso em: 29 set. 2022.
50. Outro exemplo de restrição à autonomia reprodutiva mencionado por BARBOZA, ALMEIDA JUNIOR (2017, p. 266) é o limite etário de 50 anos para as candidatas de gestação assistida da Resolução 2121/2015 do Conselho Federal de Medicina.
51. VEJA. Mulher contribui com 40% da renda da família, maternidade entre jovens cai. Disponível em: https://veja.abril.com.br/politica/mulher-contribui-com-40-da-renda-da-familia-maternidade-entre-jovens-cai/
52. D. CAGIGAS ARRIAZU, Ana. El patriarcado, como origen de la violencia doméstica. *Monte Buciero*. n. 5, 2000, p. 307-318.
53. SENADO. *Violência contra a mulher aumentou no último ano, revela pesquisa do DataSenado*. Disponível em: https://www12.senado.leg.br/noticias/materias/2021/12/09/violencia-contra-a-mulher-aumentou-no-ultimo-ano-revela-pesquisa-do-datasenado.
54. INSTITUTO PLANEJAMENTO FAMILIAR. *Mais de 55% das gestações no Brasil não são planejadas*. Disponível em: https://www.iplanejamentofamiliar.org/mais-de-55-das-gestacoes-no-brasil-nao-sao-planejadas/.
55. V. SENADO FEDERAL. Parecer ao Plenário da Senadora Margareth Buzetti no Senado, sobre o Projeto de Lei (PL) 1.941, de 2022 (PL 7.364, de 2014 na asa de origem), da Deputada Carmen Zanotto, que altera a Lei 9.263, de 12 de janeiro de 1996, para determinar prazo para oferecimento de métodos e ténias contraceptivas e disci-

No caso das mulheres, além de evitar a gravidez, reduz o risco de doença inflamatória pélvica, de gravidez ectópica e pode prevenir o câncer de ovário.[56]

A exigência do consentimento gera uma situação de constrangimento, colocando a mulher em situação de submissão aos interesses de seu cônjuge e retira-lhe o direito de escolher e decidir sobre seu próprio corpo, como se fosse um objeto pertencente a seu companheiro.

Diante da grave questão sociocultural da vulnerabilidade de gênero, é imperioso que o legislador promova a igualdade substancial e real entre homens e mulheres, conforme apontado por BARBOZA, ALMEIDA JUNIOR (2017, passim), eliminando as situações de discriminação e desigualdade em relação à mulher, sobretudo no que concerne ao controle de seu próprio corpo.

Por este motivo, aplaude-se a revogação do dispositivo em comento, que entrará em vigor a partir de março de 2023.

4. CONCLUSÕES

Não há dúvidas de que o diploma legal revogado – que exige o consentimento do cônjuge para a realização de esterilização – não está em cotejo com os valores constitucionais que norteiam o ordenamento jurídico brasileiro e ofende princípios do biodireito. A exigência de consentimento de outrem para a regulação da própria capacidade reprodutiva ofende o direito da pessoa ao governo da própria vida e fere o direito ao pleno exercício da soberania sobre o próprio corpo.

Conforme visto, no que se refere às decisões pessoais, o conteúdo da liberdade individual é um espaço para expressão que é preenchido pelo indivíduo e não pela vontade de terceiros ou da coletividade. Trocando em miúdos, uma decisão pessoal tão relevante e íntima, quanto aquela sobre a continuidade ou não da capacidade reprodutiva, não pode estar submetida ao julgamento ou alvedrio de terceiros, sob pena de frontal ofensa ao desenvolvimento da personalidade daquele que se submete a esta decisão.

Em uma perspectiva de gênero, há muito que se caminhar para construção de um modelo normativo igualitário e justo, e para a correção de desigualdades presentes na realidade fática do dia a dia das mulheres.

Isto posto, enalteça-se a grande oportunidade trazida pela alteração legislativa de corrigir esta grave ofensa à autonomia reprodutiva das mulheres.

---

plinar condições para esterilização no âmbito do planejamento familiar. Disponível em: https://legis.senado.leg.br/sdleg-getter/documento?dm=9191007&ts=1663676251964&disposition=inline.

56. V. SENADO FEDERAL. Parecer ao Plenário da Senadora Margareth Buzetti no Senado, sobre o Projeto de Lei (PL) 1.941, de 2022 (PL 7.364, de 2014 na asa de origem), da Deputada Carmen Zanotto, que altera a Lei 9.263, de 12 de janeiro de 1996, para determinar prazo para oferecimento de métodos e ténias contraceptivas e disciplinar condições para esterilização no âmbito do planejamento familiar. Disponível em: https://legis.senado.leg.br/sdleg-getter/documento?dm=9191007&ts=1663676251964&disposition=inline.

REEQUILIBRANDO A BALANÇA DE PODER: SERIA A INFORMAÇÃO O MECANISMO VIABILIZADOR DE UMA ASSISTÊNCIA OBSTÉTRICA ADEQUADA?

Andressa Souza de Albuquerque

Sumário: 1. Introdução – 2. Da medicalização do nascimento à assistência respeitosa: contrapontos – 3. Assimetria de poderes: autodeterminação da gestante e saber-poder do profissional – 4. Informação como mecanismo de modificação do paradigma da assistência à saúde – 5. Conclusão.

1. INTRODUÇÃO

No Brasil, a assistência obstétrica praticada, assim como o tratamento dispensado às gestantes estão, em grande escala, apartados daquele preconizado pelos organismos internacionais e pelos estudos científicos mais atualizados, demonstrando-se, ao revés, como causador de inúmeras violações da autonomia existencial, integridade física e psíquica das mulheres, constituindo, portanto, afronta aos direitos humanos, infringindo e afligindo, diretamente, seus direitos reprodutivos e sexuais. A medicalização da vida, com especial incidência sobre as mulheres, demonstra a apropriação, pela medicina, dos corpos e processos fisiológicos, atuando como instrumentos de poder e dominação.

Como forma de denúncia e exposição desta realidade, surgem os movimentos de humanização da assistência ao nascimento, que reclamam a mudança no paradigma vigente através da implementação das chamadas "boas práticas", que se consubstanciam na atuação da medicina baseada em evidências e o resgate ao protagonismo feminino, entendido este como o respeito à autodeterminação e as escolhas das parturientes, bem como estímulo à educação perinatal, a partir do compartilhamento de informações atinentes aos processos de gestar e parir, assim como os riscos e benefícios de possíveis intervenções medicamentosas e/ou cirúrgicas.

Dessa forma, a presente pesquisa se estrutura a partir dos questionamentos: a aquisição de informações, pela gestante, durante o ciclo gravídico-puerperal, seria o instrumento hábil a auxiliar na redistribuição de poderes sobre a balança que, historicamente, se encontra nas mãos do profissional da assistência? E, em caso positivo, esta seria a resolução da má assistência obstétrica? Para tanto, objetiva-se sistematizar, através de pesquisa documental interdisciplinar doutrinária que contempla, não só as normativas vigentes no Brasil, como também as produções no campo jurídico, na área das ciências da saúde e sociais, a medicalização da assistência e o movimento de humanização; a autodeterminação na relação médico-paciente e a informação enquanto ferramenta auxiliadora para uma experiência mais positiva de nascimento.

A discussão jurídico-doutrinária sobre o tema ainda é incipiente, justificando-se o presente estudo, em especial, para verificar a importância da veiculação de informação durante o ciclo gravídico-puerperal e a sua repercussão na satisfação e na experiência das mulheres com o atendimento prestado durante o pré-natal e o nascimento, de modo a promover uma maternidade prazerosa e satisfatória, que está diretamente vinculado ao pleno exercício dos direitos humanos e de cidadania.

2. DA MEDICALIZAÇÃO DO NASCIMENTO À ASSISTÊNCIA RESPEITOSA: CONTRAPONTOS

Questionar o sistema vigente de assistência ao nascimento perpassa, necessariamente, pela reflexão acerca da forma como histórica e culturalmente o parto era concebido pela sociedade, em especial a brasileira, e como o movimento de medicalização da vida penetra e modifica este espaço privado, outrora ocupado exclusivamente por mulheres, sejam enquanto gestantes, sejam na posição de auxiliares – parteiras e familiares.

Considerados eventos fisiológicos, os nascimentos ocorriam predominantemente no interior dos domicílios, com apoio e acompanhamento de "parteiras, aparadeiras ou comadres", mulheres que nutriam uma relação de confiança com a gestante e/ou eram reconhecidas pela comunidade por suas experiências em acompanhar partos normais e no cuidado no pós-parto. Embora não detivessem um conhecimento academicista sobre o assunto, escoravam-se em suas experiências empíricas, uma vez que era comum e natural a prática e o auxílio no parto domiciliar não intervencionista.[1]

Todavia, esta realidade se modifica, pois, de maneira, geral, a medicina contemporânea, datada do final do século XVIII, apresentou uma estrutura diversa, que se baseava, em suma, numa nova visão acerca dos corpos e de seu funcionamento, assim como a caracterização de doença e saúde.[2] A vida humana, como assinalado por Heloisa Helena Barboza,[3] tornou-se, então, objeto do saber teórico a partir do saber científico, que achou na medicina um de seus principais instrumentos, cuja construção desse outro olhar se materializa no surgimento de uma "racionalidade científica específica, que rompe com a concepção de natureza da visão renascentista".[4]

As relações de poder orquestradas na sociedade também se alteram a partir de um fenômeno transformador, que se verifica na forma em que o soberano exerce o seu

---

1. CRIZÓSTOMO, Cilene Delgado; NERY, Inez Sampaio; LUZ, Maria Helena Barros. A vivência de mulheres no parto domiciliar e hospitalar. *Escola Anna Nery*, v. 11, n. 1, p. 98-104, Rio de Janeiro; mar. 2007.
2. FOUCAULT, Michel. *O nascimento da clínica*. Trad. Roberto Machado. Rio de Janeiro: Forense-Universitária, 1977.
3. BARBOZA, Heloisa Helena. A proteção da pessoa humana no limiar do século XXI: o florescer da biopolítica. In: BARBOZA, Heloisa Helena; LEAL, Livia Teixeira; ALMEIDA, Vitor (Org). *Biodireito*: Tutela Jurídica das Dimensões da vida. Indaiatuba, SP: Editora Foco, p. IX-XXIII, 2021.
4. VIEIRA, Elisabeth Meloni. *A medicalização do Corpo Feminino*. Rio de Janeiro: Editora Fiocruz, 2002.

direito sobre a vida e a morte de seus súditos: a força do poder se constata na manutenção da vida e não mais no direito de matar. Dessa forma, o "poder encontra no saber o instrumento para esse gerenciamento: o saber *sobre* a natureza implica assunção de *poder* sobre a natureza dos homens".[5]

Trata-se, portanto, da gestão da vida, cujo manejo das funções se desenvolverá, conforme teoriza Michel Foucault,[6] pela visão do corpo enquanto máquina e corpo-espécie, ou seja, pelas disciplinas do corpo e as regulações da população. É preciso, portanto, viabilizar corpos dóceis que auxiliem na produção de riquezas, sendo eles adestrados para que sejam úteis ao projeto político e econômico que se instaurou. Por outro lado, o corpo biológico é o "suporte dos processos de nascimento e morte, da saúde e da duração da vida, com todas as variáveis que sobre eles podem incidir",[7] sendo o poder sobre a vida verificado através da administração e gerenciamento dos corpos.

Em sendo a medicalização da vida, sucintamente, uma forma de ingerência e controle sobre os corpos, ela é especialmente manifestada no corpo feminino, que está intimamente ligada à nova visão da atividade médica que se materializa no século XIX, pois a criação de corpos produtivos e dóceis, bem como o controle populacional se alinha com a reprodução e sexualidade. A prática médica, a partir de então, "irá se caracterizar por uma penetração cada vez maior na sociedade, como objeto de reflexão e prática e como apoio científico indispensável ao exercício de poder do Estado".[8]

Por via de consequência, há o estabelecimento e a legitimação da ingerência da prática médica no âmbito dos nascimentos, a partir do aprimoramento da tecnologia, cuja intervenção no corpo feminino significará, sobretudo, a apropriação dele como objeto de saber da medicina. Assim, "mais que um discurso disciplinador sobre os corpos, teremos nessa área, ao estender sua jurisdição, a efetivação da apropriação".[9]

O controle sobre o corpo feminino, a partir de uma visão tecnocrática de assistência, surge num momento em que a manutenção da vitalidade e da saúde é fundamental para a reprodução social,[10] iniciando-se a progressiva institucionalização do nascimento, como resultado de um conjunto complexo de circunstâncias, envolvendo, entre outras questões, o preparo para lidar com partos complicados, a criação de maternidades separadas do hospital geral, a redução da mortalidade materna ante a adoção de medidas de higiene, a evolução de técnicas operatórias – como a cesariana – e o afastamento das parteiras desse cenário, tornando o evento comandado, em sua maioria, por médicos homens.[11]

---

5. BARBOZA, 2021, op. cit., p. X.
6. FOUCAULT, Michel. *História da sexualidade I*: a vontade de saber. Trad. Maria Thereza da Costa Albuquerque e J.A. Guilhon Albuquerque. 13. ed. Rio de Janeiro: Edições Graal, 1988.
7. BARBOZA, 2021, op. cit., p. XI.
8. VIEIRA, Elisabeth Meloni. *A medicalização do corpo feminino...*, cit., p. 21.
9. VIEIRA, op. cit., p. 23.
10. VIEIRA, op. cit.
11. MAIA, Mônica Bara. *Humanização do parto*: política pública, comportamento organizacional e ethos profissional na rede hospitalar pública e privada de belo horizonte. 2008. 193 f. Dissertação (Mestrado em Ciências Sociais) – Pontifícia Universidade Católica de Minas Gerais, Belo Horizonte, 2008.

A experiência enquanto evento familiar e doméstico, em que as gestantes se sentiam confortáveis, seguras e em paz, rodeadas de outras mulheres, passou, portanto, por uma mudança exponencial, removendo das mulheres o papel de protagonistas de seus próprios partos, bem como de repositórios inerentes de sabedoria acerca do nascimento,[12] que se tornou um evento solitário, hospitalar e intervencionista, centrado na figura do médico.[13] Tornou-se corrente a introdução de métodos artificiais que se sobrepunham aos mecanismos fisiológicos do parto e que, em essência, não observavam diversos aspectos do processo natural do nascimento, deslocando-se, por fim, para os assistentes obstétricos a atenção e preocupação que outrora eram destinados exclusivamente às parturientes.[14]

Percebe-se, então, que, com a transição entre os atores da assistência obstétrica, atrelado ao deslocamento para os hospitais, a institucionalização da mecanização e medicalização de um processo milenar tornou-se patente, com a violação de direitos humanos básicos das mulheres em seu bojo. Em que pese a evolução da ciência e suas contribuições para a redução da mortalidade materna e neonatal, compreende-se que o tratamento dispensado a gestação e ao parto, em regra, tornou-se patológico, tecnocrático e instrumental, ou seja, um evento que, atualmente, diferentemente do que historicamente acontecia, demanda a mobilização de todo um aparato hospitalar e silenciamento da parturiente.[15]

Surge, nesse cenário, denúncias internacionais acerca da necessidade de respeito à fisiologia do parto e a diminuição de práticas intervencionistas, com a finalidade de diminuir a mortalidade materno-fetal, com respaldo da Organização Mundial da Saúde (OMS)[16] e, no Brasil, movimentos sociais capitaneados por mulheres, que proclamavam a retomada do processo natural do nascimento, sustentando a necessidade última de "humanizá-lo".[17] Nas suas muitas facetas, a humanização da assistência expressava a alteração na compreensão do parto como experiência humana e, para quem o assiste, uma mudança no que deve ser feito diante do sofrimento de outro ser humano. No caso, "trata-se do sofrimento da *outra*, de uma mulher".[18]

---

12. LOTHIAN, Judith. Birth Plans: The Good, the Bad, and the Future. *Journal Obstetric Gynecol Neonatal Nurs*, v. 3, n. 2, p. 295-303, mar.-abr. 2006.
13. RIBEIRO, Andrea Cristina Lovato; FERLA, Alcindo Antônio. Como médicos se tornaram deuses: reflexões acerca do poder médico na atualidade. *Psicologia em Revista*, v. 22, n. 2, p. 294-314, Belo Horizonte, ago. 2016.
14. SANTOS, Vania Sorgatto Collaço dos. *Parto vertical*: vivência do casal na dimensão cultural no processo de parir. 2000. 237 f. Dissertação de Mestrado em Enfermagem – Universidade Federal de Santa Catarina, UFSC. Florianópolis (SC): Cidade Futura; 2000.
15. HOUAISS, Livia Pitelli Zamarian; ALBUQUERQUE, Andressa Souza de. A preservação dos direitos da parturiente e a reparação dos danos causados em caso de violência obstétrica. In: CAVET, Caroline Amadori et al (Org.). *Temas atuais e relevantes da responsabilidade civil*. Instituto Memoria, Curitiba, 2018. v. III, p. 138-153.
16. WHO. World Health Organization. Appropriate Technology for Birth. *Lancet*, v. 2, n. 8452, p. 436-7, 1985; OMS. ORGANIZAÇÃO MUNDIAL DA SAÚDE. *Assistência ao parto normal*: um guia prático. 1996.
17. RATTNER, Daphne. Humanização na atenção a nascimentos e partos: ponderações sobre políticas públicas. *Interface*: Comunicação Saúde e Educação, Botucatu, v. 13 (supl. I), p. 759-768, 2009.
18. DINIZ, Carmen Simone Grilo. Humanização da assistência ao parto no Brasil: os muitos sentidos de um movimento. *Ciência e Saúde coletiva*. v. 10, n. 3, p. 627-637, Rio de Janeiro, jul.-set. 2005.

Como contraponto e resposta às cascatas de intervenções médicas, instrumentais e medicamentosas, a veiculação de uma assistência respeitosa ao nascimento[19] surge como uma tentativa de resgatar a preciosidade desse momento tão singular na vida das famílias, corroborando para uma experiência mais positiva e segura para a parturiente, calcando-se no tripé:[20] respeito ao protagonismo feminino (autodeterminação e dignidade); práticas baseadas em evidências científicas atualizadas (respeitando a fisiologia e evitando condutas desnecessárias e/ou sem evidência de benefício para o binômio materno-fetal); e atendimento transdisciplinar (envolvendo a atuação conjunta de profissionais de múltiplas áreas do conhecimento).

Entende-se que o esforço empreendido para viabilizar a ruptura do modelo obstétrico que ainda está vigente e a exigência de uma assistência à saúde adequada durante o período gravídico-puerperal não deveriam ser compreendidos como "modismos obstétricos"[21] ou reivindicações infundadas, ao revés, como mola propulsora do respeito à fisiologia do corpo, aos limites e às vontades das mulheres; a observância do exercício da autodeterminação corporal e o retorno ao protagonismo feminino; na desmistificação da experiência do partejar, que é, em última análise, um processo natural,

---

19. Embora tenha sido cunhada a expressão "parto humanizado" e, socialmente, tenha sido disseminado que se trata, em verdade, de um "tipo de parto", em geral, sem assistência e/ou doméstico, filia-se esta autora à concepção de que a humanização está atrelada à forma como a assistência é prestada às mulheres em situação gravídico-puerperal, com a observância dos critérios apontados. No Brasil, a popularização do termo e sua posterior redução à certas categorias, até mesmo para fins mercadológicos, ofuscaram, em certa medida, a motivação primária do movimento. Para tanto, em que pese o reconhecimento de que o termo é polissêmico, admitindo diferentes significações, conforme pontuado por Daphne Rattner, adota-se neste trabalho expressões como "assistência respeitosa e/ou adequada", que mais se associam ao conceito fornecido, auxiliando na compreensão do tema.
20. Apesar de estar inserida no sistema de saúde como política pública desde os anos 2000 (Portaria 569/2000), não há uma conceituação precisa no que consistiria a "humanização da assistência ao parto". Verifica-se, conforme assinalado em importante pesquisa de reflexão proposta por Carmen Diniz (2005), a partir de estudo de maternidades de São Paulo, os possíveis sentidos que o termo assume, cada um deles explicitando uma reivindicação de legitimidade do discurso, sem embargo de que possa haver superposição entre eles. Por isso, não obstante tenha sido adotado neste trabalho o tripé acima apontado, se faz necessário remeter às pesquisas de DINIZ, Carmen Simone Grilo. Humanização da assistência ao parto no Brasil: os muitos sentidos de um movimento. *Ciência e Saúde coletiva*. v. 10, n. 3, p. 627-637, Rio de Janeiro, jul.-set. 2005 e RATTNER, Daphne. Humanização na atenção a nascimentos e partos: breve referencial teórico. *Interface*: Comunicação Saúde e Educação, v. 13 (supl. I), p. 595-602, 2009.
21. Digna de nota é a Resolução 293/2019, editada pelo Conselho Regional de Medicina do Rio de Janeiro (CREMERJ), que se propunha a proibir a adesão, por parte dos médicos, a quaisquer documentos, dentre eles o plano de parto ou similares, que restrinjam ou impeçam sua atuação profissional, em especial nos casos de potencial desfecho desfavorável materno e/ou fetal. Diante de inúmeras ilegalidades e inconstitucionalidades, que não são objeto do presente artigo, foi movida Ação Civil Pública, nos autos 5061750-79.2019.4.02.5101/RJ, pela Defensoria Pública da União e pelo Ministério Público Federal, reivindicando a anulação da citada norma, tendo sido julgado procedente o pleito autoral e, em fase recursal, mantida a sentença, cujo trânsito em julgado ocorreu em 2021. Apenas para justificar o termo utilizado, destaca-se que a leitura da exposição de motivos de tal Resolução permitia extrair a falta de absorção do Conselho regulador às evidências científicas atualizadas, à medida em que pressupunha o trabalho de parto e o parto como situações "permanentes de riscos de morte", além de considerar "modismos na obstetrícia" o cuidado voltado e centrado nas vontades das parturientes, e ainda, concebia como "salvadores" procedimentos já proscritos pelos estudos mais recentes. Dessa forma, fundamental remeter ao próprio protocolo nacional que disciplinam a matéria: BRASIL. Ministério da Saúde. Secretaria de Ciência, Tecnologia e Insumos Estratégicos. Departamento de Gestão e Incorporação de Tecnologias em Saúde. *Diretrizes nacionais de assistência ao parto normal: versão resumida* [recurso eletrônico] – Brasília, 2017.

no qual a confiança é depositada na sabedoria singular do corpo humano, bem como no uso racional e seguro de inovações tecnológicas e científicas, as quais deverão estar à disposição dos profissionais da assistência para que sejam manejadas em situações estritamente necessárias.[22]

Para tanto, é possível afirmar que toda e qualquer mulher, sem qualquer discriminação, é titular do direito humano fundamental de ter acesso à uma assistência profissional apropriada, durante a gravidez, bem como no parto e pós-parto, cujo alicerce reside no postulado da dignidade da pessoa humana, que é vertente e corolário do Estado Democrático de Direito brasileiro.[23] Compondo a tríade que corrobora para uma experiência positiva de nascimento, tem-se a garantia constitucional de acesso à saúde como direito social; a observância da autodeterminação corporal, enquanto vertente da autonomia privada, manifestada através da possibilidade do exercício de escolhas conscientes, pela gestante, a partir do compartilhamento de informações atualizadas, pelos profissionais da assistência, bem como o estímulo à vivência de uma maternidade prazerosa e satisfatória.

Portanto, partindo-se da premissa de que a medicina obstétrica manejada era medicalizada e tecnocrática, restando ao arbítrio do cuidador a decisão acerca das intervenções e tratamentos a serem realizados, relegando à mulher o papel de paciente e expectante acerca dos próprios cuidados a serem ofertados em seu corpo, verifica-se que o movimento, bem como as políticas públicas, de modificação do panorama obstétrico vigente estimulavam a mudança não só na prática médica técnica empregada, como também relacional, buscando-se alertar para a importância da veiculação, para as gestantes, de informações acerca de todos os aspectos que envolvem à assistência, bem como a discussão de condutas, estimulando ao exercício da autodeterminação e consentimento informado.

3. ASSIMETRIA DE PODERES: AUTODETERMINAÇÃO DA GESTANTE E SABER-PODER DO PROFISSIONAL

Já era denunciado por Michel Foucault, no tocante a detenção de poder na ordem da sexualidade, de que esta se encontrava nas mãos dos homens, dos adultos, dos pais e dos médicos, enquanto eram privados de poder as mulheres, os adolescentes, as crianças e os doentes.[24] Estes últimos, compreendidas as suas particularidades, se encontram unidos não só pela histórica privação de direitos, como também pela vulnerabilidade que lhes é distintiva. Sendo característica ontológica de todos os seres vivos, em virtude de alguns

---

22. "A principal distorção da obstetrícia moderna é oferecer tecnologia inadequada, cara, potencialmente perigosa e dolorosa para os partos normais que delas não se beneficiam; o que muitas vezes resulta em não oferecer tecnologia adequada para os partos anormais para os quais esta tecnologia poderia ser útil" (CALDEYRO-BARCIA, Roberto). DINIZ, Carmen Simone Grilo. *Os muitos sentidos da humanização*. São Paulo: Encontro Nacional de Aleitamento Materno (Enam), 2010. 49 slides, color. Disponível em: http://www.ibfan.org.br/documentos/outras/doc-503.pdf. Acesso em: 12 jun. 2022.
23. HOUAISS e ALBUQUERQUE, op. cit.
24. FOUCAULT, 1988, op. cit.

indivíduos serem circunstancialmente vulnerados, justifica-se a intervenção protetiva do direito, necessária para o desenvolvimento de suas potencialidades.[25]

Todavia, em que pese em âmbito jurídico-constitucional todas as pessoas gozarem de igualdade formal para o exercício dos direitos sexuais e reprodutivos, especialmente em razão dos progressos biotecnológicos, a restrição aos direitos das mulheres se apresenta ainda mais nítida, verificando-se, conforme afirmado alhures, que o corpo da mulher tem sido, paulatinamente, docilizado, a partir da intervenção médica, mormente, durante o período gravídico-puerperal,[26] apontando para a ocorrência de violências motivadas pelo gênero.

Como destacado, uma das vertentes para viabilizar as boas práticas de assistência obstétrica e mudança no paradigma ainda vigente se insere no respeito ao protagonismo feminino, que pode ser interpretado, por um lado, como estímulo ao exercício da autonomia existencial das parturientes e, por outro, pelo abandono do histórico paternalismo que se observava na prática médica, fruto de uma relação hierarquizada e desregulada.

Isto se mostra importante porque, no que toca à assistência à maternidade, com frequência a "autoridade científica do médico desliza para uma autoridade moral, interferindo no exercício dos direitos das mulheres",[27] entre outros, à escolha informada, que se consubstancia na prerrogativa que as gestantes possuem de serem esclarecidas e orientadas, pelos profissionais da saúde, acerca dos tratamentos, procedimentos, bem como os riscos e benefícios, possibilitando, a partir de então, a tomada de decisão acerca das condutas a serem realizadas em seus corpos.

Ao deter-se na estrita análise dos Códigos de Ética Médica e da Enfermagem, a título de exemplo, o discurso aqui apresentado poderia soar desnecessário, já que há vedação expressa ao desrespeito do direito dos pacientes ou de seus representantes legais de decidirem livremente sobre a execução de práticas diagnósticas ou terapêuticas (exercício da autodeterminação), salvo em caso de iminente risco de morte.[28] No entanto, estudos apontam que o cuidado, em verdade, tem sido "centrado na figura do médico, como 'portador' de um conhecimento tornado legítimo e predominante, na doença como foco das intervenções, no consumo de procedimentos de alta tecnologia e no uso excessivo de medicamentos".[29]

Tratar-se-ia de um modelo de atenção que monopoliza o controle dos conhecimentos do corpo humano e da sexualidade, neste caso específico, das mulheres, afastando-as

---

25. BARBOZA, Heloisa Helena; ALMEIDA, Vitor. A tutela das vulnerabilidades na legalidade constitucional. In: Gustavo Tepedino; Ana Carolina Brochado Teixeira; Vitor Almeida. (Org.). *Da dogmática à efetividade do Direito Civil*: Anais do Congresso Internacional de Direito Civil Constitucional – IV Congresso do IBDCIVIL. Belo Horizonte, MG: Fórum, 2017, p. 37-50.
26. BARBOZA, Heloisa Helena Gomes; ALMEIDA JUNIOR, Vitor de Azevedo. (Des)Igualdade de gênero: restrições à autonomia da mulher. *Pensar*, Fortaleza: v. 22, n. 1, p. 240-271, jan./abr. 2017.
27. TEIXEIRA, Luiz Antonio Teixeira; RODRIGUES, Andreza Pereira; NUCCI, Marina Fisher, SILVA, Fernanda Loureiro. *Medicalização do parto*: saberes e práticas. São Paulo: Hucitec, 2021.
28. Conforme se extrai do art. 31 da Resolução do CFM 2.217/2018 e art. 42 da Resolução do COREN 564/2017.
29. RIBEIRO, Andrea Cristina Lovato; FERLA, Alcindo Antônio. Como médicos se tornaram deuses: reflexões acerca do poder médico na atualidade..., cit., p. 297.

como protagonistas desse evento e fazendo com que as conveniências médicas sejam condutoras da atenção à saúde.[30] Além do mais, verifica-se que a prática da assistência é, por vezes, apreendida de forma alheia ao seu balizamento ético e com a priorização de competências em prejuízo de valores como o cuidado. As mulheres são objetificadas em benefício do treinamento de residentes internos, em um momento que deveria ser de seu protagonismo, demonstrando-se assim, que as gestantes são partes integrantes do processo de conhecimento e aperfeiçoamento, atuando como "material didático".[31]

A inobservância da autonomia das parturientes é constatada não só quando são tratadas como possíveis objetos de estudo, como também ao serem usurpadas de sua voz, já que o caminho a ser trilhado durante a gestação e o parto tem sido, usualmente, "comandado" pelo profissional que presta assistência, diante do poder concentrado em suas mãos enquanto detentor do conhecimento e das práticas. Necessário, portanto, uma visão crítica e criteriosa do Direito quanto ao discurso médico de aconselhamento e acompanhamento durante o período gestacional, "que precisa coincidir com os valores albergados no ordenamento, sob pena de se desconsiderar a autodeterminação existencial da mulher grávida".[32]

Assim, a autonomia existencial se apresenta a partir de decisões pessoais, as quais se inserem no contexto de múltiplas e abertas possibilidades, cuja escolha poderá ser manifestada de modos variados, sendo a "liberdade tanto a possibilidade de realizar tudo o que não é proibido como a exigência de não intervenção na vida privada do indivíduo, ou ainda a possibilidade de autodeterminação ou obediência a si mesmo (isto é, ao próprio regulamento)".[33] Assegura-se, então, a possibilidade de escolha, todavia o conteúdo precisa ser decidido, unicamente, pelo indivíduo, não podendo a lei – em sentido estrito – violar, em nenhuma hipótese, o limite intransponível imposto pelo respeito à pessoa humana.[34]

---

30. ZANARDO, Gabriela Lemos de Pinho et al. Violência obstétrica no brasil: uma revisão narrativa. *Psicologia & Sociedade*, Porto Alegre; v. 29, p. 1-11, 2017. Nessa perspectiva, destaca-se a "epidemia de cesarianas", que de maneira alarmante assola o país, que atualmente ocupa o segundo lugar no ranking mundial quanto ao número de cirurgias realizadas, sendo fruto desse modelo tecnocrático, tecnológico e intervencionista que dominou a assistência ao nascimento no Brasil e caminha imprimindo certos sentidos aos corpos de mulheres. Com base em nova pesquisa da OMS, a frequência de cesariana continua crescendo mundialmente, correspondendo, agora, a 21% dos nascimentos. Há uma estimativa de que esta proporção continuará aumentando na próxima década, com 29% de todos os nascimentos provavelmente ocorrendo por cesariana até 2030. Remete-se à BETRAN, Ana Pilar et al. Trends and projections of caesarean section rates: global and regional estimates. *BMJ Global Health*, v. 6, p. 1-8, [S.I.], 2021.
31. DINIZ, Simone Grilo et al. Violência obstétrica como questão para a saúde pública no Brasil: origens, definições, tipologia, impactos sobre a saúde materna, e propostas para sua prevenção. *Journal of Human Growth and Development*, [S.I.], v. 25, n. 3, p. 377-384, 2015.
32. ALMEIDA, Vitor. Notas sobre a autonomia da gestante e os requisitos de validade dos planos de parto no direito brasileiro. In: VIVEIROS DE CASTRO, Thamis Dalsenter (Coord.). *Violência obstétrica em debate*: diálogos interdisciplinares. Lumen Juris, 2020, p. 176.
33. BODIN DE MORAES, Maria Celina; VIVEIROS DE CASTRO, Thamis Dalsenter. A autonomia existencial nos atos de disposição do próprio corpo. *Pensar*, v. 19, n. 3, p. 779-818, Fortaleza, set./dez. 2014.
34. RODOTÁ, Stefano. Autodeterminação e laicidade. Trad. Carlos Nelson Konder. *Revista Brasileira de Direito Civil – RBDCivil*, v. 17, p. 139-152, Belo Horizonte, jul./set. 2018.

A maneira com que o indivíduo disporá sobre circunstâncias atinentes a sua identidade, em especial, a sua saúde, é um campo frutífero para discussões, em especial ao envolver mulheres em situação gestacional, cuja vulnerabilidade se apresenta de maneira mais explícita. Ressalte-se, todavia, que a vulnerabilidade experimentada pelas mulheres em estado gravídico em nada pode ser equiparada a redução de sua capacidade, tratando-se, em verdade, de estado de fragilidade, seja por razões médicas ou psicológicas,[35] cujo esforço social, que deveria ser capitaneado pela atuação dos profissionais da saúde, agiria na direção de fomentar o pleno exercício da autonomia existencial das mulheres e respeito as suas individualidades.

Neste ponto, é possível afirmar, na lição de Stefano Rodotá,[36] que o fornecimento de informação habilita o pleno exercício de um consentimento efetivamente informado, o qual, quando utilizado como instrumento à autodeterminação pessoal e ao governo de vida, se caracteriza, na verdade, na distribuição de poder e responsabilidade. Assim, em se atingindo ao "núcleo duro da existência", naquilo que toca particularmente e profundamente o indivíduo, ou seja, a salvaguarda do corpo humano imposta pelo respeito à dignidade humana, tem-se uma "revolução" no conceito de consentimento informado, que impulsiona a modificação das hierarquias sociais até então existentes, já que se dá "voz a quem era silencioso diante do poder do terapeuta, e define uma nova categoria geral constitutiva da pessoa. Consentir equivale a ser", sendo a guinada da relação médico-paciente, a partir dessa nova disciplina, o nascedouro de um "novo sujeito moral".[37]

A partir dessa novel perspectiva, surge a autolimitação do poder do médico, instaurando uma nova sistemática, em que incumbe ao profissional de assistência à saúde o ônus de informar ao paciente acerca de seu estado, suas condições, eventuais medicações e tratamentos a serem manejados. Pontue-se que este comportamento não possui a finalidade de notificá-lo acerca do que será feito com o seu corpo, ao revés, a intenção deverá ser a de compartilhar a responsabilidade e trazer o paciente para o centro do cuidado de saúde, fazendo-o compreender a situação experimentada e, a partir da junção do conhecimento oferecido e suas questões pessoais, ou seja, seu projeto de vida, ofertar (ou não) um consentimento informado.

Nessa nova conjuntura sistêmica, a pessoa possui o "direito de dispor das informações, não o dever de utilizá-las, e muito menos de conformar-se aos aspectos diretivos que possam conter. Na dimensão da autodeterminação nenhuma informação pode tornar-se normativa",[38] já que surge o direito a dispor das informações, mas não o dever de usá-las. Não obstante o giro conceitual e as novas relações que emergiram a partir da transferência de poder imposta pela radical liberdade e autonomia do sujeito, mitigando, portanto, o paternalismo médico, ainda se verifica que a expressão da autonomia quanto ao próprio corpo, principalmente quando se trata de mulher gestante, é limitada, em larga

---

35. ALMEIDA, Vitor. Notas sobre a autonomia da gestante e os requisitos de validade dos planos de parto no direito brasileiro..., cit.
36. RODOTÁ, 2018, op cit.
37. RODOTÁ, 2018, op. cit., p. 142.
38. RODOTÁ, 2018, op. cit., p. 143.

medida, pela ingerência do profissional da assistência, a quem compete, aparentemente não só em hipóteses de risco iminente de morte, a decisão sobre os corpos alheios sem que seja observado o devido consentimento.[39]

4. INFORMAÇÃO COMO MECANISMO DE MODIFICAÇÃO DO PARADIGMA DA ASSISTÊNCIA À SAÚDE

Embora a relação médico-paciente tenha sido, historicamente, delineada de maneira assimétrica, pode-se asseverar que, não só os movimentos sociais, como também as políticas públicas implementadas no Brasil, tem se descortinado no sentido de viabilizar e corroborar, em certa medida, para reequilibrar esta balança de poder, em especial diante da necessidade de se alinhar à conjuntura instaurada pelo ordenamento jurídico, a partir da Constituição Federal de 1988. As inúmeras violações envolvendo a autonomia das mulheres tem demonstrado que a repercussão das práticas não se apresenta, apenas, no exercício de direitos fundamentais, como a dignidade, saúde e maternidade prazerosa, como também no núcleo duro da existência, atingindo altas taxas de mortalidade materna evitáveis.[40]

Com o intuito de modificar esse panorama, ações tem sido engendradas para conscientizar os profissionais componentes das equipes de saúde obstétrica, assim como a sociedade civil em geral, em particular as mulheres gestantes, acerca da necessidade de práticas clínicas baseadas em evidências científicas, buscando a garantia da melhor assistência ao binômio materno-fetal, bem como o respeito à autodeterminação das parturientes, através do compartilhamento de informações acerca de seu bem-estar, os possíveis procedimentos e intervenções a serem realizados, de modo a tonar viável a tomada de decisão.

Numa perspectiva macro, as políticas públicas emanadas pelo Ministério da Saúde tem caminhado, até o presente momento, para orientar os profissionais da saúde a informar as gestantes, bem como as estimularem a exercerem a autonomia, inclusive

---

39. Nesse sentido, na pesquisa realizada por Nathalia da Rocha e Jaqueline Ferreira, que teve por objeto a análise de 15 artigos questionando a escolha da via de parto sob a perspectiva da autonomia das mulheres e a prevalência da cirurgia cesariana, em sua maioria, foi percebida uma relação assimétrica entre os profissionais da saúde e as pacientes, sendo este um fator relevante na determinação pela via de nascimento. Além disso, esta relação seria "permeada pela supervalorização do saber técnico dotado pela equipe, que presume o não saber da mulher, desconsiderando sua capacidade de participar do próprio processo fisiológico" (ROCHA, Nathalia Fernanda Fernandes da; FERREIRA, Jaqueline. A escolha da via de parto e a autonomia das mulheres no Brasil: uma revisão integrativa. *Saúde Debate*, v. 44, n. 125, p. 556-568, Rio de Janeiro, abr./jun. 2020).
40. De acordo com o Painel de Monitoramento da Mortalidade Materna, o Brasil teve, em 2021, média de 107 mortes a cada 100 mil nascimentos, números bem distantes dos fixados pela Organização das Nações Unidas (ONU). Até 2015, a meta era atingir menos de 35 mortes por 100 mil nascimentos e o Brasil estava na faixa de 70 a 75 óbitos maternos por 100 mil nascidos vivos. Com os Objetivos do Desenvolvimento Sustentável (ODS), a ONU indicou, até 2030, reduzir a taxa de mortalidade materna global para menos de 70 mortes por 100 mil nascidos vivos. Afirma-se que o aumento da mortalidade, nos últimos dois anos, se encontra associado à pandemia da Covid-19, conforme se verifica em GANDRA, Alana. *Brasil teve, em 2021, 107 mortes de mães a cada 100 mil nascimentos*. Agência Brasil. Rio de Janeiro, 28 mai. 2022. Disponível em: https://agenciabrasil.ebc.com.br/saude/noticia/2022-05/brasil-teve-em-2021-media-de-107-mortes-cada-100-mil-nascimentos. Acesso em: 14 jun. 2022.

mediante a formulação de instrumentos escritos como o Plano Individual de Parto,[41] ao passo que, em âmbito micro, verificou-se o ativismo de pessoas participantes[42] de ONG's, grupos de apoio e comunidades online[43] com a finalidade de disseminar informações acerca do cenário obstétrico brasileiro, ou seja, o "caminho das pedras" para a conquista de um parto respeitoso, atuando, de alguma forma, a suprir as lacunas existentes na comunicação entre médico e parturiente.

Para os fins a que se destina esta pesquisa, o coração da análise reside em verificar se o compartilhamento de informações, seja pelos profissionais da assistência, seja através do que se pode denominar de "busca ativa" das gestantes em participar de grupos e de se esforçarem, de per si, para atingir o conhecimento necessário acerca deste "novo mundo" é suficiente para reequilibrar a balança de poder e seja prestada uma assistência mais adequada às mulheres, que se traduz em não serem submetidas à maus tratos obstétricos, ou violação de sua autonomia .

Uma pesquisa realizada com base nos dados do Inquérito Nascer no Brasil (estudo de base nacional realizado entre os anos de 2011-2012, que contou com a participação

---

41. Consiste em negócio jurídico unilateral, de caráter existencial, em que a gestante, previamente informada e esclarecida, com base em evidências científicas sólidas e atualizadas, dispõe acerca dos procedimentos que autoriza que sejam realizados durante a assistência ao nascimento, pós-parto e cuidados neonatais, bem como aqueles que rejeita. Tal documento se assemelha a uma diretiva antecipada de vontade, haja vista que a mulher, em virtude da fragilidade inerente aos processos fisiológicos e procedimentos médicos a que será submetida em razão da situação gravídico-puerperal, poderá não estar em plenas condições de exprimir sua vontade, motivo pelo qual o faz antecipadamente, antevendo a ocorrência de eventos futuros. Sobre a temática, imperioso remeter à BRASIL. Ministério da Saúde. Secretaria de Ciência, Tecnologia e Insumos Estratégicos. Departamento de Gestão e Incorporação de Tecnologias em Saúde. *Diretrizes nacionais de assistência ao parto normal*: versão resumida [recurso eletrônico] – Brasília, 2017; HOUAISS, Livia Pitelli Zamarian; ALBUQUERQUE, Andressa Souza de. A preservação dos direitos da parturiente e a reparação dos danos causados em caso de violência obstétrica. In: CAVET, Caroline Amadori et al (Org.). *Temas atuais e relevantes da responsabilidade civil*. Instituto Memoria, Curitiba, 2018, v. III, p. 138-153 e ALMEIDA, Vitor. Notas sobre a autonomia da gestante e os requisitos de validade dos planos de parto no direito brasileiro. In: VIVEIROS DE CASTRO, Thamis Dalsenter (Coord.). *Violência obstétrica em debate*: diálogos interdisciplinares. Lumen Juris, p. 175-185, 2020.
42. Em geral, profissionais ligados ao cenário obstétrico em suas regiões, tais como enfermeiras, parteiras, obstetrizes, doulas, médicos obstetras. Importante ressaltar que muitas mulheres, as quais vivenciaram uma experiência positiva de nascimento, não só buscam esses grupos, como também os integram para troca e compartilhamento de experiências.
43. Apenas à título exemplificativo, tem-se a importância da Rede pela Humanização do Nascimento (ReHuNa), que agrega uma ampla população vinculada a causa, cujo nascedouro em 1993 está intimamente ligado ao movimento de humanização da assistência no Brasil. Além disso, sem ser exaustiva, aponta-se a existência de duas comunidades virtuais expressivas hospedadas na rede social *Facebook*, intituladas "Cesárea? Não, obrigada!" e "Parto Natural". Tal denominado "ciberativismo" e participação de mulheres em comunidades de apoio foram descritos e analisados em alguns trabalhos, os quais se remete: MARQUES, Raquel de Almeida. Ciberativismo em defesa do parto humanizado e da descriminalização do aborto: as diferenças na defesa dos direitos reprodutivos. 2013. 83 f. Dissertação (Mestrado) – Curso de Saúde Pública, Universidade de São Paulo (USP), São Paulo, 2013; AMARAL, Camila Manni Dias do. "Se não fosse a internet, eu tinha ido pra faca": Considerações sobre ciberespaço e parto "humanizado". *Revista Ensaios*, v. 8, p. 147-163, [S.I.], jan./jun. 2015; HUGUES, Gabriela Macedo; HEILBORN, Maria Luiza. "Cesárea? Não, Obrigada!": ativismo em uma comunidade online na busca pelo parto normal no brasil. *Cadernos de Saúde Pública*, v. 37, n. 4, p. 1-12, [S.L.], 2021; CASTRO, Miriam Rêgo de. *Ressignificando-se como mulher na experiência do parto*: experiência de participantes de movimentos sociais pela humanização do parto. 2014. 189 f. Tese (Doutorado) – Curso de Enfermagem, Universidade de São Paulo, São Paulo, 2014.

total de 23.894 puérperas) buscou identificar fatores associados à avaliação das mulheres quanto à relação profissionais de saúde/parturiente e como esses fatores influenciaram a satisfação com o atendimento ao parto. Dentre outros achados, houve uma avaliação muito positiva no que se atine ao respeito, à privacidade e à clareza nas explicações dos profissionais de saúde, o que já havia sido apontado em diversos estudos nos quais a satisfação no trabalho de parto e no parto eram influenciadas pela percepção do acolhimento e do apoio dos profissionais de saúde, que atuariam como amenizador da ansiedade vivida durante todo o processo.[44]

Outro dado que sobressaiu foi a possibilidade de participação da mulher no processo decisório durante o trabalho de parto, que também foi observado em vários outros estudos, demonstrando que o sentimento de não ser informada e não ter tido a oportunidade de participar nas decisões foram associados à insatisfação, apontando o papel central da comunicação entre os profissionais e as pacientes. A comunicação clara e atenta poderia ser um veículo de reconhecimento da mulher enquanto sujeito nesta relação e o profissional não visto apenas como aquele que esclarece as dúvidas da parturiente, mas que a considera enquanto indivíduo, cuja opinião, sobre questões relativas ao seu próprio corpo, importa, diminuindo, também, o medo e a tensão característicos do evento, possibilitando maior empoderamento da mulher.[45]

Dessa forma, constatou-se que "o reconhecimento do outro como sujeito é essencial no cuidado integral e, consequentemente, primordial à eficácia técnica e sucesso prático da assistência",[46] pois é necessário reforçar que na relação entre profissional de saúde e paciente no contexto obstétrico, a mulher está em condição de maior vulnerabilidade, dificilmente em condições de resistir ou confrontar, na maioria das vezes atuando sob o medo de represálias.[47] Assim, a possibilidade de consentir, efetivamente livre de amarras e subjugação, ainda que veladas, se apresentam como fatores para uma experiência mais positiva de assistência.

Conquanto os obstáculos ao acesso à uma assistência obstétrica adequada sejam encontrados de maneira estrutural e institucional no país, conforme dados extraídos do Inquérito Nascer no Brasil,[48] também é possível asseverar que eles se apresentam de modo diversificado ao serem comparados os sistemas de saúde e fontes de pagamento (SUS ou suplementar – particular e planos de saúde), bem como quando associados à sistemas múltiplos de subordinação, havendo interseccionalidade[49] e sobreposição relativas a raças, etnias, classes sociais e regiões geográficas, por exemplo.

---

44. D'ORSI, Eleonora et al. Desigualdades sociais e satisfação das mulheres com o atendimento ao parto no Brasil. *Cad. Saúde Pública*, v. 30, n. 1, p. 154-168, Rio de Janeiro, ago. 2014.
45. D'ORSI et al, op. cit.
46. D'ORSI et al, op. cit, p. 165.
47. TEIXEIRA, RODRIGUES, NUCCI e SILVA, op. cit.
48. LEAL, Maria do Carmo et al. Intervenções obstétricas durante o trabalho de parto e parto em mulheres brasileiras de risco habitual. *Cadernos de Saúde Pública*, v. 30, n. 1, p. 17-32, Rio de Janeiro, ago. 2014.
49. CRENSHAW, Kimberlé. Documento para o encontro de especialistas em aspectos da discriminação racial relativos ao gênero. *Revista Estudos Feministas*, Florianópolis, v. 10, n. 1, p. 171-188. 2002.

A Organização das Nações Unidas (ONU) publicou um relatório especial acerca dos maus tratos e violência contra a mulher em serviços de saúde reprodutiva no ano de 2019, com detido enfoque no que tange ao cuidado ao nascimento e à ocorrência de violência obstétrica, identificando a necessidade de uma abordagem com viés dos Direitos Humanos sobre a questão. A ONU reconhece que a violência obstétrica deve ser encarada como parte de violações contínuas que ocorrem no contexto mais amplo das iniquidades estruturais, discriminação e patriarcado, sendo resultado também da falta de educação e treinamento adequado dos profissionais, assim como do desrespeito ao status de igualdade da mulher e aos direitos humanos fundamentais, tendo sido listadas recomendações diretas para o enfrentamento da violência obstétrica pelos Estados integrantes.[50]

Não obstante o compartilhamento de informações seja de suma importância e, quando se trata dos profissionais da assistência, um dever inerente às suas atuações – que de forma alguma deverá ser mitigado ou diminuído, cuja ausência poderá ensejar responsabilização civil[51] –, é limitante afirmar que se trata do melhor antídoto para reduzir a má prática obstétrica e garantir uma assistência respeitosa. Isto porque pode transferir para a parte mais vulnerável dessa relação a responsabilidade por se informar exaustivamente e ignora o fato de que se trata de uma chaga com contornos estruturais e institucionais, que deverá ser combatida nos mesmos moldes.

Além disso, a ausência de assistência obstétrica adequada, enquanto uma questão que sinaliza violência de gênero, também deve ser lida a partir das intersecções com raça, classe social, região geográfica, deficiências e outros aspectos que podem contribuir para que essa mulher, que já se encontra em situação de vulnerabilidade por estar vivenciando o ciclo gravídico-puerperal, seja ainda mais violada e privada no exercício de seus direitos sexuais e reprodutivos. Aliás, a forma como as informações são compartilhadas e o consentimento é construído deve considerar tais particularidades, sob pena de aprofundar as desigualdades.

O movimento de mulheres em prol de outras mulheres é louvável e "vem da consciência e da revolta de quem é submetido, excluído, privado de liberdade e dignidade",[52] atuando para suprir uma lacuna de saúde pública e, certamente, como foi verificado, operou de maneira crucial para que políticas públicas fossem criadas, legislações fossem

---

50. SIMONOVIC, Dubravka. *A human rights-based approach to mistreatment and violence against women in reproductive health services with focus on childbirth and obstetric violence*. General Assembly Resolution, 74ª session, UN. Human Rights Council. Special Rapporteur on Violence against Women, UN. Secretary-General. 2019.
51. PEREIRA, Paula Moura Fracesconi de Lemos; SILVA, Gláucia Nascimento. A informação como forma de combate à violência obstétrica na relação médico-paciente. In: VIVEIROS DE CASTRO, Thamis Dalsenter (Coord.). *Violência obstétrica em debate*: diálogos interdisciplinares. Rio de Janeiro: Lumen Juris, 2019.
52. RODOTÁ, Stefano. *Direito ao Amor*. Trad. Luciana Cabral. [S.I.]. Disponível em: https://ludoneda.medium.com/stefano-rodot%C3%A0-direito-ao-amor-1-34470d585911. Acesso em: 14 jun. 2022. Na mesma obra, o autor, ao reconhecer o ativismo feminino em prol da mudança do Código Civil Italiano no que tange a indissolubilidade do casamento, afirmou "novamente são as mulheres, sempre as mulheres. Não reivindicam somente os direitos de gênero, dão sentido ao mundo".

promulgadas e outras estejam em votação,[53] assim como – e talvez o mais importante – acendeu o alerta necessário para que certas condutas médicas fossem contestadas e que o período gravídico e, em especial, o nascimento não fosse atrelado à um momento de sofrimento terrível, acompanhado de inúmeras violações de direitos humanos fundamentais.

Importa, então, que se estimule a transparência e diálogo, na relação médico-paciente, com vistas a propiciar que a parturiente esteja em condições de consentir – ou não – de maneira esclarecida, informada e voluntária, corroborando para uma experiência mais positiva e com uma assistência mais respeitosa. Por outro lado, a disseminação, em âmbito micro, de informações e a bandeira de que esta seria a forma mais eficaz de prevenir má assistência obstétrica se apresenta, neste estágio da discussão, temerário, pois, malgrado sejam medidas provavelmente efetivas para grupos da população com acesso privilegiado à informação e assistência à saúde, ao ser propagado de modo geral, estar-se-ia transferindo um problema social, que é estrutural, para o indivíduo, como se ações individuais fossem proteger todas as mulheres contra uma calamidade crônica dentro do sistema de saúde.

5. CONCLUSÃO

A forte medicalização da medicina transformou a assistência ao nascimento em um processo médico, hospitalar, tecnocrático e tecnológico, minando a fisiologia do parto e os saberes culturais envolvidos numa prática que era, predominantemente, feminina. As recomendações internacionais e os movimentos de humanização da assistência no Brasil foram as alavancas para denunciar as más condutas praticadas por profissionais da assistência e lançar luz sobre a experiência negativa vivenciada por mulheres num dos momentos mais íntimos, vulneráveis e de potência, o qual, embora doloroso, não precisaria ser, necessariamente, sofrido.

Inauguram, como contraponto às cascatas de intervenções, as boas práticas disseminadas em resoluções internacionais e nacionais, fundamentadas em estudos a partir da medicina baseada em evidências, com a finalidade última de diminuir a mortalidade materna e fetal, assim como aumentar a segurança e a sensação de satisfação das mulheres com o cuidado dispensado durante a gravidez e o nascimento.

O respeito ao protagonismo feminino atua como um dos braços do que se configura como uma assistência adequada, auxiliando no reequilíbrio da relação médico-paciente e intimamente conectado com o exercício da autodeterminação e do consentimento informado, que imprimem nos profissionais do cuidado a urgência de recalcularem a rota e enxergarem as mulheres enquanto sujeitos autônomos, com direitos e garantias, cujas particularidades devem ser observadas e todos os tratamentos compartilhados,

---

53. Apenas a título exemplificativo, enumera-se algumas legislações estaduais que disciplinam sobre o assunto, tais como Lei 7191/16 (RJ), Lei 18.582/15 (PR), Lei 14.598/15 (PR) e os Projetos de Lei que tramitam em âmbito federal, como o PL 7633/14, PL 768/21 e PL 499/22.

informando-lhes exaustivamente acerca de tudo que compete à sua saúde e que envolve a disposição de seus corpos.

Em que pese o fornecimento de informação seja fundamental, constatou-se, nessa pesquisa, que não é suficiente, tampouco mecanismo exclusivo de garantia de uma experiência positiva e de enfrentamento à má assistência obstétrica, entendida como violação de direitos humanos e um problema de saúde pública emergente, de caráter multifatorial e alcance mundial, que se manifesta de modo desigual entre as mulheres e nos diferentes cenários em que é praticada. Enquanto ferida de dimensão coletiva, deslocar para o âmbito individual poderá assoberbar ainda mais o elo mais vulnerável nessa relação de poder, já que um tratamento digno e respeitoso deve ser destinado à todas que se socorrem no sistema de saúde.

Parte IV
DIREITO DAS SUCESSÕES À LUZ DA LEGALIDADE CONSTITUCIONAL

Part IV

MORRER E SUCEDER CONCORRENTEMENTE: PRESENTIFICAÇÃO DO PASSADO[1]

Giselda Hironaka

Sumário: 1. Primeiras palavras – 2. O direito das sucessões na constituição de 1988 e no Código Civil de 2002. A "presentificação do passado" – 3. Principais transformações do direito das sucessões: o papel do Poder Judiciário; 3.1 Inconstitucionalidade do art. 1.790 do CC; 3.2 Concorrência do cônjuge ou do companheiro sobrevivo com descendência híbrida do falecido; 3.3 A solução construída, em junho de 2019, pelo Superior Tribunal de Justiça.

1. PRIMEIRAS PALAVRAS[2]

Morrer e suceder são episódios de uma sequência que perfaz um círculo contínuo na história da humanidade, desde sempre.

Com diferentes costumes, por diversos modos e sob variadas formas e condutas, esse sequenciamento sempre se produziu, com uns ocupando os lugares deixados por outros, diante de suas mortes, quer isso ocorresse por força de obrigação, de lei ou por vontade própria. Porque nem sempre é conveniente ou agradável tal sub-rogação nos direitos e nos deveres de outra pessoa, em razão do falecimento desta, e nem sempre há mais bônus que ônus. Mas, enfim, a sucessão decorrente da morte se opera, e a transmissão de todo o cabedal patrimonial e obrigacional que pertencesse a alguém passará para outrem, em um moto contínuo que se repete geração após geração.

Para se realizar uma pesquisa ou um estudo sobre direito sucessório, não há outra possibilidade de trajetória a não ser aquela que nos leva a refletir sobre a morte, fato humano e natural, desencadeador de todo o fenômeno da transmissão *causa mortis*, vale dizer, da sucessão de bens, direitos e obrigações, que acontece em razão do falecimento de certa pessoa.

Sim, a morte é uma das únicas certezas da vida humana.[3] Vivemos para morrer um dia. Mesmo que estejamos certos de que haverá outra chance em alguma espécie de vida

---

1. Texto escrito, originalmente, a partir de palestra ministrada pela autora, em 19 de novembro de 2019, na cidade de Belém, no Congresso do IBDFAM/Pará. O subtítulo – *presentificação do passado* – segue em homenagem ao Ministro Luiz Edson Fachin, dado que conheci esta expressão, certo dia, ouvindo-o. Esta presente versão, revista, destina-se a compor obra coletiva que homenageará a Professora Titular Heloisa Helena Barboza (UERJ) por ocasião de seus 40 anos de docência.
2. Parte desta abertura denominada "Primeiras palavras" eu a retirei da Introdução de meu livro *Morrer e suceder: passado e presente da transmissão sucessória concorrente*.
3. Interessante é a visão do budismo, por meio da sua mitologia, na busca de procurar afirmar a inevitabilidade da morte. Relata Eduardo Giorgi, em seu Estudo teórico da morte, que "a doutrina budista nos conta a Parábola do Grão de Mostarda: uma mulher com o filho morto nos braços procura Buda e suplica que o faça reviver. Buda pede à mulher que consiga alguns grãos de mostarda para fazê-lo reviver. No entanto, a mulher deveria

além-túmulo, a morte e o túmulo nos aguardam sem pressa. Não apenas a nossa morte, mas, principalmente, a morte dos outros – e talvez mais ainda a morte dos nossos entes queridos – ronda-nos sem cessar.

Há consequências jurídicas em torno dela ou a partir dela. Sua relevância é tamanha que é ela – a morte – que dá nascimento a tudo o que é tematizado no Direito das Sucessões. A sucessão tratada por essa esfera do Direito é aquela que se inicia com a morte de certa pessoa. Sem a presença da morte, não há relevância do Direito das Sucessões, eis que ela é seu pressuposto fundamental e inafastável. Bem por isso, torna-se obrigatório pensá-la, desvendá-la e refletir a respeito dela. Não como um objeto místico ou um tema de ocultismo, mas como um fato perfeitamente visível, que dê consistência a tudo aquilo que se concebe como o Direito das Sucessões.

Este quinto e último livro do Código Civil trata do universo das heranças, testamentos, legados – todos os aspectos de clara relação com a morte, mas, igualmente, com a vida. É um conjunto de institutos fundamental em qualquer sistema jurídico, que possui expressão considerável nos sistemas inspirados no direito romano.

Entretanto, embora convivamos incessantemente com a morte, não nos confrontamos tanto assim com a prática testamentária. A morte é recorrente e inevitável, mas o testamento é raro e improvável. Não há morte sem efeitos sucessórios, em tese, mas quase não há vida que deixe estipulação testamentária.

O fato é que se testa pouco no Brasil.

Em verdade, testa-se pouco no mundo: o testamento está longe de ser uma prática sempre presente nos atos de cada pessoa. Contudo, no caso do Brasil, parecem ser ainda mais raras as hipóteses de sucessão testamentária. O testamento é mais corrente em outras culturas do que na nossa. No Brasil, o testamento é envolto em certa *aura de mistério*, de distanciamento ou simplesmente de intocabilidade. Os juristas e operadores do direito tratam, necessariamente, de testamentos, mas as pessoas comuns em geral evitam tocar nesse assunto. Há um tabu em torno do testamento, ou melhor, do ato de testar, da mesma maneira que há um tabu em torno da própria morte, por mais que esta seja algo natural, inevitável, presente todo momento em nossas vidas. Por que há esse desinteresse, ou essa raridade, na prática testamentária entre nós? A resposta não deve ser simples. Todavia, ela certamente caminha ao lado daquela que explica por que há esse tabu em se falar, livre e responsavelmente, das condições para a morte e suas consequências.

Sobre essa aversão, mito ou tabu acerca da facção de testamentos, entre nós, brasileiros, já tive ocasião de escrever, em outro estudo:

---

conseguir estes grãos em uma casa onde nunca houvesse ocorrido a morte de alguém. Obviamente, esta casa não foi encontrada, e a mulher compreendeu que teria que contar sempre com a morte". Disponível em: http://www.brasilescola.com/psicologia/estudo-teorico-morte.htm. Acesso em: 31 jul. 2008.

Poucos são os que, possuindo herdeiros necessários, testam relativamente à parte disponível, sem prejudicar, com isso, os descendentes ou os ascendentes. Essa espécie de aversão à prática de testar, entre nós, é devida, certamente, a razões de ordem cultural, ou costumeiro, ou folclórico, algumas vezes, ou psicológico, outras tantas. O brasileiro não gosta, em princípio, de falar a respeito da morte, e sua circunstância é ainda bastante mistificada e resguardada, como se isso servisse para "afastar maus fluidos e más agruras [...]". Assim, por exemplo, não se encontra arraigado em nossos costumes o hábito de adquirir, por antecipação, o lugar destinado ao nosso túmulo ou sepultura, bem como não temos, de modo mais amplamente difundido, o hábito de contratar seguro de vida, assim como, ainda, não praticamos, em escala significativa, a doação de órgãos para serem utilizados após a morte. Parece que estas atitudes, no dito popular, "atraem o azar...".[4]

Seres passionais que somos, expressamo-nos constantemente pelos sinais da morte, sobretudo porque eles não saem de nossas mentes. Ora, se nós, humanos, temos tamanho talento para falar da morte e articular os seus signos, por que não temos a mesma habilidade para pensá-la de modo sério, a fim de agir responsavelmente diante ou por conta desta? Por que os instrumentos do Direito das Sucessões são tão difíceis de serem tocados por nós, tão espinhosos para serem articulados? Seja qual for o motivo, essa dificuldade não apenas de falar seriamente sobre a morte, mas, sobretudo, de se programar para saber como agir a partir da morte – para herdar, para deixar herança, para testar, para legar, para concorrer na sucessão – só traz problemas para todos os envolvidos, incluído aí o autor da herança.

2. O DIREITO DAS SUCESSÕES NA CONSTITUIÇÃO DE 1988 E NO CÓDIGO CIVIL DE 2002. A "PRESENTIFICAÇÃO DO PASSADO"[5]

Se a nossa Carta Constitucional trouxe novos fundamentos para o ordenamento jurídico brasileiro, como, por exemplo, a dignidade da pessoa humana, o solidarismo e o pluralismo, a verdade é que toda a nossa estrutura legislativa infraconstitucional deveria ter seguido esse projeto fundamental, promovendo a dignidade humana e os valores existenciais da pessoa.

No entanto, não foi exatamente assim que se deu. Em 2002 promulgou-se o segundo Código Civil brasileiro, que nos chegou anacronicamente, oferecendo modelos ultrapassados e, às vezes, já desconsagrados pela própria nova ordem constitucional. A Constituição tinha, no entanto, já 14 anos quando o Código veio a ser promulgado; isso significa que o legislador do Código Civil, se tivesse querido, teria tido muito tempo para bem refletir e modificar os valores e os modelos que habitaram a Lei Civil então promulgada. Mas não. O Código praticamente seguiu, repetiu e consagrou os principais valores que predominavam ao tempo de sua projeção, vale dizer, a década de 70 do anterior século.

Um Código duplamente velho. Velhice cronológica e velhice ideológica...

---

4. CAHALI, Francisco José; HIRONAKA, Giselda Maria Fernandes Novaes. *Curso avançado de direito civil*. 2. ed. São Paulo: RT, 2003. v. 6, p. 277-278.
5. Esta expressão foi cunhada pelo Professor Luiz Edson Fachin, hoje Ministro da nossa Corte Suprema.

Segundo Fachin, o grande defeito do Código de 2002 foi o de "alinhar-se, em boa parte, com a presentificação do pretérito, sem grandes contributos à realidade efetiva do programa constitucional".[6] O Ministro também escreveu, em 2012, que uma das principais causas desse anacronismo injustificado do nosso Código Civil foi justamente a manutenção de uma falsa percepção de que os conflitos concretos poderiam ser resolvidos por meio de formulações legais genéricas e abstratas. Trata-se, como prossegue a análise de Fachin, de uma mera pretensão da codificação, imaginando-se a si própria como a "constituição da vida privada"...

O Código de 2002 cometeu, em matéria sucessória, graves erros, como a repetição de dispositivos pretéritos que já estavam em desacordo com o novo tempo, ou como as poucas inovações, quase todas elas bem pouco cuidadas.[7] Um percurso legislativo assim mostrou-se, ao tempo da promulgação do Código (2002), um enorme descompasso com a ordem constitucional brasileira (1988), promotora da dignidade da pessoa humana, promotora da solidariedade social, promotora da erradicação das desigualdades. Não esteve assim o perfil do Código promulgado ao alvorecer do século XXI; ao contrário, refletiu apenas o perfil oitocentista que já qualificava a legislação anterior (1916), baseado nos arcaicos pilares do patrimonialismo, do individualismo, do voluntarismo e do conservadorismo em sede familiar.

Esse atraso registrado no Código Civil foi de intensidade variada, entre todos os seus livros, mas certamente se encontra particularmente intenso no Livro V da Parte Geral, o Direito das Sucessões. Com isso, se perdeu a grande oportunidade brasileira de reestruturar a disciplina normativa do direito sucessório. Mas a verdade é que a contemporaneidade já não recepciona uma tal aspiração de completude – matizada por fortes pinceladas conservadoras e reacionárias –, clamando, agora, por uma atualizada releitura do Direito Civil à luz da Constituição.

Há, portanto, e ainda, muito o que se avançar para corrigir o anacronismo da lei, e a indisposição do legislador de observar e analisar a mudança do mundo, da vida e das pessoas que compõem a família, trazendo, após, essas alterações dos fatos sociais familiares e sucessórios para o corpo da codificação. Este trabalho, que será longo e nem sempre frutífero, caberá sempre mais à resposta judicial dada aos casos concretos levados às bases dos Tribunais e Cortes do que exatamente ao próprio Poder Legislativo, como seria de se esperar, certamente...

3. PRINCIPAIS TRANSFORMAÇÕES DO DIREITO DAS SUCESSÕES: O PAPEL DO PODER JUDICIÁRIO

Nós já podemos, hodiernamente, contabilizar determinadas transformações e determinadas respostas (a perguntas que ficavam numa espécie de vazio legislativo)

---

6. FACHIN, Luiz Edson. *Direito civil*: sentidos, transformações e fim. Rio de Janeiro: Renovar, 2015, p. 75.
7. Como breves exemplos de inovações, em sede de direitos sucessórios, é possível alinhar a abertura para que pessoas jurídicas pudessem constar como herdeiras instituídas, no testamento do agora autor da herança, desde que ele houvesse determinado, a essas pessoas jurídicas, a sua organização como fundação (art. 1.799, III, do CC), ou o direito real de habitação ao cônjuge sobrevivente, em relação ao imóvel destinado à residência da família, se for o único dessa natureza a inventariar (art. 1.831 do CC), ou o legado de alimentos (arts. 1.920 e 1.928 do CC).

atribuídas ao Poder Judiciário, mormente o nosso STJ e o nosso STF. Não estamos, ainda, no plano ideal que se espera alcançar, mas certamente esses são os primeiros passos, muito significativos, se intentarmos uma "futuralização" do presente.[8]

3.1 Inconstitucionalidade do art. 1.790 do CC

Neste nosso encontro,[9] recortarei ao menos duas delas, pela razão de terem constituído pontos fundamentais de minha tese para o concurso de Professor Titular do Departamento de Direito Civil da Faculdade de Direito da USP (2010), e a respeito da qual a organização deste evento me solicita falar.

Quando escrevi esta minha tese, há quase 10 anos, incomodava-me supremamente – dentre tantos outros problemas apresentados pela vetusta legislação sucessória de 2002, como a *inconstitucionalidade do art. 1.790 do CC* – a análise do instituto da concorrência sucessória do cônjuge e do companheiro (arts. 1.829 e 1.790 do CC), e a maneira pela qual deveríamos operar a distribuição dos quinhões hereditários, se esta concorrência se desse entre cônjuge sobrevivo ou companheiro sobrevivo com descendência híbrida do autor da herança. Dito assim, pode parecer bem pouco, mas, até 2017 e 2019, essas questões mais conflituosas referentes a direitos sucessórios do cônjuge e do companheiro esbarravam-se com a dificuldade hermenêutica que havia, então, para solver aquelas perguntas que não queriam calar.

Vamos rememorar que a ordem da vocação hereditária (art. 1.829 do CC) organizou um rol preferencial de pessoas que são chamadas a herdar: em primeiro lugar, os descendentes do morto; não os havendo, os ascendentes do morto; não havendo também estes, chamar-se-ia o cônjuge sobrevivo (redação original); e, se nem mesmo este existir, então em quarta chamada serão convocados os parentes colaterais até o quarto grau de parentalidade. Já o art. 1.790 do CC – *agora declarado inconstitucional*[10] – colocava, na ordem de vocação para herdar, esses parentes colaterais *antes* do companheiro. Isso era altamente incômodo, porque estava em desequalização com a norma constitucional.

Parentes até um longínquo grau de parentesco – quarto grau – haviam sido especialmente atendidos pelo legislador, nesse caso da sucessão dos companheiros (art. 1.790 do CC), no elenco legal de convocados, a partir dos pressupostos de ausência de descendência e de ascendência do companheiro falecido. O cônjuge – como não poderia deixar de ser – foi alinhado devidamente no rol dos contemplados, chamado em terceira vez e na ausência de parentes mais próximos, mas com estes concorrendo, caso existam.

O que poderia justificar e fundamentar o pensamento do legislador brasileiro, ao decidir-se por não incluir o companheiro na seleção dos contemplados, na ordem da vocação hereditária? Que diferença viu o legislador brasileiro entre o cônjuge e o com-

---

8. Mais uma vez me espelho na belíssima maneira de escrever e montar textos com palavras novas, mas que são tão significativas, do Professor e Ministro Luiz Edson Fachin. Ele, que diz *"presentificação* do passado", talvez me permita dizer *"futuralização* do presente"...
9. IV Congresso Amazônico de Direito de Família, em Belém do Pará, nos dias 20 e 21 de novembro de 2020.
10. STF – RE 878.694-MG – Relator Ministro Luís Roberto Barroso – 10.05.2017.

panheiro, no que respeita à *ambiência da conjugalidade* – e mesmo, principalmente, na *ambiência da afetividade*, ambiência suprema nas relações familiares –, se a própria Constituição brasileira já havia (14 anos antes) condecorado, com os efeitos constitucionais de equalização e de proteção, a escolha que fizessem as pessoas acerca de seu modo próprio de relacionamento afetivo na intenção da constituição da família? Esse distinto tratamento que vem desde as páginas do Direito de Família, no Código Civil, repercutiu desastrosamente no regramento sucessório dessas mesmas pessoas, causando inquietude e, quiçá, insegurança jurídica.

Essa questão era tormentosa, sem dúvida, e levava os estudiosos do direito às mais diversas elucubrações, no sentido de procurar desvendá-la. Pessoalmente, não sabíamos bem como responder, a não ser imaginando que o fundo de justificação tenha sido uma dose de preconceito descabido, senão abominável, que tocou, infelizmente, o legislador brasileiro.

Ora, realmente casamento e união estável não são a mesma coisa, são categorias distintas; todavia, ainda que diferentes, casamento e união estável têm, em comum, tanta objetividade constitucional que seria perigoso, e até cruel, tratar um e outro, legislativamente, de maneira tão distinta como fez o Código Civil de 2002, em matéria sucessória.

A trajetória do direito concorrencial *causa mortis*, a partir de corajosa construção jurisprudencial e de atenciosa e coerente observação doutrinária, não foi simples e teve de vencer árduas batalhas. Aos poucos, chegamos ao estágio em que nos encontramos hoje – na verdade, desde 1988 –, ainda que, aqui e ali, algumas tendências ditas "conservadoras" busquem desqualificar as vitórias tão duramente alcançadas e tão festivamente comemoradas.

Portanto, se é verdade que casamento e união estável são categorias distintas, ainda que constitucionalmente equalizadas como núcleos formadores da família brasileira, os direitos de uns e outros – mormente os sucessórios – precisam ser considerados e, enfim, tratados de maneira equalizada, ainda que não igualitária.

No nosso sentir, a inconstitucionalidade do art. 1.790 foi a melhor solução a que se podia chegar, não obstante a lacuna seja preenchida pelo regramento contido no art. 1.829 – dispositivo que rege os direitos sucessórios do cônjuge sobrevivente –, que alberga, também, muitos problemas, especialmente no que diz respeito à concorrência sucessória do cônjuge com os descendentes do falecido, principalmente quando esta concorrência se opera com descendência híbrida do autor da herança.

De qualquer forma, o fato é que ficamos com um bônus (a declaração de inconstitucionalidade do dispositivo mencionado); a sociedade brasileira ganhou em efetividade da igualdade de direitos. É assim que se constrói o perfil otimizado da lei a respeito de qualquer tema ainda não bem resolvido: com um passo de cada vez.[11]

---

11. Conforme texto escrito, da lavra desta autora, e cedido à assessoria de comunicação do IBDFAM em entrevista a respeito da iminência do término do julgamento do RE 878.694 pelo STF.

3.2 Concorrência do cônjuge ou do companheiro sobrevivo com descendência híbrida do falecido

Nesta circunstância, o que se apresenta é uma hipótese em que são chamados a herdar tanto os *descendentes comuns* (ao cônjuge/companheiro falecido e ao cônjuge/companheiro sobrevivo) quanto os *descendentes exclusivos* do autor da herança, todos em concorrência com o cônjuge/companheiro sobrevivo.

O legislador do Código Civil de 2002, embora inovador na construção legislativa de hipótese de concorrência do cônjuge com herdeiros de convocação anterior à sua própria, infelizmente não fez a previsão dessa hipótese de chamada de descendentes dos dois grupos, quer dizer, os *descendentes comuns* e os *descendentes exclusivos*. Teria bastado acrescentar um parágrafo único ao art. 1.832, fazendo a previsão deste caso e mostrando qual era o comando que foi o preferido pelo legislador.

E é bastante curioso, até, observar esse vazio deixado pelo Código Civil, uma vez que em nosso país a situação descrita é comuníssima, envolvendo famílias constituídas por pessoas que já foram unidas a outras, anteriormente, por casamento ou não, resultando, dessas uniões, filhos (descendência, enfim) de origens diversas. Esta é a chamada família reconstituída ou família mosaico.

A dúvida que remanesce, diante da ausência de previsão legislativa para a hipótese, diz respeito, afinal, ao fato de se buscar saber se prevalece, ou não, a *reserva da quarta parte dos bens a inventariar*, a favor do cônjuge/companheiro sobrevivo, em concorrência com os descendentes comuns mais os descendentes exclusivos do autor da herança.

Ora, se não houve efetivamente uma escolha do legislador para normatizar esta hipótese, os casos concretos que ocorreram após a vigência do Código Civil de 2002 ficaram mesmo à mercê da interpretação do magistrado. E muitas foram as decisões diferentes para casos concretos idênticos. Uma situação assim não podia prosperar, mas entre nós ela restou sem resposta por longos 17 anos.[12]

Por 17 anos se intentou um critério ou alternativa de aplicação, selecionada pelo intérprete ou pelo julgador. O resultado final sempre se distancia da construção preferida pelo legislador, porque haverá, sempre, uma *impossibilidade matemática* de consolidação dos critérios em busca da dimensão dos quinhões.

Quer dizer, qualquer que seja a montagem divisória que se intente, algum daqueles tratamentos especiais, ou conferidos ao cônjuge (e agora também ao companheiro) ou conferidos aos descendentes exclusivos, será desatendido, podendo ocorrer, também, a desobediência àquele outro dispositivo, o do art. 1.834 do CC, o qual determina que os quinhões destinados aos herdeiros devem ter a mesma quantificação ou valoração econômica.

---

12. O problema deixou de existir, em 2019, após o julgamento, pelo STJ, do Recurso Especial 1.617.501-RS (2026/0200912-6), sob a Relatoria do Ministro Paulo de Tarso Sanseverino.

E assim é porque o legislador não descreveu a hipótese de concorrência híbrida e não ofereceu uma solução para esse caso, independentemente de qual fosse, pois, se estivesse configurada na norma, o atendimento a ela se daria sem nenhum problema, e as questões estariam todas solucionadas. Não tendo sido assim, no entanto, eventual busca de solução ficou inteiramente a cargo do intérprete e do aplicador do direito, que selecionavam o critério que julgaram mais adequado, caso a caso... correndo, infelizmente, o risco de se oferecer à sociedade brasileira soluções distintas para casos semelhantes ou assemelhados.

Em resumo: alguns pontos podem ser, desde logo, registrados, como aqueles que estiveram na intenção e na contemplação do legislador à época da elaboração dos dispositivos que procuram disciplinar a concorrência do cônjuge/companheiro supérstite com descendência híbrida do falecido: (i) a intenção de proteger, com parte mais ou menos substanciosa (reserva mínima da quarta parte), o cônjuge supérstite, nas vezes em que ele fosse ascendente dos herdeiros com quem concorresse (art. 1.832 do CC); (ii) a intenção de proteger os herdeiros exclusivos do morto, no sentido de não os encarregar da entrega da parcela mínima, ao menos, correspondente à quarta parte do monte partível concorrencial (art. 1.832 do CC, por interpretação *contrario sensu*); e (iii) a inserção de comando de natureza constitucional, no sentido de garantir a igualdade de quinhões para todos os descendentes herdeiros, independentemente de sua origem, comuns ou exclusivos (art. 1.834 do CC).

Ao lado desses princípios, incontestavelmente acolhidos pelo legislador, é possível também anotar quais tenham sido suas principais falhas, assim tidas aquelas ausências que oferecem os mencionados *vazios legislativos* que tantos problemas, conflitos e divergências têm ocasionado: (i) a falta de previsão da hipótese de concorrer não apenas o supérstite com herdeiros de um ou de outro tipo, mas, sim, de ambos os tipos, simultaneamente (concorrência com descendência híbrida); e (ii) a absoluta impossibilidade de se conciliar a proteção ao cônjuge supérstite (art. 1.832 do CC) com a manutenção de igualdade de direitos relativamente aos descendentes de qualquer tipo (comuns ou exclusivos).

De fato, a jurisprudência oscilava muito entre determinar a reserva da quarta parte (para o cônjuge ou para o companheiro sobrevivente) e não determinar esta reserva, operando apenas a partilha em quinhões iguais. Certamente uma realidade assim não podia continuar como esteve ao longo de todos esses anos. E não continuou.

3.3 A solução construída, em junho de 2019, pelo Superior Tribunal de Justiça

Em decisão de 2019, o STJ determinou que a solução seria a de *não reservar a quarta parte*. Esta foi a decisão no julgamento do Recurso Especial 1.617.650-RS, de relatoria do Ministro Paulo de Tarso Sanseverino.[13] Tratou-se de uma controvérsia em torno da

---

13. Certidão: "Prosseguindo no julgamento, após o voto-vista da Sra. Ministra Nancy Andrighi, a Terceira Turma, por unanimidade, deu parcial provimento ao recurso especial, nos termos do voto do Sr. Ministro Relator. Os Srs. Ministros Ricardo Villas Bôas Cueva, Marco Aurélio Bellizze, Moura Ribeiro (Presidente) e Nancy Andrighi votaram com o Sr. Ministro Relator. Julgado: 11.06.2019".

fixação do quinhão hereditário a que fizesse jus a companheira, eis que concorria com um filho comum e, ainda, outros seis filhos exclusivos do autor da herança.

Dado que o STF, dois anos antes (2017), havia reconhecido a inconstitucionalidade do art. 1.790 do CC, por meio do Recurso Extraordinário 878.694-MG (de relatoria do Ministro Luís Roberto Barroso), toda a trajetória hermenêutica para a solução do presente caso girava, então, em torno das três principais teses doutrinárias arquitetadas nesse sentido. Vale dizer: (i) todos os filhos (1 comum + 6 exclusivos) seriam considerados como comuns, submetendo-se à regra, então, da garantia da quarta parte do acervo hereditário sobre o qual recaísse a concorrência sucessória, a favor do cônjuge ou do companheiro sobrevivo; ou (ii) todos os filhos (1 comum + 6 exclusivos) seriam considerados como exclusivos, submetendo-se à regra, então, de não ser resguardada a quarta parte do acervo hereditário sobre o qual recaísse a concorrência sucessória; ou, ainda, (iii) dividir-se-ia o acervo hereditário sobre o qual recaísse a concorrência sucessória em dois submontes – o primeiro submonte equivalendo à cota participativa do filho comum (1/7) e o outro submonte equivalendo à cota participativa dos seis filhos exclusivos (6/7) – e, a seguir, se aplicaria a regra do art. 1.832 do CC apenas para o primeiro submonte, o do único filho comum (resguardando-se a quarta parte, então), e a regra de interpretação contrária (não se resguardando a quarta parte) para o segundo submonte, o dos demais seis filhos exclusivos do autor da herança.

A doutrina sabe muito bem que qualquer destas escolhas, pelo julgador, sempre resvalava numa impossibilidade matemática incontornável, como demonstrei no meu livro *Morrer e suceder: passado e presente da transmissão sucessória concorrente*. Portanto, se clamava por uma solução indene de contestação matemática, que viesse ou (i) pela via da reforma legislativa, aderindo um parágrafo único ao art. 1.832 do CC, com a solução que desejasse o legislador; ou (ii) pela decisão do Poder Judiciário, por meio de sua Corte Superior, como foi o que aconteceu.

Parte da ementa desse julgado paradigmático prescreveu, então:

Não haverá falar em reserva quando a concorrência se estabelece entre o cônjuge/companheiro e os descendentes apenas do autor da herança ou, ainda, *na hipótese de concorrência híbrida*, ou seja, quando concorrem descendentes comuns e exclusivos do falecido (grifos meus).

E complementou: "Especificamente na hipótese de concorrência híbrida *o quinhão hereditário do consorte há de ser igual ao dos descendentes*" (grifos meus).

Como podem ver, meus caros ouvintes, a civilística em matéria sucessória tem caminhado, sem cessar, nestes quase 17 anos de vigência do Código Civil de 2002, à busca de soluções para todo o arcabouço de insuficiência, retrocesso ou simples defeito da Lei Civil. A construção doutrinária insistente e a determinação corajosa, enfim, da voz das decisões judiciais foram os caminhos que o direito encontrou para conseguir, aos poucos, passo a passo, organizar adequadamente toda a normativa do direito sucessório brasileiro que havia nos chegado, em 2002, plena de erros, dúvidas e controvérsias.

A pergunta, agora, seria: todos os problemas, dúvidas ou indecisões que existiam antes já foram então sanadas por meio da atividade (não ativismo) judicial? E a resposta seria: não, ainda temos várias questões a resolver e controvérsias a pacificar. Mas chegaremos lá, passo a passo, um assunto de cada vez.

Em resumo:

• Já temos decidido que o acervo sobre o qual incide a concorrência sucessória, se o regime for o da comunhão parcial de bens, é apenas aquele dos bens particulares, e não de toda a herança.[14]

• Já temos decidido que o art. 1.790 do CC é absolutamente inconstitucional.[15]

• E agora já temos decidido que a concorrência do cônjuge ou companheiro sobrevivo com descendência híbrida do autor da herança se dará pela divisão em partes iguais, entre aqueles herdeiros descendentes e o herdeiro concorrente.[16]

Já são muitas conquistas. Prosseguiremos, agora, buscando solução para os demais assuntos sobre os quais ainda pendem dúvidas ou sobre os quais controvérsias se intensificam. Incessantemente.

---

14. Recurso Especial 1.617.650-RS – Relator Ministro Paulo de Tarso Sanseverino.
15. Recurso Extraordinário 646.721 e Recurso Extraordinário 878.694 – Relator Ministro Roberto Barroso.
16. Recurso Especial 1.617.650-RS – Relator Ministro Paulo de Tarso Sanseverino. Parte da ementa: "Não haverá falar em reserva quando a concorrência se estabelece entre o cônjuge/companheiro e os descendentes apenas do autor da herança ou, ainda, na hipótese de concorrência híbrida, ou seja, quando concorrem descendentes comuns e exclusivos do falecido". E complementou: "Especificamente na hipótese de concorrência híbrida o quinhão hereditário do consorte há de ser igual ao dos descendentes".

NOTAS SOBRE MOVIMENTOS DO DIREITO BRASILEIRO DAS SUCESSÕES

Daniel Bucar

Sumário: 1. Uma palavra sobre a homenageada – 2. Introdução ao tema – 3. O sistema sucessório brasileiro – 4. Cônjuge/companheiro como herdeiro concorrente de descendentes – 5. Perspectivas sobre a formalidade nos negócios jurídicos da sucessão testamentária – 6. O cálculo da colação – 7. Conclusão.

1. UMA PALAVRA SOBRE A HOMENAGEADA

Em 2012, tive a alegria de conhecer a Professora Heloisa Helena Barboza quando frequentava as aulas de Doutorado em Direito Civil no Programa de Pós-Graduação em Direito da Universidade do Estado do Rio de Janeiro. A alegria só não foi cronologicamente maior, pois, nos idos de 2006 a 2009, período em que cursei o Mestrado também no PPGD da UERJ, a Professora Heloisa Helena Barboza, incansável pesquisadora, dedicava-se ao seu segundo doutoramento, em ares diversos na Escola Nacional de Saúde Pública Sergio Arouca – ENSP/FIOCRUZ.

Foi encantamento à primeira ciência. Um olhar único sobre questões em torno de situações existenciais e, tal como as melhores pensadoras da humanidade, sempre suscitava em seus alunos dúvidas e desafios que, sobretudo a mim, impunham estudos ainda mais aprofundados no campo do Direito Civil.

Minha admiração resultou no ousado convite em ter a Professora Heloisa Helena Barboza na banca de doutoramento da tese que apresentei, sob o título "Função do Patrimônio e Reabilitação Negocial do Insolvente: Superendividamento da Pessoa Humana e Outros Instrumentos". Foi dela, como só poderia ser, a pergunta mais difícil, deduzida em sua arguição, para a qual – agora posso confessar, não tive resposta: dentro da ordem de preferência de pagamentos que um patrimônio insolvente deveria liquidar, a Professora Heloisa Helena Barboza questionou-me em qual posição estariam as despesas pelos sufrágios por alma do falecido, quando ordenadas em testamento ou codicilo.

A obrigação, escondida no artigo 1.998 do Código Civil, só é conhecida por aqueles que não apenas conhecem o ordenamento jurídico, mas sabe que nele estão depositadas manifestações sociais de cultura, notadamente as que envolvem situações existenciais em um momento de ausência de existência.

Quis o destino que me tornasse Professor de Direito Civil da UERJ, o que me fez acrescentar ao meu currículo um dos mais importantes títulos de minha vida acadêmica: colega de magistério e faculdade da Professora Heloisa Helena Barbosa. Por jamais estar à altura de tamanha honraria, resta-me oferecer-lhe esta singela homenagem, o que faço por meio do presente artigo.

Talvez por estar inconscientemente imbuído em tentar pagar a dívida pela ausência de resposta ao questionamento que me foi submetido na arguição de doutoramento, ofereço, em contrapartida à localização do art. 1998, as notas sobre direito das sucessões, especialmente no momento em que o Código Civil completa vinte anos.

2. INTRODUÇÃO AO TEMA

Os vinte anos de edição do Código Civil de 2002 conferem oportunidade única de reflexão acerca dos institutos do direito civil à luz da Constituição da República, sobretudo quando feita em homenagem à Professora Heloisa Helena Barbosa, que, diuturnamente, vem empreendendo uma fantástica virada metodológica na civilística brasileira. Neste sentido, a análise a ser enfrentada neste texto parte da metodologia do direito civil constitucional, ou seja, adota-se a ideia de que o ordenamento jurídico é um todo unitário, sendo as diversas disciplinas por ele tratadas harmonizadas a partir de uma interpretação articulada sob o prisma da Constituição que o centraliza.[1]

Logo, a interpretação dos institutos jurídicos deve ocorrer a partir do próprio sistema, operação da qual não foge o direito sucessório brasileiro. Assim, restringi-lo à interpretação isolada das regras que o Código Civil lhe destina é não compreender a extensão de sua juridicidade inserida na totalidade e complexidade do ordenamento jurídico.

Assim, definido o contexto metodológico do presente trabalho, buscar-se-á analisar as principais alterações produzidas pelo Código Civil no sistema sucessório brasileiro, bem como os reflexos destas mudanças vinte anos após a sua edição. Para tanto, três eixos foram escolhidos:

(a) eixo subjetivo: cônjuge e companheiro como concorrentes de descendentes;
(b) eixo formal: perspectivas para as formalidades do testamento;
(c) eixo objetivo: avaliação da colação para igualar a participação na quota legítima.

Entretanto, para bem delinear o ponto de partida interpretativo da análise, será necessário, em primeiro lugar, apresentar o que deve ser denominado de sistema sucessório brasileiro, cujas diretrizes guiam a investigação desenvolvida a respeito dos institutos eleitos.

3. O SISTEMA SUCESSÓRIO BRASILEIRO

Três grandes disciplinas jurídicas estruturam o sistema sucessório brasileiro: o direito civil, o direito processual civil (também deve ser considerado o notarial) e o direito tributário.[2] Qualquer sucessão patrimonial decorrente do falecimento de certa

---

[1] PERLINGIERI, Pietro. *Manuale di Diritto Civile*. 5. Ed. Napoli: Edizione Scientifiche Italiane, 2005. p. 29.
[2] O direito previdenciário é matéria que precisa ser considerada no sistema sucessório, apesar de tal itinerário ainda não ser usual no Brasil. Com efeito, o estabelecimento de uma pensão previdenciária, por exemplo, já deveria ser levado em conta no cômputo de quotas hereditárias e na posição de determinado herdeiro perante

pessoa não pode escapar da leitura sistemática destas disciplinas. Não por outra razão, ao se explicar uma sucessão no Brasil para qualquer interessado, a abordagem perpassa por três vieses distintos: (a) quem serão os beneficiários, (b) como fazer a transferência e (c) quanto o Estado tributa.

Nesta ordem de ideias, o direito civil se ocupará acerca dos titulares legal e negocialmente habilitados para assumir a titularidade dos bens do autor da herança, assim como do fornecimento de todo o arcabouço que estrutura os efeitos da morte sobre as situações patrimoniais sucessíveis.[3] A garantia desta transferência encontra-se estampada no direito de herança, insculpido no artigo 5º, inciso XXX, da Constituição da República.

Já o direito processual civil (e o notarial) terá por escopo regular os interesses da sociedade sobre aquele determinado patrimônio, publicizando-o mediante as etapas de arrecadação, avaliação e identificação de créditos e débitos,[4] de forma a preservar as situações patrimoniais de terceiros. Neste ponto, privilegia-se o direito de propriedade (artigo 5º, inciso XXII, da Constituição da República) de credores do patrimônio a transferir. Encerra-se o papel do direito processual com o desfazimento público da universalidade patrimonial por meio da partilha aos beneficiários, definidos pela lei (grosso modo, Código Civil e Lei 6.858/80), ou escolhidos pelo titular via testamento ou codicilo, quando o próprio ordenamento lhe permitir.

Por fim não se pode esquecer, jamais, a relevância do direito tributário. Trata-se de disciplina de igual *status* constitucional (artigo 155, I, Constituição da República) e sua importância precede a dos próprios beneficiários da herança, vez que se condiciona, no Brasil, a transferência da titularidade ao recolhimento de valores ao erário.[5] Atri-

---

o patrimônio a suceder. À luz desta perspectiva, destaque-se, por exemplo, recente decisão do STF que versava sobre o direito à pensão por morte das crianças e adolescente sob a guarda dos avós, o qual foi reconhecido pela Corte (STF, ADI 4878 e ADI 5083, Rel. Min. Luiz Edson Fachin, julgado em 09.07.2021, disponível em: https://www.conjur.com.br/2021-jun-09/menores-guarda-direito-pensao-morte-decide-stf, acesso em: 13 out. 2021). Sem intenção de elaborar uma resposta pronta, mas com o objetivo de instigar as discussões vinculadas à conexão entre direito sucessório e previdenciário, cabe-se indagar, por exemplo, se decisão como essa não poderia impactar na distribuição da herança entre os reservatários, concedendo o direito de herdar por cabeça ao invés de representação aos netos de filho pré-morto do autor da herança sob guarda do avô, de modo a receber – segundo as regras de partilha por direito próprio, distintas daquelas atribuídas à representação – quinhão igual ao dos seus tios (art. 1834, 1835, 1851 e 1855, CC), tendo em vista a necessidade de melhor protegê-los. Em ponderação crítica ao que tange o impacto cujo recebimento da pensão previdenciária causa no direito à legítima dos herdeiros necessários, seja permitido remeter a: PIRES, Caio Ribeiro. A legítima e o planejamento sucessório: entre o antes e o depois, o inadiável agora. In: TEIXEIRA, Daniele Chaves (Coord.). *Arquitetura do planejamento sucessório*. Belo Horizonte: Fórum, 2021. t. II, p. 64.

3. O trabalho não abordará os efeitos da morte sobre os bens jurídicos não sucessíveis, ligados às situações existenciais, e, portanto, disciplinados, juridicamente, a partir dos direitos da personalidade. Quanto a esse assunto, veja-se: BUCAR, Daniel; PIRES, Caio Ribeiro. Situações patrimoniais digitais e ITCM: desafios e propostas. In: TEIXEIRA, Ana Carolina Brochado; LEAL, Lívia Teixeira. *Herança digital*: controvérsias e alternativas. Indaiatuba: Editora Foco, 2021. p. 274-278.

4. Isto ocorre seja por meio de processo judicial de inventário e partilha ou de lavratura de escritura pública com igual escopo.

5. O assunto é tratado com detalhes em: BUCAR, Daniel; PIRES, Caio Ribeiro. Sucessão e tributação: por uma proposição quanto ao prazo de pagamento do ITCM. In: SALLES, Priscila (Org.); HORTA, Renato; Câmara, Thaís. Belo Horizonte/MG. *Temas atuais em famílias e sucessões*. OAB Minas Gerais, v. II, p. 375-407, 2021, disponível em: https://www.oabmg.org.br/pdf_jornal/V2_454.pdf, acesso em: 13 out. 2021.

bui-se também ao direito tributário um papel axiológico nas escolhas fiscais acerca da intensidade de tributação do monte, bem como na essencialidade de certos bens que os Estados (competentes para a tributação da herança) isentam do imposto de transmissão *causa mortis*.[6]

Desta forma, o pressuposto da existência deste sistema sucessório – amplo, cujas normas e diretrizes vão muito além do direito civil – será o norte para análise dos institutos que são objeto deste trabalho, nesta celebração dos vinte anos do Código Civil.

4. CÔNJUGE/COMPANHEIRO COMO HERDEIRO CONCORRENTE DE DESCENDENTES

O Código Civil de 1916 reservou ao cônjuge apenas a terceira classe na linha sucessória, isto é, apenas herdava se não houvesse, vivos, descendentes e ascendentes do autor da herança (art. 1.603). Quando da tramitação do projeto do Código de 16, Clovis Bevilaqua defendeu a inclusão do herdeiro em concorrência com descendentes e ascendentes; saiu, contudo, vencido. Torquato Castro credita sua perda a posições reacionárias em relação à possibilidade de a mulher herdar, tal como se vê de seu relato nos debates que precederam o Código Civil de 2002:

> Preciso, então, dar uma explicação por que modifiquei o Código neste aspecto, porque fiz do cônjuge um dos herdeiros. Isto já estava no Projeto Clóvis Beviláqua. Clóvis desejou isto, quis isto. Mas, na discussão, perdeu. Li longamente as Atas do Congresso, e ele perdeu principalmente porque se admitia que o cônjuge pudesse ser a mulher e a mulher não merecia herdar. Então, toda a discussão era sobre se o cônjuge – a mulher – herdava ou não. Não se deve distinguir entre mulher e homem. É o cônjuge. E Andrade Figueira, reacionaríssimo, conseguiu eliminar esse dispositivo do Código.[7]

De fato, em seus "Comentários", Clóvis Beviláqua registrou sua ideia ao afirmar que "em rigor, o cônjuge supérstite deveria fazer parte das duas primeiras classes sucessíveis, salvo se pelo regime de casamento lhe coubesse levantar metade do patrimônio da família, porque, então, já estaria, economicamente, amparado".[8]

As palavras de Clóvis Bevilaqua ecoaram ao longo do Século XX e, após a dura evolução do posicionamento da mulher na sociedade, cujo percurso ainda se encontra longe de estar completo, a lógica sucessória por ele defendida e, também, por Caio Má-

---

6. Para um aprofundamento acerca do tema, permita-se remeter a BUCAR, Daniel. Planejamento Sucessório e a Isenção do ITCMD. In: TEIXEIRA, Daniele Chaves. *Arquitetura do planejamento sucessório* (Coord.). Belo Horizonte: Fórum, p. 97-117, 2021.

7. CASTRO, Torquato. *Código Civil brasileiro no debate parlamentar elementos históricos da elaboração da Lei 10.406*, de 2002, p. 376-377, disponível em: file:///Users/danielbucarcervasio/Downloads/codigo_civil_debate_v1_tomos1a4%20(1).pdf, acesso em: 10 set. 2021. No que diz respeito às raízes dos debates enfrentados durante a aprovação do Código Civil de 1916 quanto ao cônjuge, bem como das polêmicas muito semelhantes surgidas na Câmara quando da aprovação de lei que o promoveu à terceira classe da ordem de vocação hereditária, um relato mais detalhado pode ser conferido em: CARVALHO, Felipe Quintella Machado de. Origem da posição do cônjuge na terceira ordem de vocação hereditária. *Revista de Direito Civil Contemporâneo*, v. 17, p. 187-217, 2018.

8. BEVILAQUA, Clovis. *Código Civil dos Estados Unidos do Brasil*. Rio de Janeiro: Editora Rio. 1980. v. IV, edição histórica, p. 794.

rio da Silva Pereira,[9] veio a ser acolhida no Código Civil de 2002, por meio da vocação hereditária esculpida no art. 1829. Conforme acentuou – novamente – Torquato Castro nos debates do Código Civil, a alteração do regime legal de bens pela Lei do Divórcio (Lei 6.515/77) já seria razão determinante para a inclusão do cônjuge na concorrência com descendentes e ascendentes, pois a aludida mudança poderia deixá-lo "sem nada".[10]

Embora a lógica, a razão e a forma da concorrência tenham sido expostas desde o início do século passado, a cultura de sua ausência durante todo este período trouxe certa perplexidade na sua concretização, o que, em parte, deve ser creditada à razão da tormentosa redação do inciso I do art. 1.829 do Código Civil.

Com efeito, apesar de a aplicação da concorrência do cônjuge com ascendentes não ter tido resistência, a participação do cônjuge na herança, juntamente com descendentes, foi alvo de sucessivas objeções doutrinárias[11] e jurisprudenciais, mesmo após anos de vigência do Código Civil.

Ao que toca à jurisprudência foi possível constatar nestas duas décadas de vigência do Código, uma relutância na pacificação da melhor (e correta, segundo Clóvis Bevilaqua) forma de concretização da concorrência. Neste sentido, em 2009, a Quarta Turma do Superior Tribunal de Justiça entendeu que o inciso I, art. 1.829 do Código Civil não contemplava a participação do cônjuge casado sob o regime da separação convencional em concorrência com descendentes, diante de um caso concreto em que, curiosamente, o sobrevivente era mulher.[12] A Terceira Turma, também em 2009, seguiu na mesma

---

9. PEREIRA, Caio Mário. *Instituições de Direito Civil*. Atual. Carlos Roberto Barbosa Moreira, v. VI, Direito das Sucessões. p. 44.
10. "Ora, o Código, na parte de família, já havia mudado o regime de bens. Não é mais de comunhão, é de comunhão parcial. Havendo mudado isto, o cônjuge está arriscado, na generalidade dos casos, a ficar sem nada. Então, com esta mudança e por essas considerações de ordem social, achei que o cônjuge deveria, realmente, receber. Aliás, o que devia haver é um pouco de proteção ao grupo familiar: não tirar dali para botar para fora, mas ficar ali mesmo. Isto é o que deve ser". CASTRO, Torquato. *Código Civil brasileiro no debate parlamentar elementos históricos da elaboração da Lei 10.406, de 2002*. p. 377.
11. SILVA, Marcos Alves da. Cônjuge: herdeiro desnecessário. In: RUZYK, Carlos Eduardo Pianovski; SOUZA, Eduardo Nunes de; MENEZES, Joyceane Bezerra de; ERHARDT, Marcos Junior (Org.). *Direito Civil Constitucional*: a ressignificação da função dos institutos fundamentais do direito civil contemporâneo e suas consequências. Florianópolis: Conceito, v. 1, p. 509-525, 2014. BARBOSA, Águida Arruda; DIAS, Maria Berenice. Filhos, bens e amor não combinam! Considerações sobre o novo instituto da concorrência sucessória. In: HIRONAKA, Giselda Maria Fernandes Novaes; PEREIRA, Rodrigo da Cunha (Coord.). *Direito das sucessões*. 2. ed. Belo Horizonte: Editora Del Rey. p. 467-483; GROENINGA, Giselle Câmara. A concorrência sucessória e a ampliação dos conflitos familiares. *Revista Síntese de Direito Família*. Porto Alegre, ano VIII, n. 29, abr./maio 2009, NEVARES, Ana Luiza Maia. A crise da legítima no direito brasileiro. In: TEIXEIRA, Ana Carolina Brochado; RODRIGUES, Renata de Lima. *Contratos, família e sucessões*: diálogos interdisciplinares. Indaiatuba: Editora Focus, p. 263-277, 2019. TEIXEIRA, Daniele Chaves; COLOMBO, Maici Barboza dos Santos. Faz sentido a permanência do princípio da intangibilidade da legítima no ordenamento jurídico brasileiro? In: TEIXEIRA, Daniele Chaves (Coord.). *Arquitetura do planejamento sucessório*. 2. ed. Belo Horizonte: Fórum, p. 156-169, 2019.
12. Direito das sucessões. Recurso especial. Pacto antenupcial. Separação de bens. Morte do varão. Vigência do novo código civil. Ato jurídico perfeito. Cônjuge sobrevivente. Herdeiro necessário. Interpretação sistemática.1. (...). 2. Por outro lado, ainda que afastada a discussão acerca de direito intertemporal e submetida a questão à regulamentação do novo Código Civil, prevalece a vontade do testador. Com efeito, a interpretação sistemática do Codex autoriza conclusão no sentido de que o cônjuge sobrevivente, nas hipóteses de separação convencional de bens, não pode ser admitido como herdeiro necessário. 3. Recurso conhecido e provido. (REsp 1111095/RJ,

direção,[13] fixando-se, na ocasião, entendimento uníssono nas Turmas que compõem a Seção de Direito Privado do Superior Tribunal de Justiça.

Contudo, em 2015, por força de Recurso Especial originalmente distribuído à Terceira Turma e que foi afetado à Segunda Seção ante a relevância da matéria e entendimentos divergentes,[14] o Superior Tribunal de Justiça finalmente reconheceu que o cônjuge sobrevivente, ainda que casado sob o regime da separação convencional, concorre com os descendentes:

> Civil. Direito das sucessões. Cônjuge. Herdeiro necessário. Art. 1.845 do cc. Regime de separação convencional de bens. Concorrência com descendente. Possibilidade. Art. 1.829, i, do cc.
>
> 1. O cônjuge, qualquer que seja o regime de bens adotado pelo casal, é herdeiro necessário (art. 1.845 do Código Civil).
>
> 2. No regime de separação convencional de bens, o cônjuge sobrevivente concorre com os descendentes do falecido. A lei afasta a concorrência apenas quanto ao regime da separação legal de bens prevista no art. 1.641 do Código Civil. Interpretação do art. 1.829, I, do Código Civil.
>
> 3. Recurso especial desprovido.
>
> (REsp 1382170/SP, Rel. Ministro Moura Ribeiro, Rel. p/ Acórdão Ministro João Otávio de Noronha, 2ª Seção, julgado em 22/04/2015, DJe 26.05.2015, disponível em: https://scon.stj.jus.br/SCON/GetInteiroTeorDoAcordao?num_registro=201301311977&dt_publicacao=26/05/2015)

Apesar da pacificação em relação à concorrência do cônjuge casado sob o regime da separação convencional,[15] faltava, decerto, enfrentar os efeitos sucessórios da extinção

---

Rel. Ministro Carlos Fernando Mathias (Juiz Federal convocado do TRF 1ª região), rel. p/ acórdão Ministro Fernando Gonçalves, 4ª Turma, julgado em 1º.10.2009, DJe 11.02.2010, disponível em: https://scon.stj.jus.br/SCON/GetInteiroTeorDoAcordao?num_registro=200900295560&dt_publicacao=11/02/2010, acesso em: 13 out. 2021).

13. Direito civil. Família e Sucessões. Recurso especial. Inventário e partilha. Cônjuge sobrevivente casado pelo regime de separação convencional de bens, celebrado por meio de pacto antenupcial por escritura pública. Interpretação do art. 1.829, I, do CC/02. Direito de concorrência hereditária com descendentes do falecido. Não ocorrência. (...) – Não remanesce, para o cônjuge casado mediante separação de bens, direito à meação, tampouco à concorrência sucessória, respeitando-se o regime de bens estipulado, que obriga as partes na vida e na morte. Nos dois casos, portanto, o cônjuge sobrevivente não é herdeiro necessário.
– Entendimento em sentido diverso, suscitaria clara antinomia entre os arts. 1.829, inc. I, e 1.687, do CC/02, o que geraria uma quebra da unidade sistemática da lei codificada, e provocaria a morte do regime de separação de bens. Por isso, deve prevalecer a interpretação que conjuga e torna complementares os citados dispositivos (REsp 992749/MS, Rel. Min. Nancy Andrighi, 3ª Turma, julgado em 1º.12.2009, DJe 05.02.2010, disponível em: https://scon.stj.jus.br/SCON/GetInteiroTeorDoAcordao?num_registro=200702295979&dt_publicacao=05/02/2010, acesso em: 13 out. 2021).

14. Exemplo da divergência iniciada na própria Terceira Turma é o acórdão que assim consignou em trecho de sua ementa: "(...) 2. No regime de separação convencional de bens, o cônjuge sobrevivente concorre com os descendentes do falecido. A lei afasta a concorrência apenas quanto ao regime da separação legal de bens prevista no art. 1.641 do Código Civil. Interpretação do art. 1.829, I, do Código Civil" (REsp 1430763/SP, Rel. Ministra Nancy Andrighi, Rel. p/ Acórdão Ministro João Otávio de Noronha, 3ª Turma, julgado em 19.08.2014, DJe 02.12.2014, disponível em: https://scon.stj.jus.br/SCON/GetInteiroTeorDoAcordao?num_registro=201400113462&dt_publicacao=01/06/2016, acesso em: 13 out. 2021).

15. Quanto ao percurso até chegar na referida pacificação, com importante reflexão ao que tange o assunto, mencione-se: SÊCO, Thaís Fernanda Tenório; REIS, Fellipe Guerra David. O que revelam os julgados que tratam da condição de herdeiro do cônjuge em regime de separação convencional de bens: comentários ao AgRg na MC 23.242-RS ou comentários tardios ao REsp 992.749-MS. *Revista Brasileira de Direito Civil-RBDCIVIL*. v. 12, p. 93-120, Belo Horizonte, abr./jun. 2017, disponível em: https://rbdcivil.ibdcivil.org.br/rbdc/article/view/35/29, acesso em: 13 out. 2021.

da sociedade conjugal quando o regime do matrimônio era o da comunhão parcial de bens e o cônjuge sobrevivente herda em concorrência com os descendentes. Depois de longo debate doutrinário,[16] a Segunda Seção do Superior Tribunal de Justiça entendeu que a concorrência se dava em relação aos bens particulares, preservando-se, de toda sorte, a meação sobre os bens comuns.[17]

Desta forma, após longo esforço interpretativo permeado por duras discussões, assentou-se na jurisprudência que, em linha geral, os cônjuges sobreviventes concorrem com os descendentes nos bens particulares eixados pelo falecido. Foi necessária, como se vê, mais de uma década de vigência do Código Civil para apreender a lição deixada por Clóvis Beviláqua há mais de século.

Por outro lado, o caminho jurisprudencial da sucessão de bens por casais não estava completo. Faltava, com efeito, ainda encarar a sucessão do companheiro, a quem o Código Civil havia previsto uma forma diversa de suceder, prescrita em seu artigo 1790. Grosso modo, pela letra do aludido dispositivo, o companheiro sobrevivente concorreria com os descendentes e demais parentes apenas em relação aos bens adquiridos onerosamente durante a união estável, mediante quotas diversas (incisos I, II e III), e só recolheria a totalidade da herança se nenhum outro sucessor legal tivesse sobrevivido ao titular do patrimônio.

---

16. Suma síntese, existem três posições doutrinárias a respeito do assunto. Quanto às duas primeiras, subsiste a concordância de que o cônjuge herdará, em concorrência com os descendentes se o casamento era vigente sob o regime da comunhão parcial de bens, tão somente se o falecido houver deixado bens particulares. Todavia, há divergência sobre a base de cálculo para definir o quinhão final a ser herdado pelo cônjuge em tais hipóteses. Conforme a primeira posição, o cônjuge herdaria em concorrência com os descendentes só em relação aos bens particulares deixados pelo falecido, sem receber mais uma quota de patrimônio atinente aos bens cuja sua meação já abarca (neste sentido, HIRONAKA, Giselda Maria Fernandes Novaes, Morrer e suceder: passado e presente da transmissão sucessória concorrente. 2. ed. São Paulo: Ed. RT, 2014. p. 367-368; TEPEDINO, Gustavo. Controvérsias sobre a sucessão do cônjuge e do companheiro. Pensar. v. 17, n. 1, p. 138-160, Fortaleza, jan./jun. 2012, disponível em: http://periodicos.unifor.br/rpen/article/view/2279/pdf, acesso em: 13 out. 2021). Compreendendo que, de fato, o cônjuge herda em concorrência com os descendentes, no regime da comunhão parcial de bens, sempre que o autor da herança deixar bens particulares, mas, no entanto, afirmando que a base de cálculo do quinhão do cônjuge recai sobre toda a herança, ou seja, engloba os bens comuns (sobre os quais ele já possui a meação) e também os bens particulares: DINIZ, Maria Helena. Curso de direito civil brasileiro, direito das sucessões. 28. ed. Saraiva: São Paulo, 2014, v. VI, p. 105-106; WALD, Arnoldo. Direito das Sucessões. 15. ed. São Paulo: Saraiva, 2012, v. VI, p. 38. Para a posição apartada de Francisco Cahali, mesmo dentro de manual escrito em coautoria, HIRONAKA, Giselda Maria Fernandes Novaes; CAHALI, Francisco José. Direito das sucessões. 5. ed. São Paulo: Ed. RT, 2014. p. 196-198. Enfim, registre-se a opinião diametralmente oposta, e minoritária, de Maria Berenice Dias, que afirma haver a concorrência sucessória apenas se o falecido deixou só bens comuns, sobre os quais existe a meação do cônjuge supérstite. Dito de outra forma, segundo tal raciocínio, caso subsistam bens particulares, dentro do regime de comunhão parcial de bens, a concorrência entre descendentes e cônjuge não ocorreria (DIAS, Maria Berenice. Filhos, bens e amor não combinam! Considerações sobre o novo instituto da concorrência sucessória. In: HIRONAKA, Giselda Maria Fernandes Novaes; PEREIRA, Rodrigo da Cunha (Coord.). Direito das sucessões. 2. ed. Belo Horizonte: Editora Del Rey. p. 467-483).

17. (...). 2. Nos termos do art. 1.829, I, do Código Civil de 2002, o cônjuge sobrevivente, casado no regime de comunhão parcial de bens, concorrerá com os descendentes do cônjuge falecido somente quando este tiver deixado bens particulares. 3. A referida concorrência dar-se-á exclusivamente quanto aos bens particulares constantes do acervo hereditário do cujus. 4. Recurso especial provido. (STJ, REsp 1368123/SP, Rel. Ministro Sidnei Beneti, Rel. p/ Acórdão Ministro Raul Aráujo, 2ª Seção, julgado em 22.04.2015, DJe 08.06.2015).

A distinção entre os regimes sucessórios dos cônjuges e companheiros no Código Civil, como se vê, era amplamente desigual. Mesmo que se advoguem diferenças entres as entidades familiares, o abismo do tratamento conferido a ambas saltava aos olhos e, certamente, se fosse menos distinto, poderia até ser aceito. Mas, do jeito que estava, não poderia ficar.

Assim, por meio do julgamento dos Recursos Extraordinários 646721 e 878694, o Supremo Tribunal Federal entendeu pela inconstitucionalidade do artigo 1790, afirmando que:

> Não é legítimo desequiparar, para fins sucessórios, os cônjuges e os companheiros, isto é, a família formada pelo casamento e a formada por união estável. Tal hierarquização entre entidades familiares é incompatível com a Constituição de 1988. Assim sendo, o art. 1790 do Código Civil, ao revogar as Leis 8.971/1994 e 9.278/1996 e discriminar a companheira (ou o companheiro), dando-lhe direitos sucessórios bem inferiores aos conferidos à esposa (ou ao marido), entra em contraste com os princípios da igualdade, da dignidade humana, da proporcionalidade como vedação à proteção deficiente e da vedação do retrocesso.

Por consequência, fixou-se a tese de que "no sistema constitucional vigente, é inconstitucional a distinção de regimes sucessórios entre cônjuges e companheiros, devendo ser aplicado, em ambos os casos, o regime estabelecido no art. 1.829 do CC/2002".[18] Vale notar que, apesar da equiparação da sucessão do companheiro à do cônjuge, o Supremo Tribunal Federal deixou de esclarecer se o convivente passaria ao *status* de herdeiro necessário, mesmo após a oposição de Embargos de Declaração pelo Instituto Brasileiro de Direito de Família. De toda forma, os Tribunais estaduais[19] e o Superior Tribunal de Justiça,[20] têm se posicionado desta forma, de modo que não se permita afastar o companheiro da sucessão da quota reservatária, por meio de disposição testamentária.

---

18. STF, RE 878.964/MG, Rel. Min. Luís Roberto Barroso, Tribunal Pleno, julgado em 10.05.2017, disponível em: http://redir.stf.jus.br/paginadorpub/paginador.jsp?docTP=TP&docID=14300644, acesso em: 05 jan. 2020 e STF, RE 646.721/RS, Rel. Min. Marco Aurélio, Rel. p/ acórdão, Min. Luís Roberto Barroso, Tribunal Pleno, julgado em 10.05.2017, disponível em: http://redir.stf.jus.br/paginadorpub/paginador.jsp?docTP=TP&docID=13579050, acesso em: 13 out. 2021.
19. Agravo de instrumento. Direito civil. Sucessão. Habilitação de companheira. Regime da separação obrigatória de bens. Súmula 377 do STF. 1 – Com o julgamento do RE 878.694/MG (Tema 809 de Repercussão Geral), O STF definiu a tese de que "no sistema constitucional vigente, é inconstitucional a diferenciação de regimes sucessórios entre cônjuges e companheiros, devendo ser aplicado, em ambos os casos, o regime estabelecido no artigo 1.829 do CC/2002. 2 – Referido dispositivo define as situações em que o herdeiro necessário cônjuge/companheiro concorre com o herdeiro necessário descendente, pois estabelece que, a depender do regime de bens adotado, tais herdeiros necessários concorrem ou não entre si aos bens da herança. 3 – Aplicação da Súmula 377, do STF, que dispõe que no regime de separação obrigatória de bens, comunicam-se os bens adquiridos na constância da união. Desprovimento do recurso. (TJ RJ, Ag Inst 0040539-71.2021.8.19.0000, Rel. Des. Milton Fernandes de Souza, 5ª Câmara Cível, julgado em: 10/08/2021, disponível em: http://www1.tjrj.jus.br/gedcacheweb/default.aspx?UZIP=1&GEDID=0004860019F0D62B07D36BA06666E0E50E18C50F3E111C45, acesso em: 13 out. 2021).
20. STJ, AgInt nos EDcl nos EDcl nos EDcl no REsp 1318249 / GO, Rel. Min. Luis Felipe Salomão, 4ª turma, julgado em 24.09.2019, disponível em: https://ww2.stj.jus.br/processo/revista/documento/mediado/?componente=ATC&sequencial=100528290&num_registro=201100666112&data=20190930&tipo=91&formato=PDF, acesso em: 13 jan. 2021.

A definição de tal posicionamento, todavia, não pacificou as relações patrimoniais e sucessórias entre cônjuges e companheiros. Com efeito, quando Clóvis Beviláqua pensou na concorrência dos cônjuges com descendentes, jamais lhe passou a hipótese de recomposição de novas famílias, cujos companheiros ou cônjuges já teriam vivido experiência prévia e tido descendentes não comuns.[21]

O desafio da atualidade, portanto, é assegurar uma autonomia a cônjuges e companheiros, de modo que, livre e conscientemente, decidam, ainda em vida, afastar um da sucessão do outro. Cuida-se, por certo, do tormentoso tema que envolve a possibilidade de manejar-se o pacto sucessório, com o intento de concretizar a exclusão sucessória recíproca, cujo debate se apresentou após a definição do regime patrimonial sucessório pelos Tribunais superiores e se encontra na ordem do dia da disciplina sucessória.[22]

De toda forma, a fixação do entendimento de que o cônjuge e o companheiro herdam em concorrência com descendentes ocasiona dois relevantes efeitos no sistema sucessório: (a) o abandono da ideia altruísta de os descendentes fazerem doações aos cônjuges sobreviventes, cujo dever moral parece ter, de certa maneira, oferecido uma resignação a Clovis Bevilaqua ao ceder no afastamento da concorrência, (b) a não incidência da tributação pela execução de tais atos gratuitos, a qual oneraria ainda mais o patrimônio sucedido com a cobrança do imposto pela transmissão *causa mortis* e, em segundo momento, pela doação.

5. PERSPECTIVAS SOBRE A FORMALIDADE NOS NEGÓCIOS JURÍDICOS DA SUCESSÃO TESTAMENTÁRIA

Um outro tema que vem suscitando certa evolução repousa na formalidade dos negócios jurídicos da sucessão testamentária, quais sejam, o testamento e o codicilo. Quanto ao testamento, trata-se de um negócio jurídico essencialmente formal, de maneira que "não se dispensam, por mais insignificantes que sejam (as solenidades), nem podem ser substituídas por outras, ainda que mais seguras".[23] Um dos pontos-chaves da formalidade do testamento pode ser identificado pelo número de testemunhas.

O Código Civil de 1916 previa considerável número de testemunhas instrumentárias para participar do testamento. O público contava com cinco testemunhas (artigo 1632, I); o particular, idem (artigo 1645, II); e cerrado, o mesmo número para assistir a entrega ao oficial (artigo 1638, IV). O rigor no número das testemunhas foi sensivelmente reduzido pelo Código Civil de 2002: para o testamento público, o número de

---

21. Destacando a necessidade de atualização da concorrência sucessória tendo em vista os casamentos, e as uniões estáveis, sucessivos: BARBOZA, Heloísa Helena. O novo regime sucessório dos companheiros: primeiras reflexões. In: TEPEDINO, Gustavo; MENEZES, Joyceane, Bezerra de. *Autonomia privada, liberdade existencial e direitos fundamentais*. Belo Horizonte: Fórum, 2019. p. 504.
22. Sobre o tema, permita-se remeter a BUCAR, Daniel. Pactos Sucessórios: Possibilidades e Instrumentalização. In: TEIXEIRA, Ana Carolina Brochado; RODRIGES, Renata Lima (Coord.). *Contratos, família e sucessões. Diálogos interdisciplinares*. 2. ed. Belo Horizonte: Editora Foco. 2021. p. 347-364.
23. GOMES, Orlando. *Sucessões*, atualizado por Mario Roberto Carvalho de Faria. 15ª ed. Rio de Janeiro: Editora Forense, 2012. p. 102.

testemunhas diminuiu para duas (artigo 1864, II); o particular passou a contar com três (artigo 1876, §§ 1º e 2º, independentemente se manuscrito ou mecânico); o cerrado, também duas (artigo 1868, I).

Se para um observador desatento a redução não passa de mera simplificação do procedimento, um olhar mais aprofundado, sobretudo a partir da jurisprudência, indica certo abrandamento nas transmissões de última vontade, compatibilizando-as com as inúmeras formas de sua prova existentes na contemporaneidade. Tal fato é notadamente apreendido por precedentes do Superior Tribunal de Justiça, o qual já confirmou testamentos particulares subscritos, ainda sob a vigência do Código Civil de 1916, por quatro testemunhas, ao invés das cinco legais[24] e, já sob o Código Civil de 2002, assinado por duas testemunhas, a despeito da previsão legal de três.[25]

Em uma oportunidade mais recente, a Segunda Seção do Superior Tribunal de Justiça apontou para a necessidade de adequar à atualidade as formas de dispor e provar a última vontade. No julgado, a Corte não apenas confirmou testamento particular que não contava com a assinatura da testadora (mas apenas sua impressão digital), como fez um incisivo alerta acerca da necessidade de se acolher outras formas de expressão da vontade:

> Em uma sociedade que é comprovadamente menos formalista, na qual as pessoas não mais se individualizam por sua assinatura de próprio punho, mas, sim, pelos seus tokens, chaves, logins e senhas, ID's, certificações digitais, reconhecimentos faciais, digitais e oculares e, até mesmo, pelos seus hábitos profissionais, de consumo e de vida captados a partir da reiterada e diária coleta de seus dados pessoais, e na qual se admite a celebração de negócios jurídicos complexos e vultosos até mesmo por redes sociais ou por meros cliques, o papel e a caneta esferográfica perdem diariamente o seu valor e a sua relevância, devendo ser examinados em conjunto com os demais elementos que permitam aferir ser aquela a real vontade do contratante. (REsp 1633254/MG, Relatora Ministra Nancy Andrighi, 2ª Sessão, julgado em: 11.03.2020, disponível em: https://scon.stj.jus.br/SCON/GetInteiroTeorDoAcordao?num_registro=201602761090&dt_publicacao=18/03/2020, DJ de 18.03.2020).

Na esteira do alerta feito pelo Superior Tribunal de Justiça, tramita no Senado Federal o Projeto de Lei 3799 de 2019, idealizado pelo Instituto Brasileiro de Direito de Família, o qual prevê a possibilidade de se realizar testamento público e privado por meio de gravação de som e imagem, a qual deve ser apresentada para duas e três

---

24. "Na hipótese vertente, o testamento particular foi digitado e assinado por quatro testemunhas, das quais três o confirmaram em audiência de instrução e julgamento. Não há, pois, motivo para tê-lo por inválido." (STJ, REsp 701917/SP, Rel. Ministro Luís Felipe Salomão, 4ª Turma, julgado em 02.02.2010, DJe 1º.03.2010, disponível em: https://scon.stj.jus.br/SCON/GetInteiroTeorDoAcordao?num_registro=200401609090&dt_publicacao=01/03/2010, acesso em: 13 out. 2021).

25. (...) 5. Na hipótese, o vício que impediu a confirmação do testamento consiste apenas no fato de que a declaração de vontade da testadora não foi realizada na presença de três, mas, sim, de somente duas testemunhas, espécie de vício puramente formal incapaz de, por si só, invalidar o testamento, especialmente quando inexistentes dúvidas ou questionamentos relacionados à capacidade civil do testador, nem tampouco sobre a sua real vontade de dispor dos seus bens na forma constante no documento. (REsp 1583314/MG, Rel. Ministra Nancy Andrighi, 3ª Turma, julgado em 21.08.2018, DJe 23.08.2018, disponível em: https://scon.stj.jus.br/SCON/GetInteiroTeorDoAcordao?num_registro=201600402892&dt_publicacao=23/08/2018, acesso em: 13 out. 2021).

testemunhas, respectivamente. Cuida-se, portanto, de mais do que uma proposta bem-vinda, mas verdadeiramente necessária à adaptação do testamento à linguagem contemporânea.

A necessidade de evoluir na formalidade indica novas perspectivas não apenas para o testamento, como também para o codicilo. Se a disciplina de prova da manifestação de vontade testamentária já recebe um tempero da realidade menos formal na análise de sua existência e validade, a investigação da autonomia codicilar deve seguir nesta mesma direção. Mas não apenas na avaliação da vontade: a própria forma de seu conteúdo também deve superar a rigidez da manifestação escrita, disposta no art. 1881 do Código Civil ("mediante escrito particular seu, datado e assinado").

A adaptação de aspectos formais à realidade eletrônica, por certo, já é sentida em diversos setores. A título de ilustração, o título monitório, cuja forma escrita é prevista no art. 700 do Código de Processo Civil, já pode ser constituído por correio eletrônico, como amplamente vem também admitindo o Superior Tribunal de Justiça.[26]

Assim, a forma do codicilo deve caminhar junto com a realidade eletrônica e lhe ser conferida, em harmonia às mudanças do ordenamento, a forma de manifestação de vontade mecanizada, ainda que guardada em ou transmitida por computador, uma vez evidenciada a expressão do desejo de seu manifestante. De toda forma, vale registrar que o Projeto de Lei 3799/19, acima mencionado, também permite a gravação da vontade codicilar por som e/ou imagem.

6. O CÁLCULO DA COLAÇÃO

Dentre o rol de ferramentas que efetivam a proteção da quota reservatária se destaca a colação, que tem como finalidade igualar a quota-parte cujo herdeiro necessário receberá, seja a título de participação sucessória como reservatário ou em quaisquer outra das hipóteses de sucessão legítima quota-parte da legítima pertencente a cada um dos descendentes, do cônjuge e do companheiro sobrevivente. Em palavras distintas – e na trilha do art. 544 do Código Civil –, qualquer doação feita aos herdeiros necessários, cuja primeira classe da ordem de vocação hereditária compõe (art.1829, inciso I, CC), importa adiantamento de legítima a ser igualado relativamente àquilo que os demais reservatários vão receber. A única exceção ocorrerá se o doador expressamente declarar que dispensa a colação, por ser a liberalidade realizada com a parte disponível de seu patrimônio (art. 2005, CC).

Com efeito, a grande problemática da colação envolve o método utilizado para o seu cálculo e, neste ponto, a opção escolhida pelos Códigos Civis de 1916 e 2002 enfrentam influxo de outra disciplina do sistema sucessório, representada pelo direito processual civil, com alterações dos Códigos processuais de 1973 e 2015.

---

26. STJ, REsp 1381603 / MS, Rel. Min. Luís Felipe Salomão, 4ª Turma, julgado em 06.10.2016, DJ de 11.11.20216, disponível em: https://scon.stj.jus.br/SCON/GetInteiroTeorDoAcordao?num_registro=201300578761&dt_publicacao=11/11/2016, acesso em: 13 out. 2021.

O Código Civil de 1916, em seu artigo 1.792, levava em consideração o valor dos bens doados, em confronto com o acervo patrimonial do doador no momento da doação e não na abertura da sucessão. Posteriormente, "o Código de Processo Civil de 1973 alterou o princípio, determinando [que se calculasse] pelo valor que tiverem ao tempo da abertura da sucessão (artigo 1.014, parágrafo único) e desta sorte alterou a sistemática do Código Civil de 1916".[27]

Já o Código de 2002, por meio de seu artigo 2004, revogou o artigo 1014 do Código de Processo Civil de 1973 e reintroduziu a solução que era dada pelo artigo 1.792 do Diploma de 1916, ou seja, o valor da colação dos bens doados será aquele, certo ou estimativo, que lhes atribuir o ato de liberalidade. Contudo, o tema sofre nova alteração pelo Código de Processo Civil de 2015, que volta a estabelecer o momento da colação, em seu artigo 639, reproduzindo o disposto citado no artigo 1.014 do Código de Processo Civil de 1973. Assim determina o parágrafo único do artigo 639 que o valor dos bens a serem colacionados será aquele que tiverem ao tempo da abertura da sucessão.

No entendimento de Paulo Cezar Pinheiro Carneiro, "se a colação tem por finalidade equalizar as legítimas, ela somente será necessária e possível no momento em que estas puderem ser exigidas, ou seja, quando da morte do autor da herança".[28] O tema é angustiante, foi objeto de debates, sendo certo que, antes da edição do Código de Processo Civil de 2015, aprovou-se, na I Jornada de Direito Civil, o Enunciado 119, que assim se posicionava:

> Para evitar o enriquecimento sem causa, a colação será efetuada com base no valor da época da doação, nos termos do caput do artigo 2.004, exclusivamente na hipótese em que o bem doado não mais pertença ao donatário. Se, ao contrário, o bem ainda integrar seu patrimônio, a colação se fará com base no valor do bem na época da abertura da sucessão, nos termos do artigo 1.014 do Código de Processo Civil de 1973, de modo a preservar a quantia que efetivamente integrará a legítima quando esta se constituiu, ou seja, na data do óbito (resultado da interpretação sistemática do artigo 2.004 e seus parágrafos, juntamente com os arts. 1.832 e 884 do Código Civil).

No entanto, apesar dos posicionamentos divergentes a respeito do tema, assim como os dispositivos legais sucessivos e discrepantes, certo é que "nenhum dos sistemas já elaborados resolve cabalmente os tormentosos problemas postos pelas liberalidades colacionáveis. Nem será razoável esperar que de suas combinações possa provir um melhor resultado".[29] A advertência, por certo, ressalta a inadequação da avaliação, pois se encontra baseada na prevalência de bens imóveis no patrimônio a suceder, cuja constatação, atualmente, não mais se sobrepõem.

Na verdade, os processualistas sempre alegaram que o momento da abertura da sucessão seria o mais adequado para igualar as legítimas, enquanto o momento da libe-

---

27. PEREIRA, Caio Mario da Silva. *Instituições de direito civil*: contratos. Atual. Caitilin Mulholland. Rio de Janeiro: Forense, 2004. v. 3, p. 263.
28. CARNEIRO, Paulo Cezar Pinheiro. *Comentários ao Código de Processo Civil*. 3. ed. Rio de Janeiro: Forense, 2006. v. IX, t. I, p. 152.
29. VILLELA, João Baptista. *Contribuição à teoria do valor dos bens na colação hereditária*. Belo Horizonte: Imprensa da Universidade de Minas Gerais, 1964. p. 60.

ralidade poderia incorrer em enriquecimento sem causa, seja para um lado ou outro, a depender de uma valorização ou de uma desvalorização do bem.

Entretanto, a concepção de bem imóvel está muito impregnada em tal avaliação. A composição patrimonial se alterou sensivelmente desde o Século XIX, motivo pelo qual é certo que a sociedade de consumo e o capitalismo financeiro modificaram os bens integrantes do patrimônio, que atualmente é composto, sobretudo, por (a) situações ativas de duração média inferior aos bens de capital, consubstanciadas, na maior parte das vezes, por serviços e (b) recebíveis passíveis de endividamento, que permitirão a aquisição de bens de consumo.

Juridicamente estruturado sobre um esquema estático, o patrimônio foi investido, nas últimas décadas, de forte dinâmica não apenas funcional, mas também estrutural. Assim, diante desse quadro, a adoção da regra da substância (in natura), compreendida na apuração do valor do bem doado à época da abertura da sucessão, fica à mercê de inúmeros fatores que podem decorrer ao longo do interstício havido entre a liberalidade e a própria abertura da sucessão. Como exemplo, a boa ou má gestão do bem por parte do donatário que, mesmo sem benfeitorias ou acessões (artigo 640 do Código de Processo Civil), possa comprometer a própria manutenção da doação.

Portanto, a considerar que não será possível escolher o melhor critério, parece que as opções realizadas pelos Códigos Civis não andaram tão bem, pelo que coube à legislação processual, no exercício de sua importante função no sistema sucessório, reduzir eventuais injustiças, visto que eliminá-las não será, neste ponto, jamais possível.

7. CONCLUSÃO

A fim de homenagear a Professora Heloisa Helena Barboza, o presente artigo escolheu traçar notas sobre o sistema sucessório brasileiro após 20 anos de Código Civil. Neste sentido, de início, esclareceram-se as premissas do trabalho, quais sejam, i) a necessidade de releitura dos institutos de direito privado frente à Constituição da República de 1988, mesmo diante de lei editada após o texto constitucional. Depois, segundo a axiologia constitucional e seus efeitos, ii) a existência de um verdadeiro sistema sucessório brasileiro, composto por normas de direito civil, processual civil (e notarial) e tributário, o qual deve sempre investigar-se como unidade complexa de normas destinada a realizar os princípios da supracitada Lei Maior.

Sob o prisma do contexto traçado, desenvolveu-se o conteúdo de algumas mudanças legislativas, em matéria de direito sucessório, do Código Civil de 1916 para o Código Civil de 2002, as quais regulam: (a) a posição do cônjuge e companheiro como concorrentes de descendentes no recebimento da herança; (b) as formalidades do testamento; e (c) a avaliação da colação para igualar a participação na quota advinda da sucessão legítima.

Mais especificamente, por meio dos temas abordados buscou-se analisar a sucessão prevista na atual codificação e suas projeções, após vinte anos, conforme perspectivas diversas, chamadas, respectivamente, de eixo subjetivo ("quem herda"), eixo formal ("solenidades que o autor da herança precisa respeitar para decidir seus herdeiros e derrogar, respeitando a legítima, a ordem de vocação hereditária") e eixo objetivo ("efeitos da morte no patrimônio do próprio falecido – a herança – e de seus demais herdeiros, tendo em vista negócios jurídicos praticados em vida).

Embora, de fato, trate-se de dispositivos heterogêneos, seu estudo conjunto permite conclusões relativas ao agora e ao futuro do Direito das Sucessões, enquanto ainda vigente o Código Civil de 2002. Primeiro, resta claro que em boa parte desses vinte anos pouco fôlego houve para modificar a legislação, tendo em vista seus problemas e lacunas dos quais se ocuparam tanto a doutrina, quanto a jurisprudência, quase sempre de modo cauteloso, observando a finalidade da lei. É o que o posicionamento dos Tribunais Superiores demonstra no longo percurso, o qual continua inacabado, cujo objetivo vincula-se a definir o direito hereditário do cônjuge em cada regime de bens, o direito de herança dos companheiros e as formalidades testamentárias realmente imprescindíveis.

De outro lado, com a maioria dessas questões sendo compreendidas por meio de entendimentos relativamente consolidados, abriu-se espaço da mera interpretação dos dispositivos atrelados ao Direito das Sucessões no Código Civil de 2002 para se pensar a utilidade e conveniência de mantê-los como estão.

Na trilha dessa perspectiva, todos os eixos apresentados revelaram uma disciplina abstrata, tendente a produzir efeitos díspares entre situações jurídicas merecedoras de igual proteção. Ademais, conclui-se, também, que as alterações legislativas trazidas pelo Código Civil de 2002 – muitas delas sugeridas, na verdade, desde a primeira versão do Projeto de Código, datado de 1975 – são fruto de tempo bem diferente do atual.

Não por outro motivo, poucos conseguem se relacionar com o momento social composto por entidades familiares plurais, por tecnologias capazes de ampliar as formas de as pessoas manifestarem sua vontade e, também, por diferentes maneiras de adquirir riqueza, construir o patrimônio que acabará por ser a herança transmitida *causa mortis*. Aliás, como bem demonstra o instituto da colação, também há falta de diálogo entre os ramos do direito que compõe o sistema sucessório brasileiro, fato cujas consequências são significativas em termos de insegurança jurídica e falta de uniformidade na tomada de decisões político jurídicas ao estabelecer, e interpretar, normas relativas à matéria.

À luz de tal cenário, nem a autonomia privada do testador para decidir o destino dos seus bens, tampouco a proteção dos herdeiros dependentes do falecido, pilares da sucessão advindos da axiologia constitucional, realizam-se adequadamente. Não por outra razão, passadas duas décadas da edição do Código Civil de 2002, o livro do Direito das Sucessões exige grandes, além de urgentes, reformas, como sinalizam diversos Projetos de Lei que pretendem alterar a disciplina da transmissão *causa mortis*.

A TRAJETÓRIA DA LEGÍTIMA NO DIREITO SUCESSÓRIO BRASILEIRO: POR UMA AGENDA DE RECONSTRUÇÃO DO INSTITUTO

Caio Pires

Sumário: 1. Introdução– 2. As três premissas que sustentam o movimento de defesa à ampliação da liberdade de testar no ordenamento jurídico – 3. Historicidade e legalidade constitucional: filtros para uma releitura das propostas de alteração da sucessão necessária– 4. Síntese conclusiva: a agenda de reconstrução da legítima e seus compromissos.

1. INTRODUÇÃO

O presente trabalho visa prestar merecida homenagem aos quarenta anos de docência da Professora Heloísa Helena Barboza. Por ter sido seu orientando no mestrado de Direito Civil da Universidade do Estado do Rio de Janeiro – e, de alguma forma, continuar sendo, pois, este vínculo não se perde –, o autor deste texto escolheu abordar temas de sua dissertação como forma de demonstrar os aprendizados cuja homenageada lhe proporcionou.

Neste sentido, primeiro, busca-se contextualizar o mote central do referido trabalho, qual seja, tratar da legítima e, consequentemente, da proteção dos herdeiros necessários. Depois, pretende-se realizar breve exposição do principal objetivo perseguido no citado estudo de pós-graduação *strictu sensu*, qual seja, dialogar com as propostas já existentes e voltadas a sugerir mudanças aplicáveis à sucessão necessária brasileira. Foi este, aliás, o escopo do trabalho sintetizado pela Professora Heloísa quando de nossas conversas para os ajustes finais que precederam a entrega da dissertação, me ajudando a conhecer meus escritos melhor do que eu mesmo conhecia.

Por meio deste caminho, intenta-se, ao mesmo tempo, contribuir para o debate sobre as sucessões no Brasil e homenagear a professora sublinhando os pontos que mais lhe pareceram importantes do trabalho por ela orientado e defendido pelo autor. Como é óbvio, a orientadora estava certa e, desta maneira, ensinou lições, bem resumidas por Paulinho da Viola e Milton Nascimento, que se devem compartilhar.

Primeiro, restou comprovado que na pesquisa quem deve navegar é o mar das fontes e metodologias o pesquisador, das quais se extraem conclusões não *a priori*, mas sempre *a posteriori*. Enquanto isso, o timoneiro será sempre o bom orientador. De outro lado, também se aprendeu "a vez de se lançar" do cais para o mar, salto que exige momento e condições adequadas, não temendo inovações, porém, sabendo reconhecer a importância de voos aparentemente mais modestos que podem significar o bastante na ordem jurídica.

Assimilando tais perspectivas, desenvolveu-se o presente texto em destaque das contribuições metodológicas cujo direito civil constitucional e a historicidade podem trazer à releitura da legítima. Em momento posterior a esta análise, ao invés de apagar o percurso já traçado por outros autores para concretizar tal objetivo, propondo uma nova saída para alterar o instituto, sugeriram-se pequenas mudanças hábeis a torná-lo mais sólido. É o que se procura demonstrar nas linhas a seguir.

2. AS TRÊS PREMISSAS QUE SUSTENTAM O MOVIMENTO DE DEFESA À AMPLIAÇÃO DA LIBERDADE DE TESTAR NO ORDENAMENTO JURÍDICO

O estudo da legítima na atualidade exige ciência da tendência reformista que hoje cerca o instituto. Além disso, pressupõe o conhecimento das justificativas apresentadas para se considerar imprescindíveis alterações na transmissão compulsória de patrimônio aos herdeiros necessários

Com efeito, é inegável a inserção das opiniões relativas ao tema, de cunho questionador-propositivo, em um movimento voltado à ampliação da ingerência do autor da herança sobre a disposição *post mortem* dos próprios bens e de defesa do arrefecimento do controle estatal sobre o fenômeno sucessório. Dito de maneira distinta, questiona-se a razão de metade do patrimônio do autor da herança tornar-se intangível (art. 1845, CC), sendo a ele vedado realizar liberalidades sobre esta parte, indisponível, da sua herança caso tenha herdeiros necessários – ascendente, cônjuge e companheiro[1] (art. 1846, CC).

Entretanto, não se trata de um movimento reformista baseado em novos anseios liberais de menor intervenção estatal ou em ideias conservadoras de empoderamento do poder patriarcal sobre a família. Conforme sentido contrário, pretende-se fundamentar os novos rumos pensados para sucessão necessária na axiologia constitucional.[2] É o que se percebe à luz de três premissas organizadas para sintetizar o pensamento de estudiosos favoráveis à renovação da sucessão necessária.

A primeira delas baseia-se em considerar a legítima um instituto obsoleto, servil a determinados interesses contraditórios ao projeto constitucional brasileiro. Dito de outra forma, enxerga-se a sucessão necessária não como meio de proteção da família,

---

1. Não se olvida que a questão de ser o companheiro herdeiro necessário ou não permanece em aberto. Contudo, compartilha-se do entendimento cuja boa parte da doutrina adotou, manifestado no texto principal (em tal direção, por todos, NEVARES, Ana Luiz a Maia. A Igualdade de Direitos Sucessórios entre o Cônjuge e o Companheiro: o Julgamento do Recurso Extraordinário 878-694-MG. *Revista IBDFAM – Famílias e Sucessões*. v. 21, p. 125-144, Belo Horizonte, 2017). Ademais, também parece ser este o posicionamento do STJ quanto ao assunto (vide STJ, AgInt nos EDcl nos EDcl nos EDcl no REsp 1318249/GO, Rel. Min. Luis Felipe Salomão, 4ª turma, julgado em 24.09.2019. Disponível em: https://ww2.stj.jus.br/processo/revista/documento/mediado/?-componente=ATC&sequencial=100528290&num_registro=201100666112&data=20190930&tipo=91&formato=PDF. Acesso em: 30 jun. 2022).

2. Trazendo o supracitado esclarecimento, DELGADO, Mário. O cônjuge e o companheiro deveriam figurar como herdeiros necessários? *Revista IBDFAM Família e Sucessões*. v. 23, p. 33-57, Belo Horizonte, 2017. De outro lado, o maior exemplo de defesa conservadora à liberdade de testar –tratada como instrumento de promoção do poder do pai sobre os filhos – encontra-se em ALMEIDA, Francisco de Paula Lacerda de. Sucessões, exposição sumária desta parte do Direito Civil. Rio de Janeiro: Revista dos Tribunais, 1915. p. XXX/XXXII.

de modo a realizar o mandamento do art. 226, *caput*, CR – perfil funcional cuja legítima carrega segundo diversos autores[3] –, mas sim como um projeto de concentração da propriedade privada no seio familiar.

Isso porque, à luz deste prisma, a transmissão compulsória de herança assegura que o grupo familiar de alguém falecido continue a extrair benefícios e privilégios dos bens por ele deixados. Assim, considera-se a proteção aos herdeiros necessários instrumento cuja função estaria resumida a garantia da permanência de famílias na mesma classe econômica ao longo de gerações, com *status quo* idêntico ao adquirido quando se nasceu herdeiro necessário – ou seja, parente do autor da herança. Portanto, tal perspectiva objetiva atribuir à família, menor cédula do Estado, certa função econômica de manter a ordem social vigente e de impedir uma distribuição patrimonial que a perturbasse.[4]

Já a segunda premissa, atrelada de modo intrínseco à primeira, objetiva, simultaneamente, avançar em propostas efetivas de mudança da sucessão necessária e reforçar a coerência das alterações legislativas desejadas com o texto constitucional. Cuida-se da manutenção do sistema protetivo no âmbito sucessório, apenas informado por diferentes parâmetros.

À luz de tal prisma, há de se consignar que nenhum dos autores pesquisados defende a extinção da proteção aos herdeiros necessários e a consequente instauração da liberdade absoluta de testar. Somente se rejeita a ideia de alguém adquirir direitos sobre o patrimônio de outra pessoa pelo simples fato de ter nascido em uma determinada família.[5] E, ao mesmo tempo, entende-se que a liberdade de testar promove princípios do direito de família, disciplina cuja influência é acentuada em matéria de sucessões,[6] vide a menor intervenção do Estado na família, o respeito à pluralidade de entidades familiares.

Desta forma, a doutrina não nega força ao princípio da solidariedade familiar e ao seu importante papel como limitador do direito irrestrito de disposição da propriedade, até como forma de reconduzi-la aos limites impostos pela função social.[7] Todavia,

---

3. Em sustento desta perspectiva, Carlos Roberto Barbosa Moreira ao atualizar a obra de Caio Mário da Silva Pereira (PEREIRA, Caio Mário da Silva. *Instituições de direito civil, volume VI, direito das sucessões*, atualizado por Carlos Roberto Barbosa Moreira. 24. ed. Rio de Janeiro: Forense, 2017. p. 127-128. Também, TEPEDINO, Gustavo; NEVARES, Ana Luiza Maia; MEIRELES, Rose Melo Vencelau. Direito das Sucessões. In: TEPEDINO, Gustavo (Org.). *Fundamentos de Direito Civil*. Rio de Janeiro: Forense, 2020. v. 7, p. 22-24.
4. CORTIANO, Eroulths Júnior; RAMOS, André Luiz Arnt. Liberdade testamentária versus sucessão forçada: anotações preliminares sobre o direito sucessório brasileiro. *Univel, Revista de Estudos Jurídicos e Sociais*, n. 4, p. 41-73, maio 2015; ANDRADE, Gustavo Henrique Baptista de. *O direito de herança e a liberdade de* testar: um estudo comparado entre os sistemas jurídicos brasileiro e inglês. Belo Horizonte: Fórum, 2019. p. 43.
5. CORTIANO, Eroulths Júnior; RAMOS, André Luiz Arnt. Liberdade testamentária versus sucessão forçada: anotações preliminares sobre o direito sucessório brasileiro. *Univel, Revista de Estudos Jurídicos e Sociais*, n. 4, p. 41-73, maio 2015.
6. A respeito desta influência do direito de família nas sucessões, BUCAR, Daniel. Existe o *droit de saisine* no sistema sucessório brasileiro? In: TEIXEIRA, Ana Carolina Brochado; NEVARES, Ana Luiza Maia. *Direito das sucessões*: problemas e tendências. Indaiatuba, SP: Editora Foco, p. 1-23, 2020.
7. SCHREIBER, Anderson; VIÉGAS, Francisco de Assis. Por uma releitura funcional da legítima no direito brasileiro. *Revista de Direito Civil Contemporâneo*, v. 19, ano 6, p. 232. São Paulo: Ed. RT, abr./jun. 2019; GAGLIANO, p. 59.

intenta-se estabelecer esta solidariedade de maneira distinta, sugerindo-se afastar da parentalidade-conjugalidade o critério que permite alguém impor seus direitos hereditários sobre a vontade do testador, de modo a aproximá-lo da noção de vulnerabilidade. Logo, no direito brasileiro postula-se, ao invés do fim da legítima, o desenvolvimento de uma sucessão necessária renovada.

Neste contexto, surgem diversas propostas voltadas a esboçar um regime sucessório fundado pelas diretrizes apresentadas, conjugando proteção indispensável e aumento da liberdade de testar. Segundo apertada síntese, é possível dividir tais opiniões em dois grupos.

O primeiro manifesta-se favorável a alterações mais sutis, as quais tornariam herdeiros necessários apenas os parentes próximos vulneráveis. Na direção de tal perspectiva, mantém-se herdeiros necessários os ascendentes e os descendentes – sendo a sucessão do cônjuge e do companheiro verdadeiro capítulo particular no âmbito das tendências de reforma ligadas ao direito sucessório, pois, a maioria dos autores recomenda a sua exclusão do rol de herdeiros necessários.[8] Ademais, preserva-se a legítima como metade do patrimônio do autor da herança.

Contudo, só teria direito à transmissão compulsória da parcela indisponível da herança o ascendente e descendente cujas condições pessoais fizessem presumir a necessidade do patrimônio do falecido para manter a própria subsistência. Então, para ser herdeiro necessário não bastaria ser ascendente ou descendente. Só haveria direito à legítima para grupos como o descendente criança ou o ascendente idoso.[9]

Enquanto isso, o segundo grupo propõe uma mudança maior, aproximada à dogmática dos alimentos e com inspiração no modelo sucessório anglo-saxão. Trata-se de outorgar plena liberdade de testar ao autor da herança *a priori*. Contudo, *a posteriori*, estaria resguardada medida judicial a quem dependia do falecido, independentemente de parentesco, qual seja, requerer a chamada provisão alimentar. Diante de tais casos, caberia ao Poder Judiciário verificar I) se realmente havia dependência do falecido a ponto de justificar o provisionamento e II) qual a exata medida desta necessidade de subsistência e da possibilidade de (III) supri-la a partir do ativo que compõe a herança. Fixado o valor de provisionamento, seria o momento de o juiz III) definir a maneira de

---

8. Sobre o tema, SILVA, Marcos Alves da . Cônjuge: herdeiro desnecessário. In: RUZYK, Carlos Eduardo Pianovski; SOUZA, Eduardo Nunes de; MENEZES, Joyceane Bezerra de; ERHARDT, Marcos Junior (Org.). *Direito Civil Constitucional*: a ressignificação da função dos institutos fundamentais do direito civil contemporâneo e suas consequências. Florianópolis: Conceito, 2014, v. I, p. 509-525; NEVARES, Ana Luiza Maia. A crise da legítima no direito brasileiro. In: TEIXEIRA, Ana Carolina Brochado; RODRIGUES, Renata de Lima. *Contratos, família e sucessões*: diálogos interdisciplinares. Indaiatuba, São Paulo: Editora Focus, 2019, p. 263-277.

9. A título de exemplo, sinalizam opinião favorável a este posicionamento, VIÉGAS, Francisco de Assis. Por uma releitura funcional da legítima no direito brasileiro. *Revista de Direito Civil Contemporâneo*, v. 19, ano 6. p. 211-250. São Paulo: Ed. RT, abr./jun. 2019. Mencionam especificamente o critério de dependência econômica do falecido BORGES, Roxana Cardoso Brasileiro; DANTAS, Renata Marques de Lima. Direito das sucessões e a proteção dos vulneráveis econômicos. *Revista Brasileira de Direito Civil*. v. 11, p. 73/91, Belo Horizonte, jan./mar. 2017.

extrair subsídios da herança – vide a entrega de quinhão ou bem do monte ao provisionado, receita líquida proveniente de frutos dos bens imóveis, dentre outros.[10]

Por fim, a terceira premissa deduz-se da segunda. Isso porque, operar mudanças tão profundas quanto as enunciadas não é tarefa possível de se executar unicamente por meio de decisões judiciais. Afinal, seriam elas *contra legem* ou desafiariam a constitucionalidade das regras sobre a legítima. E a respeito disso, até os críticos do instituto parecem admitir que sua regulamentação não viola à Constituição Federal. Não por outro motivo, a maioria das propostas de reforma é seguida da advertência de que seria necessária alteração legislativa para implementá-las.[11]

Conforme o exposto, encontra-se traçada a síntese das ideias cujo cerne resume-se a apontar novos caminhos para o futuro da legítima no direito brasileiro. Permite-se, então, tecer breves comentários a fim de buscar contribuir com estas pretensões.

3. HISTORICIDADE E LEGALIDADE CONSTITUCIONAL: FILTROS PARA UMA RELEITURA DAS PROPOSTAS DE ALTERAÇÃO DA SUCESSÃO NECESSÁRIA

Embora não se discorde dos rumos nitidamente voltados ao desejo de mudança cujos estudiosos de direito sucessório têm adotado ao tratar da legítima, antes de consolidar-se este andar dirigido ao futuro é imprescindível voltar alguns passos atrás. Com efeito, as propostas de alteração da reserva hereditária apresentadas baseiam-se em dois aspectos centrais. Primeiro, no descompasso entre a função historicamente atribuída à sucessão necessária e os valores aos quais os institutos de direito privado devem servir na atualidade. Depois, no intuito de maximizar o potencial da legítima de concretizar princípios constitucionais.

Portanto, apenas a análise do instituto a partir de metodologias utilizadas tanto na investigação de fenômenos jurídicos conforme o viés histórico, quanto na abordagem de disciplinas de direito civil sob perspectiva constitucionalizada, garantirá a coerência das propostas de reforma da legítima com os motivos que justificam os posicionamentos apresentados. Ademais, este itinerário permitirá ao estudo ora desenvolvido sugerir pequenos aparos de aresta às propostas já existentes, buscando apresentar um caminho mais unitário para releitura da sucessão necessária. Neste sentido, elege-se como forma de percorrer o caminho enunciado o confronto das três premissas para reforma da sucessão necessária supracitadas às noções de historicidade do direito e de legalidade constitucional.

---

10. Em obra específica a respeito do assunto, ANDRADE, Gustavo Henrique Baptista de. *O direito de herança e a liberdade de testar*: um estudo comparado entre os sistemas jurídicos brasileiro e inglês. Belo Horizonte: Fórum, 2019.
11. Vide, NEVARES, Ana Luiza Maia. A crise da legítima no direito brasileiro. In: TEIXEIRA, Ana Carolina Brochado; RODRIGUES, Renata de Lima. *Contratos, família e sucessões*: diálogos interdisciplinares. Indaiatuba, São Paulo: Editora Focus, p. 263-277, 2019. Também, HIRONAKA, Giselda Maria Fernandes Novaes Os herdeiros legitimários no direito civil contemporâneo: ampliação da liberdade de testar e proteção dos vulneráveis. In: TEPEDINO, Gustavo; MENEZES, Joyceane Bezerra de (Coord.). *Autonomia privada, liberdade existencial e direitos fundamentais*. Belo Horizonte: Fórum, 2019, p. 491-501.

Veja-se, então, a aplicação deste raciocínio para tratar da primeira premissa apresentada no tópico anterior. Ao considerar-se a legítima como instrumento cuja função perene resumiu-se à garantia de manutenção do *status quo* de famílias abastadas lança-se apontou-se o fim ao qual a legítima serve como ponto constante na história do instituto.

A respeito destas conclusões, deve se operar sua análise à luz da contingencialidade e da relatividade, conteúdo da noção de historicidade do direito, dos institutos de direito civil. Isso porque, a perspectiva metodológica ora citada visa demonstrar que cada norma é produto das escolhas políticas feitas em um certo tempo e espaço.[12] Deste modo, permite-se investigar e concluir se determinadas afirmativas de cunho histórico encontram-se corretas, pois, opera-se a sua leitura de acordo com a realidade normativa completa a qual elas se integraram. Ou seja, trata-se de compreendê-las à luz do direito e dos poderes periféricos à época vigentes, que compõe a micropolítica, formando disciplinas paralelas àquelas refletidas nas normas emitidas pelo Estado.[13]

Assim, analise-se sob tal prisma a trajetória da legítima no momento histórico crucial à vigência do instituto no Brasil. E por meio dele será possível demonstrar que, sim, o instituto serviu à concentração de riquezas na família em determinadas realidades normativas. Cuida-se da época cuja aprovação do Código Civil precedeu, quando subsistiu verdadeiro debate e posterior escolha legislativa deliberada por adotar-se a reserva hereditária no direito sucessório brasileiro. Afinal, neste período surgiram opiniões de representantes políticos favoráveis à plena liberdade de testar, transformadas em propostas legislativas de extinguir a legítima cujo Senado aprovou. Todavia, no retorno do Projeto de Código Civil à Câmara dos Deputados decidiu – por 76 votos contra 45[14] – manter o instituto vigente no direito brasileiro.

Isto é, preservou-se a transmissão compulsória da reserva chamada de legítima e continuou-se a estipulá-la em metade herança, nos moldes já estabelecidos por uma alteração legislativa de 1907. Antes disso, subsistia restrição à liberdade de testar das Ordenações Filipinas, dotada de maior rigidez, chamando-se a parte da herança reservada aos familiares próximos de "terça" – ou seja, impedia-se a disposição de mais de 1/3 do patrimônio pelo autor da herança.[15]

Diante de tal contexto, não é incorreto concluir que o regime sucessório brasileiro passou perto de ser o da plena liberdade de testar, embora a legítima tenha existido durante toda a história do direito civil brasileiro. Contudo, a opção política favorável à permanência da legítima no ordenamento jurídico pátrio evitou o cenário mencionado.

---

12. KONDER, Carlos Nelson. Apontamentos iniciais sobre a contingencialidade dos institutos de direito civil. In: MORAES, Carlos Eduardo Guerra de, RIBEIRO, Ricardo Lodi (Coord.); MONTEIRO, Carlos Edison do Rêgo Filho (Org.). *Direito Civil*. Rio de Janeiro: Freitas Bastos, p. 31-48, 2015. Coleção Direito UERJ.
13. HESPANHA, Antônio Manuel. *A cultura jurídica europeia*: síntese de um milênio. Coimbra: Almedina, 2012. P. 16-17.
14. BEVILÁQUA, Clóvis. *Código Civil Estados Unidos do Brasil comentado*. Atual. Achilles Bevilaqua e Isaias Bevilaqua. 9. Ed. Rio de Janeiro: Livraria Francisco Alves, 1955. v. 6, p. 13.
15. Para mais detalhes quanto a este percurso, PIRES, Caio Ribeiro. *A legítima e a tutela sucessória da pessoa humana*: uma análise à luz do direito civil constitucional. Dissertação (Mestrado em Direito Civil) – Universidade do Estado do Rio de Janeiro, Rio de Janeiro, 2020. p. 16;29.

Nesta direção, tornar a legítima um dos institutos advindos da legislação anterior adotados pela codificação foi uma medida coerente à tendência motivadora da aprovação do Código Civil de 1916. Isso porque, era este o modelo sucessório, apesar das diferenças entre si, de países como a França e a Alemanha. E a codificação buscava importar soluções europeias para o direito brasileiro em razão de dois fatores. O primeiro, era a formação dos juristas da época, inclusive a de Clóvis Beviláqua, autor do Código, aluno da Escola de Recife, sobre o pensamento da qual o direito alemão exercia grande influência.[16] Já o segundo envolvia o projeto político, tardio e atrasado, de implantar no Brasil do Século XIX o liberalismo cuja Revolução Francesa espalhou na Europa do Século XVIII., momento no qual a sucessão necessária revelou-se instrumento relevante para construção do sistema socioeconômico citado.[17]

Com efeito, na Europa visava-se a entrega da reserva hereditária de modo livre e desimpedido aos herdeiros dos titulares de patrimônio como incentivo às transações econômicas cujo desenvolvimento da economia liberal exige. Impedia-se, assim, que os nobres incentivassem a perpetuação do feudalismo utilizando-se de testamentos no intuito de imobilizar todas suas propriedades e transmiti-las de geração em geração sempre ao filho primogênito homem, porém, sem aniquilar a liberdade de testamento, solução temerária quando se reconhece alta importância à propriedade privada.[18]

Entretanto, a estratégia relatada não apresentava viés distributivo. Na verdade, pretendiam os burgueses, classe econômica ascendente à época, dividir os prestígios de sua posição com os nobres. Logo, se tratava de desconcentrar a propriedade da mão de uma classe econômica que formava a elite europeia e dividi-la entre dois grupos de cidadãos que ocupariam este posto, sem entregar quaisquer benefícios às camadas mais pobres da população. Ademais, aproveitava-se a oportunidade de estabelecer ao menos um consenso entre nobres e burgueses: se a reserva hereditária garantia certo avanço do liberalismo contra a manutenção do feudalismo, também assegurava a ambas as classes que o *status quo* permaneceria dominado por suas famílias.[19]

---

16. Para visão da história do direito privado brasileiro sob o viés da formação de seus juristas mais renomados, MARQUES, Cláudia Lima; MIRAGEM, Bruno. *O novo direito privado e a proteção dos vulneráveis*. 2. ed. São Paulo: Ed. RT, 2014. p. 62-64 Também, FONSECA, Ricardo Marcelo. A cultura jurídica brasileira e a questão da codificação civil no século XIX. *Revista da Faculdade de Direito. Universidade Federal do Paraná*, Curitiba, v. 44, p. 61-76, 2006. Disponível em: https://revistas.ufpr.br/direito/article/view/9415/6507.
17. Sobre as problemáticas do movimento de implantação do liberalismo no Brasil por meio do Código Civil de 1916 e da Lei de Terras de 1850: SILVA, Alexandre Barbosa da. *A propriedade sem registro*: o contrato e a aquisição da propriedade imóvel na perspectiva civil-constitucional. p. 67-68. Tese (doutorado em direito). Faculdade de Direito da Universidade Federal do Paraná. Paraná, 2014, acesso em: 16 jul. 2022, disponível em: https://acervodigital.ufpr.br/bitstream/handle/1884/36411/R%20-%20T%20-%20ALEXANDRE%20BARBOSA%20DA%20SILVA.pdf?sequence=1&isAllowed=y, acesso em: 16 jul. 2022.
18. Relacionado o papel da legítima a esta finalidade econômica e a extinção do privilégio cujos primogênitos detinham, CORTIANO JÚNIOR, Eroulths. Conexões: sucessão e direitos fundamentais. In: TEPEDINO, Gustavo; MENEZES, Joyceane, Bezerra de (Coord.). *Autonomia privada, liberdade existencial e direitos fundamentais*. Belo Horizonte: Fórum, 2019, p. 488.
19. Ainda que não aborde a questão da legítima, Paulo Bonavides trata destas relações entre burguesia e nobreza durante a implantação do Estado Liberal em BONAVIDES, Paulo. *Do estado liberal ao estado social*. 11. ed. São Paulo: Malheiros Editores, 2014. p. 54-55.

Já no Brasil, tais proposições se aplicavam com o intuito de harmonizar as elites agrárias com as tendências liberais. Inclusive, buscava-se a evitar o uso dos chamados morgados, úteis à transmissão da propriedade agrária, modo especial de sucessão que permitia ao testador instituir um vínculo de inalienabilidade e indivisibilidade sobre seus bens, transmitindo-os, todos, para seu filho primogênito, consanguíneo e homem.[20] Embora a realidade brasileira não convivesse tanto com esta forma de transmissão hereditária, procurar seu controle refletia o vínculo às raízes portuguesas de nosso direito, pois, em Portugal a instituição de morgados era comum e o país aboliu o instituto no ano de 1863, a partir de lei voltada à promoção do liberalismo.[21]

Nesta conjuntura, foi previsível o comportamento dos "nossos nobres", as elites agrárias, marcado pela desconfiança do Código Civil de 1916 – da legítima inclusive –,[22] mas não deixou de ser inegável que a classe burguesa conhecia a função dúplice da transmissão *causa mortis* compulsória. À luz de tal prisma, sabia-se da potencialidade cuja legítima carregava de auxiliar a expansão da economia brasileira para além da agricultura. Contudo, também não se olvidava ser o instituto instrumento de preservação da elevada posição social, mas também econômico, dos grupos familiares pertencentes tanto à velha classe dominante rural, quanto às novas elites urbanas. Mais uma vez, agora em outro país, a reserva hereditária parece ter sido aceita por provocar algum tipo de conciliação, preservando o vínculo comum entre interesses divergentes de grupos dominantes.

Segundo observação de Gustavo Henrique Baptista Andrade, havia, por parte dos autores e parlamentares que se engajaram na defesa da legítima, uma quase obsessão em preservar o futuro dos filhos, o que refletia a intenção de conservar o patrimônio sob o poder da família.[23] Orlando Gomes afirmou ser essa opção de política legislativa pelo instituto um dos aspectos vinculados ao privatismo doméstico, característico do ordenamento jurídico brasileiro à época, o qual escolhe como preocupação central a defesa do círculo social familiar e não da nação. Assim, denota o autor, o direito das sucessões brasileiro concedia atenção exuberante à estabilidade do grupo familiar, facilitando a conservação do patrimônio formado pelo chefe de família e garantindo o futuro dos descendentes.[24]

Conclui-se, então, estar correto o argumento crítico à legítima cuja primeira premissa do movimento que busca reformá-la sustenta. O contexto da época mais importante para definição do perfil da sucessão necessária brasileira comprova o manejo da

---

20. ALMEIDA, Candido Mendes de. *Codigo Philippino, ou, Ordenações e leis do Reino de Portugal*: recopiladas por mandado d'El-Rey D. Philippe I. Rio de Janeiro: Typ. Do Instituto Philomathico, 1870. v IV, p. 990, disponível em: http://www1.ci.uc.pt/ihti/proj/filipinas/l4ind.htm, acesso em: 16 jul. 2022.
21. Quanto ao tema, seja permitido remeter a COELHO, Maria de Fátima. O instituto vincular, decadência e morte: questões várias. *Revista Análise Social*, v. XVI, p. 11, 1980. Disponível em: https://www.fd.unl.pt/Anexos/Investigacao/7696.pdf. Acesso em: 17 jul. 2022.
22. FONSECA, Ricardo Marcelo. A cultura jurídica brasileira e a questão da codificação civil no século XIX. *Revista da Faculdade de Direito*. Universidade Federal do Paraná, v. 44, p. 61-76, Curitiba, 2006. Disponível em: https://revistas.ufpr.br/direito/article/view/9415/6507. Acesso em: 17 jul. 2022.
23. ANDRADE, Gustavo Henrique Baptista de. *O direito de herança e a liberdade de testar*: um estudo comparado entre os sistemas jurídicos brasileiro e inglês. Belo Horizonte: Fórum, 2019. p. 43.
24. GOMES, Orlando. *Raízes sociológicas do Código Civil brasileiro*. 2. ed. São Paulo: Martins Fontes, 2006. p. 14;17.

reserva hereditária como instrumento de manutenção do *status quo*, bem como outras realidades normativas posteriores confirmam tal função do instituto.

Basta pensar que o direito de herança foi inserido entre os direitos fundamentais (art. 5º, inciso XXX, CR) por receio, constantemente expresso nos debates constituintes, da elaboração de leis tendentes a expropriar o patrimônio transferido *causa mortis* e entregá-lo ao Estado.[25] E tal cenário soma-se à situação do tributo que incide sobre a transmissão *causa mortis* (o ITCM ou Imposto de Transmissão *Causa Mortis*). Afinal, os Estados atribuem ao imposto baixas alíquotas – seja de acordo com a experiência estrangeira, seja comparando-se o tributo com os demais que compõe a carga tributária brasileira –,[26] sendo permitido estabelecê-las tão somente até o percentual de 8%, conforme a Resolução 9/1992 do Senado. Deste modo, a legítima não se amolda apenas ao abrangente objetivo constitucional de proteção das entidades familiares, mas também ao projeto, recorrente na história do país, e sedimentado pelo direito tributário, de concentrar renda dentro de famílias titulares de vultosos patrimônios.

Sob este viés, embora até mesmo alguns dispositivos constitucionais endossem, de alguma maneira, a função da legítima questionada pelos críticos do instituto, tal fator não é impeditivo de modificar-se a sucessão necessária. Aliás, pelo contrário, a Constituição da República vista de maneira teleológica, em suas contradições e complexidades, seria, de fato, melhor promovida se alterada a reserva hereditária.

Isso porque, o ordenamento jurídico guiado pelos princípios constitucionais impõe a solidariedade social e, consequentemente, visa promover ações inclusivas que enxergam o outro par em sociedade como um igual, merecedor de cuidado e atenção. Assim, em nenhuma oportunidade o constituinte parece ordenar que se privilegie unicamente aos mais próximos e que se faça um esforço coletivo para conservar a situação das elites dominantes estática. Conforme sentido contrário, a Constituição convoca o cidadão a cumprir os objetivos fundamentais da República, dentre eles a construção de uma sociedade livre, justa, solidária (art. 3º, inciso I, CR) e a redução das desigualdades sociais e regionais (art. 3º, inciso II, CR).[27] Nesta perspectiva, anseios distributivos que pretendam modificar disparidades socioeconômicas, devem ser incentivados, não proibidos.

Porém, há de se ter cautela no momento de buscar-se implementar mudanças na legítima a partir da premissa de que o instituto serve a função obsoleta, sob pena de tornar a concretização de importantes diretrizes constitucionais mais difícil, quando o objetivo era promovê-las.

---

25. Para um estudo das motivações que geraram a inserção do direito de herança na Constituição da República, ANDRADE, Gustavo Henrique Baptista de. *O direito de herança e a liberdade de testar*: um estudo comparado entre os sistemas jurídicos brasileiro e inglês. Belo Horizonte: Fórum, 2019. p. 51.
26. A respeito deste assunto, BUCAR, Daniel; PIRES, Caio Ribeiro. Sucessão e tributação: perplexidades e proposições equitativas. In: TEIXEIRA, Daniele Chaves. *Arquitetura do planejamento sucessório*. 2. ed. Belo Horizonte: Fórum, 2019.
27. Em abordagem sobre o princípio da solidariedade, MORAES, Maria Celina Bodin de. O Princípio da solidariedade. In: MORAES, Maria Celina Bodin de. *Na medida da pessoa humana, estudos na perspectiva civil constitucional*. Rio de Janeiro: Renovar, p. 237-265, 2010.

Em tal direção, é de se assinalar uma característica de institutos cuja trajetória parece apontar para permanência na ordem jurídica do país sobre idêntica alcunha. Via de regra, são eles aptos a ganhar significados distintos em momentos diversos de sua vigência. Frente a conjuntura apresentada, encontrar a historicidade de um instituto significa atentar-se não só à continuidade que o marca dentro do ordenamento jurídico, mas também a razão que justifica sua sobrevivência às rupturas.[28]

Neste sentido, a análise da legítima segundo tais ditames não deixa de provocar a conclusão de que é limitada a primeira premissa utilizada por diversos autores para defender a ampliação da liberdade de testar no ordenamento jurídico brasileiro. Assim, uma volta a outros tempos mostra que a estrutura do instituto é plástica e já serviu aos mais diversos fins, inclusive opostos entre si, nos mais diferentes regimes políticos.[29] Comprova tal afirmação, em apertada síntese, o fato de a sucessão necessária ter sido um dos modos de evitar o fracionamento da propriedade no direito romano, objetivo essencial para um sistema econômico movido pela agricultura, imprescindível à história da civilização romana mesmo após o aparecimento das cidades.[30] Enquanto isso, na França da Revolução o instituto tornou-se instrumento de implantação da economia liberal por meio de desconcentração proprietária.

Portanto, cabe ponderar se ainda hoje a reserva hereditária de feição intangível –como a atual – não carrega a potencialidade de realizar interesses fundamentais do ordenamento jurídico brasileiro. E para responder esta pergunta será necessário estabelecer o conjunto de normas constitucionais mais intrinsecamente ligadas ao direito sucessório. Desta forma, sublinhe-se que as sucessões recebem forte influência das disciplinas normativas da família e da propriedade, ambos institutos cuja Constituição da República moldou de forma mais aberta e definível em cada caso concreto.

Quanto à primeira matéria, passou-se a aceitar um rol aberto e exemplificativo de entidades familiares, pois, a família deixou de ser instituição fundada no casamento e destinada à procriação, passando a considerar-se instrumento do livre desenvolvimento da personalidade de seus membros, entre os quais deve haver tratamento respeitoso e democrático. À luz de tal contexto, sedimentou-se entendimento no sentido de consi-

---

28. HESPANHA, Antônio Manuel. *A cultura jurídica europeia*: síntese de um milênio. Coimbra: Almedina, 2012. p. 25-43; 47-51; 59-61.
29. Ressaltando estas características da legítima, SCHREIBER, Anderson; VIÉGAS, Francisco de Assis. Por uma releitura funcional da legítima no direito brasileiro. *Revista de Direito Civil Contemporâneo*, v. 19, ano 6. p. 211-250, 2019. São Paulo: Ed. RT, abr./jun., Tópico 1.1.1.
30. Isso porque, o desenvolvimento desta atividade exigia o não fracionamento da terra, evitando-se a dispersão da propriedade rural, sob pena de perder-se o plantio produtivo e até impossibilitarem-se os procedimentos necessários ao trabalho do solo. PUGGLIESE, Giovani con la collaborazione di Francesco Sitzia e Letizia Vacca. *Istituzioni di Diritto Romano*. 3. ed. Torino: G. Giappichelli Edittore. p. 119; HIRONAKA, Giselda Maria Fernandes Novaes Os herdeiros legitimários no direito civil contemporâneo: ampliação da liberdade de testar e proteção dos vulneráveis. In: TEPEDINO, Gustavo; MENEZES, Joyceane Bezerra de (Coord.). *Autonomia privada, liberdade existencial e direitos fundamentais*. Belo Horizonte: Fórum, p. 491-501, 2019; SERRAO, Feliciano. *Diritto Privato, economia e societa' nella historia di Roma*. Napoli: Jovene Editore, 1999. p. 141-142. Apontando esta preocupação de fracionamento no direito agrário, a qual perdura na legislação atual, PEREIRA, Caio Mário. *Instituições de Direito Civil*. Atual. Carlos Roberto Barbosa Moreira. v. VI, Direito das Sucessões, p. 437-438.

derar-se o rol de entidades familiares do art. 226, § 3º, CR, exemplificativo, subsistindo outros modelos de família tutelados pelo direito – vide as famílias recompostas ou aquelas formadas por casais homossexuais, dentre outras. Também, convencionou-se, com base em interpretação dos §§ 7º e 8º do art. 226, CR, proteger o círculo familiar somente quando necessário, partir de intervenções estatais mínimas, voltadas à defesa de vulneráveis.[31]

Já no campo da propriedade, a função social (art. 5º, inciso XXIII, CR) redesenha a noção sagrada, além de infensa à intervenção do Estado, do instituto no Estado Liberal e o adapta para o Estado Social. Com efeito, a função social também compõe a estrutura do domínio, não constituindo mera obrigação externa a este, imposta ao proprietário, de modo que o exercício de direitos pelo proprietário apenas se justifica quando promover aos valores constitucionais.[32] Não por razão distinta, afirma-se a existência de diversas "propriedades", ao invés de uma "propriedade", com estatutos jurídicos diferentes a depender dos valores e princípios da Constituição da República que devem ser obedecidos na situação concreta.[33]

Ademais, soma-se a estes contornos que, sem dúvida, serão incorporados ao direito sucessório a necessidade de disciplinar-se a transmissão *causa mortis* com segurança jurídica. Embora não seja desejável, nem tampouco adequado, suprimir a eficácia direta dos princípios constitucionais sobre as relações sucessórias, o ramo necessita de regras gerais hábeis a revesti-lo de previsibilidade e estabilidade.[34]

Caso contrário, neutraliza-se tanto a função social da propriedade – afinal, o inventário e o cumprimento do testamento ainda são medidas obrigatórias[35] para se obter o acesso livre e desimpedido à herança –, quanto a diretriz de não intervenção do Estado na família. Dito em palavras diferentes, quanto mais se questiona a interpretação de normas de direito das sucessões no Poder Judiciário, mais o Estado exerce o papel de Juiz dos conflitos familiares e mais bens ficam desprovidos de utilidade social até o fim de litígios entre herdeiros. Sob a perspectiva da conjuntura enunciada, o desafio da sucessão na atualidade será caminhar na delicada corda bamba entre a segurança jurídica e a abertura proposital dos comandos constitucionais.

---

31. Em profundo estudo direcionado à investigação das repercussões do texto constitucional no direito de família, MORAES, Maria Celina Bodin de. A nova família, de novo-estrutura e função das famílias contemporâneas. *Pensar.* n. 2, p. 587-628, Fortaleza, maio/ago. 2013. Disponível em: https://periodicos.unifor.br/rpen/article/view/2705. Acesso em: 18 jul. 2022.
32. TEPEDINO, Gustavo. Contornos constitucionais da propriedade privada. In: TEPEDINO, Gustavo. *Temas de Direito Civil.* Rio de Janeiro: Renovar, 2004.
33. KONDER, Carlos Nelson. Para além da "principialização da função social do contrato. *Revista Brasileira de Direito Civil-RBDCIVIL.* v. 13, p. 39-59, Belo Horizonte, jul./set. 2017. Disponível em: https://rbdcivil.ibdcivil.org.br/rbdc/article/view/151. Acesso em: 18 jul. 2020.
34. SCHREIBER, Anderson; VIÉGAS, Francisco de Assis. Por uma releitura funcional da legítima no direito brasileiro. *Revista de Direito Civil Contemporâneo,* v. 19, ano 6, , p. 211-250. São Paulo: Ed. RT, abr./jun. 2019.
35. Para uma reflexão crítica sobre o sistema de transmissão *causa mortis* brasileiro seja permitido remeter a BUCAR, Daniel. Existe o *droit de saisine* no sistema sucessório brasileiro? In: TEIXEIRA, Ana Carolina Brochado; NEVARES, Ana Luiza Maia. *Direito das sucessões*: problemas e tendências. Indaiatuba, SP: Editora Foco, 2020, p. 1-23.

Estabelecido o perfil das normas constitucionais que cercam o direito sucessório, permite-se cotejá-lo à historicidade da sucessão necessária no Brasil e, desta maneira, compreende-se a utilidade contemporânea da reserva hereditária. Ademais, será possível, também, conjugar-se o desenvolvimento de tal ideia com a análise da segunda premissa que sintetiza os anseios de reforma do instituto. Nesta direção, o sistema proposto, marcado por vincular a legítima à proteção de parentes vulneráveis, é o esboço de uma rota viável para promoção da liberdade de testar sem autorizar disposições testamentárias em desconformidade à Constituição da República, mas ainda é insuficiente.

Isso porque, lembra-se da proteção cujos dependentes econômicos do falecido merecem, porém, se esquece de sugerir adequado tratamento às violações passíveis de tocar o "outro lado da moeda" da solidariedade, de fundamental respeito para proteção integral da pessoa: a igualdade.[36] A respeito deste assunto, torna-se importante atentar às normas antidiscriminação de direito de família incidentes sobre a transmissão *causa mortis*. Cuidam-se da vedação de tratamento discriminatórios aos filhos de diferentes origens (art. 227, § 6º, CR) e a igualdade entre cônjuges, reflexo do imperativo de combate à discriminação de gênero (art. 226, § 5º, CR). Seguindo tal linha de raciocínio, merecem reprovação jurídica as disposições testamentárias – infelizmente comuns – marcadas pela discriminação indireta de grupos historicamente marginalizados, como mulheres e filhos extramatrimoniais.

Nesta hipótese, o testador realiza exclusão sucessória aparentemente neutra, sem designar seu motivo. Porém, os efeitos do cumprimento do testamento serão capazes de gerar nítida desigualdade entre filhos do autor da herança, ou entre eles e o cônjuge do gênero feminino, desprovida de motivo constitucionalmente digno capaz de justificá-la.[37] Diante de tal cenário, de duas uma. Ou os modelos apresentados beneficiarão a liberdade de testar e serão transigentes com estas consequências de uma eventual mudança legislativa ou haverá intenso controle casuístico sobre a constitucionalidade dos testamentos. Sublinhe-se que na primeira alternativa será formado cenário flagrantemente constitucional e na segunda cenário indesejável – a ser evitado em mudanças legislativas – pelo risco de causar grave insegurança jurídica no âmbito sucessório.

Logo, o estudioso e o jurista de direito das sucessões precisam encontrar-se abertos para compreenderem a conveniência de manter-se os descendentes, cônjuges e companheiros, possíveis alvos de discriminação, como herdeiros necessários. Além disso, precisam-se debater instrumentos distintos da modificação do rol de pessoas com direito à legítima para regular a tensão entre liberdade e solidariedade inerente à transmissão *causa mortis*. Outrossim, será importante a lei gerar espaços de consenso

---

36. A relação entre solidariedade e igualdade é sintetizada em PERLINGIERI, Pietro. *O Direito Civil na Legalidade Constitucional*. Rio de Janeiro: Renovar, 2008. p. 46.
37. Em desenvolvimento do conceito de discriminação indireta, CORBO, Wallace. O direito à adaptação razoável e a teoria da discriminação indireta. *Revista da Faculdade de Direito da UERJ*. n. 34, p. 201-239, Rio de Janeiro, dez. 2018. Disponível em: https://www.e-publicacoes.uerj.br/index.php/rfduerj/article/view/27257/28128. Acesso em: 19 jul. 2022.

e de liberalidades autorizadas, mesmo em detrimento da reserva hereditária, por não carregarem qualquer viés discriminatório ou por não subtraírem valores necessários ao dependente econômico.

Enfim, também será imprescindível realizar-se um adendo à terceira premissa considerada de obediência impositiva em eventual reforma da legítima. De fato, não se olvida que o modelo brasileiro atual de sucessão necessária contém diversas falhas. Contudo, ele também se encontra longe de ser fundado em normas inconstitucionais. Inclusive, será este o panorama oferecido quando se examina o instituto conforme os ditames da legalidade constitucional. Assim, é inegável o fato de a legítima equilibrar, de alguma maneira, dois valores essenciais ao texto constitucional: a liberdade individual, refletida nos direitos do proprietário, e a solidariedade familiar.

Quanto ao primeiro, interessante denotar que a estrutura da sucessão reservatária não impede ninguém de transmitir sua herança por meio de testamento ou de doar o seu patrimônio. Portanto, em nenhum caso pode se dizer que subsiste a expropriação dos direitos do proprietário, a qual levaria a uma ofensa à Garantia de Propriedade Privada do art. 5º, inciso XXII, CR. Simplesmente coloca-se um limite à disposição diante de certas situações vinculadas a uma proibição de desamparo entre familiares próximos. Sob este viés, a transmissão compulsória de patrimônio aos herdeiros necessários não ofende, pelo contrário, assegura o respeito à solidariedade familiar material, ao menos de forma abstrata.

Todavia, até a esta premissa será crucial adicionar-se uma nova camada. O respeito à legislação, à segurança jurídica e à separação dos poderes não pode gerar a aplicação da lei positivada em desacordo ao perfil funcional da legítima. À luz de tal cenário, deve se chamar atenção à imprescindibilidade de coibir-se o exercício disfuncional do direito de postular a redução de liberalidades inoficiosas, caracterizado pela tentativa de fazer prevalecer o direito de propriedade em detrimento da solidariedade familiar.

Nestas situações, não merece tutela jurídica o pedido de um herdeiro necessário que lhe garante meramente o direito à propriedade individual enquanto desprestigia à proteção das necessidades essenciais de outro herdeiro necessário, que também é familiar próximo do postulante, objetivo a ser alcançado pela manutenção de plenos efeitos da disposição testamentária ou doação supostamente inoficiosa. Com efeito, em tal caso o próprio testador incumbiu-se de promover uma solidariedade material concreta dentro de sua família, por meio dos efeitos da disposição testamentária, a qual se justifica na igualdade substancial entre seus reservatários. Então, o ato de autonomia privada deverá prevalecer mesmo ultrapassando o limite de patrimônio que o doador ou testador poderia dispor.

Diferente posição-que reconheça o direito à redução nestas hipóteses – irá configurar verdadeira subversão hermenêutica. Afinal, a liberdade do testador será diminuída e, ao mesmo tempo, a solidariedade familiar para com os herdeiros restará esvaziada pelas mesmas normas de sucessão necessária que pretendem guardar tais preceitos. Em última análise, o "ter" prevalecerá sobre o "ser", situação inaceitável à luz da metodologia civil- constitucional, que busca manter a coesão de um ordenamento voltado para o resguardo da solidariedade e da dignidade humana.[38]

Por todo exposto, embora seja clara a importância das provocações cujas propostas de alteração à legítima trouxeram ao direito sucessório brasileiro, bem como também pareçam bem-vindas diversas mudanças sugeridas, são cruciais os alinhamentos nos modelos de implementação das mudanças sugeridos por estudiosos da área. De tal maneira, deve-se percorrer um longo caminho de ajustes e consolidações a fim de se chegar à reforma da legítima almejada.

4. SÍNTESE CONCLUSIVA: A AGENDA DE RECONSTRUÇÃO DA LEGÍTIMA E SEUS COMPROMISSOS

Certas vezes, o caminho é mais importante do que a chegada. Embora o jargão seja um lugar comum – ou, sem eufemismos, até mesmo desgastado –, no âmbito da produção acadêmica tal afirmativa se reveste de particular condição de verdade. Sob diferente ponto de vista, dentre muitas talvez seja esta a maior lição aprendida ao ser orientado pela professora Heloísa Helena Barboza, por dois fatores. O primeiro, de cunho existencial, mas, também, estreitamente ligado ao campo intelectual, envolve o inesgotável aprendizado gentilmente oferecido pela professora para seus alunos durante o período. Já o segundo, vinculado a questões técnicas, diz respeito ao estudo profundo dos fundamentos e marcos teóricos que orbitam cada pesquisa, itinerário responsável por sedimentar conclusões sólidas cuja ora homenageada sempre difundiu.

A partir deste ensinamento marcante, construiu-se o presente trabalho, o qual sintetiza alguns pontos centrais da dissertação de mestrado do autor, escrita sob orientação da professora. Neste sentido, buscou-se não a apresentação de conclusões terminantes, mas sim a demonstração de caminhos para construir uma reforma da legítima, instituto hoje alvo de severas críticas, coerente ao ordenamento jurídico brasileiro. A fim de estabelecer a harmonia entre a possível alteração da sucessão necessária e o direito pátrio em que ela será inserida houve a organização dos argumento de defesa à ampliação da liberdade de testar em três premissas centrais, analisadas, depois, à luz de duas metodologias relevantes para o direito brasileiro: a historicidade e o direito civil constitucional.

Desta maneira, permite-se, por fim, sintetizar algumas conclusões que seriam de importante ponderação no debate em curso sobre modificar os rumos do equilíbrio entre proteção dos herdeiros necessários e liberdade de testar, construindo verdadeira agenda engajada na discussão do tema. Assim, inicialmente, há de se admitir a relevância de se insistir em mudanças na sucessão necessária com objetivo de prestigiar a liberdade de testar quando a reserva hereditária é transmitida a herdeiros maiores, capazes e em fase econômica produtiva. Isso porque, em tais casos subsistiria a promoção concreta de ditames constitucionais – a garantia de propriedade privada (art. 5º, inciso XXII, CR)

---

38. PERLINGIERI, Pietro. *O direito civil na legalidade constitucional*. Rio de Janeiro: Renovar, 2008. p. 177.

e a livre-iniciativa (art. 170, *caput*, CR) – ao invés de insistir-se na realização de uma solidariedade abstrata, esvaziada, além de não adaptável a modelos distintos de família.

Contudo, deve se ter cuidado no momento de eleger os "próximos herdeiros necessários". Não por outro motivo, será fundamental pensar tanto na dependência econômica, quanto na vedação de disposições testamentárias discriminatórias, sob pena de inadmissível desproteção. E é este um dos temas pouco discutidos, porém, de essencial abordagem a uma reforma da legítima, que poderia ser feita, suma síntese, utilizando-se a mudança do rol de herdeiros necessários somada a outros instrumentos. Isto é, não basta reduzir o número de sujeitos com direito à legítima e declarar herdeiro necessário apenas o ascendente, descendente ou cônjuge cuja dependência do falecido é presumida.

Outrossim, talvez seja tempo de se pensar a manutenção da legítima a *priori* dos cônjuges e dos descendentes – alvos constantes de discriminações de gênero e origem de filiação. De outro lado, seria adicionada à lei tanto uma autorização para realizar pactos sucessórios, quanto hipóteses específicas de deserdação não baseadas na punição, mas sim em realização dos objetivos constitucionais pelo testamento de forma mais coerente e eficiente do que aquela estipulada por lei. Trata-se, por exemplo, do pai que deixa toda sua herança ao descendente recém-nascido para mantê-lo até a faculdade ou que pretende constituir fundação filantrópica ao invés de entregar sua herança para os filhos.

Por último, mas não menos importante, a agenda de discussões sobre a legítima não pode ignorar as dificuldades de alterá-la *lege ferenda*, sendo urgente pensar quais os problemas mais graves do engessamento da liberdade de testar que precisam ser resolvido de *lege lata*. Diante de tais circunstâncias, precisa-se atentar ao exercício abusivo de posição jurídica do herdeiro necessário que requer a redução de disposição testamentária contra um familiar seu – irmão, mãe ou pai – também herdeiro necessário, criando parâmetros para resolver tal conflito, dotado do potencial de subverter a função da legítima.

À luz de todo contexto, encontra-se posto o desafio. Sem dúvidas, a releitura da legítima é tema de suma importância para o direito privado brasileiro e exigirá a construção de soluções novas cuja efetividade dependerá do diálogo sobre o assunto entre Estado-Legislador, Estado-Juiz e doutrina. Espera-se que estas linhas sirvam ao debate e animem a concretização de mudanças no perfil do instituto.

A RIGIDEZ DO REGIME SUCESSÓRIO DO CÔNJUGE SOBREVIVENTE: NECESSIDADE DE AMPLIAÇÃO DA AUTONOMIA NA SUCESSÃO ENTRE CÔNJUGES

Ana Carolina Velmovitsky

> **Sumário:** 1. Introdução – 2. Direitos sucessórios do cônjuge no Código Civil de 2002 – 3. Cônjuge como herdeiro necessário: problemas e críticas – 4. Autonomia do cônjuge no direito sucessório: flexibilização da proibição genérica aos pactos sucessórios e admissão do pacto renunciativo entre cônjuges – 5. Conclusão.

1. INTRODUÇÃO

O Código Civil de 2002 conferiu superproteção ao cônjuge sobrevivente ao elevá-lo à categoria de herdeiro necessário (CC, art. 1845), concorrendo com os descendentes, salvo se casado pelo regime (i) da comunhão universal de bens, (ii) da separação obrigatória ou (iii) da comunhão parcial de bens, quando o autor da herança não tiver deixado bens particulares (CC, art. 1.829, I); bem como com os ascendentes (CC, art. 1.829, II).

Ao colocá-lo no rol de herdeiros necessários, o legislador subtraiu do testador a liberdade de afastá-lo de sua sucessão, uma vez que ele faz jus à fração da quota legítima.

Some-se a isso a má sistematização do artigo 1.829, I, do Código Civil que, na tentativa de graduar o regime sucessório do cônjuge sobrevivente, utilizou o critério abstrato do regime de bens,[1] permitindo inclusive que o consorte supérstite concorra com os descendentes quanto aos bens particulares. Com isso, subverteu a lógica do resultado prático do regime de bens, gerando diversas discussões doutrinárias e oscilações jurisprudenciais.

Como se não bastasse, de forma totalmente acrítica e desarrazoada, o legislador reproduziu a regra proibitiva genérica aos pactos sucessórios, ao prever, no artigo 426 do Código Civil, que a herança de pessoa viva não pode ser objeto de contrato. Assim, ainda que não haja vulnerabilidade e que ambos os cônjuges concordem com a exclusão recíproca na sucessão de seu par, o negócio jurídico estará sujeito à invalidação.

Portanto, com a rigidez do regime sucessório atual, não há meios de afastar o consorte supérstite da sucessão hereditária ou de celebrar um negócio jurídico bilateral para o mesmo fim, de modo a permitir que o autor da herança planeje a sua sucessão de

---

1. NEVARES, Ana Luiza Maia. *A sucessão do cônjuge e do companheiro na perspectiva do Direito Civil-Constitucional*. São Paulo: Atlas, 2015. p.156.

acordo com interesses existentes no âmbito familiar, tais como a proteção de vulneráveis e prevenção de conflitos.

A realidade das famílias de hoje já não é a mesma do momento em que o atual regime sucessório do cônjuge foi pensado pelo legislador. Diversas foram as mudanças que ocorreram no Direito Civil Brasileiro, principalmente a partir da incidência direta dos valores constitucionais nas relações privadas, de modo a garantir a mais ampla liberdade para que os componentes da família, livres e iguais, regulem a própria comunhão de vida e o próprio regime de bens, da forma que melhor lhes aprouverem, sem intervenção de terceiros.

Não obstante as mudanças enfrentadas pela família – uma das bases da sucessão hereditária –, o regime sucessório do cônjuge permaneceu estranho aos novos interesses merecedores de tutela das novas estruturas familiares, muito distintos daqueles que permeavam o modelo de família utilizado pelo legislador.

Portanto, torna-se necessária a revisão da sucessão do cônjuge, em perspectiva funcional, a fim de torná-los mais consentâneos com a sociedade contemporânea, as necessidades concretas e interesses merecedores de tutela existentes nas diferentes formações familiares.

Nessa linha, o presente trabalho tem por objetivo analisar a sucessão hereditária do cônjuge no ordenamento jurídico brasileiro, a fim de demonstrar como a rigidez do Direito das Sucessões e a proteção exacerbada do consorte sobrevivente estão em descompasso com as necessidades das famílias plurais, promovendo, em muitas situações, transmissão forçada do patrimônio em detrimento dos descendentes do *de cujus*.

2. DIREITOS SUCESSÓRIOS DO CÔNJUGE NO CÓDIGO CIVIL DE 2002

O Código Civil de 2002, em atenção às demandas doutrinárias do século XX, priorizou os vínculos de afetividade, ao conferir regime sucessório privilegiado ao cônjuge supérstite. Embora tenha permanecido na terceira classe de herdeiros legítimos, o consorte sobrevivente foi elevado à centralidade da ordem de vocação hereditária, concorrendo, em propriedade plena, com descendentes, a depender do regime de bens (CC, art. 1.829). Para além do direito de concorrência, a grande inovação do novo código foi ter alçado o cônjuge à categoria de herdeiro necessário, a fim de lhe conferir garantia à herança (CC, art. 1.845).

No intuito de graduar a tutela sucessória do cônjuge sobrevivente, o legislador vinculou o seu direito de herança, quando em concorrência com os descendentes, ao regime de bens do casamento. Assim, nos termos do artigo 1.829, I, do Código Civil, na primeira classe de preferência, são chamados à sucessão os descendentes do autor da herança, em concorrência com o cônjuge sobrevivente, salvo se casado pelo regime da comunhão universal de bens, da separação obrigatória ou da comunhão parcial de bens quando o autor da herança não tiver deixados bens particulares.

Segundo Miguel Reale, a proteção conferida ao cônjuge sobrevivente no Código Civil de 2002 se deu em razão da alteração do regime subsidiário legal para o da comunhão parcial de bens. Antes da Lei do Divórcio, o regime supletivo era o da comunhão total de bens, de modo que, com a morte de um dos consortes, o outro fazia jus à metade de todo o acervo sucessório a título de meação. Com a alteração,

> [...] tornou-se evidente que o cônjuge, sobretudo quando desprovido de recursos, corria o risco de nada herdar no tocante aos bens particulares do falecido, cabendo a herança por inteiro aos descendentes ou aos ascendentes. Daí a ideia de tornar o cônjuge herdeiro no concernente aos bens particulares do autor da herança.[2]

Verifica-se, portanto, que o intuito do legislador foi afastar da sucessão legítima o cônjuge sobrevivente que, em virtude do regime de bens, já fosse beneficiado com o direito à meação dos bens do casal. Daí extrai-se a premissa de que *quem herda não meia, quem meia não herda*.

No entanto, a má sistematização do dispositivo suscitou diversas discussões doutrinárias e jurisprudenciais, especialmente quanto à massa de bens sobre a qual incidem os direitos sucessórios do cônjuge casado pelo regime da comunhão parcial bens e quanto ao direito sucessório daquele que optou pelo regime da separação convencional de bens.[3] Verifica-se, com isso, que algumas das principais controvérsias relacionadas à tutela sucessória do cônjuge sobrevivente estão relacionadas à segunda parte do artigo 1.829, I, do Código Civil.

No que concerne ao cônjuge casado pelo regime da comunhão parcial de bens, o dispositivo estabelece que, quando em concorrência com os descendentes, este só herdará "se o autor da herança não houver deixado bens particulares". Diante disso, seguindo a lógica aplicada para o regime da comunhão universal,[4] a doutrina majoritária posicionou-se no sentido de que "o cônjuge sobrevivente, casado com o regime da comunhão parcial de bens, participa da herança apenas em relação aos bens particulares do falecido, uma vez que já recebeu a meação dos bens comuns do casal".[5] Após muita discussão doutrinária e algumas reviravoltas nos julgados do Superior Tribunal de Justiça, essa foi a tese que prevaleceu e tem sido reproduzido nos tribunais brasileiros, desde 2015, com o julgamento do REsp 1.368.123-SP, pela Segunda Seção do Superior Tribunal de Justiça.[6]

O maior desconforto da doutrina, contudo, parece ser quanto à tutela sucessória do cônjuge casado pelo regime da separação convencional de bens e o fato de que, após a morte de seu consorte, o consorte sobrevivente teria direito, como herdeiro, em concor-

---

2. REALE, Miguel. *Estudos preliminares do Código Civil*. São Paulo: Ed. RT, 2003. p.62.
3. CAHALI, Francisco José; HIRONAKA, Giselda Maria Fernandes Novaes. *Direito das Sucessões*. São Paulo: Ed. RT, 2012. p.193.
4. TEPEDINO, Gustavo. Controvérsias sobre a sucessão do cônjuge e do companheiro. *Pensar*, v. 17, n. 1, p. 144. Fortaleza, jan./jun. 2012.
5. TEPEDINO, Gustavo; BARBOZA, Heloisa Helena; e BODIN, Maria Celina de (Coord.). *Código Civil interpretado conforme a Constituição da República*. Rio de Janeiro: Renovar, 2014. v. IV, p. 630.
6. BRASIL. Supremo Tribunal de Justiça, REsp 1.368.123-SP, Rel. Min. Sidnei Beneti, Segunda Seção, julgado em 22.04.2015.

rência com os descendentes, a uma parcela do patrimônio incomunicável, subvertendo a lógica do regime de bens escolhido para reger a relação patrimonial do casamento. A consequência prática é a impossibilidade de eleger um regime de bens que tenha como resultado a total separação do patrimônio do casal tanto em vida quanto após a morte.

Assim, logo após a entrada em vigor do Código Civil, em uma tentativa de excluir o cônjuge casado sob o regime da separação consensual de bens da concorrência com os descendentes, Miguel Reale afirmou que ele não seria herdeiro necessário[7] e até mesmo a defender, em parecer conjunto com Judith Martin Costa, a projeção dos efeitos práticos do pacto antenupcial para depois da morte.[8] Essa linha de pensamento foi reproduzida em diversos julgamentos do Superior Tribunal de Justiça, nos quais foi firmado o entendimento de que o cônjuge casado pelo regime da separação convencional de bens não teria direito à concorrência sucessória, bem como não seria herdeiro necessário.[9]

A doutrina imediatamente se insurgiu contra os julgados, apontando falha nas premissas do raciocínio.[10] Em que pese algumas oscilações,[11] ao final, a posição da doutrina majoritária prevaleceu,[12] restando consolidado no Superior Tribunal de Justiça o entendimento no sentido de reconhecer não apenas que o cônjuge casado pelo regime da separação convencional de bens é herdeiro necessário, como também que possui direito de concorrência com os descendentes sobre a totalidade dos bens inventariados.[13]

Como se vê, o primeiro problema do atual regime de sucessão do cônjuge sobrevivente casado pelo regime da comunhão parcial de bens ou da separação convencional está na sistematização do artigo 1.829, I, do Código Civil. Ao prever como critério abstrato o regime de bens – desconsiderando o resultado prático da aplicação de suas regras ao patrimônio do casal –, gera inúmeras distorções e situações de injustiça.

Em outras palavras, o cônjuge sobrevivente casado pelo regime da separação convencional ou da comunhão parcial de bens herda parte do patrimônio composto por bens considerados particulares do cônjuge, como os adquiridos antes do casamento, recebidos por doação ou herança; ou seja, bens que são legalmente excluídos da comunhão (CC, art. 1.659) e que, na maioria das vezes, constituem patrimônio familiar,

---

7. REALE, Miguel. *Estudos preliminares do Código Civil*. São Paulo: Ed. RT, 2003. p. 63.
8. REALE, Miguel; e MARTINS-COSTA, Judith. Casamento sob o regime da separação total de bens, voluntariamente escolhido pelos nubentes. Compreensão do fenômeno sucessório e seus critérios hermenêuticos. A força normativa do pacto antenupcial. *Revista Trimestral de Direito Civil* – RTDC, ano 6, v. 24, p. 214, out./dez. 2005.
9. BRASIL. Superior Tribunal de Justiça, REsp 992.749-MS, Rel. Min. Nancy Andrighi, Terceira turma, julgado em 26.05.2009 e Resp 1.111.095-RJ, Rel. Juiz Federal Convocado Carlos Fernandes Martins, Quarta Turma, julgado em 1º.10.2009.
10. MOREIRA, Carlos Roberto Barbosa. Regime de bens e sucessão. *Revista do Ministério Público do Rio de Janeiro* 56, p. 54, abr./jun. 2015.
11. Por todos, julgado do STJ: Resp 1.430.763-SP, Resp 1.382.170-SP e AGInt no AgInt no Resp 1.601.162-SP.
12. Por todos: TEPEDINO, Gustavo; BARBOZA, Heloisa Helena; e BODIN, Maria Celina de (Coord.). *Código Civil interpretado conforme a Constituição da República*. Rio de Janeiro: Renovar, 2014. v. IV, p. 630.
13. STJ., AGInt no AgInt no Resp 1.601.162-SP, Rel. Min. Marco Aurélio Belizze, Terceira Turma, julgado em 09.03.2017.

transmitido por gerações, ou mesmo construído logo dos anos anteriores ao casamento, quando não oriundos de uniões anteriores.

O regime sucessório do cônjuge, nos moldes em que se encontra hoje, gera situações inusitadas de transmissão patrimonial forçada em detrimento dos descendentes. Assim, em vez de o patrimônio particular ir para os descendentes daquele que o construiu ou herdou, parte deles serão herdados pelo cônjuge e, com a sua morte, serão transferidos para seus parentes, que, não raro, sequer possuem vínculo com o autor da herança, em detrimento dos filhos do *de cujus*.

Verifica-se, portanto, que a tutela sucessória do cônjuge sobrevivente não atende aos interesses e necessidades das diferentes entidades familiares. A despeito dos esforços do legislador ordinário no sentido de conceder maior proteção ao cônjuge sobrevivente, o que se observa no regramento atual, quando analisado em conjunto com as regras do direito de família e com as novas estruturas familiares, é um enorme descompasso com o contexto social e "desastrado acúmulo de regras descombinadas entre si, o que apenas faz nascer, e se multiplicar, um sem-número de casos da vida real que não conseguem encontrar guarida segura na fortificação legal".[14]

3. CÔNJUGE COMO HERDEIRO NECESSÁRIO: PROBLEMAS E CRÍTICAS

Embora tenha sido promulgado em 2002, o Código Civil é fruto de um projeto elaborado em 1975 e, portanto, não observou o reconhecimento da concepção plural das entidades familiares, consagrada na Constituição da República de 1988. Em razão disso, verifica-se atualmente um descompasso entre a legislação sucessória e as demandas da sociedade contemporânea, especialmente no que concerne à tutela sucessória do cônjuge.

Concebido sob a visão unitária da família nuclear – modelo almejado socialmente na década de 70 –, o Código Civil priorizou o ato solene do casamento como forma de constituir entidade familiar. Partindo-se da perspectiva de um casamento duradouro e indissolúvel, e diante da alteração do regime legal supletivo para o da comunhão parcial de bens, compreende-se o intuito do legislador de evitar que o cônjuge sobrevivente – "especialmente a mulher, que usualmente saía do mercado de trabalho após o casamento, expondo-se, por isso mesmo, a dificuldades financeiras com a extinção do vínculo conjugal"[15] –, quando desprovido de recursos, nada herdasse nos casos em que o *de cujus* deixasse apenas bens particulares. Para tanto, tornou-o herdeiro necessário, concorrendo com os descendentes justamente nos bens particulares do autor da herança.

No entanto, a realidade das famílias de hoje já não é a mesma da época em que o regime sucessório do cônjuge foi criado. A família passou – e ainda está passando – por profundas transformações, que encontraram o seu ápice com a promulgação da Cons-

---

14. HIRONAKA, Giselda Maria Fernandes Novaes. *Morrer e suceder*: passado e presente na transmissão sucessória concorrente. São Paulo: Ed. RT, 2013. P. 388.
15. TEPEDINO, Gustavo. Solidariedade e autonomia na sucessão entre cônjuges e companheiros. *Revista Brasileira de Direito Civil*, v. 14, p. 11-13, Belo Horizonte, out./dez. 2017.

tituição da República de 1988. Ao longo do século XX, a grande família patriarcal foi paulatinamente substituída pela família nuclear – constituída por um pai, uma mãe e filhos comuns –, e esta, por sua vez, está cedendo espaço à família plural e multifacetada, consagrada pelo texto constitucional.

Nesse período, o próprio conceito de casamento sofreu substancial alteração. Com a possibilidade de ruptura do vínculo conjugal – introduzida pela Lei do Divórcio de 1977 e consagrada pelo artigo 226, §6º do texto constitucional –, a crescente inserção da mulher no mercado de trabalho, com economia própria, o reconhecimento da igualdade nas relações conjugais e o aumento do número de divórcios, o antigo paradigma do casamento duradouro foi aos poucos sendo afastado, indicando a fragilidade dos vínculos afetivos.

A ideia de casamentos indissolúveis, que durariam a vida toda, não mais representa a realidade da sociedade contemporânea, assim como os herdeiros do autor da herança não necessariamente são descendentes do cônjuge supérstite. Nesse cenário, a concorrência sucessória, pensada para a lógica da família nuclear do século passado, muitas vezes gera situações de injustiça dentro das novas entidades familiares.

Não obstante o legítimo esforço do legislador em conferir maior proteção ao cônjuge sobrevivente, a mudança no seu *status* sucessório chegou atrasada, quando "o protagonismo que lhe foi conferido já não refletia a posição que passou a ter no modelo familiar contemporâneo".[16] Ironicamente, a tutela sucessória privilegiada só lhe é concedida no momento em que deixa de ser o companheiro da vida toda, quando o vínculo afetivo – que justificaria a sua proteção – torna-se frágil ou se extingue.

Como se viu, o reforço da proteção sucessória do cônjuge e a sua inclusão no rol de herdeiros necessários se deu, principalmente, no intuito de evitar que a mulher ficasse desamparada com o falecimento do marido. Embora ainda estejamos longe da plena igualdade entre homens e mulheres na dinâmica social, não há como negar as conquistas obtidas pelas mulheres ao longo dos séculos XX e XXI.[17] Hoje, várias mulheres já estão inseridas no mercado de trabalho, com renda própria e, em muitos casos, são independentes financeiramente ou, mesmo, as principais provedoras do lar. Nesse cenário, em algumas situações, é a própria mulher que busca preservar o patrimônio para beneficiar seus descendentes. Assim, diante da nova realidade plural das famílias, em muitos casos, a superproteção do cônjuge sobrevivente mostra-se exacerbada.

Ademais, se "na família nuclear, o cônjuge é o único componente estável e essencial, uma vez que os filhos, em determinado momento, irão se desprender daquela entidade, formando a sua própria comunidade familiar",[18] com o aumento exponencial do número

---

16. GARBI, Carlos Alberto. *Mudar o vigente regime sucessório brasileiro é urgente*. Disponível em: https://www.conjur.com.br/2019-mar-11/mudar-vigente-regime-sucessorio-brasileiro-urgente.
17. BRASIL. Instituto Brasileiro de Geografia e Estatística. *Diferença cai em sete anos, mas mulheres ainda ganham 20,5% menos que homens*. Disponível em: https://agenciadenoticias.ibge.gov.br/agencia-noticias/2012-agencia-de-noticias/noticias/23924-diferenca-cai-em-sete-anos-mas-mulheres-ainda-ganham-20-5-menos-que-homens. Acesso em: 13 out. 2019.
18. NEVARES, Ana Luiza Maia. *A sucessão do cônjuge e do companheiro na perspectiva do Direito Civil-Constitucional*. São Paulo: Atlas, 2015. p. 45.

de divórcios, o aumento da expectativa de vida e as novas concepções de família, essa premissa não se aplica a muitas famílias contemporâneas. Após serem desfeitos, muitas vezes, esses vínculos são refeitos, em famílias matrimonializadas ou não, com filhos de relacionamentos anteriores, dando origem às famílias reconstruídas.

Não é raro que, na sucessão hereditária dessas famílias recompostas, haja conflito entre os interesses do cônjuge do *de cujus* e de seus filhos exclusivos, problema que só se agrava com a rigidez do sistema sucessório e a impossibilidade de afastar o consorte supérstite da concorrência com descendentes. Apesar das profundas modificações em sua concepção, o Direito Sucessório pouco mudou para acompanhar as novas famílias, mostrando-se insensível aos interesses ou expectativas nelas presentes.

O regime sucessório do cônjuge, nos moldes em que se encontra hoje, gera situações inusitadas e resultados quase aleatórios de transmissão patrimonial forçada, para pessoas que, muitas vezes, nenhuma relação tinham com o autor da herança, em detrimento dos descendentes, retirando-lhe qualquer possibilidade de fixação de incomunicabilidade absoluta dos bens para depois de sua morte.

Tome-se, como exemplo, a hipótese de um casal que optou pelo regime da comunhão parcial ou da separação convencional de bens e que ambos possuem filhos exclusivos de outros relacionamentos. Imagine-se que a esposa detém patrimônio particular composto exclusivamente por bens familiares herdados de seus pais. Com o seu falecimento, o cônjuge supérstite terá direito a parte desses bens, em concorrência com seus filhos. Posteriormente, essa fração desses bens – insista-se, compostos exclusivamente por bens da família da falecida esposa – serão herdados pelos descendentes exclusivos do viúvo, e jamais voltarão para o patrimônio dos descendentes da autora da primeira herança.

Pode ocorrer, ainda, quando os descendentes forem comuns, do cônjuge supérstite casar-se novamente e, posteriormente, vir a falecer, de modo que parte dos bens herdados do primeiro casamento ficarão, em razão do direito de concorrência, com o novo cônjuge. Nesse caso, também não voltarão aos filhos do primeiro casal, nem quando da morte do viúvo sobrevivente. Como essa, existem outras hipóteses em que a sucessão do cônjuge gera uma transmissão forçada de patrimônio. Ainda que as duas partes sejam capazes e independentes financeiramente e, portanto, não haja vulnerabilidade, a proteção do cônjuge se impõe.

No regime sucessório atual, não há meios de afastar o cônjuge supérstite da sucessão hereditária ou realizar instrumento com esse fim, de modo a evitar que parte dos bens sejam transmitidos para o cônjuge em detrimento dos descendentes.[19] Nos tempos atuais, em que há grande número de famílias recompostas e os relacionamentos são cada vez mais efêmeros, o cônjuge já não é mais o elemento estável e essencial na família a ensejar a sua superproteção, em detrimento de outros interesses merecedores

---

19. Se, em um primeiro momento, manter uma união estável poderia reduzir os riscos de transmissão patrimonial, com a decisão do Supremo Tribunal Federal, nos Recursos Extraordinários 646.721/RS e 878.694/MG, que equiparou a tutela sucessória nas duas entidades familiares, atualmente não há mais essa possibilidade.

de tutela que surgem no seio das novas estruturas familiares. Em razão disso verifica-se uma demanda da sociedade por maior autonomia sucessória.

Em face disso, vários autores têm defendido a retirada do cônjuge sobrevivente do rol de herdeiros necessários, no intuito de aumentar a liberdade do cônjuge para dispor sobre a sua herança.[20]

No entanto, embora alguns doutrinadores direcionem suas críticas ao direito de concorrência ou à previsão do cônjuge como herdeiro necessário, o verdadeiro problema parece estar na impossibilidade de planejamento pelo autor da herança quanto à destinação de seu patrimônio seja por testamento, pela escolha do regime de bens ou por disposições em pacto sucessório, de modo a preservar eventual interesse futuro dos demais herdeiros em face do cônjuge com quem se está casado, especialmente diante da existência de descendentes exclusivos, o que se dá por uma soma de fatores.

Impõe-se, portanto, a revisão do regime sucessório do cônjuge, para que se alcance uma tutela centrada em cada um dos membros da família, atenta os interesses e necessidades concretas dos herdeiros, em respeito ao princípio da dignidade da pessoa humana e ao projeto de vida de cada entidade familiar e/ou cada um dos seus membros. Pretende-se, assim, concretizar na transmissão hereditária um espaço de promoção da pessoa e de interesses merecedores de tutela existentes nas diferentes entidades familiares.

4. AUTONOMIA DO CÔNJUGE NO DIREITO SUCESSÓRIO: FLEXIBILIZAÇÃO DA PROIBIÇÃO GENÉRICA AOS PACTOS SUCESSÓRIOS E ADMISSÃO DO PACTO RENUNCIATIVO ENTRE CÔNJUGES

Além dos entraves impostos pelo princípio da intangibilidade da legítima, que limitam a liberdade de dispor, a autonomia privada dos cônjuges para planejarem a destinação de seus bens após a morte resta ainda mais restrita em virtude da proibição genérica aos pactos sucessórios, estabelecida no artigo 426 do Código Civil.[21]

O Código Civil de 2002, repetindo os exatos termos do artigo 1.089 do Código Civil de 1916, estabelece proibição genérica aos pactos sucessórios, ao prever que a herança de pessoa viva não pode ser objeto de contrato. A hipótese, segundo doutrina majoritária, é de nulidade absoluta virtual, nos termos do artigo 166, VII, do Código Civil.[22]

Para a doutrina clássica, não obstante as diferentes funções e efeitos das modalidades de pactos sucessórios, "a vedação abrange todo e qualquer contrato sobre herança futura,

---

20. Por todos: DELGADO, Mário Luiz. O cônjuge e o companheiro deveriam figurar como herdeiros necessários? *Revista IBDFAM*: famílias e sucessões, p. 44-45, n. 23, Belo Horizonte, set./out. 2017; TEIXEIRA, Daniele Chaves. *Planejamento sucessório*: pressupostos e limites. Belo Horizonte: Fórum, 2019. p. 81.
21. Código Civil, art. 426. Não pode ser objeto de contrato a herança de pessoa viva.
22. Por todos: HIRONAKA, Giselda Maria Fernandes Novaes; TARTUCE, Flávio. *Planejamento sucessório*: conceito, mecanismos e limitações. *Revista Brasileira de Direito Civil* – RBDCivil, v. 21, p. 87-109, Belo Horizonte, jul./set. 2019.

quer se trate de manifestação de vontade para instituir herdeiro ou legatário, quer se trate de disposição de herança futura ou, por fim, de renúncia de uma sucessão não aberta".[23]

No entanto, em razão da significativa alteração na forma de valoração dos atos de autonomia privada, consagrada na legalidade constitucional, as novas gerações de estudiosos têm questionado a legitimidade dos fundamentos da regra proibitiva genérica, que impõe tratamento unitário às diferentes modalidades de pactos sucessórios.

Diante da potencialidade funcional de alguns pactos sucessórios, tem-se cogitado, em doutrina,[24] a flexibilização da vedação prevista no artigo 426 do Código Civil, para admitir algumas de suas modalidades, capazes de promover valores constitucionais. Se permitidos, para além de tutelar a dignidade do próprio autor da herança, conferindo-lhe autonomia para realizar projetos pessoais e patrimoniais para após a sua morte – ressalvados, é claro, os interesses dos herdeiros vulneráveis –, algumas modalidades de pactos sucessórios levariam a uma maior compatibilidade com a legalidade constitucional, na medida em que garantiria um Direito Sucessório maleável para atender aos interesses merecedores de tutela das diferentes entidades familiares, que se encontram asfixiados pelo anacronismo e rigidez do Direito Sucessório.[25] Isso tudo com a estabilidade própria dos contratos e a participação dos demais herdeiros, o que garantiria maior segurança às transações e ao planejamento sucessório.

Para tanto, defende-se a flexibilização da proibição prevista no artigo 426 do Código Civil, a despeito de alteração legislativa, por meio de uma interpretação funcional no caso concreto. Por todos, Daniele Chaves Teixeira:

> Para que uma legislação baseada nos princípios constitucionais da autonomia e da solidariedade seja concretizada é necessário revisitar a vedação ao pacto sucessório, não necessariamente com a alteração legislativa, que também poderia ser flexibilizada pela interpretação funcional dos institutos com base nos valores constitucionais, utilizando parâmetros e casos de exceção.[26]

No que concerne à sucessão do cônjuge, a admissão de pactos renunciativos, ainda que em caráter de exceção, com a possibilidade de se excluírem reciprocamente das respectivas sucessões, não apenas concretizaria os valores promovidos pelo texto constitucional, permitindo o balanceamento de interesses existenciais e patrimoniais, como também contribuiria para corrigir, no caso concreto, as distorções decorrentes das normas rígidas e cogentes da sucessão legítima, que incluem o cônjuge sobrevivente

---

23. MOREIRA, Carlos Roberto Barbosa. *Vocação sucessória do cônjuge e regime de bens*: o capítulo conclusivo de uma evolução jurisprudencial (?). *Revista da EMERJ*, v. 20, n. 1, p. 10-21, Rio de Janeiro, jan./abr. 2018.
24. Por todos: SILVA, Rafael Cândido da. *Pactos sucessórios e contrato de herança*. Salvador: JusPodivm, 2019; TEIXEIRA, Daniele Chaves. *Planejamento sucessório*. Belo Horizonte: Fórum, 2019. p. 199-2017;
25. NEVARES, Ana Luiza Maia. Perspectivas para o planejamento sucessório. *Revista IBDFAM*: Famílias e Sucessões, Belo Horizonte, n. 18, nov./dez. 2016. p. 26.
26. TEIXEIRA, Daniele Chaves. Autonomia privada e a flexibilização dos pactos sucessórios no ordenamento jurídico brasileiro. In: TEIXEIRA, Daniele Chaves. Arquitetura do planejamento sucessório. Belo Horizonte: Fórum, 2019. p. 152. No mesmo sentido: SOUZA, Eduardo Nunes de. Invalidades negociais em perspectiva funcional: ensaio de uma aplicação ao planejamento sucessório. In: TEIXEIRA, Daniele Chaves. *Arquitetura do planejamento sucessório*. Belo Horizonte: Fórum, 2019. p. 211-212.

no rol de herdeiros necessários, em concorrência com descendentes, a depender do regime de bens adotado.

Com efeito, após passar por um processo de funcionalização, a família tornou-se um espaço privilegiado para o desenvolvimento da personalidade de cada um de seus membros. Nesse contexto, observou-se, ao longo dos últimos anos, uma verdadeira ampliação dos espaços de autonomia nas relações familiares – principalmente nas relações de conjugalidade –, com a redução da intervenção estatal.

Hoje fala-se em "Direito de Família Mínimo", ou contratualização do Direito de Família, que defende, com base no princípio da exclusividade (CC, art. 1.513) e no pluralismo constitucional, a mínima intervenção do Estado, ressalvadas hipóteses excepcionais de vulnerabilidade, bem como a promoção da autonomia existencial de seus membros para formularem o próprio projeto de vida, segundo seus desígnios e necessidades concretas.

No âmbito patrimonial, o legislador de 2002 reconheceu a mais ampla liberdade para os cônjuges escolherem um dos regimes de bens previstos no Código Civil, ou criarem o que melhor lhes aprouver (CC, art. 1.639), sendo-lhes facultada, ainda, a alteração do estatuto patrimonial no curso do casamento, para melhor refletir a vida do casal.

Ora, se já é dada a opção de os cônjuges planejarem a distribuição patrimonial para o caso de divórcio, seja pela escolha do regime de bens ou pela faculdade de formular um pacto antenupcial, não há lógica em impedir que essas mesmas pessoas – iguais, maiores e capazes – tenham autonomia para planejar os efeitos da distribuição patrimonial para depois de sua morte. Nem mesmo a solidariedade familiar seria suficiente para justificar a vedação, sob pena de se incorrer em paternalismo indefensável à luz dos princípios constitucionais.

Em um contexto de crescente autonomia existencial e negocial no Direito de Família, não admitir que os cônjuges planejem, por meio de contrato, a destinação de seus bens para depois da morte mostra-se desarrazoado e incompatível com outras disposições e valores presentes no ordenamento jurídico. Em se tratando de aspectos patrimoniais das relações conjugais e não havendo vulnerabilidades, a partir do método da ponderação de princípios, conclui-se que os princípios da liberdade e da igualdade devem se sobrepor ao princípio da solidariedade familiar, exigindo-se, com isso, a atuação do Estado o mais reduzida possível.[27]

Isto é, partindo da premissa de igualdade entre cônjuges, em que a mulher encontra-se inserida no mercado de trabalho, com sua independência cada vez mais acentuada, sendo ambos maiores e capazes, e não havendo vulnerabilidades concretas ou econômicas, não se justifica a rigidez do Direito Sucessório, que prevê proibições genéricas e abstratas aos pactos sucessórios, em contradição com a tábua axiológica da Constituição da República e com a própria demanda da sociedade atual.

---

27. MULTEDO, Renata Vilela. *Liberdade e família*: limites para a intervenção do Estado nas relações conjugais e parentais. Rio de Janeiro: Processo, 2017. p. 43.

Aliás, o planejamento sucessório faz parte da vida comum e, portanto, deveria estar inserido dentro da liberdade concedida aos cônjuges para elaborarem o próprio projeto de vida, como desenvolvimento de suas personalidades e concretização da dignidade de cada um. Dito de outro modo, negar-lhes a faculdade de acordar os efeitos patrimoniais do fenômeno sucessório equivale a reduzir a autonomia para formularem o próprio projeto de vida, o que parece incongruente com os valores tutelados na ordem constitucional brasileira.

Portanto, para que a autonomia dos cônjuges para construírem sua ordem familiar seja a mais ampla possível, prevendo regras de acordo com os seus desígnios, deve-se garantir a liberdade para pactuarem a própria sucessão, assim como o fazem em vida, atendendo aos interesses concretos da família, desde que merecedores de tutela à luz dos valores constitucionais:

> Aqueles que se mostram aptos a celebrar pactos antenupciais, contratos de convivência e demais instrumentos reguladores da vida em comum certamente sabem decidir sobre o regime patrimonial durante e após o período da vida afetiva. Solidariedade, nesse caso, não pode ser tomada como exclusão da autonomia, de modo a impor a comunicação de aquestos ou sucessão *causa mortis* entre não vulneráveis. Entre pessoas livres e iguais, reclama-se o direito de organizar a sucessão entre conviventes, casados ou não, da maneira que lhes aprouver.[28]

Como se vê, a vedação dos pactos sucessórios nas relações de conjugalidade mostra-se incompatível não apenas com a axiologia constitucional e com as demandas da sociedade atual, mas também com os artigos 1.511 e 1.513 do próprio Código Civil, que estabelecem o casamento como uma comunhão de vidas, baseada na igualdade entre cônjuges, em que é defeso a interferência de qualquer pessoa, de direito público ou privado.

Almeja-se, assim, um "Direito Sucessório Mínimo" nas relações de conjugalidade, à semelhança do que ocorreu com o Direito de Família, com a valorização da autonomia negocial, equilibrada com o dever de solidariedade, de modo a descortinar os limites ao planejamento sucessório, hoje altamente engessado, e como forma de assegurar a isonomia na sucessão legítima entre as diversas modalidades de famílias.

Por óbvio, assim como qualquer ato de autonomia, os pactos sucessórios firmados entre cônjuges também estariam sujeitos a uma análise de merecimento de tutela, podendo ter a sua validade questionada no Poder Judiciário, principalmente para tutelar situações concretas de vulnerabilidade.

Nesse contexto, especialmente no que concerne às famílias recompostas, em que estão em jogo diversos interesses, muitas vezes conflitantes, a possibilidade de os cônjuges celebrarem, em comum acordo, um pacto renunciativo, excluindo-se reciprocamente da sucessão do outro, ao menos quando em concorrência com outros herdeiros necessários,

---

28. TEPEDINO, Gustavo. Solidariedade e autonomia na sucessão entre cônjuges e companheiros. *Revista Brasileira de Direito Civil* – RBDCivil. v. 14, p. 11-13, Belo Horizonte, out./dez. 2017.

além de evitar brigas, previne algumas situações absurdas de transferência forçada de bens particulares, em detrimento principalmente de seus descendentes.

Portanto, os pactos renunciativos amenizariam os efeitos indesejáveis do regramento sucessório do cônjuge,[29] permitindo que os nubentes acordem os desdobramentos patrimoniais advindos da ruptura de uma relação conjugal em razão da morte, de forma prévia, controlada e até mais eficiente do que o próprio testamento, uma vez que debatidos e assumidos dentro da relação conjugal.

Como bem observou Daniele Chaves Teixeira, em geral, os pactos sucessórios renunciativos não privam os herdeiros da legítima de seus direitos sem seu consentimento e, por isso, são neutros em relação à proteção dos membros da família.[30]

No mesmo sentido, Daniel Bucar argumenta que, ao firmar pactos renunciativos, os cônjuges não estariam contratando sobre parte do patrimônio que comporia a herança, pelo contrário, estariam abrindo mão de sua qualidade de herdeiro e, consequentemente, dos bens que receberiam em decorrência da morte do autor da herança. Segundo o autor:

> Admitir esta possibilidade encontra-se no cerne da questão da autonomia sucessória; não pode o Estado a partir da proibição pouco delineada como a do art. 426, CC, vedar tais pactos, pois trata-se aqui de situação jurídica dúplice, onde aspectos patrimoniais e existenciais confundem-se plenamente.[31]

Nessa linha, Francisco José Cahali e Giselda Hironaka também defendem a validade dos pactos renunciativos firmados entre cônjuges. Para os autores, essa modalidade de pacto não representaria *pacta corvina*, vedado pelo artigo 426 do Código Civil:

> [...] pois não se está dispondo de direito sucessório em favor de terceiro, mas em benefício do próprio titular do patrimônio (potencial autor da herança), e com a sua concordância, conferindo-lhe liberdade de dispor do acervo, respeitada a legítima de outros eventuais herdeiros necessários.[32]

Por todo exposto, na direção do que tem sido defendido pela doutrina mais recente, constata-se que seria de todo benéfica uma flexibilização, via interpretação ou mesmo por meio de uma revisão da regra proibitiva genérica aos pactos sucessórios, no intuito de estabelecer um sistema mais harmonizado aos princípios constitucionais, às demandas das famílias contemporâneas por maior autonomia sucessória e a

---

29. MADALENO, Rolf. A crise conjugal e o colapso dos atuais modelos de regimes de bens. In: PEREIRA, Rodrigo da Cunha (Coord.). *Família: entre o público e o privado*. Porto Alegre: Lex Magister, 2012. p. 319-320.
30. TEIXEIRA, Daniele Chaves. *Planejamento sucessório*: pressupostos e limites. Belo Horizonte: Fórum, 2019. p. 207.
31. BUCAR, Daniel. Pactos sucessórios: possibilidades e instrumentalização. In: BROCHADO, Ana Carolina Teixeira; RODRIGUES, Renata de Lima. *Contratos, família e sucessões*: diálogos interdisciplinares. Indaiatuba: Foco, 2019. p. 286-288.
32. CAHALI, Francisco José; e HIRONAKA, Giselda Maria Fernandes Novaes. *Direito das Sucessões*. São Paulo: Ed. RT, 2012. p. 195.

própria sistemática do Código Civil, como tem ocorrido em países como a Bélgica[33] e Portugal.[34]

Pretende-se, com isso, alcançar uma normativa mais flexível, que admita alguns desses negócios jurídicos, evidenciando o seu perfil funcional, à luz da análise de merecimento de tutela dos interesses em jogo. Especialmente no que tange às relações conjugais, a aceitação de pactos renunciativos contribuiria para atenuar as distorções decorrentes da má sistematização do artigo 1.829, I, do Código Civil, agravada pela inclusão do cônjuge sobrevivente no rol de herdeiros necessários.

5. CONCLUSÃO

Como se viu, diante de uma realidade composta por novas estruturas familiares, com novos interesses merecedores de tutela, distintos daqueles que permeavam a família nuclear, verifica-se que o regime sucessório do cônjuge, nos moldes em que se encontra, gera situações inusitadas de transmissão patrimonial forçada dos bens particulares – que, não raro, são compostos por patrimônio familiar, bens herdados de uma relação anterior ou angariados pelo proprietário durante toda a vida – para o cônjuge sobrevivente e, com a sua morte, para seus parentes, que, muitas vezes, sequer tinham relação com o autor da herança, e jamais retornarão para seus descendentes.

Embora as críticas da doutrina estejam voltadas para o regramento da sucessão hereditária do cônjuge, sua inclusão no rol de herdeiros necessários ou mesmo para impossibilidade de realização de pacto sucessório entre cônjuges, a realidade é que tudo isso contribuiu para fulminar qualquer possibilidade de o autor da herança planejar a destinação de seu patrimônio para proteção de seus descendentes por testamento, pela escolha do regime de bens ou por disposições em pacto sucessório.

Assim como já é garantida aos cônjuges autonomia existencial na condução da comunhão de vida e do regime de bens, deve-se lhes atribuir também autonomia para dispor sobre o regime sucessório – e a respectiva responsabilidade –, a fim de evitar a sucessão obrigatória entre cônjuges e tutelar outros interesses merecedores de tutela existentes nas novas estruturas familiares.

Portanto, não há como negar a necessidade de atualização do regime sucessório do cônjuge sobrevivente ou mesmo a admissão do pacto sucessório renunciativo entre cônjuges, a fim de garantir maior autonomia para os consortes estipularem o regramento patrimonial para depois da morte, como forma de desenvolver a própria personalidade, bem como para atender às necessidades concretas dos sucessores e aos interesses merecedores de tutela existentes no âmbito de cada formação familiar.

---

33. Em junho de 2003, o Código Civil Belga sofreu uma reforma para permitir que os cônjuges renunciem aos direitos sobre a herança de seu par, no pacto antenupcial ou em escritura pública de modificação do pacto, de forma recíproca ou não, quando um dos nubentes tiver filhos de um relacionamento anterior.
34. Em agosto de 2018, foi aprovada a Lei 48/2018, que alterou o Código Civil português, permitindo que os cônjuges, desde que casados pelo regime da separação obrigatória ou convencional de bens, renunciem reciprocamente à condição de herdeiro necessário no pacto antenupcial.

ALGUNS PROBLEMAS DA PARTILHA EM VIDA

Ana Carolina Brochado Teixeira

Ana Luiza Maia Nevares

Sumário: 1. Introdução – 2. Estrutura, conceito e definição da partilha em vida – 3. Quando a partilha em vida não respeita a reserva hereditária – 4. Problemas; 4.1 Revogação da doação por ingratidão do donatário; 4.2 Fatos supervenientes à partilha em vida; 4.2.1 Superveniência de descendente sucessível ao partilhante; 4.2.2 Dissolução do relacionamento conjugal existente à época da partilha em vida – 5. Conclusão: perspectivas para a partilha em vida como instrumento do planejamento sucessório.

1. INTRODUÇÃO

O instituto da partilha em vida é enigmático ou, no dizer de Clovis Bevilaqua, uma *planta exótica*.[1] Conquanto já existisse desde o Código Civil de 1916 (art. 1.776), desafia interpretações diante do mundo contemporâneo, em que as relações familiares se transformaram profundamente e se multiplicou e se diversificou a forma de acúmulo de patrimônio.

Em tese, pode ser um instrumento interessante de planejamento sucessório, se o intuito do planejador for dividir a herança em vida, transmitir a propriedade imediatamente e apaziguar eventuais conflitos latentes, na medida em que sua presença pode ser fundamental para a paz familiar. No entanto, em função de inseguranças que o instituto apresenta, objetiva-se nesse artigo verificar sua eficiência para esse fim.

No Código Civil atual, continua sendo pouco prestigiado pelo legislador, tendo sido tratado em um único dispositivo, o art. 2.018. Por isso, provoca inúmeros problemas hermenêuticos – alguns deles objeto desse artigo – cujas soluções não encontram previsão clara em lei.[2]

Importante sedimentar que a partilha em vida tem natureza contratual: é uma conversão de vontades balizada nos contornos legais e na vontade do/a partilhador/a, com a aceitação dos herdeiros e eventuais beneficiários, com o objetivo de antecipar a sucessão. Trata-se de negócio jurídico cujo objeto é a herança, pois se volta à antecipa-

---

1. BEVILAQUA, Clovis. *Código Civil dos Estados Unidos do Brasil Comentado.* V. VI. Rio de Janeiro: Francisco Alves, 1919, p. 250.
2. "A partilha em vida, que poderia ser o instrumento por excelência do planejamento sucessório, foi contemplada na codificação anterior e na atual com um lacônico e solitário dispositivo legal. A singeleza dessa disposição legal de efeitos patrimoniais tão importantes continua a desafiar os intérpretes e a gerar inseguranças nos interessados, por falta de regulamentação adequada. Tais fatores, por certo, estão na origem do uso pouco frequente desse tipo de partilha" (BARBOZA, Heloisa Helena; ALMEIDA, Vitor. Partilha em vida como forma de planejamento sucessório. In: TEIXEIRA, Daniele Chaves (Coord.). *Arquitetura do planejamento sucessório.* 2. ed. Belo Horizonte: Forum, 2019, t. I, p. 486).

ção da sucessão pela própria pessoa titular dos bens com permissivo no ordenamento jurídico pátrio, sendo que o negócio jurídico não se aperfeiçoa com a morte, mas com sua celebração.[3]-[4] Configura-se uma exceção aos pactos sucessórios autorizada pela lei, que tem como finalidade precípua adiantar a herança, com a concordância de todos os herdeiros, que anuem, em conjunto, no documento com fins de partilha.

2. ESTRUTURA, CONCEITO E DEFINIÇÃO DA PARTILHA EM VIDA

Partilha em vida é um negócio jurídico fundado na vontade do titular do patrimônio, em que este, na qualidade de ascendente,[5] em vida, adianta a sua sucessão, como se seu falecimento se implementasse naquele momento e transmitisse aos herdeiros seus bens, preservando a legítima e as condições inerentes à sucessão legítima prevista em lei.[6] Acarreta a transferência da propriedade dos bens imediatamente aos herdeiros, em caráter irrevogável – com implementação imediata à celebração do negócio jurídico –, embora seja passível de invalidação caso não se respeite a legítima dos herdeiros necessários.

Conquanto haja divergência sobre sua natureza jurídica – partilha antecipada ou doação que importa em adiantamento de legítima – filia-se ao primeiro entendimento, haja vista que a partilha em vida assume configuração diversa de simples doação.[7] Nessa

---

3. "Na realidade, ao contrário do que concluiu o digno juízo da causa, a ordem jurídica nacional (art. 2018 do atual CCv.) admite, a disposição do que se denominou "partilha em vida", como suporte fático hipotético à disposição contratada, na espécie, pelos interessados. A doutrina não a considera como contrato sucessório e, por isso, a considera *"partilha-doação"* ou *"doação inter-vivos"* ou, simplesmente *"doação"* Não se confunde, portanto, com o chamado Pacto de Corvina, defeso às partes, na forma do artigo 426 do Código Civil." (TJPR, AI 535399-1, 12ª CC, Rel. Des. José Cichocki Neto, julg. 04.02.2009).

4. Considerada por muitos como uma exceção aos pactos sucessórios, a partilha em vida pressupõe a doação de todo o patrimônio do disponente, devendo, no entanto, reservar recursos suficientes para sua subsistência, o que pode ser realizado por meio de reserva de usufruto, por exemplo." (ROSA, Conrado Paulino da; COELHO, Fernanda Rosa. Critérios diferenciadores da doação e partilha em vida. In: NEVARES, Ana Luiza Maia; TEIXEIRA, Ana Carolina Brochado (Coord.). *Direito das sucessões*: problemas e tendências. Indaiatuba: Foco, 2022, p. 261.

5. O Código Civil de 1916 previa como sujeito ativo da partilha em vida o *pai*, sendo que a doutrina e jurisprudência foram, aos poucos, estendendo à mãe essa possibilidade. O atual Código Civil acabou de vez com a dúvida, ao estabelecer que pode o ascendente partilhar seu patrimônio em vida. "É ato estritamente familial, e somente permitido ao ascendente" (PEREIRA, Caio Mário da Silva. *Instituições de direito civil*. Atual. e colaborador Carlos Roberto Barbosa Moreira. 28. ed. Rio de Janeiro: Forense, 2022, v. VI, p. 401.)

6. "O cenário jurídico da escritura pública de compra e venda de imóvel (f. 60-62) é próprio de partilha em vida, que não importa em liberalidade, porém realiza o objetivo de atribuir por antecipação a cada herdeiro os bens que na sucessão do ascendente lhe deveriam tocar. É ato restrito familiar, e apenas permitido ao ascendente, que está sujeito à revisão judicial. Note que, se tiver sido quebrada a par conditio dos herdeiros, não prevalecerá" (TJMG, Ap. Civ. 1.0702.13.031387-8/001, 12ª CC, Rel. Des. Saldanha da Fonseca, julg. 07.02.2018).

7. Heloisa Helena Barboza e Vitor Almeida entendem que "a partilha em vida feita por ascendente configura-se, desse modo, como um instituto jurídico autônomo, distinto da doação, que é revogável, enquanto a partilha não é, e nem pode ser. (...) Não há na partilha uma liberalidade, característica da doação, mas uma renúncia ao domínio dos bens (*demission debiens*). O ascendente ao dividir os bens opera sua transmissão definitiva (posse e propriedade) aos beneficiários. Nesses termos, a partilha não pode ser condicional, nem onerosa, diversamente das doações que admitem condições de vários tipos. Aquele que partilha em vida não tem intuito de fazer uma liberalidade, substrato da doação, mas o de demitir de si a posse e o domínio dos bens, de renunciar a esses bens, ao seu gozo". (BARBOZA, Heloisa Helena; ALMEIDA, Vitor. Partilha em vida como forma de planejamento sucessório. In: TEIXEIRA, Daniele Chaves (Coord.). *Arquitetura do planejamento sucessório*. 2. ed. Belo Horizonte: Forum, 2019, t. I, p. 491).

última, é possível fazer transferência de bens a cônjuge, companheiro ou descendentes isoladamente, enquanto na partilha em vida, todos são contemplados com rígida observância à legítima dos herdeiros necessários.

Para sua conformação, exige a participação do titular dos bens, de seus herdeiros necessários e de demais pessoas que eventualmente sejam destinatárias da parte disponível do patrimônio, em franca aceitação do ato.[8] O partilhante tem a liberdade de destinar sua parte disponível para quem bem entender, com as ressalvas do art. 1.801 do Código Civil, de modo que adianta sua sucessão para o momento da celebração do negócio. "A partilha em vida é um ato definitivo e consumado que produz efeitos que atingem três ordens de relações: (a) entre pais e filhos; (b) dos filhos entre si; (c) com terceiros (como credores, por exemplo)".[9] Não importa aqui se os beneficiários são incapazes, bastando se fazerem representados no momento da celebração.[10]

O STJ entendeu dispensado inventário em hipótese em que considerou como partilha em vida várias doações feitas aos filhos que abrangeram todo o patrimônio e tiveram a participação de todos esses nos atos, com expressa dispensa de colação:

> No caso em análise, conforme assinalou o aresto hostilizado, os atos de liberalidade foram realizados abrangendo todo o patrimônio dos cedentes, com a anuência dos herdeiros, o que configura partilha em vida dos bens, tendo constado, ainda, das escrituras públicas de doação a dispensa de colação futura.[11]

A partilha em vida engloba todo o patrimônio então existente no momento da celebração (sem alcançar bens futuros), reservando ao/à partilhante(a) renda ou usufruto da totalidade ou de parte do patrimônio para sua sobrevivência, de modo que, caso não adquira novos bens, não terá patrimônio para ser transmitido via inventário quando de sua morte, já que ele todo já foi dividido. É ato puro e simples, não sendo possível que seja submetida à condição ou que nela seja instituído encargo.

---

8. Conquanto a doutrina cite como modalidades de partilha em vida a "partilha-doação", espécie tratada nesse estudo, também se refere à "partilha-testamento", por ser delineada em vida do testador, entendemos que apenas a primeira é de fato partilha implementada em vida, pois, no caso da última, seus efeitos só têm eficácia após a morte do testador.
9. BARBOZA, Heloisa Helena; ALMEIDA, Vitor. Partilha em vida como forma de planejamento sucessório. In: TEIXEIRA, Daniele Chaves (Coord.). *Arquitetura do planejamento sucessório*. 2. ed. Belo Horizonte: Forum, 2019, t. I, p. 487.
10. "Ora, não há impedimento para a doação-partilha quando houver a presença de pessoa incapaz. Aliás, o menor na escritura pública foi representado por sua genitora nos termos do art. 1.690 do Código Civil." (TJSP, Ap. Civ. 2012.0000651606, 5ª Câm. Dir. Priv., Rel. Des. Moreira Viegas, julg. 05.12.2012).
11. STJ, REsp 1.523.552 / PR, 3ª CC, Rel. Marco Aurélio Buzzi, julg. 03.11.2015, DJe 13.11.2015. No mesmo sentido: "Inventário. Partilha em vida/doação. Pretensão de colação. Assentado tratar-se, no caso, de partilha em vida (partilhados todos os bens dos ascendentes, em um mesmo dia, no mesmo cartório e mesmo livro, com o expresso consentimento dos descendentes), não ofendeu os arts. 1.171, 1.785, 1.786 e 1776, do Cód. Civil, acórdão que confirmou sentença indeferitória da pretensão de colação. Não se cuidando, portanto, de doação, não se tem como aplicar princípio que lhe é próprio. Inocorrente ofensa a lei federal ou dissídio, a turma não conheceu do recurso especial. III – Recurso conhecido a que se nega provimento (REsp 6.528/RJ, Relator o Ministro Nilson Naves, Terceira Turma, DJ de 12.08.1991).

A doutrina entende como partilha em vida duas modalidades: a partilha-doação ou partilha-testamento. A primeira com eficácia em vida do titular do patrimônio e a segunda, implementada após a sua morte, pois elaborada por meio de instrumento de última vontade, já determinando o que deve compor cada quinhão.[12] No entanto, ainda que os bens sejam transferidos em vida – por isso denominado "partilha-doação" –, é importante ressalvar que o negócio jurídico *partilha em vida* não se confunde com o negócio jurídico *doação*, principalmente pela primeira se caracterizar como antecipação da sucessão:

> Discute-se, no plano doutrinário, se se deve considerar sucessão antecipada ou doação, e ao propósito sustentam-se as duas teorias. Se se ativer o observador à sua forma, poderá defender uma ou outra, tendo em vista que ora reveste a do testamento, ora a da doação. Uma se efetua pelo ascendente como a maneira que melhor se lhe afigura de distribuir os seus bens *inter líberos*, mas produzindo efeitos depois de sua morte. A outra se realiza com a participação do partilhante e dos favorecidos, gerando as consequências imediatamente. Mas se atentarmos para a natureza do ato, veremos que essa partilha visa a proporcionar aos sucessores a aquisição antecipada dos bens que só a morte do ascendente lhe asseguraria. A sua natureza jurídica define-se como sucessão antecipada.[13]

Nessa linha, a partilha em vida não importa em liberalidade, mas tem como escopo conferir a cada herdeiro de forma antecipada o seu quinhão que, por força da sucessão, lhe é devido. No entanto, sujeita-se a alguns dos requisitos da doação, tais como, capacidade, forma, exigência de aceitação, respeito à legítima dos herdeiros necessários, devendo, ainda, o partilhante reservar renda para si, na forma do disposto no art. 548 do Código Civil.

A partilha em vida se faz por meio de escritura pública.[14] Como já mencionado, todos os herdeiros e demais beneficiários – se houver – devem participar do ato.

> A partilha em vida se faz pela mesma forma reclamada para doação (arts. 541 e 107 a 109). Com exceção dos absolutamente incapazes, cuja aceitação é dispensada porque presumida (art. 543), os demais herdeiros devem participar da doação, aceitando-a. A doutrina observa que, embora a doação seja utilizada como meio, a partilha em vida tem natureza de negócio jurídico sui generis, por não ser doação, mas partilha antecipada, a dispensar inventário. (...) A partilha em vida poderá ser questionada judicialmente se não houver observado a metade indisponível e igualdade das legítimas.[15]

---

12. "Não se trata de um testamento de fôrma especial, mas de um testamento organizado sob uma das fôrmas, que a lei reconhece, no qual o pae, ou a mãe (e não outro ascendente), distribue e divide os seus bens entre os seus herdeiros" (BEVILQUA, Clovis. *Código Civil dos Estados Unidos do Brasil Commentado*. Rio de Janeiro: Francisco Alves, 1919, v. VI, p. 251).
13. PEREIRA, Caio Mário da Silva. *Instituições de direito civil*. Atual. e colaborador Carlos Roberto Barbosa Moreira. 28 ed. Rio de Janeiro: Forense, 2022, v. VI, p. 401.
14. Silvio de Salvo Venosa entende pela possibilidade de o instrumento se revestir da forma particular se tiver por objeto apenas bens móveis (VENOSA, Silvio de Salvo. *Direito civil*: direito das sucessões. 17. ed. São Paulo: Atlas, 2014, p. 413). No entanto, por ter a partilha em vida natureza de antecipação da sucessão, tendo por objeto a herança – bem imóvel – entende-se que, independentemente dos bens que compuserem esse negócio jurídico, este deve ser implementado por escritura pública.
15. ANTONINI, Mauro. In: PELUSO, Ministro Cezar (Coord.). *Código Civil comentado*. Barueri: Manole, 2007, p. 2.017-2.018.

3. QUANDO A PARTILHA EM VIDA NÃO RESPEITA A RESERVA HEREDITÁRIA

Como registrado acima, a partilha em vida deve respeitar a reserva dos herdeiros necessários. Isso não quer dizer que os herdeiros necessários contemplados devem sempre receber valores iguais, uma vez que por ocasião da partilha em vida é possível beneficiar alguns herdeiros em detrimento de outros, dentro dos limites da parte disponível.[16] Afere-se a legítima com base no valor dos bens conforme a data em que é realizada a partilha em vida.

Apesar da possibilidade de os herdeiros necessários receberem quinhões desiguais quando a referida diferença reste imputada na cota disponível da herança, indaga-se o que ocorre nos casos em que há violação à reserva dos herdeiros necessários na partilha em vida, uma vez que, neste caso, o ato estará eivado de vício.

Com efeito, discute-se a natureza desse vício e, portanto, sua consequência e seu remédio. Arnoldo Wald, em clássico parecer sobre o tema, assinala que "as eventuais lesões de direito deverão ser apreciadas em ações próprias de redução, anulação ou nulidade",[17] sendo certo que, sendo o caso de nulidade, os bens retornarão ao estado de indivisão.[18] Nesse sentido, encontram-se decisões do STJ, como a abaixo transcrita, que endereça o lesado não para uma ação de inventário, mas sim para uma demanda própria onde se poderá apurar o prejuízo à legítima:

> Recurso Especial. Direito das Sucessões. Partilha em vida feita pelos ascendentes aos descendentes de todos os bens de que dispunham por meio de escrituras públicas de doação, com consentimento dos herdeiros e consignação de dispensa de colação futura. 1. Omissão do acórdão recorrido. Inexistência. 2. Ausência de bens a colacionar. Inventário. Processo extinto por carência da ação. 3. Recurso desprovido. (...) 3. Todavia, o dever de colacionar os bens admite exceções, sendo de ressaltar, entre elas, as doações que o doador determinar saiam da parte disponível, contanto que não a excedam, computado o seu valor ao tempo da doação (CC, art. 2005), ou, como no caso, em que os pais doaram aos filhos todos os bens de que dispunham, com o consentimento destes, fazendo constar, expressamente, dos atos constitutivos de partilha em vida, a dispensa de colação futura, carecendo o ora recorrente, portanto, de interesse processual para ingressar com processo de inventário, que foi corretamente extinto (CPC, art. 267, VI). 4. Eventual prejuízo à legítima do herdeiro necessário, em decorrência da partilha em vida dos bens, deve ser buscada pela via anulatória apropriada e não por meio de ação de inventário. Afinal, se não há bens a serem partilhados, não há a necessidade de inventário. 5. Recurso especial a que se nega provimento.[19]

---

16. WALD, Arnoldo. O regime jurídico da partilha em vida. *Revista dos Tribunais*. v. 76, n. 622, p. 10. São Paulo, ago. 1987.
17. WALD, Arnoldo. O regime jurídico da partilha em vida. *Revista dos Tribunais*. v. 76, n. 622, p. 10. São Paulo, ago. 1987. Nesse sentido: "Apelação Cível. Inventário Processo extinto sem resolução de mérito, com fundamento no artigo 267, inciso VI, do Código de Processo Civil. Falta de interesse processual configurado. Ausência de bens a inventariar. Demonstrado que houve partilha em vida dos bens imóveis do falecido, doações realizadas que contaram com a concordância dos herdeiros, inclusive a autora descabida a pretensão de utilização de inventário para investigação acerca da existência de eventuais bens móveis e valores Alegação de eventual nulidade das doações deve ser deduzida em ação própria. Razoável a fixação dos honorários advocatícios na origem Mantida a R. Sentença. Nega-se provimento ao recurso". TJSP, Apelação Cível 0005328-53.2013.8.26.0066, 1ª Câmara de Direito Privado, julg. em 30.09.2014.
18. Itabaiana de Oliveira, Arthur Vasco. *Tratado de Direito das Sucessões*. 4. ed. São Paulo: Max Limonad, 1952, v. III, p. 899.
19. STJ, REsp 1523552/PR, 3ª T., Rel. Min. Marco Aurélio Bellizze, julg. 03.11.2015, DJe 13.11.2015.

Já outros autores aduzem de forma expressa que tal vício não acarreta nulidade, mas sim redução dos bens partilhados em vida.[20] Neste caso, devem ser aplicadas as regras previstas para a redução das disposições testamentárias atentatórias à legítima, de forma a que o herdeiro preterido receba a sua reserva (CC, arts. 1966 a 1968).[21]

Há, ainda, a defesa pela colação dos bens doados em sede de partilha em vida quando não tiver havido igualdade entre os herdeiros necessários,[22] como ocorreu no caso abaixo retratado julgado pelo Tribunal de Justiça do Estado de São Paulo, no qual houve doação de um imóvel rural para os filhos do titular, com respeito à meação do cônjuge e em desproporção em relação à quantidade de terra doada à cada um dos filhos. A doação em referência contou com a anuência de todos os filhos e os filhos homens receberam maior quantidade de terra do que as filhas mulheres e os primeiros alegaram que assim ocorreu porque eram pecuaristas que sempre trabalharam no campo e naquelas terras, ao passo que as filhas mulheres contaram com o custeio de escolaridade superior, razão pela qual receberam menor quantidade de terras. O acórdão em questão entendeu que o ato revestiu a forma de partilha em vida. No entanto, como nele não constou a dispensa da colação, restou determinado que o bem fosse levado a inventário "não para levá-lo à partilha, mas para proceder à correção do excesso na medida em que tal se verificar em benefício dos primeiros e a dano das segundas, ou vice-versa, visto como o objetivo é assegurar a igualdade entre os quinhões de todos os herdeiros".[23]

As divergências acima geram relevante insegurança quanto à estabilidade da partilha em vida, já que, uma vez realizada, poderão restar incertezas sobre a subsistência de tal divisão por ocasião da abertura da sucessão do ascendente. Sem dúvida, diante das controvérsias apontadas, que repercutem na jurisprudência, a insegurança é tamanha, já que ou bem uma partilha em vida que prejudica a legítima dos herdeiros necessários é nula, ou bem deve ser reduzida segundo as regras da redução das disposições testamentárias, ou bem enseja a colação. As três hipóteses são incompatíveis entre si. O que parece mais seguro é que todos os descendentes participem da partilha em vida, sendo todos dispensados da colação nos termos do art. 2005 do Código Civil, sendo eventual excesso da legítima imputado na disponível do autor da herança.[24]

---

20. Carlos Maximiliano. *Direito das Sucessões*, v. 2, cit., p. 636 e Clovis Bevilaqua, *Código Civil dos Estados Unidos do Brasil Commentado*. Rio de Janeiro: Livraria Francisco Alves, 1944, v. VI, p. 270.
21. BEVILAQUA, Clovis. *Código Civil Commentado dos Estados Unidos do Brasil*. 5. ed. Rio de Janeiro: Livraria Francisco Alves, 1944, v. VI, p. 270.
22. Pela colação, PEREIRA, Caio Mario da Silva. *Instituições de Direito Civil*. 3. ed. Rio de Janeiro: Forense, 2016, v. VI, p. 397. No mesmo sentido, VENOSA, Silvio de Salvo. *Direito civil*: direito das sucessões. 17. ed. São Paulo: Atlas, 2014.
23. TJSP, Apelação Cível 005844-21.2008.8.26.0000, Rel. Des. João Carlos Saletti, julg. em 10.05.2016.
24. Apelação Cível. Sucessões. Ação ordinária de colação. Partilha feita por ato *inter vivos*. Escritura pública. Discrepância entre os valores dos quinhões hereditários. Tratando-se de partilha em vida, não há falar em colação de bens, e sim, tão somente, em redução de quinhão hereditário quando afrontada a legítima de algum dos herdeiros. Todavia, no caso concreto, nem mesmo a perseguição da afronta à legítima é possível. Isso porque, no momento da partilha em vida, todos os herdeiros necessários eram maiores e capazes, e o direito à herança é direito patrimonial disponível. Assim, ainda que tenha havido distribuição não equânime do patrimônio, havendo concordância expressa de todos, não há falar em revisão posterior. Deram provimento aos apelos (TJRS, Ap. Cív. 70038022372, 8ª CC, Rel. Des. Alzir Felippe Schmitz, julg. 1º.12.2011).

Apesar do ora exposto, parece ser correto o posicionamento que defende a inexigibilidade de colação diante de uma partilha em vida, sendo certo que esta deverá ser reduzida caso não seja respeitada a legítima dos herdeiros necessários.

4. PROBLEMAS

4.1 Revogação da doação por ingratidão do donatário

Uma vez realizada uma doação, esta pode ser revogada pela ingratidão do donatário.

As hipóteses de revogação da doação por ingratidão estão previstas no art. 557 do Código Civil, podendo o donatário ser considerado ingrato se atentou contra a vida do doador ou cometeu crime de homicídio doloso contra ele, se cometeu contra ele ofensa física, se o injuriou gravemente ou o caluniou e se, podendo ministrá-los, recusou ao doador os alimentos de que este necessitava. Acrescenta o art. 558 do Código Civil que pode ocorrer também a revogação quando o ofendido, nos casos do artigo anterior, for o cônjuge, ascendente, descendente, ainda que adotivo, ou irmão do doador.

Por ocasião da I Jornada de Direito Civil, foi aprovado o enunciado 33 que cunhou entendimento no sentido de o rol do artigo 557 não ser taxativo, assim ementado: "O novo Código Civil estabeleceu um novo sistema para a revogação da doação por ingratidão, pois o rol legal previsto no art. 557 deixou de ser taxativo, admitindo, excepcionalmente, outras hipóteses".

Ao comentar o dispositivo da partilha em vida do Código Civil de 1916, Clovis Bevilaqua aduzia que a "a partilha em vida é uma fonte fecunda de questões", acrescentando que "os filhos aquinhoados em vida, muitas vezes, mostram-se ingratos e deixam o pai em completo abandono".[25] Realmente, não raras vezes ocorrem conflitos entre os pais e os filhos após os primeiros já terem realizado doações de seus bens aos segundos, estando no fim de suas vidas.

Discute-se se é possível revogar a partilha em vida pela ingratidão daquele que recebeu o seu quinhão antecipadamente. De fato, como aduzido anteriormente, a partilha em vida é ato distinto da doação e configura uma sucessão antecipada. Nessa direção, mais uma vez vale citar Heloisa Helena Barboza e Vitor Almeida que aduzem que a partilha em vida é "instituto jurídico autônomo, distinto da doação, que é revogável, enquanto a partilha não é, e nem pode ser. (...) Aquele que partilha em vida não tem intuito de fazer uma liberalidade, substrato da doação, mas o de demitir de si a posse e o domínio dos bens, de renunciar a esses bens, ao seu gozo".[26]

Não obstante o acima exposto, não se pode olvidar os diversos pontos de encontro entre os institutos, na medida em que a partilha em vida se opera mediante verdadeira

---

25. BEVILAQUA, Clovis. *Código Civil Commentado dos Estados Unidos do Brasil*. 5. ed. Rio de Janeiro: Livraria Francisco Alves, 1944, v. VI, p. 269.
26. BARBOZA, Heloisa Helena; ALMEIDA, Vitor. Partilha em vida como forma de planejamento sucessório. In: TEIXEIRA, Daniele Chaves (Coord.). *Arquitetura do planejamento sucessório*. 2. ed. Belo Horizonte: Forum, 2019, t. I, p. 491.

doação do titular do patrimônio para aqueles que seriam os seus herdeiros no momento do ato, aplicando-se à partilha em vida diversas previsões próprias da doação, como aquela do art. 548 do Código Civil, que proíbe à pessoa doar todos os seus bens, sem reserva de parte ou de renda para a subsistência do doador.

Nessa direção, defende-se que a partilha em vida pode ser revogada por ingratidão do herdeiro a quem foi antecipada a herança[27] e, ocorrendo a referida hipótese, os bens transferidos para aquele considerado ingrato retornarão ao patrimônio do partilhante. Nesse caso, apenas o quinhão do ingrato retornará para o patrimônio do partilhante, não havendo a desconstituição da partilha em vida como um todo.

Nessa hipótese, ocorrendo o falecimento do doador e a abertura da sua sucessão, existirão bens a serem partilhados e o donatário ingrato será um dos herdeiros. No entanto, não se coaduna com a sistemática jurídica que aquele donatário privado do bem doado por ter cometido atos de ingratidão os herdasse posteriormente. Por conseguinte, na esteira das ponderações de Renata Raupp Gomes, que defende "uma interpretação sistemática dos dispositivos relativos à indignidade, à deserdação e à revogação da doação por ingratidão", uma vez que todos eles apresentam "feição de pena civil em razão da mesma raiz finalística – conduta incompatível com o benefício recebido ou com o direito assegurado",[28] deve ser aplicada à hipótese, por analogia, do disposto no art. 1.816 do Código Civil. Assim, o donatário ingrato não terá direito a suceder nos bens que perdeu por força da revogação da doação, mas seus filhos poderão representá-lo na sucessão do avô.

4.2 Fatos supervenientes à partilha em vida

Sabe-se que a vida é dinâmica e que, como a partilha é celebrada na presença do titular do patrimônio, é possível que fatos supervenientes venham a ocorrer que impactem a validade da partilha outrora feita.

Já se assentou nesse estudo que a partilha em vida é um contrato de natureza sucessória admitido pelo ordenamento jurídico pátrio, que adianta a sucessão hereditária aos herdeiros, bem como àqueles a quem o titular do patrimônio pretende aquinhoar, respeitando a legítima dos herdeiros necessários. Todos os beneficiários devem participar do ato, como forma de anuência ao que está ali disposto.

Tendo em vista sua natureza sucessória, é necessário resguardar os princípios fundantes desse ramo do direito, principalmente a proteção dada aos herdeiros necessários por força do princípio da solidariedade familiar. Por esse motivo, fatos supervenientes que impactem a legítima dos herdeiros necessários e o rol de herdeiros implicam, necessariamente, na revisão das disposições da escritura pública.

---

27. ITABAIANA DE OLIVEIRA, Arthur Vasco. *Tratado de Direito das Sucessões*. São Paulo: Max Limonad, 1952, v. III, p. 902. BEVILAQUA, Clovis. *Código Civil Commentado dos Estados Unidos do Brasil*. 5. ed. Rio de Janeiro: Livraria Francisco Alves, 1944, v. VI, p. 270.
28. GOMES, Renata Raupp. Deserdação, indignidade e revogação de doação por ingratidão: a necessária compreensão do tríptico jurídico. In: CUNHA, Rodrigo da Cunha e Dias, Maria Berenice (Coord.). *Família e sucessões*: polêmicas, tendências e inovações. Belo Horizonte: IBDFAM, 2018, p. 292.

Como é sabido, o ordenamento jurídico admite a revisão dos contratos quando ocorre uma desproporção das prestações instituídas para os contratantes, podendo ser as causas de revisão contemporâneas à formação do pacto, como ocorre com a lesão (CC, art. 157), ou supervenientes à celebração do contrato, como ocorre com a Teoria da Imprevisão ou aquela da Quebra da Base do Negócio. De acordo com Luis Renato Ferreira da Silva, na imprevisão, o elemento causador da revisão do contrato "reveste-se de caráter genérico enquanto na teoria da base há um caráter mais específico". Prossegue o autor aduzindo que a principal diferença entre as duas teorias é a "previsibilidade das circunstâncias supervenientes" e que no Brasil tem-se o acolhimento da teoria da base objetiva do negócio e não daquela subjetiva, uma vez que a primeira se liga "ao fim essencial do contrato ou à destruição da relação de equivalência entre as prestações".[29] Assim, não importa se a causa superveniente ao pacto é previsível ou não. O que importa é que o seu implemento gerou um desequilíbrio insuportável para uma das partes a ensejar a revisão do que foi pactuado, em virtude da boa-fé.

Apesar de não se poder aplicar à partilha em vida as Teorias da Imprevisão ou da Quebra da Base do Negócio, em razão da ausência de sinalagma entre as prestações assumidas no instituto ora em tela, pode-se dizer que ditas teorias emprestam mecanismos à possibilidade de rever a partilha em vida. Com efeito, em virtude de a partilha em vida consistir em uma sucessão antecipada, que abrange os herdeiros necessários e aqueles que podem ser contemplados com a cota disponível da herança, uma modificação substancial no rol dos primeiros é razão suficiente para a revisão do pactuado. Com efeito, o princípio da intangibilidade da legítima permeia toda a aplicação e interpretação do Direito Sucessório, sendo certo que o pressuposto para a partilha em vida, na forma do preconizado no art. 2.018 do Código Civil, é não ocorrer prejuízo à legítima dos herdeiros necessários.

Nessa direção, ainda que seja previsível a superveniência de um descendente ou o divórcio entre os cônjuges, tais eventos atingem o rol dos herdeiros necessários em dimensão substancial, prejudicando a legítima e ensejando, assim, a revisão da partilha em vida.

4.2.1 Superveniência de descendente sucessível ao partilhante

Na esteira do que se refletiu, pode ocorrer de, após a partilha em vida, sobrevir ao partilhante descendente sucessível que este não o tinha ou não o conhecia por ocasião do ato, não importando se tratar de novo vínculo estabelecido por meio de parentesco biológico, socioafetivo ou registral. Nesse caso, a partilha será nula se esse descendente sobreviver ao partilhante e será necessário realizar uma nova partilha.[30] Ou seja, em

---

29. FERREIRA DA SILVA, Luis Renato. As causas da revisão dos contratos pelo juiz e o Código de Defesa do Consumidor. *Revista da Faculdade de Direito da UFRS*, n. 11, p. 159-160, 1996. Disponível em: https://seer.ufrgs.br/index.php/revfacdir/article/view/69743/39289. Acesso em: 29 out. 2022.
30. ITABAIANA DE OLIVEIRA, Arthur Vasco. *Tratado de Direito das Sucessões*. São Paulo: Max Limonad, 1952, III, p. 899.

decorrência da gravidade da situação que ameaça o direito fundamental à herança de herdeiro necessário, ela gera a resolução do contrato anteriormente feito, diante do evento inesperado. Por esse motivo, é necessário que a partilha seja refeita, contemplando o novo descendente.

O mesmo princípio resta contido no art. 1.973 do Código Civil em relação aos testamentos, muito embora a jurisprudência tenha mitigado a sua aplicação, apenas admitindo o rompimento do testamento nas hipóteses de inexistência de prole anterior ao ato de última vontade.[31]

4.2.2 Dissolução do relacionamento conjugal existente à época da partilha em vida

Conquanto o art. 2.018 CC nomine ascendente como sujeito da partilha em vida, a natureza jurídica de sucessão antecipada pode levar à atribuição de quinhão ao cônjuge ou ao companheiro do titular do patrimônio. Não se está aqui tratando de meação, mas sim de quinhões hereditários que, por força do art. 1.829, I, CC, o cônjuge ou o companheiro pode herdar – sem contar a quota disponível que também pode lhe ser atribuída, mas que não é objeto da reflexão desse artigo.

Diante dessa possibilidade e da volatilidade das relações amorosas na contemporaneidade, é sabido que há risco de, conquanto tenha havido a antecipação da sucessão, os relacionamentos familiares conjugais se findarem antes da morte do partilhante. Nesse caso, a partilha será nula? O cônjuge ou companheiro que recebeu quinhão na qualidade de herdeiro no momento da partilha em vida e perdeu essa qualidade no momento da morte do partilhante deverá devolver a herança?

Uma primeira reflexão se refere à definição do momento de aferição da capacidade sucessória e da qualidade de herdeiro: na celebração da partilha em vida ou na morte do partilhante. A dúvida nasce principalmente de questões dogmáticas, tendo em vista que, tradicionalmente, é o momento da morte o marcador da verificação daqueles que são os herdeiros do falecido e que têm capacidade sucessória. Por isso, é necessário resolver esse problema hermenêutico. O tema é desafiador, pois já foi possível perceber que o único dispositivo que trata do assunto não resolve todas as controvérsias em torno da partilha em vida.

---

31. "Agravo regimental no agravo em recurso especial. Direito das sucessões. Testamento. Superveniência de descendente. Rompimento. Não ocorrência. Presunção de que o falecido testaria de forma diversa inexistente no caso concreto. 1. O art. 1.973 do Código Civil de 2002 trata do rompimento do testamento por disposição legal, espécie de revogação tácita pela superveniência de fato que retira a eficácia da disposição patrimonial. Encampa a lei uma presunção de que se o fato fosse de conhecimento do testador – ao tempo em que testou –, não teria ele testado ou o agiria de forma diversa. 2. Nesse passo, o mencionado artigo somente tem incidência se, à época da disposição testamentária, o falecido não tivesse prole ou não a conhecesse, mostrando-se inaplicável na hipótese de o falecido já possuir descendente e sobrevier outro(s) depois da lavratura do testamento. Precedentes desta Corte Superior. 3. Agravo regimental a que se nega provimento". STJ, 4ª T., AgRg no AREsp 229064 / SP, Rel. Luis Felipe Salomão, julg. em 03.10.2013.

Entende-se que o momento de aferição da capacidade sucessória é o da partilha em vida, pois é quando se celebra o contrato, de modo que a escritura pública com a finalidade de já entregar aos herdeiros e eventuais beneficiários a herança antecipada pressupõe a participação de todos e, com isso, a qualidade de herdeiro. No entanto, a superveniência de fato que, no momento da morte, gera a perda dessa qualidade – como um divórcio ou fim da união estável, ou até mesmo a qualidade de filho de alguém aquinhoado quando da celebração da partilha em vida – também impacta a eficácia contratual.

Heloisa Helena Barboza e Vitor Almeida entendem que a variação quantitativa dos herdeiros necessários após celebração da partilha em vida acaba maculando o negócio. É o caso do surgimento de novo descendente sucessível, que acaba rompendo com a igualdade entre os herdeiros, acarretando a nulidade da partilha em vida. Sobre o desfazimento de casamentos ou uniões estáveis posteriores à celebração da partilha em vida e antes do falecimento do partilhante, os autores assim se manifestam:

> Com igual ou maior razão, a redução do número de herdeiros pela perda da qualidade de herdeiro necessário de um dos agraciados na partilha em vida – como no caso de divórcio antes da abertura da sucessão – igualmente rompe o pressuposto de se contemplar todos os herdeiros: (i) a um, por beneficiar quem não seria, nem será mais, chamado a suceder, pela perda da qualidade de sucessor legítimo necessário, mas recebeu quinhão igual ao dos descendentes; (ii) a dois (e mais grave), por comprometer desse modo e irremediavelmente a legítima dos herdeiros necessários, uma vez que, insista-se, não haverá inventário nem obrigação de trazer bens à colação.[32]

Diante disso, é necessário que o antigo cônjuge ou companheiro que recebeu quinhão na partilha em vida, devolva os bens para que sejam inventariados e distribuídos aos herdeiros existentes na morte do partilhante. Não é, portanto, necessário desconstituir a partilha em vida como um todo, mas inventariar exclusivamente os bens que deverão ser devolvidos ao espólio do partilhante para que sejam entregues aos herdeiros, de acordo com a ordem de vocação hereditária.

5. CONCLUSÃO: PERSPECTIVAS PARA A PARTILHA EM VIDA COMO INSTRUMENTO DO PLANEJAMENTO SUCESSÓRIO

A partilha em vida deveria ser um excelente instrumento de planejamento sucessório, na medida em que, em sendo feita em vida do titular dos bens, pode bem conjugar a sua vontade e os interesses dos sucessores, organizando melhor o patrimônio de acordo com os vínculos que estes últimos detêm com os bens.

De fato, a partilha em vida apresenta vantagens na medida em que dispensa o procedimento de inventário – caso o partilhante não adquira novos bens posteriormente ao ato e não ocorra fatos supervenientes capazes de atingir a eficácia do negócio jurídico –, os tributos são pagos pela alíquota vigente no momento da assinatura da escritura pública,

---

32. BARBOZA, Heloisa Helena; ALMEIDA, Vitor. Partilha em vida como forma de planejamento sucessório. In: TEIXEIRA, Daniele Chaves (Coord.). *Arquitetura do planejamento sucessório*. 2. ed. Belo Horizonte: Forum, 2019, t. I, p. 496.

de modo que o planejamento sucessório é construído com maior previsibilidade, além de minimizar riscos de conflitos familiares, se feita de acordo com as exigências legais, não estando os bens partilhados sujeitos à colação, evitando os tormentosos cálculos de partilha advindos das controvérsias atualmente existentes a respeito do instituto.[33]

No entanto, os problemas em torno do instituto trazem insegurança sobre sua eficácia no momento do falecimento do partilhante, principalmente quando há instabilidades na família, em torno da constituição e/ou desconstituição de vínculos parentais ou conjugais.

Acredita-se que o fato de se exigir que a partilha em vida abranja todo o patrimônio do titular iniba o uso do instituto, uma vez que se desfazer de tudo o que se tem não é atrativo, ainda mais considerando o aumento da longevidade da população. Desse modo, a se admitir a partilha em vida de parte do patrimônio, com a participação de todos os herdeiros, traria maior potencialidade a esse instrumento, uma vez que dessa forma, seria possível resolver questões específicas do patrimônio ou demandas familiares, trazendo a vantagem daqueles bens englobados na partilha em vida restarem fora do inventário, alcançando, assim, o instituto em referência, maior utilidade ao planejamento sucessório.

---

33. OLIVEIRA, Alexandre Miranda; TEIXEIRA, Ana Carolina Brochado. A colação e seus reflexos no planejamento sucessório. In: TEIXEIRA, Daniele Chaves (Coord.). *Arquitetura do planejamento sucessório*. 2. ed. Belo Horizonte: Forum, 2019, t. I, p. 47-61.

Parte V
Novas fronteiras da responsabilidade civil na contemporaneidade

Parte V

A NECESSÁRIA RELEITURA DA RESPONSABILIDADE CIVIL DO CURADOR E SUA PLASTICIDADE

Nelson Rosenvald

Raquel Bellini Salles

Sumário: 1. Agradecimento – 2. A ressignificação da curatela; 2.1 O curador assistente e/ou representante e o curador-guardião em caráter excepcional; 2.2 A nova responsabilidade civil dos curadores – 3. A aplicabilidade do EPD às curatelas precedentes e em curso – 4. Considerações finais.

1. AGRADECIMENTO

1984. Início de minha graduação na Faculdade de Direito da UERJ. Uma jovem e talentosa professora encanta todos os alunos desde a 1ª Aula. Minha escolha por ser um "civilista" seria impensável se a Professora Heloisa Helena não fosse a fonte de inspiração. Muito obrigado! – Nelson Rosenvald

2002. Início de meu curso de mestrado no Programa de Pós-Graduação em Direito da UERJ. A acolhida pela querida Professora Heloisa e as reflexões que despertou em mim reafirmaram minha escolha pelo direito civil, pela vida acadêmica e pela docência. Gratidão para sempre. – Raquel Bellini Salles

2. A RESSIGNIFICAÇÃO DA CURATELA

A Convenção sobre os Direitos da Pessoa com Deficiência (CDPD) e o Estatuto da Pessoa com Deficiência (EPD) impactaram profundamente no instituto da curatela, tornando-o medida extraordinária, temporária, necessariamente proporcional às necessidades da pessoa curatelada, sem o propósito de substituição de vontade e limitado às situações jurídicas patrimoniais.[1] A curatela passou a comportar, assim, modulações. A depender do caso em tela, e conforme as funcionalidades e grau de dependência da pessoa em concreto, ela será mais ou menos intensa, apresentando uma plasticidade – concepção essa denominada de "curatela sob medida".[2]

---

[1]. Conforme artigos 84 e 85 do EPD.
[2]. ABREU, Célia Barbosa. A curatela sob medida: notas interdisciplinares sobre o Estatuto da Pessoa com Deficiência e o novo CPC. In: MENEZES, Joyceane Bezerra de (Org.). *Direito das pessoas com deficiência psíquica e intelectual nas relações privadas*: Convenção sobre os direitos das pessoas com deficiência e Lei Brasileira de Inclusão. Rio de Janeiro: Processo, 2016, p. 545-565.

Coloca-se, pois, a questão sobre como as transformações do instituto da curatela, igualmente determinadas pelo EPD, tornando-o medida excepcional, proporcional e plástica em prol da pessoa com deficiência, impactaram na disciplina da responsabilidade civil dos curadores.

2.1 O curador assistente e/ou representante e o curador-guardião em caráter excepcional

A apontada flexibilidade da curatela, justamente para assegurar a autonomia e dignidade da pessoa com deficiência, permite moldar, à luz das circunstâncias do caso concreto, o instrumento viabilizador do apoio mais adequado – se representação ou assistência – de acordo com o projeto terapêutico personalizado e individualizado, sendo que, "nos casos em que o juiz não fixar a representação como mecanismo de apoio, a regra recairá sobre a assistência, a qual é mais compatível com a imperiosa exigência de preservação da autonomia das pessoas com deficiência".[3]

Assim, entende-se que a curatela pode atuar em três contextos diversos: i) o curador pode se apresentar como um representante do relativamente incapaz para todos os atos jurídicos, porque este não possui qualquer condição de praticá-los, sequer em conjunto; ii) o curador pode ser um representante para certos e específicos atos e assistente para outros, em um regime misto; iii) o curador será apenas um assistente, na hipótese em que o curatelando tem condições de praticar todo e qualquer ato, desde que devidamente acompanhado, para a sua proteção.

Na relação entre pais e filhos menores, a guarda é, nos termos do artigo 1.634, II, do Código Civil (CC/02), um dos aspectos que integram a autoridade parental ou poder familiar. Este, por sua vez, é cabível indistintamente ao pai e à mãe, mesmo nos casos de dissolução da sociedade conjugal, conforme artigos 1.632 e 1.634 do CC/02, ao passo que a guarda pode ser unilateral ou compartilhada, nos termos dos artigos 1.583 do CC/02.

Na relação entre curadores e curatelados, não há que se falar em guarda como um aspecto da "autoridade parental", seja porque não é de autoridade parental ou poder familiar de que se trata, mas, sim, de um múnus atribuído por sentença, seja porque nem sempre se faz necessário que a pessoa curatelada esteja na companhia do curador, seja, enfim, porque, considerando-se a vocação *a priori* da curatela como medida de apoio para a prática de atos patrimoniais, tem-se a pessoa curatelada como sujeito autônomo para o exercício dos demais atos para os quais não foi constituída a curatela.

É possível, contudo, cogitar a "guarda" pelo curador, ainda que criticável tal termo, em situações excepcionais em que o curatelado não ostente dita autonomia e apresente a necessidade de proteção, vigilância e acompanhamento cotidiano, haja vista inclusive os riscos que sua situação, por enfermidade ou deficiência, possa representar para ele próprio ou para terceiros.

---

3. ALMEIDA, Vitor. *A capacidade civil das pessoas com deficiência e os perfis da curatela*. Belo Horizonte: Fórum, 2019, p. 219.

A corroborar este entendimento, vale lembrar o disposto no artigo 1.590 do Código Civil, que, no capítulo destinado à "proteção da pessoa dos filhos", estabelece que "as disposições relativas à guarda e prestação de alimentos aos filhos menores estendem-se aos maiores incapazes". Com efeito, em se tratando de pessoas com deficiência maiores em situação de dependência, ainda que não submetidas à curatela, os pais comumente continuarão desempenhando a guarda, de modo a terem seus filhos em sua companhia, com eles convivendo para prestar-lhes os cuidados de que necessitem.

Concebe-se, todavia, que a necessidade da guarda possa ser reconhecida para além das relações paterno-filiais, em face de curadores nomeados que tenham outros vínculos, familiares ou não, com as pessoas curateladas.

A curatela "sob medida", em observância à concreta necessidade de cada pessoa curatelada, é o que deve determinar a intensidade da atuação do curador e do cuidado que ele deve ter em relação ao curatelado, sendo que a guarda, no caso da curatela, não pode ser presumida, deve ser expressamente fundamentada em sentença, ser estabelecida em caráter temporário e durar pelo tempo estritamente necessário.

2.2 A nova responsabilidade civil dos curadores

Antes do EPD, o curador, pautado no modelo de substituição de vontade, respondia por todos os atos do curatelado. Logo, se o curatelado cometesse algum ato antijurídico e fosse configurada a obrigação de indenizar em favor de terceiros, a responsabilidade do curador, de acordo com os artigos 932, II, e 933 do Código Civil, seria sempre indireta – por fato de outrem – e objetiva, ao passo que a responsabilidade do curatelado seria, nos termos do artigo 928 do mesmo código, sempre subsidiária, ressalvada a possibilidade de fixação equitativa da indenização, conforme o parágrafo único deste último artigo.

Todavia, o modelo da curatela "sob medida" enseja uma necessária releitura do regime da responsabilidade civil dos curadores, que igualmente deve ser modulada nos limites das funções assumidas e dos atos para os quais a curatela foi constituída.[4] Ao revés, o regime da responsabilidade civil da pessoa com deficiência sob curatela também se modifica, levando-se sobretudo em consideração os atos passíveis de serem praticados com plena autonomia, sem intervenção do curador, a configurar unicamente a responsabilidade direta da pessoa com deficiência em relação a tais atos.[5] Como pontua Heloisa

---

4. "Enquanto a pessoa tiver competência para explicitar sua vontade, seja por meio de adequações razoáveis, intérpretes ou de apoiadores, em princípio, não tem cabimento a incapacidade relativa", BARBOZA, Heloisa Helena; ALMEIDA, Vitor. *A capacidade civil à luz do Estatuto da Pessoa com deficiência*. In: MENEZES, Joyceane Bezerra de. *Direito das pessoas com deficiência psíquica e intelectual nas relações privadas*: Editora Processo, 2016, p. 264.
5. Este também é o entendimento de TEPEDINO, Gustavo e TERRA, Aline de Miranda Valverde, in: A evolução da responsabilidade civil por fato terceiro na experiência brasileira, *Revista de Direito da Responsabilidade*, p. 1.091: "Se a pessoa com deficiência sob curatela torna-se relativamente incapaz, sofrendo restrição mínima e pontual na sua autonomia, e se é justamente essa restrição que determina a medida dos poderes do curador, sua responsabilidade deve também ser estabelecida pelo mesmo critério, vale dizer, de acordo com os poderes que lhe são expressamente conferidos na sentença de interdição. Dessa forma, todos os danos decorrentes de atos praticados pelo curatelado no espectro de sua autonomia e capacidade – atos esses não compreendidos, portanto, pelos efeitos da curatela – vinculam o seu patrimônio e deverão ser por ele mesmo suportados, afastando-se a responsabilidade do curador".

Helena Barboza, "há uma inversão da ótica: analisa-se a competência do curatelando, o que ele é capaz de fazer, não as suas incapacidades".[6]

Além disso, releva considerar que, anteriormente ao EPD, o curador, como representante do curatelado, em geral assumia também o papel de guardião de direito, com deveres de cuidado, direção e vigilância em relação à pessoa sob curatela e responsabilidade objetiva pelos atos desta, prestando-se como garantidor legal perante terceiros. Todavia, partindo-se da presunção de plena capacidade da pessoa com deficiência e da proporcionalidade da curatela, não faz mais sentido o entendimento de que o curador será sempre um guardião e, assim, um garantidor, a responder objetivamente por todos e quaisquer atos do curatelado.

A curatela, independentemente de seu perfil e de sua medida, enseja, ainda mais após o EPD, inarredáveis deveres de cuidado,[7] que podem ser mais ou menos intensos a depender da necessidade do curatelado, mas tal não significa sempre que o curador haverá de assumir a guarda, até mesmo em função da autonomia do curatelado. Curatela e guarda são figuras distintas e não necessariamente coexistirão. Essa distinção é particularmente importante para a configuração da responsabilidade civil do curador, valendo lembrar que o artigo 932, II, do Código Civil a estabelece em relação aos curatelados que estiverem "sob as mesmas condições" previstas no inciso I, ou seja, sob a "autoridade e companhia" do curador, sendo que o primeiro termo remete ao múnus constituído por sentença (já que não se poderia falar em autoridade parental para sujeitos maiores), enquanto o segundo remete à guarda, compreendendo a proteção e acompanhamento do cotidiano. Assumindo o curador a guarda, nos termos expressos e por força da sentença constitutiva da curatela, faz sentido a atribuição ao mesmo de uma responsabilidade total pelos atos do curatelado, pois aí sim assume ele um papel de garantidor, por força de lei, perante terceiros.

Ainda que o termo "guarda" não se mostre o mais adequado para refletir um intenso dever de cuidado em termos de acompanhamento do cotidiano da pessoa curatelada, é possível cogitá-la nos casos em que o curatelado não apresente condições de autodeterminação ou revele extrema dependência, tendo assim a necessidade de proteção, vigilância e acompanhamento cotidiano, considerando inclusive os riscos que sua situação, por enfermidade ou deficiência, possa representar para ele próprio ou para terceiros. Nesses casos, e compreendida a guarda no sentido de direito-dever de ter a pessoa curatelada em companhia, ou seja, sob sua proteção, vigilância e acompanhamento, justifica-se a responsabilidade objetiva do curador por todos os atos danosos que o curatelado venha a praticar contra terceiros, atribuindo-se ao curador um papel de garantidor por força de lei.

---

6. BARBOZA, Heloisa Helena. Desafios para a efetividade da lei brasileira de inclusão. In: SALLES, Raquel Bellini; PASSOS, Aline Araújo; LAGE, Juliana Gomes. *Direito, vulnerabilidade e pessoa com deficiência*: Editora Processo, 2019, p. 70.
7. Observa-se que o artigo 758 do Código de Processo Civil estabelece que o curador "deverá buscar tratamento e apoio apropriados à conquista da autonomia pelo interdito", o que não significa que necessariamente deverá assumir a guarda do curatelado.

Por outro lado, não havendo assunção de guarda, a responsabilidade do curador por danos causados pelo curatelado a terceiros necessariamente deverá ser analisada em cada caso e estabelecida, objetivamente, somente se tais danos resultarem de atos praticados ou que deveriam ter sido praticados com a intervenção do curador. Em relação a quaisquer outros atos que não tenham sido abrangidos pelo escopo da curatela, eventual responsabilização do curador somente poderá ocorrer mediante comprovação da prática de ato ilícito, mormente de uma conduta culposa.

Neste sentido, na IX Jornada de Direito Civil do Conselho da Justiça Federal foi aprovado enunciado dispondo que "A responsabilidade civil indireta do curador pelos danos causados pelo curatelado está adstrita ao âmbito de incidência da curatela tal qual fixado na sentença de interdição, considerando o art. 85, caput e § 1º, da Lei 13.146/2015".[8]

Não havendo em concreto fundamento para se imputar ao curador, em relação a determinado ato, a responsabilidade indireta e objetiva prevista no artigo 932, II, cogita-se a aplicação do disposto no artigo 928 do Código Civil, que estabelece a responsabilidade dos filhos, pupilos e curatelados "*se as pessoas por ele responsáveis não tiverem obrigação de fazê-lo* ou não dispuserem de meios suficientes". Aplicando-se a primeira hipótese quando os limites da curatela definidos em sentença não permitirem a responsabilização do curador, recairá exclusivamente sobre a pessoa curatelada a responsabilidade pelos danos que ela própria causar. Cabe atentar, todavia, que, considerando a presunção de plena capacidade mesmo da pessoa sob curatela, relativamente aos atos não abrangidos por esta, a invocação do artigo 928 faz-se desnecessária, e até mesmo incabível, considerando-se que, no tocante a tais atos, o autor do dano deverá responder como qualquer sujeito capaz, segundo a regra de imputação aplicável ao evento danoso *in casu*, hipótese em que ainda haverá espaço, quando aplicável, para a redução equitativa da indenização nos termos do artigo 944, parágrafo único, do CC/02.[9]

---

8. Segue a justificativa do enunciado: "Com o advento da Lei Brasileira de Inclusão (LBI) – Lei 13.146/2015, a curatela foi reestruturada para atender aos comandos da Convenção sobre os Direitos da Pessoa com Deficiência (Decreto 6.949/2009). Dentre as alterações, teve o seu âmbito de incidência restrito aos atos pertinentes aos interesses patrimoniais (art. 85, LBI), sem alcançar o direito ao próprio corpo, à sexualidade, ao matrimônio, à privacidade, à educação, à saúde, ao trabalho e ao voto (art. 85, § 1o, LBI). A capacidade jurídica da pessoa com deficiência, em igualdade com as demais, foi estabelecida pelo art. 12, da CDPD e arts. 6º e 84, da LBI. A par disso e conforme o art. 1.767 e art. 4º, III do CC, o Superior Tribunal de Justiça decidiu que a pessoa sob curatela pode ser considerada relativamente incapaz e não absolutamente incapaz (RE no 1.927.423 – SP). Portanto, deve ser redefinida a responsabilidade civil indireta do curador fixada pelo art. 932, II, do CC. Como o curador tem os limites do seu múnus fixados em sentença, sua responsabilidade civil indireta sobre os danos causados pelo curatelado deve ser apurada de modo equivalente. Não lhe cabe responder por danos que não guardam correlação com os limites da curatela. Decisão do STJ (RE 1893387 – SP) dispôs que o curador responde pelos danos causados pelo curatelado. Mas o *caso* é afeto à questão contratual e não à responsabilidade indireta. Trata do dever do curador, titular do plano de saúde do qual a curatelada, sua esposa, é beneficiária dependente, em adimplir as obrigações contratuais e reparação de danos fixada em juízo".

9. Nesse sentido, e para um aprofundamento sobre a aplicabilidade do artigo 944, parágrafo único, cf.: SALLES, Raquel Bellini Salles. A responsabilidade civil das pessoas com deficiência e dos curadores após a lei brasileira de inclusão. *Revista IBERC*, v. 4, n. 1, p. 1-18, 2 mar. 2021, disponível em: https://revistaiberc.responsabilidadecivil.org/iberc/article/view/157, acesso em: 02 mar. 2021; SALLES, Raquel Bellini; ZAGHETTO, Nina Bara. Novos contornos da responsabilidade civil da pessoa com deficiência após a Lei Brasileira de Inclusão. In: SALLES, Raquel Bellini; PASSOS, Aline Araújo; LAGE, Juliana Gomes (Org.). *Direito, vulnerabilidade e pessoa*

Alguns exemplos, a título ilustrativo, podem contribuir para o raciocínio exposto. Numa situação em que o curador tenha assumido o múnus para a gestão da vida patrimonial e financeira do curatelado, cabendo-lhe pagar contas, conservar bens e celebrar contratos, realiza a compra de um bem sem que o curatelado tenha condições financeiras para arcar com o pagamento, resultando em inadimplemento, portanto em perdas e danos em favor do contratante vendedor. Nessa hipótese, o curador teria responsabilidade objetiva, fazendo-se desnecessária a análise de culpa.

Noutra hipótese, tem-se um acidente de trânsito provocado por pessoa com deficiência psíquica ou intelectual habilitada a dirigir, embora disponha de um curador nomeado para assisti-la em certos atos patrimoniais. Note-se que a direção de um veículo perpassa a esfera existencial da pessoa, sua locomoção, seu direito de ir e vir, sua liberdade. Porém, é um ato que pode ter repercussões patrimoniais em caso de lesões a terceiros, sem, contudo, ter tido qualquer intervenção do curador e sem que este tivesse, neste aspecto, qualquer obrigação de atuar. Não há, na perspectiva atual da curatela, embasamento para se responsabilizar pessoalmente o curador, ainda mais objetivamente, e não se responsabilizar o curatelado nesses casos.

Da mesma forma, se o curador se envolve numa briga e causa danos a terceiros, ou deixa cair objetos de dentro de seu apartamento causando danos à propriedade vizinha ou a transeuntes, somente se vislumbra a responsabilidade objetiva do curador com base no artigo 932, II, se houver o dever de guarda nos termos expressos da sentença; caso contrário, restará apenas a responsabilidade subjetiva, e desde que comprovada a prática de conduta culposa pelo curador no sentido de favorecer a causação do dano.

Outros exemplos ainda se afiguram úteis à reflexão: causar danos no exercício de uma profissão para a qual esteja habilitado, causando ao cliente danos materiais; abandonar um filho, sendo judicialmente demandado para reparação de danos morais. Nesses casos se afigura difícil, senão impossível, a aplicação do 932, II, especialmente considerando-se que a pessoa curatelada goza de autonomia e capacidade para o desempenho de situações existenciais da espécie.

Na mesma linha, se a pessoa curatelada, embora sem condições de gerir movimentações financeiras, tem autonomia suficiente para trabalhar, imaginemos que cause danos a terceiros por defeito de produto ou serviço por ela fornecido no âmbito de uma relação consumerista ou em decorrência do desempenho de uma atividade de risco (que inclusive atraia a incidência da cláusula geral de responsabilidade civil objetiva do parágrafo único do artigo 927 do Código Civil). Sua responsabilidade aí seria objetiva, sem envolvimento do curador.

---

com deficiência. Rio de Janeiro: Processo, 2019, p. 133-193; PIMENTEL, Ana Beatriz Lima; SALLES, Raquel Bellini. Validade dos negócios jurídicos, prescrição, decadência e responsabilidade civil após a Lei Brasileira de Inclusão. In: MENEZES, Joyceane Bezerra de; BARIFFI, Francisco José; CAYCHO, Renato Antonio Constantino (Org.). *Capacidade jurídica, deficiência e direito civil na América Latina: Argentina, Brasil, Chile, Colômbia e Peru*. Indaiatuba: Editora Foco, 2021.

Enfim, um exemplo de responsabilidade subjetiva: não estando a celebração de contrato de compra e venda abrangida pela curatela, o curatelado realiza uma compra na internet usando ilicitamente dados de terceiro, deixando de pagar e causando assim danos à pessoa de tal terceiro, tais como danos morais decorrentes de inscrição indevida em cadastro de inadimplentes e danos materiais. Mais uma vez, se a guarda não foi estabelecida na sentença, e não tendo a curatela contemplado ato contratual da espécie, a responsabilidade objetiva do curador não tem como ser aplicada. Teria lugar, porém, a responsabilidade subjetiva, somente se comprovada a culpa do curador ou sua participação no ilícito.

Observa-se que, ao menos para efeito de responsabilidade civil, a distinção entre interesses existenciais e patrimoniais mostra-se às vezes mais clara em dadas situações do que em outras, e nem se mostra suficiente para responder inequivocamente às questões mencionadas. Assim, não se poderia buscar a solução apenas em tal distinção simplesmente para estabelecer que, "sendo o ato de cunho patrimonial", responde o curador totalmente e, "sendo o ato de cunho existencial", ele não responde. A relevância parece estar mais na definição dos limites da curatela por força da sentença do que na natureza (muitas vezes de difícil precisão) dos interesses subjacentes aos atos praticados, embora estes não sejam dados a serem desconsiderados.

Vale esclarecer que a responsabilidade objetiva do curador se aplica apenas aos danos causados pelo curatelado a terceiros. Perante o curatelado, a responsabilidade civil do curador deve ser examinada à luz da cláusula geral da responsabilidade civil subjetiva,[10] conforme artigos 186 e 927, *caput*, do Código Civil, à vista das funções do curador, da medida e dos limites da curatela como constituída em sentença, sem prejuízo da possível remoção[11] do curador no âmbito do processo judicial de curatela.

Igualmente repercute na responsabilidade civil o estabelecimento de curatela conjunta, da qual são espécies a curatela compartilhada, com base no artigo 1.775-A[12] do EPD, e a curatela fracionada. A primeira implica, dentro dos limites da constituição da curatela conforme sustentou-se anteriormente, responsabilização conjunta e solidária, uma vez que os cocuradores atuam sem distinção de funções ou periodicidade,[13] ao passo que a segunda implica o fracionamento também da responsabilidade, que somente poderá ser atribuída aos curadores estritamente dentro dos limites das funções para as quais cada qual foi constituído. Apesar de o EPD ter previsto expressamente apenas a curatela compartilhada, verifica-se na doutrina também a possibilidade da curatela

---

10. Conforme disposto no Código Civil: "Art. 1.781. As regras a respeito do exercício da tutela aplicam-se ao da curatela, com a restrição do art. 1.772 e as desta Seção" e "Art. 1.752. O tutor responde pelos prejuízos que, por culpa, ou dolo, causar ao tutelado; mas tem direito a ser pago pelo que realmente despender no exercício da tutela, salvo no caso do art. 1.734, e a perceber remuneração proporcional à importância dos bens administrados".
11. Segundo artigos 761 e 762 do Código de Processo Civil.
12. "Art. 1.775-A. Na nomeação de curador para a pessoa com deficiência, o juiz poderá estabelecer curatela compartilhada a mais de uma pessoa."
13. ALMEIDA, Vitor. *A capacidade civil das pessoas com deficiência e os perfis da curatela*. Belo Horizonte: Fórum, 2019, p. 256.

fracionada,[14] que se mostra positiva na medida em que permite a repartição de tarefas conforme as habilidades de cada curador, mas sempre tendo em vista a vontade, a necessidade e o melhor interesse da pessoa com deficiência.

Há ainda que se considerar a hipótese de a pessoa curatelada estar sob os cuidados de centros de atenção especializados ou residências inclusivas,[15] que, por assumirem a guarda legal, atraem a responsabilidade indireta e objetiva prevista no artigo 932, IV,[16] e 933 do Código Civil, e a responsabilidade subsidiária da pessoa curatelada prevista no artigo 928.

Por todas as considerações feitas, a nova configuração da curatela no direito brasileiro torna imprescindível que as respectivas sentenças constitutivas zelem pela real modulação em concreto das funções e limites de atuação dos curadores, nos termos estabelecidos pelo artigo 85, § 2º, da Lei 13.146/2015,[17] com fundamentação adequada e particularizada para justificar a restrição da capacidade civil, tomando por base laudos e estudos multidisciplinares, conforme estabelecem os artigos 753[18] e 755[19] do Código de Processo Civil (CPC/15). Nessa linha, o Enunciado 574 do Conselho da Justiça Federal, da VI Jornada de Direito Civil, já continha, antes mesmo do EPD, a orientação de que "A decisão judicial de interdição deverá fixar os limites da curatela para todas as pessoas a ela sujeitas, sem distinção, a fim de resguardar os direitos fundamentais e a dignidade do interdito (art. 1.772)".[20] Apesar de o correlato artigo 1.772 do Código Civil ter sido revogado pelo CPC/15, logo após ter tido sua redação alterada pelo EPD, entende-se que, por conta do próprio EPD e dos artigos 753, § 2º, e 755 do CPC/15, a mencionada orientação mantém-se preservada.

Não há, pois, mais lugar para a reprodução de modelos genéricos embasados em fórmulas neutras, seja em razão da própria excepcionalidade da curatela, para se asse-

---

14. ROSENVALD, Nelson. Curatela. *Tratado de direito das famílias*. 3. ed. Belo Horizonte: IBDFAM, 2018, p. 775.
15. Segundo o artigo 3º, X, do EPD, consideram-se residências inclusivas "unidades de oferta do Serviço de Acolhimento do Sistema Único de Assistência Social (Suas) localizadas em áreas residenciais da comunidade, com estruturas adequadas, que possam contar com apoio psicossocial para o atendimento das necessidades da pessoa acolhida, destinadas a jovens e adultos com deficiência, em situação de dependência, que não dispõem de condições de autossustentabilidade e com vínculos familiares fragilizados ou rompidos".
16. "Art. 932. São também responsáveis pela reparação civil: (...) IV – os donos de hotéis, hospedarias, casas ou estabelecimentos onde se albergue por dinheiro, mesmo para fins de educação, pelos seus hóspedes, moradores e educandos."
17. "Art. 85. A curatela afetará tão somente os atos relacionados aos direitos de natureza patrimonial e negocial. (...) § 2º A curatela constitui medida extraordinária, devendo constar da sentença as razões e motivações de sua definição, preservados os interesses do curatelado."
18. "Art. 753. Decorrido o prazo previsto no art. 752, o juiz determinará a produção de prova pericial para avaliação da capacidade do interditando para praticar atos da vida civil. § 1º A perícia pode ser realizada por equipe composta por expertos com formação multidisciplinar. § 2º O laudo pericial indicará especificadamente, se for o caso, os atos para os quais haverá necessidade de curatela."
19. "Art. 755. Na sentença que decretar a interdição, o juiz:
    I – nomeará curador, que poderá ser o requerente da interdição, e fixará os limites da curatela, segundo o estado e o desenvolvimento mental do interdito; II – considerará as características pessoais do interdito, observando suas potencialidades, habilidades, vontades e preferências."
20. A propósito, cf. ABREU, Célia Barbosa. *Curatela & Interdição Civil*. RJ: Lumen Juris, 2009, p. 180-220; e TEIXEIRA, Ana Carolina Brochado. Deficiência psíquica e curatela: reflexões sob o viés da autonomia privada. *Revista Brasileira de Direito das Famílias e Sucessões*, v. 7, p. 64-79, 2009.

gurar tanto quanto possível a autonomia da pessoa com deficiência, seja em função da necessidade de se delimitar a extensão dos poderes dos curadores e, consequentemente, sua responsabilidade.

Cabe considerar que, uma vez estabelecida a responsabilidade civil do curador com fundamento no artigo 932, II, do Código Civil, tem ele direito de regresso[21] contra o curatelado, que, por sua vez, terá a tutela de seu mínimo existencial conforme o parágrafo único do artigo 928.

3. A APLICABILIDADE DO EPD ÀS CURATELAS PRECEDENTES E EM CURSO

Importa atentar para a questão de direito intertemporal que desafia a interpretação do artigo 932, II, no tocante aos limites da responsabilidade civil dos curadores relativamente a atos ocorridos antes da vigência do EPD, pois é a partir deste, em razão das alterações que repercutiu no regime das incapacidades previsto no Código Civil, que se colocou mais veementemente a necessária releitura daquela mencionada regra de imputação em observância ao novo perfil da curatela e à sua plasticidade.[22]

Em casos tais, entendemos que, a partir do EPD, a responsabilização civil deve ser pautada sempre pela aferição das condições concretas do autor do dano de autodeterminar-se quando da ocorrência do fato. Tal se afirma com base na presunção de capacidade plena que o Estatuto passou a estabelecer em prol dos sujeitos maiores de 16 anos.

Havendo comprovadamente ditas condições de autodeterminação, a responsabilidade indireta e objetiva do curador estabelecida pelo artigo 932, II, pode e deve ser afastada, para se imputar a obrigação de indenizar exclusivamente ao sujeito causador do dano. O marco temporal da entrada em vigor do EPD no ordenamento jurídico brasileiro é o que deve nortear a solução jurídica aplicável, que seria a mesma nas seguintes situações: (i) curatela constituída anteriormente à vigência do EPD, com fato danoso ocorrido também anteriormente e sentença condenatória proferida após;[23] (ii) curatela

---

21. O direito de regresso é afastado no direito brasileiro apenas na relação entre pais e filhos menores, conforme artigo 934 do Código Civil: "Art. 934. Aquele que ressarcir o dano causado por outrem pode reaver o que houver pago daquele por quem pagou, salvo se o causador do dano for descendente seu, absoluta ou relativamente incapaz".
22. "Revela-se de fundamental importância a função promocional do atual marco normativo voltado à tutela dos direitos da pessoa com deficiência...estabelecendo comportamentos socialmente desejáveis e exigíveis que podem resultar no reconhecimento das pessoas com deficiência e sua autonomia para o livre desenvolvimento de sua personalidade de acordo com o seu projeto de vida", BARBOZA, Heloisa Helena; ALMEIDA, Vitor. *Reconhecimento, inclusão e autonomia da pessoa com deficiência: novos rumos na proteção dos vulneráveis*. In: BARBOZA, Heloisa Helena; MENDONÇA, Bruna Lima; ALMEIDA, Vitor. *O Código civil e o estatuto da pessoa com deficiência*. Rio de Janeiro: Editora Processo, 2017, p. 27.
23. A ilustrar essa hipótese, cite-se o caso objeto da Apelação Cível 1.0145.14.061497-8/001 do Tribunal de Justiça de Minas Gerais, conforme acórdão publicado em 05.02.2021, que, entretanto, manteve a responsabilidade total do curador por dano moral causado a terceiro pelo curatelado, nos seguintes termos: "Apelação cível. Ação de indenização. Agressão verbal de cunho homofóbico. Dano moral. Configuração. Valor da verba reparatória. Razoabilidade e proporcionalidade. Minoração. Não cabimento. Recurso conhecido e não provido. I – O escárnio público com agressão verbal de cunho homofóbico é suficiente para configurar o dano moral, pois atinge o direito de personalidade do ofendido, extrapolando os limites de meros aborrecimento e chateação

constituída anteriormente à vigência do EPD, mas com fato danoso ocorrido após e, por conseguinte, sentença condenatória proferida também após; (iii) curatela constituída após a vigência do EPD e, por conseguinte, com fato danoso e sentença condenatória verificados também após.

No que diz respeito especificamente à primeira situação acima aventada, entende-se que, dada a temporariedade da curatela, nos termos determinados pelo artigo 12.4 da CDPD e o artigo 84, §º 3, do EPD, mesmo diante de um fato ocorrido antes da vigência deste último, a curatela pode e deve ser revista, periodicamente, a fim de que se verifique a salvaguarda dos direitos das pessoas com deficiência e a necessidade ou não de manutenção da medida, assim como também pode ser levantada a qualquer tempo, parcial ou totalmente, conforme o artigo 756 do CPC/2015. Não há que se falar, portanto, em coisa julgada. Se assim é, nada obsta ao juiz sentenciante, nos próprios autos da ação de indenização, aferir as condições de autodeterminação do sujeito causador do dano quando da prática do ato lesivo para atribuir-lhe (ou não) a responsabilidade civil correlata, enquanto pessoa capaz, e afastar (ou não), estritamente em relação a tal fato, a responsabilidade civil indireta e objetiva do curador.

Solução oposta, no sentido de se responsabilizar o curador nos termos do artigo 932, II, do Código Civil, sem reanálise de suas condições de autodeterminação à época do fato danoso, afigura-se para a hipótese de a curatela ter sido constituída antes do EPD, com evento danoso e sentença condenatória verificados igualmente antes, pois tem-se aí coisa julgada no tocante à pretensão indenizatória, ainda que a própria curatela posteriormente venha a ser levantada ou revista para ter reduzido o âmbito de atuação do curador. Neste caso, a segurança jurídica em favor da pessoa da vítima deve prevalecer, sem prejuízo de adequação da curatela ao EPD.

A questão acima posta toca também a própria aplicabilidade do EPD às curatelas constituídas antes de sua vigência, bem como aos processos de curatela em curso. Em qualquer caso, o cenário ideal, à luz da CDPD, é a revisão ou, quando for o caso, o levantamento das curatelas que já não condizem com o novo perfil do instituto, o que certamente impacta na responsabilidade civil dos curatelados e curadores. Por outro lado, há que se reconhecer as dificuldades operacionais e o tempo necessário para se viabilizar um empreendimento de tal dimensão.[24] Também por isso sustenta-se o entendimento de que

---

possíveis de se aturar no dia a dia. II – O curador é civilmente responsável pelos atos do curatelado, inclusive pelo pagamento de indenização por dano moral (art. 932, II, do CCB), cujo importe deve ser mantido, se fixado com observância dos princípios da razoabilidade e proporcionalidade, à luz do caso concreto. III – Tratando-se de responsabilidade civil extracontratual, a indenização imaterial deve sofrer atualização monetária desde o arbitramento e acréscimo de juros moratórios contados do evento danoso, consoante inteligência das Súmulas 362 e 54 do STJ, respectivamente. Contudo, se a parte autora requer a incidência dos juros moratórios a partir da citação, deve ser respeitada tal pretensão, sob pena de violação ao princípio da adstrição, mesmo em se tratando o termo inicial dos encargos de ordem pública. IV – Recurso conhecido e não provido."

24. A propósito da aplicabilidade do EPD às curatelas precedentes, registra-se o entendimento de Pablo Stolze Gagliano. É o fim da interdição? Disponível em: https://flaviotartuce.jusbrasil.com.br/artigos/304255875/e-o--fim-da-interdicao-artigo-de-pablo-stolze-gagliano. Acesso em: 20 maio 2022: "Vale dizer, não sendo o caso de se converter o procedimento de interdição em rito de tomada de decisão apoiada, a interdição em curso poderá seguir o seu caminho, observados os limites impostos pelo Estatuto, especialmente no que toca ao termo de

o juiz pode, e deve, ao defrontar-se com ações de indenização envolvendo curatelados e curadores, analisar o caso concreto para aferir as condições de autodeterminação do autor do dano ao tempo do evento danoso, para então responsabilizar (ou não) o curador, independentemente de a curatela ter sido submetida a revisão após o EPD. Certo que, não havendo comprovação suficiente das condições de autodeterminação do sujeito, deverá ser aplicada a regra da responsabilidade civil objetiva indireta estabelecida pelos artigos 932, III, e 933, do Código Civil.

4. CONSIDERAÇÕES FINAIS

O reconhecimento da diversidade e a compreensão da deficiência sob a perspectiva do modelo social preconizado pela Convenção das Nações Unidas sobre os Direitos das Pessoas com Deficiência e pelo Estatuto da Pessoa com Deficiência exigem da comunidade jurídica e da sociedade um inarredável trabalho de construção e de sedimentação de uma nova cultura e de novos institutos, bem como de reconstrução de antigas estruturas, para além de dogmas ou generalizações que já não se justificam.

Entre essas antigas estruturas tem-se o instituto da curatela, ressignificado em nível normativo, mas ainda carente de uma concreta compreensão de seu novo perfil, uma vez que perdeu seu viés de "sanção" absolutamente incapacitante para, na medida das necessidades da pessoa curatelada, servir-lhe de efetivo apoio e promover-lhe, tanto quanto possível, a autonomia.

É a partir dessa necessária ressignificação, sobretudo em concreto, e mediante sentenças constitutivas de curatela atentas à renovada função do aludido instituto, que a responsabilidade civil do curador igualmente se redesenha. Há que se considerar os limites da curatela em cada caso, pois tais limites é que determinarão também o campo de possível responsabilização objetiva do curador e, por conseguinte, de responsabilização subsidiária da pessoa curatelada. Lado outro, a responsabilização direta e exclusiva da pessoa curatelada por danos causados a terceiros em decorrência de atos antijurídicos por ela praticados e que não estejam na esfera da curatela é medida de reconhecimento e de reafirmação de sua liberdade, autonomia, autodeterminação e capacidade jurídica e decisional.

Esse novo olhar é o que deve balizar soluções interpretativas atentas à necessária releitura das regras de imputação aplicáveis aos curadores e às pessoas curateladas, especialmente as contidas nos artigos 928, 932, II, 933 e 944, parágrafo único, do Código Civil.

curatela, que deverá expressamente consignar os limites de atuação do curador, o qual auxiliará a pessoa com deficiência apenas no que toca à prática de atos com conteúdo negocial ou econômico. O mesmo raciocínio é aplicado no caso das interdições já concluídas. Não sendo o caso de se intentar o levantamento da interdição ou se ingressar com novo pedido de tomada de decisão apoiada, os termos de curatela já lavrados e expedidos continuam válidos, embora a sua eficácia esteja limitada aos termos do Estatuto, ou seja, deverão ser interpretados em nova perspectiva, para justificar a legitimidade e autorizar o curador apenas quanto à prática de atos patrimoniais. Seria temerário, com sério risco à segurança jurídica e social, considerar, a partir do Estatuto, "automaticamente" inválidos e ineficazes os milhares – ou milhões – de termos de curatela existentes no Brasil."

ANÁLISE JURISPRUDENCIAL DA RESPONSABILIDADE CIVIL NOS ENSAIOS CLÍNICOS[1]

Paula Moura Francesconi de Lemos Pereira

Sumário: 1. Considerações iniciais – 2. As decisões judiciais acerca da responsabilidade civil nos ensaios clínicos – 3. A regulação, estrutura e função dos ensaios clínicos – 4. O regime jurídico da responsabilidade civil nos ensaios clínicos – 5. Considerações finais.

1. CONSIDERAÇÕES INICIAIS

Inicialmente, antes de adentrar no tema central do presente artigo, que foi fruto da tese de doutorado defendida em 2017, na Universidade do Estado do Rio de Janeiro, sob orientação da eterna professora, Heloisa Helena Barboza, e intitulada "A responsabilidade civil como instrumento de proteção à pessoa humana nos ensaios clínicos", não poderia deixar de fazer um breve registro de toda admiração e gratidão que tenho pelo professora Heloísa a quem esta obra homenageia.

Em 2008, a professora Heloisa Helena Barboza me apresentou o Biodireito e me encantou com diversos questionamentos profundos de cunho ético e jusfilosófico acerca da vida, passando desde o seu início, do indecifrável destino dos embriões e suas infinitas possibilidades de manipulação, até o fim da vida, com as escolhas acerca da terminalidade, eutanásia, ortotanásia. Os desdobramentos trazidos na seara não patrimonial foram enfrentados diante dos constantes avanços biotecnológicos e da falta de respostas do Direito para as vicissitudes das situações jurídicas existenciais e dúplices.[2] E de forma tão singela, tudo se descortina, um novo mundo se abre, a reflexão ganha asas e não mais é possível manter o saber aprisionado. Resta evidente que as categorias jurídicas tradicionais não mais suportam a nova estrutura posta e desvendar as funções dos institutos dentro da legalidade constitucional passa a ser o novo desafio.

Não existe privilégio maior do que o aprender com a professora Heloisa Helena, pensar para além dos padrões insuficientes impostos em uma sociedade ainda conservadora e limitada frente à imensidão do porvir, e porquê não, do já presente futuro.[3] Desta

---

1. O presente artigo é fruto de pesquisa realizada para desenvolvimento de tese de doutoramento.
2. Cf. TEIXEIRA, Ana Carolina Brochado; KONDER, Carlos Nelson. Situações jurídicas dúplices: continuando o debate sobre a nebulosa fronteira entre patrimonialidade e extrapatrimonialidade. In: TEIXEIRA, Ana Carolina Brochado; RODRIGUES, Renata de Lima (Org.). *Contratos, família e sucessões*: diálogos interdisciplinares. Indaiatuba: Foco, 2019, v. 01, p. 135-160.
3. Cf. BARBOZA, Heloisa Helena. Direito Civil e tecnologia: vivendo o futuro. In: TEPEDINO, Gustavo; PEREIRA, Paula Moura Francesconi de Lemos; SANTOS, Deborah Pereira (Coord.). *VII Congresso do IBDCivil, 2022*, Rio

profunda troca que transcende o ambiente acadêmico e do resultado corporificado em artigos científicos escritos, até em coautoria;[4] o prefácio dos meus dois livros,[5] frutos da já citada tese e da dissertação de mestrado, esta defendida em 2010, com o tema: "Relação médico-paciente: o respeito à autonomia do paciente e a responsabilidade civil do médico pelo dever de informar",[6] nasceu uma verdadeira amizade, ganhei uma orientadora para vida, compartilhamos não só o saber jurídico, mas sua experiência humana de ser. Ficam os ensinamentos diários e a inspiração para continuar em busca dos projetos mais genuínos que unem o Direito e a Ética em defesa da pessoa humana vulnerável – o Instituto de Biodireito e Bioética – IBIOS.

Das infinitas reflexões acerca de matérias não naturalmente exploradas pela doutrina e jurisprudência, eis que emergem os segredos da caixa de pandora da experimentação e os desafios advindos das pesquisas em seres humanos. Graças à vasta experiência da professora Heloísa Helena na área da saúde, de sua atuação em Comitês de Ética em Pesquisa, e seu doutoramento na Escola Nacional de Saúde Pública Sergio Arouca, ENSP, Brasil, me arvorei em desbravar o obscuro mundo dos ensaios clínicos. Com o olhar sempre voltado à tutela dos participantes de pesquisa, parte vulnerável, e que carece de proteção frente aos danos a que estão expostos em razão dos riscos das pesquisas, nasceu a tese sobre o regime jurídico da responsabilidade civil, que é um dos instrumentos que visam garantir a dignidade do participante de pesquisa, sua proteção e reparação.

Os ensaios clínicos[7]-[8] vêm ganhando os noticiários e destaque no cenário geopolítico global em virtude da Covid-19, visto a urgência quanto a busca da cura e tratamento dessa moléstia. Ao longo dos anos, as pesquisas clínicas têm se aperfeiçoado com o auxílio de novos estudos, a introdução de novas tecnologias, além do uso da inteligência artificial.[9] É notadamente na etapa da Descoberta que se pode verificar a adoção de novas

---

de Janeiro. *Direito Civil Constitucional* – a construção da legalidade constitucional nas relações privadas – Anais do VII Congresso do IBDCivil. Indaiatuba-São Paulo: Editora Foco, 2021. v. 1. p. 297-312.

4. PEREIRA, Paula Moura Francesconi de Lemos; ALMEIDA JUNIOR, Vitor; BARBOZA, Heloisa Helena. Proteção dos dados pessoais da pessoa com deficiência. In: TEPEDINO, Gustavo; FRAZÃO, Ana; OLIVA, Milena Donato. (Org.). *Lei Geral de Proteção de Dados Pessoais e suas repercussões no Direito Brasil.* São Paulo: Thomson Reuters, 2019, v. 1, p. 531-560.
5. PEREIRA, Paula Moura Francesconi de Lemos. *A responsabilidade civil nos ensaios clínicos.* São Paulo: Foco, 2019. v. 1.
6. PEREIRA, Paula Moura Francesconi de Lemos. *Relação médico-paciente:* o respeito à autonomia do paciente e a responsabilidade civil do médico pelo dever de informar. Rio de Janeiro: Lumen Juris, 2011. v. 1.
7. As pesquisas clínicas também são chamadas de ensaios clínicos, estudos clínicos ou pesquisas biomédicas, termos que serão utilizados indistintamente.
8. Nos termos do Art. 6º, XII da RDC 8/2015 da ANVISA "Ensaio clínico – pesquisa conduzida em seres humanos com o objetivo de descobrir ou confirmar os efeitos clínicos e/ou farmacológicos e/ou qualquer outro efeito farmacodinâmico do medicamento experimental e/ou identificar qualquer reação adversa ao medicamento experimental e/ou estudar a absorção, distribuição, metabolismo e excreção do medicamento experimental para verificar sua segurança e/ou eficácia;" BRASIL. Agência Nacional de Vigilância Sanitária. Resolução da Diretoria Colegiada – RDC 9, de 20 de fevereiro de 2015. Dispõe sobre o Regulamento para a realização de ensaios clínicos com medicamentos no Brasil. Diário Oficial da União, Brasília, DF, 3 de março de 2015, seção 1, n. 41, p. 69.
9. Outro avanço em sede de pesquisa é o uso de "Órgão-em-chip" como uma opção para substituir a experimentação animal em estudos científicos. Disponível em: https://jornal.usp.br/tecnologia/orgao-em-chip-e-opcao-para-substituir-experimentacao-animal-em-estudos-cientificos/. Acesso em: 20 fev. 2022.

estratégias que visam a maior rapidez e assertividade na busca por um composto líder que irá ser objeto de estudo nas etapas posteriores do desenvolvimento. Ensaios do tipo *in silico*, a exemplo, são ensaios realizados em computador, que por meio de modelos ou simulações digitais tem por objetivo selecionar e otimizar substâncias com potencial para adentrar em fases posteriores do desenvolvimento. Uma outra estratégia para se obter novas substâncias químicas com atividade sobre um determinado alvo farmacológico dependia do acaso, além de ser trabalhoso e lento. Mas, com os avanços da genômica, a química combinatória e ensaios em células e triagem biológica de alto rendimento (HTS, do *inglês higt thoroughput screening*) um novo conceito de novas moléculas vem surgindo, o que contribui em muito para o processo de renovação. Esses avanços são importantes para que em fases posteriores do desenvolvimento, porque além de traçarem o perfil farmacocinético da molécula, acabam sendo preditivos quando uso em modelos celulares, in vivo e até em humanos.[10] No caso das vacinas,[11] o uso da inteligência artificial contribuiu muito para o desenvolvimento da vacina para Covid-19. A busca acelerada de novos medicamentos, dispositivos médicos e tratamentos somente foi possível pelo pool financeiro de investidores e a adoção de tecnologia de ponta.

Em situações pandêmicas, a aceleração do processo de desenvolvimento de medicamentos é inevitável, pois o fator tempo é determinante para a obtenção de um método que seja ao mesmo tempo seguro e eficaz para seu combate, seja por meio de vacina,[12] medicamento,[13] dispositivos médicos[14] etc. Tanto é que em razão da pandemia da Covid-19 foram utilizados guidelines específicas que permitiram que entre a fase da descoberta até a fase dos ensaios clínicos que costumavam ocorrer em um tempo médio de 141 meses, acabou por serem concluídos em aproximadamente 1 ano com resultado de um biomedicamento seguro e eficaz.[15]-[16]

As demandas envolvendo ensaios clínicos perpassam pela questão do acesso ao medicamento chamado "experimental", e que muitas vezes demandam a intervenção

---

10. Disponível em: https://jornal.ufg.br/n/132193-pesquisa-utiliza-inteligencia-artificial-para-descoberta-de-farmacos-para-covid-19. Acesso em: 20 fev. 2022.
    Cf. FILHO MASSUD, João (Org.). *Medicina farmacêutica*: conceitos e aplicações. Porto Alegre: Artmed, 2016, p. 33.
11. A start-up americana Moderna tem se destacado pelo domínio de uma biotecnologia baseada no ácido ribonucleico mensageiro (mRNA) para o qual o estudo do enovelamento de proteínas é essencial. Disponível em: https://www.coe.int/en/web/artificial-intelligence/ai-and-control-of-covid-19-coronavirus. Acesso em: 08 ago. 2022.
12. Acerca das vacinas aprovadas pela ANVISA basta acessar o site da agência: Disponível em: https://www.gov.br/anvisa/pt-br/assuntos/paf/coronavirus/vacinas. Acesso em: 02 ago. 2022.
13. No Brasil já está em fase de desenvolvimento do primeiro medicamento de uso oral para tratamento da Covid-19, o Molnupiravir. Disponível em: https://portal.fiocruz.br/noticia/fiocruz-e-msd-firmam-acordo-para-produzir-primeiro-antiviral-oral-contra-covid-19-no-brasil. Acesso em: 02 ago. 2022.
14. Atualmente há frequente e intenso uso de sistemas de inteligência artificial em dispositivos médicos, uso de softwares. Disponível em: https://www.gov.br/inpi/pt-br/servicos/patentes/tecnologias-para-covid-19/Telemedicina. Acesso em: 08 ago. 2022.
15. CABRITA, José. *A farmacoepidemiologia e a avaliação do benefício/risco do medicamento*. Lisboa: Lisbon Internacional Press 2020, p. 38.
16. Disponível em: https://www.ipea.gov.br/cts/pt/central-de-conteudo/artigos/artigos/233-diferentes-tecnologias-garantem-seguranca-e-eficacia-das-vacinas-contra-covid-19. Acesso em: 02 ago. 2022.

do Poder Judiciário para seu fornecimento pelo Estado[17] ou pelo plano de saúde.[18] Todavia, cabe diferenciar as fases desse "medicamento" que se pretende obter para tratamento de determinada doença. Antes de concluída a pesquisa clínica, utiliza-se a expressão fármaco, que é a substância química consubstanciada no princípio ativo do medicamento, e vulgarmente chamado de "medicamento experimental", e que passa por todo um processo até ser concluído o estudo clínico previsto nas guidelines, e ser aprovado pela Agência Reguladora, para posterior comercialização do medicamento, e mesmo após o seu registro, continua sendo estudado por meio da farmacovigilância. Os ensaios clínicos dependem da aprovação pelos órgãos competentes, que no Brasil é o sistema Comités de Ética em Pesquisa e Comissão Nacional de Ética em Pesquisa – CEP-CONEP,[19] e Agência Nacional de Vigilância Sanitária – ANVISA para dar início e passam por fiscalizações até conclusão, podendo ser interrompido, suspenso. É possível que os participantes de pesquisa clínica tenham acesso ao medicamento mesmo antes de chegar às prateleiras, um dos benefícios da pesquisa, como prevê a Resolução da Diretoria Colegiada – RDC 38, de 12 de agosto de 2013, da ANVISA, sendo esta a chamada forma expandida.[20] Há também os medicamentos chamados de "experimentais", que já foram aprovados pelas agências regulatórias em outros países e que ainda não passaram

---

17. Cabe fazer menção às teses já fixadas no Supremo Tribunal Federal acerca do fornecimento pelo Estado de medicamentos experimentais e suas várias hipóteses, temas 500, 6 e 1161. Tema 500 – Tese: "1. O Estado não pode ser obrigado a fornecer medicamentos experimentais. 2. A ausência de registro na ANVISA impede, como regra geral, o fornecimento de medicamento por decisão judicial. 3. É possível, excepcionalmente, a concessão judicial de medicamento sem registro sanitário, em caso de mora irrazoável da ANVISA em apreciar o pedido (prazo superior ao previsto na Lei 13.411/2016), quando preenchidos três requisitos: (i) a existência de pedido de registro do medicamento no Brasil (salvo no caso de medicamentos órfãos para doenças raras e ultrarraras); (ii) a existência de registro do medicamento em renomadas agências de regulação no exterior; e (iii) a inexistência de substituto terapêutico com registro no Brasil. 4. As ações que demandem fornecimento de medicamentos sem registro na ANVISA deverão necessariamente ser propostas em face da União." (Relator(a): Min. Marco Aurélio, Redator(a) do acórdão: Min. Roberto Barroso, Leading Case: RE 657718, Julgamento: 22.05.2019 Publicação: 09.11.2020. Tema 1161 – tese: "Cabe ao Estado fornecer, em termos excepcionais, medicamento que, embora não possua registro na ANVISA, tem a sua importação autorizada pela agência de vigilância sanitária, desde que comprovada a incapacidade econômica do paciente, a imprescindibilidade clínica do tratamento, e a impossibilidade de substituição por outro similar constante das listas oficiais de dispensação de medicamentos e os protocolos de intervenção terapêutica do SUS." (Relator(a): Min. Marco Aurélio, Redator(a) do acórdão: Min. Alexandre de Moraes, Leading Case: RE 1165959, Julgamento: 21.06.2021, Publicação: 22.10.2021). Disponível em: https://portal.stf.jus.br/repercussaogeral/. Acesso em: 08 ago. 2022.
18. O STJ já fixou a tese "As operadoras de plano de saúde não estão obrigadas a fornecer medicamento não registrado pela ANVISA.", no tema 990, acórdão do RESP 1726563, REsp 1712163/SP, relator Ministro Moura Ribeiro, julgado em 08.11.2018. Disponível em: https://processo.stj.jus.br/repetitivos/temas_repetitivos/pesquisa.jsp?novaConsulta=true&tipo_pesquisa=T&sg_classe=REsp&num_processo_classe=1726563. Acesso em: 08 ago. 2022.
19. Resolução 466/2012 do CNS e Resolução 251/97 do CNS. Acesso: 19 jun. 2022.
20. Art. 2º VIII – programa de acesso expandido: programa de disponibilização de medicamento novo, promissor, ainda sem registro na Anvisa ou não disponível comercialmente no país, que esteja em estudo de fase III em desenvolvimento ou concluído, destinado a um grupo de pacientes portadores de doenças debilitantes graves e/ou que ameacem a vida e sem alternativa terapêutica satisfatória com produtos registrados; Resolução da Diretoria Colegiada – RDC 38, de 12 de agosto de 2013, que aprova o regulamento para os programas de acesso expandido, uso compassivo e fornecimento de medicamento pós-estudo. Disponível em: http://antigo.anvisa.gov.br/documents/10181/3795687/%281%29RDC_38_2013_COMP.pdf/40d3904e-5e15-4ca4-a8bc-a9e507a-97ada. Acesso em: 19 jun. 2022.

pelo processo regulatório brasileiro, ou seja, aprovados pela ANVISA, e que podem ser incluídos no programa de uso compassivo,[21] e os chamados medicamentos *off-label*.[22]-[23]

Mas, o ponto central a ser analisado são os riscos aos quais os participantes de pesquisas estão expostos pelo uso dos fármacos em fase experimental, como reações adversas de todos os tipos, inclusive as graves, exposição a doses tóxicas principalmente quando a droga tem um índice terapêutico estreito, teratogênese ou infertilidade não verificada anteriormente em animais, entre outros.

Diante disso, aos poucos os meios de comunicação de âmbito internacional começam a trazer a público acidentes envolvendo participantes de pesquisas clínicas que sofrem danos ao se submeterem aos experimentos. É claro que não há como imaginar que um produto que naturalmente carregue perigo não cause danos absolutamente, mas o que se espera é que os estudos anteriores à fase clínica sejam preditivos o suficiente para reduzir o risco do participante quando submetido ao experimento. Em janeiro de 2016, por exemplo, foi noticiado[24] o acidente envolvendo pesquisa que culminou com a morte e lesões graves de jovens franceses saudáveis. O estudo, fase 1, em que ocorreu a remuneração e participação de 108 voluntários saudáveis, 90 participantes fizeram uso do fármaco. O estudo foi patrocinado pelo laboratório português Bial e realizado em um centro de pesquisa na França para teste de uma nova molécula (BIA 10-2474 – inibidor da enzima FAAH). O fármaco tinha como finalidade o tratamento de problemas motores ligados às doenças neurodegenerativas, além daquelas relacionadas a transtornos de humor e de ansiedade. Na Holanda, em julho de 2018, foi noticiado o encerramento de um ensaio clínico com o uso do sildenafila (conhecido como Viagra) que está disponível no mercado com a finalidade de tratar a disfunção erétil em homens, sendo largamente usado no mundo todo. Porém, um estudo que tinha como participantes mulheres, acabou por provocar a morte de 11 bebês

---

21. Art. 2º, X – programa de uso compassivo: disponibilização de medicamento novo promissor, para uso pessoal de pacientes e não participantes de programa de acesso expandido ou de pesquisa clínica, ainda sem registro na Anvisa, que esteja em processo de desenvolvimento clínico, destinado a pacientes portadores de doenças debilitantes graves e/ou que ameaçem a vida e sem alternativa terapêutica satisfatória com produtos registrados no país; Resolução da Diretoria Colegiada – RDC 38, de 12 de agosto de 2013, que aprova o regulamento para os programas de acesso expandido, uso compassivo e fornecimento de medicamento pós-estudo. Disponível em: http://antigo.anvisa.gov.br/documents/10181/3795687/%281%29RDC_38_2013_COMP.pdf/40d3904e--5e15-4ca4-a8bc-a9e507a97ada. Acesso em: 19 jun. 2022.
22. O uso de medicamento *off-label* ocorre quando o médico, utilizando-se da prerrogativa de independência e da liberdade terapêutica e quando não há outras alternativas para o paciente, prescreve, de forma excepcional, nas seguintes hipóteses: i) indicação de medicamento de forma divergente daquela(s) prevista(s) na Agência Reguladora (AR) à qual o medicamento está vinculado, como, por exemplo, indicação, subgrupo populacional ou numa dosagem/via de administração, forma farmacêutica, horário, local de guarda do medicamento, administração com outros fármacos dos quais são conhecidas as interações, prescrição de medicamento contraindicado, entre outros, e ii) o medicamento não esteja registrado na AR em que o prescritor está estabelecido, mas que é utilizado conforme condições do seu registro no país de origem no qual foi desenvolvido e obtido o seu primeiro registro. BABOSA, Carla; PEREIRA, Paula Moura Francesconi de Lemos Pereira; VENÂNCIO, Dacylene Amorim Feitosa. A prescrição de medicamentos *off-label*: regime jurídico e responsabilidade civil na prescrição – um estudo comparado Portugal/Brasil. No prelo.
23. PEREIRA, André Dias. Prescrição médica "off-label" e Covid-19: uma reflexão ético-jurídica. *Actualidad Jurídica Iberoamericana* No 12 bis, mayo 2020, p. 136-143.
24. Disponível em: https://www.publico.pt/2016/01/15/sociedade/noticia/doente-em-morte-cerebral-apos-ensaio-clinico-em-franca-1720299. Acesso em: 02 ago. 2022.

após nascimento, além de 17 bebês terem ficado com problemas pulmonares. O estudo foi realizado no Centro Médico Universitário de Amsterdã. Nesse estudo, as participantes selecionadas eram gestantes e tinham uma gravidez em que a placenta não estava com desenvolvimento adequado para o momento gestacional, e o sildenafil parecia favorecer o crescimento da placenta. O teste começou em 2015 e contou com a participação de 183 gestantes, sendo que 93 tomaram o sildenafila do fabricante Pfizer com nome comercial *Viagra* e as demais 90 participantes foi administrado placebo.[25] Mais recentemente, ensaios clínicos envolvendo fármacos para o tratamento da Covid-19 foram suspensos em razão da morte de um participante.[26] Em que pese a conclusão da investigação não ter resultado de uma reação adversa à vacina, toda a comunidade científica ficou acompanhando o resultado, o que seguiu o estudo sem outros apontamentos.[27]

O Poder Judiciário brasileiro pouco enfrentou ações que versam sobre a responsabilidade civil por danos sofridos pelos participantes de pesquisa, e a resposta a isso pode ser por serem raros de acontecer ou por não serem devidamente identificados no processo de estudo, o que pode resultar em não anunciação. É possível que o elo desconhecimento dos direitos que circundam o participante também seja um elemento que contribua para o baixo resultado de ações que envolvem essa matéria, para além daquelas soluções que possam ser resolvidas diretamente entre os participantes e os agentes de pesquisas e seguradoras.

A aplicação do instituto da responsabilidade civil em ensaios clínicos merece maior estudo por ter um regime jurídico próprio que se diferencia da responsabilidade civil médica, mais conhecida e explorada pela jurisprudência pátria. Isto porque o ato médico não se confunde com a atividade de pesquisa clínica, apesar da atuação do médico-pesquisador e dos cuidados de saúde do participante, que pode ser portador da doença objeto de estudo ou pessoa saudável, dependendo de se tratar de ensaio clínico terapêutico ou não terapêutico.[28]

O ato médico é definido no Brasil pela Lei 12.842/2013 e pela Resolução 1.627/2001 do Conselho Federal de Medicina – CFM –, e tem como objeto a prevenção, o diagnóstico, a terapêutica, os cuidados com a saúde física e psíquica do paciente.

O médico, no exercício de sua profissão, pode realizar diferentes atos, desde procedimentos que estejam validados (reconhecidos e já referendados) por sua classe médica, mas que não devem se afastar em todo das *guidelines*[29] chamados de forma geral de "ex-

---

25. Disponível em: https://super.abril.com.br/ciencia/onze-bebes-morreram-na-holanda-em-teste-envolvendo--viagra/. Acesso em: 02 ago. 2022.
26. Disponível em: https://g1.globo.com/bemestar/vacina/noticia/2020/11/09/anvisa-suspende-temporariamente-ensaio-clinico-da-coronavac.ghtml. Acesso em: 02 ago. 2022.
27. Disponível em: https://www.cnnbrasil.com.br/saude/anvisa-e-notificada-de-morte-de-voluntario-em-testes--de-vacina-de-oxford/. Acesso em: 02 ago. 2022.
28. Trechos retirados do artigo que se encontra no prelo: BABOSA, Carla; PEREIRA, Paula Moura Francesconi de Lemos Pereira; VENÂNCIO, Dacylene Amorim Feitosa. A prescrição de medicamentos *off-label*: regime jurídico e responsabilidade civil na prescrição – um estudo comparado Portugal/Brasil. No prelo.
29. As chamadas *guidelines* estabelecidas no Brasil são chamadas de Protocolos Clínicos e Diretrizes Terapêuticas (PCDT), que são documentos que estabelecem critérios para o diagnóstico da doença ou do agravo à saúde; o

perimentais". Um exemplo disto é a prescrição de medicamento de uso *off-label* que deve ser precedida de embasamento científico ou ainda um tratamento clínico, cirúrgico ou comportamental intitulados de "experimentais".[30] Tais "experimentos" não se confundem com aqueles decorrentes de pesquisas clínicas, que seguem rigorosos protocolos definidos, processo de aprovação ética próprio e aprovação pelos Órgãos envolvidos.

O ato médico em que, a terapia clínica ou procedimentos ditos "experimentais" carece de testes intervencionais suficientes para estabelecer a existência de uma lei de causalidade, não sustenta a hipótese terapêutica ou a possibilidade de sua aplicação curativa, permanecendo, portanto, "experimental" aquela terapia clínica realizada com sucesso, que não tenha sido repetida por um número de vezes e que por isso não são capazes de se consolidar nas *guidelines*, mas embasada em estudos científicos disponíveis aquele tempo, ainda que não robustos. Vale ressaltar que *as* terapias em fase de consolidação estão em uma área cinzenta entre a terapia ordinária e a experimental pura e que carece de regulação.

As pesquisas clínicas intervencionais são consideradas experimentos puros, voltados para a verificação de um método, a exemplo, para questões desconhecidas ou que precisam ser comprovadas, atestadas por meio de um protocolo específico e aprovado por órgãos competentes. Esses estudos podem envolver participantes saudáveis ou doentes, dependendo do objeto da pesquisa, pois pode ocorrer no sentido do tratamento de um grupo de pessoas ou de toda uma coletividade. O objetivo da pesquisa clínica não é tratar do participante de pesquisa, como ocorre com o tratamento médico empregado para conservar a vida, melhorar a saúde, aliviar a dor ou reabilitar o paciente. O participante é integrante de um estudo em que dispõe voluntariamente do seu corpo em prol do desenvolvimento científico. Por óbvio, no caso de estar em um grupo que não seja o do placebo, ao se submeter aos estudos é possível que encontre uma alternativa de cura e no caso daqueles saudáveis impera o altruísmo, pois dispor de um corpo saudável para ser alvo de um novo fármaco com os riscos inerentes da própria pesquisa e o desconhecido é uma contribuição que vai muito além de colaborar para atestar a segurança e a eficácia de um medicamento, um fármaco, um dispositivo médico, uma terapêutica, e sim uma contribuição para a humanidade..[31] São estudos controlados e que se referem

---

tratamento preconizado, com os medicamentos e demais produtos apropriados, quando couber. Disponível em: https://www.gov.br/saude/pt-br/assuntos/protocolos-clinicos-e-diretrizes-terapeuticas-pcdt. Acesso em: 19 jun. 2022.

30. Art. 19 da Resolução Normativa ANS/DC 338 DE 21/10/2013, que atualiza o Rol de Procedimentos e Eventos em Saúde, que constitui a referência básica para cobertura assistencial mínima nos planos privados de assistência à saúde, contratados a partir de 1º de janeiro de 1999; fixa as diretrizes de atenção à saúde; revoga as Resoluções Normativas – RN 211, de 11 de janeiro de 2010, RN 262, de 1º de agosto de 2011, RN 281, de 19 de dezembro de 2011 e a RN 325, de 18 de abril de 2013; e dá outras providências. Disponível em: https://www.legisweb.com.br/legislacao/?id=260921. Acesso: 19 jun. 2022.

31. Um exemplo de procedimento médico que vem sendo usado no Brasil, mas ainda considerado "experimental" pelo Conselho Federal de Medicina, é a aplicação de plasma rico em plaquetas, conforme Resolução 2.118, de 2015, que ratificou o entendimento expresso no Parecer 20, de 2011. Disponível em: https://sistemas.cfm.org.br/normas/visualizar/resolucoes/BR/2015/2128. Acesso em 18 jun. 2022. Disponível em: https://sistemas.cfm.org.br/normas/visualizar/pareceres/BR/2011/20. Acesso em: 18 jun. 2022.

à atividade de pesquisa com a atuação de determinados agentes como, por exemplo, o pesquisador, médico, que assume o papel de investigador sem se afastar da sua atribuição médica; o patrocinador; a instituição de pesquisa, entre outros profissionais de saúde que integram a cadeia terapêutica e interferem nessa relação jurídica como enfermeiros, farmacêuticos, biomédicos, fisioterapeutas, terapeutas ocupacionais etc.[32]

A atividade de Pesquisa & Desenvolvimento de fármacos para a obtenção de novos medicamentos não se iguala, portanto, ao ato médico, à relação médico-paciente, pois se diferem no plano finalístico, estrutural e metodológico-normativo. Apesar de ambos guardarem relação direta com a saúde humana, ambas têm a natureza de cunho existencial, envolvem a vida, a saúde e a integridade psicofísica da pessoa humana.

Esta distinção é relevante em vários aspectos, e em especial ao que se propõe enfrentar, que é o regime jurídico da responsabilidade civil em pesquisa clínica, pois o regime da responsabilidade civil médica está expressamente disciplinado nos artigos 951 do Código Civil – CC, e art. 14, § 4º do Código de Defesa do Consumidor – CDC, para os que defendem que a relação médico-paciente é de consumo.[33] Já em relação à responsabilidade em ensaios clínicos mister se faz definir seus contornos levando em consideração os regimes existentes, os riscos da atividade de pesquisa, os agentes envolvidos, os bens jurídicos merecedores de tutela. Para isso, algumas perguntas deverão ser respondidas: i) quais normas regulam a atividade de pesquisa clínica?; ii) aplica-se o Código do Consumidor ou apenas a lei civil quanto à forma de reparação de danos?; iii) qual regime de responsabilidade civil seria aplicável (objetiva, subjetiva)?; iv) quem são os agentes responsáveis pelo evento danoso?; e v) quais as excludentes de responsabilidade?

Apesar da relevância dos ensaios clínicos, não há lei específica[34] os regulando e há poucas decisões judiciais que enfrentaram o tema, o que conduz à ausência de orientação segura para resolver problemas decorrentes da reparação e compensação dos danos causados aos participantes, de ordem patrimonial e extrapatrimonial.

Diante desse cenário, far-se-á a análise crítica dos julgados existentes e o regime jurídico que se entende aplicável após uma interpretação sistemática à luz da legalidade constitucional e todo o arcabouço normativo aplicável a fim de se traçar critérios para driblar as incertezas postas e garantir maior tutela do participante de pesquisa que é a parte mais vulnerável da relação que se estabelece em pesquisas, mola propulsora do presente artigo. Prioriza-se a análise funcional dos ensaios clínicos, com a verificação de sua compatibilidade com os valores e princípios constitucionais que justificam a sua

---

32. A respeito do tema: PEREIRA, Paula Moura Francesconi Lemos. *A responsabilidade civil nos ensaios clínicos*. São Paulo: Foco, 2019.
33. Há autores que defendem que a relação médico-paciente não é de consumo: SOUZA, Eduardo Nunes de. *Do Erro à culpa*: Na responsabilidade civil do médico. Rio de Janeiro: Renovar, 2015. p. 95-96.
34. Deu início no Senado Federal a tramitação e aprovação, com emendas, do Projeto de Lei 200 de 2015, que "dispõe sobre princípios, diretrizes e regras para a condução de pesquisas clínicas em seres humanos por instituições públicas ou privadas", e que está em tramitação na Câmara dos Deputados, Projeto 7.082/2017, "Dispõe sobre a pesquisa clínica com seres humanos e institui o Sistema Nacional de Ética em Pesquisa Clínica com Seres Humanos". Disponível em: https://www.camara.leg.br/proposicoesWeb/fichadetramitacao?idProposicao=2125189. Acesso em: 31 jul. 2022.

manutenção e tutela no ordenamento jurídico pátrio, além de identificar as leis aplicáveis e os mecanismos de proteção dos participantes de pesquisa.

No Brasil, em pesquisa jurisprudencial realizada, serão objeto de apreciação três julgados do Tribunal de Justiça do Estado do Rio Grande do Sul, o primeiro datado de 26 de setembro de 2007;[35] o segundo de 23 de maio de 2013,[36] e o mais recente de 21 de outubro de 2021,[37] ao qual se dará ênfase.

2. AS DECISÕES JUDICIAIS ACERCA DA RESPONSABILIDADE CIVIL NOS ENSAIOS CLÍNICOS

Em setembro de 2007, a Nona Câmara Cível do Tribunal de Justiça do Estado do Rio Grande do Sul negou provimento ao recurso de apelação interposto por uma participante de ensaio clínico nos autos da ação indenizatória proposta em face do laboratório, confirmando a decisão de primeiro grau que afastou a sua responsabilidade.[38]

A ação tinha como causa de pedir indenização por danos morais e materiais sofridos pela participante de pesquisa clínica de reposição hormonal, que durou um período de 75 dias, e que teria culminado em intervenção cirúrgica para extração de sua vesícula biliar. De acordo com a autora, sua doença foi agravada com o uso do medicamento experimental (Premarin Creme Vaginal juntamente com baixas doses de Premarin/MPA (0,45 mg de estrogênios conjugados naturais / 1,5 mg de MPA – acetato de medroxiprogesterona).

A decisão colegiada foi unânime em manter a r. sentença que julgou improcedente o pedido, com votos dos Desembargadores Paulo Roberto Lessa Franz e Túlio De Oliveira Martins, que acompanharam o voto condutor do relator, Desembargador Odone Sanguiné. Todavia, apesar de manter a r. sentença, não aplicou ao caso *sub judice* o Código de Defesa do Consumidor por entenderem não se tratar de relação de consumo, já que não estavam presentes as figuras do fornecedor e do consumidor nos termos

---

35. RIO GRANDE DO SUL (Estado). Tribunal de Justiça do Rio Grande do Sul. Apelação Cível 70020090346 da 9ª Câmara Cível. Relator Odone Sanguiné. Porto Alegre, 26 de setembro de 2007.
36. RIO GRANDE DO SUL (Estado). Tribunal de Justiça do Rio Grande do Sul. Apelação Cível 70047615703, da 10ª Câmara Cível. Relator Jorge Alberto Schreiner Pestana. Porto Alegre, 23 de maio de 2013.
37. RIO GRANDE DO SUL (Estado). Tribunal de Justiça do Rio Grande do Sul. Apelação Cível 70084078724, da 12ª Câmara Cível. Relator Desembargadora Ana Lúcia Carvalho Pinto Vieira Rebout. Porto Alegre, 21 de outubro de 2021.
38. Apelação Cível. Responsabilidade Civil. Participação em estudo clínico de uso de medicamento. Terapia de reposição hormonal. Aplicação do Código de Defesa do Consumidor. Ausência de Relação de Consumo. Retirada da Vesícula Biliar. Ausentes os requisitos da Responsabilidade Civil. Dever de Indenizar Não Configurado. 1. Ausência de Relação de Consumo. Não se aplicam ao caso em tela as disposições do Código de Defesa do Consumidor, uma vez que entre os litigantes não restou caracterizada relação de consumo. Ocorre que a autora da demanda não se caracteriza como consumidora, porquanto, conforme afirma, participou, voluntariamente, de uma pesquisa clínica de terapia de reposição hormonal patrocinada pelo laboratório réu. Assim, trata-se de relação de cunho civil, em que a demandante figura como mera experimentadora voluntária do produto, aderindo às regras estabelecidas no termo de consentimento informado para participar de pesquisa clínica de terapia de reposição hormonal. [...]. RIO GRANDE DO SUL (Estado). Tribunal de Justiça do Rio Grande do Sul. Apelação Cível 70020090346 da 9ª Câmara Cível. Relator Odone Sanguiné. Porto Alegre, 26 de setembro de 2007.

dos arts. 2º e 3º do CDC. A justificativa foi que a autora participou voluntariamente de uma pesquisa clínica de reposição hormonal patrocinada pelo laboratório réu, sendo mera experimentadora do produto, tendo aderido às regras do termo de consentimento livre e esclarecido por ela assinado. O regime de responsabilidade civil aplicado foi o subjetivo, regulado nos arts. 186 e 927 do Código Civil. E pelas provas produzidas, pericial e testemunhal, foi afastada a culpa do laboratório e o nexo de causalidade entre o uso do medicamento experimental e a intervenção cirúrgica, adotando a teoria da causalidade adequada, e considerando a conclusão da perícia realizada. A conclusão foi que o medicamento não deu causa à doença que culminou na retirada da vesícula. Ademais, ressaltou a observância do dever de informar, tendo o termo de consentimento informado os riscos do estudo, bem como os procedimentos adequados para seleção da autora e forma de utilização do medicamento, logo, o laboratório agiu com lisura e sem culpa em qualquer de suas modalidades.

Outra decisão que versou sobre a aplicação do instituto da responsabilidade civil em ensaios clínicos foi proferida pela Décima Câmara Cível do Tribunal de Justiça do Rio Grande do Sul, com os votos unânimes dos Desembargadores Paulo Roberto Lessa Franz, Túlio De Oliveira Martins e Jorge Alberto Schreiner Pestana, este último relator. A decisão negou provimento ao recurso de apelação interposto pelo marido de uma participante de tratamento experimental para câncer financiado pelo laboratório réu e realizado nas dependências de um hospital público, réu, e que veio a óbito, mantendo a sentença que julgou improcedente o pedido de indenização por danos morais.[39] Segundo o autor-apelante, o medicamento experimental teria acarretado diminuição de plaquetas, anemia, diminuição de neutrófilos, boca seca, aumento da pressão sanguínea, febre, dor nas costas, além de não ter recebido o tratamento adequado após sua retirada da pesquisa e a morte de sua esposa, motivo pelo qual propôs ação de indenização por danos morais em face do hospital, da instituição onde ocorreu a pesquisa, e do laboratório patrocinador do ensaio clínico. Diferentemente da decisão acima, o entendimento da colenda câmara julgadora, que seguiu o voto do relator, Desembargador Jorge Alberto Schreiner Pestana, foi que se aplica o Código de Defesa do Consumidor por estar presente a figura do consumidor e do fornecedor de serviços, observado o disposto nos arts. 2º e 3º, e que a responsabilidade civil aplicável para o hospital e o laboratório é

---

39. Responsabilidade civil. Ação indenizatória. Tratamento médico experimental. Programa de participação voluntária. Câncer. Ausência de descumprimento contratual. Falha na prestação do serviço não ocorrente. Caso em que a esposa do autor se habilitou a participar de programa de tratamento experimental para o câncer, com o uso de medicamentos ministrados pelo laboratório demandado, sob a observância do corpo médico e nas dependências do Hospital São Lucas. Ausência de relação entre a piora na condição de saúde da paciente e o uso da substância oferecida pelos réus. Diminuição das plaquetas, com o desenvolvimento de plaquetopenia, que se deu em razão da metástase do câncer, que atingiu a medula óssea da enferma. Paciente que já estava com quadro avançado da doença. Inexistência de descaso na continuidade do tratamento em período posterior à interrupção da pesquisa. Quadro clínico acompanhado pelos profissionais que se responsabilizaram pela realização da pesquisa com medicamentos novos, tendo os cuidados sido providenciados pelos médicos e nas dependências do Hospital demandado. Não ocorrência de falha na prestação do serviço. Falecimento da paciente em razão da evolução natural da patologia. Sentença de improcedência mantida. Negaram Provimento ao Recurso. Unânime. Rio Grande Do Sul (Estado). Tribunal de Justiça do Rio Grande do Sul. Apelação Cível 70047615703, da 10ª Câmara Cível. Relator Jorge Alberto Schreiner Pestana. Porto Alegre, 23 de maio de 2013.

objetiva, independentemente de culpa, nos termos do art. 14 do CDC. E, pelas provas produzidas, pericial e oral testemunhal, não restou comprovado o nexo de causalidade entre os alegados danos morais sofridos pelo autor-apelante e a prestação dos serviços dos réus-apelados. A "causa para a diminuição das plaquetas (plaquetopenia) deu-se em razão da metástase do câncer que acometeu a paciente, enfermidade que atingiu a região da medula óssea da esposa" do apelante, pelo que a morte foi consequência da evolução natural da doença que a acometia, câncer em metástase, e não do medicamento experimental, acrescido ao fato de ter recebido dos apelados toda a atenção necessária para o tratamento da moléstia apresentada, sendo devidamente atendida pelos profissionais responsáveis pela pesquisa clínica e pelos médicos nas dependências do hospital, feito os exames, pelo que os réus-apelados não deixaram de prestar a devida assistência à saúde da paciente. Tudo ocorreu observado o termo de consentimento livre e esclarecido e legislação aplicável, logo ausente a responsabilidade civil do hospital e do laboratório.

Por fim, a decisão mais recente, proferida em outubro de 2021, pela Décima Segunda Câmara Cível do Tribunal de Justiça do Estado do Rio Grande do Sul,[40] que pelo voto condutor da relatora, Desembargadora Ana Lúcia Carvalho Pinto Vieira Rebout, deu parcial provimento ao apelo da participante de pesquisa para reformar a r. sentença que afastou a responsabilidade dos réus, laboratório, hospital – instituição de pesquisa, e médico-pesquisador, e condenou tão somente os réus, laboratórios, solidariamente, ao pagamento da indenização por danos morais reclamada na inicial, no valor de R$55.000,00 (cinquenta e cinco mil reais), equivalente à época a 50 salários mínimos, corrigidos monetariamente pelo IGP-M, a contar da data do julgamento (Súmula 362 do STJ) e com a incidência de juros de mora desde a citação, por se tratar de responsabilidade contratual. Além da condenação ao pagamento de 50 % das custas do processo e honorários aos advogados da autora, fixados em 20 % sobre o valor da condenação atualizada, observado o disposto no art. 82, parágrafo 2º, do CPC. Em razão da sucumbência recíproca, a autora foi condenada ao pagamento do restante das custas do processo e 15 % (quinze por cento) de honorários advocatícios sobre o valor da condenação atualizado para os patronos dos demais réus, do hospital e do médico, mas restou suspensa a exigibilidade do pagamento, tendo em vista o benefício da gratuidade de justiça. A decisão foi acompanhada pela Desembargadora Cláudia Maria Hardt, pelo Desembargador Umberto Guaspari Sudbrack, e pela Desembargadora Katia Elenise Oliveira da Silva. Em sentido contrário, a decisão do Desembargador Pedro Luiz Pozza, que votou em divergência da maioria pelo desprovimento do recurso, mantendo a r. sentença de improcedência da demanda pelos seus próprios fundamentos.

A autora propôs ação de cumprimento de obrigação de fazer contra o laboratório patrocinador do ensaio clínico e seu representante no Brasil, contra a instituição de pesquisa, hospital, e o médico pesquisador. Alegou a autora ser portadora de enfermi-

---

40. RIO GRANDE DO SUL (Estado). Tribunal de Justiça do Rio Grande do Sul. Apelação Cível 70084078724, da 12ª Câmara Cível. Relator Desembargadora Ana Lúcia Carvalho Pinto Vieira Rebout. Porto Alegre, 21 de outubro de 2021.

dade denominada Esclerose Múltipla do Sistema Nervoso Central e que, por isto, foi convidada e ingressou como participante em estudo de protocolo de pesquisa clínica registrado sob o código CAMMS323 em que recebeu infusão de dois ciclos anuais da droga em estudo, Alemtuzumab, em 2008 e 2009, além de ter realizado os procedimentos, exames e instrumentos previstos no protocolo para o acompanhamento de sua saúde e da segurança do medicamento, e depois em 2010, após ter concluído sua participação na pesquisa se submeteu ao estudo de extensão do mesmo laboratório patrocinador, registrado sob o código CAMMS03409 e intitulado Protocolo de Extensão para Pacientes com Esclerose Múltipla que Participaram dos Estudos de Alemtuzumab Patrocinados, tendo engravidado de gêmeos e perdido um bebê nesse período. Em abril de 2016, o laboratório patrocinador, por seu representante no Brasil, e por meio da equipe de pesquisa convidou a autora a ingressar como participante em novo protocolo de estudo de extensão denominado "Estudo TOPAZ" (LPS13649), com a finalidade de avaliar a segurança e a eficácia em longo prazo do Alemtuzumab para pacientes já tratados com este medicamento em estudos clínicos anteriores. A participação da autora foi formalizada por meio de Termos de Consentimento Livre e Esclarecido – TCLEs. Ocorre que, segundo a autora não obteve por um determinado período a devida assistência e cuidados a sua saúde como previsto nos termos de consentimento, tendo ocorrido a troca do pesquisador responsável, pelo que requereu a concessão de tutela de urgência, e condenação dos réus à obrigação de assistência médica, acompanhamento de segurança e de sua saúde e de seu bebê, ou, alternativamente, a condenação ao ressarcimento dos custos por ela havidos com a realização dos procedimentos e exames previstos no estudo de extensão CAMMS03409 que não forem cumpridos, bem como a condenação pelos danos morais sofridos.

A decisão que reformou em parte a r. sentença analisou a responsabilidade civil de cada agente participante da pesquisa clínica de forma individualizada. Em relação ao laboratório patrocinador da pesquisa e seu representante legal no Brasil, responsáveis pela promoção do estudo e considerados parte economicamente interessadas no resultado do experimento, restou caracterizada a responsabilidade por não ter garantido o acompanhamento durante todo o período à parte autora e pela falta de informações, sendo esta considerada a parte mais vulnerável, frágil, até mesmo pelo seu estado de saúde, aplicando a responsabilidade objetiva. Já no que tange a atuação do hospital, instituição de pesquisa, não restou comprovada a falta de assistência, pelo que ausente o nexo de causalidade, elemento indispensável para caracterizar o dever de indenizar. Por último, quanto à conduta do médico investigador, não restou caracterizada negligência, não tendo deixado de prestar assistência à autora no momento que assumiu o estudo, e como a sua responsabilidade civil é subjetiva afastou sua condenação.

As decisões acima citadas trataram o regime jurídico da responsabilidade civil em ensaios clínicos de forma diferente, o que demonstra a falta de uniformidade no entendimento da matéria e uma multiplicidade de interpretações, que vai desde a normativa aplicável, se constituiu ou não uma relação de consumo, até o tipo de responsabilidade civil, se subjetiva ou objetiva para cada tipo de agente envolvido na pesquisa clínica e se há solidariedade. Por isso, é importante compreender a atividade de pesquisa, sua estrutura, as partes envolvidas nessa relação, sua função para por fim delinear o regime jurídico aplicável ao instituto da responsabilidade civil quando o participante de pesquisa sofre danos, seja patrimonial ou extrapatrimonial.

3. A REGULAÇÃO, ESTRUTURA E FUNÇÃO DOS ENSAIOS CLÍNICOS

Os ensaios clínicos no Brasil[41] não são regulados por lei específica, o que não afasta a aplicação de todo um arcabouço normativo composto por normas constitucionais, infralegais, de natureza administrativa, deontológicas, e internacionais.[42]

A pesquisa clínica tem amparo na legalidade constitucional, que confere *status* de direitos e garantias fundamentais a liberdade científica (inciso IX do artigo 5º da CF), garante a livre iniciativa (art. 1º, IV, e artigo 170 da CF) enquadrando a ciência como atividade individual e de interesse coletivo, abrindo todo um capítulo autonomizado referente à Ciência, Tecnologia e Inovação (capítulo IV do título VIII – artigos 218 e 219, Lei 10.973/2004[43]). Além de conferir direitos e garantias fundamentais aos envolvidos na pesquisa (arts. 1º, III, 5º, II, III, 196).

As normas de natureza deontológica e administrativa referentes aos ensaios clínicos são emanadas de órgãos independentes, vinculados ao Ministério da Saúde (MS) e ao Sistema Único de Saúde (SUS), que compõem a administração direta e indireta da União Federal; o Conselho Nacional de Saúde (CNS), instância máxima de deliberação do SUS; ANVISA,[44] autarquia federal, que edita normas de cunho ético-administrativo-procedimental (Lei 9.782/99), e Conselhos Profissionais, como o Conselho Federal de Medicina,[45] autarquia federal, que orienta a conduta dos médicos que realizam pesquisa.

O CNS, por meio da Resolução 466/2012, estabeleceu normas que disciplinam todas as pesquisas em seres humanos no Brasil, englobando vários ramos do saber, mas em alguns pontos se dirige diretamente à pesquisa biomédica (item III.3, V.1, b). Além

---

41. Na Europa, aplica-se o Regulamento (São) 536/2014 relativo aos ensaios clínicos de medicamentos para uso humano, e em Portugal, a Lei 21/2014, de 16 de abril, que aprova a lei da investigação clínica.
42. Código de Nuremberg; Declaração de Helsínquia, da Associação Médica Mundial (AMM); Pacto Internacional sobre os Direitos Civis e Políticos; Declaração Universal sobre o Genoma Humano e os Direitos Humanos; Declaração Internacional sobre Dados Genéticos Humanos; Declaração Universal sobre a Bioética e Direitos Humanos, todas da UNESCO; International Ethical Guidelines for Biomedical Research Involving Human Subjects, do Council for International Organizations of Medical Sciences (CIOMS); WHO and ICH Guidelines for Good Clinical Practice, da Organização Mundial de Saúde (OMS) e da Conferência Internacional de Harmonização (CIH).
43. Lei 10.973, de 2 de dezembro de 2004, que dispõe sobre incentivos à inovação e à pesquisa científica e tecnológica no ambiente produtivo e dá outras providências e é regulamentada pelo Decreto 9.283, de 7 de fevereiro de 2018.
44. A ANVISA é responsável por regular tanto o uso de medicamentos por seres humanos, quanto a pesquisa clínica e o faz, no que diz respeito a esta última, por meio de regras que exigem uma série de condutas e documentação para autorizá-la. Atualmente, tais normas estão consolidadas, basicamente, na Resolução da Diretoria Colegiada (RDC) 9/2015, que define os procedimentos e requisitos para a realização de ensaios clínicos com medicamentos.
45. O Código de Ética Médica, Resolução CFM 2.217/2018, dispõe sobre pesquisas no capítulo 1, XXIV, artigos 99 a 110, e cada Conselho Federal de setores específicos, nutrição, odontologia etc., vai estabelecer as normas éticas sobre pesquisas nas respectivas áreas.

dessa norma, dão limites éticos aos ensaios clínicos a Resolução 251/97, específica para a regulação das pesquisas que envolvem seres humanos com novos fármacos, medicamentos, vacinas e diagnósticos.

A Resolução 466/2012 e Resolução 251/97, ambas do CNS, preveem vários direitos dos participantes que implicam em obrigações para os agentes envolvidos no processo de pesquisa, a saber: o direito de assistência imediata e integral à saúde dos voluntários e o direito à indenização, o direito ao ressarcimento de despesas, entre outros. Os direitos previstos na norma deontológica, não afastam a leitura à luz da constituição e da lei civil, que protegem outros direitos fundamentais e direitos da personalidade (art. 11, 13 e 15 do Código Civil), a despeito da disciplina dos negócios jurídicos e do regime da responsabilidade civil na lei civil.

Dos ensaios clínicos nasce uma multiplicidade de situações jurídicas que envolvem diferentes pessoas, naturais ou jurídicas, órgãos administrativos, e que integram a grande cadeia decorrente do processo de experimentação. O vínculo estabelecido entre os integrantes dos ensaios clínicos pode influenciar diretamente no instituto da responsabilidade civil, mecanismo, hoje, existente, como medida efetiva para propiciar a reparação de eventuais danos sofridos pelos participantes de ensaios clínicos.

A situação jurídica decorrente dos ensaios clínicos deve ser interpretada por seu perfil funcional, considerando o quadro axiológico constitucional.

Os ensaios clínicos, apesar da busca legítima e constitucionalmente assegurada do progresso científico e de todo interesse mercadológico das grandes indústrias farmacêuticas que movimentam bilhões de dólares[46] e visam cada vez mais o lucro, não podem ser lidos sob o viés patrimonialista[47] no que diz respeito ao participante da pesquisa. Trata-se de situação jurídica existencial atinente aos direitos da personalidade, que possibilita a intervenção no corpo humano, dentro da legalidade constitucional. Isso se verifica tanto para os ensaios clínicos terapêuticos, em que os participantes buscam o tratamento de doenças a que estão acometidos, quanto para os que se submetem à pesquisa por mero altruísmo e solidariedade, chamados ensaios não terapêuticos. O centro de interesse em qualquer tipo de ensaio clínico é, em definitivo, a própria pessoa humana.

A realização de pesquisas de novos medicamentos envolvendo seres humanos deve ser precedida, obrigatoriamente, por uma fase pré-clínica em laboratórios, *in*

---

46. Disponível em: https://cemecpesquisaclinica.com.br/e-coincidencia-que-as-maiores-potencias-economicas-do-mundo-sao-lideres-em-pesquisa-clinica/. Acesso em: 10 ago. 2022.
47. "I. A situação patrimonial tem conteúdo econômico, podendo ser avaliada em dinheiro; a situação não patrimonial – ou pessoal, embora este termo tenha, em Direito, outros significados – pelo contrário, não tem conteúdo econômico e não concita, à partida, uma equivalência monetária. [...] O problema resolve-se pela normativização do critério. É patrimonial a situação cuja troca por dinheiro seja admitida pelo Direito. Quando a ordem jurídica proíba os negócios que postulem a troca, por dinheiro, de determinadas situações, estas serão não patrimoniais. Compreende-se, a esta luz, que as ocorrências possam ser ou não patrimoniais, consoante o período histórico atravessado." CORDEIRO, António Menezes. *Tratado de Direito civil português*. 3 ed. Lisboa: Almedina, 2007, I parte geral, t. I. p. 307-308.

vitro, e/ou em animais, e é composta, universalmente, por quatro fases (I,[48] II,[49] III,[50] IV[51]), cada uma com finalidade específica e direcionada a certos grupos de pessoas. As três primeiras fases ocorrem antes de comercializado o medicamento e envolvem riscos de diferentes níveis. A quarta e última fase, conhecida como estudos de vigilância pós-comercialização, farmacovigilância, ocorre em um número maior de pessoas e após aprovado, registrado e comercializado o medicamento. Logo, a quarta fase não será analisada para fins de verificação da responsabilidade civil, pois o foco é analisar a fase do medicamento em teste, quando o produto não se encontra no mercado de consumo, ainda não foi aprovado, pois em fase de estudo, o que pode influi diretamente normas aplicáveis e no regime.

A pesquisa pode ser realizada tanto no âmbito privado como no público, ou por ambos em parceria, o que influencia na normativa aplicável, pois quando há presença do poder público incidem as normas de direito administrativo, a responsabilidade civil objetiva prevista no art. 37, § 6º, da Constituição Federal e regras infraconstitucionais próprias.

As partes envolvidas nos ensaios clínicos são: i) o participante de pesquisa, pessoa que se voluntaria a se submeter ao estudo, parte vulnerável e que pode ter a vulnerabilidade potencializada quando presente alguns fatores, como nos casos de crianças e adolescentes, pessoas com deficiência, gestantes, idosos, indígenas, presidiários, entre outros; ii) o patrocinador,[52] pessoa física ou jurídica, de direito público ou privado, que apoia a pesquisa, mediante ações de financiamento, infraestrutura, recursos humanos

---

48. Resolução 251/97 do CNS: "Fase I É o primeiro estudo em seres humanos em pequenos grupos de pessoas voluntárias, em geral sadias de um novo princípio ativo, ou nova formulação pesquisado geralmente em pessoas voluntárias. Estas pesquisas se propõem a estabelecer uma evolução preliminar da segurança e do perfil farmacocinético e, quando possível, um perfil farmacodinâmico."
49. Resolução 251/97 do CNS: "Fase II (Estudo Terapêutico Piloto) – Os objetivos do Estudo Terapêutico Piloto visam a demonstrar a atividade e estabelecer a segurança a curto prazo do princípio ativo, em pacientes afetados por uma determinada enfermidade ou condição patológica. As pesquisas realizam-se em um número limitado (pequeno) de pessoas e frequentemente são seguidas de um estudo de administração. Deve ser possível, também, estabelecer-se as relações dose-resposta, com o objetivo de obter sólidos antecedentes para a descrição de estudos terapêuticos ampliados."
50. Resolução 251/97 do CNS: "Fase III – Estudo Terapêutico Ampliado – São estudos realizados em grandes e variados grupos de pacientes, com o objetivo de determinar: • o resultado do risco/benefício a curto e longo prazos das formulações do princípio ativo. • de maneira global (geral) o valor terapêutico relativo. Exploram-se nesta fase o tipo e perfil das reações adversas mais frequentes, assim como características especiais do medicamento e/ou especialidade medicinal, por exemplo: interações clinicamente relevantes, principais fatores modificatórios do efeito tais como idade etc."
51. Resolução 251/97 do CNS: "Fase IV – São pesquisas realizadas depois de comercializado o produto e/ou especialidade medicinal. Estas pesquisas são executadas com base nas características com que foi autorizado o medicamento e/ou especialidade medicinal. Geralmente são estudos de vigilância pós-comercialização, para estabelecer o valor terapêutico, o surgimento de novas reações adversas e/ou confirmação da frequência de surgimento das já conhecidas, e as estratégias de tratamento. Nas pesquisas de fase IV devem-se seguir as mesmas normas éticas e científicas aplicadas às pesquisas de fases anteriores. Depois que um medicamento e/ou especialidade medicinal tenha sido comercializado, as pesquisas clínicas desenvolvidas para explorar novas indicações, novos métodos de administração ou novas combinações (associações) etc. são consideradas como pesquisa de novo medicamento e/ou especialidade medicinal."
52. Resolução 466/2012 do CNS (item II.11). Art. 6º, XXXIV, art. 27, ambos da RDC 9/2015 da ANVISA.

ou apoio institucional;[53] iii) o pesquisador responsável,[54] profissional liberal com habilidade na área da pesquisa (médico), responsável pela coordenação da pesquisa e pela integridade e bem-estar de seus participantes; iv) a instituição de pesquisa,[55] organização privada na qual são realizados os estudos; e v) o Comitê de Ética em Pesquisa,[56] órgão independente constituído por equipe multidisciplinar e que aprova a pesquisa clínica. Quanto a este último agente, em razão da natureza de suas atividades, restrita à análise ética da pesquisa, e dos efeitos daí decorrentes, não será abordada a responsabilidade civil por seus atos nem dos de seus membros, mas a relevância de seu papel exige que se identifiquem suas atribuições.

O elo que liga todos esses atores e legitima o experimento é o termo de consentimento livre e esclarecido, principal instrumento que compõe o protocolo de pesquisa, por meio do qual o participante aceita se submeter ao estudo clínico.

O consentimento é uma autorização concedida pelo participante da pesquisa para que o pesquisador realize estudos científicos com a administração de novos medicamentos em seu corpo. A esse ato se aplica o disposto no Código Civil acerca dos negócios jurídicos, observadas suas peculiaridades em razão de seu caráter existencial e pressupõe alguns elementos quanto ao conteúdo da informação, voluntariedade e capacidade de consentir do participante, necessários para conferir validade à autorização. O consentimento deve se dar de maneira livre, sem qualquer vício, sob pena de afastar a legitimidade do estudo e dar ensejo à responsabilidade civil dos agentes de pesquisa.

Na seara dos direitos da personalidade, cabe analisar os riscos à integridade psicofísica, à vida em razão das intervenções no corpo, de cunho médico ou científico, mas que ocorrem com amparo no exercício da autonomia, da liberdade. No que diz respeito à submissão do corpo humano a pesquisas clínicas, não há certeza quanto aos riscos aos quais a integridade física do participante estará sujeita. Ele pode, portanto, ter sua saúde e sua vida afetadas. Mas, para que ocorra a pesquisa é necessário que haja autorização para que o pesquisador possa realizar a pesquisa no participante.

Ao pesquisador é atribuída a tarefa de informar, esclarecer ao participante tudo sobre a pesquisa, seus benefícios e riscos, e obter o consentimento para participar voluntariamente; agir com cuidado; adotar medidas imediatas e seguras para garantir a segurança, bem-estar dos participantes; protegê-los de qualquer risco iminente em caso de eventos adversos graves ocorridos durante a condução do ensaio clínico.

---

53. Algumas funções exercidas pelos patrocinadores, mormente as referentes à manipulação, armazenamento, transferência de dados e informações dos ensaios clínicos podem ser delegadas. A transferência de determinadas tarefas dos ensaios clínicos, de organização, gerenciamento, execução, é feita às chamadas Contract Research Organizations (CROs), Organização de Pesquisa Contratada, que no Brasil são denominadas Organizações Representativas de Pesquisa Clínica (ORPC). Art. 6º, XXXIII, da RDC 9/2015 da ANVISA.
54. Resolução 466/2012 do CNS (item II.15). Art. 6º, XXIX, da RDC 9/2015 da ANVISA.
55. Resolução 466/2012 do CNS (item II.9). Art. 30, da RDC 9/2015 da ANVISA.
56. Resolução CNS 506/16 do CNS, que versa sobre o processo de Acreditação de CEP e Resolução 446/11 do CNS, que dispõe sobre a composição da Comissão Nacional de Ética em Pesquisa.

O patrocinador, geralmente, não tem uma relação direta com o participante de pesquisa, e não celebra com ele um negócio jurídico específico, ele se limita a formalizar contratos com as instituições de ensino e os pesquisadores, o que não significa inexistir um vínculo jurídico entre o patrocinador e o participante da pesquisa. O patrocinador controla a experiência, eventuais desvios existentes, avaliando os dados coletados, bem como garante sua guarda e sigilo. Ele financia, realiza as contratações necessárias para viabilizar a pesquisa, a infraestrutura, elege o pesquisador responsável e fornece o produto objeto de teste.

As instituições de pesquisa também, em regra, não celebram negócio jurídico com o participante, mas com o patrocinador e pesquisador, podendo este já figurar no seu quadro de empregados ou prestadores de serviços – se instituição privada – ou servidor público – se instituição pública. No entanto, pode haver uma prestação de serviços por parte da instituição de pesquisa aos participantes, que fornece toda a infraestrutura médico-hospitalar e que deve observar seus direitos e assegurar a qualidade de suas instalações, dos serviços de hotelaria e, quiçá, médicos incluídos, além da proteção dos dados e propiciar acesso aos cuidados de sua saúde. Além disso, pode ter um contrato de prestação de serviços entre a instituição de pesquisa e o participante referente a outros serviços por eles fornecidos como médico-hospitalares, que já eram prestados até mesmo antes da pesquisa. É o exemplo de pacientes já internados ou que fazem tratamento ambulatorial que depois são incluídos no estudo clínico.

Após a identificação das situações jurídicas decorrentes dos ensaios clínicos, a compreensão da forma como os agentes envolvidos no processo de pesquisa se relacionam, o papel exercido por cada um, é possível traçar parâmetros jurídicos que, juntamente com os éticos já existentes, definirão os cânones da responsabilidade civil em sede de ensaios clínicos.

Os ensaios clínicos se inserem na qualificação de atividades de riscos por essência, haja vista a imprevisibilidade quanto aos resultados a serem obtidos e aos perigos aos quais a saúde dos participantes de pesquisa se expõem pelo emprego de novas tecnologias e de novas substâncias. Dessa forma, impõe-se a aplicação de um tratamento jurídico diferenciado a fim de salvaguardar os interesses da parte mais afetada por essa atividade: o participante.

4. O REGIME JURÍDICO DA RESPONSABILIDADE CIVIL NOS ENSAIOS CLÍNICOS

A atividade de pesquisa é cercada de riscos que, dependendo do seu nível e potencial, podem impedir sua realização. Contudo, mesmo quando admitida a pesquisa, observados todos os critérios éticos e procedimentais e após ter passado pela ponderação entre os riscos e benefícios envolvidos e pelo filtro dos princípios da prevenção e precaução, os participantes podem sofrer danos.

Os danos a que podem ser acometidos os participantes de pesquisa são de ordem patrimonial e extrapatrimonial, e devem ser reparados. No entanto, algumas indagações surgem acerca da forma como se processa essa reparação civil: i) quais as normas aplicáveis; ii) quem seriam os agentes responsáveis; iii) quais são as causas que geram o dever de reparar; iv) se haveria responsabilidade, já que os riscos são informados ao participante de pesquisa ao conceder o consentimento livre; e v) se seria possível excluir em alguma hipótese a responsabilidade.

A Resolução 466/2012 do CNS estabelece a responsabilidade tanto do patrocinador, quanto do pesquisador e da instituição de pesquisa pelos danos dela decorrentes da pesquisa de forma ampla, incluindo os danos previstos ou não previstos no termo de consentimento livre e esclarecido, o que remete à comprovação do nexo causal entre o dano e o ensaio clínico (item II.7, V.6, V.7 e XI.1). No entanto, trata-se de norma de cunho deontológico e que não define o regime jurídico de responsabilidade civil.

A definição do regime jurídico da responsabilidade civil incidente em ensaios clínicos depende em um primeiro passo da averiguação quanto a normativa jurídica aplicável; se é o Código Civil ou o Código de Defesa do Consumidor; em seguida o tipo de risco que envolve a pesquisa clínica; os perfis de responsabilidade e os agentes envolvidos: patrocinador, pesquisador responsável e instituição de pesquisa, observado o vínculo com os participantes de pesquisa, o dever de assistência à saúde, de indenizar e de ressarcir.

A primeira divergência contemplada nas duas primeiras decisões citadas do TJRS se referia justamente à aplicação do Código de Defesa do Consumidor à prestação de serviço de pesquisa clínica. A Nona Câmara Cível do Tribunal de Justiça do Estado do Rio Grande do Sul afastou a incidência da lei consumerista em atividade que envolva pesquisa clínica de terapia de reposição hormonal patrocinada por um laboratório, pois a participante não se enquadra no conceito de consumidor, já que se submeteu ao estudo de forma voluntária e nos termos do consentimento livre e esclarecido, cuidando-se, portanto, de uma situação de cunho civil. Em sentido diverso, a Décima Câmara Cível do Tribunal de Justiça do Rio Grande do Sul, aplicou o Código de Defesa do Consumidor em tratamento experimental para o câncer com o uso de medicamentos ministrados por laboratório e sob a observância do corpo médico, nas dependências de uma instituição hospitalar. O fundamento reside no fato de que há a presença, em tais relações, do fornecedor, do tomador de serviços e do consumidor (artigos 2º e 3º do CDC).

Definir se a relação de pesquisa se enquadra como consumerista interfere diretamente no regime da responsabilidade civil, pois pela lei consumerista a regra é a responsabilidade civil objetiva, com exceção aos profissionais liberais, há ressalva quanto à responsabilidade pelo risco do desenvolvimento (art. 12, § 1º, III, CDC), além de atrair a aplicação de outras normas referentes à inversão de ônus da prova, publicidade, cláusulas abusivas, decadência, prescrição, foro competente, entre outras próprias da Política Nacional de Defesa do Consumidor.

A atividade de pesquisa clínica não está inserida no mercado de consumo; cuida-se de fase preliminar, considerando as fases I, II, e III, em que se coloca em teste a eficácia, a tolerância e a segurança de um tratamento farmacológico sobre a pessoa humana. O produto administrado neste momento não é um bem de consumo presente no mercado; ao contrário, a autorização de uso é exclusiva para fins de pesquisa, não podendo ser empregado fora dos limites do estudo clínico. Não há de se falar, sequer, em cadeia de produção e fornecimento de serviço massificado. Desta forma, como não há colocação do produto no mercado, afasta-se a responsabilidade civil por fato ou vício do produto prevista nos artigos 12, § 3º, I, e 18 a 20 do CDC, pois não se insere no conceito conceitos de consumidor e fornecedor (arts. 2º, 17, 29, 3º, todos do CDC).

Aplicar-se-á, portanto, aos ensaios clínicos a legislação civil quando as partes envolvidas são da área privada, observando-se as normas de direito público no que diz respeito à regulação da atividade, bem como quando o Estado assume a promoção da pesquisa (artigo 37, § 6º, da Constituição da República e 43 do Código Civil).[57]

A conclusão de que o Código Civil se aplica às situações jurídicas em tela não soluciona o problema enfrentado. Impõe-se, ainda, divisar o tipo de responsabilidade civil em sede de pesquisa clínica, se objetiva ou subjetiva, já que o código consagra os dois regimes gerais, o que dependerá de critérios hermenêuticos equacionados em relação ao disposto nos artigos 186, 187, 392, 927, *caput* e parágrafo único, 931, 932, 933, 934, 942, 944, 949, 950 e 951, se contratual (negocial) ou extracontratual.[58] Nessa direção, há de se avaliar a natureza da atividade desenvolvida, o tipo de risco envolvido e a responsabilidade de cada ator envolvido na pesquisa.

A atividade de pesquisa é organizada, e envolve riscos elevados e incomensuráveis, pelo que se aplica o disposto no artigo 927, parágrafo único, do Código Civil. Afasta-se o disposto no artigo 931 do Código Civil, que também entabula cláusula geral de responsabilidade objetiva, eis que não há produto posto em circulação, a substância está em fase de teste, sua farmacêutica e seu acondicionamento são diversos dos colocados no

---

57. Em sentido contrário, pela aplicação do CDC nas atividades de pesquisa merece citar o posicionamento de Fernanda Schaefer: "(a) A relação entre pesquisador e pesquisado seria uma relação contratual atípica subordinada às leis civis, uma vez que quem está efetivamente prestando um serviço (e não o faz com habitualidade) é o pesquisado (paciente), que se oferece voluntária e gratuitamente para participar da pesquisa, comportando-se como "cobaia". Portanto, a responsabilidade decorrente dessa relação seria contratual (artigo 389 e seguintes do Código Civil – CC) e objetiva (artigo 927, parágrafo único, CC – atividade de risco). (b) No entanto, quando se trata de utilização de placebos em ensaios clínicos com fins comerciais, o pesquisado deverá ser equiparado a um consumidor (artigo 29, CDC). O CDC estabeleceu três espécies de consumidor equiparado, previstas nos artigos 2º, parágrafo único, 17 e 29 (normas de extensão do campo de incidência do CDC). Em todos esses dispositivos, "o que se percebe é a desnecessidade da existência de um ato de consumo (aquisição ou utilização direta), bastando para a incidência da norma que [o consumidor] esteja exposto às situações previstas no Código' 30 – como no caso do sujeito de pesquisa que é destinatário de práticas comerciais e da formação e execução de contratos de pesquisas com fins comerciais." SCHAEFER, Fernanda. Uso de placebos em pesquisas com fins comerciais: limitações jurídicas à luz do ordenamento brasileiro. *Revista de Direito Sanitário*, v. 17, p. 138-159, 2016.
58. "Em nosso sistema a divisão entre responsabilidade contratual e extracontratual não é estanque. Pelo contrário, há uma verdadeira simbiose entre esses dois tipos de responsabilidade, uma vez que regras previstas no Código para responsabilidade contratual (arts. 393, 402 e 403) são também aplicadas à responsabilidade extracontratual. Os adeptos da teoria unitária, ou monista, criticam essa dicotomia, por entenderem que pouco importam os aspectos sobre os quais se apresente a responsabilidade civil no cenário jurídico, já que os seus efeitos são uniformes. Contudo, nos códigos dos países em geral, inclusive no Brasil, tem sido acolhida a tese dualista ou clássica". CAVALIERI FILHO, Sergio. *Programa de responsabilidade civil*. 7 ed. rev. atual. e ampl. São Paulo: Atlas, 2007. p. 16.

mercado, além de seu uso ser limitado, restrito ao âmbito da pesquisa, acessível apenas às pessoas autorizadas e sem permissão para serem colocados no mercado.

Entre os diversos tipos de riscos jurídicos existentes, mitigado e integral; proveito e criado; empresa e profissional; perigo e administrativo,[59] os ensaios clínicos se inserem na categoria de risco integral,[60] afastando-se do conceito de risco inerente, que excluiria a responsabilidade civil dos danos causados aos participantes e do risco de desenvolvimento por este ser aplicado após a aprovação e circulação do produto.[61]

Em se tratando de medicamentos, podem ocorrer três situações diversas que atraem a aplicação do instituto da responsabilidade civil com contornos próprios:[62] i) reações adversas durante o estudo clínico do medicamento em teste (fases I, II, ou III); ii) defeitos no medicamento já registrado pela ANVISA e comercializado, que pode decorrer da produção, vício ou fato de qualidade ou quantidade do produto, aplicando-se os artigos 12 e 18, ambos do CDC;[63] e iii) reações adversas sofridas pelos consumidores, desco-

---

59. Segundo Claudio Luiz Bueno de Godoy, há quatro categorias de riscos atreladas à cláusula geral do artigo 927, parágrafo único: i) risco (não basta a causalidade, deve haver outro elemento, como o defeito nas relações de consumo) e risco integral (causalidade pura, basta o nexo para caracterizar a responsabilidade); ii) risco proveito (risco decorrente de atividade que gere proveito, lucro para o agente) e risco criado (risco gerado pela atividade exercida); iii) risco empresa (risco decorrente do exercício de atividade econômica) e risco profissional (risco que afeta os empregados ou prepostos de empresa); e iv) risco perigo (risco decorrente de atividade dotada de perigo inerente, imanente, intrínseco) ou risco administrativo (risco afeto à pessoa jurídica de direito público que exerce atividade no interesse da coletividade). GODOY, Claudio Luiz Bueno de. *Responsabilidade civil pelo risco da atividade*. 2 ed. São Paulo: Saraiva, 2010. p. 81-84.
60. BENJAMIN, Antônio Herman V.; MARQUES, Claudia Lima; BESSA, Leonardo Roscoe. (Org.) *Manual do Direito do Consumidor*. São Paulo: Ed. RT, 2008. p. 117-118.
61. O risco do desenvolvimento é definido como "defeito impossível de ser conhecido e evitado no momento que o produto foi colocado em circulação, em razão do estágio da ciência e da tecnologia, não sendo possível conhecê-lo cientificamente no momento do lançamento do produto no mercado, vindo a ser descoberto somente após um período de uso do produto, como ocorre com certos medicamentos novos, vacina contra o câncer, drogas contra a AIDS, e pílulas para melhorar o desempenho sexual." Não é defeito do produto ou serviço, nem se confunde com a nocividade intrínseca a certos produtos, gerando indagação quanto à possibilidade de esse tipo de risco gerar o dever de indenizar. Há duas correntes, a primeira que afasta a responsabilidade do fornecedor, já que existe limite para a expectativa de segurança do consumidor, enquanto que a segunda impõe a responsabilidade em virtude da legítima expectativa do consumidor, uma concepção coletiva da sociedade de consumo. BARBOZA, Heloisa Helena. Responsabilidade civil em face das pesquisas em seres humanos. In: MARTINS-COSTA, Judith; MOLLER, Letícia Ludwig (Ed.). *Bioética e responsabilidade*. Rio de Janeiro: Forense, 2009. p. 208-209. Cf. TEPEDINO, Gustavo. A responsabilidade médica na experiência brasileira contemporânea. *Revista Trimestral de Direito Civil: RTDC*, ano 1, v. 2, p. 66-67. Rio de Janeiro: Padma, 2000. CALIXTO, Marcelo Junqueira. O art. 931 do código civil de 2002 e os riscos de desenvolvimento. *Revista Trimestral de Direito Civil: RTDC*, v. 6, n. 21, p. 75-92, passim. Rio de Janeiro: Padma, 2005. CAVALIERI FILHO, Sergio. *Programa de Direito do Consumidor*. São Paulo: Atlas, 2008. p. 240.
62. A respeito do tema, e diferenciando as etapas do desenvolvimento dos medicamentos e a responsabilidade decorrente do defeito nas suas diversas fases e com aplicação do CDC após a 4ª fase de pesquisa clínica, merece citar: TOMÉ, Patrícia Rizzo. A responsabilidade civil por danos causados pelos medicamentos defeituosos. *Revista Portuguesa de Direito da Saúde*, v. 18, p. 187-207, 2021.
63. Na União Europeia, a Diretiva 85/374/CEE adotou a corrente pela não responsabilização do fornecedor pelo risco do desenvolvimento, mas ressalvou que cabe a cada Estado-membro prever em suas legislações a responsabilização (artigos 7º e 16º). EUROPA. Parlamento Europeu. Directiva 374, de 25 de Julho de 1985, relativa à aproximação das disposições legislativas, regulamentares e administrativas dos Estados-Membros em matéria de responsabilidade decorrente dos produtos defeituosos.

nhecidas dos fornecedores quando de seu desenvolvimento[64] e, por isso, não previstas e informadas na bula do medicamento (risco de desenvolvimento).[65]

Nos ensaios clínicos, afasta-se o risco de desenvolvimento, pois este se verifica após a fabricação do produto e sua introdução no mercado de consumo. E, como as fases do ensaio clínico ora estudadas são as I, II e III, ou seja, antes da comercialização do medicamento e justamente durante a aferição do conhecimento científico, não será esse risco o preponderante para caracterizar a atividade de pesquisa clínica. Ao que parece, o risco integral[66] exsurge como o mais adequado para a situação em análise.

O risco integral, todavia, não se confunde com a responsabilidade integral, definida pela doutrina como a que independe de nexo de causalidade para caracterizar o dever de indenizar e que afasta as excludentes de responsabilidade. O risco integral em ensaios clínicos significa a causalidade pura, em que basta o nexo e a presença de eventos adversos decorrentes da pesquisa que causem danos indenizáveis para gerar a responsabilidade. Esse risco abarca os acontecimentos já previstos, conhecidos em virtude do avanço da ciência, da pesquisa pré-clínica ou de outras fases de estudos, e expressos no termo de consentimento livre e esclarecido, como também os não conhecidos e descobertos durante ou após concluída a experimentação, e que gerem danos ressarcíveis, já que é possível haver dano não indenizável (evento adverso leve), o que será abordado adiante. Não precisará restar caracterizado o defeito do produto ou da prestação do serviço de pesquisa, pois o risco por si só já será suficiente para dar ensejo à responsabilidade civil.

A responsabilidade em ensaios clínicos é, portanto, objetiva, independentemente de dolo ou culpa, motivo pelo qual não se fará juízo de censura da conduta do agente. Esse regime de responsabilidade civil ajuda o participante vulnerável, a obter a reparação

---

64. Importante decisão do STJ sobre aplicação da teoria do risco do desenvolvimento envolveu o medicamento SIFROL: RESP 1774372 / RS, relatora Ministra Nancy Andrighi, órgão julgador T3 – Terceira Turma, data do julgamento 05/05/2020, data da publicação/fonte dje 18.05.2020.
65. Divide-se a interpretação acerca da exclusão da responsabilidade pelo risco do desenvolvimento em três grupos nos ordenamentos: "1) admitem os riscos do desenvolvimento como causa de exclusão da responsabilidade; 2) consagram a exclusão da responsabilidade, mas a limitam a certos produtos; e 3) não reconhecem os riscos do desenvolvimento como uma causa de exclusão da responsabilidade." WESENDONCK, Tula. A evolução da responsabilidade civil pelos danos derivados dos riscos do desenvolvimento de medicamentos no Direito brasileiro e nos países integrantes da União Europeia. *Lex Medicinae – Revista Portuguesa de Direito da Saúde*, v. 31-32, p. 85-100, 2019.
66. Caitlin Sampaio Mulholland trata a questão como hipótese de presunção do nexo de causalidade: "Pode-se considerar, contudo, que nas raríssimas hipóteses de responsabilidade civil integral – como é o caso da responsabilidade civil pelos danos ambientais e pelos danos nucleares – haja aí uma verdadeira presunção legal absoluta de causalidade, na medida em que haverá a obrigação de indenizar, por conta do altíssimo grau de periculosidade da atividade desenvolvida, sem que seja possível o afastamento deste dever pela prova contrária da existência de outros fatores fortuitos concorrentes. De qualquer maneira, esta presunção não é explicitada normativamente como as demais. Isto é, não existe a afirmação de que se trata de presunção. Esta conclusão se retira da interpretação dos artigos das leis correspondentes" MULHOLLAND, Caitlin Sampaio. *A responsabilidade civil por presunção de causalidade*. Rio de Janeiro: GZ Ed., 2010. p. 199.
No sentido de que a "teoria do risco integral é uma modalidade extremada da teoria do risco, justificando o dever de indenizar até nos casos de ausência do nexo de causalidade." DIREITO, Carlos Alberto Menezes; CAVALIERI FILHO, Sergio. *Comentários ao Novo Código Civil*. Rio de Janeiro: Forense, 2004. v. XIII (arts. 927 a 965) – Da responsabilidade civil, das preferências e privilégios creditórios, p. 14.

com mais facilidade. Esse tipo de responsabilidade tem amparo nos pressupostos que deram ensejo à mudança do eixo da culpa para o risco, na distribuição dos danos sofridos entre a coletividade que se beneficia da pesquisa, do progresso científico, socializando os riscos, o que não afasta a necessidade de criar e utilizar mecanismos que assegurem não só a prevenção, mas também a reparação e a compensação dos danos (seguro).[67]

São pressupostos ensejadores da responsabilidade civil: i) exercício da atividade de pesquisa; ii) dano reparável, de natureza patrimonial ou extrapatrimonial, resultante da pesquisa e iii) nexo de causalidade entre o dano e a pesquisa.

A responsabilidade civil em pesquisa clínica pode incidir em diversas hipóteses, como, por exemplo: i) violação do sigilo das informações e confidencialidade dos dados sensíveis dos participantes e inerentes à atividade (monitoramento, rastreabilidade, propagação); ii) falha na obtenção do consentimento livre e esclarecido necessário para validar a submissão do participante à pesquisa; iii) ocorrência de eventos adversos durante ou após a pesquisa, os quais acarretam danos de várias espécies, como a seguir indicado; iv) falha no dever de assistência à saúde do participante de pesquisa etc.

A responsabilidade civil pode ser contratual, negocial, ou extracontratual,[68] apesar da mitigação desse diferencial. Essa classificação vai depender de cada agente e se os danos resultantes dos ensaios clínicos decorrem de uma situação negocial ou não, podendo um mesmo fato resultar em um concurso de responsabilidade.

A ausência de vínculo direto entre o patrocinador e o participante da pesquisa, explicitada não afasta sua responsabilidade civil, que decorre do risco da atividade e, se adotada a teoria dualista, se enquadra como responsabilidade civil objetiva extracontratual, em sentido estrito.

Em relação ao pesquisador, o vínculo jurídico tem amparo no consentimento livre e esclarecido concedido pelo participante que permite sua submissão à pesquisa, e como sua natureza é de negócio jurídico unilateral, a responsabilidade será negocial. A responsabilidade assumida pelo pesquisador é pessoal, intransmissível[69] e indeclinável,[70] o que não retira a possibilidade de haver mais de um responsável pelo evento danoso sofrido pelo participante.

---

67. Cf. PEREIRA, Paula Moura Francesconi de Lemos; GOULART, Úrsula. Os Ensaios Clínicos e o Seguro de Responsabilidade Civil. *Revista Brasileira de Direito Contratual*, v. 1, p. 66, 2019.
68. Para Lurence Klesta, que analisa a relação entre o sujeito de experimentação e o patrocinador no direito italiano, trata-se de relação extracontratual, tendo em vista a ausência de relação preexistente entre eles, pelo que eventuais danos na execução do protocolo de experimentação serão ressarcidos com base na política da apólice de seguro do promotor e cujo escopo é garantir a reparação dos riscos derivados da atividade de experimentação, que são previsíveis ou potenciais. KLESTA, Laurence. Ricerca e Sperimentazione in campo clinico farmacológico. In: RODOTÀ, Stefano; ZATTI, Paolo (Org.). *Trattato di biodiritto*. Milão: Giuffrè, 2010. p. 567-586. Passim.
69. As Diretrizes Internacionais de Boas Práticas Clínicas preveem expressamente a atuação de dentistas como pesquisadores, como se verifica dos itens 2.7, 5.4.1, 8.1, "e", do Documento das Américas, de 2005, itens 2.7, 4.3.1, 6.1.4 do Manual Tripartite da ICH.
70. Cap. I, incisos VII, VIII, XVI; Cap. II, incisos II, VIII; Cap. III, artigo 20 e Cap. IV, artigo 24, todos do Código de Ética Médica.

Geralmente, o pesquisador em ensaios clínicos é médico, e, dependendo da área da pesquisa, pode ser dentista,[71] mas sua responsabilidade civil apresenta contornos diferentes da responsabilidade subjetiva do profissional liberal estabelecida no artigo 951 do Código Civil e artigo 14, § 4º, do Código de Defesa do Consumidor. Isso porque a atividade de pesquisa atrai a aplicação do artigo 927, parágrafo único do Código Civil pelo risco integral, a despeito de essa atividade se atrelar à atividade médica propriamente dita, principalmente, em ensaios clínicos terapêuticos em que o pesquisador pode ser, inclusive, o médico que já acompanhava o participante de pesquisa/paciente.

A pesquisa clínica envolve cuidados de saúde, e tem a função precípua de descobrir um novo meio de cura, de tratamento para doenças ou de prevenção, seja com benefício direto para o participante ou para a coletividade, enquanto que o ato médico consiste na prevenção, no diagnóstico, na busca em debelar ou minorar a doença, o sofrimento, a fadiga, a perturbação mental do paciente. A atividade médica é desenvolvida pelo profissional de forma livre, autônoma,[72] feita com base na *legis artis*, no conhecimento e experiência já consolidados pela Ciência Médica. O fato de o investigador acumular duas funções – de pesquisador e médico – não afetará o regime de responsabilidade civil objetiva pelo risco integral aplicável (artigo 927, parágrafo único do CC), tanto no ensaio clínico terapêutico quanto no puro.

Independentemente da cumulação de atribuições do pesquisador-médico responsável pela pesquisa, quando se inicia o ensaio clínico sua atuação é muito mais rigorosa do que a do médico no exercício de sua função. Em sede de pesquisa, o investigador age seguindo o protocolo, os passos previstos no desenho do estudo, condutas clínicas extremamente controladas, observando dosagens, os métodos de administração. O acompanhamento do participante é mais intenso e feito em períodos predeterminados, diferentemente do que ocorre com um tratamento médico tradicional, inclusive na forma de monitoramento.

Em sentido contrário, cita-se o posicionamento de Márcia Santana Fernandes, José Roberto Goldim, Márcia Robalo Mafra, Leonardo Stoll de Morais,[73] que entendem aplicar aos pesquisadores a responsabilidade subjetiva, quando comprovada violação de um dever legal ou previsto no protocolo por agir culposo.[74]

A aplicação da responsabilidade objetiva para os investigadores não se modificará em função do tipo de ensaio clínico, se terapêutico ou puro, pois em ambos a finalida-

---

71. Importante ressaltar que o médico, fora do ambiente de pesquisa, no exercício de sua atividade médica em alguns casos aplica tratamento experimental no paciente, ou utiliza um medicamento *off label*, o que pode gerar controvérsia se estaria agravando o risco do paciente e, por isso, atraindo um outro regime de responsabilidade civil que o do artigo 951 do Código Civil e artigo 14, §4º, do CDC, e sim o do artigo 927, parágrafo único do Código Civil.
72. Cf. BARBOZA, Heloisa Helena. Responsabilidade civil médica no Brasil. *Revista Trimestral de Direito Civil: RTDC*, v. 5, n. 19, p. 49-64. Rio de Janeiro: Padma, 2004.
73. Item 5.1.3, 5.2.3, 5.2.4 do Documento das Américas, de 2005, artigo 22 da RDC 9/2015 da ANVISA.
74. Item Artigo 27 a 29 da RDC 9/2005 da ANVISA.

de científica não se afasta. O que ocorre é o aumento dos deveres de cuidados com o participante.

A instituição de pesquisa pode ter uma relação contratual direta com o participante ou não, dependendo da forma como ocorrerá a pesquisa e o financiamento, podendo se enquadrar ou não como responsabilidade negocial.

A atividade dos centros de experimentação é dupla, incluindo, além da execução da pesquisa clínica propriamente dita, centrada na administração das substâncias químicas experimentais, controle dos eventos adversos, guarda de documentação, prontuários, também a disponibilização de toda a sua estrutura física (hotelaria), de pessoal (administrativo, equipe médica e de enfermagem) e de serviços médico-hospitalares em geral.

Durante o processo de pesquisa clínica podem ocorrer tanto intercorrências atinentes à pesquisa propriamente dita quanto aos serviços médico-hospitalares ordinariamente prestados pelas instituições de pesquisa. No primeiro caso, pode haver danos decorrentes da substância em teste (aplicação, dosagem, armazenamento, qualidade), violação do sigilo dos dados do participante ou da pesquisa; já no segundo caso, ocorrem danos derivados de atos de enfermagem, realização de exames. Nessa última hipótese, estão mais suscetíveis a esses danos aqueles participantes que se encontram internados na unidade de pesquisa (por exemplo, paciente em coma, paciente internado para tratamento psiquiátrico), e que podem ter um contrato com a instituição.

No caso de falha nos serviços médico-hospitalares da instituição de pesquisa, aplica-se o mesmo regime da responsabilidade civil dos hospitais, clínicas e laboratórios estabelecido no Código de Defesa do Consumidor, cuidando-se, portanto, de responsabilidade objetiva, que depende da existência de um defeito da prestação de serviço, salvo por ato médico, que será subjetiva.

Todavia, quando ocorre dano relacionado à pesquisa propriamente dita, a responsabilidade civil da instituição de pesquisa será objetiva pelo risco integral, nos termos do artigo 927, parágrafo único do Código Civil. São exemplos de falhas relacionadas à atividade de pesquisa por serviços que ocorrem nas instituições de pesquisa: atos dos enfermeiros ou do próprio pesquisador, como, por exemplo, aplicação de dose sem autorização, dose errada, via de administração equivocada, velocidade de infusão inadequada, fórmula farmacêutica errada, tempo de administração errado, preparação errada da dose, técnica de administração incorreta, erros de prescrição, erro de monitoramento, e erro de cálculo, que podem gerar danos ao participante, ou, até mesmo, evento adverso decorrente do medicamento em teste.

A responsabilidade civil em ensaios clínicos abrange os deveres de assistência, que não se confundem com o de indenizar os danos sofridos pelos participantes de pesquisas, apesar de se tangenciarem.

A multiplicidade de agentes envolvidos e de atos que cercam o processo de pesquisa clínica acarretam dúvidas acerca da imputação da responsabilidade civil. No entanto, a responsabilidade frente ao participante de pesquisa recai em todos agentes envolvidos, independentemente do ato diretamente causador do dano.

A aplicação da solidariedade entre os agentes de pesquisa está em consonância com a própria função da responsabilidade civil, que é possibilitar a reparação do dano injusto. Independentemente de qual agente de pesquisa causou o resultado danoso, seja por ato direto ou indireto, e mesmo que não tenha relação direta com o participante de pesquisa, haverá responsabilidade. A *ratio* da solidariedade na obrigação de indenizar é facilitar a reparação e acautelar a vítima contra o risco da insolvência de algum dos obrigados.

Caberá ao participante eleger, entre os corresponsáveis (patrocinador, ORPC, pesquisador, instituição de pesquisa), a reparação pelos danos sofridos (artigo 275 c/c 942, ambos do Código Civil), fazendo a escolha pelo que for o mais idôneo a suportar os encargos e garantir a reparação integral, considerando as condições econômicas, já que a responsabilidade recai sobre o patrimônio do causador do dano (artigo 942, primeira parte, do Código Civil) e questões processuais como foro competente.

Restará entre os agentes de pesquisa eventual direito de regresso contra o causador direto do dano, caso respondam por ato a ele não diretamente imputável, como no caso de conduta praticada diretamente pelo pesquisador ou um dano atrelado ao serviço médico-hospitalar da instituição. O direito de regresso está previsto no artigo 934 do Código Civil e se funda no princípio da justiça e equidade que veda o enriquecimento sem causa (artigo 884 do Código Civil). É na ação regressiva que se discutirá acerca da intensidade e extensão da participação de cada ator na geração do dano, sendo possível arguir questões atinentes à conduta culposa ou dolosa, considerando o disposto nos artigos 932, inciso III, e 933 do Código Civil, o que perante o participante é afastado, já que para todos os agentes a responsabilidade é objetiva, e extraída do risco da atividade de pesquisa clínica (artigo 927, parágrafo único do Código Civil).

A responsabilidade entre os agentes de pesquisa é solidária e decorre da lei (artigo 942 do Código Civil), o que implica na possibilidade de o participante de pesquisa pleitear a reparação de qualquer agente, bastando a verificação do nexo de causalidade entre o danoso e a pesquisa. Os agentes responderão, mesmo que o ato não tenha sido por ele diretamente praticado e independentemente se tem com o participante uma relação negocial ou não, sendo-lhes facultada a ação regressiva contra o responsável direto, observado o disposto nos artigos 934, 884, 932, III e 933, todos do Código Civil.

Ao participante de pesquisa, em razão de sua vulnerabilidade, deve ser facilitada a produção de prova[75] e, por mais que não incida o Código de Defesa do Consumidor, sua

---

75. Com o Novo Código de Processo Civil o juiz pode inverter o ônus da prova, independentemente da natureza jurídica do vínculo entre as partes, aplica-se o disposto no artigo 373, §§ 1º e 2º, que consagra a teoria dinâmica da prova. "De acordo com o § 1º do art. 373, nos casos previstos em lei (como se dá, por exemplo, no inciso VIII do art. 6º do Código do Consumidor, em que o que há é, propriamente, uma inversão do ônus da prova) ou diante de peculiaridades da causa relacionadas à impossibilidade ou à excessiva dificuldade de produzir prova nos moldes do caput, ou, ainda, considerando a maior facilidade de obtenção da prova do fato contrário, poderá o magistrado atribuir o ônus da prova de modo diverso. Para tanto, deverá fazê-lo em decisão fundamentada

condição atrai a aplicação da teoria dinâmica da prova. Aos agentes de pesquisa caberá, portanto, apresentar elementos que demonstrem a ausência de nexo entre a pesquisa e os danos sofridos. Não se admite em sede de ensaios clínicos a possibilidade de afastar a responsabilidade e excluir o dever de indenizar por qualquer previsão no termo de consentimento livre e esclarecido, a própria Resolução 466/2012 do CNS (item IV.4, "c") e normas internacionais por contrariar os princípios constitucionais da dignidade da pessoa humana e da solidariedade social. Dessa forma, afasta-se qualquer argumento de que os agentes não respondem porque os participantes assumiram os riscos. A não aplicação do instituto da responsabilidade civil depende da falta de um dos seus elementos ensejadores (dano e nexo de causalidade).

Em se tratando de ensaios clínicos, situação de cunho não patrimonial, e em virtude das peculiaridades envolvidas nessa atividade, mister se faz salvaguardar os participantes de pesquisa, parte vulnerável, por isso não será admitida nenhuma cláusula exonerativa nem limitativa de responsabilidade, inclusive, os limites securitários. No entanto, admite-se excludentes de responsabilidade, seja pela quebra da causalidade por fortuito externo, fato exclusivo da vítima ou de terceiro, caso fortuito ou força maior, ou falta do elemento dano indenizável, ou interno.[76] São exemplos de fatos que afastam a responsabilidade dos agentes de pesquisa: i) evento adverso leve, iatrogenia do medicamento experimental leve, que apesar de ser um fortuito interno, gerou dano não ressarcível pelo juízo de ponderação; ii) evento adverso decorrente de fortuito externo, como da própria doença do participante (iatrogenia) ou do uso de medicamento não experimental, que já era utilizado pelo participante; iii) fato exclusivo do participante, que não observou deveres de conduta e acarretou o dano; e iv) caso fortuito e força maior.

Ressalte-se, ainda, a possibilidade de concorrência de causas, que não afastam a responsabilidade dos agentes de pesquisa, mas interferem no *quantum* indenizatório a ser pago pelos responsáveis.

A uniformização do regime jurídico da responsabilidade civil aplicável em atividade de pesquisa clínica visa proteger os participantes em razão de sua potencial vulnerabilidade diante de todos os riscos a que estão submetidos, possibilitando os estudos sem que haja inobservância de seus direitos e calcado nos princípios da solidariedade, da reparação integral do dano, da dignidade da pessoa humana.

5. CONSIDERAÇÕES FINAIS

A realização de ensaios clínicos, indubitavelmente, representa uma fonte de esperança para tratamentos de doenças, para cuidados de saúde, prolongamento da vida e que beneficia toda a coletividade. Ao longo dos anos percebe-se um importante avanço das pesquisas clínicas que resultam no desenvolvimento de vacinas, como no notável

---

(que justifique o porquê da incidência do § 1º e a inexistência dos óbices do § 2º), dando à parte a oportunidade de se desincumbir do ônus que lhe foi atribuído" p. 350.

76. BUENO, Cassio Scarpinella. *Manual de direito processual civil*: inteiramente estruturado à luz do novo CPC, de acordo com a Lei 13.526, de 4-2-2016. 2 ed. rev. atual. e ampl. São Paulo: Saraiva, 2016.

caso da Covid-19, de dispositivos médicos, e em tempo célere graças ao uso de tecnologia de ponta e da inteligência artificial.

A importância dos experimentos para a coletividade é indiscutível assim como o interesse público, mas persiste a necessidade que tais testes ainda ocorram em seres humanos, após a fase pré-clínica. A submissão da pessoa a estudos os coloca em riscos incomensuráveis, pois nem sempre é possível prever as reações do organismo humano. O interesse científico coletivo em prol da saúde pública, que legitima a pesquisa clínica e tem amparo na legalidade constitucional, não se sobrepõe aos interesses dos participantes de pesquisa, um dos princípios bioéticos basilares dos ensaios clínicos.[77]

Os participantes de pesquisas gozam de diversos direitos, como o direito à informação, ao sigilo e confidencialidade, à proteção de seus dados pessoais e sensíveis, à vida, à saúde, à integridade psicofísica, à proteção a sua dignidade humana, à autodeterminação, à assistência à saúde, ao acesso ao medicamento experimental após-estudo; ao ressarcimentos de despesas etc. Entre esses direitos merece atenção o de receber indenização, de ser reparado e compensado pelos danos sofridos em suas várias espécies, sejam danos patrimoniais e/ou extrapatrimoniais decorrentes de lesões à integridade psicofísica em razão de reações adversas ao medicamento experimental; à inobservância da autodeterminação informacional; à violação dos dados pessoas e sensíveis; à falta de assistência à saúde, entre outros. Vários são os instrumentos que poder-se-ia pensar para tutela do participante de pesquisa, inclusive, preventivos, mas no presente artigo ganha ênfase o instituto da responsabilidade civil que visa salvaguardar os participantes de pesquisa tendo como pilares os princípios da dignidade da pessoa humana, da solidariedade, da prevenção, da reparação integral do dano. Mas para isso, a fim de evitar divergência de interpretação e decisões judiciais opostas sobre o tema, já que não há previsão legal expressa quanto ao regime jurídico da responsabilidade civil, cabe estabelecer critérios para sua fixação. Após uma interpretação sistemática das normas éticas e jurídicas que regulam as pesquisas clínicas no Brasil, conclui-se pela aplicação da responsabilidade civil objetiva e solidária dos agentes de pesquisa pelo risco integral, regida pela lei civil. Esse regime não afasta a necessidade de verificar os requisitos da responsabilidade civil no caso concreto, nem as excludentes que quebram o nexo de causalidade entre a pesquisa clínica e o dano.

Caberá ao aplicador do direito analisar cada caso concreto a fim de aplicar o instituto da responsabilidade civil com toda complexidade que o circunda de forma a garantir de forma eficaz a tutela do participante de pesquisa.

---

77. Item 8 da Declaração De Helsinque Da Associação Médica Mundial (WMA): "Ainda que o principal objetivo de pesquisa médica seja gerar novos conhecimentos, este objetivo nunca pode ter precedência sobre os direitos e interesses de cada sujeito da pesquisa."

O CHAMADO "ERRO MÉDICO" À LUZ DOS REQUISITOS NORMATIVOS DA RESPONSABILIDADE CIVIL

Eduardo Nunes de Souza

Sumário: 1. Introdução – 2. Os instrumentos teóricos da responsabilidade civil do médico – 3. A normativa consumerista e a distribuição do ônus probatório – 4. O "erro médico" e a dissimulação de um regime objetivo de responsabilidade – 5. À guisa de conclusão.

1. INTRODUÇÃO

Não existe consenso quanto ao conceito de profissional liberal. O termo, consagrado pelo uso, costuma designar o trabalhador livre para tomar decisões quanto ao exercício de sua profissão, embora o adjetivo liberal não decorra, do ponto de vista etimológico, dessa liberdade característica. Trata-se de designação atribuída ao longo dos séculos a certas profissões cujo único atributo realmente comum repousava em sua natureza intelectual, por oposição aos ofícios de lavor físico. Atualmente, admite-se a qualificação "liberal" até mesmo para o profissional subordinado a vínculo contratual trabalhista, a indicar que a nota essencial da "liberalidade" não reside na ausência de subordinação, mas sim no conhecimento intelectual necessário à sua prática. Na atualidade, as profissões liberais têm sido designadas justamente como profissões intelectuais, eis que tais ofícios demandariam, via de regra, formação universitária na respectiva área de atuação.

Paradigma das profissões liberais, a medicina, objeto deste estudo, ostenta todos os atributos característicos do gênero (e, não por acaso, as obras sobre profissionais liberais costumam citar o médico como primeiro, senão único, grande exemplo da categoria). Exige-se diploma universitário para a prática médica por força do Decreto 44.054/1958, que aprovou o Regulamento do Conselho Federal de Medicina e dos Conselhos Regionais de Medicina. A atividade médica pode ser exercida de forma autônoma (via de regra, em consultórios médicos) ou subordinada (na rede hospitalar pública ou privada); em qualquer caso, porém, assegura-se o livre exercício da profissão, garantia prevista pelo Código de Ética Médica, que dispõe, no Capítulo I: "o médico não pode, em nenhuma circunstância ou sob nenhum pretexto, renunciar à sua liberdade profissional, nem permitir quaisquer restrições ou imposições que possam prejudicar a eficiência e a correção de seu trabalho".

A qualificação da medicina como profissão liberal mostra-se crucial para o estudo da responsabilidade civil do médico. De um lado, porque, em geral, a civilística costuma tratar a responsabilidade civil de todos os profissionais liberais em conjunto, tomando por paradigma justamente a medicina. E o aspecto intelectual, isto é, o conhecimento científico envolvido no exercício da atividade tornou-se indissociável da imputação do dever de indenizar a esses profissionais, na medida em que inserido na aferição do elemento culposo. De outra parte, porque as escolhas indissociáveis ao exercício da medicina, símbolo máximo do seu caráter liberal e ônus severo imposto àqueles que se dedicam ao ofício, foram sobrecarregadas pela civilística brasileira nas últimas décadas, que encontrou na expressão "erro médico" instrumento pouco criterioso de imputação de responsabilidade, ainda quando ausentes os requisitos legais autorizadores do dever de indenizar.

Esse foi o ponto de partida da pesquisa, realizada no ano de 2012, que resultou na obra Do erro à culpa na responsabilidade civil do médico: estudo na perspectiva civil-constitucional, publicada pela Editora Renovar em 2015. Dez anos após a pesquisa original, lamentavelmente, muito pouco mudou na doutrina e, pior, no enfrentamento jurisprudencial do tema. A expressão "erro médico" segue onipresente nas decisões judiciais sobre a matéria, muito pouco atentas, na sua grande maioria, à franca descorrelação entre essa expressão coloquial e os requisitos técnicos da responsabilidade civil médica. Trata-se de cenário desolador para a dogmática da responsabilidade civil, sobretudo à luz do tratamento pouco cuidadoso que o direito de danos tem recebido, nos últimos anos, de certo setor da doutrina cada vez mais determinado a subtrair dessa matéria (que já é, por natureza, das mais complexas conhecidas pela civilística) sua sistematicidade e identidade funcional.

Diante desse quadro, que por vezes aparenta ser incontornável, talvez nenhum bom pretexto justificasse um retorno ao tema, não fosse a enorme alegria de participar desta homenagem, mais do que merecida, aos quarenta anos de docência da Professora Heloisa Helena Barboza na UERJ. Referência obrigatória no direito médico, no biodireito e em tantas outras searas privatistas, sua obra, diuturnamente atual e pautada pelos mais relevantes dilemas da realidade social, tem servido de inspiração a gerações de alunos. Mais ainda, seus quarenta anos dedicados à docência, coroados pela marcante atuação como a primeira mulher a tornar-se diretora da Faculdade de Direito da UERJ, prestam testemunho ao seu pioneirismo e retratam o valor da dedicação sincera e resiliente, sensível a projetos maiores que cada indivíduo e comprometidos com o futuro. Que o seu exemplo possa continuar nos encorajando a enfrentar os muitos desafios diários da academia jurídica.

2. OS INSTRUMENTOS TEÓRICOS DA RESPONSABILIDADE CIVIL DO MÉDICO

A quase totalidade dos estudos dedicados à responsabilidade civil do médico estruturou-se em torno da clássica distinção, elaborada por René Demogue no início do século XX, em seu Traité des obligations en général, entre obrigações de meios e de resultado, rapidamente reconhecida na jurisprudência francesa. Em linhas gerais, a qualificação diferencia, de um lado, as prestações dotadas de um elemento subjetivo (um dever de ação ou abstenção) acompanhado de um elemento objetivo (a obtenção de um resultado) e, de outro lado, aquelas que apresentam apenas o elemento subjetivo. No primeiro caso, fala-se em obrigação de resultado; no segundo, em obrigação de meios.

Diversos critérios já foram utilizados para a identificação da obrigação de meios, figurando a vontade das partes e a álea da atividade como os mais conhecidos. A doutrina mais atual tem reconhecido, porém, que é preciso "atentar prioritariamente para as finalidades contratuais e para as expectativas das partes que exsurgem do regulamento contratual". Desse modo, o problema das obrigações de meios e de resultado pode ser assim sintetizado: embora sempre se exija do devedor o dever de diligência, em alguns casos este se revela o único elemento verdadeiramente exigível da obrigação – em uma palavra, seu objeto –, conforme se atribua maior ou menor grau de juridicidade ao dever de obter determinado resultado prático. Não por acaso, parte da doutrina prefere atribuir às obrigações de meios a alcunha obrigações de diligência.

Diretamente vinculada ao agir diligente, a classificação se mostra, no direito pátrio e alhures, essencial ao regime jurídico de responsabilidade civil do médico. Não se trata, porém, de categorias insuscetíveis de críticas. Ao contrário, a distinção entre obrigações de meios e de resultado – reputada por muitos a summa divisio do direito obrigacional – recebeu, ao longo de sua evolução doutrinária, duros golpes de diversos autores, que chegam a advogar por sua supressão, considerando-a "artificial e arbitrária". Com efeito, tem-se afirmado que a classificação seria ociosa – por um lado, porque toda obrigação envolve o dever de diligência, que seria insuficiente, portanto, como elemento caracterizador de uma categoria autônoma; de outra parte, porque mesmo na obrigação de meios o credor sempre busca e pode exigir um resultado útil, consubstanciado no próprio agir diligente do devedor, envidando os melhores esforços. Portanto, toda obrigação seria, a um só tempo, de meios e de resultado. Confirma-se, porém, a utilidade da distinção, nem tanto para se apartarem radical e ontologicamente as duas categorias, mas principalmente para se identificar, com maior facilidade, se houve ou não inadimplemento (conceito que, nas obrigações de meios, não pode, por óbvio, restringir-se à não verificação do resultado).

A distinção entre obrigações de meios e de resultado foi originalmente reputada uma peculiaridade da responsabilidade contratual em face da extracontratual. Esta outra distinção, entre os regimes contratual e aquiliano, por sua vez, também se afigura de grande relevo na responsabilidade médica, geralmente qualificada pela doutrina como contratual. Aduz-se, nesse particular, que o ofício do médico consistiria em um contrato de prestação de serviços sui generis, cujo objeto é a intervenção técnica remunerada, à qual se agregam deveres patrimoniais, a justificar a natureza contratual de eventuais danos ao paciente.

O profissional da medicina, porém, pode vir a ser responsabilizado pelo regime aquiliano, a depender das circunstâncias do caso concreto. Nesse sentido, não se afasta a possibilidade de dano extracontratual em hipóteses como as de omissão de socorro, emissão de atestados falsos, quebra de sigilo profissional, entre outras. No direito francês, por exemplo, Savatier já sustentava que o fato de ser aquiliana a faute não impedia sua apreciação à luz das regras da responsabilidade contratual, pois os médicos estariam sempre adstritos à mesma ordem de deveres perante seus clientes, independentemente de vínculo contratual. O entendimento permanece atual, embora mereça temperamentos, pelo menos no que diz respeito à incidência de certos deveres, em especial os deveres anexos de informação, hoje atribuídos ao médico em intensidade que varia conforme o grau de proximidade da relação concretamente estabelecida entre as partes.

Além disso, a natureza da responsabilidade importa porque há muito se entende que na responsabilidade contratual a culpa é presumida, a inverter o ônus probatório em favor do lesado. Com efeito, costuma-se dizer que o simples fato do inadimplemento já permite presumir que o devedor da obrigação contratual descumprida agiu com culpa. Além desse importante efeito, a natureza da responsabilidade atrai a incidência de diversas normas. Por exemplo, na responsabilidade extracontratual, reconhece-se como competente para a propositura da ação indenizatória o foro do local do dano (art. 53, IV, "a" do CPC). Além disso, existe controvérsia quanto ao prazo prescricional aplicável à reparação civil derivada de ilícito contratual ser o mesmo prazo de três anos previsto pelo art. 206, §3º, V do Código Civil para a responsabilidade aquiliana. Tais questões tornaram-se, contudo, de somenos relevância por força da incidência das normas consumeristas acerca desses pontos.

Sabe-se, ainda, que a responsabilidade do médico é do tipo subjetivo – vale dizer, exige a prova da intenção de causar dano ou da conduta negligente, imprudente ou imperita (em uma palavra, da culpa lato sensu do agente). O art. 1.545 do Código Civil de 1916 era expresso nesse sentido, ao mencionar "imprudência, negligência, ou imperícia, em atos profissionais". E, embora aludisse a "médicos, cirurgiões, farmacêuticos, parteiras e dentistas", o dispositivo era usualmente empregado, por analogia, para a caracterização da responsabilidade de outros profissionais liberais. Na esteira do anterior, prevê o Código Civil atual, em seu art. 951, que será devida a indenização "[...] por aquele que, no exercício de atividade profissional, por negligência, imprudência ou imperícia, causar a morte do paciente, agravar-lhe o mal, causar-lhe lesão, ou inabilitá-lo para o trabalho".

Com efeito, pela própria natureza da atividade, a responsabilidade civil do médico parece indissociável do conceito de culpa. Embora a doutrina não costume discordar dessa afirmativa, porém, não é incomum observar na prática jurisprudencial a aplicação de regime análogo ao da responsabilidade objetiva ao caso do médico, sobretudo em hipóteses nas quais se considera que ele seria titular de uma obrigação de resultado (como nas cirurgias estéticas). Embora se trate de conceitos totalmente díspares (um relacionado à identificação do inadimplemento, e outro associado ao fundamento da imputação de responsabilidade ao agente) a obrigação de resultados tem sido aplicada pela jurisprudência, com frequência, como indevido pretexto autorizador para uma responsabilidade independente de culpa e não como simples hipótese de inversão do ônus probatório – embora existam, é claro, honrosas exceções em que não se reproduz esse equívoco.

3. A NORMATIVA CONSUMERISTA E A DISTRIBUIÇÃO DO ÔNUS PROBATÓRIO

Como facilmente se constata, as principais construções dogmáticas relacionadas à responsabilidade civil do médico têm em comum uma marcada preocupação em torno da alocação do ônus da prova sobre a culpa profissional. De fato, a doutrina das obrigações de meios e de resultado adquiriu significativa relevância prática, antes de tudo, porque muitos autores entendem que a prova do inadimplemento das primeiras depende da prova da culpa, mas presumem o agir culposo se descumpridas as segundas. Analogamente, um dos principais efeitos atribuídos à natureza contratual da responsabilidade civil reside na facilitação da instrução processual pela presunção da culpa. A sutileza teórica oferecida por essas construções tem sido obscurecida, porém, na ordem jurídica pátria, pela extensão da lógica consumerista à responsabilidade civil do médico.

A qualificação da relação médico-paciente como relação de consumo tem sido reconhecida em nossa doutrina e jurisprudência majoritárias, muito embora o §4º do art. 14 do CDC, única referência aos profissionais liberais no diploma consumerista, destine-se justamente a afastar a sistemática da responsabilidade objetiva, adotada pelo diploma, da disciplina jurídica dessas atividades. O aparente paradoxo se dissipa a partir da divisão, promovida pela jurisprudência contemporânea, do regime da responsabilidade civil do médico em dois momentos: um material e outro procedimental. Com efeito, o §4º do art. 14 remete o intérprete à sistemática da responsabilidade subjetiva do Código Civil, a exigir, assim, o elemento culposo (diversamente do regime consumerista). Tem-se admitido, porém, que o Código de Defesa do Consumidor regula a relação médico-paciente para todas as outras questões, eminentemente procedimentais, decorrentes dessa responsabilidade. Desse modo, por exemplo, admite-se que o juiz inverta o ônus probatório em favor do paciente, nos termos do art. 6º, VIII do CDC, bem como que aplique à responsabilidade médica outras normas do diploma consumerista, tais como o prazo prescricional fixado pelo art. 27 do CDC, a competência do foro do domicílio do paciente com base no art. 101, I do CDC e a vedação à denunciação da lide prevista pelo art. 88 do CDC.

Alguns autores propõem, igualmente, a extensão de regras materiais do Código de Defesa do Consumidor ao caso do médico. Nesse sentido, já se afirmou que os profissionais liberais "submetem-se aos princípios do Código – informação, transparência, boa-fé etc." (principiologia que poderia ser facilmente aplicada sem o recurso ao diploma consumerista, por incidência dos princípios da solidariedade social – art. 3º, I da CF – e da boa-fé objetiva – art. 422 do Código Civil). Defende-se, ainda, que se considere o médico como fornecedor no que tange ao dever de entregar orçamento prévio ao consumidor (art. 40 do CDC), bem como quanto às regras sobre publicidade enganosa ou abusiva (arts. 36-38 do CDC), inclusive a tipificação destas como infrações penais (arts. 67-68 do CDC) e administrativas, passíveis sanções como a contrapropaganda (art. 56 do CDC). Já se reconheceu também a possibilidade de responsabilizar por crime contra consumo o médico que oferece produtos impróprios ao paciente (art. 7º, IX da Lei 8.137/1990 c/c art. 18, § 6º, II e III do CDC).

Dada a notória vocação expansionista da tutela do consumidor na experiência brasileira, lamentavelmente pouco propensa a sutilezas técnicas ou à gradação da proteção oferecida conforme cada caso concreto, sua extensão à relação médico-paciente tem sombreado as principais questões atinentes à tradicional distinção entre obrigações de meios e de resultado e entre responsabilidade contratual e aquiliana. Tais considerações vêm sendo, na prática, substituídas pela possibilidade de inversão, tout court, do ônus da prova em favor do consumidor. Assim, a pretensão indenizatória daquele que sofreu dano causado por médico no exercício de sua atividade não tem precisado, na prática, demonstrar a natureza contratual da relação, nem ingressar no mérito da natureza da obrigação (de meios ou de resultado), para eximir-se do ônus de provar a culpa pelo inadimplemento.

Mais que uma mudança de técnica jurídica, trata-se, como se percebe, de substituir a imprescindível investigação dos elementos do caso concreto (seja para qualificar a obrigação como de meios ou de resultado, à luz das expectativas legitimamente geradas no paciente pelo médico, seja para identificar a natureza contratual ou aquiliana da responsabilidade, de acordo com o vínculo concreto entre as partes) por um juízo de verossimilhança ou hipossuficiência – critérios que são quase invariavelmente presumidos, ainda que não expressamente, pelos tribunais. Da caracterização do paciente como consumidor decorre, assim, de modo quase automático a inversão do *onus probandi*, sem ulterior consideração quanto às peculiaridades da relação jurídica concreta.

Assiste-se, assim, ao agravamento da responsabilidade do médico pela lógica consumerista – muito embora seja no mínimo questionável se se deveria mesmo aplicar à relação médico-paciente disciplina idêntica àquela que protege o adquirente de produtos e serviços no mercado de consumo. De fato, se a tutela privilegiada de certo indivíduo deve ser proporcional ao seu concreto grau de vulnerabilidade em uma relação jurídica, caberia indagar se o paciente deve ser considerado vulnerável perante o médico na mesma medida e pelas mesmas razões que o consumidor em face do fornecedor. E o próprio afastamento, pelo CDC, das profissões liberais do regime de responsabilidade objetiva nele previsto, com remissão à responsabilidade por culpa do Código Civil, parece já sinalizar pela negativa.

Com efeito, a transposição da lógica consumerista (associada ao potencial danoso de serviços ofertados no mercado de consumo de massa) para uma relação estritamente pessoal como o vínculo entre cliente e profissional liberal exige cautela. Tal tendência vem ao encontro de uma crescente exacerbação das expectativas pendentes sobre a atuação do médico, como se fosse legítimo esperar o sucesso de seu trabalho na totalidade dos casos, ignorando-se a falibilidade natural desses profissionais, que só contam com seu próprio conhecimento científico e que não praticam uma atividade que permita a diluição do ônus econômico de uma super-responsabilização no preço dos serviços por eles oferecidos.

Sem dúvida, é possível afirmar que o paciente tende a revelar-se processualmente hipossuficiente nas ações por reparação de danos causados por erro médico, na medida em que não dispõe de conhecimento técnico para a identificação da conduta médica culposa, nem tem em seu poder, na maior parte das vezes, os prontuários, históricos clínicos, laudos de exames e demais documentos probantes da conduta adotada pelo profissional de saúde. Neste ponto, porém, a atribuição ao médico do ônus de provar que adotou o procedimento profissional mais adequado não deveria decorrer, propriamente, de uma mecânica inversão do ônus da prova pelo juiz, e sim da noção, mais contemporânea, de distribuição dinâmica do ônus probatório, que determina a divisão do *onus probandi* entre todas as partes envolvidas no processo, proporcionalmente à sua proximidade aos meios de prova.

Não se pretende, com isso, desmerecer a relevância do mecanismo da inversão do ônus da prova. De fato, tem-se afirmado que, "no que tange às ações de responsabilidade médica, a sua maior utilidade é munir o magistrado de sólidos argumentos jurídicos para superar a resistência contra a flexibilização da valoração da culpa médica". Trata-se de antiga necessidade identificada pelo julgador, que, diante da hipossuficiência que, em geral, caracteriza o paciente, buscava inverter o ônus da prova mesmo nas hipóteses de obrigações de meios, em que a não obrigatoriedade de obtenção do resultado útil costumava exonerar o médico do ônus de comprovar sua conduta adequada. Basta lembrar, nessa direção, que a doutrina francesa chegou a criar a figura da *obligation* de *moyens renforcés*, com o objetivo de fazer presumir a culpa do devedor em certos casos de inadimplemento.

A noção de carga dinâmica, contudo, torna mais técnica e precisa a atribuição do ônus da prova ao médico, eis que não parte de um juízo apriorístico (que caracterize o paciente por uma vulnerabilidade ampla e genérica em face do médico), mas considera, em vez disso, a facilidade de acesso de cada uma das partes à prova no caso concreto. Evita-se, assim, a preocupante tendência de transformar as muitas construções teóricas de direito material relativas à responsabilidade médica em mecanismos voltados tão somente à solução de uma questão que, embora de grande relevância, é eminentemente prática e procedimental: a prova da culpa. A distribuição dinâmica do ônus probatório, que convoca todos os interessados a participarem da instrução processual conforme suas possibilidades concretas, permite retornar ao estudo dos mecanismos próprios de verificação da conduta culposa do médico, com a garantia de que à prova da (in)ocorrência desta acorrerão tanto o profissional quanto o paciente, de acordo com as circunstâncias do caso concreto.

4. O "ERRO MÉDICO" E A DISSIMULAÇÃO DE UM REGIME OBJETIVO DE RESPONSABILIDADE

A maior parte dos estudos dedicados à responsabilidade civil do médico busca listar um grande número de hipóteses concretas de conduta culposa, ou categorizar diversos deveres gerais atribuíveis à atividade médica. Recai-se, desse modo, em um casuísmo indesejável, eis que incapaz de esgotar as incontáveis possibilidades de danos ressarcíveis advindos do exercício da medicina, ou de sistematizar, de modo útil, a conduta diligente que se pode legitimamente esperar do profissional. Como leciona Caio Mário da Silva Pereira, "bem aplicados os princípios, não há mal em que a conduta do médico seja apreciada na conformidade dos princípios gerais, combinados com as normas regulamentares da profissão, sob orientação dos bons conceitos doutrinários, oriundos da experiência".

Sendo a responsabilidade civil do médico de natureza subjetiva, sua análise depende, fundamentalmente, de como a culpa se manifesta na produção de danos no exercício da medicina. Não se trata, porém, de hipótese inerentemente distinta dos demais casos de responsabilidade civil subjetiva; ao contrário, a prática culposa da medicina não difere, em natureza ou efeitos, de qualquer outra conduta culposa ensejadora de dano ressarcível. De fato, embora a doutrina especializada já tenha tentado distinguir uma acepção geral de culpa da chamada "culpa profissional", a diferenciação acabou por ser superada, vez que irrelevante para a disciplina da responsabilidade do médico.

Uma outra construção conceitual, porém, acabou por se difundir e efetivamente dominar a matéria: cuida-se do chamado "erro médico", em geral entendido como "uma falha no exercício da profissão, do que advém um mau resultado ou um resultado adverso, efetivando-se através da ação ou omissão de um profissional". Embora onipresente nas obras e decisões judiciais que se dedicam ao assunto, a expressão "erro médico" oferece ao menos uma grande dúvida ao estudioso: a sua natureza. Não são raras as ocasiões em que se faz alusão ao "erro", uma expressão leiga, como se se tratasse de um verdadeiro requisito jurídico da responsabilidade civil do médico. Qual requisito, porém, seria esse? Estaria equivocada a doutrina clássica ao afirmar que a responsabilidade médica se configura mediante os mesmos requisitos de qualquer outro caso de responsabilidade subjetiva? Em caso negativo, seria então o "erro" mero sinônimo de algum desses requisitos?

Parece certo que o "erro" não pode ser equiparado ao requisito do dano: ao contrário, o que se tem denominado "erro médico" conduz ao dano sofrido pelo paciente, por isso mesmo não se confundindo com o próprio resultado danoso. Não se equiparam, tampouco, o erro e o nexo de causalidade: na verdade, se o nexo causal traduz o liame entre a conduta profissional e o resultado danoso, o erro parece situar-se no primeiro desses dois polos – isto é, o da conduta –, de tal modo que seria mais razoável afirmar que o nexo conecta a conduta dita "errada" ao dano, não coincidindo com o "erro". Dever-se-ia concluir, então, que o chamado "erro médico" seria equivalente à conduta do agente? Uma rápida análise já permite concluir negativamente. O "erro", como intuitivo, constitui um juízo de valor que incide sobre a conduta – e que costuma já pressupor que a ela sobreveio um dano. Vale dizer: apenas se diz, na prática, que houve "erro" quando e porque o prejuízo foi produzido, ao passo que outra conduta profissional talvez pudesse tê-lo evitado. Assim, o "erro" é um julgamento ex post facto sobre a conduta: é porque um dano sobreveio ao agir profissional que se costuma dizer, em termos leigos, que o médico "errou".

Seria o caso, então, de afirmar que o "erro médico" deve ser equiparado à culpa? Eis uma das principais perguntas que se impõem em um estudo técnico da responsabilidade civil. Com efeito, costuma-se utilizar o termo "erro médico", às mais das vezes, como sinônimo de culpa – embora tal confusão dificilmente se faça de modo expresso. Um exame mais aprofundado da questão, contudo, autoriza aqui mais uma resposta negativa. Como se sabe, a culpa lato sensu corresponde à justificativa ético-jurídica da atribuição do dever de indenizar a um agente que tenha dado causa a determinado dano, caso ele tenha agido com intenção de produzir o dano ou com imprudência, negligência ou imperícia.

Ocorre que o chamado "erro médico" não está propriamente interessado na maior ou menor diligência adotada pelo médico. Não identifica se foram violados deveres de conduta, não indaga se o médico desejava ou tinha consciência da produção do dano, nem corresponde a nenhuma outra das célebres formulações que a doutrina já conferiu ao elemento culposo. Como já afirmado, o juízo valorativo do "erro" constitui uma avaliação a posteriori da conduta, promovendo uma comparação hipotética entre o procedimento adotado e outro que, em tese, teria evitado o dano já conhecido. Vale dizer: a noção de "erro", adotada de forma intuitiva e atécnica na práxis da responsabilidade médica, limita-se a constatar que um dano sobreveio a certa conduta médica e a imaginar que outra conduta talvez pudesse evitá-lo. O médico muito diligente que, diante de dois tratamentos igualmente adequados (à luz do mais apurado conhecimento científico) para certo quadro clínico, escolheu um deles e não conseguiu curar o enfermo "errou", na acepção corrente do termo, tanto quanto aquele que prescrevesse um terceiro tratamento, de todo inapropriado.

Como se percebe, o problema em se confundirem "erro" e culpa está na conclusão lógica decorrente da equiparação: se o "erro" equivale à culpa, sempre que ocorrer um dano e for possível cogitar de outra conduta que, hipoteticamente, poderia ter sido adotada pelo profissional, restaria configurada a responsabilidade do médico. Em uma palavra, equiparar o "erro" à culpa implica a objetivação velada da responsabilidade médica. Responsabiliza-se o profissional pelos danos decorrentes do mero fato das escolhas que faz (e que são inevitáveis) no exercício de sua atividade, independentemente de tais decisões terem ou não sido tomadas com culpa. Incompatível com a verdadeira acepção de culpa, a popularização da figura do "erro" a aniquila. Afinal, na acepção corrente do termo, só se julga que o agente "errou" depois de produzido o dano, ao passo que a culpa, por definição, pode ser identificada contemporaneamente à ação e antes que se conheça o resultado, pois independe da produção de dano. Ao médico restaria tão somente invocar, se houver, alguma causa de interrupção do nexo causal, como se de responsabilidade objetiva se tratasse.

O "erro médico", nesse sentido, acaba por se converter em uma unidade conceitual inquebrável, no interior da qual vários requisitos do dever de indenizar encontram-se imbricados e mal delimitados, à semelhança do que aconteceu, no passado, com a noção de ilícito no direito brasileiro, ou, ainda, com a faute na experiência francesa. Diversamente desses conceitos, porém, nos quais a culpa era evidentemente presente (ainda que fundida a outros requisitos), o juízo sobre o "erro" costuma permanecer alheio à culpa, o que o coloca em grave contradição com os requisitos legais da responsabilidade civil.

Poder-se-ia argumentar, não sem razão, que bastaria equiparar o "erro" à culpa do profissional, identificada em parecer de perito ou junta médica, para resolver o problema. Nesse caso, porém, por sua própria semântica, haveria o risco de o termo remeter, predominantemente, à noção de imperícia. O "erro médico", hoje inadequado por abarcar hipóteses muito mais amplas que a culpa, passaria então a ser inadequado por se ter reduzido a um conceito muito mais restrito que a conduta culposa. Seria necessário superar mais este desvio de aplicação para que a designação, coincidindo milimetricamente com a culpa, pudesse ser empregada sem desvirtuar, na prática, a responsabilidade subjetiva.

Além dessas dificuldades, a expressão "erro médico" enseja outro inconveniente: parece remeter à concepção clássica de culpa, dita psicológica, associada à violação de dever específico preexistente e vinculada à consciência do procedimento e à previsibilidade do resultado. O direito civil contemporâneo, como se sabe, substituiu essa concepção por outra, mais objetiva, denominada culpa normativa. Nessa acepção, "a culpa seria um desvio do modelo de conduta representado pela boa-fé e pela diligência média, isto é, ação ou omissão que não teria sido praticada por pessoa prudente, diligente e cuidadosa, em iguais circunstâncias". Valorizam-se, assim, os elementos objetivos do comportamento juridicamente adequado, de tal modo que a sua inobservância se torna o fundamento de imputação da responsabilidade, a dispensar o exame – em si mesmo inconveniente – de elementos anímicos do agente.

A evolução de um critério eminentemente subjetivo de culpa para um parâmetro objetivamente aferível se justifica no cenário da pós-modernidade, em face de uma sociedade cada vez mais complexa e multifacetada. Ironicamente, é no momento histórico de menores certezas e poucos consensos que se faz preciso propor o recurso a parâmetros gerais de conduta. Isso porque, se no passado foi possível atribuir, com facilidade, o dever de reparar a partir de uma compreensão social (bastante homogênea) sobre a valoração que deveriam receber as condutas individuais, o momento contemporâneo insere tantas novas variáveis na fattispecie concreta que se faz preciso fixar algum novo critério objetivo para que o regime da responsabilidade civil seja dotado de alguma segurança e previsibilidade.

Tal afirmação se torna mais clara quando analisada à luz de exemplos práticos do exercício da medicina. Certamente, a atribuição de responsabilidade nas hipóteses de grave imperícia ou negligência – aquelas encontradiças nos textos clássicos, tais como o instrumento cirúrgico deixado no interior do corpo do paciente, ou o erro crasso no diagnóstico de enfermidade muito comum – não oferecem maiores dificuldades ao intérprete de hoje. A atividade médica, porém, restaria inviabilizada diante do diversificado cenário atual, em que a multiplicidade de novas técnicas, aparelhagens e exames, aliada ao desenvolvimento do conhecimento científico mundial e à crescente preocupação com a valorização da autonomia do paciente proporcionam múltiplas variáveis para os resultados dos tratamentos, se o profissional de saúde não pudesse se basear no cumprimento de procedimentos-padrão que legitimem sua conduta e retirem de seu âmbito de responsabilidade possíveis danos que estão fora de seu controle.

Nesse cenário, o fundamento de atribuição da responsabilidade ao médico deve ser o descumprimento de um conceito normativo de culpa, objetivamente aferível a partir do descumprimento de procedimentos padronizados, sensíveis à confiança naturalmente despertada na sociedade pelo exercício de uma profissão liberal, mas concebidos de modo a não se exigir do médico onisciência ou infalibilidade sobre-humanas, e sim a diligência e perícia legitimamente esperáveis pelo paciente e pela sociedade. Assim, o futuro da responsabilidade civil do médico parece residir na previsão, não mais de deveres taxativos ou de hipóteses de erro médico – herança de uma mentalidade tipificadora paulatinamente abandonada pelo direito civil –, mas de procedimentos-padrão capazes de determinar a legitimidade da atuação médica levando em conta, entre outros: i) o estado da arte da técnica médica sobre o procedimento, terapia, exame ou conduta adotados; ii) as normas éticas da profissão e os princípios da bioética; e iii) o respeito à autonomia existencial do paciente, exercida por meio de escolhas adequadamente informadas pelo médico.

Tais fatores correspondem, em larga medida, aos deveres de segurança e de informação normalmente associados às profissões liberais. O procedimento adequado aos padrões científicos proporciona a segurança legitimamente esperada da conduta profissional, ao passo que o consentimento informado e o diálogo construído entre médico e paciente correspondem ao núcleo do dever de informação imputado ao médico. Tais deveres, porém, embora didaticamente úteis, não devem ser vistos como setores estanques do atuar médico, sob pena de se recair no já referido casuísmo que permeia a maior parte das obras que tratam da responsabilidade civil desse profissional. As normas éticas da profissão e os princípios da bioética, por exemplo, comunicam-se tanto com o aspecto da segurança quanto com o aspecto da informação, e não seria incorreto afirmar que o intercâmbio de informações entre médico e paciente também deve obedecer padrões estabelecidos pela própria comunidade científica para casos concretos semelhantes.

5. À GUISA DE CONCLUSÃO

Nada impede que a conduta culposa do médico que resulta em dano ressarcível receba a denominação de erro – ou, aliás, qualquer outra designação. Não bastasse, porém, o desvio de técnica jurídica ao se diferenciarem categorias quando não há diversidade de requisitos ou efeitos entre elas (como não parece haver, realmente, entre a responsabilidade civil do médico e a responsabilidade subjetiva em geral), fato é que a semântica do termo contribui sobremodo para o desprestígio do papel da culpa nos casos de imputação do dever de indenizar ao médico. Se se pretende reafirmar o paradigma da culpa para a responsabilidade desse profissional (e dos profissionais liberais em geral) – sob pena de injustificável desrespeito aos requisitos legais autorizadores do dever de indenizar –, parece preferível evitar a terminologia, que de resto em nada contribui para o estudo da matéria.

Não se pode responsabilizar o médico pelas escolhas que necessariamente deixará de fazer em seu exercício profissional, mas sim pelas escolhas que efetivamente faz, sempre e desde que elas destoem do procedimento que a própria comunidade científica considera adequado em casos semelhantes. Assim, um julgamento tecnicamente correto sobre responsabilidade médica deve seguir um caminho árduo, porém indispensável: perquirir, com coragem e transparência, se a conduta profissional desviou-se de um padrão de conduta (conceito normativo de culpa). Sem dúvida, ao médico sempre se poderá imputar o fato de ter deixado de fazer certas escolhas hipotéticas em prol de outras concretamente adotadas (sendo esta, afinal, a própria natureza de sua atividade). A responsabilidade desse profissional não pode, porém, derivar do mero fato das escolhas que ele necessariamente precisa fazer e dos danos que podem ser produzidos no âmbito de sua profissão. É o proceder negligente, imperito ou imprudente, em descumprimento à melhor técnica médica, que serve de fundamento ético e jurídico para que se lhe impute o dever de indenizar.

PRESCRIÇÃO E RESPONSABILIDADE CIVIL CONTRATUAL: REFLEXÕES SOBRE A ALEGADA UNIFICAÇÃO OCORRIDA NO JULGAMENTO DOS EMBARGOS DE DIVERGÊNCIA 1.280.825/RJ

Gustavo Kloh Muller Neves

Sumário: 1. Introdução – 2. O que decidiu o Superior Tribunal de Justiça nos embargos de divergência 1.280.825/RJ – 3. Pretensões semelhantes, prescrições diferentes? Outros problemas surgem – 4. Prescrição e justiça – 5. Respostas para 2002 e para 2022 – 6. Conclusão.

1. INTRODUÇÃO

O tema da prescrição civil consiste, para os estudiosos do Direito Privado, em um eterno repositório de questões. Sempre surgem novas facetas não exploradas, direções ainda não trilhadas. Alguns desses caminhos podem ser abertos pelos doutrinadores. Outros, a prática nos faz percorrer.

O tema da prescrição da reparação civil no caso de responsabilidade civil contratual é especialmente relevante desde que, em um primeiro momento, o Código Civil vigente estabeleceu que a obrigação de reparar o dano prescrevia em três anos. Moreira Alves, responsável pelo desenho final dos dispositivos que resultaram na Parte Geral vigente, sempre entendeu injustificada a distinção entre responsabilidade civil contratual e responsabilidade civil extracontratual,[1] bem como buscou a diminuição dos prazos existentes, visto ser essa a tendência europeia.[2] O prazo trienal é referência forte por ser o prazo ordinário adotado na reforma do Direito das Obrigações na Alemanha, em 2002.[3]

Passamos, em uma primeira mirada, a ter um prazo prescricional trienal para (aparentemente) toda e qualquer reparação de dano, e, quando da defesa da dissertação de mestrado deste Autor, em 2003, logo após a entrada em vigor do Código Civil, foi essa a posição defendida. Nesta dissertação, a homenageada foi a orientadora.[4] Esta visão, amparada no pensamento de Moreira Alves, também foi originadora de um Enunciado

---

1. Como por ele defendido no voto como Relator, no Supremo Tribunal Federal, da ADI 493, julgada em maio de 1991.
2. ZIMMERMANN, Reinhart. *Comparative Foundations of a European Law of Set-Off and Prescription*. Cambridge: Cambridge, 2002. p. 86.
3. "Die regelmäßige Verjährungsfrist beträgt drei Jahre." Parágrafo 195 do BGB, em redação atual, o prazo prescricional geral equivale a três anos.
4. A prescrição civil e o princípio da segurança jurídica. 2003. Dissertação (Mestrado em Direito) – Universidade do Estado do Rio de Janeiro. Orientador: Heloisa Helena Gomes Barboza.

na Jornadas de Direito Privado,[5] bem como de decisões do Superior Tribunal de Justiça, como por exemplo a abaixo ementada, relatada pelo Ministro Marco Aurélio Bellizze:

> Recurso especial. Processual civil. Civil. Ausência de violação do art. 535 do CPC/1973. Prescrição. Pretensão fundada em responsabilidade civil contratual. Prazo trienal. Unificação do prazo prescricional para a reparação civil advinda de responsabilidade contratual e extracontratual. Termo inicial. Pretensões indenizatórias decorrentes do mesmo fato gerador: rescisão unilateral do contrato. Data considerada para fins de contagem do lapso prescricional trienal. Recurso improvido. 1. Decidida integralmente a lide posta em juízo, com expressa e coerente indicação dos fundamentos em que se firmou a formação do livre convencimento motivado, não se cogita violação do art. 535 do CPC/1973, ainda que rejeitados os embargos de declaração opostos. 2. O termo "reparação civil", constante do art. 206, § 3º, V, do CC/2002, deve ser interpretado de maneira ampla, alcançando tanto a responsabilidade contratual (arts. 389 a 405) como a extracontratual (arts. 927 a 954), ainda que decorrente de dano exclusivamente moral (art. 186, parte final), e o abuso de direito (art. 187). Assim, a prescrição das pretensões dessa natureza originadas sob a égide do novo paradigma do Código Civil de 2002 deve observar o prazo comum de três anos. Ficam ressalvadas as pretensões cujos prazos prescricionais estão estabelecidos em disposições legais especiais. 3. Na V Jornada de Direito Civil, do Conselho da Justiça Federal e do Superior Tribunal de Justiça, realizada em novembro de 2011, foi editado o Enunciado 419, segundo o qual "o prazo prescricional de três anos para a pretensão de reparação civil aplica-se tanto à responsabilidade contratual quanto à responsabilidade extracontratual". 4. Decorrendo todos os pedidos indenizatórios formulados na petição inicial da rescisão unilateral do contrato celebrado entre as partes, é da data desta rescisão que deve ser iniciada a contagem do prazo prescricional trienal. 5. Recurso especial improvido (STJ – REsp: 1281594 SP 2011/0211890-7, Relator: Ministro Marco Aurélio Bellizze, Data de Julgamento: 22.11.2016, T3 – Terceira Turma, Data de Publicação: DJe 28.11.2016).

Todavia, esta linha de raciocínio foi posta à prova, visto que depois de alguns séculos, o paradoxo do fenômeno prescricional se tornou fácil de compreender. E que paradoxo é esse: todos são em tese favoráveis à prescrição da pretensão *dos outros*, e toda vez que há redução de prazos prescricionais, afirma-se que houve injustiça. Na verdade, prescrição, como muito acertadamente orienta Atalá Correia, é medida de segurança e justiça:

> Muitas são as funções atribuídas à prescrição. Para tentar organizar um quadro geral de finalidades, podemos separar as funções públicas das privadas. Dentre as primeiras, destacam-se: i) garantir a certeza do direito; ii) sancionar o titular de direito negligente; iii) adequar a situação de direito à situação de fato; iv) realizar a presunção de pagamento ou remissão de dívidas ante o decurso do tempo; v) manter a contemporaneidade do direito. Considerando que a prescrição pode ser renunciada, afirma-se que ela tem função privada. Por esse motivo, eventualmente se diz que ela existe para assegurar o interesse do particular na liberação de um vínculo jurídico.[6]

Todavia, nem sempre esse convencimento prevalece, e admissão do prazo trienal se mostrou polêmica, mormente o fato de que no Código Civil de 1916 a prescrição da reparação civil era vintenária. Convém lembrar a repercussão da decisão do Superior Tribunal de Justiça que reconheceu que, para casos nos quais a dívida contraída era pu-

---

5. V Jornada de Direito Civil, Enunciado 419: "O prazo prescricional de três anos para a pretensão de reparação civil aplica-se tanto à responsabilidade contratual quanto à responsabilidade extracontratual".
6. CORREIA, Atalá. *Prescrição*: entre passado e futuro. Brasília: Almedina, 2021, p. 60.

ramente verbal, prazo prescricional seria de dez anos.[7] Nesta decisão, a diferenciação já se faz sentir, sendo certo o reconhecimento, por esta decisão, de que esta situação teria algo de "distinto" da decisão anteriormente proferida pelo próprio Superior Tribunal de Justiça, em 2016, no caso relatado pelo Ministro Bellizze, anteriormente mencionado. Este desagrado com a aplicação de prazos distintos para situações aparentemente semelhantes estava gerando uma aparência de insegurança, que precisava de alguma forma de resposta institucional.

2. O QUE DECIDIU O SUPERIOR TRIBUNAL DE JUSTIÇA NOS EMBARGOS DE DIVERGÊNCIA 1.280.825/RJ

E então chegamos à decisão proferida pela Segunda Seção do Superior Tribunal de Justiça nos Embargos de Divergência 1.280.825/RJ.[8] Neste caso o intuito era pacificar, diante de decisões "conflitantes", qual seria o prazo aplicável para a prescrição da pretensão de reparação do dano contratual. A Relatora, Ministra Nancy Andrighi, citando fontes doutrinárias e históricas, reconhece em sua visão que a expressão reparação civil, constante do art. 206, § 3º, V, do Código Civil, se endereça apenas a casos nos quais o dano tem natureza extracontratual.[9]

Todavia, não é este amparo no passado que mais interessa a nossa discussão, conquanto não haja concordância de que possa esta visão justificar a adequada intepretação do Código Civil de 2002. O que Moreira Alves, ao lançar o texto, efetivamente intentou foi alterar o entendimento anteriormente existente, e não consagrá-lo. Pois bem: a Relatora segue em sua linha de pensamento com um segundo argumento, o sistemático. Sobre ele nos debruçaremos de modo mais veemente. Segundo a Ministra Relatora, temos uma possibilidade de três pretensões a serem exercitadas na vida dos contratos:

> Quando se visualiza o ciclo de vida dos contratos, percebe-se que a esmagadora maioria deles se encerra pelo adimplemento das prestações acertadas e a consequente extinção do liame jurídico entre as partes. Nas hipóteses de inadimplemento contratual, contudo, a regra geral é a execução

---

7. "Recurso especial. Civil. Ação de cobrança. Mútuo. Contratação verbal. Pretensão. Exigência da prestação contratada. Prescrição. Prazo ordinário de dez anos. Art. 205 do código civil. Aplicação. 1. A controvérsia dos autos é definir o prazo prescricional aplicável à pretensão de cobrança de valores objeto de contrato de mútuo firmado verbalmente. 2. A pretensão de exigir o adimplemento do contrato verbal de mútuo não se equipara à de ressarcimento por dano contratual, circunstância que impede a aplicação do prazo prescricional de 3 (três) anos dedicado às reparações civis (art. 206, § 3º, inc. V, do Código Civil). 3. A contratação verbal não possui existência e objeto definidos documentalmente, sendo impossível classificá-la como dívida líquida constante em instrumento público ou particular, conforme art. 206, § 5º, inc. I, do CC/02, especialmente porque as normas pertinentes à prescrição exigem interpretação restritiva. 4. Não havendo prazo específico para manifestar a pretensão de cobrança de valor inadimplido em contrato de mútuo verbal, é aplicável o prazo ordinário de 10 (dez) anos, previsto no art. 205 do Código Civil. 5. Recurso especial não provido" (STJ – REsp: 1510619 SP 2014/0202986-7, Relator: Ministro Ricardo Villas Bôas Cueva, Data de Julgamento: 27.04.2017, T3 – Terceira Turma, Data de Publicação: DJe 19.06.2017).
8. A Corte Especial adotou a mesma posição no julgamento do ERESP 1.281.594/SP.
9. "Em conclusão, para o efeito da incidência do prazo prescricional, o termo "reparação civil" não abrange a composição da toda e qualquer consequência negativa, patrimonial ou extrapatrimonial, do descumprimento de um dever jurídico, mas apenas as consequências danosas do ato ou conduta ilícitos em sentido estrito e, portanto, apenas para as hipóteses de responsabilidade civil extracontratual."

específica. Assim, ao credor é permitido exigir do devedor o exato cumprimento daquilo que foi avençado. Se houver mora, além da execução específica da prestação, o credor pode pleitear eventuais perdas e danos decorrentes da inobservância do tempo ou modo contratados (arts. 389, 394 e 395 do CC/02). Na hipótese de inadimplemento definitivo (art. 475 do CC/02), o credor poderá escolher entre a execução pelo equivalente ou, observados os pressupostos necessários, a resolução da relação jurídica contratual. Em ambas alternativas, poderá requerer, ainda, o pagamento de perdas e danos eventualmente causadas pelo devedor. Há, desse modo, três pretensões potenciais por parte do credor, quando se verifica o inadimplemento contratual, todas interligadas pelos mesmos contornos fáticos e pelos mesmos fundamentos jurídicos, sem qualquer distinção evidente no texto normativo. Tal situação exige do intérprete a aplicação das mesmas regras para as três pretensões.

Esta necessidade de unificar o prazo prescricional poderia ser demonstrada com um exemplo extremo: se a execução específica prescrevesse em um prazo maior que a reparação civil, no caso de perecimento do objeto, por culpa do devedor, ele seria beneficiado? Seria esse o grau de absurdo? A solução veio e estaremos tranquilos? Entretanto, não pensamos que a questão tenha sido solucionada pela unificação, como veremos.

3. PRETENSÕES SEMELHANTES, PRESCRIÇÕES DIFERENTES? OUTROS PROBLEMAS SURGEM

A Relatora menciona o "critério da igualdade". São estes os termos:

> Porém, quando se trata de responsabilidade por inadimplemento contratual, há previamente uma relação entre as partes que se protrai no tempo, normalmente precedidas de aproximação e negociação, que ajustam exatamente o escopo do relacionamento entre elas. Essas relações não ocorrem por acaso, ou pelo mero "viver em sociedade", mas derivam de um negócio jurídico. Normalmente, há um mínimo de confiança entre as partes, e o dever de indenizar da responsabilidade contratual encontra seu fundamento na garantia da confiança legítima entre elas. A invocação ao princípio da isonomia insculpido no art. 5º, caput, da CF, para reduzir a três anos o prazo prescricional de responsabilidade por inadimplemento contratual, acaba em realidade ferindo o próprio preceito que exige, de um lado, o tratamento idêntico a situações semelhantes e, de outro, o tratamento diferenciado para hipóteses que são distintas. Igualou-se inadimplemento contratual com inadimplemento absoluto, que são institutos muito distintos.

Porém, tratar de modo fragmentário é da lógica própria da prescrição. As prestações locatícias prescrevem em três anos; os honorários de advogado, em cinco anos; a indenização do segurado, em um ano. São todos contratantes. É legítimo reduzir todos os prazos a um só, como forma de isonomia? No julgamento dos Embargos de Declaração, foi questionado se a decisão não estava em conflito com o tema 610, que reconhece a incidência do prazo prescricional trienal para o ressarcimento devido a usuários de plano de saúde.

Mas sequer é este o maior dos problemas. O próprio Código Civil prevê prazo prescricional de cinco anos para a cobrança de dívidas líquidas constantes de instrumentos públicos e particulares. Quando de tratou da unificação das pretensões, a Relatora descreveu três possibilidades: adimplemento, execução específica e indenização. Não é a decisão proferida capaz de promover a aludida unificação, existindo ainda inadimplementos genéricos cuja pretensão para o atendimento do credor perecerá em cinco anos.

A insegurança persiste, ou seria mesmo o caso de admitir que não existe uma "justiça" para o prazo prescricional?

4. PRESCRIÇÃO E JUSTIÇA

Seria possível admitir uma "justiça moldada para a prescrição"? O método civil-constitucional, o consequencialismo, e outras correntes poderiam, por leituras que fossem erigidas nos mais variados pressupostos, impedir a aplicação de um prazo prescricional "injusto", ou mesmo originar uma interpretação da Lei vigente que fosse mais tendente a atender um interesse ou outro? Não seria a justiça da prescrição a sua incidência, e não a sua não incidência? Afirma Humberto Theodoro Jr:

> No fenômeno prescricional, na verdade se confrontam dois imperativos caros ao direito: o anseio de segurança nas relações jurídicas e a busca da justiça. Quando se reconhece a pretensão – força de coagir o violador do direito a realizar a prestação a que faz jus o titular do direito violado – atua-se em nome da justiça. A busca eterna da justiça, porém, longe de realizar a plenitude da paz social, gera intranquilidade e incerteza, no tráfico jurídico que urge coibir. É preciso, por isso, estabelecer um modo harmônico de convivência entre os dois valores em choque. Isto a lei faz da seguinte maneira: estipula um prazo considerado suficiente para que a pretensão seja exercida, de maneira satisfatória, conferindo-lhe todo amparo do poder estatal e, com isso, atende aos desígnios de justiça. Além do termo desse prazo, se o credor não cuidou de fazer valer a pretensão, dando ensejo a supor renúncia ou abandono do direito, negligência em defendê-lo, ou até mesmo presunção de pagamento, a preocupação da lei volta-se, já então, para os imperativos de segurança e as exigências da ordem e da paz sociais, que passam a prevalecer sobre a justiça e os direitos individuais.[10]

Esse tipo de leitura é o mais consentâneo com a segurança jurídica, imperativo que dá suporte ao instituto da prescrição. A intepretação das regras prescricionais deve ser "prescritiva": reconhece-se o benefício oriundo do instituto, e aceita-se a sua manifestação. Nesta quadra este é o significado básico e essencial da prescrição, e que no nosso sentir, foi perdido ou ao menos distanciado na decisão proferida pelo Superior Tribunal de Justiça. A regra prescricional foi interpretada e aplicada para impedir a consumação da prescrição, e não a sua ocorrência, em sério descompasso teleológico.

5. RESPOSTAS PARA 2002 E PARA 2022

O Código Civil de 2002 é fruto de uma reflexão crítica sobre o passado, e não sua repetição.[11] É natural que as posições e visões mudem. Desse modo, em 2002, chamava a atenção a possibilidade, com a adoção do texto do art. 189 do Código Civil, admissão do *contra non valens non currit praescritpio*, ou seja, que não seria admissível a prescrição contra os quais não pudessem se defender.[12]

---

10. THEODORO JUNIOR, Humberto. *Prescrição e decadência*. 2. ed. São Paulo: GEN, 2020, p. 15.
11. DELGADO, Mário, desenha um panorama imperdível do período em *Codificação, descodificação, recodificação do direito civil brasileiro*. São Paulo: Saraiva, 2012.
12. Tema ao qual muito se dedicou a dissertação de 2003.

Casos se acumularam nos quais se reconheceu a "prescrição incidindo de forma insegura", podendo citar como um dos mais relevantes a admissão da imprescritibilidade da reparação aos presos políticos[13] no regime de exceção implantando em 1964.[14]

Outra questão, bastante distinta, é a do aplainamento de um dado que é cultural e comum aos sistemas romanos, que é a fragmentação dos prazos prescricionais. O corte horizontal, por assunto, é assimilado e não é em geral questionado. A origem histórica obviamente deste corte por assunto se confunde com a própria origem da prescrição, que apenas com o tempo passa ser entendida como instituto genérico.[15] O corte por pretensão (indenizatória ou de execução específica) não deveria causar tanta espécie. Não é possível, quer pelo histórico, quer pela aplicação da "igualdade", conduzir à vala comum a multiplicidade de situações prescricionais. Não se optou por tal consequên-

---

13. Como por exemplo: "Administrativo. Anistiado político. Prisão e tortura durante ditadura militar. indenização por danos morais. Prescrição – Inocorrência. cumulação com reparação econômica da Lei 10.559/02 – Possibilidade. 1. Em se tratando de ação que visa à condenação da União ao pagamento de indenização por danos morais em razão dos atos praticados no período do regime de exceção, deve ser afastado o reconhecimento da prescrição consoante o Decreto 20.910/32 por se tratar de ação que visa à salvaguarda da dignidade da pessoa humana. 2. Comprovada a prisão do demandante em razão de atividades tidas como subversivas durante o período da ditadura militar, faz jus a indenização por danos morais daí decorrentes, tendo em vista ser fato notório que muitos dos cidadãos que se opunham ao regime militar sofreram prisões arbitrárias, perseguições, tortura e morte. 3. É possível a cumulação de indenização por danos morais advindos de perseguição política com a reparação econômica da Lei 10.559/02, pois são importâncias decorrentes de fundamentos diversos, aquele se aplica à reparar dano psíquico/emocional e o último se destina a ressarcir dano material apenas. 4. Indenização por danos morais fixada em R$ 100.000,00, ante a observância dos princípios da razoabilidade e da proporcionalidade." (TRF-4- AC: 50528256720134047100 RS 5052825-67.2013.4.04.7100, Relator: Nicolau Konkel Júnior, Data de Julgamento: 17.02.2016, Terceira Turma).

14. Em caso interessantíssimo, o TRF2 julgou causa na qual figuravam os antigos administradores da Panair do Brasil S.A, que pleiteavam indenização por danos causados. Entedeu-se pela contagem do prazo prescricional a partir da democratização, quando a lesão deixou de ser irresistível: "Direito civil e administrativo. Prescrição da reparação de danos. Início da contagem do prazo. Critérios de aplicação do contra non *valent non currit praescriptio*. 1. A teoria da causalidade adotada no direito brasileiro, conforme entendimento do Supremo Tribunal Federal, é a direta, o que exclui qualquer espécie de responsabilização por dano indireto, dano em ricochete ou reflexo ou dano agravado por pós-fato, afastando a argumentação da recorrente que, se fosse correta, impediria *in totum* a prescrição não só nesse caso mas em toda e qualquer circunstância, já que é sempre possível traçar uma linha de equivalentes causais entre o evento danoso, ocorrido no passado, e montante hipotético dos lucros cessantes no futuro.2. A obrigação de indenizar, decorrente do cometimento de dano, prescreve no prazo aplicável, que, no caso, é de 5 (cinco) anos, na forma do art. 1º do Decreto 20.910-32, não se confundindo a possibilidade de se alegar a nulidade em qualquer tempo com a consolidação de seus efeitos sobre a obrigação adrede aludida.3. O ato alegadamente lesivo foi praticado em 1965, em regime de exceção, época em que não se podia exigir resistência à lesão perpetrada – contra non *valent num curritpraescriptio* – contudo, o Estado de Direito foi restaurado na República Federativa do Brasil no ano da graça de 1985, na posse do Presidente José Sarney, devendo ser essa data considerada como termo inicial do prazo prescricional, sendo certo que em 1997, ano do ajuizamento da ação, já havia ocorrido a prescrição.4. Contra os administradores de uma sociedade em estado falimentar corre a prescrição da pretensão indenizatória.5. Impossível a fixação do termo a quo da prescrição no momento da possível declaração de inconstitucionalidade do ato legislativo que determinou a dissolução da Panair do Brasil S.A, porquanto apenas na via direta a declaração de inconstitucionalidade tem o condão de interromper a prescrição, e o ato atacado é anterior a 5 de outubro de 1988.6. Agravo retido prejudicado pelo reconhecimento da prescrição.7. Apelo desprovido." (TRF2, AC 2000.02.01.012058-7, Rel. Des. André Fontes). Em primeiro grau, existe sentença proferida em 2020, em sentido oposto, em ação ajuizada não pela massa liquidanda, mas pelos controladores (https://www.conjur.com.br/2020-dez-23/juiz-reconhece-perseguicao-estado-empresario-durante-ditadura). O tempo dirá se o entendimento será outro, mas não se pode ignorar que a prescrição também corre contra os sucessores. O caso ainda não foi julgado em segundo grau.

15. Para maiores detalhes, o nosso *Prescrição e decadência no direito civil*. 3. ed. Rio de Janeiro: Lumen Juris, p. 4.

cia em 2002. Também não é inseguro que assim o seja, é um dado da nossa construção civilista que pretensões diferentes prescrevam em prazos diferentes.

6. CONCLUSÃO

Diante de todo o exposto, se a preocupação em 2002,[16] quando da entrada em vigor do Código Civil, era assegurar direitos, até mesmo por meio de flexibilização de contagem de prazos e reconhecimento de pretensões imprescritíveis, hoje a maior preocupação é com segurança, em especial no campo do direito contratual. Não uma segurança fundada em um senso prático advindo da magistratura, mas daquela advinda da generalidade da lei, que, por todas as razões acima expostas, não distinguiu a responsabilidade contratual da extracontratual, nem desejou promover unificação entre execução específica ou reparação.

Esperamos que, diante da nova dificuldade, decorrente do confrontamento deste prazo com outros já aplicados pelo Superior Tribunal de Justiça (vide o problema do prazo quinquenal e o do Tema 610), a questão possa ser revista, respeitando-se a experiência que cumulou na edição da Parte Geral do Código Civil em 2002.

---

16. E em 2003, quando foi defendida a dissertação orientada pela homenageada.

Parte VI
RELAÇÕES PATRIMONIAIS, DIREITO DE ACESSO E PROPRIEDADE INTELECTUAL

Parte VI

O CONTRATO COMO INSTRUMENTO DE GESTÃO DE RISCOS E O PRINCÍPIO DO EQUILÍBRIO CONTRATUAL

Paula Greco Bandeira

Sumário: 1. Introdução: o contrato como instrumento de alocação de riscos – 2. Formas de alocação de riscos nos contratos – 3. Princípio do equilíbrio contratual – 4. Conclusão.

1. INTRODUÇÃO: O CONTRATO COMO INSTRUMENTO DE ALOCAÇÃO DE RISCOS

As atividades econômicas privadas evidenciam, cada vez mais, que os contratos consistem em instrumento de gestão dos riscos econômicos que atingem sua execução. De fato, os negócios jurídicos levados a cabo pelos particulares, notadamente os contratos empresariais, têm por finalidade repartir os riscos de determinada atividade econômica entre os contratantes, de modo a fixar as respectivas responsabilidades.

Por outras palavras, atribui-se ao contratante a responsabilidade pelas consequências deflagradas pelo implemento de determinado fato superveniente previsível, cuja ocorrência, no momento da contratação, era incerta (*rectius,* risco). A verificação do risco repercutirá, assim, na esfera jurídica dos contratantes, desencadeando as responsabilidades definidas no contrato, com impacto na relação contratual e na economia das partes. À guisa de exemplo, em contrato de empreitada, pode-se atribuir ao empreiteiro a responsabilidade por determinados riscos geológicos que, uma vez verificados, poderão atrasar a conclusão da obra. Neste caso, os prejuízos econômicos daí decorrentes hão de ser suportados pelo empreiteiro, que se responsabiliza notadamente pelos danos sofridos pelo dono da obra. Ou, ainda, em contratos de compra e venda de energia, a comercializadora, que se compromete a entregar determinada quantidade de energia aos compradores, responde pela sua escassez, devendo comprar a energia no mercado para atender aos compromissos assumidos.

A alocação dos riscos econômicos há de ser identificada no caso concreto, de acordo com o específico regulamento de interesses. Deste modo, mostra-se possível alargar a responsabilidade dos contratantes, imputando-lhes risco maior do que aquele comumente assumido em determinado tipo contratual. No mencionado exemplo do contrato de empreitada, as partes podem atribuir ao empreiteiro a responsabilidade pelas chuvas abundantes que atrasem o cronograma da obra, ainda, que, normalmente, as chuvas configurem fortuito ou força maior, que afastaria a responsabilização do contratante.

A partir da alocação de riscos estabelecida pelas partes, define-se o sinalagma contratual, isto é, a comutatividade ou correspectividade entre as prestações, a qual revela a equação econômica desejada pelos contratantes. Tal equação econômica traduz o equilíbrio intrínseco do concreto negócio e, por isso mesmo, há de ser perseguida pelas partes.[1]

Daí afirmar-se que o conceito de risco contratual relaciona-se diretamente com o de equilíbrio, tendo em conta que as partes estabelecem negocialmente a repartição dos riscos como forma de definir o equilíbrio do ajuste.[2] Ao se perquirir a alocação de riscos estabelecida pelos contratantes, segundo a vontade declarada, o intérprete deverá atentar para o tipo contratual escolhido e para a causa concreta do negócio. Cada tipo contratual possui critérios de repartição do risco previamente estabelecidos em lei. Entretanto, as partes poderão modelar a alocação de riscos do negócio, inserindo na sua causa repartição de riscos específica e incomum a certa espécie negocial.

Ao lado do tipo contratual, o intérprete, para fins de identificação da alocação de riscos e das respectivas responsabilidades, há de considerar a qualidade das partes, investigando-se a atividade normalmente praticada pelos contratantes. À título de ilustração, considera-se justo imputar maior risco ao empresário do que a indivíduo que não seja *expert* em determinado setor.[3] Ou, ainda, imputar a responsabilidade ao contratante pelo risco inerente à atividade econômica por ele regularmente desenvolvida. Deve-se, também, observar se há cláusula limitativa ou de exclusão de responsabilidade, bem como o sistema de responsabilidades que decorrem da interpretação sistemática e teleológica das cláusulas contratuais.[4]

Em relações paritárias, em que não há assimetria de informações, a equação econômica estabelecida pelos contratantes por meio da alocação de riscos há de ser observada em toda a vida contratual. Afinal, a repartição dos riscos traduzirá a finalidade almejada pelos contratantes com o concreto negócio, os quais buscam satisfazer os seus interesses por meio daquela específica alocação de riscos.

A alocação de riscos no contrato revela, portanto, o equilíbrio econômico do negócio perseguido pelas partes contratantes e mediante o qual as partes visam a concretizar

---

1. A ideia de equilíbrio contratual se aproxima da noção de sinalagma funcional a que a doutrina faz referência. Como explica Massimo Bianca a respeito do conceito de sinalagma funcional: "A correspectividade entre as prestações significa que a prestação de uma parte encontra remuneração na prestação da outra. (...) A correspectividade comporta normalmente a interdependência entre as prestações. A interdependência exprime, em geral, o condicionamento de uma prestação a outra. Ao propósito, é feita uma distinção entre sinalagma genético e sinalagma funcional. (...) O sinalagma funcional indica a interdependência entre as prestações na execução do contrato, no sentido de que uma parte pode se recusar a cumprir a prestação se a outra parte não cumpre a sua própria (exceção de contrato não cumprido: art. 1460 CC) e pode ser liberada se a contraprestação se torna impossível por causa não imputável às partes (1453 s CC)" (*Diritto civile*: il contratto, Milano: Giuffrè, 1987, v. 3, p. 488; tradução livre).
2. BESSONE, Mario. *Adempimento e rischio contrattuale*. Milano: Giuffrè, 1969, p. 2 e ss.
3. BESSONE, Mario. *Adempimento e rischio contrattuale*, cit., p. 39.
4. Sobre o tema, v. Guido Alpa, Rischio. *Enciclopedia del Diritto*. Milano: Giuffrè, 1989, v. 40, p. 1158, em que o autor passa em revista critérios que devem orientar o juiz na repartição dos riscos, dentre os quais o exame da qualidade das partes; da prestação (fungível, infungível etc.); e da função econômica do negócio.

seus objetivos econômicos. Tal repartição de riscos insere-se, assim, na causa concreta do contrato, isto é, nos efeitos essenciais que o negócio pretende realizar, ou, em outras palavras, na sua *função econômico-individual* ou *função prático-social*, que exprime a racionalidade desejada pelos contratantes, seus interesses perseguidos *in concreto*, com base na qual se interpreta e se qualifica o negócio, em procedimento único e incindível. Como observou Francesco Camilletti, o equilíbrio contratual se expressa não em termos objetivos de valores, mas corresponde à finalidade almejada pelos contratantes ou o interesse que pretendem realizar com o sinalagma ou a correspectividade entre as prestações. Ao propósito, elucida o autor:

> em linha teórica e geral, pode-se continuar a sustentar a subsistência, em nosso ordenamento, de um princípio que tende a se desinteressar pelo equilíbrio contratual compreendido como correspondência de valores (objetivos) entre as prestações trocadas, tal sendo a consequência lógica do reconhecimento da autonomia privada como instrumento para a atuação da liberdade de iniciativa econômica. (...) o legislador, portanto, se absteve de considerar a validade do contrato com base em valorações quantitativas do sinalagma, tendo, ao revés, deslocado a própria valoração sobre a função teleológica da correspectividade, que é aquela destinada a satisfazer os interesses de ambas as partes, às quais apenas compete estabelecer quais valores econômicos atribuir às prestações que satisfazem aos seus interesses.[5]

Deve-se, portanto, averiguar a finalidade do sinalagma ou da correspectividade *in concreto*, que tem por escopo satisfazer aos interesses dos contratantes. A alocação de riscos – insista-se – insere-se na causa do negócio, isto é, nos efeitos essenciais perseguidos pelos contratantes com vistas ao atendimento de suas pretensões. Em definitivo, há de se prestigiar a repartição dos riscos estabelecida pela vontade negocial, que traduz o equilíbrio do negócio, impedindo-se que o intérprete refaça a valoração do risco já efetuada pela autonomia privada.

2. FORMAS DE ALOCAÇÃO DE RISCOS NOS CONTRATOS

No ordenamento jurídico brasileiro, existem duas formas de gestão de riscos nos contratos: a gestão positiva e a gestão negativa. Evidentemente, os riscos que constituirão objeto de gestão pelos particulares hão de ser previsíveis, de modo a que se possa atribuir a um ou outro contratante os efeitos de sua verificação. Ao ser repartido entre os contratantes, o risco previsível passa a integrar a álea normal do contrato, compreendida como o risco externo ao contrato, o qual, embora não integre a sua causa, mantém com ela *relação de pertinência,* por representar o risco econômico previsível assumido pelos contratantes ao escolher determinado tipo ou arranjo contratual. A definição da álea normal irá se operar no concreto regulamento de interesses, mostrando-se possível que determinado evento previsível não se insira na álea normal e, portanto, não figure como fato previsto, objeto de gestão pelas partes. Por outro lado, as partes poderão alargar a álea normal, incluindo na gestão do risco eventos previsíveis que ordinariamente não

---

5. Profili del problema dell'equilibrio contrattuale. *Collana diritto privato. Università Degli Studi di Milano.* Dipartamento Giuridico-Politico: sezione di diritto privato, Milano: Giuffrè, 2004, v. 1, p. 44; tradução livre.

sejam associados a determinada espécie negocial (e que, portanto, no comum dos casos, seriam considerados fatos extraordinários).

Deste modo, as partes, ao distribuírem os riscos econômicos previsíveis a partir das cláusulas contratuais, procedem à *gestão positiva da álea normal*. Aludida alocação de riscos, que será identificada a partir da vontade declarada[6] pelos contratantes, estabelece o equilíbrio econômico do negócio. Tal equação econômica, que fundamenta o sinalagma ou a correspectividade entre as prestações, há de ser observada no curso da relação contratual, em observância aos princípios da obrigatoriedade dos pactos e do equilíbrio dos contratos.

Ao lado da gestão positiva da álea normal, os contratantes poderão optar por gerir negativamente os riscos econômicos previsíveis. Surge, então, a figura do contrato incompleto, o qual consiste, em linhas gerais, em *negócio jurídico que adota a técnica de gestão negativa da álea normal*. Com efeito, no contrato incompleto, as partes, deliberadamente, optam por deixar em branco determinados elementos da relação contratual, como forma de gestão do risco econômico superveniente, os quais serão determinados, em momento futuro, pela atuação de uma ou ambas as partes, de terceiro ou mediante fatores externos, segundo o procedimento contratualmente previsto para a integração da lacuna. Cuida-se de não alocação voluntária do risco econômico, em que as partes deixam em branco determinado elemento do negócio jurídico (lacuna voluntária), o qual seria diretamente afetado pelo implemento do risco. Após a concretização do risco, as partes distribuirão os ganhos e as perdas econômicas, por meio da integração das lacunas, segundo o procedimento previsto originariamente no contrato.[7] O modo de alocação de riscos empregado pelos contratantes será identificado a partir da interpretação da vontade declarada das partes, que poderá ser expressa ou implícita, extraída da interpretação sistemática das cláusulas contratuais.

Assim sendo, existem, no ordenamento jurídico brasileiro, duas formas voluntárias de gerir a álea normal dos contratos: (i) a *gestão positiva*, por meio da alocação de riscos econômicos previsíveis segundo as cláusulas contratuais; e (ii) a *gestão negativa*, por meio do contrato incompleto, no qual, voluntariamente, as partes não alocam *ex ante* o risco econômico superveniente, de natureza previsível, cujas perdas e ganhos econômicos serão distribuídos, portanto, posteriormente, diante da verificação de determinado evento, mediante o preenchimento da lacuna contratual, de acordo com os critérios definidos *ex ante*.

---

6. Sobre a teoria da declaração, originada no Séc. XX e em pleno vigor na teoria contratual contemporânea, assinala v. Vincenzo Roppo: "no contrato, é importante não apenas a *efetiva vontade individual*, em como se forma na esfera psíquica do sujeito, mas também a *sua projeção social externa*, e, em particular, o modo pelo qual a vontade das partes é percebida pela contraparte. Esta percepção é determinada essencialmente pelo modo como a vontade, objetivamente, vem manifestada externamente; por isso o teor objetivo da declaração de vontade" (Il contratto. In: IUDICA, Giovanni; ZATTI, Paolo (Org.). *Trattato di diritto privato*. Milano: Giuffrè, 2001, p. 38-39; tradução livre).

7. Sobre o tema, seja consentido remeter a BANDEIRA, Paula Greco. *Contrato incompleto*. Rio de Janeiro: Atlas, 2015, passim.

Nessa direção, o contrato incompleto, por permitir a gestão *ex post* dos riscos de superveniências, atende aos imperativos da segurança jurídica e da flexibilidade, podendo figurar, no caso concreto, como opção que melhor realiza o interesse das partes.

Por outro lado, os riscos que fujam à esfera de previsibilidade dos contratantes no caso concreto consistirão em riscos econômicos imprevisíveis, razão pela qual não poderão constituir objeto de gestão pelas partes (não alocação involuntária do risco). Nessa hipótese, presentes os demais pressupostos, aplicar-se-á a teoria da excessiva onerosidade prevista nos arts. 478 e ss. do Código Civil. Em consequência, o risco previsível, que se insere na álea normal do contrato, terá sido, necessariamente, gerido pelos contratantes, por meio de gestão positiva ou negativa, o que será identificado a partir do exame das cláusulas contratuais e da causa *in concreto*.

3. PRINCÍPIO DO EQUILÍBRIO CONTRATUAL

Como se observou, a alocação de riscos estabelecida pela autonomia privada concretiza a finalidade perseguida pelas partes com o negócio, a traduzir o equilíbrio econômico do contrato, o qual há de ser observado e promovido no curso da relação contratual.

O equilíbrio contratual objeto desta análise refere-se aos contratos paritários, pactuado entre partes iguais, sem assimetria informativa e que, por isso mesmo, não se afiguram hipossuficientes, manifestando sua vontade livre de qualquer vício que pudesse maculá-la.

O equilíbrio expressa-se, nas palavras de Jean Garnier, na ideia de perfeição.[8] Entretanto, tal perfeição não se traduz, necessariamente, em correspondência objetiva entre os valores ou em prestações quantitativamente equivalentes. Busca-se, a rigor, atender aos interesses e anseios de ambas as partes no caso concreto, manifestados por meio do sinalagma ou da correspectividade entre as prestações estabelecida pela autonomia privada.

O ordenamento jurídico brasileiro promove o princípio do equilíbrio econômico dos contratos, introduzido no sistema como novo princípio de direito contratual, dotado de plena autonomia, ao lado da boa-fé objetiva e da função social do contrato.

O princípio do equilíbrio contratual encontra seu fundamento e justificativa no valor constitucional da livre iniciativa, previsto nos arts. 1º, IV;[9] 170, *caput*,[10] Constitui-

---

8. "É tão nobre tender ao equilíbrio quanto à perfeição; pois existe perfeição na observância do equilíbrio" (tradução livre). Jean Grenier, invocado por Didier Matray et Françoise Vidts, identifica o equilíbrio como a própria perfeição, que há de ser almejada pelos contratantes (Les clauses d'adaptation de contrats, cit., p. 100).
9. "Art. 1º A República Federativa do Brasil, formada pela união indissolúvel dos Estados e Municípios e do Distrito Federal, constitui-se em Estado Democrático de Direito e tem como fundamentos: (...) IV – os valores sociais do trabalho e da livre iniciativa".
10. "Art. 170. A ordem econômica, fundada na valorização do trabalho humano e na livre iniciativa, tem por fim assegurar a todos existência digna, conforme os ditames da justiça social, observados os seguintes princípios: (...)".

ção da República, na medida em que o respeito à alocação de riscos estabelecida pelos contratantes, no decorrer da vida contratual, que exprime o equilíbrio econômico entre as prestações, nada mais representa do que a obediência ao valor da autonomia privada. Por isso mesmo, a perturbação desse equilíbrio deve ser combatida por meio dos mecanismos postos à disposição pelo ordenamento jurídico.

Concebido para atenuar os rigores do princípio da obrigatoriedade dos pactos,[11] o princípio do equilíbrio econômico dos contratos serve de alicerce teórico para diversos mecanismos restauradores do equilíbrio contratual, de que se mostram exemplos expressivos a lesão (art. 157, Código Civil) e a revisão ou resolução contratual por excessiva onerosidade (arts. 317, 478 e 479, Código Civil).[12]

Colhem-se, ainda, aqui e ali, normas no sistema jurídico brasileiro que exteriorizam a preocupação reiterada com o equilíbrio contratual.[13] O art. 413[14] do Código Civil, por exemplo, ao autorizar o juiz a reduzir equitativamente a cláusula penal nas hipóteses em que a obrigação principal tiver sido cumprida em parte ou a penalidade se revelar manifestamente excessiva, tendo em vista a natureza e a finalidade do negócio,[15] tem por escopo garantir o equilíbrio entre as posições contratuais. O art. 620[16] do Código Civil, da mesma forma, autoriza a revisão do preço em contrato de empreitada a preço global, a pedido do dono da obra, caso ocorra a diminuição no preço do material ou da mão de obra superior a 1/10 (um décimo) do preço global convencionado, de modo a lhe assegurar a diferença apurada, restaurando o equilíbrio entre as prestações. E, ainda, o art. 770, parte final,[17] do Código Civil, garante ao segurado a possibilidade de

---

11. No direito italiano, destaca Aldo Boselli: "As cenas precedentes esclarecem que este princípio é fruto de tempos modernos caracterizados pela progressiva acentuação da sensibilidade dos ordenamentos às exigências da socialidade e da correspondente mitigação do rigor com o qual, até época recente, foi compreendido o princípio da imutabilidade dos pactos contratuais" (Eccessiva onerosità. *Novissimo digesto italiano*, Torino: UTET, 1957, v. 6, p. 332; tradução livre).
12. Sobre os novos princípios contratuais, cf. a lição de Gustavo Tepedino: "A boa-fé objetiva atua preponderantemente sobre a autonomia privada. O equilíbrio econômico da relação contratual, por sua vez, altera substancialmente a força obrigatória dos pactos, dando ensejo a institutos como a lesão (art. 157, Código Civil), a revisão e a resolução por excessiva onerosidade (arts. 317, 478 e 479, Código Civil). E, a função social, a seu turno, subverte o princípio da relatividade, impondo efeitos contratuais que extrapolam a avença negocial" (Novos princípios contratuais e a teoria da confiança: a exegese da cláusula *to the best knowledge of the sellers*. In: TEPEDINO, Gustavo. *Temas de direito civil*. Rio de Janeiro: Renovar, 2006, t. 2, p. 250-251).
13. Sobre o princípio do equilíbrio dos contratos no direito brasileiro, v. Antonio Junqueira de Azevedo, Natureza jurídica do contrato de consórcio. Classificação dos atos jurídicos quanto ao número de partes e quanto aos efeitos. Os contratos relacionais. A boa-fé nos contratos relacionais. Contratos de duração. Alteração das circunstâncias e onerosidade excessiva. Sinalagma e resolução contratual. Resolução parcial do contrato. Função social do contrato. *Revista dos Tribunais*. v. 832, ano 94, p. 115-137. São Paulo: Ed. RT, fev. 2005.
14. "Art. 413. A penalidade deve ser reduzida equitativamente pelo juiz se a obrigação principal tiver sido cumprida em parte, ou se o montante da penalidade for manifestamente excessivo, tendo-se em vista a natureza e a finalidade do negócio".
15. V., sobre o tema, o interessantíssimo trabalho de Gustavo Tepedino, Notas sobre a cláusula penal compensatória. In: TEPEDINO, Gustavo. *Temas de direito civil*, t. 2, cit., p. 47 e ss.
16. "Art. 620. Se ocorrer diminuição no preço do material ou da mão de obra superior a um décimo do preço global convencionado, poderá este ser revisto, a pedido do dono da obra, para que se lhe assegure a diferença apurada".
17. "Art. 770. Salvo disposição em contrário, a diminuição do risco no curso do contrato não acarreta a redução do prêmio estipulado; mas, se a redução do risco for considerável, o segurado poderá exigir a revisão do prêmio, ou a resolução do contrato".

pleitear a revisão do prêmio ou a resolução do contrato em caso de considerável redução superveniente do risco coberto pelo seguro, a garantir a equivalência entre o risco segurado e o prêmio.

O princípio do equilíbrio contratual assume, assim, posição de destaque no ordenamento jurídico brasileiro, a incidir indistintamente sobre todas as relações contratuais, irradiando seus efeitos também aos contratos aleatórios.[18]

Do ponto de vista técnico, pode-se enunciar o equilíbrio contratual como princípio que objetiva garantir a equivalência entre as prestações assumidas pelos contratantes, preservando a correspectividade ou o sinalagma pactuado no decorrer da inteira execução do contrato, de modo a satisfazer os interesses pretendidos por ambos os contratantes com o negócio. A equivalência – repita-se – não quer significar correspondência objetiva de valores, mas a correspectividade entre as prestações que satisfaz os interesses concretos das partes contratantes. Dito diversamente, o princípio do equilíbrio contratual tem por escopo preservar a equação econômica entre as prestações, estabelecida pela autonomia privada a partir dos mecanismos de alocação de riscos.

Como bem destacou Vincenzo Ferrari:

"o conceito de 'equilíbrio contratual' é normalmente conexo ao tema de risco contratual, de modo que, partindo da conhecida teoria segundo a qual cada contrato é um plano de repartição de riscos, e definindo-o como o equilíbrio econômico que caracteriza o singular e concreto ato de autonomia, se leva a considerá-lo efeito da alocação do risco contratual".[19]

O respeito à repartição de riscos efetuada pelos contratantes, em uma palavra, preserva o equilíbrio contratual, desde que essa alocação de riscos observe os demais valores e princípios que integram o sistema jurídico – complexo e unitário.[20]

---

18. Sobre o tema, seja consentido remeter a Paula Greco Bandeira, *Contratos aleatórios no direito brasileiro*, Rio de Janeiro: Renovar, 2010, p. 129. Neste particular, aprovou-se o enunciado 440 na V Jornada de Direito Civil, o qual autoriza a incidência da excessiva onerosidade em contratos aleatórios. Confira-se: "Art. 478: É possível a revisão ou resolução por excessiva onerosidade em contratos aleatórios, desde que o evento superveniente, extraordinário e imprevisível não se relacione com a álea assumida no contrato" (Disponível em: http://www.cjf.jus.br/CEJ-Coedi/jornadas-cej/enunciados-aprovados-da-i-iii-iv-e-v-jornada-de-direito-civil/jornadas-cej/v-jornada-direito-civil/VJornadadireitocivil2012.pdf. Acesso em: 02 nov. 2015. p. 159). Vale, ainda, destacar o enunciado 583, aprovado na VII Jornada de Direito Civil, que assegura a aplicação da disciplina dos vícios redibitórios aos contratos aleatórios, com o seguinte teor: "O art. 441 do Código Civil deve ser interpretado no sentido de abranger também os contratos aleatórios, desde que não inclua os elementos aleatórios do contrato" (http://www.cjf.jus.br/CEJ-Coedi/jornadas-cej/enunciados%20aprovados%20-%20VII%20jornada/view. Acesso em: 02 nov. 2015). Tais enunciados interpretativos denotam o reconhecimento do equilíbrio também nas relações contratuais aleatórias.
19. Il problema dell'alea contrattuale. *Quaderni del Dipartimento di Organizzazione Aziendale e Amministrazione Pubblica*. Università degli Studi della Calabria: Facoltà di Economia. Napoli: Edizioni Scientifiche Italiane, 2001, p. 93-94; tradução livre.
20. Caso a repartição de riscos contrarie outros valores do ordenamento, o juiz poderá realizar o controle de validade do ato de autonomia privada, fazendo prevalecer o equilíbrio contratual como valor contra o regulamento de interesses. Sobre o ponto, v. FERRARI, Vincenzo. Il problema dell'alea contrattuale, cit., p. 95-104.

Aludida alocação de riscos verifica-se, nos contratos comutativos, ao se distribuir entre os contratantes as perdas e os ganhos econômicos decorrentes da oscilação de sua álea normal; e nos contratos aleatórios, nos quais a autonomia privada efetua repartição do risco jurídico que qualifica o negócio como aleatório e dos riscos econômicos que também afetam sua execução.[21]

No âmbito dos mecanismos de alocação de riscos, como visto, as partes distribuem os riscos econômicos previsíveis a partir das cláusulas contratuais, efetuando a *gestão positiva da álea normal*. Tal alocação de riscos, identificada a partir da vontade declarada pelos contratantes, define, portanto, o equilíbrio econômico do negócio. Essa equação econômica, que fundamenta o sinalagma ou a correspectividade entre as prestações, há de ser respeitada no decorrer de toda a execução contratual, em observância aos princípios do equilíbrio econômico e da obrigatoriedade dos pactos.

Ao lado da gestão positiva da álea normal dos contratos, os contratantes poderão optar por gerir negativamente os riscos econômicos previsíveis, em contrato incompleto, já conceituado como *negócio jurídico que adota a técnica de gestão negativa da álea normal dos contratos*.

No contrato incompleto, conforme explicado, as partes, deliberadamente, optam por deixar em branco determinados elementos da relação contratual, como forma de gestão (negativa) do risco econômico superveniente, os quais serão determinados, em momento futuro, pela atuação de uma ou ambas as partes, de terceiro ou mediante fatores externos, segundo o procedimento contratualmente previsto para a integração da lacuna. Cuida-se de não alocação voluntária do risco econômico, em que as partes deixam em branco determinado elemento do negócio jurídico (lacuna voluntária), o qual será diretamente afetado pelo implemento do risco. Após a concretização do risco, as partes distribuirão os ganhos e as perdas econômicas dele decorrentes, por meio da integração das lacunas, conforme o procedimento previsto no contrato.

Tendo em conta que os contratos incompletos não distribuem, originariamente, os riscos e as perdas econômicas decorrentes da oscilação da álea normal, mas remetem essa decisão para momento futuro, quando tenha ocorrido o evento previsto no contrato, poder-se-ia cogitar da inexistência de equilíbrio contratual nos negócios incompletos. Afinal, os termos contratuais, cujo equilíbrio se pretenderia, estariam em aberto, sujeitos à determinação futura, mediante integração das lacunas. Nessa linha de raciocínio, restariam afastados os remédios destinados, pelo ordenamento jurídico, ao reequilíbrio contratual, notadamente a excessiva onerosidade.

---

21. A admissibilidade da aplicação da teoria da excessiva onerosidade aos contratos aleatórios pressupõe o entendimento de que também os contratos aleatórios sofrem os efeitos dos riscos econômicos. A excessiva onerosidade, com efeito, irá incidir nos negócios aleatórios se o evento extraordinário e superveniente não se referir à álea jurídica assumida pelos contratantes, e extrapolar álea normal relacionada ao contrato. O que distinguiria os contratos aleatórios dos comutativos, como já assinalado, seria a presença, nos primeiros, da álea jurídica como elemento integrante de sua causa.

Entretanto, ao se proceder à gestão negativa da álea normal dos contratos, o contrato incompleto estabelece uma equação econômica entre as prestações assumidas pelos contratantes, que revela o equilíbrio econômico do negócio, ainda que existam lacunas. Ou seja, subjacente à gestão negativa da álea normal efetuada em contratos incompletos, há uma lógica econômica entre as posições contratuais ocupadas pelas partes, que fundamenta o sinalagma ou a correspectividade entre as prestações, a evidenciar a incidência do princípio do equilíbrio contratual.

Além disso, no regulamento contratual incompleto, apenas alguns elementos do contrato se encontram em branco, estando inseridos em relação contratual mais ampla e complexa, que liga dois centros de interesses distintos, em perspectiva dinâmica da relação obrigacional,[22] na qual se reúnem diversos direitos, obrigações, faculdades, ônus, interesses, de parte a parte. A relação jurídica obrigacional, compreendida como ligação entre situações jurídicas subjetivas,[23] ainda que contenha lacunas contratuais, exprime equação econômica equilibrada entre os dois centros de interesses, que há de ser preservada no decorrer da execução do contrato. Por conseguinte, pode-se afirmar que os contratos incompletos também se sujeitam à incidência do princípio do equilíbrio econômico dos pactos.

Note-se que a autonomia privada, ao deixar em branco determinados elementos do contrato como forma de gerir os riscos econômicos supervenientes, relacionados à sua causa *in concreto*, que afetam as prestações assumidas pelas partes, não estabelece regulamento contratual exaustivo, que discipline de modo detalhado os diversos aspectos da relação contratual. À míngua de regulamento abrangente para todos os riscos contratuais, as partes confiam na cooperação mútua para o alcance do escopo comum pretendido com o contrato incompleto, inclusive para assegurar o equilíbrio contratual. Por outras palavras, os contratantes deverão reunir esforços no sentido de colmatar as lacunas, em obediência aos critérios contratuais estabelecidos para sua determinação, respeitando a alocação de riscos desejada.

Desse modo, no âmbito da execução do contrato incompleto, releva a incidência do princípio de solidariedade social (art. 3º, I e III, Constituição da República) e dos novos

---

22. Recorra-se à definição de relação jurídica de Pietro Perlingieri: "A ligação essencial do ponto de vista estrutural é aquela entre centro de interesses. (...) É preferível, portanto, a doutrina que define a relação jurídica como ligação entre situações subjetivas. (...) É difícil imaginar direitos subjetivos que não encontrem justificativa em situações mais complexas, das quais fazem parte também deveres, ônus, deveres específicos (*obblighi*) (...) A conexão das situações subjetivas na relação jurídica exprime a exigência de valorar o comportamento não somente no momento estático, que é a descrição do efeito (nascimento, modificação ou extinção das situações subjetivas), mas também no momento dinâmico, como regulamento de interesses, realização concreta do programa predeterminado na disciplina do fato jurídico" (*O direito civil na legalidade constitucional*. Trad. Maria Cristina de Cicco, Rio de Janeiro: Renovar, 2008, p. 734-735).
23. Sobre o conceito de situação jurídica subjetiva, assinala Perlingieri: "Na maior parte das hipóteses, o interesse dá lugar portanto a uma situação subjetiva complexa, composta tanto de poderes quanto de deveres, obrigações, ônus. A complexidade das situações subjetivas – pela qual em cada situação estão presentes momentos de poder e de dever, de maneira que a distinção entre situações ativas e passivas não deve ser entendida em sentido absoluto – exprime a configuração solidarista do nosso ordenamento constitucional" (*Perfis do direito civil: introdução ao direito civil constitucional*. 2. ed. Rio de Janeiro: Renovar, 2002, p. 107).

princípios contratuais da boa-fé objetiva, da função social do contrato e do equilíbrio econômico dos pactos, cujos efeitos se espraiem de modo mais intenso nos negócios incompletos do que nos contratos em que ocorre a gestão positiva da álea normal.

Em definitivo: a alocação de riscos, seja positiva, seja negativa, define o equilíbrio contratual e traduz os termos pactuados pelos contratantes. Desse modo, o respeito a tal distribuição de riscos expressa, a um só tempo, a observância dos princípios do equilíbrio contratual e da obrigatoriedade dos pactos.

Convém esclarecer que, embora se aluda frequentemente ao fato de que o princípio do equilíbrio contratual remodela o clássico princípio da obrigatoriedade dos pactos, tal não quer significar que esses princípios sejam excludentes. Ao revés, tais princípios se afiguram complementares.

Com efeito, o princípio da obrigatoriedade dos pactos, ao impor a observância ao conteúdo pactuado, determina o respeito à alocação de riscos estabelecida e, portanto, ao equilíbrio ínsito ao negócio. Nessa direção, o cumprimento do acordo representa o respeito simultâneo aos princípios da obrigatoriedade dos pactos e do equilíbrio contratual.

Note-se que o equilíbrio remodela a obrigatoriedade apenas nas hipóteses legais em que o contrato sofre uma perturbação em seu equilíbrio, admitindo-se, em atendimento ao princípio do equilíbrio contratual, que se modifiquem os termos contratados, alterando aquilo que fora pactuado, para que o contrato se adeque às novas circunstâncias. Tal modificação do conteúdo ajustado, contudo, somente se verifica em hipóteses excepcionais, autorizadas pelo legislador. Nos demais casos, ainda que o negócio nasça desequilibrado, se não restarem configuradas as hipóteses excepcionais previstas em lei, não será possível modificar o contrato, ou, em outros termos, alterar a alocação de riscos estabelecida pela autonomia privada, devendo-se respeitar a obrigatoriedade dos pactos.

Desse modo, os princípios do equilíbrio contratual e da obrigatoriedade dos pactos se influenciam reciprocamente, em relação de complementariedade, a usufruir de igual importância no ordenamento jurídico brasileiro.

Convém insistir: o respeito à alocação de riscos efetuada pela autonomia privada (isto é, ao equilíbrio contratual) pauta-se pelo princípio da obrigatoriedade dos pactos. Deste modo, uma vez geridos os riscos econômicos atinentes à determinada operação negocial, de forma positiva ou negativa, os contratantes devem obedecer a essa alocação de riscos no decorrer da inteira execução contratual, como forma de atendimento à finalidade do negócio.

A menos que se configure hipótese de excessiva onerosidade, lesão ou outro remédio de reequilíbrio contratual previsto em lei, as partes não poderão alterar supervenientemente a alocação de riscos estabelecida no contrato, tendo em conta a aplicação do princípio da obrigatoriedade dos pactos, em pleno vigor no ordenamento jurídico brasileiro.

Pode-se afirmar, nessa direção, que, no direito brasileiro, não existe princípio de proteção ao negócio lucrativo, que pudesse defender o contratante do mau negócio. Em relações paritárias, a parte que geriu mal o risco deverá arcar com as consequências daí decorrentes, não podendo se eximir de cumprir o contrato, tampouco sendo-lhe autorizado requerer a revisão ou a resolução do negócio sem que se configurem as hipóteses legais que a autorizem.

4. CONCLUSÃO

Na contemporaneidade, assiste-se à Era do Risco, no âmbito da qual o contrato desponta como o instrumento jurídico posto à disposição da autonomia privada para disciplinar os riscos econômicos previsíveis relativos às operações negociais que se protraem no tempo. Tais riscos econômicos previsíveis, que se materializam em ganhos ou perdas econômicas, repercutem sobre as prestações contratuais e, por isso mesmo, hão de ser geridos pelo contrato, que irá alocar esses riscos entre as partes contratantes.

Contratar é *se arriscar*: não há contrato sem risco. Ao contratar, as partes, precisamente em razão da incerteza quanto ao implemento do risco, desconhecem o resultado econômico final do negócio, não sabem se irão lucrar ou perder economicamente; se o negócio é bom ou ruim.

O risco se mostra presente, portanto, em qualquer espécie negocial, seja aleatória – assim qualificada pela identificação da álea jurídica como elemento integrante de sua causa, embora também sofra a influência da álea normal –, seja comutativa – caracterizada exclusivamente pela álea normal –, sendo, portanto, objeto de gestão pelos contratantes. Daí a indagação recorrente, na linguagem vulgar, diante de determinado contrato, de *qual é o risco do negócio* assumido pelas partes.

Em matéria de risco negocial, avulta, assim, em importância, a repartição de riscos efetuada pela autonomia privada no concreto regulamento de interesses, a qual poderá decorrer, como aludido, da gestão positiva ou negativa da álea normal.

As partes, ao contratarem, efetuam certa alocação de riscos, que define o sinalagma contratual, identificado *in concreto* a partir da interpretação da vontade declarada. Aludida repartição de riscos há de ser observada no decorrer da inteira execução contratual, como corolário do princípio da obrigatoriedade dos pactos e do equilíbrio econômico dos contratos, o qual encontra fundamento constitucional no valor social da livre iniciativa.

O respeito ao equilíbrio, portanto, não se esgota na análise estrutural da correspondência objetiva de valores entre as prestações assumidas pelos contratantes, mas, ao revés, conduz ao atendimento da finalidade contratual (*rectius*, função ou causa) perseguida pelas partes. Em relações sem assimetria informativa, as partes têm por escopo satisfazer os seus interesses por meio de determinada alocação de riscos. Em síntese, em atendimento aos princípios da obrigatoriedade dos pactos e do equilíbrio contratual, há de se privilegiar a função perseguida pelos contratantes com o negócio, que justifica determinada alocação de riscos, em detrimento da estrutura das prestações assumidas pelas partes, estimulando-se o exercício das atividades econômicas privadas lícitas e merecedoras de tutela.

O PAPEL DA VULNERABILIDADE CONTRATUAL COMO FATOR DE FUNDAMENTAÇÃO (E DE CONTENÇÃO) DA INTERVENÇÃO NOS CONTRATOS

Rodrigo da Guia Silva

Sumário: 1. Introdução – 2. Ressignificação da autonomia privada no contexto metodológico de materialização do direito contratual – 3. A inadequada separação rígida entre as noções de proporcionalidade econômico-financeira e de vulnerabilidade – 4. Perspectivas para a compreensão do papel da vulnerabilidade na teoria contratual contemporânea – 5. À guisa de conclusão.

1. INTRODUÇÃO

A investigação do papel desempenhado pela chave conceitual da vulnerabilidade na teoria contratual contemporânea depende, preliminarmente, do adequado entendimento do contexto em que floresceram os contornos da própria teoria contratual contemporânea, com particular destaque para a ressignificação da autonomia negocial.[1] Trata-se de contexto marcado pela transição do Estado Liberal clássico ao Estado do Bem-Estar Social:[2] acontecimentos como a intensificação da industrialização, a degradação das condições de trabalho, o incremento das desigualdades socioeconômicas e a difusão das mazelas produzidas pelas duas Guerras Mundiais conduziram à afirmação da insuficiência da economia do livre comércio para a promoção do bem-estar social.[3] Diante desse cenário, o pensamento erguido em objeção ao liberalismo político-econômico oitocentista[4] passou a pugnar pela imprescindibilidade de uma

---

1. No atual contexto metodológico, diretamente influenciado pela releitura do direito civil à luz da tábua axiológica constitucional, "(...) o fundamento constitucional da autonomia negocial se identifica à luz dos múltiplos suportes normativos, em razão da natureza dos interesses garantidos e dos valores constitucionais aos quais esses se reconduzem" (BARBOZA, Heloisa Helena. Reflexões sobre a autonomia negocial. In: TEPEDINO, Gustavo; FACHIN, Luiz Edson (Coord.). *O direito e o tempo*: embates jurídicos e utopias contemporâneas – estudos em homenagem ao Professor Ricardo Pereira Lira. Rio de Janeiro: Renovar, 2008, p. 413). A propósito da ressignificação da autonomia negocial, v., ainda, PERLINGIERI, Pietro. *O direito civil na legalidade constitucional*. Trad. Maria Cristina De Cicco. Rio de Janeiro: Renovar, 2008, p. 338 e ss.
2. Tal ascensão do estado do bem-estar social é relatada por PERLINGIERI, Pietro. *Manuale di diritto civile*. 7. ed. Napoli: Edizioni Scientifiche Italiane, 2014, p. 23 e ss.
3. Para um relato sobre o panorama de afirmação da insuficiência da economia do livre comércio para a promoção do bem-estar social e da subsequente defesa de uma maior intervenção do Estado nas relações privadas, v. OSTI, Giuseppe. Contratto. In: AZARA, Antonio; EULA, Ernesto (Coord.). *Novissimo Digesto Italiano*. 3. ed. Torino: UTET, 1959, v. IV, p. 478 e ss.
4. Para uma análise acerca do liberalismo político e do liberalismo econômico presentes no pensamento clássico do século XIX, v., respectivamente, PERTICONE, Giacomo. Liberalismo. In: AZARA, Antonio; EULA, Ernesto (Coord.). *Novissimo Digesto Italiano*. 3. ed. Torino: UTET, 1963, v. IX, p. 831 e ss.; e RAISER, Ludwig. Funzione

maior intervenção do Estado nas relações privadas para a efetiva promoção da dignidade humana – não por acaso, valor que veio a ter a sua centralidade proclamada pela generalidade dos diplomas internacionais e das Constituições do período posterior à Segunda Guerra Mundial.[5]

Tais ordens de ideias repercutiram diretamente na compreensão do direito contratual. O caráter absoluto outrora conferido à liberdade contratual arrefeceu face à necessidade de construção de "(...) um sistema do direito privado caracterizado pela tensão entre liberdade e justiça social".[6] A justiça social, com efeito, passou a ser vista – ao lado de valores como a dignidade da pessoa humana – como uma das pedras angulares que haveriam de conformar a reformulação da teoria contratual.[7] No contexto brasileiro, tais postulados foram ressaltados especialmente a partir da promulgação da Constituição Federal de 1988, que erigiu a dignidade da pessoa humana a fundamento da República (art. 1º, III) e elencou a justiça social entre os fundamentos da ordem econômica (art. 170, *caput*).[8]

O reconhecimento da força (e da superioridade) normativa desses comandos constitucionais haveria de conduzir, então, a uma reformulação do inteiro direito privado, em geral, e do direito contratual, em particular,[9] sedimentando os alicerces necessários para o enfrentamento da premente e "complexa questão relativa à proteção dos vulneráveis em face da indeclinável preservação de sua autonomia".[10] É precisamente a partir de tais premissas metodológicas que o presente estudo almeja investigar o papel desempenhado pela chave conceitual da vulnerabilidade na teoria contratual contemporânea.

2. RESSIGNIFICAÇÃO DA AUTONOMIA PRIVADA NO CONTEXTO METODOLÓGICO DE MATERIALIZAÇÃO DO DIREITO CONTRATUAL

A inteira noção de autonomia privada passou, no mencionado cenário de germinar da teoria contratual contemporânea, por uma ressignificação, ao que se relaciona a própria revisitação dos *princípios contratuais clássicos* à luz dos denominados *novos princípios con-*

---

del contratto e libertà contrattuale. *Il compito del diritto privato*: saggi di diritto privato e di diritto dell'economia di tre decenni. Trad. Marta Graziadei. Milano: Giuffrè, 1990, p. 96 e ss.

5. A propósito, v. BODIN DE MORAES, Maria Celina. O princípio da dignidade humana. In: BODIN DE MORAES, Maria Celina (Coord.). *Princípios do direito civil contemporâneo*. Rio de Janeiro: Renovar, 2006, p. 12 e ss.
6. RAISER, Ludwig. La libertà contrattuale oggi. *Il compito del diritto privato*: saggi di diritto privato e di diritto dell'economia di tre decenni. Trad. Marta Graziadei. Milano: Giuffrè, 1990, p. 69. Tradução livre do original.
7. Nesse sentido, a sustentar a configuração de um direito contratual atento às exigências do Estado do Bem-Estar Social, v. LARENZ, Karl; WOLF, Manfred. *Allgemeiner Teil des bürgerlichen Rechts*. München: C. H. Beck, 1997, p. 39-41.
8. A propósito da correlação entre a dignidade humana, a justiça social e ordem econômica, v. GRAU, Eros Roberto. Comentário ao artigo 170, *caput*. In: CANOTILHO, J. J. Gomes; MENDES, Gilmar Ferreira; SARLET, Ingo Wolfgang; STRECK, Lenio Luiz (Coord.). *Comentários à Constituição do Brasil*. São Paulo: Saraiva/Almedina, 2013, p. 1.794.
9. "Assim, pela via da constitucionalização, passam a fazer parte do horizonte contratual noções e ideias como justiça social, solidariedade, erradicação da pobreza, proteção ao consumidor, a indicar, enfim, que o direito dos contratos não está à parte do projeto social articulado pela ordem jurídica em vigor no país" (NEGREIROS, Teresa. *Teoria do contrato*: novos paradigmas. Rio de Janeiro: Renovar, 2002, p. 107-108).
10. BARBOZA, Heloisa Helena; ALMEIDA, Vitor. A tutela das vulnerabilidades na legalidade constitucional. In: *Da dogmática à efetividade do Direito Civil*: anais do Congresso Internacional de Direito Civil Constitucional – IV Congresso do IBDCivil. Belo Horizonte: Fórum, 2017, p. 37.

tratuais (boa-fé objetiva, função social e equilíbrio).[11] A autonomia privada enfrenta, assim, uma expressiva transformação qualitativa em razão da sua funcionalização à tabua axiológica constitucional.[12] Passou-se a se reconhecer que a disciplina contratual não poderia se eximir do imperativo de promoção dos valores mais caros ao ordenamento jurídico – entre os quais se situam, entre outros, a solidariedade social e a isonomia substancial.[13] À vertente substancial (ou material) da isonomia passa a ser atribuído papel central para a configuração de um direito contratual materialmente compatível os valores constitucionais.[14]

A legitimidade (ou, em outras palavras, o merecimento de tutela em sentido lato)[15] do exercício da autonomia privada passa a estar subordinada à sua compatibilidade com os valores tutelados pela Constituição.[16] Rechaça-se, com isso, eventual formulação teórica que pretenda atribuir um caráter absoluto à autonomia privada, visto que o seu exercício não pode escapar da incidência imperativa dos ditames constitucionais.[17]

As transformações operadas na matéria encontram boa síntese na célebre formulação de Claus-Wilhelm Canaris acerca da *materialização* ("*Materialisierung*") do direito contratual.[18] O termo *materialização* busca, de modo geral, sintetizar a defesa de um paradigma contratual que supere a análise puramente formal em prol de uma análise pautada em uma visão concreta acerca da liberdade contratual, da justiça contratual e dos princípios político-ideológicos fundamentais subjacentes ao direito contratual.[19] Maior atenção merece, para os propósitos do presente estudo, o esforço de materialização da liberdade contratual,[20] a repercutir diretamente na compreensão da relevância da chave conceitual da vulnerabilidade no seio da teoria contratual.

---

11. Nada obstante a *novidade* associada aos aludidos princípios contratuais, o cenário contemporâneo não se pauta por uma lógica de superação dos *antigos* pelos *novos*, mas sim pela coexistência funcionalizada à axiologia constitucional, como adverte NEGREIROS, Teresa. *Teoria do contrato*, cit., p. 111.
12. Nesse sentido, v., por todos, MONTEIRO FILHO, Carlos Edison do Rêgo; RITO, Fernanda Paes Leme. Fontes e evolução do princípio do equilíbrio contratual. *Pensar*, v. 21, n. 2, p. 389-410, maio/ago. 2016.
13. V., por todos, SCHREIBER, Anderson. *Equilíbrio contratual e dever de renegociar*. São Paulo: Saraiva, 2018, p. 16. A ilustrar, ainda, a relevância atribuída aos contratos para o propósito de redução das desigualdades sociais e regionais, v. KONDER, Carlos Nelson; SANTOS, Deborah Pereira Pinto dos. O equilíbrio contratual nas locações em *shopping center*: controle de cláusulas abusivas e a promessa de loja âncora. *Scientia Iuris*, v. 20, n. 3, p. 176-200, nov./2016.
14. Nesse sentido, v. WOLF, Manfred. *Rechtsgeschäftliche Entscheidungsfreiheit und vertraglicher Interessenausgleich*. Tübingen: J. C. B. Mohr (Paul Siebeck), 1970, p. 97-98.
15. "Em sentido lato, portanto, a noção de merecimento de tutela representa justamente o reconhecimento de que a eficácia de certa conduta particular é compatível com o sistema e, por isso, deve ser protegida" (SOUZA, Eduardo Nunes de. Merecimento de tutela: a nova fronteira da legalidade no direito civil. *Revista de Direito Privado*, v. 58, p. 75-107, abr./jun. 2014). O autor analisa, ademais, o juízo de merecimento de tutela em sentido estrito (Ibidem, item 5).
16. V., por todos, MONTEIRO FILHO, Carlos Edison do Rêgo; RITO, Fernanda Paes Leme. Fontes e evolução do princípio do equilíbrio contratual, cit., p. 394.
17. Como pondera TEPEDINO, Gustavo. O papel da vontade na interpretação dos contratos. *Revista Interdisciplinar de Direito da Faculdade de Direito de Valença*, v. 16, n. 1, p. 173-189, jan.-jun./2018.
18. CANARIS, Claus-Wilhelm. Wandlungen des Schuldvertragsrechts – Tendenzen zu seiner „Materialisierung". *Archiv für die civilistische Praxis*, v. 200, n. 3, p. 273-364, passim. 2000.
19. V. CANARIS, Claus-Wilhelm. Wandlungen des Schuldvertragsrechts, cit., p. 276-277.
20. Cumpre rememorar que, conforme já advertido, não apenas a liberdade contratual, mas também a justiça contratual poderia ser vista sob um ponto de vista formal e sob um ponto de vista material, como leciona CANARIS, Claus-Wilhelm. Wandlungen des Schuldvertragsrechts, cit., p. 282. De uma parte, em sua dimensão formal, a

No que tange à liberdade contratual, a materialização reclama do intérprete a consideração dos mais variados obstáculos que possam vir a comprometer a livre formação e manifestação da vontade dos contratantes. A configuração de uma efetiva liberdade contratual depende, assim, da ausência de obstáculos não apenas jurídicos, mas, sobretudo, fáticos ao exercício da liberdade que o ordenamento confere aos particulares.[21] Justamente para se ressaltar a insuficiência da análise apenas dos obstáculos jurídicos, recorre-se ao par conceitual *formal/material* para se fazer menção às distintas (embora complementares) dimensões da liberdade contratual.[22]

O intérprete não pode se contentar, portanto, com a investigação da ausência de obstáculos de cunho legal ao exercício da liberdade (*liberdade contratual formal*). A mera higidez do processo de formação do contrato – ao menos, em seu sentido clássico de ausência de vícios do consentimento – não basta para a afirmação da legitimidade do concreto exercício da liberdade contratual. O exame deve se completar, em realidade, com a inquirição sobre a inexistência de obstáculos de cunho factual ao exercício da liberdade (*liberdade contratual material*).[23] Há de se rejeitar, assim, uma compreensão puramente formal da liberdade contratual, que, ao extremo, findaria por atribuir à liberdade contratual o sentido de uma "liberdade de morrer de fome ou, no máximo, de ser explorado indignamente e injustamente lesado", correspondendo a uma "liberdade na selva".[24]

Disso não se deve depreender, contudo, que toda e qualquer espécie de obstáculo fático ao exercício da liberdade contratual deverá tolher a legitimidade do contrato celebrado pelas partes. Em realidade, a restrição fática há de ser tal que comprometa substancialmente o efetivo exercício da autonomia por certo contratante. As duas dimensões da liberdade contratual estão, em suma, "em uma sensível relação de tensão", de cuja adequada condução depende a correta atuação da própria obrigatoriedade dos pactos: afinal, uma vinculação irrestrita das partes, cega a graves obstáculos fáticos, pode ser tão nefasta quanto a ausência absoluta de vinculação.[25]

---

justiça contratual teria um caráter procedimental, relacionado à higidez do processo conducente à formação do contrato. De outra parte, em sua dimensão material, a justiça contratual teria um caráter substancial, preocupado com a valoração do conteúdo da avença. A atenta compreensão da temática evidencia, aliás, a íntima correlação entre as noções de justiça contratual substancial e aquilo que se viria a referir por equilíbrio contratual, especificamente em sua acepção heterorreferenciada, conforme se buscou ressaltar em SILVA, Rodrigo da Guia. Equilíbrio e vulnerabilidade nos contratos: marchas e contramarchas do dirigismo contratual. *Civilistica.com*, a. 9, n. 3, p. 1-35, 2020.

21. V., por todos, ENDERLEIN, Wolfgang. *Rechtspaternalismus und Vertragsrecht*. München: C. H. Beck, 1996, p. 78-79.
22. Assim se depreende da lição de CANARIS, Claus-Wilhelm. Wandlungen des Schuldvertragsrechts, cit., p. 277.
23. V., por todos, BYDLINSKI, Franz. *System und Prinzipen des Privatrechts*. Wien: Springer, 1996. Reimpressão, Wien: Verlag Österreich, 2013, p. 158-159; e RESCIGNO, Pietro. Contratto: I) In generale. In: PARADISI, Bruno (Coord.). *Enciclopedia Giuridica*. Roma: Istituto della Enciclopedia Italiana, [1991], v. XV, p. 7.
24. A crítica enfática remonta à lição de Louis Josserand: "A liberdade contratual de outros tempos seria, em muitos casos e para muitos contratantes, a liberdade de morrer de fome ou, no máximo, de ser explorado indignamente e injustamente lesado; seria, como se escreveu, a liberdade na selva" (JOSSERAND, Louis. Considerazioni sul contratto "regolato". *Archivio Giuridico "Filippo Serafini"*. Quarta Serie, v. XXVIII, p. 3-21, 1934. Tradução livre do original).
25. "A liberdade contratual jurídica [formal] e a liberdade contratual de fato estão, uma com a outra, em uma sensível relação de tensão, gerada pelo princípio *pacta sunt servanda*. Seria incompatível com ele negar o reconhecimento jurídico a um contrato diante de *qualquer* restrição à efetiva liberdade de decisão" (CANARIS, Claus-Wilhelm. Wandlungen des Schuldvertragsrechts, cit., p. 278. Tradução livre do original. Grifos no original).

3. A INADEQUADA SEPARAÇÃO RÍGIDA ENTRE AS NOÇÕES DE PROPORCIONALIDADE ECONÔMICO-FINANCEIRA E DE VULNERABILIDADE

As precedentes considerações propiciam o reconhecimento de um grave (e usualmente não explicitado) risco presente no estudo das relações contratuais – a intervenção injustificada do julgador nas relações privadas. Trata-se de risco cuja origem remonta, entre outros aspectos, à proclamação, por certa parcela da doutrina, de uma rígida separação entre as noções de *proporcionalidade econômico-financeira* e de *vulnerabilidade*.[26] Segundo essa formulação, o caráter objetivo da proporcionalidade econômico-financeira (que parcela da doutrina associa ao próprio substrato do princípio do equilíbrio contratual)[27] demandaria o seu afastamento conceitual em relação a eventuais indagações pautadas na preocupação de se protegerem determinadas pessoas em razão das suas circunstâncias pessoais – não já, portanto, puramente em razão de uma desproporcionalidade objetiva entre prestações.[28] Assim, justificar-se-ia a intervenção corretiva com vistas ao (re)estabelecimento da proporcionalidade econômico-financeira independentemente da presença ou não de fatores subjetivos que pudessem demandar a proteção de qualquer das partes.

Não se desconhece, por certo, o esforço deliberado dessa formulação teórica quanto à objetivação do tratamento dispensado ao equilíbrio contratual. Do acertado esforço de objetivação da análise dos contratos não parece possível, contudo, depreender a enunciação de um princípio que pudesse legitimar, *prima facie*, a intervenção judicial na busca por uma proporcionalidade econômico-financeira na generalidade das relações contratuais independentemente da análise das partes envolvidas, sua posição na relação, seus interesses e suas eventuais vulnerabilidades concretas.

Contra um tal desiderato – excessivamente objetivista – se haveriam de objetar tanto razões de índole prática quanto razões de índole jurídico-constitucional. No plano da práxis, pode-se pensar em circunstâncias como a dificuldade de definição judicial do *justo preço*[29] e o potencial de consequências negativas para a regulação do

---

26. V., por todos, PERLINGIERI, Pietro. Equilibrio normativo e principio di proporzionalità nei contratti. *Revista Trimestral de Direito Civil*, v. 12, p. 131-151, out./dez. 2002.
27. Nesse sentido, afirma-se que o núcleo essencial do princípio do equilíbrio contratual consistiria em um "controle de proporcionalidade de caráter interno e objetivo (econômico) do contrato" (SCHREIBER, Anderson. *Equilíbrio contratual e dever de renegociar*, cit., p. 59). A ressaltar a relevância da proporcionalidade para a definição do conteúdo do princípio do equilíbrio contratual, v., ainda, MONTEIRO FILHO, Carlos Edison do Rêgo; RITO, Fernanda Paes Leme. Fontes e evolução do princípio do equilíbrio contratual, cit., p. 407. Tal ordem de compreensão do equilíbrio contratual corresponde ao que já se referiu por uma *formulação heterorreferenciada do equilíbrio contratual*, cujos principais contornos e limitações foram objeto de análise detida em SILVA, Rodrigo da Guia. Equilíbrio e vulnerabilidade nos contratos, cit., item 4.
28. A ilustrar o quanto exposto, vale destacar que tal preocupação – embora a partir do que se está a referir por uma visão heterorreferenciada do princípio do equilíbrio contratual – está presente na lição de SCHREIBER, Anderson. *Equilíbrio contratual e dever de renegociar*, cit., p. 52.
29. A dificuldade de definição do (suposto) *justo preço* é bem retratada por Karl Larenz: "Mas existe, afinal, uma possibilidade de constatar se duas prestações objetivamente aproximadas uma da outra têm ou não o mesmo valor? A pergunta sobre qual é o justo preço e a justa remuneração foi uma das perguntas fundamentais do Direito Natural. Ela ocupou não apenas juristas e filósofos, mas também economistas" (LARENZ, Karl. *Richtiges Recht*: Grundzüge einer Rechtsethik. München: C. H. Beck, 1979, p. 70. Tradução livre do original).

mercado em uma economia pautada pela liberdade de iniciativa e pela liberdade de fixação de preços.[30]

Às possíveis objeções da práxis se acoplam relevantes óbices de cunho jurídico-constitucional. Com efeito, não parece possível extrair da disciplina constitucional um imperativo de proporcionalidade econômico-financeira como requisito geral de legitimidade das relações contratuais.[31] Em outros termos, do ordenamento jurídico não se depreende uma repressão absoluta a legítimas posições de vantagem conquistadas negocialmente.[32] Mesmo a se partir da questionável premissa de que o direito contratual deveria ser orientado pelo ideal de redistribuição de riquezas,[33] perceber-se-á que a intervenção judicial não haveria de se pautar pela busca indiscriminada de proporcionalidade econômico-financeira, mas sim pela busca de tal relação de proporcionalidade quando o cenário contraposto (i.e., o cenário de ausência de proporcionalidade) for prejudicial à parte socioeconomicamente menos favorecida da relação. A redistribuição de riquezas somente poderia ser promovida, afinal, com uma intervenção destinada a *favorecer* a parte em situação de inferioridade, sob pena de a disciplina contratual não apenas preservar, mas intensificar as desigualdades que a ordem constitucional busca reduzir.

Do quanto exposto não se deve extrair uma conclusão no sentido da absoluta irrelevância da equivalência ou da proporcionalidade econômica entre as prestações (ou polos prestacionais)[34] a cargo de cada uma das partes. Ao revés, a intervenção judicial pautada na implementação de uma certa relação de proporcionalidade afigura-se um relevante mecanismo de concretização de valores constitucionais como a isonomia substancial, a solidariedade social e a justiça social. A atuação desse mecanismo *corretivo* será legítima, então, quando algum fator concreto vinculado às pessoas[35] envolvidas assim demandar. Eis, por certo, um *locus* de todo propício para a atuação da chave conceitual da *vulnerabilidade contratual*.

---

30. Adiante-se, desde logo, uma ressalva fundamental: tais inconvenientes de índole prática não ostentam valor propriamente (ou puramente) jurídico – e, de qualquer modo, certamente não superior aos valores constitucionais –, razão pela qual podem e devem ser superadas quando o ordenamento jurídico assim reclamar.
31. Assim esclarece, ao tratar do contrato de compra e venda (em lição passível de ampliação para além dessa espécie contratual), PEREIRA, Caio Mário da Silva. *Instituições de direito civil*. 16. ed. Atual. Regis Fichtner. Rio de Janeiro: Forense, 2012, v. III: Contratos, p. 154.
32. Como ponderam TEPEDINO, Gustavo; CAVALCANTI, Laís. Notas sobre as alterações promovidas pela Lei 13.874/2019 nos artigos 50, 113 e 421 do Código Civil. In: SALOMÃO, Luis Felipe; CUEVA, Ricardo Villas Bôas; FRAZÃO, Ana (Coord.). *Lei de Liberdade Econômica e seus impactos no direito brasileiro*. São Paulo: Thomson Reuters Brasil, 2020, p. 506.
33. Para o desenvolvimento da crítica à proposição de redistribuição de riquezas pela via do direito contratual, remete-se a PERLINGIERI, Pietro. *Perfis do direito civil*: introdução ao direito civil constitucional. 3. ed. Rio de Janeiro: Renovar, 2007, p. 48-49.
34. Para o desenvolvimento da análise acerca da relevância da noção de *polos prestacionais* no âmbito da dogmática contratual, seja consentido remeter a SILVA, Rodrigo da Guia. Novas perspectivas da exceção de contrato não cumprido: repercussões da boa-fé objetiva sobre o sinalagma contratual. *Revista de Direito Privado*, v. 78, p. 43-83, jun./2017, item 4.
35. A menção às *pessoas* (e não aos *sujeitos de direito*), longe de casual, pretende evidenciar a adoção da premissa metodológica atinente ao *giro conceitual do sujeito à pessoa*, com o que se pretende destacar a necessidade de consideração e de proteção da pessoa humana em suas concretas relações, rejeitando-se o excessivo formalismo que inspirou a consideração do *sujeito de direito* no modelo clássico. Imperiosa, a propósito, a remissão a RODOTÀ, Stefano. *Dal soggetto alla persona*. [s.l.]: Editoriale Scientifica, 2007, *passim*. V., ainda, na doutrina brasileira, BARBOZA, Heloisa Helena; ALMEIDA, Vitor. A tutela das vulnerabilidades na legalidade constitu-

4. PERSPECTIVAS PARA A COMPREENSÃO DO PAPEL DA VULNERABILIDADE NA TEORIA CONTRATUAL CONTEMPORÂNEA

Sob esse prisma, pode-se vislumbrar nos dispositivos normativos tradicionalmente associados à tutela do dito equilíbrio contratual originário um esforço de concretização do ideal de intervenção *corretiva* em razão da necessidade de tutela da pessoa que declarou vontade em alguma situação de inferioridade.[36] Assim se verifica na disciplina que o Código Civil dispensa tanto à lesão quanto ao estado de perigo: no âmbito da lesão, o legislador alude a "uma pessoa, sob premente necessidade, ou por inexperiência" (art. 157); no âmbito do estado de perigo, o legislador alude a "alguém, premido da necessidade de salvar-se, ou a pessoa de sua família" (art. 156). Tem-se, assim, circunstâncias pessoais (ou subjetivas, por assim dizer) que autorizam a intervenção judicial quando conjugadas a circunstâncias objetivas atinentes às prestações – "prestação manifestamente desproporcional ao valor da prestação oposta" e "obrigação excessivamente onerosa", no âmbito da lesão e do estado de perigo, respectivamente.

Também no âmbito do Código de Defesa do Consumidor (CDC) se vislumbra a concretização desse raciocínio. Como se sabe, a disposição mais comumente associada a uma noção de equilíbrio contratual é aquela contida no art. 6º, V, que, entre os direitos básicos do consumidor, assegura "a modificação das cláusulas contratuais que estabeleçam prestações desproporcionais ou sua revisão em razão de fatos supervenientes que as tornem excessivamente onerosas". Focando-se a atenção no plano originário da relação contratual, pode-se perceber que o diploma legal estabelece o direito à revisão a partir da conjugação de duas circunstâncias – uma objetiva (desproporcionalidade entre prestações, como indicado pelo inciso V do art. 6º)[37] e outra subjetiva (a presença de um consumidor, como indicado pelo próprio *caput* do art. 6º).

Como se nota, a consideração de uma parte *vulnerável* é justamente o fio condutor das previsões legais em comento.[38] Com efeito, o arcabouço protetivo do CDC se orienta precipuamente pelo escopo de tutela de uma parte vulnerável no âmbito de

---

cional, cit., p. 38; e TEPEDINO, Gustavo. O papel atual da doutrina do direito civil entre o sujeito e a pessoa. In: TEPEDINO, Gustavo; TEIXEIRA, Ana Carolina Brochado; ALMEIDA, Vitor (Coord.). *O direito civil entre o sujeito e a pessoa*: estudos em homenagem ao Professor Stefano Rodotà. Belo Horizonte: Fórum, 2016, passim.

36. Assim conclui Teresa Negreiros ao analisar a disciplina da lesão: "Especificamente, interessa-nos olhar mais de perto o princípio que inspira a lesão, qual seja, o princípio do equilíbrio econômico e, em particular, seu mais imediato corolário: a proteção ao contratante débil" (NEGREIROS, Teresa. *Teoria do contrato*, cit., p. 190). Em sentido semelhante, a correlacionar a disciplina da lesão à proteção do agente em situação de inferioridade negocial, v. KONDER, Carlos Nelson. Vulnerabilidade patrimonial e vulnerabilidade existencial: por um sistema diferenciador. *Revista de Direito do Consumidor*, v. 99, p. 101-123, maio-jun./2015, item 3.
37. Semelhante conclusão pode ser enunciada a partir da análise dos enunciados normativos que buscam delimitar a noção de "desvantagem exagerada" para fins de configuração da cláusula abusiva cuja nulidade é cominada pelo art. 51, IV, do CDC. Por exemplo, o art. 51, § 1º, III, do CDC preceitua que se presume exagerada a vantagem que "se mostra excessivamente onerosa para o consumidor, considerando-se a natureza e conteúdo do contrato, o interesse das partes e outras circunstâncias peculiares ao caso".
38. Em semelhante linha de sentido, v. SALLES, Raquel Bellini de Oliveira. O desequilíbrio da relação obrigacional e a revisão dos contratos no Código de Defesa do Consumidor: para um cotejo com o Código Civil. In: TEPEDINO, Gustavo (Coord.). *Obrigações*: estudos na perspectiva civil-constitucional. Rio de Janeiro: Renovar, 2005, p. 314.

relação travada com um fornecedor no mercado de consumo.[39] Tal vulnerabilidade, que pode ser ou bem presumida (como sói acontecer com a pessoa humana na qualidade de consumidora)[40] ou bem demonstrada em concreto (como se costuma exigir, à luz da doutrina do finalismo mitigado, para a qualificação de uma pessoa jurídica como consumidora a ser protegida pelo CDC),[41] aparece como uma constante na disciplina protetiva do diploma consumerista.[42]

O recurso à noção de vulnerabilidade se situa no âmbito do esforço geral (não restrito ao âmbito consumerista, portanto) de "(...) tentar adequar a dogmática tradicional do direito privado à ordem constitucional que privilegia a pessoa humana, no sentido da despatrimonialização do direito civil, rumo a uma sociedade mais livre, justa e solidária".[43] Em que pese a ausência de definição estrita, parece possível destacar um relevante aspecto subjacente às formulações teóricas sobre a vulnerabilidade, qual seja: o reconhecimento de que a concretização da tábua axiológica constitucional depende necessariamente da efetiva proteção da pessoa em suas concretas relações e em atenção às suas concretas necessidades de tutela face aos mais variados riscos a que se expõe.[44]

O intérprete-aplicador do direito atento às vulnerabilidades das partes posta-se, portanto, um passo mais próximo de se desincumbir da sua responsabilidade de promover a vasta e complexa gama de valores tutelados pelo ordenamento jurídico – verdadeiro e inarredável norte para a proteção da pessoa humana, com relevância central "não só nas relações econômicas, como as de consumo, mas em todas as suas relações, especialmente as de natureza existencial".[45] Desse modo, a consideração das referidas vulnerabilidades traduz relevante mecanismo de concretização de valores como a dignidade humana, a

---

39. Não por acaso, a doutrina especializada afirma contundentemente: "A existência do direito do consumidor justifica-se pelo reconhecimento da vulnerabilidade do consumidor. É esta vulnerabilidade que determina ao direito que se ocupe da proteção do consumidor" (MIRAGEM, Bruno. *Curso de direito do consumidor*. 6. ed. São Paulo: Editora Revista dos Tribunais, 2016, p. 128).
40. Imperioso rememorar, a esse respeito, a menção do art. 4º, I, do CDC à vulnerabilidade do consumidor no bojo da enunciação dos princípios da Política Nacional das Relações de Consumo.
41. V., por todos, MARQUES, Claudia Lima; BENJAMIN, Antonio Herman; MIRAGEM, Bruno. *Comentários ao Código de Defesa do Consumidor*. São Paulo: Eed. RT, 2013, p. 116.
42. V., por todos, MARQUES, Claudia Lima. Superação das antinomias pelo diálogo das fontes: o modelo brasileiro de coexistência entre o Código de Defesa do Consumidor e o Código Civil de 2002. *Revista de Direito do Consumidor*, v. 51, jul.-set./2004, item 3.1.
43. KONDER, Carlos Nelson. Vulnerabilidade patrimonial e vulnerabilidade existencial, cit., item 1.
44. "No 'mundo social', impera a diferença entre aqueles que são ontologicamente iguais. Todos os humanos são, por natureza, vulneráveis, visto que todos os seres humanos são passíveis de serem feridos, atingidos em seu complexo psicofísico. Mas nem todos serão atingidos do mesmo modo, ainda que se encontrem em situações idênticas, em razão de circunstâncias pessoais, que agravam o estado de suscetibilidade que lhes é inerente. Embora em princípio iguais, os humanos se revelam diferentes no que respeita à vulnerabilidade. É preciso, portanto, indagar quais os significados da vulnerabilidade, e quais as circunstâncias que podem agravá-la" (BARBOZA, Heloisa Helena. Vulnerabilidade e cuidado: aspectos jurídicos. In: PEREIRA, Tânia da Silva; OLIVEIRA, Guilherme de (Coord.). *Cuidado e vulnerabilidade*. São Paulo: Atlas, 2009, p. 107). A autora prossegue: "Na verdade, o conceito de vulnerabilidade (...) refere-se a qualquer ser vivo, sem distinção, que pode, eventualmente, ser 'vulnerado' em situações contingenciais. Trata-se, portanto, de característica ontológica de todos os seres vivos. Determinados seres vivos são circunstancialmente afetados, fragilizados, desamparados ou vulnerados" (Ibidem, p. 110).
45. BARBOZA, Heloisa Helena. Vulnerabilidade e cuidado, cit., p. 111.

igualdade substancial,[46] a solidariedade social e a justiça social.[47] A própria configuração do Estado do Bem-Estar Social, em oposição ao Estado liberal clássico, demanda essa intervenção protetiva,[48] pautada em uma lógica que a doutrina já referiu por *desigualdade positiva*, com o que se pretende aludir à intervenção do Estado no sentido de conferir tratamento diferenciado às pessoas situadas em posição de desigualdade fática,[49] com particular destaque para os variados grupos *minoritários*.[50]

No específico âmbito dos contratos, parece possível entender a vulnerabilidade como a situação de determinada pessoa que se encontra em posição de inferioridade negocial e que, portanto, demanda tutela especial.[51] Essa inferioridade pode estar relacionada a um sem número de fatores sociais e/ou econômicos, tais como a assimetria informacional,[52] a ausência ou excessiva restrição de poder de barganha (como presumivelmente ocorre em contratos de adesão),[53] a subordinação face ao poder econômico (como ocorre, por exemplo, nas hipóteses de monopólios e oligopólios),[54] a dependência

---

46. A elucidar a correlação entre tutela das vulnerabilidades e isonomia substancial, v. KONDER, Carlos Nelson. Vulnerabilidade patrimonial e vulnerabilidade existencial, cit., item 2; e BARBOZA, Heloisa Helena. Vulnerabilidade e cuidado, cit., p. 108.
47. A propósito, v. LÔBO, Paulo. Contratante vulnerável e autonomia privada. In: NEVES, Thiago Ferreira Cardoso (Coord.). *Direito & justiça social*: por uma sociedade mais justa, livre e solidária – estudos em homenagem ao Professor Sylvio Capanema de Souza. São Paulo: Atlas, 2013, p. 159.
48. "O flagrante desequilíbrio das relações jurídicas instou o legislador e os tribunais a criarem os meios de proteger a 'parte mais fraca' que, não obstante declaradamente livre, por conseguinte autônoma, com plena capacidade jurídica e titular de 'iguais direitos', se encontrava subordinada de modo irresistível a outra, por razões socioeconômicas. Em todos os ramos do direito, e por diferentes meios, buscou-se minorar a desigualdade" (BARBOZA, Heloisa Helena. Reflexões sobre a autonomia negocial, cit., p. 418). A correlacionar o ideal de proteção da parte mais fraca da relação com a passagem histórica do Estado Liberal clássico para o Estado do Bem-Estar Social, v., ainda, KONDER, Carlos Nelson. Vulnerabilidade patrimonial e vulnerabilidade existencial, cit., item 3.
49. A propósito, v. FACHIN, Luiz Edson; GONÇALVES, Marcos Alberto Rocha. Normas trabalhistas na legalidade constitucional: princípios da dignidade da pessoa humana, da solidariedade e da isonomia substancial. In: TEPEDINO, Gustavo et al (Coord.). *Diálogos entre o direito do trabalho e o direito civil*. São Paulo: Ed. RT, 2013, p. 33.
50. Cumpre ter em mente a imprescindível análise qualitativa das noções de *minoria* e *grupos minoritários*, como adverte Heloisa Helena Barboza: "Indispensável ressaltar que deve ser dada conotação qualitativa ao termo 'minoritários'. (...) O termo *minoria* deve ser reservado aos grupos sociais que, independentemente de sua expressão numérica, encontram-se qualitativamente em situação de desigualdade, por razões sociais, econômicas ou técnicas, grupos sujeitos à dominação de outros grupos prevalentes" (BARBOZA, Heloisa Helena. Reflexões sobre a autonomia negocial, cit., p. 419. Grifos no original).
51. Nesse sentido, em passagem que, embora situada no âmbito da investigação da vulnerabilidade do consumidor, parece passível de extensão à generalidade das relações contratuais, v. CALIXTO, Marcelo Junqueira. O princípio da vulnerabilidade do consumidor. In: MORAES, Maria Celina Bodin de (Coord.). *Princípios do direito civil contemporâneo*. Rio de Janeiro: Renovar, 2006, p. 317.
52. No que tange à associação entre *vulnerabilidade* e *assimetria de informações*, v., entre outros, SOARES, Renata Domingues Balbino Munhoz. Livre-arbítrio e responsabilidade civil: da vulnerabilidade do consumidor às estratégias da indústria tabagista. In: ROSENVALD, Nelson; DRESCH, Rafael de Freitas Valle; WESENDONCK, Tula (Coord.). *Responsabilidade civil*: novos riscos. Indaiatuba: Foco, 2019, p. 244 e ss.
53. No que tange à possível correlação entre *vulnerabilidade* e *ausência de poder de barganha*, v., por todos, KONDER, Carlos Nelson; SANTOS, Deborah Pereira Pinto dos. O equilíbrio contratual nas locações em *shopping center*, cit., p. 179; e LÔBO, Paulo. Contratante vulnerável e autonomia privada, cit., p. 160. Para uma análise da situação especificamente no âmbito dos contratos de adesão, v., por todos, COLIN, Ambroise; CAPITANT, Henri. *Cours élémentaire de droit civil français*. Tome Deuxième. 4. éd. Paris: Dalloz, 1924, p. 257 e ss.
54. A identificar o *poder econômico* como uma das imperfeições do liberalismo clássico constatadas na passagem do século XIX para o século XX, v. GRAU, Eros Roberto. *A ordem econômica na Constituição de 1988*. 15. ed. São Paulo: Malheiros, 2012, p. 21.

econômica[55] (pense-se na situação da maioria dos trabalhadores face aos seus empregadores[56] ou mesmo na situação do locatário de imóvel residencial face ao locador)[57] ou, ainda, a hipossuficiência econômica.[58]

Exportando-se a noção de vulnerabilidade para a compreensão geral do direito dos contratos, pode-se identificar precisamente a *vulnerabilidade contratual* como a noção mais adequada a desempenhar o papel de fundamentar (e de conter) a intervenção corretiva nas relações privadas, evitando-se o que já se referiu por "banalização do dirigismo contratual".[59] Legitima-se (e impõe-se), assim, a intervenção estatal para a proteção dos contratantes porventura reputados, à luz das circunstâncias do caso concreto, *vulneráveis*[60] (ou, por maior ordem de razão, já *vulnerados*),[61] ao mesmo tempo em que impõe-se deferência aos programas contratuais entabulados de modo válido e sem a presença de qualquer fator legitimador de uma intervenção corretiva.

Analisando-se a questão sob outra perspectiva, pode-se afirmar que a vulnerabilidade contratual é um relevante índice para a definição do concreto espaço a ser atribuído à própria liberdade contratual. A vulnerabilidade não há de ser, por certo, o único índice,[62] porém deve desempenhar relevante papel na conformação da liberdade conferida pelo ordenamento aos particulares em matéria contratual. Em consequência

---

55. Para uma análise da tendência de regulação destinada a coibir o *abuso da dependência econômica*, v. KONDER, Carlos Nelson; SANTOS, Deborah Pereira Pinto dos. O equilíbrio contratual nas locações em *shopping center*, cit., p. 183.
56. No que tange à proeminência do direito do trabalho como modelo de proteção a uma parte mais fraca na relação, em concretização do imperativo constitucional de isonomia substancial, v. RUZYK, Carlos Eduardo Pianovski. Relações privadas, dirigismo contratual e relações trabalhistas: uma proposta de reflexão sobre o papel da(s) liberdade(s) nas interseções entre contrato e direito do trabalho. In: TEPEDINO, Gustavo; MELLO FILHO, Luiz Philippe Vieira de; FRAZÃO, Ana; DELGADO, Gabriela Neves (Coord.). *Diálogos entre o direito do trabalho e o direito civil*. São Paulo: Ed. RT, 2013, p. 100-101.
57. A propósito, v., por todos, BESSONE, Darcy. *Do contrato*: teoria geral. Rio de Janeiro: Forense, 1987, p. 42.
58. A diferenciar as noções de *vulnerabilidade* e de *hipossuficiência* (sobretudo, a econômica), veja-se a lição de Paulo Lôbo: "A vulnerabilidade, sob o ponto de vista jurídico, é o reconhecimento pelo direito de que determinadas posições contratuais, nas quais se inserem as pessoas, são merecedoras de proteção. Não se confunde com a hipossuficiência, que é conceito eminentemente econômico ou conceito jurídico fundado na insuficiência das condições econômicas pessoais. De maneira geral, os juridicamente vulneráveis são hipossuficientes, mas nem sempre essa relação existe. A vulnerabilidade jurídica pode radicar na desigualdade do domínio das informações, para que o interessado em algum bem ou serviço possa exercer sua escolha, como ocorre com o consumidor; pode estar fundada na impossibilidade de exercer escolhas negociais, como ocorre com o aderente em contrato de adesão a condições gerais" (LÔBO, Paulo. Contratante vulnerável e autonomia privada, cit., p. 162).
59. A advertência remonta à lição de TEPEDINO, Gustavo. Autonomia privada e cláusulas limitativas de responsabilidade. Editorial. *Revista Brasileira de Direito Civil*. Belo Horizonte, v. 23, p. 11-13, jan.-mar./2020.
60. "A intervenção do Estado nas relações econômicas privadas, que caracteriza profundamente o Estado social, tem sob foco principal o contrato como instrumento jurídico por excelência da circulação dos valores e titularidades econômicos, e precisamente da proteção dos figurantes mais fracos ou vulneráveis" (LÔBO, Paulo. Contratante vulnerável e autonomia privada, cit., p. 159-160).
61. "A vulnerabilidade exige análise mais aprofundada, para que se possa proteger do melhor modo possível todas as pessoas e necessariamente, de modo especial, aqueles que têm potencializada a vulnerabilidade, ou que já se encontram vulnerados" (BARBOZA, Heloisa Helena. Vulnerabilidade e cuidado, cit., p. 109).
62. A título meramente ilustrativo de outros possíveis índices relevantes, pense-se no paradigma da essencialidade – a pugnar pela diferenciação dos contratos conforme a natureza essencial, útil ou supérflua do bem contratado (como sustenta NEGREIROS, Teresa. *Teoria do contrato*, cit., p. 203-204) – e no princípio da função social do contrato – a sinalizar para a necessidade de consideração de interesses socialmente relevantes (v., por todos, KONDER, Carlos Nelson. Para além da "principialização" da função social do contrato. *Revista Brasileira de Direito Civil*. Belo Horizonte: Fórum, p. 39-59, jul.-set./2017, p. 55 e ss.).

desse raciocínio, parece possível afirmar que o alcance da liberdade contratual tende a ser inversamente proporcional à extensão (ou à gravidade) da vulnerabilidade do figurante. Desse modo, quanto mais acentuada a vulnerabilidade de uma das partes na concreta relação, menor será o grau de autonomia deferido às partes e maior será a necessidade de intervenção corretiva.

Tal compreensão da vulnerabilidade contratual vai ao encontro do propósito identificado pela já referida expressão *materialização da liberdade contratual*, pois somente a correção das desigualdades fáticas comprometedoras da simetria negocial pode propiciar o exercício de uma autêntica liberdade no direito dos contratos. O recurso à chave conceitual da vulnerabilidade afasta, assim, os riscos que poderiam advir da hegemonia do arbítrio de um contratante em detrimento da sua contraparte.[63] Trata-se, em suma, de se reconhecer que, a despeito da isonomia formal legalmente proclamada, pode haver uma disparidade fático-econômica idônea a comprometer o efetivo exercício da liberdade contratual e propiciar a transformação dessa liberdade em "tirania".[64]

Afigura-se igualmente possível, por certo, que não haja vulnerabilidade nem outros fatores a legitimar uma intervenção pretensamente corretiva, hipóteses em que será de se esperar deferência ao programa contratual entabulado pelas partes em legítimo exercício de autonomia privada.[65] Assim, se, após a implementação de todo o complexo juízo valorativo que há de incidir sobre o contrato, vier a se concluir pela legitimidade do concreto exercício da liberdade contratual, redobrada cautela haver-se-á de dedicar ao estudo de uma justiça contratual pautada em critérios externos à vontade das partes.[66]

Qualquer que venha a ser a conclusão do raciocínio, faz-se imperioso reconhecer a imprescindibilidade da análise material da situação dos figurantes no âmbito de cada relação contratual concretamente considerada.[67] Apenas tal ordem de análise propicia a adequada

---

63. Tal receio é destacado, entre outros, por SCHREIBER, Anderson. *Equilíbrio contratual e dever de renegociar*, cit., p. 65.
64. Como adverte BESSONE, Darcy. *Do contrato*, cit., p. 42.
65. Em semelhante linha de sentido, a esclarecer que diante da efetiva e concreta simetria negocial não se justifica uma intervenção corretiva, v. LÔBO, Paulo. Contratante vulnerável e autonomia privada, cit., p. 162.
66. Em semelhante linha de sentido, veja-se a lição CANARIS, Claus-Wilhelm. Wandlungen des Schuldvertragsrechts, cit., p. 286-287.
67. Também a identificação de grupos merecedores de especial proteção auxilia na consecução do imperativo de tutela das vulnerabilidades da pessoa humana: "É indispensável verificar as peculiaridades das diferentes situações de cada grupo, como vem sendo feito com as crianças e adolescentes, com os consumidores, e com o idoso (...)" (BARBOZA, Heloisa Helena. Vulnerabilidade e cuidado, cit., p. 112). Ainda a ilustrar a identificação de grupos minoritários cujas vulnerabilidades demandam especial tutela, cumpre fazer menção à "especial vulnerabilidade das pessoas com deficiência": "Na trajetória das desigualdades no mundo social, observa-se que as múltiplas assimetrias contemplam um fenômeno muito mais complexo do que apenas sua dimensão monetária. A compreensão das desigualdades – termo aqui entendido no plural – requer um exame de suas múltiplas dimensões (...). Emerge, desse modo, a especial vulnerabilidade das pessoas com deficiência, que vivenciam situações de descaso, discriminação e exclusão de toda sorte ao longo da história, como já visto. Sem embargo, as pessoas com deficiência formam um dos grupos social e economicamente mais excluídos e vulneráveis, o que se conclui a partir de sua sobrerrepresentação entre as camadas mais pobres da população. Aponta-se que a relação entre deficiência e pobreza é biunívoca (...)" (BARBOZA, Heloisa Helena; ALMEIDA JUNIOR, Vitor de Azevedo. Reconhecimento e inclusão das pessoas com deficiência. *Revista Brasileira de Direito Civil*, v. 13, p. 17-37, jul./set. 2017).

investigação acerca de eventual vulnerabilidade contratual de alguma das partes. Da simplicidade do quanto exposto parece possível extrair uma recomendação geral: do intérprete-aplicador do direito na seara contratual espera-se, à luz da ordem constitucional brasileira, que não descuide nem da *coragem* nem da *prudência* no tratamento das relações contratuais.

Por um lado, a virtude da *coragem* há de se destacar quando uma vulnerabilidade na concreta relação jurídica constituir obstáculo fático à promoção dos valores tutelados pelo ordenamento, a demandar atuação corretiva pelo intérprete. Por outro lado, a virtude da *prudência* há de se destacar quando não houver vulnerabilidade (ou qualquer outro fator legitimador) a demandar uma intervenção no regulamento contratual, ainda que se esteja diante de contrato posteriormente considerado desvantajoso, do ponto de vista econômico, para uma das partes. O eventual (e esperado) êxito em toda essa empreitada haverá de possibilitar que a civilística se aproxime do propósito de a, a um só tempo, promover a *socialização do contrato* sem deixar espaço para uma *anarquia contratual*.[68]

5. À GUISA DE CONCLUSÃO

As precedentes considerações buscaram elucidar alguns aspectos relevantes para a investigação do escopo a ser desempenhado pela teoria contratual contemporânea. Para tanto, passou-se em revista o tratamento conferido pela civilística às noções de *proporcionalidade econômico-financeira* e de *vulnerabilidade*, a fim de se analisar o adequado sentido desses conceitos e, em geral, o direcionamento do próprio direito contratual à luz da ordem jurídica brasileira. O raciocínio desenvolvido conduziu, entre outros pontos, à constatação de um risco de déficit de legitimidade constitucional por parte de eventual atuação interventiva que, a pretexto de reprimir desproporções entre as prestações, finde por traduzir comprometimento da liberdade contratual sem uma justificativa valorativa suficiente.

Afinal, como se buscou demonstrar, a intervenção corretiva pelo julgador na seara contratual há de encontrar sua fundamentação em cânones valorativos seguros e idôneos a justificar tal ordem de intervenção. Justamente a esse propósito se destaca, como um dos mais importantes fundamentos valorativos a justificar (e, ao mesmo tempo, conter) a intervenção corretiva nos contratos, o imperativo de tutela das vulnerabilidades contratuais. Nesse contexto, espera-se, ao final das presentes reflexões, que o percurso teórico trilhado possa auxiliar a civilística em sua premente missão, oportunamente sintetizada pela Professora Heloisa Helena Barboza, de construção de "um direito voltado para as pessoas que integram a sociedade, para seu destino coletivo, seres reais existentes no mundo dos fatos, e não mais sujeitos ideais, titulares abstratos de direitos equitativamente atribuídos e assegurados, com base numa igualdade formal".[69]

---

68. A advertência remonta à clássica lição de Louis Josserand, que formulou crítica enfática aos exageros do dirigismo contratual: "É tempo para que o direito, situado entre o polo moral e aquele econômico, impulsionado ora em direção a um, ora em direção ao outro, chegue a um ponto de estabilização. Não se estará longe disso se for novamente posto em honra o dogma da palavra dada. É nessa direção que convém orientar o dirigismo contratual: socialização do contrato, sim; anarquia contratual, não" (JOSSERAND, Louis. Considerazioni sul contratto "regolato", cit., p. 21. Tradução livre do original).
69. BARBOZA, Heloisa Helena. Vulnerabilidade e cuidado, cit., p. 106.

OS PRAZOS DE INSURGÊNCIA E A PROPRIEDADE INTELECTUAL

Pedro Marcos Nunes Barbosa

Sumário: 1. Introdução – 2. Prazos, pretensão e invalidação; 2.1 Dos prazos decadenciais; 2.2 Da marca notoriamente conhecida registrada de má-fé; 2.3 Atos-fatos e a irrelevância do plano da validade; 2.4 O plano da existência; 2.5 O plano da eficácia: primeiras notas; 2.6 Conclusões provisórias – 3. O plano da eficácia: continuação; 3.1 A pragmática dos pedidos condenatórios; 3.2 Pretensão e seu início; 3.3 As obrigações negativas; 3.4 A inércia gera consequências; 3.5 O início do prazo de insurgência – 4. Conclusão.

1. INTRODUÇÃO

Heloísa me conheceu no ano de 2008. Um amigo em comum (que era orientando de doutorado dela) havia marcado um almoço em um tradicional restaurante nipônico da Rua Dias Ferreira, e eu era um dos convidados. Após cinco minutos de refeição me vi encantado pela autora que conheci muitos anos antes, pelos seus textos que estudei à época da graduação, mas com a qual nunca havia realizado interlocução. Pouco mais de um ano após tal *rendez-vous*, fui selecionado no processo seletivo do mestrado em direito civil da UERJ e me matriculei a cursar a disciplina de biotecnociência.

Os recortes teóricos da renomada docente eram completamente novos para mim, fazendo com que cada aula gerasse um sentimento de desbravamento para o novato. Aliás, afora a interface entre direito e saúde que, em virtude de minha advocacia na seara da propriedade intelectual, já eram de minha curiosidade, quase toda fonte bibliográfica indicada gerava uma erosão em minhas premissas implícitas. Fato é que a análise da seara existencial – sob o escrutínio de Heloísa – me fez perceber a crescente relevância da interdisciplinaridade,[1] e como seu enfoque me permitiu melhor compreensão dos recortes patrimoniais que a vida de causídico já havia me introduzido.

Ao final do magnífico curso oferecido no *stricto sensu*, algumas das ideias de Giorgio Agamben, Zygmunt Bauman e Fermin Roland Schramm haviam ingressado em minha mente por osmose e convencimento. Encantado por Heloísa, a convidei para ser minha orientadora e fiquei feliz quando ela aceitou. Já nos diálogos de orientação descobri que Heloísa teve forte vínculo acadêmico com a lenda uerjiana: Simão Isaac Benjó. Por coincidências da vida, foi na casa de Benjó que os pais deste escriba se conheceram, quando ambos eram estudantes da Faculdade de Direito do Catete (da Universidade do Estado

---

1. PEREIRA, Caio Mário da Silva. *Instituições de Direito Civil*. Rio de Janeiro: Editora Forense, 2010, v. III, Contratos, p. XVII.

da Guanabara). Benjó, por sinal, fora agradecido em diversas obras dos progenitores deste autor, exatamente como marco teórico influente e transformador.

Voltando aos diálogos de orientação, expus à Heloísa que minhas duas grandes curiosidades para efeitos de pesquisa eram conectadas à interface do Direito Civil com a Propriedade Intelectual: (a) buscaria cotejar a aplicação dos princípios civilistas na hermenêutica dos negócios jurídicos dos bens intelectuais; ou (b) tentaria propor a aplicação da forma originária de aquisição de propriedade (usucapião) ao campo do corpo místico, independente do corpo mecânico. Heloísa ponderou que apesar de ambos os temas serem interessantes, o ponto (b) era mais dirigido a eventual tese de doutorado do que a uma dissertação. Como navegadora mais sábia do que o jovem marujo, a orientadora indicou a trajetória mais segura e compatível com a parca experiência do destinatário; mas como aprendiz teimoso, apaixonado e quiçá imprudente, optei pelo plano de navegação mais desafiador.

Como o foco principal de minha *empreitada* só havia sido estudado, de forma monotemática, por dois autores latinos (Denis Borges Barbosa[2] e Francesco Carnelluti[3]), o tema beirava o exótico (inclusive por haver forte doutrina estrangeira em contrário[4]) e Heloísa foi de uma paciência digna de Penélope. Onze anos após a defesa da dissertação que endossava a visão prestigiadora da plena possibilidade da usucapião aos direitos intelectuais patrimoniais, bem como sucedidas três edições[5] esgotadas do livro produzido com o insumo de tal trabalho, posso afirmar que ser guiado por Heloísa mudou a minha vida. O convívio com outros orientandos da homenageada confirmam ser este um padrão reiterado de quem gozou de tal sorte: estar ao redor de Heloísa gera prosperidade e compartilhamento de rico conhecimento. O solo da produção acadêmica e dos debates democráticos é muito fértil próximo a primeira diretora da faculdade de direito da UERJ.

No texto corrente, retomo a relevância do estudo e do debate às formas originárias de aquisição de propriedade intelectual, porém, desta vez, enfatizando o que ocorre em hiato temporal pretérito a transmutação da posse do não proprietário. Quanto tempo é necessário para que o *uso* do possuidor se torne lícito, qual tipo de pedido é possível formular, qual a natureza jurídica dos pedidos mais comuns formulados em juízo quando o bem litigioso é um direito de exclusividade sobre iter imaterial? Tais são os temas escrutinados neste artigo.

---

2. *A usucapião de patentes*. Rio de Janeiro: Lumen Juris, 2006.
3. *La usucapeon da la propriedade industrial*. Cidade do México: Porrua, 1945.
4. ASCENSÃO, José de Oliveira. *Direito civil*: teoria geral. 3. ed. São Paulo: Saraiva, 2010, v. 1, p. 286 e ASCARELLI, Tullio. *Teoria della concorrenza e dei Beni immateriali*. 3. ed. Milão: Editore Dott A. Giuffré, 1960, p. 596. Isto não significa dizer que inexista doutrina alienígena favorável a proposta que expus na dissertação: LANDES, William M & POSNER, Richard Allen. *The Economic Structure of Intellectual Property Law*. EUA: Harvard University Press, 2003, p. 33.
5. BARBOSA, Pedro Marcos Nunes. *Direito civil da propriedade intelectual*: o caso da usucapião de patentes. 3. ed. Rio de Janeiro: Lumen Juris, 2016.

2. PRAZOS, PRETENSÃO E INVALIDAÇÃO

Os direitos de propriedade intelectual suscetíveis de processo administrativo para a sua constituição dialogam com prazos próprios, destinados ao interessado em constituir a exclusividade. Como dignos de direito formativo,[6] o titular de um pedido de patente (art. 32 da LPI[7]), desenho industrial (art. 106, § 3º da LPI[8]), marca (159, § 1º da LPI[9]) é submetido a prazos decadenciais para cumprir exigências ou mesmo conformar vicissitudes em seu pleito.

2.1 Dos prazos decadenciais

Mesmo observados os prazos legais para o cumprimento dos ônus pertinentes, o INPI exerce serviço público vinculado à legalidade constitucional[10] e, neste ambiente, deverá indeferir os pedidos se os elementos, requisitos e fatores legais não se fizerem presentes. Quando isto ocorre, além dos recursos administrativos, é possível que o depositante se socorra do Poder Judiciário visando invalidar o ato administrativo da autarquia federal. Situação símile é destinada aos terceiros que discordam de decisões do INPI que resultaram na concessão ou no registro pleiteado, e tal engendrou a constituição de um direito de exclusividade. Em todos os casos antes narrados, o pedido de constituição, modificação ou extinção[11] de um direito importa em pleitos que esbarram no segundo degrau da escada *ponteana*: a validade. Pedidos que comportam a análise de cotejo quanto aos vícios, logo, se suscetíveis a prazo de insurgência, são de natureza decadencial[12] e podem caducar.[13]

2.2 Da marca notoriamente conhecida registrada de má-fé

Caso curioso é o da previsão de uma ausência de prazo de insurgência para o "cancelamento" do registro de marca notoriamente conhecida cuja constituição da exclusividade fora feita de má-fé. Em que pese a previsão em Tratado Contrato do qual o Brasil foi membro fundador no ocaso do século XIX,[14] jamais se editou lei para inter-

---

6. PERLINGIERI, Pietro. *O Direito Civil Na Legalidade Constitucional*. Rio de Janeiro: Renovar, 2008, p. 685.
7. Lei 9.279/96: Art. 32. Para melhor esclarecer ou definir o pedido de patente, o depositante poderá efetuar alterações até o requerimento do exame, desde que estas se limitem à matéria inicialmente revelada no pedido.
8. Lei 9.279/96: "Art. 106. Depositado o pedido de registro de desenho industrial e observado o disposto nos arts. 100, 101 e 104, será automaticamente publicado e simultaneamente concedido o registro, expedindo-se o respectivo certificado. (...) § 3º Não atendido o disposto nos arts. 101 e 104, será formulada exigência, que deverá ser respondida em 60 (sessenta) dias, sob pena de arquivamento definitivo.
9. Lei 9.279/96: Art. 159. Decorrido o prazo de oposição ou, se interposta esta, findo o prazo de manifestação, será feito o exame, durante o qual poderão ser formuladas exigências, que deverão ser respondidas no prazo de 60 (sessenta) dias. § 1º Não respondida a exigência, o pedido será definitivamente arquivado.
10. BARBOSA, Pedro Marcos Nunes & BARBOSA, Denis Borges. *O Código da Propriedade Industrial conforme os tribunais*. Rio de Janeiro: Lumen Juris, 2018, p. 278.
11. CAHALI, Yussef Said. *Prescrição e decadência*. São Paulo: Ed. RT, 2008, p. 26.
12. AMORIM FILHO, Agnelo. Critério científico para a distinguir a prescrição da decadência e para identificar as ações imprescritíveis. *Revista dos Tribunais*, ano 94, v. 836, São Paulo, jun. 2005, p. 737.
13. SIMÃO, José Fernando. *Prescrição e decadência*: início dos prazos. São Paulo: Atlas, 2013, p. 172.
14. Convenção União de Paris de 1883: Art. 6 o bis (3) Não será fixado prazo para requerer o cancelamento ou a proibição de uso de marcas registradas ou utilizadas de má fé.

nalizar o dispositivo, e há bons julgados recusando-lhe a incidência exatamente pela excepcionalidade da inexistência de prazos de insurgência em um contexto patrimonial.[15]

2.3 Atos-fatos e a irrelevância do plano da validade

De outro Norte, há direitos de propriedade intelectual que não são – necessariamente – escrutinados por Autoridade Pública (ex: direitos autorais, art. 18, da LDA[16] ou art. 2º, § 3º, da LS[17]). Ou seja, na prática recaem e se limitam à categoria dos atos-fatos.[18] Algumas destas situações jurídicas subjetivas ativas, por sinal, sequer são protegidas por direitos de exclusividade; sendo passíveis, apenas, de uma proteção residual pela categoria subsidiária[19] de tutela contra atos de concorrência desleal.[20] Nestes casos, eventual judicialização conformando arguições de violação à titularidade de tais direitos poderá resultar na discussão sobre os elementos/pressupostos de sua existência ou sobre os fatores de sua eficácia. Ou seja, não se discutirá, propriamente, requisitos de validade. Os primeiros campos do ambiente dos fatos juridicamente relevantes são os outros dois degraus da escada *ponteana*, e podem ser vistos em um (a) debate sobre (a1) direitos de paternidade (quem é o autor genuíno?) ou sobre (a2) a correta classificação da natureza do próprio direito em disputa; ou (b) em vilipêndios de contrafação (usos ilícitos do direito alheio).

2.4 O plano da existência

Quando se debate (a) o plano da existência, a priori, não há que se falar em prazos de insurgência, pelo mandamento do Código Civil que revela a essencialidade do direito tutelado (art. 11 e 12 do CC[21]). Quem usurpa (a1) a autoria poderá deixar de ser acreditado como alguém de vinculação de pertinência jurídica subjetiva existencial a qualquer momento e para todo o sempre. É relevante apontar que apesar de ser mais comum este tipo de contenda quando uma autoria é negada, a exemplo da omissão de acreditação ou da usurpação de autoria; também é possível este tipo de lide em outra hipótese de incidência.

---

15. TRF-2, 2ª Turma Especializada, Des. Messod Azulay, Agravo de Instrumento 2006.02.010051178, DJ 03.04.2008; e TRF-2, 2ª Turma Especializada, Des. Messod Azulay, AC 2006.51.01.5048410, DJ 20.05.2009. O argumento utilizado pelo Órgão julgador, neste caso, foi que a LPI seria fonte normativa ulterior que teria revogado o dispositivo da CUP. Concorda-se com o resultado hermenêutico/normativo, mas não com a premissa: a natureza dos Tratados-Contratos é a de supralegalidade conforme o entendimento do STF, de modo que o critério hierárquico não permite o endosso a premissa do julgador. Entretanto, com razão o julgado quando não aplica o dispositivo da CUP.
16. Lei 9.610/98: Art. 18. A proteção aos direitos de que trata esta Lei independe de registro.
17. Lei 9.609/98: Art. 2º O regime de proteção à propriedade intelectual de programa de computador é o conferido às obras literárias pela legislação de direitos autorais e conexos vigentes no País, observado o disposto nesta Lei. (...) § 3º A proteção aos direitos de que trata esta Lei independe de registro.
18. MELLO, Marcos Bernardes de. *Teoria do fato jurídico*: plano da existência. 18. ed. São Paulo: Saraiva, 2012, p. 133.
19. ASCENSÃO, José de Oliveira. *Concorrência desleal*. Coimbra: Almedina, 2002, p. 352.
20. Como exemplos: segredos de negócio, insígnias, marcas de fato, conjunto-imagem, expressão de publicidade.
21. Lei 10.406/2002: Art. 11. Com exceção dos casos previstos em lei, os direitos da personalidade são intransmissíveis e irrenunciáveis, não podendo o seu exercício sofrer limitação voluntária. Art. 12. Pode-se exigir que cesse a ameaça, ou a lesão, a direito da personalidade, e reclamar perdas e danos, sem prejuízo de outras sanções previstas em lei.

Por exemplo, imagine-se que um fraudador tenha emulado estilos de um pintor famoso atribuindo-lhe a autoria de um quadro jamais pintado pelo último. Uma demanda questionando a autenticidade da pintura e da pertinência subjetiva ativa existencial, aqui, também é plenamente cabível. Ainda, (a2) se um sujeito de direito tenta fazer com que uma cadeira comum (possivelmente um objeto utilitário ou ornamental) seja tratada como obra de arte (obra estética), ainda que se passem muitos anos, é possível a outrem se insurgir contra a *classificação* do iter criativo.[22] Os pedidos de reconhecimento de quem seja o genuíno autor, ou de constatação/classificação da real natureza do bem intelectual, portanto, são de natureza declaratória (art. 19, I, II, e 20 do CPC[23]). Logo, podem ser formulados em petição inicial ou, até mesmo, incidentalmente em razão de *exceção* ou *defesa*.[24]

2.5 O plano da eficácia: primeiras notas

De outro lado, quando se formulam pedidos (b) típicos ao plano da eficácia, a exemplo de pleitos (b1) reparatórios – obrigações da dar, ou (b2) de cumprimento, abstinência, inibição ou de cessação – obrigações de fazer, os prazos de insurgência são caros – exclusivamente – ao plano da eficácia. Neste quadrante, tais pleitos revelam a possibilidade da prescrição. Ou seja, os direitos existem, são válidos e eficazes de modo a serem *efetivamente* exercidos; e a falta de seu exercício poderá gerar a extinção[25] do próprio direito (art. 78, III e 142, III, e 153 da LPI[26]) ou, ao menos, de sua pretensão.[27]

A boa doutrina de direito econômico,[28] nesta esteira, bem notou que a propriedade intelectual tem uma função social mais densa exatamente pela possibilidade da extinção das exclusividades em virtude do "mero" desuso. No direito privado em geral, com os bens civis e os de consumo, não ocorre a extinção de uma titularidade sem que haja a intervenção de terceiros (a exemplo da usucapião, da desapropriação ou da especificação).

2.6 Conclusões provisórias

Em suma, é possível averiguar três hipóteses de incidência na relação tempo/pedido quanto a necessidade do interessado se insurgir contra ato ou fato de terceiros: (1) os

---

22. PONTES DE MIRANDA, Francisco Cavalcanti. *Tratado de direito privado*. 4. ed. São Paulo: Ed. RT, 1983, t. XVI, p. 166.
23. Lei 13.105/2015: Art. 19. O interesse do autor pode limitar-se à declaração: I – da existência, da inexistência ou do modo de ser de uma relação jurídica; II – da autenticidade ou da falsidade de documento. Art. 20. É admissível a ação meramente declaratória, ainda que tenha ocorrido a violação do direito.
24. FONTES, André Ricardo Cruz. *A pretensão como situação jurídica subjetiva*. Belo Horizonte: Del Rey, 2002, p. 50.
25. Sobre a decadência como extintiva do direito em si vide MELLO, Marcos Bernardes de. Teoria do fato jurídico: plano da existência. 18. ed. São Paulo: Saraiva, 2012, p. 131.
26. Lei 9.279/96: Art. 153. A caducidade do registro será declarada se a marca coletiva não for usada por mais de uma pessoa autorizada, observado o disposto nos arts. 143 a 146.
27. Há na doutrina (NEVES, Gustavo Kloh Müller. *Prescrição e decadência no direito civil*. 3. ed. Rio de Janeiro: Lumen Juris, 2022, p. 24) quem aloque a prescrição como algo apto a afetar o *direito subjetivo stricto sensu* em si. Não se pode concordar com tal posição, já que ao credor é facultado manter a prestação efetivada *após a prescrição*, acaso o devedor tente a restituição de tal objeto, demonstrando manter-se como tal. Apenas a exigibilidade é que se suprime.
28. GRAU, Eros Roberto. *A ordem econômica na Constituição de 1988*. São Paulo: Ed. Malheiros, 2010, p. 250 e 344.

casos em que não há prazo de insurgência, o que se verifica quando o plano da existência[29] foi afetado (sujeito, objeto ou vontade); (2) os casos em que há prazo para um pedido de invalidação, modificação ou constituição de um direito, quando se estará diante de hiato decadencial; e (3) os casos em que o plano da eficácia é tocado por possível ato ilícito, de modo que haverá prazo prescricional. O que parece de clareza solar, entretanto, tropeça em conceitos legislativos claudicantes, a exemplo do art. 174 da LPI[30] que realiza, simultaneamente, dois atropelos estruturais: (i) a de que a natureza de um pedido (instrumentalizado em uma ação) de invalidação seria *declaratória* (embaralhando o plano da existência com o da validade), e (ii) a de que pleitos desconstitutivos seriam submetidos à lógica da *pretensão*[31] e, portanto, suscetíveis da prescrição.[32] Um pedido de direito formativo decai, mas jamais prescreverá, já que a situação jurídica subjetiva ativa é a da *potestá*.[33]

3. O PLANO DA EFICÁCIA: *CONTINUAÇÃO*

Quando se trata do plano da eficácia, aliás, nem sempre eventual hiato temporal para o exercício de uma prerrogativa significa prescrição. As *fattispecie* de resilição de um contrato de franquia, por exemplo, cuidam de fatos jurídicos de natureza formativa sem que se transborde ao plano da validade. Se o favorecido por tal hipótese de incidência se mantém inerte, o direito ao *término* contratual unilateral poderá caducar.

No entanto, neste capítulo o enfoque será dado entre a interrelação do plano da eficácia com o término da pretensão, e não dos direitos (subjetivos *stricto sensu*) em si. Dito isto, não existe discussão relevante no direito brasileiro quanto a plena incidência da prescrição às pretensões serôdias de natureza condenatória-compensatória. Em geral, aliás, o pedido "restitutivo" dos danos patrimoniais encontra limites de eficácia diante do termo padrão de cinco anos[34] entre vilipêndio, e possível exercício de pretensão.

3.1 A pragmática dos pedidos condenatórios

Por exemplo: (a) se uma patente foi concedida em 2014, o ato lesivo do terceiro iniciou em 2013, e cessou em 2015, o proprietário que intentar uma pretensão em 2016 contra o terceiro poderá não ter interesse de agir quanto a um pedido de *abstinência*

---

29. LÔBO, Paulo Luiz Netto. *Direito civil*. 7. ed. São Paulo: Saraiva Educação, 2018, v. 1: parte geral p. 143.
30. Lei 9.279/96: Art. 174. Prescreve em 5 (cinco) anos a ação para declarar a nulidade do registro, contados da data da sua concessão. A boa de doutrina de CORREIA, Atalá. *Prescrição*. Entre passado e futuro. São Paulo: Almedina, 2021, p. 236, ratifica a crítica aqui feita.
31. AMARAL, Francisco. *Direito civil*: Introdução. 9. ed. São Paulo: Saraiva, 2017, p. 305.
32. Fazendo crítica símile vide Tribunal Regional Federal da 2ª Região, 2ª Turma Especializada, Des. André Fontes, AC 200651015117616, julgado em 16.12.2008.
33. Sobre a influência unilateral na esfera alheia por tal espécie de situação jurídica subjetiva ativa vide RÁO, Vicente Francisco de Paula. *Ato jurídico*. 2. tir. São Paulo: Max Limonad, 1961, p. 66.
34. Assim o é para os direitos de propriedade industrial na LPI: Art. 225. Prescreve em 5 (cinco) anos a ação para reparação de dano causado ao direito de propriedade industrial. As razões do veto ao art. 111 da LDA, tampouco infirmam isto, conforme mensagem 234/1998 da Presidência da República ao Senado Federal. Para as cultivares, vide precedente do STJ, 3ª Turma, Min. Ricardo Villas Bôas Cueva, REsp 1837219/SP, DJ 02.06.2021.

(obrigação de não fazer), mas seguirá com plenos poderes para pleitear a reparação dos danos (obrigação de dar ocorridos durante todo o período da contrafação (art. 44 da LPI[35]); (b) em uma diminuta variação da hipótese anterior, se o proprietário tiver sido inerte, e em 2020 descobrir que o terceiro pretende voltar a violar sua exclusividade que só terminará em 2030, poderá ajuizar demanda *inibitória* (interdito proibitório), ainda que não faça mais jus a reparação (por ter havido a prescrição); (c) se o ato lesivo tiver sucedido o depósito, mas anteceder em cinco anos a data da concessão pelo INPI (o que não é uma mera hipótese acadêmica, já que o acúmulo dos processos administrativos não julgados é fenômeno conhecido[36]) resta a polêmica sobre a possibilidade de ajuizamento de demanda *reparatória* uma vez concedida a exclusividade.

3.2 Pretensão e seu início

Ou seja, a regra geral da prescrição em cinco anos poderia conduzir o intérprete a compreensão de que a pretensão teria sido extinta, já que a propositura da demanda sucedeu meia década ao fato lesivo. Contudo, de outro lado, não haveria demanda possessória possível antes da concessão, de modo que pela *teoria* da *actio nata* (art. 189 do CC[37]), mesmo que os fatos ilícitos sejam vetustos, não é irrazoável entendimento[38] que defende a ausência de prescrição *in casu*. Entretanto, para que o direito do titular de uma legítima expectativa de direito (pedido de patente, antes da concessão) não fique aos sabores de entendimentos doutrinários, parece mais seguro o exercício de uma notificação judicial ou extrajudicial ao terceiro contrafator, visando a interrupção de eventual lapso prescricional (art. 202, I e VI do CC[39]).

Nas três hipóteses acima, a contenda era adstrita ao pedido reparatório digno das obrigações de dar, ou seja, versam sobre fenômenos *passados*. Situação mais delicada, entretanto, cuida dos pleitos dignos às obrigações de não fazer que, de outra monta, sempre se destinam *ao presente e ao futuro*.[40] Como regra geral, enquanto o direito de propriedade intelectual surte seus plenos efeitos, haverá interesse do titular que ter-

---

35. Lei 9.279/96: Art. 44. Ao titular da patente é assegurado o direito de obter indenização pela exploração indevida de seu objeto, inclusive em relação à exploração ocorrida entre a data da publicação do pedido e a da concessão da patente.
36. Para tanto, vide *obiter dictum* do julgado STF, Pleno, Min. Toffoli, ADI 5529, DJ 01.09.2021.
37. Lei 10.406/2002: Art. 189. Violado o direito, nasce para o titular a pretensão, a qual se extingue, pela prescrição, nos prazos a que aludem os arts. 205 e 206. A doutrina recente impugna a delimitação da lógica de pretensão do art. 189 do CC aos direitos subjetivos *stricto sensu*. Defende-se que o mesmo valeria para outros interesses juridicamente tutelados de naturezas diversas, com exceção ao conteúdo de direitos potestativos: SAAB, Rachel. *Prescrição*. Função, pressupostos e termo inicial. Belo Horizonte: Forum, 2019, p. 110.
38. RIESS, Eduardo & ROMANO, Rafael Salomão. *Compensação por Infração de patente*: os efeitos da prescrição. São Paulo: CONJUR, 17.03.2022, acessível em: https://www.conjur.com.br/2022-mar-17/riess-romano-compensacao-infracao-patente.
39. Lei 10.406/2002: Art. 202. A interrupção da prescrição, que somente poderá ocorrer uma vez, dar-se-á: I – por despacho do juiz, mesmo incompetente, que ordenar a citação, se o interessado a promover no prazo e na forma da lei processual; (...) VI – por qualquer ato inequívoco, ainda que extrajudicial, que importe reconhecimento do direito pelo devedor.
40. BARBOSA, Denis Borges. A questão dos prazos de prescrição relativo às marcas. *Da tecnologia à cultura*: ensaios e estudos sobre Propriedade Intelectual. Rio de Janeiro: Lumen Juris, 2011, p. 289.

ceiros não autorizados não ingressem em ato ilícito ou, se tal já estiver deflagrado, que assim o cessem. Afora o caso da revelação ilícita de segredo alheio, quando o *retorno* ao *status quo ante* é factualmente impossível (e a convolação em perdas e danos é o único resultado restante), o pleito da obrigação negativa costuma ser a forma mais intensa de defesa do titular de um direito de PI. Não à toa, é possível que o próprio proprietário não esteja autorizado ao empenho de verbos *comissivos* quanto a sua patente (já que a ele pode faltar algum tipo de ato administrativo confirmatório[41]) e, ainda assim, ele poderá pleitear a cessação ou abstinência do terceiro (art. 42 da LPI[42]).

3.3 As obrigações negativas

Enquanto a exclusividade permanecer hígida, em geral, remanesce o interesse do proprietário em obter uma tutela jurisdicional visando *estancar* o ato ilícito do terceiro. No Brasil, por sinal, há (equivocado) entendimento doutrinário[43] e judicial[44] de que não haveria *prescrição* do pleito de *abstinência/cessação* enquanto perdurar o ato ilícito. No caso dos julgados a este respeito, a premissa é a seguinte: se o ato ilícito se espraia no tempo, estar-se-ia diante de *ilegalidades continuadas* ou de *danos permanentes*, e o termo da pretensão seria renovado todos os dias.

No entanto, seria incorreto tratar as hipóteses diversas de uso não autorizado de bem sujeito a exclusividade alheia como destinatários da mesma norma *proibitiva* e ablativa da pretensão de abstinência. Veja-se: (a) um terceiro viola esporadicamente a exclusividade alheia. Não desejando promover uma concorrência predatória, mas sim *parasitária*, de quando em quando incide em contrafação da titularidade alheia[45] visando camuflar seu agir ilícito; (b) um terceiro viola constantemente a exclusividade alheia, mas o titular toma providências judiciais pertinentes em alguns meses da ciência do ato ilícito; e (c) um terceiro viola a exclusividade do titular ininterruptamente, por anos e anos, de maneira ostensiva, e o titular (sabendo do fato, ou não sendo razoável que o ignore) não toma providências.

Em todas as hipóteses a lógica da *actio nata* se aplica aos pleitos destinados às obrigações de não fazer. No caso de (a), cada ato isolado constitui um ilícito individual,

---

41. Há setores tecnológicos em que não é lícita a comercialização de produtos sem a prévia autorização administrativa. Tal é o caso do setor farmacêutico e do agroquímico. No derradeiro, aliás, o interessado deverá se submeter ao escrutínio concomitante da ANVISA, MAPA e do IBAMA. Não é pouca a burocracia envolvida.
42. Lei 9.279/96: Art. 42. A patente confere ao seu titular o direito de impedir terceiro, sem o seu consentimento, de produzir, usar, colocar à venda, vender ou importar com estes propósitos: I – produto objeto de patente; II – processo ou produto obtido diretamente por processo patenteado. § 1º Ao titular da patente é assegurado ainda o direito de impedir que terceiros contribuam para que outros pratiquem os atos referidos neste artigo. § 2º Ocorrerá violação de direito da patente de processo, a que se refere o inciso II, quando o possuidor ou proprietário não comprovar, mediante determinação judicial específica, que o seu produto foi obtido por processo de fabricação diverso daquele protegido pela patente.
43. PHILIPP. Fernando Eid. *Patente de invenção. Extensão de proteção e hipóteses de violação*. São Paulo; Ed. Juarez de Oliveira, 2006, p. 368.
44. STJ, 3ª Turma, Min. Nancy Andrighi, REsp 1.763.419/SP, DJ 01.10.2018; STJ, 3a Turma, Min. Paulo Sanseverino, REsp 1.699.273/SP, DJ 18.06.2021.
45. Interessante distinção a este respeito foi feita no precedente STJ, 3ª Turma, Min. Marco Aurélio Bellizze, REsp 1.719.131/MG, DJ 14.02.2020.

e se houver novo ato preparatório ou fortes indícios de reincidência, o titular do direito de propriedade intelectual não será obstado em sua pretensão com uma alegação de prescrição do ilícito antecedente. Situação símile, em termos de consequência judicial, ocorrerá no caso de (b). Até mesmo a tutela de urgência poderá ser concedida em desfavor do terceiro contrafator, já que em menos de ano e dia a pretensão possessória foi bem exercida pelo titular (art. 558 do CPC[46]).

No entanto, fenômeno dispare pode ocorrer no caso (c). A utência explícita, continuada de longo prazo poderá resultar em óbice à pretensão de abstinência do titular, inclusive pelo fato de que o *marco temporal* da exigibilidade poderá ter ocorrido há mais de meia década. O próprio STJ em caso de convívio longínquo de sujeitos diferentes que utilizavam signo distintivo símile compreendeu que a manutenção da coutência seria medida salutar para ponderar, de um lado, o direito do proprietário moroso com, de outro, o direito do não proprietário virtuoso.[47] Para que não haja dúvidas sobre a pertinência do precedente para a moldura hermenêutica descrita em (c), o caso tratou de duas redes de hotelaria presentes na mesma região metropolitana de Santa Catarina, em que o Réu fez uso por décadas de signo que consistia na essência da marca do Autor. No ambiente da especialidade de serviços, ambos atendiam o público de forma símile, mas as características de cada um deles construiu uma *distintividade* que não gera confusão aos destinatários. Como em qualquer contexto patrimonial, a depender do tempo ultrapassado desde o início do vilipêndio a uma esfera jurídica alheia sem que o titular se insurja, a *lesão* convalesce.[48]

3.4 A inércia gera consequências

Um caso interessante dirimido pelo mesmo Tribunal da Cidadania, por sinal, acaba por confirmar a solução normativa buscada para o caso (c) acima. Tratou-se de precedente sobre importação paralela[49] no contexto da distribuição havida com a utilização de marca de Whisky. Em síntese, após prolongado caso de tolerância a importação paralela apta, até, a consistir em anuência tácita, o titular dos direitos de propriedade intelectual resolveu não mais alienar seus produtos ao terceiro. Não obstante a recusa a futura contratação, desejou pretensão compensatória contra o terceiro. A solução normativa do caso foi a de acolher a compensação ao terceiro não proprietário, pela cessação abrupta das vendas para distribuição, mas, concomitantemente, acolhendo a pretensão do proprietário para não lhe ser exigível a continuidade das alienações. No caso narrado, a solução não infirma o que antes

---

46. Lei 13.105/2015: Art. 558. Regem o procedimento de manutenção e de reintegração de posse as normas da Seção II deste Capítulo quando a ação for proposta dentro de ano e dia da turbação ou do esbulho afirmado na petição inicial. Parágrafo único. Passado o prazo referido no caput, será comum o procedimento, não perdendo, contudo, o caráter possessório.
47. STJ, 4ª Turma, Min. Antonio Carlos Ferreira, Agravo em REsp 1.394.657/SC, DJ 05.11.2019.
48. DANTAS, Francisco Clementino de San Tiago. *Programa de Direito Civil III. Direito das coisas*. Rio de Janeiro: Editora Rio, 1979, p. 155.
49. STJ, 3ª Turma, Min. Sidnei Beneti, REsp 1.200.677/CE, DJ 12.03.2013. É fundamental, ainda, a leitura do voto vista do Min. Cueva.

foi proposto, pois havia um vínculo obrigacional entre o proprietário e o terceiro utente, e, tendo em vista o caráter temporário das obrigações, seria irrazoável manter a perpetuidade do liame entre as partes. Entretanto, o julgado reiterou que a tolerância prolongada era apta a afastar qualquer ilicitude da conduta do terceiro. Por fim, ao contrário dos casos em que um terceiro usa como próprio o conteúdo da exclusividade alheia, neste precedente o terceiro usava o bem jurídico alheio sem obnubilar a origem do bem e a imputação da titularidade do proprietário. Ou seja, jamais houve *animus domini*.

É relevante destacar que em caso da utência de conteúdos patrimoniais relevantes às criações ornamentais, estéticas e utilitárias a *criação* de direitos ao terceiro não proprietário encontra ainda menos resistência lógica do que o caso dos sinais distintivos. Comparando-se os quatro campos da propriedade intelectual em termos de bem jurídico protegido, é apenas no ambiente do signo distintivo que tutelas patrimoniais tendentes à perpetuidade são possíveis.[50] Veja-se que a transformação de uma situação jurídica da ilicitude – até a constituição de um direito subjetivo *stricto sensu* ou de uma inoponibilidade – se baseia na ausência de inculcamento, e na constituição de formas *diferenciais* de utência do mesmo corpo místico. É menos provável que consumidores tomem gato por lebre, quando os originadores têm formas explícitas de diferenciação de sua subjetividade.

3.5 O início do prazo de insurgência

A constatação de que a Ordenação nacional contempla a extinção da pretensão à obrigação negativa por parte do contrafator não induz em insegurança jurídica ao titular da patente. Fato é que o próprio STJ costuma modular o critério objetivo do início dos prazos de prescrição (*actio nata*) para hipóteses de direitos com oponibilidade *erga omnes*. Ou seja, afora casos de vínculos obrigacionais clássicos (em geral a questão contratual), o Tribunal da Cidadania atribui o critério subjetivo do *conhecimento* para o início dos prazos de pretensão.[51]

Não obstante, ainda que tal não fosse o caso, não é qualquer utência de bem intelectual alheio que deflagraria *posse* legítima ou justa, já que as formas viciadas à posse de bens materiais também se espraiam para a posse-usto dos bens imateriais (art. 1.200 do CC[52]). Portanto, se em algum rincão do país um contrafator viola exclusividade alheia de maneira clandestina, não haveria que se falar em prescrição da pretensão de *abstinência* ou de *cessação* durante a vigência da titularidade, ainda que a violação em muito tenha antecedido a ciência da vítima.

---

50. Não há limite para a prorrogação da vigência de uma marca registrada, conforme a Lei 9.279/96: Art. 133. O registro da marca vigorará pelo prazo de 10 (dez) anos, contados da data da concessão do registro, prorrogável por períodos iguais e sucessivos.
51. STJ, 3ª Turma, Min. Nancy Andrighi, Resp 1.836.016-PR.
52. Lei 10.406/2002: Art. 1.200. É justa a posse que não for violenta, clandestina ou precária.

4. CONCLUSÃO

Vistas as interfaces entre *pretensão*, *potestá*, *direitos subjetivos*, *interesse jurídico*, *legítimas expectativas* e o prazo para o exercício de tais situações jurídicas, antes mesmo de se falar em usucapiabilidade dos direitos de propriedade intelectual, é fundamental que melhor se compreenda o contexto dos prazos de insurgência. Como visto, o legislador, a doutrina e as fontes pretorianas contribuem para uma opacidade entre as classificações técnicas de prescrição e de decadência no ambiente dos direitos intelectuais.

Muito além de mero interesse acadêmico, a passagem do tempo e a constituição de direitos ao não proprietário de um direito de propriedade intelectual será objeto de julgamento meritório pelo Pretório Excelso, tendo em vista a repercussão geral reconhecida no famoso caso de marcas: Gradiente vs. Apple.[53] Neste caso-líder do Supremo Tribunal Federal acerca do controle de constitucionalidade de propriedades-marcárias (art. 5º, XXIX, da CRFB), uma das normas possíveis é a da compatibilidade constitucional (art. 170, IV e V da CRFB[54]) sobre a concomitância do uso de um signo distintivo por sujeitos de direito que podem, até, serem vistos como concorrentes.[55]

Em outras palavras, é possível que institutos diversos do que a prescrição, a decadência, e a usucapião legitimem o empenho simultâneo, não autorizado, de direitos intelectuais por sujeitos de direito diversos. Se este for entendimento da Suprema Corte, não será genuína inovação no direito brasileiro, já que a titularidade simultânea, precedente ou concomitante de direitos intelectuais é prevista em fontes normativas pertinentes (art. 45 e 129, parágrafo primeiro, da LPI[56]). Aliás, todos os direitos patrimoniais de propriedade intelectual tendem ao domínio público, de modo que um mesmo bem intangível possa ser fruto de gozo *coletivo* (art. 99, I, do CC[57]) e gerar efeitos pro-competitivos.

Por sua vez, no contexto do *uso* como forma de posse (art. 1.196 e 1.228 do CC[58]) não viciada, eventual exercício por um terceiro não proprietário poderá resultar: (a)

---

53. STF, Plenário, Min. Dias Toffoli, ARE 1.266.095/RJ.
54. Constituição Federal de 1988: Art. 170. A ordem econômica, fundada na valorização do trabalho humano e na livre iniciativa, tem por fim assegurar a todos existência digna, conforme os ditames da justiça social, observados os seguintes princípios: I – soberania nacional; II – propriedade privada; III – função social da propriedade; IV – livre concorrência; V – defesa do consumidor.
55. Excerto da manifestação de reconhecimento da repercussão geral pelo Ministro Relator: "Como se vê, está em discussão saber se a demora na concessão de registro de marca pelo INPI pode ensejar a não exclusividade sobre ela por quem a depositou, em razão do surgimento, no período da demora, de uso mundialmente consagrado da mesma marca por concorrente, tendo-se presentes os princípios da livre iniciativa e da livre concorrência".
56. Lei 9.279/96: Art. 45. À pessoa de boa-fé que, antes da data de depósito ou de prioridade de pedido de patente, explorava seu objeto no País, será assegurado o direito de continuar a exploração, sem ônus, na forma e condição anteriores; e Art. 129. A propriedade da marca adquire-se pelo registro validamente expedido, conforme as disposições desta Lei, sendo assegurado ao titular seu uso exclusivo em todo o território nacional, observado quanto às marcas coletivas e de certificação o disposto nos arts. 147 e 148. § 1º Toda pessoa que, de boa-fé, na data da prioridade ou depósito, usava no País, há pelo menos 6 (seis) meses, marca idêntica ou semelhante, para distinguir ou certificar produto ou serviço idêntico, semelhante ou afim, terá direito de precedência ao registro.
57. Lei 10.406/2002: Art. 99. São bens públicos: I – os de uso comum do povo, tais como rios, mares, estradas, ruas e praças
58. Lei 10.406/2002: Art. 1.196. Considera-se possuidor todo aquele que tem de fato o exercício, pleno ou não, de algum dos poderes inerentes à propriedade; Art. 1.228. O proprietário tem a faculdade de usar, gozar e dispor da coisa, e o direito de reavê-la do poder de quem quer que injustamente a possua ou detenha.

na obnubilação de pleito a tutela de urgência, ainda que tal não altere ou retire a tutela meritória do proprietário; (b) na manutenção dos direitos do proprietário, porém, sem assegurá-lo compensação pela extinção da pretensão; (c) na perda do *direito* em si de formar, desconstituir ou modificar a situação jurídica; e (d) até na constituição de direitos em prol do não proprietário. Aliás, é no campo (d) em que a doutrina é ainda mais escassa.

Afora os estudos de um brilhante Professor da UFMG,[59] não tem havido maior atenção da doutrina nacional para os efeitos da posse sobre bens imateriais de índole patrimonial. Simplificando diversas premissas do estudo que tive o prazer de desenvolver sob a orientação da Professora Titular Heloísa Helena Barboza, o conteúdo dos direitos intelectuais é tratado pela legalidade constitucional como bem móvel (art. 5º da LPI,[60] art. 3º da LDA[61]). Neste campo, havendo *animus domini* do terceiro não proprietário, a se espraiar uma posse por três ou cinco anos (arts. 1.260-1.261 do CC[62]), é possível até falar em usucapião. De outro lado, o que difere a propriedade intelectual da propriedade comum sobre coisas físicas é exatamente a ubiquidade e o teor não rival do bem jurídico. Assim, ao contrário do que ocorre no contexto do direito civil clássico, a aquisição de direitos originários ao terceiro não proprietário não importa, necessariamente, em extinção da titularidade do proprietário, podendo haver uma cotitularidade.

Não obstante tais interessantes hipóteses, o que parece mais sensível à reflexão da doutrina e da jurisprudência cuida, mesmo, da análise sobre os prazos de insurgência quanto aos pleitos de abstinência (obrigação de não fazer) em hipóteses de violação a exclusividades. A compreensão transplantada do direito penal sobre ilícitos continuados (e a perenidade da tutela) pode, muitas vezes, resultar em uma tutela ao titular que não exerce função social sobre o bem intelectual, ou não o exerce em termos qualitativos[63] suficientes ao comando constitucional (art. 5º, XXIX[64]). Em outras palavras, a se manter o entendimento predominante sobre a *imprescritibilidade* da pretensão condenatória de cunho negativo, simplesmente se equivale bens jurídicos de grosseira diferença: a liberdade humana (ex: sequestro e cárcere privado) e a propriedade sobre bens de produção de natureza imaterial.

---

59. MILAGRES, Marcelo. *Manual de Direito das coisas*. Belo Horizonte: D'Plácido, 2020.
60. Lei 9.279/96: Art. 5º Consideram-se bens móveis, para os efeitos legais, os direitos de propriedade industrial.
61. Lei 9.610/98: Art. 3º Os direitos autorais reputam-se, para os efeitos legais, bens móveis.
62. Lei 10.406/2002: Art. 1.260. Aquele que possuir coisa móvel como sua, contínua e incontestadamente durante três anos, com justo título e boa-fé, adquirir-lhe-á a propriedade. Art. 1.261. Se a posse da coisa móvel se prolongar por cinco anos, produzirá usucapião, independentemente de título ou boa-fé.
63. "De estatura constitucional (art. 5º, XXIX, da CF/88), a proteção à propriedade intelectual é instituída como direito fundamental, constituindo "privilégio temporário", não estando circunscrita a um direito individual, porquanto fundada no "interesse social" e no objetivo de "desenvolvimento tecnológico e econômico do País"" STF, Pleno, Min. Dias Toffoli, RCL 53.181, DJ 10.05.2022.
64. CRFB: Art. 5º Todos são iguais perante a lei, sem distinção de qualquer natureza, garantindo-se aos brasileiros e aos estrangeiros residentes no País a inviolabilidade do direito à vida, à liberdade, à igualdade, à segurança e à propriedade, nos termos seguintes: XXIX – a lei assegurará aos autores de inventos industriais privilégio temporário para sua utilização, bem como proteção às criações industriais, à propriedade das marcas, aos nomes de empresas e a outros signos distintivos, tendo em vista o interesse social e o desenvolvimento tecnológico e econômico do País.

No contexto interempresarial, a ausência de prazos de insurgência gera uma forma transversa de paternalismo jurídico ao ente hiperssuficiente, titular de direitos de propriedade intelectual, do qual se espera que conheça seu mercado. Não tomar as providências devidas em tempo adequado, aliás, poderá gerar insegurança jurídica a outros sujeitos de direito (a exemplo do Estado, da Concorrência, do Meio Ambiente, dos Consumidores) que gravitacionam ao redor da titularidade privada. Um terceiro não proprietário que cumpre função social, ao ser serodiamente interditado, terá suas legítimas expectativas rompidas e tal poderá atrair o regime jurídico da teoria dos atos próprios.

Desta forma, desde que: (a) se esteja no contexto *patrimonial* dos bens intelectuais protegidos na legalidade constitucional; e (b) haja a utência-posse não viciada pelo não proprietário; então (c) doutrinas que proponham a modulação dos termos de insurgência, ou que (d) sugiram a dilatação do início do cômputo de incidência; (e) pouco contribuem para a lógica desenvolvimentista que é a própria causa de proteção do sistema da propriedade intelectual no Brasil. Se eventual titularidade de um direito intelectual é privada, as externalidades-sociais geradoras são tantas que prazos delimitados para eventual insurgência são uma bela forma de conformar todos os interesses juridicamente protegidos.

Estas conexões entre (i) a passagem do tempo, (ii) o uso virtuoso dos direitos de propriedade intelectual, e (iii) a função social dos bens de produção exercida por quem não é proprietário; consolidam temas espinhosos que só foram possíveis de serem cotejados (por este autor) em virtude da maturidade e da cultura jurídica de Heloísa.

DIREITOS CULTURAIS E OBRAS ARTÍSTICAS: INTERSEÇÕES!

Allan Rocha de Souza

Sumário: 1. Introdução – 2. Cultura e a formação da pessoa – 3. Qual o conteúdo dos direitos culturais? – 4. Direitos autorais e acesso à cultura – 5. Considerações finais.

1. INTRODUÇÃO

Gentil, atenciosa, dedicada, paciente, perspicaz e exigente são apenas algumas de suas qualidades como pessoa e orientadora. O universo acadêmico de pesquisa impõe inúmeros desafios ao pesquisador, principalmente no processo de construção de uma tese ou dissertação. Infelizmente, um número incrivelmente amplo de professores que se propõem a ser orientadores é, na melhor das hipóteses, omisso e desinteressado, quando não flagrantemente inaptos. No entanto o papel de orientação – quando bem exercido, é fundamental para a qualidade do trabalho final e principalmente para o crescimento intelectual do aluno. Neste cenário, ser orientando da Professora Heloisa Helena Barbosa é um privilégio para poucos. Tive a sorte de ter sido um destes poucos. Mas mais que uma orientadora excepcional, ganhei, ao final, uma amiga inigualável, a quem muito admiro, em quem me espelho e que amo muito!

As relações entre cultura e direito são demasiadamente amplas para que seja possível extenuá-las neste trabalho. Merecem, dentre estas relações, ser destacadas as influências culturais na formação, aplicação, interpretação e efetividade das normas jurídicas. Por outro lado, a historicamente recente apropriação legal do elemento cultural como objeto do próprio direito é outra faceta destas relações, cuja concretização jurídica acaba por assegurar aos indivíduos e grupos a possibilidade de exigir judicialmente a participação, respeito e liberdade culturais.

Os objetivos da tese[1] foram investigar a cultura como objeto do direito e propor um entendimento a respeito dos direitos culturais, além de analisar seus efeitos sobre a extensão dos direitos patrimoniais das obras protegidas por direitos autorais, a partir da análise da possibilidade da exibição pública do filme cinematográfico, sem necessidade de autorização prévia ou remuneração ao titular.

Apresentamos aqui, na forma de ensaio, uma síntese apertada da tese, que, entretanto, busca refletir seu núcleo principal de reflexão e análise, a construção deste direito,

---

1. SOUZA, Allan Rocha. *Os direitos culturais e as obras audiovisuais cinematográficas*: entre a proteção e o acesso. Tese de Doutorado. Disponível em: https://onda.org.br/resources/2010_Allan%20R%20SOUZA_Dout.pdf.

composto de vários pilares de sustentação, mas que, embora não tão recente, é ainda carente de realização e mesmo de percepção quanto aos seus efeitos.

Desde a conclusão do trabalho, entre março de 2006 e junho de 2010, alterou-se substancialmente o contexto político, normativo e institucional no país, interrompendo o processo de adensamento iniciado na segunda metade da década de 1990. Ao mesmo tempo, algumas alterações normativas, a partir de iniciativas que já estavam em curso, foram concretizadas, ainda que, mais recentemente, o país tenha vivenciado o esfacelamento das instituições promotora destes direitos, como o Ministério da Cultura e instituições vinculadas, cujo futuro se tornou incerto.

2. CULTURA E A FORMAÇÃO DA PESSOA

É fato que o que se chama de cultura é fundamental para a compreensão da humanidade e os mundos construídos e habitados pelos seres humanos. É relativamente fácil demonstrar que o que determinados grupos consideram como natural não é mais que reflexo de suas pressuposições.

Clifford Geertz,[2] na esteira de Max Weber, ao descrever o homem como um animal suspenso em teias de significância construídas por eles mesmos, assume que cultura é o conjunto destas teias,[3] que cultura é um sistema, um padrão de "significados embutidos em símbolos, transmitidos historicamente, formando um sistema de concepções herdadas, expressas em formas simbólicas, através dos quais as pessoas comunicam, perpetuam e desenvolvem seu conhecimento e atitudes a respeito da vida.[4]

Os pressupostos culturais que pautam nosso pensar e agir constituem o universo simbólico por meio do qual as práticas sociais fazem sentido e são informadas. E dentre as várias possibilidades de conceituação de cultura, é o entendimento da cultura como aparato simbólico que permite atribuir sentido às ações, comportamentos, relações, práticas, artefatos e à própria vida, pautando a existência e as experiências individuais, conformando as identidades individuais e coletivas, que partem as análises deste trabalho.

As pessoas agem de acordo com a sua percepção do mundo, impregnando-o com suas próprias elaborações. A realidade das pessoas é composta de construções culturais,

---

2. As discussões sobre cultura são parte integral dos estudos das ciências sociais e, consequentemente, são muitas as visões particulares que, por mais valiosas que sejam, escapam aos objetivos deste trabalho, para cujos fins faz-se necessário apontar os principais paradigmas que pautam as discussões e indicar os pressupostos conceituais sobre o qual serão trabalhadas as questões posteriores. E dentre as diversas elaborações sobre cultura, a expressão marcante de seu conteúdo, conforme entendido contemporaneamente, vem, para os fins aqui dispostos, de Clifford Geertz.
3. Nas palavras do autor: "believing, with Max Weber, that man is an animal suspended in webs of significance he himself has spun, I take culture to be those webs, and the analysis of it to be therefore not an experimental science in search of law but an interpretative one in search of meaning." GEERTZ, Clifford. *The interpretation of cultures*. USA: Basic Books, 1973, p. 5.
4. Nas palavras do autor: "the cultural concept to which I adhere has neither multiple referends nor, so far as I can see, any unsusual ambiguity: it denotes a historically transmitted patterns of meanings embodied in symbols, a system of inhereted conceptions expressed in symbolic forms by means of which men communicate, perpetuate, and develop their knowledge about and attitudes towards life." Idem, ibidem, p. 89. (tradução nossa).

que são sustentadas, ou reformuladas, tanto pela concordância como pelas imposições materiais. As representações coletivas de um grupo (linguagem, categorias, instituições, rituais etc.) refletem estas construções e fazem parte da realidade das pessoas integrantes do grupo.

É a partir desta perspectiva cultural que as expressões artísticas são aqui entendidas, como artefatos privilegiados, objetos dotados de forte conteúdo simbólico, por isso culturais. As artes, como expressões culturais que são, refletem os sentimentos e visões de mundo de seus criadores e intérpretes, que, por meio de suas criações, se comunicam com o público. Inclusive o entendimento de uma obra artística busca principalmente localizá-la no contexto das demais expressões humanas, incorporá-la na textura de um universo simbólico particular, atribuindo-lhes significado, sentido cultural. Os possíveis sentidos das artes são socialmente construídos e tanto sua produção como apreciação são dependentes do conjunto de experiências culturais vivenciadas tanto pelos autores e artistas como pelo público.

A experiência artística, como as demais experiências culturais, é um dos pilares formadores da pessoa enquanto ser humano e *conditio sine qua non* para o desenvolvimento integral de sua personalidade, pois, a partir destas, são elaboradas e reelaboradas as visões e construídos os universos simbólicos com os quais o mundo é apreendido.

Por estas razões, os direitos culturais promovem, em última instância, o desenvolvimento pessoal para uma existência digna, a construção das identidades individuais e coletivas, a inclusão e exercício da cidadania cultural, a capacitação para o diálogo intercultural e o desenvolvimento socialmente sustentável. Todas estas circunstâncias interagem, e devem ser refletidas na sua justificação e informar o seu conteúdo e extensão.

Este mesmo caráter constitutivo das experiências culturais (e artísticas) remete ao princípio da dignidade da pessoa humana. O sentimento de pertencimento a uma comunidade ou grupo, consequência das experiências culturais comuns, e de valoração positiva deste vínculo, são pressupostos reconhecidos para a plena cidadania.

A amplitude dos efeitos pessoais e sociais dos direitos culturais indica que não há como cumprir os objetivos fundamentais da República de edificação de uma sociedade livre, justa e solidária, de assegurar o desenvolvimento inclusivo e promoção do bem geral sem a sua máxima concreção. A igualdade cultural é condição para o diálogo e convivência harmoniosa e, o diálogo efetivamente livre é essencial em uma sociedade plural. Este é o desejo constitucional, ao qual tanto os poderes públicos como os cidadãos e a sociedade estão vinculados. Identificar os contornos destes direitos foi o objetivo principal da tese e o foco do próximo aspecto a ser aqui abordado.

3. QUAL O CONTEÚDO DOS DIREITOS CULTURAIS?

Os direitos culturais constituem-se de um conjunto de direitos interdependentes, vinculados ao objetivo maior de garantir o seu pleno exercício e assegurar a livre participação na vida cultural. Seus sentidos se complementam e suas aplicações se entrelaçam, reproduzem em sua normatização a dinâmica particular de seu objeto, projetam-se por todo o ordenamento e refletem todas as dimensões dos direitos fundamentais, mas enraízam-se principalmente no direito de igualdade.

Embora os direitos culturais, que são expressamente reconhecidos na Constituição Federal e nos tratados internacionais de direitos fundamentais, sejam constituídos, sobretudo, do direito à livre participação na vida cultural e objetivem, principalmente, garantir a todos o seu pleno exercício, lhe são igualmente nucleares o direito de acesso e fruição das fontes, bens e patrimônio culturais e o direito à pluralidade e diversidade culturais, sem os quais se esvaziam. Esses direitos são, ainda, complementados e integrados, para sua plena realização, pela existência de um patrimônio cultural rico, valorizado e protegido.

Devemos destacar, em primeiro lugar, que o direito de todos ao pleno exercício dos direitos culturais implica, por ser informado pelas disposições dos tratados internacionais, no direito à livre participação na vida cultural, pois só diante desta possibilidade é possível exercê-los plenamente. A participação deve ser livre, seja em razão da autonomia cultural de cada um de nós, do pluralismo de universos simbólicos coexistentes, assegurado constitucionalmente, e da diversidade, amparada internacionalmente.

Deste modo, o direito de livre participação, que, em última instância, deriva da autonomia privada, é a condição imprescindível para o pleno exercício dos direitos culturais, de onde decorre que o este é o núcleo principal dos direitos culturais na Constituição. Para sua viabilização, o direito de livre participação cultural é necessariamente informado e subsidiado por outros direitos culturais, que complementam seus significados e alcance.

O principal efeito deste direito na vida cultural é impedir a exclusão da participação. O aspecto negativo da participação só pode ser exercido pela recusa voluntária em participar ativamente da vida cultural, ou de determinados aspectos do universo simbólico, que jamais pode ser imposta a participação, por quaisquer poderes, sejam públicos ou privados. Deve-se notar que esta recusa em si, por implicar em uma decisão individual relacionada à cultura, é uma participação na vida cultural. Pela sua essencialidade, a restrição à participação só excepcionalmente e justificadamente pode ser efetuada.

Relacionada, por força constitucional, à livre participação na vida cultural temos a democratização do processo decisório na construção das políticas públicas de cultura, que também encontra reflexo na ordem internacional. Esta democratização tem por fito preservar o pluralismo e garantir a continuidade da diversidade cultural, afastando qualquer direcionamento sobre a dinâmica cultural nacional e impondo aos entes estatais, ou equivalentes, uma obrigação de meio.

Assim, impõem os direitos culturais aos órgãos públicos o dever de elaboração e execução de políticas públicas de cultura, associado ao direito, de todos, à participação neste processo. A participação democrática é um comando para construção de instrumentos de realização do direito de participação e de exercício dos direitos culturais, onde são também determinados os fins específicos a serem perseguidos.

Assegurar materialmente a todos o direito de livre participação e o pleno exercício garante as condições para a emancipação e formação cultural, com efeitos cumulativos positivos sobre a formação pessoal e social, para o exercício da cidadania, democracia e inclusão culturais, conforme estabelecido nos fundamentos e objetivos da República.

Contudo, a livre participação e o pleno exercício dos direitos culturais só se realizam com o acesso às fontes e ao patrimônio cultural e a possibilidade concreta de fruição dos bens culturais, que perfazem o segundo mandamento constitucional do núcleo estrito destes direitos. A concretização deste comando permite afirmar que as possibilidades e formas de acesso condicionam os próprios direitos culturais, afetando sua realização e amplitude. O acesso é a condição indispensável para a concretização de quaisquer dos direitos culturais, mormente o de participação.

Não é possível pensar em acesso sem o correspondente direito de fruição destes bens e vivência das experiências. O conteúdo do direito de acesso é também informado pelo disposto nos tratados internacionais, que preveem a fruição dos bens culturais como um dos direitos culturais. Ainda que assim não fosse, acesso sem a possibilidade de fruição é preceito vazio, inócuo, inoperante, contrário à lógica da substancialidade das normativas constitucionais. Acesso e fruição cultural são conceitos vinculados e implicam-se mutuamente, pois refletem as mesmas finalidades, que é permitir a participação e exercício destes direitos.

Sem acesso, não é possível a inclusão, emancipação, cidadania, democracia ou desenvolvimento culturais, nem a formação, criação, manifestação, produção ou expressão culturais, que somente são viáveis com acesso e fruição dos bens culturais. Assim, da perspectiva dos direitos culturais, a exceção jurídica é a restrição ao acesso, porque afeta negativamente a participação e o próprio exercício dos direitos culturais.

Os efeitos do desequilíbrio de acesso – seja frente ao exercício dos direitos culturais ou em relação à informação, por exemplo – são negativos para a própria liberdade, dignidade e cidadania. As restrições à fruição dos bens culturais são causas da desigualdade e exclusão culturais, afetando a dignidade humana, o exercício da cidadania e o fortalecimento da democracia e, por estas consequências, o cerceamento do acesso ofende os objetivos e fundamentos republicanos expostos em nossa carta magna. Qualquer restrição ao acesso tem de ser legitimada, em razão da ponderação com outros direitos fundamentais, e, ao mesmo tempo, não causar nenhum dos desequilíbrios sociais apontados.

A construção dos espaços de livre trânsito cultural que possibilitam a plena concretização dos direitos culturais deve, além de tudo, atentar à pluralidade e diversidade, característica elementar da cultural nacional constitucionalmente protegida. Esta pluralidade está estampada nos §§ 1º e 2º do artigo 215 e *caput* do artigo 216, quando se refere às manifestações dos grupos formadores da brasilidade. Este aspecto é informado pela Convenção para Proteção e Promoção da Diversidade Cultural e não menos importantes para elucidar seu conteúdo são os tratados de não discriminação e em favor da inclusão, capitaneados pela ONU.

Há, portanto, o claro reconhecimento constitucional do pluralismo cultural e da consequente diversidade como elementos formadores da nação e proclamadores das particularidades pátrias, expressos na obrigação de proteger e promover as manifestações populares, indígenas, afro-brasileiras e de qualquer dos muitos grupos formadores da identidade nacional.

O objetivo do processo civilizatório plural de que trata a Constituição não é, portanto, um processo de imposição de determinada visão de mundo, mas um processo de interações e influências múltiplas e contínuas. Afirma a decisão do STF a "concretização constitucional do valor da inclusão comunitária pela via da identidade étnica"[5] e, com isso, relaciona a inclusão ao direito à identidade, que, em razão do próprio pluralismo, não se limita aos vínculos étnicos, se estendendo a outras formas de relações comunitárias identitárias.

É, portanto, um dever do Estado apoiar e incentivar tanto a valoração quanto a difusão das variadas manifestações culturais constituintes do país e, assim, a materialização do apoio e incentivo culturais deve ser informada pela preservação e promoção da diversidade cultural. Afirma-se, protege-se e promove-se o pluralismo cultural. Assim determina a Constituição Federal. Pluralismo e diversidade culturais resultam na inclusão dos variados grupos culturais componentes da nação e estão relacionados à formação das identidades.

O reconhecimento do pluralismo cultural como característica nacional a ser apoiada, incentivada, valorizada e difundida, junto ao robustecimento e democratização do acesso ao patrimônio cultural brasileiro, são alicerces do direito à identidade dos diversos segmentos da nação e, consequentemente, da própria identidade nacional, representada nas diversas maneiras possíveis de ser brasileiro.

Como dito, a pluralidade é um elemento determinante dos direitos culturais. A convivência social e o diálogo, em vista ao progressivo entendimento e mesmo integração, viabilizam e reforçam a diversidade de formas de ser e se manifestar. Neste cenário, não há espaços para a exclusão. A discriminação afeta diretamente o direito à pluralidade e diversidade, ofende frontalmente os direitos culturais e atinge, também, o direito à identidade, na medida da rejeição à forma particular de ser e viver. O direito à igualdade prepondera na rejeição e criminalização da discriminação, mas é reforçado pelos direitos culturais ao pluralismo e à identidade.

Por fim, com relação ao patrimônio cultural brasileiro constitucionalmente identificado, destacam-se a sua abrangência e os comandos para seu enriquecimento e, novamente, para a democratização do acesso. Porém, um patrimônio cultural pálido esvazia os direitos culturais, pois lhes retira a substância que intermedeia as interações culturais. Sua fragilidade contamina todo o conjunto de direitos culturais.

O elemento de vinculação de bens em geral ao patrimônio cultural brasileiro é o valor simbólico que embutem, por referirem-se à identidade, ação ou memória dos

---

5. BRASIL. Supremo Tribunal Federal. Petição 3.388-RR. Tribunal Pleno. Relator: Min. Carlos Brito, Brasília, 19 de março de 2009. Disponível em: www.stj.gov.br. Acesso em: 10 nov. 2009.

diversos grupos formadores. Afora o conteúdo simbólico, o patrimônio cultural nacional é compreensivo, desconhecendo outros limites que não a referência simbólica ao elemento identitário, qualquer que seja este.

Assim, o patrimônio cultural nacional inclui bens materiais ou imateriais, individuais ou agrupados, sejam formas de expressão ou formas de criar, fazer e viver, sejam edificações e espaços de manifestação cultural ou criações artísticas, científicas e tecnológicas, sejam, ainda, obras, objetos e documentos ou conjuntos históricos, paisagísticos, artísticos, arqueológicos, paleontológicos, ecológicos, científicos ou que representem outros valores.

Ao Estado cabe incentivar a produção e conhecimento dos bens e valores culturais integrantes ou que venham integrar o patrimônio cultural brasileiro. Por outro lado, deve também vigiar e punir os danos e ameaças a este patrimônio. Deverá ainda, junto com a sociedade, promover e proteger, por quaisquer formas de acautelamento e preservação, inclusive desapropriação, tombamento, inventários e registros, além da preservação da documentação governamental.

Conforme indicado, a preservação inclui a promoção, valorização, proteção e difusão, abrangendo todo o conjunto de ações que iniciam na identificação dos bens e valores culturais relevantes do ponto de vista do patrimônio cultural brasileiro e completam o ciclo quando tornados acessíveis para fruição pelos grupos e cidadãos, permitindo-lhes a participação e o exercício dos direitos culturais e assegurando a possibilidade de afirmação positiva de suas identidades.

O conjunto de bens integrantes do patrimônio cultural brasileiro enquadra-se na categoria de bens de forte relevância pública, por representarem interesses públicos primários da sociedade brasileira. Por estas características não podem ser estes bens excluídos da apreciação do público e nem ser o seu acesso injustificadamente restringido ou negado. Desta característica decorre também a obrigatoriedade de contínuo enriquecimento deste patrimônio e da sucessiva ampliação do acesso livre. O direito a um patrimônio público robusto, preservado e acessível, ao qual correspondem deveres tanto do Estado como da sociedade, é, portanto, um direito cultural.

O direito a um patrimônio cultural rico, valorizado e protegido corrobora a noção de participação cultural e justifica os investimentos públicos na sua conservação, promoção e os incentivos à produção de bens que venham a integrar-lhe. Este direito é complementar ao direito de acesso e seu contínuo robustecimento consubstancia a livre participação cultural, e, consequentemente, o pleno exercício destes direitos.

4. DIREITOS AUTORAIS E ACESSO À CULTURA

Como vimos, o ponto de partida para o exercício dos direitos culturais é o direito de acesso à cultura. Mas, para garantir o livre acesso, é necessária a preservação de espaços e condições existentes, além da constituição de novos, que permitam a livre e plena manifestação, criação e circulação dos bens culturais. Estes são de natureza material (equipamentos e financiamento) e imaterial (conhecimento), e necessariamente implicam na preservação e ampliação do espaço jurídico necessário para que, de fato, seja assegurada a livre participação cultural, condição para o pleno exercício dos direitos culturais. Impõe-se, portanto, a democratização das condições econômicas, jurídicas e sociais para a livre prática cultural.

Os direitos culturais influenciam no conteúdo e extensão dos direitos autorais, da liberdade de expressão e manifestação, do direito à comunicação, da inclusão e não discriminação das minorias. Às vezes contrapondo-se, outras complementando. Ora reforçando, ora limitando, mas sempre legitimando o exercício e as limitações destes direitos.

As influências dos direitos culturais especificamente sobre os direitos autorais são múltiplas, justificando, em confluência com outras disposições, tanto a proteção patrimonial, como a proteção pessoal quanto às limitações à exclusividade. Os direitos autorais são embebidos nos direitos culturais.

Os direitos patrimoniais do autor e, em alguns casos, os direitos morais, são, pela sua natureza, restritivos ao acesso e a liberdade de criação e manifestação. Na perspectiva dos direitos culturais, a exclusividade de usos, essência dos direitos autorais, é uma exceção ao direito de acesso à cultura. Esta restrição, contudo, é justificada pelo suposto incentivo econômico à criação e investimento na produção e funcionalizada para o engrandecimento cultural da sociedade, com consequências potencialmente positivas para a formação do patrimônio cultural e da diversidade.

Isso não implica em dizer que esta exclusividade de uso seja ilimitada ou absoluta, pois tanto os direitos autorais como suas limitações são ancorados nos direitos fundamentais. A restrição jurídica ao amplo direito de acesso e à liberdade de criação e manifestação não pode ultrapassar os limites da razoabilidade e deve, por ser excepcional, ser interpretada adequadamente. É espúria a restrição injustificada ou excessiva ao acesso na medida em que ofende os princípios e objetivos da República, pois permitiria o autoritarismo cultural dos titulares dos bens de acesso restrito. O aparente conflito entre a liberdade de acesso e sua restrição deve ser resolvido em favor da liberdade.

Considerando as características dos direitos culturais, a interpretação da lei de direitos autorais e sua revisão legislativa a partir dos direitos constitucionais fundamentais são exigências do próprio Estado Democrático de Direito que afetam todos os poderes republicanos.

As possibilidades expressas na legislação autoral, em termos de acesso legal aos bens necessários ao pleno exercício dos direitos culturais e refletidas no conjunto de limitações e exceções que compõem o conjunto normativo dos direitos autorais, são demasiadamente restritivas. A legislação que confere proteção patrimonial aos titulares é desequilibrada em prol do investimento e em prejuízo dos criadores e da sociedade, sendo esta característica um reflexo da condução do processo político e influência econômica do qual resultou.

A interpretação da legislação de direitos autorais, em especial das limitações e exceções impostas ao exercício e alcance destes direitos deve estar atenta à necessidade de equilíbrio, que surge da busca por democracia, cidadania e inclusão culturais, e sustenta-se na demanda social, política e jurídica por pluralidade, participação e identidade.

Na medida em que, os bens culturais participam, enquanto mediadores, de comunicações e interações sociais de conteúdo existencial, a normatividade jurídica deve assegurar a disponibilidade destes bens, não sendo mais possível impedir o acesso aos mesmos, justamente em razão dos direitos fundamentais culturais.

A interpretação extensiva dos limites estabelecidos na legislação de direitos autorais fundamenta-se mais amplamente nos direitos de liberdade, igualdade e solidariedade, convergindo para o princípio geral de ampla proteção à pessoa e ao correlato direito à vida digna. É a interpretação aplicável ao Código Civil de 1916, à Lei 5.988/73 e a única juridicamente possível com relação à Lei 9.610/98, uma vez que os limites expressamente estabelecidos não contemplam satisfatoriamente o conteúdo de diversos direitos fundamentais incidentes, em especial, dos direitos culturais, além do conteúdo desta exclusividade patrimonial assegurada ao autor estar sujeita às dinâmicas e circunstâncias sociais.

Como já dito, o direito de acesso à cultura é instrumentalmente essencial aos direitos culturais e tem por finalidades permitir a fruição dos bens, a ampla participação na vida cultural e a livre construção das identidades pessoais e coletivas, assegurando, com isto, o pleno exercício dos direitos culturais.

A ampla disponibilização dos bens culturais é objetivo tanto do direito de acesso quanto dos direitos patrimoniais autorais. O primeiro almeja assegurar a possibilidade de participação através da fruição dos bens culturais, enquanto os últimos ambicionam o proveito econômico através da cobrança pelos usos da obra. Os objetivos de ambos só são plenamente alcançados com a vasta disponibilidade destes bens. Assim, o direito de acesso à cultura e os direitos patrimoniais dos titulares são convergentes, mas na medida em que os bens estejam amplamente disponíveis para fruição.

5. CONSIDERAÇÕES FINAIS

Os direitos culturais, em especial em razão dos seus efeitos sobre as identidades, conformam um verdadeiro direito existencial social, uma vez que a pessoalidade de que tratam somente é passível de ser elaborada através das interações socioculturais. Sua relevância jurídica impele a sua progressiva projeção nas estruturas jurídicas e sociais do país.

A possibilidade jurídica de uso livre de obras protegidas, além dos limites expressamente previstos na legislação autoral vigente, não exclui a necessidade de adequação legal aos mandamentos constitucionais referentes aos direitos culturais e outros direitos fundamentais, nem afasta o dever de respeitá-los por parte dos particulares.

Os impactos dos direitos culturais, em especial em seu aspecto mais instrumental, que é o direito de acesso à cultura, e também de outros direitos fundamentais, sobre a estrutura dos direitos autorais se fez sentir de forma explícita ao longo da segunda década deste século, por meio de um conjunto de decisões do Superior Tribunal de Justiça que estabeleceram, inquestionavelmente, a partir do paradigmático Recurso Especial 964.404/11, o caráter exemplificativo das Limitações e Exceções à exclusividade autoral estabelecidas nos artigos 46, 47 e 48 da Lei de Direitos Autorais.

Desde então, outras decisões seguiram a mesma linha, consolidando o entendimento, agora estampado no Enunciado 115 aprovado na III Jornada de Direito Comercial: "As limitações de direitos autorais estabelecidas nos artigos 46, 47 e 48 da Lei de Direitos Autorais devem ser interpretadas extensivamente, em conformidade com os direitos fundamentais e a função social da propriedade estabelecida no art. 5º, XXIII, da CF/88."

A par das decisões judiciais, que reconheceram a existência de uma verdadeira cláusula geral de função social dos direitos autorais, movimentos legislativos avançaram no sentido de assegurar e firmar o direito de acesso (e os culturais) como essencial e fundamental. Nesta linha destacamos o Tratado de Marraquexe que explicita no plano internacional e constitucional o acesso à cultura como elemento formador, balizador das oportunidades e promotor da igualdade.

Em que pesem os retrocessos incalculáveis no campo das políticas culturais nos últimos anos, os esforços empenhados pela sociedade brasileira na construção e promoção dos direitos culturais resultaram na possibilidade de uma nova realidade jurídica, que assegura sua existência e projeção por todo o ordenamento. Ficamos felizes em poder contribuir com este objetivo, que sem a participação exigente e apoio irrestrito da orientadora Heloísa Helena Barbosa não teria sido possível!

DIREITO DE ACESSO DAS PESSOAS COM DEFICIÊNCIA VISUAL: LIÇÕES DA PANDEMIA PARA OS DIREITOS AUTORAIS

Alexandre de Serpa Pinto Fairbanks

Sumário: 1. Introdução – 2. Plataforma hermenêutica – 3. Dignidade, vulnerabilidade e inclusão – 4. Direitos autorais, função social e contratos – 5. Considerações finais.

1. INTRODUÇÃO

O reconhecimento do direito fundamental de acesso à cultura, conhecimento e informação e da vulnerabilidade cultural das pessoas com deficiência visual, consolidado normativamente com a aprovação como Emenda Constitucional tanto da Convenção sobre os Direitos das Pessoas com Deficiência como do Tratado de Marraqueche, confirmaram a possibilidade jurídica de adaptação e disponibilização aos destinatários dos textos protegidos por direitos autorais em formato acessível sem necessidade de autorização prévia ou remuneração.

As dificuldades de acesso às obras em formato acessível não é novidade trazida pela pandemia da Covid-19, porém, o período pandêmico escancarou as barreiras impostas às pessoas com deficiência visual, tornando ainda mais desigual o direito de acesso à cultura, conhecimento e informação, com a ampliação da exclusão das pessoas com deficiência.

Neste contexto, o problema central deste artigo é, portanto, analisar o problema enfrentado pelas instituições e bibliotecas na promoção do acesso à informação, conhecimento e cultura das pessoas com deficiência visual, por meio da adaptação, disponibilização e compartilhamento institucional das obras adaptadas, frente às barreiras reais ou percebidas acerca das restrições ao acesso impostas pelas normas de direitos autorais, a partir dos paradigmas da efetividade horizontal dos direitos fundamentais, da proteção constitucional da dignidade humana e dos vulneráveis, da função social das propriedades e dos contratos, neste período de exacerbação das desigualdades em razão da pandemia.

Para este fim, primeiro explicitamos os paradigmas hermenêuticos que pautam esta análise; a seguir esclarecemos os vínculos entre dignidade da pessoa humana, igualdade e vulnerabilidade; na sequência enfrentamos a questão da função social dos direitos autorais e dos contratos entre editoras e bibliotecas.

2. PLATAFORMA HERMENÊUTICA

O progressivo reconhecimento internacional e constitucional do direito de fruição das atividades culturais, elemento essencial ao desenvolvimento e formação pessoais, e o acesso à informação, conhecimento, educação e cultura como instrumento de promoção da igualdade e democracia, encontrou recente substância normativa que, entretanto, ainda se mostra incompleta, sem as necessárias modificações na Lei de Direitos Autorais (LDA),[1] que rege a atribuição de direitos sobre parte substancial das expressões dos gêneros literário, artístico, científico e, também, tecnológico, que compõem o seu objeto de proteção. Esta omissão traz consequências práticas à realização destes direitos e impõe desafios hermenêuticos aos juristas, que estão no cerne das questões e objetivos a serem enfrentados neste artigo.

Não obstante, a compreensão da dimensão do problema e sua eventual solução nos remete à segunda metade do século XX, a partir de quando, com a consolidação do Estado Constitucional de Direito, ocorrem profundas modificações na forma de se interpretar e aplicar as normas do sistema jurídico. E passo de fundamental importância nesse processo foi a contínua transformação do papel das Constituições, que deixaram de ser meros documentos políticos, para se tornarem o texto supremo dos ordenamentos, dotado de força normativa. passando a Constituição a incorporar normativamente questões relativas à realidade social adjacente,[2] processo este que resultou na constitucionalização de matérias[3] antes reguladas somente nos estatutos específicos e diversas legislações infraconstitucionais.[4]

A multiplicidade de fontes normativas e a busca por unidade levam à Constituição Federal que assume então o papel de harmonização e unificação do sistema,[5] dando ao ordenamento jurídico caráter unitário,[6] evitando, por conseguinte, os vícios da frag-

---

1. BRASIL. Lei 9.610 de 1998. Disponível em: http://www.planalto.gov.br/ccivil_03/LEIS/L9610.htm. Acesso em: 04 out. 2020.
2. "A *força normativa* da constituição visa exprimir, muito simplesmente, que a constituição sendo uma *lei, como lei deve ser aplicada*. Afasta-se a tese generalizadamente aceita nos fins do século XIX e nas primeiras décadas do século XX que atribuía à constituição um "valor declaratório", uma natureza de simples direção política, um caráter programático despido de força jurídica actual caracterizadora das verdadeiras leis". CANOTILHO, José Joaquim Gomes. *Direito Constitucional e Teoria da Constituição.* 7. ed. PT, Coimbra: Almedina, 2003, p. 1150.
3. BARROSO, Luís Roberto. A Constitucionalização do Direito e o Direito Civil. In: TEPEDINO, Gustavo (Coord.). *Direito civil contemporâneo*: novos problemas à luz da legalidade constitucional. São Paulo: Atlas, 2008, p. 243.
4. TEPEDINO, Gustavo. Premissas metodológicas para a constitucionalização do direito civil. In: TEPEDINO, Gustavo. *Temas de direito civil*. Rio de Janeiro: Renovar, 2004. p. 1-22.
5. TEPEDINO, Gustavo. Normas constitucionais e direito civil na construção unitária do ordenamento. *Temas de Direito Civil.* Rio de Janeiro: Renovar, 2009, t. III, p. 3-19.
6. "A ordem interior e a unidade do Direito são bem mais do que pressupostos da natureza científica da jurisprudência e do que postulados da metodologia; elas pertencem, antes, às mais fundamentais exigências ético-jurídicas e radicam, por fim, na própria ideia de Direito". CANARIS, Claus-Wilhelm. *Pensamento Sistemático e Conceito de Sistema na Ciência do Direito.* Lisboa: Calouste Gulbenkian, 1996, p. 18.

mentação normativa e resultante complexidade,[7] pois "ou bem o ordenamento é uno ou não é ordenamento jurídico".[8]

Assim, "a Constituição passa a ser não apenas um sistema em si – com a sua ordem, unidade e harmonia –, mas também um modo de olhar e interpretar todos os demais ramos do direito",[9] e interpretações estanques não sobrevivem à ótica da hermenêutica contemporânea, uma vez que toda interpretação jurídica é, também, constitucional. Deste modo, supera-se a dicotomia público-privado, pois, afinal, "há agora um centro de gravidade, capaz de recolher e juridicizar os valores mais importantes da comunidade política, no afã de conferir alguma unidade axiológica e teleológica ao ordenamento".[10]

A renovada hermenêutica jurídica, pautada na força normativa da Constituição, traz dois principais paradigmas na releitura do direito civil. O primeiro é que, considerando a norma valor da dignidade da pessoa humana como fundamento do Estado Democrático de Direito, as questões existenciais se tornam condição primeira para qualquer interpretação jurídica, o que leva ao atual processo de despatrimonialização e repersonalização do direito privado no qual a pessoa humana é sempre vista como fim e nunca como meio. O segundo é o processo de funcionalização dos institutos que condiciona os direitos dos particulares à ordem constitucional, de tal sorte que seus atos só se justificam enquanto adequados à essência da normatividade constitucional, consolidada a partir da irradiação dos valores constitucionais e eficácia horizontal dos direitos fundamentais, justificadores da natureza solidarista e paritária estabelecida no ordenamento jurídico.

Este conjunto torna imprescindível uma renovada hermenêutica jurídica pautada na interpretação axiológica,[11] teleológica e sistêmica do ordenamento, que tem como núcleo a proteção à dignidade da pessoa humana "elevando a tutela da pessoa, sempre na perspectiva racional e solidarista, ao ápice dos sistema, não obstante as insídias do mercado e os desafios da sociedade tecnológica."[12]

---

7. "Negar tal atitude hermenêutica significaria admitir um ordenamento assistemático, inorgânico e fragmentado, no qual cada núcleo legislativo responderia a tecido axiológico próprio traduzindo-se em manifesto desrespeito ao princípio da legalidade constitucional". BODIN DE MORAES, Maria Celina. A caminho de um direito civil constitucional. *Revista de Direito Civil*, n. 65, 1993, p. 27.
8. TEPEDINO, Gustavo. Normas constitucionais e direito civil na construção unitária do ordenamento jurídico. In: SARMENTO, Daniel; SOUZA NETO, Claudio Pereira de. (Org.). *A constitucionalização do direito*: fundamentos teóricos e aplicações específicas. Rio de Janeiro: Lumen Juris, 2007, p. 316.
9. BARROSO, Luis Roberto. A constitucionalização do direito e o direito civil. In: TEPEDINO, Gustavo (Coord.). *Direito civil contemporâneo*: novos problemas à luz da legalidade constitucional. São Paulo: Atlas, 2008, p. 243.
10. TEPEDINO, Gustavo. Normas constitucionais e direito civil na construção unitária do ordenamento jurídico. In: SARMENTO, Daniel; SOUZA NETO, Claudio Pereira de (Org.) *A constitucionalização do direito*: fundamentos teóricos e aplicações específicas. Rio de Janeiro: Lumen Juris, 2007, p. 316.
11. "Com efeito, nos países ocidentais desde o mundo pós-guerra, se iniciou o movimento de transformação e reconstrução axiológica das relações jurídicas. No Brasil os fundamentos da República, da dignidade da pessoa humana e da cidadania, acabaram por outorgar posição privilegiada no sistema à pessoa e sua tutela". TEPEDINO, Gustavo. O papel atual da doutrina do direito civil entre o sujeito e a pessoa. In: TEPEDINO, Gustavo; TEIXEIRA, Ana Carolina Brochado; ALMEIDA, Vitor (Coord.). *O direito civil entre o sujeito e a pessoa*: estudos em homenagem ao Professor Stefano Rodotà. Belo Horizonte: Fórum, 2016, p. 17.
12. TEPEDINO, Gustavo. Resenha de "o direito civil entre o sujeito e a pessoa: estudos em homenagem ao professor Stefano Rodotà". Revista *Brasileira de Direito Civil*, p. 153-156. v. 8, abr./jun. 2016. Disponível em: https://rbdcivil.ibdcivil.org.br/rbdc/article/view/61/55.

3. DIGNIDADE, VULNERABILIDADE E INCLUSÃO

Nas lições de Maria Celina Bodin de Moraes a dignidade da pessoa humana, central à nova ordem jurídica, tem como primeiro fundamento a igualdade,[13] que, para além da fria "igualdade formal" – que equivale a garantir idêntico direito a questões distintas, desconsiderando as peculiaridades individuais, se manifesta na igualdade substancial conduzindo a interpretação jurídica a partir do reconhecimento das diferenças, permitindo e garantindo paridade de condições à plenitude de potencialidades da pessoa, seja ao acesso à cultura; ao desenvolvimento da personalidade; à identidade cultural,[14] portanto, "o primado da dignidade da pessoa humana comporta o reconhecimento da pessoa a partir dos dados da realidade, realçando-lhe as diferenças, sempre que tal processo se revelar necessário à sua tutela integral".[15] Nesse sentido:

> Adotou-se, então, normativamente, uma outra forma de igualdade, a chamada igualdade substancial, cuja medida prevê a necessidade de se tratarem as pessoas, quando desiguais, em conformidade com a sua desigualdade; esta passou a ser a formulação mais avançada de igualdade de direitos.[16]

Deste modo, a perspectiva da igualdade substancial pautada na diferença particular do sujeito, necessita de determinação concreta da desigualdade para sua efetivação,[17] em busca da vulnerabilidade em concreto e as circunstâncias que possam potencializar a desigualdade,[18] daí ser indispensável "a identificação da situação de vulnerabilidade

---

13. Nas lições de Maria Celina Bodin de Morais, os quatro fundamentos jurídicos da dignidade da pessoa humana são: igualdade, integridade psicofísica, liberdade e solidariedade. BODIN DE MORAES, Maria Celina. O princípio da dignidade da pessoa humana. In: BODIN DE MORAES, Maria Celina (Coord.). *Princípios do direito civil contemporâneo*. Rio de Janeiro: Renovar, 2006, p- 81-111.
14. "Considerando-se, modernamente, que ao princípio da igualdade deve ser integrado o princípio da diversidade, ou seja, o respeito à especificidade de cada cultura. A identidade cultural de origem é um valor que se deve reconhecer, encontrando-se o respeito à identidade e à diferença cultural baseado próprio princípio da igualdade, que justamente o funda e sustenta. O paradoxo é aparente. Cabe distinguir a igualdade como estado de fato e igualdade como regra ou princípio. A diferença é o contrário da igualdade como estado de fato (se duas coisas são diferentes é porque não são iguais); todavia, quanto à igualdade como princípio, se oposto não é a diferença mas a desigualdade". BODIN DE MORAES, Maria Celina. *O princípio da dignidade da pessoa humana*. In: BODIN DE MORAES, Maria Celina (Coord.). *Princípios do direito civil contemporâneo*. Rio de Janeiro: Renovar, 2006, p. 93.
15. TEPEDINO, Gustavo. O papel atual da doutrina do direito civil entre o sujeito e a pessoa. In: TEPEDINO, Gustavo; TEIXEIRA, Ana Carolina Brochado; ALMEIDA, Vitor (Coord.). *O direito civil entre o sujeito e a pessoa: estudos em homenagem ao Professor Stefano Rodotà*. Belo Horizonte: Fórum, 2016, p. 18.
16. BODIN DE MORAES, Maria Celina. *O princípio da dignidade da pessoa humana*. In: BODIN DE MORAES, Maria Celina (Coord.). *Princípios do direito civil contemporâneo*. Rio de Janeiro: Renovar, 2006, p. 87.
17. "O fundamental, dessa forma, é reconhecer que a vulnerabilidade existencial prescinde de qualquer tipificação, eis que decorrência da aplicação direta dos princípios constitucionais da dignidade da pessoa humana e da solidariedade social, devendo sempre ser avaliada em relação às circunstâncias do caso concreto". KONDER, Carlos Nelson. Vulnerabilidade patrimonial e vulnerabilidade existencial: por um sistema diferenciador. *Revista de Direito do Consumidor*, v. 99, p. 101-123, 2015.
18. "Necessária, por conseguinte, a existência simultânea de uma tutela geral (abstrata) da pessoa humana, ontologicamente vulnerável, não só nas relações econômicas, como as de consumo, mas em todas as suas relações, especialmente as de natureza existencial, e a tutela específica (concreta), de todos os que se encontrem em situação de desigualdade, por força de circunstâncias que potencializam sua vulnerabilidade, ou já os tenham vulnerado, como forma de assegurar a igualdade e a liberdade, expressões por excelência da dignidade da pessoa humana". BARBOZA, Heloisa Helena; ALMEIDA JUNIOR, Vitor de Azevedo. A tutela das vulnerabilidades na

de cada grupo ou indivíduo",[19] de modo que os conceitos de igualdade e vulnerabilidade são distintos, ainda que inter-relacionados,[20] e, para os fins do presente estudo, o direito de acesso à cultura se manifesta no sentido de garantir igualdade substancial[21] aos vulneráveis, e, por consequência, maximizando a dignidade da pessoa humana às pessoas com deficiência.[22] Sendo assim,

> A questão que se coloca, sob esse aspecto, reside em como fazer para focalizar os indivíduos vulnerados e lhes oferecer a proteção necessária para desenvolver suas potencialidades e sair da condição de vulneração e, paralelamente, respeitar a diversidade de culturas, as visões de mundo, hábitos e moralidades diferentes que integram suas vidas.[23]

Heloisa Helena Barboza classifica vulnerabilidade como sendo característica ontológica inerente a todo ser vivo, em conceito amplo, que abrangeria todos da espécie humana.[24] Contudo, há pessoas que são vulneradas, merecendo tutela diferenciada, tendo em vista que "o conceito de vulneração se aplica a determinadas pessoas ou populações específicas que, por contingências adversas à própria vontade, não possuem meios necessários para a superação das barreiras impostas",[25] sendo, portanto, indispensável a

---

legalidade constitucional. In: TEPEDINO, Gustavo; TEIXEIRA, Ana Carolina Brochado e ALMEIDA, Vitor. *Da dogmática à efetividade*. Belo Horizonte: Fórum, 2017, p- 39-40.
19. BARBOZA, Heloisa Helena. Proteção dos vulneráveis na Constituição de 1988: uma questão de igualdade. In: NEVES, Thiago Ferreira Cardoso (Org.). *Direito & justiça social*: por uma sociedade mais justa, livre e solidária. Estudos em homenagem ao Professor Sylvio Capanema de Souza. São Paulo: Atlas, 2013, p. 105.
20. "Vulnerabilidade e igualdade são conceitos que se imbricam e cuja compreensão é de todo indispensável para a preservação da dignidade das pessoas vulneráveis (...). A desigualdade aparece em contraposição à igualdade, que implica em divisão, partilha. A vulnerabilidade não supõe necessariamente uma análise comparativa, é um estado em si. A desigualdade, ao contrário, somente aparece quando há comparação". BARBOZA, Heloisa Helena. Proteção dos vulneráveis na Constituição de 1988: uma questão de igualdade. In: NEVES, Thiago Ferreira Cardoso (Org.). *Direito & justiça social*: por uma sociedade mais justa, livre e solidária. Estudos em homenagem ao Professor Sylvio Capanema de Souza. São Paulo: Atlas, 2013, p. 103-113.
21. A vulnerabilidade como categoria jurídica insere-se no grupo mais amplo de mecanismos de intervenção reequilibradora do ordenamento, com o objetivo de, para além da igualdade formal, realizar efetivamente a igualdade substancial". KONDER, Carlos Nelson. Vulnerabilidade patrimonial e vulnerabilidade existencial: por um sistema diferenciador. *Revista de Direito do Consumidor*, v. 99, p. 101-123, 2015.
22. "Indispensável, por conseguinte, para o alcance e a concretização da cláusula geral de tutela da pessoa humana a compreensão da vulnerabilidade inerente às pessoas humanas, bem como o agravamento da fragilidade em determinadas circunstâncias, seja por questões econômicas, sociais, culturais, entre outras, com o objetivo de se assegurar, na medida do possível, a igualdade substancial". ALMEIDA, Vitor. *A capacidade civil das pessoas com deficiência e os perfis da curatela*. Belo Horizonte: Fórum, 2018, p. 116.
23. BARBOZA, Heloisa Helena. Proteção dos vulneráveis na Constituição de 1988: Uma questão de igualdade. In: NEVES, Thiago Ferreira Cardoso (Org.). *Direito & Justiça Social*: por uma sociedade mais justa, livre e solidária. Estudos em homenagem ao Professor Sylvio Capanema de Souza. São Paulo: Atlas, 2013, p. 109.
24. O sentido etimológico de vulnerabilidade (do latim *vulnerabilis* "que pode ser ferido", de *vulnerare* "ferir", de *vulnus*, "ferida" refere-se a qualquer ser vivo, sem distinção, que pode, eventualmente, ser "vulnerado", em situações contingenciais. Trata-se, portanto, de característica ontológica de todos os seres humanos, a qual se desdobra em múltiplos aspectos existenciais, sociais, econômicos. Além disso, como acima observado, determinados seres humanos são circunstancialmente afetados, fragilizados, desamparados ou vulnerados". BARBOZA, Heloisa Helena. Proteção dos vulneráveis na Constituição de 1988: Uma questão de igualdade. In: NEVES, Thiago Ferreira Cardoso (Org.). *Direito & justiça social*: por uma sociedade mais justa, livre e solidária. Estudos em homenagem ao Professor Sylvio Capanema de Souza. São Paulo: Atlas, 2013, p. 108-109.
25. ALMEIDA, Vitor. *A capacidade civil das pessoas com deficiência e os perfis da curatela*. Belo Horizonte: Fórum, 2018, p. 119.

determinação do vulnerado em concreto para a aplicação diferenciada da correta tutela jurídica, garantindo os primados constitucionais,[26] sob pena de aplicação genérica do ordenamento e, por conseguinte, desigualdade material. Assim:

> No campo do Direito é a vulneração que exige a intervenção jurídica para reequilibrar as relações desiguais e promover a construção de uma sociedade justa e solidária, procurando preservar ao máximo a autonomia do sujeito considerado vulnerado e reduzir as desigualdades nas relações sociais. No entanto, deve-se reconhecer que o uso do termo vulnerabilidade se disseminou, de maneira que vulneráveis e vulnerados são utilizados, no plano jurídico, de forma indistinta.[27]

Nesse contexto de criação e aplicação de instrumentos jurídicos voltados à tutela dos vulnerados,[28] o Brasil ratificou, no ano de 2008, a Convenção da ONU[29] sobre os Direitos das Pessoas com Deficiência (CDPD)[30] e seu protocolo facultativo,[31] internalizado com status de emenda constitucional e incorporado como direito fundamental, pois além de versar sobre direitos humanos, teve aprovação de três quintos dos membros de cada casa do Congresso Nacional, conforme procedimento estabelecido pela EC 45/04.[32]

---

26. "Para tanto, é indispensável verificar as peculiaridades das diferentes situações de cada indivíduo/grupo, e considerar além, das espécies de vulnerabilidade as diferentes faces que apresentam". BARBOZA, Heloisa Helena. Proteção dos vulneráveis na Constituição de 1988: Uma questão de igualdade. In: NEVES, Thiago Ferreira Cardoso (Org.). *Direito & justiça social*: por uma sociedade mais justa, livre e solidária. Estudos em homenagem ao Professor Sylvio Capanema de Souza. São Paulo: Atlas, 2013, p. 114.
27. ALMEIDA, Vitor. *A capacidade civil das pessoas com deficiência e os perfis da curatela*. Belo Horizonte: Fórum, 2018, p. 120.
28. "Mais importante, portanto, do que o esforço de construir ou requalificar tipos padrão de vulnerabilidade é criar e sistematizar instrumentos jurídicos próprios e adequados à tutela das situações jurídicas existenciais, uma vez que a maior parte do instrumental existente foi moldado para as situações jurídicas patrimoniais". KONDER, Carlos Nelson. Vulnerabilidade patrimonial e vulnerabilidade existencial: por um sistema diferenciador. *Revista de Direito do Consumidor*, v. 99, p. 101-123, 2015.
29. BRASIL. Decreto Federal 6.949. Ratifica o Tratado da ONU sobre os Direitos das Pessoas com Deficiência. Disponível em: http://www.planalto.gov.br/ccivil_03/_ato2007-2010/2009/decreto/d6949.htm. Acesso em: 02 out. de 2020.
30. Ainda que não seja objeto direto deste estudo, ressalta-se que a Convenção da ONU de 2008 trouxe a abordagem da deficiência sob o enfoque do modelo social, superando o modelo médico ao dispor que "Reconhecendo que a deficiência é um conceito em evolução e que a deficiência resulta da interação entre pessoas com deficiência e as barreiras devidas às atitudes e ao ambiente que impedem a plena e efetiva participação dessas pessoas na sociedade em igualdade de oportunidades com as demais pessoas", a mesmo foi replicado no art. 2º da Lei brasileira de incluso, Lei 13.146 de 2015: "Reconhecendo que a deficiência é um conceito em evolução e que a deficiência resulta da interação entre pessoas com deficiência e as barreiras devidas às atitudes e ao ambiente que impedem a plena e efetiva participação dessas pessoas na sociedade em igualdade de oportunidades com as demais pessoas". Nesse sentido: BARBOZA, Heloisa Helena; ALMEIDA JUNIOR, Vitor de Azevedo. Reconhecimento e inclusão das pessoas com deficiência. *Revista Brasileira de Direito Civil – RBDCivil*, v. 13, p. 17-37, Belo Horizonte, jul./set. 2017.
31. Reconhece o direito do indivíduo ou grupo de indivíduos apresentarem queixa ao Comitê dos Direitos das Pessoas com Deficiência. Decreto 6.949 de agosto de 2009.
32. Desde então, equivalem a emendas constitucionais aqueles tratados e convenções internacionais sobre direitos humanos internalizados de acordo com os seguintes trâmites: (1) celebração pelo Presidente da República; (2) aprovação pela Câmara dos Deputados e Senado Federal, em dois turnos, em cada Casa, por três quintos dos votos da totalidade dos respectivos membros, com a edição do correspondente decreto legislativo, (3) ratificação pela Presidência da República; e, por último, (4) a promulgação e publicação de seu texto via decreto da Presidência da República. No caso da Convenção da ONU de 2008, o DL 186 de 09 de julho de 2008.

No entanto, foi apenas com a promulgação da Lei 13.146,[33] conhecida como Estatuto da Pessoa com Deficiência (EPD) ou Lei Brasileira de Inclusão (LBI), que passaram ser efetivadas com mais concretude políticas públicas[34] direcionadas a assegurar e a promover às pessoas com deficiência o exercício dos direitos e das liberdades em condições de igualdade, em busca da inclusão social e da cidadania, pois ainda que com a ratificação da CDPD, "a pessoa com deficiência continuou excluída, relegada à igualdade formal, e somente após o EPD tornou-se objeto de preocupações dos civilistas na busca pela real e concreta tutela de sua dignidade".[35] Deste modo:

> Destinado expressamente a assegurar e promover, em condições de igualdade, o exercício dos direitos e das liberdades fundamentais por pessoa com deficiência, visando à sua inclusão social e cidadania, o EPD cria os instrumentos necessários à efetivação dos ditames constitucionais, dentre os quais se inclui profunda alteração do regime de capacidade jurídica, previsto no Código Civil, cujas consequências se alastram praticamente por todo ordenamento jurídico.[36]

Sendo assim, tanto no plano constitucional quanto no infraconstitucional, o objetivo é o pleno desenvolvimento e participação das pessoas com deficiência, e a promoção integral de sua autonomia, a partir do reconhecimento da necessidade de estímulos à superação das barreiras impostas socialmente, permitindo a igualdade substancial.

Dentre as inúmeras vertentes de alcance da autonomia das pessoas deficiência, este trabalho versa sobre o fundamental direito de acesso à cultura, como forma de romper com a chamada "vulnerabilidade cultural",[37] que atinge especialmente tal grupo em razão da escassa quantidade de obras acessíveis. A afirmação e efetividade de tal direito deve ser encarado como um dos pilares de formação da identidade e da integração social em busca da promoção de uma vida digna, uma vez que a manutenção de barreiras à acessibilidade cultural inibe o pleno crescimento pessoal, profissional e intelectual, e, ainda, restringe a interação social, ao passo que essas pessoas não possam compartilhar da igualdade de comunicação, acesso e diálogo acerca dos bens e conteúdos culturais. Neste sentido,

> A experiência cultural é um dos pilares formadores da pessoa e *conditio sine qua non* para o desenvolvimento integral de sua personalidade. A partir destas experiências são elaboradas e reelaboradas as

---

33. BRASIL. Lei 13.146, de 06 de julho de 2015. Disponível em: http://www.planalto.gov.br/ccivil_03/_Ato2015-2018/2015/Lei/L13146.htm. Acesso em: 02 de out. 2020.
34. Exemplo de política pública de acesso à cultura das pessoas com deficiência é a regulação da acessibilidade no audiovisual para os exibidores, pela Agência Nacional de Cinema (ANCINE), a partir da Instrução Normativa 116 de dezembro de 2014, estabelecendo critérios básicos de acessibilidade a serem financiados com recursos públicos geridos pela Agência. E com a Instrução Normativa 128 de 13 de setembro de 2016, a ANCINE estabeleceu prazo obrigatório para disponibilização de recursos de acessibilidade visual e auditiva nas salas de cinema. O artigo 3º "As salas de exibição comercial deverão dispor de tecnologia assistiva voltada à fruição dos recursos de legendagem, legendagem descritiva, audiodescrição e LIBRAS – Língua Brasileira de Sinais".
35. ALMEIDA, Vitor. *A capacidade civil das pessoas com deficiência e os perfis da curatela*. Belo Horizonte: Fórum, 2018, p. 115.
36. BARBOZA, Heloisa Helena; ALMEIDA JUNIOR, Vitor de Azevedo. *Reconhecimento e inclusão das pessoas com deficiência*. Revista Brasileira de Direito Civil – RBDCivil, v. 13, p. 17-37, Belo Horizonte, jul./set. 2017.
37. A utilização da expressão "vulnerabilidade cultural" remete à identificação do vulnerado em concreto, para as situações de direito de acesso à cultura das pessoas com deficiência".

visões e construídos os universos simbólicos com os quais o mundo é aprendido. A participação na vida cultural da sociedade e o exercício dos demais direitos culturais são, portanto, condições para um ser humano saudável e par uma existência digna, postulados da ordem constitucional brasileira.[38]

Almejando a irrestrita acessibilidade e participação na vida cultural, CDPD[39] e o EPD[40] positivaram o amplo e irrestrito direito de acesso aos bens culturais às pessoas com deficiência, impondo à indústria do entretenimento o dever de garantir a disponibilidade e adaptação das expressões culturais em formatos acessíveis a depender exclusivamente do tipo de obra, em vias a suprimir as barreiras concretas. Portanto, no plano legislativo, desde 2009, há o dever de efetivação dos direitos fundamentais de acesso à cultura, à educação e ao conhecimento às pessoas com deficiência.

Além da CDPD e do EPD, que abarcam de modo abrangente o direito de acesso a todos os formatos acessíveis para todas as pessoas com deficiência, o Brasil ratificou o Tratado de Marraqueche que, de modo específico às pessoas com deficiência visual, trata da disponibilização nacional e internacional dos textos em formato acessível.[41]

Igualmente por garantir direitos humanos, o Tratado de Marraqueche foi o segundo a ser internalizado no Brasil com status de norma fundamental, sob o crivo do § 3º do art. 5º da Constituição Federal, sendo promulgado pelo Decreto 9.522, de 8 de outubro de 2018. Tem por característica ser mais detalhado quando comparado à CDPD e ao EPD, tendo em vista ser específico para que as pessoas com deficiência visual tenham acesso livre aos textos em formato acessível.

Contudo, o conteúdo comum dos três textos normativos, impõe interpretação conjunta com a LDA, em especial com o art. 46, I da que expressa as limitações aos direitos autorais,[42] com intuito de extrair a máxima potencialidade do direito de acesso à cultura, tutelando o desenvolvimento existencial ao assegurar as condições para a emancipação

---

38. SOUZA, Allan Rocha de. *Direitos Culturais no Brasil*. Rio de Janeiro: Azougue Editorial, 2012, p. 47.
39. "Artigo 30 Participação na vida cultural e em recreação, lazer e esporte 1. Os Estados-Partes reconhecem o direito das pessoas com deficiência de participar na vida cultural, em igualdade de oportunidades com as demais pessoas, e tomarão todas as medidas apropriadas para que as pessoas com deficiência possam: a) Ter acesso a bens culturais em formatos acessíveis(...)."
40. "Art. 8º. É dever do Estado, da sociedade e da família assegurar à pessoa com deficiência, com prioridade, a efetivação dos direitos referentes à vida, à saúde, à sexualidade, à paternidade e à maternidade, à alimentação, à habitação, à educação, à profissionalização, ao trabalho, à previdência social, à habilitação e à reabilitação, ao transporte, à acessibilidade, à cultura, ao desporto, ao turismo, ao lazer, à informação, à comunicação, aos avanços científicos e tecnológicos, à dignidade, ao respeito, à liberdade, à convivência familiar e comunitária, entre outros decorrentes da Constituição Federal, da Convenção sobre os Direitos das Pessoas com Deficiência e seu Protocolo Facultativo e das leis e de outras normas que garantam seu bem-estar pessoal, social e econômico." "Art. 42. A pessoa com deficiência tem direito à cultura, ao esporte, ao turismo e ao lazer em igualdade de oportunidades com as demais pessoas, sendo-lhe garantido o acesso: I – a bens culturais em formato acessível (...)".
41. Decreto 9.522, de 8 de outubro de 2018. Disponível em: http://www.planalto.gov.br/ccivil_03/_Ato2015-2018/2018/Decreto/D9522.htm. Acesso em: 02 out. 2020.
42. Art. 46. Não constitui ofensa aos direitos autorais: I – a reprodução: a) na imprensa diária ou periódica, de notícia ou de artigo informativo, publicado em diários ou periódicos, com a menção do nome do autor, se assinados, e da publicação de onde foram transcritos; b) em diários ou periódicos, de discursos pronunciados em reuniões públicas de qualquer natureza; c) de retratos, ou de outra forma de representação da imagem, feitos sob encomenda, quando realizada pelo proprietário do objeto encomendado, não havendo a oposição da pessoa neles representada ou de seus herdeiros; d) de obras literárias, artísticas ou científicas, para uso exclusivo de

e formação cultural, em valorização à dignidade, liberdade e autonomia individual, sem, entretanto, ferir o núcleo da proteção aos direitos autorais.

O Tratado de Marraqueche tem, contudo, como peculiaridade ser o primeiro tratado internacional a determinar limitações mandatórias aos direitos autorais, estabelecendo regulamentação sobre o compartilhamento das obras protegidas e a facilitação desse compartilhamento em formato acessível às pessoas com deficiência visual, seja no plano nacional ou transnacional.[43]

4. DIREITOS AUTORAIS, FUNÇÃO SOCIAL E CONTRATOS

Neste particular, a questão específica que se coloca é como compatibilizar e funcionalizar a propriedade e os contratos de direitos autorais firmados entre editoras e bibliotecas à normatividade extraída do Tratado de Marraqueche – e também da CDPD e do EPD, em busca da superação das barreiras e dos obstáculos de acesso à cultura, conhecimento e informação,[44] reduzindo a discriminação e exclusão histórica sofrida pelas pessoas com deficiência visual quanto à leitura, em decorrência da escassez e desinteresse econômico na produção e distribuição das obras em formato acessível.

No campo dos direitos autorais, a função social se projeta por meio das suas limitações e exceções, sendo um dos pontos de equilíbrio entre os interesses dos titulares (autores ou organizações empresariais) e o interesse público de terceiros e da sociedade, pois aqui estão topograficamente estabelecidos os usos livres das obras protegidas, que independem da autorização do titular ou remuneração, revelando a incidência da axiologia constitucional sobre os direitos autorais, uma vez que estabelecem situações em que os direitos da coletividade, reflexos de outros direitos fundamentais, sobrepor-se-ão às pretensões patrimoniais dos titulares, servindo como instrumento de efetivação o direito de acesso à cultura, conhecimento e informação, dentre as quais as especificidades das pessoas com deficiência.

---

deficientes visuais, sempre que a reprodução, sem fins comerciais, seja feita mediante o sistema Braille ou outro procedimento em qualquer suporte para esses destinatários.

43. O intercâmbio transfronteiriço facilita a circulação internacional de exemplares livres, contudo, encontra barreiras no princípio da territorialidade dos Direitos Autorais.

44. "Trata-se, como é importante observar, não apenas de uma mudança quantitativa dos mecanismos de tutela – isto é, uma proteção maior –, mas sim de uma mudança qualitativa no tratamento jurídico da questão – uma proteção por meio de instrumentos jurídicos diverso". KONDER, Carlos Nelson. Vulnerabilidade patrimonial e vulnerabilidade existencial: por um sistema diferenciador. *Revista de Direito do Consumidor*, v. 99, p. 101-123, 2015. "No mesmo sentido, a desvinculação da metodologia civil constitucional de ranços e preconceitos que a limitam a sua aplicação a situações de desigualdade, vulnerabilidade, dependência ou fragilidade (...). É preciso reconhecer a unicidade e sistematicidade do processo de constitucionalização do direito civil, que, sem embargo de proteger com mais intensidade as pessoas que se encontram em situação de particular necessidade, não o faz por eleger destinatários específicos, mas porque os instrumentos jurídicos que sustentam essas situações de necessidade afiguram-se, necessariamente, mais distantes dos valores constitucionais, expressamente amparados na construção de uma sociedade livre, justa e solidária". SCHREIBER, Anderson e KONDER, Carlos Nelson. O futuro do direito civil constitucional. In: SCHREIBER, Anderson e KONDER, Carlos Nelson (Coord.). *Direito Civil Constitucional*. São Paulo: Atlas, 2016, p. 223-225.

A função social dos direitos autorais e a interpretação extensiva de suas limitações[45] já estão consolidados na doutrina[46] e na jurisprudência, entendimento consolidado inaugurado a partir do julgamento do Recurso Especial 964.404[47] em 2011 pelo Superior Tribunal de Justiça (STJ), que, reiterado em decisões subsequentes, firmou diretrizes para a padronização da interpretação da legislação federal, decidindo que os arts. 46, 47 e 48 da Lei 9.610/98 são exemplificativos das situações em que o interesse público deve prevalecer sobre os interesses particulares patrimoniais, em razão da harmonização entre os direitos fundamentais constitucionais de proteção aos direitos autorais e os demais direitos humanos, em especial os referentes à informação, conhecimento e cultura,[48] conforme disposto no Enunciado 115 do Conselho da Justiça Federal: "As limitações de direitos autorais estabelecidas nos arts. 46, 47 e 48 da Lei de Direitos Autorais devem ser interpretadas extensivamente, em conformidade com os direitos fundamentais e a função social da propriedade estabelecida no art. 5º, XXIII, da CF/88".

Sendo assim, parece inquestionável que os direitos patrimoniais dos titulares de direitos autorais são funcionalizados[49] às questões socialmente relevantes, como ocorre com o direito de acesso das pessoas com deficiência,[50] pois, para além dos poderes, deveres, ônus e responsabilidades do proprietário, há interesses extra proprietários que compõem o núcleo interno do domínio, e que se manifestam na função solidarista do ordenamento,[51] de modo que estrutura e função devem estar condicionados à realização,

---

45. A questão central com relação às limitações é saber se sua interpretação deve ser taxativa e exaustiva e, portanto, restrita exclusivamente ao estabelecido na lei de direitos autorais, ou, o contrário, se deve ser exemplificativa e extensiva, abarcando situações além das previstas na legislação.
46. Ver, em especial, SOUZA, Allan Rocha de. *A função social dos direitos autorais*: uma interpretação civil-constitucional das limitações. Rio de Janeiro: Editora da Faculdade de Direito de Campos, 2006; CARBONI, Guilherme. *Função social do direito de autor*. Curitiba: Juruá Editora, 2006; BRANCO, Sérgio. *O domínio público no direito autoral brasileiro*: uma obra em domínio público. Editora Lumen Juris: Rio de Janeiro, 2011. LEWICKI, Bruno Costa. *Limitações aos direitos de autor*. Tese de Doutorado defendida perante a Universidade do Estado do Rio de Janeiro, 2007; SOUZA, Carlos Affonso Pereira de. *Abuso do direito autoral*. Tese de Doutorado defendida perante a Universidade do Estado do Rio de Janeiro, 2009.
47. BRASIL. STJ. Recurso Especial 964.404 – ES. Terceira Turma. Relator: Ministro Paulo de Tarso Sanseverino. Brasília, 15 de março de 2011. Disponível em: www.stj.jus.br. Acesso em: 10 out. 2020.
48. "Os interesses sociais constitucionalmente previstos, sobre a utilização das obras autorais, são principalmente expressos através de três princípios fundamentais para o desenvolvimento social do país e a vida contemporânea: informação, cultura e educação". SOUZA, Allan Rocha de. *A Função Social dos Direitos autorais*: uma interpretação civil-constitucional das limitações. Rio de Janeiro: Editora da Faculdade de Direito de Campos, 2006, p. 283.
49. BOBBIO, Norberto. *A função promocional do direito*. Da estrutura à função: novos estudos de teoria do direito. Rio de Janeiro: Manole, 2007, p. 13.
50. "A ausência da função social faz com que falte razão da garantia e do reconhecimento do direito de propriedade". PERLINGIERI, Pietro. *Perfis do Direito Civil* – Introdução ao Direito Civil Constitucional. Tradução: Maria Cristina de Cicco. 3. ed. Rio de Janeiro: Renovar, 2007, p. 229.
51. No mesmo sentido, "a funcionalização da propriedade introduz critério de valoração da titularidade, que passa a exigir atuação positiva de seu titular, afastando-se, em última análise, de sua tradicional feição de direito subjetivo absoluto, limitado apenas negativamente, para se converter em situação jurídica complexa, que ostenta poderes, deveres, ônus e responsabilidade, destinados ao atendimento de interesses extraproprietários a serem definidos no âmbito de cada relação jurídica. Altera-se, assim, a concepção tradicional do domínio (como garantia patrimonial), de modo a legitimá-lo e ustifica-lo no seio das relações sociais de aproveitamento da riqueza e de efetivação dos direitos fundamentais (como acesso à vida digna)". TEPEDINO, Gustavo. *A função social nas relações patrimoniais*. In: MONTEIRO FILHO, Carlos Edison do Rêgo; GUEDES, Gisela Sampaio da Cruz; MEIRELES, Rose Melo Vencelau (Org.). *Direito Civil*. Rio de Janeiro: Freitas Bastos, 2015, p. 265.

tanto quanto possível, das garantias existenciais, em prol da pessoa humana,[52] sendo exemplos expressos da funcionalização em prol do acesso à cultura das pessoas com deficiência, respectivamente, o § 1º[53] do art. 42 do EPD e do arts. 4º,[54] "1. (a)", e 5º,[55] "1" do Tratado de Marraqueche.

Ao mesmo tempo, note-se que a função social dos contratos é um dos caminhos para a efetividade da função social da propriedade, uma vez que a aplicação acrítica da interpretação restritiva aos negócios jurídicos de direitos autorais,[56] em prol exclusivo do direito patrimonial de autor, quando aplicada aos contratos entre as editoras e as biblioteca, que podem assumir a forma de licenciamento, cessão ou simples compra do objeto físico, resultaria na inacessibilidade à cultura pelas pessoas com deficiência visual.[57]

Isso porque as condições dos negócios jurídicos de direitos autorais não podem conflitar com os interesses de acesso à cultura das pessoas com deficiência,[58] sendo obrigatório que os contratantes se atentem à função social[59] como elemento interno

---

52. MONTEIRO FILHO, Carlos Edison do Rêgo. Usucapião urbana independente de metragem mínima: uma concretização da função social da propriedade. *Revista Brasileira de Direito Civil*, v. 2, 2014, p. 14. Disponível em: https://www.ibdcivil.org.br/rbdc.php?ip=123&titulo=%20VOLUME%202%20|%20OutDez%202014&category_id=32&arquivo=data/revista/volume5/rbdcivil-volume-2.pdf. Acesso em: 11 out. 2020.

53. Art. 42. A pessoa com deficiência tem direito à cultura, ao esporte, ao turismo e ao lazer em igualdade de oportunidades com as demais pessoas, sendo-lhe garantido o acesso: § 1º É vedada a recusa de oferta de obra intelectual em formato acessível à pessoa com deficiência, sob qualquer argumento, inclusive sob a alegação de proteção dos direitos de propriedade intelectual.

54. Artigo 4º (a) As Partes Contratantes estabelecerão na sua legislação nacional de direito de autor uma limitação ou exceção aos direitos de reprodução, de distribuição, bem como de colocação à disposição do público, tal como definido no Tratado da OMPI sobre Direito de Autor, para facilitar a disponibilidade de obras em formatos acessíveis aos beneficiários. A limitação ou exceção prevista na legislação nacional deve permitir as alterações necessárias para tornar a obra acessível em formato alternativo.

55. Artigo 5º Intercâmbio Transfronteiriço de Exemplares em Formato Acessível. 1. As Partes Contratantes estabelecerão que, se um exemplar em formato acessível de uma obra é produzido ao amparo de uma limitação ou exceção ou de outros meios legais, este exemplar em formato acessível poderá ser distribuído ou colocado à disposição por uma entidade autorizada a um beneficiário ou a uma entidade autorizada em outra Parte Contratante

56. LDA, artigos 4º, 31 e 49, VI.

57. A funcionalização, portanto, é um fenômeno que atinge a todos os fatos jurídicos e, especificamente nos contratos transforma-se qualitativamente os seus efeitos, tal qual ocorre com a propriedade, de modo que os exercícios inerentes aos contratantes só se justificam na medida em que se conformam à axiologia sistemática da Constituição, ou seja, o contrato não mais pode ser visto como um fim em si mesmo, mas como instrumento capaz de assegurar às trocas entre particulares à função do ordenamento, isto é, garantir a função social. Nesse sentido: TEPEDINO, Gustavo. *O direito civil-constitucional e suas perspectivas atuais*. Direito civil contemporâneo: novos problemas à luz da legalidade constitucional. São Paulo: Atlas, p. 356-371, 2008. TEPEDINO, Gustavo. Notas sobre a função social do contrato. In: TEPEDINO, Gustavo; FACHIN Luiz Edson (Coord.). *O direito e o tempo*: embates jurídicos e utopias contemporâneas. Rio de Janeiro: Renovar, 2008, p. 396-399; MARTINS-COSTA, Judith. O direito privado como um "sistema em construção": As cláusulas gerais no projeto do Código Civil brasileiro. *Revista dos tribunais*. v. 753. p. 24-48. jul. 1998.

58. "O ideal para a plena implementação da dignidade da pessoa humana, é a construção e utilização de mecanismos próprios, processo este que, embora ainda incipiente e em grande necessidade de sistematização, já se pode observar de forma fragmentária e experimental". KONDER, Carlos Nelson. Vulnerabilidade patrimonial e vulnerabilidade existencial: por um sistema diferenciador. *Revista de Direito do Consumidor*, v. 99, p. 101-123, 2015.

59. Corrobora com o exposto a inteligência da cláusula geral positivada no artigo 421, segundo a qual "A liberdade contratual será exercida nos limites da função social do contrato", pois obriga a conformação do conteúdo

da estrutura contratual,[60] justificante da própria validade do negócio, em busca de "um equilíbrio jurídico razoável e ponderado entre os interesses e direitos privados dos autores e empresas e os interesses e direitos da coletividade".[61]

Ainda sobre a função social dos contratos, a partir da análise das decisões do Superior Tribunal de Justiça, Carlos Nelson Konder identifica alguns dos efeitos atribuídos a esta cláusula geral.[62] Dentre os conteúdos identificados, especial relevância tem a "tutela de interesses da coletividade, ou a proibição de contratos que repercutam negativamente sobre a coletividade".

Para os fins limitados deste artigo, que toma como foco o acesso à cultura e conhecimento pelas pessoas com deficiência visual, a partir da supressão de barreiras com a adaptação das obras textuais, literárias ou científicas, é necessário atentar especialmente para as relações contratuais entre as editoras e as bibliotecas, em especial no que tange às cláusulas e condições de disponibilização ao público e compartilhamento interinstitucional de obras textuais protegidas por direitos autorais, bem como as atividades de conversão, compartilhamento e disponibilização em formato acessível destas obras.

E a aplicação dos ditames da função social dos contratos para garantir os interesses coletivos de acesso às pessoas com deficiência, considerada a partir das inovações trazidas pela CDPD, pelo EPD e pelo Tratado de Marraqueche, impõe dois efeitos imediatos sobre os negócios jurídicos de direitos autorais: (i) tornar nulas as cláusulas contratuais proibitivas de disponibilização e compartilhamento das obras em formato acessível às pessoas com deficiência; (ii) quando ausentes, presumir-se tácita a permissão contratual de disponibilização e compartilhamento das obras em formato acessível às pessoas com deficiência.

Exemplo, neste sentido, é a regulamentação da ANCINE sobre a disponibilização de audiodescrição nas salas de cinema que não enfrentou a questão das restrições contratuais e nem, até onde conseguimos averiguar, sofreu questionamentos a este respeito. Especificamente sobre o caso aqui suscitado, tem-se o bem sucedido exemplo da Rede Brasileira de Estudos e Conteúdos Adaptados (REBECA)[63] que está em plena atuação no

---

contratual à realidade social, econômica e jurídica dos contratantes, aos valores, princípios e garantias constitucionais, possibilitando, assim, a concretização do equilíbrio e justiça contratuais, por meio da efetivação horizontal dos direitos fundamentais nas relações privadas, sejam proprietárias, contratuais ou existenciais.

60. MARTINS-COSTA, Judith. Reflexões sobre o princípio da função social dos contratos. *Revista DIREITOGV*, v. I, n. I, p. 47, maio, 2005. Disponível em: https://pt.scribd.com/doc/51947950/Funcao-social-contratos-Judith-Martins-Costa. Acesso em: 19 out. 2020.
61. SOUZA, Allan Rocha de. *A função social dos direitos autorais*: uma interpretação civil-constitucional das limitações. Rio de Janeiro: Editora da Faculdade de Direito de Campos, 2006, p. 266.
62. KONDER, Carlos Nelson de Paula. *A constitucionalização do processo de qualificação dos contratos no ordenamento jurídico brasileiro*. Tese de doutorado apresentada à UERJ. Rio de Janeiro: UERJ, 2009. p. 55-72. Destaca-se a pesquisa empírica os julgados acerca da função social disposta na obra ". *Boa-fé, função social e equilíbrio contratual*: reflexões a partir de alguns dados empíricos". TERRA, Aline de Miranda Valverde; KONDER, Carlos Nelson; GUEDES, Giselda Sampaio da Cruz. *Boa-fé, função social e equilíbrio contratual*: reflexões a partir de alguns dados empíricos. TERRA, Aline de Miranda Valverde; KONDER, Carlos Nelson; GUEDES, Giselda Sampaio da Cruz (Org.). Indaiatuba: Foco, 2019, p. 10-15.
63. "A Rede Brasileira de Estudos e Conteúdos Adaptados (REBECA) trata-se de uma rede de cooperação entre Instituições Públicas de Ensino Superior por meio dos setores responsáveis pela produção de acervos em formato acessível. A rede em questão possui a missão de fomentar o intercâmbio de informações técnicas e comparti-

Brasil, e é "uma rede de cooperação entre Instituições Públicas de Ensino Superior com o objetivo de intercâmbio de informações técnicas e compartilhamento de catálogos e acervos adaptados, destinados ao atendimento e suporte informacional acadêmico a pessoas com deficiência visual".[64] As nove instituições formadoras da REBECA compartilham, entre os agentes autorizados, exemplares adaptados em formato acessível, independente de anuência dos titulares de direitos autorais, promovendo a aplicação concreta dos direitos estabelecidos no ordenamento pátrio, informado pelas normas nacionais, ao fomentar o direito fundamental de acesso à informação, conhecimento e cultura das pessoas com deficiência visual.

5. CONSIDERAÇÕES FINAIS

A pandemia inquestionavelmente trouxe novos desafios ao mesmo tempo em que exacerbou os efeitos perversos das desigualdades, em especial com relação ao exercício do direito de acesso à informação, conhecimento e cultura das pessoas com deficiência. Em que pesem as normas nacionais e internacionais, o consolidado entendimento judicial acerca da interpretação das limitações aos direitos autorais, a sólida doutrina que se construiu a este respeito, a ausência de expressa autorização legal para a prática destes atos pelas instituições responsáveis por promover este acesso colocam seus agentes em situação de insegurança e dúvidas sobre como proceder.

Ao passo que a possibilidade de adaptação e disponibilização individual encontra-se relativamente mais pacificado – legal, jurisprudencial e doutrinariamente – em razão da consolidação da função social dos direitos autorais, o mesmo não se pode dizer sobre o compartilhamento institucional (entre bibliotecas, por exemplo) de material adaptado, que reduziria a redundância e o investimento necessário às adaptações. Esta suposta restrição de compartilhamento institucional das obras adaptadas acrescenta uma camada artificial de obstáculo ao acesso, o que contribui para o aprofundamento das desigualdades de condições entre cidadãos de igual dignidade.

E o maior obstáculo ao compartilhamento institucional demonstra serem as condições contratuais entre editoras e bibliotecas, que buscam contratualmente vetar a adaptação, disponibilização e compartilhamento das obras textuais, literárias ou científicas protegidas por direitos autorais, o que resulta em uma restrição indevida à concretização do direito fundamental de acesso à informação, conhecimento e cultura das pessoas com deficiência visual, exacerbando os efeitos excludentes da pandemia.

Assim, compreende-se aqui, em conclusão provisória deste aspecto, que o direito fundamental de acesso – seja à informação, conhecimento e cultural, se expressa e se impõe nas relações negociais de direitos autorais por meio da cláusula geral de função social dos contratos, e a partir do paradigma da efetividade horizontal dos direitos fun-

---

lhamento de catálogos e/ou liberação de acesso aos materiais digitais adaptados destinados ao atendimento e suporte informacional acadêmico a pessoas com deficiência visual matriculadas nas respectivas instituições". Disponível em: https://bds.unb.br/handle/123456789/989. Acesso em: 18 out. 2020.

64. Disponível em: https://ria.ufrn.br/jspui/handle/123456789/1451. Acesso em: 18 out. 2020.

damentais, projeta-se como postulado a existência de autorização para adaptação das obras protegidas para atender às necessidades particulares das pessoas com deficiência, ao mesmo tempo em que se pressupõem inválidas, nulas, as cláusulas que proíbem sua adaptação, compartilhamento institucional e disponibilização.

A pandemia não causou o problema da assimetria no exercício do direito de acesso à informação, conhecimento e cultura, mas exacerbou e escancarou uma perversa realidade, que impõe camadas extras de dificuldades a cidadãos que já são submetidos a uma série de obstáculos ao pleno exercício de sua cidadania e respeito à sua dignidade. A maximização indiscriminada da proteção patrimonial dos direitos autorais, observada desde a segunda metade do século XX, sem a necessária harmonização com outros direitos igualmente fundamentais, como os direitos de acesso, pode levar, em última análise, à restrição indevida, ou mesmo anulação prática do exercício destes direitos, situação amplamente rechaçada pelo ordenamento. E diante deste desafio, para a superação do abismo identificado, cabe ao intérprete resgatar os caminhos e construir as pontes jurídicas para o devido equilíbrio entre os direitos envolvidos.